D1674836

Das Wild der Schweiz

Philipp Schmidt

Das Wild der Schweiz

Eine Geschichte der jagdbaren Tiere unseres Landes

Hallwag Verlag Bern und Stuttgart

Umschlagfoto: H. P. Haering
Umschlaggestaltung: Gerhard Noltkämper
© 1976 Hallwag AG Bern
Satz und Druck des Textteils:
Hallwag AG Bern
Satz und Druck des Bildteils:
G. Krebs AG Basel
Klischees: Steiner & Co. Basel
ISBN 3 444 10186 4

Herrn Prof. Hediger
in Dankbarkeit gewidmet

Inhalt

Teil 1

9   Vorwort zum ersten Teil

1. Kapitel
12   Vom Wild, vom Wesen der Jagd und vom jagenden Menschen. Eine psychologische Einleitung

2. Kapitel
22   Jagdliche Ideologien und geschichtliche Perioden, ein Stück des Schicksals der freilebenden Tierwelt

3. Kapitel
34   Die frühe Jagdgesetzgebung in den Kantonen und die Entstehung der Bundesgesetze

4. Kapitel
110   Die Jagdarten und Jagdmittel in der Schweiz als Faktoren des Schicksals der jagdbaren Tierwelt

5. Kapitel
128   Jagdrechtliche Fragen der Kantone

6. Kapitel
160   Die Gestaltung der heimatlichen Tierwelt

7. Kapitel
202   Die Hege des Staates

8. Kapitel
248   Die Hege des Naturschutzes

263   Nachwort

Teil 2

265   Vorwort zum zweiten Teil
267   Der Edelhirsch
274   Kurze Hirschgeschichte ausserhalb von Graubünden
282   Die Gemse
289   Die Kitzenschule
291   Das Murmeltier
296   Das Reh
304   Der Hase
312   Das Wildschwein

319	Eichhörnchen, Wildkaninchen, Bisamratte
325	Bär, Wolf, Luchs, Wildkatze
342	Der Fuchs
352	Dachs, Marder, Iltis, Wiesel
357	Der Fischotter
363	Wildhühner
376	Waldschnepfe und Bekassinen
381	Wildenten, Wildgänse, Blässhühner
382	Die Zürichseejagd
384	Um die Schädlichkeit der Wildenten
389	Wildgänse
391	Die Wasserjagd auf dem Untersee
403	Die sogenannt fischereischädlichen Vögel: Fischreiher, Haubentaucher, Eisvogel, Wasseramsel
408	Die bejagten Raubvögel: Uhu, Lämmergeier, Steinadler, Habicht, Sperber, Falken, Milane, Bussarde
413	Die Nachtraubvögel, besonders der Uhu und sein Schicksal
418	Vom Ende des Lämmergeiers
420	Steinadler
430	Habicht, Sperber, Bussard
435	Die Krähenvögel: Krähen, Elstern, Eichelhäher, Kolkrabe, Tannenhäher
446	Der Waldrapp
447	Schlusswort
451	Register
463	Bildteil

Vorwort zum ersten Teil

Dieses Buch ist keine Jagdgeschichte, sondern eine Geschichte der jagdbaren Tiere der Schweiz. Eine Schweizer Geschichte nicht der Menschen, sondern der Tiere, die nie Geschichte gemacht, sondern nur erduldet haben.

Jahrzehntelang habe ich die Jagdliteratur durchwandert, habe darunter alte und neue geschichtliche Darstellungen gefunden, aus der Schweiz und aus andern Ländern. Ich habe nach der Geschichte der Tiere gesucht und nur Jagdgeschichten gefunden, worin Werden und Wandlungen der Jagdrechte und Jagdgesetze, der einstigen Jagdbetriebe, Jagdmittel und Gebräuche geschildert wurden. Das Tier war der passive Teil, blieb Objekt. Da begann ich selbst die alten und neuen Nachrichten über die Tiere der Schweiz zu suchen und mir daraus ein Bild über ihr Schicksal zusammenzustellen.

Die lokalen Chroniken, die mit verzückten Worten vom Wildreichtum vergangener Zeiten erzählen, ergaben nicht viel. Denn konkret fassbare Schlüsse über einstige Bestände lassen sie nicht zu. Auch die ältesten Erlasse auf den Gebieten der späteren Kantone konnten ohne Nachteil übergangen werden, weil sie im Grunde nur über die Ansprüche auf Jagdrechte und vielleicht über schon zurückgehende Wildbestände, nicht aber darüber Auskunft geben, was mit dem Wild wirklich geschah. Denn solange eine wirksame Aufsicht oder Jagdpolizei fehlt, bleiben selbst die besten Erlasse Pergament und Papier.

Eine fassbare Geschichte der jagdbaren Tierwelt der Schweiz beginnt im Grunde erst mit der Helvetik. Da finden sich Nachrichten, die über Bestand und Schicksal der Wildtiere Einsichten zulassen. Nach der Helvetik setzte die Periode staatlicher Jagdgesetze ein, denen durch stets ernsthafter werdende Jagdaufsicht Nachachtung verschafft werden konnte.

Die Geschichte des Jagdwildes der schweizerischen Kantone hinterlässt im ganzen keinen guten Eindruck. Die Jägerei auf dem Gebiet der heutigen Schweiz hat sich im Laufe der Jahrhunderte nicht sonderlich mit Ruhm bedeckt. Dieses generelle Urteil mag unfreundlich scheinen, entspricht aber der Wahrheit. Wenn Fehler, die sich schon einst als solche erkennen liessen, dennoch begangen werden, ist das bedauerlich, doch nur schwer entschuldbar. Damit sind Massnahmen gemeint, wie beispielsweise die nutzlose Raubzeugvernichtung. Herrliche Tierformen unseres Landes wurden als Raubzeug ausgelöscht. Wir wären heute froh, sie noch zu besitzen. Doch noch immer gibt es Jäger, welche die Hinrichtung eines Raubvogels oder kleinen Haarraubwildes für eine hegerische Tat halten. Sind solche Fehler wirklich überwunden?

Wenn diese Arbeit dazu helfen sollte, von alten Fehlern zu lassen oder sie, soweit möglich, gutzumachen, hat sie zu etwas Rechtem gedient.

Noch vor fünfzig Jahren wurde jeder Einwand gegen den üblichen Jagdbetrieb von den Jägern beider Lager, Patent und Revier, entrüstet zurückgewiesen. Wer das tat, war ein «fanatischer Tierschützer», ein weltfremder, völlig unwissender «Utopist». Die forschen Töne gehörten von jeher zum Weidwerk, sie sind so ernst nicht zu nehmen. Heute wissen die aufmerksamen Jäger selbst, wie es mit den Wildtieren steht. Die Lage beginnt sich zu wandeln.

Dass sich die Jägerei jetzt gegen mancherlei Angriffe und Kritiken, gerechtfertigte und unsachliche, verteidigen muss, erfüllt keinen Naturschützer oder Tierschützer mit Befriedigung. Wenn heute viel vom Treuhändertum der Jägerei am Wildstand des Landes von «Gottesgeschöpfen» und Weidgerechtigkeit, von ethisch und wissenschaftlich durchdrungenem Weidwerk, sogar von Ökologie gesprochen wird, klingt das zu sehr nach Idealisierung, um glaubhaft zu wirken. Denn es ist selbst der Jägerei bewusst, «dass der wesentlich ethische Gehalt unseres Weidwerks nicht autochthon, das heisst nicht aus dem Weidwerk selbst erwachsen, sondern vom Tier- und Naturschutz übernommen worden ist» (R. Hennig, 1970).

Ausserdem wurde die ursprünglich freie Jägerei im Laufe der Jahrhunderte durch immer neue Gesetze gezähmt. *Die Geschichte der Jagd ist eine Geschichte der Jagdbeschränkungen.* Ohne diese hätte sie sich selbst aufgehoben.

Man sagt, es sei die Tragik des Jägers, dass er sein Wild lieben und doch töten müsse. Sollte es an diesem angeblichen seelischen Zwiespalt liegen, dass die Geschichte des Jagdwildes manchmal so traurig verlaufen ist? Oder spielen beim jagenden Menschen in sein Beuteverhältnis zum Tier nicht mitunter jene urtümlichsten menschlichen Grundeigenschaften hinein: das Haben-Wollen, das Stärker- und Klüger-sein-Wollen, das Gelten-Wollen?

Ich denke, dass ohne die Geschichte unserer Landestierwelt ihr heutiger Stand nicht zu verstehen ist. Jagd, Wirtschaft und der werkende und siedelnde Mensch haben aus der Landestierwelt der Schweiz eine harte Auslese getroffen, *am aktivsten die Jagd.* Aber gerade an der Berechtigung dieser Auslese hat der Naturschutz seit seinen Anfängen mit vollem Recht seine Zweifel geltend gemacht. Er tut es noch heute, er muss es tun. Denn der Entscheid darüber, welche Wildtiere überleben dürfen und welche nicht oder nur in sehr beschränkten Populationen, den sich die Jägerei in alter Zeit unbestritten angeeignet hatte, steht ihr nicht mehr zu. Dies, obschon Hubert Weinzierl und andere das immer wieder axiomatisch vortragen. Genau seine Formulierung: «Jagd ist angewandter Naturschutz», kann keine Gültigkeit beanspruchen. Denn echter Naturschutz muss sowohl die jagdliche Kurzhaltetheorie der karnivoren Wildtiere wie auch die direkte aktive Förderung anderer Arten als biologisch bedenklich ansehen.

Vielleicht ist es ein Hauptertrag aller Geschichte, die Folgen eigener Meinungen und Massnahmen einzusehen. Für die Geschichte der jagdbaren Tiere der Schweiz gilt dies ganz bestimmt.

Der gegenwärtige Schub des Niedergangs, der die heimatliche Tierwelt erfasst, das grosse Sterben an Giften, an der Verderbnis des Wassers und dem Dahinschwinden des Lebensraums trifft die Tiere wohl härter als die Jagd. Allein, es ist nicht zu vergessen, dass die Jagd viele Arten bis an die Grenze der Ausrottung oder bis zum endgültigen Verschwinden getroffen hat, in einer Zeit, als ihrer Existenz noch nichts entgegengestanden hätte.

Jedenfalls ist die Zeit der frischfröhlichen Nutzung der heimatlichen Tierwelt endgültig dahin. Dies und eine tiefe Verpflichtung zu künftiger Sorgfalt mit dem Wildtier der Schweiz – das möchte diese historische Arbeit begründen und vertreten.

1. Kapitel

Vom Wild, vom Wesen der Jagd und vom jagenden Menschen
Eine psychologische Einleitung

Über das Vorkommen der Pflanzen und vieler Tiere in einem gegebenen Gebiet entscheiden klimatische, edaphische, trophische und historische Faktoren; für das Wild, d. h. die jagdbaren Säugetiere und Vögel, entscheiden dazu psychologische Faktoren. Sie geben vielfach den Ausschlag. Die seelischen Möglichkeiten einer Tierart sind entweder breit oder beschränkt. Die bekanntesten Beispiele für ganz beschränkte seelische Weite sind gewisse nordamerikanische Wildhühnerarten, wie das Heidehuhn und das prächtige Präriehuhn und seine Verwandten, die sich vor dem siedelnden und ackerbauenden Menschen zurückzogen und in ihren Rückzugsgebieten durch die Jagd teilweise oder ganz zum Erliegen gebracht wurden. Ein weiteres Beispiel ist der grosse, weisse Reiher Nordamerikas (Ardea occidentalis), dessen extreme, durch die Verfolgung erzeugte Scheu ihn bis hart an die Grenze des Aussterbens führte.

Eine Tierart, deren seelische Möglichkeiten die Anpassung an die durch den siedelnden Menschen geschaffenen, veränderten Verhältnisse nicht erlauben, hat keine Aussicht zu überleben. Selbst wenn sie sich in beschränkten Rückzugsgebieten noch eine Zeitlang zu halten vermag, wird ihr schliesslich der werkende und nutzende Mensch auch dorthin folgen und sie aufreiben.

Wie stark das Tier in seiner Existenz und in seiner Lebensweise vom Menschen beeinflusst wird, darüber sind wohl alle Vorstellungen deshalb unvollkommen, weil für die Tiere der heutigen Umwelt genaue Beobachtungen ihres unbeeinflussten Lebens nicht mehr möglich sind. Bekannt ist, dass die heutige nächtliche Lebensweise der Hasen, der Hirsche und in zunehmendem Masse auch der Rehe vom Lebensrhythmus des Menschen bestimmt wurde. Das Verhalten dieser Wildarten war in der Nacheiszeit von dem heutigen höchst verschieden.

Einige Beispiele mögen zeigen, wie stark der Mensch auf den Körper, die Lebensgestaltung und das seelische Wesen des Wildes eingewirkt hat.

Hase, Reh und Rothirsch sind vom Menschen beziehungsweise dessen land- und forstwirtschaftlicher Bewirtschaftungsform in hohem Masse abhängig. Von der Pflanzennahrung, die das Wild in Wald und Feld vorfindet, hängen sein Körpergewicht, die Geweihbildung, seine Widerstandsfähigkeit gegen klimatische Unbilden, gegen Krankheiten und natürliche Feinde ab. Von der jagdlichen Bewirtschaftung sind das Durchschnittsalter, das Gewicht, die Bestandesdichte, das Geschlechterverhältnis, der Altersaufbau abhängig, vom Weidegang des Gross- und Kleinviehs rührt die Mehrzahl der Wildkrankheiten in der Schweiz her usw.

Noch einschneidender sind die seelischen Veränderungen des Jagdwildes. In heutigen Jagdbüchern wird der Hase allgemein als nächtliches Tier geschildert, doch liebt er nach Hediger die Sonnenbestrahlung sehr. Die Bejagung des Wildes hat dessen vorwiegend nächtliche Lebensweise zur Folge. Auch der Edelhirsch verlässt erst in der Dämmerung und nachts seine Tagesaufenthaltsorte, wo er, wenn ungestört, viele Stunden ruhend oder im Halbschlaf dösend zugebracht hat, und begibt sich erst spät an die Orte der Nahrungsaufnahme. Das kann für die Ernährung des Wildes, dessen Gewicht und Grösse nicht ohne Folgen bleiben. Reh- und Edelwild sollen heute nicht mehr die Stärke erreichen wie noch im 17. und 18. Jahrhundert. Der Rothirsch brunftet in bejagtem Gebiet ausschliesslich nachts, nur an einigen wenigen Orten, wo er sich sicher fühlt, auch tagsüber. Durch die Verlegung der Aktivität auf die Nacht hat sich das Wild ein zeitliches Rückzugsgebiet geschaffen, um sich vor dem vorwiegend tagsüber aktiven feindlichen Menschen zu trennen (Hediger), eine Analogie zum Ausweichen vieler Tiere in räumliche Rückzugsgebiete, in Siedelungsferne. Über die Tageseinteilung des Rothirschs in Zeiten, als er nicht oder nur selten mit dem Menschen in Berührung kam, lassen sich nur Vermutungen anstellen. Der Lebensrhythmus von Tagesarbeit und Nachtruhe hat seit Jahrhunderten dem Wild seine Aktivitäts- und Ruhezeiten aufgezwungen. Wäre dem Wild die Anpassung seines Tagesablaufs unmöglich gewesen, so wäre es aus dem Siedelungsgebiet des Menschen genau so verschwunden wie die Wildhühner Nordamerikas.

Eine grosse Leistung des Wildes ist seine Anpassung an die jagdliche Waffentechnik des Menschen. Diese Anpassung ist vielleicht etwas vom Erstaunlichsten, weil sie sich innert verhältnismässig kurzer Zeit vollzogen hat. Bis zum 17. Jahrhundert erfolgte die Jagd auf Hirsch und Reh fast ausschliesslich in der Form der Hetze. Bis zum 18. Jahrhundert war sogar die Schiessjagd beim zünftigen, vom Adel betriebenen Weidwerk verpönt, selbst als die Jagd mit der Büchse vom bürgerlichen Jäger schon längere Zeit ausgeübt wurde. Der Übergang von der Hetze zur Schiessjagd dauerte jedoch kaum länger als 50 bis 70 Jahre, eine für die Umstellung im Fluchtverhalten einer Tiergruppe kurze Zeit. Aber aus der Zeit der ausschliesslichen Hetzjagd blieb bei Reh und Hirsch eine Verhaltensweise erhalten: das Durchbrechen der Treiberkette. Diese Flucht gegen die Treiberfront stammt bei den Hirschen aus der Zeit der Hetzjagd, bei der das Wild in starke, an den Baumstämmen des Waldes aufgehängte Netze getrieben wurde. Sobald es sich in die Netze verstrickt hatte, wurde es eingeholt und mit der blanken Waffe getötet. Aus dieser Zeit kam es beim Wild zu einem «Wissen» um die kommende Gefahr der Netze und veranlasste es zum Durchbruchsversuch durch die Treiberkette mit Schnelligkeit, Schleichen, Verstecken, kurz, mit allen Künsten bedrängter Tiere. Der Durchbruch durch die Treiberkette wurde zum festen Inventar der Flucht bei Hirsch und Reh, mitunter sogar bei kleinen Jagdtieren. Und doch meisterte das gesamte Wild die Umstellung auf die Schiessjagd: Hase, Reh, Hirsch, Wassergeflügel und alles Haar- und Federraubwild. Dass dabei eine harte Auslese der Individuen stattfand, liegt auf der Hand. Individuen mit zu langsamer oder zu geringer Fluchtreaktion wurden früher weggeschossen als scheuere Tiere. Noch heute geht diese Auslese der Individuen besonders in Patentkantonen weiter, indem leichter erreichbares Wild, zum Beispiel tiefer stehende Gemsen oder weniger heimliche Rehböcke oder vertrautere Stücke, zuerst erlegt werden. Daraus geht hervor, dass der Mensch mit seinen jagdlichen Gewohnheiten, Methoden, seinen Jagdwaffen, auch seiner jagdlichen Bewirtschaftungsform das Fluchtverhalten des Wildes beeinflusst hat und es noch immer tut. Wie unsachlich die weitverbreitete Jägeransicht ist, das Wild *müsse* unvertraut und flüchtig sein, man wolle keine halbzahmen Rehe oder Gemsen, ist ohne weiteres klar. Der Jäger von heute, um einige Jahrhunderte zurückversetzt, würde beim damaligen Wild von Kühen und Ziegen zu sprechen beginnen, weil dessen geringere Fluchtbereitschaft und Fluchtdistanz diesen Eindruck machen würde.

Aus diesen wenigen Beispielen sollte hervorgehen, wie stark die Einwirkung des Menschen auf das Wild ist und nicht aufhört zu sein. Die Versuchung liegt nahe, die Möglichkeit einer psychologischen Schilderung des jagdbaren Wildes überhaupt zu bestreiten. Denn was geschildert werden kann, ist einzig das Verhalten des Wildes in einer gegebenen Zeit und einem gegebenen Raum, weil sich sogar in der kurzen Spanne der überblickbaren geschichtlichen Zeit das Verhalten der jagdbaren Tiere verändert hat.

Es ist herkömmlich, jede Geschichte der Jagd mit der Jagd der Altsteinzeit zu beginnen. Denn das weiss jeder Schweizer Schüler: Seit der Nacheiszeit wurde auf dem Gebiet unseres Landes gejagt. Beweis: die Knochenfunde in den Höhlen der Schweiz. Paul Vetterli (1947) geht in seinem Jagdbuch noch weiter zurück. Er stellt sich die vorzeitliche Jagd folgendermassen vor: «Am Anfang grauer Urzeit war der Jäger – gleichgültig ob es sich dabei um den Neandertaler, um den Homo heidelbergensis oder um eine pithecanthropoide Form, um Homo primigenius oder Homo sapiens fossilis handelt... Es erscheint durchaus wahrscheinlich, dass vor das Erlegen des lebendigen Beutetieres das Finden des Beutekadavers zu rücken ist... Das uralte Gesetz 'Nähre und wehre dich' hat den Urmenschen zum Jäger gemacht.» Aber so einfach ist das nicht. Der altsteinzeitliche Mensch lebte in einem damalig arktischen Klima bestimmt nicht viel anders als der heutige Mensch der Arktis. Denn je weiter der Mensch gegen Norden vordrang, desto ausschliesslicher war er auf Fleischnahrung angewiesen. Das ist heute nicht anders. An der vorzeitlichen Jagd ist nicht zu zweifeln. Aber sie entsprang nie einem irgendwelchen «Trieb». Der vorzeitliche Mensch entfernte sich mit der ersten Haustierhaltung einen ersten Schritt von der Jagd. In unseren Gegenden mit der Haltung des Pfahlbaurindes, einer Entsprechung des zahmen Rens der heutigen subarktischen Völker.

Mit der klimatischen Erwärmung und den ersten Kulturpflanzen und weiteren Nutztieren spielte die Jagd als Nahrungserwerb eine zunehmend geringere Rolle. Darum hat die Jagd der Vorzeit mit dem heutigen Jagdvergnügen nicht das leiseste zu tun. Die heutige Jägerei von der Vorzeit herzuleiten ist historisch unzulässig. Denn soviel ist wohl allgemein klar: Seit den Tagen der Altsteinzeit hat die Jägerei einige Wandlungen erlebt. Eines ist auf alle Fälle gewiss: *Der vorzeitliche Jäger jagte zum Nahrungserwerb, mit hungrigem Leib. Der heutige Jäger fährt mit seinem Wagen satt und vollgegessen zur Jagd. Der Mensch der Vorzeit jagte aus Armut und Not, der Jäger heute, weil es ihm sein Wohlstand erlaubt.* Der vorzeitliche Mensch jagte unter Einsatz seiner ganzen Kraft, vielleicht seines Lebens. Der heutige Jäger schiesst seine herangehegten, mit teuren Futtermitteln zu möglichst starken Geweihträgern herangehegten Hirsche vom Hochsitz oder vom gepflegten, sauber gekehrten Pirschpfad aus... zum Vergnügen.

Was hat die heutige sportliche oder vielleicht auch wirtschaftliche Jägerei mit der vorgeschichtlichen Nahrungsjagd zu tun? Was hat der vielgenannte «Beutetrieb» des Jägers mit der Vorzeit zu tun? *Die heutige Jagd ist nicht eine neuzeitliche Stufe der Jagdentwicklung, wie sie herkömmlicherweise, sozusagen geradlinig von der Urzeit hergeleitet wird.* Genau so wenig, wie das Tierleben der Nacheiszeit mit der heutigen Restfauna Mittel- und Westeuropas noch etwas zu tun hat. Denn die jagdbare Tierwelt der Gegenwart ist in der Schweiz mit viel Mühe und immer strengeren Gesetzen neu aufgebaut worden und hat als Tierbevölkerung mit der Urzeit unseres Landes so viel zu tun wie der heutige Wald mit dem Urwald von einst.

Die Jagd als Teil des mensch–tierlichen Verhältnisses hat eine lange Geschichte. Genau genommen gibt es keine Jagdgeschichte für sich. Die Gestalt der Jagd hängt von jeher von der politischen und sozialen Geschichte der einzelnen Länder ab, vom wirtschaftlichen Aufbau der Gesellschaft, auch von der herrschenden Meinung über Mensch und Tier, von manchen philosophischen Ansichten, die in ihrer Zeit irgendwie in die Breite gedrungen sind, etwa vom «Zeitgeist», oder besser von alledem, was der Begriff der politischen, moralischen und sozialen Ideologie umfasst.

Die Jagd heute wurzelt in total anderem Boden als die der «grauen Vorzeit». Nur dass dabei heute wie einst freilebende Tiere getötet werden. Aber schliesslich tötet auch der Schermauser freilebende Tiere und zählt doch nicht zu den Jägern.

Das Verhältnis des Menschen zu den jagdbaren Säugetieren und Vögeln seines Wohnraumes gestaltet sich als Verhältnis vom Jäger zur Beute und wird so zum Schicksal unserer Landestierwelt. – Der Mensch ist das Schicksal der Tiere. Kaum je wird eine Tierart einer anderen zum Schicksal. Der Rückgang der einen oder anderen Art des jagdbaren Wildes wird zwar von den Jägern immer wieder dem Faktor «Raubwild» zugeschrieben. Aber kein Raubtier hat jemals seine Beutetiere aufgerieben. Die Frage nach der Schicksalsbestimmung der Tierwelt durch den Menschen wurde schon für die frühe Zeit gestellt. W. Soergel untersuchte 1912 das Aussterben der diluvialen Säugetiere und die Jagd des diluvialen Menschen, weil G. Steinmann in seinen Geologischen Grundlagen der Abstammungslehre (Leipzig 1908) den Menschen als Faktor für das Aussterben diluvialer Säugetiere angesehen hatte. Soergel kommt jedoch zum Schluss: «Der Vernichtungstrieb ist keine Eigenschaft des wilden Mannes. Er hat auch dem diluvialen Menschen gefehlt, dessen Jagd auf das Verschwinden von nur zwei von neun ausgestorbenen Arten Einfluss gehabt haben mag. Der Vernichtungstrieb ist ein Privileg der zivilisierten Rassen und erst zur vollen Entfaltung gekommen, seit Erwerbssinn und Gewinnsucht Motive zur Jagd geworden sind. Und das bedeutet die neueste und letzte Phase der menschlichen Jagd, die mit dem Untergang alles Grosswildes endigen muss, soweit es nicht durch Zähmung diesem Schicksal entgeht…» Soergel zitiert H. von Kabisch, der jahrelange Studien in Nordamerika gemacht hatte: «Der Indianer schiesst nicht mehr, als er verwenden kann. Er braucht nicht den zehnten Teil von dem, was der weisse Market Hunter oder Marktfischer aufreibt. Denn dieser geht von dem Grundsatz aus: 'Was ich nicht aufarbeiten kann, soll auch kein anderer haben!' Der weisse Jäger hat den Bison und die Wandertaube ausgerottet, er hat den Biber so vermindert, dass sein Balg auf dem Markt kaum noch zählt, er ist auf dem besten Weg, auch den Wapiti, den Elch, das Bighorn und die Antilope (Gabelbock) in absehbarer Zeit zu vernichten… Überall hat der Weisse den Eingeborenen inmitten einer individuenreichen Fauna angetroffen, nirgends hat sich ein Anhaltspunkt dafür gefunden, dass durch die Jagd dieser Menschen der Bestand der einheimischen Fauna gefährdet worden wäre… Wo der Kulturmensch sein Vernichtungswerk heute noch nicht vollendet hat, da sehen wir ihn rüstig an der Arbeit, und wie lange wird's noch dauern, dann gehört auch der scheinbar unerschöpfliche Wildreichtum Innerafrikas vergangenen Zeiten an…» Das schrieb Soergel 1912. Aber seine Prophezeiung erfüllte sich. Es ist überall derselbe Vorgang. Überjagung, dann Hege und Stabilisierung auf dem Stand einer artlich verarmten Restfauna mit Sportjagd. Diese Gesetzmässigkeit zeigt sich auch am Beispiel der Schweiz.

Wie weit die Jägerstationen der schweizerischen Altsteinzeit den Charakter jahreszeitlich beschränkter Siedelungen trugen oder lediglich dem Erwerb der benötigten Felle und Häute, Knochen und Geweihe zur Herstellung der Lager, Bekleidung und Werkzeuge dienten, geht teilweise aus den Funden, nicht aber in allen Fällen mit Sicherheit hervor.

Die von O. Tschumi (1949) herausgegebene Urgeschichte der Schweiz gibt für die sicheren Dauersiedelungen für die neolithischen Pfahlbauten folgende Liste der wildlebenden Wirbeltiere, die in den westschweizerischen, luzernischen, zürcherischen und bernischen Fundorten sowie am Untersee festgestellt worden sind. Genau dieselbe Liste findet sich bei K. Hescheler und bei Göldi: Igel, Feldhase, Biber, Eichhörnchen, brauner Bär, Dachs, Marder, Iltis, Hermelin, Fischotter, Wolf, Fuchs, Wildkatze, Luchs, Wildpferd, Wildschwein, Edelhirsch, Reh, Elch, Gemse, Steinbock, Ur, Wisent. An Vögeln: Steinadler, Flussadler, Milan, Habicht, Sperber, Mäusebussard, Ringeltaube, Haselhuhn, Storch, Blässhuhn, Singschwan, Schnepfe, Kranich, grosse Trappe, Wildgänse, Wildenten, Knäckente. Die Pfahlbauer hatten als Haustiere: Schwein, Ziege, Schaf, Rind. Das Pferd als Haustier ist dem Bronzezeitalter zugehörig.

In der Jungsteinzeit setzten der Ackerbau und die Viehzucht ein. Die Jagd freilich hörte nicht völlig auf. Doch überwiegen in quantitativ gut untersuchten jungsteinzeitlichen Siedelungen die Haustiere die Wildtiere um ein beträchtliches. Im mittleren Neolithikum treten die Wildtiere wieder stärker hervor, vielleicht als Folge eines Kulturrückschrittes. Dann aber ist im Voll- und Spätneolithikum eine auffällige Abnahme der Wildtiere festzustellen. Unter diesen steht aber immer noch der Edelhirsch als Vorherrscher da. Seine mächtigen, doch leicht spaltbaren Knochen fanden zu Beilen, Harpunen und Feldhacken mannigfache Verwendung. An Wildtieren waren zum Beispiel in Burgäschi vorhanden: Wisent, Ur, Wildpferd, Wildschwein, Elch, Gemse, Steinbock, Reh und Damhirsch. Es ist eine ausgesprochene Wald- und Wiesentierwelt, die unter dem zerstörenden Einfluss des Menschen allmählich verarmte. Hält man neben diese Ausführungen die späteren, stets gleichen jagdlichen Vorgänge, so muss neben die vier ersten Tierarten der Liste von Burgäschi, Wisent, Ur, Wildpferd, Wildschwein, die Boettgersche Regel gehalten werden, die lautet: Wilde Stammarten werden nach Gewinnung von Haustieren als zuchterschwerend erhöht verfolgt (J. Krumbiegel 1954). Ur, Wildpferd und Wildschwein, die den damals als Weidehaustiere frei gehaltenen Rindern, Schweinen und Pferden immer wieder sexuell nahetraten oder die Haustierherden durch Absprengen von weiblichen Tieren beraubten, wurden stärker verfolgt. Als historisches Beispiel für diesen Vorgang sei an die Vernichtung der wilden Rentiere durch die Lappen erinnert, weil die wilden Renhirsche durch Absprengen von Kühen aus den Hausrenherden lästig wurden. Die weiteren Arten der Liste von Burgäschi folgen wohl dem scheinbar unsterblichen Gesetz der «Wildschadenbekämpfung», was ohne Zweifel für Elch und Hirsch gilt, die den Äckern der Pfahlsiedelungen Schaden zufügten. Unwahrscheinlich endlich erscheint nicht, dass Gemse und Steinbock teilweise schon damals Opfer der Bächlerschen Regel waren, nach der stenöke Arten besonders gefährdet sind, wenn der Aberglaube Teile ihres Körpers als Heilmittel ansieht (Krumbiegel 1954).

Die Destruktion der freilebenden Tierwelt begann mit der Kultur. Noch muss aber festgehalten werden, dass mit dem Erscheinen der Haustiere die Jagd auf Wildtiere zurückging. Besonders deutlich wird dieser Vorgang aus den Daten von F. W. Würglers Beitrag zur Kenntnis der mittelalterlichen Fauna der Schweiz (1956). Aufgrund umfangreichen Zahlenmaterials aus den Grubenfunden in vielen Burgen der Schweiz ergibt sich folgendes Bild als Ergänzung der urgeschichtlichen Funde:

	Wildtiere	Haustiere
Frühe Jungsteinzeit	85,4 %	14,6 %
Mittlere Jungsteinzeit	52,0 %	48,0 %
Späte Jungsteinzeit	27,7 %	72,3 %
Bronzezeit	4,1 %	95,9 %
Römerzeit	1,0 %	99,0 %
um das Jahr 1000	0,7 %	99,3 %
um 1000 bis 1340	2,4 %	97,6 %
um 1200 bis 1400	0,9 %	99,1 %
15. Jahrhundert	4,4 %	95,6 %
und	4,5 %	95,5 %

Diese Zahlen zeigen:
1. Die steinzeitliche Jagd war reine Nutzjagd
2. Die kulturell höhere Bronzezeit brachte trotz besserer Waffen keinen An-, sondern einen schroffen Abstieg der Nutzjagd.
3. Der Kulturrückgang infolge kriegerischer Ereignisse (Völkerwanderungszeit) bringt einen neuen Anstieg der Nutzjagd.
4. Ziemlich deutlich zeigt sich auch im 15. Jahrhundert die Zuwendung des verarmten niederen Adels, wohl auch des Raubadels, auf die Fleischreserven des Wildstandes. Jedenfalls geht aber aus den Untersuchungen Würglers hervor, *dass der «Jagdtrieb» als menschlicher «Urtrieb» auf recht schwachen Füssen steht.* Jedenfalls gehört er nicht zum Inventar wirklicher Urtriebe, sondern gehört scheinbar einer viel späteren Zeit der kulturellen Entwicklung an. *Dafür spricht auch, dass im ganzen Mittelalter und in der Neuzeit ausgerechnet diejenige Gesellschaftsschicht den stärksten «Jagdtrieb» besass, die an den materiellen und geistigen Gütern der Kultur den grössten Anteil hatte,* in monarchischen Ländern die Fürsten, der Adel und die hohen kirchlichen Würdenträger, in der Schweiz die regierungsfähigen Geschlechter, der gehobene städtische Bürgerstand, der Grundbesitz und die hohe Geistlichkeit.

Schiller hatte vielleicht diese Schicht von Menschen im Auge, als er in der «Braut von Messina» schrieb:

Die Jagd ist ein Gleichnis der Schlachten
Des ernsten Kriegsgotts lustige Braut –

Zu seiner Zeit war es dieselbe Klasse, welche die Völker in die Kriege hetzte, die sich daneben mit dem Krieg gegen die Jagdtiere vergnügte. Sollten diese über ihre Jagdrechte so eifrig wachenden Stände wirklich über den stärksten «jagdlichen Urtrieb» verfügt haben?

Vom 16. bis 18. Jahrhundert ist manches von gelegentlicher Jagdwilderei überliefert, doch wird als Motiv nie die unbezähmbare Jagdlust angegeben, sondern stets die Defensive des geplagten Bauern gegen den Flurschaden überhegter Wildbestände oder der Fleischgewinn. Aus den heutigen Verhältnissen kann eine psychologische Grundlage der Jagd nicht abgeleitet werden, wie es etwa Müller-Using (Zs. f. Jagdwissensch. 2,3) tun will. Er sagt dort in seinem Aufsatz «Ethik des Weidwerks»: «Unter allen Denkenden gibt es heute keine Diskussion mehr darüber, dass unser Jagen etwas Triebhaftes ist. Damit ist die fast banale Weisheit ausgesprochen, dass man dem Motor unseres jagdlichen Tuns, dem veranlassenden Trieb – wir wollen ihn Beutetrieb nennen – kein moralisches Mäntelchen umhängen kann. Es ist aber eine merkwürdige Sache, dass sich ein Teil der europäischen Jäger des ihm angeborenen und unbeeinflusst gebliebenen Triebes zu schämen scheint.

Man jagt... um der armen Leute willen, die man vor Wildschaden bewahren will (sehr sozial, ein heute warm zu empfehlendes Motiv), man jagt wegen des Abschussplanes (den man zuvor doch so hoch wie nur möglich geschraubt hatte), man jagt um der Aufartung der Wildbestände willen (als ob ein alter Gebirgssechser nicht jedem Jäger Freude machte). Nur aus Leidenschaft... scheint heute keiner mehr zu jagen...

Das Jagen selbst, so darf abschliessend noch einmal gesagt werden, ist triebhaft und damit vor- und ausserethisch, ohne doch einer in ihm selbst liegenden Rechtfertigung zu entbehren.»

Mag viele Jäger das Bewusstsein, einen ganz speziellen «angewölften Beutetrieb» zu besitzen, glücklich machen. Historisch und objektiv gibt es keine Grundlage dafür. Die Grundlage des Jagens oder Jagdvergnügens, wie das in älterer Zeit oft bezeichnet wird, ist dieselbe wie die des Herrschens, *der Machttrieb.* Dieser kann ja in gewisser Beziehung als Urtrieb bezeichnet werden. Hier kommt vielleicht der deutsche «Lehrprinz» von Oberländer (Ausgabe 1900) der Sache etwas näher: «Die Schusswaffe verkörpert die gewaltige Überlegenheit des Menschengeistes gegenüber der vernunftlosen Kreatur. Sie ist in Wahrheit die Grundlage der Weltherrschaft, welche der Kulturmensch über den Erdball ausgebreitet hat und bis in die finsteren Urwälder des kulturfeindlichen Afrika und die sonnendurchglühten Steppen Asiens, jeden Widerstand mit eisengepanzerter Faust brechend, getragen hat! Denn die Grundlage der Weltherrschaft ist die Gewalt, und die grösste Gewalt besitzt heute derjenige, der über die besten Schusswaffen verfügt. Gegen diese hainbuchene Wahrheit kommt keine theoretische Humanitätsduselei auf, und die in dicke, schweinslederne Folianten gebundene Professorenweisheit über ewigen Weltfrieden und andere Grosskindermärchen wird von den nüchternen Tatsachen alle Tage durchlöchert wie eine alte Cigarrenkiste von der Büchsenkugel.»

Halten wir dieser Ausdrucksweise zugute, dass sie aus einer Zeit stammt, bevor Deutschland diese Anschauungen in zwei Weltkriegen erprobt hatte. Sachlich trifft der «Lehrprinz» den Nagel auf den Kopf, wenn er das Jagen mit dem Machttrieb zusammenstellt. Etwas peinlich für einen gebildeten Deutschen ist wohl nur, dass er Kants Büchlein «Zum ewigen Frieden» für einen dickleibigen, schweinsledernen Folianten hält. Aber es war von jeher die Tragik des deutschen Volkes, dass seine Führer, die es mit Kanonen und Bajonetten gross machen wollten, die wahren grossen Deutschen knapp dem Namen nach kannten.

Leicht unwohl wird dem Leser aber erst, wenn er in dem Aufsatz von E. Weiger «Begriff und Entwicklung der Jagdethik» (Zs. f. Jagdwesen 2,3) den Satz liest: «Es ist und bleibt eine oberflächliche und wohlfeile Kritik, die da argwöhnt, wir wollten nur mit ethischen Zieraten jagdliches Morden verbrämen. Nichts liegt uns Jägern ferner als solche Scheinheiligkeit.» Etwas weiter unten liest man jedoch trotzdem: «Jeder wahre Jäger und Weidmann ist im innersten Wesenskern fromm, d. h. gottnah... Er umsorgt, hegt treuhänderisch edle Gottesgeschöpfe.» Ganz ohne den Heiligenschein aus Katzengold ging's also doch nicht!

Dies wenige von den endlosen jagdpsychologischen Theorien mag genügen. Wohl nur die konkreten Tatsachen geben Aufschluss: Die Jagd ging im 19. Jahrhundert von den hohen Ständen auf den Staatsbürger über. Einst hatte sie genauso ein Privileg der Aristokratie gebildet wie das blanke Parkett in den Palästen, das seidene und samtene Gewand, das feine Linnen oder das Lacklederzeug, was alles niedrigen Ständen verboten war. Jede Revolution ging mit dem Einbruch in die Privilegien der oberen Stände einher; jeder Rebell, auch der kleine, nahm sich die Freiheit zu jagen, jeder Räuber des 18. und 19. Jahrhunderts lebte mit seiner Bande vom Wild, nicht nur der «bayrische Hiesel», dessen Rebellion sich beinahe ausschliesslich gegen die adligen Jagdprivilegien richtete. Denn die Jagd war einst Symbol aristokratischer Rechte, Besitz der hohen Stände. Jäger sein heisst Herr sein – und wäre es nur Tyrannei über das waffenlose Wild. Jäger sein ist eine Art Verwirklichung der biologischen Hierarchie. Der Jäger ist der Oberste, mindestens solange er die Waffe führt. Die Jagd ist darum individualpsychologisch aus dem Bedürfnis zu dominieren, zu verstehen; soziologisch ist sie zum Standes- oder Statusausweis geworden. Jagd zur Nahrungsbeschaffung ist im Aussterben, oder sie ist schon tot und begraben.

Prof. Hediger äussert in seinem teilweise gedruckten Kolleg über Jagdzoologie einleitungsweise, dass für viele Jäger der Augenblick des Tötens den Höhepunkt ihrer jagdlichen Tätigkeit bedeute. Man habe dementsprechend schon von einem Lustmord am Tier gesprochen. Dasselbe erwähnt auch Müller-Using. Dass damit der Weg in die analytische Psychologie gewiesen wird – und zwar mit Recht –, sei nur nebenbei erwähnt. Eine jagdpsychologische Untersuchung gehört nicht hieher. Nur der Beweis, dass an einem jagdlichen Urtrieb mit vollem Recht zu zweifeln ist. Die Natur hat nun einmal keinen besonderen Jagdtrieb für Weidmänner bereitgestellt. Der sogenannte «Beutetrieb» ist das am Tier abreagierte Macht- oder Herrschbedürfnis, ein den ältesten psychischen Schichten zugehörender Wunsch zu dominieren, der tief im Unbewussten wurzelt und ahnungsweise beim Tragen der Waffe gefühlt oder im Prestige des Besitzes eines «Königreichs Revier» (v. Beck, 1953) erkannt wird.

Mag für den Bauernjäger oder den weidwerkenden Gastwirt da und dort auch ein wirtschaftliches Interesse mitspielen – das Vergnügen für die Hauptmasse der Jäger besteht im Dominieren, im Sieg über die feinen Sinne des Wildes, im eigenen Können, der eigenen Leistung und Schiessfertigkeit, kurz in alledem, was man von Jagdkumpanen oder bei der nachherigen Pintenkehr von Bekannt und Unbekannt gebührend bewundern lässt.

Es ist das Gefühl des restlosen Dominierens, der Entscheidung über Leben und Tod anderer Geschöpfe, das zum Jagdtrieb gehört. Darum hat Ortega y Gasset in seiner Jagdphilosophie die Kamerajagd als etwas Unechtes, Verkommenes mit scharfen Worten abgelehnt, ausgerechnet also das, was Freiherr von Beck als edelstes Weidwerk empfindet und empfiehlt. Mag man als hochprozentiger Jäger die neuzeitliche «von humanitärem Zartgefühl angekränkelte» Jagdmoral ablehnen, wie es auch Ortega y Gasset tut, so wird das doch nichts daran ändern, dass die humanitäre Forderung gegenüber dem wehrlosen Tier bestehen bleibt und auch vor dem herkömmlichen Jagdbetrieb nicht haltmacht.

Ulrich Wendt (1908), der sich über das Grundsätzliche und das Akzessorische der Jagd schon längst vor dem Spanier Gedanken gemacht hat, weist auf die strittigen Dinge hin, die einer wirklichen Veredelung des Jagdvergnügens im Wege stehen. Er sagt über die Dressur oder Abführung des Hundes: «Sittliche Roheiten in der Behandlung des Hundes kann man alle Tage sehen, und der Reiz der Jagd liegt für manchen stolzen Jäger zum nicht geringen Teil gerade in der Annehmlichkeit, sich als unbeschränkter Herr zu fühlen gegenüber dem Wilde und dem Sklaven mit vier Beinen. Diese Herrenmoral muss fallen, wenn sich die Jägerwelt veredeln und den Angriffen der Laien widerstehen soll, nicht nur durch die Macht der toten Hand, die über der Jagd noch schützend schwebt, sondern auch im Einsatz sittlicher Gefühle. Die Jagd ist notwendig, die Tierwelt muss zurückgehalten werden, wenn die Landwirtschaft gedeihen soll, *aber der Abschuss könnte durch ein angestelltes Personal erfolgen*. Gerade der Umstand, dass das Töten Freude macht, lässt sich schwer vertreten vor dem Forum der Moral und nur verteidigen durch die Tatsache, dass atavistische Instinkte geltend sind, die noch nicht ausgeschaltet werden können… Freilich bleibt das Töten immer das Punctum saliens, das ist nicht fortzuleugnen und sollte vom Jäger nie bestritten werden, wenn er nicht in eine schiefe Stellung kommen will. Die Lust an der Jagd ist ein gewachsenes Empfinden, eine angeerbte Neigung, ist die Befriedigung der überkommenen Instinkte unserer Vorfahren… Wer diese Instinkte nicht besitzt, versteht den Jäger nicht…»

Es handelt sich heute nicht mehr um die Vernichtung der Tierwelt, sondern um ihren Fortbestand. Der Jäger ist auch Heger, d. h. Züchter. Er behauptet, sein Wild zu lieben, und tötet es. Das tut der Bauer auch mit seinem Vieh, *aber er macht sich aus dem Töten kein Vergnügen, das ist der fundamentale Unterschied.* Es sind nicht immer die edelsten Instinkte, die im Jäger tätig sind, und um diese nicht aufkommen zu lassen, muss das Mitleid sie beherrschen. Die Jägerei kokettiert so gerne mit ihrer Liebe zum Wild, streichelt am liebsten den Spiesshirsch und berechnet dabei in Gedanken, *welch jagdliche Trophäe er in einigen Jahren liefern kann.* Das erinnert mich an die gemütvolle Bauersfrau, deren Mann gestorben war und die im Stall mit Schluchzen mühevoll die Worte sprach: «Ihr armen, armen Säu! Wer wird euch nun zu Weihnacht abstechen?»

Soweit Ulrich Wendt, der selbst Jäger war und die Problematik des Jagdvergnügens mit einer Klarheit ausgesprochen hat, die wohl kaum übertroffen werden wird. Ob freilich die moralischen Qualitäten, die in seinem Sinne vom Jagdausübenden verlangt werden müssten, jemals zum Besitz der Mehrzahl der Jäger werden können, mag wohl bezweifelt werden. Das beweist das um die Wende des Jahrhunderts vielleicht verbreitetste Buch in schweizerischen Jägerkreisen, Diezels «Niederjagd», die, obwohl von Auflage zu Auflage in Einzelheiten gemildert, doch nie dem entsprach, was Wendt von der neuen Jägerei erwartete. Auch die von Müller-Using völlig neubearbeitete Ausgabe von Diezels «Niederjagd», die von dem alten Diezel nur noch den Titel übernommen hat, enthält Ratschläge und Anschauungen, die der Pflege der Landestierwelt, welche die Jägerei als ihre Domäne betrachtet, nicht entsprechen.

Damit sei das Kapitel des psychologischen und ethischen Gehalts der Jagd geschlossen, oder besser, abgebrochen. Denn gerade hier wäre des «Bücherschreibens kein Ende».

2. Kapitel

Jagdliche Ideologien und geschichtliche Perioden, ein Stück des Schicksals der freilebenden Tierwelt

In seinem Kolleg über Jagdzoologie bezeichnete Prof. Hediger die Jagd als einen Sonderfall des tier–menschlichen Verhältnisses. Es kommt zur chronischen Distanzierung Tier–Mensch. Die Distanzierung wird im Fluchtverhalten der Tiere bei der Annäherung des Menschen veranschaulicht. Die Grösse der Fluchtdistanz richtet sich nach der Wirkungsweite der Jagdwaffen. –

Die chronische Distanzierung Tier–Mensch besteht im Grunde nicht allein für die Jagd. Sie ist eine Urtatsache. Die Grundlage des mensch–tierlichen Verhältnisses ist die Nutzung. Im abendländischen Kulturkreis gründet sich die Nutzung der Natur ideologisch erstens auf die beiden von der Bibel überlieferten Schöpfungssagen, zweitens auf die biblische Sündflutsage.

Die erste Fassung der Schöpfungsgeschichte sieht als Nahrung des Menschen nur Vegetabilien vor: «Und Gott sprach: siehe da, ich habe euch gegeben allerlei Kraut, das sich besamet auf der ganzen Erde, und allerlei fruchtbare Bäume, die sich besamen, zu eurer Speise...» (Gen. 1, 29). Die zweite Fassung sieht als menschliche Speise nur Früchte vor: «Du sollst essen von allerlei Bäumen im Garten...» (Gen. 2,16). Das änderte aber nach der sogenannten Sündflut, als die nach dem biblischen Bericht einzig Überlebenden, Noah und seine Familie, neu begann: «Und Gott segnete Noah und seine Söhne und sprach: Seid fruchtbar und mehret euch, und erfüllet die Erde. Eure Furcht und Schrecken sei über alle Tiere auf Erden und über alle Vögel unter dem Himmel, über alles, was auf dem Erdboden kreucht, und über alle Fische im Meer; in eure Hände seien sie gegeben. Alles, was sich regt und lebet, das sei eure Speise; wie das grüne Kraut habe ich's euch alles gegeben.»

Auf diesen biblischen Wiedergaben der israelitischen Version der vom alten Orient übernommenen Schöpfungs- und Flutsagen fusst ideologisch auch der christliche Anspruch auf das Recht unbeschränkter Nutzung der Tierwelt. Diese Anschauungsweise ist jahrtausendealt und fasst nur in Worte, was schon immer zuvor bestand.

Die Liste der in den neolithischen Siedelungen der Schweiz gefundenen Tiere enthält Namen von Tieren, die zum Teil, wie zum Beispiel der Tarpan und der Ur, kaum mehr ihrer Gestalt nach genau bekannt sind.

Biber, brauner Bär, Wolf, Wildkatze, Luchs, Wildpferd (Tarpan), Elch, Ur, Wisent, Kranich, grosse Trappe, Wildgänse sind tatsächlich in unserem Lande als Standwild vorhanden gewesen und sind hier erlegt worden.

Der Biber verschwand aus seinen letzten ostschweizerischen Standorten nach C. Keller (1892) und Göldi (1914) im ersten Viertel des 19. Jahrhunderts. Im benachbarten Österreich fielen nach Brehm 4 erst 1867 die letzten Exemplare Wilddieben zum Opfer.

Den Bär zählen Römer und Schinz (1809) noch immer zu den Schweizer Tieren, sogar Göldi (1914) glaubt ihn unrichtigerweise für das Misox und das «wilde Val Cluozza» noch als Standwild ansprechen zu dürfen, doch scheint nach den historischen Mitteilungen von Stefan Brunies der Bär schon im 19. Jahrhundert in Graubünden nur noch als Wechselwild vorgekommen zu sein, obschon aus der gelegentlichen Erlegung führender Bärinnen auf ihn als Standwild in der Schweiz geschlossen wurde. Die letzten Bären fielen im Unterengadin, der allerletzte 1904 im Val Mingèr.

Wölfe waren in der Schweiz in historischer Zeit wohl kaum mehr einheimisch. Schon Gesner (1585) und Stumpf berichten, es gebe im Gebiet der Eidgenossenschaft wenig Wölfe. Auch die Neujahrsblätter der Zürcher Naturforschenden Gesellschaft (1824) behandeln den Wolf nach Römer und Schinz als Wechselwild, hauptsächlich aus der Lombardei und im Norden aus dem Elsass. Wolfsjagden ereigneten sich im Basler und Solothurner Jura bis 1825 regelmässig, zuletzt noch 1873 (Bretscher 1906), und im Wallis würgte ein einzelner Wolf noch 1946 und 1947 Weidevieh. Trotzdem darf der Wolf seit Jahrhunderten nicht mehr zur autochthonen Schweizer Tierwelt gezählt werden.

Die Wildkatze ist trotz optimistischen Vermutungen (Monard 1947) als im 19. Jahrhundert ausgerottet zu betrachten, obschon sie nach Göldi (1914) noch vereinzelt in den Alpen und im Jura erlegt worden sein soll. Die Erhebungen von H. Zollinger (1945) weisen nach 1900 nur noch vereinzelte Erlegungen nach, die kaum als Beweise für noch autochthone Katzen gelten können.

Der letzte Luchs fiel 1894 im Simplongebiet (Baumann 1949), war aber bereits in den frühen Jahrzehnten des 19. Jahrhunderts so selten geworden, dass auch die letzten 1816 bis 1894 erlegten Exemplare nur noch als zufällig eingewechselte Tiere betrachtet werden müssen.

Der Elch soll nach Göldi bis um das Jahr 1000 in der Schweiz gelebt haben.

Wann Wildpferd, Ur und Wisent in der Schweiz verschwunden sind, ist unbekannt, doch dürften alle drei dieser herrlichen Tiergestalten noch in historische Zeiten hineingeragt haben. Der Ur verschwand, allen Untersuchungen zufolge, von Westen nach Osten fortschreitend aus der europäischen Tierwelt (Lengerken 1953). Der Ur ist bis 1627 für das Herzogtum Masovien (Polen) bezeugt (Brehm *4*), doch war er in der Schweiz bereits im Hochmittelalter ausgerottet. Gesner kennt dieses grösste aller Wildrinder nicht mehr aus eigener Anschauung.

Wildpferde sind für Ostpreussen noch bis in die Mitte des 16. Jahrhunderts bezeugt, doch scheinen sich spätere Nachrichten wohl nur noch auf verwilderte Hauspferde bezogen zu haben (Röhrig 1933). Wann sie aus der Schweiz verschwunden sind, ist völlig unbekannt.

Aber auch der in der Schweiz nun wieder in stattlicher Anzahl lebende Edelhirsch war in der Zeit der grössten jagdlichen Verwilderung in und nach der Helvetik als Standwild ausgerottet. Die jetzigen Bestände sind aus Vorarlberg seit 1870 eingewandert und haben sich infolge sorgfältigen Schutzes neu entwickelt.

Nicht ganz so eindeutig verhielt es sich mit dem Rehwild. Es wird im Anfang des 19. Jahrhunderts nur für Basel-Land, Aargau, Bern, Solothurn und Zürich als Standwild von einiger Bedeutung bezeugt. Auch das Reh war dem jagdlichen Chaos der bewegten Zeit um die Wende vom 19. Jahrhundert, aber auch der Jagd mit Laufhunden weitgehend zum Opfer gefallen. Die heutigen generell guten oder wenigstens mittleren Rehbestände der meisten schweizerischen Kantone sind der Hegetätigkeit der Jagdverwaltungen zu danken.

In grossen Zügen betrachtet zeigt die Geschichte des schweizerischen Wildes vom 16. Jahrhundert an eine Gliederung in vier Epochen. Zu keiner Zeit aber war es so, dass sich die Nutzung der freilebenden Tiere, nach deren Vorkommen, Überhandnahme oder Rückgang gerichtet hätte. Die Jagd ging von jeher ihren eigenen Weg des Herkömmlichen; keine Wildart wurde von der Jagd befreit, weil ihr Verschwinden in Sicht kam. Zeitweise Schonung war das Höchste, was zu ihrer Erhaltung versucht wurde. Daneben richtete sich das Jagdwesen nach den Staatstheorien und den Sozialideologien der Zeit, mithin nach sachfernen Gesichtspunkten, die mit der Gestaltung des freien Tierlebens materiell in keiner Beziehung standen. So blieb es auch teilweise bis in die Gegenwart. Ein Beispiel: Die Befreiung bestimmter Tierarten von der Jagd, wenn ihre Bestandeshöhe oder ihre allgemeinen biologischen Voraussetzungen sich bereits so ungünstig verändert hatten, dass eine ganzjährige Schonung ein Gebot zu ihrer Erhaltung gewesen wäre, war in vielen Fällen aus Gründen jagdlicher Tradition nicht zu erreichen. Es wurden und werden bis zur Zeit Wildarten bejagt, deren völliges Verschwinden vorauszusehen war oder ist.

Am Anfang aller Nutzung des freilebenden Tieres mag der Nahrungserwerb des Menschen gestanden haben. Der Gebrauch des freilebenden Tieres zur Nahrung nimmt generell vom Süden nach Norden zu, um bei den nördlichsten Völkern zur Ausschliesslichkeit zu gelangen. Nur zahlenmässig sehr schwachen Bevölkerungen konnte ein Leben aus Jagd und Fischerei möglich sein.

Es bedurfte keiner religiösen oder philosophischen Theorie, um die Berechtigung des Menschen zur Nutzung der freilebenden Tiere zu begründen. Auch für das christliche Mittelalter nicht. Und doch trug die Lehre eines Thomas von Aquino von den seelischen Daseinsformen das Ihrige dazu bei, dass von der Kirche aus nicht einmal ein Ansatz zu einer anderen Stellung des Menschen zum aussermenschlichen Geschöpf zu erkennen ist als die herkömmliche schrankenloser Nutzung. Nach Thomas von Aquino besteht eine kontinuierliche Stufenabfolge der Geschöpfe von den niedrigen Daseinsformen an bis hinauf zu den höchsten. Nach ihm besitzen die Pflanzen eine anima vegetativa (vegetative Seele), die Tiere eine anima sensitiva (Instinktseele). Diese beiden «Seelenarten» bilden die unteren Stufen. Über ihnen steht dann der Mensch, der eine anima rationalis (vernunftbegabte Seele) besitzt. Doch er selbst steht wieder unter den Engeln, welche die Gestirne lenken. –

Die Lehre des Thomas von Aquino blieb die Stellung der katholischen Kirche in der Hauptsache bis heute. Auf ihr gründet der Popularglaube, dass das Tier keine unsterbliche Seele habe, nur der Mensch allein. Darum hat das Tier auch keinen Rechtsanspruch.

Als vollends im 17. Jahrhundert die Lehre Descartes von dem Seelenleben der Tiere als einem rein mechanischen Prozess des Nervensystems die Gebildeten beherrschte, blieb jede Erneuerung der Stellung des Menschen zum Tier für lange Zeit ausgeschlossen. Das Tier war, wie von jeher, reines Ausbeutungsobjekt. Denn nur das menschliche Seelenleben wurde von Descartes der immateriellen Substanz, der res cogitans, zugeschrieben.

Dementsprechend sind die ersten Gesetzesbestimmungen zur Schonung des Wildes, die im 15., 16., und 17. Jahrhundert einsetzen, einzig im Sinne der *Erhaltung der jagdlichen Nutzung des Wildstandes* für die Jagdberechtigten zu verstehen. Eine humanitäre Bedeutung hatten diese ersten, noch von keiner Jagdpolizei kontrollierten Schutzgesetze für gewisse besonders stark genutzte Wildarten nicht. Denn gleichzeitig wickelten sich damals die zähesten Kämpfe um die Jagdberechtigung ab, wie sie sich um alle Naturnutzungen, wie Wasser, Holz und Gelände, abzuspielen pflegen, wenn diese knapp werden oder zur Neige gehen.

In jene Zeit des 16. Jahrhunderts gehören auch bereits die ersten Vorschriften zur Bekämpfung der Carnivoren zwecks Hebung der Nutzwilderträge, ein deutliches Zeichen dafür, dass das Nutzwild bereits zu schwinden begann.

In den Urkantonen standen Jagd und Fischerei, einst ein vorbehaltenes Recht der Grundherren, auf dem frei gewordenen Boden allen Landleuten zur Benützung offen. Die Landsgemeinden übten nur eine leichte polizeiliche Aufsicht zur Erhaltung des Wildes aus (Blumer 1850 bis 1856). Nicht so die mittelländischen und nordschweizerischen Kantone. Dort lagen die Jagdrechte in den Händen einer relativ kleinen Gruppe, bestehend aus geistlichen und adligen Grundherren, die sich ihre

Jagdprivilegien hatten erhalten können, zumeist aber in den Händen der Obrigkeit, der hohen Amtsträger und ihrer Günstlinge. Seit dem späten 15. und dem ganzen 16. Jahrhundert kämpften die Bauerngemeinden um freie Jagd und Fischfang, die sie in alter Zeit besessen hatten.

Schon 1427 war die höhere Jagd zum Beispiel im ganzen Kt. Luzern dem Hoheitsrecht unterworfen, indem von den Räten und den Hunderten verordnet war, dass von Bären, Schweinen und dem Rotwild die Häupter den Vögten abgegeben werden müssten und niemand jagen dürfe ohne die Erlaubnis des Vogts.

1535 musste alles erlegte Wild, das nur mit obrigkeitlicher Bewilligung gejagt werden durfte, dem Vogt vorgelegt werden. Nur der Fang von Vögeln und kleinem Wild war frei.

Auch in Basel war damals die Jagd den Regierungsstatthaltern oder Vögten vorbehalten, und noch im Anfang des 18. Jahrhunderts (1728) sah ein Jagdgesetz die Bannlegung einer ganzen Reihe grosser Waldungen zur Reservierung für die Jagd der Obrigkeit vor.

Urkunden vom 16. bis 18. Jahrhundert über *Bannlegungen* sind in wohl allen Kantonsarchiven vorhanden, die über die Jagdprivilegien der Herren Oberen Zeugnis ablegen.

Die Kämpfe um die Jagdrechte, die so sehr auch zur Schicksalszeit des Schweizer Wildes geworden sind, kamen im ganzen 16. Jahrhundert nicht zur Ruhe.

Der deutsche Bauernaufstand von 1525 war bekanntlich von Stühlingen an der Schaffhauser Grenze ausgegangen. Als Verfasser der berühmten 12 Bauernartikel wurden Lotzer und Schappeler, letzterer gebürtiger Schweizer, später Reformator von Memmingen, angesehen. Von den 12 Artikeln befassen sich 8 mit Klagen über den Entzug der Waldnutzungsrechte, der Jagdrechte und des freien Fischfanges. Die Klagen über Wildschaden und Jagdrechtsentzug sind sogar lauter und herber als diejenigen über die Holznutzungsverbote. Auch die Bauern der Städtekantone Basel und Zürich verlangten die freie Jagd, doch der Ausschuss der Zünfte in Zürich wollte ihnen die freie Jagd nicht gestatten, weil die Untertanen dadurch von ihrer Arbeit abgezogen würden. Die Bauern in Stühlingen sagten: Das Wild fügt unsern Äckern und Gütern merklichen Schaden zu. Es ist aber von Gott zum Unterhalt der Menschen erschaffen (Gen. 9,2 und 3), darum sollte es jeder fangen dürfen. Aber bei hoher Strafe ist es verboten, das Wild zu fangen, zu jagen oder zu vertreiben. Wir bitten, dass wir vermöge der göttlichen und rechtlichen Gesetze ohne Strafe alles Wild, hoch und nieder, jagen, schiessen, fangen und zu unserer Notdurft verwenden dürfen. Sollte dies nicht erlaubt werden, so bitten wir, es auf unsern Äckern und Gütern fangen zu dürfen. –

So schlimm wie in deutschen Fürstenjagden litten die Schweizer Bauern nicht unter dem Wildschaden. Auch auf deutschem Gebiet gab es Milderungen. Im Fürstenbergischen war die Jagd auf schädliche und reissende Tiere, wie Bären, Wölfe, Luchse, Wildkatzen und Wildschweine, sogar auf Marder, Füchse, Dachse, Fischotter, Biber und Iltis unter gewissen Bedingungen frei. Doch Nutzwild, wie Rehe, Hasen, Hirsche, Auerhühner und Haselhühner, auch die für die Beizjagd verwendeten Falken, Habichte und Sperber, waren bei Strafe an Leib und Gut zu jagen verboten. In andern Ländern waren die Gesetze für die Bauern weit schlimmer. Vielerorts durften sie ihre Saaten nicht mit Zäunen gegen das Wild schützen, durften sich nicht gegen das Zertreten der Frucht und der Hackfrüchte durch die Rosse der Falkenjagd wehren, mussten ihren eigenen Hunden einen überzwerchen Bengel an den Hals hängen, um sie zu hindern, dem Wild auf den Feldern nachzujagen. Die Überhege der fürstlichen Jagden war derart, dass oft Rudel von 60 und 80 Stück Rotwild auf den Feldern standen und die Saaten bei Tag und Nacht verheerten. Wenn der Wildstand nicht abgestellt würde, müssten viele Bauern zum Bettelstab greifen und ihre Güter verlassen. Vergreife sich einer am Wild, würde er gefangengenommen und geblendet usw. Neben den Klagen über Wildschaden und über den Entzug des Jagdrechts erbitterten die Jagdfronen die Bauern, sie mussten Treiberdienste leisten, Jagdzeug mit ihren Fuhrwerken nachfahren, Wildzäune errichten, und zwar dies oft zur Erntezeit. Sie wurden dabei ohne Verpflegung gelassen, geprügelt und gescholten.

Im Österreichischen wurden den Bauern viele ihrer Forderungen bewilligt. Sie durften sich vor Wildschaden schützen, die niedere Jagd selbst ausüben und reissende Tiere töten. Auch in der Schweiz kam es zum friedlichen Vergleich, nicht so in Deutschland. Hier kam es zum Krieg (Bühler 1911).

Ein Beispiel. Auch im Thurgau, das damals unter den eidgenössischen Vögten stand, rotteten sich die Bauern zusammen. Die Eidgenossen hofften nach der Niederlage des schwäbischen Bundes auf ein gütliches Übereinkommen mit den Thurgauer Bauern und beriefen 1525 eine Tagsatzung nach Frauenfeld. Unter den 20 Beschwerden der Gemeinden, die dort angehört wurden, figurierte unter Ziffer 6 die Klage, dass Jagd, Fischfang und Schiffahrt nicht frei seien, und unter 8, dass die Edeln bei ihren Jagden mit ihren Hunden, Rossen und Gehegen in den Pflanzungen grossen Schaden anrichteten. Es waren dieselben Klagen, wie sie gegen die Fürsten jenseits der Grenzen erhoben worden waren. Die Tagsatzung kam den Bauern nicht allzuweit entgegen. Im Bezug auf Wildbann und Wasser solle jeder bei dem Seinigen bleiben. Das Gewild, welches den Baum ersteigt und das Erdreich bricht (Bär, Luchs, Marder, Wildschwein), dürfe gejagt werden. Hochwild (Hirsche) dürfe jeder aus seinen Gütern vertreiben, aber nicht fällen. Die Jagd mit Hunden und Rossen sei auf gebührliche Zeit zu beschränken, damit niemand zu Schaden komme.

Doch der Jagdfriede war damit nur teilweise erreicht worden. Vögte und Gerichtsherren neigten immer wieder zu Übergriffen. 1541 bis 1543 erneuerten die Bauern ihre Klagen. Die Gerichtsherren verlangten beim geringsten Verdacht von den Untertanen einen Eid, dass er kein Wild geschossen, auch nicht die Absicht gehabt habe, solches zu schiessen. Ferner forderten sie von den Untertanen Anschaffung von Wolfsgarnen und verboten gleichwohl die Jagd, nicht nur auf Bären, Wölfe und Wildschweine, sondern auch auf Hasen und Vögel, die doch von jeher erlaubt gewesen seien. Die Gemeinschaftsjagden auf reissende Tiere würden viel zu spät angesetzt, so dass zuvor grosser Schaden entstehe. Doch auch jetzt erreichten die Bauern nur wenig. Der Wildbann sollte weiterhin ein Besitz der Gerichtsherren bleiben und den Untertanen nicht bloss die Jagd mit Schiessgewehren, sondern auch der Gebrauch von Schnellgalgen, Eisendrähten und Leimruten, Böglein und Stricken verboten sein. Doch sollten sie auf ihren Gütern, Äckern und ihren Reben Wölfe, Bären, Wildschweine, Dachse und Füchse, sogar Hasen schiessen dürfen. Ausserdem wurden Prämien für Wildschweine angesetzt usw.

Allein die währten nicht lange. 1568 meldeten die Gerichtsherren, dass wegen des Entscheides von 1543 den Untertanen erlaubt sei, zwischen Anfang März bis zum Johannestag (21. Juni) Hasen zu schiessen und dieses Recht nun missbraucht würde. Viele liessen ihre Güter liegen und lagen dermassen dem Hasenschiessen ob, dass im hintersten Winkel kein Hase mehr sicher sei. So wurde das Hasenschiessen wieder verboten, ausserdem durften die Untertanen auch keine Füchse und Vögel mehr schiessen. Zu spät protestierten die Gemeinden Weinfelden und andere, darunter auch Ermatingen, Berlingen und Steckborn, gegen den Entscheid der Eidgenossen. Es blieb dabei. Dieses Beispiel zeigt:

Die Epoche der spätmittelalterlichen Jagd charakterisierte sich als Nutzung eines schwindenden Wildstandes und als Kampfzeit um die Jagdrechte, die mit Kompromissen auf dem Rücken des Wildes endigte.

Im 17. Jahrhundert zeigte sich der Verlust der alten Jagdprivilegien an, der am Ende des 18. Jahrhunderts zur fertigen Tatsache werden sollte. Und hier ging die Schicksalsgeschichte des schweizerischen Wildes einen gänzlich anderen Weg als in Deutschland, wo die Fürstenjagd durch die Bauernkriege der Reformationszeit unerschüttert und die Unruhen des 17. Jahrhunderts unberührt bestehen blieb und die Grundsätze der Französischen Revolution für die Jagd erst 1848 in Wirkung traten. Doch in jenen Zeiten, als in der Innerschweiz die Nutzung der freilebenden Tiere frei und in den anderen Kantonen die Privilegien der gnädigen Herren bereits heftig berannt wurden und wankten, durchschritt das deutsche Wild die wohl leidensvollste Zeit seiner Geschichte.

Der Beginn der neuesten Zeit, die Französische Revolution, gestaltete die alte Eidgenossenschaft um. Noch nicht die Aufklärung Christian Wolffs, weit mehr die sich an ihn anschliessende Popularphilosophie und Weltanschauung als eine Art Philosophie des gesunden Menschenverstandes erfreute sich bei den Schweizer Gebildeten grosser Beliebtheit. Der Popularphilosoph *Johann Georg Sulzer,* selbst gebürtiger Zürcher, wurde die Autorität. Die Popularphilosophie der Aufklärung, eine vergröberte Form der Gedanken von Leibniz, entsprach irgendwie dem Schweizer Wesen. Die Verquickung der Moral mit der «Natur», eine platte, teleologische Naturbetrachtung, sagte dem Geist der Schweizer offenbar zu. In endlosen Auflagen erschienen in jener Zeit die naturphilosophischen Schriften Sulzers. Aus seinem «Versuch einiger moralischen Betrachtungen über die Natur» (sic), Berlin 1745, ist folgendes zu entnehmen: «Der gütige Schöpfer wollte den Menschen Nahrung und Lust verschaffen. Darum gebot er der Natur, dass sie nicht alle Pflanzen auf einmal, sondern nach und nach hervorbringe... Wie würden die Menschen Zeit genug haben, alles einzusammeln, wenn alle Früchte auf einmal sollten ihre Zeitigung erreichen? Wie könnten sie dieselben alle aufbehalten, da sehr viele nur eine kurze Zeit schmackhaft sind, und wo bliebe denn die Anmut und der ergötzende Geschmack, den wir davon haben? Wie würden die Kirschen und andere Sommerfrüchte schmecken, wenn wir mit Frost umgeben sind? Und würde nicht der Wein in Essig verwandelt werden, wenn die Trauben, daraus dieser edle Trank gepresst wird, in dem Sommer würden zur Zeitigung gelangen? ...Kommen wir auf die Belustigung der Augen und Nasen, welche der Schöpfer den Menschen durch die Natur hat zuteilen wollen, ...die Natur musste nicht nur alle Blumen in der grössten Schönheit vorlegen, sondern dieses durch das ganze Jahr tun, damit der Mensch nicht nur eine kurze Zeit, sondern recht lange dieses Vergnügens geniessen könne... So wird uns in dieser Welt alles vergnügen; und wir werden uns vor dem allerschändlichsten Laster, der Ungerechtigkeit gegen das höchste Wesen verwahren. Noch eine Lehre, die uns angehet: Folget der Natur. Oh, wie glücklich würden die Menschen sein, wenn sie ihrer Natur folgeten. Elende Menschen, die derselben zuwider handeln...»

Der richtige Aufklärerschwalch. Aber man vergesse nicht, wie stark diese Ideologien nachwirkten. «Wen solche Lehren nicht erfreun, verdienet nicht ein Mensch zu sein», sang Sarastro in der Zauberflöte, der Meister der damals modernen «ägyptischen Maurerei». Und hatte nicht Darwin einen metaphysischen Hinweis darin gesehen, dass die Natur dem menschlichen Schönheitsempfinden entspreche und deshalb auf den Menschen hin geschaffen sein müsse?

Auch *Pestalozzi* war ein Sohn der Aufklärung. Die Teleologie der Natur gestalteten die braven Schulmeister pestalozzischer Prägung aus und brachten den Kindern jene Naturbetrachtung bei, die heute noch viele Geister im Volke beherrscht, wie der liebe Gott allen Tieren ein warmes Kleid gegeben habe, damit sie im Winter nicht frieren müssten, und jedem seine Nahrung, dass es keinen Hunger zu leiden hätte... Denn – das war ein Grundgefühl der Pestalozzizeit – jedes Wesen strebt nach natürlichem Glück. Glück für den Menschen gibt es aber nur in der steten moralischen Vervollkommnung. Nur Sittlichkeit vermittelt ihm wahres Glück. Damit aber jeder den Weg zum wahren Glück findet, muss er darüber aufgeklärt werden, dass dieses nur in einem moralischen Leben erreicht werden kann. Erziehung und Aufklärung des Verstandes erweist sich als vornehmste sittliche Aufgabe. Der Glaube an die durch Erkenntnis in gewissem Sinne *lernbare* Sittlichkeit und an die Möglichkeit, den Menschen zur moralischen Lebenshaltung erziehen zu können, beherrschte und beherrscht bis heute die Gemüter, beherrschte auch lange Jahrzehnte die Jagdgesetzgebung und -verwaltung. Sie brachte jene Periode der jagdlichen Verlotterung der Zeit der Helvetik, die dem Hirschwild in der Schweiz das Ende brachte und das Reh praktisch aus den meisten Kantonen verschwinden liess.

Mit der Umgestaltung der politischen Struktur der Schweiz im Anschluss an die Französische Revolution *beginnt die zweite Epoche der Jagdgeschichte, die bürgerlich-eudämonistische.*

Das Jagdrecht, das unter der alten Ordnung in den Städtekantonen ein Privileg der Bürger der Hauptstadt gewesen war, ging auf die Nation über. Sofort setzte vielerorts ein wildes Jagen ein, woran sich auch französische Militärpersonen beteiligten. Am 9. Mai 1798 verbot das Direktorium die Jagd bis zum 15. September. Niemand gehorchte. Die Räte diskutierten ein Jagdgesetz, ein «Bundesgesetz», das jedoch nie zustande kam. So behalf man sich in den Kantonen damit, die alten Verordnungen zu handhaben, um Missbräuche so gut es ging zu bekämpfen und die Kulturen vor Schaden durch den Jagdbetrieb zu bewahren. Schliesslich führte das Finanzgesetz vom 15. Dezember 1800 das Patentsystem ein, und ein Regierungsbeschluss schuf für alles Wild ausser für reissende Tiere eine Schonzeit vom 1. Januar bis 1. September.

Am 22. August 1798 legte der Referent, Karl Friedrich Zimmermann von Brugg, dem Grossen Rat den Entwurf für ein helvetisches Jagdgesetz vor. Zimmermann, seines Zeichens Malermeister, schuf ein Machwerk, das die Vernichtung der Schweizer Tierwelt legalisiert hätte. Sein Einführungsvotum erlaubt einen typischen Einblick in die Ideo- und Phraseologie der Zeit:

«Bürger Gesetzgeber! Die Kommission, welche Sie für Jagd und Fischerei niedergesetzt haben, begnügt sich gegenwärtig, Ihnen Gesetze für die Jagd vorzuschlagen.

In unserer ehemaligen aristokratischen Verfassung gab es so mancherlei selbstsüchtige Rechte und Vorzüge für die regierenden Familien... der abscheuliche Aristokratismus kann sich nirgends verleugnen; auch auf die ersten Naturgenüsse der Menschen erstreckt sich seine despotische Hand. Sein unersättlicher Eigennutz... beraubt die Staatsbürger auch der dürftigsten Erwerbsmittel, auch der einfachsten und unschuldigsten Freuden des Lebens...

Unter diese kleinlichen, lächerlichen und niederträchtigen Anmassungen gehörte unstreitig das zum Teil vorzügliche, zum Teil auch ausschliessliche Recht der Jagd. In den ehemaligen Kantonen Bern, Solothurn und Freiburg durfte niemand jagen, als wer das zweideutige Glück genoss, mit den gnädigen Herren in der gleichen... Atmosphäre geboren zu sein. In anderen Kantonen durften zwar die Staatsbürger die Jagd benutzen, aber nur auf eine sehr eingeschränkte Art... im Kanton Zürich hatten die Stadthunde Vorrechte vor den Hunden des Landes, und sobald die ersten auf der Jagdbahn erschienen, mussten die letzteren dieselbe räumen... Das ausschliessliche Recht auf einen Teil der Schöpfung, auf welchen jeder Anspruch hat, gründet sich nach ihrer Aussage auf väterliche Fürsorge für den Wohlstand im Lande und auf heilsame Massregeln gegen den Müssiggang; im Hintergrund aber steckte sybaritische Lust nach Reichhaltigkeit guter Bissen... Der Bürger also, der auf eigene Kosten sich bewaffnen musste, der sich für die Sache der Freiheit bewaffnet glaubte, der durfte in verschiedenen Kantonen mit seiner Büchse keinen Hasen in seinem Forst, kein Feldhuhn auf seinen Äckern schiessen!

Bei der Wiedergeburt der Republik in dem Zeitalter der wahren Freiheit schwinden solche Niederträchtigkeiten dahin, wie die Menschen, die sie übten...» Dann folgt der Gesetzesentwurf, dessen Inhalt im folgenden Kapitel zu resümieren ist.

Nach der Helvetik gingen die Kantone daran, ihr vernachlässigtes und in dem mehrjährigen gesetzlosen Zustand völlig verwildertes Jagdwesen in Ordnung zu bringen. Doch waren die ersten Massnahmen, die ergriffen wurden, nicht viel wirksamer als die Verordnungen der helvetischen Regierung. Immerhin hatte man in den Kantonen eingesehen, dass es so nicht weitergehen konnte.

Trotzdem – die Kantone erwiesen sich auf die Länge doch nicht als befähigt, ihr Jagdwesen so zu verwalten, dass ihr Wild auf die Dauer erhalten blieb. Kein Wort gegen absolut richtige und wohlgemeinte Absichten und praktische Massnahmen der Kantone. Jedoch erwies sich ein Bundesgesetz trotz allem als dringlich, um die Bemühungen zur Erhaltung wenigstens eines Teiles der schweizerischen freilebenden Tierwelt zu erreichen. Im Bundesgesetz 1875 war an sich kein hegerischer Gedanke enthalten, dessen Verwirklichung nicht zuvor von einem oder einigen Kantonen erstrebt worden war.

Denn die Kantone waren schon lange bemüht gewesen, den Fortbestand der Jagd durch immer verlängerte Schonzeiten und Erziehung der Jagdausübenden zu gewährleisten. Gleichzeitig aber war die ganze Epoche, auch die des Bundesgesetzes von 1875 und desjenigen von 1904, bestrebt, durch Ausrottung des sogenannten Raubwildes das Nutzwild so zu fördern, dass es für alle reichen sollte. Das Land sollte auch jagdlich *zum Paradies des Bürgers* gestaltet werden. Alles für den Menschen. Alles muss dem Bürger dienen. Das Tier bleibt Sache, res nullius (Sache, die keinem gehört). Der Jäger hingegen muss erzogen, muss darüber aufgeklärt werden, dass Mässigung und alle jagdlichen Tugenden in seinem eigensten Interesse liegen. Das pestalozzische Dogma der Erziehbarkeit des Menschen zum brauchbaren Glied der Gesellschaft bildet, allen neuen Erkenntnissen zum Trotz, noch immer einen festen Bestandteil der Rechtspflege in der Schweiz, auch der des Jagdrechts. Lange Zeit verstrich, bis man sah, dass der Mensch nicht in der moralischen Vervollkommnung seines Lebens das Glück sucht, sondern in der Verwirklichung seiner egoistischen Triebe. Und *dass der Jäger nicht jagdliche Tugenden sucht, sondern das Hochgefühl der Überlistung und Erlegung des Wildes und einen möglichst hohen Ertrag seines Weidwerks.*

Doch mussten die staatlichen Einkünfte aus der Jagd ziemlich massiv sinken, ehe man sich zu drastischeren Schonmassnahmen entschloss. Denn es bedurfte ja keiner hohen Mathematik, um einzusehen, dass bei schwindenden Nutzwildbeständen auch die Lust zum Lösen eines Patentes oder zur Pacht eines Reviers rapid abnahm.

Aber auch dann noch lenkten *rein wirtschaftliche und anthropozentrische Gesichtspunkte* die Massnahmen der Jagdverwaltungen. Der Mensch blieb im Mittelpunkt. Zweierlei musste gewahrt bleiben: erstens die staatlichen Jagdeinnahmen, zweitens die Befriedigung der zahlenden Jäger. *Das war die dritte, die wirtschaftlich orientierte Epoche der Jagd.*

Dann, kurz vor dem ersten Weltkrieg, brachte ein Mann einen neuen Geist, eine neue Einschätzung der heimatlichen Tierwelt: *Paul Sarasin.* Durch ihn und seine

Impulse brach *eine neue Epoche* an: *die Zeit des Ringens um die Erhaltung der Landestierwelt,* nicht aus wirtschaftlichen, sondern aus patriotischen und ideellen Gründen. Sarasin nahm gegen die für seine Begriffe schon damals rasche Verödung der Natur den Kampf auf, freilich ohne die Worte zu finden, die den Ohren einer breiten Öffentlichkeit verständlich waren. Paul Sarasin, ein Aristokrat pur sang, suchte seinen Gedanken bei den kantonalen und den Landesbehörden Eingang zu verschaffen. Er hatte das Glück, für seine Idee des Nationalparks in Bundesrat Forrer einen Freund und bei Oberforstinspektor Coaz nicht weniger verständnisvolle Unterstützung zu finden. Aber Sarasins Gedanken des Wildschutzes und der Neugestaltung der Jagd als Ganzes wurden noch nicht wirksam. Und doch ist ihr Einfluss auf die Jagdverwaltungen der Kantone und der Eidgenossenschaft nicht zu verkennen. Sarasin selbst hat die Wirkung seiner Schriften nicht mehr erlebt, aber er hat Nachfolger gefunden, die seine Impulse unermüdlich neu vertraten und ihnen nach und nach im jagdlichen Denken von Volk und Behörden Eingang verschafften. Namen wie Fischer-Sigwart, Stefan Brunies, Eduard Tenger und vieler anderer werden mit diesen Bestrebungen immer verbunden bleiben.

Paul Sarasin ging von dem Gedanken aus, den er in Art. 1 seines Entwurfs zu einem «Bundesgesetz über Jagd, Wildschutz und Vogelschutz» vorausstellte: «Alles Wild ist Staatsbesitz und steht unter dem Schutze des Bundes und der Kantone; die Erlegung desselben stellt eine Ausnahme dar, welche durch die Jagd- und Wildschutzgesetze des Bundes und der Kantone geregelt wird. Der Zweck des Bundesgesetzes für Jagd, Wildschutz und Vogelschutz ist dieser, eine Belebung der Natur herbeizuführen und einer Verödung derselben entgegenzuwirken. Darum ist das Eidg. Jagdgesetz in erster Linie ein Wildschutzgesetz.»

Für die Zukunft erwartete Sarasin eine Änderung der Verhältnisse durch gründliche Aufklärung des Schweizervolks über die Dringlichkeit der Jagdbeschränkung. Er sagte in einer seiner Schriften: «Aber die Zeit ist nahe, da die Jäger und lauten Wortführer sich werden überzeugen müssen, dass es sich künftig in der Frage der Beseitigung der Wildfauna überhaupt nicht mehr um ein Recht handeln wird, sondern um eine Duldung, deren Mass von den Interessen der Allgemeinheit abhängig zu machen ist.» Er glaubte, «dass die Gesamtheit als oberster Souverän» gebieten werde, «dass nicht eine sich für privilegiert haltende Minorität das Besitzrecht des Volkes an der belebten Natur verletze». Leider waren die Interessen der Allgemeinheit an der belebten Natur nicht stark genug.

Die damals noch in vielen Patentkantonen übliche Verlegung der Bannbezirksgrenzen oder der gänzlichen Öffnung der Bannbezirke nach 5- oder 10jähriger Bannzeit veranlasste Sarasin zu seiner berühmt gewordenen Schutzschrift, die in verschiedenen Jagdzeitschriften erschien, worin er dafür eintrat, die Bannbezirke in Dauerreservate umzuwandeln. Er wandte sich gegen die sogenannten Raubzeugabschüsse, die den Wildhütern der Bannbezirke zur Pflicht gemacht worden waren und im offenen Jagdgebiet ständig zu Verlängerungen der Fuchsjagd, zu Extrajagden auf Dachse und Fischotter geführt hatten. In einer eigenen Schrift trat er für den vom Bundesgesetz betr. die Fischerei vom Jahre 1888 mit völliger Ausrottung bedrohten Fischotter ein usw., kurz, er vergass kein Problem des eidgenössischen Jagdbetriebes, den die Bundesbehörden so gut wie die kantonalen Jagdressorts kannten. Vielfach taten sie ja auch, was im Bereich des Möglichen lag, doch vermochten sie nicht durchzuführen, was die heruntergehundete Wildbahn vieler Kantone benötigt hätte. Die vielberufene schweizerische «Sachlichkeit» versagte bei Wildfragen erschreckend, und zwar hauptsächlich aus rein politischen Gründen, die der Naturgelehrte Paul Sarasin kaum zu verstehen, geschweige denn anzuerkennen vermochte.

Der gelehrte Zofinger Hermann Fischer-Sigwart hatte in einem Vortrag an der Delegiertenversammlung des deutschschweizerischen Tierschutzvereins in Bern 1914 gesagt: «Von der Jagd ist zu sagen, dass sie nicht ein Sport oder ein Vergnügen werden sollte, wobei das Töten der wilden Tiere das Hauptvergnügen bildet. *Die Jagd sollte, wenn man das Fleischessen nicht ausmerzen kann und die Übervölkerung unserer Wälder durch Wild befürchtet, ein Beruf oder Handwerk sein, das unter staatlicher Aufsicht steht, wie das Metzgerhandwerk, nie aber ein Sport oder ein Vergnügen.*»

Als 1934 diese Forderung vom Verfasser dieser Schrift wieder aufgenommen wurde, führte das auf Jägerseite zu einem Tumult, wie er wohl kaum je durch eine andere unpolitische Idee hervorgerufen wurde.

Naturschützerische Ideen haben in das jagdliche Denken Eingang gefunden. Nicht in das der Hauptmasse der Jäger, aber in das der Gesetzgeber und einer Minorität gebildeter Jäger. Jedoch ist der Rest der Landesfauna der Schweiz noch weit davon entfernt, das zu werden, was er ohne die Schiesswut der Allzuvielen sein sollte: Mitgeschöpfe des Menschen mit einem Recht auf Leben, wie die Besten unserer Zeiten die Tiere gesehen haben, wie es Albert Schweitzer auf jener Reise erlebt hatte. Was hatten ihm damals die vielen Flusspferde gesagt? «Ich bin Leben, das leben will.» Sie sagten nicht «Leben, das zum Sterben da ist».

Ein philosophischer Gedanke, wie Albert Schweizers *Ehrfurcht vor dem Leben*, wird in seinen Konsequenzen wohl nie begriffen, geschweige denn verwirklicht werden. Er kann es auch nicht, solange der wirtschaftende Mensch mit der Konkurrenz der freilebenden Tierwelt zusammentrifft. Und doch bleibt die Frage nach dem Recht des Menschen offen, die naturgegebene Lebensgemeinschaft der Tiere im Sinne hoher Nutzwilderträge umzugestalten und dabei über einen Teil des Lebens hinwegzuschreiten. –

Vier Epochen in der Jagdgeschichte der Schweiz wurden zu charakterisieren versucht:

Die erste, das Spätmittelalter und die nachfolgenden Jahrhunderte, war die Zeit der *Jagdfreiheit der Urkantone* und der *Privilegien der Städtekantone,* die Zeit der ersten Wildschutzgesetze durch Einführung von *Schonzeiten* nach den Zeiten der ganzjährigen Jagd.

Die zweite Epoche setzt mit der Helvetik ein und dauert bis zur Jahrhundertwende um 1900 an. Es ist der Versuch, das Land zum *Paradies des Bürgerjägers* zu gestalten: Vernichtung des Raubwildes, Vermehrung des Nutzwildes. Es soll für alle reichen.

Die dritte Epoche überschneidet sich teilweise mit der zweiten: *Aufrechterhaltung der Erträge aus dem Jagdregal.* Es ist *die wirtschaftliche Zeit der Jagd,* die mit Kürzung der Jagdzeiten und Erhöhung der Taxen das Nutzwild auf einer Höhe zu erhalten versucht, die für den Jagdliebhaber noch Interesse bietet, und so die staatlichen Erträge aus der Jagd erhält.

Die vierte Epoche endlich kämpft sich nach und nach vorwärts. Sie wird charakterisiert durch die Naturschutzidee. Es geht nun um *die Erhaltung der Landestierwelt.* Wohl steht noch immer die Nutzfauna und der wirtschaftliche Gedanke im Vordergrund, aber nicht mehr ausschliesslich. Auch die sogenannten Raubwildarten sollen Lebensrecht besitzen.

Doch dieses Streben und diese Ideen sind noch mitten im Werden. Möge ihnen Gehör und Eingang bei Volk und Behörden beschieden sein.

3. Kapitel

Die frühe Jagdgesetzgebung in den Kantonen und die Entstehung der Bundesgesetze

In diesem Kapitel soll die jagdliche Gesetzgebung nur so weit zu skizzieren versucht werden, als sie auf das Schicksal des Wildes einen direkten Einfluss ausgeübt hat. Arbeiten über die Gesamtheit des Jagdrechts und seine Geschichte schufen Max Kaegi (1911), Albert Fierz (1900), Paul Jörimann (1926), Josef Kurmann (1944) u. a. m.

Das kodifizierte Jagdrecht bis zum 17. und 18. Jahrhundert, soweit es auf den Gebieten der alten Kantone überhaupt existierte, lässt drei Grundgedanken erkennen:
1. Die Vorkehren zum Fortbestand der kantonalen Jagd und die Einnahmen des Staates aus der Jagd
2. Den Schutz der zahlenden Jäger vor Wilddiebstahl
3. Den Schutz des Grundeigentümers
    a) vor Raubtierschäden und Wildschäden
    b) vor Schäden durch den Jagdbetrieb

Diese drei Prinzipien bilden das Gerippe der frühen Jagdgesetze. Hievon führte nur Punkt 1 zu den ersten Wildschutzmassnahmen, nämlich zum Schutz des Wildes vor Ausrottung. Aber nicht in der Absicht, die Landestierwelt zu erhalten, sondern einzig und allein, um die *Fortdauer der Jagd* und die staatlichen Einnahmen aus der Jagd zu gewährleisten.

Es ist üblich, Punkt 2, den Schutz des Wildes vor Wilderei der Hege zuzurechnen. Doch ist es für das Wild völlig gleichgültig, ob es allein durch die legale Jagd oder unter Mitwirkung der Wilderer ausgerottet wird. Denn die einst ganzjährig betriebene Jagd und die Jagdmittel der alten Zeiten unterschieden sich teilweise nicht von den Methoden der heutigen Jagdwilderei. Wenn zum Beispiel einst der Schweizer Bürger mit dem Jagdpermiss in der Tasche zu Ostern seinen Hasen zum Festbraten schiessen ging, tat er schliesslich nichts anderes als jener Bauernknecht, den ich vor Jahren am Karfreitag mit einer Flobert-Matschpistole in der Hand einen Hasen im Lager suchen sah. Und der Bürger, der im Frühling den durchziehenden Strand- und Uferläufern und anderen Vögeln ganz legitim «Bögli» und «Letschen» richtete, worin unterschied er sich im Grunde vom heutigen Wilderer, der auf den Wechseln seine Messingdrahtschlingen legt? Das Wild stirbt so oder so. Die Weidgerechtigkeit von heute in Ehren, doch ihr Ursprung liegt nicht in einem abstrakten Ehrenkodex des Jägers, der aus moralischen oder humanen Ideen hervorgegangen ist, sondern im Rückgang der Wildvorräte, der durch den geschichtlichen Ablauf entstanden ist. Solange noch aus dem vollen geschöpft werden konnte, dachte die alte Jägerei weder an Schonzeiten während der Fortpflanzungszeit der Tiere noch an schonende Auswahl der Jagdmittel.

Vollends Punkt 3, der Schutz des Grundeigentums, richtet sich einesteils stark *gegen* das Wild und bildet bis heute einen Faktor zur Reduktion des Wildes. Doch der Schutz des land- und forstwirtschaftlichen Eigentums bildete oft den Vorwand für Wildabschlachtungen oder Abschüsse ausserhalb der Jagdzeit. Im Namen des Schutzes des Grundeigentums verlangte man selbst die Tötung freilebender Tiere, die an den behaupteten Besitztumsschädigungen überhaupt nicht beteiligt waren. Man forderte die Vernichtung der Hasen, weil sie angeblich die reifen Trauben in den Rebbergen frassen. Man gestattete in geschlossener Jagdzeit den Abschuss der Wildenten, weil sie angeblich die Fischbrut vertilgten. Man prämierte die Vertilgung der Wasseramsel, weil sie die Jungfische wegfange usw.

Man ordnete Extraabschüsse auf Rehe und Hasen an, weil sie Wald- und Feldschäden verursachten, und bekämpfte in denselben Jahren die Füchse mit Fallen und Hunden und Büchsen, weil sie den Hasen- und Rehbestand schädigten. Kein Gebiet des Lebens war von jeher so stark affektbesetzt wie die Jagd.

Wie im Mittelalter, gar in der Frühzeit gejagt wurde, darüber existieren ausser spärlichen und meist späten Archivalien aus dem 15. bis 17. Jahrhundert keine Nachrichten. Man nimmt in Analogie zum Ausland an, dass auch in der Schweiz vor der Entstehung des privaten Grund und Bodens die Gesamtheit der freien Bürger zur Ausübung der Jagd auf der Allmende berechtigt war, was natürlich zu einem raschen Absinken der Wildvorräte hätte führen müssen, wenn nicht die relativ dünne Besiedelung und ausgedehnte ungenutzte Wälder und Fluren dem Wild die nötigen Rückzugsgebiete dargeboten hätten. Nach Absonderung gewisser Landparzellen als Privateigentum ging die Jagd als Alleinrecht in den Besitz des Privateigentümers über. Ein Jagdrecht auf fremdem Boden gab es nicht. Jagd auf fremdem Boden galt als Eigentumsdelikt (Kaegi 1911). Das Prinzip, dass das Jagdrecht einen Teil des Grundeigentums bilde, gehört zum Gedankengut aller Revolutionen, der Bauernkriege, so auch der Französischen Revolution. Der *Gedanke der Jagdfreiheit jedes Kantonsbürgers* aber ging auf die Kantone über und bildet einen Grundstock demokratischen Empfindens der Innerkantone, ein Altherkommen, das alle Zeiten überdauerte und auf unabsehbare Zeit im Volksbewusstsein der Bergkantone verankert bleibt.

In den Landsgemeindekantonen, die sich schon sehr früh von fremder Gewalt losgelöst hatten, blieb es beim altgermanischen Jagdrecht der freien Bürger unter Ausschluss der Fremden und Unfreien (Steiger 1930).

Der Twingherrenstreit

Ein klassisches Beispiel für den Kampf des alten, grundherrlichen Adels mit dem Regiment der Stadtburgerschaft um das Jagdrecht bildet der sogenannte *Twingherrenstreit im Kanton Bern.* 1470 entstand zwischen der Stadt Bern und einer grossen Anzahl der adligen Burger ein Streit. Auf der Landschaft besassen die Adligen als Twingherren Rechte, die denen der alten Grundherren entsprachen, Gerichts- und Mannschaftsrechte, so auch das Jagdrecht. Nicht nur um das Jagdrecht kam es zum Streit zwischen der Burgerschaft und den Twingherren. Die Twingherren, deren Grundbesitz schon längst im Kanton aufgegangen war, beanspruchten immer noch Grundrechte, die nach Ansicht der Burgerschaft auf die Stadt übergegangen waren. Da verliess der Adel grösstenteils die Stadt, gab seine Ratssitze und Ämter auf und schmollte. Doch als die das Übergewicht besitzende demokratische Richtung ihren Kandidaten für das Schultheissenamt zum Sieg brachte, ging die Stadt gegen den Adel vor, musste sich jedoch zu einer Art Vergleich bequemen, da man in Bern auf die Dauer nicht auf die fähigsten Leute in Behörden und Ämtern verzichten konnte. Doch verloren in der Folge die Twingherren immer mehr von ihren Jagdrechten, so dass diese im Laufe des 16. Jahrhunderts völlig an die Stadt übergingen. Im bernischen Untertanenland Aargau kam es zu einer Teilung der Jagdrechte. Vor allem vermochten die Herren von Hallwil ihre Jagdrechte mit Erfolg zu verteidigen. Doch schliesslich hatten überall die Städte gesiegt.

Vom 17. Jahrhundert an folgt in der Schweiz – immer mit Ausnahme der Landsgemeindekantone – die Zeit der *aristokratischen Jagd,* wobei jedoch immer da und dort für das Volk etwas abfiel, sei es die Jagd auf Hasen und Füchse, was schon damals zu starkem Jagddruck auf die Hasen geführt hatte, sei es die Vogeljagd ohne den sogenannten Hochflug (die Falknerei).

De jure venandi

Damit kam die Zeit der ersten zusammenhängenden Jagdgesetze aus dem Ende des 17. und dem 18. Jahrhundert.

Vor deren Schilderung ist es nötig, eine grundsätzliche Untersuchung des Jagdrechtes zu erwähnen, die in jener Zeit um die Wende zum 17. Jahrhundert neben andern massgebende Bedeutung hatte und deren Ideen von den Gesetzgebern praktisch überall übernommen wurden. Es ist die Dissertation von Caspar a Stein de Reichenstein «De jure venandi materia difficili intricata et conversa conclusiones» Basileae 1591. Der Verfasser, der in Basel immatrikuliert gewesen war, entstammte einem alten Rittergeschlecht in Oberschwaben.

Er sieht in seinen ersten Konklusionen das Wild als eine Sache an, die keinem, also allen gehört.* Jeder kann sich ihrer bemächtigen. Der Tierfang auf festem Land heisse Jagd, im Wasser Fischfang, in der Luft Vogelfang (Hochflug). Niemand dürfe die Jagd ein nichtsnutziges oder schändliches Gewerbe schelten. Sie sei aus göttlichem Recht herzuleiten und entspreche, massvoll betrieben, den bürgerlichen Gesetzen. Jagen dürften alle, denen es nicht verboten sei. Jedoch sei es denen untersagt, die besser ihren häuslichen Pflichten und ihrem Beruf nachgehen, als in den Wäldern umherschweifen, also solchen, die ihre Lebenslage und ihr Stand von der jagdlichen Tätigkeit abhalten sollte. Auch dem Soldat stehe die Jagd nicht an. Er solle sich mit seiner Waffenübung beschäftigen und solle seine Waffen nicht gegen den furchtsamen Hasen und andere Tiere richten, sondern gegen den blutdürstigen Feind. Die Bauern endlich seien von der Jagd völlig fernzuhalten. Dann stellt der Autor die Frage: Was sollen wir von den geistlichen Herren sagen? Etliche seien der Meinung, man könne diesen das Jagen erlauben, besonders wenn ihre Einkünfte aus der Jagd herkämen. Wir aber lehnen das ab. Die Geistlichen sollen sich auf ihre frommen Pflichten konzentrieren. Wenn sie nämlich ums Fleisch jagen gehen, ist das sehr wenig lobenswert, dass sie so sehr um ihr Essen bekümmert sind. Wenn sie um des Einkommens willen jagen, ist's erst recht schändlich, wegen des Gewinnes das fromme Meditieren und die Gebete zu unterlassen. Wenn sie's gar der Lustbarkeit wegen tun, ist das verabscheuenswert, dass sie das Kirchengut und ihr Gehalt zum Futter für die Hunde und zur Entlöhnung der Jäger vertun, statt es den Armen zu geben. –

Damit geht der Verfasser zur eigentlichen Jagdfrage über. Seine Ausführungen sind bis heute im Jagdrecht immer noch gültig. Noch immer werden dieselben Banalitäten wiedergekaut. Er fordert von der Jagd dreierlei: 1. dass das Tier wirklich wild sei, 2. dass es niemandem gehört,** 3. dass es sich der Jäger restlos aneignen kann.*** Ad 1.: Gezähmte wilde Tiere, wie Hirsche, Wölfe, Bären, die so zahm sind,

---

* Als herrenlose Güter (res nullius) kommen vor allem die Gewässer, die Mineralien, das Wild und die Fische in Betracht. Darum sagt der Verfasser: «Quod enim nullius est et adhuc commune omnium existit, alicuius fieri potest, et primum occupanti quasi praemium industriae conceditur» was natürlich nach schweizerischem Rechtsgefühl Unsinn ist.

** Res nullius», herrenloses Gut, gibt es nach schweizerischem Recht nicht. Nach Art. 664 des ZGB stehen die herrenlosen und öffentlichen Sachen unter der Hoheit des Staates, auf dessen Gebiet sie sich befinden. Das Wild ist also Staatseigentum.

*** Ut animo venatoris plene occupetur.» Das sogenannte Okkupationsrecht des Jägers besteht – bis zur gegenwärtigen jagdrechtlichen Auffassung – darin, dass er das Tier regelrecht erlegt und es sich dann aneignen darf. Die Theorie und Terminologie ist noch nicht um Fingerbreite über das Mittelalter hinausgekommen.

dass sie in den Wald gehen und wieder zurückkommen, darf niemand fangen und töten. Denn das wäre Diebstahl. Dasselbe gilt für Tiere in Gehegen und Hasengärten. Ad 2.: Nur solche Tiere, die frei in den Wäldern umherschweifen und niemandem gehören, dürfen straflos gefangen und behalten werden. Ad 3.: Das Tier muss ganz und völlig in Besitz genommen werden. Es genügt nicht, es nur zu verwunden. Die Meinung, ein Tier, das verwundet sei, gehöre dem Jäger, sei abzulehnen. Ein Schlingen- oder Fallensteller sei keineswegs der Herr des Tieres, das er fängt. Wer also einen Hirsch oder Eber, der in einer Schlinge hängt, nimmt, ist kein Dieb.

Dem Jäger wird das Recht abgesprochen, in fremden Grund und Boden einzudringen. Doch das ist nur Theorie. De facto, meint der Verfasser, kann der Grundbesitzer den Jäger nicht verhindern, in seinem Grundbesitz zu jagen. Denn der Jäger betritt das Grundstück ja nicht als Herr oder Besitzer, sondern nimmt nur das, was niemand besitzt und nach dem Recht der Völker allen gemeinsam gehört. Daher kann der Grundbesitzer den Jäger nicht gefangennehmen oder hinausweisen. Denn die Tiere, die auf dem Grundstück sind, können nicht als Ertrag dieses Grundstückes betrachtet werden.* Daraus leitet der Verfasser die Jagdberechtigung auf fremdem Grund und Boden ab. Auf Allmendeboden haben die Fürsten und die Landobrigkeit das Recht, andern das Jagdrecht zu verleihen oder zu verweigern. Wir glauben niemals, fährt er fort, dass dem gemeinen Volk die Jagdfreiheit frommen würde. Dadurch würde es nur von seinen Pflichten und der notwendigen Arbeit, namentlich der Feldarbeit und dem ganzen bäuerlichen Leben, abgelenkt. Dazu gäbe es nur Streit und Hader. Ausserdem würden vom Volk auch solche Tiere verfolgt, die auf dem Lande nützlich und notwendig sind. – Eine andere Frage ist, ob ein Fürst oder die Obrigkeit einem Grundherrn das Jagdrecht auf seinem eigenen Lande wegnehmen darf. Dies wird verneint, ausser man schaffe neues Recht. Endlich kommt der Verfasser auf das Jagdstrafrecht zu sprechen. Im Falle von unberechtigtem Jagen solle die Strafe in der Konfiskation der Netze und Jagdwerkzeuge bestehen, auch in Geldbussen. Strafen an Leib und Leben werden strikte verworfen, ausgenommen Prügel, doch nur, wenn solche im Gesetz angedroht werden. Jedoch die Kapitalstrafe, also die Todesstrafe, wird absolut zurückgewiesen. – Tiere, die Menschen in Gefahr bringen, dürfen überall und von jedermann getötet werden. Die Jagdberechtigten sind verpflichtet, Wildschaden zu vermeiden, oder sie sollen den Untergebenen Wildschadenvergütung bezahlen. Hiezu sind sie sogar anzuhalten.

Die aus dieser jagdrechtlichen Untersuchung stets wiederkehrenden Punkte sind:
Die Argumentation mit den Berufspflichten, womit dem Volk, insbesondere den Bauern, die Jagd verboten sein soll.
Die Dialektik, mit der die Jagd auf fremdem Grund und Boden begründet wird. Diese und die Motivierung der Alleinberechtigung der Fürsten, Grundherren und der Obrigkeit zur Jagd kehren immer wieder.
Das Prinzip der vollständigen «Occupatio» des Wildtieres durch den Jäger, wonach die Verwundung nicht als «Occupatio» gilt, kehrt besonders im Recht der Wolfsjagd wieder, wo nur derjenige Teilhaber der Gemeinschaftsjagd Anspruch auf das Schussgeld hat, der den tödlichen Schuss abgegeben hatte, usw.

---

* Diese Ansicht bildet das genaue Gegenteil derjenigen der französischen Revolution, der sich auch das deutsche Recht nach 1848 angeschlossen hat. Nach dieser Theorie seien die jagdbaren Tiere so eng mit dem Grund und Boden verbunden, auf dem sie leben, dass es Recht und Billigkeit entspreche, den betreffenden Grundeigentümer allein zu ermächtigen, sie zu okkupieren. Die Jagdbeute wird gewissermassen als Frucht des Grundeigentums aufgefasst (Hämmerli, 1940).
In der Schweiz besteht kein Zusammenhang zwischen Jagdberechtigung und Grundeigentum... Die Kantone nehmen kraft ihrer Souveränität die Jagdberechtigung... für sich selbst in Anspruch (Zimmerli 1953).

Nicht anerkannt wurden die Ansichten des Verfassers Caspar a Stein de Reichenstein über das jagdliche Strafrecht, indem sehr viel härtere Strafen angewendet wurden, als der Verfasser vorschlägt. Ebenso wurde seine Forderung auf Wildschadenvergütung nicht beachtet.

Die Zeit der aristokratischen Jagd hatte sich ihre Anschauungen und Begründungen sehr hübsch zurechtgelegt und praktizierte sie in den Untertanenländern, wenn auch massvoller als im nördlichen Nachbarland, doch durchaus nicht unähnlich.

De re venatoria

Neben verschiedenen lateinisch geschriebenen Dissertationen dieser und der Folgezeit, die in Deutschland verfasst sind und rein deutsche Verhältnisse betreffen, sei noch eine zweite Basler Dissertation erwähnt, die den Gegenstand der Jagd von einer anderen Seite anfasst: Christoph Fesch (oder besser Faesch). Dissertatio politico-juridica de re venatoria vom Jahre 1638.

Auch diese Dissertation, wie so viele, beginnt mit dem lieben Gott und dem Zustand des Menschen im Paradies. Damals habe Gott alle Tiere dem Menschen unterstellt, dass sie seinem Wink und Willen hätten gehorchen müssen. Nach dem Sündenfall sei das jedoch anders geworden. Von diesem Zeitpunkt an habe der Mensch die Tiere nur durch künstliche Mittel, Gewalt und Waffen beherrschen können. Daher kämen die Zügel, das Joch, daher auch die verschiedenen Nachstellungen der wilden Tiere, die wir Jagd nennen. Diese juristische Phantasterei wird dann aus der Bibel, den Schriften der Reformatoren, Klassikern des Altertums usw. bewiesen. Dann folgen die üblichen gelehrten Spekulationen über das Wort und den Begriff der Jagd. Dann wendet sich der Verfasser gegen das «abergläubische Mitleid» einiger Menschen mit den wilden Tieren, zum Beispiel der Türken, die mit den Hirschen, den übrigen wilden Tieren und den Vögeln Mitleid hätten.
Im zweiten Teil seiner Dissertation wendet sich der Verfasser dem Jagdrecht als solchem zu.

Ein Auszug des Corpus juris venatorio-forestalis tripartitus des Ahasverus Fritschi, erschienen in Jena und Leipzig 1676, der sich nur auf deutsche Verhältnisse bezieht, kann übergangen werden.

Der Jagteuffel

Wir haben das mutige Büchlein des Pfarrers, Dichters und Schriftstellers Cyriacus Spangenberg «Der Jagteuffel» von 1562 auch in Schweizer Bibliotheken gefunden. Es mag wohl nicht grundlos in der Schweiz gelesen worden sein. Spangenberg, seit 1559 Hofprediger am kursächsischen Hof, trat scharf gegen die rücksichtslose Ausnützung bäuerlichen Gutes auf, die des Bauern Felder und Äcker als Weideland für das Wild betrachtet und den Landleuten verbietet, die Tiere vom Äsen auf den Getreideäckern und im Kleeschlag abzuhalten. Der unerschrockene Pfarrer verweist auf die Schweiz: «Johann Stumpff schreibet von den Schweitzern also: Das Hirschen-Wildpret (will sagen das Hirschwild) hat in diesen Landen nicht also viel Schirms, als bei den Fürsten, sondern wird gleich aufgefangen (d. h. abgeschossen). Wo man es schirmete, wie in andern Landen, würd das Land voll.» Und kurz darauf sagt er: «In helvetischen Landen werden viel wilder Schwein gefangen und würden ohne Zweifel noch mehr darin erfunden, wo sie nicht also täglich vom gemeinen Mann gejagt und gefangen würden. Denn wiewohl auch bei den Helvetiern und dieser Zeit bei den Eidgenossen das Hochwild verbannet (d. h. den Oberen vorbehalten) und auch die wilden Schwein der Obrigkeit zugehörig seind, nichts desto minder, dieweil sie den armen Leuten überlegen und in Feldern den Früchten schädlich seind, werden sie dem gemeinen Mann vergönnt zu jagen. – Und dies ist löblich von Schweitzern und ihnen rühmlich nachzusagen, dass sie ihre armen Leut mehr lieben, denn die unvernünftigen Tier. Wollt Gott, es würde unter den deutschen Fürsten auch also gehalten… so möchte manchem sein Jagen und Herrlichkeit nicht zu solcher schwerer Verdammnis gereichen. (Aber die Fürsten und Vornehmen) lassen sich dunken, es sei so köstlich Ding um ihr Wildpret, dass sie gleich die Nasen rümpffen, wenn sie sehen einen gemeinen Mann oder Bauern davon nur ein wenig essen, und liessen sich dünken, wenn sie nicht stets Wildpret auf ihrem Tisch hätten, ihnen geschehe gross Unrecht. Wie viele sind wohl grosser Herren, die dafür achten, sie hätten ein Bauernmahl gehalten, wenn der Tisch nicht mit vielen Trachten Wildpret beschweret gewesen.»

Spangenberg zitiert Luther, der das Jagen nicht für böse angesehen habe, wenn es göttlich und recht geübt werde, «wie wir des ein Exempel sahen an dem durchlauchtigsten Fürsten, Herzog Friedrichen, Kurfürsten zu Sachsen, der jagte also, dass er niemand schädlich war, sondern vielen Leuten Nutz schaffte. Vermerkt er, dass auch geringer Schad geschehen war, er zahlet es doppelt.» Immer kämpft Spangenberg gegen die Überhege der Fürsten, die zur Verwüstung der Äcker führt. Es sind soziale Gesichtspunkte, die Spangenbergs Feder lenken. Daneben wohl auch das Fluchen und Schwören, wobei er jedoch sofort wieder auf den strengen Tadel des Leuteschlagens und Bauernschindens zurückkommt, wenn die Bauern auf Treiben mitwirken und das eingestellte Jagen richten müssen. Er zitiert aus Stumpff die Geschichte vom Bischof von Konstanz, Hugo von Landenberg, der auf der Falkenjagd mit seinen Hofleuten den Bauern durchs Getreide ritt. Da schlug der Blitz ein Ross zu tod und warf ihrer acht zu Boden. Von Spangenberg stammt auch die Geschichte von dem Bürger, der einen Hasen geschossen und mit acht Tagen Gefängnis und einer Geldbusse von 100 Gulden bestraft wurde. Oder jene andere Sache, die bis zum heutigen Tag in jeder Jagdgeschichte wiederkehrt, wie die Bauern beim Treiben wie die Hunde bellen mussten und wie einer der Bauern, der ein Wildschwein getötet hatte, im Winter in den Rhein gejagt wurde, bis er eingefroren war. Ein anderer sei nackt angebunden worden, und so habe man ihn erfrieren lassen. Und dann kommt die Geschichte vom Erzbischof von Salzburg: «Es ist zwar nicht sehr lang her, anno 1557, ist mir recht, dass der ehrwürdige Vater (Gott verzeih mir's) der Erzbischof von Salzburg einen Bauern der Jagd halber in eine Hirschhaut hat vermachen und also hetzen lassen, bis er starb.»

Erst am Schluss kommt Spangenberg auf die Vorgänge bei den Hofjagden, Völlerei, Hurerei, Kuppelei zu sprechen und kommt nach einigen Beispielen sogleich wieder auf sein eigentliches Thema, die Bedrückung der Bauern, zurück.

Kämpfe um die Jagdrechte

Mochte und mag der Schweizer diese Berichte von der Bosheit der Fürsten auch mit dem frommen Schauer lesen: Gott sei Dank war's bei uns nicht so, oder wenigstens nur, bevor der Tell den Gessler umbrachte, so müssen die lange Geschichte der schweizerischen Bauernkriege und die Tagsatzungsabschiede jener Zeiten sein Hochgefühl wesentlich dämpfen.

Die Begehren nach freier Jagd, freiem Fischfang und der Holznutzung spielten in den schweizerischen Bauernaufständen eine weit geringere Rolle als im deutschen Bauernkrieg 1525. Trotzdem gehörten ähnliche Begehren auch zu den Forderungen der schweizerischen Bauern. Ihr Krieg war im Grunde vom Abschluss des Dreissigjährigen Krieges in Deutschland ausgelöst worden. Dessen Ende bewirkte einen schweren Rückschlag auf jene Wohlhabenheit, die infolge von Lebensmittelausfuhr und Transithandel vorübergehend erzeugt worden war. Eidgenössisches Bauerntum, das während langen Jahren es sich hatte wohl sein lassen, geriet hiedurch in Verlegenheit. Rücksichtsloses Eintreiben der Guthaben seitens patrizischer Gläubiger, Münzverschlechterung, Rückgang der Bodenpreise bis auf ein Viertel, hohe Hypothekarzinse, die wieder vor allem die Landbevölkerung trafen, steigerten das Missbehagen... (Gagliardi 1937).

Dabei hatten viele Städteregierungen und ihre Vögte auf dem Land ihre Rechte ins Ungemessene gesteigert und handhabten sie in schikanöser Weise. Der Bauer war verachtet: «Der Bauer ist an Ochsen statt, nur dass er keine Hörner hat.» Die weitgehende Entziehung des Jagdrechts war ein nicht klein zu schätzender Grund zur Bauernerhebung von 1653. Mögen auch die Jagdgesetze nicht so streng gewesen sein wie in den deutschen Fürstenländern, so war ihre Handhabung durch die Vögte vielfach sehr rigoros (Kurmann 1944).

Das Ende des Bauernkrieges in der Schweiz war für die Landleute so schlimm wie hundert Jahre zuvor in Deutschland. Massenhinrichtungen oder Verbannungen, unerschwingliche Geldbussen, Konfiskationen von Land und Habe, Galeerenstrafen und grausamste Folterungen waren die Antworten – nicht von Fürsten, sondern von den privilegierten Bürgergeschlechtern.

Im Jagdrecht waren gegen Ende des 17. Jahrhunderts die Härten allerdings gemildert worden; die Zeiten des Kampfes um das Jagdrecht waren nicht ohne Wirkungen geblieben. Aber mit der Lockerung der Jagdvorrechte der Privilegierten kamen auch die Jagdbeschränkungen, die auf einen katastrophalen Schwund des Wildstandes schliessen lassen. Aber es war nicht allein der grosse Umfang der Jagdbeteiligung, der für die Bestände der freilebenden Tierwelt nicht mehr tragbar war, sondern die verwendeten Jagdmittel, die für die armen Tiere zur Katastrophe wurden.

Die Jagdgesetzgebung der schweizerischen Kantone erschöpfte sich im Spätmittelalter und Anfang des 16. Jahrhunderts in einzelnen Mandaten über die Jagdberechtigung und die Strafen, die auf widerrechtliche Jagdausübung ausgesetzt waren. Daneben aber trachtete man schon sehr darauf, eine Ausrottung des Wildes durch Schaffung von Bannbezirken zu verhindern (Kurmann 1944).

Erste Jagdgesetze

Anno 1649 war *Zürich* der erste Kanton, der eine gedruckte Jägerordnung herausgab, ein Jagdgesetz, erlassen vom Bürgermeister und dem Kleinen und Grossen Rat gegen den Missbrauch der Jagd, das mit mehr oder weniger inhaltlichen Änderungen von 1680 bis 1790 nicht weniger als 13mal neu aufgelegt wurde. Die Nachachtung, welches dieses Jagdgesetz fand, scheint mangels jagdpolizeilicher Aufsicht ziemlich ungenügend gewesen zu sein. Das ganze Elend verrät die Ausgabe von 1714: «Demnach unsere hievorige wider den Missbrauch der Jagd ausgegangene Ordnungen und das Mandat anderst nicht gefruchtet, als dass durch allzu ungehaltenes Hetzen, Jagen und Schiessen unsere Wälder sehr erschöpft und erödet sind worden, so hat die hohe Notdurfft erfordern wollen, so thane Unbescheidenheit und Missbrauch durch ein schärfferes Einsehen als hiervorbeschehen ist, einzuschräncken und zurück zuhalten, damit die Jagd in ein besseres Wesen gestellt, und das Gewild wiederum geäuffnet und gepflantzet werden möge: Inmassen wir dann zu dem End hin, hiemit angesehen, und verordnet haben wollen, wie vom einen zum andern folget.»

Im gleichen Jahr erliessen auch Schultheiss und Rat der Stadt *Luzern* ihr erstes gedrucktes Jagdgesetz: «Wir haben eine lang Zeit mit Bedauren sehen und verspüren müssen, was gestalten (welchergestalt) das Wilpan (der Wildbann) teils durch unsere Angehörige, teils auch durch frömbdes Gesind ...in unmässigen Gebrauch gezogen und sowohl das Gewild als das Gflügel gäntzlichen undertriben und verderbt werde...» auch im Kanton Luzern scheint die Jagdtätigkeit der Bewohner und Untertanen viel zu rege gewesen zu sein und dass ihr Hang zum Wildfrevel selbst durch scharfe Strafen und hohe Bussen kaum auszurotten war.

1717 liess der Kanton *Bern* seine «Ordnung» von 1697 erneuert und erstmals gedruckt erscheinen. Auch Bern begründet die Heraugsabe seiner «Erneuerten Jäger-Ordnung... wider den Missbrauch der Jagd...» mit der Notwendigkeit der Erhaltung des Wildes. Der Text stimmt beinahe wörtlich mit dem der Zürcher Ordnung überein. Diese Jagdordnung wurde erneuert: 1725, 1734, 1742; 1778 kam eine neue Jägerordnung (Fierz 1900).

Die erste Jägerordnung von *Luzern* von 1649, die 1650 erneuert und 1653 zu schweren Klagen der Bauern über das ausschliessliche Jagdrecht der Grundherren geführt hatte, war nur als Mandat erlassen worden (Segesser 1857).

Nicht so diejenige von 1728 in *Basel*. «Wir Burgermeister und Rath der Stadt Basel thun hiemit kund, demnach Wir eine Zeithero verschiedene Missbräuch der Jagd mithin wahrnehmen müssen, dass durch ungehaltenes Hetzen und Jagen die Wälder unserer Bottmässigkeit sehr erödet worden; Als haben Wir diesen Missordnungen vorzukommen und damit das Gewild geheget werde, folgende Ordnung gemacht...»

Auch *Solothurn* hatte erst 1776 eine gedruckte Jagdordnung erlassen. Das Jagdrecht unterstand auch dort den gnädigen Herren Oberen. Es konnte den Bürgern verliehen werden, jedoch nicht den Niedergelassenen, unselbständig Erwerbenden, Untergebenen oder Studenten usw.

Die frühesten gedruckten und damit allgemein zugänglichen Jagdordnungen stammen also erst aus dem 17. und 18. Jahrhundert. Die Landsgemeindekantone hatten auch damals noch keine solchen herausgegeben. Sie hatten mit Mandaten und Verordnungen, die nur mündlich unter den Jägern weitergegeben wurden, und mit fragwürdigen Bannbezirken, deren Grenzen längst nicht jeder Jagdausübende kannte, am Jagdwesen herumgedoktert, hatten wohl auch Verbote erlassen, wenn den Behörden gar zu arge Missbräuche und Roheiten des Jagdbetriebes zu Ohren gekommen waren. Doch eines steht unzweifelhaft fest: die Abnahme des Wildstandes.

Allen gemeinsam ist zu Beginn der Jägerordnung eine Anzahl von mit ihren Grenzen bezeichneten Bannwäldern, worin die Nachstellungen aller Tiere verboten sein sollen. Missachtung sollte die Konfiskation der Büchsen, Garne und anderer Jägerinstrumente zur Folge haben.* Andere Wälder wurden bedingt gebannt, so dass mit

---

* Die Bannforste, ein uraltes Rechtsinstitut der fürstlichen Zeit, bestanden in vielen Kantonen seit dem Mittelalter. Es waren zum Teil dieselben Forste, die in der Zeit der aristokratischen Jagdordnung entweder völlig gebannt oder für die gnädigen Herren Oberen reserviert waren, wie im 15. Jahrhundert. Da und dort hatten die Vögte das Recht, darin für den Eigenbedarf zu jagen oder gewisse Abschüsse für Dritte freizugeben. Zürich zum Beispiel bannte von alters her den ganzen Sihlwald samt den Gebieten von Horgen und Thalwil, den Türler See und das Türler Moos, Heitersberg und die Wälder der Herrschaft Regensberg usw., wobei stets auffällt, dass es sich um Wälder in Stadtnähe handelt, die leicht erreichbar und von Überjagung darum besonders bedroht waren.

Erlaubnis des Jägermeisters darin gejagt werden konnte. Dann erst folgen die einzelnen Anordnungen.* Zürich 1714: Unnütze Hunde seien abzuschaffen oder angebunden zu halten. Denn solche Hunde, «so für sich selbst Holtz und Feld durchlaufen, das Gewild verfolgen und fressen, auch biderben Landleuten in ihren Feldern und Früchten grossen Schaden zufügen», seien doch «zum Gaumen» (zum Hüten) unnütz. «Ohne Geschooss» (Steuer) dürfen alle Bürger zu Stadt und Land vom 14. August an Rebhühner jagen, jedoch ohne Verwendung von Garnen, Bögli auf Reckolderbücken, in den Reben usw.

Die Schonzeit für alles Wild sollte von Neujahr bis 1. September dauern. Sogar die reissenden Tiere sollten nicht ohne Bewilligung des Jägermeisters, des Vorstehers der Jägerkommission, geschossen werden. Die Jagd in den Reben, die Sonntagsjagd und der Gebrauch einer grossen Zahl von Fangmitteln für Vögel, speziell für Wachteln und Rebhühner, wird verboten. Immer wieder wird «Bescheidenheit», d. h. Masshalten beim Jagen gefordert. Alles Hochwild, das von Bürgern oder Landleuten gefällt werde, sei auf dem Rathaus abzuliefern. Streng wird Hasenbraten bei Gastereien oder Mahlzeiten bei geschlossener Jagd verboten. Die Jägerordnung schliesst mit Strafandrohungen, nicht nur für Frevel, sondern auch für Schlagen, Schwören und Fluchen. – Zum grössten Teil wörtlich, am Schluss aber erweitert wurde die Zürcher Jägerordnung bis zur Zeit der Helvetik mehrfach erneuert, so 1752 und 1790, wobei in den späteren Fassungen besonders die Ermahnung an die Landleute, sich ausser in ihren Wohnbezirken der Jagd völlig zu enthalten, auffällt.

Die Jägerordnung der Stadt *Bern* (1717) besitzt manche Besonderheiten. Wohl beginnen auch die Berner mit einer Anzahl von Bannwäldern, wo nur den Amtleuten die Jagd auf Hoch- und Niederwild erlaubt ist, dann aber verbietet die «Erneuerte Jägerordnung» auf 6 Jahre allen Untertanen, einschliesslich der Amtleute, Twingherren und Burgers, die Jagd auf Hoch- und Rotwild, Fasanen, Spiel- und andere Wildhühner. Nur die Vögte dürfen ein paar Gemsen schiessen, aber auch nur zu ihrem Hausgebrauch. Dann werden aber auch die Reb- und Feldhühner auf 6 Jahre gebannt. Die Strafen von 100 oder 60 Pfund waren ziemlich gesalzen.

Dann kommt viertens: «So muss jedermänniglich überzeugt stehen, dass dem gemeinen Landmann nichts schädlicheres, als die Gewohnheit zur Jagd, indem derselbe dadurch zur Liederlichkeit veranlasst, dess Müssiggangs sich gewehnt, alle Arbeit verabsaumet, Weib und Kind in mangelbaren Zustand setzet, und endlichen den Gemeinen im ganzen Land zu grösster Beschwerd in den Bettelstand auffallet: Dahero haben Wir dann zur Bezeugung Unseres daherigen Missfallens Unsere Untertanen insgemein ernstlichen vermahnet haben wollend, mehr ihrer Arbeit, als dem Jagen nachzulauffen...» Den Amtsleuten wird anheimgestellt, ihren Amtsangehörigen die Jagd gänzlich oder zum Teil zu verbieten. Auch den Burgern kann im Falle des Missbrauchs das Jagen von der Jägerkammer ganz verboten werden. Dann folgt das Hundeverbot. Die Schonzeit ist freilich sehr kurz bemessen; sie geht von Lichtmess (2. Februar) bis Bartholomäustag (24. August). Die reissenden Tiere, wozu Bären, Wölfe, Luchse, Dachse (!) zählen, haben keine Schonzeit. Ebenso sind die Wildschweine ohne solche, dazu vogelfrei.

Das Jagdprivileg der Vögte in den Bannwäldern, das aber durch ein strenges Verbot, die Jagd «hinzuleyhen» und ab 1742 auch durch ein Verbot, die Jagd durch

---

* In Solothurn (1717) waren zum Beispiel die Untertanen und Landleute vom Jagdrecht gänzlich ausgeschlossen; so auch in Bern (1742): «Den Untertanen und Fremden solle zu allen Zeiten – wie vorhin gewesen also auch fürbas – alles Hetzen und Jagen... verboten bleiben.» Auch Freiburg hatte 1754 den Bauern und Landleuten alles Jagen verboten, während die «gemeinen Burger» wenigstens das Recht auf das Vogelschiessen vom 10. August bis 6. Januar besassen, nicht aber auf die übrige Niederjagd.

«Knechte» besorgen zu lassen, eingeschränkt wird, hatte das andere Extrem, die absolute Freigabe des Jagens in der Helvetik zur Folge.

In *Basel* laborierte man seit 1754 an einer neuen Jagdordnung herum. Die Herren Deputierten der Jagdkammer richteten sogar einige «Bedenken» (Gutachten) über das zu schaffende Jagdgesetz an Bürgermeister und Rat, worin sie, ebenfalls ein Zeichen der heruntergehundeten Wildbestände, in allererster Linie Bannwälder für die Herren Statthalter zu reservieren beantragten. Diese ausgedehnten Bannwälder für das Jagdvergnügen der Vögte standen denn auch an der Spitze des 1768 endlich nach 14 Jahren geborenen neuen Jagdgesetzes. Sie hatten schon 1728 in der Jagdordnung dort gestanden, die im übrigen gar nicht stark von dem mühsam errungenen Jagdgesetz von 1768 abwich. Punkto Bauern war Basel radikal. Für diese gab es nur eins: das gänzliche Jagdverbot. Natürlich immer mit derselben Begründung, sie würden durch das Jagen von ihrer Arbeit abgezogen, Weib und Kind würden hungern und dem Staat zur Last fallen. Vielleicht bangten die reichen Basler Stadtherren für ihre guten Bissen, die innerhalb der Stadtmauern nicht wuchsen – kurzum, die Städtekantone bemühten sich höchst erzieherisch um das Wohl der Bauern, ausserdem für dasjenige des Wildes, das die Ehre hatte, nur die Tische der Herren Amtleute, Statthalter und Vögte zu zieren, die natürlich durch die Jägerei keineswegs von ihrer Arbeit abgelenkt wurden. Für die Bauern galt auch das Hundeverbot: entweder sind sie abzuschaffen oder ständig an der Kette zu halten. Die Schonzeit ging von Lichtmess (2. Februar) bis Jakobi (25. Juli), war also noch kürzer als in Bern. Auch im Baselbiet durften die Vögte die Jagd nicht «hinleihen», auch durfte nicht in «Banden» gejagt werden, also nicht gemeinschaftlich, weil dadurch zu viel Wild erlegt wurde, auch «Knechte» durfte man nicht auf die Jagd schicken, um – vielleicht bei kaltem oder schlechtem Wetter – ohne eigene Strapazen zum Hasenbraten zu kommen. Alle Jäger waren zum Abschuss der Füchse und Raubvögel verpflichtet. Durch vereidigte Schützen sollten auch die zahmen und wilden Katzen getötet werden. Hirsche und wilde Schweine hatten keine Schonzeit, da deren Hege «die Situation unseres Landes nicht zugibt» und sie dem Landmann höchst schädlich seien.

Heutelia

Der Nutzen dieser Jagdordnungen scheint indessen bescheiden gewesen zu sein. Auch unter Abzug gelegentlicher Übertreibungen gibt über die Zustände der damaligen Wildvorräte die *Heutelia» des Hans Jakob Graviset*, der selbst einst Landvogt zu Oron* war, einige Auskunft. Die 1658 erschienene «Heutelia», durch Umstellung der Buchstaben aus «Helvetia» gebildet, schildert in satirischer Weise die Zustände der Schweiz in Form einer Reisebeschreibung. Die Ortsnamen sind durch Übersetzung ins Lateinische oder Griechische oder durch Ersatz mit erfundenen Namen kaschiert. Daraus nun ein paar Auszüge über die Jagd der privilegierten Amtleute oder Twingherren:

Die Reisegesellschaft beobachtete eine Hasenjagd des Herren von «Langophinia» (Liebegg). Man machte allerlei Spässe. Der Erzähler fragte seine Reisegesellen, wann den Hasen die Zähne am wehesten täten. «Wenn sie die Hunde beissen», lautete die Lösung. Ein anderer sagte, die Gehörne der Hirsche seien nicht mehr so viel wert wie früher. Jemand fragte, warum. Er antwortete: Seitdem die Weiber mit dieser Ware zu handeln angefangen, seien sie gar zu gemein geworden. Ein Hirsch setze

---

* Dass die Hirschgeweihe im Schloss der Gegend entstammen, ist nicht anzunehmen.

des Jahres nur einmal auf, manches Weib setze ihrem Mann fast alle Tage neue Hörner auf...

Man kam mit dem Herrn von «Langophinia» ins Gespräch. Gefragt, ob viel Wild da sei, sagte er, dass zur Kurzweil etwas vorhanden sei, sonderlich von Hasen und Füchsen, item von Rehen und wilden Schweinen gebe es auch bisweilen, von Hirschen aber weniger. Doch an anderen Orten Heuteliae, sonderlich im Gebirg und an den Grenzen, gebe es schon mehr Hirsche. Gleichwohl respektive nicht so viel als wie in Teutomannia (Deutschland), dieweil man hie zu Land keine solche Polizei zu halten weiss; man begehre sie auch nicht zu haben. Denn wie dort etliche Fürsten in excessu peccieren (durch Überhege sündigen) und von der Sach zu viel tun, so viel das Jagen anbetrifft, dieweil die armen Untertanen durch das Gewild grossen Schaden hätten und mit dem vielfachen Jagen und Treiben sehr tribuliert würden, also geschehe hie in defectu (hier fehle es) und tue man in der Sache zu wenig. Das Mittel aber treffen sei das Beste, denn es heisse: Medium tenuere beati (die Glücklichen hielten die Mitte). Zu wenig und zu viel verderbt alles Spiel. Das Mittel doch das Best – ist allezeit gewest... Daneben wurde auch angezeigt, welches die fürnehmsten Mängel und Ursachen seien, warum weniger Gewild in «Rusinia» (Aargau) zu finden sei. Nämlich erstlich, dass die Amtleut, oder doch ein guter Teil derselben nicht steiff die obrigkeitlichen Mandata in Acht nehmen, sondern fast jedermann jagen lassen nach seinem Gefallen, wenn man ihnen nur bisweilen etwas verehrt, ja es werde wohl um ein Stück Geld solches, weil solange sie im Amt seien, weggeliehen. Zum andern, weil die Landpfleger zu gewissen Jahren geändert werden, so sind deswegen viel also gesinnet, dass sie nichts unterlassen oder sparen, wenn sie etwas auffangen könnten. Es ist ihnen auch völlig gleichgültig, wenn der Successor (Nachfolger) nichts mehr findet. So heisse es auch in jagdlichen Dingen: Mach Mist, weil du Landpfleger bist. Zum dritten, weil die Strafen gering sind. Darum trägt mancher keine Scheu, den Hasen Schlingen und Stricke zu richten und sich anderer verbotener Mittel zu bedienen, dieweil er schwerlich ertappt wird, und wenn schon, dann sei die Geldstrafe so gering, dass der Nutzen doch viel grösser gewesen sei... Zum fünften: Wenn ein tiefer Schnee fällt, so läuft jedermann hinaus auf die Jagd. Was nun nicht gefangen oder sonst verscheucht wird, geht zugrunde. Die Füchse und Hasen, welche in dem tiefen Schnee nicht wohl laufen können, werden gar leicht von den Bauernhunden gefangen.»

Der Autor Graviset lässt seinen Gewährsmann einen ganzen Jagdgesetzesentwurf vortragen. Er meint, vor Mitte Juli sollte niemand jagen dürfen. Hirsche und Rehe sollten nur so lange erlegt werden, als sie aufhaben.

«Ich trag die Hörner, dass es jedermann siecht
Aber mancher trägt sie und glaubet es nicht.»

Der Gebrauch von Schlingen und Stricken müsse verboten und hart gebüsst werden. Hunde sollen Bengel um den Hals tragen, zudem sollte im Schnee nicht mit Hunden gejagt werden. Kein Bauer soll Hochwild oder Hühner jagen dürfen. Rebhühner sollen nur mit dem Vorstehhund, niemals aber mit Garnen gejagt werden dürfen. Man sollte keine Eier mehr ausnehmen, ausser denen der schädlichen Vögel, der Stare, Weihen, Habichte usw. Junge Wölfe und Luchse dürfe man ausnehmen. Die Landpfleger sollten nicht Gewalt haben, gewisse Jagden, besonders Hochwildjagden den Bauern zu überlassen. «Denn die Bauren sind Lauren und wissen kein Mass zu halten, sonderlich in diesem Land, wo sie grobianische Geberden und tückische Köpfe haben...»

Mag man von alledem, was Graviset gewiss einseitig aus Berner und Aargauer Verhältnissen berichtet, einen Teil abziehen. «Heutelia» bleibt eine Illustration der

Verhältnisse vor der Helvetik und eine Ergänzung zu den Rückschlüssen, die aus den Jägerordnungen jener Zeit gezogen werden können.

Helvetik

Das Direktorium in der *Zeit der Helvetik* versuchte, wie in Kapitel 2 berichtet, die Jagdfrage durch eine zentrale Gesetzgebung zu lösen, brachte es aber über einen Gesetzesentwurf nicht hinaus. Praktisch war in diesen wenigen Jahren dem Volke nur der Gedanke der Jagdfreiheit eingegangen. Es wurde wieder, wie in alter Zeit, ganzjährig gejagt. Das Wild schwand dahin. Da stellte der Präsident des vollziehenden Direktoriums, Legrand, am 9. Mai 1798 in höchster Not den Kantonen einen Erlass zur Publikation und Durchführung zu: «Das Vollziehungs-Directorium der einen und untheilbaren helvetischen Republik. In Erwägung, dass durch den Missbrauch der Jagd während der Zeit, in welcher sie nach den vorigen Landesgesetzen untersagt war, solche gäntzlich zerstört und was von grösserer Wichtigkeit ist, dem Landbau und den Saaten ein beträchtlicher Nachtheil zugefügt wurde; – beschliesst:
1. Alles Jagen ohne Unterschied soll von jetzt an bis zum 15. September, wie bisher üblich ware, und unter strenger Strafe jedermann verboten seyn.
2. Das Fischen… soll… frey gegeben seyn…
3. Die Regierungsstatthalter sind beauftragt, gegenwärtigen Beschluss in ihren Cantonen zu publicieren und in Execution setzen zu lassen.»

Mit solchen simpeln Erlassen gedachte das Direktorium der einen und unteilbaren helvetischen Republik die Jäger zu zähmen. Es wurde schlimm und schlimmer, bis die Kantone 1804 die Sache wieder selbst in die Hand nahmen.

Und doch soll der Jagdgesetzentwurf, das erste «Bundesgesetz» von 1798, das Werk von Herrn Zimmermann, nicht ganz übergangen werden. Es hatte auch eine schöne Vorrede: Mit den wahren Begriffen von Freiheit und Gleichheit müssten stets die Begriffe von Ordnung und Mässigung verbunden sein… und wenn auf der einen Seite jeder Helvetier während eines bestimmten Zeitraums jagen dürfe, so sei es um der Erhaltung eines nicht ganz unbeträchtlichen Nahrungszweiges willen notwendig, dass in einem ebenso bestimmten Zeitraum kein Helvetier jagen dürfe. Aus der gleichen Ursache sei es notwendig, einzelne Gebirge durch ganz Helvetien aus der unbedingten Jagdfreiheit auszunehmen; denn nie solle in unserem Staat der Zerstörungsgeist begünstigt werden; nie soll uns das Gefühl der Menschlichkeit, selbst gegen Tiere, verlassen, das uns Schonung ihrer Brutzeit befiehlt, und nie wollen wir, was die gute Natur beschert, mutwillig verschwenden.

1. Jeder Helvetier hat überall in Helvetien das Recht zu jagen, mit Ausnahme gewisser einzelner in dem Lande verteilter Berge, welche das Gesetz bestimmt, auf welchen niemand jagen soll.
2. Die Jagd ist vom 1. September bis zum 1. Februar geöffnet, ausgenommen in Rebbergen bis nach der Weinlese.
3. Die Treibjagd ist verboten, ausser auf reissende Tiere.
4. Garne, Letschen, Schleifen usw. sind in Feld und Wald verboten.
5. Garne für Lerchen und Letsche (Dohnen) für Amseln und Krammetsvögel auf Bäumen sind jedoch erlaubt.
6. Das Eigentum ist zu schonen (Schutz des Grundeigentums).
7. Vorschriften für die Wildfolge.
8. Weitere Vorschriften
9. Vom 1. Februar bis 1. September ist die Jagd mit und ohne Hunde verboten.

10. In den Alpen ist die Jagd von Anfang August bis Anfang März erlaubt.
11. Die Schnepfenjagd ist vom 1. März bis 15. April erlaubt.
12. Vom 1. August bis 1. Februar ist die Jagd auf abgeernteten Feldern und Mösern und Rieden mit dem Hühnerhund erlaubt.
13. bis 16. weitere Bestimmungen über Jagdaufsicht und Gerichtsstand.

Die Debatte hat insofern ein gewisses Interesse, als sie über die Vorstellungen betr. Wildschaden und Schutz der Landwirtschaft Aufschluss gibt.

Escher findet, man solle dem sybaritischen Gaumen der jetzigen Jäger zuliebe den Feldbau nicht ganz vernachlässigen. Man solle das ganze Jahr hindurch Wild schiessen dürfen, das sich auf Feldern und Rebbergen zeigt. Er sieht keinen Grund dafür, warum die Hasen nun auf einmal ungestraft Trauben fressen sollen...

Zimmermann bittet Escher, ihm die Hasen bekanntzugeben, welche Trauben fressen, worauf Escher beleidigt antwortet, er glaube aus der Naturgeschichte genau zu wissen, dass die Hasen auch Trauben fressen. Daher finde er es ungereimt, wenn man traubenlustige Knaben mit einem Stock aus den Weinbergen jage, aber einen Hasen in denselben nicht totschiessen dürfe.

Secretan findet den Entwurf kleinlich und mehr für die Jäger als für den Feldbau günstig. Er will keine Berge aus der Jagd ausnehmen, sondern gerade auf diesen jagen. Im übrigen sollte es jedem auf seinem eigenen Grund und Boden zu jagen erlaubt sein, wie es in Frankreich geschieht.

Im Senat fand man, man sehe es dem Entwurf an, dass er von einem Liebhaber der Jagd verfasst sei. Man verwies den Entwurf an eine Kommission, und diese beantragte Verwerfung.

Immer wieder wandte man gegen dieses Jagdgesetz ein, es begünstige die Jäger. Von erster Wichtigkeit sei hingegen der Ackerbau; dieser müsse geschützt und die Gutsbesitzer müssten vor den Übergriffen der Jäger bewahrt werden. Immer wieder kam der Grundsatz als Postulat zum Vorschein, dass jeder auf seinem Grund und Boden jagen dürfe und dass der Jäger nur die Allmende bejagen solle. Da eine Einigung unmöglich war, ging man zur Tagesordnung über und liess den Gegenstand Jagd unbearbeitet, obschon das Gesetz vom Grossen Rat angenommen worden war.

Die Kantone hatten in Jagdsachen nichts mehr zu sagen. Ihre gewohnten Jagdbeschränkungen fielen dahin, ihre Ordnungen galten nichts mehr. *Luzern* fragte an, ob es nicht gestattet sei, das Verbot des Schiessens auf die Wasservögel, die in der Stadt Luzern auf dem Seeausfluss lebten, aufrechtzuerhalten.* Doch Luzern wurde abgewiesen. Die Jagd sei laut Beschluss vom 9. Mai 1798 vom 1. September an freigegeben. Davon werde keine Ausnahme gemacht. Und als der Statthalter *Kesselring in Weinfelden* nach alter Sitte ein Sonntagsjagdverbot erliess, damit der Tag, der zur christlichen Erbauung und zum Besuch des Gottesdienstes bestimmt sei, nicht durch Schiessen entweiht werde, erhielt er vom Minister des Innern einen sehr wenig höflichen Verweis, er habe seine Kompetenzen überschritten, und ein Sonntagsjagdverbot gebe es nicht.

So und ähnlich erging es auch anderen Kantonen. Jagdbeschränkungen wurden nicht zugelassen. Die oberste Regierung hielt die Jagd für belanglos – mochte sie sich selbst zugrunde richten. Wichtig erschien ihr allein die Land- und Forstwirtschaft.**

---

* 1735 war ein Mandat zum Schutz der Wasservögel auf dem Luzernersee «als einer Zierde des Sees» ergangen.

** Der einzige Kanton, welcher sich gegen die jagdliche Verlotterung jener Zeit mit einem eigenen Erlass zur Wehr setzte, war Schaffhausen. Er verbot die Jagd in geschlossener Zeit mit Fallen und Drähten, ebenso das Auflesen junger Hasen, das Laufenlassen von Jagdhunden, den Förstern überhaupt das Halten von Jagdhunden, endlich die Jagd an Sonn- und Feiertagen. Die Herren vom Direktorium scheinen gegen diese kantonale Überschreitung der Kompetenzen nicht eingeschritten zu sein, denn der Kanton Schaffhausen hatte sie nicht um Genehmigung angefragt.

Genau so urteilten 50 Jahre später die Idealisten der deutschen Nationalversammlung in der St. Pauls-Kathedrale in Frankfurt. Sie führten starr das Prinzip des Jagdrechts auf eigenem Grund und Boden durch – mochte das Wild damit ausgerottet werden oder auf klägliche Restbestände zusammenschmelzen. Wichtig war für dieses Gremium allein die land- und forstwirtschaftliche Nutzung – dann würde die Jagd sich selbst aufheben. Es ist wie ein Gesetz des Denkens seit der Französischen Revolution. Nur der Sozialismus übernahm den Gedanken der Erhaltung der Landestierwelt und ihrer jagdlichen Nutzung von der alten Zeit – sogar samt dem feudalen jagdlichen Brauchtum der vertriebenen reichen Eigenjagdbesitzer und Herrenjäger.

Entstehung der Patentjagd

Doch selbst in der Helvetik, der ersten, ferngesteuerten «volksdemokratischen» Verfassung der Schweiz, gab es nicht Ruhe. Am 13. November 1799 richtete ein *Bürger von Aarau, Daniel Pfleger,* an den Minister des Innern ein Schreiben, worin stand, dass seit unserer Staatsumwälzung das Jagdrecht auf eine Art missbraucht werde, die zur gänzlichen Ausrottung des Wildes führen müsse. Nach den Grundsätzen der Verfassung sei das Jagdrecht ein Eigentum der Nation, das jeder Bürger beanspruchen könne. Nun sei aber nicht jeder Bürger ein Jäger, so dass nur eine kleine Anzahl Liebhaber und Handwerksjäger, die aus Profit jagen, daraus Nutzen ziehe, ohne dass die Nation etwas davon habe. Daher empfahl Daniel Pfleger folgende Massnahmen:

1. *Reduktion der Jäger,* deren viele ihre Haushaltungen und Geschäfte vernachlässigten mit Hilfe einer angemessenen Polizeiordnung, damit sich das Wild wieder vermehren könne.
2. Eine *Patentgebühr* für Jäger, die mit Jagd- oder Stallhunden jagen, von 12 Livres und von 4 Livres für Vogeljäger, was der Staatskasse 60000 bis 70000 Livres jährlich einbrächte.
3. Es sei für ein kleines Ländli wie Helvetien nicht gleichgültig, ob jährlich 40000 bis 50000 Hasen, die sich ohne den geringsten Nachteil für unsere Waldungen ernähren, geschossen und als Essen benutzt werden. Pfleger rechnet dem Ministerium den Ertrag aus Hasenfleisch von 36000 Livres und Fellen von 24000 Livres vor, was alles der Nation verlorengehe. Dazu kämen noch 500 bis 1000 Rehe und Gemsen nebst 6000 bis 8000 Reb- und Schneehühner, deren Wert ebenfalls mit 72000 Lires zu veranschlagen wäre... «Diese Summe, Bürger Minister, mit Inbegriff des Ertrags der Patente geht jährlich wenigstens für die Nation verloren, wenn nicht mit Beförderung diesem Übel Einhalt getan und... *das Patentsystem für's künftige Jahr eingeführt wird.»*

Die Logik von Daniel Pfleger war zwingend, bewegte sich auch gänzlich in der Ideologie der Revolution. Aber sein Brief blieb unbeantwortet. Vielleicht, weil man nichts darauf zu sagen wusste und sein Patentjagdvorschlag ein neues Jagdgesetz erfordert hätte. Oder auch, weil Daniel Pfleger nur ein einzelner Bürger war, von dem man nichts zu befürchten hatte, nicht eine Volksbewegung, eine Partei oder so... Aber im Jahre 1800 führte man *ein Patent* ein, dem freilich nur da und dort in den unterländischen Kantonen, in der Innerschweiz jedoch mehrheitlich nicht nachgelebt wurde.

Die helvetische Regierung wurstelte indessen punkto Jagd weiter. Bestimmt ohne grosses Vergnügen, aber es war nun einmal so, dass die Kantone und Statthalter sich für jede Bagatelle an sie wenden mussten. Im Unterland stand es prekär. *Solothurn* klagte «wir zählen bald so viele Jäger als Bürger». Man müsse Massnahmen ergreifen, damit die Tiere wenigstens in der Fortpflanzungszeit geschont würden. – Im *Glarnerland* schimpften elf Schwandener Bürger gegen die von der Kantonsobrigkeit eingeführten Jagdbeschränkungen auf Gemsen und Munggen, durften aber mit der Bewilligung des Ministeriums abgewiesen werden. – Im *Aargau* konnte nur mit grösster Mühe die Schonzeit des seinerzeitigen Erlasses durchgeführt werden. Generell wurde die Jagd als Einnahmequelle benützt. Und wenn man sie als Gewerbe betrieb, konnte man folgerichtig nicht vom 1. Februar bis 15. September auf sein Einkommen verzichten. Da stellte man dem Wild eben ganzjährig nach, übrigens gab es ja genug stille Jagdmittel. Und bis die Statthalter oder Kantonsbehörden in Aarau angefragt und Bescheid bekommen hatten, ging es immer eine Zeitlang, manchmal einen Monat, und dann kümmerte sich erst niemand um den Bescheid.

Als am 23. Dezember 1800 die Schonzeit auf 1. Januar bis 1. September durch Erlass des Ministers festgesetzt, die Jagd in den Alpen und auf reissende Tiere aber von diesen Terminen ausgenommen worden war, beriefen sich die *Glarner* Jagdbegierigen auf diesen Beschluss und wollten *im Freiberg* zu jagen beginnen. Da wandte sich Glarus an das Ministerium und dieses antwortete, dass der Beschluss vom 23. Dezember nur die Jagd in den Alpen im allgemeinen freigeben wollte, dass aber der Freiberg erhalten bleiben sollte. Wenigstens ein Lichtblick. Solche waren jedoch selten, selbst als das helvetische Ministerium vorsichtig begonnen hatte, die so optimistisch eingeführte Jagdfreiheit der Bürger sanft zu zügeln. Denn die Einzelfragen rissen nicht ab, und die Entscheide waren oft schwer und unangenehm. Anfragen wegen reissender Tiere, Jäger- und Treiberentschädigungen, Wolfsgeldern und der Erhebung der Wolfssteuer, Entschädigung eines verletzten Treibers, der von einem Bären bei Nyon übel zugerichtet worden war, beschäftigten den Herrn Minister. Bis zum August 1802 ging das Frage- und Antwortspiel an die Helvetische Regierung so weiter. Dann hörte ziemlich abrupt alles auf. In fast allen Kantonen war der Aufstand gegen die helvetische Regierung, die damals in Bern sass, ausgebrochen, sie wurde nach Lausanne vertrieben, wo sie sich versprach, nahe bei Frankreich sich noch halten zu können. Aber Bonaparte anerkannte die Beschlüsse der im September nach Schwyz einberufenen Tagsatzung nicht, sondern berief die «Helvetische Consulta» nach Paris zur Ausarbeitung einer neuen Verfassung. Am 10. März 1803 war die Helvetische Republik beendet, doch brachte die Mediation vom 19. Februar kein neues Jagdrecht, ermöglichte aber den Kantonen, neue Jagdgesetze zu erlassen. Das taten sie denn auch, d. h. zunächst die «Unterländerkantone», Zürich, Bern, Freiburg, Solothurn, Graubünden und der Aargau im Jahre 1804, Basel 1808, Schaffhausen 1810, Luzern 1817, während die übrigen später nachfolgten.*

Kantonale Jagdrechte nach der Helvetik

Sie gaben eine gesetzliche Verordnung betreffend die Polizei der Jagd heraus, deren einleitende Sätze wahrlich in einigen Kantonen kein Blatt vor den Mund nahmen. So schrieb Zürich:
«Nachdeme die Erfahrung gezeigt, dass in den letzten Jahren die von der helvetischen Regierung gestattete allgemeine Jagd-Freyheit auch in unserem Canton die unausbleibliche Folge nach sich gezogen, dass nicht nur allein die Administration des

---

* Die Jahre beziehen sich auf die Herausgabe eines gedruckten Jagdgesetzes. Einzelne Mandate und jagdstrafrechtliche Bestimmungen wurden teilweise schon früher erlassen (vergl. Fierz 1900, S. 41).

Jagdwesens schlecht besorgt, und dieser Zweig der öffentlichen Verwaltung für den Staat beynahe ganz vernachlässigt worden, indeme die zur Sicherheit desselben emanierten Verordnungen entweder ihre Zwecke gänzlich verfehlt, oder aber sonsten nicht gehörig beobachtet worden, sondern dass auch durch die allzuhäufige, und dadurch schädliche Jagd-Liebhaberey die Jagd gänzlich zu Grunde gerichtet, die Saaten und die Weinberge beschädigt und besonders viele sonst arbeitsame Bürger zu ihrem und ihrer Haushaltungen grösstem Schaden sich ein liederliches Leben angewöhnt – so erliessen nun Bürgermeister und Klein- und Grosse Räte folgende Jagd-Verordnung, deren strengste Befolgung wir jedermann zur Pflicht machen... usw.»

Das waren altvertraute Klänge, die Tonart war nicht schlecht, jedenfalls nicht mehr die Rousseausche Revolutionsideologie «der Mensch ist gut, lasst ihn nur machen».

Man versprach dem «Laider», der die Jagdfrevler zur Anzeige brachte, die Hälfte der verhängten Busse, doch nur ganz wenige private «Verzeiger» wollten sich um ein paar Fränklein verhasst machen und die paar Landjäger konnten nicht allgegenwärtig sein, am wenigsten im Wald beim Jagen. Und mit Verordnungen, die an den Gemeindehäusern angeschlagen wurden, erreichte man die gewünschte Sauberkeit und Disziplin in der Jägerei leider nicht. Am 28. Mai 1804 hatte *Solothurn* seine erste Jagdverordnung öffentlich «ausgekündigt» und an den gewohnten Orten angeschlagen. Am 21. August 1804 kam ein Supplementbeschluss, am 27. Juni 1806 hing schon wieder eine neue Jagdordnung an den Ratshäusern «In Hinsicht, der Beschluss vom 21. August 1804 nicht jenen Zweck erreicht, den die Regierung bey Festsetzung desselben beabsichtiget hatte, und verschiedene Missbräuche im Betref der Jagd zum Nachteil der Regierung ... eingeschlichen ... usw.»

Am 3. August 1808, nicht ganz zwei Jahre später, musste man am grauen Brett schon eine ganze Zeit lesen, wenn man die grosse, neue Verordnung sich richtig einverleiben wollte, so dass füglich zu bezweifeln war, ob sich ein jeder, der mit seiner Schlüsselbüchse zum fröhlichen Pirschen auszog, die «Jagd-Verordnung des Kantons Solothurn 1808» richtig gemerkt hatte: «Die bis anhin erlassenen Jagdverordnungen haben aus Mangel der nötigen Aufsicht und Abgang der Verzeigung nicht den erwünschten Erfolg gehabt. Es ist daher eine *eigene Aufsicht* einzurichten nöthig...»
Richtig, sogar sehr richtig! Die Solothurner Regierung hatte es getroffen. Aber generell lernten das die schweizerischen Kantone erst rund siebzig Jahre später.

Denn was jetzt folgte, war die *Periode der kantonalen Jagdrechte*. Eine komplizierte Periode mit vielen Versuchen, Fehlschlägen, doch mit noch mehr guten Neuerungen. Es war die Periode, in der sich die Bestandteile und Grundideen herausbildeten, die nach Abschluss der Verfassungskämpfe in der Eidgenossenschaft, nach langen Jahrzehnten im Bundesgesetz zu einem Ganzen geformt, das eidgenössische Jagdrecht bilden sollten.

Obschon in der Periode der kantonalen Jagdrechte die politischen Entwicklungen keinen direkten Einfluss auf die Jagdgesetzgebungen ausüben konnten, spiegelt sich in ihnen doch in Einzelheiten das soziologisch-politische Empfinden ihrer Zeit. Nach 1803 hatten die Kantone die Jagdhoheit zurückgewonnen, sie hatten sogleich die Sorge für das hohe Wild in die Hand genommen. *Bern* legte auf Hirsche, Rehe und Gemsen den Jagdbann, d. h. es hatte nur der Kleine Rat in der Hand, Erlaubnisscheine zur Jagd auf diese Tiere auszugeben. Das war ein deutliches Abrücken von der Freiheit der Revolutionszeit in Richtung auf die behördlichen Jagdrechte. In der Restaurationszeit nach 1815 vollends hörte auch die Patentabgabe an jedermann im Kanton Bern auf. 1817 bestimmt das Jagdgesetz in § 6, dass Jagdpatente nur an Kantonsangehörige, die eine militärische Stellung oder Charge bekleiden oder bekleidet haben oder ein schuldenfreies Vermögen von mindestens 6000 Franken vorweisen können, abgegeben werden. – Zu den Privilegien der Amtsleute wagte man offenbar nicht mehr zurückzukehren, jedoch suchte man irgendwie die Jagdberechtigung von Dingen abhängig zu machen, die eine gewisse Auswahl der Jagdausübenden gewährleisten sollten. Militärische Chargen erhielten ohnehin vorzugsweise die gehobenen Stände. Und wenn schon auch andere zugelassen wurden, dann wenigstens keine armen Schlucker.

Doch nach 5 Jahren ging die schöne Restaurationszeit zu Ende. In Paris rumorte es wieder. Die Julirevolution von 1830 blieb auch für die Schweizer Kantone nicht ohne Einfluss. Am 29. Juni 1832 kam in Bern ein neues Jagdgesetz. Und im § 6 dieses neuen Gesetzes wurde – wohl infolge der allgemeinen liberalistischen Tendenzen des neuen politischen Denkens – für Patentempfänger die Bedingung einer militärischen Charge aufgegeben und nur noch ein schuldenfreies Eigentum von 1000 Franken verlangt, das sich schliesslich mit dem Bestreben der Sicherung des Staates vor Verlust der Taxe oder der Möglichkeit des Jagdausübenden, irgendwelche Schäden zu vergüten, rechtfertigen liess.

Im *Aargau* spiegelte sich die Entwicklung in anderer Weise ab. Der Aargau hatte am 29. September 1803 die Pachtjagd eingeführt. Allerdings nicht im heutigen Sinne der Gemeinderevierjagd, sondern als Regal des Kantons. Der Kanton war in eine Anzahl geradezu riesiger Reviere eingeteilt, die relativ teuer verpachtet wurden. Also eine typische Jagd für reiche Herren. Die Jagdeinkünfte flossen in die Staatskasse. In der 1830 einsetzenden neuen liberalistischen Zeitströmung drehte sich auch auf den Kirchtürmen des Aargaus der goldene Hahn. Am 3. September 1835 ging der Kanton mit einem neuen «Gesetz betr. die Verwaltung des Jagdregals» zur Patentjagd über. Doch die «Volksjagd» triumphierte nur drei Jahre; denn 1838 kam bereits das neue Pachtjagdgesetz, nicht ohne Einfluss des Finanzdepartementes, das sichtlich mit den Einnahmen aus dem Jagdregal in den Patentjagdjahren unzufrieden gewesen war.

Kantone, die von den Vorgängen in Frankreich weiter ablagen, scheinen in ihren Jagdordnungen weit weniger zeitbeeinflusst, hatten auch in der Restaurationszeit das Prinzip der Gleichheit aller Bürger vor dem Gesetz nicht verlassen. *Luzern* hatte 1831 ebenfalls ein neues Jagdgesetz erlassen. Aber es unterschied sich kaum vom vorangehenden. *St. Gallen* kam 1832 mit einer neuen Patentordnung heraus, aber hier gab es keinen Unterschied des Standes, keine Forderung eines Privatvermögens, auch 1818 und 1826 nicht. Patent lösen muss «jeder Kantonsbürger, der sich dem Jagdvergnügen überlassen will», so lauten die Formulierungen... *jeder* Kantonsbürger.

Die *Wirren des Sonderbunds* hatten auf die Jagdgesetze inhaltlich keinen Einfluss, es sei denn, dass die Sonderbundskantone in den Folgejahren vermehrt Ordnung in ihr Jagdwesen brachten, so Uri 1849, Schwyz 1849, Ob- und Nidwalden 1856, resp. 1853, Luzern und Freiburg 1857. Die Tätigkeit der Kantone auf dem Gebiet des Jagdrechts bis zur Verfassungsrevision von 1874 darf als geradlinig bezeichnet werden. Sie bewegt sich generell in zwei Richtungen: Erhaltung der Jagd als solcher mittels verschiedener Massnahmen zur Verminderung der Abschüsse, zweitens Vermehrung der Nutzwildbestände durch Raubwildvernichtung. Doch die kantonalen Gesetze waren unter sich höchst ungleich. Als aus dem Kräftespiel in den Vorjahren der Verfassungsrevision (1866 bis 1874) eine gesunde zentralistische Tendenz und die Stärkung des Bundesstaatsgedankens in legislativer Hinsicht hervorging, kam auch für das Jagdrecht die grosse Zäsur: das erste Bundesgesetz über Jagd und Vogelschutz.

Die Konkordate

Im Gedanken, die Schutzmassnahmen oder Banngebiete über das eigene kleine Kantonsgebiet hinaus zu erweitern, da offenbar besonders die Schutzbestrebungen nur auf grösseren Territorien überhaupt wirksam werden konnten, schlossen sich bereits vor dem ersten Bundesgesetz verschiedene Kantone, deren Wildgebiete aneinander angrenzten, zu sogenannten *Konkordaten* zusammen, um Jagdzeiten, Bannlegungen einzelner Wildgattungen zu koordinieren oder Banngebiete und Schutzzonen für Hochwild über ihre Kantonsgrenzen zu erweitern.

So schlossen sich 1842 St. Gallen, Graubünden und Glarus zwecks Koordinierung der Jagdzeiten für Hochwild zusammen. Die Verhandlungen hatten sich von 1839 an bis zum 28. April 1842 hinausgezogen, bis das Gesetz zustande kam, «das die Ausrottung der Gewildgattungen unseres Hochgebirges» verhindern sollte, «die der Aufmerksamkeit des Gesetzgebers so würdig waren.»

1866 einigten sich St. Gallen und beide Appenzell auf ein Verbot der Jagd auf Gemsen und Rehe.

1868 kam das Konkordat zwischen Schwyz, Glarus, St. Gallen, Graubünden und zeitweise Appenzell zur Beschränkung der Jagd auf Gemsen und Murmeltiere auf die Zeit vom 1. September bis 15. Oktober mit zeitweiligem Bann auf Gemsen, Rehe, Hirsche und Murmeltiere zustande, gegen das prompt Sturm gelaufen wurde.

1871 regte der Kanton Glarus bei den Nachbarkantonen die Bannung der Murmeltiere, Rehe und Gemsen auf 6 bis 10 Jahre an. Die ernsten Worte von *Fridolin Heer* hatten dort ihre Wirkung getan. Doch die befragten Kantone machten ihren Beitritt zu diesem einschneidenden Konkordat von der Haltung der übrigen befragten Kantone abhängig. So zogen sich die Verhandlungen bis 1875 hin – da kam das Bundesgesetz. Auch ein Berner Antrag an die Waadt 1874 für einen 5jährigen Gemsenbann scheiterte.

1873 brachte der Kanton Schaffhausen in Bern eine grosse Konferenz zusammen, an der die Kantone Zürich, Solothurn, Thurgau, St. Gallen und Schaffhausen beteiligt waren, um ein *Konkordat zur Einführung der Pachtjagd* zu schaffen. Allein «wir konnten den aus den Beratungen hervorgegangenen Entwurf nicht billigen, weil er vollständig mit unserem Patentsystem, das der Mehrzahl unserer Jäger lieb und teuer ist, bricht und das Reviersystem einführen will», so äussert sich der St. Galler Regierungsrat. Auch Thurgau lehnte ab. Die anderen Kantone hatten nicht einmal gewagt, Delegierte an diese Konkordatsverhandlungen zu entsenden, vielleicht aus Furcht vor einem Tumult der Patentjäger.

Diese Beispiele von Konkordaten und Konkordatsbestrebungen mögen genügen.

Erstes Bundesgesetz über Jagd- und Vogelschutz

Das grosse Verdienst dieses Rahmengesetzes war die Zusammenfassung des Guten aus den fortschrittlichen kantonalen Gesetzen. Mochten gewisse Kantone auch die Behauptung aufstellen, das Bundesgesetz habe ihren speziellen jagdlichen Verhältnissen nicht Rechnung getragen – diese Klage erscholl aus Graubünden bis zur Zeit mehrfach –, so wird dadurch der Glanz des ersten Bundesgesetzes nicht getrübt. Denn ihm und nicht den noch so gutgemeinten kantonalen Bemühungen ist der Neuaufbau der jagdbaren Tierwelt in der Schweiz zu verdanken.

Der Bund hatte zwei Gesetze vorgesehen: «Es sind in unserem Programm über die Reihenfolge der infolge der neuen Bundesverfassung zu erlassenden Gesetze zwei solcher... eines über Ausübung der Jagd und Fischerei und ein zweites zum Schutz der für die Landwirtschaft nützlichen Vögel vorgesehen.» Der Bundesrat wollte vor Abfassung des Vogelschutzgesetzes den von Italien angeregten Vogelschutzkongress abwarten, doch liessen seither eingegangene Berichte der Gesandtschaften aus Wien und Rom wenig Hoffnung, dass mit Italien eine internationale Übereinkunft über Vogelschutz getroffen werden könne.

So wurde das Programm scheinbar schon 1874 geändert. Im Jahre 1875 berichtet der Bundesrat, dass sein Gesetzesentwurf über die Jagd und den Schutz der nützlichen Vögel in der Septembersitzung der Bundesversammlung zur Beratung gekommen ist, aus welcher das betreffende Bundesgesetz vom 17. September hervorgegangen sei.

Noch heute ist die Botschaft des Bundesrates an die Bundesversammlung betreffend ein Bundesgesetz über Jagd und Schutz der nützlichen Vögel vom 26. Mai 1875 ein Kunstwerk in seiner Art. Ihr Verfasser war Dr. Friedrich von Tschudi, Regierungsrat und Landammann des Kantons St. Gallen.*

Eingangs nimmt der Bundesrat Bezug auf Art. 25 der Bundesverfassung, welcher lautet: «Der Bund ist befugt, gesetzliche Bestimmungen über die Ausübungen der Fischerei und der Jagd, namentlich zur Erhaltung des Hochwildes, sowie zum Schutze der für die Land- und Forstwirtschaft nützlichen Vögel zu treffen.» Da die kantonale Jagdgesetzgebung ihrer Aufgabe nicht in vollem Masse gerecht geworden sei, erscheine ein Bundesgesetz erforderlich. «Und in der Tat weichen die 25 derzeit in der Schweiz in Kraft stehenden Jagdordnungen so weit von einander ab, dass sie sich nicht einmal in zwei eng verbundenen Halbkantonen gleichsehen; kaum dass alle darin zusammenstimmen, die Jagd als Regal zu betrachten, die Jagdberechtigung zu definieren und eine gewisse offene Zeit festzusetzen. Während sich einzelne Kantone einer ziemlich sorgfältigen Jagdgesetzgebung erfreuen, den Schutz des Wildstandes und der nützlichen Vögel mehr oder weniger bewusst anstreben und den Jagdbetrieb bis auf einen gewissen Grad pfleglich und schonend organisieren, herrscht in vielen andern das brutalste Raubsystem; es erstreckt sich die Schonzeit kaum auf ein paar Monate, von polizeilicher Kontrolle ist keine Rede und die Verwüstung des Wildstandes geht bis zu den äussersten Grenzen, so dass die Ausrottung verschiedener Standwildarten bereits erfolgt ist.»

Die Schonzeit, die Jagdkontrolle und die Strafbestimmungen lassen zu wünschen übrig. Von allen Kantonen hat nur St. Gallen die verderbliche Frühlingsjagd gänzlich unterdrückt. Die Bussansätze sind so tief gegriffen, dass die Strafe aufhört, Strafe zu sein. Insbesondere darum, weil die Polizei und Gerichtsstellen hergebrachtermassen Jagdfrevel in der allermildesten Weise abzuwandeln geneigt sind.

Betreffend den Vogelschutz führt der Bundesrat aus, dass die seit 1873 in Wien in Aussicht genommene internationale Vogelschutzkonvention für die Schweiz ohne Bedeutung sei, da für sie viel wichtiger ist, was aller Voraussicht nach in Italien punkto Vogelschutz geschieht oder nicht geschieht. «Unsere heimischen Zugvögel werden wohl zu 50 und mehr Prozent beim Durchzug durch Italien, der im Jahr zweimal erfolgt, getötet. Es ist völlig aussichtslos, vom italienischen Ministerium zu erwarten, dass es dieser Vogeljagdleidenschaft des Volkes durch wirksame Schutzmassregeln Zügel anlegen könnte. Das Ministerium scheut sich, dem Parlament solche auch nur vorzuschlagen. Dazu kommen die Einnahmen des Fiskus aus der Vogeljagd, auf welche er nicht verzichten will und kann. Bei dieser wenig tröstlichen Sachlage können wir nichts Besseres tun, als hier selbständig vorzugehen.»

* Nach freundlicher Mitteilung des Bundesarchivs in Bern.

Die Bedeutung des ersten Bundesgesetzes über Jagd und Vogelschutz ist so gross, dass eine eingehende Analyse des Gesetzes samt dem Werdegang seiner einzelnen Inhalte dringlich erscheint.

Das Jagdsystem wird vom Bundesgesetz jedem Kanton zur Wahl freigestellt. Die Botschaft des Bundesrates schreibt dazu, das Pachtrevier biete zwar die grösseren Chancen für die Ausübung eines pfleglichen Jagdbetriebs. Allein bei den im Volke zur Zeit noch waltenden Ansichten kann von einer obligatorischen Einführung der Pachtjagd in der ganzen Schweiz nicht die Rede sein, ohne heftigsten Widerstand zu provozieren.

Das Verbot des Wildverkaufs bei geschlossener Jagd wurde von den ältesten Jagdverordnungen der Kantone her übernommen.

Die Zerstörung von Nestern und Bruten, das Eierausnehmen, das Murmeltiergraben im Winter, endlich zerlegbare Flinten und Stockflinten wurden gleich in den ersten Artikeln verboten. Keines dieser Verbote ist neu, doch waren sie teilweise in den kantonalen Gesetzen erst im 18. Jahrhundert aufgestellt worden.

Dasselbe galt für das nun folgende Verbot der Fallen, Schlingen, Drahtschnüre für Nutzwild. Schwierig wurde die Handhabung des Verbotes einzig deshalb, weil dieselben inhumanen Fangmittel zugleich wieder für Füchse, Fischotter und die Musteliden (die Marderarten) erlaubt werden. Denn eine Falle muss schliesslich, um zum Erfolg zu führen, auf Wechseln gestellt werden. Wer die Wechsel auch nur einigermassen kennt, weiss, dass sie nicht nur von einer Tierart begangen werden. Die bestsichtbaren Wechsel, die Dachswege, werden von Dachs, Fuchs, den Mardern, dem Iltis, von Hase, Reh, Fasan – und nicht zuletzt von der Hauskatze angenommen. Fallen und Schlingen arbeiten eben nicht selektiv. Das Fallenverbot des Bundesgesetzes war also eine Fiktion.

Weiter wurden verboten Selbstschüsse und Gift. Ebenfalls in Entsprechung vieler früherer Kantonsjagdgesetze.

Neu war die Definition des Bundesgesetzes 1875 für die Begriffe Hoch- und Niederjagd. «Die Hochwildjagd bezieht sich auf die jagdbaren Thiere des Hochgebirges, zunächst auf Gemsen, Murmelthiere, veränderliche Hasen, Gebirgshühner, sowie auf die Raubthiere des Hochgebirges.» Welche Tiere zur «niederen Jagd» gehören, wurde nicht genau festgelegt. Die hier erstmalig mit neuem Inhalt verstandenen Begriffe von Hoch- und Niederwild blieben im Bundesgesetz bis 1925 bestehen.

Der Begriff Hochwild gehört jedoch der fürstlichen Jagd an und schliesst alle Jagdtiere in sich, die zur hohen Jagd gehören und deren Erlegung die aristokratischen Jagdberechtigten sich selbst vorbehielten, während ein Teil der Niederjagd bürgerlichen oder sogar bäuerlichen Jägern überlassen wurde. Hochwild ist (für die Verhältnisse der Schweiz) Rothirsch, Gemse und Wildschwein. Dann (in alter Zeit) Bär, Luchs, teilweise auch Wolf. Diese Raubtiere waren jedoch in der Schweiz von jeher als «reissende Tiere» bezeichnet worden und durften von jedermann erlegt werden, hatten auch keine Schonzeit. Weiter gehörten zur hohen Jagd Auerhahn, Schwan, Kranich und Reiher. Die letzten drei Vogelarten wurden mit dem Beizvogel (Edelfalken oder Habicht) gejagt, was absolut den hohen Ständen vorbehalten blieb. Zur Niederjagd gehörten Reh, Hase, Fuchs, Dachs, zumeist auch der Wolf, Wildkatze, Fischotter, die Marderarten, Rebhuhn, Schnepfen, Wasservögel (ohne Schwan), Raubvögel.

Das scheint auch für das Bundesgesetz 1875 gegolten zu haben. Der dort eingeführte Begriff «Hochwildjagd» ist sonst ungebräuchlich. Zur Hochwildjagd sagt der Ratschlag des Bundesrates, hier sei ein Schutz des Wildstandes am notwendigsten. «Denn nirgends wird die Verfolgung zuchtloser und die Ausrottung erfolgreicher betrieben, als von den Gebirgsjägern. Die Steinböcke sind ihnen bereits im ganzen Lande, die Gemsen und Murmeltiere in vielen Teilen desselben erlegen.» Den Rückgang der Gemsen schreibt der Bundesrat dem Zurückweichen der oberen Waldgrenze infolge der Auslichtung und Zerstörung und zweitens der grossen Vervollkommnung der Waffentechnik, insbesondere den Repetierwaffen, zu, die 1874 in Graubünden zu einer Gemsenstrecke von 918 Stück geführt habe, statt, wie früher, zu einer solchen von 500 Stück.

Daher sah das Bundesgesetz das Verbot der Laufhunde für das Wild der Berge, das generelle Repetierwaffenverbot und eine möglichst kurze Jagdzeit vor. Dazu für alles Hochwild streng gebannte und gehütete Freiberge, für Rot- und Rehwild kurze Schusszeit, Schonung der Mütter und der Jungtiere. Rotwild sei in der Schweiz nur als zufälliges Wechselwild vorhanden, Rehe dagegen im Aargau als Standwild. In der Ostschweiz sei das Rehwild infolge eines längeren Jagdbannes im Wachsen. Doch den höchsten Wert legte das neue Bundesgesetz auf die Einrichtung zahlreicher Banngebiete, wie sie in Appenzell I. Rh., St. Gallen und Glarus seit langer Zeit beständen. Die Banngebiete müssten durch eidgenössisches Personal in ständiger, aufmerksamer Wildhut gehalten werden usw.

Zu dem äusserst verdienstlichen Frühlingsjagdverbot des Bundesgesetzes 1875, welches in der neuesten Bundesgesetzrevision nun definitiv durchgeführt worden ist, gibt diese über 90 Jahre alte Botschaft des Bundesrates einen klassischen Kommentar, der hier wörtlich wiedergegeben sein soll: «Ein Hauptpostulat für jede vernünftige Jagdeinrichtung ist aber, wie so ziemlich allgemein zugestanden wird, die gänzliche Beseitigung der ebenso unweidmännischen als widersinnigen Frühlingsjagd, welche die Schnepfen und Waldhühner gerade zur Begattungs- und Fortpflanzungszeit preisgibt. Daher die Erfahrung, dass die Schnepfen auf ein Minimum reduziert, die Auerhühner aber in vielen Gegenden völlig ausgerottet sind. Überdies ist das Wildpret dieser Tiere infolge der überstandenen Winter- und Reisestrapazen sowie der eingetretenen Brunst im Frühling von geringem Wert, und endlich gibt die Frühlingsjagd, die stets nur von Wenigen und daher auch ohne gehörige Kontrolle praktiziert wird, häufig zu Unfug, Freveln, Beunruhigung der Setzhasen, Brutenten und Feldhühner erwünschten Anlass.»

Von einiger Bedeutung für die Geschichte der Wasservogeljagd in der Schweiz ist ferner, dass die Jagd auf Schwimmvögel im Bundesgesetz des Jahres 1875 nur auf Seen vorgesehen war und dass auch diese mit dem 31. Dezember jeden Jahres zu Ende ging. Die Wasserjagd auf Flüssen, Flussabschnitten und Stauseen bis zum 15. Februar kam erst einige Zeit später, wie aus dem Abschnitt über die Schwimmvögel hervorgehen wird.

Neu waren im Bundesgesetz 1875 die offenen Zeiten. Die allgemeine Jagd (Niederwild) ging am 1. Oktober auf und dauerte bis zum 15. Dezember, in Pachtjagden bis 31. Dezember, die Flugjagd (worunter alles Federwild zu Land und zu Wasser verstanden wurde) begann am 1. September und schloss am 15. Dezember. Gemsen und Murmeltiere durften vom 1. September bis zum 1. Oktober erlegt werden, das übrige Wild in den Bergen vom 1. September bis zum 15. Dezember. Hirsche und Rehe, im Gebirge Gemsen und Murmeltiere, im September.

Neu für ein Jagdgesetz war der Gedanke des Vogelschutzes. Dass in kantonalen Jagdgesetzen bereits viele Vogelarten unter Schutz gestellt worden waren, war längst bekannt. Jedoch der Gedanke eines komplexen und ornithologisch fundierten Vogelschutzes war vollkommen neu. Fachexperte für diese Fragen war in jenen Jahren V. Fatio, der auch mehrfach an die verschiedenen Ornithologenkongresse delegiert worden war.

Der Vogelschutz, Vorgeschichte und Entstehung

Der Gedanke des Schutzes der forst- und landwirtschaftlich nützlichen Vögel hat eine Vorgeschichte, die am 27. Mai 1868 begann. An diesem Tag fiel im Grossen Rat des Kantons Tessin der Antrag, die Vogeljagd auf drei Jahre zu bannen, weil infolge der Abnahme der Vögel sich die Insekten in einer alarmierenden Weise vermehrt hätten (È universale il lamento che, col diminuire de' volatili, si sono, in proporzione allarmante moltiplicate le famiglie degli insetti). Ausserdem kennen die Tessiner auch die ideelle und Gemütsseite des Vogellebens (E se ai donni materiali si volesse aggiungere l'offesa recata al sentimento, per non essere piu il soggiorno della campagna rallegrata dal canto di queste creature...) So wandte sich die Tessiner Regierung an den Bundesrat mit einem regelrechten Vogelschutzschreiben, dem obige Zitate entstammen. Die Tessiner Regierung wünschte ausserdem zu vernehmen, ob sowohl die inländischen als die benachbarten ausländischen Regierungen geneigt wären, zu einer Vereinbarung Hand zu bieten, gemäss der die Vogeljagd auf eine Anzahl von Jahren verboten würde. Der Bundesrat wandte sich mit einem Schreiben an die Kantone, worin er sie anfragte, ob sie bereit wären, auf die Tessiner Anträge einzutreten. Ferner fragte der Bundesrat die Kantone an, «ob im dortigen Kanton gegen die gemeinschädliche Vertilgung der Singvögel bereits vorgesorgt sei, oder ob sie sich bestimmt finden, dagegen im Wege der Verordnung einzuschreiten oder gesetzliche Vorschriften zu veranlassen.»

Nach Empfang der Antworten aus den Kantonen fasste der Bundesrat das Ergebnis seiner Enquête in einem Schreiben und einer Liste zusammen, die für die Vorgeschichte des Bundesgesetzes 1875 sehr wichtig ist. Der Bundesrat schreibt zunächst: «Nachdem es sich aus den eingelangten Vernehmlassungen ergeben, dass nur eine kleine Anzahl von Kantonen bereit sei, in Konferenzverhandlungen zur Anbahnung eines Konkordates zum Schutze der Singvögel einzugehen, die Mehrzahl dagegen unter Hinweis auf bereits zu gedachtem Zwecke bestehende Gesetze und Verordnungen eine Beteiligung ablehnte, so konnte dem Antrage des Staatsrates von Tessin keine weitere Folge gegeben werden.

Dagegen schien uns die Angelegenheit immerhin wichtig genug, um aus dem eingelangten Material eine Übersicht der in den Kantonen geltenden Vorschriften zum Schutze der Vögel zusammenstellen zu lassen und den Staatsrat von Tessin unter Hinweis auf die aus jener Übersicht sich ergebende Tatsache, dass gerade der Kanton Tessin der einzige bedeutende Kanton sei, welcher den Fang und die Konsumierung von Singvögeln uneingeschränkt dulde, zum Anschlusse an das in der übrigen Schweiz in Anwendung befindliche Verfahren einzuladen.»

Es kam zu keinem Vogelschutzkonkordat. Der Kanton Tessin hatte dies eine Mal in der ganzen Geschichte den Versuch gemacht, dem Singvogelmord ein vorläufiges Ende zu bereiten. Vielleicht hatte er auf die moralische Unterstützung der übrigen Kantone gehofft, um dem alten Brauch des Volkes Herr zu werden. Statt dessen wurde er vom Bundesrat lediglich «eingeladen», sich dem Verfahren der übrigen Kantone anzuschliessen. Aber die Kantone waren nicht bereit gewesen, seiner Initiative zu folgen. Darum blieb dem Tessiner der Vogelschutz bis zur Stunde etwas, das von aussen kam, nicht von seiner Kantonsregierung selber. 1868 war es der Tessiner Regierungsrat gewesen. Doch die anderen hatten die Bedeutung dieser Stunde nicht erkannt. Und als das erste Bundesgesetz den Vogelschutz in der ganzen Schweiz einführte, war es sieben Jahre zu spät, und die Tessiner blieben trotz allem in Vogelschutzfragen Italiener und fanden den Weg zum Empfinden der übrigen Schweiz nicht mehr.

Interessant für die Vorgeschichte des Bundesgesetzes von 1875 ist aber die Liste der kantonalen Vogelschutzmassnahmen, welche der Bundesrat hatte erstellen lassen.

Zürich hatte 1863 ein Jagdgesetz erlassen, worin in Paragraph 5 eine regierungsrätliche Verordnung zum Schutze der Singvögel in Aussicht gestellt worden war. Dieser Erlass unterblieb jedoch, weil – so schrieb Zürich – die Singvögel ohnehin in zunehmendem Masse geschont wurden und weil die Ausscheidung der nützlichen und schädlichen Vögel Schwierigkeiten bereitete (!). Auch in Bern fehlten eigentliche Schutzbestimmungen für die Singvögel.* Es seien, so schrieb die Regierung, nicht die Patentjäger, die Jagd auf die Singvögel machen; dies geschehe vielmehr im geheimen, aber auch da nur noch selten wegen der zunehmenden Einsicht in den Nutzen der Singvögel. Verboten sei das Letschen- und Garnstellen auf kleine Vögel.** Luzern hatte aber 1857 das Schiessen oder den Fang der Sing- und anderer nützlicher Vögel verboten. Ähnlich Uri im Gesetz von 1856, mit Ausnahme der Elstern und Gimpel, die offenbar für «schädlich» gehalten wurden, vielleicht weil sie im Spätwinter beim Abpflücken der Baumknospen beobachtet worden waren. Schwyz hatte hingegen alle kleinen Vögel unter Schutz gestellt, ohne eine Ausnahme zu machen, während Obwalden seinen Schutz den Staren (Rinderstarren) und Ringamseln, Nidwalden den Krähen und Eichelhähern (Herrenvögeln) versagte. Glarus schützte die Singvögel ausser den Sperlingen, Gimpeln (Blutfinken) und Elstern. Zug hatte ebenfalls das Töten der anerkannt nützlichen Vögel untersagt, hatte auch bereits die Verordnung in das Gesetz aufgenommen, dass die Schüler im regulären Unterricht mit der Kenntnis der Vögel und ihrem Nutzen vertraut gemacht werden sollten. Freiburg schützte alle nützlichen, insektenfressenden Vögel, nur Krähen und Elstern sollten ausgenommen sein. Solothurn, Basel-Stadt und -Land schützten die nützlichen, insektenvertilgenden Vögel ohne Ausnahme. Schaffhausen und Appenzell A. Rh. hatten keine Vorsorgen für den Schutz der Singvögel erlassen. Beide schrieben nach Bern, solche Erlasse seien in ihrem Kanton nicht nötig geworden, da sich hier niemand mit der Jagd auf Singvögel abgebe. Sollten wirklich die Schaffhauser und Ausserrhodener so vorbildliche Vogelschützer gewesen sein, dass keine Verordnungen nötig waren? St. Gallen schützte dagegen mit ausführlicher Aufzählung dieselben Vogelarten wie das spätere Bundesgesetz. Dieses erstaunlich fortschrittliche Vogelschutzgesetz ging auf einen grundlegenden Vortrag von *Friedrich von Tschudi* zurück, den dieser 1854 in St. Gallen über die landwirtschaftliche Bedeutung der Vögel gehalten hatte. Der Vortrag wurde auch im Tagblatt für den Kanton Schaffhausen abgedruckt, fand auch sonst Verbreitung. Tschudi ist für das Aufkommen des Vogelschutzgedankens im Bundesgesetz von wesentlicher Bedeutung, wenn auch wahrscheinlich als eigentlicher Berater der Bundesbehörde Prof. Fatio fungiert hatte. Graubünden hatte seit 1861 die «kleinen Vögel» unter Schutz gestellt, ebenso Aargau und Thurgau unter ausdrücklicher Begründung ihres Nutzens für die Landwirtschaft. Der Grosse Rat des Kantons Tessin hatte, wie erwähnt, 1868 eine dreijährige Schonperiode für die Kleinvögel vorgesehen, doch habe deren Annahme dem Grossen Rat «einstweilen noch nicht beliebt». Waadt, Wallis, Neuenburg, Genf schützten alle die der Landwirtschaft nützlichen Kleinvögel.

So stand es also mit dem Vogelschutz, als das erste Bundesgesetz vor der Aufgabe stand, den Katalog der geschützten Vögel aufzustellen. Der Ratschlag bemerkte zu

---

* Das war eine glatte Irreführung des Bundesrates. Denn der Kanton Bern gab bis 1875 Patente für das «Garnstellen auf Vögel» aus. (Reg.-Ber. 1876)
** Ebenfalls unwahr. Die Bewilligung des Garnstellens auf Zugvögel, Finken, Lerchen, Krammets- oder Reckoldervögel war den Regierungsstatthaltern überlassen. (Jagdgesetz von 1832, Art. 8.)

dieser Frage: «Die Bestimmungen über den Vogelschutz werden wohl fast überall willige Aufnahme finden, da in den meisten Kantonen bereits bezügliche Schutzmassnahmen bestehen und unseres Wissens einzig im Kanton Tessin der Vogelfang im grossen betrieben wird. Es besteht dort sogar noch ein Freizügigkeitskonkordat für Vogelsteller mit Italien vom 17. November 1852, bundesrätlich bestätigt am 11. August 1862.» Im folgenden wies der Bericht darauf hin, dass die Begriffe von Nützlichkeit und Schädlichkeit bei den Vögeln noch unentschieden seien. Jäger und Landwirte seien oft entgegengesetzter Ansicht. So gebe es Raubvögel, die grosse Ungeziefervertilger sind, aber auch Singvögel und deren Brut, selbst jungen Häschen gefährlich werden können. Körner- und Samenfresser halte man gemeinhin nicht für schonenswert, und doch leben sie in der Heckzeit vorwiegend von Ungeziefern. Am sichersten glaube man bei den Insektenfressern daran zu sein, dabei naschen Drosseln und Stare doch auch Kirschen, Beeren und Trauben, so dass der waadtländische Staatsrat in einem besonderen Arrêté vom 9. September 1870 diese Vögel der Verfolgung preisgebe. Bei den Insekten rechnet man auf 8000 nützliche nur etwa 1000 schädliche Arten. Dabei fressen die Vögel eben beide Kategorien, so dass auch der Nutzen der Insektenfresser ziemlich gemischter Natur ist. Der Gesetzesvorschlag befleissigt sich der Einfachheit, übergeht seltene und wenig bekannte Vogelarten und legt das Hauptgewicht auf das rigorose Verbot des massenhaften Vogelfanges mit Netzen und Vogelherden. Die Rabenkrähe zählen wir nicht zu den Schutzbefohlenen, weil sie neben vielem Ungeziefer auch viele Vogelbruten verzehrt und die Niederjagd schädigt. Ferner auch nicht den volksbeliebten Storch, weil er ein gefrässiger Räuber ist, kleine Vögel und Fische bitter verfolgt und seine Hauptnahrung unter Fröschen, Eidechsen und Blindschleichen sucht, welche alle als treffliche Insektenvertilger zu den schonenswerten Tieren zählen.

Im Entwurf war also der Storch jagdbar, doch im Gesetz wurde er nach der parlamentarischen Beratung unter Schutz gestellt.

Schon damals empfahl der Bericht der Kommission des Ständerates die fakultative Revierjagd und setzte sich mit dem seiner Meinung nach verwerflichen Patentsystem ausführlich auseinander. Einen weiteren Bericht aber gab die Minderheit der nationalrätlichen Kommission am 20. Juni ein, worin mit scharfen Worten das System der Pachtjagd als Herrenjagd abgelehnt wird. Nur das Patentsystem sei imstande, den demokratischen Gefühlen zu genügen. Ein gemischtes System sei undurchführbar und verwerflich. Der Grundsatz, die Jagd als Staatsregal zu behandeln, müsse unter allen Umständen rein erhalten werden, was bei fakultativer Revierjagd nicht möglich sei. Die Minderheit der nationalrätlichen Kommission setzte denn auch durch, dass die Wahl das Jagdsystems Sache der kantonalen Jagdgesetzgebung sein solle.

Gegen das Bundesgesetz über Jagd und Vogelschutz wurde am 23. Oktober 1875 ein Referendumsbegehren eingereicht, dessen Unterschriftenzahl indes längst nicht ausreichte, um das Gesetz dem Volksentscheid zu unterwerfen. Die meisten Stimmen stammten aus dem Kanton Bern, der, wie die Geschichte zeigt, mit seinen Kantonsjagdgesetzen ständig die grössten Schwierigkeiten hatte. 8935 gültige und 1763 ungültige Unterschriften lieferten die Berner gegen das neue Bundesgesetz, dann folgten in grossem Abstand Luzern mit 328, Freiburg mit 159 gültigen und 398 ungültigen Unterschriften, St. Gallen mit 119 ungültigen und Genf mit 196 ungültigen Unterschriften. Waadt lieferte 273 gültige und 117 ungültige, Neuenburg 131 gültige und 45 ungültige und Obwalden 74 Namen. Am 21. Februar 1876 gab der Bundesrat der Bundesversammlung bekannt, dass ein Referendum gegen das Bundesgesetz nicht zustandegekommen war und das Gesetz damit in Kraft trete. An dem versuchten Referendum waren vier deutschsprachige und vier welsche Kantone beteiligt.

Letztere wohl aus föderalistischen Gründen, erstere infolge einer besonders «freiheitlich» orientierten Jägerschaft.

Der Entscheid in jagdlichen Fragen, d. h. derjenige über das System und derjenige für und gegen eine bundesrechtliche Lösung, fiel von jeher nach politischen Gesichtspunkten, nicht nach sachlichen. *Denn sachlich ist nun einmal in jagdlichen Dingen nur ein Ausgangspunkt, nämlich der, welcher von der Landestierwelt ausgeht, alles andere ist sachfremd.*

Der noch heute sehr lesenswerte Ratschlag zum Bundesgesetz von 1875 geht nur vom Wild und den Wildvorräten aus. Politisch oder – wenn man will – *soziologisch urteilt nur das Volk, von dessen Verhalten und Gutfinden so vieles im Schicksal des schweizerischen Wildes abhing und abhängt. Aber wenn irgendwo, so hier ist das Volk nicht zuständig.*

Schicksale des ersten Bundesgesetzes

Zur Kritik gab das Bundesgesetz von 1875 manchen Anlass. Die Möglichkeit des Vogelabschusses für «wissenschaftliche Zwecke» in Art. 20 wurde prompt missbraucht, speziell im Kanton Waadt. Sodann wurde die Sonntagsjagd nur von jagdlich gut geleiteten Kantonen verboten, in den Kantonen aber, die das Sonntagsjagdverbot am notwendigsten gehabt hätten, unterblieb dieses. Das bedeutete aber die Freigabe der Jagd an Leute, die vielfach moralisch nicht qualifiziert waren, die Waffe zu führen. Sodann waren die vorgesehenen Bussen für alleinjagende Hunde so zaghaft, dass sie wirkungslos blieben. Endlich öffnete Art. 23, der den Kantonen die Möglichkeit von Prämienausrichtungen für die Erlegung von Tieren, die der Landwirtschaft, Fischerei oder der Jagd schädlich sein sollen, Tür und Tor zur Vernichtung wesentlicher Teile der Landesfauna der Schweiz. Dabei sind nicht in erster Linie die Wildschweine gemeint, deren Schaden für das dichtbesiedelte und landwirtschaftlich genutzte Land tatsächlich untragbar ist, sondern die Vernichtung anderer Tierformen, wie Fischotter, Edelfalken, kleiner Falkenarten, Fischadler, Schelladler, verschiedener Geier, Fischreiher und all der vielen prämierten «schädlichen» Vogelarten, von der Ausrottung der grösseren Raubtierformen ganz zu schweigen. Ganz schlimm wirkte sich aber das Recht aus, das dem Grundstückbesitzer zur Verteidigung seiner Kulturen, seines Kleinviehbesitzes und seiner Vorräte verliehen wurde. Im Namen der Verteidigung des Besitzes wurden Füchse, alle Marder, Habichte, Sperber, Elstern, Häher, Tauben, welche in frischen Aussaaten felderten, von Bauern, deren Söhnen, Knechten und sonstigen Jagdliebhabern ohne Patent und Kontrolle erlegt. Wo ein Türchen in dem neuen Bundesgesetz entdeckt wurde, schlüpfte der Missbrauch durch. Und gerade dieses Recht des Grundeigentümers, Nutzniessers oder Pächters, «Schädlinge» im Umkreis seiner Ökonomiegebäude oder Hostett schiessen zu dürfen, hielt sich durch alle Bundesgesetze hindurch bis zur Gegenwart und kostete so manchem Tier das Leben, das sich an dem geheiligten menschlichen Besitztum auch nur zu vergreifen schien.

Die Angleichung der kantonalen Jagdgesetze an das neue Bundesgesetz stellte die Stände vor manche Probleme. Den Kantonen war vom 12. April 1876 bis zum 1. August eine Frist zur Einreichung ihrer Jagdgesetzentwürfe zur Begutachtung durch die Bundesbehörden gestellt worden. Diese Frist war in der Tat nicht reichlich bemessen, immerhin war den Kantonen schon vor Ablauf der Referendumsfrist (12. April) das Gesetz bekannt gewesen. Am beweglichsten beklagte sich der Kanton Bern über die kurze Zeitspanne zur Abfassung eines kantonalen Jagdgesetzes. Es sei für ihn eine Unmöglichkeit, seine Jagd im Sinne des neuen Bundesgesetzes auf dem Wege der Gesetzgebung zu ordnen. Der Regierungsrat musste auf dem Verordnungswege vorgehen. Höchst beleidigt äusserte sich die Berner Regierung über die Beschränkungen, die das neue Bundesgesetz brachte: Die bisherigen Patente im Kanton Bern beständen aus solchen für die gewöhnliche Jagd, für Hochwild, für die Frühlingsschnepfenjagd und für das Garnstellen. Durch das Bundesgesetz sei nun die Frühlingsjagd und das Garnstellen auf Vögel abgeschafft; «es bleibt uns also nur übrig, das Verhältnis der niederen Jagd und der Hochwildjagd zu bereinigen». Die Berner hatten ein neues kantonales Jagdgesetz, an dem seit 1859 laboriert worden war, im Jahre 1873 (!) wieder einmal bachab geschickt, bei dessen Vorarbeiten sogar ein Pachtjagdentwurf eine Zeitlang in den Kommissionen und dem Regierungsrat herumgegeistert hatte, aber bei den Grossratsverhandlungen bereits zu Fall gekommen war. Gerade Bern hatte am allerwenigsten Anlass, sich über die Beschränkung der Freiheit in der kantonalen Jagdgesetzgebung zu beklagen.

In Zürich fand die Regierung, die kantonalen Jagdbestimmungen seien durch das Bundesgesetz vielfach derogiert (aufgehoben) worden. Man müsse sehen, wie man nun zurechtkomme. Doch andere Kantone – es war die Mehrheit – fühlten sich in ihren Bestrebungen zur Erhaltung des Wildstandes von dem neuen Bundesgesetz wirksam unterstützt und waren sehr befriedigt.

Immerhin hatte das Eidgenössische Departement des Innern noch leidlich Arbeit, dem Bundesgesetz in den Kantonen die nötige Nachachtung zu verschaffen. Denn die jagdliche Disziplin war überall recht schwach gewesen, die Jägerschaft hatte in den Kantonen an der Urne viel zuviel Macht, als dass die Behörden gegen ihre Willkür im Jagdbetrieb und Jagdgebaren wirksam hätten durchgreifen können. So kam es, dass die Kantone unter dem Druck der tobenden Jägerschaft jede Lücke des Bundesgesetzes, jede mögliche Auslegung suchten und ausnützten, um ihren Jägern entgegenzukommen und die alten Zustände aufrechtzuerhalten.

Bereits am 17. August 1877 sah sich das Eidgenössische Departement des Innern veranlasst, zwei Kreisschreiben an sämtliche Kantonsregierungen zu erlassen, hauptsächlich betreffend die Verlängerung der Fuchsjagd in die geschlossene Jagdzeit hinein, worin folgende Sätze besonders aufschlussreich sind:

«Das unterzeichnete Departement wurde von verschiedenen Kantonsregierungen auf Veranlassung von Jägern darum angegangen, eine Verlängerung der Jagdzeit, speziell auf Füchse zu gestatten; dabei wurde die Behauptung aufgestellt, dass sich diese Tiere in einem den Wildstand gefährdenden Umfange vermehren. Einzelne Kantone haben sogar von sich aus Bewilligungen zur Fuchsjagd während der Monate Januar und Februar und sogar noch weiter erteilt. Angesichts der Bestimmungen des eidgenössischen Jagdgesetzes kann von einem solchen Verfahren keine Rede sein, da die Betreibung der Jagd mit Hunden und Schiesswaffen, auch wenn sie angeblich nur auf Füchse gerichtet ist, nicht nur den Bestimmungen des Gesetzes zuwiderläuft, sondern auch zu mannigfachen Missbräuchen und Klagen Veranlassung bietet... da die sogenannten Laufhunde keinen Unterschied zwischen Hasen und Füchsen machen und junge Hasen ohne weiteres abtun, trächtige Häsinnen oft stundenlang jagen... Das Begehren um Bewilligung von besonderen Fuchsjagden ist in der Hauptsache meist auf die ungezügelte Jagdlust einzelner Jäger zurückzuführen, für welche die Angabe eines übermässig grossen Fuchsbestandes nur den Vorwand bildet. Alle diese Begehren sind von Kantonen gestellt worden, welche bisher eine viel längere Jagdzeit gestattet haben als das eidgenössische Gesetz. Diese Abkürzung scheint daher durch die «Fuchsjagd» wieder beseitigt werden zu wollen.» Die folgenden sachlichen Ausführungen zu der Behauptung des Überhandnehmens der Füchse sind sehr klug und ausserordentlich sachkundig, doch was später folgt, ist weniger erfreulich. Denn das Kreisschreiben empfiehlt tatsächlich das gemeine, äusserst tierquälerische *Ausräuchern* der Füchse, ausgerechnet wenn die Jungfüchse noch im Bau liegen, wobei als besonders wirkungsvoll die Benützung von petrolgetränkten Lappen empfohlen wird.

Die Folge der Kreisschreiben des Eidgenössischen Departementes des Innern war nicht etwa eine Zurückhaltung der Kantone beim Erteilen von Extra-Fuchsjagdbewilligungen, sondern eine Flut von Gesuchen an das Eidgenössische Departement, um Bewilligungen zur Fuchsjagd in x Kantonen! Selbst auf eidgenössische Kreisschreiben hin gaben die Jäger nicht so leicht nach, und schliesslich hatte man im Winter Zeit zur Fuchsjagd, warum sollte man verzichten?

Solche Kreisschreiben ergingen in jeder Anfangszeit mehrfach und zeigten, wie mit dem Erlassen eines Gesetzes die damit beabsichtigte Wirkung noch keineswegs erreicht ist. Es verging lange Zeit, bis sich die Kantone dazu herbeiliessen, die im Bundesgesetz vorgeschriebenen Banngebiete mit gutbezahlten, hauptamtlichen und richtig ausgerüsteten und bewaffneten Wildhütern bewachen zu lassen. Bei manchen Innerkantonen – selbst der heute vorbildliche Kanton Glarus gehörte einst dazu – hatte das Eidgenössische Departement des Innern seine liebe Mühe, die Wildhut durchzusetzen. Da waren die welschen Alpenkantone, da war der Kanton Tessin, der dem Bundesgesetz tatsächlich fast unüberwindlichen Widerstand entgegensetzte. Die Singvogeljagd besteht im Tessin bis heute, aber auch aus dem Jura kamen Klagen und Pressemeldungen über ausgedehntes Fangen und Töten von Drosseln und Meisen, hauptsächlich im bernischen Jura, nach Bern. Der Verkauf dieser Vögel erfolge auf den Märkten von La Chaux-de-Fonds, Le Locle und St-Imier. Das war 1877. Das Eidgenössische Departement des Innern sah sich zu einer Nachfrage bei der betreffenden Regierung veranlasst und erhielt die Antwort, diese Klagen seien als «höchst übertrieben» zu betrachten. Immerhin wurde festgestellt, dass man fortgefahren hatte, in den Kantonen Kleinvögel zu Speisezwecken zu importieren. Ein Kreisschreiben vom 9. April und ein Auftrag an den Zoll, den Import von Kleinvögeln unbedingt zu verweigern, brachte Abhilfe.

Aber leider nur für kurze Zeit. 1886 brachten die Zeitungen wieder Berichte über den Fang von Meisen und Drosseln im Jura, sie würden zu Hunderten in Netzen und Fallen gefangen und getötet und enorme Mengen von Drosseln, Amseln und Staren und anderen Singvögeln verkauft, las man im März 1887 in der Presse. Das Tagblatt der Stadt Biel berichtete, in Pruntrut werde der Meisenfang wieder schwunghaft betrieben. Schon 1878 hatten die Klagen und schriftlichen Anzeigen an das Eidgenössische Departement des Innern wegen des Singvogelfanges im Tessin und dem südlichen Graubünden begonnen. Der Tessin wurde eingeladen, die Vorschriften des Bundesgesetzes zu befolgen. Er wurde in den Jahren, die nun kamen, noch unzählige Male «eingeladen», und die Tessiner Regierung versprach ebensooft, alles Mögliche zu tun, um dem Vogelfang im Tessin abzuhelfen. Aber es war alles umsonst. Unterm 4. Mai 1884 richtete eine Kommission tessinischer Jäger an die Bundesversammlung das Gesuch, das Bundesgesetz von 1875 für den Kanton Tessin aufzuheben und ihm zu gestatten, seine Jagd im Einklang mit den Gesetzen und Verordnungen *Italiens* und den *bisherigen tessinischen Gebräuchen* zu regeln. Diesem Schreiben war eine Erklärung von 255 tessinischen Gemeinden beigegeben, welche ihrerseits die Aufhebung des Bundesgesetzes verlangten. Ausserdem wurde darum ersucht, wenigstens die Bildung einer neutralen Jagdzone längs der italienischen Grenze zu bewilligen. Begründung: Dem Tessiner sei mit dem Bundesgesetz eine seiner beliebtesten Vergnügungen entzogen worden. Der Kanton werde finanziell geschädigt. Die Zugvögel würden nicht mehr angelockt und brächten darum der Landwirtschaft keinen Nutzen mehr, darum leide die Vegetation darunter(!).

Vor seiner Antwort an die Tessiner Regierung richtete der Bundesrat eine Botschaft an die Bundesversammlung über dieses Gesuch, worin er den eidgenössischen Räten die Folgen eines Eintretens auf das Tessiner Gesuch lebendig vor Augen führte. Das Eidgenössische Departement des Innern lehnte natürlich ab. Sein Schreiben war sogar sehr geharnischt. Aber es war alles vergebens.

Die Tendenz der Kantone, an die obere Grenze der Möglichkeiten des Bundesgesetzes zu gehen, zeigte sich immer wieder. 1880 musste das Departement des Innern erneut ein Kreisschreiben an die Kantone ergehen lassen, worin darauf verwiesen wurde, dass von den Regierungen die Bewilligungen für Extra-Fuchsjagden allzu freigebig erteilt würden. Es wurde wieder auf die Bestimmung aufmerksam gemacht, dass solche Bewilligungen nur einer beschränkten Anzahl von Jägern und nur mit besonderer Verpflichtung erteilt werden dürften, das übrige Wild unberührt zu lassen.

1881 reichten die Kantone Waadt, Genf, Wallis und Neuenburg ein Gesuch mit 507 Unterschriften um Wiedereröffnung der Frühlingsjagd ein, wurden aber abgewiesen.

Kritik und Revisionsanträge

Diese Beispiele mögen genügen. Generell geht aus der Geschichte des ersten und zweiten Bundesgesetzes über Jagd und Vogelschutz hervor, dass weder in den Regierungen der Kantone noch in der Bevölkerung die Einsicht vorhanden war, auf welchem Punkt die Landestierwelt der Schweiz bereits angelangt war. Besonders die Jäger sahen ihre Aufgabe einseitig darin, «ihre Interessen» wahrzunehmen, d. h. die Nutzung des Wildes möglichst frei von Beschränkungen zu halten. Irgendwie verläuft die Aktivität irgendeiner Interessengemeinschaft oder Partei im Schweizerland stets in denselben Bahnen: «es muss möglichst viel herausgewirtschaftet werden.» Dass das bei der Nutzung der Natur, wo nur geerntet, nicht aber gesät wird, anders ist, dazu reicht scheinbar die geistige Beweglichkeit des Souveräns nicht. Denn *wir* haben nun einmal die Volksjagd, *wir* wollen keine Herrenjagd und keine Freiheitsbeschränkung; *bei uns* dürfen alle Bürger jagen gehen, so war es immer gewesen, und so muss es bleiben. Schön – und wer schafft das nötige Wild her? Der Staat – oder die gute Mutter Natur – oder der liebe Gott – oder wer eigentlich? Darüber machte man sich in jenen letzten Jahrzehnten des 19. Jahrhunderts keine grossen Sorgen. Man nahm seine «jagdlichen Interessen» wahr und begann am Bundesgesetz herumzudoktern, zunächst nur mündlich oder in den Jagdzeitungen. Aber Schimpfen in den Kantonen – das nahm man in Bern nicht tragisch. Das war man seit langem gewohnt. Und nach 6 bis 8 Jahren Bundesgesetz hatte man sich in den Kantonen an die Banngebietspflichten – immer noch mit einigen Ausnahmen – gewöhnt und hatte in das Wildererwesen einigermassen Ordnung gebracht. Nun ja – und die Besserwisserei der einzelnen Jäger oder Jägervereine liess sich mit keinem Gesetz vermeiden. Aber die erste grosse Eingabe «zu Handen des hohen Bundesrates» kam nicht einmal von den Jägern, sondern im Jahre 1885 von der Schweizerischen Ornithologischen Gesellschaft. Also schon nach zehn Jahren des Bestehens des Bundesgesetzes über Jagd und Vogelschutz.

Unmittelbarer Anlass zu dieser Eingabe war der Ornithologenkongress in Wien 1884 gewesen, der unter dem Vorsitz von Kronprinz Rudolf, dem einzigen Sohn des

Kaisers Franz Joseph, stattgefunden hatte. Rudolf hatte selbst von jeher lebhafte naturwissenschaftliche Interessen gepflegt, besonders ornithologische, doch blieben die Errungenschaften des Kongresses für den *Schutz* der Vögel höchst bescheidene. Es konnte wohl nicht anders sein, da dem Kronprinzen allzu viele Rücksichten auf den Adel, speziell auch den ungarischen, im Wege standen, dessen Jagdleidenschaft geschont werden musste. Der Ornithologenkongress hatte sich also lediglich zu zwei Beschlüssen aufgeschwungen, zu deren Beitritt die europäischen Länder eingeladen werden sollten. Sie lauteten:

1. Das Erlegen der Vögel in anderer Weise als mittels der Schusswaffe, der Fang derselben und der Handel mit Vögeln und Eiern ist ohne gesetzliche Erlaubnis während der ersten Hälfte des Kalenderjahres bzw. des demselben entsprechenden Zeitabschnittes verboten.

2. Der Massenfang der Vögel ist zu jeder Zeit verboten. Über die Frühlingsjagd wurde kein Beschluss gefasst.

Die Eingabe der schweizerischen Ornithologen knüpfte an diese beiden Wiener Beschlüsse an und sagte sehr richtig, diese zwei Punkte stellten nichts anderes dar als einen erzwungenen Kompromiss, der im Grund völlig erfolglos sein würde. «Wie die Sache jetzt nun liegt, wird in Italien der Massenmord in gleichem Masse wie bis anhin fortexistieren, indem die Durchführung des Verbotes des Massenfanges und der Schonzeit, wie der Wiener Beschluss es vorsieht, durchaus nicht denkbar ist. Hatte doch selbst Papst Leo XIII. schon als Erzbischof viel Vergnügen an dem amüsanten Vogelfang und hat man seinetwegen in der Villa Passignani, an dem reizenden Ufer des Trasimener-Sees, ein prachtvolles Roccolo eingerichtet, ohne zu bedenken, wie unheilvoll sein Beispiel auf seine Landeskinder einwirkt.»

Unter Hinweis auf den Schutz der Vögel in der Schweiz, namentlich seit 10 Jahren, findet das Gutachten die Schweiz dafür verpflichtet, dazu beizutragen, «dass endlich auch in Italien Männer auftreten, welche wahre Liebe zur Vogelwelt zu verbreiten und den Grundsätzen der Nachbarstaaten auch in ihrem Lande Bahn zu brechen wissen. Es gibt sowohl für den Ornithologen als für den Liebhaber nichts Betrübenderes als das Feilbieten toter Singvögel zum Zwecke der Verspeisung. Wir haben hier hauptsächlich auch die Krammetsvögel im Auge, welche im Herbst vorzugsweise im Jura gefangen und getötet werden, wobei es selbstverständlich unvermeidlich ist, dass eben auch andere Drosselarten und insektenfressende Vögel nur zu zahlreich zum Opfer fallen.»

Vorgeschlagen wird nun eine Schonzeit vom 15. März bis 1. September, also nicht einmal die ganze erste Jahreshälfte. Dann werden *die Auer- und Birkhühner zum Schutz vorgeschlagen,* da sie bereits sehr selten geworden seien und zu unseren Naturschönheiten gehörten.

Da bei der Erteilung von *Schussgeldern auf Habichte, Sperber und Wanderfalken, Häher und Elstern die Erfahrung gemacht wird, dass sehr oft Mäusebussarde und Turmfalken eingebracht wurden, teilweise sogar der Kuckuck,* wird davon abgeraten, im Gesetze derart feine Unterschiede zu machen. Mäusebussarde, Weihen, Milane und Habichte werden schlechtweg sämtlich als Hühnerdiebe bezeichnet. Man sollte sich streng an diejenigen Vögel halten, deren Schädlichkeit unbestreitbar ist. *Es wird auf den Adler hingewiesen, dessen Schutz schon jetzt eine Notwendigkeit sei.* Weiter auf den *Eisvogel,* dessen Existenz an Naturgewässern zu dulden sei. Von den *Würgern* wird der grosse graue und der rotrückige als vorwiegend schädlich bezeichnet; den kleinen grauen und den rotköpfigen bezeichneten die Ornithologen als nützlich. Aber um Irrtümer zu vermeiden, werden alle Würger als schutzwürdig empfohlen. Die *Häher* werden nur mit Widerstreben unter die schädlichen Vögel eingereiht.

Hingegen werden Krähen, das heisst *Kolkrabe* und *Rabenkrähen,* als schädlich bezeichnet.

Seitenlang wird dem Liebhaber des Vogelfangs das Wort geredet. Schliesslich werden zum Abschuss freigegeben: Steinadler, Fischadler, Hühnerhabichte, Sperber, Wanderfalken, Baumfalken, beide Milane, alle Weihen, Uhu, Kolkraben, Rabenkrähen, Elstern, grauer und rotrückiger Würger, Häher. Warum dann doch? Hielten die Vogelkundigen ihre Wünsche für den Artenschutz von vorneherein für so aussichtslos? Jedenfalls konnte man in Bern diesen Zwiespalt ebensowenig verstehen wie der heutige Leser.

Was am Schluss der Vogelschutzgesetzes-Anträge der Ornithologen folgte, die üblichen Vorschriften für Schadvögel bei allzugrosser Vermehrung, Kautelen gegen die völlige Ausrottung schädlicher Vögel, für die Wissenschaft, die Liebhaberei und endlich die Pflicht der Behörden, die Jugend mit den Vögeln bekannt zu machen und zu ihrem Schutz anzuhalten, das alles hinterliess kaum einen Eindruck.

Im Bundesratsbericht wurde der Empfang dieser als Druckschrift eingesandten Vogelschutzgesetzesvorschläge bestätigt und zugesichert, sie würden bei der von verschiedenen Seiten beantragten Revision berücksichtigt werden.

Dafür wurde der *Katalog der schweizerischen Vögel* von Studer und Fatio nun, 1885, in Angriff genommen.

Im Mai 1889 wandte sich die Schweizerische Ornithologische Gesellschaft erneut mit einem gedruckten Schreiben an den Bundesrat, worin sie nun entschlossen *für den Schutz der Bussarde, Turmfalken, Saatkrähen, Dohlen, Wildtauben, Kernbeisser und Kreuzschnäbel* eintrat. Dazu wehrten sich die Ornithologen für den *Eisvogel,* den kleinen grauen und den rotköpfigen *Würger.* Endlich wandten sie sich auch gegen die eines Weidmannes unwürdige Verwendung von Gift und für eine im allgemeinen straffere Handhabung des Vogelschutzes. Sie hatten die Lage nicht erkannt und wussten nicht, dass die aktiven Weidmänner an der Verwendung von Gift durchaus nichts Unwürdiges fanden, was sie aber zuletzt erwarteten, war die unverständliche Nachgiebigkeit der Berner Gesetzesmacher gegen die Vorurteile der unwissenden Jägerei, die dann im Bundesgesetzesentwurf von 1891 und im Bundesgesetz 1904 ihren deprimierenden Ausdruck fand.

Nun kamen die Jäger mit einem fixfertigen Revisionsantrag für das Bundesgesetz von 1875. Sie hatten zwei Jahre länger gewartet als die Ornithologen, bis 1886. Der Bundesrat verdankte die gründliche Arbeit, wünschte aber die Revision des Eidgenössischen Jagdgesetzes bis zur Fertigstellung des Fischereigesetzes zu verschieben. Dieses kam 1888. Die «Diana» wartete bis 1889. Dann erinnerte sie den Bundesrat an sein Versprechen, ausserdem war ihr noch einiges zur Revision des Bundesgesetzes eingefallen. Dazu wurde sie vom Staatsrat von Genf unterstützt. Doch diesmal antwortete der Bundesrat, er müsse sich den Zeitpunkt einer allfälligen Revision selbst vorbehalten. Er werde die Vorschläge der «Diana» zu gegebener Zeit sorgfältig studieren und tunlichst berücksichtigen. – Das Drängeln war in Bern von jeher unsympathisch gewesen. Was wollten nun die Jäger?

1. Die Unterbindung oder wenigstens starke Erschwerung des Bezuges von totem Wild aus dem Ausland nach Jagdschluss. Das sollte die Wilderei eindämmen – und die Preise für Inlandwild heben, wie um der Wahrheit willen beigefügt sei.
2. Tellereisen und Schwanenhals sollen zur Erlegung der Raubtiere verwendet werden. Es sollen damit gefangen werden dürfen: Fischotter, Füchse, Marder, Iltisse, Hermeline, ausserdem Tagraubvögel und Uhu. Diese Fallenfängerei sollte eine erhöhte Strecke an Raubwild ergeben.

3. Das Giftlegen soll grundsätzlich verboten werden, doch sollten die Kantonsregierungen auf Verlangen ermächtigt werden können, für eine bestimmte Zeit nach Jagdschluss einer Anzahl Vertrauenspersonen die Erlaubnis zu geben, der Vertilgung von Raubzeug durch Gift zu obliegen. Natürlich mit allen polizeilichen Vorsichtsmassnahmen.

Dem «Raubzeug» (damals unterschied man noch nicht Raubwild und Raubzeug) sollte also kräftiger, als das Gesetz von 1875 es vorsah, zu Leibe gerückt werden. Denn wer sonst konnte an der verödenden Wildbahn die Schuld tragen als das Raubzeug? So die Jäger. – Sollte man dazu lachen oder weinen? Wir glauben, in Bern tat man keines von beidem. Man nahm die Anträge mit Ruhe entgegen und sparte sich alle Gedanken dazu bis zur Revision des Bundesgesetzes auf.

Der furchtbar wichtige Antrag 4, dass man die Begriffe Hochjagd und Niederjagd durch «Jagd im Hochgebirge» und «Jagd in den Niederungen» ersetzen sollte, konnte kaum wesentliche Dringlichkeit beanspruchen, auch die vorgeschlagenen neuen Jagdzeiten nicht.

1883 hatte die «Diana» ein Gesuch um Bewilligung zur Jagd auf Zugvögel im Frühling in Bern eingereicht, war jedoch abgewiesen worden, da eine solche Bewilligung eine Revision des Bundesgesetzes involviert hätte «und wir eine solche gegenwärtig nicht für angezeigt halten», hatte der Bundesrat geantwortet. Jetzt kamen die Jäger auf diese Frage wieder zurück und sagten: Die Frühlingsjagd solle im ganzen Lande verboten bleiben. Hingegen solle der Bundesrat befugt sein, denjenigen Kantonen, welche hierfür ein Ansuchen stellen, die Frühlingsjagd auf Waldschnepfen und Sumpfvögel mit Ausnahme der Enten für 30 Tage zu gestatten – solange die Nachbarstaaten nicht durch eine internationale Konvention an das Frühlingsjagdverbot gebunden seien. – Und auf eine internationale Konvention gegen die Frühlingsjagd konnten, nach Ansicht der Jäger, die «Vogelschützler» noch lange warten.

Einen Katalog der geschützten Vögel hatten sie ihrem Revisionsentwurf auch beigegeben. Da waren sogar Mäusebussarde und Turmfalken ebenfalls drauf. Wie ein Schutz dieser beiden armen Krummschnäbel aber möglich sein sollte, wenn man auf die Tagraubvögel Tellereisen und Schwanenhälse stellen wollte, konnte niemand wissen, auch die Herren der «Diana» nicht. Nun – für alle Fälle hatten sie eine Sicherung für die Jäger eingebaut: Übertretungen gegen den Art. 17, der die geschützten Vögel aufzählte, sollten straffrei bleiben. Das war eine neue Art von Vogelschutz: Ein Schutzartikel ohne Strafandrohung! Wie sagt doch Dr. Zimmerli im Buch über die Jagd in der Schweiz? «Ohne scharfe Strafsanktionen kann kein wirksamer Wildschutz verwirklicht werden», schrieb seinerzeit 1952 der eidgenössische Jagdinspektor.

Als das Jahr 1890 begonnen hatte, versandte die «Diana» in einem gedruckten Schreiben an die Mitglieder der Bundesversammlung einige Anträge zum kommenden neuen Bundesgesetz, darunter einen Zusatz zu Art. 3 des Entwurfs: «immerhin soll in denjenigen Kantonen, wo das Patentjagdsystem eingeführt ist, den einzelnen Gemeinden gestattet werden, ihr Gemeindegebiet zur Ausübung der Jagd zu verpachten.» Also fakultative Gemeinderevierjagd, das heisst, das deutsche System, das bisher nirgends in der Schweiz bestand, ausser in Basel-Land, doch auch dort in lokal bedingter Form. Im Aargau kam das Gemeinderevier erst 1896. Der seltsame, für eine Patentjägervereinigung wie die «Diana» schwer verständliche Antrag rief bei den St. Galler Jägern grosse Aufregung hervor. Der kantonale St. Galler Patentjägerverein legte in einem eigenen Schreiben an die Räte gegen dieses Ansinnen der «Diana» schärfste Verwahrung ein und benützte die Gelegenheit zu Gegenanträgen gegen einige Jagdbeginndaten und zu einer entschiedenen Ablehnung der Wiedereinführung der Frühlingsjagd und des Giftlegens, wofür schärfere Bestrafung verlangt wurde usw. Die letzten Stellungnahmen der St. Galler Jäger waren gewiss höchst ehrenvoll, doch die Stimmung der Räte war nun einmal auf Entgegenkommen an die Jagd, besonders die Revierjagd, eingeschaltet, und so trugen die «Reflexionen über das im bundesrätlichen Entwurf vorliegende Jagdschutzgesetz» der Aargauer Revierherren den Sieg davon, worin die Aufhebung gewisser Beschränkungen der Revierjagd verlangt wurde und – als Hauptsache des langen und breiten behandelt – die Wiedereinführung der Frühlingsjagd auf Zugschnepfen.

Das Bundesgesetz von 1891

Und dann kam es zur Behandlung des Bundesgesetzesentwurfs des Bundesrates vom 13. April 1891. Und diese Revision scheiterte bereits in der Eintretensdebatte im Nationalrat an der Frage des Jagdsystems: Freie Wahl der Kantone über Patent oder Revier oder ein Zwischending (gemischtes System).

Um diese Entwicklung zu verstehen, ist eine Erinnerung an die Stimmungen und Schwankungen der öffentlichen Meinung in der Schweiz in der Zeit von 1870/71 notwendig. Dabei soll die oft durchgeführte Zusammenstellung der Verfassungsrevision von 1874 und ihrer Schwächung des Partikularismus zugunsten des zentralistischen Gedankens nicht wiederholt werden, als ob das engere Zusammenrücken der Kantone einzig eine Folge der Ereignisse im Ausland gewesen wäre. Mindestens in der Gesetzgebung über Jagd und Vogelschutz war das bestimmt nicht der Fall. Und die Anschauungen des Volkes über Jagdrecht hielten sich vom Ausland sehr unbeeinflusst; hier spielte das, was gemeinhin als öffentliche Meinung bezeichnet wird, die wesentliche Rolle. Zwar hatten die von kulturpolitischen und wirtschaftlichen Motiven stets stärker beeinflussten Kreise der besseren Herren im Ständerat, dem schweizerischen «Oberhaus», schon 1875 die Einführung der – wenigstens – fakultativen Revierjagd im Bundesgesetz beantragt, waren aber der Majorität des Nationalrates unterlegen. In der vorberatenden Kommission des Ständerates hatten Jäger gesessen, welche die Revierjagd aus eigener Anschauung kannten und mit ihren Argumenten die Gegner nicht zu schonen wünschten: Die Begehrlichkeiten der Jagdleidenschaft müssten gezügelt werden. Es sei hohe Zeit dazu. Dem Wild seien eine Menge Schlupfwinkel und Brutplätze genommen worden, durch Verminderung des Waldareals, Entsumpfungen der Moore, die Landwirtschaft überhaupt. Mit dem Wert des Wildes sei die Gewinnsucht der Jäger gestiegen. Jetzt sei es an der Zeit, das Jagdsystem zu überlegen. Die Patentjagd werde von allen einsichtigen Jägern konsequent verurteilt, sie sei die Hauptursache der Devastation unserer Wildbahn. Ein System, das das Missverhältnis zwischen Jägerzahl und Wildbestand nicht kennt, sei unhaltbar. Die Patentjäger wollten ein Gewerbe aus der Jagd machen und zwängen die andern, das gleiche zu tun, um überhaupt Beute zu machen. In Deutschland habe das Jahr 1848, als die Jagd freigegeben worden sei, bündig bewiesen, dass damit die Jagd zerstört würde. Einen Erwerb könne die Jagd natürlich nicht sichern, obschon dies von manchen Patentjägern vorgegeben werde. Jeder Patentjäger denke, was er nicht schiesse, schiesse ein anderer.

Wenn man beim Patentsystem die demokratische Jagdgestaltung hervorhebe, sei das eine Fiktion, denn es sei evident, dass eine allgemeine Teilnahme an der Jagd rein ausgeschlossen sei. Darum möchte die Ständeratskommission dieses fehlerhafte System gar nicht als Obligatorium in das Gesetz aufnehmen, sondern setze sich dafür ein, dass es den Gemeinden auch in Patentkantonen freistehen solle, ihre Gebiete als

Reviere zu verpachten. Es wurden erneut Deutschland und Österreich als Beispiele angeführt.

Daneben trat die Ständeratskommission auch für Streichung des Frühlingsjagdverbotes ein.

In der nationalrätlichen Kommission zur Vorberatung des Bundesgesetzes von 1875 hatte sich die Mehrheit sogar dem Standpunkt des Ständerates angeschlossen. Nur die Minderheit, darunter sämtliche welschen Vertreter, wollte von einem fakultativen Reviergesetz nichts wissen und errang den Sieg. Die Gemeinden sollten keine Freiheit der Wahl haben. In Patentkantonen musste nach dem Patentsystem gejagt werden, und damit basta. Denn wenn die Gemeinden erst einmal die schönen Einnahmen aus ihren Revieren kassieren konnten, so wäre es bald zu Ende gegangen mit der Patentjagd. Das war wohl eine berechtigte Befürchtung.

Rein objektiv wäre jedoch die Gemeindejagd nach deutschem Muster für die Schweiz ein absolutes Novum gewesen. Denn auch der «klassische» Revierkanton Aargau kannte dieses System damals nicht. In jener Zeit war der Kanton Aargau in 72 Reviere aufgeteilt gewesen, deren Pachterträge der Kantonskasse zuflossen, nicht den Gemeinden.

Die Gemeindepachtjagd in Deutschland hat einen völlig anderen Ursprung. Als dort 1848 die Jagd in genauer Entsprechung der Grundsätze der Französischen Revolution als Bestandteil des Grundeigentums behandelt und diesem «zurückgegeben» wurde, bedeutete das für den Wildstand praktisch das Ende. Die Räte der Nationalversammlung in der Sankt-Pauls-Kathedrale zu Frankfurt hatten die Jagd als entbehrlich betrachtet, genau wie einst die «Bürger Gesetzgeber» der Helvetik. Was nach der Meinung der deutschen Nationalversammlung das Land brauchte, war Land- und Forstwirtschaft. Die Grundeigentümer jedoch hatten sich die Erlaubnis, auf ihrem Grund und Boden jagen zu dürfen, nicht zweimal geben lassen, und bis 1852 ging es dem Wild in Deutschland so schlimm als nur möglich. Als jedoch 1852 die siegreiche Reaktion das preussische Jagdrecht schuf, wagte man das Jagdrecht nicht mehr vom Grundeigentum zu trennen. Dafür erfand man den Unterschied zwischen *Jagdrecht* und *Jagdausübungsrecht,* wonach der Grundbesitz zwecks Bejagung eine Mindestgrösse von 300 Morgen (zusammenhängend) haben musste. Kleinerer Grundbesitz musste zusammengelegt werden, um bejagt werden zu können. So waren die Bauern gezwungen, ihre Güter zu einem Revier von mindestens 300 Morgen zusammenzufügen und es entweder durch einen angestellten Jäger bejagen zu lassen oder zu verpachten. So entstanden die Gemeindepachtjagden.

In der Schweiz bestand nie ein Zusammenhang zwischen Jagdberechtigung und Grundeigentum. Die Jagdberechtigung ermächtigt auch zur Jagd auf fremdem Grund und Boden. Die Kantone nahmen kraft ihrer Souveränität die Jagdberechtigung als nutzbares Recht für sich selbst in Anspruch (Jagdregal des Kantons).

Einmal, 1917, war der Versuch gemacht worden, *ein eidgenössisches Jagdregal* einzuführen, um dadurch der Schweizerischen Sozialversicherung Geld zu verschaffen. Das Projekt wurde aber als aussichtslos ziemlich rasch fallen gelassen. Es ist nicht anzunehmen, dass in absehbarer Zeit ein Bundes-Jagdpatent oder -Jagdpass eingeführt werden kann. (Zimmerli 1952).

Die Bestrebungen, in der Schweiz dasselbe System der Jagd wie in Deutschland, also die Gemeindepachtjagd, einzuführen, hingen aber, wie es sich zeigte, in jeder Zeit keineswegs von der Politik der Parlamente oder Landesbehörden ab, sondern vom Empfinden der breiten Öffentlichkeit, wennschon im Kanton Aargau die Einführung der Gemeindepachtjagd hart vor der Türe stand und 1898 Wirklichkeit werden sollte.

Nach der Niederlage der Revierler 1875 packten diese die Gelegenheit 1891 beim Schopf, um wenigstens jetzt dem Patentsystem den Todeskeim einzuimpfen, indem sie die fakultative Revierjagd für die Gemeinden in Patentkantonen durchzusetzen versuchten. Aber das Schweizervolk wusste wohl, dass dieser Wind von Norden wehte. Die Sympathien waren während des Krieges 1870/71 unvorstellbar hin- und hergeworfen worden. Anfänglich war man in der Schweiz streng neutral gewesen. Keines der beiden kriegführenden Länder liebte man. Den dritten Napoleon nicht, weil er zu stark an den ersten erinnerte, der unserem Land so viel Leid gebracht hatte. Aber auch das von Fürsten wimmelnde Deutschland liebte man als guter Republikaner keineswegs. Mochten auch Berner und Basler Blätter für die deutschen Einigungsbestrebungen Verständnis zeigen, mochte auch die «Neue Zürcher Zeitung» in dasselbe Hörnchen blasen – das Kriegsende brachte das Volk doch nicht dazu, den Herren von den «Basler Nachrichten» und vom Berner «Bund» zu folgen, noch weniger der «NZZ». Die Annexion von Elsass-Lothringen ängstigte die Leute. Wie leicht konnte auch der deutschsprachigen Schweiz ein gleiches zuteil werden. In deutschen Zeitungen erscholl schon damals der Ruf nach Einheit «so weit die deutsche Zunge reicht.» Dazu gewann die neue Monarchie die republikanischen Herzen der Schweizer nicht, viel eher die Entwicklungen in Frankreich (E. A. Picard 1940).

Langsam, aber sehr langsam, wandelte sich die öffentliche Meinung. Die Furcht vor deutschen Annexionsgelüsten ging etwas zurück. Die Innerschweiz, die zuerst neutral, dann französisch gesinnt war, ging langsam dazu über, ihre Ablehnung gegen Preussen ins Gegenteil zu wandeln. Man war eifrig bemüht, den Tonhallenkrawall von 1871 in Zürich* in Vergessenheit zu bringen. Literatur und Wissenschaft sympathisierten zunehmend mit deutscher Kultur. Ganz besonders aber wandten sich die wirtschaftlichen Kreise dem aufblühenden Deutschland zu. Besonders in der Ostschweiz. «Da sind guet Lüt, die hand guete Moscht.» Und genau so, wie die von deutscher Betriebsamkeit geschaffene Prosperität, so gedachte man auch, es den prächtig gepflegten, wildreichen deutschen Jagden in der Schweiz nachzutun. Doch gerade dieser Versuch sollte die Bundesgesetzesrevision von 1891 zum Scheitern bringen.

Der Bundesrat hatte am 13. April 1891 nach einer nochmaligen Eingabe der Ornithologischen Gesellschaft seinen Ratschlag herausgegeben. Er hatte mancherlei aus den Vorschlägen der «Diana» aufgenommen, anderes aber nicht. Die Frühlingsjagd wurde in keiner Form zugelassen. Hingegen gab der Bundesrat in der Fallenverwendung auf Raubzeug nach. So sollten Fallen auch auf Tagraubvögel gestellt werden dürfen. Unter den ehemals geschützten Vögeln wurde der Rotdrossel, dem Kreuzschnabel, dem Kirschkernbeisser und Gimpel der Bundesschutz entzogen, ebenfalls dem Mäusebussard und dem Turmfalken. Begründung: «Der Bussard nützt durch Vertilgung von Mäusen. Daneben aber besteht seine Nahrung aus allem, was er erlegen kann, zum Beispiel aus jungen Hasen und den auf der Erde brütenden Vögeln (Wachteln, Lerchen, Rebhühnern usw.). Im Winter ist er hauptsächlich auf die Vogeljagd angewiesen (!). Der Turmfalke vertilgt unzweifelhaft viele Insekten, zur Flugzeit namentlich auch Maikäfer, dann Mäuse usw., jedoch auch Vogelbruten, insbesondere in den höheren Gegenden. Die Individuen, die bei uns überwintern, sind zu dieser Zeit, wie der Bussard, hauptsächlich auf Vogelnahrung angewiesen. Es liegt daher kein Grund vor, genannte beide Raubvögel besonders zu schützen, auch werden sie oft mit den übrigen, bisher nicht geschützten, verwechselt.»

---

* Er bestand aus einer massiven Demonstration gegen eine deutsche Siegesfeier in der Tonhalle.

Diese Sätze über den Raubvogelschutz wurden darum ausführlich zitiert, weil sie die Freigabe des Bussards im Bundesgesetz 1904 begründen. Wer als Beobachter Bussard und Turmfalke kennt, wird in diesen Ausführungen typische Jägerzoologie von damals erkennen. Unsere Turmfalken überwintern nicht in unseren Gegenden, werden aber, auch wenn sie im Herbst länger verweilen, durch den ersten Frost und Schnee unweigerlich vertrieben. Der Turmfalke geht nicht an Aas, wohl aber der der Bussard. Dieser ernährt sich im Winter ebensowenig von Vögeln wie der Turmfalke, sucht sich vielmehr bei Schnee, wenn er Mäuse nicht erreichen kann, seine mehr als karge Nahrung an Flussläufen, wo er Wasseraas zu finden hofft sowie die reichlich anfallenden toten Fische. Es ist peinlich, unter den Begründungen gesetzlicher Massnahmen immer wieder die phantastischen alten Jägermärchen vorzufinden.

Nun – die Bundesgesetzrevision von 1891 trat nie in Kraft.

Am 20. Januar 1892 kam das Gesetz im Nationalrat zur Behandlung. Zuvor hatte es der Ständerat bereits durchberaten und hatte am 21. Dezember 1891 einen eigenen Entwurf fertiggestellt, nach dem es den Kantonen freigegeben sein sollte, zu bestimmen, nach welchem System auf ihrem Hoheitsgebiet gejagt werden sollte. Die nationalrätliche Kommission war geteilt. Der Antrag der Kommissionsmehrheit lautete: Die Ausübung der Jagd erfolgt durch Verpachtung von Gebietsabschnitten. Die Kantone werden bestimmen, ob die Verpachtung gemeindeweise oder in besonderen Revieren zu geschehen habe. Die Kommissionsminderheit aber war der gleichen Meinung wie der Ständerat, die Kantone sollten das Jagdsystem bestimmen.

Um die ganze Sache noch zu komplizieren, lagen dem Plenum des Nationalrates noch zwei weitere Anträge vor. Der eine von Scherrer-Füllemann stellte den Kantonen das System frei, behielt aber in Patentkantonen den Gemeinden das Recht vor, ihr Gebiet zu verpachten, also fakultative Revierjagd. Der zweite Antrag von Bühlmann schloss sich der nationalrätlichen Kommissionsmehrheit an, welche die Pachtjagd beantragte, räumt aber ein, dass den Kantonen gestattet sein sollte, die Jagd im Hochgebirge nach dem Patentsystem ausüben zu lassen.

Am 20. Januar leitete also Nationalrat Schmid als Sprecher der nationalrätlichen Kommission die Eintretensdebatte mit einem ausführlichen Bericht ein. Er erwähnte die beiden Eingaben der «Diana» sowie die übrigen Begehren und zählte die Neuerungen des Revisionsentwurfs auf.

1. Aufhebung der Unterscheidung in Hochwild- und Niederjagd.
2. Einheitlicher Beginn und Schluss der Jagd.
3. Verkleinerung und bessere Begrenzung der Banngebiete, Verlängerung der Bannzeit auf 20 Jahre.
4. Bessere Bekämpfung des Raubzeugs. Verpflichtung der Kantone auf Prämienaussetzung mit 30 % Bundesanteil.
5. Bundesbeitrag an die Wildhut von 50 %.
6. Aufzählung der geschützten Vogelarten.
7. Präzision der Jagdbussen.
8. Absolutes Verbot der Sonntagsjagd, trotz Genf und Tessin.

Die Debatte warf sich sofort auf die Systemfrage. Interessant war, dass aus den Voten hervorging, *dass das Gesetz von 1875 nicht mehr strikt gehandhabt worden war und sich bereits gewisse Lockerungen der Absichten des Gesetzgebers eingeschlichen hatten.* Insbesondere legte Scherrer-Füllemann gegen die Raubjagd der Patentkantone los und wehrte sich für Hirsch und Reh. Kurzum, es ging hart auf hart. Die Welschen stimmten ein Klagelied an, dass ihnen die Sonntagsjagd genommen werde, die Dianaleute waren verstimmt, weil nicht alle ihre Vorschläge angenommen worden waren, und schworen, das Gesetz zu Fall bringen zu wollen.

Die Abstimmung ergab 32 Stimmen für, aber 73 gegen Eintreten. Und damit war die Bundesgesetzesrevision von 1891 begraben.

Schade war es nicht.

Leider auferstand sie teilweise 1904 im schlechtesten Bundesgesetz über Jagd und Vogelschutz, das die Schweiz je besessen hat.

Die klare Tendenz jener Zeit, die Vogelschutzmassnahmen des Bundesgesetzes von 1875 zu umgehen und «aufzuweichen», zeigte sich in den Eingaben der Kantone an das Eidgenössische Departement des Innern.

1876 ersuchte St. Gallen um Erlaubnis zum Abschuss von Sperlingen, Staren und Drosseln wegen Schadens an Obst und Wein.

1882 und 1883 bewarb sich der Kanton Tessin um Abschussbewilligungen von Staren, Drosseln und Amseln.

1883 tat dasselbe sogar der Kanton Basel-Stadt, bestimmt wegen der Kirschen von Riehen.

1884 und 1886 verlangte Graubünden Extrabewilligungen für Tannenhäher, 1899 für Saatkrähen wegen Schadens an Maissaaten. Dann kam wieder St. Gallen um Abschuss von Amseln ein – so ging das weiter.

1900 wandte sich endlich die Schweizerische Ornithologische Gesellschaft an den Bundesrat, er möge ein Sekretariat für Vogelschutz einrichten, damit nicht, jedesmal mit neuer Begründung, auf die geschützten Vögel losgepulvert werden könne. Das Gesuch wurde abgelehnt. 1900 versuchte der Zürcher Advokat und Rechtsanwalt J. J. Bucher, auf eigene Faust ein Sekretariat für Vogelschutz zu schaffen. Doch fehlte ihm die staatliche Autorität, so dass es nach wenigen Jahren wieder einging. Am 18. Dezember 1901 kamen die Brieftaubensportler und wandten sich an das Eidgenössische Militärdepartement, man solle wieder einmal gegen die Raubvögel vorgehen, die den Brieftauben gefährlich würden. Das Militärdepartement schrieb einen dahingehenden Brief an das Departement des Innern. Da kam ein Schub der Vernichtung gegen Habichte, Wanderfalken und Sperber. Er war und blieb nicht der einzige!

Das Bundesgesetz von 1904

Auf Formulierungen soll man nicht zuviel Gewicht legen, aber der reaktionäre Charakter des Bundesgesetzes von 1904 verrät sich dem Hellhörigen bereits in dem Terminus «Jagdgewild» des Artikels 4, einem Wort aus der Zeit, als der Grossvater die Grossmutter nahm. Nicht weniger aber aus der historischen Aufführung der *«reissenden Tiere»*, die schon längst ausgerottet waren und nur in alpinen Jägergehirnen als Gespenster noch weiter zu spuken schienen. Weil in Mingèr noch ein verirrter Bär umgebracht, zehn Jahre zuvor ein einzelner junger Luchs im Wallis getötet worden war, während die Wildkatzen praktisch schon längst verschwunden waren und der Wolf, seit es Bundesgesetze gab, nie mehr Standwild in der Schweiz gewesen war, wurden die kantonalen Behörden trotzdem noch mit ausserordentlichen Befugnissen zur Raubtiervertilgung ausgestattet. Art. 5 erlaubte das Giftlegen wiederum mit besonderen Sicherungen, schob jedoch die Verantwortung dafür den Kantonen zu, legte auch den Grund zu der berüchtigten «Fallenjagd» in Graubünden und überliess die eigentlichen Schutzmassnahmen ebenfalls den Kantonen. Im Gegensatz zu dem Revisionsentwurf von 1891 behielt das Bundesgesetz 1904 die Einteilung der Jagd in Hochwildjagd und niedere Jagd bei, überliess auch die Schwimmvögel den Kantonen, was sehr üble Konsequenzen für die überwinternden Enten und die Ausrottung derjenigen Wildgänse zur Folge hatte, die ihren Zugweg dem Jura entlang nahmen. Das Prinzip des Frühlingsjagdverbotes wurde durchbrochen, die Revierherren konnten ihrer Lust, Schiessübungen auf balzende Waldschnepfen abzuhalten, wiederum nach Herzenslust frönen. 29 Jahre lang hatten sie in den Jagdzeitungen für den Schnepfenstrich gerungen. Ein riesiges Entgegenkommen an die Gebirgsjäger, sämtlich dem Patentsystem zugehörend, war die Verpflichtung der Kantone, nach 5 Jahren die Grenzen der Banngebiete zu verändern. Daraus resultierten die späteren Wildmassaker, die ihre so traurige Berühmtheit erlangten. Der Bussard, ein ausgesprochen nützlicher Greifvogel, die einzige grössere Vogelgestalt, die die längst verödete Feldflur des Mittellandes noch belebte, wurde den Schiessern preisgegeben, der Schutz wurde ihm entzogen. Es war ein Nachgeben der Bundesversammlung an eine jahrzehntelange Hetze der Jäger gegen den Bussard. Ebenso wurde eine ganze Anzahl von Finken schussbar. Nur der Turmfalke war nicht jagdbar geworden, auch der Storch trotz aller Anschuldigungen nicht. Bis so weit hatte man ein Entgegenkommen an die Schiesser doch nicht gewagt. Im ganzen aber bildete das Bundesgesetz 1904 einen Krebsgang. Wir wissen nicht, wem dieser Schwächeanfall der massgebenden Stellen in Bern zuzuschreiben war, wollen auch nicht versuchen, die Schuldigen aufzufinden.

Trotz allen diesen den Jägern entgegenkommenden Änderungen wäre das Bundesgesetz von 1904 um Haaresbreite zu Fall gekommen. Die «Diana» war nämlich in ihren Vernehmlassungen stark für ein bundesrechtliches Sonntagsjagdverbot eingetreten, erstens wegen der Sonntagsruhe, noch mehr aber weil durch die Sonntagsjagd besonders in Patentkantonen die schlimmsten Jagdschinder ihr Handwerk ausüben können. Der Nationalrat hatte sich überzeugen lassen und war *für* ein Sonntagsjagdverbot. Doch der Ständerat, der Rat der Alten, in Jagdfragen immer zu einem Nachgeben an die «Vox populi» geneigt, glaubte den Entscheid über die Sonntagsjagd den Kantonen überlassen zu müssen, weil die Welschen, gewisse Urkantone und der Tessin zäh daran festhielten. Um das ganze Bundesgesetz nicht an dieser einen Divergenz scheitern zu lassen, gab der Nationalrat nach. So wurde es «glücklich» gerettet, und die Jäger, denen die Winterjagd am Wasser und der Schnepfenstrich die Hauptsachen waren, schrieben: «Lieber ist uns das neue Gesetz ohne ein Sonntagsjagdverbot als das alte ohne dieses Verbot.» *Das Bundesgesetz 1904, ein Tiefpunkt des Verhältnisses des Schweizers zu seinem Wild, war dasjenige, welches Sarasin vorgefunden hatte, und wer die Proteste der Vogelkundigen, die lauten und immer wieder angestimmten Klagen eines Fischer-Sigwart und die ernsten Worte des in jenen Jahren von den welschen Schiessern so stark angegriffenen G. von Burg noch einmal auf sich wirken lässt, wird begreifen, weshalb sich der in jener Zeit (1906) gegründete Naturschutz als eine seiner dringlichsten Aufgaben die Erneuerung des Bundesgesetzes zur Aufgabe gestellt hatte.*

Albert Fierz hatte bereits 1900 in seiner Dissertation einen Schlusssatz geschrieben: «Nur dann (wenn bessere Strafbestimmungen kommen) ist Aussicht vorhanden, dass sich unsere entvölkerten Wälder wieder beleben; ein einzelner Kanton mit seinem relativ kleinen Gebiete kämpft vergebens für dieses Ziel, solange ringsum seine Nachbarn jedes Häslein und jedes Reh, das sich über seine Grenzen verirrt, niederknallen.» Aber das Gesetz von 1904 brachte die Besserung nicht, eher den Niedergang.

Fischer-Sigwart wehrte sich in den Jahren 1906ff. verzweifelt für die rünksichtslos verfolgten Tagraubvögel: «Die Hauptursache, warum den natürlichen Mäusefeinden der Vernichtungskrieg gemacht wird, ist derjenige, dass diese Tiere... als Hasenfeinde... von den Jägern aufs äusserste verfolgt werden... Der Hauptmäusefeind, der den Namen Mäusebussard führt, hat beim Landvolk irrtümlicherweise den Namen «Hühnliweih» erhalten, obschon er keine Hühner vergewaltigt. Er wird mit dem Hühnerhabicht verwechselt. Geschossen und vertilgt wird er aber, wo er sich zeigt, und sogar beim Horste samt den Jungen umgebracht. Früher, etwa noch vor 50 Jahren, sah man oft, wenn im Frühling die Zeit gekommen war, wo die Bussarde aus dem Süden zurückkehrten, 10 bis 20 dieser stattlichen Vögel über der Ortschaft kreisen. Heute ist es eine Ausnahme und Seltenheit, wenn in den ersten Frühlingstagen etwa noch einer seine Kreise zieht...» Dabei war der Gelehrte in Zofingen ein ornithologischer Beobachter, wie nur einer. Die Folge der Preisgabe des Bussards an die «Heger», «die nun einmal allem, was einen krummen Schnabel und scharfe Eckzähne hat, den Untergang geschworen hatten» und glaubten, damit ihre Strecke an Nutzwild zu erhöhen, war erneut eine Verödung der Feldflur.

Paul Sarasin

Alle Stimmen, die in jenen Zeiten einer Einschränkung der allzugrossen Freiheiten der Schiesslustigen riefen, können nicht zitiert werden. Es war Sarasin, der die vielen Äusserungen zusammenfasste, als er in jenen Jahren schrieb: «Die weittragende Frage der Jagd, oder... anders ausgedrückt des Wildschutzes gegen die viel zu Vielen, welche sich gegen eine geringe Zahlung das Privileg erwerben können, unsere belebte Natur einer immer rascher fortschreitenden Verödung entgegenzuführen, ist ein besonders schwierig zu behandelnder Gegenstand. Es ist gewiss zuzugeben, dass das Wild gerade durch die weidgerechten Jäger bis auf unsere Zeit erhalten geblieben ist, weil es in deren Interesse liegt, seine völlige Ausrottung hintanzuhalten; aber die stetig weiterschreitende Vervollkommnung der Explosivwaffen und der Wunsch des Patentjägers, während der zeitlich beschränkten Jagdzeit möglichst viel Geld zu verdienen, haben in manchen Distrikten schon zur völligen Ausrottung der edelsten Tiergestalten geführt. Dazu kommt noch die blosse Lust am Töten von in Freiheit freudig dahinlebenden Geschöpfen, was besonders auch zum Rückgang, ja zur Ausrottung der durch so grosse Schönheit und Intelligenz ausgezeichneten Raubtierwelt geführt hat. Man hat bekanntlich zum Schutz und zur Vermehrung des Rotwildes und der Gemsen Bannbezirke eingerichtet; aber auch diese Anordnung wurde nur zugunsten der Jäger getroffen, da diese Bezirke alle fünf Jahre der Jagd geöffnet werden, infolgedessen sich zahlreiche Schiesser im Kreise darum stellen und das bisher dort gehegte Wild in unweidmännischer Weise abschlachten...» Dann beantragt er die Umwandlung der Bannbezirke in Dauerreservate. Er wendet sich gegen die Wildimporte aus dem Ausland, um sie hier freizulassen «meist schwächliche, halb kranke und halb zahme Geschöpfe, deren Niederlegung ein Geschäft für Knaben ist, nicht für Männer». Sarasin wendet sich gegen die Verfolgung des Raubwildes in den Bannbezirken, die auf Anordnung der Behörden erfolgt, gegen die Gemsenschlächtereien in geöffneten Bannbezirken, gegen die Treibjagden, gegen den unnachsichtigen Abschuss der letzten Bären, gegen die Prämienwirtschaft in den Kantonen, gegen die Verfolgung unschuldiger Tierformen, wie Eisvogel und Wasseramsel, gegen die Mode, ausgestopfte Vögel als Zimmerschmuck aufzustellen, sogar gegen die allzuweit getriebene Sammelwut der Museen und Sammlungen hinsichtlich seltener Vogelbälge und vieles andere. Sein Rundblick über das Leiden der einheimischen Fauna nahm kein Ende. Vergiftung, vom Bundesgesetz 1904 freigegeben, Ausrottung des Fischreihers nach Bundesgesetz über die Fischerei von 1888, die alljährliche Massenschiesserei auf Wasserhühner, «wahrlich ein eigentliches Musterbeispiel von

Aasjägerei», die Singvogeljagd im Tessin... nichts vergass dieser gründliche Kenner des Treibens der Schweizer gegen ihre Landestierwelt.

Auch Professor Zschokke, der Ordinarius für Zoologie an der Universität Basel, sprach gegen das Prämienunwesen, wobei besonders pikant ist, dass er sein Referat vor Ornithologen hielt. Auch diese hatten in ihrem Eifer Prämien auf die Köpfe der Singvogelfeinde gesetzt. 1906 hatte die Ornithologische Gesellschaft in Basel 196 Prämien ausbezahlt. «121 Eichelhäher, 15 Sperber, 44 Würger (!), 10 Elstern, 4 Baumfalken (!) und 2 Habichte setzen die lange Totenliste zusammen», sagte Zschokke. Aber er hielt ihnen noch eine zweite Autorität vor Augen: «Konrad Günther sagte, Häher, Elstern, Sperber, Habicht, Wanderfalke können den Vogelbestand nicht wirklich vermindern, wenn die den Verfolgungen ausgesetzten Vögel nur genügend Nistgelegenheiten finden.» Zschokke war Exkursionist und Jäger und kannte die Praxis der Prämienjäger: «Der Prämienlüsterne wird nicht immer genau zusehen, ob der kreisende Vogel wirklich ein Habicht, Baumfalke oder Weih ist. Er schiesst eben schnell, damit ihm die vorsichtige Beute nicht entgeht. Ist der Herunterstürzende ein Vogelräuber, dann gut, ist es ein nützlicher Bussard oder Turmfalke, dann macht das auch nicht viel aus. Der Kadaver wird weggeworfen und der Schuss war eben umsonst.» Leider gingen die Prämienausrichtungen durch die Vogelschutzvereine trotz allem weiter. Es gab Zeiten, da kassierten die Schützen für Eichelhäher aus Gemeindekassen, Jägervereinen, Vogelschutzvereinen usw. pro Häher 4 Franken!

1910 wandte sich Paul Sarasin mit einem Aufruf an die Jägerschaft, der in verschiedenen Jagdzeitungen abgedruckt wurde, und dessen Schlussanträge lauteten:

«Erstens: es seien alle Schussgelder in allen Kantonen nicht nur sogleich abzuschaffen, sondern sie seien in Entschädigungsgelder umzuwandeln für die Fälle, wo durch... Wild... nachweisbarer Schaden angerichtet wurde... Zweitens: es sei eine neue Jagdgesetzgebung anzustreben, welche ihren Ausgang nimmt vom Naturschutz und nicht, wie bisher, von der Fleischnutzung.» Beinahe rührend liest sich die Wendung: «...indem der sokratische Gedanke euch (Jäger) leiten wird und soll, dass, nachdem wir einmal das Gute wissen, es uns unmöglich wird, das Üble zu tun.»

Der Widerhall, den Sarasins Aufruf in Jägerkreisen fand, belehrte den weltfernen Liebenden der Natur, dass denen der alte Sokrates völlig egal war – und – dass die Tugend, auch die weidmännische, nicht lernbar ist. Mochte auch der Redaktor der «Diana», G. von Burg, ein herzliches Nachwort zu Sarasins Aufruf schreiben, so gossen andere Jagdzeitungsredaktoren, wie A. Welti vom Centralblatt die Lauge ihres Hasses gegen den Naturschutz über das Haupt des Gelehrten, sogar in der «Diana» hassten ihn die Glarner Jäger, woran auch das tröstende Nachwort der Redaktion nicht viel zu mildern vermochte. Man schüttelte den Kopf über Sarasins Idee der Schonung des Raubwildes, man «bedauerte, dass der Naturschutzverband seine Kraft auf einem Gebiet betätigen will, das die Domäne des Jägers ist und bleiben soll». Man prophezeite dem Friedwild des Nationalparks den Untergang in dem Sinne, dass dort bei gänzlicher Jagdruhe kein Stück mehr übrig bleiben werde, sondern nur noch Raubwild, das restlos mit allem andern aufräumen werde.

Der Kampf gegen den Naturschutz

Das Jahr 1910 wurde zur ersten von vielen Epochen des Kampfes der Jäger gegen den werdenden Naturschutz. A. Welti, Aarburg, damals Redaktor des Centralblattes für Jagd- und Hundeliebhaber, setzte sich in fünf langen Fortsetzungen mit Sarasins

Impulsen für eine neue Jagdgesinnung auseinander. Was Welti vertrat, vertritt die Jägerei noch immer: «Vernünftige Dezimierung des Raubzeugs... *teilweise Schonung der harmlosen Raubtiere Dachs, Mäusebussard, Turmfalken und anderer. Rastlose Vertilgung* der eminent schädlichen Raubtiere, wie Katzen, Krähen, Wiesel... Habichte und Füchse... «*Über das ‚wie viel' aber soll der Jäger entscheiden,* er braucht dazu weder Paragraphen noch Naturschutzkommissionen.» Diese Wendungen aus Weltis Polemik seien nur darum zitiert, weil sie ein Denken wiedergeben, das sich bis zur Gegenwart nicht geändert hat. Es ist das Bestreben, aus der freilebenden Tierwelt des Landes eine Art Nutzwild-Reservoir zu machen, das sich jedes Jahr auffüllen und eine möglichst grosse Jagdernte ergeben soll.

Aber Sarasin hatte geschrieben: «Grosse Listen von Aas, von getötetem *sogenanntem ‚Raubzeug', um diesen widerlichen Ausdruck für die herrlichsten Naturgebilde zu verwenden,* erscheinen in den Blättern..., so dass jeder Patentjäger sofort seine Explosivmaschine erhebt, um zu töten oder krank zu schiessen, sobald ein prächtiger Raubvogel, ein zierlicher Marder das Unglück hat, seinen Blick auf sich zu ziehen.» Das waren natürlich schrille Töne in den Ohren derer, die sich Weidmänner nannten. Plötzlich sollte die Hegetätigkeit der Jäger, worunter natürlich als wesentlicher Bestandteil die Raubzeugbekämpfung figurierte, nur noch Naturschändung und die Prämiengelder nur noch Killerlohn sein. Das empfand man «als feindliche Haltung der Naturschutzkommissionen der Jägerei und Jagd gegenüber». Dass man hingegen für die schönen Flugspiele der Bussarde und die Nützlichkeit der Eulen eintrat, sei in Ordnung, aber deswegen brauche es doch weder Verbote noch Strafandrohungen. Aufklärung und Belehrung sei der richtige Weg, aber für die unüberlegte Art des Naturschutzes «habe der denkende und beobachtende Jäger nur ein spöttisches Lächeln». Der Naturschutz solle sich lieber für die allgemeine Einführung der Pachtjagd einsetzen. Auf jeden Fall «werden wir aber peinlich darüber wachen, *dass uns Jägern nicht ins Handwerk gepfuscht wird...*»

Sie konnten damals nur in wenigen Kategorien denken, die Jäger. Hege für das Nutzwild, um es schiessen zu können. Viel schiessen. Und Feindschaft gegen das Raubwild, das ihnen angeblich ihre jagdliche Ernte streitig machen wollte. Aber Fanatiker nannten sie die Naturschützer. Und als Herr H. Vernet von Paul Sarasin zur Subkommission für die Beratung seines Jagdgesetzesentwurfs beigezogen worden war, war er als Jagdexperte höchst verwundert: «Wir hatten das Vergnügen, in den Herren von der Subkommission sehr liebenswürdige und entgegenkommende Gelehrte und keineswegs steif auf ihre Ideen versessene Naturschutzfanatiker kennenzulernen. Einige von unseren Vorschlägen wurden denn auch gut geheissen...» Die Herren der dergestalt belobigten Subkommission waren Dr. Brunies, Hermann Fischer-Sigwart, Prof. De la Rive, Prof. Schröter, Prof. Zschokke und Paul Sarasin. Ausser Herrn Vernet waren noch beigezogen worden die Herren Enderlin (Forstwesen), G. von Burg (Ornithologie), Dr. Surbeck (Fischerei). Jetzt, da alle diese verdienten Männer längst der grüne Rasen deckt, soll noch einer genannt werden, der als Jäger in einer kleinen, vorberatenden Kommission in Basel Herrn Sarasin so manche wertvolle Information über den praktischen Jagdbetrieb gegeben hatte: der Basler Kantonstierarzt und Schlachthausdirektor Dr. med. vet. Benjamin Siegmund, der sich nur unter der Bedingung zur Verfügung gestellt hatte, dass er nie genannt, also gänzlich anonym bleiben wollte. Er war als Schlachthofdirektor ohnehin exponiert genug und wünschte keine Anfeindungen seitens der Jäger. Er war es, der Sarasin über die Grausamkeiten der Bodenjagd auf Fuchs und Dachs unterrichtet hatte und am liebsten das ganze, mit so viel Roheit und Schnaps betriebene Bodenjagen an den Bauen verboten gesehen hätte. Auf ihn ging das Verbot des Ausgrabens von

Füchsen und Dachsen im Entwurf Sarasins zurück, er war es, der sich für strengstes Verbot von Bohrer, Haken und Käscher eingesetzt hatte, was in Jägerkreisen dann viel Kampf und Tinte gekostet hatte.

Sarasins Bundesgesetzentwurf

Im Oktober 1912 reichte Paul Sarasin den Entwurf eines neuen Bundesgesetzes über Jagd, Wildschutz und Vogelschutz ein.

Es sollte nicht, wie bisher «im Dienste der Jagdliebhaber und ihres Vergnügens, sondern in dem der Majorität des Volkes stehen, welchem die freie Natur und was sie belebt zu eigen gehört». Zur Streitfrage Patentsystem oder Reviersystem nimmt das revidierte Gesetz keine Stellung und überlässt dies den Kantonen, sagt die Vorrede. Und weiter: Die Unterscheidung in Hoch- und Niederjagd sei zu streichen. Beim Ausgraben von Füchsen und Dachsen würden oft furchtbare Grausamkeiten verübt. Die Treibjagden sollten verboten werden, ebenso die Schnepfenjagd im Frühling. Denn «die Brutkolonien der Schnepfen würden durch die Frühlingsjagd vernichtet. Ausserdem werden die wenigsten Jäger der Versuchung widerstehen, auch anderes Wild zu schiessen, das ihnen vor die Flinte kommt; auch stört die Frühlingsjagd anderes Wild im Vermehrungsgeschäft, so z. B. die Hasen, Enten und Rebhühner.» Da infolge der Ausrichtung von Prämien systematisch und tierausrottend vorgegangen wird, seien diese zu streichen. Dann folgen die einzelnen Artikel des Entwurfs, deren Inhalt noch heute jeden ernsthaften Jäger und Naturschützer durch ihre Weitsicht und Kennerschaft der wahren Gründe des damaligen Wildrückgangs in Staunen versetzen.

Nochmals sei der Eingangssatz von Art. 1 zitiert, weil er Sarasins Anschauung über die Jagdhoheit wiedergibt und selbstverständlich genau der schweizerischen Auffassung entspricht: «Alles Wild ist Staatsbesitz und steht unter dem Schutze des Bundes und der Kantone; die Erlegung desselben stellt eine Ausnahme dar, welche durch die Jagd- und Wildschutzgesetze des Bundes und der Kantone geregelt wird. Der Zweck des Bundesgesetzes... ist dieser, eine Belebung der Natur herbeizuführen und einer Verödung derselben entgegenzuwirken. Darum ist das eidgenössische Jagdgesetz in erster Linie ein Wildschutzgesetz.» Diese vielkritisierte Grundanschauung der Jagd zeigt, *dass Sarasin die schweizerische Landestierwelt grundsätzlich als einen Bestandteil der heimatlichen Landschaft betrachtete, die Jagd aber nur als reine Präkautionsmassnahme gelten liess,* d. h. als Abwehr allzugrossen Wildschadens. Ein Recht auf Reduktion der Raubwildbestände zur Hebung der jagdlichen Ernte an Nutzwild, wie sie nach Diezels Niederjagd zur Hege gehörte und damit ins Pflichtenheft jedes weidgerechten Weidmannes, anerkannte Sarasin keineswegs. Doch damals stand die ganze Jägerei auch in der Schweiz unter dem Einfluss von «Diezels Niederjagd». Wenn auch Sarasin den Gedanken des sehr beschränkten Jagdrechts – «die Erlegung des Wildes stellt eine Ausnahme dar» – nicht konsequent durchführte, so rühren die Kompromisse bestimmt nicht von ihm selber her, sondern weit mehr von seinen Beratern, welche die schweizerische Jagdmentalität genauer kannten und viel Wasser in den Wein des grossen Naturschützers gossen. Und dieses Wasser waren gewissermassen «realpolitische» Rücksichten auf jagdliche Traditionen, unüberwindliche Volksmeinungen und dergleichen. Und doch blieben in Sarasins Bundesgesetzesentwurf genug der grossen reformerischen Gedanken bestehen, um die damals stark heruntergebrachte schweizerische Landestierwelt vor dem Untergang zu retten und, wo es nötig war, neu aufzubauen.

Im folgenden seien aus Sarasins Bundesgesetzesentwurf lediglich die neuen Impulse aufgeführt, die seiner – ohne Uebertreibung – wissenschaftlichen Naturschutzsystematik entstammen. Vieles andere hatte er aus dem bestehenden Gesetz übernommen, so die ihn wenig interessierenden Strafbestimmungen.

Sarasin war, soweit es den zoologischen Naturschutz betraf, «Zentralist», wie alle echten Naturschützer. Er traute in jagdlichen Dingen der Beflissenheit der Kantonsregierungen nicht. «Es ist zu beobachten,» sagte er, «dass, wenn in solchen Regierungen Jagdliebhaber sitzen, das Jagdgesetz nicht im Sinne der Erhaltung der Fauna energisch gehandhabt wird...» und legte darum Gewicht auf die Ueberwachung des Jagdwesens der Kantone durch den Bundesrat.

Der dritte Artikel enthält zwei wichtige, seither viel angewendete Mittel zur Regelung der Jagdintensität vorab in Patentkantonen und des Jagdbetriebes im allgemeinen. Es ist erstens die Anpassung der Zahl der Jagdteilnehmer an die Stärke des Wildstandes; und zweitens die Ausgabe von Jagdbewilligungen nur an solche Bewerber, für die massgeblich anerkannte Jagdvereine eine Gewähr für ihre jagdliche Eignung übernahmen. Es war also noch nicht ein eigentliches amtliches Jagdexamen, das hier für die Jagdausübenden gefordert wurde. Aber wenigstens eine Art der Sicherung des Wildes gegen unweidmännisches oder tierquälerisches Jagen. Später bekannte sich Sarasin ohne Vorbehalt zum Gedanken der jagdlichen Eignungsprüfung.

Art. 4 forderte einen Drittel des Kantonsgebietes als kantonalen Jagdbann und zwar *neben* den eidgenössischen Bannbezirken, zu denen die Patentkantone der Gebirgszone ohnehin verpflichtet waren. Dass sich der Art. 4 nur auf die damals noch 21 Patentkantone bezog, lässt sich nicht bezweifeln.

Das absolute Prämienverbot für sogenannt schädliche Tierarten von Art. 6 c der ersten Fassung wandelte sich in der definitiven in eine ziemlich farblose Konzession der Kantone, die Vernichtung von Schädlingen in Liegenschaften zu ordnen.

8 a bringt das ausnahmslose Giftverbot.

8 b verbietet alle Fallen, lässt aber dann – ein Sarasin sichtlich abgerungener Kompromiss – für berufliche Schadwildfänger an bestimmten Orten Fallen für Füchse, Fischotter, Iltisse, Stein- und Edelmarder zu. Ausgerechnet für diese kleinen Raubtierformen trat aber Sarasin dann in besonderen Schriften ein. Fünf Jahre später gab er im Verlag des Naturschutzbundes seine berühmte Schrift über die Ausrottung des Fischotters heraus.

8 h kuppelt das Ausgraben der Füchse und Dachse in nicht gerade glücklicher Weise mit dem bereits bestehenden Verbot des Murmeltiergrabens. Für jeden Bodenjäger bestand zwischen beidem ein fundamentaler Unterschied.

In der ersten Fassung fand sich unter 8 k ein Nachtjagdverbot. Es fiel an dieser Stelle und wurde in 9 b den Kantonen anheimgestellt. Auch diese Änderung war eine Konzession, diesmal an das in vielen Kantonen noch übliche «Fuchspassen», den nächtlichen Abschuss der Füchse an ausgelegten Ködern im Winter.

8 l, das absolute Treibjagdverbot, wurde in der def. Fassung ganz weggelassen.

Hingegen erneuerte Art. 10 c das ausnahmslose Frühlingsjagdverbot des ersten Bundesgesetzes von 1875, das auf Drängen der Jäger 1904 durchlöchert worden war.

Die bestimmt zwecksentsprechende Vorschrift, dass in unmittelbarer Nähe der Bannbezirke keine Salzlecken angelegt werden dürften, die in Art. 14 d der ersten Fassung stand, wurde fallengelassen.

Dann kam der schwierige Artikel 15 über die zu schützenden und die jagdbaren Vögel. Beide Listen hatte Herr Fischer-Sigwart erstellt, doch es blieb nicht dabei. Neue Korrekturen folgten. Im grossen und ganzen ging der Autor einfach bei jeder Gruppe von Vögeln davon aus, ob die darunter gehörenden Arten in der Schweiz

75

Brutvögel waren oder nicht. Aber auch dieses Prinzip wurde nicht konsequent durchgeführt; denn oft hat man das Gefühl, Herr Fischer sei einfach durch die Seltenheit gewisser Arten oder auch durch die jagdlichen Traditionen dazu bewogen worden, sie auf die Liste der Jagdbaren oder der Geschützten zu setzen. So scheint eine genauere Analyse dieser beiden Vogellisten hier unnötig und wenig wertvoll. In Wirklichkeit ging das Bundesgesetz 1925 dann ganz andere Wege – und das war gut.

Art. 18 a brachte jedoch eine weitere Konzession. Die erste Fassung setzte fest: «Die Tierschutzgesetze und -Verordnungen finden auch Anwendung auf das Jagdwild.» Diese Verordnung fiel in der definitiven Fassung. Wahrscheinlich wurde Sarasin von juristischer Seite darauf aufmerksam gemacht, dass es in der Schweiz gar kein Tierschutzgesetz gab, das den Tatbestand der Tierquälerei in dessen ganzer Ausdehnung festlegte. So konnte der Jäger mit einigem Recht fragen, wo denn solche Tierschutzverordnungen, die sich auf jagdliche Tatbestände bezogen, zu finden seien. Sarasin selbst hatte für den Tierschutz im allgemeinen nicht viel übrig. Er schien ihm, wie er einmal zu Stefan Brunies sagte, irgendwie «zu dämlich». Vielleicht spielte auch bei ihm die vielzitierte alte Jungfer mit dem zu Tod gefütterten Mops unbewusst mit. Vielleicht hielt er nur die Haustiere für die Domäne des Tierschutzes, was schon seinerzeit nicht zutraf. Eines steht fest: er wollte das Wild vor Qual und Härte der damals noch weit schonungsloseren Jagdmethoden bewahren. Und damit, wie überhaupt mit seinen Gedanken zur Jagdreform hatte er mehr als recht. Mit seinen Anliegen hatte er sich einzig und allein an die Behörden gewendet. Er wollte eine Polemik vor der Öffentlichkeit vermeiden. Er hatte viel zu viel unter der Publizität gelitten, viel zu viel unter dem Missverständnis, selbst seiner eigenen Familie.

Sarasin scheute die Publizität. Er scheute in gewissem Sinn auch die Menschen. Grund genug, die öffentliche Diskussion über seinen Bundesgesetzesentwurf zu vermeiden. Seiner Absicht nach sollten die Bundesbehörden das neue jagdliche Denken des Naturschutzes, unbeeinflusst von den Meinungsäusserungen Unberufener in der Presse, prüfen. Der Redaktor der «Diana», G. von Burg, respektierte diesen Wunsch und schwieg. Auch der «Schweizerjäger» und der «Ornithologische Beobachter» taten dasselbe. Jedoch nicht das Centralblatt für Jagd- und Hundeliebhaber. Dieses veröffentlichte einen Artikel des Präsidenten des Allg. Schweizerischen Jagdschutzvereins, Fürsprech Otto Meyer, Zofingen, der sich kritisch gegen den Bundesgesetzentwurf der Schweizerischen Naturschutzkommission wandte. Dem aggressiv-spöttischen Ton dieses Artikels war Sarasin nicht gewachsen. Ausser einer kleinen Notiz in der «Diana» liess er sich auf keinen Federkampf mit Fürsprech Meyer ein. Vielleicht hätte er es im Hinblick auf die Berner Behörde doch tun sollen – aber er schwieg.

Otto Meyer

In der letzten Januarnummer des Centralblattes für Jagd- und Hundeliebhaber 1913 begann Otto Meyer seinen Angriff: «Nun ist der Schuss heraus. Der Naturschutz hat dem Bundesrat fix und fertig einen Entwurf zu einem «Bundesgesetz über Jagd, Wildschutz und Vogelschutz» eingereicht. Mit dem Entwurf wird vorläufig eine grosse Geheimniskrämerei getrieben... Dieses geheimnisvolle Gehabe ist auffällig. Ich habe den Eindruck,... dass zunächst unter der Hand die massgebenden Stellen intensiv bearbeitet werden sollen..., damit dann später die Jäger mit ihren sachgemässen Anträgen auf gemachte, vorgefasste Meinungen stossen. Es ist deshalb an der Zeit, dieses im Verborgenen blühende Pflänzchen etwas in die Sonne zu stellen.

Der Gesetzesentwurf wird den kundigen Leser enttäuschen. Ich hatte von den gelehrten Herren vom Naturschutz mehr erwartet... Der Entwurf ist in Form und Ausdruck unbeholfen. Man merkt gleich, dass Herr Paul Sarasin... noch wenig Gesetze gelesen hat... Wer einen solchen Entwurf nicht in einem Tage zusammenschreiben kann, sollte die Hände lassen vom Gesetzemachen...» so geht das weiter.

Meyer griff den Satz an, dass das Wild *Staatsbesitz* sei. Als etwas anderes ist es in der Schweiz nie angesehen worden! «Der Entwurf wird nie Gesetz werden. Er kann nicht mal als Grundlage zu einem Gesetz gebraucht werden. Es wäre schade für die Arbeit, ihn umzuarbeiten.» Dann begann er die einzelnen Gedanken des Entwurfs Sarasins zu zerzausen. Er greift die Beschränkung der Patente an, deren Zahl sich nach den Wildvorräten richten sollte, und macht diesen Vorschlag lächerlich.

Weiter bezeichnet er die Idee eines Fähigkeitsausweises der Jagdausübenden für völlig undurchführbar, obschon eine solche im Staate Brehmen bereits eingeführt war. 1921 trat übrigens auch der «Schweizerjäger» sehr dafür ein und 1930 erschien in der Schweizerischen Jagdzeitung der Artikel von R. Senn mit derselben Forderung.

Die Bannung des dritten Teils des Kantons stellt er als völlig unmöglich dar und exemplifiziert mit dem Revierkanton Aargau, wo die Vergütung für Pachtzinsausfälle pro Jahr rund 40 000 Franken betragen würde. «Gewiss eine Kleinigkeit für den Naturschutzbund...», höhnt er.

Das Rehgeissen- und -Kitzenabschussverbot sei ein Unsinn in Revierkantonen.

Daneben spottet er mit Ausrufungszeichen über Sarasins Begründung des Frühlingsjagdverbotes auf Waldschnepfen, dass nämlich Enten und Rebhühner in ihrem Brutgeschäft gestört würden. Er meinte natürlich, dass sich der Anstand auf balzende Waldschnepfen ganz wo anders als in den Braträumen von Enten und Rebhühnern abspiele. Aber auch darin täuschte er sich. Der Schreibende traf auf Rebhuhnbruten ganz nahe an Schnepfengelegen.

Irgendwie beunruhigte Fürsprech Meyer das neue Gedankengut des Naturschutzes doch. «Die Herren vom Naturschutz sind weniger gefährlich, als sie scheinen. Weil sie die ungeheuerlichsten Forderungen stellen, wird man den ganzen Entwurf nicht ernst nehmen. Das eidgenössische Gesetz ist ja sehr revisionsbedürftig. Das wird auch in Bern nicht bestritten. Es werden sich Leute finden, die im Auftrage des Bundesrates gerne einen sachgemässen, verständigen Gesetzesentwurf ausarbeiten... Der Jäger ist auch Naturfreund(!)...» Und dann kommt das damals schon alte Lied: «Würde der Naturschutz mit ganzer Kraft den Reviergedanken in der Schweiz propagieren und auf Durchführung der bestehenden Jagdgesetze energisch dringen, so käme er seinem Ideal näher als durch beständiges Herunterreissen der Jäger und der Jagd... Ich wünschte, dass Herr Dr. Sarasin und seine Freunde das einzusehen vermöchten!»

Punktum.

Ganz danebengehauen hatte Otto Meyer mit seiner Einschätzung der «Gefahr» der Naturschutzleute für die Jägerei nicht. Sogar in der «Diana» war ein Artikel erschienen, der anhub: «Der Naturschutz marschiert», und im Jahrgang 1914 hatte Von Burg einen Artikel in acht Folgen erscheinen lassen, der eine lange Liste der in der Schweiz ausgerotteten Vögel enthielt. Und im September begann ein ausführlicher Artikel über die Revision des eidg. Jagdgesetzes zu erscheinen, worin ein Blinder die Impulse des Entwurfs von Paul Sarasin zu sehen vermochte.

Zum Giftlegeverbot und dessen «ausnahmsweiser Erlaubnis» schreibt der Redaktor der «Diana», männiglich sei bekannt, dass mit dieser Erlaubnis seitens einzelner Kantone Unfug getrieben werde. Anders könne man wirklich das Ausrotten der schönen und ohnehin überall seltenen Marder, Fischotter und Raubvögel nicht bezeichnen. Winter für Winter gäben gewisse Kantone einer grossen Anzahl von Jägern die Bewilligung zum Vergiften von Tieren, deren Schaden nur ein fiktiver, die aber für die Landwirtschaft im Gegenteil von Nutzen seien. In der Zeit des Heimat- und Naturschutzes dürfe eine solche Bestimmung nicht länger in Kraft bleiben, sie allein würde schon eine Revision des Bundesgesetzes rechtfertigen. Sodann wird eine Reihe von Vögeln als schutzwürdig aufgezählt, die zwar nicht als nützlich bezeichnet werden könnten, jedoch sei ihr Schutz doch angezeigt: Aasgeier, Lämmergeier, Milane, Falken, Fischadler, Schlangenadler, Seeadler, Steinadler und alle Bussarde. Dazu Weihen, alle Nachtraubvögel, einschliesslich des aussterbenden Uhus, der selten gewordene Eisvogel, die Kolkraben. Der Wanderfalk soll nur während der allgemeinen Jagd geschossen werden dürfen, damit er nicht ausgerottet werden könne. Den Abschuss der seltensten und schönsten aussterbenden Raubtiere und Vögel überlasse man zumeist jedem hergelaufenen Tunichtgut. Manche Kantone prämierten das Ausnehmen der Eier und Jungen aus Raubvogelnestern, was durch die Dorfburschen zu Einnahmen benützt werde. Da würden z. B. im Kanton Uri in ganzen Körben, in Hüten und Rucksäcken gesammelte Eier vorgewiesen und Abschussgelder dafür eingezogen. Dann kritisiert der Artikel scharf die Sonntagsjagd, gegen deren Abschaffung sich wohl Genf am stärksten wehren werde. Im Tessin würden erfahrungsgemäss die meisten Singvögel am Sonntag geschossen. Glarus und Graubünden würden wohl für die Einstellung der Sonntagsjagd gewonnen werden können. Das Recht der Grundbesitzer auf Erlegung von Raubtieren öffne der Wilderei Tür und Tor. Die Verlegung der Banngebiete oder deren Grenzen nach 5 Jahren sei zu verwerfen. Man erinnere sich noch allzugut an die Gemsschlächtereien im Spadlatscha oder den Rehmord im Creux du Van. Die zwölf Punkte, in die der Verfasser seinen gründlichen Artikel zusammenfasst, enthalten manche interessante Forderung, darunter: 1. alle Schussgelder sollen abgeschafft werden, 2. die Zahl der geschützten Vögel soll erhöht werden, 3. Naturschutzbestrebungen sollen von Bundes wegen unterstützt werden, 7. Abschaffung des Giftparagraphen, 8. der Raubzeugfang soll eingeschränkt, in Banngebieten ganz aufgehoben werden, 12. Anschluss an die internationalen Vogelschutzkonventionen. Von Burg hatte nicht unterzeichnet, doch «ex ungua leonem».

Der Präsident des Schweizerischen Jagdschutzvereins, Otto Meyer, sah die Zeit zum Handeln für sich gekommen. Vielleicht hatte er einen Auftrag von Bern erwartet, ein neues Bundesgesetz über Jagd und Vogelschutz im Entwurf vorzulegen. Er schrieb an den Bundesrat und regte an, der Bundesrat möge einem jagdlich erfahrenen Juristen den Auftrag zu einem eidg. Jagdgesetzesentwurf erteilen.

Nun – den politisch schweren Fehler, einem Jäger, am besten Otto Meyer selbst – den Auftrag zur Ausarbeitung eines neuen Bundesgesetzes zu erteilen, beging man in Bern nicht. Doch erklärte sich 1914 der Bundesrat bereit, einen Entwurf zu einem neuen Bundesgesetz entgegenzunehmen und weiterzubehandeln. Fürsprech Meyer setzte sich also an die Arbeit und reichte im Februar 1916 seinen Entwurf samt einer langen Vorrede ein. Er hatte nun bestimmt nicht zu jenen gehört, die nur wenige Gesetze gelesen hatten; sicher ist, dass er das badische Jagdgesetz von 1898 gut kannte und es stark benützte. Und das, was von ihm selber stammte, hatte er aus der Jagdpresse und seiner allgemeinen Kenntnis der Materie abgeleitet, natürlich als reiner Revierjäger.

Noch sei erwähnt, dass der Gedanke eines Bundesjagdscheins ein Floh war, den Fürsprech Meyer den Herren in Bern hinters Ohr gesetzt hatte. Meyer hatte zwar die Verwendung des Ertrags – es sollten runde 100 000 Fr. sein – für Jagdschutz und jagdliche Zwecke in Aussicht genommen. Doch in Bern dachte man, das Geld für Zwecke der Sozialversicherung zu brauchen. Man war 1917 mitten im ersten Weltkrieg, und viele Soldatenfamilien litten Not, deren Ernährer an der Grenze im Aktivdienst stand. Aus föderalistischen Gründen liess man diesen Gedanken jedoch dann fallen. – Die weiteren Punkte, die Meyer in seiner Einleitung hervorstellte, klangen dem «massvollem Naturschutz», wie man sich ihn damals im Oberforstinspektorat vorstellte, erfreulich in die Ohren. Meyer stimmte sogar mit Sarasin überein, die Begriffe «Hoch- und Niederjagd» fallenzulassen. Nicht nur die gschützten Tiere, sondern auch die jagdbaren sollten erschöpfend aufgezählt werden. Die Liste der zu schützenden Vögel würde in sachverständiger Weise von der Schweizerischen Gesellschaft für Vogelkunde und Vogelschutz aufgestellt. Punkto Jagdzeiten könne dem Revierjäger unbedenklich die grössere Freiheit zuerkannt werden als dem Patentjäger. Auch gewisse Raubtierarten könnten eventuell unter Schutz gestellt werden. Es solle keine Tierart ausgerottet werden. Doch glauben die Revierjäger, ohne Gift dem vielen Raubwild, das den Nutzwildbestand zehntet, nicht Herr zu werden. Speziell gegen das Krähengesindel helfe einzig und allein Gift. Es sei die Stelle eines besonderen Jagdinspektors zu schaffen. Die Fischer hätten ja auch einen Fischereiinspektor. – Das klang alles höchst loyal und vernünftig.

Paul Sarasins Eingabe – die war ja ganz durchdrungen von einer Fürsorge und Parteinahme für die Kreatur. Das vertrug sich nicht mir der «Sachlichkeit», wie sie die Behörde verstand; Sarasin nahm kaum Rücksicht auf die mannigfachen Interessen der Menschen. Keine Rücksicht auf die Interessen der Landwirte, die ihre Ernten vor Schaden schützen wollten, keine Rücksicht auf die Förster, denen es ohnehin nicht leicht fiel, einen angemessenen Nutzen aus den Wäldern herauszuwirtschaften, keine Rücksicht auf die Jäger, die schliesslich zahlten. In Sarasins Bundesgesetzesentwurf spürte man das Wehen des Ideals, fremd, seltsam, unheimlich. Das war nicht zu brauchen. Anders Otto Meyers Entwurf. Das war die gewohnte Mitte, dieser Mann sprach die Sprache, wie sie von den Behörden und Funktionären verstanden und gesprochen wurde, den juristischen Jargon. Einen solchen Entwurf konnte, ja, musste man ernst nehmen.

Er wurde auch ernst genommen. Von den ersten 38 Artikeln des Bundesgesetzes über Jagd und Vogelschutz vom Jahre 1925 sind nicht weniger als 30 ganz oder teilweise dem Vorschlag von Otto Meyer entnommen.

Meyer hatte als Art. 1 an die Spitze seines Jagdgesetzes seine juristische Ansicht über das Jagdrecht gesetzt: «Träger des Jagdrechts ist... entweder der Grundeigentümer, die Gemeinde oder der Staat.» Sarasin hatte gesagt: alles Wild ist Staatsbesitz. Hatte der Jurist oder der Gelehrte recht? So sonderbar es klingen mag, es war der Naturforscher Sarasin. In der Schweiz bestand nie ein Zusammenhang von Jagd und Grundeigentum. In sämtlichen Kantonen war die Jagd von jeher ein *Regal*, das vom Kanton genutzt wurde. Wenn Meyer den Grundeigentümer als Jagdberechtigten nannte, führte er damit eine deutsche jagdrechtliche Auffassung ein. Denn ein Jagdrecht des Grundeigentümers, das von einer Grösse von 300 Jucharten des Grundbesitzes an mit dem Jagdausübungsrecht verbunden war, wie in deutschen Eigenjagden, gab es in der Schweiz nie. Nach J. Kurmann (1944) haben auch die Kantone Basel-Land, Aargau und Schaffhausen nie auf die Staatsregalität der Jagd verzichtet, auch wenn sie nach deutschem Muster die Jagdpacht mit dem Gemeindegrundbesitz verbanden.

Somit war es mit dem jagdrechtlichen Wissen von Fürsprech Meyer, der zwischen Grundeigentum und Gemeinde einen Unterschied glaubte machen zu müssen, doch nicht so weit her. Er dachte in deutschen Begriffen. Vollends tat er dies aber im Abschnitt II: «Jagdschein». Hier steuerte er restlos im deutschen Fahrwasser, mit der Bezeichnung «Jagdschein» sogar im preussischen; denn in Süddeutschland heisst das Papier «Jagdpass», wie auch im Aargau.

Dass Meyer im Abschnitt III: «Jagdbare und geschützte Tiere» als erstes der jagdbaren Tiere das Steinwild nennt, ist für jeden Kenner der Bundesgesetze höchst verwunderlich. Denn der Steinbock ist in der Schweiz bis zum heutigen Tage nie als Jagdwild betrachtet worden. Zudem war seine Entwicklung in unsern Alpen um 1916 noch keineswegs gesichert. Auch hierin folgte Meyer deutscher Gepflogenheit, alles Wild als jagdbar zu erklären, selbst solche Arten, die gar nicht bejagt werden durften. In deutschen Gesetzen kommt nämlich in einem späteren Artikel die Aufzählung derjenigen Tierarten und Altersstufen des Jagdwildes, die während des ganzen Jahres mit der Jagd zu verschonen seien. Genau so verfuhr Meyer in Art. 32. Nur fehlte in der Schweiz die Ursache des deutschen Verfahrens. Alle freilebenden Tiere, auch die geschützten, werden darum in deutschen Gesetzen als jagdbar erklärt, weil sie damit der Jagdaufsicht unterstellt sind, und derjenige, der sie fängt oder tötet, als Jagdwilderer weit strenger bestraft werden kann, als derjenige, der sich bloss gegen Naturschutzverordnungen vergeht. Dieser Grund fällt jedoch in der Schweiz völlig dahin.

Im Katalog der jagdbaren Vögel finden sich bei Meyer auch die Wacholderdrosseln und Misteldrosseln, alle Schnepfen, Brachvögel, Rallen, Regenpfeifer, alle Strandläufer und die Kiebitze. Ferner alle Falken, mit Ausnahme des Turmfalken, sowie der Uhu. Meyer sieht auch die lange Winterjagd auf Wassergeflügel vor, die bis zum 15. Februar, in Revierkantonen sogar bis Ende Februar währen soll. Auf Enten soll auch die Nachtjagd gestattet sein.

Schlimm ist die ausgedehnte Frühlingsjagd, die in Revierkantonen erlaubt sein soll, und zwar nicht nur auf Zugschnepfen, sondern auch als Balzjagd auf den grossen Hahn und den Spielhahn. Im Vorfrühling darf ausserdem auch auf Enten, Wasser- und Sumpfvögel, Brachvögel, Wachtelkönige Dampf gemacht werden. In alledem folgt Meyer dem badischen Jagdkalender von 1914, wenn auch mit kleinen Abweichungen. Typisch für die Analogie seines Entwurfs mit deutschen Gesetzen sind auch die von ihm gebrauchten Begriffe der «Oberen kantonalen Jagdbehörde» und der «Bundesjagdbehörde», Bezeichnungen, die hier unbekannt waren und noch sind.

Dies einige Proben aus dem Bundesgesetzesentwurf von Otto Meyer, soweit sie für die schweizerische Landestierwelt von schicksalhafter Bedeutung gewesen wären.

Positiv muss auch an diesem Gesetzesentwurf manches gesehen werden. So hat er aus deutschen Jagdgesetzen die Einteilung der Tiere in nicht schädliche, die bejagt werden und in schädliche, die vertilgt werden, nicht übernommen. Das Wort «Vertilgung» verwendet er nicht. Dem aktiven Vogelschutz gönnt er mehr Raum als das alte Gesetz. Hingegen schliesst sich der Katalog der jagdbaren Vögel restlos der alten deutschen Tradition an, unbeeinflusst davon, dass Rebhuhn und Wachtel, Wachtelkönig, Strand- und Wasserläufer, Rötelfalken, Rotfussfalken, Weihen und Uhu schon damals als Jagdwild praktisch jede Bedeutung verloren hatten, da sich die Abschüsse selbst in flugwildreichen Kantonen sogar beim Rebhuhn nie über die 500er Grenze erhoben.

Generell bedeutete Meyers Arbeit für Schutz und Erhaltung der Landestierwelt nicht den geringsten Fortschritt. Es war die Arbeit eines typischen Revierjägers alter Observanz, eines Jüngers der Schule des alten Diezel, der dem Revierinhaber alle jene Freiheiten reserviert hatte, die er seit 1849, der Erstauflage seiner «Niederjagd», in den deutschen Revieren genossen hatte. Und diese Freiheiten hielt Meyer mit seinem Bundesgesetzesentwurf den Patentlern so richtig prononciert unter die

Nase, um auch sie zum Reviersystem zu bekehren. Doch für die Tiere blieb alles beim alten.

Der Entwurf der Patentjäger

Der dritte Entwurf für ein neues Bundesgesetz kam im August 1920. Er war von der bestellten Kommission des Schweizerischen Jägerverbandes zur Hebung der Patentjagd und des Wildschutzes ausgearbeitet worden. Dieser Entwurf unterschied sich von den beiden vorausgegangenen dadurch, dass er sich eng an den Aufbau des Bundesgesetzes von 1904 anschloss. Er ging sichtlich von der Voraussetzung aus, dass es sich nicht um die Schaffung eines völlig neuen Bundesgesetzes handle, sondern lediglich um eine Revision des bestehenden, während sowohl Sarasin als auch Otto Meyer etwas Neues schaffen wollten.

Der Entwurf des Patentjägerverbandes zeigte manche Eigenarten, die für die Patentjagd Bedeutung besitzen, dem Revierjäger jedoch ganz unwichtig, ja kaum bekannt sind. Es seien hier einige Beispiele, die für diesen Bundesgesetzesentwurf irgendwie typisch sind, hervorgehoben.

Dass die Frühlingsjagd auf Waldschnepfen – der Schnepfenstrich – auch den Revierjägern nicht mehr gestattet sein sollte und das alte generelle Frühlingsjagdverbot von 1875 wieder aufgenommen wurde, entsprang bestimmt keinen Schonungstendenzen für die immer seltener werdenden Waldschnepfen, sondern eher dem verständlichen Empfinden: wenn wir Patentjäger das nicht dürfen, dann die andern bitte auch nicht! Genau so fand man, am 15. Februar sollte für alle Schluss mit der Wasserjagd sein (die nunmehr ohnehin um 2 Monate verlängert war), und die Revierherren sollten nicht bis Ende Februar weiterjagen dürfen. Modern und hegerisch war das Verbot von grossen Schrotkalibern und Entenkanonen auf der Wasserjagd. Typisch für Patentler war die vorgesehene Winterjagd auf Füchse, für deren Bewilligung nun die Kantone uneingeschränkt autorisiert werden sollten. Sehr richtig war das generelle Hundeverbot für die Hochjagd, da das Bundesgesetz von 1904 nur die Verwendung von Laufhunden verboten hatte. Dieses Hundeverbot und das Verbot des Schrotschusses auf Hochwild wurde sogar zweimal aufgeführt. Neu war ein Artikel über Wildzuchtgehege und Brutanstalten für Flugwild, womit wohl die übernutzten Niederjagden aufgefüllt werden sollten, ohne dass man auf das Ausland angewiesen gewesen wäre. Ebenfalls neu war der Abschnitt über die kantonalen Jagdinspektoren, die vom Bund bezahlt werden sollten, wie die Wildhüter der Bannbezirke, deren Grösse für jeden Kanton festgelegt wurde. Dem Katalog der geschützten Vögel wurde die seltene Alpenkrähe beigefügt, im übrigen schloss sich der Entwurf dem Verzeichnis von 1904 an. So waren auch Bussard und Uhu nicht unter Bundesschutz gestellt, und als besondere Gemeinheit dieses Entwurfs sei erwähnt, dass neben den armen Wacholder-, Rot- und Misteldrosseln auch die harmlose und relativ seltene Wasseramsel schussbar gemacht werden sollte. Überhaupt fand die Patentjägerkommission, man sollte die Bekämpfung der «schädlichen» Tiere damit beleben, dass die Kantone zu deren Prämierung nicht nur «befugt» sein sollten (wie im BG 1904), sondern «gehalten». Endlich war ihr ein grosses Anliegen, dass eine Verordnung darüber ins Bundesgesetz aufgenommen werden sollte, dass ein Has *dem* Jäger gehören sollte, dessen Laufhund ihn «gestochen» hatte, auch wenn ihn ein anderer Schütze schoss. Denn es war um solche Hasen auf der Jagd oft beinah zu Mord und Totschlag gekommen. Patentjägersorgen! Auch aus diesem Entwurf drang dies und das in das neue Bundesgesetz.

Indessen – die Schaffung eines neuen eidgenössischen Jagdgesetzes lag in der Luft. So ein Hauch davon hatte auch Herrn Josef Georg Maria von Glutz-Ruchti auf Gut Blumenstein in Solothurn um die Nase geweht. Er setzte sich hin und schrieb ein Büchlein «Wie kann dem Schweizer-Jäger die Schweizer-Jagd erhalten bleiben?» oder «Ist eine Einigung der Patent- und Revierjäger auf gemeinschaftlicher Grundlage möglich?» Traurig-lächerliche Jagdgedanken. Bei der «Suche» aufgelesen und durcheinandergeworfen vom Januar 1919 bis Januar 1920 durch J. von Glutz-Ruchti... Erste unverbesserliche Auflage. Selbstverlag.

Wie aus dem Titel zu entnehmen, handelt es sich dabei um Jagdgedanken, die sich ein Original gleichsam von der Seele geschrieben hatte. Der Verfasser war ein grosser Jäger, 1874 geboren, ging jung ausser Landes, war in deutschen Diensten als Berufsoffizier zuerst bei den Ulanen in Saarburg, dann bei den Jägern zu Pferd in Colmar, endlich in Hagenau bei der 3. Schwadron des Schlesischen Dragonerregiments, wurde dort Rittmeister und Malteserritter, heiratete eine Pfyffer von Heidegg und kam kurz vor dem ersten Weltkrieg in die Schweiz zurück, nahm Wohnsitz auf Gut Blumenstein in Solothurn, das er von seiner Tante geerbt hatte, und bezog eine kleine Pension aus Deutschland. Mit der seinerzeit gegründeten Schweiz. Halbblutpferdezucht-Genossenschaft Nord-West büsste er sein Vermögen ein und verarmte schliesslich. Seine Ausführungen interessieren an sich nur wenig, er war an deutsche, resp. elsässische Reviere gewöhnt, also deutsche Schule, jedoch sind sie irgendwie typisch für das Denken vieler Jagdausübender in jener Zeit. Seine Vorschläge sind für behördliche Massnahmen unbrauchbar, jagdlich nicht neu und tierschützerisch unwissend. – Von Glutz-Ruchti hatte sein Büchlein bereits in der Zeit seines finanziellen Niedergangs herausgegeben. Seine Frau, die Pfyffer von Heidegg, verliess ihn und lebte bis zu ihrem Tod wintersüber in Bern, im Sommer auf Schloss Heidegg, das nach ihrem Tod – eine Ironie des Schicksals – lange Zeit das schweizerische Jagdmuseum beherbergte, genau das, worunter sie bei ihrem Mann so sehr gelitten hatte.

Das Bundesgesetz von 1925, Entstehung und Werdegang

Die vielen Jägerstimmen um die Zeit der Entstehung des Bundesgesetzes von 1925 seien übergangen. Sie sind nicht allzu wichtig. Man sagt, dass Gottes Mühlen langsam mahlen. Nun – die Berner Mühlen auch. Es wurde 1922 bis die erste Sitzung der nationalrätlichen Kommission zur Beratung des bundesrätlichen Entwurfs eines neuen Bundesgesetzes im Hotel Krone in Rheinfelden stattfand.

Am 19. und 20. November 1920 hörte man vorerst in einer Expertenkonferenz die Vertreter des Eidg. Departements des Innern, die Landwirtschaft und die Förster, die Jäger, den Vogelschutz, den Bund für Naturschutz und die Eidg. Nationalparkkommission an. Das Präsidium führte Herr Bundesrat Chuard und der damalige Oberforstinspektor Decoppet. Das von Herrn Dr. Zimmerli geführte Protokoll weist keine Diskussionen aus, sondern nur Voten der Delegierten. Nun – die Sache ging wie immer. Man hörte sich die andern an – und entschied frei.

Bundesrat Chuard erinnert die Anwesenden an die drei Punkte der Motion Zurburg, die vom Nationalrat seiner Zeit erheblich erklärt worden war und jetzt zur Arbeit an einem revidierten Bundesgesetz über Jagd und Vogelschutz geführt habe:

1. Die Jagd- und Schonzeiten der jagdbaren Tiere sollten den natürlichen Verhältnissen der betreffenden Tiergattungen, dem Werte der Abschussobjekte sowie der Nützlichkeit oder Schädlichkeit für die wirtschaftlichen Interessen angepasst werden.

2. Die Landwirtschaft sollte gegen Wildschaden möglichsten Schutz finden.
3. Den «neuesten Forschungen über Nützlichkeit» der unter den Schutz des Bundes zu stellenden Vogelarten sollte entsprechend Rechnung getragen werden.

Die Diskussionen sollten sich in diesem Rahmen bewegen. Zwar ergänzte der Motionär Zurburg, dass wohl auch weitere Fragen in dieser Konferenz zur Sprache kommen würden, aber Herr Forstinspektor Decoppet beeilte sich zu betonen, dass diese Konferenz rein konsultativen Charakter tragen solle, was so viel hiess, dass sich die Behörde keineswegs an die Wünsche und Anträge der Delegierten gebunden fühle. Seltsam berührte auch, dass Herr Bundesrat Chuard die Anträge der «Diana» und den Entwurf von Fürsprech Meyer erwähnte, den Entwurf von Paul Sarasin und den der Patentjäger aber mit absolutem Stillschweigen überging. Erst als bereits eine ganze Anzahl von Konferenzteilnehmern gesprochen hatte, erinnerte Dr. Sarasin bescheiden daran, dass die Schweizerische Naturschutzkommission schon im Jahre 1912 eine Revision des Bundesgesetzes im Sinne des Naturschutzes angeregt habe. Gleichzeitig brachte er den von ihm seinerzeit vorgeschlagenen Namen «Bundesgesetz über Wildschutz, Jagd und Vogelschutz» in Erinnerung, der vom Gedanken der Erhaltung der Arten ausgehe. Jedoch fand der Motionär, Nationalrat Zurburg, dass die Berücksichtigung des Naturschutzes im Gesetz zu begrüssen sei, doch dürfe es nicht zu sehr diesen Charakter bekommen.

Auffallend ist, dass zur Systemfrage mehrere Redner, so auch ein Vertreter der Landwirtschaft, der thurgauische Nationalrat Eigenmann, am liebsten eine allgemeine eidgenössische Jagdgesetzgebung auf der Grundlage des Reviersystems gesehen hätte, was, wie er selber einsah, jedoch nie zu erreichen wäre. Die Jagd, wie sie jetzt betrieben werde, sei eine Mörderei, was auch Zurburg bestätigte. Mehrfach wurde indessen beantragt, den Revierjägern nicht allzu grosse Vergünstigungen zu gewähren, da auch der Revierjäger keine absolute Gewähr für schonenden Jagdbetrieb biete. Herr Nationalrat Bühlmann, Vertreter der Nationalparkkommission, wies mit vollem Recht auf das Ausschiessen der Reviere bei Pachtaufgabe hin. Gegen die Frühlingsjagd auf Schnepfen, die man den Revierjägern zu gestatten bereit war, wandte sich in tapferer Weise Herr Oberforstinspektor Decoppet selber und verlas die bekannte Stelle der bundesrätlichen Botschaft zum Gesetz von 1875. Gegen die Bockjagd der Revierjäger im Mai hatten auch die Vertreter der Patentjäger nichts einzuwenden. Nicht verwunderlich war der Hinweis der eidgenössischen Jagdinspektoren auf die übersetzten und immer noch ansteigenden Jägerzahlen und auf das Fehlen einer ausreichenden Jagdinspektion. Auch Dr. Sarasin kam auf seinen Vorschlag zur Beschränkung der Jägerzahlen und deren Angleichung an den Wildbestand zurück, erhielt aber von Bundesrat Chuard die Antwort, dass eine Auswahl der zur Jagd zugelassenen Jäger äusserst schwierig wäre, was so viel hiess, wie «das versuchen wir erst gar nicht». Man regte wieder einmal Verkürzung der Jagdzeiten an, um das Wild zu schonen, sonderbarerweise kam ein solcher Vorschlag von einem Landwirtschaftsvertreter. Immer wieder wurde betont, dass das Wild mit Ausrottung bedroht sei, insbesondere das Flugwild. Nicht nur in der Schweiz allein. Der Ornithologe Dr. Gans und Dr. Sarasin verlangten mehrfach die Abschaffung der Prämien, sowohl für Haar- wie für Federraubwild. Anscheinend umsonst. Ein Jagdinspektor glaubte im Gegenteil die Abnahme des Flugwildes den Krähen, Elstern und Hähern zuschreiben zu müssen. Dr. Sarasin setzte sich dann wenigstens für den Schutz von Fischreiher und Adler ein. Sogar der Patentjägervertreter Borel beantragte Streichung der Prämien für den aussterbenden Fischotter und der Förster wehrte sich gegen die Verwendung von Gift, drang aber nicht durch, weil der Revierjäger Meyer gesagt hatte, dass gegen die Krähen nur Gift helfe. So brachten es die Wildschutzbestrebungen in dieser Konferenz nicht sehr weit. Auch der Vorschlag der Beutebeschränkung, den Sarasin erneut einbrachte und der von Nationalrat Bühlmann unterstützt wurde, fand nicht genügend Beachtung. Doch der Antrag auf ein Laufhundjagdverbot auf Hirsche und Gemsen hatte mehr Glück, leider nicht auf Rehe. Ein wenig naiv wirken die zwei Vorschläge, man solle die Wilderei dadurch steuern, dass man die Bevölkerung über die Verwerflichkeit des Wildfrevels aufkläre. Ebenso sachfremd berührt die Meinung des Vertreters der «Diana», dass mit Luftgewehren gewildert werde. Mit käuflichen Luftgewehren können wohl einzig Singvögel gefrevelt werden.

Zum Thema Vogelschutz wurde der Wunsch nach einer genauen Aufzählung der geschützten Arten geäussert, jedoch eine solche der Schadvögel abgelehnt, da eine solche nach Albert Hess einer Aufforderung zur Ausrottung gleichkäme. Eigentlich, meinte Dr. Gans, sollte ein besonderes Vogelschutzgesetz geschaffen werden, nicht bloss ein Anhang zum Jagdgesetz. Das Recht der Garten- und Rebbergbesitzer zum Abschuss von Drosseln u. a. während der Fruchtreife wurde nicht bestritten, jedoch als gefährlich bezeichnet, da Missbrauch nicht ausgeschlossen sei. Ebenso bei der Erlaubnis des Abschusses von Vögeln zu «wissenschaftlichen» Zwecken. Irgendwie utopisch blieb auch in der Diskussion des Vogelschutzes die Anregung zum Schutz von Hecken, zur Schaffung von «Refugien» (als ob solche für Kleinvögel wirksam würden) und die Erwähnung der Katzenfrage. Hingegen war der Antrag auf Verbot des Sportschiessens auf lebende Tauben, wie sich im Bundesgesetz 1925 dann zeigte, von Erfolg begleitet, ebenso das Gesuch um Schutz von Wespen- und Mäusebussard, der Hohl- und Turteltaube und des Verbotes der Entenjagd vom Motorboot aus. Damit schloss die Konferenz.

Schon bei dieser Expertenkonferenz hatte es sich gezeigt, dass es nicht bei einer einfachen Revision des Bundesgesetzes von 1904 bleiben, sondern zu einer Neuschöpfung kommen werde, obschon Prof. Felber (Forstwesen) und Pittet (Landwirtschaft) aus föderalistischen Gründen, die zu einem Referendum führen könnten, vor einem neuen, weitergehenden zentralistischen Gesetz warnten.

Jedoch war eine Erweiterung im Sinne der Beschränkung der kantonalen Befugnisse im Jagdwesen auch in einem stark neubearbeiteten Bundesgesetz nicht beabsichtigt, wie der von der engeren Kommission zur Revision des Bundesgesetzes von 1904 im September 1921 fertiggestellte Entwurf zeigte. Freilich gaben erst die beiden parlamentarischen Kommissionen 1922–1924 dem neuen Bundesgesetz seine endgültige Form.

Am 20. März 1922 gab der Bundesrat seine Botschaft zum Entwurf eines Bundesgesetzes über Jagd und Vogelschutz heraus, worin er die drei Punkte der Motion Zurburg voranstellte und dann die Neuerungen seines Entwurfs besprach. Sie sollten sich auf die Jagdberechtigung, den Jagdbetrieb, den Wild- und Vogelschutz, die Jagdzeiten, -Polizei, -Strafrecht und eine Anzahl Übergangs- und Schlussbestimmungen erstrecken. Generell sollten die Hauptneuerungen des Entwurfs in der Beseitigung der unweidmännischen Trennung der Jagd in niedere und Hochwildjagd, in der Ermöglichung einer wirksameren Jagdaufsicht, der Erhöhung der Strafen für Jagdvergehen und den «in den letzten Jahren in besorgniserregender Weise überhandnehmenden Jagdfrevel» bestehen; dazu sollte eine Neuregelung der Jagdzeiten, eine Erweiterung des Vogelschutzes und der Einführung des Grundsatzes der Wildschadenentschädigung kommen.

Der Gesetzesvorschlag ging nun an die nationalrätliche Kommission, wurde von dieser vorbereitet und in erster Lesung vom Nationalrat durchberaten. Dann wurde er dem Ständerat überwiesen, von dessen Kommission vorbereitet, im Ständerat in

Detailberatung durchgearbeitet und nochmals der nationalrätlichen Kommission überwiesen. Dann gingen die einzelnen differierenden Artikel zwischen National- und Ständerat hin und her, bis eine Einigung erzielt werden konnte. Endlich trat das neue Gesetz nach Ablauf der Referendumsfrist in Kraft.

Wie schon angedeutet, fallen die recht starken Differenzen der endgültigen Fassung des Bundesgesetzes mit derjenigen des Entwurfs des Bundesrates vom März 1922 auf. Ein Überblick über diese und ihre Entstehung darf hier nicht übergangen werden, zum mindesten, soweit sie auf die Geschicke des schweizerischen Wildes von Bedeutung wurden. Es sind diejenigen Punkte der Bundesgesetzgebung, die damals von Paul Sarasin aufgestellt worden waren und die seither immer wieder den zoologischen Naturschutz und den Tierschutz beschäftigten.

Zuerst das Wichtigste: Der Katalog der jagdbaren Tiere. Unter diesen gaben die Sperlinge viel zu reden, sowohl in den Kommissionen wie im Plenum des Nationalrates.

Prof. Zschokke (Basel) wollte in der nationalrätlichen Kommission den Sperling einfach vogelfrei erklären und ihn vom Gesetz ausnehmen, da die Sperlinge ebenso schädlich seien wie Ratten und Mäuse. Als es so übel über die Spatzen herging, hielt der Tessiner Donini seine Stunde für gekommen. Er befürwortete Spatzenfallen – also Vogelfang. Aber seine Kollegen rochen den Braten – Ucellibraten – und lehnten ab. Er zog also seinen Antrag zurück. Trotzdem machte der Sperling der Kommission weiter Mühe. Denn Zschokkes Vorschlag liess ebenfalls schrankenlose Voleljagd befürchten. Darum zog auch er seinen Antrag zurück und befürwortete nun, den Sperling zwar jagdbar zu machen, ihm aber keine Schonzeit zuzugestehen. Man überlegte hin und her. Da kam Donini nochmals mit seiner Spatzenfalle. Nun wurde die Kommission deutlicher: Eine Falle diene im Tessin ohne Zweifel auch zum Fang der übrigen Vögel. Der Witz mit der Falle war also steinalt. Um die Sache abzukürzen, stimmte man ab. Der Vorschlag Donini fiel, und seine schöne neue Spatzenfalle landete auf dem Gerümpel. Aber über den Herzenswunsch von Zschokke fiel in der Sitzung vom Juli 1922 die Entscheidung noch nicht. Erst später beschloss die Kommission, dem Plenum des Nationalrates zu empfehlen, die Spatzen vogelfrei zu erklären, obschon der damals neue Oberforstinspektor Petitmermet davor warnte, den Sperling vogelfrei zu erklären, da eine geordnete Jagdpolizei dann undurchführbar würde. Als der Ständerat sich auf denselben Standpunkt stellte, kam es am 10. Dezember 1924 anlässlich der Beratung der Differenzen im Nationalrat zum «Spatzenkrieg». Der Berichterstatter, Zurburg, musste neben dem Beschluss der Majorität der Kommission zur völligen Freigabe des Sperlings die Ansicht der Minorität erwähnen, wonach der Sperling unter den jagdbaren Vögeln aufgeführt werden sollte, wie es auch der Ständerat befürwortete.

Der Sozialist Frank begründete den Standpunkt der Kommissionsminderheit: «In dem Augenblick, wo Sie den Sperling vogelfrei erklären, geben Sie jedem das Recht, sich an der Sperlingsjagd zu beteiligen, und dann entsteht die Gefahr, dass nicht nur Spatzen, sondern auch Singvögel geschossen werden. Die Spatzenjagd wird zum Sport, vielleicht mit allen Auswüchsen gewisser Sportbewegungen. Die Jagdpolizei wird kolossal erschwert, vielleicht verunmöglicht... Wer bis jetzt mit einer Flinte in der Hand getroffen wurde, konnte festgehalten werden. In Zukunft wird der Betroffene erklären: «Bitte, ich bin auf der Spatzenjagd. Das ist erlaubt, das Gesetz lässt dies zu.» Ob er Singvögel schiesst oder Spatzen, wird schwer zu entscheiden sein. Herr Bundespräsident Chuard nahm das Wort: «Permettez-moi d'appuyer vivement la proposition de la minorité de la Commission formulé par M. Frank...» Doch nun holte Prof. Zschokke unbeeindruckt zu einem längeren Votum aus: «Es ist mir voll-

ständig unbegreiflich, wie man behaupten kann, dass die Jagdaufsicht nicht richtig ausgeübt werden könne, sobald man den Spatz aus dem Jagdgesetz eliminiert. ...Schauen wir uns doch einmal das Gesetz selber an, was es darüber sagt. Ich bin zwar kein Rechtsgelehrter, ‚ich verstehe nichts von lateinischen Brocken, doch versteh ich den Hund vom Ofen zu locken'. In Art. 41 heisst es: ‚Wer unerlaubterweise das offene Jagdgebiet mit einer Schusswaffe betritt, wird mit Busse von 10 bis 100 Franken bestraft.' ...Man fragt nicht lange, was er mit der Flinte anstellen wolle... Wer soll die Tiere abschiessen? Wer soll die Bewilligung erhalten? Jedenfalls die Jagdaufseher oder die Jäger. Nun weiss aber jeder, der nur einigermassen die Lebensgewohnheiten der Spatzen kennt, dass wenn man mit einer Flinte auf das Feld herauskommt, wo vorher Hunderte von Spatzen in den Weizenäckern vorhanden waren, mit einem Schlage alles verschwunden ist. ...Es ist also nicht gut möglich, sich im freien Feld mit der Flinte in der Hand den Spatzen zu nähern.» Dann führt Zschokke alle Missetaten der Spatzen auf. Er glaubt, nur ums Haus herum sei überhaupt ein Abschuss möglich, womit die Befürchtung von Herrn Frank dahinfalle. Dann am Schluss sagte er: «Nun noch eines. Wir wollen doch nicht das Vorurteil, das man bereits im Volke herum gegen unser Jagdgesetz hat, noch mehr schüren und einen Artikel in das Gesetz aufnehmen, der vorschreibt, dass wenn einer einen Spatzen unberechtigterweise erlegt, er mit 10 bis 200 Franken gebüsst werden kann. Das ist ja ein Wahnsinn. Wenn man das aber will, dann sollte man zugleich auch den Mäusefang reglementieren und dafür sorgen, dass die Katzen Maulkörbe tragen. Es würde das ungefähr gleichbedeutend sein mit der Beförderung der Spatzen zum Jagdwild. Ich möchte Sie darum bitten, stimmen Sie der Kommissionsmehrheit zu und halten Sie fest am Beschluss des Nationalrates.» – Dann kam der katholisch-konservative Appenzeller Landesstatthalter Steuble dran: «Es ist wohl heute das letztemal, wo Ihnen der hohe Genuss zuteil wird, eine interessante Jägerdebatte zu vernehmen. Zweifellos ist das ganze Schweizervolk gespannt, was für einen Entscheid die 200 Landesväter heute wegen unserer Spatzen fällen werden...» Auch er war für die Gleichstellung des Sperlings mit den Mäusen. Vergeblich warnte Frank nochmals. 71 Stimmen waren für, nur 47 gegen die Vogelfrei-Erklärung des Sperlings.
Aber der Spatzenkrieg war noch nicht zu Ende. Am Schluss kam es noch zu einem Rückkommensantrag. Die Freunde der Ordnung konnten sich nicht in die Freigabe der Spatzen an jeden Sportschützen schicken. Aber auch der Rückkommensantrag wurde mit 45 gegen 28 Stimmen abgewiesen. Jedoch trotzdem siegte die Ordnung. Der Ständerat hielt an seiner Auffassung fest und drang damit durch. Der Sperling wurde in die Liste der jagdbaren Vögel aufgenommen und unterliegt seitdem der polizeilichen Kontrolle. Nicht nur die Ordnung hatte gesiegt, sondern besonders der Schutz der Singvögel.

Der Ständerat hatte überhaupt vom Vogelschutz weit humanere und tierfreundlichere Vorstellungen als die Kommission und das Plenum des Nationalrats. Schon in der Ständeratskommission hatte sich der Freisinnige, Redaktor Laely, Chur, für die Streichung des *Uhus* aus der Liste der jagdbaren Vögel ausgesprochen. Ebenso für die Streichung des *Kiebitzes* und des *grossen Raubwürgers* und war damit auch durchgedrungen. Als Herr Laely aber im Plenum des Ständerats für den Schutz des Uhus eintrat, opponierte der Glarner Landesstatthalter Hauser energisch. Der Schutz des Uhus, meinte er, sei völlig überflüssig. Er schütze sich selber, weil er tagsüber versteckt lebe und wenig gesehen, noch seltener geschossen werde. «Wenn die Göttin Diana einem Jäger günstig gesinnt ist und ihn in Schussnähe zu einem Uhu führt, hat der Jäger eine grosse Freude... wir wollen dafür sorgen, dass er den erlegten Uhu offen und mit berechtigtem Stolze nach Hause bringen kann», sagte er wörtlich. –

Aber bevor der Bündner Jäger den Uhu nach Hause bringt, zeigt er ihn erst in verschiedenen Wirtshäusern, bezieht den obligaten Gratistrunk und findet sich meist fühlbar angesäuselt mit seinem armen toten Uhu zu Hause ein. Das nur nebenbei.

Fürsprech Keller (Aargau) teilte der Ständeratskommission mit, die Aargauer Jäger wünschten, dass auch die Trappen *rotrückige Würger,* der *Wanderfalk* und die Tannenhäher geschützt würden. Herr Petitmermet jedoch fand, der *Tannenhäher* dürfe nicht völlig unter Schutz gestellt werden, weil er sich von Arvennüsschen nähre. Ob die *Trappen* und *Wanderfalken* geschützt werden können, müsse noch näher geprüft werden. Herr Petitmermet wusste scheinbar nicht, wie ungeheuer selten die Trappen sich in der Schweiz überhaupt zeigten, und über das Vorkommen des Wanderfalken wusste er wohl noch weniger Bescheid.

Obschon Bundesrat Chuard seinerzeit in der nationalrätlichen Kommission den Grundsatz bekämpft hatte, dass man eine Vogelart einfach darum unter Schutz stellen solle, weil sie selten geworden sei, strich der Nationalrat im Plenum die *Brachvögel* und *Regenpfeifer* aus der Liste der Jagdbaren. Der Berichterstatter Zurburg hatte gesagt, die Kommission habe gefunden, dass Brachvogel und Regenpfeifer unter den Schutz des Bundes gehörten, da diese Vögel, wo sie vorkommen, von eminenter Bedeutung für die Landwirtschaft seien, speziell der Brachvogel. Der Regenpfeifer sei nur eine Abart. – In diesem Fall war eine mangelhafte Note in der Zoologie tatsächlich von Segen für die kleinen Regenpfeifer, die bei dieser Gelegenheit unter den Bundesschutz schlüpften.

Überhaupt retteten die bescheidenen zoologischen Kenntnisse einige Tierchen davor, auf die Liste der Jagdbaren gesetzt zu werden. Herr Prof. Zschokke wollte den *Siebenschläfer* neben dem *Eichhörnchen* jagdbar machen, da Jagd auf Siebenschläfer vorkomme. Sarasin hatte sogar aus Frankreich davon berichtet. Doch Herr Zurburg hatte im Plenum bekannt, er habe nicht die Ehre, dieses Tier näher zu kennen, wisse nur, dass die alten Römer den Siebenschläfer gemästet und gerne gegessen hätten (im Nationalrat liebt man es, mit klassischen Zitaten und Beispielen seine humanistische Bildung unter Beweis zu stellen). So kam der gute Siebenschläfer zum Glück nicht auf die Liste der Jagdbaren, es war an den Eichhörnchen schon mehr als genug. Ausserdem hätte man auch ein Wort über den niedlichen *Tiroler Gartenschläfer* sagen müssen, der im Engadin den Siebenschläfer vertritt.

So kam es schliesslich zu der Liste der jagdbaren Tiere von 1925 – wobei einmal mehr gilt: Providentia Dei et confusione hominum Helvetia regitur.

Viel zu reden gab der Artikel 9, wonach die Kantone berechtigt sein sollten, den Abschuss von *Staren, Amseln, Drosseln und Sperlingen* in Kulturen, Weinbergen, Obst-, Gemüsegärten und Beerenpflanzungen zu gestatten. Hier wollte der Walliser Landwirtschaftsdirektor Troillet absolut den *Gimpel* noch dabei haben, der ihm besonders schädlich schien. Und als Herr Bühler den Gimpel wieder streichen wollte, regte sich Herr Troillet schrecklich auf und verteidigte hartnäckig den Abschuss des Gimpels und brachte es auch richtig dazu, dass dieses harmlose Vögelchen in Art. 31 des neuen Bundesgesetzes unter die abschusswerten Vögel aufgenommen wurde. Von anderer Seite wurde dann auch noch die Nennung der *Krähen* und *Wildtauben* verlangt, sogar die der *Wildenten.* Doch wurden die Enten dann schliesslich wieder gestrichen, da sie weder beim Traubenpicken noch beim Beerenlesen beobachtet werden konnten. Interessant war dabei, dass Herr Tierarzt Eigenmann gegen die Freigabe schadenstiftender Wildenten geltend machte, man könne nicht so weit gehen, denn Enten könne man nur auf dem Ansitz schiessen und wenn man das gestatte, gingen die Bauern im Winter einfach auf die Entenjagd. Herr Eigenmann war Vertreter der Bauernpartei des Thurgaus – er musste seine Leute ja kennen!

Schon zuvor hatte der Art. 9 des Entwurfs starke Wellen geworfen. Er lautete: Die Kantone sind berechtigt, das Abschiessen von Staren, Drosseln, Amseln und Sperlingen, welche in den Kulturen... Schaden anrichten, vom Beginn der Fruchtreife bis nach beendigter Ernte zu gestatten...

Darauf hatten sich schon im Oktober 1924 die «Diana», Gärtnerverbände, vier landwirtschaftliche Genossenschaften, 9 naturwissenschaftliche Vereine, 19 Tierschutzvereine nebst weiteren 56 Vereinen verschiedener Art mit einem Schreiben an die Kommissionen gewendet. Sie schrieben: «Nun reifen die Kirschen im Juni. Während der ganzen Nistzeit bis Ende Herbst ist also die Jagd erlaubt und sind die Jungen zum Hungertod verurteilt. Wir werden nie zugeben, dass auf gewisse Vögel während der Zeit des Nistens Jagd gemacht wird...» Die unterzeichneten Vereine forderten, dass dieser inhumane Artikel, der den unglücklichen Beschluss vom 1. Mai 1917 im Bundesgesetz verewigen würde, nicht beibehalten wird. Dem Ansuchen wurde dann nur sehr, sehr teilweise entsprochen, indem der Termin zur Singvogeljagd «vom Beginn der Fruchtreife bis zur Ernte» weggelassen und einfach den Kantonen überlassen wurde.

Allgemein wurde die Bedeutung der *Bannbezirke* für die Erhaltung des Wildes anerkannt. Sarasins Antrag, die Bannbezirke in Dauerreservate umzuwandeln, wurde zwar besprochen, aber abgelehnt. Schuld daran war Herr Bundesrat Chuard, der gesagt hatte: «La proposition faite par la Société pour la protection de la nature va trop loin». Aber Sarasin hatte diesen Antrag nur gestellt, weil im alten Bundesgesetz die Grenzverschiebungen der Bannbezirke nach 5jähriger Periode obligatorisch erklärt waren und es unaufhörlich zu Wildabschlachtungen kam. Nur dem Antrag Sarasins, in Bannbezirken auch das Raubwild zu schonen, wurde Folge gegeben. Hingegen drang Prof. Zschokke als echter Revierler damit durch, dass Bannbezirke in Revierkantonen überflüssig seien und dass Patentkantone, die zum Reviersystem übergingen, nicht mehr zur Haltung von Freibergen verpflichtet sein sollten. Aber eine entsprechende Ergänzung des Bannbezirksartikels wurde nicht aufgenommen. Ebensowenig ein Vorschlag, auch im Jura und im Mittelland Banngebiete zu errichten. Man hatte mit solchen im Neuenburger Jura zu schlechte Erfahrungen gemacht.

Mehrfach debattierte man über das *Sonntagsjagdverbot,* dessen Stellung im Bundesgesetz auch 1962 wieder Gegenstand von starken Meinungsdifferenzen war. Prof. Zschokke war in der Kommissionssitzung vom 18. Mai 1922 so energisch für ein Sonntagsjagdverbot eingetreten und war von verschiedenen weiteren Mitgliedern unterstützt worden, dass die Kommission als Art. 20bis die Formulierung beschloss: «Die Jagd an Sonn- und allgemeinen Feiertagen ist verboten.»

Schon 1923 hatte der Deutsch-schweizerische Tierschutzverband an die Mitglieder des Nationalrates und 1924 an die Mitglieder des Ständerates ein gedrucktes Schreiben gesandt, worin für die unbedingte Beibehaltung des Sonntagsjagdverbotes für die ganze Schweiz eingetreten wurde. Unterzeichnet war das Schreiben von den Herren Pfr. Schachenmann als Präsident, Regierungsrat G. Bay als Vizepräsident und dem Sekretär L. Kim. Doch dabei blieb es nicht.

Bereits am 18. Juli verlangten die Welschen, dass die Kommission auf den Art. 20bis zurückkommen solle. Auch Glarus richtete eine Eingabe an die Kommission, dass von einem Sonntagsjagdverbot Umgang genommen werden solle. Zschokke wehrte sich. Andere sagten, es sei Ehrensache des Schweizervolkes, dass am Sonntag nicht gejagt werden dürfe. Die Sozialisten wiesen die Befürchtung von Herrn Bundesrat Chuard zurück, der auf ein Sonntagsjagdverbot aus referendumspolitischen Gründen verzichten wollte. Die Jagd spiele für die Arbeiterschaft, also die Hauptmasse der Stimmberechtigten, überhaupt keine Rolle. Weitere Redner nannten aber das Sonntagsjagdverbot eine Zierde des Gesetzes. Die Vogeljagd im Tessin würde dadurch automatisch stark beschränkt. Das Gesetz würde darum keineswegs zu Fall kommen, denn das Schweizervolk sei für die Einsicht reif, dass das Wild am Sonntag ebenfalls Anspruch auf Ruhe habe. Überhaupt waren nur wenige Kantone dagegen: Tessin, Genf, Glarus, Graubünden. So wurde der Wiedererwägungsantrag der Welschen abgelehnt. Im Plenum des Nationalrates fiel die Abstimmung ebenfalls zugunsten des Sonntagsjagdverbotes aus: Art. 20bis sollte bestehen bleiben. Nicht so im Ständerat. Dieser hielt am ursprünglichen Entwurf des Bundesrates fest, wonach das Sonntagsjagdverbot dem Gutdünken der Kantone überlassen bleiben sollte. Und so kam es ganz am Schluss der Bereinigung der Differenzen zwischen den beiden Räten nochmals zu einer Debatte im Nationalrat. Die Welschen sprachen wieder langatmig dagegen. Der Revierjäger Zschokke wehrte sich. Er wurde sogar ziemlich deutlich: «Wir haben nun ein Gesetz durchberaten, das in erster Linie bezweckt, das *Jagdwild* zu schützen, *nicht die Souveränität der Kantone*. Und nun kommt man und will gerade jenen Artikel aus dem Gesetz entfernen, der in erster Linie berufen sein sollte, das Wild zu schützen... Ich persönlich habe mich in dieser Frage weder von religiösen noch viel weniger von politischen Grundsätzen leiten lassen, sondern als Jäger und Naturfreund nur vom Gedanken eines besseren Wildschutzes.» Es nützte nichts mehr. Die Abstimmung ergab *eine Stimme mehr gegen das Sonntagsjagdverbot*. Die Minderheit hatte gesiegt – die der Kantone. Und in der Bundesgesetzesrevision von 1962 unterlag das Sonntagsjagdverbot erneut. Bundesrat Tschudi machte geltend, die Sonntagsheiligung sei Sache der Kantone, nicht des Bundes. Das war eine Ausrede. Denn es geht hier nicht um Sonntagsarbeit. Kein anständiger Jäger jagt am Sonntag. Aber hier, wie so oft, gab die Politik den Ausschlag. Und diese alte Hexe ist eine schlechte Beraterin für ein Jagdgesetz.

Die *Fallen- und Giftfrage* brachte für die Naturschützer eine schmerzliche Enttäuschung. Sarasin hatte beides, Fallen und Gift, als Jagdmittel abgelehnt und beantragte ein uneingeschränktes Verbot. Prof. Zschokke wollte nur die Tellereisen verboten wissen, obschon Herr Bühler für ein absolutes Fallenverbot eintrat. Der Walliser Landwirtschaftsdirektor Troillet wollte sogar Schlingen gestatten, doch von solchen Wilderermethoden wollte selbst die nationalrätliche Kommission nichts wissen, obschon sie nicht zimperlich war und die ausnahmsweise Zulassung von Tellereisen beschloss, weil der Motionär Zurburg behauptet hatte, ohne Tellereisen sei den Füchsen in den Bergen nicht beizukommen. Gleich darauf sekundierte Herr Landesstatthalter Steuble: «und den Fischottern auch nicht».

Auch in der Giftfrage ging's schief. Zwar votierten verschiedene Kommissionsmitglieder gegen die Verwendung von Gift, doch war es wieder Prof. Zschokke, der mindestens gegen Krähen Gift zulassen wollte. Er redete genau gleich, wie es Otto Meyer in seinem Revierjägerentwurf schon getan hatte. Wiederum war es der Ständerat, der in der Giftfrage den humaneren Standpunkt einnahm. Er wollte Gift ganz verboten wissen. Nicht so der Nationalrat, der das Gift gegen Füchse und Krähen mit Beschränkungen zulassen wollte. Da beide Räte an ihren Beschlüssen festhielten, versuchte es die nationalrätliche Kommission mit einer Fühlungnahme mit der ständerätlichen. Dabei konnte eine Einigung erzielt werden, das heisst der Ständerat gab nach. Als aber am 3. April 1925 der Ständerat den Giftartikel in der Formulierung des Nationalrates annahm, hatte Herr Laely (Chur) das Bedürfnis, sich in einem letzten Votum zur Sache zu äussern. Er hub an: «Ich bin ein Gegner der Giftjagd aus Grundsatz und bedaure sehr, dass es nicht möglich war, mit dem Nationalrat ein völliges Verbot des Giftlegens zu vereinbaren. Man sagt, dass in der vorliegenden Fassung das grundsätzliche Verbot ja erreicht sei, indem das Gift nur ausnahmsweise und bei ganz bestimmten Tiergattungen zur Verwendung kommen solle... nur durch Jagdpächter und Aufseher oder... zuverlässige Jäger und... Wildhüter. Ich glaube aber... mancher Jäger, dem das Attribut der Zuverlässigkeit gewiss zuzuerkennen wäre, wird gerade um dieser Zuverlässigkeit willen nicht um die Erlaubnis zum Giftlegen einkommen, würde sie auch ablehnen...selbst wenn man sie ihm ohne sein Dazutun geben wollte.» Laely führte dann aus, dass es Jäger gäbe, die mit der Schusswaffe nicht zum Erfolg kämen, aus Unkenntnis über die Tiere auch mit Fallen nicht umzugehen wüssten und es dann gerne mit Giftbrocken versuchten, um der erwünschten Beute habhaft zu werden und Winterfüchse zu erlangen. Laely ist selber Bündner Jäger und kennt seine Kollegen. Er sah ein, dass es an dem Beschluss nichts mehr zu ändern gab. Aber dem Gefühl des Missbehagens über diesen Ausgang wollte er bei Abschluss der Beratungen doch noch Ausdruck geben.

Die Naturschützer taten es auch. Sie hatten die Wirkung des Giftes, das von den Jagdaufsehern unter allen Vorsichtsmassregeln mit Erlaubnis der Kantone ausgelegt worden war, gesehen. Sie hatten die Giftanwendung gegen Saatkrähen und die Vernichtung der geschützten Bussarde gesehen und bedauern es noch jahrelang, dass damals Prof. Zschokke es richtig fand, die Giftfreunde zu unterstützen. Ohne seine gewichtige Stimme im Nationalrat hätte der Ständerat mit dem Giftverbot gesiegt.

Aber es sind so viele üble Dinge im althergebrachten Jagdbetrieb nur mit äusserster Mühe beseitigt worden. Zum Glück gehörten dazu die *Schwimmvogeljagd mit Hilfe von Motorbooten* – obschon sie der Genfer Delegierte auf dem Genfersee für unvermeidbar hielt. Auch das *Sportschiessen auf lebende Tauben,* das im welschen Jura und im Tessin geübt wurde, verfiel einem absoluten Verbot. Anderseits blieb das Recht der Kantone, *Prämien* auf den Abschuss «schädlicher» Tiere auszusetzen, bestehen. Mit der einzigen Einschränkung, dass dies nicht für geschützte Tiere, die irgendwo schädlich wurden, also nicht für Amseln oder Stare geschehen dürfe. Auch sollten die Kantone das Recht behalten, das *Ausnehmen von Eiern und Jungen* von nicht geschützten «schädlichen» Vogelarten zu gestatten oder gar anzuordnen. Dass es noch Delegierte gab, die für Amseln und Drosseln den Schlingenfang befürworteten, beweist nur, dass irgendwas bei der Zusammensetzung der Kommission auch nicht ganz geglückt war.

Viele gute Gedanken von wesentlicher Bedeutung für den konstruktiven und konservierenden Naturschutz gingen unter. Ein Artikel zum *Schutz der Hecken und Schilfgruppen* scheiterte an der Opposition. Das greife zu sehr in das Privateigentum ein. Der Gedanke, das *Ausstopfen geschützter Vögel* zu verbieten, wurde mit ähnlichen Begründungen im Keime erstickt. Glücklicherweise blieb das Verbot des Gebrauchs der *Laufhunde* bei der Jagd auf Hirsche und Gemsen bestehen. Zurburg hatte das Laufhundeverbot auch auf die Rehjagd ausdehnen wollen und hatte damit, wie sich später herausstellte, völlig recht. Aber die Revierjäger, darunter auch Prof. Zschokke und der Thuner Advokat Schüpbach versuchten, auch das Laufhundeverbot zu durchlöchern. Schüpbach meinte, Jagd auf Hirsche, Rehe und Gemsen ohne Hund sei Aasjägerei. Er dachte natürlich an die Nachsuche, scheint jedoch mit der Reaktion der Hirsche auf Bracken oder Laufhunde absolut nicht vertraut gewesen zu sein, ebensowenig mit der Katastrophe für die Gemsen beim Jagen mit Hunden. Und wiederum waren es die Revierjäger, die den sehr guten Passus des alten Jagdgesetzes, welcher das *Ausschiessen der Reviere* verhindern sollte, zu Fall brachten. Art. 32 hatte verboten, die Jagden vor Ablauf der letzten Jagdsaison zu versteigern. Nun sollte die Festlegung des Pachttermins den Kantonen freigestellt sein. Immer dieser Kampf um Freiheit von Leuten, von denen ein grosser Prozentsatz die Freiheit nicht verdient.

Viel zu spät hatte Nationalrat Grünenfelder seinen ausgeklügelten Antrag über die *Strafsätze* eingereicht. Zurburg hatte glatte Ablehnung empfohlen. Aber Grünenfelder drang durch. Er hatte die Strafsätze, angefangen bei der Mindeststrafe, generell *herabgesetzt*. Sie wurden auch später trotz der Geldentwertung nicht erhöht. Weshalb? Man verglich sie – echt juristisch – mit den übrigen Strafansätzen und fand, dass die Jagdvergehen und der Jagdfrevel schliesslich nicht so hoch bestraft werden sollten. Immer waren es die wirtschaftlichen und ökonomischen Gesichtspunkte, die am unrechten Ort beigezogen wurden. Aber ein «wirksamer Wildschutz wird nur mit wirksamen Strafen erreicht», sagte Dr. Zimmerli 1952.

Am 9. und 10. Juni 1925 wurde das Bundesgesetz über Jagd und Vogelschutz, zuerst vom Nationalrat, dann vom Ständerat einstimmig angenommen. Ein Referendum kam nicht zustande. 1926 trat das Gesetz in Kraft.

Es war ein langer Weg gewesen, bis es so weit war. Immer wieder waren Referate über die Sitzungen der vorberatenden nationalrätlichen Kommission, dazu Kommentare und Kritiken in der schweizerischen Jagdpresse erschienen, dazu lange Besprechungen über die eingereichten Entwürfe zum Bundesgesetz und ein systematischer Pressefeldzug zugunsten der seit 1875 verbotenen Frühlingsjagd auf Waldschnepfen und den grossen und kleinen Hahn, welch letztere besonders den Patentjägern ein grosses Anliegen waren. Und als gar die Pressereferate über die Verhandlungen im Plenum des Nationalrates erschienen, hagelte es harte Jägerartikel in den Zeitungen, sogar Protestversammlungen. Von all dem Lärm war wohl manches bis in die Ratssäle vorgedrungen und hatte sogar gewirkt. Nur die Naturschützer hatten sich nicht gerührt. Wohl suchten auch sie in der Stille zu wirken, doch beschränkte sich ihr Erfolg auf den Schutz einiger Vogelarten. Im ganzen war ihre Stimme zu schwach.

Das Jahr war noch nicht zu Ende gegangen, als im Nationalrat die kleine Anfrage Nicole kam: «Ist der Bundesrat nicht der Meinung, dass neue Massnahmen zugunsten eines vermehrten Schutzes der Alpenfauna sich aufdrängen?» Die Gründe für diese kleine Anfrage lagen offenbar noch in der Nachkriegszeit: Gemsenmetzeleien, Munggenabschüsse für Pökelfleisch, Rückgang der Alpenhühner. Das alles wusste der Bundesrat wohl, antwortete aber, dass er das Gesetz von 1925 als hinreichend betrachte zum Schutz der Alpenfauna, kenne anderseits die bedauerlichen Metzeleien, die aber nicht zu verhindern seien, solange unbeschränkt Patente ausgegeben würden.

Die Kantone machten sich sogleich daran, ihre kantonalen Jagdgesetze dem neuen Bundesgesetz anzugleichen. Manchmal ein wenig brummig, doch das kannte man ja in Bern.

Nur einer war erschrocken: Paul Sarasin. Er hatte sich von einem neuen Bundesgesetz mehr versprochen. Was von all seinen Vorschlägen und Naturschutzgedanken war eigentlich in dieses neue Bundesgesetz eingebaut worden? Wie viel war davon auch nur berücksichtigt worden? Erschreckend wenig. Die Welle der Bitternis, die damals über den grossen Gründer des Naturschutzes hinwegrollte, fühlt jeder noch jetzt, nach bald vierzig Jahren aus seinem Jahresbericht der Naturschutzkommission der Schweizerischen Naturforschenden Gesellschaft. Noch 1924 hatte er als Präsident dieser Kommission eine Eingabe an die Mitglieder der Bundesversammlung gerichtet, worin er nochmals seine Hauptanliegen geltend machte: Der Name des Bundesgesetzes sollte lauten: Bundesgesetz für Jagd, Wildschutz und Vogelschutz; die Bannbezirke sollten in ständige Reservate umgewandelt werden; die kleinen, kantonalen sollten ebenfalls von längerer Dauer sein und keinesfalls immer wieder zu Wildmassakern Anlass geben usw. Aber die Eingabe blieb wirkungslos.

«Etwas Grosses, das sich vor der ganzen Welt als solches hätte zeigen dürfen, war also nicht zu erreichen...» schrieb Sarasin. Dann zählt er auf, was erreicht worden war: dass man nicht mehr «Raubzeug» sagte, sondern wenigstens «Raubwild». Dass man die Füchse und Dachse nicht mehr anbohren und nicht mehr ausräuchern durfte. Dass der Uhu nun geschützt sei und der Steinadler am Horst wenigstens ebenfalls. Aber die Prämien waren geblieben. Sarasin dankt Herrn Ständerat Keller für sein Eintreten zugunsten des zoologischen Naturschutzes und schrieb an die kantonalen Naturschutzkommissionen, sie möchten nun auf ihrem kantonalen Gebiet, so viel als möglich, die kantonalen Jagdgesetze beeinflussen, damit sich dort wenigstens noch das eine oder andere verwirklichen lasse.

Es war eine der letzten Aktionen, die Sarasin eingeleitet hatte. Am 21. Januar 1927 trat Dr. Paul Sarasin von der Leitung der Schweizerischen Naturschutzkommission zurück. Er war 70 geworden und fühlte sich nicht mehr kräftig genug, die Arbeitslast zu tragen. Und so verliess der Lotse das Schiff. Aber es war niemand da, der ihn ersetzen konnte.

Wer Paul Sarasins Naturschutzarbeit für die schweizerische Landestierwelt beobachtet, wird seine Enttäuschung über das Bundesgesetz von 1925 verstehen. Er wird ihr aber nicht ganz beipflichten können. Paul Sarasin war Biologe, Naturforscher, Kenner der Tierwelt, nicht nur der Schweiz. Er war Ethnologe, er war – noch viel anderes. Vielleicht hätte ihn aber eines vor der grossen Enttäuschung bewahrt: ein Brocken Geschichte, sogar ein grosser Brocken. Dann hätte er nämlich seine Erwartungen bestimmt nicht so hoch gespannt, wie er es in seinem Bundesgesetzesentwurf getan hatte. Keine Bundesbehörde hätte einen solchen verwirklichen können. Doch eben von der Bundesbehörde hatte Sarasin mehr erwartet. Er hatte erwartet, dass in Bern regiert würde, dass der grosse Schritt getan werde und aus dem Jagdgesetz ein Wildschutzgesetz geschaffen werden könnte. Aber der Bundesrat in Bern – freilich regiert er. Aber hübscheli. Und eine Zäsur gibt es im historischen Ablauf nicht, ausser in Revolutionen. Und solchen ist der Schweizer abhold. Vorab im Jagdwesen, das mit so viel politischem Ballast beschwert ist. Da sitzen die Bergler in ihren Tälern mit den Riesenhogern links und rechts und haben von jeher im Herbst die Öffnung der Jagd erlebt, wenn es von den Bergen herunter knallt und die Mannen mit dem Martinistutzen, dem Rucksack und der Beute auf den Schultern herunterkamen. So war es immer im Herbst gewesen, in hundert, in viel hundert Herbsten. Und mochten die Neuerungen, mochten Mode und Wohlleben auch da und dort mit den Fremden in den Bergen ihren Einzug gehalten haben – das Wehen neuen Geistes, eines neuen kulturellen Willens drang zu der Bergbevölkerung nicht. Wir haben Wild, sagten die Bündner. Wenn die andern keins mehr haben, was kümmert uns das? Andere Kantone lebten in anderen Fiktionen über ihre Jagd. Nur wenige sahen die Dringlichkeit eines umfassenden Schutzes der Landestierwelt. Und die wohnten nicht in den Bergen, sondern viel tiefer unten.

Vielleicht, nein, sicher war der Naturschutzgedanke schon 1925 auch in den Kreisen der Behörden viel weiter eingedrungen, als es den Anschein hatte. Aber auch im «Unterland» gab es Jäger. Und die sassen in den Kommissionen, in die sie als «Sachverständige» hineinberufen worden waren. Und diese bildeten eine starke Bremsung. Aber sie hatten auch nachgeben müssen. Als die Naturschützer gegen die durch und durch inhumane Bodenjagd ankämpften und Fuchshaken, Bohrer, Angel, die Petrollumpen und Karbidrauch und alle die grausamen Schindwerkzeuge ans Licht der Öffentlichkeit zogen, gab es nur noch ganz wenige, die sich nicht schämten, für die alten Marterwerkzeuge einzutreten. Und mit den Fallen war es ganz dasselbe. Und mit der «Raubzeugvertilgung» auch. Aber man musste zufrieden sein, dass die

Tellereisen wenigstens nur noch «ausnahmsweise» erlaubt waren und das Gift auch. «Natura non facit saltum», die Geschichte auch nicht; und wenn man das Bundesgesetz von 1925 als Ganzes betrachtet, die Liste der geschützten Tierarten, den Vogelschutz, die mit Strafen bedrohten Jagdmethoden, die offenen Möglichkeiten für kantonale Schutzmassnahmen, und ausländische Gesetze danebenhält, dann wird man den Schritt nach vorwärts seit 1904 nicht übersehen können. 1875 hatte die Bundesbehörde einen grossen Schritt tun können. Aber damals war eine andere Zeit. 1904 tat sie einen Schritt zurück, aber 1925 wieder vorwärts. Und die Kantone hatten sich das gemerkt und gingen seither noch weiter. Nur wenige Kantonsbehörden haben sich den Naturschutzbestrebungen verschlossen. Aber *gegen* das Volk regieren, das kann keine. Auch in jagdlichen Dingen nicht. Und seit 1875 haben auch die Departemente in Bern viel mehr Vorsicht gelernt, besonders im Jagdwesen. Nicht immer hing es am Willen der Sachbearbeiter, wohl häufig auch, aber nicht immer.

Eines aber hat die Zeit alle gelehrt: Sarasins Erbe blieb erhalten und hat 1962 wieder gewirkt; nicht als Durchbruch, aber als erneuter Schritt nach vorwärts.

Das soll kein naturschützerischer Optimismus sein, wenn auch kleine Fortschritte anerkannt werden. Es war der Pessimismus, die Sorge, die den Naturschutz geschaffen hat. Dabei soll es bleiben. Sorgen, Mahnen, Kämpfen – das soll der Naturschutz, das muss sein Schicksal sein. *Aber nie verzweifeln.*

Revisionsanträge

1930 ging ein Antrag der Schweizerischen Gesellschaft für Vogelkunde und Vogelschutz so weit, den Schutz aller Vögel mit Ausnahme der Stockenten vorzuschlagen. Der unermüdliche Dr. Fritz Siegfried in Ürikon am Zürichsee hatte die Eingabe ausgearbeitet. Er hatte sich auf Art. 3 des Bundesgesetzes gestützt, wonach der Bundesrat, wenn die Umstände es erfordern, das Verzeichnis der jagdbaren Tiere abändern kann. Die erforderlichen Umstände sah Dr. Siegfried in den katastrophalen Brutbiotopverlusten der Wat- und Wasservögel und der vermehrten Möglichkeit zu exzessiven Abschüssen auf den vielen Flussstauseen als gegeben an. Wie vorauszusehen, wies das damalige Jagdinspektorat die Eingabe von vorneherein ab, mit der Begründung, Art. 3 des Bundesgesetzes könne keinesfalls für eine dergestalt weitgehende Abänderung der Liste der jagdbaren Vögel angerufen werden. Der Teilerfolg des Bundes für Naturschutz bei einer Reihe von Kantonen, den Schutz der letzten zwei Singvogelarten, der Mistel- und Wacholderdrossel, zu erreichen, wäre hier zu übergehen, wenn er nicht zuerst als Ergänzung des Bundesgesetzes, ebenfalls unter Anrufung von Art. 3, versucht worden wäre. Auch damals wurde der Bund für Naturschutz an die Kantone verwiesen, unter der Begründung, dass der Schutz der beiden Drosselarten nicht mit dem Art. 3 verwirklicht werden könne und eine Teilrevision des Bundesgesetzes zurzeit nicht möglich wäre.

Der *zweite Weltkrieg* brachte für das Schweizer Wild schlimme Zeiten, auch für den Schweizer Wald, der in einer Weise wie kaum je zuvor geplündert wurde. Es gab Schweizer Bürger, speziell unter den hohen Offizieren im Aktivdienst, die *Dauerwürste aus Wildfleisch*, zum Beispiel aus Gemsfleisch, vorschlugen. Jetzt sei der Augenblick gekommen, auf die seit langem in den Banngebieten herangehegten Wildvorräte zu greifen. Der Schreibende verteidigte in manchen Gesprächen am Offizierstisch die «nutzlosen» Tiere der Banngebiete, die er so oft besucht und beobachtet hatte. Sogar Metzger fanden sich, die begannen, «kartenfreie» Würste aus Wild- und Kaninchenfleisch herzustellen. Aber es blieb bei schwachen Anfängen, weil die Kantonstierärzte wegen der leichten Verderblichkeit dieser Fleischsorten sogleich energisch einschritten.

Da in allen Patentkantonen die Lösung von Patenten, namentlich auch durch Ausserkantonale, stark anstieg, kam es 1940 im Nationalrat zu der *Kleinen Anfrage Maag,* ob es nicht an der Zeit sei, nun in der ganzen Schweiz die *Revierjagd* einzuführen. Nationalrat Maag versuchte mit dieser Massnahme, den Run auf das Bergwild zu bremsen. Der Bundesrat wusste aber, was ein Versuch bedeutete, den Gebirgskantonen auf dem Notverordnungsweg ihre «Volksjagd» nehmen zu wollen, und antwortete, dass es nicht seine Absicht sei, durch gesetzliche Erlasse dem Reviersystem in der Schweiz den Weg zu ebnen. Zweifellos war es sehr weise, mit der Fleischnot der Zeit nicht Kämpfe um das Jagdsystem auszulösen.

Aber dem Wild war damit auch nicht geholfen. Oberst *Eduard Tenger,* damals Präsident des Naturschutzbundes, richtete am 28. November 1942 eine *Eingabe an den Bundesrat,* worin er eine Reihe jagdlicher Sofort- und Übergangsmassnahmen vorschlug und begründete, um wenigstens die grössten, kriegsbedingten Missstände im Jagdwesen zu beseitigen, der Übernutzung unseres Wildes Einhalt zu gebieten und gefährdete Arten zu schützen. Er verlangte:

1. Verstärkung des staatlichen Wildschutzes
2. Vermehrung des Artenschutzes
3. Verankerung einer Anzahl von Banngebieten als Dauerreservate
4. Abschussbeschränkungen
5. Eignungsprüfung für Wildhüter und Jagdbewerber, Erweiterung des Waffengebrauchsrechts der Wildhüter
6. Präparatorenkontrolle
7. Revision der Verjährungsbestimmungen bei Wildfrevel im Eidgenössischen Strafgesetz.

Der Bundesrat richtete hierauf 1942 und 1946 ein *Kreisschreiben* an die Kantone mit der Aufforderung, als dringliche Erlasse wildschützerische Massnahmen anzuordnen, um zu verhüten, dass der Bundesrat von dem ihm nach dem Bundesgesetz zustehenden Kompetenzen Gebrauch machen müsse. Diese Kreisschreiben hatten praktisch keinen Nutzen.

Aus der Liste der Postulate dieser Eingabe von Eduard Tenger sind die alten Forderungen von Paul Sarasin unschwer zu erkennen. Tenger hatte Sarasins Schriften genau studiert und erneuerte die Anträge aus dessen Bundesgesetz-Entwurf: Vermehrung des Artenschutzes, Wandlung der Banngebiete in Dauerreservationen, Beutebeschränkungen, jagdliche Eignungsprüfung, Präparatorenkontrolle. Die Revision der Verjährungsbestimmungen im Strafgesetz setzte Tenger dazu, weil er die Praxis vieler Kantonsgerichte nur zu gut kannte, welche die Behandlung von Jagdvergehen so lange verschleppten, bis deren viel zu kurze Verjährungsfrist abgelaufen war und sich ein Urteilsspruch gegen den fehlbaren Jäger damit erübrigte.

1943 schrieb Eduard Tenger einen sehr offenen Artikel im «Bund» gegen die kriegsbedingte jagdliche Verwilderung in Revier- und namentlich in Patentkantonen und gegen die Teilnahme unkundiger Elemente an der Jagd, nur zum Fleischerwerb. Im Tessin gab die Regierung 1942 die Jagd auf Amseln, Sperlinge und Krähen auch in der Brutzeit frei. Da gab es auf dem Mittagstisch Krähenbraten. Desgleichen durften wildernde Katzen geschossen werden. In der «Neuen Zürcher Zeitung» hagelte es Proteste. Trotzdem blieben die Verordnungen in Kraft und wurden von Freischützen sogleich zur Erlegung auch der letzten Hasen ausgenützt.

Wie immer, wenn die Beachtung bestehender Gesetze anfängt nachzulassen und die klaren Verordnungen von allerhand Flickwerk überwuchert werden, melden sich

Erneuerungsbegehren, Revisionsanträge und Postulate in den Parlamenten zum Wort.

Nach dem zweiten Weltkrieg brach diese Periode für das Bundesgesetz über Jagd und Vogelschutz von 1925 an. Zunächst blieben alle Anträge und Postulate wirkungslos. Das damalige Jagdinspektorat in Bern wehrte sich für das alternde Bundesgesetz wie eine Löwin für ihre Jungen. Trotzdem zeigte sich später, dass die ernsten Eingaben nicht verloren waren. Sie mussten nur reif werden. Erdure (erdauern) sagt man dem in Bern.

Dass eine Anpassung des Gesetzes von 1925 an die veränderten Verhältnisse notwendig war, liess sich nicht übersehen. Im November 1948 reichte über die Eidgenössische Jagdkommission der Präsident des Schweizerischen Bundes für Naturschutz, Oberst Eduard Tenger, einen *Memorialantrag auf Revision des Bundesgesetzes von 1925* ein, der mit dem lapidaren Satz begann: «Seit dem Erlass des geltenden Jagdgesetzes sind nun 25 Jahre vergangen, ohne dass dieses, schon damals biologisch und naturschützerisch ganz ungenügende Gesetz den seitherigen, tiefgehend veränderten faunistischen Verhältnissen unseres Landes angepasst worden wäre.» Tenger verlangte eine Abänderung der Liste der jagdbaren und geschützten Tiere und die Möglichkeit zeitlich limitierter Jagdverbote auf bestimmte Wildarten im Sinne von Art. 10 des bestehenden Bundesgesetzes. Er hatte am 16. Dezember desselben Jahres eine Unterredung mit dem damaligen *Oberforstinspektor Hess*, der erklärte, das Memorial gelesen zu haben (was Tenger aber bezweifelte). Tenger sandte mir damals eine Aktennotiz über das, was Hess geäussert habe: «In meinem Memorial wäre ich teilweise wohl zu weit gegangen und hätte die Jäger unnötig angegriffen und die Jagd im allgemeinen zu stark kritisiert. Man müsse doch mit den Jägern reden. So arg sei es mit der Jagd denn doch nicht bestellt. In vielen Kantonen werde recht gejagt. Eine Jagdgesetzrevision erwecke verschiedene Bedenken. Der Wildstand sei vielerorts jetzt schon zu hoch. ...Hess bezweifelte die Wahrscheinlichkeit oder Wirksamkeit eines Vorstosses der sogenannten Landesverbände zur Revision des eidgenössischen Jagdgesetzes und bagatellisierte insbesondere die Bedeutung und das Gewicht der Tierschützer. Die Möglichkeit des Drosselschutzes erschien ihm fraglich. Eher wäre er schon für das Frühlingsjagdverbot für Schnepfen, weil diese Jagdart nur von ganz wenigen betrieben würde. Das Beste wäre, gleich den Entwurf eines Bundesgesetzes auszuarbeiten und ihn den Kantonen vorzulegen mit der Ankündigung, dass der Bund entsprechend zu legiferieren beabsichtige, wenn die Kantone ihre Jagdgesetze den veränderten Verhältnissen nicht anpassen sollten. Hätte ich Zeit, so würde ich die Sache selber in die Hand nehmen, doch ich bin ausserordentlich überlastet... Wenn man Bundesrat Etter eine solche Vorlage unterbreitet, wird er die Sache zweifellos gutheissen und in zwei bis drei Monaten wäre sie ‚hantli' erledigt.»

So lautete die «amtliche» Meinung des Oberforstinspektors damals. Dem Kenner fällt wiederum das vielzitierte Wort aus dem «Wilhelm Tell» ein: Die braune Liesel kenn' ich am Geläut. D. h. man hört den Jagdinspektor, der seinem Vorgesetzten seine eigenen Gedankengänge suggeriert hatte. Aber Oberst Tenger gab seinen Memorialantrag ein und blieb standhaft. Er hatte schon 1947 den Schreibenden ersucht, ihm einen Entwurf über die dringlichsten Forderungen zum Schutz und zur Erhaltung der Tierwelt unseres Landes zusammenzustellen, und diesen teilweise wörtlich in sein Memorial übernommen. Für die Murmeltiere forderte er einen mehrjährigen, vollständigen Schutz, damit sie sich von dem Aderlass der Kriegszeit erholen konnten. Das Eichhörnchen sei infolge seiner starken Bestandesschwankungen aus der Liste der jagdbaren Tiere zu streichen, ebenso Bären und Wildkatzen, die schon lange verschwunden seien. Gleichermassen das Rothuhn. Auch das Haselhuhn sei als jagdbares Flugwild zu streichen, da es längst den Charakter eines lebenden Naturdenkmals angenommen habe. Schon 1925 habe der Schweizerische Bund für Naturschutz den Kantonen den Schutz der Hühnervögel angelegentlich empfohlen. Bundesrechtliche Schutzmassnahmen seien für diese sehr notwendig. Mistel- und Wacholderdrosseln seien unter Bundesschutz zu stellen. Schon 1938 habe sich der Naturschutzbund in seinem Rundschreiben an die Kantone* für den Schutz dieser letzten jagdbaren Singvögel eingesetzt.

Auch für verschiedene Wildentenarten, Schnepfen und Bekassinen verlangte das Memorial Tengers vermehrten Artenschutz, besonders für Sägetaucher und Schellenten. Auch für die Bekassinen, deren Biotopverluste in der Schweiz im zweiten Weltkrieg stark gestiegen waren, wurde Schutz verlangt. Selbstverständlich auch die Abschaffung der Frühlingsjagd auf die Waldschnepfe. Für die Raubvögel sei nur der Vollschutz angebracht, den die Vogelschutzorganisationen in mehreren Kantonen schon erreicht hätten. Der Schutz des Steinadlers wurde im Memorial ausführlich begründet. Zwei Jahre zuvor hatte schon der unermüdliche Vorkämpfer für die schweizerische Vogelfauna, *Dr. Fritz Siegfried,* ein ähnliches Memorial an den Bundesrat eingereicht. –

Wieder kamen die Dinge zur Ruhe, die damals dem Jagdinspektorat so sehr erwünscht war.

Da reichte am 21. September 1951 *Nationalrat Müller/Aarberg* sein berühmt gewordenes *Postulat* ein. Auch hinter diesem Postulat stand Oberst Tenger. Er hatte Nationalrat Müller/Aarberg dazu aufgefordert, ja gedrängt. Er hatte Nationalrat Müller unermüdlich beraten und hatte ihm juristisch beigestanden. Die einzelnen Begehren für den Artenschutz und deren Begründungen mussten vom Schreibenden neu, kürzer und präziser nochmals zusammengestellt werden. Die allgemeinen, jagdmoralischen, jagdpolitischen und jagdrechtlichen Ausführungen des Postulates verdankte Nationalrat Müller seiner eigenen und Eduard Tengers reicher jagdlicher Erfahrung.

Das Postulat ging von der Veränderung der Lebensbedingungen für die Wildtierwelt aus und ersuchte den Bundesrat, zu prüfen, ob nicht auf Grund von Art. 3 und 10 des Bundesgesetzes die Liste der geschützten Tiere zu erweitern und für andere Tiere Abschussbeschränkungen zu erlassen seien. Weiter wurde der Bundesrat eingeladen, die gesetzlichen Leistungen an die Kantone für Wildhut und Wildschadenersatz in den Bannbezirken zu überprüfen und die Untersuchung der Wildkrankheiten zu fördern. Schliesslich wurde der Bundesrat um Prüfung der Frage der Verhinderung der tierquälerischen und seuchengefährlichen Wildimporte gebeten. Das Postulat Müller verlangte keine Totalrevision des Bundesgesetzes, sondern zunächst nur einige Massnahmen im Rahmen des bestehenden Gesetzes. Es verteidigte sich auch schon vorbeugend gegen den Vorwurf vieler Jäger, dem Naturschutz allzusehr entgegenzukommen oder das Patentsystem anzugreifen. Vielmehr lägen dem Postulat die Tatsachen der neuesten Entwicklung des Landes zugrunde: die Industrialisierung, die Meliorationen, die Verdrängung der Feuchtgelände, der chemische Pflanzenschutz, die Vermehrung der Zahl der Jagdausübenden, die Motorisierung der Jagd.

Dann folgten die einzelnen Begehren, die denen des Memorialantrages von Eduard Tenger aus dem Jahre 1948 entsprachen.

Die *Antwort von Bundesrat Etter,* die mit Weidmannsgruss und Weidmannsheil an den Postulanten begann, liess nicht auf sich warten. Bundesrat Etters Liebhaberei

---

* Der Schreibende hatte 1938 mit seinem Freund, Stefan Brunies, ein Rundschreiben an die Kantone redigiert, nachdem der Schweizerische Bund für Naturschutz mit seinem Begehren um Bundesschutz für die letzten Drosselarten vom damaligen Jagdinspektor nach dessen Gewohnheit an die Kantone verwiesen worden war.

war ebenfalls die Jagd, dazu war er Jurist, und somit standen in seiner Antwort die jagdpolitischen Fragen, die sich aus dem Zusammenwirken der Jagdgesetzgebung von Bund und Kantonen ergaben, im Vordergrund. Im weiteren verteidigte er das Bundesgesetz von 1925, worin die Anliegen des Naturschutzes weitgehend berücksichtigt worden seien, verteidigte überhaupt alles Bestehende, die Bundesbeiträge an die Bannbezirke und deren Wildhut, die Verwaltung des Waldes und deren Verhältnis zur Jagd, lehnte die finanzielle Förderung der Untersuchung der Wildkrankheiten als unmöglich ab, ebenso ein Verbot der Lebendwildeinfuhr. Diese sei keine Tierquälerei und bedeute keine Seuchengefahr, da sie vom zuständigen eidgenössischen Veterinäramt überwacht werde.

Hingegen erklärte sich Etter bereit, die Frage von Abschussverboten von Murmeltieren und bestimmten Arten von Wildhühnern und des Adlers zu prüfen. Die Frühlingsjagd auf Schnepfen werde voraussichtlich schon deshalb verboten, weil ein solches in der internationalen Vogelschutzkonvention vorgesehen sei, der die Schweiz beizutreten gedenke.

Im Schlussabschnitt folgte schliesslich die von der Jagdinspektion immer wiederholte Warnung vor einer Gesetzesänderung, die leicht zu einer Verschlimmbesserung führen könnte. Das Schwergewicht wolle er, Etter, auf die weidgerechte, weidmännische und ethische Gesinnung der Jäger verlegen. Hier sei immer wieder der Hebel anzusetzen. Etter berief sich auf Eugen Wylers Jagdroman «Der weisse Hirsch» und auf das grosse zweibändige Werk «Die Jagd in der Schweiz». Damit nahm Bundesrat Etter das Postulat Müller zur Prüfung entgegen.

Es wurde ein Studienausschuss der beratenden Schweizerischen Jagdkommission zur genauen Prüfung des Postulates ernannt. 1952 erging im Anschluss an das Postulat Müller/Aarberg vom Departement des Innern ein Kreisschreiben an die Kantone, das deren Meinungsäusserung verlangte über Fischotterschutz, Raubvogelschutz, Adlerschutz, Verbot der Frühlingsjagd auf Waldschnepfen. Diese Antworten wurden in der Revision des Bundesgesetzes von 1962 berücksichtigt. Hinsichtlich der Wildimporte wurden die Gutachten von G. Bouvier und F. X. Weissenrieder massgebend, wonach das Einfangen der Hasen in Ungarn keine Tierquälerei sei, der Transport auch nicht und endlich gegen die Aussetzung der Tiere in der Schweiz keine sanitarischen und seuchenpolizeilichen Bedenken bestehen könnten. «Unsere Expertenreise nach Ungarn und deren Beobachtungsergebnisse dürften geeignet sein, allfällig und auch inskünftig wieder erhobene unsachliche und unbegründete tierseuchenpolizeiliche Kritiken und Einwände gegen lebende Jagdwildimporte aus Ungarn zu widerlegen.» Trotzdem kamen die Einwände nicht zur Ruhe. Die Gutachter waren selbst Jäger und wurden vom Tier- und Naturschutz als Partei angesehen.

Den Adlerschutz des Postulates unterstützten – natürlich neben vielen anderen Eingaben und Gutachten: die Union romande des Sociétés protectrice des animaux, der Zürcher Tierschutzverein mit einem Begehren an den Bundesrat, das Bureau international humanitaire zoophil 1950, die Naturschutzkommission Oberemmental 1950, dann die Gutachten und Eingaben von Dr. Gerber und Dr. Siegfried 1950, deren Schriftstücke im Bundesarchiv aufbewahrt sind.

Zu Weihnachten 1952 erhielten die Naturschützer ein Geschenk: den *Bundesschutz des Steinadlers, der Mistel- und Wacholderdrosseln, des Rothuhnes und des Fischotters*. Nun – das Rothuhn konnte man ohnehin nicht mehr jagen. Es war ausgerottet. Der Fischotter ebenfalls, obschon laut den Erhebungen von Herrn Krebser in Thun noch einzelne Exemplare auf Schweizer Boden nachweisbar sein sollten. Bei der mangelnden Standortstreue des Fischotters kann jedoch trotz des Bundesschutzes nicht mit einer Bestandeserholung gerechnet werden. Der Fischotter verlangt

Reinwasserfischnahrung, vielleicht ist seine Ranzzeit vom Zyklus seiner Nahrungsfische abhängig. In Gefangenschaft gelang seine Aufzucht noch nie. So ist zu befürchten, dass sein Bundesschutz zu spät kam.

Als Ersatz dafür, dass man den Jägern den Steinadler wegnahm, wollte man ihnen auch etwas geben, so erklärte man die Hohltaube wieder als jagdbar, ein kleines Täubchen, das bisher vom Vogelschutz in Nistkasten gehegt worden war. Nun hegten also die Vogelschützer von 1952 an eine Jagdbeute. Das sollte wahrscheinlich die «Zusammenarbeit mit der Jägerei» einleiten. Aber mit solchen weltfernen Studierstubenideen macht der Naturschutz mit der Jägerschaft keinen Frieden. Was hilft das den Adlerschützen hoch droben in den Bergen, dass sie weit unten im Tiefland dafür ein Lochtäubchen schiessen dürfen?

Auch die Vogelwarte Sempach gab ihre Vorschläge zum Postulat Müller/Aarberg ein.

Sie ging davon aus, dass die Abschusszahlen der Säugetiere – abgesehen von den Mardern – sich beträchtlich erhöht hätten, diejenigen der Vögel aber – ausser den Krähenvögeln – stark zurückgegangen seien. Insbesondere seien die Erlegungen von Wildhühnern, Schnepfen und Raubvögeln stark rückläufig. Die Zahlen der Tauben seien gleich geblieben.

Aus den Abschusszahlen schloss die Vogelwarte auf die Bestände. Als bestandesbestimmende Hauptfaktoren sah die Vogelwarte den Jagddruck, zweitens Biotopverluste durch Landwirtschaft und Meliorationen, drittens Feinde, Nahrungsmangel, Krankheiten, viertens endlich unbekannte Gründe.

Um die Bestände zu erfassen, schlug die Vogelwarte eine genaue Abschuss-Statistik mit Angabe von Alter und Geschlecht der erlegten Tiere vor. Ausserdem Schutz der Wildkatze und des Fischotters, der Rothühner, Wachteln, Wildgänse, Bekassinen, Rallen, Steinadler, Habichte, Sperber, Lerchen und Wanderfalken. Neu als jagdbar sollten Hohltauben sein. Ausserdem schlug das Gutachten Jagdbeschränkungen für Murmeltiere, Schwimmvögel und Wildhühner, das Frühlingsjagdverbot auf Waldschnepfen, ausserdem eine Sistierung der Wildhühnerjagd auf drei Jahre und daneben Schaffung von Schutzgebieten, besonders für Wasserwild vor. Auch die Frage des Abschusses von Raubwild wurde gestreift und dessen bessere Schonung befürwortet. In den USA hätten genaue Untersuchungen gezeigt, dass das Raubwild keinen Einfluss auf den Bestand des Nutzwildes habe, sofern dieses unter günstigen Lebensbedingungen stehe. Auch habe sich in den USA erwiesen, dass sich mit dem Aussetzen von Wild keine wirkliche Bestandeserhöhung erreichen lasse. Mindestens sollten die ausgesetzten Tiere markiert werden, damit man sehen könne, wie viele davon wirklich nachher erlegt würden. Endlich sprach das Gutachten von dringend nötigen Biotopverbesserungen, da die Verminderung der Brutgebiete neben der zu starken Bejagung vor allem den Rückgang der Wildhühner verursacht hätten. Am Schluss wurde die Unterstützung der «jagdlichen Grundlagenforschung» als sehr wesentlich beantragt.

Hin und wieder erschienen auch von ornithologischer Seite ökologische Aufsätze. 1953 stellte D. Burckhardt die Frage: «Spielen Raubvögel eine Rolle als Gesundheitspolizei?» – eine Frage, die schon rund 40 Jahre zuvor Paul Sarasin, mit Erhebungen und Tatsachen unterstützt, positiv beantwortet hatte. Burckhardt kam zu dem Ergebnis, Opfer der Raubvögel seien: 1. Vögel, die sich nicht normal verhalten, 2. verletzte Vögel, 3. von Geburt an benachteiligte, abnorme Vögel. Schlussendlich glaubte er aber, dass die Erbeutung der Vögel durch Raubvögel Zufall sei.

Ein anderer Kurzaufsatz bewies mit dem Abschuss eines sorgfältig eingewöhnten Uhus im Diemtigtal, dass Wildaussetzungen nutzlos seien.

Über die Entwicklung der Vogelfauna in der Schweiz befasste sich Paul Géroudet am 11. Internationalen Vogelschutzkongress in Basel 1955 in seinem Referat «L'évolution de l'avifaune suisse dans la première moitié du 20. siècle». Er führte aus, ausgerottet seien: Weisser Storch, Aasgeier, Bartgeier, Fischadler, Rotschenkel, Blaukehlchen. Schwindende Arten seien: Flussuferläufer, Kiebitz, Bekassinen, Wachtelkönig, Flussseeschwalbe, Wachtel, Steinadler, Sperber, Schlangenadler, Uhu, Alpenkrähe, Steindrossel, Haubenlerche, Wiedehopf, Eisvogel. Zunehmende Arten seien: Graureiher, Gänsesäger, Haubentaucher, Blässhuhn, Lachmöwe, Schwarzer Milan, Alpensegler, Hohltaube, Trauerfliegenschnäpper, Amsel, Star. Als neue Arten hätten in der Schweiz zu brüten begonnen: Schwarzhalstaucher, Purpurreiher, Löffelente, Kolbenente, Tafelente, Reiherente, Korn-, Wiesen- und Rohrweihe, Tüpfelsumpfhuhn, Trauerseeschwalbe, Beutelmeise, Sperbergrasmücke, Wacholderdrossel, Wiesenpieper, Schafstelze, Schnatterente, Türkentaube, Nachtigall, Rohrsänger. Ob diese letztere Liste neuer Brutvögel nur einzelnen Feldbeobachtungen entspricht oder wirklich als Neuzuwachs unserer Landestierwelt aufzufassen ist, sei hier nicht untersucht. Die wissenschaftliche Ornithologie stellt sich andere Fragen als der Tier- und Naturschutz. Bei diesen können Einzelbrutvorkommen nur wenig Begeisterung wecken. Doch scheint die Arbeit von Géroudet von der neuen, durch Müller/Aarberg geweckten ökologischen Interessenahme mitausgelöst worden zu sein.

Ähnlich dürfte auch die *Eingabe des Neuen Tierschutzvereins Zürich* zu beurteilen sein, zu deren Unterstützung auch die Schweizerische Gesellschaft für Vogelkunde und Vogelschutz Ala eingeladen worden war. Diese Eingabe verlangte:
1. Verbot der Jagd mit Lockvögeln (Hüttenjagd, Lockentenjagd)
2. Verbot von Tellereisen und Schwanenhals
3. Verbot der Entenkanone
4. Bestrafung der Gehilfenschaft bei Übertretungen des Bundesgesetzes.

Doch die Ala lehnte die Teilnahme an dieser Eingabe ab mit der Begründung: das Bundesgesetz sei in grossen Zügen sehr gut. Eine Teilrevision brächte die Gefahr, dass auch Gegner des Naturschutzes Vorschläge einreichten und in der Bundesversammlung Gutes zerstört würde. Man dürfte das Erreichte nicht leichtfertig aufs Spiel setzen. Man solle sich lieber an die Kantone wenden. Also wieder die braune Liesel, von der sich ängstliche Gemüter, besonders in akademischen Kreisen, samt dem damaligen Spezialornithologen des Jagdinspektorats seit Jahren beeindrucken liessen. Weniger ängstlich und beeinflussbar waren der Schweizerische Tierschutzverband, die Schweizerische Gesellschaft zu Förderung des Tierschutzes und der Schweizerische Bund für Naturschutz, welche die Eingabe ohne Zögern mitunterzeichneten, weil ihnen die Lockentenjagd auf dem Untersee, die Bündner Fallenjagd und die Entenkanone im Welschland schon lange Dornen im Auge waren.

Doch im Oktober 1958 verlangte auch das Schweizerische Landeskomitee für Vogelschutz den Bundesschutz für Stein- und Haselhühner, der Wachtel, der Mistel- und Wacholderdrossel, der Rallen ausser dem Blässhuhn, der Raubvögel Habicht (den Géroudet vergessen hatte) und Sperber und des Tannenhähers. Ausserdem trat das Landeskomitee für ein Verbot von Gift- und Betäubungsmitteln ein, war gegen die Frühlingsjagd, gegen die Entenkanone, gegen die Motorbootjagd usw.

Der Aufsatz von D. Burckhardt, 1960, «Sind unsere Vogelschutzbestrebungen noch zeitgemäss?» bemühte sich sehr um Objektivität. Er zitierte nach Géroudet 17 neue Arten von Brutvögeln, die sich in den letzten 100 Jahren in der Schweiz eingefunden hätten, und fand, für die bejagten Vögel werde zu stark der Mensch als einziger Feind angesehen. Beispiel hiefür: das Haselhuhn. Die Beschützung der Vögel vor

Feinden sei ebenso wichtig. Beispiel: die Reiherkolonie in Rüdlingen sei von Krähen und Elstern bis auf klägliche Reste reduziert worden.

Doch diese Ausführungen hatten scheinbar auf die Schutzbestrebungen der verschiedenen Organisationen wenig Einfluss. Denn ausser dem meist im deutschen Gebiet des Bodensees lebenden Schwarzhalstaucher, dem stets gefährdeten Purpurreiher am Neuenburgersee, der hauptsächlich auf deutschem Gebiet sichtbaren Kolbenente und der Türkentaube dürften keine der aufgezählten Neubruten als gesicherte Dauerglieder der Tierwelt unseres Landes angesehen werden. Und die Darstellung, dass die Krähen und Elstern der Reiherkolonie in Rüdlingen das Ende brachten, widersprach wiederum den Ausführungen der Vogelwarte, wonach die Raubvögel (auch die Krähen wurden von den Kantonen dazugezählt) laut amerikanischen Erhebungen auf die Bestände der anderen Arten keinen Einfluss haben sollten, kurz: die spätere Revision des Bundesgesetzes über Jagd und Vogelschutz zeigte, wie stark nicht wissenschaftliche Fündlein, sondern das Gefühl, der allgemeine Augenschein und – leider – auch jagdpolitische Rücksichten nach wie vor wirksam waren.

Und doch bewies die *Botschaft des Bundesrates vom 12. September 1961* und der beigedruckte Revisionsentwurf, wie wenig die Befürchtung von «Verschlimmbesserungen» des alten Bundesgesetzes berechtigt war. Die Drohungen des Jagdinspektorats mit dem schwarzen Mann, der das 1925 Erreichte bedrohen würde, erwiesen sich nach dem Personalwechsel im Amt als völlig leer. Denn es konnte ja nach objektiver Prüfung der Lage der Landestierwelt von einer Erweiterung der Jagd auf bisher geschützte Wildarten gar keine Rede sein, d. h. das Geschick der jagdbaren Tiere der Schweiz konnte niemals in ungünstigem Sinn beeinflusst werden. Denn dazu war der Rückgang vieler Glieder der Landestierwelt, besonders der jagdbaren Vögel, viel zu sichtbar und unbestritten. Zugenommen hatte unter dem Bundesgesetz von 1925 einzig das Schalenwild, und hier zeigte sich, hinsichtlich der Erhaltung der Landestierwelt, seine Schwäche. Es krankte eben immer noch am Nützlichkeitsgedanken und am jagdlichen Traditionalismus und hatte seine eigentliche Aufgabe nicht in der Erhaltung der Landestierwelt, sondern einzig in der Mehrung des Nutzwildes für die Minorität der Jagdausübenden gesehen. Das hatte Paul Sarasin nach dem Inkrafttreten dieses Bundesgesetzes von 1925 sofort erkannt, und daher rührte seine Enttäuschung, die seiner Lebenskraft damals einen schweren Stoss versetzt hatte.

Allein – darf von einer jagdlichen Regelung alles erwartet werden? Diese Frage haben sich Jäger und Nichtjäger gestellt und immer wieder zu beantworten versucht. Pestalozzi hatte geglaubt, das wahre Glück könne der Mensch nur durch eine tugendliche Lebensführung erreichen, und predigte das ein halbes Leben lang. Der Gedanke der Verbesserung der Welt durch Erziehung und Belehrung, der aus Pestalozzis Überlegungen von der Lernbarkeit der Tugend resultierte, beherrscht bis zur Stunde viele Gemüter, auch die Behörden der Schweiz. Immer wieder wurde von Erziehung der Jagdausübenden zur Weidgerechtigkeit, zu jagdlichem Ethos und zu weiss Gott was für schönen Dingen gesprochen, ohne die – sagen wir – «historisch gewordene jagdliche Mentalität» auch nur zu sehen. Vielleicht ist es aber gut, sich auch darüber Rechenschaft zu geben. In der Zeit der fürstlichen Jagd in Deutschland und während der sogenannten aristokratischen Jagdausübung in der Schweiz sprach kein Mensch von weidmännischer Bestandespflege, von «Hege mit der Büchse» und von Raubzeugbekämpfung. Man jagte völlig anders als in der nachfolgenden Zeit der bürgerlichen Jagd. All das, was heute zu den weidmännischen Tugenden zählt, die Behandlung der Wildbahn auf möglichste Ergiebigkeit an gesundem, trophäentragendem Wild, ist relativ jung, aber sie beherrschte auch in der Schweiz die Gemüter lange genug, um als scharfer und folgenschwerer Auslesefaktor innerhalb der Landestierwelt zu wirken. Lange Zeit Hauptauslesefaktor, später wenigstens als ein sehr wesentlicher unter anderen. Das Ausleseprinzip in der Landestierwelt unter dem Gesichtspunkt jagdlicher Nutzung beherrschte Deutschland und Österreich und drang über die Grenze auch in die Schweiz. An dieser Auslese war auch die Fischerei sehr stark beteiligt. Als Beispiel sei die Raubvogelvernichtung genannt mit Abschuss am Horst, mit Hüttenjagd und die Pfahlschussapparate. In das gleiche Kapitel gehört auch die Preisgabe unerwünschter Tiere an den Abschuss ohne jede Schonzeit: in Deutschland Schwarzwild (Wildschwein), Wildkaninchen, Fuchs, Iltis, Wiesel, Blässhuhn, Haubentaucher, Fischreiher, Habicht und Sperber. Von dieser jagdlichen Mentalität hatte sich das Bundesgesetz von 1925 nicht freizumachen verstanden. Es war in dieser Hinsicht ein beinahe deutsches Gesetz, wenigstens eines nach deutschem Vorbild. Die Revision hat sich, wenn auch nicht vollständig, so doch sehr wesentlich von den Einflüssen des Auslandes freigemacht und versucht, der Tierwelt des eigenen Landes gerecht zu werden, dem Gedanken der Humanität Raum zu geben und nicht minder dem Schutz der heimatlichen Wildtiere. Diese Wandlung ist wohl als eine Folge der politischen Entwicklung Europas zu sehen, die jedoch hier nicht weiter zu untersuchen ist.

Hatte seinerzeit im Beginn der zwanziger Jahre Otto Meyers Vorentwurf gewissermassen grundlegend gewirkt, – von seinen ersten 38 Artikeln waren in das Bundesgesetz von 1925 nicht weniger als 30 teils wörtlich übernommen worden –, so wandte sich jetzt der bundesrätliche Revisionsentwurf an die Kantone und an die Tier-, Natur- und Vogelschutzorganisationen der Schweiz, hatte zuvor schon die alten Eingaben und Vorschläge berücksichtigt und sich von fremden Einflüssen ferngehalten. Das war das Neue, der Schritt nach vorwärts. Aber es war eben nicht nur das Gesetz allein, sondern zugleich Ausfluss einer Wandlung der jagdlichen Mentalität an hoher Stelle – und das war die Hauptsache.

Oberst Tenger hatte dem Bundesgesetz von 1925 einst vorgeworfen, dass es vorwiegend durch Jäger vorberaten worden sei, er hatte Recht damit. Wohl hatte man schon damals – es war am 19. und 20. November 1920 – eine Expertenkommission der Natur-, Tier- und Vogelschutzvertreter neben denen der Land- und Forstwirtschaft und der Jagd angehört. Aber damit war es dann vorbeigewesen. Die Botschaft des Bundesrates an die Bundesversammlung von 1961 und der Entwurf der Bundesgesetzrevision zeigt einen Gesinnungswandel gegenüber der jetzt schon «alten Zeit».

Die Bundesgesetzrevision von 1962

Einleitend erwähnte sie die Eingaben der Tier- und Naturschützer und ihre Forderungen und nannte die *Beweggründe zur Revision* des Bundesgesetzes:
1. Die Liste der geschützten und jagdbaren Tiere soll den heutigen Verhältnissen angepasst werden.
2. Die Jagd soll, soweit dies überhaupt möglich ist, von Praktiken befreit werden, die demTier Qualen und Ängste zufügen können.
3. Die Kaliberbegrenzung soll revidiert werden.
4. Den Kantonen soll ein Mittel in die Hand gegeben werden, den Wildschäden in Feld und Wald besser begegnen zu können, indem ihnen die Regelung der Schalenwildbestände ermöglicht wird.
5. Es sollen gleichzeitig neue Gesichtspunkte der Biologie im Jagdgesetz zur Geltung gebracht werden.

Alle diese Gesichtspunkte sind für das Schicksal der Wildtiere der Schweiz von Wirkung. Hier kann nur auf die Hauptsachen hingewiesen werden. Zunächst auf die Neuerungen in den Listen der jagdbaren und geschützten Tiere. In Widerspruch zu den Anträgen Tenger und Müller/Aarberg blieben die Eichhörnchen jagdbar, ebenso beinahe alle Wildhühnerarten mit der wenig einleuchtenden Begründung, dass an ihrem unbestreitbaren Rückgang meist Biotopverluste schuld seien und ein Jagdverbot daran nicht viel ändern könne. Der spezielle Schutz bedrohter Wildhühnerarten sei den Kantonen zu überlassen. Nicht geschützt wurden auch die von Tenger vorgeschlagenen Sägetaucher und Schellenten, auch nicht die von vielen Vogelschützern vorgeschlagenen Kolkraben. Doch diese Fehlbitten der Tier- und Naturschützer sind mit Ausnahme des Wildhühnerschutzes wohl zu verschmerzen, weil daneben doch auch wesentlichen Schutzbegehren entsprochen wurde. Freilich wäre ein Jagdverbot ganz besonders für die wegen vieler Biotopverluste zurückgehenden Gebirgshühner nach Meinung der Vogelschützer keineswegs wirkungslos gewesen. Denn die Jagd beispielsweise auf Schnee- und Steinhühner wird von Kennern und Spezialisten natürlich genau dort betrieben, wo diesen Vögeln ihre Biotope noch erhalten geblieben sind. Wertvoll wäre es also gewesen, wenn die bedrängten Vögel dort unbejagt bleiben könnten, wo sie noch vorkommen. Uns sind Gebirgsjäger bekannt, die nie eine Kugelbüchse für die Hochwildjagd in die Hand nehmen, sondern nur mit der Schrotflinte auf Schneehühner ausziehen, wenn die Niederjagd aufgeht, und zwar dabei nicht aufs Geratewohl in den Bergen umhersteigen, sondern dorthin, wo sich Hühner aufhalten, «wo's Hiäner git», und diese Orte kennen sie genau. Darum wäre diesen bedrohten Tieren mit Schutz vor dem Abschuss gewiss noch zu helfen. Denn es gibt noch Standorte, die ihnen erhalten geblieben sind. Dort sollte kein Schuss auf sie fallen.

Vorläufig kam eine Erleichterung für den Auerhahn und Birkhahn im neuen Bundesgesetz: Gemäss der neuen internationalen Vogelschutzkonvention fällt die Frühlingsjagd auf den grossen und kleinen balzenden Hahn dahin, die in der Schweiz zwar nicht erlaubt, aber doch stillschweigend geduldet wurde. Ebenso wurde die Frühlingsjagd auf die Waldschnepfen abgeschafft. Damit wurde das vortreffliche Frühlingsjagdverbot des alten Bundesgesetzes von 1875 erneuert. Mit vollem Schutz wurden die Mistel- und Wacholderdrosseln bedacht, desgleichen alle Rallenarten mit Ausnahme des häufigen Blässhuhns. Dem noch immer seltenen grünfüssigen Teichhühnchen ist dieser Schutz sehr zu gönnen, den übrigen Rallen natürlich auch, aber sie sind sehr heimlich und für schlichte Beobachter kaum je zu sehen. Geschützt sind nun auch der Nuss- oder Tannenhäher, ebenso Habicht und Sperber, «welche zur Verminderung der Krähen- und Spatzenplage eine wichtige Rolle im Haushalt der Natur spielen», sagt die Botschaft des Bundesrates. Sehr schön – nur sind diese beiden Greifvögel bereits ein Jahrhundert lang so erdünnert worden, dass die Sache mit dem Haushalt der Natur wohl noch eine Weile auf sich warten lassen wird. Ob sich diese sehr heimlich gewordenen Raubvögel weit draussen im dichten Wald dann wohl pflichtgemäss auf die im Wirtschafts- und Siedelungsgebiet lebenden Spatzen und Krähen konzentrieren werden, scheint ebenfalls nicht ganz sicher.

Unter den Säugetieren wurden Bären, Luchse und Wildkatzen in die Liste der Gechützten aufgenommen, ebenfalls Fischotter, Biber und Igel und sogar die führenden Bachen mit ihren Frischlingen. Nur der Wolf wurde als jagdbar neu aufgeführt, weil dieser, trotz aller Weitherzigkeit, nicht mehr in die Schweizer Tierwelt aufgenommen werden kann. Ob Bären oder Luchse die Einladung des revidierten Bundesgesetzes zur Wiedereinwanderung in die Schweiz annehmen werden, ist wohl kaum zu hoffen, und ob sie dann geduldet werden, bleibt fraglich.

Ausser den Bachen und Frischlingen sollen Wildschweine, verwilderte Hauskatzen, Rabenkrähen, Elstern, Eichelhäher, verwilderte Haustauben und Sperlinge das ganze Jahr gejagt werden dürfen, da man ihrer sonst kaum Herr werden könne.

Der Bannbezirksschutz wurde insofern ausgedehnt, als der Bundesrat in Kantonen, die zum Reviersystem übergehen, mit deren Einverständnis bestehende Banngebiete beibehalten kann. Dies ist bei den Kantonen Luzern und St. Gallen bereits vorgekommen.

Wichtig für das Geschick der Wildtiere ist auch das Verbot grösserer Rohrweiten als Kal. 4 (23,4 mm), also auch der Entenkanonen, und das Verbot des Schusses mit Schrot oder Posten auf Hirsche, Gemsen oder Murmeltiere. Leider fehlt das Verbot des Schrotschusses auf Rehwild. Auf Rehe sollte der Kugelschuss obligatorisch sein, weil der Postenschuss, zudem meist auf zu grosse Distanz abgegeben, den Tieren furchtbare Leiden bringen kann, ebenfalls der Schrotschuss im Treiben. Die Körner des Schrots – z. Z. Nr. 1 – dringen im Körper des Rehs nur vereinzelt bis zu lebenswichtigen Organen vor. Früher schrieb man den Tod durch Schrotschuss den durch diese Körner verursachten inneren Blutungen zu. Die Schrote, auf einer Distanz von maximal 30 m abgeschossen, durchdringen nur das Haar und die Haut des beschossenen Tieres und zerstören zunächst das subkutan liegende Nervengeflecht. Darum darf der Schuss weder schief von vorn noch von hinten, sondern soll möglichst voll seitlich auftreffen. Durch die Beschädigung subkutaner Nerven kann der Schrotschuss durch den Schock tödlich wirken. Bei Lokalanästhesie dieser Nerven fällt das Tier auch auf den besten Schrotschuss nicht. Nur der Schock voll auftreffenden Schrots vermag den Herzstillstand zu bewirken.

Soweit die Botschaft und der Entwurf der Bundesgesetzesrevision, die in liberalster Weise an alle Interessenten versandt wurden. Die Antworten der Tier- und Naturschutzorganisationen liessen nicht auf sich warten. Das bezügliche Memorandum des Schweizerischen Tierschutzverbandes vom 27. September 1960 deckte sich weitgehend mit dem Postulat Müller/Aarberg, schloss sich aber im Vogelschutz eng an das Gutachten des Schweizerischen Landeskomitees für Vogelschutz an und fügte am Schluss die generellen Postulate bei:

Bundesrechtliches Sonntagsjagdverbot
Obligatorische Jägerprüfung
Erhöhung des Bussenminimums
Vermehrter Schutz für Murmeltiere und Kolkraben.

Übergangen seien die Korrespondenzen der Verbände mit dem Eidgenössischen Departement des Innern. Ihr ganzer Tenor lag hoch über den vorbereitenden Beratungen des Bundesgesetzes von 1925.

Die Durchberatung des Entwurfs (gedruckt 1961 – die Einladung zur Vernehmlassung an die Interessenten war nur vervielfältigt gewesen) begann diesmal im Ständerat. Sprecher war der thurgauische *Ständerat Ullmann,* der am 7. Dezember 1961 im Rat «die Rede seines Lebens» hielt, wie der Präsident sich ausdrückte. Ständerat Ullmann referierte über die Liste der geschützten Tiere, wobei er an der Wirksamkeit des Bundesschutzes für Bär und Luchs auf Schweizer Boden starke Zweifel äusserte. Der seither eingewanderte Hirsch könne wegen seines grossen Schadens an Kulturen und Wald im Mittelland nicht geduldet werden. Das Reh habe sich «explosionsartig» ausgedehnt, die Gemse sei nie ausgerottet gewesen. Neu als jagdbar sei der Wolf aufgeführt, Fischotter und Wildkatze seien richtigerweise geschützt worden. Die Hohltauben seien bis 1925 geschützt gewesen, seit 1952 aber freigegeben worden. Ullmann erinnerte an die seinerzeitige Aufforderung zum Schutz der hohlen Bäume für die Hohltauben und an die Taubennistkasten. Regierungsrat Buri habe gesagt, es gäbe im Kanton Bern jetzt viele Lochtäubchen, «ich glaube nicht recht daran, im Thurgau jedenfalls sind sie selten». Ullmann fuhr fort, die verwilderten Haustauben sollten nach dem Revisionsentwurf jagdbar erklärt werden, doch hielten sich diese verwilderten Haustauben ausschliesslich in den Städten auf, und dort könne niemals auf sie Jagd gemacht werden. Der Rat beschloss, die Haustauben aus der Liste der Jagdbaren zu streichen. Über den Schutz der Mistel- und Wacholderdrosseln musste der Rat abstimmen, weil Ständerat Bolla beantragte, sie jagdbar zu belassen. Die Abstimmung ergab 18 Stimmen für den Schutz, 15 für die Jagdbarkeit der beiden Drosselarten. Das war am 7. September 1961. In der Sitzung vom 12. Dezember 1961 beantragte Ständerat Obrecht, auf den Drosselschutz zurückzukommen, er möchte den Tessinern diese beiden Arten als Jagdwild erhalten. Sein Antrag erreichte 18 Stimmen, dagegen waren nur 16. Bei der Bereinigung der Differenzen zwischen Ständerat und Nationalrat kam es aber doch zum Drosselschutz, da der Nationalrat diesen mit überwältigendem Mehr angenommen hatte. Ullmann tröstete die Tessiner, sie könnten die Drosseln in ihren Rebgeländen als Schädlinge während der Traubenreife mit Genehmigung der Regierung doch jagen.

Ullmann hatte beantragt, die Lachmöwe wenigstens teilweise als jagdbar zu erklären, was aber abgelehnt wurde. Hingegen nahm der Rat das generelle Frühlingsjagdverbot ohne Gegenstimme an. Im Nationalrat, wo die Bundesgesetzesrevision nur eine Sitzung beanspruchte, trat Nationalrat Bächtold für die Jägerprüfung, das Sonntagsjagdverbot und die strengere Bestrafung von Jagdvergehen ein, verteidigte auch die schweizerische Vogelwelt gegen Chemie und Jagd. Nationalrat Müller/Aarberg trat für sein Postulat von 1951 ein. Jagd sei ein Sport, und zwar ein sehr gesunder Sport, sagte er, vergass aber zu erwähnen, ob er für das Wild auch so gesund sei, denn schliesslich richtete sich die Bundesgesetzesrevision doch stark auf die Erhaltung der Tiere. Ob die Jagd mit allem, was dazu gehört, nur gesund sei, dazu hätten sich die Gattinnen der Jäger ebenfalls vernehmen lassen müssen.

Gleich nach der Publikation der Botschaft und des Entwurfs begann schon die *Kritik in der Tages- und Jagdpresse*. Will man es komisch oder typisch schweizerisch nennen, dass sich die erste Pressekontroverse über die Bundesbeiträge an die Wildforschung erhob? *Paul Vetterli* war dagegen, weil über Jagd und Wildkunde die Forschung von jagdlicher Seite schon viel weiter vorgeschritten sei, als es schweizerische Zoologen je könnten. Dagegen war *Prof. Leibundgut* (ETH) sehr für die Unterstützung der Forschung durch die Eidgenossenschaft, weil die Gegebenheiten in der Schweiz andere seien als im Ausland. Die Jäger aber fanden, dieses Geld liesse sich besser zur Hebung des Wildstandes und zur Förderung der Wildbiotope verwenden. Doch alle diese Einwände gegen die Bundesbeiträge an die Wildforschung führten zu nichts. Für die Jägerei resultiert aus diesen Forschungen jedoch bestimmt recht wenig. Und das erforschte Wild darf froh sein, wenn es von den «Forschern» nicht allzuviel geplagt wird. Auch in der Schweizerischen Jagdzeitung schrieb Vetterli energisch gegen die Wildforschung mit Narkosegewehr, Stellnetz und Kastenfalle. Er war nun einmal unerbittlich dagegen. Dabei hatte er das Fangen der Murmeltiere in einer der schönsten Kolonien mitten im Nationalpark nicht mehr erlebt! Da hätte er wohl alle Ursache gehabt, gegen die gegenstandslose Markierung der Tiere zu reklamieren. In gewissem Sinn wäre das wohl richtig gewesen. Denn irgendwie befriedigt es nicht, wenn die Tiere des Nationalparks jedem blutjungen Studenten zum Experimentieren freigegeben werden, damit er seine mehr oder weniger wertvolle Dissertation bauen kann. Echte Forschung im Nationalpark soll wohl betrieben werden, aber nicht von dilettierenden Studenten, die glauben, nur dann die Wildtiere kennen zu lernen, wenn sie sie wie im Labor in ihren Händen halten.

Weitere Themen zum Bundesgesetz behandelten die Jäger in ihren Zeitschriften. Der st.-gallisch-appenzellische Jagdschutzverein fasste eine Resolution, worin er gegen das Frühlingsjagd- beziehungsweise Balzjagdverbot opponierte. Wenn die Auer- und Birkhähne geschont werden sollten, müsste das vielmehr durch Verkürzung der Herbstjagd geschehen, sagten die Jäger, da der Frühlingsabschuss unbedeutend sei. (Dass es im neuen Bundesgesetz prinzipiell um die Jagdruhe in der Fortpflanzungszeit geht, fiel ihnen nicht ein!) Zweitens verlangten die Jäger, die Abschusszeiten für das Schalenwild sollten nicht verändert werden, und drittens sollte der Fuchs auch im Februar gejagt werden dürfen. Viertens endlich sei die Pflege der Wildbahn, die Verbesserung der Äsung und die Erhaltung der Biotope dringlicher als die Erforschung des Wildes und dessen Lebensraumes. – In dieses Horn bliesen viele Autoren, auch immer wieder Vetterli. Als aber ein zustimmender Artikel zum Bundesgesetzesentwurf unter dem Titel «Weidgerechtes Jagen wird gesetzlich verankert» erschien, klopfte das *Willi Löliger* aus dem Busch, der schon immer gern zur Feder gegriffen hatte. Mit der neuen Liste der geschützten Tiere erklärte er sich zwar einverstanden, fand aber das Frühlingsjagdverbot «einen absolut unverständlichen Eingriff in die Jagdtradition». Seine Postulate lauteten:
1. Schalenwildabschuss sollte bis zum 31. Dezember erlaubt sein
2. Die Bejagung des Fuchses bis Ende Februar
3. Die Balzjagd sollte nicht verboten sein

Endlich reklamierte auch er gegen die Finanzierung der Wildforschung durch den Bund. Noch im Mai 1962 griff Löliger erneut zur Feder, um sich seinen Ärger über die Sitzung der vorberatenden Jagdkommission vom 4. Mai von der Seele zu schreiben. Er regte sich über die dortige Zankerei auf, sprach aber den Mitgliedern den guten Willen nicht ab, teilweise hätten sie sogar Sachkenntnis besessen. Löliger gab auch zu: «Gewiss besteht die Jägerschaft unseres Jahrhunderts zum grössten Teil aus Auch-Jägern, die ohne Hund mutwillig und ohne Verantwortungsgefühl Kugeln in der Gegend herumjagen und Schrot spritzen auf alles, was da fliegt, wechselt und zieht», und fuhr fort: «Es ist erschreckend, wie wenig sich der Durchschnittsjäger um das kümmert, was nicht direkt mit Jagdprahlerei, Schiessen und Trophäen im Zusammenhang steht.» Trotz alledem wiederholte er seine drei Forderungen und meinte: «Warum konnte man nicht, alter Tradition folgend, die Hahnenjagd gestatten? Einige Herren in den Räten, Ullmann, Fischer, Brechbühl und Degen, haben sich auch für die Frühlingsjagd eingesetzt, leider erfolglos.» – Doch die eidgenössischen Räte waren gut beraten, wenn sie sich die Frühlingsjagd nicht abmarkten liessen und der schweizerischen Ehre dadurch dienten, dass sie sich der internationalen Vogelschutzkonvention auch in diesem Punkt anschlossen. Die von Löliger genannten Herren, die sich für die Balzjagd einsetzten, konnten auch als Jäger ein grosses Vertrauen in ihre Weidgerechtigkeit nicht beanspruchen. Mindestens zwei von ihnen waren dem Schreibenden persönlich bekannt, zwar – nebenbei – als schwer alkoholkranke Männer. Interessant ist, dass für die Balzjagd immer wieder die jagdliche Tradition angeführt wurde. Genau diese Tradition ist der Grund, der von jeher der Anpassung der Jägerei an die tatsächlich vorhandene Lage der freilebenden Tierwelt in der Schweiz und anderswo im Wege stand.

Etwas verspätet äusserte sich auch 1962 *Carl Stemmler* in Schaffhausen, bekannt durch seine Adlerhorstersteigungen, zum Bundesgesetz. Er kritisierte das Abnicken, das immer noch praktiziert werde, obwohl in Schaffhausen ein kantonales Verbot existiere. Er als Kürschner könne an den Rehdecken das vielfach feststellen. Sodann verwirft er das Schnallen (Loslassen) des Hundes bei der Nachsuche als Tierquälerei ohnegleichen, weil der Hund dann oft die Tiere niederziehe und abwürge. Er vermisst die entsprechenden Verbote im neuen Bundesgesetz. Sodann wäre er für ein bundesgesetzliches Verbot der Sonntagsjagd und verwarf leidenschaftlich den Abschuss von Bussard und Sperber beim Hof. Abgeschossen würden doch nur Turmfalken – er habe hier sechzigjährige Erfahrung. Dann schlug er vor, die Tellereisen einzuziehen, da ein Verbot sonst unwirksam sei. Er tadelte heftig, dass der Eichhörnchenschutz abgelehnt worden sei. Erst kürzlich seien ihm aus Graubünden 100 Eichhornfelle zum Kauf angeboten worden. So kleine Tiere wie Eichhörnchen, Hermelin und Wiesel sollten überhaupt nicht mehr gejagt werden. Er vermisste auch den Schutz des Gänsesägers und anderer Wasservögel, äusserte sich auch absolut gegen jede Vergiftung der Krähenvögel und gegen den Wildimport. – Stemmler hatte mit mehreren seiner Beanstandungen wohl sicher nicht unrecht, doch hatte er sich mit seiner oft heftigen Art den Zugang zum Ohr der Behörden verbaut.

Das revidierte Bundesgesetz hatte den Bestrebungen des Tier- und Naturschutzes so weitgehend Rechnung getragen, wie es selbst von den Vertretern nicht erwartet worden war. Die teilweise recht prekäre Lage der Landestierwelt, die schon seinerzeit Sarasin den massgebenden Personen und Amtsstellen hatte begreiflich machen wollen, war jetzt allzu deutlich, um übersehen zu werden. Heute gibt es nur wenig Nutzwild, das sich in der modernen schweizerischen Wirtschaftslandschaft eingewöhnen konnte, im Grunde nur das Schalenwild, nicht einmal der Hase. Daneben hält sich noch Fuchs und Dachs – wenn die aktuelle Tollwutperiode als etwas Vorübergehendes zunächst nicht in Rechnung gestellt wird. Von allem anderen Wild sieht der Bürger nichts mehr, wenn er nicht die Banngebiete oder den Nationalpark aufsucht oder im kalten Winter an den Gewässern frieren geht, wo sich in den drei dunkeln Monaten eine auch dort langsam zurückgehende Zahl von fremdem Wasserflugwild aufhält. Auch der Jäger würde wohl kaum viel mehr vor Augen kriegen und noch weniger schiessen, wenn er nicht in aller Frühe am Morgen oder in der Dämmerung des Abends auf das Wild ansitzen, es mit dem Hund aufbringen oder auf der Treibjagd vor sein Schiessrohr jagen liesse. Das freilebende Tier ist selten geworden, nicht nur infolge der Bejagung, aber sehr wesentlich deswegen.

Diese Entwicklung vermochte kein Jagdgesetz je aufzuhalten, auch das verbesserte Bundesgesetz von 1962 wird daran nichts ändern können. Es hat manches auch nicht zu ändern vermocht, was dringlich gewesen wäre, besonders für die Vogelwelt der Schweiz. 1964 liess sich das *Schweizerische Landeskomitee für Vogelschutz* zum Bundesgesetz vernehmen. Es lobte die Verbesserungen der Revision von 1962, wandte sich nun aber mit einer Anzahl von Wünschen an die Kantone, um auf diesem Weg das zu ergänzen, was seines Erachtens noch fehlte. Es schlug vor:
1. Die Jägerprüfung in allen Kantonen
2. Wenigstens eine Verkürzung der Schusszeit für die Wachtel mit Beginn erst am 15. September
3. Auch eine Verkürzung der Schusszeit für den Gänsesäger
4. Vollschutz des Kolkraben im Mittelland
5. Zulassung der Wasserflugjagd nur auf Seen von minimal 9 km² Grösse und nur auf Flüssen von mindestens 12 m Breite. Dazu das Verbot der Motorbootjagd.
6. Abschaffung der Prämien auf Raubvögel. Verbot der Anwendung von Betäubungsmitteln zur Verminderung der Krähen.
7. Schutz der natürlichen Lebensräume.

Es war ein Versuch zur Ergänzung des Bundesgesetzes, in jeder Hinsicht biologisch richtig. Vielleicht ist zur Wirksamkeit solcher Massnahmen die Ausdehnung der Kantone nicht gross genug, besonders für die Punkte 2, 3, 4 und 7. Wie weit das neue Bundesgesetz zur Erhaltung der Landestierwelt wirken wird, muss sich zeigen.

Zur *Wildkunde* erschienen seither und schon vor der Revision viele Arbeiten. Man untersuchte das Problem des Nutzwaldes als Wildheimat, die Wildernährung, die Wildverteilung in der Landschaft, die Standortsfragen, die optimale Bestandesgrösse für Wald und Kulturen, die Wildhygiene, die Wildschadenvermeidung, die Reproduktion, man wandte Sichtmarkierung an, Ohrmarkierung, Fallwilduntersuchungen, kurz, man versuchte in relativ kurzer Zeit für das Schweizer Gebiet nachzuholen, was in Jahrzehnten zuvor versäumt worden war, doch für die Gesetzgebung von Bund und Kantonen konnten alle diese vielen Kenntnisse nur zum Teil verwendet werden, vielleicht auch deshalb, weil sie meistens auf einer zu bescheidenen Tatsachengrundlage ruhten.

In der Schweiz sitzt die einigermassen weidkundige Jägerschaft immer noch in dem Kahn, der vom deutschen Schlepptau nicht loskommt, ohne freilich in ihren Hegemassnahmen an die Grosszügigkeit gepflegter deutscher Jagden heranzukommen.

Wie sieht wohl die Zukunft aus, die dem jagdbaren Wild in der Schweiz bevorsteht? –

Sie wird sich wohl kaum von derjenigen aller hochzivilisierten und dichtbevölkerten Länder unterscheiden. Für den westdeutschen Bundesstaat und für Österreich schrieb Hubert Weinzierl sein Buch über die Reviergestaltung, worin er im grossen ganzen Raesfelds «Hege in der freien Wildbahn» mit einigen eigenen Beiträgen auffrischt. Weinzierls neue Reviergestaltung läuft auf nichts anderes hinaus als auf die Schaffung eines Lebensraums zur Erzeugung und Erhaltung eines Wildstandes, der stark genug ist, um überhaupt noch bejagt werden zu können.

«Jagd ist angewandter Naturschutz», formuliert Weinzierl. Ist sie das? Ist sie das einzige Mittel zur Erhaltung der Wildtiere für Volk und Heimat? Erhaltung des Wildes zum Zweck der Erlegung?

Wenn die Jagd zur Sicherung ihres Fortbestandes in der Kulturlandschaft auf eine Art «Superhege» angewiesen ist – es würde auch auf Schweizer Gebiet dazu kommen müssen –, so wird sie damit zu einer Art Nutztierhaltung. Schon kommt dazu der Jagdwildimport für jede Saison, auf den die westschweizerischen Kantone in absehbarer Zeit kaum verzichten werden wollen – eine genaue Analogie zum Schlachtviehimport. –

Die Zukunft der Jagd wird sicher weit von der alten Jägerromantik wegführen in eine Art Jagdtierhaltung und Jagdtierimport für zahlungskräftige Herren, die auf dieses Statussymbol oder solchen Standesausweis immer noch Wert legen.

Für die Erhaltung einer Biozönose hat allein der Schweizerische Nationalpark den Weg für Europa gewiesen. Es wird keinen anderen geben, um kommenden Gechlechtern eine Lebensgemeinschaft zu erhalten, wie sie aus den Kräften der Natur hervorgeht, Kräften, die durch menschliche Tätigkeit wohl freilich schon stark beeinflusst sein mögen, besonders auf beschränktem Gebiet. Auch der westdeutsche Bundesstaat, wo die Jagd nach altfürstlichen Traditionen bekanntlich eine fast unantastbare, weit grössere Rolle spielt als in der Schweiz, muss – wenn auch sehr verspätet – mit einer Art Nationalpark im bayrischen Wald diesen Weg begehen.

Es ist nie und nirgends der werkende und waffentragende Mensch gewesen, der dem Wildtier die Voraussetzungen zum Leben geschaffen hat, sondern der Mensch, der mindestens auf die Waffe verzichtete. Der uralte und immer wieder aufgefrischte Slogan «kein Jäger – kein Wild» gilt nicht mehr. Es bleibt aber dabei, was sich Albert Schweitzer errungen hatte: Als er zu einer kranken Missionarin gerufen wurde und auf einem Flussdampfer fuhr, der langsam zwischen Sandbänken seinen Weg flussaufwärts suchte, auf Deck sass und, um den elementaren und universellen Begriff des Ethischen ringend, Blatt um Blatt mit unzusammenhängenden Sätzen beschrieb, da stand plötzlich am Abend des dritten Tages, als das Schiff bei Sonnenuntergang gerade durch eine Herde von Nilpferden hindurchdampfte, das Wort vor ihm: «Ehrfurcht vor dem Leben.» Vor dem Leben, das nach keinem Zweck fragt, das seinen Zweck in sich trägt. Vor dem «Leben, das leben will». *«Es ist unrichtig», sagt Schweitzer, «das Ethische nur in dem Verhalten des Menschen zum Menschen zu suchen. Es gilt für jede Beziehung zu jedem Geschöpf, auch zum freilebenden Tier.»*

4. Kapitel

Die Jagdarten und Jagdmittel in der Schweiz als Faktoren des Schicksals der jagdbaren Tierwelt

Das Schicksal der freilebenden Tiere ist in hohem Masse abhängig von den Jagdarten und Jagdmitteln, die zu ihrer Erlegung verwendet werden.

Die Jagdarten und Jagdmittel, die zur Verwendung gelangten, richteten sich von jeher nach der Höhe der Wildbestände. Denn es ist klar, dass zum Beispiel für die Verwendung des Schleppnetzes oder Tirass zum Fang von Wachteln oder Rebhühnern ein Bestand dieser Vögel vorhanden sein musste, der das Tirassieren überhaupt lohnend gestaltete; dasselbe galt für die Verwendung der Triebgarne, Hasengarne und Treibjagden auf Nutz- und Niederraubwild. So darf die Regel formuliert werden: *Jagdarten und Jagdmittel sind proportional zu den Wildbeständen, zu deren Erlegung sie verwendet werden.*

Weil aber höhere Wildbestände ohne weiteres zum Einsatz wirkungsvollerer Erlegungsmittel und -arten führen, ist die Folge eine rasche Reduktion der Wildbestände oder deren völlige Ausrottung in einem gegebenen Gebiet.

Die jagdliche Gesetzgebung der Kantone sah sich schon früh vor die Aufgabe gestellt, die Verwendung von Jagdmitteln und Jagdarten so zu reglementieren, dass der Fortbestand des Wildes und damit der Jagd selber noch einigermassen gewährleistet wurde.

Die Jagdgeschichte ist eine Geschichte der Jagdbeschränkungen.

Der Gesetzgeber sah sich vor die Aufgabe gestellt, eine Leidenschaft in gesetzliche Bahnen zu lenken, deren Triebkräfte vielleicht nur mit wenigen anderen Dingen des Lebens verglichen werden können. Es ist die affektive Komponente der jagdlichen Tätigkeit, die sich im Grund keiner gesetzlichen Regelung zugänglich erweist.

Aber auch jener andere Versuch innerhalb der Jägerei, gewisse jagdliche Verhalten, Jagdmittel oder Jagdarten als unweidmännisch oder nicht weidgerecht zu brandmarken und damit ausser Gebrauch und Kurs zu setzen, erwies sich nicht als wirksam. Wohl war der Versuch, mit dem Begriff der Weidgerechtigkeit der jagdlichen Leidenschaft statt kalter Gesetze ebenfalls einen gewissen Affekt, nämlich die Wahrung der weidmännischen Ehre, entgegenzusetzen, nicht ohne Bedeutung. Doch erreichte man damit nur einen Teil, und zwar gerade den besseren, der Jagdausübenden. Und in der Schweiz vermochte der Begriff der Weidgerechtigkeit im öffentlichen Denken erst sehr spät Fuss zu fassen. Trotzdem ist die Entwicklung des Begriffs der Weidgerechtigkeit nicht zu übergehen.

Ulrich Wendt hat in seinem zweibändigen Werk «Kultur und Jagd» diesem Gegenstand grundlegende Ausführungen gewidmet. «Die weidgerechte Handhabung der Jagd», sagt er, «war schon im Mittelalter aus der Nützlichkeitsmoral hervorgegangen, hatte zur Einstellung des Jagens in der Satzzeit beigetragen und die Hauptjagd in die Jahreszeit verlegt, in welcher die wirtschaftliche Ausbeute des Wildprets und der Häute den grössten Nutzen gab. Schon Hohberg (1682) nennt die Anwendung von Selbstgeschossen, Schlingen und anderen Fangvorrichtungen Aasjägerei. Er verwirft aber diese Mittel nur, damit das kleine Wildpret nicht zu sehr ausgerottet werde, und erklärt den Begriff der Aasjägerei... als ein Jagen, das nicht in der erlaubten Zeit und in der erlaubten Weise geschähe. Der Begriff des weidgerechten

Jagens fiel bei ihm zusammen mit dem gesetzlichen Jagen; er bleibt noch an der Oberfläche haften. Das Leiden des Wildes einzuschränken, liegt ihm fern, darin erkennt er nicht das oberste Kriterium des weidgerechten Jagens. Er ist der rechte Philister, der äusserlich korrekt dasteht, der nie in Widerstreit gekommen ist mit den Stürmen der Leidenschaft, für den die Sittlichkeit sich deckt mit dem Gesetz und die Weidgerechtigkeit mit der Jagdordnung. Menschliches Gefühl sucht man vergebens.» Im siebzehnten Jahrhundert, führt Wendt aus, kam es dazu, dass der Begriff der Weidgerechtigkeit nach dem Prinzip des Nutzens schärfer hervorgehoben und das Jagen selbst nach Zeit und Form geregelt wurde. Eine Schonzeit wurde eingeführt, überhaupt fehlte es nicht an Verordnungen und Vorschriften. Freilich nicht so, dass eine Saite mitgeklungen hätte in der Seele der jagenden Herrschaften, wenn man auf fremdes Leiden sah. Auf den Nutzen wurde Rücksicht genommen, und die Folge war das abfällige Urteil über das Pirschen. Bis ins 17. Jahrhundert galt das Pirschen oder Schiessen im allgemeinen nicht für weidgerecht, gleichviel, ob mit der Armbrust oder mit der Büchse, weil es sich ereignen konnte, dass das Wild verwundet wurde und nicht zur Strecke kam. Nicht um der Schmerzen willen, die das kranke Wild erleiden musste, das nun zum Futter für die Raubtiere wurde, war das Schiessen unbeliebt, sondern weil kein Nutzen erzielt wurde und die Jagd vergeblich war. Bei der alten Hetz- und Fangjagd war ein solcher Ausgang ausgeschlossen, da hier das Wild entweder getötet wurde oder gesund entkam. Das Gefühl der Jäger war roh... Auch im 18. Jahrhundert zeigt die jagdliche Literatur noch keine menschliche Regung und behandelt das Wild nach der biblischen Lehre von «der Furcht und dem Schrecken» (1. Mose 9,2). Schon hatte Leibnitz (1704) den Unterschied zwischen Tier und Mensch in seiner Monadenlehre zu einem Graduellen gemacht, doch drang diese Erkenntnis nicht bis zu den deutschen Jagdprivilegierten vor. Hier herrschte noch immer Descartes, welcher die Tiere als empfindungslose Maschinen ansah, und der Roheit Tür und Tor öffnete. Damals praktizierte der Adel in Deutschland die «eingestellten Jagden», bei denen das Wild wochenlang zuvor in mit Tüchern eingestellten Kammern im Wald zusammengetrieben und dann vor der Tribüne der hohen Herrschaften vorbeigehetzt wurde, die von ihren Sitzen aus Hirsche, Rehe, Füchse, Hasen, Schweine und was sonst im Trieb kam, niederknallten. Auch in dieser für das Wild leidensvollsten Zeit der deutschen Jägerei berief sich der hohe adlige Herr darauf, wie ihm der Leibmedikus gestern mittag zwischen Braten und Käse einleuchtend dargelegt habe, dass nach der neuesten Annahme der Wissenschaft die Tiere kein Gefühl besässen. So konnte er das Totschiessen auf dem Laufplatz mit der grössten Seelenruhe üben...

Wenn in der bürgerlichen Zeit zum Begriff der Weidgerechtigkeit nicht nur die werkgerechte Handhabung der Waffe, der jagdlichen Gebräuche, der Jagdsprache, sondern auch wenigstens ein Teil jener menschlichen Gefühlskomponente gehört, die in der Jagdpraxis der vergangenen Jahrhunderte so sehr vermisst wurde, so soll nicht unterlassen werden, sich zu vergegenwärtigen, dass richterliche Strafen für Misshandlung der Vorstehhunde in Deutschland noch heute ausgesprochen, die Jagdfronen erst 1848 aufgehoben wurden, dass die Schlinge erst 1870, der Wildschaden des Landwirts erst um 1900, der Dohnenstieg erst 1908, endgültig erst 1934 aus der Welt geschafft wurden. Beifügen liesse sich, dass das menschliche Gefühl nicht vor Mitte des 19. Jahrhunderts in das Jagdwesen Eingang fand (Wendt 1908).

War es in der Schweiz die Aufgabe des Bundesgesetzes oder die der Kantone, das Gefühl der Barmherzigkeit und des Rechts, auch das des Tieres, in das Jagdwesen einzuführen? Es war wohl die Aufgabe von beiden. Nur *eines* hat die Geschichte mit absoluter Sicherheit gezeigt, dass das Nützlichkeitsdenken in der jagdlichen Gesetzgebung keinen Raum mehr finden sollte. Weder in der Wahl der Jagdmittel noch der Jagdarten. Ist es soweit? Der Wahrheit die Ehre: Nein, noch nicht.

Gegen alle Einwände wird von Jägerseite pausenlos auf die «Weidgerechtigkeit» der heutigen Jagd gepocht. Was sich Jäger und Nichtjäger darunter vorstellen, ist vieldeutig und meist sehr verworren. Harmlose Tierfreunde glauben, es handle sich dabei irgendwie um «Gerechtigkeit gegenüber dem Wild, gegen die Tiere» oder dass man dem Tier «sein Recht lasse» und dergleichen. Es gibt sogar aktive Jäger, die das glauben. Beim Wort und Begriff «Weidgerechtigkeit» handelt es sich aber nicht um das, was unter «Gerechtigkeit» verstanden wird. Das Wort entstammt der alten deutschen Weidmannssprache und will ursprünglich soviel heissen wie «kunstgerecht», jagdlich «handwerksgerecht». Was soviel heisst als «nach den Regeln der Weidmannskunst oder des Weidmannshandwerks». «Gerecht» will also in diesen Wörtern nichts anderes heissen als «richtig». Ein Beispiel aus der Jagdsprache: Der «hirschgerechte» Jäger kennt in alter Zeit 72 «gerechte» Zeichen der Hirschfährten oder Spuren (heute sind es weniger). In der Schweiz wurde das Wort von Deutschland her übernommen. Es hat sich in den Kantonen, die von der Grenze weiter abliegen, im Volk nie eingebürgert. Vorab in Patentkantonen nicht; wenn dort von Weidgerechtigkeit überhaupt gesprochen wird, dann wird darunter nichts anderes verstanden als schlicht die Respektierung der jagdlichen Gesetze und Verordnungen von Bund und Kanton. Die Revierjagd hat mit der Jagdsprache und verschiedenen Jagdbräuchen auch den Begriff der Weidgerechtigkeit aus dem Ausland übernommen und redet entsprechend viel davon. Besonders nach aussen. Aber auch der Revierjäger, der peinlich bemüht ist, sich der korrekten Weidmannssprache zu bedienen, im Revier keine Fehler zu begehen, der dem mit tadellosem Blattschuss gestreckten Bock nie vergisst, als letzten Bissen den Bruch in den Äser zu geben, der – auch wenn er mutterseelenallein ist – dem Bock die Totenwache hält, ihn «kunstgerecht» lüftet und vieles andere; auch dieser Jäger ohne Fehl und Tadel weiss, dass die Fairness gegen das Jagdwild einen geringen Teil von alledem bildet, das der «Weidgerechte» zu beobachten und zu befolgen hat. Weidgerechtigkeit besteht nur zur kleineren Hälfte aus menschlichem Gefühl und der Barmherzigkeit, die dem Wild unnötige Leiden ersparen will, das heisst aus alledem, was dem Nichtjäger oder Tierschützer im Vordergrund steht. Im Verständnis des Begriffs Weidgerechtigkeit harmonieren Jäger und Tierschützer mithin nur teilweise.

So wird es der Tierschützer kaum als unbedenklich empfinden, dass auch in der Gegenwart jagdliche Methoden zur Erlegung des Wildes als durchaus weidgerecht angewendet werden, die einem ethischen Denken nicht standhalten können. Das Schiessen der Füchse am Köder mitten im harten Winter, das heisst, die Ausnützung des nagenden Hungers eines Tieres in der Notzeit, um es aus dem Hinterhalt zu töten, erscheint vielen Tierfreunden als ebenso bedenklich wie das Locken der Tiere mit Rufen und Pfiffen, die ihnen in der Paarungszeit einen Sexualpartner, einen Rivalen oder bei der Nahrungssuche Beute vortäuschen. Ja, die vielberufene Hege, die dem Jäger die moralische Berechtigung zur Jagd geben soll, wurde in ihrem ethischen Wert schon mehrfach in Frage gestellt, da es sich bei sehr vielen hegerischen Massnahmen doch lediglich darum handelt, den Jagdertrag zu erhöhen. Man füttert das Friedwild im Winter, man befreit mit der Büchse den eigenen Wildstand von schwächlichen und unerwünschten Individuen, um mehr und kapitalere, mithin wertvollere Trophäen zu erzielen. Der tierpsychologisch gebildete Tierschützer beanstandet das Aufsuchen der Tiere in ihrem Heim, mit anderen Worten die Bodenjagd, das Auflauern der Tiere an den Stellen ihrer Nahrungssuche oder an den Tränken (Abschuss der Wiederkäuer auf ihren Weideplätzen oder der Wildtauben an ihren Trinkstellen). Anders ausgedrückt, all das Viele, wogegen Tierschützer und Tierfreunde Einwendungen erheben, zählen diese ohne weiteres ihrer eigenen, privaten Vorstellung von Weidgerechtigkeit zu, ohne zu bedenken, dass gerade das die kleinste Sorge der Jägerei war und ist.

Soll mit diesen Darlegungen der Wert dessen, was die Jägerei mit «weidgerecht» bezeichnet, verflüchtigt werden? Nicht im geringsten. Es handelt sich einzig um die Wahrheit, denn es ist klar, dass durch extreme tierschützerische Forderungen jede jagdliche Tätigkeit aufhören müsste. Gegen alle und jede jagdlichen Mittel müssten vom ethischen Standort aus Einwände erhoben werden, auch gegen die «weidgerechtesten». Ist also Weidgerechtigkeit völlig wertlos? Es ginge wohl zu weit, dies zu behaupten. Aber der Begriff der Weidgerechtigkeit hat seit seiner Geburt Wandlungen durchgemacht, er wurde mit neuen Inhalten erfüllt, mit der Fürsorge für die Landestierwelt, um ihre Ausrottung zu verhindern, dann aber wohl am stärksten dem menschlichen Mitfühlen mit dem bejagten Wild, dessen Abschuss nicht umgangen, aber barmherzig, das heisst möglichst frei von Leiden, gestaltet werden soll. Weil aber der Begriff der Weidgerechtigkeit neben allem anderen stets deutlicher und vordergründiger mit diesen Inhalten erfüllt werden kann, die ihren Ursprung nicht im Jagdhandwerk, sondern im Vordringen desselben humanen Denkens hatten, das sich gegen Krieg und politische Härten richtet, kann er nicht wertlos werden.

Vielleicht hat das Tellendenkmal in Altdorf viel dazu beigetragen, dass sich der Schweizer den Jäger in alter Zeit ähnlich denkt.

«Mit dem Pfeil, dem Bogen
durch Gebirg und Tal
kommt der Schütz gezogen
früh im Morgenstrahl»

An diesem Gedicht von Schiller, das man früher, als man den Dichter noch hochschätzte, die Kinder mit einer Melodie von Weber singen liess, ist wohl nur die Morgenfrühe wahr. Denn wie zu Tells Zeiten gejagt wurde, weiss niemand so richtig. Auch wenn anzunehmen ist, dass die Fluchtdistanz des Gemswildes vor dem jagdlichen Gebrauch der Handfeuerwaffen viel kürzer war, lässt die heutige Jagd auf Gemsen in den Bergen darauf schliessen, dass auch in alten Zeiten gruppenweise gejagt wurde, das heisst, dass die Tiere den Schützen zugedrückt wurden. Vollends im schweizerischen Mittel- und Unterland dürfte die Jagd nicht viel anders ausgesehen haben als in den Nachbarländern. Die mittelalterliche Jagd ist, wie es scheint, auch in der Schweiz Hetzjagd gewesen, in den Bergen wohl Drückjagd, nur ganz selten Einzelpirsch, wenn von der bestimmt sehr verbreiteten Fangjagd zunächst abgesehen werden soll. Das alles änderte sich mit der Verwendung weittragender Feuerwaffen. Da in der Schweiz schon damals der Adel seine jagdliche Vorrangstellung zu grossen Teilen eingebüsst hatte, kam für die Jagdberechtigten wohl kaum jemals die mit grossen Aufwendungen verbundene Hetzjagd in Betracht. Soweit die kantonalen Jagdverordnungen Schlüsse zulassen, dominierte in den Bergen wie im Mittelland die Schiessjagd mit und ohne Hunde.

Neben den weidmännischen Jagdarten aber wurden in der ganzen Schweiz bis ins 18. Jahrhundert auch noch später Jagdmethoden ausgeübt, die kaum diesen Namen verdienen.

Quellen über die Verwendung von stillen Jagdmitteln sind nur sehr spärlich vorhanden. Unbekannt ist, wie stark die Beteiligung der Bevölkerung an der Jagd war, wieviel Jagdausübende sich der nachträglich verbotenen Jagdmittel bedienten, wie intensiv die Bevölkerung illegitim mit Schlingen und Fallen den Tieren nachstellte, wie hoch die Erlegungsziffern gestiegen waren und vieles andere. Ebensowenig ist die Stärke der Wildbestände bekannt, denn auf allgemeine Angaben, dass da und dort noch diese oder jene Wildarten «häufig» vertreten waren, ist kein Verlass. So bleiben als Hauptquellen die Jagdgesetze und Ratsbeschlüsse jener Zeit, woraus auf die Ausübung von Jagdarten und die Verwendung der einzelnen Jagdmittel geschlossen werden kann.

In den älteren kantonalen Jagdgesetzen wurden Jagdmethoden verboten, die heute als absolut einwandfrei betrachtet und allgemein ausgeübt werden. So zum Beispiel der morgendliche und abendliche *Anstand oder Ansitz* auf austretendes Wild. Diese zurzeit unbestritten weidgerechte Jagdart wurde von 1714 an unter der Bezeichnung «Weidschiessen morgens und abends auf Hasen» absolut verboten. 1804 kam im gleichen Kanton das Verbot: «Das Dausjagen oder Schiessen am Morgen und Abend auf dem Anstand, welches den Ruin jeder Jagd nach sich zieht, ist ganzjährig verboten.» Im Aargau war schon 1803 das «Jagen auf dem Taus ebenmässig verboten». In Bern nannte man das im Jagdgesetz 1742 und 1804 «Gewildlauren» und verbot es streng. Wie allerdings ohne «Lauern» Murmeltiere geschossen werden konnten, bleibt rätselhaft. Obschon im 16. Jahrhundert nur Glarus das *Murmeltiergraben* (1566) verboten hatte, war es wohl auch in andern Gebirgskantonen der Fall.

Gewisse zuviel Erfolg versprechende Vorteile und Methoden wurden schon relativ früh untersagt. Solothurn zum Beispiel verbot die *Jagd bei Schnee und Kälte* nicht etwa aus humanitären Gründen, sondern nur darum, weil aus den Fährten im Schnee die Einstände des Wildes zu leicht abgelesen werden könnten und Kälte und Hunger das Wild ohnehin schwächten, so dass die Strecke zu gross würde. Schon Graviset hatte in seiner «Heutelia» beanstandet, dass bei Neuschnee alles auf die Jagd laufe und das Wild dadurch sehr dezimiert würde. Das *Beizjagdverbot* von 1849 im Kanton Schwyz bezog sich nicht auf die hochherrschaftliche Jagd mit abgerichteten Raubvögeln, die im Schriftdeutschen den Namen «Beizjagd» führt, sondern auf die «Beize oder Baizi» auf Füchse, einer Dialektbezeichnung der Jagd auf Füchse am Luderplatz. Die *Treibjagd* verbot der Kanton Bern bereits 1717, doch wurde mit Sicherheit darunter nicht das *Drücken* des Gemswildes mit Treibschüssen oder lautem Gehen verstanden, das bekanntlich bis zur Gegenwart dort, wie überall in den Bergen, in Übung ist. In einem bekannten Fall nahm sogar ein Kanton Partei für das Treiben. 1897 hatte die Gemeinde Seltisberg in Basel-Land in ihrem Pachtvertrag vernünftigerweise ein Treibjagdverbot mit einer Konventionalstrafe von 5 Franken eingefügt, erhielt aber von Liestal aus einen Verweis wegen Kompetenzüberschreitung. Dabei hatte der Kanton Basel-Land trotz Reviersystem und trotz aller Mühe seinen Rehwildbestand damals noch nicht in die Höhe zu bringen vermocht. Schwyz verbot das Treiben 1927, Zürich 1929. Aber in vielen Kantonen wird bis heute getrieben. Wallis veranstaltete 1936 eine Treibjagd auf Hirsche und 1943 auf Murmeltiere (!). Im Aargau wird bis zur Gegenwart die Treibjagd regelmässig ausgeübt.

Unmittelbar nach der Helvetik im Jahre 1803 verbot der Kanton Aargau das *«Birsen»**, worunter das Schiessen auf Kleinvögel verstanden war. In Obwalden hatte man das Birsen mangels Schusswaffen einst sogar mit dem *Blasrohr* praktiziert (Jann 1911). Aber Zürich und Bern unterstellten das Birsen, das zuvor frei war, nur der Bestimmung durch die Jagdkommission, während Solothurn die Vogeljagd 1804 bis 1808 von Sonderbewilligungen von Oberamtsmännern abhängig machte. Auch

---

* Das Wort «Birsen» ist dasselbe wie Pirschen oder norddeutsch Pürschen und leitet sich vom altfranzösischen «berser» ab, was soviel heisst als «mit Pfeil und Armbrust verfolgen».

Schaffhausen duldete das Birsen wenigstens in der offenen Zeit. Die Vogeljagd mit Gewehr und Fangmitteln kam aber sowohl in Bern wie in Solothurn erst nach 1875 langsam zum Stillstand.

Als die ersten Proteste des Naturschutzes gegen Massenvernichtungsmittel jagdbarer Vögel erschollen, kam ein humanes Verbot nach dem andern in den Kantonen, leider erst 1925 in der Bundesgesetzgebung. Luzern verbot 1908 die *Entenkanone*, Zürich erst 1929. Entenkanonen sind nicht nur Waffen, sondern stellen eine Jagdart auf Schwimmvögel dar. Es handelt sich dabei um ein völlig flach gebautes Boot, in das sich der Entenjäger bäuchlings hineinlegt. Die Fortbewegung erfolgt durch zwei Brettchen, womit äusserst vorsichtig und geräuschlos gerudert werden muss. Nach vorn gerichtet, auf dem Boot festgeschraubt liegt das Rohr der Entenkanone, eine Art Schrotflinte mit grossem Laufdurchmesser, die mit sehr grosser Schrotladung und entsprechender Triebladung versehen wird. Gezielt wird mit dieser Schrotkanone überhaupt nicht, sondern das Boot wird einfach in die Schussrichtung gebracht. Da diese Jagdwaffe nur auf ganze Gruppen von Schwimmvögeln, niemals auf eine einzelne Ente gerichtet wird, bedarf es keiner genauen Zielfassung. Die Streuung des Schrotschusses ist gross und bringt daher mit einer einzigen Ladung 20, 30 und mehr Enten zur Strecke, deren viele zwar nur verwundet sind, jedoch von Booten eingesammelt werden können. Die Entenkanone war auf welschen Seen noch lange in Gebrauch, als sie in der Mittel- und Ostschweiz bereits abgekommen war. Der Massenabschuss von Vögeln mit riesigen Schrotladungen kommt zum Teil von Amerika her. Cooper erzählt aus der Zeit der Massenjagd auf die Wandertaubenzüge, wie dabei alte Feldschlangen, jene schlanken, leicht transportierbaren Geschütze aus dem 16. und 17. Jahrhundert, mit Schwarzpulver und einem ganzen Pfund feinem Schrot geladen und auf die ermüdeten, dichtgedrängt in den Baumkronen sitzenden Wandertauben abgeschossen wurden. Später wurde mit Feldschlangen, die da und dort noch in Privatbesitz waren, auf Wasservögel Jagd gemacht, speziell in den Meeresbuchten im Golf von Mexiko, wo noch heute Massenabschüsse mit speziellen mehrläufigen Schrotspritzen gebräuchlich sind. Die Entenkanone kam aus den USA zu uns. Der Kampf gegen diese Jagdmethoden, nicht nur von seiten des Tier- und Naturschutzes, sondern ebensosehr von seiten weidmännisch denkender Jäger, reicht bis in die Gegenwart. Eine andere Methode, die sich gegen das Raubwild richtet, die Nachtjagd am Luderplatz auf Füchse und Marder, die unter dem Namen «*Passjagd*» oder «Baizi» aus Feldscheunen, Sommerställen, im Kanton Glarus aus Jagdkisten, sogenannte «Fuchspassern» oder «Fuchshüsli», ausgeübt wurde und wird, führte zwischen Graubünden und der eidgenössischen Jagdinspektion zu gewissen Divergenzen, die sich von 1926 bis 1948 hinzogen. Freilich handelte es sich dabei nicht nur um Raubwild, dem nachts nachgestellt wurde, sondern auch um nächtliches Jagen auf Nutzwild. Der Kanton schränkte die Nachtjagd 1927 auf eidgenössischen Einspruch hin ein. Doch bereits 1933 traten die Bündner Jagdaufseher dafür ein, dass die Nachtjagd überhaupt nicht mehr gestattet sein sollte. Immer stärker wurde der Ruf nach einem Nachtjagdverbot, da bei mangelndem Licht viele verbotene Tiere angeschossen und dann liegengelassen wurden, wozu noch kam, dass bei Nacht viele Tiere nur verwundet wurden und dann, ohne gefunden zu werden, zugrunde gingen. Doch sogar die Rufe der Jagdaufseher, die doch Bescheid wussten, verhallten wirkungslos. 1934 wurde nachts weitergejagt, 1935 die Passjagd sogar verlängert, weil es die Jäger so wollten. Endlich wurde 1936 die Nachtjagd auf Nutzwild untersagt, aber trotz aller Vorstellungen ging die Nachtjagd auf Raubwild weiter, obschon dabei auch vielfach Nutzwild erlegt wurde. Das ging so hin und her. Eine Zeitlang wurde die Passjagd ebenfalls verboten, doch 1948 wieder gestattet und sogar eine Prämie von 5 Franken pro Fuchs ausgesetzt, weil die Preise für Fuchsbälge so stark gefallen waren, dass niemand mehr Füchse jagen wollte. Ob für diese 5 Franken viel Jäger wieder nachts frieren gingen, steht dahin. Sicher ist nur, dass die Abschüsse um rund 1000 Stück im Jahr gesunken waren. Aber das Ausräuchern und Ausgraben der Füchse sowie das Anbohren der Dachse und Füchse wurde erst 1925 im Bundesgesetz verboten.

Wenn im Bundesgesetz seit 1875 Netze, Bogen, Schlingen, Selbstschüsse und andere Vorrichtungen bei Strafe verboten wurden, so fasste es nur zusammen, was 150 Jahre zuvor von einzelnen Kantonen bereits verboten worden war. Aber das Verdienst des Bundesgesetzes, diese Jagdmittel für das Gebiet der ganzen Schweiz ausgeschlossen zu haben, bleibt bestehen. Aus den Jagdgesetzen und Verordnungen, besonders den ältesten des 18. Jahrhunderts, lässt sich ersehen, welche Fang- und Erlegungsarten in den Kantonen überhaupt angewendet wurden.

Der Kanton Zürich verbot von 1714 an folgende Vorrichtungen:

Schnee- und Nachtgarne. *Schneegarne* waren senkrecht aufgehängte, relativ feinmaschige Netze aus dünnem Faden, in welche die Vögel getrieben wurden. Sie konnten, vom Schnee geblendet, die Netze nicht sehen und verfingen sich darin. Diese Art Netze nannte man deshalb auch *Klebnetze*. Sie waren als *Steckgarne*, *Doppelgarne* und andere für Rebhühner, Wachteln und Fasanen bekannt. Die Schneegarne scheinen jedoch nach hierzuländischem Gebrauch zum Fang von Wacholderdrosseln, die sich bei harten Wintern regelmässig einfinden, aufgestellt worden zu sein.

Steckgarne wurden nicht nur im Schnee verwendet, sondern auch im Spätsommer und Herbst, und zwar folgendermassen: Wenn man wusste, in welchem Getreide- oder Kartoffelacker oder Gesträuch Rebhühner, Wachteln oder Fasane liegen, was man mit dem Vorstehhund feststellte, steckte man 50 bis 60 Schritt hinter den Vögeln einige Steckgarne und liess den Hund so lange vor den Fasanen oder Rebhühnern «tout beau» machen (das heisst vorstehen), bis man fertig war. Nun rief man den Hund ab und ging langsam selbst auf die Vögel zu, räusperte sich manchmal und pfiff ein wenig. Dann liefen die Hühner oder Fasane in die Steckgarne, weil sie in Deckung gern und weit zu laufen pflegen, und fingen sich darin.

Nachtgarne sind nun etwas ganz anderes. Es sind feine Netze, die zum Fang von Lerchen benützt wurden. Diese Jagd wickelte sich folgendermassen ab: Man wartete, bis es ganz Nacht geworden war, hatte aber vorher beobachtet, auf welchem Hafer-, Gersten- oder Stoppelfeld die Lerchen liegen, die auf dem Zug sind und vereint auf ihren Übernachtungsort einfallen. Das Netz wurde an zwei Stangen befestigt und gestreckt. Zwei Mann trugen es prall angezogen. Standen die Lerchen auf, was sie durch einen eigenen Ton anzeigen, so wurde das Garn mit dem Zuruf «deck» auf die Erde gesenkt. Die gefangenen Lerchen wurden durch die Maschen gezogen, dann wurden ihnen die Köpfe eingedrückt.

Bögli auf Reckolderbücken. Bögli ist ein Schweizer Ausdruck für Dohne, wie sie beim Krammetsvogelfang verwendet wurden und in der Tschechoslowakei und östlichen Ländern noch heute verwendet werden. Die Schlingen, die teils als Hängedohnen auf Bäumen, teils als Steck- oder Laufdohnen am Boden verwendet wurden, waren mit einer bis drei aus Rosshaar geflochtenen Schlingen oder Schlaufen ausgerüstet. Sie waren meist aus Weidenruten rundgebogen oder in Dreiecksform geflochten. Die Dohnen in der Schweiz waren, wie schon der Name Bögli sagt, rund, trugen entweder die Schlingen einfach an der Weidenrute oder waren so in den Boden gestossen, dass sie beim Fang aufsprangen und den mit seinem Füsschen in der Schlinge hängenden Vogel hochschnellten und zu Tode flattern liessen. Diese Bögli wurden also auf Hügeln (Bücken), wo Wacholder mit reifen Beeren wuchs, angebracht, um die dort einfallenden Drosseln und Amseln, die sich an den Beeren gütlich tun wollten, zu fangen.

Schnüre, Tröte (Drähte), Schnallen werden am besten zusammengefasst, weil es sich hiebei um einerlei Fangprinzip handelt, nämlich um Schlingenfang nicht auf Vögel, sondern zumeist auf Haarwild, wie Hasen, Rehe, sogar Hirsche. Die Schlingen oder Schleifen aus Messingdraht, Hartschnur oder Haargeflecht wurden auf den Wechseln der Hasen, den sogenannten Hasensteigen oder Hexensteigen, angebracht. Hasensteige am Waldrand sind kinderleicht auszumachen, noch leichter die Hasensteige oder sogenannten Bilmesschnitterwege im Heugras oder Klee. Die Schlingen werden nun so angebracht, dass ein durchwechselnder Hase, ohne es zunächst wahrzunehmen, Kopf und Hals in die Schlinge bringt, die an einem Pflock oder Gebüschstämmchen festgemacht ist. Je heftiger er sich nun zu befreien sucht, desto enger zieht sich die Schlinge um den Hals, so dass er sich selbst stranguliert. Ganz analog werden Schlingen auf Rehe, sogar Rotwild, an entsprechenden Stellen auf gutbegangenen Wechseln angebracht, wobei sich solche Wechsel am besten eignen, die in der Dämmerung zum Aufsuchen der Äsungsplätze benützt werden, wenn sie das Wild nicht mehr gut sehen kann. Dass hiedurch sowohl bei Hirschen wie bei Rehen ausschliesslich weibliche Tiere gefangen werden, ist klar. Nicht nur deshalb, weil das Geweih das Einschlüpfen in die Schlingen verhindern würde, sondern besonders darum, weil diese Fangmittel im Winter und Frühling verwendet wurden, wenn das Wild gerudelt ist. Dadurch werden die Leittiere zuerst weggefangen, bei Hirschwild eine führende Hindin, beim Rehwild eine Ricke, da auch das Rehrudel nie von einem Bock angeführt wird. Der Schlingenfang wird heute nur noch von Wilderern betrieben, war aber noch bis zur Zeit der Helvetik ein von Berufsjägern angewendetes Jagdmittel, wie aus den Quellen hervorgeht.

Schwippgalgen wurden auf der Zürcher Landschaft bis ins 18. Jahrhundert hinein zum Hasenfang verwendet. Eine Schlinge wurde an eine stark gespannte, an beiden Enden in die Erde gesteckte Rute befestigt. Ging das von einem Köder verführte Tier in die Schlinge, so löste sich das eine Ende der Rute, woran die Schlinge befestigt war, schnellte auf und riss das Tier in die Luft, so dass es erdrosselt wurde und hilflos an dem Stecken hing (A. Lutz 1963).

Garne (jeder Art), nächtliches Laufen und Stäuben mit Garnen sowie Spreitgarne auf Wachteln in der Brut.

Wenn Netzfang überhaupt verboten wird, weil es sich dabei stets um Massenfang handeln musste, wenn es überhaupt lohnend sein sollte, handelt es sich um dasselbe Generalverbot wie im BG 1875. Doch wird es in der Zürcher Jägerordnung noch detailliert in nächtliches Laufen und Stäuben mit Garn, womit das Eintreiben der Vögel bei Nacht in Steckgarne gemeint ist. Dann aber werden Ruf- und Spreitgarne in der Brut genannt. Hiebei handelte es sich um den Fang von Wachtelhähnen in der Paarungs- und Brutzeit. Man stellte feinmaschige Garne auf, ahmte mit einem Wachtelpfeifchen den Balzruf der Hähne nach, worauf diese «aus Eifersucht» gelaufen kamen und sich im Netz verstrickten. Es wurde mithin der Kampftrieb der Wachtelhähne zum Fang benützt.

Spreitgarne durften in der Brut also nicht angewendet werden; ausserhalb der Brutzeit wurde jedoch damit auf Rebhühner gejagt. Das ging folgendermassen zu: Nachdem mit dem Vorstehhund ein Volk Rebhühner in einem Acker festgestellt worden war, machte man die Hühner fest, das heisst, man stellte in der Nähe des gedeckt in den Kartoffelstauden sitzenden Volkes auf einer hohen Stange einen Raubvogel auf, entweder einen ausgestopften oder eine Papierattrappe. Der Anblick des Raubvogels bewirkte, dass sich die Feldhühner unbeweglich auf die Erde drückten, aus Angst, durch eine Bewegung die Aufmerksamkeit des Raubvogels auf sich zu ziehen und sein Opfer zu werden. Der alte Diezel sagte, dass durch eine noch so schlechte Attrappe, wie etwa ein Kinderspielzeug aus buntem Seidenpapier, die Hühner geradezu lächerlich festsässen. Nun kam das Spreitgarn, vielfach auch *Tirass* genannt, in Funktion. Zwei Mann – bei reichen Jägern sogar zwei Reiter – fassten nun das etwa 10 bis 12 Meter breite Netz an zwei Ecken, liessen den Rest einfach nachschleppen und zogen es gemächlich über die verängstigten Rebhühner, die sich nicht rührten und so als ganzes Volk gefangen wurden. Auch diese Art der Rebhuhnjagd setzte einen ansehnlichen Hühnerbestand voraus, um lohnend zu sein. Ein Beweis, dass der Tirass mit allem Beiwerk in der Schweiz gebraucht wurde, obschon sie nie eigentliches Rebhuhnland war, ist, dass er in vielen Museen noch vorhanden ist.

Beiläufig sei bemerkt, dass es sich beim Verbot fast aller Kantone gegen das Auflesen junger Hasen und das Ausnehmen von Rebhuhn- und Entengelegen nicht um eine Jagdmethode handelte, sondern um eine Raubjagd, die vom Landvolk, wohl zumeist Jugendlichen, betrieben und bis in die Gegenwart in verschiedenen Rieden und Mooren praktiziert wurde.

Um eine eigentliche Fangmethode handelte es sich aber endlich bei dem um 1714 verbotenen «*Fangen mit dem Geschell*». Das war ein Hasenfang mit dem Netz. Hartig meint, diese Fangmethode habe man damals angewendet, als man noch nicht so geschickt gewesen sei, um auf laufende Hasen einen sicheren Schuss anzubringen. Doch ist wohl ein fundamentaler Unterschied zwischen der Schiessjagd auf Hasen und dem Netzfang, da die in der Schweiz übliche Hasenjagd mit dem Stöberhund oder die Hetzjagd mit Windhunden nie die grossen Strecken erreichte, wie sie beim Netzfang Voraussetzung waren. Es wurde ein ziemlich grobmaschiges Netz von ungefähr 120 m Länge und 1,5 m Breite am Nachmittag am Waldrand auf 10 bis 12 Stäben aufgehängt und unten hochgeschlagen. Wenn nun abends die Hasen aus dem Wald ins Feld zogen, hoppelten sie ruhig unter dem Netz durch. Von beiden Enden des Netzes aus wurde nun je eine mit Schellen behangene Schnur von 50 und mehr Meter Länge leicht ins Feld hinaus aufs Gras gelegt und dort mit einem Pflock festgemacht, so dass diese trichterförmig zum Netz verliefen. In der Morgendämmerung, wenn die Hasen wieder zu Holz zogen, begab sich höchst vorsichtig je ein Mann an jede Schnur ans Ende des Netzes, nachdem das zuvor aufgeklappte, am Waldrand aufgehängte Netz bis zum Boden herabgelassen worden war. Wenn nun die Hasen ihren gewohnten Steigen zustrebten, zogen die beiden Männer plötzlich die Schellenschnüre straff, dass sie klingelten. Das hatte natürlich zur Folge, dass die Hasen nun in wilder Flucht kopflos gegen den Wald sausten, um sich in Sicherheit zu bringen und dabei sogleich im Netz hingen, sich in die Maschen verfingen und mit Knüppeln erschlagen werden konnten. Der alte Fachausdruck für diese Hasennetze mit Geschell lautete «Lucknetz, Lückennetz oder Lauschnetz». Der Hasenfang mit diesem Lauschnetz war im ganzen Mittelland bis ins 18. Jahrhundert sehr verbreitet (A. Lutz, 1963). Lucknetz darum, weil das Fangnetz «lugg», d. h. locker und nicht straff aufgehängt werden musste, damit sich die Hasen darin verstrickten. Die Schellen hatten die Form wie auf dem bekannten Kartenspiel.*

Im Kanton Zürich kannte man die *Hasenhurd*, die nicht nur ein Jagdmittel für Wilderer war, sondern auch von legitimen Jägern benützt wurde. Es handelte sich hiebei

---

* A. Lutz (1963) gibt nach Lindner folgendes Rezept zur Verwitterung (Geruchstarnung) des Lauschnetzes an. Man taucht das Netz in eine Brühe von Menschenharn, Knoblauchzinken, Zwiebeln, Pferdemist und Russ, die man hinter dem Ofen in der Stube eine Zeitlang stehen lässt. Die Schellenschnur bestreicht der Jäger mit grünem Korn oder mit Krautblättern. Ob diese Verwitterungsmethode auch auf Schweizer Boden Verwendung fand, erscheint fraglich.

um eine Hasenfalle, die aus einem beschwerten Brett bestand, das den Hasen erschlug, sobald er das Stützhölzchen mit der Lockspeise, Misteln oder Kohlblätter, berührte (nach Joh. Tänzer, Dianen hohe und nieder Geheimnüs). Die Hasenhurd gehörte mithin zu den Mordfallen, die gewöhnlich nur auf Raubwild angewendet wurden.

Der Kanton Bern gestattete 1717 *Fallen und «Letsche»* (Schlingen) für grosses und kleines Gewild auch in offener Jagdzeit nicht mehr. 1742 wurde aber das «Letschenstecken» für Vögel wieder bewilligt, doch sollten die Schlingen mit dem Ende der Vogeljagd wieder eingesammelt werden. Auch im Kanton Bern war das Ausnehmen der Hasen- und Vogelnester verboten, ausgenommen die Nester der Rinderstarren (Stare), Duhlen (Dohlen), wilden Dauben, Stechvögel (Raubvögel), Aegersten (Elstern), Kräyen, Gugger (Kuckuck), Spatzen und dergleichen «schädlicher» Vögel. 1804 war das Letschenstellen auf Vögel jedermann vom 1. September bis 1. Dezember gestattet, auf Krammetsvögel sogar den ganzen Winter mit einem speziellen Patent. Noch 1876, als das erste Bundesgesetz in Kraft trat, beklagte sich die Regierung des Kantons Bern, dass nun zwei von den vier bisherigen Patenten abgeschafft werden mussten: das Patent für die Frühlingsjagd auf Schnepfen und dasjenige für Garnstellen. Das *Garnstellen auf Kleinvögel* war zwar schon 1804 im Kanton Bern untersagt worden, doch wurde es in den folgenden Jägerordnungen von 1817 und 1832 wieder erlaubt. Eine spezielle Art von Rebhuhn- und Fasanenjagd scheint im Kanton Bern ausgeübt worden zu sein, wie aus den alten Verordnungen hervorgeht, das Jagen mit der Tonelle.

Eine *Tonelle* ist eine auf Karton oder dünnes Holz gemalte und ausgeschnittene weidende Kuh in natürlicher Grösse, hinter der sich ein Mann verbergen konnte. Hatten sich im Herbst die Rebhühner in Völkern vereinigt und wurde ein solches Volk ausgemacht, näherte sich diesem ein Mann, der die Attrappe der weidenden Kuh als Schild vor sich hielt und sich langsam vorwärtsbewegte. Die Aufgabe dieses Mannes bestand darin, das Volk Feldhühner langsam einem bereitgestellten Netz oder einer Art *Netzreuse* (Sack oder Hamen genannt) zuzudrücken, ohne dass sie aufstehen (auffliegen) durften. Diese Hühnerjagd mit der Tonelle wurde auch bezeichnet als *Fang im Treibzeug* oder *Anschilden der Hühner;* im Kanton Solothurn als «*Fang mit der Kuh*».

Die Jägerordnung von Luzern aus dem Jahre 1649 kennt, wie auch die ganze Innerschweiz, den Begriff der *Kloben*. Darunter ist eine Vorrichtung, vorwiegend aus Holz, zum Einklemmen und Festhalten zu verstehen, in der Jagd jedoch sehr bald eine Falle aus Eisen mit Springfedern. Schliesslich ging der Begriff «Kloben» oder «Klöbli» in eine Bezeichnung für ziemlich alle eisernen Fanggeräte über, die zur Klasse der Tretfallen, Angeln und Bodenfallen gehörten. Sie wurden im Kanton Luzern also bereits im 17. Jahrhundert verboten, wogegen der Fang von Vögeln in Schlingen in Wäldern noch bis 1857 gestattet war.

Die Innerkantone kamen mit den Verboten für die verschiedenen Fanggeräte erst Mitte des 19. Jahrhunderts heraus.

In Nidwalden nannte man schlechtweg jede Falle «Kloben». Hier kannte man solche auf Luchse und Füchse, in Form von *Prügel- oder Mordfallen,* die mit zentnerschweren Gewichten auf die Tiere fielen, welche den Köderbrocken berührten. Dazu wurden im Zeughaus zu Stans riesige Wolfseisen und Fallen aufbewahrt, die dort nach Bedarf gefasst werden konnten. Die Kloben oder Prügelfallen waren ungeheuer stark konstruiert. Mehrfach wurden Hunde gefangen und gingen darin zugrunde. Auch sind mehrere Fälle bekannt geworden, dass Kinder in Fuchskloben verunglückten. So 1791 bei Beckenried ein sieben Jahre alter Knabe, der durch einen Hag geschlüpft war und in die Klobenfalle geriet. Als man ihn fand, war er bereits vollständig erstarrt. Der Fallensteller, der um Gnade bat, wurde mit 12 Gulden und den Prozesskosten bestraft (Jann 1911).

Endlich wurde, wohl meistens nur für «Untiere» (reissende Tiere, wie Bären, Wölfe, Luchse) *«Trû und Seil»* gebraucht. Das waren vermutlich Holzkasten, die eingegraben, mit Seilen überspannt und mit Zweigen und Laubstreu zugedeckt wurden. Ein Wild, das diese Vorrichtung betrat, sank nun mit den Läufen ein, hing bis zum Leib in den Seilen, konnte selber nicht mehr Fuss fassen, sondern zappelte hilflos mit den Gliedern in der Luft. Diese Fangvorrichtung scheint aber bereits früh ausser Gebrauch gekommen zu sein.

Eine Besonderheit ist für den Kanton Solothurn zu erwähnen, der sich sonst ziemlich treu an die bernischen Jagdordnungen anschloss. Von 1808 bis 1864 konnte jedermann Spatzen und Meisen ohne Patent fangen. Das heisst, dass tatsächlich bis 1864 im Kanton Solothurn *Meisenherde* existierten.

Mitte des 19. Jahrhunderts waren die meisten Fallen und Mittel zum Massenfang von Wild und Geflügel verschwunden. Die *Zeit der Sportjagd* hatte begonnen, die Nutzjagd, die von der Ansicht ausging, dass Gott die Tiere «zur Notdurft der Menschen» geschaffen habe, war zu Ende gegangen, ohne dass man sich dessen in Behörden-, noch weniger in Jägerkreisen bewusst wurde. Einzelne Ausnahmen in wenigen Kantonen blieben wohl noch bis zum Bundesgesetz 1875 bestehen, in Schaffhausen durften die patentierten Jäger noch 1829 Rebhühner mit Garnen fangen. Fallen waren aber bis auf Spezialfälle überall verboten, vorab die gefährlichen Selbstschüsse, eine in alter Zeit beliebte Art des Fallenstellens. Sonderbarerweise war der *Selbstschuss* im klassischen «Fallenkanton» Graubünden gar nicht bekannt gewesen. 1863 ereignete sich, wie im Regierungsbericht verlautet, im Bezirk Oberlandquart ein ganz besonderer Fall, indem sich dort ein Jäger zur Erlegung von Füchsen einer Vorrichtung bediente, durch welche dieselben beim Berühren des Lockfleisches den Schuss selbst losdrückten, wodurch selbst Menschen in Gefahr kamen. Gegen eine solche Jagdmethode sei im Jagdgesetz zwar keine Strafbestimmung, doch könne dieselbe jedenfalls nicht als erlaubt betrachtet werden.

Eine seltsame Sache sei noch aus dem Aargau erwähnt. 1838 war den Jagdpächtern das Fallenstellen ohne Beschränkung erlaubt worden. 1844 kam aber im Grossen Rat die Frage des Legens von Fangstricken, also des Schlingenlegens, zur Sprache und wurde – zurückgestellt. Ob überhaupt ein Entscheid gefällt wurde, geht aus den Berichten nicht hervor. Sollte hierüber erst das Bundesgesetz 30 Jahre später entschieden haben?

Der Rundgang durch die Fallen- und Fanggeräte der alten Zeit wäre nicht vollständig, wenn verschiedene Werkzeuge unerwähnt blieben, die in Museen und Sammlungen zur Jagdgeschichte der Schweiz aufbewahrt werden oder von deren Gebrauch – meist illegal – noch mündliche Nachricht zu erhalten war.

Es sind dies die *«Fuchsklöbli»* oder Angeleisen mit Geschlepp, die *Entenangeln*, die *Pfahleisen* und *Pfahlschüsse* für Raubvögel, die *Leimruten auf Steckbüschen* und endlich eine Bündner Spezialität: die *Gemsleiter*.

Fuchsklöbli oder Angeleisen sind Martervorrichtungen, die in keinem Jagdgesetz erwähnt werden, aber nichtsdestoweniger fleissig benützt wurden. Fuchsköder mit Geschlepp werden noch heute verwendet, um den schlauen Reinecke an das Eisen zu bringen. Dabei schleppt der Fallensteller blutiges Fleisch oder einen beliebigen Kadaver mit starker Witterung ein gehöriges Stück weit durch Wald und Feld bis zur Falle in der Erwartung, dass irgendwo von ungefähr ein Fuchs auf die starkduftende Schleppspur treffen und dieser Spur folgen werde bis zum Köder; diesen würde er dann unbedenklicher annehmen, da er auf der ganzen Schleppe nichts Verdächtiges wahrgenommen hatte. Um dem Fuchs vollends die Möglichkeit zu nehmen, durch den Eisengeruch am Köder misstrauisch zu werden, hängt man diesen an einem Ast auf, den der Fuchs nur durch Aufspringen erreichen konnte. Im Hängeköder aber war das «Klöbli» oder besser die Fuchsangel verborgen, ein zwei- oder dreiteiliges Angelgerät, dessen Widerhaken beim Zubeissen aufsprangen und sich mit starker Federkraft in Gaumenbeine und Kiefer des Fuchses einbohrten. Der arme Schächer hing nun hilflos in der Luft an seinem eigenen Gaumenbein aufgehängt, bis der Fallensteller kam, um ihn zu erschlagen. Ähnliche Marterwerkzeuge wendete man gegen Wölfe an, obschon sie in der Schweiz nie Standwild waren. Wölfe konnten schon gar nicht auf einen Funken Barmherzigkeit rechnen, sie waren bei Landwirten und Jägern gleichermassen verhasst.

Bei der *Entenangel* gingen die Fänger folgendermassen zu Werk. Die etwa 1 Meter langen Entenschnüre waren an derbe Steine gebunden, die man auf Pfähle legte. Die Pfähle waren in etwa metertiefem Wasser so eingeschlagen, dass ihr Oberteil drei Finger breit unter Wasser war. Der Angelhaken wurde nicht mit einem Brocken geködert, sondern mit einem Stückchen frischem Darm überzogen und mit einem Korken so zum Schwimmen gebracht, dass der Haken mit dem Darm nur wenig unter Wasser sank. Wenn nun die Ente nach ihrer Gewohnheit, die Abfälle auf dem Fluss oder See aufzunehmen, das Darmstückchen schluckte, wurde sie vom Angel festgehalten, zerrte an der Schnur, riss dadurch den Stein vom Pfahl, der zu Boden sank und Kopf und Hals der Ente unter Wasser zog, dass sie ertrinken musste. Da der Stein zugleich die tote Ente wie ein Anker festhielt, dass sie vom Wasser nicht fortgetragen werden konnte, liessen sich die ertrunkenen Enten vom Boot aus leicht einsammeln. Diese Jagd wurde aber kaum von Jägern, weit mehr von Fluss- und Seeanwohnern ohne Patent ausgeübt.

Aber gegen die *Raubvögel* richtete sich die Fangtechnik der Jäger, weniger der Patentjäger als der Revierinhaber, die als «eifrige Heger» bemüht waren, alles, was krumme Schnäbel und scharfe Zähne hatte, im Revier zu vernichten. Diezel hatte in seiner Niederjagd und der bekannte Ernst Hartert in seiner mit den Xylographien von Mützel aus Brehms Tierleben geschmückten Hetzschrift «Die Feinde der Jagd» dafür gesorgt, dass sich die Hegetätigkeit der Weidmänner mit allen Mitteln gegen die bösen Raubvögel richtete. Man stellte ihnen *Pfahleisen* auf, die ihre Füsse packten, was sich besonders gegen die harmlosen Bussarde richtete, die als «Ansitzjäger» besonders gerne auf Pfählen im Feld aufblocken. Eine Zeitlang wurde auch für den *Pfahlschussapparat,* der den aufblockenden Vogel von unten her erschoss, in schweizerischen Jagdzeitungen ausgiebig Reklame gemacht. Doch das hörte 1925 glücklicherweise mit dem erneuten Schutz des Bussards auf.

Der *Leimrutenfang* der Singvögel ging noch eine ganze Zeitlang auch nach den Schutzmassnahmen der Kantone frischfröhlich weiter. Das Schweizerische Museum für Volkskunde (Basel) bewahrt noch immer die Steckbüsche auf, worauf die mit Vogelleim bestrichenen Stäbchen (Leimruten) gelegt wurden. Steckbüsche sind einfach geschnittene Gebüschteile, die im freien Feld in den Boden gesteckt wurden, um die Zugvögel, wenn sie in Trupps oder ganzen Flügen durch die Felder strichen, einzuladen, darauf zu fussen. Irgendwie kamen sie dann mit dem klebrigen Rütchenzeug in Berührung, wurden flugunfähig und konnten leicht gefangen und mit einem Daumendruck getötet werden. Leimruten werden noch heute illegitim vereinzelt in der Schweiz verwendet, in Frankreich, Italien und vielerorts noch massenhaft. Es soll nicht untersucht werden, wie viele Vogelliebhaber sich der Leimruten bedienten, um ihre Käfigvögel zu fangen.

Endlich die Bündner *Gemsenleiter*. Hiebei handelte es sich um eine kurzsprossige Leiter, die liegend so aufgestellt wurde, dass die Gemsen aus ihr wie aus einer Heuraufe Heu fressen konnten. Wenn nun das leicht erreichbare Futter verspeist war, zwängten sich die hungrigen Tiere den Kopf zwischen den Sprossen der Heuleiter durch, um das dahinterliegende Futter zu erreichen, verfingen sich beim Zurückziehen des Kopfes mit den Krickeln im oberen Holmen und waren gefangen. Andere Heuleitern waren so konstruiert, dass der obere Holmen durch schwere Steine auf den Hals der gefangenen Gemsen gedrückt wurde und sie erwürgte.

Die Geschichte der Fallen und besonders der *Giftfrage* zieht sich weit in die Zeit der Bundesgesetzgebung hinein. Nur einige Beispiele mögen zeigen, wie sich die Kantone in dem Gewirr der verschiedenen Jägergesuche und Bestrebungen zurechtzufinden versuchten.

In Zürich kam 1921 das völlige Giftlegeverbot; von allen Fallen wurden nur noch Kastenfallen erlaubt. Uri verbot 1916 das Giftlegen grundsätzlich, doch konnte es der Regierungsrat auf Raubwild gestatten. Viel dahingehende Erlaubnisse scheinen indessen nicht gegeben worden zu sein, nur 1939 durfte ein Wildhüter namens Herger im Banngebiet Gift legen, weil man dadurch die Füchse zu vermindern und die Gebirgshühner zu vermehren hoffte. Doch der Erfolg war nicht der erwartete. Fallen auf Füchse, Fischotter, Iltisse, Marder wurden nach 1875 überall gestattet. Glarus verbot schon 1566 das Fallenlegen ausnahmslos. 1852 kam dort auch das Giftlegeverbot, das 1905 und in späteren Jagdgesetzen bestehen blieb. Auch entsprach die Regierung einem Gesuch der Wildhüter, in den Banngebieten gegen die «überhandnehmenden Füchse» Gift legen zu dürfen, nicht. Und als es um 1905 eine Zeitlang einriss, dass die Jäger Raubwild vergifteten, um sich die Prämien zu verdienen, griff die Regierung durch. Das Fallenverbot wurde 1905 etwas gelockert, jedoch nur Kasten- und Prügelfallen wurden gestattet. Basel-Land erliess 1859 ein völliges Fallenverbot, lockerte es aber leider 1876 entsprechend dem neuen Bundesgesetz. Appenzell A.Rh. erlaubte nur dem Wildhüter im Freiberg die Anwendung von Schwanenhalsfallen, weil er aus Sparsamkeit damals zu so wenig Touren verpflichtet war, dass er unmöglich mit der Flinte die erwünschten Raubwildabschüsse erfüllen konnte. Und in jener Zeit war man eben überzeugt, dass ohne Raubzeugvernichtung kein richtiger Wildstand herangehegt werden könne. 1861 verbot St. Gallen das Giftlegen im Freien und das Fallenlegen gesamthaft. Nur der Freiberghüter wurde mit Fallen gegen Raubwild ausgestattet. Später legte man jedoch wieder allgemein Treteisen auf Füchse, so dass die St. Galler Jäger selbst Einspruch erhoben. 1920 reichten sie eine Eingabe gegen den Fuchsfang mit Fallen ein, weil dadurch die Füchse ausgerottet würden. Da beschränkte die Regierung die Zulassung für Fallen auf das Innere der Gebäude. Graubünden verbot das Giftlegen 1860 streng, zugleich das Fallenstellen auf Murmeltiere. Dann aber kam es zu der berüchtigten Bündner «Fallenjagd»; 1915 taucht dieses Wort erstmals in den Regierungsberichten auf. Eigene «Fallenjagdpatente» wurden ausgegeben. Dass so etwas wie eine «Winterfallenjagd» dem Bundesgesetz eindeutig widersprach, lag auf der Hand. Die Bündner «Fallenjagd» führte auch zu verschiedenen Einsprüchen von Bern; manche Juristen schrieben in den Zeitschriften dagegen. Trotzdem blieb die Fallenjagd in Graubünden bestehen bis zum Bundesgesetz 1962, wenn auch der Kanton Einschränkungen und Humanisierung vornahm. Die Beschränkungen bestanden aus einer Reduktion der zugelassenen Fallenzahl pro Jäger. Die Humanisierung des Tellereisens bestand aus der Vorschrift der Polsterung der ursprünglich gezähnten oder gewellten Fallenbügel. Das sollte den Tieren die Schmerzen des Fallengriffs ersparen. Dass die Polsterung automatisch eine Verstärkung der ohnehin brutalen Stahlfedern zur Folge haben musste, die um so mehr zu Lauf- und Kieferbrüchen führte, blieb anscheinend unbeachtet, ganz abgesehen von der Abschnürung des Kreislaufs im gefangenen Glied, was auch nicht als sehr human betrachtet werden kann. Trotz aller Einsprachen trennten sich die Bündner Jäger nicht von ihrer Fallenjagd, weil man in den Bergen «den Füchsen sonst nicht Meister werde» (wenigstens solange der Balg etwas galt).

Im Aargau ging das Seilziehen 1905, also wiederum gleich nach dem Bundesgesetz 1904 unseligen Angedenkens, los. Bis zu diesem Zeitpunkt war im Kanton das Giftlegen auf Raubzeug streng verboten gewesen. Das neue Bundesgesetz gestattete nun den Revierkantonen, ihren Jagdpächtern ausnahmsweise unter Aufstellung der nötigen Sicherheitsvorschriften das Giftlegen zu bewilligen. Gestützt darauf reichte der aargauische Jagdschutzverein ein Gesuch an den Regierungsrat ein, das Finanzdepartement, dem das Jagdwesen unterstand, möge von der den Revierkantonen gemachten Kompetenz Gebrauch machen und die nötigen Sicherungsvorschriften für das Giftlegen erlassen. Das geschah noch im gleichen Jahr. Drei Jahre lang machten die Jagdpächter von der Vergünstigung Gebrauch und legten Gift zur Vernichtung des sogenannten Raubzeugs. Da richtete 1908 der aargauische Tierschutzverein an das Finanzdepartement das Gesuch, das Giftlegen möge nicht mehr gestattet werden, weil dadurch nicht nur Füchse, sondern auch Katzen und fleischfressende Vögel elendiglich zugrunde gingen. In Rücksicht auf dieses Gesuch und weil für 1908 nur noch fünf Jäger um die Gifterlaubnis eingekommen waren, wurden die Bewilligungen bis 1911 eingestellt.

Auch in der Waadt bewarben sich die Jäger 1889 um eine Giftlegeerlaubnis, wurden aber unter Hinweis auf das Bundesgesetz abgewiesen. Als aber 1916, das heisst im ersten Weltkrieg, die damals bis heute im Waadtland üblichen Niederwildbezüge aus Österreich ausblieben und damit kein «Repeuplement» mehr die überhöhten Jagdabschüsse kompensieren konnte, ging es vermehrt über das «Raubzeug» her, dem man die Schuld am Absinken der Wildbestände zuschrieb. Die Regierung lockerte die Praxis der Fallenbewilligung und der Fuchs- und Dachsjagd am Bau. Ausserdem wurden Giftköder für die «Carnassiers» erlaubt.

Sogar der Bund wandte sich im zweiten Weltkrieg gegen den Gebrauch von gelbem Phosphor gegen die Krähen, deren Vertilgung durch Gift doch im Bundesgesetz von 1925 von den Revierlern (Zschokke) durchgesetzt worden war. 1941 wurde vom Bundesrat den Kantonen empfohlen, von der Verwendung von Gift zur Vertilgung der Krähen abzusehen, da die Erfahrung gezeigt hätte, dass durch die Phosphoreier und anderen Giftbrocken auch viele nützliche Vögel und andere Tiere gefährdet würden. Die Verwendung von Giftbrocken zur Reduktion des Haarraubwildes muss als völlig unweidmännisch bezeichnet werden. Denn das meistverwendete Gift, Strychnin, führte zu einem höchst qualvollen Tod, was an sich schon der weidmännisch verstandenen Jagd widerspricht. Zweitens aber geht dabei der Balg des Raubwildes verloren, der bei den Marderarten in der winterlichen Reife nicht zu bagatellisieren ist, auch beim Rotfuchs dürfte der Balg voraussichtlich den alten Wert bald wieder erreichen. Eine Vertilgung des Haarraubwildes ohne Kontrolle der Strecke, bloss zur unbewiesenen Hebung des Nutzwildes, dürfte heute unter weidmännisch gesinnten Jägern keine Befürworter mehr finden.

Der Tier- und Naturschutz hatte auch in der Kriegszeit, als man den Unsinn beging, Saatkrähen zu vergiften, nie aufgehört, gegen die Verwendung von Gift in der freien Natur Einspruch zu erheben.

Da erhob sich ein neues Giftproblem in Form der Verwendung von Giftstoffen zum Pflanzenschutz. 1943 forderte die Verwendung von Thallium gegen die Mäuse enorme Opfer unter den Mäusefeinden: Füchsen, Dachsen, Mardern, Igeln und den nützlichen Raubvögeln. Im Waadtland wurde 1944 die Vergiftung mit Thallium aufgegeben. Doch die Krähenvergiftung nach der Methode Philippon mit Strychnin wurde, wie es hiess, mit gutem Erfolg im Winter bei Schnee fortgesetzt. Der Kampf gegen den Thalliumweizen der Firma Maag in Dielsdorf und Siegfried in Zofingen ging weiter. Die chemischen Werke beklagten sich über die «fanatischen Tierschützler», die wegen der paar Füchse und Marder ein Lamento erhoben. Das Hinschwinden der geschützten Mäusefeinde beschwiegen die Firmen sorgfältig. Nun, die Milchgenossenschaften, welche meistens den Giftkampf gegen die Feldmäuse in den Gemeinden organisierten, haben ihre Thalliumweizenvorräte aufgebraucht, vorderhand scheint Ruhe eingezogen zu sein. Für wie lange, wird die Zukunft zeigen. Indes – die Schädlingsbekämpfung mit Giften, die auch für höhere Tierformen gefährlich sind, geht weiter. Hexachlor wurde 1951 von der Universität eindeutig als Gift für Singvögel auch in Sekundärvergiftungen festgestellt, das heisst, dass das Verzehren von Insekten, die mit Hexachlor vergiftet waren, auch die Vögel tötete. Dasselbe wurde bei höheren Konzentrationen auch für DDT erwiesen. Zuerst tat bei der Bekämpfung der Schädlingsgifte auch die Vogelwarte Sempach mit, später nicht mehr. Trotzdem wehrte sich der Tier- und Vogelschutz gegen die in der Landwirtschaft stark verwendeten Spritzmittel, aber die Industrie wollte sich ihr Mai- und Kartoffelkäfergeschäft nicht verderben lassen. Sie kämpfte ihrerseits mit Abwehrpublikationen und Drohungen. So steht die Schweiz – samt Europa, Amerika und Afrika – heute vor einer Kleinvogelreduktion infolge der Pflanzenschutzmittel, wie sie die Erde noch nie gesehen hat.

Die Wirkungen der Pflanzenschutzmittel auf die Kleintierwelt des Erdballs, soweit er landwirtschaftlich genutzt wird, sind eine Wissenschaft für sich und gehören grundsätzlich nicht in den Rahmen dieser Darstellung. Darum ist die Rückkehr zu den jagdlichen und nichtjagdlichen Erlegungsmitteln des Nutzwildes geboten.

Die obige Liste der Fangmittel ist bestimmt nicht ganz vollständig. Sie könnte durch manche lokal gebräuchlichen Fanggeräte und durch individuelle Erfindungen in einzelnen Gegenden, besonders für den Vogelfang, erweitert werden. Aber darum handelt es sich wohl nicht. Aufgabe dieses Überblicks war nicht ein Stück Jagdgeschichte, sondern lediglich ein Einblick in die das Schicksal der schweizerischen Landestierwelt bestimmenden Jagdmittel, um die Verarmung der Fauna zu erklären und die Bestrebungen zu ihrem Wiederaufbau zu rechtfertigen. Es waren die Massenerlegungsmittel, die in einer Zeit die Landestierwelt dezimierten, da noch keine Intensivlandwirtschaft die Bestände der freien Tiere der Natur verminderte, noch keine Forstwirtschaft nach Reh- und Gemsenkrieg rief. Darum ist wohl der vielbetonte Hinweis auf die wachsende Siedelungsdichte und Raumnutzung in der Schweiz nur teilweise stichhaltig, denn die jagdliche Nutzung setzt dem Wild in vielen Kantonen nach wie vor in einer Weise zu, die den Tierfreund weithin im Lande vergeblich nach seinen Lieblingen Ausschau halten lässt.

Fallen und Jagdgeräte von einst und jetzt sind von Köpfen ersonnen, die dem freien Tier der Wildbahn irgendwie primitiv gegenüberstehen. Vielleicht nicht ganz so primitiv, wie jener Johann Jakob Sulzer aus Winterthur, der 1826 in seinen «Unterhaltungen für Jagdfreunde» schrieb: «Oncle will mit Dir und Deinem Hans auf die Rebhühner, die ziemlich zahlreich in unserer Nähe morgens und abends rufen, dass einem das Maul danach wässert... Oder wie jener Glarner, der beim Anblick eines starken Gemsrudels im Freiberg mir zubrummte: «Do kunnt me jo ganz verruckt.» Diese Menschen sind heute gewiss in der Minorität, aber ihre Gehirne waren einst tätig genug, in alter Zeit jene Fallen zur Inbesitznahme des Wildes zu ersinnen, die es auf lange Jahrzehnte bis zur Ausrottung dezimierten. Und diese Menschen mit dem vielzitierten «Beutetrieb» könnten, wenn unbehindert, auch heute noch allerhand ausrichten. Mag auch der Wilderer aus Trieb in der Schweiz noch lange nicht ausgestorben sein, so ist wohl die Wilderei aus Not eine Seltenheit.

Für die heute glücklicherweise weitgehend überwundene Grausamkeit der alten Jagdmittel sind Worte post festum überflüssig. Die Gesinnung dem Tier gegenüber, die das Mittelalter bis in die neueste Zeit hinein beherrschte, wurde bereits zu schildern versucht. War sie überhaupt eine Gesinnung? Oder nur ideologischer Überbau eines Raubinstinktes, der in dieser Form nicht einmal die Tierwelt beherrscht? Diese Frage möge sich der Leser selbst beantworten.

5. Kapitel

Jagdrechtliche Fragen der Kantone
Die Systemfrage: Revier oder Patent

In vielen Kantonen der Schweiz spielte die Frage des Jagdsystems eine grosse Rolle, ja, die Geschichte der Jagd drehte sich in manchen Kantonen jahrzehntelang um diese Frage. Sie trägt rein politischen Charakter. Das Patentsystem stammt aus der Zeit der Helvetik, die Gemeinderevierjagd ist Import aus Deutschland. Das Schicksal der jagdbaren Tierwelt ist mit dem Jagdsystem verknüpft. Darum kann die Systemfrage nicht übergangen werden, obschon sie gegenwärtig taktvoll in den Hintergrund gerückt wird.

Ein Vergleich beider Systeme erübrigt sich. Er wurde schon oft durchgeführt. Und polemisiert wurde genügend darüber. Schon immer haben diese Erörterungen in eine Verurteilung der Patentjagd ausgemündet. Bis vor wenigen Jahrzehnten verlief die Grenze zwischen Revier- und Patentkantonen dem Alpennordrand entlang. Seither gingen zwei Bergkantone zur Pachtjagd über, beide aus finanziellen Gründen, die über die alten «demokratischen» Traditionen siegten. Die Entscheidung der Kantone zu einem der beiden Jagdsysteme fiel zu keiner Zeit und in keinem Kanton nach sozialen und nur zum Teil nach wildschützerischen Gesichtspunkten, sondern ausschliesslich nach finanziellen. An der Patentjagd, der «Volksjagd», hielten diejenigen Kantone fest, für deren Stimmberechtigte die herkömmlichen jagdlichen Traditionen stärker waren als die Einnahmen von Staat und Gemeinden aus der Jagd. Es waren Bauern und Bergler. Mit dem Vordringen der geldwirtschaftlichen Gestaltung des gesamten Lebens, insbesondere mit den finanziellen Anforderungen der Gemeinden, drang auch die Revierjagd vor. Es standen somit für die Jagdgestaltung zwei Dinge zur Wahl: *Altherkommen oder Geldertrag.* Und weil das Geld von jeher die freiheitlich-demokratischen Gefühle überwunden hat, sind die Tage der «Volksjagd» allem Anschein nach gezählt, auch in jenen Kantonen, wo die Mehrheit der Stimmberechtigten von Revierjagd zur Zeit noch nichts wissen will.

Die Entscheidungen in den Kantonen über das Jagdsystem gingen nicht von der Sorge um den Wildstand aus, wennschon davon die Rede war. Es scheint, dass die Gesamtzusammensetzung der Tierwelt in Patentgebieten eher der natürlichen Gestaltung entsprach als in Revierkantonen, da dort Pächter und Jagdaufseher das Revier ganzjährig mit der Waffe zu begehen befugt sind und dem Raubwild, sogar mit Hunden, ohne Schonzeit nachstellen dürfen. Die Zusammensetzung der Fauna ist also in Pachtrevieren weitgehend dem Gutdünken des Pächters überlassen. Aber wenn gar, wie sehr oft, der Ertrag der Niederjagd auf Raubwild einen Teil der Entlöhnung des Jagdaufsehers bildete und ihm früher zudem der Gebrauch von Fallen freistand, so dürfte wohl jedermann klar sein, wie ausschliesslich das Nutzwild begünstigt wurde.

Das erstrebte Ziel für die Erhaltung der Landestierwelt ist jedoch deren möglichst naturgemässe Zusammensetzung. Ein vortrefflicher, von der Überlegenheit der Revierjagd fest überzeugter Berner Jäger tat vor Jahren den Ausspruch: «Was weit-dir? e gueti Revierjagd isch miseel es halbs Reservat!» Zur Ehre des verstorbenen Weidmanns sei es gesagt: Die seine wohl. Aber jede? Wir kannten und kennen Revierjagden, die nichts weniger als die Bezeichnung eines «halben Schutzgebietes» verdienen, obschon die Möglichkeit besteht, dass Revierjagden gut verwaltet werden können, während eine pflegliche Gestaltung der Patentjagd bisher trotz aller Mühe und manchen Massnahmen den Behörden nirgends gelungen ist. Überlegen sind die Patentkantone durch ihre Wildasyle und die eidgenössischen Bannbezirke. Dort konnte sich nach Einstellung der einst obligatorischen «Raubzeugvertilgung» eine gewisse natürliche Lebensgemeinschaft bilden.

Darum kann nicht dem einen oder anderen der Jagdsysteme der Vorzug gegeben werden. In den Kantonen, die vom Patent- zum Reviersystem übergingen, fiel der Entscheid im Volke nie wegen der lieben Tiere, sondern stets nach der letzten Kraft: der des Geldes*. Einige Beispiele mögen zeigen, wie in den einzelnen Kantonen um das Jagdrecht gerungen wurde und wie die Entscheide am Ende zugunsten des Reviersystems ausfielen, oder wie man standhaft dem herkömmlichen Patentwesen treu blieb.

Im *Kt. Zürich* erfolgte der erste Vorstoss für ein Revierjagdgesetz schon vor dem ersten Bundesgesetz über Jagd und Vogelschutz. Im Jahre 1871 wurde an den Kantonsrat eine gedruckte «Petition betreffend das Jagdwesen» mit einem kurzen, doch für damals recht guten Gesetzesentwurf nach dem Pachtsystem eingereicht. Begründet war die Petition mit der Zerrüttung des Wildstandes: «Infolge des gegenwärtigen Patentsystems sind einzelne Gegenden unseres Kantons völlig von Wild entblösst, alle andern nähern sich diesem Zustand schnellen Schrittes...». Diese Petition, unstreitig von dem siegreichen Deutschland beeinflusst, hatte keinen Erfolg.

Dasselbe galt auch für das zweite Initiativbegehren, das 1876 gedruckt eingereicht wurde, als es sich darum handelte, das kantonale Jagdwesen dem ersten Bundesgesetz anzugleichen, das am 12. April 1876 in Kraft getreten war. Auch dieses Initiativbegehren enthielt einen fertigen Pachtjagdentwurf samt Begründung und umfasste 31 Druckseiten. Zwei Jahre später wurde der Revierjagdentwurf dem Volke unterbreitet, aber verworfen.

Die Folgezeit der Patentgesetzversuche sei übergangen. 1903 kam der Auftrag zum Entwurf eines neuen Jagdgesetzes. 1904 legte die Finanzdirektion einen solchen dem Regierungsrat vor. Der Entwurf stand auf dem Boden des Reviersystems. Doch er beliebte nicht. Die Zürcher wollten keine «Herrenjagd». Man liess die Hunde jagen, auch in der geschlossenen Zeit, man jagte ohne Patent und liess es darauf ankommen, ob's gelang oder nicht, man ging am Sonntag auf die Jagd, was doch im Gesetz verboten war, man schoss Singvögel und nahm die Nester aus, schoss Rehgeissen, sogar Kitzchen... 1905 hagelte es Strafen, aber mit bescheidenem Nutzen. 1906 wurde das Revierjagdgesetz verworfen.

Viele Zürcher Gemeinden reute es nachher, den Revierentwurf verworfen zu haben, denn drüben im Aargau war 1896 das Jagdregal auf die Gemeinden übergegangen und die hatten nun schöne Einnahmen aus der Pacht. Immer mehr gewann die Revierjagd an Sympathie. Die Zürichseejagd auf Wasservögel wurde der Stein des Anstosses. Zoologische und ornithologische Vereine verlangten für die Monate Januar und Februar ein Verbot der Schwimmvogeljagd auf dem See. Da setzte der Regierungsrat keine besondere Jagd mehr auf Schwimmvögel auf dem See fest. 1914 rief man allgemein nach einem neuen Gesetz. Die Finanzdirektion veranstaltete eine Rundfrage, um die Stimmung kennen zu lernen. Die Gemeinde- und Bezirksräte äusserten sich mehrheitlich für die Einführung der Pachtjagd. Das taten die guten Pachterlöse im Aargau. Die Meinung der Jäger war geteilt. Die Patentjägervereine beharrten, weil billiger, auf dem alten. Die Wohlhabenderen waren für die Revierjagd, aber das war die Minderheit. Zunächst begann man mit etwas sehr Wichtigem:

---

* Revierkantone: Die frühesten waren Aargau, Basel-Stadt und Basel-Land. Später gingen zum Revier über: Zürich, Luzern, Solothurn, Schaffhausen, St. Gallen, Thurgau.
  Patentkantone blieben: Bern, Uri, Schwyz, Ob- und Nidwalden, Glarus, Zug, Fribourg, beide Appenzell, Graubünden, Tessin, Waadt, Wallis, Neuenburg, Genf.

mit der *Jagdstatistik,* dann wurde ein neues Gesetz energisch an die Hand genommen. Doch der Krieg kam dazwischen. Die Fischer klagten wegen der vielen Haubentaucher auf dem See, weil dort die Winterjagd ausfiel. Im Krieg musste man zu essen haben, es gab scheinbar Leute, die nach Hegligen aus dem See lechzten, natürlich im Namen der Landesernährung. Wegen der zur Landesverteidigung angeblich unentbehrlichen Brieftauben gab es Extraabschüsse von Wanderfalken, Habichten und Sperbern. Das Eidgenössische Militärdepartement hatte das verlangt. Die Taubenzüchtervereine taten ein übriges und zahlten Prämien. Jetzt hatten die Jäger gute Zeit, wenigstens die Beauftragten, und zum Schiessen brauchte man ja kein neues Gesetz. Viele Grundbesitzer erlegten Füchse, Marder und Iltisse auf ihrem Grund und Boden, ohne dass sie von diesen Tieren Schaden erlitten oder solchen auch nur befürchten mussten. Es war doch Krieg! Und alles, was ausser den Leuten auch noch essen wollte, musste weg. 1917 kam dann doch das neue Jagdgesetz vors Volk, ein Reviergesetz. Es wurde am 21. August mit starkem Mehr verworfen. Für die Patentler war's noch einmal gut gegangen, und der Raubvogelabschuss ging lustig weiter, dazu ging es jetzt über die Krähen, Elstern und Häher her. Auch die Dohlen waren plötzlich höchst ernteschädlich. Und 1918 wurden die Zürcher wegen der Fleischknappheit wild und lösten in Scharen Jagdpatente. Leider konnten aber nicht alle Patentinhaber an der Jagd teilnehmen wegen der Grippe und wegen mangelnder Qualifikation. Damit wurde es 1919. Noch immer gab es Raubvogelabschüsse, obschon der Krieg herum war, bis die Ornithologen murrten. Da gaben die Brieftäubeler Frieden. Dafür waren über den Rhein Wildschweine gekommen und machten grossen Schaden an den Wintersaaten. Extrabewilligungen für Wildschweine wurden prompt an die Zürcher Nimrode ausgegeben. Leider ohne Erfolg. Daran waren die Säue schuld; die liessen sich nämlich nicht so leicht erwischen wie die Hasen.

Am 4. September 1921 wurde ein neues Jagdgesetz angenommen. Zum letzten Mal Patent. 1922 wurden wieder Sonderbewilligungen auf Wildschweine ausgegeben. Der Schaden war in einzelnen Bezirken riesig gross geworden. Aber die Abschussstatistik wies für das ganze Jahr keine einzige Sau aus. 1923 brachte man es auf fünf, 1925 wieder auf fünf, zwischendurch auf keine. 1925 reichte der Kantonsrat dem Regierungsrat ein Postulat für Revision des Jagdgesetzes im Sinne der Pachtjagd ein, weil das alte angesichts des beträchtlichen Wildschadens und auch sonst finanziell nicht genüge. Das stimmte aufs Haar; denn auf Rabenvögel war 1925 eine Prämie von 3 Franken ausgesetzt worden, was zum Abschuss von über 5000 Stück geführt hatte. Doch die Einkünfte aus dem Jagdregal hatten nicht einmal genügt, alle die Prämiengelder auszuzahlen. Auch über Rehschaden wollten die Klagen nicht verstummen. Schon 1922 war man am Irchel zu Geissenabschüssen geschritten, über die die Presse lange nicht zur Ruhe kam. Auch im Rafzerfeld gab es 1924 und 1926 Geissenabschüsse. Das ging so bis 1928. Die Schiesser gaben nicht mehr acht; sie schossen mit Posten, also grobem Schrot, auf die Rehe und verwundeten sie bloss. Dann fand man das Wild an brandigen Wunden verendet. Die Distanz war für Schrot zu gross gewesen, man schoss mit der Flinte, ohne genau Ziel zu fassen; wie auf Hasen, man schoss in der Dämmerung, die Nachsuche war völlig ungenügend. Das schlug dem ohnehin morschen Fass den Boden aus. Jetzt waren die Gemeinden reif. Für das schöne Wild war es schade, für das Land auch. Nun wollte man es doch mit dem Reviersystem probieren. Am 27. Mai 1929 wurde es angenommen. 1936 versuchten es die alten Patentler noch einmal mit einer Volksinitiative zur Wiedereinführung der Patentjagd, unterlagen aber 1937. Die Gemeinden gedachten nicht, auf die Pachtsummen wieder zu verzichten. So hat der Kanton Zürich heute ein besser geordnetes und ziemlich humanes Jagdgesetz.

Der Kanton *Bern* hatte 1832 sein erstes demokratisches Jagdgesetz erlassen. Als grossen Fortschritt wurden seine Haupterrungenschaften gepriesen: Sorge für den Landbau, Schutz des Eigentumsrechtes und Gleichstellung aller Staatsbürger vor dem Gesetz (!). Die letzten Spuren der Jagdprivilegien des Ancien Régime waren beseitigt, die in der Mediationszeit prompt wieder erneuert worden waren, als die Reaktion ihre Stunde für gekommen hielt. Allerdings über das Wild ging es nach wie vor nach alter Väter Sitte her. Auf Feldhühner und Wachteln mit Garnen, auf die Schnepfen in den herrlichen Vorfrühlingsabenden mit Pulver und Blei und auf Raubwild mit Fallen… aber das waren eben bloss Tiere. Natürlich ging der Wildstand zurück. Die Jäger wünschten ein neues Gesetz. Man sprach vom Pachtsystem, dann vom gemischten, wagte aber doch nicht vom Patent abzugehen. Als Wildschutzmassnahme setzte man die Patentgebühren höher an. Antwort des Volkes – Verwerfung. Der nächste Schritt war nun, dass die Direktion der Domänen und Forsten der Jagdkommission einen Revierjagdentwurf vorlegte, aber auch dieser ging nicht an die gesetzgebende Behörde weiter. Man war allzu uneins. 1863 sandte man einen Revierentwurf an alle Grossräte und Jäger und sammelte deren Bemerkungen dazu. Vorgesehen war eine feste Reviereinteilung des Kantons, also nicht Gemeindereviere, und Beibehaltung des kantonalen Jagdregals, wie es damals auch im Aargau war. Eine Revierkarte wurde veröffentlicht. Daraufhin war es kurze Zeit still. Dann aber meldeten sich von überallher die Stimmen gegen das Pachtsystem. Man behauptete, es sei undemokratisch, schaffe eine neue Jagdaristokratie, die an die Zeit der Feudalität erinnere, es vermindere die Zahl der Jäger, statt, wie es von den Jägern gewünscht werde, die Zahl der Frevler, es sei ungerecht, weil gute und schlechte Schützen gleich viel bezahlen müssten, überhaupt könne man die Laufhunde nicht abhalten, auch in ein fremdes Gebiet hinüberzulaufen und dort das Wild zu jagen und so weiter und so fort. Am 15. November 1863 fand eine Jägerversammlung in Herzogenbuchsee statt, die ein bogenstarkes Memorial die Jagd betreffend an den Regierungsrat eingab, worin die Einwände gegen das Reviersystem widerlegt und der Behörde gedankt wurde, dass sie den einzig richtigen Weg beschritten habe, um das Jagdwesen des Kantons Bern zu verbessern, indem sie das Reviersystem vorsehe. Es gab also auch solche Jäger in Bern.

1869 kam der neue Pachtjagdgesetzesentwurf und wurde vom Grossen Rat an eine Spezialkommission verwiesen. Es gab darin folgende «Gewildklassen»: Bannwild, welches niemand jagen darf. In diese Klasse fielen die für die Land- und Forstwirtschaft nützlichen «Gewildarten» wie Singvögel usw.(!). Dann Jagdwild, welches Gegenstand des Jagdregals war; dann folgte das kleine Raubwild, welches die Jäger zu jeder Zeit sollten schiessen dürfen, endlich das grosse Raubwild, das jedermann schiessen durfte. Der Kanton war in 30 Reviere eingeteilt, Unterteilung durch die Jägergesellschaften gestattet. Daneben wurde ein Patentjagdgesetz im Entwurf ausgearbeitet. Zur Abstimmung im Grossen Rat kam keines. Man schuf wieder 16 neue Bannbezirke, um die Ausrottung des Wildes zu verhindern und reichte 1872 zwei neue Entwürfe, einen für Revier- und einen für Patentjagd, im Grossen Rat ein. Nun fiel die Entscheidung zugunsten des Patentsystems. Das Volk sollte 1873 darüber abstimmen. Das Gesetz enthielt verschiedene neuralgische Punkte, zum Beispiel die Abschaffung der Frühlingsjagd, Erhöhung der Patentgebühren. Aber zur Abstimmung kam es nicht. Gegen den bedenklichen Schwund des Wildes verhängte 1875 der Regierungsrat den völligen Jagdbann auf Gemsen, Rehe und Murmeltiere. Jetzt wartete man auf das Bundesgesetz, das kommen sollte. Es kam auch. Bis zum 17. Dezember 1875 musste jeder Kanton sein Jagdwesen damit in Einklang bringen. Diese Pressur machte die Berner Regierung nervös. Im Bericht 1876 beklagt sie sich, nicht länger Zeit gehabt zu haben und entschuldigt sich: «Durch das Bundesgesetz über Jagd und Vogelschutz von 1875 ist die Frühlingsjagd und das Garnstellen auf Vögel abgeschafft; es bleibt uns also nur übrig, das Verhältnis der niederen Jagd und der Hochwildjagd zu bereinigen.» –

Aus der Erhöhung der Patentgebühren 1879, die offenbar einen hegerischen Zweck verfolgte, ergab sich jedoch ein misslicher Zustand. Man hatte vergessen, die Bussen für Jagdfrevel entsprechend zu erhöhen, so dass die Patentgebühren bedeutend höher wurden als die maximalen Bussen für illegales Jagen. Das hatte zur Folge, dass ein Jäger aus Säftigen während der ganzen Jagdzeit ohne Patent jagte und sich vom Richter mit der Höchstbusse bestrafen liess. Diese betrug laut Gesetz 30 Franken, das Patent aber hätte 50 Franken 60 Rappen gekostet, «so dass also die ausgesprochene Strafe gar keine ist, da der Widerhandelnde noch immer billiger wegkömmt, als wenn er das Patent gelöst hätte. Dass ein solches Verhältnis nicht dazu angetan ist, den Jäger zu ermutigen und den Frevler abzuhalten, braucht nicht erst gesagt zu werden», meint der Regierungsbericht. Der Leser ist wohl boshaft genug, zu vermuten, dass der Jäger aus Säftigen nicht der einzige war, der um die Höchstbusse jagen ging.

Als 1891 die Revision des Bundesgesetzes gescheitert war, reichte Grossrat F. Bühlmann ein neues kantonales Jagdgesetz mit Einleitung und Begründung ein. Es war ein Pachtgesetzentwurf, dessen Aufbau genau dem badischen Jagdrecht von damals entsprach. Dieses führte denn auch wirklich zu einem Entwurf des Grossen Rates und der Ernennung einer Kommission, deren Präsident Herr Bühlmann war. Am 1. März 1896 sollte über einen Gesetzesvorschlag für ein fakultatives Reviersystem abgestimmt werden. Die Botschaft des Grossen Rates an das Berner Volk versuchte, diesem die Vorlage dadurch schmackhaft zu machen, dass darinnen besonders breit die völlige Freiheit der Gemeinden, ihr Gebiet nach dem einen oder anderen System bejagen zu lassen, hervorgehoben wurde. Die Abstimmung – sie wurde mit vier weiteren Vorlagen zusammen durchgeführt – ergab hohe Verwerfung.

Im Jura, wo es keine Banngebiete gab, wurde wild gefrevelt. 1912 behandelte der Grosse Rat in erster Lesung ein neues Patentjagdgesetz. Grossrat Bratschi, einer der Gründer des am 29. September 1911 geschaffenen «Vereins zur Einführung der Pachtjagd im Kanton Bern», stellte aber prompt den Antrag auf Einführung der fakultativen Revierjagd, der mit grossem Mehr gutgeheissen wurde. Aber der kantonalbernische Jägerverein roch den Braten. Dort wusste man wohl, dass für die Patentjagd das letzte Stündlein geschlagen hatte, wenn erst die Gemeinden Pachterlöse kassiert hätten. Eine Bittschrift an den Grossen Rat um Wiedererwägung wurde eingereicht und für den Fall einer Ablehnung mit einer Volksinitiative gedroht. Man wollte die «Volksjagd» retten. In Pruntrut im Jura, wo es längst kein Wild mehr gab, veranstaltete der Jägerverein ein Wettschiessen auf zahme Tauben, wie es in San Remo an der Riviera alljährlich arrangiert wurde. Das veranlasste den Bundesrat zu einem sehr eindringlichen Kreisschreiben.* Dazu kamen zwei weitere Kreisschreiben

---

* Es lautete:

Getreue, liebe Eidgenossen,

Die öffentlichen Blätter der Schweiz haben unlängst Berichte über Taubenschiessen in Lugano und Tesserete (Kanton Tessin) und in Pruntrut (Kanton Bern) gebracht, die allgemeine Entrüstung hervorriefen. Von Lugano und Bern ist dem Bundesrat eine Beschwerde über diese Tierquälerei zugekommen samt einer Protestliste mit nahezu 1000 Unterschriften.

Dieses Taubenschiessen bildet einen in den letzten Dezennien betriebenen Sport, der leider auch in obengenannten Gegenden (in Pruntrut trotz polizeilichem Verbot) Eingang gefunden. Er besteht darin, dass in Körben aufbewahrte zahme Tauben auf den Sportplatz gebracht und dort einzeln oder mehrere zusammen fliegen gelassen und dann von den Schützen heruntergeschossen werden. In Pruntrut sollen 1200 Stück zu diesem Zweck von

über den Abschuss von geschützten Vögeln, Singvögeln, ebenfalls im Jura. Das war peinlich. Zur Abschwächung behauptete man von Pruntrut aus, es seien importierte Vögel gewesen, die man dort feilgeboten habe. Aber der Import war ja auch verboten! – Das gemischte Jagdgesetz wurde 1914 verworfen. Als aber 1925 das neue Bundesgesetz kam, wollte man 1926 beförderlichst ein neues Pachtjagdgesetz vorlegen. Die Motion Woker kam und damit der grosse Jägerkrieg von 1927/28. Im Grossen Rat erklärte am 17. März 1926 der Präsident, Dr. Guggisberg, ein neues Jagdgesetz sei dringlich. Der Wildstand habe bedeutend abgenommen, Feld und Wald seien leergeschossen. Andere Kantone beuteten die Jagd ganz anders aus. Er argumentierte mit dem schönen Geldertrag aus der Pachtjagd. Auch andere Grossräte hieben in die gleiche Kerbe. Die bernischen Jäger trügen ihr Geld in andere Kantone und ins Ausland, weil sie dort Reviere pachten könnten. Der Wirtschaftszusammenbruch von 1923 war wirksam.

Die Propaganda zugunsten der Revierjagd tat ihr Bestes, aber auch der kantonalbernische Jagdschutzverein sparte nicht. Er liess eine 16 Seiten lange Streitschrift erscheinen: «Das Bernervolk und die Revierjagd. Schützt unsere alten Freiheiten!» Nicht genug damit. Eine Propagandakommission zur Erhaltung der Patentjagd wurde ernannt und diese gab eine «Wegleitung an die Mitglieder des kantonalbernischen Jagdschutzvereins zum Zweck der Bekämpfung des Reviergesetzesentwurfs 1927/28» heraus, und zwar deutsch für die Berner und französisch für die Jurassen. Der Erfolg blieb denn auch nicht aus. Das Pachtgesetz wurde vom Volk am 26. Februar 1928 verworfen. 1935 wurde ein neuer Revierjagdentwurf fertiggestellt. Aber die Grossratskommission empfahl dem Rat Nichteintreten. Nur der Regierungsrat hielt bis 1941 am Prinzip des Reviersystems grundsätzlich fest, drang jedoch nicht durch. Da versuchte es der Regierungsrat 1943 wenigstens mit einer Erhöhung der Patente. Aber auch diese wurde vom Volk verworfen. Endlich kam 1948 ein Patentjagdentwurf, der 1951 vom Grossen Rat angenommen und mit Zittern und Zagen im gleichen Jahr dem Volk vorgelegt wurde. Es war kein gutes Gesetz, aber der Naturschutz trat auf Ersuchen hin dafür ein. Und siehe, es wurde vom Volk gutgeheissen.

Selbst im jagdlich so konservativen Kanton Bern kam der Reviervorstoss immer wieder, wenn auch nicht alle Jahre wie der Osterhase, so doch alle paar Jahre wie die Grippe. Dieser Vergleich ist nicht einmal abwegig. Es ist so eine Art Krankheit, die im kantonalbernischen Jagdwesen «mit Schyn» alle paar Jahre überwunden werden muss. Vorläufig. Trotz allen Spritzen droht dem bernischen Patentsystem immer das Sterben. Aber zum Wetten ist es vielleicht noch zu früh.

Belgien bezogen worden sein. In Lugano wurden den Tauben vor der Freilassung die Schwanzfedern ausgerissen, und nach dem Schiessen wurde in der Umgebung des Sportplatzes eine Menge verwundeter Tiere aufgefunden.

Es zeugt dieses sportliche Abschiessen von zahmen Tauben, die zu unserem Lieblingsgeflügel zählen, von einer Lieblosigkeit gegen die Tierwelt und einer Roheit des Gemütes, die demoralisierend auf unsere Bevölkerung wirkt und die Durchführung des gesetzlichen Vogelschutzes in den genannten Gegenden, wo er ohnedem noch sehr zu wünschen übrig lässt, wesentlich erschwert. Ein echter, waidgerechter Jäger wird sich nie zu diesem gemeinen Sport herunterlassen.

Das Tauben- und Vogelschiessen ist, besonders in Deutschland, ein althergebrachter Sport; es wird dabei aber nicht auf lebende Tiere, sondern auf aus Ton oder Blech hergestellte Vögel geschossen.

Da die gegenwärtige Bundesgesetzgebung dem Bundesrat keinen Anhalt bietet, um dem Taubenschiessen auf lebende Tiere entgegenzutreten, so gelangen wir mit dem Ansuchen an ihre Behörde, gestützt auf ihre Gesetze oder Verordnungen das sportliche Abhalten von Schiessen auf lebende zahme Tauben oder auf Vögel überhaupt zu verbieten, sofern dies die dortigen Verhältnisse notwendig erscheinen lassen.

Gerne benützen wir auch diesen Anlass, Sie getreue, liebe Eidgenossen, samt uns in Gottes Machtschutz zu empfehlen.

Bern, den 2. September 1912   Der Bundespräsident   Der Kanzler der Eidgenossenschaft
                                    L. Forrer   Schatzmann

Für den Kanton *Luzern,* der zum Reviersystem übergegangen ist, sei auf die vortreffliche Dissertation von Josef Kurmann hingewiesen. Bereits 1810 hatte die damalige Regierung probeweise die Pachtjagd eingeführt, hatte aber 1817 zum Patentsystem zurückkehren müssen. Auch im Kanton Luzern wirkte das Beispiel des Aargaus. Aber ein neuer Reviervorstoss wurde vom Volk 1870 wieder abgewiesen, ebenso 17 Jahre später. 1906 nahm der Grosse Rat ein neues «Gesetz über das Jagdwesen» an. Es war ein Reviergesetz, wie es Nationalrat Hochstrasser 1897 aufgestellt hatte. Aber gegen das Gesetz wurde das Referendum ergriffen und am 24. Mai 1906 wurde es verworfen. Allerdings hatten alle Gemeinden längs der aargauischen Grenze, wo man das Reviersystem kannte, dafür gestimmt. Auch der kantonale Bauernverein hatte sich dafür eingesetzt. Das «Vaterland» hatte damals geschrieben: Hätten sich die Revierfreunde durch das Referendum nicht entmutigen lassen und auf der ganzen Linie eine kräftige Agitation entwickelt, so wäre es nicht unmöglich gewesen, «das bedrängte Schifflein wohlbehalten in den sicheren Hafen zu lotsen». Doch die Patentler hatten Inseratartikel losgelassen, worin der Anschein erweckt wurde, es ginge um nichts Geringeres als um die Freiheit des Luzerner Volkes. 1913 verlangte Grossrat Elmiger wiederum die Einführung der Pachtjagd. Als dann 1916 im Grossen Rat eine erneute Motion für ein obligatorisches Revierjagdgesetz eingereicht wurde, arbeitete das Staatswirtschaftsdepartement einen Entwurf aus. Doch 1917 wurde dieser im Grossen Rat abgelehnt und ein neuer Entwurf für fakultative Revierjagd verlangt. Einer bereits vorbereiteten Kommission wurde die Vorlage überwiesen. Doch 1928 wurde eine neue Vorlage in Auftrag gegeben, die zuerst an den Regierungsrat zurückgewiesen, dann aber 1929 vom Volk mit 15 000 gegen 12 000 Stimmen angenommen wurde. Auch im Kanton Luzern hatten die Patentjäger ihr Grab selbst geschaufelt. Die Beute war so gering geworden, dass die Patentlösungen von Jahr zu Jahr zurückgingen. Die Taxe war auf 150 Franken emporgeklettert, doch brachten es viele Nimrode kaum zu einem Häschen. So ein teurer Braten lockte allerdings nicht mehr. 1921 waren noch gegen 400 Patente gekauft worden, 1925 noch 214. So hatte im Kanton Luzern das fakultative Reviersystem die Aufgabe übernehmen müssen, neues Leben aus den Ruinen erstehen zu lassen. Die Reviergemeinden nahmen zu, die Patentgemeinden nahmen rapid ab. Das Nutzwild nahm zu, sogar der Hasenbestand. Wie es mit dem übrigen Niederwild bestellt ist, darüber gibt der Regierungsbericht keine Auskunft, und aus den Abschusszahlen auf die Bestände zu schliessen, wäre ein Fehler.

Die *Innerschweiz* war von jeher das klassische Land der freien Jagd gewesen. Hier blieb es bis zum 19. Jahrhundert beim freien Jagdrecht des Bürgers, so wie alle Freien im frühen Mittelalter hier das Jagdrecht besessen haben sollen. Als um 1800 in der Helvetik ein Jagdpatent eingeführt wurde, gehorchten sie in der Innerschweiz nicht. Hier war die Jagd frei und dabei blieb es. Nur die Beisassen, das heisst die ansässigen Ausserkantonalen durften vorerst nicht auf die Jagd gehen; das waren halt die «fremden Fötzel». Nur einzelne der Innerkantone hatten schon vor 1875 Patente eingeführt; so der Kanton Schwyz 1840, dagegen Uri, Glarus und Unterwalden nicht. Dort beugte man sich erst der Gewalt, nämlich dem Bundesgesetz von 1875.

Im Kanton *Uri* ging das scheinbar ohne grosse Proteste vor sich. Es waren damals bloss 198 Jäger, das heisst legitime, aber es scheint dort, wie überhaupt in den Bergen, viel gefrevelt worden zu sein. Das Patent kostete 5 Franken. Undenkbar, dass auch dort, wo die Wiege der Freiheit – auch der Jagdfreiheit – stand, der Reviergedanke angeklopft hätte. Und doch kam es dazu. Da war der Urner Versuch von 1930 und die Schwyzer Anläufe von 1930 bis 1942, beides typische Krisenfolgen. Im Kanton Uri hatte eben das Forstamt das Jagdwesen übernommen; ein neuer Wind wehte und der Regierungsrat hatte vom Landrat den Auftrag erhalten, eine Revierjagdvorlage auszuarbeiten. Als die Ursener Jäger ganz hinten in den steilen Bergen gegen die Furka davon hörten, protestierten sie heftig gegen die beabsichtigte Einführung der Revierjagd. Es hätte sich zwar erst um einen Gesetzesentwurf gehandelt, und das Volk hätte noch reichlich Zeit gehabt, die Revierjagd bachab zu schicken. Aber die Ursener handelten nach dem Grundsatz «Principiis obsta» und damit war der Versuch zu «revieren» erdrosselt. Und so wurde weiter überjagt, gewildert und auf Öffnung der alten Banngebiete gedrängt. Man führte österreichische Gebirgshasen ein, um den heruntergehundeten Bestand zu stützen. Die Zahl der Jagdausübenden war bald darauf auf über 500 gestiegen und stieg weiter. 1945 hatte sich sogar eine Frau um ein Patent beworben, wurde aber grundsätzlich abgewiesen. Immerhin war der Schock über eine solche Gottlosigkeit so gross, dass man es in den Regierungsbericht schreiben musste. Dabei war im ebenso gläubigen Kanton Luzern schon 1861 «einer Weibsperson ein Patent zum Jagen ausgestellt worden. Da jedoch das Jagdgesetz als Bedingung zur Jagdfähigkeit den Besitz des Aktivbürgerrechts enthält, und angenommen werden kann, dass der Gesetzgeber die Weibspersonen von der Jagdberechtigung habe ausschliessen wollen, wurde das Finanzdepartement beauftragt, an sämtliche Statthalterämter die Weisung zu erlassen, ähnliche Gesuche in Zukunft von der Hand zu weisen».

Und wie war es im Kanton *Schwyz*? Auch dort kam der Revierversuch in derselben Krisenzeit, als die Staaten und Gemeinden neue Geldquellen suchten. 1930 verlangte der Regierungsrat als erstes eine Jagdstatistik. Die Jäger wurden verhalten, jährlich genaue Angaben über ihre Wildabschüsse einzureichen. Aber die Angaben der misstrauischen Bergler, die noch immer die Jagd als Einkommensquelle betrachteten, waren derart mager und unvollständig, dass zunächst auf eine Veröffentlichung verzichtet werden musste. Das Misstrauen der Jäger hatte seinen Grund. Denn am 25. November 1930 hatten sie in der Zeitung lesen können, dass im Kantonsrat ein Postulat eingereicht worden war: «Der Regierungsrat erhält den Aufftrag, die Frage der Einführung der Pachtjagd zu prüfen und dem Kantonsrat hierüber Bericht und Antrag zu erstatten.» Der Regierungsrat liess sich aber Zeit. 1938 wurde über mangelnden Wildbestand im offenen Gebiet geklagt, während er im Banngebiet erfreulich hoch sei. Daran trage das Patentsystem die Schuld. Die Jäger hätten es in der Hand, zu seiner Besserung beizutragen, sagte die Regierung. Solange abgeschossen werde, was vor die Büchse komme, könne sich das Wild nicht vermehren. 1940 erachtete es der Regierungsrat als seine Pflicht, die Einführung der Revierjagd zu studieren und eine Vorlage auszuarbeiten. Aber als die Vorlage fertig war, erwies die Diskussion im Kantonsrat anlässlich der Beratung der Armenlasten, «dass selbst jene Gemeinden, die das Geld am notwendigsten haben, von der Revierjagd nichts wissen wollen». Mitten im Krieg, in Arbeitslosigkeit, darbenden Wehrmännerfamilien und Knappheit am Nötigsten gab man das trügerische Jagdrecht der Rücksichtslosigkeit gegen das arme Wild nicht her. Fleischknappheit liess die Wilderei wachsen, die ausgesprochenen Bussen gingen in die Tausende von Franken. – Trotzdem…!

Anders im Kanton *Glarus,* als das neue Bundesgesetz kam. Es wurde von der Landsgemeinde offenbar mit Widerwillen angenommen. Der Ärger kam von verschiedenen Neuerungen, doch am meisten wegen des Patentes, weil «früher jedermann ohne weiteres der Jagd obliegen konnte». Der Bericht fährt fort: «Wir waren gezwungen, zwischen Patent- und Reviersystem zu wählen. Die letztere Art, die Jagd zu regeln, wäre unseren bisherigen Anschauungen noch fremder gewesen und so entschlossen wir uns für das Patentsystem, wobei die Frage offen blieb, ob wir unentgeltliche Patente einführen oder eine mässige Taxe erheben wollten. In Berücksichtigung dass, dass, wenn wir unsere Patente unentgeltlich verabfolgt hätten, wir wahrscheinlich einzig in der Schweiz dastehen würden, ...entschlossen wir uns, eine Taxe von 10 Franken... festzusetzen.»

Dieser Bericht von 1876 ist eine wahre Illustration zur alten jagdrechtlichen Denkweise. Für Altertumsfreunde an sich erfreulich, für den Tierfreund weit weniger. Denn mit den Tieren im Kanton Glarus stand es damals nicht zum besten. Überall wurde dem Gemswild und den Murmeltieren viel zu stark nachgestellt, hauptsächlich dadurch, dass die Jagd von vielen arbeitsscheuen Einwohnern als Erwerb betrachtet wurde. Der Gemsjäger David Zwicky, der noch vor 50 Jahren gejagt hatte, Ende September in den Bergen verschollen war und erst im Juni des folgenden Jahres als Gerippe gefunden wurde, hatte sich mit der Jagd ein Vermögen von 7000 Gulden erworben. Ein anderer, Thomas Hefti, hatte in seinem kurzen Leben von 36 Jahren 200 Gemsen getötet. Solche Aderlässe waren für das Glarner Bergwild zu gross.

1843 hatte die Landsgemeinde auf die gesamte Jagd im Kanton einen dreijährigen Bann gelegt, doch «sehr wahrscheinlich werden die Gemsen wie auch die Murmeltiere in wenigen Jahren bei uns gänzlich verschwinden, indem der dreijährige Bann, welcher vor einem Jahr auf alles Wild gelegt wurde, viel zu kurz ist, als dass er diese Tiere vor dem Untergang zu schützen wüsste», schrieb Oswald Heer 1844.

1860 bis 1863 hatte die Landsgemeinde den Bann auf die ganze Jagd im Kanton Glarus erneuert, um wenigstens noch einen Stock des Wildes zur Aufhege zu retten. Wieder waren es professionsmässige Jäger, die mangels Aufsicht auch 1860 bis 1863 sowohl im Freiberg als auch am Glärnisch gejagt hatten. Die Polizei hatte geheimgehaltene Massregeln ergriffen und glücklich drei Wilderer gefasst, aber das war ein Tropfen auf einen heissen Stein. Am Ende des Bannes 1863 wollte man das Jagdgesetz verbessern. Jagdpatente und ein absolutes Jagdhundeverbot waren darin vorgesehen. Doch das lief beides den herkömmlichen Begriffen dermassen zuwider, insbesondere war es «dem System der Jagdpatente ohne Zweifel zuzuschreiben, dass die ganze Vorlage von der Landsgemeinde des Jahres 1863 verworfen wurde. Wir bedauern dies deshalb, weil sehr wahrscheinlich bei der rücksichtslosen Betreibung der Gemsenjagd, welche sofort nach der Aufhebung des Bannes ihren Anfang genommen hat, die vorübergehende gute Folge des Jagdbannes in kurzer Zeit verwischt sein wird.»

1865 nahm die Regierung nochmals einen Anlauf zu einem neuen Jagdgesetz. Wieder wurde es mit dem Patentsystem versucht, dazu mit schärferer Bannung des Freiberges, Verbot der Winter- und Frühlingsjagd auf Auer- und Birkhähne. Aber «die Patente wollten auch diesmal nicht munden, und der Entwurf, der sonst unbestreitbare Vorzüge geboten hätte, wurde abermals abgelehnt». Was dafür weiter gedieh, waren Gemsjagd zu verbotener Zeit und Nichtbeachtung des Freibergbannes. Die Polizei war machtlos in den riesigen, stotzigen Bergen des Glarnerlandes. 1869 wurde die Jagdgesetzesrevision von der Landsgemeinde endlich angenommen. Die Jagdpatente «gegen welche nun einmal ein entschiedener Widerspruch im Volke waltete», waren fallen gelassen worden. So ging es weiter mit der Wildausrottung und dem aussichtslosen Kampf gegen den Frevel bis zum Bundesgesetz. Dann fanden die Glarner, sie hätten allen Grund, über diese eigenössische Gewalttat von Bern böse zu sein. Die Schwierigkeiten, die sich in den Innerkantonen jeder auch noch so nötigen Patenterhöhung entgegenstellten, weil die Zahl der Jäger ständig stieg und das Wild einfach nicht für alle reichte, seien im einzelnen übergangen.

Im Glarnerland redete niemand von Revierjagd, abgesehen von jenem höchst unpsychologischen Versuch, den Freiberg um 20 000 Fr. im Jahr in Pacht zu geben, den – ebenfalls in den dreissiger Jahren – einige reiche Zürcher Herren unter Führung von Paul Vetterli, dem ehemaligen Redaktor der Schweizerischen Jagdzeitschrift, den Glarnern mundgerecht zu machen versuchten.*

Jetzt haben die Glarner ihr Jagdwesen seit langer Zeit gut geordnet. Und im Freiberg wildert niemand mehr, dafür hatte der Wildhüter Matthias Zentner und seine Kollegen gesorgt. Den dritten Teil ihres Kantons hielten die Glarner unter Bann, nie mehr würde das Bergwild aussterben im Kanton. Im Rauti Tros am Obersee wuchsen die stärksten Gemsen der gesamten Schweizer Berge. Und wenn man einem Glarner Wildhüter Befürchtungen äusserte, dass auch in seinem Land das Reviersystem Einzug halten und dann der gute, alte Freiberg aufgehoben werden würde, wurde er wirklich böse: «D'Revierler – dieselben sind nuch die fülere. Sie schüsse d'Gamstier mit derige Höreli», und hielt den gekrümmten kleinen Finger hoch, den Kleinen! Nein, im Glarnerland gab's nichts. Auch nicht in Nid- oder Obwalden, obschon auch dort erst 1876 eine Patentgebühr erhoben worden war und das Wild sehr dünn stand.

Auch in *Graubünden* hatten die Nimrode erst 1876 ein Patent lösen müssen. Aber auch dann war die Freiheit der Jäger gross geblieben. Seit der Jahrhundertwende verstummten die Klagen über den Rückgang des Wildes nicht. Als direkte Folge davon geisterte auch in Graubünden der Gedanke an die Revierjagd immer wieder in Zeitungen und sogar im Grossratssaal herum. Als es im Februar 1905 um die Jagdgesetzesrevision ging, kam die Motion Calonder auf Einführung der Revierjagd. Sie hatte offensichtlich keine Aussicht auf Erfolg, und doch hielten die Jägervereine wütende Protestversammlungen ab und bedienten die Zeitungen mit grossen Artikeln.

Im November 1907 ergriff Grossrat Schmid von Filisur erneut das Wort. Er führte aus, das Bedürfnis nach grösserem Wildschutz sei da. Die jetzige Statistik tauge nichts. Periodische Bannungen auch nichts. Helfen könne nur das Pachtsystem. Beweis: Das Blutbad von Spadlatscha. Die Jäger müsse man von der Diskussion ausschalten, wenn es besser werden solle. Man gebe die Jagd an die Gemeinden zurück. Der Jäger Dr. Kuoni protestierte augenblicklich, besonders regte er sich dagegen auf, dass man die Jäger nicht mitreden lassen sollte. Aber die Gefährdung des Gemsenbestandes gab er zu und beantragte Schliessung der Gemsjagd auf zehn Jahre. Ein zweiter Jäger beantragte Schliessung der Murmeltierjagd jedes andere Jahr. Wieder andere waren für ein Laufhunde-, sogar für ein generelles Hundeverbot. –

So ging das weiter, bis der Kleine Rat es an der Zeit fand, etwas zu unternehmen. 1909 gab er einer dreigliedrigen Expertenkommission den Auftrag, zu prüfen, wie der Wildstand gehoben und die Jagd ertragfähiger gestaltet werden könne. Im speziellen soll der mutmassliche jährliche Reinertrag bei der Durchführung der Jagdpacht im ganzen Kanton ermittelt werden. Das tat denn auch die Kommission, die aus drei wohlbekannten Männern bestand: dem Ornithologen und Redaktor der «Diana» G. von Burg, dem nachmaligen Motionssteller für das Bundesgesetz von 1925, C. Zurburg-Geisser und dem Kantonsoberförster F. Enderlin. Die ökologischen Resultate der hervorragend dokumentierten Expertise seien zunächst übergangen, da die Berechnungen auch für die Behörden mehr im Vordergrund standen.

---

* 1940 und 1941 hatte die «Schweizerische Jagdzeitung», das Organ der Revierjäger, konsequent immer wieder auf die Bannbezirke der Schweiz losgeschlagen und sie als Seuchenherde wegen ihrer «Überhege» und als Paradiese für Wilderer bezeichnet. Den Glarner Freiberg Kärpfstock hatte die Schweizerische Jagdzeitung 1941 besonders aufs Korn genommen und schliesslich einen Antrag auf dessen Verpachtung lanciert. Man wolle beweisen, dass der Wildstand im Freiberg auch bei weidmännischer Bejagung absolut auf gleicher Höhe gehalten werden könne wie bisher. Im «Schweizer Naturschutz» wehrte sich der damalige Präsident, Oberst Eduard Tenger: «Hände weg von den Freibergen!» Aber der damalige Sekretär und Redaktor der Revierler griff Oberst Tenger heftig an, sogar den absolut unweidmännischen Redaktor der Naturschutzhefte und vermehrte seine Angriffe gegen die Patentjagd im allgemeinen und gegen diejenige in Graubünden und Glarus im besonderen. Aber das lasen die Innerschweizer und die Bündner nicht und kümmerten sich nicht darum.

Statt der 20000 bis 25000 Franken aus der Patentjagd könnten 750000 Franken durch Einführung der Pachtjagd gelöst werden. Der Vorschlag lautete entweder auf ein Reviersystem für den ganzen Kanton oder auf ein gemischtes System nach Regionen. An der guten Absicht der Antragsteller war nicht zu zweifeln, aber in der Bündner Presse hagelte es Gegenartikel gegen das Gutachten, grosse und kleine. «Man lasse dem Volk sein Jagdrecht und die Liebe zu seinen Bergen», schrieben die Jagdpatrioten. Sogar die Pfarrer wehrten sich für die Patentjagd und wurden damit populär. Ein anderer fand, man müsse dem Volk die Freude an Gottes freier Natur erhalten, fragte aber immerhin «wozu braucht man daneben ein Mordgewehr?» und hatte gewiss nicht unrecht. Den ganzen Mai des Jahres 1910 gab es Jägerversammlungen und Proteste. Da entschloss man sich im Churer Rathaus zu einer stillen Bestattung des Gutachtens. Als aber im Oktober über ein neues Jagdgesetz abgestimmt werden musste, worin eine kleine Patenterhöhung vorgesehen war, rumorte die Arbeiterpartei des Kantons, das sei lediglich ein Vorläufer zu einem Revierjagdgesetz. Man wolle die ärmeren Leute schon jetzt ausschliessen von der Jagd. Im Prättigau wurde das Jagdgesetz verworfen. Und als auf der Alp Vals ob Seewis ein Jagdaufseher laut Auftrag einen Hirsch geschossen hatte und diesen zu Tal bringen sollte, bat er dort arbeitende Seewiser um Hilfe. Die Leute lehnten entrüstet ab. Da ging er einen Klubhüttenwart um Hilfe an, aber der sagte, er sei kein kantonaler Wasenmeister! So war die Stimmung!

Was aber blieb, das waren die Klagen über den Wildrückgang, besonders im und nach dem Krieg war es mit dem Bündner Wild übel bestellt. Alles warnte, die Jäger selbst auch. Man verlangte Hundeverbot, weil die scharfen Bracken immer wieder Rehe rissen, dazu verlangte man Kürzung der Rehjagd, bessere Jagdaufsicht, strengere Handhabung der Gesetze und Strafen, Veröffentlichung der Urteile gegen Frevler. Ein Artikel nach dem andern erschien mit dem Titel: «So kann es nicht weitergehen!»

Als aber 1925 das neue Bundesgesetz kam und die Kantone sich an die Schreibtische setzen mussten, um ihre Jagdgesetze damit in Einklang zu bringen, beklagte sich die Bündner Regierung schwer. Wohl kaum in einem anderen Jahr, schrieb sie, hätten die Behörden und zuständigen Amtsstellen wie auch das kantonale Polizeibureau und die Jäger sich so viel mit Jagdfragen beschäftigen müssen wie 1926. Das sei die Schuld des neuen Bundesgesetzes, das wesentliche Änderungen am bisherigen Rechtszustand brachte. Die Änderungen seien zwar für die Bündner Verhältnisse zum Teil nutzbringend gewesen, so die Erhöhung der Bundesbeiträge, zum Teil aber passten die neuen Bestimmungen durchaus nicht in die besonderen Verhältnisse der Bündner Gebirgsgegenden und ständen mit der althergebrachten Übung im Jagdbetrieb nicht im Einklang. Dies rühre davon her, dass in die vorberatende Kommission kein Kenner der bündnerischen Verhältnisse gewählt worden sei, obschon das Jagdgebiet wohl den fünften Teil der ganzen Schweiz ausmache. Als das neue kantonale Jagdgesetz im Einklang mit dem neuen Bundesgesetz endlich vorlag, schrieben die Jäger des langen und breiten dagegen in die Tagespresse, sogar der Wildhüter Andreas Rauch in Pontresina griff zur Feder und manch anderer, den ich noch kannte. Doch die Behörden blieben ungerührt. Schimpfen ist des Schweizer Bürgers Recht. (Wenn es nur nicht bald das einzige wäre! Folgen muss er ja doch.)

Im gleichen Jahr hatte Dr. E. Branger mit einem offenen Brief an den Regierungsrat die Frage der Einführung der Pachtjagd in Graubünden wieder aufgerollt, natürlich völlig umsonst. Doch 1931 kam's nochmals.

Die Krise hatte auch an den Grenzen von Graubünden nicht haltgemacht, zumal nicht vor dem Bündner Jagdwesen. Die Arbeitslosigkeit brachte eine gewisse jagdliche Verwilderung, wie überall. Die feiernden Leute gingen jagen und stellten Fallen, worin sich auch Wild fing, das nicht erlegt werden durfte. Der Bann Beverin wurde geöffnet, nur auf 5 Tage. Aber da standen am Morgen eine Unmenge Gewehre, und in der Hast wurden viele geschützte Tiere abgeschossen. Auf die Murmeltiere ging es während der Niederjagd schrecklich los. Nicht nur wegen dem Munggenfett. Im Banngebiet Piz d'Aela wurden sie freigegeben; 228 Stück wurden erbeutet. Bei Bergün gingen von 90 beschossenen Tieren 30 verloren, weil sie schlecht getroffen waren und noch in den Bau flüchten konnten. Überall waren die Hasen übernutzt. Dabei wurde gefrevelt, und die Kreisgerichte beurteilten die Frevler zu milde. Gerade das aber war der Grund, dass sich immer mehr Stimmen für das Pachtsystem einsetzten, auch solche von Jägern. Was war es? Richtig gesehen: die Krise. Aber es kam zu keinem Schritt der Regierung. Als der zweite Weltkrieg ausgebrochen war, sank die jagdliche Moral immer mehr. Schon 1933 und 1934 fanden die Jagdaufseher viele geschützte Tiere, die einfach liegen gelassen wurden, um der Strafe zu entgehen. Die Jäger gingen um Verdienst schiessen. Bussen wurden nicht bezahlt, Patente auch nicht. Trotzdem gab man den Leuten im folgenden Jahr wieder eines. Es kam vor, dass Armenbehörden Armengenössigen die Patentgebühr vorstreckten. Und als die Bezirksbehörden von den Gemeinden Listen ihrer Unterstützungsbedürftigen und Bevormundeten verlangten, um wenigstens die Patentabgabe an diese Leute zu verhindern, erhielten sie solche nur von wenigen Gemeinden. Warum? Weil die Unterstützungsgelder teilweise gespart werden konnten, wenn sich die Armengenössigen am Wild selbst verköstigten, oder weil man an der Jagdfreiheit für alle festhalten wollte.

Indessen, die Krise brachte den Gedanken, die Wildvorräte des Kantons in klingende Münze umzuwandeln, nochmals zur Geltung. 1935 erstattete im Auftrag des Kleinen Rates eine Expertenkommission über die jagdlichen Verhältnisse des Kantons ein gedrucktes Gutachten, das im Oktober des Jahres veröffentlicht wurde. Die Kommission bestand aus den Herren Kantonsforstinspektor B. Bavier, Chur, Dr. jur. Jörimann, Chur, J. P. Sonder, Salux. Das Gutachten klingt in eine Aufzählung der Vorteile der Revierjagd aus, befasst sich auch hauptsächlich mit der ökonomischen Frage des kantonalen Jagdwesens. Auch dieses Gutachten blieb ohne jede konkrete Wirkung. Der zweite Weltkrieg kam, danach die Konjunktur. Und das Mehreinkommen aus der Jagd konnte nicht höher veranschlagt werden als eine gute Viertelmillion für den Kanton und etwa ebensoviel für die Gemeinden. Aber die Sorgen des Kantons beliefen sich schon damals wohl höher, so dass dieser relativ bescheidene Jahresgewinn es nicht rechtfertigte, im Kanton den Kampf um das Jagdsystem auszulösen.

So hatten auch Kantone, die dem Patentsystem treu waren wie dem Gold, ihre Sorgen.

Im *Welschland* lässt sich die Entwicklung am besten in der *Waadt* verfolgen. Dort wie in der ganzen französischsprechenden Schweiz war die Jagd schon seit langem übernutzt. In den achtziger Jahren begann man mit den Versuchen, dem fehlenden Wild durch Importe aufzuhelfen. «Repeuplement» nannte man das und bedrängte die Jagdkasse des Kantons um Beiträge. Schuld an diesen katastrophalen jagdlichen Zuständen waren natürlich weder die Jäger noch die Jagdzeiten, sondern die vielen «carnassiers», um deren «destruction» man sich intensiv bemühte. 1893 hatten die «carnassiers» sogar Weidevieh angefallen und gerissen; in der Gegend von Marchairuz. Die Herdenbsitzer baten um Hilfe und der Staatsrat ordnete eine Treibjagd auf die Raubtiere an, die das Jungvieh im Jura anfielen. Resultat – Null. Es ergab sich, dass die Schäden am Jungvieh durch wildernde Hunde verursacht worden waren.

1905/06 kam ein neues Jagdgesetz. Man schloss mit Freiburg und Neuenburg ein Abkommen, wonach für alle Bürger die Jagdpatente zum gleichen Preis abgegeben wurden, ohne Aufschlag für Ausserkantonale aus den angeschlossenen Kantonen. Diesem Abkommen trat 1909 auch Genf bei. Aber die dadurch erreichte Vergrösserung des Jagdgebietes für die vielen Teilnehmer half nichts. Ohne Repeuplement ging es nicht, auch im *Wallis* nicht. 1924 gab es Postulate auf Änderung des Jagdsystems, aber der Regierungsrat trat nicht darauf ein, bevor das neue Bundesgesetz in Kraft getreten wäre. Danach hörte man nichts mehr von Revier. Schublade. Das neue Jagdgesetz 1938 brachte Neuerungen. Man tat sich darauf nicht wenig zugute; der Hirschabschuss wurde verboten, die alljährlichen Treibjagden auf Füchse wurden auf die Zeit vor dem 15. Januar beschränkt, dazu kam als «hegerische» Neuerung, dass mit Wolfshunden (!) nicht mehr gejagt werden dürfe, und so fort... Ein Jahr zuvor war in der Jagd pro Woche ein Schontag eingelegt worden; auch wurde der Gebrauch von Hunden bei der Gemsjagd verboten, dazu durfte man auf Gemsen nicht mehr mit Schrot schiessen (!). 1959 wurden die Patenttaxen erhöht, um den Einnahmen aus dem Jagdregal aufzuhelfen. Der Bericht fügt bei: Dadurch werde der demokratische Charakter der Jagd nicht beeinträchtigt, woran man im Kanton Waadt eben doch festhalte. – Schade, dass an der Erhaltung der letzten angestammten Tierwelt nicht ebenso sorgfältig festgehalten wurde wie an der demokratischen Jagd.

Einen ganz eigenen Weg war der Kanton *Freiburg* gegangen, er ist in der Schweiz ein Sonderfall. Als er in Anpassung an das Bundesgesetz von 1875 sein kantonales Jagdgesetz erlassen musste, schuf der Kanton Freiburg kantonale Pachtgebiete, die laut dem Jagdgesetz «zum Zweck der Erhaltung und Fortpflanzung des Wildes» dienen sollten. Gewissermassen eine Parallele zu den kantonalen Banngebieten anderer Bergkantone. Sie sollten mindestens 100 Hektar, nicht aber über 5000 Hektar gross sein. Mehr als den sechsten Teil des Kantons durfte der Staatsrat nicht bannen und in Pacht geben. Also: bejagte Banngebiete, ein Unikum. Dass sich diese Massnahme keineswegs bewährte, es übrigens auch gar nicht konnte, geht aus den nachfolgenden Erlassen und Gesetzen hervor. 1890 wurden die Patenttaxen auf Ersuchen der Jäger selbst erhöht. 1910 wurde der Staatsrat ermächtigt, die Höhe der Patenttaxen nach Bedarf zu bestimmen. Denn «in Anbetracht der Abnahme des Wildes hat man sich nach Mitteln umzusehen, um die Wiederbevölkerung zu fördern». Der Staat erhob also Patenttaxen in einer Höhe, welche genügen sollte, um zum «Repeuplement» Wildankäufe zu bestreiten. So griff denn der Staat tief in die Tasche und kaufte jedes Jahr Hasen und Rebhühner, auch Fasanen, damit die 400 bis 500 Jäger im Herbst etwas zu schiessen haben sollten. Ein trauriges Kapitel. Aber die Wilddiebe hatten bald heraus, dass die Jagd auf das eingesetzte Wild dann am einträglichsten war, wenn man es kurz nach der Freilassung erlegte. Nachher hatte es sich meist in alle Winde zerstreut, die Hühner vorab nach Osten, woher sie gekommen waren. Das Departement klagte 1913: Die Wilddiebe erlegen und fangen immer einen Teil der Tiere, die Staat und Jägerschaft unter Opfern zur Wiederbevölkerung aussetzen. Dann kam der erste Weltkrieg, während dem es kein Wild zu kaufen gab. Man versuchte, statt aus Österreich, aus den französischen Fasanen-und Rebhuhnzuchtanstalten Flugwild zu kaufen, bemühte sich auch um die Einfuhrbewilligung und bestellte rechtzeitig, aber geliefert wurde es nicht. Und als das Fleisch knapp wurde, lösten mehr Interessenten Patente als zuvor, und die Wilderei nahm zu. Erst 1921 kamen 100 Paar Rebhühner, 32 Franken das Paar. 1923 hatte man 160 Hasen bestellt, die aber nicht geliefert wurden. Der Staat zahlte pro Jahr 4000 und 5000 Franken für die Wildkäufe. Ein Hase stellte sich auf über 40 Franken. Offensichtlich wurde das schöne Geld für das sündenteure Wild dem Forstdepartement langsam zu viel. 1927 beschloss der Staatsrat ein neues Jagdgesetz.

Es war ein fakultatives Reviergesetz, das den Bezirken die Wahl des Jagdsystems freistellte. Wenn nämlich die Hälfte der Gemeinderäte eines Bezirks ihre Gemeindebanngebiete verpachten wollten, sollte der Staatsrat im ganzen Bezirk eine Abstimmung anordnen. Wenn die Mehrheit der Stimmbeteiligten und zugleich die Mehrheit der Gemeinden die Pachtjagd annahm, sollte diese eingeführt werden. Das nämliche sollte gelten, wenn der Bezirk wieder zur Patentjagd zurückkehren wollte.

Es waren hauptsächlich die Gemeinden des Sense- und Broyebezirks gewesen, welche die Einführung der fakultativen Revierjagd für den ganzen Kanton gewünscht hatten, und dieser an sich höchst loyale Versuch einer fakultativen Reviergesetzgebung war wohl teilweise ein Entgegenkommen an diese Gemeinden. Doch er genügte, um die Patentjäger in geschlossenen Formationen aufmarschieren zu lassen. «Man hört nun sagen», schrieb ein Einsender in der Freiburger Presse, «dass die beherzten Jägersleute vom Referendum Gebrauch machen wollen. Diese Drohung erschreckt uns nicht. Im Kanton Freiburg ist es nicht so leicht, ein solches durchzubringen...» Und doch gelang es. Das Referendum wurde ergriffen und das Jagdgesetz bachab geschickt. Die Krise der dreissiger Jahre kam und damit Arbeitslosigkeit, man griff zu Beutebeschränkungen für Rehe und Gemsen. Da besann sich der Staatsrat 1933 auf sein Recht, zu bannen. Er bannte den Sensebezirk «in Erwägung der Notwendigkeit allgemeiner Massnahmen zum Schutze des landwirtschaftlichen Volksvermögens, der Bedeutung der Fauna als Bestandteil dieses Vermögens, der dringenden Notwendigkeit über die Erhaltung und Vermehrung des Wildes zu wachen und auf Antrag der Direktion des Forstwesens». Die Jagd im Bezirk der kalten und warmen Sense wurde auf die Dauer von 8 Jahren verpachtet, das heisst von 1933 bis 1940. Der eidgenössische Bannbezirk Kaiseregg kam unter den Hammer. Eine Sicherung wurde eingebaut: Im letzten Pachtjahr müsse die Jagd ebenso weidgerecht ausgeübt werden wie in den vorangegangenen Jahren, sonst könne die Forstdirektion die Jagd in allen Revieren ohne Entschädigung untersagen. Zwei Pachtperioden erlebte das Sensegebiet. Der Krieg war vorübergegangen und mit ihm die Krise. Die Arbeitslosen, die man im Krieg in die Uniform gesteckt hatte, waren verschwunden, und jetzt kam die Konjunktur. 1951 wurde die Revierjagd im Sensegebiet wieder aufgehoben und die Patentjagd im ganzen Kanton wiederhergestellt. Das Repeuplement funktionierte wieder, Wild gab's zu kaufen wie vor und eh, und so ging es weiter wie einst im Mai. Der Kanton hatte seine Jagd, wie er sie haben wollte.

Basel-Land und *Schaffhausen* haben sich relativ früh dem Reviersystem angeschlossen. Nachdem Basel-Land sich von der Stadt befreit hatte, wurden Jagd und Fischerei in vollem Umfange der Zuständigkeit der Gemeinden anvertraut. Aber 29 Jahre lang blieb der junge Staat ohne Jagdgesetz, dieses kam erst 1859, worin den Gemeinden die Wahl des Jagdsystems anheimgestellt wurde. Schon damals hatten in Basel-Land von 74 Gemeinden 63 ihre Jagden verpachtet, nur 12 liessen sie von Patentjägern bejagen. 1879 waren es nur noch 4. Anno 1892 wartete auch Basel-Land auf die Bundesgesetzesrevision; und als diese wegen der Systemfrage am 20. Januar 1892 im Nationalrat zu Fall gekommen war, schrieb die Landschäftler Regierung «in der Meinung, dass der Bundesrat eine bezügliche Vorlage den Räten zu geeigneter Zeit wieder bringen könne... Hiezu wird es voraussichtlich nicht so bald kommen, indem die Ansichten darüber, ob das Gesetz... mittelbar auf Annahme des Pachtsystems hinwirken solle, noch zu weit auseinandergehen.» Nun erliess man eben die beabsichtigte kantonale Vollziehungsverordnung, worin in Basel-Land auf bessere Vorschriften betreffend die Verpachtung Bedacht genommen wurde. «Denn bei den Neuverpachtungen machten sich immer noch Einflüsse geltend, die mehr den Vorteil des Jagdpächters als den der Gemeinde im Auge haben.» Immer wieder umgingen die Gemeinden die öffentliche Versteigerung und schlugen unter der Hand die Jagd irgendeinem Interessenten um billiges Geld zu. Schliesslich anerkannte die Direktion des Innern in Liestal diese Zuschläge nicht mehr und bestand auf der Steigerung. 1893 hatte z. B. Ramlinsburg seine Jagd um 40 Franken unter der Hand zugeschlagen, als aber die Steigerung erzwungen wurde, erzielte das Revier 100 Franken. Die Jagden im Baselland hatten damals überhaupt ungemein niedrige Pachtpreise, meist unter 100 Franken, hin und wieder 200 bis 300 Franken, selten und nur in ganz grossen, guten Jagden wurden 500 Franken gelöst. In Zunzgen versuchte der Gemeinderat, die Jagd nicht auszuschreiben, sondern diese an einen Einwohner von Zunzgen in interner Steigerung zu vergeben. Auch dieser Modus wurde von der Direktion nicht angenommen, was zur Folge hatte, dass Zunzgen, statt nur 30, 133 Franken für seine Pacht kassieren konnte. Die Patentgemeinde Arlesheim beschloss, nur Gemeindeglieder als Patentbewerber zuzulassen, wurde aber gezwungen, Patente auch an andere Kantonsbürger abzugeben. Das alles hatte auf den Wildbestand der Gemeindereviere und des Kantons nicht unwesentliche Folgen. Denn die rein bäuerlichen Gemeinden, in denen die Industrie als Seidenbandweberei nur in Form schlechtbezahlter Heimarbeit eingedrungen war und bloss Nebenverdienst bedeutete, sahen darauf, dass das Gemeinderevier von ihren eigenen Leuten bejagt wurde, die dafür sorgten, dass das Wild wegkam und keine grossen Bestände herangehegt wurden. Viele Gemeinden gingen vom Reviersystem zum Patentsystem über und dann wieder zum Revier. Ganz richtig vermutete die Direktion: «Es scheint dies mit Wildreichtum und Wildschaden zusammenzuhängen, vielleicht aber auch mit der allgemeinen Stimmung oder mit Entgegenkommen für gewisse Gemeindeglieder... Für die Jagden ist dieses Hin- und Herschwanken im Jagdsystem wegen der damit verbundenen Verschiebung der Jagdzeiten und der Abschüsse gewiss nicht von Vorteil.» Sehr richtig, aber das kümmerte die Bauern wenig.

Erst nach dem Weltkrieg 1914/18 bemühte sich der Kanton intensiver um seinen Wildstand. Er war allgemein schwach und ging noch immer zurück. Aus den meisten Revieren kamen Klagen über Wildfrevel, wildernde Katzen und Hunde, aber auch über das Ausschiessen der Reviere durch zurücktretende Pächter. In den zwanziger Jahren fand man, dass die Jagderträgnisse in Basel-Land im Vergleich mit anderen Kantonen bescheidene seien, vielfach geradezu klägliche. Rundfragen gaben stets die gewohnten Gründe hiefür an, aber die Direktion wusste wohl und sprach es aus «dem Wilde wird in den meisten Revieren allzu intensiv nachgestellt und der Abschuss wahllos ausgeübt». Die immer noch betriebene Jagd auf Rehe mit weitjagenden Laufhunden hemmte an sich schon die Hebung des Wildstandes. Noch lange nicht alle Reviere hatten überhaupt einen Jagdaufseher. Eine Gemeinde, deren Revier vollkommen ausgeschossen war, fragte 1925 an, ob dieses nicht mit Kantons- und Bundesunterstützung in ein Schongebiet umgewandelt werden könnte. Den Gemeinderatsherren war offenbar eingefallen, dass es so etwas in anderen Kantonen gab. Da dachten sie, wenn ohnehin nichts mehr in ihrer Gemeindejagd stände, könne man so etwas schon einfädeln. Später, wenn eingewechseltes Wild sich hier wieder vermehrt hätte, könne man dann weiter sehen. «Leider» konnte der Anregung nicht stattgegeben werden, da das im Gesetz nicht vorgesehen war. Und die Moral von der Geschicht'? Das Reviersystem allein gibt noch keine Gewähr für pfleglichen Jagdbetrieb. Trotz schlechter Hasenjahre auferlegten sich und den Jagdgästen die wenigsten Pächter die nötige Zurückhaltung. Auch der Fuchs wurde fast in allen Revieren viel zu schonungslos verfolgt, nicht allein durch die Jäger, sondern zudem noch durch zahlreiche nichtberechtigte Fallensteller. So kam es generell zu einem drastischen Rückgang der Pachterträge.

Da ging es über die Jagdschädlinge her, die Krähen und Häher mit Abschuss und Gift. Aber die Hasen nahmen deswegen nicht zu. Wildkaninchen drohten in Grenzgebieten die Myxomatose einzuschleppen. Bisamratten wanderten ein, dann kam nach dem zweiten Weltkrieg die Autoplage. Die Verkehrsopfer unter dem Wild wuchsen. 1959 waren es 70 Rehe, 61 Hasen und viel anderes Wild. Lange Jahre plagten die Wurmkrankheiten, die Strongylose, das Rehwild. Dazu die Mähmaschinen. Im gleichen Jahr wurden 207 Rehe und 165 Hasen vermäht. Dabei fand man nicht einmal alle. In der Krippe waren oft ganz dürre, mumifizierte Häschen, die das Vieh liegen liess – man hatte bei der Heuernte nicht einmal etwas davon bemerkt. Wildschweine kamen vom Deutschen her und machten Schaden, kurz, der Kanton erlebte wenig Freude mit seinem Jagdwesen. Die Industrialisierung, die Bevölkerungszunahme brachten erneute Schwierigkeiten. 1953 stellten 95 Einwohner der Gemeinde Bottmingen das Begehren, es sei die Jagd im ganzen Gemeindebann zu untersagen, weil sie eine Gefahr für die Einwohnerschaft und die vielen Spaziergänger bilde. Es wurde teilweise entsprochen, die Jagd wurde auf die landwirtschaftliche Zone beschränkt, darf aber in der Wohnzone nicht mehr ausgeübt werden. Auf ein ähnliches Begehren wurde 1954 in Binningen vorderhand nicht eingetreten. Aber ein Jahr darauf kam es doch. Und das Wild hatte in dem von Villen und Einfamilienhäusern überschwemmten Vorortsgemeinden von Basel kein leichtes Leben. Die Hunde der städtischen Hausbesitzer jagten viel auf eigene Faust, die Wälder waren überlaufen, nicht nur sonntags. Dabei kam die Direktion des Innern in Basel-Land den Natur-, Vogel- und Tierschutzbestrebungen der vielen Vereine in vorbildlicher Weise entgegen. Förster und Gemeindevereine standen in bestem Einvernehmen. Die gesetzliche Grundlage des Kantons, die Pflege des Wildstandes durch die Direktion in Liestal durch statistische und hygienische Überwachung wird kaum irgendwo übertroffen, doch leiden die Jagden durch Entwicklungen, die ihre Ursache in der Überschwemmung des Kantons mit den fatalen Äusserungen des modernen Lebensbetriebes haben. Jedes Jahr verwendet der Kanton die Eingänge aus den Jagdpässen usw. zum Wildschutz. Der Erfolg wird nicht ausbleiben.

Mehr Glück hatte der Revierkanton *Schaffhausen*, obwohl er nicht so früh zum System der Gemeindejagd-Verpachtung überging wie Basel-Land und Aargau. Das erste gültige Jagdgesetz war 1810 erschienen, ein verbessertes bereits 1829. Dieses war nur eine ganz primitive Sammlung von Verboten, aber noch kein Jagdgesetz. Erst nach 1875 erliess der Kanton seine erste brauchbare Jagdverordnung.

Aber 1873 spielte der Kanton trotzdem eine einmalige Rolle in der schweizerischen Jagdgeschichte. Das war so gekommen: In der Dezembersession der Bundesversammlung 1872 war unter den Mitgliedern davon die Rede gewesen, man solle von dem gegenwärtigen Jagdsystem abgehen. Schaffhausen war ersucht worden, die Initiative zu ergreifen, und so lud die Regierung auf den 30. Januar 1873 zu einer Vorbesprechung in Schaffhausen ein. Delegierte von Zürich, Solothurn, St. Gallen und Thurgau waren gekommen, der ebenfalls eingeladene Aargau und die beiden Appenzell waren nicht vertreten, baten aber um Zustellung des Verhandlungsprotokolls.

Im Verlauf der Besprechung war man darüber einig, dass der Wildstand bei Fortdauer «des verderblichen Patentsystems dem gänzlichen Ruin entgegengehe». Die Schaffhauser wiesen auf den Kanton Aargau, wo nach dem Reviersystem gejagt wurde. Die andern Kantone hielten mit der Zuwendung zur Revierjagd zurück und machten Vorschläge, um das Patentsystem zu verbessern.

Man einigte sich auf eine zweite Versammlung, die am 18. September 1873 in Bern stattfand. Eine Dreierkommission hatte ein Memorial ausgearbeitet, worin eingangs die Erschöpfung des Wildstandes geschildert wurde. Drei Gründe seien hiefür verantwortlich:
1. Die veränderten Kulturverhältnisse, worunter die vielen Fluss- und Kleingewässerkorrektionen, das Verschwinden der Feldgehölze, die als Brutstätten für *Rebhuhn und Hase* verstanden wurden, dazu die Austrocknungen, so dass auch die *Zugvögel* ihre alten Rastplätze verloren hätten, so *Schnepfen und Bekassinen*.
2. Die Verbesserung der Feuerwaffen, wobei von der Feuersteinflinte an sämtliche Jagdgewehre hinsichtlich ihrer Schusssicherheit, Schussbereitschaft und -genauigkeit geschildert wurden.
3. Das irrationelle Verfahren bei der Jagd selbst. Jeder dürfe jagen; man habe zwar Kautelen aufgestellt, dass zum Beispiel an Fallite oder Armengenössige keine Patente abgegeben werden sollten, doch würden diese nicht gehandhabt. Sträflinge, die soeben aus der Arbeitsanstalt entlassen wurden, dürften jagen, während gleichen Tags ihre Frau betteln gehe. Mit Ausschliessung der wegen Jagdfrevel Vorbestraften, durch Schontage oder Taxerhöhungen sei weder die Zahl der Jagdteilnehmer zu vermindern noch dem Wild aufzuhelfen. *Reh und Auerhahn* seien an einzelnen Orten bereits völlig vernichtet. *Im Winter werde das Wild seinem Schicksal überlassen. Ganze Hühnerketten erlägen dem Hunger.* Im Patentsystem gäbe es kein Masshalten. In der Hast werde viel Wild angeschossen, mit Schrot auf zu grosse Distanz und bei Nacht. Weiter wurde auf den bekannten Schussneid der Patentjäger hingewiesen. Überdies wollten eine Anzahl Patentjäger die Jagd hartnäckig zu einer Art Erwerb stempeln.

Diese Kritik ist wohl der interessanteste Teil des Memorials. Die Empfehlung des Reviersystems bewegte sich in den gewohnten paradiesischen Prognosen. Sie hebt an mit der Widerlegung der Einwände gegen das Reviersystem. Man warf diesem damals vor, es würde ein zu grosser Wildstand herangehegt zum Schaden der Landwirtschaft. Ein Einwand ist besonders interessant: Weil im Reviersystem nur wenige jagen könnten, gäbe es keine tüchtigen Schützen mehr (!). Endlich das letzte, politische Argument, die Revierjagd sei undemokratisch, das Recht zu jagen stehe jedem Bürger zu. Die Widerlegung dieser Punkte und die positive Würdigung des Pachtsystems füllte viele Seiten.

Beide Protokolle samt Memorial wurden gedruckt und an alle Kantone versandt.

Der Reviergedanke für die ganze Schweiz und eine Vereinheitlichung der Jagdgesetzgebung lagen gleichsam in der Luft, bestimmt hing das damit zusammen, dass der Siegerstaat von 1871 nun auch in solchen Fragen tonangebend wurde. Eine gewisse Vereinheitlichung des Jagdrechtes kam 1875, wenn auch in anderer Form. Aber die Sympathie für die Revierjagd des damaligen Ständerates drang nicht durch.

Das Bundesgesetz 1875 wurde von Schaffhausen nicht mit offenen Armen und Jägerherzen aufgenommen. Seine schützenden Bestimmungen im Interesse der Vermehrung des Wildes und der verschiedenen Vogelarten, denen zwar laut den Angaben der Regierung von 1868 angeblich niemand nachstellte, liess gegenüber dem bisher ziemlich unbeschränkten Jägerleben viele Polizeifälle erwarten. Und in der Tat habe sich diese Annahme in ungeahntem Masse erfüllt. Die Schwierigkeiten seien nirgends grösser als im Jagdwesen, das nicht in der wünschenswerten Weise beaufsichtigt werden könne und bei dem in manchen Köpfen die Begriffe republikanischer Freiheit unklar seien. So schrieb das Departement. Im Kanton Schaffhausen nahm man Anstoss daran, dass nach Schluss der Jagdzeit vom Ausland her kein Wild mehr eingeführt werden dürfe, ausser mit einem Schein des Bürgermeisteramtes. Das fand man schroff. Denn nun konnte man auch nicht mehr Wild, das heimlich im Kanton erlegt worden war, geschwind ins Deutsche hinüberschaffen und durch einen Burschen aus einer nahen deutschen Grenzgemeinde als Importhasen- oder Rehe herbringen lassen. 1877 entwischte die Katze aus dem Sack: die neuen eidgenössischen Bestimmungen hätten anfangs viel böses Blut gemacht und erst allmählich bei der Bevölkerung bessere Aufnahme gefunden. Die Zunahme des Wildes wurde zwar gesehen, doch war das Volk immerhin noch böse genug, um dem Begehren nach dem Reviersystem nicht zuzustimmen.

Damit wurde es 1880. «Eine Partie Jäger träume stetsfort von Einführung des Reviersystems als des einzig rationellen Jagdwesens, während wohl die Mehrzahl das bisherige Patentsystem beibehalten wolle als die einzige richtige soziale und republikanische Einrichtung.» 1887 war eine neue Vollziehungsverordnung zum Jagdgesetz fällig, und prompt kam auch eine Anregung, nun zum Reviersystem überzugehen. Den ewigen Jagdfreveln konnte man nur ungenügend wehren, auch gingen Patentjäger mit ihrer Waffe so leichtfertig um, dass ihnen das Patent entzogen werden musste. Einer überliess sein Jagdgewehr einem geistig beschränkten Menschen, der kein Patent hatte. Der wollte einen Vogel schiessen und traf einen Knaben tödlich. Ein anderer schoss geschützte Vögel. Übrigens, meint das Departement, kennten die meisten Bewerber die Vogelarten nicht und wüssten mehrheitlich auch gar nicht, welche geschützt seien und welche nicht.

Auch das jagdbare Haarwild kam trotz Bundesgesetz immer mehr herunter. Jedoch fanden 1899 die «meistenteils von Freunden des Reviersystems angestimmten Klagen über die gänzliche Ausrottung des Wildes in unserem Kanton, wenn das Patentsystem beibehalten würde», noch taube Ohren. Man wies auf die immerhin noch relativ gute Abschussstatistik, wobei man freilich mit Absicht übersah, welch ansehnlicher Teil der Jagderträge dem aus dem Grossherzogtum Baden eingewechselten Wild zu verdanken war. Als nun aber die Zahl der gelösten Patente drastisch zurückzugehen begann, nahm man doch ein neues Gesetz in Aussicht. Die bestellte Kommission lieferte zwei Entwürfe, einen für Patent- und einen für Revierjagd. Dem Grossen Rat wurden beide vorgelegt. Das war 1901. Er bestellte eine Kommission, bei der die Entwürfe noch 1903 lagen. Da kam 1904 das neue Bundesgesetz und damit war die Angleichung des kantonalen Jagdgesetzes fällig. Aber eine entsprechende Vorlage wurde 1906 verworfen. Den Gemeinden Rüdlingen und Buchberg ging die Sache zu lang. Sie bewarben sich um die Bewilligung zur probeweisen Einführung der Revierjagd auf ihren Gemarkungen. Das Forstamt unterstützte sogar die Eingaben der Gemeinden, trotzdem wurden sie abgewiesen. Denn «hätten wir dem Verlangen der Gemeinden Rüdlingen und Buchberg entsprochen, so wäre gewiss in Bälde von den übrigen, sich eines ansehnlichen Waldbesitzes erfreuenden Gemeinden... auch derartige Gesuche zu gewärtigen gewesen, und die Folge davon die Verunmöglichung der Patentjagd». Auch die Einrichtung von Schonrevieren, um die der kantonale Jagdverein ersuchte, wurde abgewiesen, da die Patentjäger in diesen Gebieten benachteiligt würden, weil sie zum Jagen weiter fortreisen müssten. Um dem Wildschwund zu wehren, sah man nur andere Mittel, entweder Verkürzung der Jagdzeit oder gänzliches Jagdverbot. 1915 wurde über ein Reviergesetz abgestimmt, und diesmal wurde es knapp angenommen. Von den früheren Patentjägern wurden nun 32 zu Revierpächtern, 10 wurden Jagdaufseher, weitere 10 durften als Gäste mitjagen, aber 33 Nimrode, worunter – «zum Glück» – eine Anzahl Auswärtiger, mussten die Flinte vorläufig an den Nagel hängen.

1919 kam Arnold Hauser aus Unterhallau mit einer Initiative auf Wiedereinführung der Patentjagd und hatte in der Volksabstimmung von 1920 Glück, trotz der

Empfehlung des Grossen Rates auf Verwerfung. Doch das Stimmenmehr war klein. Trotzdem legte der Regierungsrat dem Grossen Rat einen Gesetzesentwurf über die Patentjagd zur Beratung vor. Aber schon zuvor lancierten die Landgemeinden das Initiativbegehren «Georg Keller» betreffend Aufhebung der gesamten bestehenden Jagdgesetzgebung. Dabei lag ein fixfertiger Gesetzesentwurf, der es den Gemeinden freistellte, nach welchem System sie ihren Bann bejagen lassen wollten. Die Landgemeinden wehrten sich für ihre Pachtgelder. In der Abstimmung 1921 wurde die Initiative Georg Keller samt dem fakultativen Reviergesetz vom Volk angenommen. Prompt führten alle Gemeinden das Reviersystem ein.

Und seither gibt es im Kanton Schaffhausen wieder Wild, und der Vogelschutz wird korrekt gehandhabt und seltene Tierarten erhielten ihren nötigen Schutz. Aber ohne Trubel ging der Übergang vom alten Patentsystem zum Reviersystem nirgends vor sich.

Auch im *Kanton Solothurn* nicht. Wie bereits geschildert, versuchte der Kanton sofort nach der Helvetik in Form eines Patentsystems in sein Jagdwesen einigermassen Ordnung zu bringen. Die Gesetze «Das Birsen und Jagen betreffend» erschienen in rascher Folge 1804, 1806, 1808, 1810. Das Jagdgesetz von 1840 bildete materiell nur eine Neuauflage der Verordnung von 1808. Ebenso die folgenden zwei Erneuerungen bis 1875 (Vögeli 1945). 1897 kam der erste Versuch eines Revierjagdgesetzes in Form einer Motion im Kantonsrat, doch kam die Vorlage 1905 in der Volksabstimmung zu Fall. Ein Antrag der Staatswirtschaftskommission an den Kantonsrat vom Jahre 1886 auf Einführung der Revierjagd, der 1889 erneuert wurde, wurde von diesem abgelehnt, ohne dass er dem Volk vorlag. So blieb das über 100jährige Patentsystem in Kraft. Aber das Beispiel des benachbarten Aargaus, der 1803 schon ein Reviersystem verwirklicht hatte, beeinflusste die Gemüter im Kanton Solothurn unentwegt, dazu machte der Reviergedanke seit dem Ende des ersten Weltkrieges ständig Fortschritte. Zürich, Thurgau und Luzern waren zur Pachtjagd übergegangen; Aargau, Basel-Land und Schaffhausen hatten sie schon eine ganze Zeit.

Als gegen Ende des ersten Weltkrieges das dezimierte Wild kaum mehr zum Lösen eines Patentes reizte, suchten die Nimrode neue Opfer. Da hatte einer im Vorfrühling irgendwo Ringeltaubenzüge beobachtet. Er meldete seine Entdeckung dem kantonalen Jägerverein und dieser bemühte sich sogleich um Sonderabschussbewilligungen. Immer und überall, wenn es kein Nutzwild mehr gab, ging es über «Schädlinge» her, die angeblich «in Überzahl» auftraten. Nicht nur bei den Patentlern, auch in Revierjagden. Und die Regierung glaubte meistens den Jägern, sie tat es auch hier im Solothurnischen, und erteilte die Bewilligungen zur Vorverlegung der Jagd auf Ringeltauben.

Erneut versuchten die Revierjagdfreunde im Kanton Solothurn einen Vorstoss. Am 1. Dezember 1920 wurde der Regierungsrat beauftragt, die Einführung des Reviersystems zu studieren. 1925 war die neue Vorlage fertig und kam vor den Kantonsrat, doch die vorberatende Kommission war geteilter Meinung. Es wurde auf den Rückgang der Patentlösungen hingewiesen. Der Anreiz, ein Patent zu lösen, scheine nicht mehr gross zu sein. Der Jagdertrag sei im Verhältnis zur Fläche des Kantons lächerlich gering. Letztes Jahr seien im ganzen Kanton 19 Rehböcke geschossen worden, während im Aargau im gleichen Jahr 1500 erlegt worden seien. Mit staatlichem Zuschuss habe man Hasen aus Ungarn kommen lassen, die aber nicht im Kanton geblieben seien. In der Presse erklang dasselbe Geläute auch, als das Reviergesetz 1927 vors Volk kam. Aber das Gesetz unterlag. In den Arbeiterbezirken Lebern und Kriegstetten war das Reviergesetz haushoch verworfen worden, weil dort die rote Welle vom Ende des ersten Weltkrieges noch nicht verebbt war und man das Gefühl gehabt hatte, es handle sich um einen Angriff der besitzenden Klasse auf ein Volksrecht. Doch die Ruhe war nur von kurzer Dauer. Am 30. Januar 1930 wurde der Regierungsrat, gestützt auf eine Motion im Kantonsrat, eingeladen, über ein neues Reviergesetz Bericht und Antrag einzubringen. Am 7. Oktober 1931 wurde die neue Vorlage vom Kantonsrat genehmigt. Diesmal war die vorberatende Kommission nicht gespalten, der Berichterstatter, Alban Müller, sprach für alle. Der Lobpreis der Revierjagd erschallte nicht nur im Kantonsrat, sondern auch in der Presse, und nun reichte es zur Annahme durch das Volk. 1932 wurde im Kanton Solothurn zum ersten Mal nach dem Reviersystem gejagt.

Vielerorts waren Junghasen und Fasanen ausgesetzt worden, diesmal mit besserem Erfolg. Sogar mit dem Einsatz von Rebhühnern hatte man Versuche gemacht, und nach 10 Jahren feierte der solothurnische Jagdschutzverein ein erstes Jubiläum, wobei Paul Vetterli einen Vortrag über die Hege des Rehwildes hielt. «Doch scheinen», sagte der Bericht des Finanzdepartementes, «weder Referate noch übrige Ermahnungen bei einigen Revierpächtern zu fruchten, denn es musste wieder konstatiert werden, dass eine ganze Anzahl von Kahl- und Kitzböcken abgeschossen wurde. Dieser Verstoss wird dazu führen, dass den fehlbaren Pächtern künftig die Jagderlaubnis entzogen werden muss.»

Ganz aller Sorgen ledig war also der Kanton auch nicht. Die Abschüsse wiesen zwar einen steigenden Wildstand aus, wenigstens für die Rehe. Ab 1954 ging aber der Hasenbesatz zurück, doch dieses Schicksal teilte der Kanton mit ganz Europa.

Die Revierherren verhielten sich nicht ausnahmslos wie Ehrenmänner. 1938 fälschten gewisse Pachtinhaber die Jagdstatistik, zu der sie doch gesetzlich verpflichtet waren, und gaben weniger Abschüsse an, um das Revier, das sie wieder zu pachten gedachten, nicht zu teuer werden zu lassen. Das war Betrug zum Nachteil des Staates und wurde bestraft. Dasselbe trieben zehn Jahre später andere Pächter so dick, dass ihnen der Regierungsrat ihren Pachtvertrag aufhob und das Revier für den Rest der Periode anderweitig versteigerte.

Vielerorts machten die Rehe Waldschaden, man musste die Schonungen einzäunen. Daran sollten die Jäger Beiträge zahlen, aber sie weigerten sich, es gab Ärger. Gutbestandene Jagden lockten Interessenten von auswärts an die Steigerungen und diese steigerten den Einheimischen die Reviere weg oder trieben sie in die Höhe. 1946 verlangten die Solothurner Jäger von der Regierung besseren Schutz gegen Auswärtige, und die Bauern kamen auch und verlangten eine neue Wildschadenersatzregelung. Der Regierungsrat setzte entsprechende Flicke auf das Jagdgesetz, doch damit waren die Bauern nicht zufrieden und verwarfen die Vorlage. Also ging die Regierung neu ans Werk. 1948 beliebte die Neufassung. Immer wieder Arbeit – und doch war im ganzen der Kanton mit seiner Jagdregelung besser gefahren als einst. Wie sagt doch Wilhelm Busch? «So tut die vielgeschmähte Zeit doch mancherlei, was uns erfreut.» Wenigstens höhere Einkünfte für Kanton und Gemeinden.

Aber die «Bekehrung» der verschiedenen Kantone zur Revierjagd hatte nicht die Zeit getan, sondern die Krise von 1927 bis in die dreissiger Jahre. Auch im Kanton *St. Gallen*.

Nach der Helvetik, die den Kanton jagdlich eine ganze Menge gekostet hatte, konnte man der Wilderei nicht mehr Meister werden. Das Wild schwand dahin. Konkordate zur Schonung von Gemsen, Rehen und Murmeltieren mit den Nachbarkantonen, Bannungen auf Hochwild ebenfalls gemeinsam mit anderen Ständen – nichts wollte helfen. Es gab ein Gesetz über die Jagd von 1832, ein Gesetz über die Hochwildjagd von 1842, dazu einen Nachtrag von 1853. 1854 erschien ein Entwurf zu einem neuen Jagdgesetz vom Kleinen Rat, doch fand der Grosse Rat bis zum Jahre

1860 keine Zeit, sich mit dem revidierten Jagdgesetz zu befassen. Endlich trat es im Mai 1860 doch in Kraft. Es war höchste Zeit gewesen. Der Jagdfrevel hatte Formen angenommen, die auf eine regelrechte Gesetzesverachtung hinausliefen. Jagen ohne Patent, Frühlingsjagd auf Haarwild mit Schnepfenjagdpatenten, Missachtung der Grenzen des Freiberges, der 1842 in der Gebirgsgegend vom Gonzen bis Speer geschaffen worden war, Sonntagsjagd – kurz, was nur ausgedacht werden konnte, war getrieben worden. Nach dem Ende des siebziger Krieges kam die erste Welle zugunsten der Revierjagd auch nach St. Gallen als kulturpolitische Folge des deutschen Sieges. Doch bereits 1871 beschied die St. Galler Regierung ein Gesuch von 25 Jägern aus allen Teilen des Kantons um Einführung der Pachtjagd abschlägig. Sie bezweifelte, dass durch den Systemwechsel der Wildstand wirklich gehoben und die Einkünfte der Staatskasse wesentlich vermehrt werden könnten. Da die unbemittelte Klasse der Jäger benachteiligt würde, wäre eine ernsthafte Opposition zu erwarten. So hielt die Regierung die Wünschbarkeit eines Systemwechsels zurzeit noch nicht für begründet.

In jener Zeit (1873) laborierte Schaffhausen, wie berichtet, am Revier herum. St. Gallen liess sich an der Berner Konferenz, wozu Schaffhausen eingeladen hatte, durch den Vorstand des Polizeidepartements vertreten, doch konnte dieser den aus der Konferenz hervorgegangenen Entwurf nicht billigen, «weil er vollständig mit unserem Patentsystem, das der Mehrzahl unserer Jäger lieb und teuer ist, bricht und das Reviersystem einführen will».

Der erste Angriff der Revierler, der kurz nacheinander in zwei Wellen angesetzt hatte, war «glücklich» abgewiesen worden. Wäre es nur mit der Besserung der rücksichtslosen Patentinhaber und mit der Unterdrückung der Wilddieberei auch so glatt gegangen. Doch dort blieb der Erfolg aus. Die St. Galler Regierung suchte mit den Nachbarkantonen noch nach 1875 Vereinbarungen zum Schutz des übernutzten Flugwildes und zur zeitweisen Bannung des Hochwildes. Dazu meinte die Jagdbehörde 1891, es werde sich nun zeigen, ob diese Massnahmen geeignet seien, der immer weiterschreitenden Zerstörung des Wildstandes, die allerdings auf die schlimmen Wirkungen des Patentsystems und auf die üppig blühende Wilddieberei zurückzuführen sei, einigermassen zu begegnen vermöchten, soweit dies überhaupt unter der Herrschaft des Patentsystems möglich erscheine.

Man hatte von dem in Aussicht stehenden neuen Bundesgesetz 1891 etwelche Hilfe erwartet. Das Bundesgesetz kam nicht zustande. Die Klage über die Abnahme des Wildes war eine allgemeine. «Für uns unterliegt es keinem Zweifel», sagte das Departement, «dass die fortwährende Abnahme des Wildstandes hauptsächlich auf Rechnung des Patentsystems zu setzen ist und dass der Jagdfrevel in seinen verschiedenen Formen erst in zweiter Linie in Betracht fällt». Das führte zu einer weiteren Konferenz mit Zürich, Thurgau und Appenzell, neuen Schutzbestimmungen und Jagdzeitverkürzungen. 1894 suchten eine Anzahl Jäger eine neue Vollzugsverordnung einzubringen, nach der der Kanton in 9 Bezirke einzuteilen und die Patentinhaber derselben sich als Jagdgesellschaft zu konstituieren hätten und in ihren Statuten Bestimmungen über rationelle Betreibung der Jagd und Hebung des Wildstandes aufstellen sollten. Doch trat der Grosse Rat nicht auf diese Interpretation der Patentjagd ein und verlangte die Vorlage eines Gesetzes, wonach das Jagdrecht und der Jagdertrag den politischen Gemeinden zugesprochen werden, die Interessen der Landwirtschaft gewahrt und die Jagdberechtigten zum Ersatz allfälligen Wildschadens verpflichtet werden sollten. Ein solcher Gesetzesentwurf lag alsbald zur Vorberatung bei einer grossrätlichen Kommission. Das war eindeutig, auch wenn das Wort Revierjagd nicht gefallen war. 1896 kam die Vorlage vors Volk und wurde mit grossem Mehr verworfen. Damit sei für absehbare Zeit der Gedanke an eine prinzipielle Umgestaltung das Jagdbetriebes in den Hintergrund gedrängt, meinte das Departement resigniert. Der alte Trott ging weiter, der Frevel auch. 1896 gab man einen Teil des herrlichen Banngebietes Churfirsten, vielleicht des morphologisch wunderbarsten Freiberges, der je in der Schweiz bestand, auf. Es war eine reine Kapitulation vor der Wilderei, die dort nicht zu bändigen war. 1898 machten die Jäger verschiedene Vorschläge und Anträge zur Verbesserung des Jagdwesens auf der Grundlage des Patentsystems, andere Jägergruppen waren jedoch dagegen. Die Behörden versuchten eine Einigung zu erzielen und erreichten auch einen Kompromiss. Kaum aber waren die entsprechenden Verordnungen im Entwurf fertiggestellt, wurde dermassen dagegen Sturm gelaufen, dass das Departement es aufgab und die Jagdvorschriften pro 1898 wieder aufgrund des bisherigen Gesetzes erliess. – Wie hatte doch der sterbende Attinghausen gesagt? «Seid einig, einig, einig!» Aber dort waren die St. Galler leider noch nicht dabeigewesen. –

1901 wurde der Rest des Bannbezirks Churfirsten aufgegeben, weil immer noch zu viel gewildert wurde und die Aufsicht zu schwierig war. Die Wilderer hatten tatsächlich über einen eidgenössischen Bannbezirk einen vollen Sieg davongetragen. So gut es ging wurden Massnahmen getroffen, um Massenabschlachtungen des Banngebietwildes in den Churfirsten zu verhindern. Statt der Churfirsten wurde das Banngebiet «Graue Hörner» zwischen Weisstannen- und Calfeisental geschaffen, wo damals freilich kaum ein paar Gemsen standen. In den Churfirsten verblieb nur ein kleines Wildasyl mit Wächter. Wie immer, wenn es wenig zu schiessen gab, warfen sich die Jäger auf die «schädlichen Tiere». Aber Extrabewilligungen gab es nicht mehr, weil zu viel Missbrauch damit getrieben worden war. Es ging gegen Amseln und Drosseln, später gegen Eichkätzchen.

1909 versuchten es die Räte mit einem fakultativen Reviergesetz, das ging aber haushoch in die Tiefe. «Infolgedessen werden die auf Revision des Jagdgesetzes gerichteten Bestrebungen lange Zeit ruhen müssen», schrieb das Departement.

Der erste Weltkrieg brach aus und ging zu Ende. Fleischmangel und Not hatten zu jagdlicher Verwilderung und Frevel geführt. Beides war zunächst kriegsbedingt, war dann aber mit den herkömmlichen Mitteln kaum auszurotten.

Die grosse Krise nahte. 1922 stellte das Departement den Gemeinden einen neuen Jagdgesetzesentwurf, der die fakultative Revierjagd vorsah, zur Vernehmlassung zu, wobei den Gemeinden der Hauptertrag aus der Jagd zufallen würde. Die Gemeinden anerkannten mit wenigen Ausnahmen die Wünschbarkeit, ihrer Kasse vermehrte Einnahmen zuzuführen. 1926 wurde dieses Jagdgesetz vom Grossen Rat fast einstimmig angenommen. Neue Hoffnung. «Mögen die Gemeinden die ihnen gebotene Gelegenheit zur Verbesserung ihrer Finanzlage erkennen und die Wohltat des Gesetzes sich zu Nutze ziehen.» Eine Broschüre zugunsten der Revierjagd war im Umlauf. Also 1927 vors Volk. Bachab. «Doch die gestiegenen Ja-Stimmen lassen uns die Hoffnung nicht aufgeben, dass der Souverän vielleicht in einiger Zeit die Grundsätze der Gesetzesvorlage (es war das fakultative Reviersystem) in seinem eigenen Interesse doch noch gutheissen wird.» Aber beim nächsten Mal wurde der Souverän nicht mehr gefragt.

Wenn in einem Kanton der Grosse Rat in Volksabstimmungen mehrfach desavouiert wurde, war die gewöhnliche Folge eine Art Kampfstimmung zwischen Parlament und Volk. Die zweite Abfuhr 1927 wirkte in St. Gallen beinahe wie eine Kriegserklärung. Zum ersten wurden im folgenden Jahre die Patenttaxen erhöht; das war auch anderwärts so üblich, aber zugleich wurde die Hasenjagd verkürzt. Von da ab jedes Jahr. Dann bannte man in grossen Kantonsteilen die Murmeltiere, Alpenha-

149

sen, Haselhühner und die Fasanen. Das nahmen die Jäger als motivierte Schonmassnahmen noch hin. In der bestimmten Erwartung, dass die Opposition gegen das Reviersystem nun zum Erliegen käme, erliess der Grosse Rat am 18. November 1931 erneut ein neues Jagdgesetz nach dem fakultativen Reviersystem. Am 20. Dezember lief die Referendumsfrist ab. Die Patentler kämpften verbissen – und brachten die nötigen Unterschriften zusammen. Am 8. Mai stimmte das Volk ab, Resultat: Verwerfung. Noch im gleichen Jahr, 1932, wurden die Patenttaxen nochmals erhöht, und diesmal massiv; das Patent für die allgemeine Jagd von 200 auf 300 Franken, das für die Hochjagd von 250 auf 300, für beide zusammen von 280 auf 400 Franken. Das war zu viel. Die Jäger riefen den Streik aus. Nicht nur fakultativ. Wer dem St. Gallischen Jägerverband angehörte, musste sich unterschriftlich verpflichten, 1932 kein Patent zu lösen, Streikbrecher mussten eine Konventionalstrafe zahlen. Aber nicht alle waren im Verband, das Departement verkaufte immer noch 100 Patente. In den Vorjahren waren es allerdings 400 gewesen. Als man drüben in Appenzell A. Rh. die Geschichte in der Zeitung las, erhöhte man schleunigst die Patenttaxen, hauptsächlich für Auswärtige, ebenfalls, damit nicht eine Überflutung der dortigen Jagdgründe mit St. Galler Jägern eintreten sollte. Doch kamen bloss neun. Der Staat St. Gallen blieb aber hart, und der Streik des Jägerverbandes hatte einen schwachen Punkt, und der war die Jagdlust seiner Mitglieder und der Neid auf die Nichtorganisierten, die ruhig bezahlt und relativ reiche Beute gemacht hatten. So wurden 1933 wieder 270 Patente gelöst und dann 306 und alles wäre ins alte Geleise eingeschwenkt, doch nun versuchten die St. Galler Patentjäger die Initiative zu einem neuen Jagdgesetz selbst in die Hand zu nehmen. Sie beabsichtigten, der Behörde, deren Vorlagen sie nur noch Misstrauen entgegenbrachten, die jagdliche Gesetzgebung zu entwinden und sich selbst Gesetze zu geben: 1933 reichte der Patentjägerverein ein Initiativbegehren mit einer fixfertigen, gedruckten Jagdgesetzvorlage ein. In diesem Jägergesetz waren die Patenttaxen wieder lächerlich niedrig, die Einkünfte des Staates aus der Jagd entsprechend klein. Darin bestand die Hauptneuerung. Im übrigen hielt sich die Vorlage an das Alte. Es musste darüber abgestimmt werden. In einer besonderen gedruckten Botschaft motivierte der Regierungsrat seine ablehnende Stellungnahme zu dem Initiativbegehren, worin er nachwies, dass dessen Hauptzweck darin bestehe, dass die Jäger möglichst billig jagen wollten. Das Wohl des Wildes wurde kaum erwähnt. Im Vordergrund stand die finanzielle Frage; die Krise hatte einen Höhepunkt erreicht. Der Regierungsrat empfahl Verwerfung, und so kam es auch in der Abstimmung vom Juli 1934.

Die Krise drängte. Als Abschluss des Kampfes führte der Regierungsrat die fakultative Revierjagd jetzt auf dem Verordnungswege ein. Die Gemeinden sollten die Lasten für ihre Arbeitslosen und die sonstigen Ausgaben nach Möglichkeit selber tragen. Aber der Krieg ging zu Ende und damit das Notverordnungsrecht. 1946 hatten die hartgesottenen Patentler mit einer Patentjagdinitiative Glück. Sie wurde schwach angenommen. Doch die vorhandenen Jagdpachtverträge blieben bis zum Ablauf ihrer Periode bestehen. Bis vor Bundesgericht waren die Pächter gegangen. Trotz ihrem Sieg waren die Patentler doch zu spät. Denn ein Jahr zuvor, 1945, gab es nur noch zwei Gemeinden im ganzen Kanton, die für ihre Jagd Patente ausgegeben hatten. Als daher 1950 nochmals abgestimmt wurde, diesmal sogar über ein obligatorisches Revierjagdgesetz, wurde dieses angenommen. Was hatte den Ausschlag gegeben? Die guten Franken, an die sich die Gemeindekassen gewöhnt hatten. Im Grunde hatte sich die sogenannte Revierjagd im Kanton St. Gallen nicht weit vom Patentsystem entfernt. Die Jagdgesellschaften sind in St. Gallen sehr gross, so dass das Pachtgeld für den einzelnen nicht viel höher kam als ein Patent. Es gibt Jagdgesellschaften, die aus dem Verkaufserlös des Wildes die ganze Pacht bezahlen können, manchmal sogar einen Gewinn erzielen, der dann unter die Mitglieder der Jagdgesellschaft verteilt wird. So hat im Kanton St. Gallen «das Geschäft aus der Jagd» noch nicht aufgehört. Und über die grandiose Wilderei im Churfirstengebiet ist auch das sogenannte Reviersystem nicht Meister geworden.

Der Kanton *Thurgau* gilt noch heute als Bauernkanton, obgleich das wohl schon längst nicht mehr ganz zutrifft. Die Geschichte der Jagdgesetzgebung und der Jagdhandhabung im Thurgau hinterlässt tatsächlich den Eindruck einer gewissen Wildfeindlichkeit oder Gleichgültigkeit. Das mag in der Tat mit einer herkömmlichen bäuerlichen Geisteshaltung zusammenhängen, die im freilebenden Tier den Nahrungskonkurrenten selbst dort zu sehen glaubt, wo von Schaden nicht die Rede sein kann. Nirgends sind die Wildschadenklagen so dauerhaft wie in den thurgauischen Jagdberichten. Dem Bauern bedeuten seine Kulturen Einkommen, der Wald Vermögen, ob er nun in privatem, Gemeinde- oder Staatsbesitz ist.

1879 stellten mehrere Jäger ein Gesuch, im Hinblick auf den heruntergebrachten Wildstand die Jagd einzustellen. Natürlich wurde dem Gesuch «mangels Begründung» nicht entsprochen, aber im folgenden Jahr wurde die Jagd trotzdem drastisch verkürzt, da es sich herausstellte, dass der Wildstand tatsächlich stark reduziert war. Und nun bestätigte sich im Thurgau wieder einmal die Regel: Wo das Nutzwild fehlt, wirft sich die Jagd auf das angebliche Schadwild. Zur rechten Zeit stellten sich denn auch die Klagen über allzugrosse Vermehrung der Füchse ein. Es gab Extrabewilligungen, 1883 auch auf Fischotter, und als diese Tiere sich doch nicht als so zahlreich erwiesen und nur wenige erlegt wurden, gab es Prämien von 40 Rappen für Elstern und Extrabewilligungen für Vereine und Private wegen der neuen Maiskulturen, wo die Krähen furchtbar Schaden stiften sollten. Einmal erlaubte man sogar die Frühlingsjagd auf Füchse, kurz, in den achtziger Jahren hatten die Jagdflinten Arbeit genug. Nur als die Unterseefischer eine Erlaubnis für die Jagd auf Schwäne nachsuchten, lehnte das Departement ab mit der Entschuldigung: wir mussten ablehnen, denn das Bundesgesetz erlaubt das nicht.

1890 lagen bereits eine Anzahl Anträge zur Revision des Jagdgesetzes vor. Doch wollte die Regierung die Bundesgesetzrevision abwarten. Als diese ins Wasser fiel, hiess es: «Da die Revision des Bundesgesetzes bekanntlich gescheitert ist, wird man sich auch in Zukunft mit dem alten (kantonalen) Gesetz behelfen müssen und auch noch längere Zeit ganz gut können.»

Und doch kam zwei Jahre später eine Motion Ammann auf Einführung der Revierjagd und wurde vom Grossen Rat erheblich erklärt. Doch half der Motion ihre Erheblichkeit genausoviel wie dem Schneider von Ulm seine Flügel, womit er über die Donau fliegen wollte. Der Schneider ersoff, und die Motion Ammann ging 1896 bachab. 1905 wurde ein neues kantonales Jagdgesetz vorgelegt. Aber auch dieses ging still zu Grabe. 1915 lag wieder ein neues Jagdgesetz vor den Räten und wurde vom Grossen Rat sogar angenommen. Es war ein Reviergesetz, aber am 9. April 1916 wurde es vom Volk verworfen. Trotzdem wurden einige Neuerungen daraus in die Jagdordnung übernommen, zum Beispiel, dass Dienstag und Donnerstag Schontage sein sollten; und – wie immer – stieg die Patenttaxe von 50 auf 100 Franken. Beides wohlbekannte Bremsklötze im Patentsystem. Wieder ging es gegen die «schädlichen Tiere», diesmal gegen die Ringeltauben, Dachse, Füchse, Sauen und Raubvögel, weil sie «die ärgsten Feinde der Singvögel» seien und erst noch «eher zu- als abgenommen» hätten. Von einem Jagdgesetz sprach vorläufig niemand mehr. 1921 ging in Frauenfeld der Vorentwurf für das neue Bundesgesetz ein. Die Jägervereine und die Vogelschutzkommission wurden eingeladen, ihre Abänderungsanträge einzureichen. Das taten sie auch, aber ob sie von der Nationalrats- oder Ständeratskommission studiert wurden, ist unbekannt.

Dafür wehrte das Polizeidepartement der Überhandnahme der Wilderei und ermunterte das Volk zur Mithilfe gegen die Wilderer. Das wäre zwar die Pflicht der kantonalen Jagdaufseher gewesen, doch auf die war kein Verlass. In keinem Kanton hatte man mit den Jagdaufsehern so viel Ärger, Bestrafungen und Entlassungen wegen Pflichtverletzung und Amtsmissbrauch, wie im Thurgau.

Die Freunde einer besseren Jagdordnung liessen aber nicht locker. 1922 kam die Motion Wüger, nach der der Regierungsrat eingeladen wurde, beförderlichst ein Jagdgesetz vorzulegen, wonach das Jagdrecht grundsätzlich an die Gemeinden übergehen sollte. Die Wahl des Jagdsystems sollte ihnen für ihren Gemeindebann anheimgestellt werden. Das war ein fakultatives Reviergesetz. Auch diese Motion erhielt das Prädikat «erheblich». Der Regierungsrat reichte dem Grossen Rat einen Doppelentwurf ein, einen für fakultative Revier- und einen für Patentjagd, doch kam dieser nicht zur Behandlung. Am 8. Juli 1927 fand im Grossen Rat die Debatte darüber statt, ob die Frage des Jagdsystems – natürlich zugunsten der Pachtjagd – nicht auf dem Verordnungswege zu entscheiden sei. Der katholisch-konservative von Streng befürwortete dies im Namen der Kommissionsmehrheit und drang in der Abstimmung des Rates tatsächlich knapp durch. Da nahm namens der Kommissionsminderheit Gemeindeammann Annasohn von Uttwil den Kampf gegen diesen Ratsbeschluss auf. Er wandte sich mit einem staatsrechtlichen Rekurs an das Bundesgericht, der dann tatsächlich geschützt wurde. Die Jagdfrage musste also auf dem gesetzlichen Wege entschieden werden. Die thurgauische Regierung unterzog nun ihren Entwurf von 1923 und 1926 einer erneuten Durchsicht und Revision und veröffentlichte ihn 1929. Durch Volksentscheid von 1930 wurde ein fakultatives Reviergesetz angenommen und trat am 10. April in Kraft. Alle Gemeinden entschieden sich für die Revierjagd; es waren wiederum die Armen- und Arbeitslosenlasten der Krise, die den Ausschlag gaben.

So ging der zweite Weltkrieg vorüber. 1946 fing es bereits mit der Konjunktur an. Die Arbeitslosigkeit der dreissiger Jahre war vergessen und die Gemeinden waren einen Teil ihrer Sorgen los. Und als in diesem Jahre gerade die Neuverpachtung der Reviere von Stapel gehen sollte, lancierten fünf Gemeinden am Untersee eine Initiative, dass wieder nach dem Patentsystem gejagt werden sollte. Man war scheinbar des ewigen Blässhühnerabknallens auf dem See leid und wollte gern wieder einmal Hasen schiessen. Das Polizeidepartement setzte sich in die Wagen und fuhr selbst an die Gestade des Untersees und konnte durch persönliche Aufklärung und Überredung die Gemeindeeinwohner und Grundbesitzer davon überzeugen, dass es doch besser beim alten bliebe. Es war aber nicht nur konjunkturbedingter Übermut der Gemeinden gewesen, sondern die harzige Wildschadenvergütung der Revierherren. Das Departement musste denn auch Jäger und Grundbesitzer zur Zusammenarbeit punkto Wildschadenverhütung und -Vergütung ermahnen. Doch 1954 ging es in Ermatingen erneut los mit einer Initiative für Wiedereinführung der Patentjagd, wenigstens im Gemeindebann, doch die Gemeindeversammlung sprach sich eindeutig für die Beibehaltung der Revierjagd aus.

Seither scheint Ruhe eingekehrt zu sein. Ob für immer, ist nicht so sicher. Wenn der Agrarsektor der Bevölkerung und die Jagdlust noch stark bleibt, wird es immer an der Lösung der Wildschadenfrage hängen, ob es bei der weidgerecht gepriesenen Revierjagd bleibt oder ob der nur allzu bekannte Bauernslogan «furt mit dem Züg» doch wieder seine Wirkung zurückgewinnt. Mit dem «Zeug» ist nämlich das Wild gemeint...

Nach dieser Auswahl der jagdlichen Entwicklungen seit der Helvetik in jenen Kantonen, die sich mit dem Revierjagdgedanken auseinandersetzten, sei noch ein Wort über den jungen Kanton angeschlossen, der den unschuldigen Anlass zu so vielen Kämpfen zwischen Patent- und Reviersystem bilden sollte, den *Aargau*.

Am 29. September 1803 erliess die Aargauer Regierung ihr vielbeachtetes Dekret über die Verpachtung der Jagd. Das war politisch gesehen eine wirkliche Tat. Das ehemalige Untertanenland, worin die alten Twingherren länger als anderswo ihre Vorrechte, auch die jagdlichen, ausgeübt und die Berner Vögte ihr Wesen getrieben hatten, verfiel nicht einem trügerischen Freiheitswahn in jagdlichen Dingen. Was man in den Jahren der Helvetik davon zu kosten gekriegt hatte, hatte vollkommen genügt. Der Kanton wurde in 11 Bezirke eingeteilt, diese in zusammen 48 Reviere, die für heutige Begriffe riesengross waren. Zum Revier Rheinfelden gehörten die Bänne von Rheinfelden (Stadt), Augst, Olsberg, Iglingen, Magden. Zum Revier Möhlin gehörten die Bänne Möhlin, Ryburg, Zeinigen, Zuzgen, Niederhofen. So ging es weiter. Das Jagdreglement vom 22. Juni 1803 hatte eingangs eine Zweckangabe: «Damit die Jagd wiederum geäuffnet, die dem Staat zufliessenden Einkünfte gesichert, die Pächter vor Eingriffen geschützt und dabei auch der Feldbau keineswegs benachteiligt werde...»

Ein Vergleich des aargauischen Jagdrechts mit dem Revierwesen im anstossenden Grossherzogtum Baden zeigt, dass es keineswegs von dort übernommen worden war, sondern Originalitätswert beanspruchen konnte. Der Staat Aargau hatte das Jagdregal in der Hand behalten. Die Grundlagen der Jagdgesetzgebung waren schulgerecht erkannt und ausgesprochen worden. Und so blieb es trotz dem kurzen Gastspiel, welches das Patentsystem 1835 bis 1838 auch im Aargau gespielt hatte, als in Paris der radikale Geist noch einmal aufgelebt war.

Schon 1837, als man noch mit Patenten jagte, erhob das Finanzdepartement vorsichtig seine Stimme. Es sagte, sowohl das Patentsystem wie das Reviersystem besässen jedes seine Mängel und Vorzüge. Das Patentsystem entspreche vielleicht mehr den verfassungsmässigen Grundsätzen durch die grössere Ausdehnung der Jagdbenutzung. Die Revierjagd biete aber für die eigentliche Erhaltung der Jagd mehr Garantie und verdiene auch in finanzieller Beziehung den Vorzug. Auch für die gänzliche Aufhebung des Jagdregals und zur Befreiung des Eigentums von dieser Beschränkung seien Stimmen laut geworden (damit wollte das Departement sagen: dass die Jagd jedem Grundeigentümer freigegeben werden würde und das Jagdrecht ein Ausfluss des Grundeigentums sein sollte, wie es der Doktrin der Französischen Revolution entsprochen hätte). Doch müsste in diesem Falle die Entschädigung des Staates auf grosse Schwierigkeiten stossen. Das war sehr vorsichtig gesprochen und doch deutlich genug, um daraus zu entnehmen, wie unzufrieden das Finanzdepartement mit den Einnahmen aus dem Jagdregal war, solange nur die Patentgebühren eingingen. Jedenfalls hatte das Departement das Vergnügen, im folgenden Jahr melden zu können: «Das... Patentsystem wurde in der wohltätigen Berücksichtigung, dass einerseits die damit überhandnehmende Jagdlust auf die Wohlfahrt der Familien nachteilig einwirken müsse und dass andererseits für die Erhaltung der Jagd dadurch nicht hinlänglich gesorgt sei, durch das Revierpachtsystem verdrängt... Es ist durch diese Massnahme nicht nur die Staatseinnahme auf die Dauer der Pachtjagd gesichert, sondern zugleich die Möglichkeit gegeben, durch Schonung der Jagd als notwendige Folge des Reviersystems die Erträgnisse des Jagdregals zu steigern...» Jetzt gab es 72 Reviere, die auf 6 Jahre verpachtet wurden und über 5600 Franken kosteten, eine damals ganz respektable Stange Geld. Nicht dass man mit den Jagdpächtern nie Ärger gehabt hätte. Sie holten durch Ausstellen von Tageskarten herein, was nur ging. Und als mit Ablauf des Jahres 1881 wieder einmal eine Pachtperiode zu Ende gegangen war, wurde «wie gewohnt auch diesmal wieder die Einführung des Patentsystems angeregt», vom Grossen Rat aber abgewiesen. Diejenigen, die immer wieder auf die Patentjagd pochten, waren die Landwirte. Ihrer Meinung nach stand zu viel Rehwild auf den Feldern, dazu kamen richtige Wildschweinschäden, und die Pächter kamen mit den Abschüssen in den Riesenjagden nicht nach. Im Winter kam von drüben, aus den badischen Jagden, Rehwild über den Rhein, wenn das Wild auf uralten Wechseln vom Hochschwarzwald herunterzog ins Rheintal. Dann bedrängten sich die Tiere gegen Winterende in den Feldern unten, wenn die älteren Böcke schon reife Stangen trugen, und überschritten den Strom auf den moosigen Felsen, wenn diese bei Wallbach aus dem spätwinterlichen Niederwasser auftauchten, auch im Gewild zwischen Beuggen und Rheinfelden oder bei Leibstadt und an manchen anderen Stellen. Da mussten die Aargauer Jäger, besonders in den Jagden von Rheinfelden bis Laufenburg, zu erhöhten Abschüssen von Rehwild verhalten werden. 1895 beliefen sich die Wildschadenforderungen auf insgesamt 39 000 Franken, wovon die Pächter die Hälfte zahlen sollten. Aber diese kamen der Zahlungsaufforderung nicht nach, bis der Richter sie zwang. Kurzum, der Wildstand war zu hoch und musste reduziert werden. Da reduzierten die Jäger ihre Bestände aus Angst vor noch höheren Wildschadenrechnungen. Aber auch die Landwirte mussten Schutzmassnahmen an Ostbaumkulturen und Gärten treffen.

Und doch war der letzte Schritt nicht mehr aufzuhalten: Die Gemeinden wollten das Jagdrecht selbst in die Hand nehmen. Am 3. Mai 1896 wurde über das Initiativbegehren, das aus dem rehreichen Fricktal eingereicht worden war, abgestimmt: «Wollt ihr, dass das aargauische Jagdgesetz beförderlichst so abgeändert werde, dass das Jagdrecht grundsätzlich an das Grundeigentum übergeht, und die Ausübung der Jagd namens der betreffenden Grundeigentümer auf Grundlage des Bundesgesetzes über Jagd und Vogelschutz durch die Gemeinden verpachtet wird?» Die Antwort des Volkes war «Ja». Der Übergang vollzog sich ohne Anstände. Im August 1897 konnte die Versteigerung der neuen Reviere vorgenommen werden und das Finanzdepartement schrieb: «Nachdem das Jagdregal an die Gemeinden übergegangen ist, beschäftigt uns das Jagdwesen nicht mehr so stark.» Aber das Jagd*recht* war nicht an den Grundbesitz übergegangen, nur ein Teil der Einnahmen. Und das Regal war nicht an die Gemeinden abgetreten. Denn die eigentliche Jagdhoheit und Jagdgesetzgebung verblieb dem Kanton und die Gemeinden mussten dieser nachleben. Nur das Pachtgeld durften sie einstreichen oder wenigstens einen schönen Teil davon. Aber darauf war es den Gemeinden angekommen.

Das Finanzdepartement hatte übrigens mit dem Jagdwesen noch mehr zu tun, als es sich gedacht hatte. Die Übergriffe der Jagdherren mehrten sich. Die Gemeindesteigerungen hatten die Jagden verteuert und zudem waren sie viel kleiner geworden als zuvor. Wie überall in den Gemeinderevieren im Mittel- und Unterland war die Jagd im Grund keine Jagd mehr, nur noch ein Herausnehmen der einzelnen Tiere, ungefähr so, wie der Holzschlag im Walde. Kümmerndes Wild wurde herausgenommen, das wertvolle zählte dann zur «jagdlichen Ernte». In diesen kleinen Gemeinderevieren kennt der Jagdaufseher jeden Fuchs- und Dachsbau, jeden Horst, jeden braven Bock. Die Romantik der Jagd ging in diesen kleinen Gemeinderevieren verloren, die in den Riesenrevieren von einst noch in Herrlichkeit ausgekostet werden konnte. Romantisch und gross ist die Gemeindejagd nur noch für den «Herrenjäger», der das Wild höchstens noch in der Saison sieht und sonst keine Zeit dafür aufbringt, der das Revier nur aufsucht, wenn er schiessen will, und der sich die Böcke bestätigen lässt.

Aber diese Art der Erhaltung der Landestierwelt kann heute nicht mehr befriedigen. Das Ziel kann nicht eine vom Jagdaufseher und Revierpächter geschaffene Biozönose sein, nicht auf der einen Seite ein gehegtes Nutzwild und auf der andern die übrige kümmernde Tierwelt. Doch nichts anderes als das ist eine der Folgen der kleinen Gemeindereviere. Überall im Aargau waren die Revierpächter unfähig, durch spontane Schonung den seit langem schwindenden Hasenbestand auch nur einigermassen zu erhalten. Das Departement in Aarau musste dazu immer wieder Impulse geben. Die Aargauer Gemeinden waren ausserstande, das früher vielgeübte Ausschiessen des Reviers bei Pachtwechsel zu verhindern. Auch in diesen Fällen musste das Departement eingreifen, weil sich in den Gemeinderäten immer Glieder fanden, die sich auf die Seite des Pächters stellten, mochte er auch noch so rücksichtslos vorgegangen sein. Und der Jagdaufseher, der gerne auch vom Pachtnachfolger übernommen werden wollte, mochte sich nicht damit unbeliebt machen, dass er seinen alten Jagdherrn verpfiff. Die vom Jagdpächter bezahlte Jagdaufsicht ist überhaupt eine der schwächsten Seiten der Revierjagd. Denn sie ist keine Garantie für korrektes Jagen der Jagdherren und ihrer Gäste, nicht einmal eine solche gegen Jagdfrevel, wildernde Hunde u.a. Auf die Länge ist eine staatliche Wildhut auch für Pachtjagden nicht zu umgehen.

Die Reviergrösse spielt in der Tat eine mächtige Rolle. Zürich geht nicht unter 500 Hektar, Solothurn verlangt mindestens 300, doch im Aargau gibt es noch kleinere Reviere. Je kleiner das Revier, desto abhängiger ist dessen Tierwelt vom Pächter und seinen Gästen.

Gerade die Entwicklung im Aargau führt zu grundsätzlichen Überlegungen. Eines ist sicher: Es gibt keine direkte und einfache Korrelation zwischen dem Schicksal der freilebenden Tierwelt und dem Jagdsystem. Das Banngebiet beispielsweise, wozu die Gebirgskantone mit Patentjagd verpflichtet sind, vermittelt heute dem Schweizer, seitdem die Raubzeugvertilgung darin eingestellt worden war, einen tieferen Einblick in die Lebensgemeinschaft seines Vaterlandes als jedes noch so gut verwaltete Revier. Aber Banngebiete sind ausserhalb der Bergzone aus vielen Gründen unmöglich.

Die Systemfrage ist für Gemeinden und Kantone keine ideelle. Für sie steht die Pflege der angestammten Tierwelt der Heimat nicht im Vordergrund. Hier zählt anderes: Der Jagdertrag für die Gemeinde- und Staatskasse, die Land- und Forstwirtschaft, manchmal Klein- und Kleinstpolitik. Nur für den Tier- und Naturschutz steht die Tierwelt ganz vorn. Sie steht auch für eine grosse Menge von Menschen vorn. Doch diese haben keine Sprecher, sie sind gewissermassen anonym. Aber sie sind da.

Die alte Phraseologie von der Herrenjagd und der Volksjagd wird im Ernst kaum mehr von der Zeitungspolemik angewendet. Doch ein gewisser Wahrheitsgehalt steckt darin. Denn die besitzende Klasse war zu allen Zeiten bestrebt, die Privilegien der abtretenden hohen Stände zu übernehmen. Mit Geld hatten die Bürger in den Städtekantonen einst die Jagdrechte des verarmenden Adels und der Twingherren erworben und hatten sie lange Zeit durch ihre Magistratspersonen oder auch teilweise selbst ausgeübt. Mit dem Übergang des Jagdrechtes in den Allgemeinbesitz und, als Folge davon, dem Schwund der Wildbestände und der Einnahmen aus dem Jagdregal stellte sich die Frage einer Neugestaltung. Das Reviersystem, das schon um 1852 für die herrschaftliche Jägerschaft in Deutschland den Ausweg aus dem infolge der Revolution im Jahre 1848 drohenden Zusammenbruch des Jagdvergnügens gebildet hatte, bot sich auch den schweizerischen Kantonen an. Und als Befürworter und Vorkämpfer standen die Besitzenden mit dem Geldbeutel in der Hand bereit, die Rechte der ehemals privilegierten Stände anzutreten. Unter diesen Gesichtspunkten ist der verbissene Kampf der Bevölkerung gegen die «Herrenjagd» nicht ganz ohne Sinn. Sinnlos ist er aber im Blick auf die Tierwelt des Landes. Aber diese gab nirgends den Ausschlag. Denn die Gemeinden wurden erst weich, wenn wirtschaftliche Faktoren zu sprechen begannen. Ausnahmslos zwei Dinge brachten nämlich das Reviersystem: Der drohende Zusammenbruch des staatlichen Jagdeinkommens, der die Behörden durch sinkende Patent- und Abschusszahlen hellsichtig machte, und dann die Wirtschaftskrise mit ihrer finanziellen Überbelastung von Kanton und Gemeinden. Aber der Gedanke der Erhaltung der Tierwelt allein leitete weder Behörden noch Volk. Das Tier der freien Natur wird noch heute viel zu sehr unter jagdwirtschaftlichen Gesichtspunkten betrachtet. Aber seine Erhaltung ist nicht allein eine Frage der Jagdpolitik, sondern der Kultur.

Das hatte bereits 1908 Ulrich Wendt gesehen, als er sein zweibändiges Werk über Kultur und Jagd in Deutschland schrieb. Wenn dieses Werk seit seinem Erscheinen wenig zitiert wird, so darum: es passt schlecht zu der immer noch aktuellen Pseudoromantik der Horridojägerei mit ihren Idealen, dem Gamsbart oder Spielhahnfederl auf dem Hut, dem Forstmeister Rauschebart und der halblangen Jägerpfeife.

Die Erhaltung der Landestierwelt, nicht nur einer nutzungsfähigen Auswahl, ist ein neues Ziel, das an sich weit über Patent und Revier steht, ein Ziel der Kultur eines jeden Landes. Es ist nicht jener Idealismus, der schlechtweg als das verstanden wird, was kein Geld einbringt, sondern Ideal und Aufgabe für jedes Land, das seiner selbst, seiner Geschichte, Kultur und Naturgrundlage bewusst bleiben will.

Der grosse Aspekt für die Zukunft der Schweizer Jagd ist aber auch ein sozialer. Die Schweiz hat den Weg eines Industrielandes beschritten. Dieser Prozess, der mit allen seinen Konsequenzen für Natur und Landschaft über 100 Jahre lang praktisch unwidersprochen blieb, wurde jetzt zum Problem. Das Optimum der Bevölkerungsdichte des Landes ist überschritten. Der Friede zwischen Volk und dem ständigen Wirtschaftswachstum scheint zerbrechen zu wollen. Für den werkenden Menschen hat Landschaft, Wald und Feld, kurz alles, was für ihn «Natur» ist, eine andere Bedeutung erhalten als vor 5 oder 8 Jahrzehnten. Was ist für den werkenden Menschen «Natur»? «Natur» ist für ihn etwas, was er geniessen oder, solange er noch jung ist, entdecken will. Eines gibt es, was dem Beschäftigungsmenschen «Natur» bedeutet, wie kein zweites: die Begegnung mit dem freilebenden Tier. Darum hat jener Solothurner Grossrat Alban Müller einem ganz neuzeitlichen Gedanken Ausdruck verliehen, als er sagte: «Sollte von 900 Bürgern nur einer Anteil haben am Wild, oder nur die paar, die Zeit und Geld haben? Sonst kriegt nämlich niemand ein Tierchen zu sehen.» Das sagte Alban Müller vor 45 Jahren und plädierte damit zugunsten der Revierjagd. Er sprach aber einen modernen Grundgedanken zur Jagd als solcher aus. Er sah die Jäger als privilegierte Minorität, welche die beglückende Begegnung mit dem Tier allein sich selbst vorbehalten hatten, und empfand es als Raub an der Allgemeinheit, dass ausgerechnet nur *die* Menschen das freie Tier sollten erleben dürfen, denen sein Tod die Kulmination ihres Erlebens bedeutete.

Der entscheidende Punkt, bei dem sich heute die grosse Wendung im Verhältnis des Menschen zum Tier anzubahnen beginnt, ist das unbefriedigende, problematisch gewordene *Jäger-Beute-Verhältnis,* dieses *Jäger-Beute-Verhältnis zum freilebenden Tier,* das im Patentsystem irgendwie unverhüllter, nackter in Erscheinung tritt, bei der Revierjagd aber mit der Phraseologie des Weidmannstums kaschiert wird.

Das freilebende Tier hatte einst tatsächlich reine Beutebedeutung für den vorzeitlichen Menschen. Und die Motivierung oder – seit Ortega y Gasset – Philosophie des Weidwerks beruft sich bis heute auf dieses Beuteverhältnis zum Wild. Sie glaubt damit die Unabänderlichkeit der Jagd bewiesen und ein für allemal als Grundtatsache festgelegt zu haben. Allein, kann sie das? Ist das Jäger-Beute-Verhältnis wirklich ein

Axiom des menschlichen Verhaltens zum freilebenden Tier, das keines Beweises bedarf? Hat sich, mit anderen Worten, das Verhältnis des Menschen zum freien Tier seit der Hungerjagd des Steinzeitmenschen nicht gewandelt?

Es hat sich gewandelt. Nicht nur dadurch, dass die Hungerjagd zum Jagd*vergnügen* wurde, das in den monarchischen Ländern die herrschenden Geschlechter, in der Schweiz die jeweils herrschende Klasse sich als Privileg vorbehielten. Das nur noch in Restbeständen vorhandene, freilebende Tier hat für den Beschäftigungsmenschen von heute keine Beutebedeutung mehr. Es wurde zu einem Teil, besser, zum Inbegriff seines Naturerlebnisses, das er in seiner Verarmung so sehnsüchtig sucht.

Er sucht das Erlebnis mit den Wesen der Natur. Nicht nur das Erleben der Landschaft, deren Antlitz sich je und je gewandelt hat und woran sich jede Generation zu gewöhnen pflegte. Der heutige, in seine städtische und halbstädtische Umgebung eingezwängte Mensch sucht die Begegnung mit dem Geschöpf, mit dem wuchtigen Baum und dessen Alter von ungezählten Jahren, dem Wald, dem Tier, das hier heimlich und unerkannt lebt. Darum, nur darum füllen sich im Sommer die Täler des Engadins Jahr um Jahr mehr. Darum fahren sie in den Nationalpark, den Albris, den Rosegbannbezirk. Sie suchen alle nicht nur die Berge, sondern das Tier darin. Es sind die Tiere, die den Hauptinhalt für den Menschen der technischen Landschaft bilden, die ihn arm machte und ihn endlos das Paradies suchen lässt, das keiner je besass.

1908, als der Naturschutz seinen Weg antrat, bahnte sich das Ende des Jäger-Beute-Verhältnisses zum Tier an. Seitdem kämpft eine Phalanx von Gelehrten und Ungelehrten im Namen einer riesigen Zahl mit Wort und Schrift darum, dass mit den Wesen der Natur Frieden geschlossen werden sollte. Nicht darum, wie es die Gegner ad absurdum führen wollen, um das Tier schrankenlos gewähren zu lassen, sondern darum, dem Tier sein Recht und sein Dasein zu schaffen.

Die Zeit muss eine weitere theoretische, praktische und gesetzliche Neugestaltung der Jagd bringen, vielleicht eine neue Gestalt der Verwaltung der Tierwelt.

Der Begriff der jagdlichen Ernte, der auf der alten Beutebedeutung des Wildes beruht und der Land- und Forstwirtschaft entlehnt ist, ist eine überalterte Fiktion. Der Begriff der «Hege», die sich auf die Hebung der jagdlichen «Ernte» richtet und die natürliche Konkurrenz der fleischfressenden Tiere ausschalten oder wenigstens stark beschränken will, der Begriff der «Hege mit der Büchse» von Raesfeld, der die natürliche Auslese durch die weidmännisch gelenkte ersetzen möchte und auf genetisch oberflächlichen unbewiesenen Voraussetzungen beruht, all das ist überlebt. In der Schweiz hat jedenfalls die Jagd ihr Recht, in die Biozönose einzugreifen, verwirkt.

Alle Zeichen der Landschaftsgestaltung durch den Menschen rücken die Zeit näher, da für die Jagd nur eine einzige Aufgabe übrig bleibt: die der *Präkaution,* will sagen die *Abwehr* allzugrossen Wildschadens, nicht aber die Gestaltung der Fauna nach den alten Gesichtspunkten der Beute und ihrer Hebung oder Steigerung.

Die hygienische Bedeutung des Waldes ist längst erkannt. Doch es sind Wald und Wild, deren Aufgabe für die Gesundhaltung des Lebens in den Wirtschaftsländern jede andere Nutzung überlagern wird. Dabei steht die geistige Gesundheit des Volkes wohl nicht weit hinter der physischen.

Die Einsicht in die Aufgabe der jagdlichen Gestaltung hat bei einzelnen bereits begonnen. Es ist eine Frage des Bewusstwerdens, des Erkennens dessen, was in allen Ländern zur Pflicht wird, wo Behörden und Parlamente die Industrie überschätzen und ihr erlauben, den Raum mit Arbeitsmenschen vollzustopfen.

Der werkende Mensch wird nicht aufhören, nach einem Naturerlebnis zu suchen, das über den Alltag hinausgeht. «Erholungslandschaft» lässt sich zur Not schaffen.

Auch die «Erholungslandschaft» wird nicht genügen. Die Begegnung mit der Natur und ihren Geschöpfen wird durch nichts ersetzt werden können.

Darum sucht der Mensch in letzter Stunde Frieden mit dem Tier. Es soll nicht mehr seine Beute sein, sondern Beglückung. Und zwar für alle, nicht nur für die wenigen, die zahlen und schiessen wollen. Ist die Bergwelt nur für Bergsteiger da und der Schnee nur für Skifahrer? Genausowenig ist die freilebende Tierwelt nur für die Jäger da, die «Zeit und Geld haben», wie einst Alban Müller gesagt hatte.

Die Zeit kommt näher, da der werkende Mensch Frieden schliessen möchte mit der Natur, wie er es in der Schweiz und in vielen Ländern Europas mit der Singvogelwelt bereits getan hat. Und das wird der Grundgedanke für jede kommende Jagdgesetzgebung sein. Es wird durch den neuen Naturschutzartikel Sache des Bundes sein, die Kantone immer wieder zu den grossen staatlichen Pflichten zu führen, die über das Wirtschaftliche hinausgehen in eine Zukunft, die bereits begonnen hat.

6. Kapitel

Die Gestaltung der heimatlichen Tierwelt

Die «reissenden Tiere»

Auf dem Gebiet der Schweiz ereignete sich die Ausrottung gewisser Tierarten nicht so wie etwa in den Vereinigten Staaten, wo die Riesenherden der Bisons und Wapitihirsche unter den Schüssen wilder arbeitsscheuer Burschen und Reisenden verbluteten und der Erlös meist in Alkohol umgesetzt wurde. Auch nicht wie in Afrika, wo die Herden der Antilopen und Zebras als Nahrungskonkurrenten der Rinder vernichtet oder nach dem Rezept von Schädlingsbiologen zur Sanierung gewisser Gegenden von der Tsetsefliege bis zum letzten Stück ausgerottet wurden, oder aber von den Kolonialregierungen reichen Schiessern gegen gutes Geld überlassen und ausserdem abenteuernden Safariführern als Einnahmequelle dienen mussten.

Der erbarmungslose Feldzug in der Schweiz gegen alteingesessene Wildtiere ging weit in die neue Zeit hinein, war aber die Fortsetzung des Defensivkampfes des siedelnden Menschen gegen die grossen Raubtiere. Es war das Endstadium des Kampfes gegen die letzten Vertreter der sogenannten «reissenden Tiere». Es waren die letzten Bären, Luchse, Wölfe, Wildkatzen, aber auch der letzte Waldrapp, Lämmergeier, Schelladler, Gänsegeier, Rohrweihe und viele andere Raubvogelformen, die unter den Schüssen der Jäger ihr Leben aushauchten. Die letzten Vertreter der grossen Raubtiere starben mit staatlicher Unterstützung, mit Prämien und Pressebelobigungen der glücklichen Schützen, triumphalem Einzug der Helden in die Dörfer, oft obligatem Freitrunk und Männerrausch. Die Verarmung der schweizerischen Tierwelt fiel in eine Zeit, die genau wusste, was geschah und was die Folge ihrer Gesetze, Verordnungen und Prämien sein musste. Sie erfolgte absichtsvoll gemäss einer staatlichen und sozialen Theorie, die einer im Grund unausführbaren Absicht entsprangen, die Tierwelt ausschliesslich unter dem Gesichtspunkt des Nutzens für den Bürger zu gestalten. Nur das Nutzwild sollte überleben dürfen und dem Menschen dienen, nicht einmal zur Nahrung, nur zum Jagdvergnügen und Leckerbissen.

Für die Jagd auf sogenannt «reissende Tiere» gilt einzig das Argument der Präkaution. Aber die Gefahr von Bär und Luchs für Weidetiere und Menschen wurde von jeher «masslos übertrieben», um eine beliebte schweizerische Wendung zu gebrauchen. Dass Bären in neuerer Zeit auf dem Gebiet der Schweiz überhaupt noch irgendwo Standwild waren, ist kaum anzunehmen. Darüber, dass die letzten in den Engadiner Tälern getöteten Alpenbären dort nur noch als Wechselwild gelegentliche Besuche abstatteten, besteht kein Zweifel.

In den Bundes- und den kantonalen Jagdgesetzen figurierten die «reissenden Tiere» noch in einer Zeit, als ihre letzten Vertreter auf Schweizer Boden längst das Zeitliche gesegnet hatten. Der Kanton Zürich gab im Jagdgesetz von 1836 die reissenden Tiere jedermann frei, und im Gesetz von 1863 reservierte sich der Regierungsrat das Recht, auf gefährliche Raubtiere Treibjagden anzuordnen. Der Kanton Bern zählte in der Jägerordnung von 1717 auch den Dachs zu den reissenden Tieren und 1817 erlaubt das revidierte Jagdgesetz, Bären, Wölfe, Luchse und wilde Schweine als reissende und gefährliche Tiere zu allen Zeiten und Orten zu fangen und zu töten, obschon 1792 der letzte Bär auf Berner Gebiet bei Grindelwald erlegt worden war (von Rodt, 1901) und 1729 der letzte Luchs erwähnt wird.

Andere Kantone wie Luzern verordneten, dass bei Wahrnehmung reissender Tiere sogleich an den Gemeindeammann dieser Gegend Meldung zu erstatten sei. Dieser solle dann die patentierten Jäger der Umgegend in Kenntnis setzen und einen Anführer wählen, unter dessen Leitung dann die Verfolgung eines solchen Tieres mit Hilfe eines allfälligen Aufgebotes zu unternehmen sei. Dem Erleger des Tieres werde dann von der Regierung ein Schussgeld von 80 Franken verabfolgt. Diese Verordnung wurde aus dem Jagdgesetz des Kantons Luzern von 1649 bis 1857 übernommen, als es im Kanton längst kein einziges grosses Raubtier mehr gab.

Gewöhnlich wurden in einem Atem mit den «reissenden Tieren» auch die «Geier», Sperber, Weihen, teilweise (Bern) auch die Kormorane, Fischreiher und Säger genannt. Im Kanton Bern waren am Schluss des 18. Jahrhunderts Bär, Wolf, Wildschwein, Luchs, Biber und Wildkatze praktisch ausgerottet (von Rodt, 1901).

Dass die längst obsoleten Artikel über die «reissenden Tiere» immer wieder in die Gesetze übernommen wurden, hatte da und dort missbräuchliche Auslegungen zur Folge, wie z. B. im Kanton Zürich, wo die Bestimmung des Jagdgesetzes von 1856, wonach die schädlichen Wildarten jederzeit und auf jede Weise erlegt werden durften, von vielen Jägern und Privaten so ausgelegt wurde, dass die Jagd auf Füchse, Marder, Iltisse und Dachse zu jeder Zeit ausgeübt werden dürfe. Das sei freilich nicht so gemeint, sagt der Regierungsbericht. Da hatten in Regensberg zwei Jäger ausser der Jagdzeit auf Füchse gejagt und wurden bestraft. Das Obergericht hob das Urteil auf, weil die Füchse unter die schädlichen Raubtiere fielen. Aber das gehe natürlich nicht, sagte die Polizeidirektion, der das Jagdwesen unterstellt war. Denn so könnte schliesslich ganzjährig gejagt werden und wer könnte nachweisen, dass nur auf Raubzeug Jagd gemacht würde?

Sogar Art. 4 des Bundesgesetzes von 1875, wonach die kantonalen Behörden berechtigt sein sollten, die Verfolgung schädlicher und «reissender Tiere» ...erforderlichenfalls auch in der geschlossenen Zeit anzuordnen oder zu erlauben, wurde missbräuchlich ausgelegt. In einem Kreisschreiben vom 12. Januar 1877 machte der Bundesrat darauf aufmerksam, dass die ständigen Bewilligungen für Raubtierabschüsse auf mehrere Monate ausserhalb der gesetzlichen Jagdzeit durch die Kantonsbehörden unzulässig seien. Diese hatten nämlich auf das ständige Drängen der Nimrode hin die Fuchsjagden bis in den Frühling hinein verlängert. Der Begriff der Schädlichkeit stiftete im Bundesgesetz überhaupt Verwirrung. Wer sollte darüber entscheiden, ob eine Tierart schädlich sei oder nicht? Von jeher wurde die Jagdlust mit angeblichem Schaden gerechtfertigt. 1890 wollte man in Graubünden den Begriff der «reissenden Tiere» auch auf Füchse und Adler ausdehnen, diese also ohne Schonzeit und ohne Patent das ganze Jahr hindurch der Verfolgung preisgeben! 1904 hatte sich auf Drängen der Revierinhaber die basellandschaftliche Regierung an das Departement des Innern in Bern gewendet, ob die Beständer in Pachtrevieren nicht ohne weiteres das Recht hätten, auch während der geschlossenen Zeit Wildenten zu schiessen, weil diese fischereischädlich seien und die Revierjäger das ganze Jahr hindurch schädliche und reissende Tiere erlegen dürften. Bern hatte geantwortet, dass die Wildenten weder zu den gemeinschädlichen noch zu den reissenden Tieren gehörten und deshalb auch von den Revierpächtern nicht ohne weiteres geschossen werden dürften.

Mochten diese falschen Auslegungen des alten Gesetzesartikels über die reissenden Tiere auch mehr oder weniger Einzelfälle darstellen; sie sprechen doch einiges mit zum Thema «der Schweizer und sein Wild». Festzuhalten ist jedenfalls, in wie hohem Masse die Jagd, staatlich gelenkt, die Entscheidung darüber gefällt hat, welche Gestalten der schweizerischen Landestierwelt überleben durften und welche nicht.

Und wenn das neueste Bundesgesetz über Jagd und Vogelschutz 1962 Bär und Luchs unter Schutz stellte, so ändert das nichts an der Beseitigung dieser Tiere aus der Fauna der Schweiz. Bär und Luchs sind dahin, und das jetzige Zugeständnis, dass sie als alte Eidgenossen doch auch ein, wenn auch beschränktes, Lebensrecht in unserem Lande gehabt hätten, kommt leider für sie posthum.

Die jagdbaren, geschützten und die prämienberechtigten Tiere

Eine Liste der jagdbaren Tiere fehlt in den beiden ersten Bundesgesetzen von 1875 und 1904, wenn man von der Aufzählung des sogenannten «Hochwildes» absehen will, worin zudem der Hirsch fehlte, der zwei Artikel später genannt wurde. Erst das Bundesgesetz 1925 enthält eine Aufzählung der jagdbaren Tiere. Gegen diese gingen freilich recht bald Abänderungsbegehren ein. Dass zum Beispiel Bären und Wildkatzen über zwanzig respektiv zehn Jahre nach ihrer Ausrottung immer noch in der Liste der Jagdbaren figurierten, gab zu manchen sarkastischen Bemerkungen von Kennern Veranlassung. Echte Vogelschutzleute setzten sich für die Streichung vieler oder gar aller Wildhühner, ebenso für den Schutz der Mistel- und Wacholderdrosseln unter der Begründung ein, dass es für die Schweiz Ehrensache sein müsste, auch diesen letzten noch jagdbaren Singvogelarten endlich Schutz zu gewähren. Aber auch für Steinadler, Lerchen- und Wanderfalken und den Nuss- oder Tannenhäher traten sie ein und plädierten sogar für Sperber und Habicht zur Kontrolle der stark überhandnehmenden Haus- und Feldsperlinge und der Rabenkrähen.

Doch die Anträge und Bitten der Tier- und Vogelschützer wurden vom Eidgenössischen Jagdinspektorat bis 1952 standhaft an die Kantone verwiesen und diese traten nur zum kleineren Teil darauf ein.

Anfänglich beschränkten sich die Kantone darauf, die Liste der jagdbaren Tiere des Bundesgesetzes in ihre kantonalen Gesetze zu übernehmen, ohne von ihrer Berechtigung Gebrauch zu machen, auf ihrem Hoheitsgebiet die eine oder andere Art davon unter Schutz zu stellen.

Da reformierte 1929 Zürich mit der Einführung der Revierjagd sein ganzes Jagdwesen. Es stellte Gemsen, Steinwild und Hirsche sowie die für die Landwirtschaft nützlichen Wiesel, den selten gewordenen Fischotter und das gesamte Auer- und Birkwild unter Schutz. Damit war der Bann gebrochen. Es folgten in den dreissiger Jahren weitere Unterschutzstellungen in verschiedenen Kantonen. 1938 schützte der Kanton Luzern unter anderem weitgehend seine letzten Wildhühner und eine ganze Anzahl seltener Entenarten. Dann gingen verschiedene Kantone zum vollen Raubvogelschutz über, sowie zu dem der letzten Schnepfenarten der Schweiz, leider mit Ausnahme der Waldschnepfen usw.

1952 sprach der Bundesrat den Adlerschutz aus – kurzum, die Aera der pfleglichen Behandlung der heimatlichen Tierwelt war angebrochen. Leider für viele Arten zu spät. Der Fischotter war durch jahrhundertelange Verfolgung bereits unter den Bestand abgesunken, der zu seiner Erhaltung notwendig gewesen wäre; zudem tat die allgemeine Gewässerverschmutzung und die Sammlung der noch reinen Alpenbäche in Staubecken ein übriges. Generell ist die verbreitete Meinung, eine Tierart sei erst dann schutzwürdig, wenn sie sehr selten geworden sei, eine grosse Gefahr für die Landesfauna. Ist grundsätzlich der Wille vorhanden, auf eine Tierart trotz einem gewissen durch sie verursachten Schaden nicht zu verzichten, darf mit ihrer Unterschutzstellung nicht so lange gewartet werden, bis ihre Bestände unter das Minimum abgesunken sind, das sie nun einmal benötigt, um überleben zu können. Denn schliesslich bedarf es bei jeder Art eines gewissen Bestandes an fortpflanzungsreifen weiblichen Individuen, um in der Paarungszeit das Auffinden der Geschlechter zu ermöglichen. Dazu sollte auch die Zahl geschlechtsreifer männlicher Partner gross genug sein, um noch eine gewisse Zuchtwahl zu gewährleisten. Denn jedem Beobachter, auch dem erfahrenen Jäger dürfte bekannt sein, dass sich bei Weibchenmangel der Männchenüberschuss auch auf die Zahl der noch vorhandenen Männchen infolge der oft tödlichen Rivalenkämpfe höchst ungünstig auswirken muss, während die wenigen Weibchen von paarungslustigen Männchen so bedrängt werden, dass sie an einer regulären Brut oder Hecke verhindert oder bei den unaufhörlichen Paarungsversuchen verletzt oder getötet werden. Die Vermutung liegt nahe, dass von allen 1952 bundesrechtlich unter Schutz gestellten Arten einzig derjenige für den Steinadler noch rechtzeitig kam. Sicher zu spät kam der Schutz für das Rothuhn, dessen letzte Exemplare im Jura schon seit langer Zeit der Rebhuhnjagd zum Opfer gefallen waren. Ob der Wanderfalke und der Baumfalke noch einmal hochkommen, ist unsicher; von den kleineren Falken, die als Durchzügler alljährlich beobachtet werden, hat nur der Rotfussfalke bei uns am Rhein um 1900 bis 1920 in schroffen Felsen gebrütet, ist aber von Balgjägern ausgerottet worden und zusätzlich von ornithologischen Sammlern. Über die Türkentaube, die im gleichen Zeitpunkt unter Schutz gestellt wurde, wird von Gartenbesitzern- und Anwohnern bereits gejammert, weil sie sich durch ihr Gurren im Morgenschlummer gestört fühlen. «Allen Leuten recht getan, ist eine Kunst, die niemand kann» sagte sich die Polizei und ermordete die Täubchen unter Ausschluss der Öffentlichkeit. Jetzt ist der Türkentaube der Bundesschutz entzogen.

Über die Prognose für den Schutz von Bär und Luchs im Bundesgesetz 1962 hat sich der ständerätliche Kommissionspräsident Ullmann verbreitet und scheint damit Recht zu behalten, dass der erste Schadenfall an Weidevieh das Schicksal eines solchen Raubtiers besiegeln würde, falls sich eines in die Schweizer Berge wagen sollte.

Lässt man die Tiere an sich vorbeiziehen, die entweder in den Genuss des Bundes- oder eines kantonalen Schutzes gelangten, wird man den Wert dieser späten Unterschutzstellungen zwar nicht *unter*- aber auch nicht *über*schätzen. Für viele dieser Tiere ist es leider schon weit über zwölf gewesen, als sie aus der Liste der Jagdbaren herausgenommen wurden. Für sämtliche Berghühnerarten wäre der Schutz hoch an der Zeit gewesen, als das neue Bundesgesetz 1963 kam. Wenn dieser jedoch mit der Begründung abgelehnt wurde, dass der Rückgang der Berghühner nicht der Jagd, sondern anderen Ursachen zuzuschreiben sei, so leuchtet nicht ein, weshalb eine aus noch nicht geklärten Ursachen schwindende Tierart nicht wenigstens von jagdlichen Verlusten zu bewahren sein sollte, den einzigen, die mit Sicherheit vermieden werden können. Die Schnee-, Birk-, Auer- und Steinhühner, auf deren Vermehrung man in den eidgenössischen Bannbezirken fest glaubte zählen zu können, haben auch dort Enttäuschungen gebracht, desgleichen im Nationalpark. Ein intensives ökologisches und pathologisches Studium dieser Vögel wäre wohl wert, eidgenössisch beauftragte Bearbeiter zu finden.

Diese Überlegungen und Schilderungen sollen nicht zu dem Schluss führen, dass es nur der Verschonung einer Tierart mit der Jagd bedürfe, um ihren Fortbestand in der heimatlichen Landschaft zu sichern. Denn es gibt eine Anzahl von Faktoren, die darüber entscheiden, ob sich eine Art behaupten kann, Faktoren, die für jede Art von jagdbarem Wild verschieden sind. Insbesondere dürften die noch wenig erforschten psychologischen Eigenheiten der Tiere in freier Natur wesentlich mitspielen.

Wie die Berghühner auf die intensive Alpwirtschaft, auf die Unruhe durch den Tourismus reagieren, weiss niemand. Daneben dürften mit fremdem Flugwild eingeschleppte seuchenartige Parasitenkrankheiten mitverantwortlich gemacht werden, worauf der Katalog der Schweizer Vögel schon vor Jahren hingewiesen hat. Für Hase und Rebhuhn scheinen die neuzeitlichen landwirtschaftlichen Bewirtschaftungsformen eine wesentliche Rolle gespielt zu haben. Auch waren die Lehm/Sand-Gemischböden des schweizerischen Mittel- ud Unterlandes an sich schon einer starken Verbreitung der Feldhühner von jeher nicht günstig. Daneben wurden mit Sicherheit seit vielen Jahrzehnten durch die Importe von fremdem Flugwild seuchenartige Krankheiten eingeschleppt. Ein Seuchenzug quer durch die Schweiz, den die nach Osten zurückziehenden Importrebhühner unter den einheimischen Hühnern hinterliessen, liess sich mit Sicherheit feststellen. Die Neuschaffung eines Hühnerbestandes in der Schweiz durch Flugwildimporte wäre selbst bei langjähriger Schonung nicht mehr möglich. Dabei darf nicht vergessen werden, dass die Flugjagd bei der Aufreibung der letzten einheimischen Hühnerketten ausschlaggebend beteiligt war. Denn in der Schweiz wurde noch dort auf Feldhühner gejagt, wo sie bereits auf Bestände zusammengeschmolzen waren, die eine weidmännische Bejagung nicht mehr rechtfertigten.

Dass auch der Hase unter den durch Importwild eingeschleppten Krankheiten stark zu leiden hat und von jeher überbejagt wurde, ist neben allen anderen Gründen für sein Zurückgehen nicht zu übersehen. Seine Fruchtbarkeit wurde und wird von der Jägerschaft überschätzt. Die Weidmannsregel, dass der Hase, der im Lenz selbander zu Feld ziehe, im Herbst selb sechzehnt zurückkomme, ist Unsinn. Erstens beträgt seine Satzstärke in der Schweiz meist zwei, selten 3, kaum je 4 Junghasen, wie der Schreibende selbst in besten Revieren feststellen konnte. Grössere Sätze sind auf unseren kalten Böden überhaupt nicht zu erwarten. Endlich hat sich der fröhliche Fortschrittsglaube der Jäger im 19. Jahrhundert, dass man nur recht tüchtig das «Raubzeug» bekämpfen müsse, um den Hasen in beliebigen Mengen vermehren zu können, als völliger Irrtum erwiesen (Diezel, 1954). Trotzdem wirkt dieser Glaube bis in unsere Tage nach. Dass man seither über den Massenwechsel (die Zyklen) des Hasen wesentlich mehr weiss als früher, kümmert die meisten Hasenschützen wenig.

Der Rückgang der freilebenden Vogelwelt ist unseres Erachtens mit einer Grundeigenschaft der schweizerischen Landschaft in Verbindung zu bringen, die für die landwirtschaftlich genutzte Zone und für den Wirtschaftswald gleichermassen zutrifft: *Es ist die zunehmende Nahrungsarmut der Wirtschaftszone für die freilebenden Vögel.* Die mikroklimatisch kalte Kunstwiese wie der gepflegte Wald beherbergen nur noch Reste der einstigen Begleitfauna der Insektenwelt. Nur das Rehwild findet auch in den Wiesen, die fast ausschliesslich aus gezogenen Futtergräsern bestehen, sein Auskommen, obschon auch ihm die Laubäsung der Gebüschzone der Wälder weit zuträglicher wäre. Doch auch diese ist durch forstliche Eingriffe schon lange Zeit stark zurückgedrängt worden, insbesondere verbannen viele Gemeindeförster, die sich von den Regeln des Landbaues nicht freizumachen vermochten, Buschwerk und Bodenbewuchs im Wald so gut wie möglich. Der angestrebte Kronenschluss der Nutzholzbestände, die Vermeidung der Bodenbesonnung, die Ausforstungen aufkommender Weichhölzer, kurz, die Wirtschaftlichkeit des Waldbaues blieben auf die Begleitflora und damit auf die Begleitfauna des Waldes nicht ohne Wirkung.

Weil aber die Lage der freilebenden Tierwelt in vielen Jahrzehnten erschwert worden ist, wäre eine vorsichtige und ökologisch verständnisvolle jagdliche Bewirtschaftung seit dem letzten Jahrhundert am Platze gewesen. Die jagdlichen Traditionen waren stärker und sind es noch heute. Jagdbarkeit und Schutz der Tierarten vermochten mit den Erfordernissen der Erhaltung einer vor Verarmung möglichst bewahrten Landestierwelt nicht Schritt zu halten. War überhaupt der Wille zur Erhaltung der Landestierwelt vorhanden? Ist er es heute? Oder begnügte man sich mit der Erhaltung des Nutzwildes?

Dass diese Frage mit Recht gestellt werden darf, beweist das unselige *Prämienwesen*. Die Auszahlung von Abschussprämien, d.h. Belohnungen an die Jäger für die Beseitigung sogenannt schädlicher Tiere ist einer der unerfreulichsten Eingriffe in die schweizerische Landestierwelt. Ideologisch gehört das Prämienwesen der Periode jenes optimistischen Wohlfahrtsstaatsdenkens zu, das sich anschickte, den Staat zum Paradies der Bürger zu gestalten.

Angefangen hatten die Prämienauszahlungen mit den Schussgeldern an die glücklichen Erleger «reissender Tiere» und der grossen Raubvogelformen. Schon im 18. Jahrhundert waren im Kanton Zürich die Teilnehmer an der Flugjagd in den Jägerordnungen auf den Abschuss von Raubvögeln verpflichtet worden. Das war jedoch nur eine Hegevorschrift ohne Prämienaussetzung. Andere Kantone bezahlten in ihren kantonalen Jägerordnungen von 1804 gleich nach der Helvetik Prämien. 1861 wurde die Regierung von Graubünden eingeladen, die schon längere Zeit bestehenden Prämienauszahlungen für die Erlegung von Adlern, Lämmergeiern und Eulen auch auf die Grossraubtiere auszudehnen, für die kleinen Eulen aber einzustellen. So wurden in Zukunft auch Bären und Luchse neben Adlern und Lämmergeiern und dem Uhu prämiert. Als das erste Bundesgesetz 1875 den Kantonen die Aussetzung von Schussgeldern anheimstellte, setzten verschiedene Kantone Prämien auf die Erlegung von «reissenden Tieren» und Wildschweinen aus. Andere Kantone blieben bei ihren alten Einrichtungen, das heisst der sogenannten Wolfssteuer, die von den Jägern eingezogen werden durfte sowie dem Recht, das erlegte «Untier» auszustellen und gegen Geld sehen zu lassen.

Dass die Schussgelder sowohl für den Kanton wie für den Jäger nicht bedeutungslos waren, zeigen die Ansätze von 40 Franken für einen Bären, 20 Franken für ein Wildschwein, einen Wolf oder einen Luchs und von 10 Franken für Grossraubvögel, Summen, die damals einen mehrfachen Kaufwert von heute besassen. In Graubünden wurden 1861 z.B. 8 Bären, 14 Adler, 5 Lämmergeier und 21 Uhus prämiert.

Die Tierarten, deren Erlegung nach 1875 in der Schweiz von den Kantonen mit Schussgeldern belohnt wurden, waren:

Säugetiere:
Fuchs
Dachs
Marder
Iltis
Wiesel
Fischotter
Wildschwein
Wildkatzen
Eichhörnchen (teilweise)

Vögel:
Adler
Geier, besonders Lämmergeier
Falken, ohne Turmfalk,
später: Lerchen- und Wanderfalk
Habicht
Sperber
Milan
Uhu
Fischreiher
Kolkrabe (Alpenrabe)
Rabenkrähe
Eichelhäher
Elster
Tannenhäher
grosser Raubwürger
teilweise andere Würger
Haubensteissfuss
Eisvogel

Das war eine recht ansehnliche Liste von Tieren. Wie stand es nun mit der Begründung dieser vielen Verdikte? Fuchs und Dachs waren als Niederwildschädlinge, der Dachs dazu als Acker- und Weinbergschädling geächtet. Was aber die Marderarten verbrochen haben sollten, ist und bleibt unklar. Konnten sie überhaupt bei ihrer schwachen Bestandesdichte ins Gewicht fallen? Oder sollte das Schicksal der Niederjagd wirklich an den 50 respektive 80 Mardern hängen, die alljährlich zum Beispiel im Kanton Zürich oder Graubünden getötet wurden? Und hatte die Fischerei wesentliche Vorteile und Ertragssteigerungen aus der Vernichtung der Fischotter nachweisen können? Oder die Jägerei des Schweizerlandes aus derjenigen der Wildkatzen? Das einzige Tier, das für keine Landwirtschaft tragbar ist, ist das Wildschwein, für dessen Bekämpfung der Aargau nach dem Siebzigerkrieg ein Vermögen ausgeben musste.

Über die Proskriptionsliste der «schädlichen Vögel» ist schon viel edle Tinte geflossen. Was gab es an Bosheit, was dem Adler nicht nachgesagt worden wäre? Raub der armen Murmeltiere, die man so gern selbst geschossen hätte, Raub an jungen Gemsen, Lämmern und Schafen, Tötung von Jungvieh und – richtig, Professor Schönichen, mit dem ich über die Adlerschäden sprach, wunderte sich: «Nun glaubte ich bisher immer, die Adler in der Schweiz nährten sich vorzugsweise von kleinen Kindern?» «Das natürlich auch», gab ich klein bei, «das kommt zu allem andern noch dazu». In Graubünden war es seinerzeit ziemlich riskant, für den Adler einzutreten. «Der Adler ist unser grösster Feind», verkündete uns ein Jäger, «er frisst uns die Hasen und Murmeltiere weg, die doch Gott zur Speise des Menschen bestimmt hat». Gegen die frommen Argumente lässt sich allerdings schwer aufkommen. Die meisten Vögel, auf die Prämien standen, galten entweder als Niederjagd- oder Fischereischädlinge, als Feinde der geschützten Vögel oder Ackerschädlinge, oder als alles zusammen. Aber weder die Dezimierung des Fischreihers noch der Kampf gegen Haubensteissfuss und Eisvogel retteten das Binnenfischereigewerbe vor dem Zerfall. Alle die drakonischen Massnahmen liessen nur die Schweizer Tierwelt verarmen. Denn diese Schussgelder wurden nicht nur kurze Zeit ausgerichtet, sondern viele Jahrzehnte lang, und das battet zuletzt. Nur bei den Rabenvögeln nicht, die sind nämlich noch härter als der menschliche Ausschliesslichkeitsanspruch auf das Dasein.

Die Wirkung der Schussgelder zeigt das Beispiel des Tannenhähers. 1898 hatte ein Förster in Obtasna den Eindruck, man habe zur Aussaat von Arven zu wenig Samen ernten können, was allein den Tannenhähern zuzuschreiben sei, die sich alle Arvennüsschen geholt hätten. Seinen Antrag auf Abschuss dieser Vögel mit Prämienausrichtung von einem Franken pro Vogel genehmigte man in Chur und Bern. Schon in diesem Jahr 1898 wurden 91 Tannenhäher erlegt. 1899 waren es 448; 1900: 480; 1901: 719. Das Departement in Bern hatte an die Schussgelder die Hälfte bezahlt. Schliesslich fand Bern aber, es sollten nun allgemach genug dieser Vögel getötet worden sein. Jedenfalls stellte es die Beiträge an die Prämiengelder ein. In Chur hatte man keine Lust, allein weiterzuzahlen und sistierte die Schussgelder ebenfalls. Erfolg: 1903 wurden noch 3 Tannenhäher geschossen.

Die Schussgelder verlockten von jeher dazu, sich zusätzlich zum Jagdvergnügen noch ein Einkommen zu verschaffen. 1886 wiesen in Schaffhausen einige Jäger vier Fischotter vor, die sie bei der Rheinbrücke von Stein geschossen haben wollten und nun die Prämie beanspruchten. Als sich jedoch herausstellte, dass die Tiere aus dem deutschen Gebiet stammten, wurden die Schützen wegen Betrugsversuch bestraft. Ein ander Mal – es war 1911 in St. Gallen – betrieben italienische Jäger den Abschuss prämienberechtigter Vögel gewerbsmässig, zeigten sie bei verschiedenen Gemeindeämtern vor und liessen sich jedesmal den Prämienbetrag aushändigen. Andere schossen Turmfalken und Bussarde, zeigten die Klauen vor, und liessen sie als Sperber und Habichte prämieren. Auch im Wallis mussten 1908 alle Schussgelder wegen groben Missbrauchs vier Jahre lang eingestellt werden.

Mochten die Kantone nach solchen Erfahrungen mit den Prämien berechtigterweise zurückhalten – die Jäger drangen immer wieder auf Schussgelder. Aber die Kantone erwiesen sich nicht als allzu entgegenkommend. 1923 erklärte Schaffhausen nach Einholung fachgerechter Gutachten, der Staat könne die Verantwortung für Schussgelder nicht mehr übernehmen, weil sonst befürchtet werden müsse, dass der Abschuss von schädlichen Vögeln von den Jagdpächtern aus Erwerbsrücksichten zu weit getrieben werde und Wald und Feld von der Vogelwelt entvölkert würden. Im Aargau protestierten die Gemeinden Wallbach, Möhlin und Zeiningen gegen die Prämienauszahlung für Raubvögel, die ihnen als Mäusevertilger gute Dienste leisteten. Die Gemeinden wurden 1892 zuerst abgewiesen, doch sistierte 1893 der Regierungsrat trotzdem die Schussgelder.

Im allgemeinen genehmigte die Jagdinspektion in Bern die Prämienaussetzungen der Kantone ohne Beanstandung. Nur, als 1914 der Kanton Appenzell A.Rh. auf die Wasseramsel immer noch ein Schussgeld bezahlen wollte, weil irgendein Fischer das Vögelchen für einen Schädling hielt, lehnte Bern ab. Andere Begehren von landwirtschaftlichen Vereinen um Ausdehnung der Schussprämien auf weitere Opfer scheiterten am Widerstand der kantonalen Behörden.

Schon 1907 hatte Professor Friedrich Zschokke vor der Ornithologischen Gesellschaft in Basel in einem Referat gegen die Prämienausrichtung gesprochen, weil die Ornithologen selber auf Häher und Raben Prämien ausgesetzt und an Jäger und Jagdaufseher viel Geld gezahlt hatten. Zschokkes scharfer Kritik war leider nicht der verdiente Erfolg beschieden. 1931 hatte die Vogelschutzkommission des Zürcher Kantonalverbandes für Ornithologie eine Eingabe an die Regierung gerichtet, keine Abschussgelder mehr für Sperber und Habicht auszurichten, höchstens noch für Krähen und Elstern. Dasselbe taten viele Vogelschutzvereine und hatten den Erfolg, dass in einer Reihe von Kantonen nicht nur die Prämien abgeschafft, sondern alle Raubvögel unter Schutz gestellt wurden.

Langsam, allzu langsam, hatte sich bei Kantonen und 1962 im Bund die Erkenntnis durchgesetzt, *dass das Prämienwesen weder auf die Jagderträgnisse noch auf die der Fischerei auch nur den geringsten nachweisbaren Einfluss gehabt hatte.* Eine einfache Überlegung hätte alle diese Gelder sparen und die Schweizer Fauna vor einer grossen, nicht wieder gutzumachenden Verarmung bewahren können. Es wäre die Überlegung gewesen: Einst gab es in der Schweizer Wildbahn viele Hasen. Und viele sogenannte Hasenfeinde. Die Niederjagdschädlinge starben unter den Schüssen und in den Fallen der Jäger und verreckten an ihren Giftbrocken. Und nun – gibt es mehr Hasen? Tatsache ist: Der Hase ist am Verschwinden, daran ändert keine Wildforschung mehr etwas.

Dieselbe Überlegung gilt für Petris Jünger. Wo sind die Fische, die unsere Gewässer füllten, als noch niemand Fischreiher und Fischotter ausrottete?

Was hat also der Krieg gegen edle, naturgewollte und notwendige Geschöpfe gewirkt? Armut und Verödung der Landschaft und jene tiefe seelische Vereinsamung des Kulturmenschen, der die Reste der belebten Natur hergeben musste, die ihm einst Freude und Erlebnis schenkten. Das war das Geschenk der «Jägerökologie», von der bis zur Gegenwart so viel geschrieben wird.

Wildschaden, Wildschadenverhütung und Wildschadenersatz

Der Widerstand gegen die Revierjagd berief sich von Anbeginn an neben den politisch-sozialen Gründen auf die Wildschadenfrage. Die Kantone erwarteten vom Reviersystem eine Hebung der Wildbestände und glaubten deswegen aus allen Kräften gegen diese opponieren zu sollen. Noch im Bundesgesetz 1925 sind die vielen Sicherungen gegen die Überhege sowie die freiheitliche und oft missbrauchte Selbsthilfe der Grundbesitzer gegen die Schädigung ihrer Kulturen, Vorräte oder Haustiere auf die Forderungen der ängstlichen Landwirte zurückzuführen. «Der Landwirt erntet so viel, als ihm Wild und Schädlinge übrig lassen», zitierte einst einer der Redner in der Nationalratsdebatte über das Bundesgesetz. Trotz dieser Übertreibung wird der Kenner der Mentalität – beispielsweise – der Berner Landwirte, deren berufliche Tüchtigkeit in der Welt kaum übertroffen werden dürfte, von den bäuerlichen Bedenken gegen höhere Nutzwildbestände nicht überrascht sein.

Rohrdorf (1836) sagt: «...wenn ein Hirsch zu uns kommt, wird sogleich auf denselben, wie auf ein reissendes Tier, Jagd gemacht und gilt es gleich, was es sei (das heisst ob Hirsch, Hinde oder Kalb), die Hauptsache ist, denselben zu erlegen». – Und der Grund? Der Schaden, den man beim Hirsch schlechterdings als untragbar betrachtete.

Noch schlimmer war's mit den Sauen, die regelmässig nach grossen Kriegen der Nachbarländer in die Schweiz einwanderten. Mit der Umgestaltung der Schweiz vom Agrarland zum Industrieland musste der Schweizer Bauer, verglichen mit den alten Zeiten, bis zur Gegenwart sehr viel zulernen. Auch ihn erfasste unerbittlich die rein geldwirtschaftliche Gestaltung des Lebens, die als tiefgreifende Folge auch eine Umgestaltung der Anschauungen und Wertungen der alten Zeit brachte.

Der Ertrag bäuerlicher Arbeit, einst der eines harten Werkes der Hände, von jeher als Segen des Himmels mit religiösen Gefühlskomponenten besetzt, verlor nach und nach seine Bedeutung als Sachwert. Frucht und Hackfrucht, Heu und Emd, die Milch und ihre Produkte wurden mit ihrer mehr und mehr maschinellen Gewinnung des einstigen Charakters providentieller Gaben entkleidet. Getreideernte und Vieh wurden versichert, der Bauer studierte die Preisbewegungen seiner Produkte, die Zahl beherrschte mehr und mehr die landwirtschaftliche Produktion, genau wie jede andere Ware. Die Zahl – das heisst aber: das Geld. Und damit lernte der Bauer auch den Wildschaden völlig anders zu betrachten und einzuschätzen. Wenn er das Rehwild auf seinen Kunstwiesen stehen sah, bedeutete das längst nicht mehr die gefürchtete Nahrungskonkurrenz für seinen Viehstand, der Gedanke an Selbsthilfe kam ihm gar nicht mehr, wie einst. Hatte überhaupt vordem die alte Zeit den Wildschaden übergross gesehen, der heute kaum mehr beachtet wird, so lag das auch ganz einfach daran, dass niemand einen normalen Wildstand gewöhnt war. Das war seit der Helvetik so gewesen.

Denn jedesmal, wenn das Volk die staatliche Ordnung in die Hand genommen hatte, in Frankreich nach der Revolution, in der Schweiz zur Zeit der Helvetik, in Deutschland 1848 bis 1852, war die Jagd als entbehrlicher Luxus betrachtet und das Wild der Willkür der Grundbesitzer überlassen worden. Und jedesmal war das Wild hart dezimiert worden. Man sah es nur als Hemmnis der einzig wichtigen landwirtschaftlichen Bebauung des Bodens. Nicht dass der Wildschaden, besonders derjenige im Getreide oder Feldgemüse, nun unbeachtet zu bleiben begann, jedoch stellte sich diese Frage längst nicht mehr so exklusiv wie einst. Die Wildschadenfrage wurde zur Zeit der praktischen Alleinherrschaft des Patentsystems von den Kantonen eben sehr einfach gelöst. 1887 lehnte der Kanton Bern es rundweg ab, überhaupt auf irgendwelche Wildschaden- oder Jagdschadenersatzleistungen einzutreten. Das einzige, was die Kantone überhaupt taten, waren Abschussaufträge an einzelne zuverlässige Jäger ausserhalb der offenen Jagdzeit. So Luzern 1890/91 bei Rehschaden im Gerichtskreis Habsburg; dies, obschon der Schaden nur durch den extrem hohen Schnee verursacht worden war. Im gleichen Winter beklagte sich ein Obstbaumzüchter über Schälschaden durch Hasen an seinen jungen Bäumchen und verlangte 250 Franken Ersatz aus der Jagdkasse des Kantons. Er erhielt 120 Franken mit der ausdrücklichen Bemerkung, dass damit kein Präzedenzfall geschaffen werden solle; der Staat anerkenne keine Verpflichtung für Wildschadenvergütungen. Trotzdem sah sich die Luzerner Regierung veranlasst, 1894/95 Hasenschäden an Obstbaumpflanzungen in bescheidenem Umfang zu ersetzen. Als dann aber die Forderungen wuchsen, lehnte die Regierung weitere Ersatzleistungen ab. Als im Kanton Schaffhausen 1886 ebenfalls Hasenschäden gleich an 5000 jungen Obstbäumen gemeldet wurden, wies der Jagdressort die Forderungen wegen der unübersehbaren Konsequenzen ab. Einer der Obstbaumzüchter hatte nicht weniger als 2000 Franken Ersatz verlangt. Da er aber keine Schutzmassnahmen getroffen hatte, wurde er abgewiesen, doch wurde ihm erlaubt, sich des Wildes auf geeignete Weise zu erwehren, selbst durch Abschuss. Ob sich der Inhaber dieser Bewilligung dann mit dem Mordgewehr nachts im Schnee auf die Lauer gelegt hat, um die Hasen, die ihm seine Obstbäumchen geringelt hatten, zu exekutieren, lässt sich nicht mehr feststellen. 1892 meldeten die Schaffhauser Bauern Dachsschäden in Kartoffelfeldern, worauf sachkundige Personen mit dem Abschuss beauftragt wurden. Andere Gesuche um Wildschadenvergütungen sind nach dem Regierungsbericht namentlich für Schälschäden an jungen Obstbäumen jedes Jahr eingegangen, wurden aber gemäss der bisherigen Praxis abgewiesen. Doch die Schaffhauser Gemeinden liessen sich nicht entmutigen, 1894 kamen wieder Wildschadenklagen aus verschiedenen Gemeinden. Namentlich eine Gemeinde B. im Randengebiet verlangte Ersatz für Rehschäden. Genauere Untersuchung ergab jedoch, dass es sich um Dachsschäden in Weinbergen handelte; die Liegenschaftsbesitzer wurden, wie gewohnt, abgewiesen, gingen vor den Zivilrichter und – verloren den Prozess.

In der Waadt stellte sich die Wildschadenfrage besonders dringlich. Immer wieder beschädigten die Hasen bei hohem Schnee im Winter die Obstbaumschulen durch Schälen der zarten Stämmchen. Trotzdem drangen die Jäger Jahr um Jahr auf ihr Repeuplement durch Importhasen. Das Departement war der Verzweiflung nahe und klagte 1896 über die fast unüberwindlichen Schwierigkeiten, die Interessen der Jagd und der Landwirtschaft zu vereinigen. Das ging so jahrzehntelang. Manchmal ging der Winter gut vorüber, zwischendurch stillten die armen ungarischen und tschechischen Hasen eben doch wieder an den Obstbäumchen ihren wütenden Hunger. Das hing ganz von der Schneelage ab. 1953 hielten Jäger und Obstbaumzüchter eine Konferenz ab, die jedoch wohl kaum wesentliche Erfolge zeitigte. Geholfen hat schliesslich die Myxomatose, deretwegen die Haseimporte in den folgenden Jahren eingestellt werden mussten! Seit den alten Zeiten mussten auch die Patentkantone zu Wildschadenvergütungen übergehen, so besonders Graubünden zum Ersatz der grossen Hirschschäden.

Jedoch ist die Wildschadenfrage erst in den Kantonen, die zum Reviersystem übergingen, befriedigend gelöst worden. Damit sollen die Schwierigkeiten, die auch dort auftauchten, nicht verflüchtigt werden, speziell beim Auftreten grösserer Wildschweinschäden, die schliesslich auch die Geldbeutel selbst wohlhabender Pächter übermässig belasteten. Der Sinn dieser Erörterungen war lediglich der, die Bedeutung der Wildschadenfrage für die Höhe der land- und forstwirtschaftlich tragbaren

Nutzwildbestände sichtbar zu machen. Wo sich Wild zeigte, besonders wenn es zahlreich auftrat, war ein Schaden, meist aber eine Schaden*konstruktion* rasch bei der Hand. Auf Zugenten wurde 1910 bei Egolzwil mit behördlicher Sanktion das Feuer eröffnet, weil sie angeblich das Gras zertraten. Auf Stare, Amseln und Drosseln ging's im ersten und zweiten Weltkrieg los, weil sie Obstschäden verursachten, auf Wasseramseln, weil sie angeblich Jungfische fingen, auf Blässhühner und Enten, weil sie Laich und Fische fressen sollten, kurz, was einigermassen schussbar ist, dem dichtete man von jeher die grässlichsten Schädigungen an, um darauf Jagd machen zu können.

Und wenn sich heute die Naturfreunde für die freilebende Tierwelt einsetzen, dann kriegen sie, etwas abgewandelt, eine Predigt zu hören, wie sie K.A. Kortums Kandidat Jobs gehalten hatte: «Er zeigte klar und angenehm, was erstens, zweitens und drittens käm...». Erstens heisst es: die Bauern und Förster klagen, zweitens: man kann wirklich nicht alles leben lassen, drittens: wir weidgerechten Jäger müssen schiessen, auch wenn wir nicht wollten.

In den beiden Weltkriegen ging's am meisten über die «Schädlinge» her, da bedurfte es nicht grosser Beweisführungen. Und nach dem zweiten Krieg kam der Feldzug gegen das Rehwild wegen der Waldschäden. Auch dieser nahm ein vorläufiges Ende, wie alle Feldzüge. Und in der Konjunktur vereinfachte sich alles, auch die Waldschäden. Damit sei die offene Frage der Äsungs- und Fegeschäden an den Waldpflanzungen, die mit grosser Mühe und Arbeit gezogen und angepflanzt wurden, nicht bagatellisiert.

Doch hat sich auch die Rolle und Bedeutung des Waldes in der gegenwärtigen Zeit der Industrialisierung stark gewandelt. Jedenfalls ist sie vom Wirtschaftlichen weitgehend auf das Gebiet der Volksgesundheit und Landschaftshygiene hinüber verschoben worden, wodurch die im schweizerischen Forstwesen immer noch stark betonte Wirtschaftlichkeit des Waldbaus oft etwas allzu gestrig erscheint. Eines ist sicher, dass sich Garten-, Land- und Forstwirtschaft vom ehemals einzigen Grundsatz der Reduktion des Wildbestandes zur Schadenvermeidung stark entfernt und der Schaden*verhütung* durch geeignete Mittel zugewendet haben. Die Folgen für den Nutzwildbestand waren günstig. Heute spricht das letzte Wort zur Wildschadenfrage nicht die Zahl, sondern die Anwendung der modernen Vorbeugungsmassnahmen. Sie allein entscheiden im Zusammenwirken mit waldbaulichen Massnahmen über die Höhe des Wildbestandes für Wald und Feld. Den Weg für den Wald hat der Aarauer Kreisoberförster Karl Rüedi in seiner Broschüre «Wildschadenbekämpfung im Wald durch Verbesserung der Äsungsverhältnisse» gewiesen.

Wildfolge und Nachsuche, die Hundefrage

Wildfolge und Nachsuche sind für den aktiven Jäger Gegenstände, die sein jagdliches Können beweisen, für den Tierschützer aber sind sie Anliegen der humanen Gestaltung der Jagd.

Unter Wildfolge und Nachsuche versteht man all das, was der Jäger unternimmt, um eines beschossenen Stückes Wild habhaft zu werden, das nicht tödlich getroffen, noch flüchtig wurde und nun gesucht werden muss, damit es möglichst bald ohne weitere Qualen vollends getötet werden kann. Das scheint mit Hilfe eines guten Hundes kein Problem zu sein – denkt sich der Tierfreund. Und doch ist es eines.

Aus den Quellen zur schweizerischen Jagdgeschichte seien vier Notizen herausgegriffen, die den Gegenstand beleuchten.

1. Ab 1932 gestattet Zürich, aus Gründen des Tierschutzes, die Nachsuche nach verwundetem Wild auch an Sonn- und Feiertagen.
2. 1959/60 beklagt sich die Jagdbehörde im Kanton Glarus über die schlechte Jagdmoral. Angeschossene und «verluderte» Hirsche und Rehe seien gefunden worden. Für die Rehjagd sausten die Jäger von einem Jagdgebiet zum andern, man nehme sich zu der Nachsuche nicht die nötige Mühe.
3. Ab 1938 und den folgenden Jahren klagt die Graubündner Jagdbehörde darüber, dass nach jeder Jagd immer mehr «verludertes» Wild aufgefunden werde, meist Tiere, deren Abschuss verboten war, die der Schütze dann einfach liegen lasse, um der Busse zu entgehen, oder Tiere, die verwundet flohen und dann ohne Nachsuche irgendwo verendeten.
4. Der Kanton Bern erlässt in den Jahren vor 1960 eine Verordnung, wonach der Jäger zur Nachsuche verpflichtet ist. Die Nachsuche*pflicht* im Kanton Bern ist wohl die erste derartige Verordnung in einem Patentkanton.

Was bedeuten diese vier Nachrichten?

Zunächst die aus Zürich. Gemäss dem dortigen Sonntagsjagdverbot ist an Sonn- und Festtagen jede jagdliche Tätigkeit untersagt. Da jedoch an den freien Samstagen oder Samstagnachmittagen häufig gejagt wird, oft in Gesellschaft, kommt es nicht selten vor, dass ein verwundetes und flüchtiges Reh vor Einbruch der Dunkelheit, die im Herbst ja früh eintritt, nicht mehr gefunden wird. Um nun das Tier womöglich nicht bis zum Montag Qualen leiden zu lassen, soll die Nachsuche Sonntag früh wieder aufgenommen werden dürfen. In dieser Erlaubnis muss eine «tierfreundliche» Massnahme gesehen werden. Die Nacht von Samstag auf Sonntag ist lang genug!

Ähnlich, nur etwas primitiver sind die Nachrichten aus den Kantonen Glarus und Graubünden zu deuten. Denn es hängt mit der Hast der Patentjäger zusammen, dass sie in einer kurz bemessenen Jagdzeit und in Konkurrenz zu vielen anderen Patentjägern ihre Beute zu machen versuchen und sich für die Nachsuche nach angeschossenem und flüchtigem Wild nicht die nötige Zeit nehmen wollen, sondern nach neuer Beute Umschau halten oder in ihrem Wagen rasch dislozieren um ihr Glück anderswo zu versuchen. Dazu kommt, dass für die Jagd auf Gemse und Rothirsch Hundeverbot besteht, so dass ein Stück, das noch Kraft genug besitzt, um weit zu fliehen, überhaupt kaum noch erreicht werden kann, weil ein Hund zur Nachsuche nicht da ist und stundenweit hergeholt werden muss. Es sind aus Graubünden Fälle bekannt geworden, dass Hirsche erst nach Tagen in einer Distanz von vielen Kilometern vom Anschussort entfernt verendet aufgefunden wurden, nachdem unter Leitung des Jagdaufsehers die Nachsuche mit einem Hund tagelang durchgeführt worden war. Die Wildfolge im Gebirge, besonders auf das kraftvolle und widerstandsfähige Rotwild, ist sehr schwierig. Dasselbe gilt aber nicht für das weit zartere und hinfälligere Reh, das zudem vielerorts immer noch vor dem Laufhund geschossen wird. Aber auch beim Reh, das in der Kunst, sich zu verbergen, ein Meister ist, erfordert die Wildfolge gutes Können und Zeit, die viele Patentjäger nicht aufbringen wollen. Dazu kommt, dass das Reh dort immer noch mit grobem Schrot beschossen wird, wodurch die Verwundungen komplizierter werden und das sogenannte Zeichnen des Wildes weit undeutlicher und die Schusszeichen auf dem Anschussort oft ganz fehlen.

Um dies alles wenigstens in den Grundbegriffen zu verstehen, um als Tierschützer ein gewisses Urteil über Nachsuche und Erlegung von nicht tödlich getroffenem Wild zu gewinnen, seien die Vorgänge bei der Jagd auf Rehe etwas erläutert. Ein auf weidmännisch korrekte Distanz beschossenes Reh antwortet auf den Schuss mit einer konvulsivischen Bewegung, woraus der Jäger entnehmen kann, wo seine Kugel das

Tier getroffen hat. Der Ausdruck der Weidmannssprache hiefür ist: der Bock «zeichnet» nach dem Schuss. Das Bestreben des Jägers war natürlich, die Kugel dicht hinter die Schulterblätter zu setzen, wo das Herz liegt und der Schuss sicher tödlich wirkt. Gelingt das, so zeichnet der Bock mit einem Luftsprung nach vorn und sofortigem Zusammenbrechen, wobei das «Zeichnen» allerdings variiert, je nachdem die Kugel hoch oder tief hinter dem Schulterblatt sass und ob die Oberarmknochen gleichzeitig zerschmettert wurden oder nicht. Jedenfalls stirbt der so getroffene Bock so rasch, dass er sich nicht mehr erheben, oder mit dem Jägerausdruck, nicht mehr «hoch werden» kann. Wurde der Bock jedoch nicht ins Herz, sondern in den Hinterleib getroffen, dort, wo die Därme liegen, dann ist ebenfalls aus seinem Verhalten ersichtlich, dass er, mit dem Jägerausdruck, «waidwund» geschossen wurde. Der Bock zieht dann, unmittelbar nach dem Schuss, den Hinterleib hoch, schlägt gelegentlich mit den Hinterläufen aus und geht mit gekrümmtem Rücken langsam ab. Erblickt er aber den Schützen, kann er plötzlich flüchtig werden, trotz seiner Schmerzen davonstürmen und sich irgendwo, meist virtuos, verbergen. Er hat ein einziges Bestreben: nur fort, irgendwo in die Ruhe, wo er sich niedertun kann. Ruhe und Schlaf, das sind die einzigen Mittel, die das freilebende Tier zur Verfügung hat, um zu genesen. Es sucht darum nichts anderes. Es weiss nicht, dass es für diese Wunde keine Heilung mehr gibt. Was tut nun der Jäger in diesem Fall? Zunächst geht er zum Ort des Anschusses, falls er ihn genau weiss, was bei vielen Jägern leider nicht der Fall ist, und sucht dort nach Schusszeichen. Er sucht Haare, welche das Geschoss abgeschnitten hat; die sollen ihm verraten, wo die Kugel in den Leib des Bockes eindrang. Er sucht Blut, Knochensplitter, ausgepressten Darminhalt. Lungenschüsse hinterlassen hellrotes, blasiges, Waidwundschüsse spärliches, dunkles Blut mit Teilchen von Darminhalt vermischt. Das Wild ist fort – wo?

Die Nachsuche ist der Prüfstein der Weidgerechtigkeit, sagt das Jagdhandbuch. Angenommen sei das Beispiel des Waidwundschusses im grossen Gescheide. Bei solchen kann es vorkommen, dass das Wild, nachdem es sich kurz niedergetan hat, bei der Annäherung des Jägers wieder hoch wird und sich so lange weiterquält, als es die Läufe tragen. Daher lautet die weidmännische Vorschrift: bei Weidwundschüssen mindestens drei Stunden warten und dann erst die Nachsuche beginnen. Denn: das Wild muss erst richtig «krank» werden, das heisst, es soll durch Fieber, innere Blutungen, aufkommende Bauchfellentzündung und Sepsis so schwach werden, dass es sich nicht mehr erheben kann, wenn Jäger und Hund es in seinem Versteck aufsuchen, um es womöglich durch einen Schuss aus nächster Nähe zu erlösen.

Und hier setzt nun eben der Tierschützer mit seinen Fragen ein. Gibt es kein Mittel, um dem wunden Wild sein Leiden abzukürzen? Muss es sich in seinem Elend, drei, vier Stunden dem Ende entgegenquälen, bevor es vollends getötet, das heisst erlöst werden kann? Denn, was ein wundes Tier durchstehen muss, bis das Ende kommt, lässt sich oft kaum vorstellen. Der Schreibende sah einen Rehbock, der im schmutzigen Wasser eines Drainiergrabens Kühlung für seine brandige Bauchwunde suchte. Er sah einen anderen, der sich beinahe eine Woche am Sisselnbach im hohen Randbewuchs hinschleppte, bis er schliesslich sterben konnte. Was ein schwerverletztes Tier noch zu leisten vermag, grenzt an das Unglaubliche, sobald es des Jägers ansichtig wird. Es ist ein Fall bekannt geworden, dass ein Patentjäger einen Rehbock waidwund schoss; der Bock ging kurz ab und tat sich bald nieder. Im Glauben, das Tier sei tot, verlässt der Schütze mit einem Jauchzer (eine alte Unsitte der Gebirgsjäger) seine Deckung und stürmt auf das arme Tier los. Dieses erhebt sich in Todesangst und jagt davon – es wurde nie mehr gefunden, mindestens nicht von Menschen, wahrscheinlich dafür von den Füchsen. Ein anderes Beispiel: Ein Nimrod im Wallis schiesst einen Gemsbock waidwund. Aus dem Ausschuss tritt eine Darmschlinge aus und pendelt dem Gemsbock um den Hinterlauf. Er versucht abzugehen, tritt aber in die Darmschlinge und bleibt stehen. In diesem Moment erblickt der Jäger ein zweites Tier und feuert auf dieses in der Meinung, das erste sei ihm ja sicher. Er spart sich also den Fangschuss auf sein erstes Opfer. Nach dem zweiten Schuss ist aber der erste Gemsbock plötzlich verschwunden und unauffindbar. Er muss, trotz seiner schweren Verwundung, auf den zweiten Schuss hin noch geflüchtet sein.

Friedrich von Gagern (bekannter österreichischer Jagdschriftsteller) schrieb zu dieser Frage: «Ganz gegen die Regeln der Kunst, die ich später erst recht als grausam und verlogen verachten gelernt habe: wo man nur irgend kann oder ein verlässlicher scharfer, schneller Hund zugegen, soll man das arme Wild nicht lange feierlich «krank werden» lassen, sondern so rasch als möglich von seiner Qual erlösen. Ja, und wenn darob die ganze sogenannte Weidgerechtigkeit, die falsche, vereinsweise kopfsteht, was sich sehr malerisch ausnehmen muss. Denen aber, die dawider sprechen, wünsche ich nur einmal die praktische Wahl zwischen einem gnädigen Ende mit kurzem Schrecken und einer dreistündigen Bauchfellentzündung mit Fieberdelirium, Meteorismus und Kollaps.»

Wird die Nachsuche ungeschickt betrieben, wird zum Beispiel bei einem Weidwundschuss die Wildfolge so aufgenommen, dass das wunde Wild weiter flüchtet, oder wird der Hund zu früh «geschnallt», das heisst vom Riemen freigelassen, so dass er das im «Wundbett» – seinem Krankenlager – liegende Wild lange vor dem Jäger erreicht, es selber noch einmal aufjagt, einholt und es mit seinen spitzen Zähnen an der Gurgel packt und erwürgt – kurzum, werden zum ersten Fehlschuss noch weitere Fehler begangen, so wird die Jagd zur reinen Tierquälerei. Neuerdings kommt in der Schweiz ohnehin die Mode auf, den Hund das krankgeschossene Wild rasch allein suchen zu lassen, indem man ihn sogleich «schnallt». Modern abgerichteten Hunden sucht man das «Totverbellen» beizubringen. Solche Schweisshunde sollen sich dann beim verendeten oder bewegungsunfähigen Wild bis zur Ankunft des Jägers aufhalten und immer wieder bellen oder heulen, wodurch dem Schützen die Lage des Tieres verraten wird. Eine andere Dressurmethode gibt dem Hund am Halsband ein «Bringsel», einen aus Leder gefertigten Gegenstand mit, den der Hund, sobald er das wunde Reh gefunden oder auch selber getötet hat, zwischen die Zähne nimmt und sich zum wartenden Herrn zurückbegibt. Wenn der Hund das «Bringsel» im Fang trägt, zeigt er damit dem Herrn, dass er das Wild gefunden hat und nun den Herrn dorthin führen wird.

Es kann sich hier nicht um die Schilderung der vielen Varianten der Nachsuche handeln. Das «Krankwerdenlassen» des Wildes, die gelegentliche Hetze mit dem Schweisshund, die moderne Methode, den Hund früh zu schnallen und ihn das Wild selbst niederziehen zu lassen, die dazu nötige Dressur des Hundes, das wunde Reh durch Würgen zu ersticken usw. – das alles ist für den Tierschützer eine höchst problematische Angelegenheit. Höchst problematisch auch der oft angeführte Fall im Reviersystem, wenn ein beschossenes Stück Wild über die Reviergrenze geflohen ist und die Nachsuche beim Nachbarrevier zum Stillstand kommt. Gerade dieser Fall wird in der Polemik über die Jagdsysteme von Patentjägerseite immer wieder beigebracht. Zwar bestehen zwischen Reviernachbarn oft Absprachen, dass sich die Nachsuche auch auf das Nachbarrevier erstrecken dürfe. Oft arrangiert man sich in solchen Fällen telephonisch. Doch das alles kostet Zeit – für das Wild aber Verlängerung seiner Qual.

Wildfolge und Nachsuche, die von den Patentjägern oft unterlassen werden – wie die Berichte melden – sind überall ein ungelöstes Problem. Denn auch in Revierjagden kommt es – insbesondere nach grösseren Treiben – immer wieder zu Fällen, wobei wundes Wild «verludert», wie das hässliche Wort der Weidmannssprache lautet, das heisst Fälle, in denen die armen Tiere irgendwo unauffindbar in ihrem Versteck sterben oder von hungrigen Füchsen oder Hunden hilflos erwürgt und verzehrt werden. Denn Hunde sind nicht selten, die die Nachsuche auf verwundetes Wild auf eigene Faust besser verstehen als ihr Herr, die selbst ohne ihn auf die Jagd ziehen und sich manche Beute einverleiben, die dann auf das Konto der Füchse verbucht wird. Die Hundefrage ist bis zur Gegenwart in Patentkantonen und Reviergebieten offen und ungelöst. Sie kann in einer Geschichte des Schweizer Wildes nicht übergangen werden.

Wer als Natur- und Tierfreund Wald und Feld besucht, wer dabei bemüht ist, sich vorsichtig und möglichst geräuschlos zu bewegen und seine Augen offen zu halten, weiss, wie ausserordentlich schwierig es ist, in der offenen Jagdzeit so nahe an ein freilebendes Tier heranzukommen, dass man es schiessen könnte. Gewiss wird mancher, der es versucht hat, im stillen die Kunst des Jägers bewundern, der sich an das Wild auf Schussweite heranpirschen kann. Nur vergisst der Tierfreund eines: Der Jäger hat einen Hund, der ihm mit seinen feinen Sinnen das Wild findet und zeigt, sogar bringt. Der Gebirgsjäger ist für die Jagd auf Hasen und Rehe auf den Hund angewiesen. Laut den Berichten werden 90% des Rehwildes zum Beispiel in Graubünden und Glarus vor dem Laufhund geschossen. 100% aller Hasen in Patentjagden vor dem Niederlaufhund.

Der Laufhund, eine den sogenannten Bracken zugehörende Hunderasse, wird in der Schweiz in einem leichteren und schwereren Schlag gezogen (38 bis 54 cm Risthöhe). Die Kenntnis des Laufhunds ist eine Wissenschaft für sich, worauf die Schweizer Jäger sehr stolz sind. Laufhunde sind weitjagende Hunde. Der Jäger sendet sie aus, das Gelände abzusuchen und das Wild zu finden. Dort, wo sie laut zu werden beginnen, begibt sich nun der Jäger hin; denn dort hat der Hund einen Hasen aufgebracht oder «gestochen». Der Hase flieht nun vor dem Laufhund her, hat aber die angeborene Eigenschaft, mit Schlichen und Tücken sich möglichst unbemerkt wieder zu seinem Ausgangspunkt, das heisst in sein Lager zurückzubegeben. Früher oder später bringt also der Laufhund seinem Herrn den Hasen dorthin wieder zurück, wo er ihn «gestochen» hatte und wo ihn der Jäger nun mit seiner Schrotflinte erwartet. Der Laufhund brächte aber seinem Herrn auch das Reh oder die Gemse vor die Büchse; nur beim Rotwild versagt seine Kunst. Der Hirsch nimmt überhaupt übel, wenn er mit Hunden gejagt wird. Er reagiert auf Hunde wie auf Wölfe und zieht sich aus den Gegenden, wo ihn Hunde beunruhigen, zurück, oft sogar auf immer.

Es lässt sich nun unschwer erraten, dass die Jagd mit dem Laufhund wesentlich ertragsreicher ist als die Pirsch, besonders in gebirgigem Gelände. Sie stellt aber auch für das Wild die weit grössere Beunruhigung dar als jede andere Jagdart. Darum verbot das Bundesgesetz schon 1875 die Jagd auf Hochwild mit Laufhunden, die zuvor in den Gebirgskantonen zu gewissen Zeiten erlaubt war. Nidwalden gestattete sie noch 1858 vom 24. August bis zum 2. Februar, Glarus vom 30. November bis Mitte März (Jagdgesetz 1843). Doch begriffen die Bergler sehr bald die Notwendigkeit des Laufhundeverbotes, ohne welches das Bergwild seiner gänzlichen Ausrottung entgegengegangen wäre. Nur auf der allgemeinen Jagd, die dem Niederwild galt, waren Laufhunde gestattet – sie tragen die Schuld, dass es das Rehwild bis heute in den Schweizer Bergen nie zu Beständen bringt, wie im benachbarten Österreich.

Die Schweizer Bracken benötigen, um gesund zu bleiben, weites Laufen; sie fühlen sich nur bei freier Bewegung wohl. Darum gewähren ihnen ihre Besitzer viel freien Auslauf, der dann von den Hunden prompt zum Jagen benützt wird. Wie sollen die

Laufhunde wissen, dass ihnen das nur mit ihrem Herrn und nur in der offenen Jagdzeit erlaubt ist? Für sie ist immer Jagdzeit, wie für den Wolf. Weshalb nur mit dem Herrn jagen, der dann die Beute allein für sich beansprucht? Ohne den «Vorhund», der in ihren Augen der Herr ist, gehört die Beute ihnen allein.* Doch darum fürchtet das Bergwild die Laufhunde und reagiert entsprechend mit heftiger, oft kopfloser Flucht. Diese scharfen, starken Hunde fielen und fallen die Rehe an, wenn sie sie einholen, ziehen sie nieder, würgen sie zu Tod und schneiden sie dann unweigerlich auch an. Sie fielen auch gelegentlich Kleinvieh und Jungvieh an, so dass die Glarner Regierung 1896 die Besitzer für die Kleinviehschäden ihrer Hunde haftbar erklärte.

Vielsagend ist, dass 1863 im Kanton Glarus ein Jagdgesetzentwurf zur Abstimmung vorlag, der ein totales Hundeverbot für die gesamte Jagd vorsah. Nicht zuletzt darum wurde das Gesetz vom Volk verworfen, doch ein Jahr später griff die Landsgemeinde direkt ein und erliess ein totales Jagdhundeverbot, einschliesslich der Vorsteh- und Dachshunde. Doch bestand diese radikale Lösung der Hundefrage im Glarnerland nur ein Jahr; 1865 waren Hunde wieder teilweise erlaubt. Vorab gegen Dachshunde bestand bei den Glarnern schon lange ein starkes Misstrauen. Auch mit dieser kurzbeinigen Rasse liess sich ähnlich wie mit Laufhunden jagen, dabei kam das Wild vor dem Dachshund dem Jäger viel gemächlicher, weil es den langsamen kleinen Kerl nicht fürchtete. 1812 wurde der Dackel total verboten, 1852 wurde das Verbot erneuert. Als gegen Ende des 19. Jahrhunderts das Rehwild sich da und dort in der Innerschweiz wieder zu zeigen begann, auch im Gebirge, sah die Glarner Jagdverwaltung sehr genau, wie stark die Hege dieses zarten Wildes vom Hundegebrauch abhing. Sie wandte sich an den Bundesrat mit der Frage, ob es zulässig sei, zur Hebung der Jagd, namentlich des Rehstandes, die Haltung von Jagdhunden völlig zu verbieten. Der Bundesrat antwortete, das Bundesgesetz enthalte über die *Haltung* von Jagdhunden keine Bestimmungen, sondern nur über deren *Verwendung*. Die Haltung selbst zu verbieten, wäre nach Ansicht des Bundesrates zu weit gegangen. Dagegen seien die Laufhunde tatsächlich dem Hasen- und Rehstande sehr schädlich, namentlich, wenn sie allein jagen. Um diesem Schaden vorzubeugen habe Schaffhausen die Bestimmung, dass die Verwendung von Laufhunden bei der Jagd verboten sei. Der Bundesrat habe dagegen nichts einzuwenden und glaube, dass diese Bestimmung auch für Glarus genügen würde. – Trotz dieser Antwort blieb es im Kanton Glarus bei der Verwendung von Laufhunden auf der Niederjagd, auch für Rehwild. Unverständlich bleibt, weshalb im Kanton Graubünden in den Regierungsberichten von 1918, 1920, 1921 und 1922 immer wieder ein Laufhundeverbot bei der Hochwildjagd auf Gemsen und Rehe beantragt und wiederholt über den Missbrauch von Hunden auf der Gemsjagd geklagt wird, wo sich doch im damaligen Bundesgesetz Art. 13 das Laufhundeverbot ausdrücklich vorfindet. Wo mit Laufhunden auf Rehwild Jagd gemacht wird, bringt man es nie auf die erwünschten Bestände. Diese Erfahrung machte auch der Revierkanton Basel-Land, in dessen hügeligem Gelände die Jäger jahrzehntelang nicht auf die Laufhunde verzichten wollten.

1904 erschien von einem damals bekannten Kynologen Laska ein Buch «Die Bracke», worin «in letzter Stunde» für eine energische Reform des Laufhundes und

---

* Bei den Jagdarten, die mit ganzen Hundemeuten arbeiteten, denen die eigentliche jagdliche Arbeit zufiel (Hirschhetze, Parforcejagd, Sauhatz usw.) war es üblich, die Hunde an der Beute teilnehmen zu lassen, indem man ihnen wertlose Teile der erlegten Tiere zum Frass überliess, wodurch für die Hunde die Fiktion der wölfischen Gemeinschaftsjagd und ihr Interesse an der Hetze aufrecht erhalten werden sollte. Der Fachausdruck dafür lautete «die Hunde genossen machen». In neuer Zeit kam die Jägerei davon ab, die Hunde «genossen zu machen», da sie bei der Nachsuche «sich leicht angewöhnen», das Wild «anzuschneiden». Für den Hund jedoch ist der Jäger nichts anderes als der sozial übergeordnete Hund, der die Beute für sich beansprucht und dem rangtieferen Hund nur so viel überlässt, als er will.

der Laufhundjagd eingetreten wurde. Er verlangte vom Laufhund, er solle Appell haben, wie ein Vorstehhund, solle apportieren, zum kranken Wild führen, wenn er es nicht tragen könne, solle todverbellen (!), endlich scharf auf Raubzeug sein. Die Beurteilung dieser «Laufhundreform» in Schweizer Jägerkreisen lautete eher skeptisch. Nicht umsonst beginne eine kantonale Jagdgesetzgebung nach der andern den Laufhund zu verbieten. Die Vorschläge Laskas würden bei den schweizerischen Jägern keine Zustimmung finden. Jedoch: Der unkultivierte Lauf- oder Hetzhund, wie wir ihn gegenwärtig noch haben, passe nicht mehr in unsere Zeit und namentlich nicht zu unserem spärlichen Wildstand. (Diana 1904.)

Im Jahre 1907, als Elsass-Lothringen in deutscher Hand war, erfolgte ein schwerer Angriff deutscher Jäger gegen die Schweizer Jäger im Sundgau (Elsass). «Eine andere Jagd als mit Laufhunden kennen diese Herren nicht. Aus diesem Grunde wird am «treuen Laufhund» zäh festgehalten... trotz der Grausamkeit, welche diese Hunderasse auf der Jagd entwickelt. Angeschossenes oder müde gehetztes Wild wird einfach angefressen. Ein vorheriges Würgen (Töten) kennen diese Bestien nicht, da die wütende Fresslust kein anderes Gefühl aufkommen lässt.» Dann folgen einzelne Beispiele von Ricken, die lebend durch Laufhunde niedergezogen und angeschnitten wurden. Zum Schluss wird geschildert, wie die Laufhunde dem geringen Hasenbestand des oberen Sundgaues zusetzen. Denn was an Hasen vorhanden ist, wird von den Laufhunden unbedingt gefunden und entweder vor die Flinte des Jägers gebracht oder gefangen und gefressen...

Wie der Bundesrat es in seinem Schreiben an den Stand Glarus ausgesprochen hatte, setzen alleinjagende Jagdhunde einem Wildstand furchtbar zu. Auch 1896 betonte der Bundesbericht, das Reh leide in der Schweiz stark unter alleinjagenden Laufhunden.*

Gegen diese Geissel der Wildbahn ist bis heute in der Schweiz kein Kraut gewachsen. Schon 1566 mussten in den im Glarner Freiberg liegenden Gütern alle Hunde abgeschafft werden. Endlos sind die Massnahmen aller Kantone. Man schrieb Maulkörbe für die Hunde vor, erklärte sie vogelfrei, wenn sie beim Wildern ertappt würden – aber wer traf sie schon beim Jagen und hatte gleich eine Waffe, um sie unschädlich zu machen? Man strafte die Besitzer – aber wer führte den Nachweis und wer wollte sich die Leute zu Feinden machen? 1889 machte der Kanton Waadt ernst. Er fragte kurzerhand die Jäger an, ob sie ihren Hunden lieber einen Maulkorb überziehen oder einen Prügel ans Halsband hängen wollten. Eines von beiden müsse jetzt durchgeführt werden. Die Jäger wählten den Prügel, den einst schon die Bauernhunde in den fürstlichen Jagden Deutschlands tragen mussten. Der Nutzen dieser Massnahme war jedoch offenbar nicht durchschlagend. Denn 1891 und 1892 wurden in der Waadt viele Rehe tot oder von alleinjagenden Hunden zerbissen aufgefunden, so dass 1892 der Staatsrat erneut beschloss, dass gegen fehlbare Hundebesitzer vorgegangen werden müsse. Das Erstaunlichste findet sich im waadtländischen Jagdgesetz von 1938. Es ist das Verbot der Verwendung von Wolfshunden auf der Jagd!

Endlos waren in den einzelnen Kantonen die Debatten in den Ratssälen über die Verwendung der Hunde auf der Jagd, sogar auf der Hochjagd, für die doch seit 1875 Hundeverbot bestand! Radikale Stimmen verlangten ein absolutes Hundeverbot für

---

* Aus diesem und anderen Gründen schritten eine Anzahl von Kantonen zu einem radikalen Laufhundeverbot. Zuerst der Aargau, dann Basel-Land, Zürich, Schaffhausen, Thurgau, St. Gallen. Im «Schweizerjäger» 1924 wehrten sich die Freunde der Laufhunde, meist Patentjäger, heftig für ihren «treuen Jagdgehilfen». Selbst der Schweizerische Laufhundeclub liess sich zu ihren Gunsten vernehmen. Das hinderte nicht, dass sich im Kanton Bern Stimmen meldeten, Laufhunde sollten bei der Jagd auf Rehe ganz verboten sein. Die Laufhund-Jäger griffen aber bis zur Gegenwart für ihre Hunde zur Feder. Der Laufhund ist der Jagdhund der Patentjäger geblieben; wer gegen ihn ist, macht sich als Revieranhänger verdächtig.

alle Jäger und beide Jagden, die Hoch- und die Niederjagd. Insbesondere im Bündner Grossrat erhoben sich seit langem, seit 1905 immer stärker, scharfe Proteste gegen die Laufhunde, deren jagdlicher und noch mehr «ausserjagdlicher» Tätigkeit die immer wiederkehrenden Schädigungen des Wildstandes zugeschrieben wurden. Rehe, sogar Hirsche und Gemsen verunglückten auf der Flucht vor alleinjagenden Hunden. Hirsche stürzten vor Hunden ins Furner Tobel, wurden wegen des hohen Pulverschnees aber von Schaden bewahrt und mussten durch herabgeworfenes Heu vor dem Hungertod bewahrt werden. Im Schnee hetzten jagende Hunde Hirsche zu Tode, da die Hirsche im Schnee einsanken, die leichteren Hunde aber nicht. Bei St. Anthönien stürzte eine trächtige Hirschkuh in einen Abgrund, dazu der Hund, der den Halt ebenfalls verloren hatte. Wenn die Hunde erkannt werden, kriegen die Besitzer gesalzene Strafen, aber nur selten werden die alleinjagenden Hunde bei ihren Übeltaten beobachtet. Im Domleschg, das nach allen Nachrichten nicht an Wildüberfluss leidet, hetzte ein Hund einen Gemsbock bis nach Cazis herunter, wo das arme Tier in einen Stall flüchtete und dort lange Zeit brauchte, bis es sich beruhigen konnte. Noch 1925 brachte die Bündner Zeitung die beispielhafte Nachricht aus dem St. Galler Oberland, wonach jeder Patentjäger zum Abschuss wildernder Hunde verpflichtet sei.

Es waren ja nicht bloss Laufhunde, die die Wildbahn unsicher machten, Kanton um Kanton kann auf solche Klagen durchgegangen werden, es wird keiner fehlen. Basel-Land meldete Wolfshundplage, Zürich gab 1949 ein wohlgemeintes Merkblatt für Hundebesitzer heraus, um sie über die stille Tätigkeit ihrer Lieblinge aufzuklären. Natürlich wilderte keiner – wenigstens behaupteten es ihre «Herrchen». Dass in den folgenden Jahren je 60 Bussen und mehr gegen fehlbare Hundebesitzer ausgesprochen wurden, tat der Liebe keinen Abbruch. Aber auch die eidgenössische Jagdinspektion verlor um die Jahrhundertwende langsam die Geduld und gab mit einem scharfen Vorgehen ein Vorbild: sie wies 1903 die Wildhüter an, in den eidgenössischen Bannbezirken wildernde Hunde abzuschiessen. Aber die Kantone folgten dem Beispiel nur sehr zögernd. Bei Stansstaad und Beckenried hatten jagende Hunde Rehe in den Vierwaldstättersee getrieben, bei Altdorf hatten sie ein Reh zu Tode gehetzt. Seit den achtziger Jahren erschollen die Klagen, sie erklingen noch heute, und der Schreiber dieser Zeilen sah Hunde im Freundschaftsverband jagen, Wolfshund und Dackel als Kumpane. Er hörte Rehe, die lebend von Wolfshunden angeschnitten worden waren, herzzerbrechend klagen, sah Kitzchen, die verhungerten, weil alles, was sie zu äsen versuchten, zu ihrer von Hunden aufgerissenen Speiseröhre wieder herausquoll, er warf sich zweimal selbst Wolfshunden entgegen, die schon dicht an verfolgten trächtigen Ricken waren… Ein Meister für alleinjagende Hunde wurde noch nicht geboren. Hundeliebhaber und Jäger kämpfen gegeneinander. Die einen protestieren heftig dagegen, dass ihre Hunde, wenn sie einmal etwas «spazierengehen» gleich als Wilderer geschossen werden und wollen beweisen, dass jedenfalls ihr Hundchen völlig harmlos sei. Die Jäger präsentieren Photographien von gerissenem Rehwild, von Ricken, die, zerbissen, in Todesnot noch zwei Kitzchen gebaren, von lebenden Rehen, deren Schlegel von Wolfshunden weggefressen waren… Es gibt Pressefehden in den Tageszeitungen, in Tierschutzblättern. «Wir können unsere vierbeinigen Freunde doch nicht ewig an Kette und Leine halten. Wo sollen sie sich denn auslaufen?» Und die andern: «Alle grösseren Hunde jagen gelegentlich. Wer einen Hund hält, muss ihn vom Wild fernhalten».* Aber ein Ende der Hundefehde ist noch nicht in Sicht.

* Es gibt natürlich einzelne Hunderassen, die nicht jagen, sondern sich ganz an das menschliche Kulturmilieu angeschlossen haben.

Frevel, Jagdvergehen, Jagdmoral

Die Bekämpfung des Jagdfrevels wird meist der sogenannten Hege zugezählt.

Die Stellung des Schweizers zur Natur ist von jeher die bäuerliche gewesen. Sie blieb es auch im städtischen Bereich bis ins 19. Jahrhundert in der breiten Masse der Bevölkerung. Ideell bedeutet das die Meinung, dass die gesamte belebte Natur von Gott zur Befriedigung der Bedürfnisse des Menschen geschaffen sei, so auch das freilebende Tier. Die bäuerliche Mentalität vermochte darum in der Bejagung des freilebenden Tieres nichts anderes zu sehen als ein Ur- und Grundrecht, das allen Menschen zustehe, wenigstens allen Landesbürgern. Den Zugewanderten und Niedergelassenen natürlich nicht – das waren die fremden Fötzel.

Die Ausübung der Jagd, die sich nach langen Bemühungen der Kantone von der ganzjährigen langsam auf Spätsommer und Herbst beschränkte, wurde nach und nach als eine Art «Ernte» dessen empfunden, was der liebe Gott im Frühjahr und Sommer hatte werden und wachsen lassen. Wie die Heidel- und Preiselbeeren, die der saure Boden des Bergwaldes und der unteren Bergweide zeitigt, von Frauen und Kindern alljährlich gepflückt wurden, so holte sich der Bergbauer im Herbst die jagdliche Ernte seiner Heimat. Dass jedes Jahr mehr Mannen mit dem Patent in der Brusttasche und dem Stutzen an der Schulter zu dieser Ernte bereitstanden, änderte an den Gefühlen, womit der Patentjäger auf die Pirsch zog, nichts. Es waren nicht die sogenannten Ernteböcke, die der bäuerliche Jäger, der sein Patent gelöst hatte, zu schiessen trachtete, sondern zunächst das Wildbret. Mag sich das heute auch in Patentkantonen teilweise geändert haben, mögen die Begriffe der Fleischjagd und Trophäenjagd, womit sich einst Patent und Reviersystem gegenüberstanden, nicht mehr völlig zutreffen, so bleibt doch die dem bäuerlichen Empfinden entspringende Überzeugung der Bergbevölkerung vom Urrecht der Bürger auf die Jagd gemäss göttlicher Ordnung so gut bestehen wie die Begriffsinhalte der Freiheit, welche die Jagd, Fischerei und Holznutzung als erstes in sich schlossen.

Doch in der ganzen Geschichte der Jagdrechte spielt das bejagte freie Tier nur die Rolle einer Sache, einer «res nullius», um deren Aneignungs- oder Okkupationsrecht man sich stritt. Doch dann, als die Okkupationsrechte endlich gesetzlich festgelegt waren, kam die zweite Frage dazu, *welche* Tiere sich der Jagdberechtigte aneignen durfte. Und endlich die dritte Frage, *welcher Mittel* er sich dazu bedienen dürfe. Lauter Entscheide von wesentlicher Bedeutung für das Wild und sein Schicksal. Oder glaubt jemand, dass die Tiere im angeblichen Urrecht des Menschen auf ihre Erlegung eine Gottesordnung zu erblicken vermöchten? Eine Antwort können die Tiere nicht geben, doch der recht verstandene Natur- und der fortschrittliche Tierschutz haben sich zu ihren Fürsprechern gemacht und versuchen unentwegt, das Schicksal der freilebenden Tierwelt zu verbessern.

Versucht man, die Verstösse gegen Gesetz und Jagdmoral terminologisch zu definieren, so wird man immer wieder auf die drei Begriffe des *Frevels*, der *Jagdvergehen* und der *jagdlichen Moral* zurückkommen.

Unter *Frevel* kann kurz jede Art, den Tieren nachzustellen, verstanden werden, die ohne Jagdbefugnis oder in den für die Jagd geschlossenen Zeiten oder Orten erfolgt. Frevel, Wilddiebstahl oder Wilderei umfasst also den heimlichen Tierfang mit Waffe, Schlinge, Falle oder Gift während oder ausserhalb der Jagdzeit und das Jagen im Banngebiet, Wildasyl oder im fremden Revier. Jagdfrevel wird meistens von Nichtjägern, seltener auch von Jägern ausgeübt.

Das *Jagdvergehen*, oder wie der alte, noch heute amtlich verwendete Ausdruck lautet, die *Kontravention* (franz. Übertretung) umfasst alle auf der Jagd durch die

Jagdberechtigten selber begangenen Verletzungen der Jagdgesetze und Verordnungen, mithin zum Beispiel das Erlegen verbotener, das heisst geschützter Tiere, das Erlegen von Nutzwild auf nächtlicher Raubtierjagd, gesetzwidrige Verwendung von Hunden auf der Hochwildjagd, Jagen auf fremdem Kantonsgebiet oder in fremdem Revier, Treibjagd auf Hochwild, auf Skiern, Herausjagen oder Herauslocken von Wild aus Banngebieten und so fort.

Komplexer ist der Begriff der *Jagdmoral*. Die jagdliche Moral beginnt im Grunde dort, wo die Gesetze aufhören. Jagdliche Moral sollte bei jedem Jagdausübenden Voraussetzung für sein ganzes Verhalten auf der Jagd sein. Sie sollte den Jäger in allen seinen Handlungen leiten, sollte ihn beispielsweise hindern, auf ein Stück Wild zu schiessen, das er nicht zuvor korrekt angesprochen hat, sollte jede unweidmännische Hast, jeden Weitschuss, der voraussichtlich das Tier nur verwunden, jedoch nicht töten kann, verunmöglichen, sollte, falls ein Tier nur verletzt wird und flieht, dem Schützen die Nachsuche zur selbstverständlichen Pflicht machen, sollte den Patentjäger an der Übernutzung der Jagdgründe seines Kantons ebenso hindern wie den Jagdpächter vor dem Ausschiessen seines Reviers bei Pachtaufgabe, sollte jeden Jäger verpflichten, in strenger Winternotzeit die Jagd schon vor Ende der Jagdzeit ruhen zu lassen und vieles andere mehr.

Diese Begriffe haben für die Seite des Tieres eine zweifache Bedeutung. Es können alle ungesetzlichen und unmoralischen Verhaltensweisen für den Bestand der freilebenden Tiere verderblich werden oder ihnen ein Übermass von Leiden und Angst bringen, das vor einer ethischen Beurteilung der jagdlichen Tätigkeit nicht bestehen kann.

Die Bemühungen der Kantone und später der Eidgenossenschaft um eine korrekte, in einem gesunden Verhältnis zum Wildbestand stehende, human betriebene Jagd ist eine Errungenschaft der neuesten Zeit. Denn die alten, schüchternen Massnahmen, die im späten Mittelalter zur Erhaltung des Wildbestandes ergriffen worden waren und vielleicht als primitive Hege bezeichnet werden dürfen, waren nicht geeignet, in die damals ungebundene Jägerei auch nur einigermassen Ordnung zu bringen.

Um so höher müssen die Massnahmen der Kantone bewertet werden, denen bis zur Gegenwart die Erhaltung und Mehrung des Wildstandes zu danken ist. Den nicht leichten Kampf um das Wild, dessen anständige Behandlung und Schonung haben die Jagdbehörden der Kantone mit geringen Ausnahmen konsequent gegen viele Widerstände und fehlende Einsicht seit Jahrzehnten geführt. Und wenn die Tier- und Naturschützer auch ihre Forderungen eindringlich vortragen, darf doch nicht übersehen werden, wieviel Primitivität, Einsichtslosigkeit, sinnlose Verteidigung eigener Interessen, nicht zuletzt auch Schwierigkeiten falsch beratener Räte und Gleichgültigkeit der Gerichte den Bemühungen der Jagdressorts entgegenstehen.

Frevel

Was verstehen wir unter Frevel? Manchmal zählen die Berichte die Frevelsfälle auf. So klagt Zürich 1905 über absichtliches Jagenlassen von Hunden während der geschlossenen Zeit, über Jagen ohne Patent und an Sonntagen, über Erlegen von Singvögeln und Ausnehmen von ihren Nestern, Töten von Rehgeissen und Kitzchen. 1911 war es noch nicht viel besser: Geschütztes Wild wurde gefangen und erlegt, mit Selbstschüssen, Drahtschlingen, Fallen und Gift suchte man des Wildes habhaft zu werden, man benützte Stockflinten und liess immer wieder die Hunde jagen und Wild abwürgen, um es zu erlangen. Das war in Zürichs Patentzeit. Nicht viel anderes berichtet das Glarnerland über jagdliche Straffälle in den 1930er Jahren. Man tötete geschützte Tiere, wie Auerhennen, Milane, Bussarde, Fischreiher; daneben mussten immer wieder Strafen für das Fallenstellen auf Murmeltiere ausgesprochen werden, auf das Schlingenlegen in Banngebieten, das Jagenlassen der Hunde aus Gleichgültigkeit oder zum Zweck des Wilderns und so fort. Da stehen beiläufig an einem hellen Sonntagnachmittag im Frühling zwei völlig harmlose Dorfbewohner irgendwo draussen bei einer kleinen Feldscheune und unterhalten sich. Der eine hat seinen Köter mit, wollte mal nach seiner Mähmaschine in der Hütte sehen und verbreitert sich darüber zum andern. Der Hund aber bringt indessen einen Hasen auf und saust hinter dem unglücklichen Lampe durch Klee und Heugras her. Er ist weiss, hetzt lautlos und ist kein Jagdhund, sondern eine undefinierbare Rassenmischung, aber hart und kräftig. Keiner der Männer verzieht eine Miene, doch verfolgen beide den Ausgang der Hetze mit den Augen. Der Hase strebt seiner Sasse zu, aber er kommt nicht mehr so weit, er war zu jung. Der Köter packt ihn und schüttelt ihn grob – schon rührt sich das arme Häschen nicht mehr. Natürlich haben es die beiden bemerkt, und der Besitzer ruft den Hund an. Der kommt denn auch gemächlich angetrabt, trägt das Häschen in seinen scharfen Kiefern und schlägt es sich immer wieder um die Ohren. «Gib her», brüllt ihn der Herr an. Aber der Köter will nicht. Wozu denn? So denkt er. Hat er den Hasen erwischt oder ich? Schon will er abdrehen, da trifft ihn ein grober Feldstein. Er jault auf und lässt seine Beute fallen. «Nur ein kleiner», meint der Hundebesitzer und hebt den Hasen an den Löffeln hoch. «Aber ich komm doch heut abend», sagt der andere. «So-wie-so». Man bummelt heim. Den Hasen hat man in einen zerrissenen Sack aus der Feldscheune gepackt. Der Hund trottet hinterher, jagen mag er nicht mehr. – Ein selbsterlebtes Beispiel für viele. Die Jagdwilderei mit dem Hund, systematisch betrieben, lichtet einen Hasenbestand in kurzer Zeit.

Vor dem ersten Bundesgesetz 1875 und den ersten Jahrzehnten danach war die Wilderei kaum zu zähmen. Wildhut und Jagdaufsicht fehlten oder genügten nicht. Als nach der allgemeinen Jagdfreiheit der Helvetik die Kantone wiederum Ordnung in ihr Jagdwesen bringen wollten und zum Teil bereits Patente erhoben, drückten sich die Nimrode, wo sie konnten um die gesetzlichen Vorschriften. In St. Gallen begehrte man 1851 zum Schein Schnepfenpatente und jagte damit Hasen und Hochwild, oder man wollte die Grenze des Freibergs nicht kennen, nahm fremde Jagdhelfer mit und rekurrierte gegen ausgesprochene Bussen. Wurde man beim Wildern erwischt, hatte man ja nur auf Raben oder Häher schiessen wollen, wozu man keines Patentes zu bedürfen glaubte. An alte Jäger gaben die Gemeinden Gratispatente ohne Genehmigung des Kantons... überall gab es Mitwisser der Jagdfrevel, selbst unter den Landjägern. Aber die schwiegen meist. Schliesslich wurden Wächter aufgestellt und Verzeigeprämien ausgerichtet, doch scheinbar mit nur vorübergehendem Erfolg. Der erste St. Galler Freiberg in den Churfirsten wurde aufgegeben, weil man der Wilderei nicht Meister zu werden vermochte.

Auch im Kanton Bern klagten die Jäger 1831 über viele Frevel und Eingriffe trotz mancherlei Gegenmassnahmen. Das hatte sich bis in die 1880er Jahre noch nicht gebessert, besonders das Gemswild wurde von den Frevlern dezimiert, selbst in den Bannbezirken. Im Urbachtal stand es dicht vor der gänzlichen Ausrottung, der Kanton bat um eidgenössische Bannung des Tales. 1880 führte man Verzeigerprämien ein, doch die Jagdverwaltung war skeptisch. Jedenfalls war man 10 Jahre später dem stark verbreiteten Wildererunwesen im Jura noch keineswegs Herr geworden.

Auch im Kanton Luzern wurde trotz polizeilichen Massnahmen über exzessives Wildern geklagt, wie auch in allen andern Kantonen. Keiner blieb verschont. Im

Wallis betrieben die Wilderer im ganzen Kanton ihr Handwerk, 1896 in grossem Massstab. Nur die eidgenössischen Bannbezirke respektierten sie.

Das Glarnerland hatte auch 1860 wenig Glück mit seinem Gesamtwildbann. Die Landsgemeinde hatte in höchster Sorge um das Glarner Wild den ganzen Kanton 3 Jahre lang (1860–1863) gebannt, dann nochmals 1865, aber die Jäger respektierten das Jagdverbot nicht. Man grub Murmeltiere im Winter aus dem Bau, ebenso im Urnerland. Als die Rehe sich gegen die Jahrhundertwende langsam wieder in den Bergen einfanden, hatten die Wilderer es ganz besonders auf diese abgesehen. Im Appenzell fielen ihnen die Rehe aus dem Banngebiet zum Opfer, sobald sie die Grenze überschritten. Im Kanton Glarus, der sich 1885 um die Vermehrung des Rehwildes stark bemühte, wurde 1890 der Frevel speziell auf Rehe stark betrieben, auch später bei Niederurnen und Bilten.

Auch der Kanton Schaffhausen hatte Mühe, dem «bisher ziemlich ungebundenen Jägerleben» Herr zu werden, als 1875 der Bund das Jagdwesen in die Hand nahm. Ende der siebziger Jahre hatte der Staat Schaffhausen zwar beabsichtigt, die Frevler «die ganze Strenge des Gesetzes fühlen zu lassen», doch hatte der Jagdfrevel bis 1892 noch zugenommen, und so blieb es das ganze Jahrzehnt lang. 1892 fand man bei einer Haussuchung gleich acht teils frische, teils ältere Decken von Rehgeissen. Dabei wäre es unrichtig, sich zu denken, diese gesetzwidrigen Wilderlegungen seien nur durch verkommene Lumpen mit geschwärzten Gesichtern und zerlegbaren Büchsen erfolgt. Das taten vielmehr die Landeigentümer, gute und teilweise wohlhabende Bauern selbst, wenn das auf deutschem Gebiet gehegte Rehwild auf Schaffhauser Güter übertrat und dort äste.

Irgendwie reizte das schöne Rehwild überhaupt zum Frevel. In Basel-Land, wo seit 1830 die fakultative Revierjagd den Gemeinden freistand, beantworteten die Revierpächter viele Umfragen der Jagdverwaltung, ob bei ihnen gewildert würde, mit «Ja». Die Jagdverwaltung in Liestal wusste aber, dass an den dünnen Reh- und schwindenden Hasenbeständen nicht nur die Wilderei schuld war, sondern mindestens ebensosehr die Beibehaltung der alteingelebten Jagd mit weitjagenden Laufhunden auf das Reh und den Hasen, die alle Bestrebungen zur Schonung der Bestände illusorisch machten. Immerhin, gefrevelt wurde und wird im basellandschaftlichen Jura nach den Berichten ohne Zweifel.

Typisch für den Wilddiebstahl am Gemswild ist, dass sich die Fälle immer nach Schluss der Gemsjagd häufen. Die Berge sind dann vereinsamt, die Älpler haben sich mit dem Vieh ins Tal zurückgezogen, die Touristen sind fort, ebenso die Jäger, die an der Hochwildjagd teilgenommen hatten. Der erste Schnee, der gewöhnlich nicht allzu tief liegt, verrät den Wilderern die Standorte der Gemsen – freilich verrät er den Wildhütern auch die Kreuz- und Quergänge der Wilderer. Trotzdem bleibt der Spätherbst, wenn er nicht mit allzu harter Kälte und zu viel Schnee einzieht, in den Bergen vorwiegend Wildererzeit.

Bezeichnend war die Zunahme des Wilddiebstahls jeweilen bei Fleischverknappung, Arbeitslosigkeit und Rationierung in Kriegszeiten. 1914 war es noch nicht schlimm gewesen, doch hatte damals schon der Jagdfrevel in den Bannbezirken stark überhandgenommen, weil die Wildhüter im Aktivdienst an der Grenze standen. 1915 drängten die Jäger in den Kantonen auf Erlaubnis zur Entenjagd im Januar und Februar, wurden aber abgewiesen. 1918 hatten die Frevelsfälle wegen der Beschränkung des Fleischkonsums nochmals stark zugenommen; im Bannbezirk Diablerets-Muveran war ein Wildhüter von den Frevlern erschossen, ein anderer schwer verwundet worden. 1919 verursachte die Teuerung der Lebensmittel in der Innerschweiz, besonders in Nidwalden ein grosses Wildererunwesen. Auch im Gebiet

Mont Pleureur sah es ähnlich aus. Als dort der Wildhüter an Grippe erkrankte, wurde sein Ausfall zu einem wahren Massenmord an den Gemsen benützt, so dass die Behörden dagegen einschreiten mussten. Langsam, sehr langsam konnte die Welle von Wilddiebstahl nach dem Krieg wieder eingedämmt werden. Da kam 1933 die Arbeitslosigkeit. Verschiedene Kantone berichteten, dass der Wildfrevel wieder stark zugenommen habe und schrieben dies natürlich der Krise zu. Von 1941 an ging es dann erneut gegen das Wild. Das Fleisch war knapp, fleischlose Tage waren eingeführt worden, wer es vermochte, versuchte es mit der Jagd. Die Folge war eine beträchtliche Vermehrung der Jäger und eine starke Zunahme des Jagdfrevels. Die Entenjagd wollten – auf Drängen der Jäger hin – viele Kantone bis Ende März ausdehnen, dabei ging sie bis zum 15. Februar schon viel zu lang. In Graubünden wurde eine Sonderjagd auf Hirsche verlangt, jedoch im Hinblick auf die grosse Zunahme der Jäger abgewiesen. Die bequeme Jagd auf Murmeltiere brachte einen beträchtlichen Ertrag an Murmeltierfett, zu deren Vertrieb «gegen Rheuma» sich geschäftstüchtige Apotheker hergaben. Die Folge war natürlich ein erneutes Anwachsen der Murmeltierjagd. Zeitungsartikel forderten die Massenerlegung von Rehen und Gemsen zur Herstellung von Gefrierfleisch und Würsten. Einige Metzgereien priesen Kaninchen- und Wildcharcuterie an, mussten aber damit wegen der leichten Verderblichkeit dieser Fleischsorten auf behördliche Weisung hin Schluss machen. Die Bundesberichte meldeten bis 1946 jedes Jahr Zunahme der Wildfrevelsfälle in Bannbezirken. Dann endlich begann sich die Lage zu normalisieren.

Als in den Weltkriegen der Frevel in den eidgenössischen Banngebieten anstieg, waren nicht nur in den betreffenden Kantonen selbst, sondern auch in den Mittellandgegenden der Schweiz viele Sympathien auf Seiten derer, die auf die Fleischreserven der Wildasyle und Banngebiete zurückgreifen wollten. Doch die Eidgenossenschaft blieb fest. Der Kanton Glarus mit seinem ältesten Bannbezirk Kärpfstock hatte von jeher alle Mühe gehabt, diesen gegen die Wilderer zu verteidigen. Erst als der Kanton nach langem Zögern vollamtliche Wildhüter eingesetzt hatte, liess der Frevel dort nach. 1906 wurden noch besonders viele Wilderer gefasst, 1908 meldete der Regierungsbericht, die Freiberg-Wilderer stürben aus, die Alten seien zu bejahrt, um die Strapazen auf sich zu nehmen, und die Jungen hätten eingesehen, dass sie es besser unterliessen, Gemsen zu wildern. Aber sieben Jahre später, im ersten Weltkrieg, zeigten sie, dass sie es immer noch konnten. So ging es auch in der Innerschweiz. 1922 bedrohten Wilderer im Bannbezirk Urirotstock die Wildhüter, 1927 fand der eidgenössische Inspektor, dass dort der Wildstand bedeutend besser sein könnte, wenn der bestehende Wildfrevel nicht wäre. Aber es wurde nicht besser. Es waren nicht nur «Lumpen», die dort wilderten, sondern Leute, die wegen der Verdienstlosigkeit jener Zeit Not litten, die besonders die Alpentäler heimsuchte. Dabei drängten die Jäger selbst auf die Öffnung des vier Jahrzehnte lang gebannten Urirotstockgebietes. Ganz ähnlich ging es im Kanton Schwyz. Dort wurde im Freiberg so gefrevelt, dass man dazu überging, Jägern, die mehrmals beim Wildern betroffen worden waren, die Jagdbewilligung überhaupt zu entziehen. Nach dem ersten Weltkrieg kam eine völlige Ausrottung des Wildes im Schwyzer Freiberg in Sicht; Frevler aus dem Muottatal, aus Uri und Glarus wüteten dort. Die Wildhüter wollten den katastrophalen Rückgang der Gemsen auf die Schneeverhältnisse zurückführen, doch die Regierung hatte von anderer Seite erfahren, dass die Wilderei schuld war. Und beim ersten Schub der Teuerung 1924 waren viele Murmeltierbaue völlig ausgegraben, und im unteren Teil des Freibergs standen noch etwa 50 bis 60 Gemsen.

In allen Kantonen waren es drei Perioden, in denen die Banngebiete am stärksten gefährdet waren: die ersten 20 bis 25 Jahre nach deren Schaffung, also 1875 bis

1900. Sodann die beiden Weltkriege. 1882 verwundete ein Wilderer einen Wildhüter in finsterer Nacht an gefährlicher Stelle, musste aber dann nach einem heftigen Ringkampf seinen Stutzer zurücklassen. Bei Sargans trieben es die Wilderer trotz häufiger Polizeistreifen bunt. 1887 wurden zwei neue Wildhüter eingestellt, trotzdem nahm der Wildstand ab. 1894 wurden in den Churfirsten 4 Frevler beim Jagen betroffen, drei gaben auf den Landjäger Schüsse ab, glücklicherweise ohne zu treffen. Sie mussten nach anfänglichem hartnäckigem Leugnen ihr Vergehen eingestehen und wurden neben einer empfindlichen Geldbusse zu vier Monaten Arbeitshaus verurteilt. Ein vierter Frevler fand auf einem Pirschgang im Freiberg durch seine eigene Waffe den Tod durch Unvorsichtigkeit. Sein Begleiter hatte den Sachverhalt lange Zeit verschwiegen, um nicht eingestehen zu müssen, dass er selbst mitgewildert hatte. Als er jedoch des Mordes an seinem Kumpanen verdächtigt und in Untersuchung gezogen wurde, kam der wahre Hergang des Unglücks zum Vorschein. Er musste nicht nur die Busse wegen Wilderns, sondern auch die Kosten der Untersuchung auf sich nehmen, wozu das Departement äusserte: «Wir wollen gerne hoffen, dass diese Tatsachen geeignet seien, die Lust am Wildern etwas einzudämmen». Doch diese Hoffnung sollte sich nicht erfüllen. 1893 wurde auf der Südseite der Churfirsten exzessiv gewildert. Das Departement ersuchte um einen dritten Wildhüter, doch auch dies fruchtete nichts. Das Gericht unterstützte die Bemühungen der Wildhut nicht, die Sünder wurden teilweise freigesprochen oder ganz leicht gebüsst. 1896 wurden Wünsche laut, das Banngebiet Churfirsten solle aufgehoben und ein Bannbezirk in einem andern Kantonsteil gegründet werden.

Die Churfirsten seien für die Wildhut zu schwierig, mindestens solle im Westen das Speer- und Mattstockgebiet und im Osten ein Teil der Alvierkette der Jagd wieder geöffnet werden. Es kam zwar nicht dazu, doch liess man die Jäger im Freiberg alte Gemsböcke und gelte Gemsgeissen abschiessen. 1901 gab der Kanton den Bannbezirk Churfirsten endgültig auf, weil zu viel darin gewildert wurde und die Aufsicht zu schwierig war, auch seien die Schiessübungen des Waffenplatzes Wallenstadt störend für das Wild. Statt dessen wurde der Bannbezirk Graue Hörner geschaffen. Die Eidgenossenschaft stimmte zu, lud aber den Kanton ein, geeignete Massnahmen zu ergreifen, um einer Massenabschlachtung des Wildes vorzubeugen. Aber der schöne Bann Churfirsten wurde nicht vergessen. 1913 regten die Jäger selber an, man sollte die Berge dort wieder bannen, weil riesig gefrevelt würde, doch die Regierung in St. Gallen wollte nicht mehr.

Als 1935 im Kanton St. Gallen die fakultative Revierjagd eingeführt wurde, war die Nachfrage nach Jagdrevieren nicht gross. Klar, weshalb. Mehr als 75 Rappen pro Hektar wurde nicht erzielt, es stand ja doch kein Wild darauf. Am Gamsberg, einem kantonalen Wildasyl, wo jetzt Hirsche standen, jagten die benachbarten Jagdpächter das Wild aus dem Schutzgebiet in ihr Revier und schossen es dort ab. Zum Glück wurden sie verzeigt und bestraft, doch zeigte der Vorfall, dass man den Sinn der Revierjagd nicht erfasst hatte.

In Appenzell Innerrhoden kam es 1924 zu einem richtigen Skandal. Während der Hochwildjagd wurden die Gemsen auf Weisung der Polizeidirektion aus dem eidgenössischen Banngebiet hinausgetrieben und dann von den ausserhalb aufgestellten Jägern im grossen abgeknallt. «Eine solche Massnahme, die dem Zwecke der Schaffung von Banngebieten geradezu Hohn spricht und auf die Tätigkeit der Wildhüter, die unter Beiziehung von Landjägern sogar als Treiber mitwirken mussten, geradezu lähmend wirken muss, gab uns Veranlassung, der Regierung gegenüber dieses Verfahren als durchaus ungehörig zu verurteilen», schreibt der Bundesbericht. Wenn im Kanton Freiburg die Jäger dasselbe 1884, also gewissermassen in der Frühzeit der

Bundesgesetzgebung getan hatten, indem sie in Banngebietsnähe Treibjagden veranstalteten und sich das Wild aus dem Bann zutrieben, liess sich das zur Not verstehen, nicht aber eine Gefälligkeitsmassnahme der Behörde zugunsten der Nimrode um 1924. Dabei hatten es die Innerrhoder mit ihrem Banngebiet seinerzeit sehr genau genommen. 1896 war ein Inspektor aus Bern zum Besuch des Freibergs von Ausserrhoden eingetroffen, und der Ausserrhoder Wildhüter marschierte von Urnäsch aus mit besagtem Inspektor in den Freiberg und überquerte dabei Innerrhoder Gebiet. Da er die Waffe und sogar zwei Dachshündchen mit sich führte, beschwerte sich die Innerrhoder Standeskommission in Bern darüber und bezeichnete das Verhalten des Ausserrhoder Wildhüters als unstatthaft und strafbar. Das Eidgenössische Landwirtschaftsdepartement wies aber die Beschwerde klar und eindeutig ab, da man dort für Sticheleien verfeindeter Halbkantone nur wenig Verständnis aufbringen konnte. Andererseits aber kannte man sehr gut die viel zu milde Bestrafungspraxis der kantonalen Gerichte für Jagdfrevel und drückte das in den Inspektionsberichten entsprechend deutlich aus. Was half es, die Wildhut zu verstärken, wenn die Strafpraxis deren Tätigkeit nicht unterstützte?

Die Vorgänge jener Jahre sind längst vergessen. Das Jagdwesen spielt in der Schweiz eine so geringe Rolle, dass die meisten Städter kaum den Unterschied der Jagdsysteme kennen, geschweige denn deren Wirkung auf das Wild und dessen Leben. Sie wissen nicht, wie schwer es hält, den Wilddieb zu überführen, sie kennen den anstrengenden Beruf der Wildhüter nicht. Vielleicht haben sie einmal Wilderergeschichten aus den bayrischen oder den Österreicher Alpen gelesen, von den «Lumpen» mit den russgeschwärzten Gesichtern und der gefährlichen, nie fehlenden Büchse, doch davon, wie das im eigenen Lande aussieht, liest man höchstens in Pressenotizen.

Daher mögen hier ein paar Geschichten von Schweizer Wildhütern der Bannbezirke folgen, die nicht vergessen werden sollten.

Obschon nach allgemeiner Meinung die Gebeine von Adolf Scheuber schon längst in südamerikanischer Erde (Uruguay) liegen, soll hier des von Scheuber verübten Doppelmordes noch einmal gedacht werden, dem im gemeinsamen Jagdbannbezirk von Uri und beider Unterwalden, dem Gebiet von Schlossberg-Titlis, Wildhüter Werner Durrer und sein Sohn Joseph, der ihm zur Hilfe beigegeben war, zum Opfer fielen. Schon lange war dort eine Bande von Wilderern bekannt gewesen, die vereint, verkleidet, maskiert oder mit geschwärzten Gesichtern im Bannbezirk jagten. Wiederholt war auf die Wildhüter geschossen worden. Im Jahre 1899 hatte der Wildhüter Durrer den Wilderer Adolf Scheuber von Wolfenschiessen gefangen und in Sarnen eingeliefert. Schon damals hatte Scheuber auf Durrer angelegt und nach Erlegung der Busse gedroht, Durrer müsse das büssen, er müsse kalt gemacht werden. Nachher hatte droben in der Bergeinsamkeit Scheuber zweimal auf Durrer geschossen und ihn beinahe getroffen. Aber erst, als seine Angehörigen ihn unaufhörlich und dringend baten, hatte sich Durrer entschlossen, auf den 1. November des Jahres zurückzutreten. Der 14. Oktober 1899 war ein Samstag. Wildhüter Durrer und Sohn stiegen an diesem Tag in den Bannbezirk auf und fanden auf einem Schneeblätz nah bei der Gruobialphütte einen frischen Gemsenaufbruch. Da wussten sie, dass Wilderer am Werk waren. Trotz aller Wachsamkeit wurden aber beide von Adolf Scheuber aus dem Hinterhalt niedergeschossen.

Der Hergang dieses Wildhütermordes konnte nur aus den Indizien am Tatort und dem Geständnis des Kumpans von Scheuber, Johann Waser, eruiert werden. Denn Scheuber selbst war kurz nach seiner Verhaftung die Flucht gelungen. Adolf Scheuber und Johann Waser, der sogenannte Schüpfenhans, waren zu einer mehrtägigen

Wilderertour in das Schlossberggebiet aufgebrochen und hatten am 14. Oktober einen Gemsbock und zwei Kitzen erbeutet. Den Bock hatte der Schüpfenhans geschossen, bald hernach Scheuber die zwei Kitzen. Da sah Scheuber etwa 300 Meter weiter unten zwei Männer kommen. Er sagte zum Schüpfenhans: «Dort unten kommen zwei», und befahl ihm, er solle den Bock aufs Grätli hinauftragen und dann wieder kommen und die beiden Gitzi holen. Er, Scheuber, wolle unterdessen die beiden abluogen. Schüpfenhans gab dann an, er habe den Bock oben in einer Grube versteckt. Später habe er Schüsse gehört, etwa zehn. Dann sei er wieder hinunter und habe die beiden Gitzi geholt und ebenfalls aufs Grätli getragen. Da sei Scheuber gekommen und habe gesagt, er solle den Bock nur ruhig wieder aus dem Versteck holen, «die beiden tun dir nichts mehr zu leid, sie sind derdurab.» Hierauf habe er, Schüpfenhans, gesagt: «Was machen wir, wenn's Grampol gibt?» Darauf habe Scheuber gesagt: «Diese beiden werden nicht mehr viel reden.» Schüpfenhans habe gedacht, er hat sie gewiss erschossen, aber er traute sich nicht, etwas zu sagen, Scheuber habe zu wüst ausgesehen.

Aber aus den Indizien, den aufgefundenen Patronenhülsen und aus erfragten Äusserungen von Schüpfenhans geht hervor, dass die Bluttat sich etwa so abgespielt haben musste: Werner Durrer und sein Sohn Joseph mussten die Wilderer gesehen haben und gaben zwei Warnschüsse ab, um ihnen zu zeigen, dass es zwecklos sei, zu fliehen. Scheuber muss dann hinter einem grossen Stein auf der Geröllhalde ob der Hütte der Gruobialp Deckung genommen haben. Als sich Durrer und sein Sohn auf dreissig Meter genähert hatten, forderte er die Wilderer auf, sich zu ergeben und die Waffen fallen zu lassen. In diesem Moment schoss Scheuber auf den Wildhüter und traf ihn mitten in die Stirn. Joseph wollte Deckung suchen, um sich und den Vater zu verteidigen, wurde aber, ehe er hinter dem Stein Schutz fand, von Scheuber ebenfalls durch den Kopf geschossen. Er hatte ihn in den Hinterkopf getroffen. Dann jagte Scheuber noch zwei Magazine seines Ordonnanzgewehrs in die beiden Toten. Das waren die zehn Schüsse, die der Schüpfenhans gehört hatte.

Als am Sonntag, den 15. Oktober Durrer Vater und Sohn noch immer nicht heimgekehrt waren, stieg der zweite Sohn Durrers, Otto, in den Bannbezirk auf und fand seinen Vater und Bruder tot, den Vater mitten auf dem Weg, den Bruder nicht weit davon im Gras bei einem Felsblock. Ausser den tödlichen Schüssen im Kopf hatten beide noch fünf Schüsse im Körper.

Am Sonntag, den 15. Oktober, war in Stans Älplerkilbi, aber als am Vormittag der Doppelmord an Durrer und Sohn bekannt wurde, kam keine rechte Stimmung mehr auf. Scheuber selbst war auf die Kilbi gegangen und hatte dort den Gemeindeförster angetroffen und ihn nach dem Mord gefragt, ob das wahr sei. Auch die Polizei hatte von Melchtal aus die Nachricht erhalten, und am Nachmittag brach ein Bergungstrupp mit Geräten und etwas Nahrungsmitteln nach der Gruobialp auf, wo er gegen Abend anlangte. Nach der Bestandesaufnahme wurden die Toten in Decken eingewickelt und auf den Traggabeln befestigt. Sie wurden nach der Alp Rüti hinaufgetragen und von dort mit Heuschlitten nach Melchtal geführt.

Da Scheuber auf dem Kilbiplatz gesehen worden und sein Benehmen dem Förster aufgefallen war, wurde er einem Verhör unterzogen. Er gab an, er sei im Brand ob der Bettelrüti an beiden Tagen zum Holzen gewesen; man könne auch den Schüpfenhans fragen, der habe ihm geholfen. Der Förster prüfte aber diese Aussage nach, stieg in das fragliche Waldstück und die Bettelrüti hinauf und fand keine Spuren von frischer Arbeit. Im Gegenteil: seit der letzten Tätigkeit hier im Holz musste es schon einen ganzen Monat her sein. Dazu hatte am Samstag in der Bettelrüti niemand Holzen gehört. Das Alibi Scheubers stimmte also nicht.

Obschon die Frau Adolf Scheubers der Polizei falsche Schuhe gezeigt hatte, deren Abdrücke mit denen in der Gruobialp nicht übereinstimmten, verdichteten sich die Indizien auf Scheuber. Er wurde vom Jassen weg im Gasthaus zum Kreuz in Wolfenschiessen verhaftet. Ein Polizist musste ihn nach Stans überführen. Die beiden fuhren in einem Packwagen der Engelbergbahn. Kurz nach Wolfenschiessen, in der sogenannten Lochhöchi, bot Scheuber dem Polizisten eine Cigarre an. Als dieser sie anzündete und der Zug um eine Kurve langsamer fuhr, schwang sich Scheuber unter der Querstange des Packwagens durch und flüchtete den Wald hinab. Der Polizist sprang ebenfalls aus dem Zug und folgte ihm, doch gelang es Scheuber, zu entwischen. Alles Suchen führte nicht zur Ergreifung des Mörders.

So wurde Scheuber in contumaciam zum Tode verurteilt, auf seinen Kopf setzte man eine Belohnung von 500 Franken. Aber niemand konnte das Geld verdienen. Als später seine Frau einen von ihm geschriebenen Brief «aus Paris» erhielt, sollte das eine Tarnung zur Irreführung der Behörden sein, aber man glaubte nicht an diesen Brief. Scheuber hielt sich noch lange in der Gegend auf. Er wurde mehrfach gesichtet, aber nie verraten, soll selbst seine Angehörigen besucht haben. Einmal war er von einer alten Frau gesehen worden, wie er am Morgen aus einer abgelegenen Scheune gestiegen war. Aber die meldete es nicht der Behörde, sondern fragte zuerst einen Pater. Der aber war selbst ein eifriger Jäger und guter Bekannter Scheubers und sagte zu dem Mütterchen: «Dummes Zeug, Gott wird richten, behaltet es für euch.»

Wie lange Scheuber noch in seiner Heimatgegend gelebt hat, weiss man nicht. In einem französischen Hafen soll er beobachtet worden sein, wie er an Bord eines Schiffes gegangen sei, das nach Südamerika, genauer Uruguay, fuhr. Von dort habe er einem Bekannten einmal geschrieben. Dann verscholl er für immer.

Der Wildhütermord an Durrer Vater und Sohn brachte die öffentliche Meinung der ganzen Schweiz in Wallung. Nicht weniger richtete sich die Kritik auch gegen die Nidwaldner Behörden, denen vorgeworfen wurde, gegen Wilderer von jeher auffallend lax und nachsichtig gewesen zu sein. Auch die Bevölkerung des Landes Nidwalden habe sich schon bei der ersten Festnahme Scheubers durch Wildhüter Durrer auf die Seite des Wilderers geschlagen und diesem jeden Schutz und jede moralische Unterstützung angedeihen lassen. Nach dem Tode Durrers wurde der Nidwaldner Behörde vorgeworfen, die Untersuchung leichtfertig geführt zu haben, und als der durch viele Indizien verdächtige Scheuber endlich verhaftet werden *musste*, wurde ein dem Scheuber verwandter Polizist geschickt, um ihn nach Sarnen zu holen, worauf Scheuber die günstige Gelegenheit natürlich benützt habe, um zu entweichen. Danach habe die Nidwaldner Polizei die Hände in den Schoss gelegt und ihn ungehindert daheim Waffen und Munition holen lassen, womit er etwaige Verfolger abwehren wollte. Die «Diana» meinte dazu, das alles sei nur eine Folge der feindseligen Gesinnung gegen eidgenössische Einrichtungen, wozu die Bannbezirke auch gehören. Diese gehe in Nidwalden so weit, dass man die Sühne für ein furchtbares Verbrechen verhindern wolle. Später berichtigte ein Nidwaldner Einsender diese Ansicht. Der bessere Teil der Bevölkerung verurteile die Tat an und für sich restlos. Bei den übrigen aber *gelte der Wildschutz und die Jagdregelung überhaupt als ein Eingriff in ihre alten freiheitlichen Rechte*. Dazu komme, dass Scheuber in Nidwalden eine gewisse Beliebtheit genossen habe. Viele Somergäste hätten dem Wilderer bei einem Glase Wein gerne zugehört, wenn er am Wirtshaustisch seine Wilderergeschichten und Aufschneidereien zum besten gab, wobei er seine eigenen Taten wirkungsvoll zur Geltung brachte. Das ging so weit, dass sich eine nachbarliche Stadtverwaltung an ihn und nicht an die Regierung wendete, als sie zwei Gemskitzen wünschte. Am tollsten nahm das Luzerner Tagblatt für Scheuber Partei und warf Durrer vor, er sei zu weit gegangen. Es sei unrecht, für einen im Gebirge umherirrenden Gemsbock das Leben eines Menschen aufs Spiel zu setzen. Das habe Durrer aber getan. «Man kann einen Menschen auch zum Morde hetzen» – für Scheuber gebe es gewaltige Milderungsgründe! Über solche Pressestimmen regte sich die «Diana» nicht wenig auf und liess es sich auch nicht nehmen, eine Sammlung für die Familie Durrer zu veranstalten.

Noch ein Gedenkstein soll hier einem Mann gesetzt werden, der unser Wild gegen Frevler verteidigte und dabei der Wildererkugel zum Opfer fiel: Grenzwächter Fritz Mösle, Postenchef von Sur-En bei Sent. Er war am 22. Oktober 1941 mit seinem Dienstkameraden, Grenzwächter Kühni von der Lischannahütte über die Alp Lais da Rims gegen das Val d'Uina aufgebrochen. Um 10.30 stiessen die beiden auf Spuren, die gegen Val Cristannes führten und denen sie folgten. Bald fanden sie die Eingeweide einer Gemse im blutigen Schnee und erblickten kurz darauf von einer Anhöhe aus die beiden Wilderer mit der Gemse auf etwa 250 Meter Distanz. Mösle rief die Wilderer ohne weiteres an «Halt, Grenzwache!» Diese sprangen auf, griffen zu ihren Waffen, warfen sich zu Boden und gingen in Anschlag. Die Grenzwächter gaben blitzschnell zwei Schreckschüsse ab, doch im gleichen Augenblick sank Mösle, von einem Schuss der Wilderer getroffen, mit einem Aufschrei zusammen und stürzte den verschneiten Hang hinunter. Kühni schoss nun auch auf den einen Wilderer, doch seine Kugel ging knapp fehl und da er seinem schwer verwundeten Kameraden zu Hilfe eilte, vermochten die Frevler zu entkommen. Mösle sagte leise und mühsam: «Ich werde meine Frau wohl nicht mehr sehen, ich muss doch sterben...» Die Kugel hatte seinen Leibgurt gestreift und war als Querschläger in den Unterleib eingedrungen. Der Arzt, den Kühni so rasch als möglich holte, kam zu spät, Fritz Mösle war gestorben. Nach zwei Tagen verhaftete die italienische Polizei die beiden Südtiroler Wilderer namens Angerer und Patscheider in Schlinig. Sie waren geständig und wurden dem bündnerischen Kantonsgericht ausgeliefert.

Zum Glück geht die Verhaftung der Wilderer nicht immer so traurig aus. Anno 1908 wurde Matthias Zentner, Bergführer in Elm, für den östlichen Teil des Glarner Freibergs als Wildhüter gewählt. Es gelang ihm schon kurz nach seiner Ernennung einen verwegenen Wilderer auf der Alp Bergli zu überraschen, der seine zerlegbare Flinte in einem Bund Holz verborgen hatte. Einen anderen Frevler fing Matthias Zentner zweimal. Die Geschichte hat er mir selbst an einem Augustabend erzählt. Bäbler hiess er, wohnte in Matt und war bei der Sernftalbahn angestellt. Man wusste, dass Bäbler im Freiberg auf die Jagd ging, und dem Wildhüter kam das auch zu Ohren. Manchen Tag stieg er über die Alp Bergli hinauf, bis hinüber zum Hohberg und wartete dort. Umsonst. So wurde es November, trüb und regnerisch und am Samstag fiel Schnee. Am Sonntag früh war er wieder zu Regen geworden, als sich Matthias Zentner noch in tiefer Dunkelheit auf den Weg machte. Als er nach Bergli Unterstafel kam, fand er eine Spur im Schnee. Es war der Abdruck leicht genagelter Sonntagsschuhe und ganz frisch. Die Spur führte zuerst dem Weg entlang und dann rechts gegen den Wald. Mit einem Mal lag da mitten im Wald ein Hut, ein schwarzer Sonntagshut. Der den Hut verloren hatte, war wenige Schritt weiter stehen geblieben und hin- und hergetreten. Neben den Fussspuren fand sich aber noch ein Abdruck im Schnee, ein schmaler, länglicher. Der Abdruck eines Gewehrkolbens. Die Spur führte weiter in die Weide hinaus. Als der Wildhüter aus dem Wald kam, sah er, dass die Fussspuren in Richtung Wolfental weiterführten. Der Schnee war hier etwas tiefer. Weit konnte der Wilderer nicht sein, denn hier standen um diese Zeit immer Gemsen. Der Wildhüter stieg gegen die nahe Risi auf bis zu den Felsen und hockte sich dort in einer Spalte an. Mit dem Glas suchte er die Gegend ab. Etwa 250 Meter unter ihm sass eine Gemse. Sie schaute unverwandt herauf. Er nahm an, sie habe ihn gesehen. Nach einer Weile stand die Gemse auf. Matthias Zentner führte das Glas an die Augen und beobachtete das Tier. Da sah er, dass es nur auf drei Beinen stand. Das eine Vorderbein hing schlaff herab und schlenkerte hin und her. Die arme Gemse schaute immer noch nach oben. Plötzlich kam es dem Wildhüter in den Sinn, das Tier schaue nicht nach ihm, sondern nach einem andern. Auf einmal sprang die Gemse ab und verschwand bald zwischen den Stämmen im Fichtenwald. Der Wildhüter erhob sich nun auch und sah, wie ein dunkel gekleideter Mann etwas weiter vorn ebenfalls aufstand, das Gewehr umwarf und davonstapfte. Es war der Bäbler. Als er in der Mulde der Risi verschwunden war, folgte ihm der Wildhüter, und wie er wieder aufs Eck hinauskam, pfiff er ihm. Der Frevler schaute sich um und stapfte weiter. Da nahm der Wildhüter seine Flinte – er hatte nur die Schrotflinte mit – in den Arm und rief: «He... Bäbler!» Der andere drehte sich um und musterte den Wildhüter; einen Augenblick standen sich die beiden regungslos gegenüber. Da packte der Wilderer seine Waffe, hob sie über den Kopf und warf sie weit weg in den Schnee. Dann kauerte er sich zusammen und flennte wie ein Kind. Langsam näherte sich der Wildhüter, hob die Waffe auf und sah sie an. Es war ein Ordonnanzgewehr, das Magazin enthielt noch 7 Patronen. Als er es entladen hatte und umhängte, hob der Bäbler den Kopf: «Und – was willst jetzt mit mir machen?» «Dasselb werd' ich dir denk nicht sagen müssen». «Ich werd wohl nicht der einzige sein, gibt noch mehr, die es so machen», trumpfte der Frevler auf. Matthias Zentner gab keine Antwort und schritt gegen den Wald hinunter. Er wollte das arme, krankgeschossene Gamstier suchen und es von seiner Qual erlösen, fand es aber nicht mehr. So stieg er über den Rietboden nach Bergli-Unterstafel ab. Dort trat er durch die unverschlossene Tür in das Innere der Hütte, streifte den Rucksack von den Schultern, tat den kleinen Reisekocher und Essen heraus und holte am Brunnen Wasser. Jetzt war auch der Bäbler nachgekommen, bog um die Hütte und ging in die Tür. Drinnen hockte er sich auf einen Rundblock neben der Sennenbank und schaute stumm zu, wie der Wildhüter seinen Kaffee kochte. Der fragte ihn, ob er Kaffee möge. Nein, Kaffee möge er jetzt nicht. So vesperte der Wildhüter allein, er hatte seit dem frühen Morgen nichts gegessen. Dann stopfte er sich die Pfeife und steckte sie an. Da hub der Bäbler an zu reden. Ob man in Matt unten von ihm spreche. «Denk wohl», gab der Wildhüter vorsichtig zurück, «man werde schon etwas wissen». Dann sagte er: «Du tätest auch besser ein Säulein feiss machen, als hier im Freyberg frevlen gehen.» «Wenn ich auf den Winter kein Gemsfleisch bringe, habe ich keine Ruhe daheim», redete sich der Frevler heraus. «Wer will dich zum Frevlen zwingen?» «Meine Frau, es gibt Streit, wenn ich nicht gehe.» Der Wildhüter sagte nichts mehr darauf; er lächelte nur ein wenig, hängte den Sack um und die beiden Gewehre über die Schulter. Er wartete und hiess den andern vorangehen, doch dieser war nicht dazu zu bringen. So mahnte er ihn, gut zuzuschliessen und ging voran gegen die Tannen. Als er durchs Weidgatter ging, sah er den Bäbler nachkommen. Auch jetzt wollte der Frevler nicht vorangehen, obschon es dem Wildhüter lieber gewesen wäre. Unten bei der hölzernen Brücke über dem Bach holte Bäbler den Wildhüter ein. «Einen Wunsch hätt' ich», hob er an. «Und der wäre?» «Du möchtest nicht mit den beiden Gewehren auf die Bahn gehen in Matt, nicht dass man dort heut nacht noch brichtet, der Bäbler sei erwütscht worden.» So, so nun, den Wunsch könne er ihm erfüllen, antwortete Matthias Zentner. Dann trennten sich die beiden. Als der Bäbler über die Brücke gegen Matt ging, sah sich der Wildhüter noch einmal nach ihm um, und nun begriff er, warum er nie hatte vorangehen wollen: sein Rock war von oben bis unten voll von

Gemshaar. Er hatte also doch ein Tier erlegt und irgendwo verborgen, und gedachte es später zu holen... Denselben Bäbler fing Matthias Zentner zwei Jahre später nochmals.

Eine Geschichte von Adolf Abegglen, Wildhüter in Grindelwald, wie er sie uns seinerzeit selber aufgeschrieben hat.

Scherenhänsel, Rinderstutzköbel und Sandadölfel hiess das saubere Kleeblatt im Grindelwaldtal herum. Eigentlich standen sie mit anderen Namen im Kilchenbuch, aber das gehört nicht hierher. Verwegen waren alle drei; anfänglich hatte jeder «sein» Gebiet, später schlossen sie einen Bund zusammen und gingen selbdritt. Der Sandadölfel machte den Treiber, Spion und Kundschafter. Er und der Scherenhänsel liebten den Mettenberg und von da hat auch der Scherenhänsel seinen Namen gekriegt. Rinderstutzköbel bevorzugte die grosse Scheidegg, und wegen seines dortigen Wilderns hatte Köbel schon zweimal mit mir vor dem Richter gestanden und hat doch nicht aufhören können. Ja, sagte er mir, das sei halt ein Sport, eben ein kostspieliger... Vor dem Richter hat er auch «Sport» getrieben. Als nämlich der Richter ihm die Strafartikel ablesen wollte, unterbrach ihn Köbel und sagte, er müsse unbedingt mit dem nächsten Zug nach Bern, und er ersuche den Richter, ihm sogleich das Urteil zu verkünden, er anerkenne alles. Da gab es eine kurze Verhandlung, und nach der Urteilsverkündigung fragte ihn der Richter noch, ob er zufrieden sei mit der Lektion, die er bekommen habe. Das gab er auch zu. – Wie ich herauskomme, wartet der Köbel vor der Tür auf mich und sagte, so, jetzt zahle er noch einen guten Imbiss, und nachher sei Schluss, und nach Bern müsse er gar nicht – das sei alles Sport. Und zuletzt hat der Köbel doch noch mit dem Scherenhänsel und dem Sandadölfel den Wildererbund geschlossen, was ich aber gleich zu Ohren bekam.

Item – einmal ist es ihnen gelungen, den Mettenberg durchzustöbern und zwar Ende Oktober. Da ging ich nach Interlaken, um ein Schlachtschwein zu kaufen, als dort Markt war. An diesem Tag hörte meine Frau zufällig Schüsse fallen. Tags darauf ging ich nach der Bäregg, und im Weg fand ich richtig Spuren von drei Männern, und die Schuhspuren Scherenhänsels konnte ich ganz gut erkennen, und Beute hat auch nicht gefehlt.

Also für dies Mal ist es ihnen gelungen – denke ich – und sagte nichts. Item – das Datum habe ich nicht vergessen, es war der 25. Oktober, und das nächste Jahr war um diese Zeit wieder Markt in Interlaken. Schon im September kam ich mit Scherenhänsel ins Gespräch und sagte ihm, dass ich wieder ein Schlachtschwein benötige und sehr wahrscheinlich auf den Oktobermarkt gehe, um eines zu kaufen, habe letztes Jahr auch eins gekauft, ein gutes... und dabei beobachtete ich den Hänsel genau und konnte feststellen, dass ihm die Augen glitzten, und ein Lächeln konnte er auch nicht verbergen, und am gleichen Abend habe ich noch vernommen, dass Hänsel einen ziemlichen Rausch habe – jedenfalls aus Freude, dass ich am 25. fort bin und dass es für die drei wieder einmal günstig sei. Aber auf den Oktobermarkt ging halt meine Frau und kaufte das Schlachtschwein und ich – ging bald nach Mitternacht nach der Bohneren gegenüber der Bäregg und wartete dort. Um vier Uhr morgens höre ich, dass jemand nach der Bäregg geht. Hänsels Stimme konnte ich gut erkennen – es ist also gekommen, wie ich gedacht habe. Um 10 Uhr höre ich in der Stieregg Treibschüsse, und hoch oben, eben in den Schärenen, sah ich Gletscherpickel blitzen, vernahm aber keinen Schuss. Das erste Treiben muss fehlgegangen sein, denke ich, und beobachtete, wie der Sandadölfel nach Bänisegg hinüberlief, und dann krachte es wieder. Aha, denke ich, nun wird Bräntlershoren oder Nässigletscher bejagt, jetzt habe ich nicht schwer, ihnen den Rückweg zu sperren, und – dann ist der Abstieg für die drei minder fröhlich als der Aufstieg. Und so setze ich mich an einem übersichtigen Ort an und warte, bis sie kommen. Gegen Abend läuft der Köbel, was er mochte, von Bäregg her den Wald herunter. Ich dachte sogleich, dass etwas passiert sei, und ging ihm entgegen. Sowie er mich erblickte, kam der Köbel noch schneller und sagte mir, so gern, wie jetzt, sei er mir noch nie begegnet. Und auf Befragen, was denn los sei, berichtete er, ja, Hänsel sei abgestürzt, und Adölfel sei bei ihm, und man müsse sogleich zu Hilfe kommen. Köbel ist sonst ein aufrichtiger Mann und gab mir an, wie das alles gegangen sei. Er sei fast kaputt vor Schreck, und wenn er ihn nicht noch erreichen könne, wäre Hans nicht mehr bei den Lebenden, man könne ihn nicht fortbringen, er sei zu schwer und laufen könne er nicht mehr. Ich ging so rasch ich konnte nach Bräntlershoren zu und hub an zu rufen. Aber der Adölfel, der doch beim verletzten Hänsel geblieben war, hatte sich verborgen und gab keinen Laut von sich. Wie ich ganz nahe beim Hans bin, kommt der Adölfel hinter einem Felsen hervor. Das erste war, dass ich dem Adölfel die Ohren ausklopfte, damit er besser hören könne. Dann sagte er, bei dem grossen Stein sei Hans – aber da sind viele und unterdessen fängt es an zu dämmern. Ich allein konnte an einen Transport nicht denken, aber die Schuhe habe ich dem Hänsel ausgezogen und ihm die Füsse in meinen Rucksack verpackt wegen der Kälte, denn da ist der Schnee schon hart. Zum Glück hatte ich genügend Brennspiritus, um ihm Tee zu bereiten, und gab Hänsel einmal zu trinken. Dann gab ich Adölfel Befehl, immer Tee zu machen, um dem Hans den Durst zu löschen, und machte mich, so schnell ich nur konnte, nach Grindelwald hinunter. Hans hatte mich gebeten, ich solle alles tun, dass er nicht die ganze Nacht da oben liegen bleiben müsse. In Grindelwald berichtete ich dem Führerobmann von dem Unglück – das war um 11 Uhr nachts – um 12 Uhr stand die ganze Führerkolonne schon marschbereit da und beim Tagen waren wie oben beim Hans. –

Hoch oben auf dem Bräntlershoren stand ein prächtiger Gemsbock und schaute zu uns herunter, was da vorginge. Da sagte Vater Steuri, der Bergführer, zu Hans: «Acht, Hans, dort oben – und wettige Fäger». Und in der Tat, Hans hat trotz der Schmerzen die Augen aufgemacht, aber ein Lächeln konnte ich nicht bemerken. Der Transport ging langsam, denn Hänsel ist ein ganz grosser und zudem noch schwerer Mann. Auf Bäniségg erreichte uns der Arzt. Als der fragte, wer ihm die erste Hilfe brachte – das ging von Herzen: «Der Wildhüter»... und die drei waren für immer vom Wildern kuriert.

Dies einige Beispiele zur Wilderei in Bannbezirken der Schweiz. Es wurde gefrevelt aus Not, aus Leidenschaft und Triebbefriedigung, aus Leichtsinn und Arbeitsscheu, sogar aus bewusstem Widerstand gegen die staatlichen Gesetze und Ordnungen im Namen einer falsch verstandenen Freiheit. Was die Wildhüter der Bannbezirke leisten, ist nur wenigen bekannt, doch sind es diese braven Männer, deren praktischer Arbeit die Erhaltung des Bergwildes zu verdanken ist.

Die Jagdkontravention

Das Wort Kontravention, das in gewissen Kantonen bis heute amtlich gebraucht wird, ist ein französisches und bedeutet Übertretung, das heisst die leichteste strafbare Handlung, die nach schweizerischem Strafrecht, wie auch nach den alten kantonalen Strafgesetzen, lediglich mit Busse oder Haft bedroht war. Die Tierschützer hatten von jeher diese gesetzliche Regelung beanstandet. Nach ihrer Ansicht sollten jagdliche Vergehen von den Gerichten nicht nur als jagdliche Kontravention behandelt werden, da sie unter dem Gesichtspunkt der Menschlichkeit gegen das Tier weit schärfer zu beurteilen wären.

Das Gesetz ist auf allen Lebensgebieten ein grobmaschiges Gebilde und vermag darum auch im Jagdwesen als ordnender Faktor all das nicht zu erfassen, was der Jäger als Verantwortung vor der Natur und ihren Geschöpfen und als innere Verpflichtung der Menschlichkeit gegen das Tier empfinden soll.

Unter den häufigsten Verstössen vorab im Gebirge und in Patentkantonen wird immer wieder das Schiessen verbotener Tiere genannt. Sogar der Bundesratsbericht erwähnt dies 1933: «In einem (kantonalen) Bericht steht, die Jagddisziplin der Jäger lasse oft sehr zu wünschen übrig. Es wird namentlich nach der Jagd viel krankgeschossenes und verendetes Wild aufgefunden.» Dieser eine Bericht stammte aus Graubünden, demzufolge nach der Hochjagd viel unerlaubte Tiere gefunden worden seien, die von den Jägern gewollt oder ungewollt zurückgelassen wurden. Im gleichen Jahr war der Wildfrevel infolge der Arbeitslosigkeit stark angestiegen; es schien, dass aus dem gleichen Grund die Hast des Abschusses und die Beutegier noch mehr zu übereilten Schüssen verleitet hatte, deren Opfer sich dann als geschützte Tiere, führende Muttertiere, Jungtiere und dergleichen erwiesen, die der Schütze einfach liegen liess, um der Busse zu entgehen. «Leider muss am Schlusse gesagt werden», meldet der Bericht, «dass nicht alle Patentnehmer von der richtigen Auffassung eines ehrenhaften Jägers beseelt sind. Viele erlegte und liegengelassene Hirschkühe (damals nicht frei!), Hirschkälber, Rehgeissen, säugende Gemsgeissen und Kitzen, die in der abgelaufenen Jagdperiode von den Aufsichtsorganen gefunden wurden, zeugen von einer zweifelhaften moralischen Qualität mancher Schützen. Diese Leute, die den Namen Jäger nicht verdienen, *leisten für das Ansehen der aufgrund des Patentsystems betriebenen Jagd den denkbar schlechtesten Dienst.*» Das war 1926, doch ertönten dieselben Klagen in den folgenden Jahren, besonders 1931, 1933 und 1934 wieder. Auch dieses Jahr (1934) seien nach Schluss der Hochjagd viele unerlaubte Tiere gefunden worden, die einfach liegen gelassen wurden. Auch mussten die Jagdaufseher viele verwundete Tiere abschiessen. 1936 klagt ein Bericht über Jäger, «die sich nicht scheuen, unerlaubtes Wild zur Strecke zu bringen, ja selbst vor dem Abschuss von Muttertieren mit Jungen nicht zurückschrecken». Viele Jäger hätten sich nicht einmal informiert, was erlaubt ist und was nicht. Der Kanton Graubünden gibt einige Zahlen: 1958 waren es 85 säugende Hirschkühe, 25 Hirschgabler oder Spiesser, 15 Kälber, Rehgeissen, Gabler und Spiesser, 18 säugende Gemsgeissen, 29 Junggemsen, ausserdem Kitzen und Murmeltierkätzchen. «Die Art, wie die Hochwildjagd von vielen Jägern ausgeübt wird, hat mit Weidgerechtigkeit nichts mehr zu tun.» Und ein Jahr später: «Immer mehr verbotenes Wild wird geschossen, immer weniger sorgfältig angesprochen: 112 säugende Hirschkühe, 43 Junggemsen, 13 säugende Gemsgeissen und viele andere Jugendformen des Wildes» waren gefunden worden. Dasselbe wurde im Kanton Glarus beklagt, wo man Ende der fünfziger Jahre halbverwestes Wild, Rehe, sogar Hirsche gefunden habe, zu deren Nachsuche man sich in der Hast der kurzen Hochjagd nicht die Zeit genommen habe. Hatte man aus Irrtum oder mangels Anspruchs eine säugende Gemsgeiss getötet, versuchte man die Kontrollorgane damit zu übertölpeln, *dass man das Euter des Muttertieres wegschnitt und die Wunde mit weissem Zwirn vernähte* und sorgfältig säuberte, um eine gelte Gemsgeiss vorzutäuschen. In Graubünden wurde wegen dieser Praktiken 1948 eine Bestimmung in die Jagdverordnungen aufgenommen, wonach das Entfernen oder Verunstalten des Gesäuges von erlegten Gemsgeissen vor dem Zerwirken verboten war.

Dass diese jagdlichen Praktiken nichts anderes sind als grobe Verschwendung des Wildes, liegt auf der Hand. Schon in alter Zeit waren sie die *Ursache des raschen Wildrückganges,* da der Abschuss damals kaum oder gar nicht kontrolliert war, und darum noch weit mehr Muttertiere und Jugendformen der Jagd zum Opfer fielen.

Eine besondere Art jagdlicher Übertretungen liesse sich als Wilderei patentierter Jäger bezeichnen. Es ist dies der *Missbrauch der Spezialpatente*. In den 1850er Jahren gab es im Kanton St. Gallen spezielle Schnepfenjagdpatente. Diese wurden jedoch vielfach zum Schiessen von grösserem Wild im Frühling missbraucht. Bei anderer Gelegenheit setzte sich diese Art von Missbrauch bis in die neueste Zeit fort. 1959/60 erwähnt der Glarner Regierungsbericht, dass während der Passjagd* Rehe erlegt worden seien. Im Kanton Graubünden wurde der Ruf nach einem Verbot der Nachtjagd von 1933 an immer stärker, da bei mangelndem Licht viel verbotene Tiere angeschossen und dann liegen gelassen würden. Auch gebe es nachts viele Verwundungen, die zum Verludern führten. Noch dringender rief das Departement 1934 nach dem *Nachtjagdverbot*. 1936 wurde die nächtliche Jagd auf das Nutzwild untersagt, nicht aber auf Raubwild. Doch wurde sogleich die Anregung gemacht, auch die Jagd auf Raubwild des Nachts zu untersagen, da unter dem Vorgeben, auf Raubwild zu jagen, einfach Nutzwild erlegt werde.

Es sind immer jene Jagdmethoden, welche dem Jäger zu viel Vorteile gegenüber dem Wild gewähren und damit zu einer Übernutzung der Bestände oder zu einer Verschwendung des Wildes führen, gegen welche die kantonalen Jagdverwaltungen vorgehen müssen. Strafbar war die gegen das damalige Bundesgesetz verstossende, in der Zeit nach dem ersten Weltkrieg immer wieder praktizierte *Verwendung von Lauf- und anderen Hunden bei der Hochwildjagd auf Gemsen und Hirsche*. Auch gegen die *Jagd auf Skiern*, mit denen der Jäger das durch den Schnee behinderte Wild einholen und töten konnte, wurde stark gearbeitet. Sogar das in den Patentkantonen anfangs der zwanziger Jahre aufkommende Zielfernrohr gab den Jagdverwaltungen Veranlassung, auf dessen Verbot hinzuwirken, weil dadurch der Schuss, selbst auf weite Distanz, sicherer wurde und die Beutezahlen steigen mussten. So wurde der Gebrauch des Zielfernrohrs in Glarus 1947 und auch in Graubünden nur den Jägern gestattet, die das fünfzigste Altersjahr überschritten hatten.

Zu den schärfsten und weitestausgreifenden Massnahmen führte die Unsitte der patentierten Jäger, die *Kantonsgrenze zu überjagen*. Schon 1885 fasste die Glarner Regierung einen Beschluss betreffend die Verfolgung des Wildfrevels an der Glarner Grenze gegen Uri. 1886 kam derselbe Beschluss betreffend die Grenze gegen Schwyz zustande. Es war dies ein Abkommen mit Uri und Schwyz, wonach es den Jagdpolizeiorganen beider Kantone gestattet sein sollte, Jäger des Nachbarkantons, welche die Grenze überjagen, zwecks Feststellung der Identität auch in den anderen Kanton zu verfolgen.

Trotzdem begegnete die Jagdaufsicht bei der Unterdrückung des Wildfrevels fremder Jäger in der Nähe der Kantonsgrenze aussergewöhnlichen Schwierigkeiten. Im Kanton Schwyz wurde 1888 über die Glarner Jäger geklagt, die im Schwyzer Freiberg Gemsen und Murmeltieren nachstellten. 1894 gab die Schwyzer Jagdverwaltung bekannt, dass man leider den Urner Wilderern, die vom Urner Boden her in den Freiberg vordrängen, das Handwerk noch nicht habe legen können. Man wandte sich wiederholt an die Bundesbehörden mit dem Begehren auf Bannung des anstossenden Urner Gebietes. Der Übelstand wurde scheinbar jedoch nicht behoben. Die viel zu vielen Urner Jäger, die ihren eigenen Wildstand schon so weit heruntergehundet hatten, dass sie auf fremdem Kantonsgebiet zu jagen versuchten, schildert der Glarner Bericht: «Die Urner Jäger betreten oft als Wilderer mit geschwärzten Ge-

---

* Unter «Passjagd» oder «Beizjagd» («Baizi») (nicht zu verwechseln mit der Reiherbeize mit Hilfe des Jagdfalken) wird der nächtliche Ansitz an ausgelegtem Fleisch (Luder) zum Anlocken (Beizen) der Füchse und gelegentlich auch Marder verstanden, der aus dem Fenster einer Heuhütte oder von einer eigens aufgestellten Hütte (sog. Fuchspasser) aus betrieben wird.

sichtern in guter Bewachung ihrer Spiessgesellen das Glarner Gebiet und haben kürzlich auf dem Urner Boden ein wahres Schützenfest abgehalten.» Man wurde schliesslich, da man den Frevlern nicht Meister werden konnte, bei den Urner Behörden vorstellig und konnte die Bestrafung von zwei Fehlbaren erlangen. Aber auch die Urner beklagten sich über fremde Wilddiebe, die von Engelberg her kommend in ihrem Kantonsgebiet auf Murmeltiere gruben und Gemsen jagten, ohne dass es gelungen war, den Wilderern beizukommen. Ein Jahr später hatte man die Wildhut verstärkt, um die Engelberger Frevler zu fassen, doch gaben diese auf den Wildhüter und dessen Begleiter mehrere Schüsse ab, glücklicherweise ohne zu treffen.

Aber nicht nur mit den die Kantonsgrenze überjagenden Wildschützen hatte es Kämpfe gegeben, sondern auch mit solchen, *die aus den Nachbarländern auf Schweizer Gebiet vordrangen.* Im 18. Jahrhundert und auch noch später sollen die Bündner Jäger Schiessereien mit Schützen aus dem Montafoner und Tiroler Gebiet sowie mit Bergamasker und lombardischen Wildschützen bestanden haben. Insbesondere sollen auf den Höhen des Rhätikons, der Silvretta und des Ortlers förmliche Gefechte stattgefunden haben, ohne dass sich die Behörden darum gekümmert hatten. Auch der «König der Bernina», Jan Marchett Colani, soll ja mehrere tirolische und lombardische Jäger, die in sein Gebiet eindrangen, in die ewigen Jagdgründe befördert haben. Wenn auch nicht so auffällig, so doch fühlbar, besteht der *Grenzfrevel* besonders an der italienischen und südtirolischen Grenze bis zur Gegenwart.

Nachdenklich stimmt jedenfalls die Kulturgeschichte der drei Bünde von J. A. v. Sprecher, die berichtet, dass im 18. Jahrhundert dieses Land für die Freunde der Jagd und Fischerei ein wahres Dorado gewesen sei und dass das Hochgebirge samt den Tälern von Wild wimmelten; selbst in der Umgegend von Chur seien die Gemsen häufig gewesen, sowie das «unzählige Wildgeflügel vom Schneehuhn bis zum edeln Auerhahn» usw. Die Jägerei hat eben immer aus dem vollen geschöpft, solange es ging. Gespart wurde nicht. Und dann, wenn die grosse Fülle zu schwinden begann, die Zahl der Jagdbeflissenen überbordete und der Jagddruck auf das verbleibende Wild zu gross wurde, dann suchte jeder zu erbeuten, was er nur vermochte, dann kamen Schussneid und Hast, dann hörte Schonung auf, dann ging es um den letzten Rest. Durchgreifende Massnahmen zur Bändigung der Jagd kamen vielfach zu spät. Verantwortungsgefühl gegenüber dem Gut der Heimat, der freilebenden Tierwelt, war immer nur Sache der Wenigen unter den Vielen, die die Waffe führten.

Die jagdliche Moral

Es gibt einen vielzitierten Weidspruch von Riesenthal, der die Moral des Jägers zusammenfasst:

Das ist des Jägers Ehrenschild,
dass er beschützt und hegt sein Wild,
weidmännisch jagt, wie sich's gehört,
den Schöpfer im Geschöpfe ehrt.

Abgesehen davon, dass es zumindest aufs Fragen ankäme, ob sich der Schöpfer dadurch besonders geehrt fühlt, wenn seine Geschöpfe weidgerecht totgeschossen werden, möchte man jedesmal, wenn der liebe Gott zur Jägerei beigezogen wird, fragen: «Haben Sie's bitte nicht auch etwas kleiner?»

Item, dass die Hege zur Rechtfertigung der Jagd und die vielberufene Weidgerechtigkeit als Pille für die Gemüter misstrauischer Tierfreunde verwendet wird, hat man nun auch schon einmal gehört. Ebensooft auch: «Mein Onkel, gewiss, der ist auch Jäger, aber ein anständiger, wissen Sie!» Warum gehört die Wendung «aber ein anständiger» so oft zum Jäger? Will damit gesagt sein, er erlege wenig Tiere? Oder er schiesse sie möglichst schonend tot? Oder soll das heissen, es gäbe neben ihm auch viele «unanständige» Jäger? Eine objektive Untersuchung über die «Anständigkeit» des Jägers oder besser die jagdliche Moral kann wohl nur historisch vorgehen.

Wenn weiter oben gesagt wurde, die jagdliche Moral beginne da, wo das Gesetz aufhört, so war damit gemeint, die jagdliche Moral beziehe sich auf Vergehen gegen das Tier, sein Dasein und seinen Bestand, soweit diese keine Straftatbestände darstellen. Moral ist im Grund immer Gewissenssache, so auch die jagdliche. Eine Jagdethik, über deren Begriff und Entwicklung E. Weiger schreibt, gibt es nicht, weil das Erfordernis einer gültigen und umfassenden Maxime nicht erfüllt ist. Doch diese ist nach Kant Voraussetzung jeder Metaphysik der Sitten, die den Namen Ethik beanspruchen darf. Die Geschichte zeigt, dass die Hebung des jagdlichen Verhaltens immer im Kasuistischen steckenbleibt, mithin eben das ist, was man mit Moral bezeichnet.

Auch im Begriff der Weidgerechtigkeit erschöpft sich der Inhalt jagdlicher Moral nicht; denn es wäre zuerst eine Einigung darüber nötig, was Weidgerechtigkeit ist. Eine solche besteht aber nicht. Die in vielen Kantonen vorhandene Meinung, dass ein Jagdbetrieb, wobei nicht gegen die Gesetze und jährlichen Erlasse des Kantons verstossen wird, als weidgerecht zu bezeichnen sei, ist primitiv. Dass aber eine einwandfrei betriebene Jagd weit über die Forderungen der Jagdgesetze hinausgeht, darüber sind sich alle recht denkenden Jäger einig. Es sind wiederum die beiden grundsätzlichen Gesichtspunkte, die Rücksicht auf den Bestand und die auf das Leiden der bejagten Tiere, welche für das Verhalten bei der Jagdausübung massgebend sind. Folgende geschichtlichen Beispiele mögen konkretisieren, weshalb die Jagdmoral einen so wesentlichen Einfluss auf Geschick und Zustand des schweizerischen Wildes ausgeübt hat.

Nochmals die Nachsuche*, über deren Mangelhaftigkeit, wie oben berichtet, sich die beiden wildreichen Patentkantone Glarus und Graubünden mehrfach beklagt haben. Wenn man im Naturschutz- und Revierlager geneigt ist, die Unterlassung einer für jede weidmännische Jagd selbstverständlichen Nachsuche einzig der Hast des Patentjagdbetriebes zuzuschreiben, so ist das wohl nicht völlig richtig. Georg Luck (1923) berichtet hiezu etwas Seltsames: Der Gemsjäger Y. Wolf von Untervaz hielt nie Nachsuche nach einem verwundeten Wild. Er behauptete steif und fest: «Das ist sowieso dem Teufel, das gehört nicht mir.» Die Meinung, man dürfe gefallenes oder verunglücktes Vieh niemals als Nahrungsmittel benützen, sei in Graubünden verbreitet. «Was im Tobel liegt, gehört dem Schinder», sagte ein Schanfigger Bauer, dem beim Schweineschlachten eine Sau mit dem Messer im Hals davonlief und in das Castielertobel stürzte. Der Metzger wollte das Tier heraufholen, aber der Bauer wehrte sich entschieden dagegen.

Dass derart abergläubische Vorstellungen, angeschweisstes, aber flüchtiges Wild gehöre dem Teufel und nicht dem Schützen, noch heute wirksam seien, mögen die Nimrode entrüstet zurückweisen. Der Ethnologe und Folklorist weiss aber, dass auch, nachdem die abergläubischen Grundlagen schon längst untergegangen sind, gewisse Verhaltensweisen als sogenannter «Brauch» noch endlos weitergehalten werden. Und endlich: Jagdlicher Aberglaube lebt im stillen, uneingestanden, in so

---

* Da in den meisten Kantonen bis 1969 keine gesetzliche Nachsuchepflicht bestand wie im Kanton Bern, gehörte die Wildfolge immer noch mehrheitlich zu den «inneren Verpflichtungen» des Jägers.

mancher Jägerbrust. Selbst erlebt!... Was es aber für das beschossene Tier heisst, am Blei der Jäger nach Tagen irgendwo jammervoll zugrunde zu gehen, und was es für den Wildstand bedeutet, wenn beschossenes flüchtiges Wild einfach seinem Schicksal überlassen wird und sich der Schütze neuen Opfern zuwendet, das kann nur als *Verschwendung* bezeichnet werden. Ganz abgesehen davon sind es furchtbare Tierquälereien, die hier unter dem Deckmantel des Weidwerks geschehen. Wir denken dabei an Fälle wie die dreibeinigen Gemsen und Rehe, die sich abgemagert und elend durch die Schweizer Wildbahn schleppen, an angeschossene säugende Gemsgeissen, deren eine sich mit nur noch einem unverletzten Lauf bis in Deckung bewegen konnte, zu Tode gequält und dann in einem Wäldchen versteckt wurde. Der andern wurde das pralle Euter weggeschnitten, nachdem sie mit einem Militärmesser erstochen worden war. Oder wir denken an jene Gemsmutter, die ihr Kitzchen noch tagelang säugte, nachdem ihr der Unterkiefer weggeschossen worden war, bis sie langsam Hungers sterben musste; oder an jenes Rehböckchen, dem beide Vorderläufe weggeschossen waren, das sich noch ein volles Jahr dadurch am Leben erhielt, dass es das Gras bis auf den Rasen im Halbkreis abäste, soweit es reichen konnte, und sich dann mit den Hinterläufen auf Brust und Bauch rutschend ein Stückchen weiter schob. Von alledem erfährt der Tierschützer kaum je etwas.

Ein moderner Versuch, die Jagdbeute zu vermehren, war die *Jagd vom Automobil aus*. Auf nächtlichen Fahrten hatten viele Autolenker beobachtet, dass das Wild, das von den Scheinwerfern erfasst wird, wie gebannt in das Licht starrt und den Wagen sehr nahe an sich herankommen lässt. Die Automobilisten glauben, das Wild sei «geblendet», was sicher nicht zutrifft. Es ist vielmehr so, dass das Licht auf die Tiere eine sogar anziehende Wirkung ausübt, so dass sie dieses seltsame nächtliche Licht keineswegs als schreckhaft oder gefährlich empfinden, sondern stehenbleiben, um es zu betrachten und zu «geniessen». Grundsätzlich ist die Lichtreaktion des Wildes derjenigen der Insekten ähnlich. Nun – diese Beobachtung der nichteintretenden Fluchtreaktion durch nächtliches Anleuchten beim Wilde begannen die Jäger prompt zum Beutemachen zu benützen. 1932 verbot Graubünden die nächtliche Jagd: Füchse und Hasen werden im Licht der Autoscheinwerfer geschossen; «diese unweidmännische Jagdart wird streng untersagt.» 1947 folgte dann eine Verordnung zur Einschränkung der Benützung von Motorfahrzeugen zur Jagd, die 1951 dahin präzisiert wurde, dass der Gebrauch von Automobilen zur Jagd nur bis zur letzten Postannahmestelle gestattet wurde.

Da das Wild auch bei Tageslicht den Menschen im Auto viel näher an sich herankommen lässt als den Fussgänger, begannen viele Jäger, das Wild vom Auto aus zu schiessen. Der Kanton Aargau belegte 1953 die Jagd vom Auto aus mit Strafe. Die Waadt klagt über die Motorisierung der Jäger, die ihnen eine Beutevermehrung bringe, die Hast nach Beute vergrössere und dem Wildstand schade.

Auch der Glarner Bericht deutet eine moderne Unsitte an, die in dieses Kapitel gehört, dass nämlich für die Rehjagd die Jäger mit dem Auto oder Jeep von einem Jagdgebiet zum anderen sausen; die Rehe werden angeschossen und dann später verendet und halbverwest aufgefunden, die Hunde hetzen sie hin und her, oft im hohen Schnee, wodurch sie an Entkräftung zugrunde gehen (1958 bis 1960).

Damit im Zusammenhang steht der in vielen Kantonen beanstandete *Weitschuss*. «Auf das Hochwild wird immer noch auf zu grosse Distanzen geschossen und mit dem erlösenden Fangschuss zu lange gewartet», rügt ein Bericht. Die Jagdgesetzgebung versuchte freilich, durch geeignete Vorschriften über die Munition – für die Gemsjagd grosses Kaliber, Teilmantelgeschoss mit Dum-dum-Wirkung und starke Triebladung – die Wirkung selbst unsicherer Schüsse tödlich zu gestalten, so dass das beschossene Stück möglichst nicht verlorengehen soll. Speziell wollte man im Kanton Graubünden und auch im Kanton Glarus durch grosses Kaliber den Weitschuss aussichtslos gestalten und somit verhindern. Doch gelang das in der Hauptsache nur für die Gemse. Auf Rehe hatte sich bis 1963 der einzig weidmännische Kugelschuss in der Schweiz noch nicht überall durchgesetzt. Massgebend war wohl in Patentgebieten die Gefährdung von Drittpersonen, worauf ein Bündner Bericht von 1934 hinweist; eine gewiss nicht zu bagatellisierende Überlegung angesichts der Dichte der Büchsen bei den Jagden. Doch auch die Jägerschaft hielt am Schrotschuss auf Rehwild fest, da sie den Schuss auf das meist flüchtig ankommende Wild anscheinend für aussichtsreicher ansah als die Kugel. Trotzdem bleibt die Regel weidgerechter Jagd unerschüttert: «Allem Schalenwild gebührt die Kugel.» Im Kanton Glarus, wo das Reh als Niederwild noch vor dem Laufhund geschossen wurde, forderte die Jagdbehörde schon 1956 für den Rehbock den Kugelschuss, im folgenden Jahr beantragte man ein sofortiges Verbot des Schrotschusses auf den Bock, denn die Abschusszahlen standen zu hoch, obschon die Rehjagd nur an wenigen Tagen gestattet war. Dazu hatte das Rehwild während zwei vollen Monate in der Niederjagd keine Ruhe, wurde oft von Hunden umhergetrieben, angeschossen und ging dann zugrunde. Aber auch im alten Revierkanton Aargau kam das Schrotschussverbot auf den Bock erst 1953, weil dort das Rehwild, auch Böcke, noch sehr häufig auf Gesellschaftsjagden im Treiben geschossen wurde. Anders im Kanton Zürich, wo im Jagdgesetz 1929 für das Reh nur der Kugelschuss zugelassen wurde. 1928, also im letzten Jahr der Patentzeit, war wegen Überhandnahme des Rehwildes – die Schadenklagen waren aus den Kreisen Winterthur und Andelfingen gekommen – ein Rehgeissenabschuss angeordnet worden, wobei dann allerdings Unzulänglichkeiten auftraten: Es wurde nach der Jagd viel Rehwild mit brandigen Wunden aufgefunden, das sich teils noch umherschleppte, teils zugrunde gegangen war. Als Ursache wurde der Schrotschuss auf das Rehwild angesehen, der auf zu grosse Distanz abgegeben worden war, dazu noch während der Dämmerung mit mangelhaftem Zielfassen und ungenügender Nachsuche. Es wurde deswegen ein Aufruf an die Jägerschaft gerichtet; Abhilfe brachte jedoch erst 1929 das Reviergesetz, worin auf den Sommerbock (bis 30. September) nur der Kugelschuss zugelassen war.

Die Frage der Art des Rehabschusses ist zweifellos vom humanitären Standpunkt aus eine moralische. Die Kugelbüchse stellt wesentlich höhere Anforderungen an den Schützen, zwingt ihn zu genauerer Zielfassung und verunmöglicht praktisch den Schuss auf flüchtiges Rehwild, wobei viel heimtückische Verwundungen des Wildes vermieden werden, die dem Schützen im Moment unsichtbar bleiben, dem beschossenen Stück aber ein langsames, qualvolles Siechtum bereiten können.

Kugel oder Schrot auf Rehwild – eine Frage der humanen oder der bequemen Jagd – wurde in der Schweiz zunächst in den Kantonen erst nach langen Diskussionen entschieden, doch hat nun endlich das Bundesgesetz durch präzise Vorschriften über die erforderliche Schusswirkung beim Ansitz und auf der Pirsch auf Rehwild wie auf den Hirsch den Schrotschuss praktisch verunmöglicht.

Bemerkenswert ist die Stellungnahme einzelner Kantone zum *Zielfernrohr*. Glarus und Graubünden machten, wie erwähnt, das Zielfernrohr von einer bestimmten Altersgrenze der Jäger abhängig. Die Absicht der Gesetzgeber bestand besonders in Graubünden darin, die Forderung herkömmlicher Qualitäten für das Auge des Jägers im Ansprechen des Wildes und im Zielfassen ohne Fernrohr aufrechtzuerhalten. Vielleicht befürchtete man auch, dass das Zielfernrohr, worin der Schütze das Wild vergrössert erblickt, zu Weitschüssen verleite. Trotzdem leistet das Zielfernrohr, korrekt verwendet, für eine genauere Schussabgabe eine nicht zu bestreitende Gewähr, die dem beschossenen Stück Wild insofern zugute kommt, als ihm dadurch unnötiges Leiden erspart bleibt.

Über Bestand und Schicksal des Wildes entscheidet weder Waffe noch Munition. Jagdgebaren lässt sich nur teilweise durch Vorschriften über Waffen und Munition beeinflussen. Es ist die Frage des Beutemachens um jeden Preis, des rücksichtslosen Strebens nach möglichst grossem Jagdertrag, die immer wieder für den Gesetzgeber und den Tier- und Naturschutz im Mittelpunkt steht und die zur Übernutzung der Jagdgründe und Exzessen verschiedenster Art geführt hat und wohl auch da und dort immer wieder führen wird.

Um die Jahrhundertwende – es waren die letzten Jahre der Patentzeit in Schaffhausen – klagte die Jagdverwaltung über die fast gänzliche Ausrottung des Wildes, hauptsächlich der Rehe und der Hasen.

Das *Überjagen der vorhandenen Wildvorräte,* das mit gesetzlichen Vorschriften in Patentgebieten praktisch nur durch streng kontrollierte Beutebeschränkung zu mildern ist, war in vielen Kantonen ein erst sehr spät und unter viel Widerständen zu lösendes Problem. In Pachtkantonen trat die Übernutzung der Bestände meist in Form des sogenannten Ausschiessens der Reviere auf, wenn die Inhaber ihr Revier aufzugeben gedachten oder wenn ihnen dieses weggesteigert wurde.

Im Aargau äusserte die Geschäftsprüfungskommission des Grossen Rates 1911 den Wunsch, es möchte auf schärfere Beaufsichtigung der Jagd und bessere weidmännische Ausübung hingewirkt werden, hauptsächlich mit Rücksicht auf die Tatsache, dass von Jagdpächtern das Wild vielfach, namentlich bei Übergang der Pacht auf einen neuen Pächter, bis zur Ausrottung niedergeknallt werde. Die Finanzdirektion wies darauf hin, dass die Gemeinderäte die Aufsicht über die Jagd ausüben müssten, wandte sich jedoch immerhin mit einem Kreisschreiben an die Gemeinden, dem Wunsche der Grossratskommission nachzukommen. Die Massnahme hatte natürlich wie alle nur temporäre Wirkung. 1937 musste die Finanzdirektion in Aarau gegen verschiedene Pächter vorgehen, die bei Verlust ihrer Reviere noch herauszuholen versuchten, was nur möglich war. Man suchte die Pächter dafür zu gewinnen, dass die Übergabe sofort nach der Steigerung erfolgte, so dass der alte Revierinhaber nicht mehr ausschiessen konnte. Aber auch das scheint nicht überall zum Erfolg geführt zu haben. Denn 1945 wurden gegen Ende der Pachtperiode verschiedene Begehren auf gänzliches Verbot des Nutzwildabschusses in Revieren gestellt, in denen nach Auffassung der zuständigen Behörden oder der neuen Pächter der Wildabschuss im Übermass betrieben wurde. So prüfte man in Aarau die Frage, ob nicht inskünftig die Jagdpachtsteigerungen erst nach Ablauf der Pachtperiode durchgeführt werden sollten, um einer Ausdehnung des Wildbeschusses zu begegnen, wenn der bisherige Pächter das Revier nicht mehr ersteigern kann. Nach 8 Jahren war es leider noch nicht soweit, doch wurde der Abschuss von Rehwild für Reviere, die an einen neuen Pächter übergingen, beschränkt. Eine Sicherung gegen das Ausschiessen der Reviere bei Pachtaufgabe hatte lediglich der Kanton Freiburg in sein Jagdgesetz eingebaut, als er 1933 probeweise im Sensebezirk die Revierjagd einführte.

In einem Artikel der einstigen «Schweizerischen Blätter für Naturschutz» bezeichnete ich die Moral der Schweizer Jäger durchschnittlich als schwach und wurde heftig angegriffen. Und doch beweisen die historischen Tatsachen, wie sehr Beutegier und Leidenschaft auf jede jagdliche Moral drücken, die von weidmännischer Seite in Presse und Radio als «Weidgerechtigkeit» so fleissig in den Vordergrund gerückt wird. Es sei hiefür auf die *Banngebietsfrage* hingewiesen.

Die Banngebiete waren, wie oben berichtet, schon vor dem ersten Bundesgesetz 1875 entstanden. Sie sollten der Erhaltung des Bergwildes dienen beziehungsweise dessen Ausrottung verhindern. Sie wurden von den Kantonen zuerst als kurzfristige Schongebiete geschaffen, die, nachdem sich das Wild darin vermehrt hatte, der Jagd wieder geöffnet wurden. Der Erfolg war denn auch entsprechend kurzfristig, denn sie waren in der Regel nach einer einzigen Jagdperiode wieder so gut wie leer. Die eidgenössischen Bannbezirke hatten einen stabileren Charakter, obschon ihre Grenzen nach 5jähriger Dauer zuerst obligatorisch, dann wenigstens gemäss Erfahrung und Gutdünken verändert wurden. Es ist nun für die schweizerische Patentjägerschaft bezeichnend, dass die Diskussion, teilweise sogar Polemik, über Wert und Eignung der Bannbezirke nicht erlöschen wollte. Heftig bekämpft wurden die grossen bleibenden Banngebiete, deren Wert für die Vermehrung des Wildes immer wieder bestritten wurde, ebensooft wurde auf Öffnung oder Verkleinerung bestehender Gebiete gedrungen oder der Vorschlag auf kleinere, periodisch zu öffnende Banngebiete erhoben. Dann wieder meldeten die Jäger Ansprüche auf den «nötigen» Abschuss alter Böcke und Geltgeissen in Banngebieten an, wozu nach dem Gesetz die Wildhüter beauftragt waren. Kurz – es schien für die Jagdbeflissenen nur *ein* Bestreben zu geben: schiessen – schiessen – schiessen.

Klassisch ist die Geschichte der Bannung des Rauti-Tros-Bezirks 1912 im Glarnerland geworden: «Die jagdlichen Zustände in jenem Gebiete waren infolge einer verwerflichen Praxis einzelner Jäger unhaltbar geworden. Ein rechtdenkender Jäger sah sich veranlasst, den Behörden von bedenklichen Ereignissen Mitteilung zu machen, die sich besonders am Rauti-Tros zugetragen hatten. Eine grössere Zahl melker Geissen waren hier zum Abschuss gelangt. Um dieselben dem Auge der Aufsichtsorgane zu entziehen, wurde eine Anzahl der erlegten Muttertiere zusammengebunden über die Felsen heruntergeworfen. In der Nähe befindliche Jäger wurden auf den Vorfall aufmerksam. Einer derselben machte über den schändlichen Jagdbetrieb Anzeige, die späteren Nachforschungen ergaben weitere Gesetzesübertretungen, und der Regierungsrat sah sich deswegen veranlasst, diesem schonungslosen Jagdbetrieb ein für allemal dadurch vorzubeugen, dass er dem Bundesrat beantragte, nach § 7 des Eidgenössischen Jagdgesetzes einen bestimmt abgegrenzten Bezirk am Rauti-Tros gegen jegliche Jagd in Bann zu legen. Der Bundesrat entsprach dem Ansinnen des Regierungsrates und hat seinen Beschluss auch bestätigt, obschon der kantonale Jägerverein und die «Diana», Sektion Glarus, hiergegen Einspruch erhoben hatten. Im Unterland wurde die Schaffung dieses kleinen Bannbezirkes von der Bevölkerung freudig begrüsst...» Beigefügt sei diesem Bericht, dass seither im Bannbezirk Rauti-Tros die stärksten Gamstiere des Kantons wachsen. – Wahrlich ein Beispiel für die schwache Moral der Schweizer Jäger!

In das gleiche Kapitel gehören die *Treibjagden auf Hochwild,* gegen die immer wieder angekämpft werden musste, wie im folgenden Kapitel noch ausgeführt werden soll. Dabei ist nicht zu übergehen, dass bei der Ansammlung von Jägern an gewissen Stellen wie etwa an den Banngebietsgrenzen oder bei Neuöffnungen bisher gebannter Bezirke usw. jeder Jäger für den andern ungewollt als Treiber wirkt. Die gruppenweise durchgeführte Jagd auf Gemsen, das sogenannte Drücken samt dem Verfahren, durch Treibschüsse die Gemsen den Schützen vor die Büchsen zu bringen, ist überall gebräuchlich und dem eigentlichen Treiben sehr nahe verwandt.

Die Treibjagd sowie das Drücken oder stille Durchgehen der Einstände sind, tierpsychologisch gesehen, rohere oder gewaltsame Jagdarten im Gegensatz zu den ruhigen Methoden von Pirsch und Ansitz. Denn das Abtreiben bestimmter Schonungen, die dem Wild als Heim, das heisst als Ort höchster Geborgenheit dienten, bedeutet einen weit gröberen Eingriff in das Leben der Tiere als die ruhigen Jagdarten. Nicht umsonst schildert auch der alte Jäger v. Beck (1953) seine Bedenken: «Noch oft denke ich daran, wie ich alljährlich am Abend nach dem Tage der Treibjagd mit meinem Rauhhaardackel «Schuft» von der Nachsuche nach Hause ging. Wir sahen die Rehe auf die Saaten austreten, sichtlich scheuer als sonst, aus denselben Dickungen, in denen gestern der Teufel losgelassen war. Wie freuten wir uns da über die stillen, dunkeln Schatten! Sie waren wieder da und hatten nichts übelgenommen. Am liebsten hätte ich mich da bei den Rehen entschuldigt für den Radau von gestern!» – Nun – sie wissen's, die wirklich weidgerechten Jäger. Und doch geht es immer noch weiter mit den geladenen Gästen: «Auf, zum fröhlichen Jagen!» Wir zweifeln nicht, dass so mancher wildfreundlichere Jäger bei Treibjagden einen derben Klumpen moralischer Bedenken und Mitleids mit dem gehetzten Wild hinabwürgen muss, ohne ihn mit einem Schluck aus der flachen Flasche hinunterspülen zu können.

Im Winter zeigten sich von jeher auf den Schweizer Seen Entenscharen, die von Norden, meist Nordosten, herkamen, um auf den hier noch offenen Gewässern die kalten Monate zu verbringen. Von jeher wurde mit allen Mitteln auf diese Winterenten Jagd gemacht, berüchtigt war die bis 1963 da und dort noch im Gebrauch stehende Entenkanone, ausserdem Reusen und ähnliches. Bis 1925 musste nach Neujahr jede Jagd ruhen, auch die auf Wasserwild. Seit 1899 drangen die Jäger zuerst im Aargau, dann in Zürich, Basel-Land, Schaffhausen, sogar in der Innerschweiz auf Verlängerung der Wasserjagd bis Ende Februar. Ausserdem stellten – immer auf Drängen der Jäger – verschiedene Kantone das Ansuchen nach Bern, die Enten auch auf gewissen Flussabschnitten bejagen zu dürfen, weil bishin die Jagd auf Wasserwild nur auf den Seen gestattet war. Man wollte um Neujahr die Waffe noch nicht in den Schrank stellen, und so kam es, dass nach Neujahr das in der Schweiz überwinternde Wasserwild den ganzen Jagddruck auf sich nehmen musste, den bis zum Jahresende das Haarwild getragen hatte.

In das gleiche Kapitel gehören auch die sich immer wiederholenden Fälle des Eindringens von Jägern in fremde, eingefriedigte Güter, des Abtreibens von Kleinreservaten wie des Etzwiler Mooses und anderer Schutzgebiete, in denen man märchenhaft bestandene Schlupfwinkel des Wildes vermutete. Dazu gehört auch der Streit um die Wildgatter, wie der um den Natur- und Tierpark Goldau und das Wildgatter des Schreibenden, in welche die Jäger selbst unter Anrufung der Behörden eindringen wollten, um dort Beute zu machen. Immer wieder: schiessen – schiessen.

Die Jägerschaft sieht ihre Aufgabe darin, die eigenen Interessen zu verteidigen, genau wie irgendeine andere Interessengruppe, ein Berufsverband oder ein Wirtschaftszweig. Die Jägerschaft verteidigte darum von jeher ihr Recht auf Anwendung von Gift und Fallen, sogar auf grausame Fanggeräte, sie verteidigte ihre von jeher ausgeübten Jagdmethoden wie etwa die Frühlingsjagd auf den balzenden Schnepferich und den grossen und kleinen Hahn oder auf die Bodenjagd mit allem Drum und Dran. Sie weiss genau, dass die Waldschnepfe entsetzlich selten geworden ist durch Biotopverluste und Überbejagung. Die Jägerei weiss um den Status und unaufhaltsamen Rückgang des Auer- und Birkwildes, sie wehrt sich aber für die herkömmliche Balzjagd, wegen ihrer Reize. Aus Bosheit und Mordlust gewiss nicht. So einfach liegen die Dinge nicht. Es ist das ganz alltägliche Eintreten für die eigenen Interessen, man will Freiheit für seinen Sport, man will sich's nicht nehmen lassen, am stillen Vorfrühlingsabend auf den ziehenden Schnepf anzustehen. Und man will in der Frühlingsdämmerung den grossen Hahn anspringen, den man tags zuvor verhört hatte. Mit «Mordlust» oder «Blutgier» lässt sich das alles nicht abtun.

Der Tier- und Naturschutz kann nur auf eines verweisen: *auf das Tier;* auf das freilebende Tier, seine Verluste an Lebensraum, Brutraum, Nahrungsraum, auf die unvorstellbare Erschwerung des Lebens für das Wild, dessen Dasein sich zwischen nächtlicher Nahrungsaufnahme, der Hungerperiode tagsüber, Wachsamkeit, Fluchtbereitschaft und nur kargen Stunden wirklicher Ruhe abspielt. *Der Tierschutz wird auch nicht ruhen, auf die Leiden des Tieres auch im sogenannten weidgerechten Jagdbetrieb hinzuweisen.*

Heute wissen wir weit mehr vom Tier, seinem Leben und seiner Seele, als jede Zeit zuvor wusste. Längst haben auch Jagdwissenschafter die Reaktionen der Wildtiere auf die Bejagung und deren Methoden erkannt. Man weiss, dass der schlichte Feldhase auf die Suchjagd mit dem Lauf- und Stöberhund so negativ reagiert, dass es möglich ist, Reviere durch allzu eifrig betriebene Hasensuche völlig hasenrein zu machen. Man weiss, dass der Edelhirsch das Aufspüren mit dem Hund nicht duldet und sich aus Gebieten zurückzieht, wo er mit Hunden aufgebracht wird. Man weiss, wie die Cerviden alle auf das Treiben reagieren usw. Die Jagd ist eben nicht ein Sport allein, sondern *Entscheidung über einen Teil des Lebens,* und wahrlich den schönsten. Wenn es irgendwie begreiflich erscheint, dass sich der Jäger sein Weidwerk möglichst ungeschmälert zu erhalten bestrebt, so muss noch viel mehr begriffen werden, dass es dabei um freies, liebenswertes und wunderbares Leben geht. Um Leben, das genau den gleichen Willen zum Dasein hat wie der Jäger selbst, der ihm nachstellt. Es kann sich hier also nicht mehr um Wahrnehmung von Interessen handeln, sondern um das Suchen nach einem Weg, der dem freilebenden Tier mehr Gerechtigkeit widerfahren lässt als einst. Das Denken um Leben und Fortbestand der Landestierwelt und um Vermeidung der Leiden des bejagten Wildes muss heute notwendigerweise im Vordergrund stehen. Von diesen Gedanken wird jede echte Jagdmoral ihren Ausgangspunkt nehmen; vom Denken an das bejagte Tier. Und genau da hat es von jeher beim Schweizer Jäger gehapert, und zwar bis heute.

7. Kapitel

Die Hege des Staates

Die Schon- und Jagdzeiten

Ein Nimrod aus Amerikas Jagdgründen formulierte die Jagd seiner Heimat einmal: Der Staat soll hegen, wir schiessen. Die Meinung war, weil der Staat die Einnahmen aus den Jagdkarten kassiere, habe er auch dafür zu sorgen, dass Wild da sei. So blieb es bis heute in den Vereinigten Staaten. So wird es überall sein, wo der Staat die Jagd als Einnahmequelle behandelt.

Bis ins späte Mittelalter wurde die Jagd in Europa überall praktisch ganzjährig ausgeübt. Auch die Jagd der freien Bürger in den Kantonen der Eidgenossenschaft war lange Zeit ganzjährig betrieben worden; trotzdem ist anzunehmen, dass die Schonzeiten, deren Termine erst aus dem 15. und 16. Jahrhundert auf uns gekommen sind, schon einige Zeit zuvor bestanden haben, wobei die Frage offen bleibt, wie weit sie auch innegehalten wurden. Die Einführung von Schonzeiten ist als *erste Hegemassnahme* des Staates zu betrachten. 1448 bis 1475 verbot die Glarner Regierung die Murmeltierjagd vor dem St. Michaelstag (29. September). Danach war jedoch Fang und Ausgraben der Murmeltiere erlaubt.

1534 setzt das Glarner Landbuch die Schonzeit für Hasen und Füchse vom 15. Februar bis zum Verenatag (1. September) fest, was etwa dem heutigen Termin für den Jagdbeginn entspricht, jedoch weit über die heutigen Niederjagdzeiten hinausgeht.

1535 war in Glarus die Jagd auf Rotwild, Gemsen und Steinwild von der alten Fasnacht (= Sonntag Invocavit = 6. Sonntag vor Ostern) bis zum Tag Johannes des Täufers (= 24. Juni) geschlossen.

1566 verbot das Glarner Landbuch die Jagd auf Gemsen, Murmeltiere und Wildhühner von Martini bis Jacobi (das heisst vom 11. November bis zum 25. Juli des folgenden Jahres), wobei der 26. Juli nach heutigen Begriffen in Patentjagdgebieten einen sehr frühen Jagdbeginn bedeutet.

Von weitaus den meisten Kantonen sind Jagd- und Schonzeiten erst vom 18. Jahrhundert an bekannt. So hatte Zürich 1714 seine Jagdzeit vom 1. September bis 31. Dezember festgelegt, was ungefähr dem Bundesgesetz (Jagdschluss am 15. Dezember) entspricht. Als dann aber trotzdem im Kanton Zürich das Wild fühlbar zurückging, setzte der Kanton 1836 den Jagdbeginn auf den 1. Oktober, also um einen Monat später an.

Bern liess 1717 vom 25. August bis zum 2. Februar jagen, erlaubte den Vogelfang vom 1. September bis 1. Dezember, das Birsen (Singvogeljagd mit der Flinte) vom 20. Juli bis 31. Dezember, dazu die Frühlingsjagd auf Schnepfen vom 10. März bis 15. April, endlich eine Moosjagd vom 1. August bis 31. Dezember.

Eine Beurteilung der Folgen dieser Jagdzeiten für die Tiere könnte wohl gegen den Jagdbeginn am 25. August weniger einwenden als gegen die Dauer bis zum 2. Februar, die sich für das Wild in Tallagen verderblich ausgewirkt haben muss. Die Vogeljagd vom 1. September bis 1. Dezember muss den Zugvögeln besonders zugesetzt haben, jedoch ist die Birsjagd auf die einheimischen Singvögel vom 20. Juli bis Jahresende, die bis 1875 bestand, restlos unverständlich, traf sie doch die Jungvögel, die im Juli noch geführt wurden, am schwersten. Dass endlich die Frühlingsjagd auf Zugschnepfen, die bis zum 15. April dauerte, die weiblichen Vögel mit legreifen Eiern im Leibe vernichtete, geht daraus hervor, dass in jener Zeit nicht nur der balzende Schnepf, sondern auch die Weibchen beim Buschieren erlegt wurden. Die Moosjagd endlich begann mit dem Eintreffen der ersten Wat- und Wasservögel im

Mittelland, welche die nie übergrossen inländischen Bestände vermehrten. Da ging es also vom 1. August an über die Kiebitze, Brachvögel, Wasserläufer und Bekassinen her.

Aus diesen wenigen Beispielen geht hervor, dass die damaligen Schonzeiten für die Landestierwelt sehr wenig wirksam sein konnten, die Jagdzeiten dagegen wirksam genug, um eine rasche Reduktion des Jagdwildes zur Folge zu haben.

Eine Geschichte der Jagdgesetze der schweizerischen Kantone lässt sich vom späten Mittelalter an schreiben. Aber die Geschichte des schweizerischen Wildes lässt sich frühestens von der Helvetik an verfolgen. Was hilft es, über den Wildreichtum alter Zeiten zu schwärmen, den niemand mehr sehen kann? Historiker des 19. Jahrhunderts nehmen an, dass es noch im 18. Jahrhundert viel mehr Wild gegeben habe als zu ihren Zeiten. Doch was heisst das? Nicht die primitivsten statistischen Zahlen sind überliefert, nicht einmal solche über die damaligen Jagderträge. Wenn sich also die folgende Zusammenstellung erst auf das 19. Jahrhundert bezieht, so darum, weil die schweizerische Wildgeschichte tatsächlich erst mit dem 19. Jahrhundert beginnt, das heisst erst nachdem der tiefste Stand des schweizerischen Haarwildes überwunden war und der Staat nach und nach begann, die Wildvorräte zu bewirtschaften.

Das erste, was die Kantone nach der Rückgewinnung ihrer Jagdhoheit 1804 taten, war der Versuch, der absolut freien, ganzjährig betriebenen Jägerei und der Flut von Jagdfrevel Einhalt zu gebieten, was aber mit dem Erlass von Jagdordnungen nur teilweise gelang. Am deutlichsten ist es aber aus den Klagen über den Rückgang der Wildbestände zu sehen, die im Anfang des 19. Jahrhunderts zu erschallen begannen und sich gegen Ende verstärkten.

Obwalden erliess 1856 eine Abänderung seiner Jagdordnung, worin es die Jagd auf einzelne Tierarten gänzlich untersagte, weil deren Ausrottung in Sicht kam. Im Kanton Bern kam das Verlangen nach einem neuen Jagdgesetz von Seiten der Jäger, weil es so nicht mehr weitergehen könne.

Als dann vollends nach dem Siebzigerkrieg die Konjunktur auch in der Schweiz einzog – es war in den achtziger und neunziger Jahren – und sich immer mehr Einwohner erlauben konnten, auf die Jagd zu gehen, wurden die Klagen über die Wildabnahme allgemein. Der Kanton St. Gallen nahm wegen fortwährender Abnahme des Wildstandes 1881 Einschränkungen der Jagd vor, meldete aber trotzdem 10 Jahre später, dass die Tatsache einer starken Abnahme des Wildstandes im Kanton Veranlassung gegeben habe, auf Mittel Bedacht zu nehmen, die geeignet sein könnten, das jagdbare Wild in vermehrter Weise zu schützen. Selbst in Graubünden wurden 1870 eine ganze Anzahl Massnahmen ins Auge gefasst, die dem abgekommenen Wildstand aufhelfen sollten. 1896 hatte jedoch der Wildstand infolge überstarker Abschüsse erneut abgenommen. 1899 klagten auch in Schaffhausen die Befürworter des Reviersystems über Wildrückgang, doch glaubte ihnen die Jagdverwaltung nicht und verwies auf die Jagdstatistik, die einen schönen Ertrag angebe. Doch schon im folgenden Jahr zeigte es sich, wie trügerisch ein Rückschluss auf Abschussstatistiken ist, man gab auch behördlicherseits den Rückgang der Rehe und Hasen zu, weil – weniger Patente gelöst worden waren. Das Geld hat überall eine starke Überzeugungskraft. Die vielen übrigen Angaben über Wildmangel und Übernutzung seien nur noch generell angemerkt. In den späteren Jahren wurde besonders beim Rückgang der Patenteinnahmen ins Horn gestossen, dann aber auch infolge der Unzufriedenheit der Jäger, deren viele keine Beute gemacht hatten, am meisten aber dann, wenn ein neues Jagdgesetz ins Auge gefasst worden war, womöglich der Übergang zum Reviersystem. Dann wurde das Dahinschwinden des Wildes geschildert. Es waren die kleinen Kantone der Innerschweiz, bei denen die Klage über den katastro-

203

phalen Zustand ihrer Wildbahn zum eisernen Bestand ihrer Jagdberichte gehörte, besonders Uri und Schwyz. Als in Luzern in den 1920er Jahren die Patentlösungen einen Rekordtiefstand erreicht hatten und man einsah, dass sie sich kaum je erholen würden, gab man diese beweiskräftigen Zahlen im Druck heraus, um die öffentliche Meinung für ein Reviergesetz zu gewinnen. Basel-Land hatte zwar ein solches schon lange, klagte aber seit 1919 viele Jahre lang darüber, dass es seinen Wildstand schlechterdings nicht in die Höhe bringen könne. Aus alledem ist ersichtlich, dass das Schicksal des Wildes in den Kantonen der Schweiz kein rosiges gewesen war.

Was taten die kleinen Staatswesen dagegen?

Die Massnahmen zur Verbesserung der Wildbahnen lassen sich in zwei Gruppen einteilen: in negative Massnahmen, das heisst in Beschränkungen der Jagdausübung, und in positive, wie kontrollierte Bewirtschaftung, die eigentliche Hege mit Winterfütterung, Lecken und Wildaussetzungen und der Hebung der Jagdausübenden durch das Jägerexamen.

Auch hier mögen einige Beispiele die geschichtlichen Vorgänge illustrieren. Um 1790 gab der Zürcher Rat «Neue Verordnungen wegen des Jagens» heraus, worüber ihm kurz zuvor die neu eingesetzte Jägerkommission ein Gutachten eingereicht hatte. Die Kommission hatte darin «angemessene Reduktionen zur Vermeidung des Ruins der Jagd» und «Einschränkung der Erteilung von Jagdpatenten» empfohlen. Ganz ähnlich war auch Bern vorgegangen. Insbesondere versuchten die Kantone nach der Jagdfreiheit der Helvetik den Wildstand durch Beschränkungen der Jagd wieder etwas zu heben. Diese Jagdbeschränkungen bezogen sich:

a) auf die *Zeit*. Das heisst die Jagdzeiten wurden verkürzt, entweder für alles Wild oder für einzelne Wildarten. In Ausnahmefällen ging man bis zum Totalbann für die ganze Jagd auf Jahre hinaus oder aber zum Bann für einzelne Tierarten, auch zum generellen Frühlingsjagdverbot.

b) bezogen sich die Beschränkungen auf den *Ort,* das heisst gewisse Bezirke wurden jagdfrei gehalten als Bannbezirke oder Wildasyle, Reservate usw.

c) tat man Schritte zu Beschränkung der *Intensität der Jagdausübung,* indem man durch Verbot gewisser Jagdmittel, Jagdmethoden und Jagdhilfen die Jagd zu erschweren und die Beute zu verkleinern suchte, bis die Kantone in neuerer Zeit zur Beutebeschränkung schritten.

d) endlich versuchte man das Nutzwild durch die sogenannte *Raubzeugbekämpfung* zu vermehren, weil man glaubte, durch Ausschaltung der fleischfressenden Tiere der Wildbahn mehr Nutzwild zum Abschuss durch die Jäger freizuhalten.

Das Mittel zur Schonung des Wildes war seit alter Zeit die *Verkürzung der Jagdzeit* allgemein oder für einzelne Tierarten, die bis zu deren völliger Bannung, sogar zum Totalbann gehen konnte. Glarus hatte, wie berichtet, 1860 bis 1863 drei Jahre lang die gesamte Jagd im Kanton in Bann gelegt, und 1869 überlegte sich die Landsgemeinde schon wieder, ob es nicht an der Zeit sei, die Hochwildjagd wieder gänzlich zu bannen. Damals sah man davon ab, doch 1873 bis 1875 war es wieder so weit, dass das Hochwild wieder 3 Jahre lang völlig geschont werden musste. Dann kam das Bundesgesetz – glücklicherweise.

Damals, das heisst in den letzten Jahren vor dem ersten Bundesgesetz, beantragte die Jagdverwaltung auch in Graubünden Verkürzung der Jagdzeit für Gemsen und anderes Wild. Dazu sollte der Kanton in mehrere Jagdreviere eingeteilt werden, von welchen jedes Jahr nur einige freigegeben würden, damit die Tiere in den geschlossenen Revieren Schutz fänden. Gemsen wären nur vom 15. September bis 15. Oktober freizugeben, das übrige Wild bis Ende Dezember. Im Januar liege viel Schnee, der das Wild hindere, vor dem Jäger zu flüchten. Auch sollte die Benützung von Jagdhunden gänzlich verboten sein, alleinjagende Hunde sollten niedergeschossen werden dürfen. Dazu käme eine bessere Jagdaufsicht, Belohnung von Verzeigungen, bessere und raschere Behandlung von Jagdvergehen bei den Gerichten. Jagdpatente an Ausländer sollten überhaupt nicht abgegeben werden dürfen. So lautete es seinerzeit in Graubünden! Aber diese Anträge der Jagdbehörde scheinen auf dürren Boden gefallen zu sein, denn spätere Berichte erwähnen sie nicht mehr.

Als Thurgau, St. Gallen und Zürich 1891 die Jagdzeit verkürzten, wurden von den Nimroden wegen der Kürzung ihres Jagdvergnügens gleich drei Beschwerden eingereicht. Eine Versammlung zürcherischer Jäger wandte sich sogar an den Bundesrat und wollte darin eine Verletzung von Artikel 10 des Bundesgesetzes sehen. Der Bundesrat wies die Jäger jedoch ab, da solche Massnahmen in den heruntergekommenen Jagdgebieten nötig seien und auf sämtliche Wildarten im ganzen Kanton ausgedehnt werden könnten. Im Tessin wollten die Jäger ihr Banngebiet völlig aufheben und 1919 kam das Begehren der Jäger auf generelle Verkleinerung der Banngebiete. Dass sich die Jäger durch ihre Proteste selbst schadeten, daran dachten sie nicht. Sie protestierten 1843 gegen das Konkordat von Glarus, Graubünden und St. Gallen betreffend gemeinsame Jagdzeiten auf Hochwild ebenso wie gegen neue Jagdgesetze, welche das Wild besser schützen wollten – so in St. Gallen 1854. Die Jagdbeflissenen vergassen dabei nur immer das eine, dass nämlich mit den längsten Jagdzeiten und den freiesten Bestimmungen das Wild sich nicht im geringsten vermehrte. Sie mussten sich in die vielen Flugjagdverbote der Jahre um die Jahrhundertwende schicken, mussten die Frühlingsjagdverbote schlucken, die freilich neben dem Schutz der Schnepfen und Wildhühner auch wegen des Missbrauchs ausgesprochen worden waren, der mit der Frühlingsjagd getrieben wurde. Bekanntlich war die Frühlingsjagd im Bundesgesetz 1875 in der ganzen Schweiz verboten worden. Das konnten die Weidmänner schon gleich gar nicht verwinden. Am 9. März 1881 kam das Gesuch der Kantone Waadt, Genf, Wallis und Neuenburg um Wiedereröffnung der Frühlingsjagd, 1883 bemühte sich auch der Jägerverein Diana um Bewilligung zur Jagd auf Zugvögel im Frühling unter bestimmten Beschränkungen, doch entsprach der Bundesrat allen diesen Gesuchen glücklicherweise nicht. Lange Jahrzehnte verstrichen, aber wer glauben sollte, die Frühlingsjagd, die man später leider den Revierherren auf Schnepfen erlaubt hatte, sei nun von den Patentlern endgültig aufgegeben worden, täuscht sich. 1918 kamen verschiedene Kantone wieder darum ein, im Frühling auf den balzenden grossen und kleinen Hahn weidwerken zu dürfen, wurden aber 1919 in Bern abgewiesen. Trotzdem wurden – meist von Prominenten – die balzenden Hähne geschossen, am Rossberg und am Mattstock. Die Natur- und Vogelschützer waren aber inzwischen auch nicht müssig gewesen und erreichten im neuesten Bundesgesetz 1963 ein allgemeines Frühlingsjagdverbot, wie es 1875 ausgesprochen worden war.

Nachzutragen sind hier noch die Schontage der Hoch- und Niederjagd, die – wohl aus humanen Überlegungen – da und dort eingeführt wurden. Hierzu ist zu sagen, dass sich die Schontage für das Wild restlos nachteilig erwiesen haben, da sie jedesmal bei Wiederaufnahme der Jagd nach dem Schontag eindeutig ertragssteigernd wirkten. Dieselbe Erfahrung machte auch die Jagdverwaltung der Vereinigten Staaten, scheinbar jedoch ohne die verflixten Ruhetage beseitigen zu können. Gabrielson (1950) nennt die «rest days» geradezu «hunting aids» (Jagdhilfen) und stellt sie mit dem Ankirren des Wildes durch Futter auf eine Stufe. Die seit alter Zeit in der Mehrzahl der Kantone bestehenden Sonntagsjagdverbote sind nicht als Hegemassnahme zu betrachten.

Die Banngebiete

Die *Jagdbeschränkungen des Ortes,* also die Errichtung von Banngebieten, ist eine Hegemassnahme, die ebenfalls zu den ältesten Methoden gehört, um der Ausrottung des Bergwildes zu begegnen. Sie hat diese Aufgabe auch so lange erfüllt, als die Banngebiete respektiert wurden. Der älteste Wildbann, der Glarner Freiberg Kärpfstock (1569), hat seine guten und schlimmen Zeiten durchlebt, ebenso der Urner Freiberg im Brunnital und Gross Ruchen aus dem Anfang des 17. Jahrhunderts (Oechslin 1925), dessen Bestand grossen Schwankungen unterworfen war. Kanton Schwyz hatte 1449 bis 1487 den Mythen-Stock gebannt, 1552 den Bezirk Silbern.

Im Kanton Bern half sich der Rat 1804 bis 1831 mit der Errichtung kurzfristiger, kleiner Bannbezirke in Stadtnähe oder in Wäldern, weil eben in den leichtest erreichbaren Gegenden am meisten gejagt wurde. Erst am 4. Februar 1870 beschloss der Berner Regierungsrat den Bann der Faulhorn-, Niesen- und Niederhornkette, des Sigriswiler Geländes, des westlichen Aufgaues bei Seftigen und einer Anzahl kleinerer Bezirke. 1872 wurde jedoch die Geflügeljagd in diesen Bannbezirken bereits wieder gestattet. Raubzeugabschüsse waren seit 1871 vorgeschrieben. Eine Änderung kam dann im August 1874, als das erste Bundesgesetz in Sicht war.

Es waren jedoch wohl die alten Banngebiete der Bergkantone, die den berühmten eidgenössischen Banngebieten des ersten Bundesgesetzes als Vorbilder dienten, nicht die Bannwälder der privilegierten Bürger und Behörden des Ancien Régime.

Nachdem das Bundesgesetz am 2. Februar 1876 in Kraft getreten war, forderte der Bundesrat bei den Kantonen Vorschläge für die Errichtung der gesetzlichen Banngebiete ein. Die Gesamtgrösse derselben belief sich 1880 auf 4551 km² und stieg 1885 bis auf 5268 km² an. Die Bundesberichte aus jenen Jahren sind von dem Geist eines hohen Idealismus erfüllt; jetzt zeigte sich der Segen der zentralistischen Gestaltung des Jagdwesens. Die von den Jägern allüberall erschwerte hegerische Arbeit des Staates, die dem Ansturm der Nutzniesser in den Kantonen kaum standhalten konnte, berief sich nun auf die bundesgesetzlichen Verpflichtungen. Allerdings nur kurze Zeit. Bereits 1880 hatten sichtlich unter dem Druck der Jäger einzelne Kantone um Verlegung ihrer Freiberge nachgesucht, weil in Artikel 15 des Bundesgesetzes eine Veränderung der Grenzen der Bannbezirke vorgesehen war. Die Nimrode hatten die Errichtung der Banngebiete des Bundesgesetzes so ausgelegt, dass darin ein guter Wildstand herangehegt werden sollte, den sie dann nach 5 Jahren abzuschlachten gedachten. Aber das eidgenössische Departement ging auf dieses Ansinnen nicht ein: «Eine derartige Massnahme ist jedoch unweigerlich mit einer bedeutenden Schädigung des Wildstandes verbunden, indem der Wildstand der in Bann gelegten Bezirke eine grosse Anzahl von Jägern herbeiziehen muss.» Das Problem der Banngebietsverlegungen wurde bereits im folgenden Jahr in Bern in Angriff genommen. Um eine zu starke Änderung der Banngebietsgrenzen zu vermeiden, wurde 1881 die entsprechende Vorschrift des Bundesgesetzes einer Revision unterzogen. Ausserdem wurden sichernde Vorkehrungen gegen eine zu lange und zu intensive Bejagung ehemals gebannter Gebiete getroffen.

Nach Festlegung der Bannbezirke fehlte es dem Handels- und Landwirtschaftsdepartement nicht an Schwierigkeiten. 1876 machten die Kantone Luzern, Nidwalden und beide Appenzell Einwendungen gegen die Bannbezirksgrenzen in ihren Kantonen. Das Eidgenössische Departement rechtfertigte in verschiedenen Schreiben seine Entscheidungen und gab nur in beschränktem Umfang den Begehren der Kantone nach. 1881 berichtete Ausserrhoden, der Halbkanton hätte sich mehrfach an den Bund gewendet, es sei ein neuer Freiberg zu schaffen, da der jetzige ungeeignet sei.

Der Bund schlug dieses Ansuchen jedoch ab, weil ein Teil des postulierten neuen Gebietes auf St. Galler Boden gelegen sei. Die Gründe für das Drängen der Ausserrhodener lagen nur zum Teil im jagdlichen Bereich, wobei sie im Recht waren. Denn ihr Anteil am Bannbezirk war wesentlich kleiner als der von Innerrhoden und erwies sich für das Hochwild – also die Gemsen – als wenig geeignet. Die wenigen Gemsen, die dort den Grundstock zur Hebung des Wildstandes bilden sollten, standen zur Hauptsache auf Innerrhoder Gebiet. Dazu kam aber die Feindschaft zwischen den beiden Halbkantonen, die während der Gegenreformation im Ende des 16. Jahrhunderts entstanden war. Darum wollten die Ausserrhodener lieber mit den St. Gallern zusammen ihren Freiberg haben als mit den Innerrhoder Kompatrioten. Die Eidgenossenschaft blieb jedoch bei ihrer Wahl, aber die beiden Appenzell erlebten mit ihrem Freiberg wenig Freude. Im ersten Weltkrieg hielt dort das damals allgewaltige Militär seine Schiesskurse ab und vertrieb die letzten Gemsen und alles Niederwild für lange Zeit. Schon 1907 und 1908 hatte sich der Kanton gegen die Schiessereien im Banngebiet wehren müssen, unterlag aber im Krieg der Armee.

Als die Jäger gegen die Bannbezirke Opposition erhoben, weil sie sich vorgestellt hatten, man öffne diese Bezirke dann nach 5 Jahren zur grossen Wildabschlachtung, schrieb die Eidgenossenschaft 1879: es liege in der Natur der Sache, dass in dem kurzen Zeitraum seit dem Inkrafttreten des Bundesgesetzes in der Hebung des Hochwildbestandes noch keine so grossen oder namhaften Resultate erwartet werden könnten. Um klarer zu sehen, verteilte das eidgenössiche Departement 1882 an die Wildhüter der Bannbezirke vorgedruckte Formulare zum Ausfüllen mit den approximativen Bestandeszahlen, die durch Wildzählungen ermittelt werden konnten.

Zwischen 1885 und 1886 fand eine drastische Verkleinerung der Banngebiete statt. 1886 wurde die Gesamtgrösse nur noch mit 3537 km² angegeben. 1893 sank sie noch weiter bis auf 1992 km², 1903 war sie noch 1789 km² usw. Auch hier blieb die schöne Zeit der ersten Liebe nicht grünen. Die prächtigen alten Banngebiete scheiterten zumeist an den hohen Kosten und Schwierigkeiten der Wildhut.

Da die Zweckbestimmung der Banngebiete von Anbeginn an keine tierschützerische, sondern eine rein jagdliche war, hatte man schon 1875 zum Zweck der Nutzwildhege den Wildhütern Vorschriften über den Abschuss von Raubwild mitgegeben. Um diesen zu beleben, wurden sogar 1891 den Wildhütern Schussprämien ausgerichtet. Diese Raubzeugabschüsse bewegten sich in Jahresstrecken von 450 bis 700 Raubsäugetieren und 300 bis 1300 Vögeln, wobei allerdings auch alle Rabenvögel als «Raubvögel» mitgezählt wurden. Daneben musste durch die Wildhüter ein Abschuss alter Gemsböcke und gelter Geissen durchgeführt werden, der sich jedoch jährlich nur auf relativ wenige Stücke erstreckte. Diese Banngebietsabschüsse erregten aber in verschiedenen Kantonen die Begehrlichkeit der Jäger. Als Beispiel seien die Entwicklungen im Glarner Freiberg wiedergegeben. 1886 hatte die Berner Behörde auf Abschuss von alten Gemsböcken und gelten Geissen sowie einer Anzahl von Murmeltieren gedrungen, doch wurde das Ansinnen damals von der Glarner Regierung abgewiesen. 1887 beschloss jedoch das Militär- und Polizeidepartement des Kantons Glarus, 40 ältere Tiere durch die Wildhüter abschiessen zu lassen, doch nicht so, dass förmlich Jagd auf die Tiere gemacht werde, sondern solche anlässlich der Kontrollgänge erlegt werden sollten. Bald darauf hatte der kantonale Jägerverein von diesen Freibergabschüssen Wind bekommen und beantragte 1889, es sei der bisherige Freiberg Kärpf nach Ablauf der jetzigen, der zweiten Periode der fünfjährigen Schonzeit, ganz oder teilweise für die Jagd zu öffnen. Dieser Unsinn wurde natürlich abgelehnt. Als 1890 das schweizerische Industrie- und Landwirtschaftsdepartement in Glarus anfragte, ob die Grenzen des Freibergs Kärpf auf weitere 5 Jahre beibehalten werden sollten, antwortete die Regierung bejahend. Sodann wurde wieder ein Abschuss von 40 bis 50 älteren Gemsen und Murmeltieren wie 1887 angeordnet. Dieser wurde von den Wildhütern, die sich streng an die fachmännische Weisung des eidgenössischen Departments hielten, ausgeführt. Während aber diese Massregel 1887 ziemlich glatt passierte, rief der Abschuss 1888 einer lebhaften Kritik und sogar einer Interpellation im Landrat. Man wandte ein, der Abschuss stehe im Widerspruch mit den Pflichten und Dienstverrichtungen der Wildhüter und leiste dem Frevel Vorschub. Auch seien ganz junge Tiere geschossen worden. Das alles erwies sich als unrichtig und übertrieben, nur im Durnachtal war ein Gemskitzchen mit dem gleichen Schuss getroffen worden, mit dem eine alte Geiss erlegt wurde, hinter der sich das junge Tierchen, dem Wildhüter unsichtbar, aufgehalten hatte.

1893 wurden wieder einige Abschüsse im Freiberg vorgenommen. Nun aber liessen die Jäger die Katze aus dem Sack. Sie schimpften dagegen, dass die Abschüsse von den Wildhütern vorgenommen wurden, sie selbst aber davon gänzlich ausgeschlossen sein sollten. «Wollen wir aber zu unserem Freiberg Sorge tragen», sagte das Departement in Glarus, « so wird man diesen Wünschen schwerlich entsprechen können.»

Im September 1895 kamen die Inspektoren Coaz und Nationalrat Bühlmann von Bern, um den Kärpfen zu inspizieren. Bühlmann sagte unter anderem: «Er ist unbedingt der schönste Wildhutbezirk, den ich kenne...» Es könne von einer ganzen oder teilweisen Öffnung nicht die Rede sein. Dieser Bezirk sei eine jahrhundertalte Freistätte unseres schönen Bergwildes und bilde ein ideal schönes Gebiet, das jedem Naturfreunde reichen Genuss biete... Er schlug vor, um die Unzufriedenheit der Jäger einigermassen zu stillen, jedem Wildhüter etwa 4 bis 5 vertraute Jäger zum Abschuss beizugeben. So könnten in einer Jagdperiode 60 bis 80 Jäger zum Schuss kommen. 1896 wurde nun richtig der Abschuss im Freiberg von Wildhütern mit beigegebenen Jägern vorgenommen. Die Strecke betrug 102 Gemsen und 47 Murmeltiere, und die Sache verlief «wider Erwarten» ohne Veranlassung zu erheblichen Klagen. Der Regierungsrat erliess ein gedrucktes Reglement. 1897 wurde wieder ein Abschuss von 95 Gemsen und 16 Murmeltieren unter Beiziehung von Jägern vorgenommen, «doch waren bei diesem Abschuss die Erfahrungen durchaus ungünstige... und wird man von einer derartigen Massregel, welche nur auf Drängen der Jäger erfolgte, wohl für alle Zukunft Umgang nehmen». Die Jäger hatten sich trotz Warnungen und Strafandrohungen den Anordnungen der Wildhüter nicht gefügt. Es wurden ganz junge Tiere abgeschossen, sogar bloss verwundet, so dass sie elend zugrunde gingen. Nun griff auch Bern ein und drang darauf, dass die Kantone den Abschuss vorschriftsgemäss nur durch die Wildhüter vornehmen lassen sollten, weil nur dadurch gesichert sei, dass dieser weidgerecht durchgeführt werde.

Ein anderer Versuch zur teilweisen Zulassung der Jäger scheiterte ebenfalls. Im Bannbezirk Rothorn (Brienz) bezog sich das Jagdverbot nur auf Gemsen, Rehe und Murmeltiere. Der Rothornbezirk war gewissermassen die Wiederaufnahme des Konkordats zwischen Luzern und Bern gewesen, doch die Niederjagd war im Bannbezirk offen geblieben. Dieser Zustand erwies sich jedoch als völlig unzweckmässig, weil durch den Niederjagdbetrieb das Hochwild viel zu stark beunruhigt wurde. So schritt der Bund 1903 zum Vollbann.

Im Bundesgesetz von 1904 war im Artikel 15 festgesetzt worden: Soweit als möglich sollen die Grenzen der Freiberge nach 5 Jahren einer Abänderung unterworfen werden. – Das war natürlich ein eindeutiges Entgegenkommen an die Patentjäger, das leider schon im ersten Bundesgesetz gestanden hatte, dann aber gemildert worden war. Trotzdem – es war eine Bestimmung, die mit einiger Kunst als Obligatorium zur Verlegung der Banngebietsgrenzen ausgelegt werden konnte. Doch schon 1905 waren sich die Inspektoren der Banngebiete darüber einig, dass diese in dem bisherigen Umfang beibehalten werden sollten; denn «die Freiberge dürften ihrem Zweck um so besser dienen, je mehr von einem häufigen Wechsel derselben abgesehen wird».

Trotzdem wurde im folgenden Jahr 1906 das Gesamtgebiet von 1789 km² auf 1581 km² vermindert. Die Patentjäger buchten einen Sieg nach dem andern. Es war eben die Zeit des Bundesgesetzes von 1904! Jetzt ging es erst recht los. 1907 kamen erneute Gesuche um Abänderung der Grenzen von Bannbezirken, wurden jedoch abgewiesen. Im Gegenteil, der Gesamtumfang stieg wieder auf 1712 km². 1901 wurde der Bann Churfirsten aufgehoben, eine Riesenniederlage vor den Wildererbüchsen! 1919, als der Krieg zu Ende war und die Jagd wieder in der ganzen Schweiz ausgeübt werden konnte, stellten die Jäger in einem grossen Frontalangriff das Begehren auf Verkleinerung der Bannbezirke. Am Piz d'Aela schützte man Murmeltierschäden vor; im total ausgeschossenen Wallis kamen die Jäger um eine massive Verlegung der Bannbezirksgrenzen bis hinauf zur Baumgrenze ein, womit dem Wild jede Deckung genommen worden wäre. Ausserdem stand das Wild zur Jagdzeit ohnehin nicht mehr so hoch. Im Tessin war der Bannbezirk völlig ausgewildert, der Wildstand gleich Null. Sollte noch etwas gerettet werden, hätte das Banngebiet reduziert und die Aufsicht neuen Wildhütern unterstellt werden müssen, die ihren Beruf kennen und keine Furcht vor Wilderern hätten. Übel erging es auch dem Banngebiet Nidwalden; dort herrschte ein riesiges Wildererunwesen. Auch am Mont Pleureur (Wallis) wurde unter den Gemsen ein wahrer Massenmord verübt. Im Kanton Neuenburg hatte sich im Bezirk Montagne de Boudry-Tête de Ran ein bescheidener Rehwildstand zu bilden begonnen. Auf Drängen der Jäger öffnete nun der Staatsrat einen grossen Teil des Banngebiets, weit mehr, als vom eidgenössischen Jagdinspektor zugestanden worden war. Alles Wild wurde vernichtet. 1926 gab man das Banngebiet auf, da doch alles umsonst war. 1921 war im Urirotstock/Hutstock-Banngebiet der Wildstand wegen des Frevels zurückgegangen, im Wallis konstatierte man dasselbe. 1924 fand der grosse Skandal in Appenzell I. Rh. statt (S. 183). Da setzte sich 1924 Paul Sarasin für die Umwandlung der Banngebiete in Dauerreservationen ein. Die schweizerische Zeitschrift «Aus Natur und Technik» hatte seinen Aufruf gedruckt und – die Schweizerische Jagdzeitung hatte ihn in zustimmendem Sinn abgedruckt. Gleichzeitig trat Professor Wilhelm Vischer, der Nachfolger Sarasins im Präsidium der Schweizerischen Naturschutzkommission, in den Basler Nachrichten dafür ein. Die Folge dieser Aktion war, dass die Eidgenössische Jagdinspektion alle Sorgfalt auf die territoriale Beständigkeit der Bannbezirke legte. Es ging dem Ende der zwanziger Jahre entgegen, bis mit der Wilderei einigermassen aufgeräumt werden konnte. 1932 bis 1936 entstand der Banngebietsgürtel um den Nationalpark, um der übeln Grenzjägerei um den Park etwas Herr zu werden. Es war ein Erfolg des damaligen Präsidenten des Naturschutzbundes, Oberst Eduard Tenger. Leider zerbröckelte dieser Schutzgürtel um den Nationalpark nach 1956 wieder, zumeist unter dem Drängen der Jäger und Bauern, wobei gerade diese ständig mit Wildschadenklagen kamen. Die Proteste der Eidgenössischen Nationalparkkommission blieben erfolglos.

Unentwegt liefen die Jäger gegen die Bannbezirke Sturm. Man wies auf jedes kranke Tierchen hin, machte die Gemsen für die Maul- und Klauenseuche verantwortlich, die das Wild doch vom Weidevieh geerbt hatte, erdichtete bei jedem Stück Fallwild im Banngebiet eine Lungenwurmseuche, wo einige Stücke des zarten Jungwilds und der anfälligen Rehe von den Stallziegen und Alpschafen infiziert worden

waren; man fiel mit Seuchengeschichten und den Schlagworten «Überhege» und «Degeneration» über den Nationalpark her und wusste alles besser als die Natur selbst. Nicht nur die Jäger führten ihre Theorien gegen die Jagdbanngebiete ins Feld, sogar H. Fischer-Sigwart hatte 1892 einen langen, ebenso unbewiesenen wie unbegründeten Artikel gegen die Bannbezirke geschrieben. Er wollte aus der relativen Vertrautheit des Banngebietswildes eine «idiotische Degeneration», verursacht durch Inzucht, ableiten und stellte eine Theorie über die Folgen der Inzucht bei den freilebenden Tieren auf. Doch ist seither die Korrelation von Fluchtdistanz zum Grad der Verfolgung längst erkannt, ebenso wie angebliche Folgen der Inzucht.*
1903 fing jedoch der eidgenössische Inspektor J.J. Mumenthaler wahrhaftig nach einer Inspektion des Kärpfen von Inzucht zu reden an, als deren Folge er die geringe Stärke der Kitzen und der erwachsenen Tiere zu erkennen glaubte. Er empfahl einen stärkeren Bockabschuss, der dann die Wirkung haben sollte, dass neue Böcke in den Freiberg einwechseln und es zu einer Blutauffrischung käme. Gleich darauf – 1905 – kamen verschiedene Anträge von Jägern an die Landsgemeinde, den Freiberg Kärpf ganz zu öffnen; sie wurden 1906 wiederholt, jedoch von der Landsgemeinde abgewiesen. Bei dem Maul- und Klauenseuchezug 1909/10 im Glarnerland waren die Gemsen im Freiberg verschont geblieben, trotzdem behaupteten einige Jäger, man habe im Niederental tote Gemsen gefunden. Doch das erwies sich als Gerücht.

1919 bis 1921 kamen dann die Angriffe der Revierjäger auf den Kärpf und bestätigten die Regel: Wo Wild, da Jägerandrang. Die verschiedenen Vorschläge der Revierjäger seien übergangen. Sie hatten keinen Erfolg. Hingegen beschloss 1926 die Landsgemeinde die Verkleinerung des Freibergs durch Abtrennung von Alp Erbs und Wichlenmatt. Die Jäger stellten sich denn auch für die Jagd in diesen neu geöffneten Gebieten, die nur für vier Tage vorgesehen war, in Masse ein. 32 Jäger standen am ersten Morgen bereit, aber sie erlegten nur 9 Gemsen und eine Anzahl Munggen. Und an den drei folgenden Tagen sei die Beute auch gering gewesen. Nur am Kilchenstock wurde mehr Beute gemacht – etwa 100 Gemsen. So lautete der offizielle Bericht. Anders die Stimme der Naturschützer. Damals schrieb Stefan Brunies: «Ebenso schlimm (wie in Graubünden) ging's im Nachbarkanton Glarus zu, wo in einzelnen der Jagd eröffneten Teilen des uralten Jagdbannbezirks am Kärpfstock schon am ersten Schiesstage im Gebiet des Kilchenstockes gegen 50 Gemsen zusammengepfeffert wurden, darunter Muttertiere. An derartigen Naturschändereien sind nicht die Jäger allein schuld, vielmehr das ganze Volk, das solche hohnsprechenden Zustände duldet und bei Abstimmungen immer wieder auf das Gefasel altererbter Volksrechte hereinfällt». Und der Bundesrat schrieb in einer Botschaft: «Bedauerlich ist, dass Metzeleien vorkommen, wie solche kürzlich sich im Kanton Glarus ereignet haben. Solche Missbräuche sind jedoch die direkte Folge des Jagdsystems, das von den Kantonen bestimmt wird. Solange das Jagdrecht gestützt auf ein Patent ausgeübt wird... können die Jäger nicht gehindert werden, sich auf die Gegenden zu

---

* Die Inzucht ist in jedem bejagten Gebiet eine unausbleibliche Folge der Jagd. In unbejagten Gebieten führt der Populationsdruck zwangsläufig zur Expansion in Form der Abwanderung der jungen Tiere, die von den Eltern in einem gewissen Alter abgeschlagen (vertrieben) werden. Das ist der Grundgedanke der Bannbezirke. Wird in einem Revier durch den Abschuss der Bestand auf gleicher Höhe gehalten, so fällt die Abwanderung in der Hauptsache fort, die Nachkommen bleiben in der Gegend, die meisten Individuen des Gebietes sind schliesslich miteinander verwandt. – Es gab eine Zeit, da herrschte die Ansicht, man müsse dieser «Inzucht» durch «Blutauffrischung» abhelfen. Man führte Fremdwild in die Reviere ein und erwartete Erfolge, die sich jedoch nie einstellten. Diese Ansichten wollte man nun auch auf die Bannbezirke anwenden. Dabei konnte man längst wissen, dass in ungezählten Fällen der ganze Wildstand von bekannten Gegenden auf wenige eingesetzte Tiere zurückging (zum Beispiel 1890 im Boowald bei Rothrist auf 4 Rehe aus Deutschland!).
Heute werden Fremdeinsätze nur noch mit Damwild, Mufflon, Hasen, Fasanen und Rebhühnern vorgenommen (Blase 1963), alles andere Schalenwild kann nach allen Erfahrungen durch Importe nicht aufgeartet werden.

stürzen, die wieder geöffnet werden...» Die Jäger erzählten dem Verfasser noch nach Jahren, die Wildhüter hätten in der Nacht vor der Öffnung von Erbs und Wichlen das Wild mit Blindschüssen gegen Alp Bischof und Embächli getrieben, sonst wäre noch viel mehr Wild erlegt worden. Das war jedoch, wie mir Wildhüter Matthias Zentner mitteilte, reine Phantasie. Doch die Wildabschlachtungen in Graubünden 1886 (am Rothorn) und 1887 in anderen Orten waren unvergessen, ebenso die Öffnung von Spadlatscha 1906 mit dem Massenandrang der Jäger, wobei angeblich nicht so viel Wild getötet wurde, wie befürchtet worden war.

So meldeten die Zeitungen. In Wirklichkeit fanden sich am Morgen des Eröffnungstages in Spadlatscha 250 Jäger ein, die für ihr Patent ganze 13 Franken bezahlt hatten. Das Banngebiet sollte vom 21. bis 27. September offen sein – 20 Jahre lang hatte man gehegt. Am ersten Abend waren in einer unvorstellbaren Hast 102 Gemsen abgeschlachtet worden, mindestens ebensoviele waren angeschossen worden und erwarteten irgendwo verborgen ihr Ende. Der zweite Tag brachte eine Gesamtstrecke von 65 Gemsen und einem Reh, der dritte Tag noch 37 Gemsen. Doch trotz Vertuschungsversuchen und Bagatellisierungen der Presse entging recht denkenden Beobachtern diese Wildabschlachtung nicht. Man erhob in Chur und in Bern telegraphisch Einspruch gegen diesen Jagdbetrieb – und siehe – am Abend des dritten Tages wurde der Bannbezirk Spadlatscha geschlossen. Nachher sah man Gemsgeissen, die 4 bis 8 Kitzen führten, deren Mütter weggeschossen worden waren. Was blieb den armen Waisen anderes übrig, als sich einer anderen führenden Geiss anzuschliessen. Wildabschlachtungen bei Banngebietsöffnungen waren Ende des 19. Jahrhunderts so häufig gewesen, dass 1901 der Bund an die Kantone ein Kreisschreiben gerichtet hatte, worin sie dazu verpflichtet wurden, bei Neuöffnungen das Nötige vorzukehren, um Wildabschlachtungen zu vermeiden. Trotzdem kamen solche immer wieder vor, besonders in kantonalen, temporär geschlossenen und dann wieder geöffneten Wildasylen.

Schlimm waren für die Banngebiete auch die immer in Kriegszeiten dort angesetzten militärischen Schiessübungen. Hierunter haben viele Banngebiete jahrelang gelitten, wenn die Armee infolge der Kriege Oberwasser hatte.

Trotz allem haben die eidgenössischen Banngebiete als hegerische Massnahme Unschätzbares geleistet und riesige Verdienste um die Erhaltung des schweizerischen Bergwildes errungen. 1876 war in der vom Bundesrat erlassenen Ordnung allen Wildhütern, wie schon erwähnt, der Abschuss von Raubwild und Raubvögeln zur Pflicht gemacht worden. Ausserdem durften sie mit Gift und Fallen vorgehen. Den Bemühungen von Sarasin und Vischer war es zu danken, dass seit 1925 die Wildhüter Raubwild nur noch mit besonderer Bewilligung abschiessen dürfen; Verwendung von Gift und Falle kommt nicht mehr in Frage. Wie sich indessen diese Raubzeugvertilgung in den Bannbezirken da und dort in Wirklichkeit gestaltete, möge noch folgendes Beispiel illustrieren: 1909 hatte der Wildhüter in Appenzell Ausserrhoden einen Adler abschiessen müssen; da «wir aber zur Zeit 6 solcher Vögel in Alpstein haben» hatte der eidgenössische Inspektor den Abschuss von zwei weiteren alten Steinadlern empfohlen; ausserdem wurde der Abschuss von 10 Bussarden angeordnet, «da dieser Vogel im Freiberg in sehr grosser Zahl vorkommt». Diese völlig falschen, auf reiner Jägermathematik und momentanen Beobachtungen beruhenden Abschussbefehle befolgte der Wildhüter wie folgt:

1910: von den 10 Bussarden, mit deren Abschuss der Wildhüter beauftragt ist, konnte noch keiner erlegt werden.

1912: es ist dem Wildhüter nicht möglich gewesen, dem Abschussauftrag von 10 Bussarden nachzukommen.

1913: Es gelang dem Wildhüter nicht, die zwei aufgetragenen Steinadler zu schiessen.

1917: hatten diese Adler am Alpstein den Schafhirten angeblich 15 Lämmer gestohlen. Sie lebten also noch alle, woraus der geneigte Leser selber entnehmen möge, wer von allen am meisten Vernunft hatte. –

Es gab genug Wildhüter, die ungern zur Waffe griffen und mit den Tieren ihres Gebietes eng verwachsen waren, ob sie nun am grünen Kraut rupften oder scharfe Fänge und krumme Schnäbel besassen. Diesen braven Männern ist es zu danken, dass trotz Abschussvorschriften und Prämien die Banngebiete und ihre Umgebung Adlerheimstätten blieben, als sich die offene Wildbahn bereits von dem «König der Lüfte» zu entleeren begann. Da die laut Bundesgesetz zur Haltung von Banngebieten verpflichteten Kantone im Falle des Übergangs zum Reviersystem von dieser Pflicht entbunden sind, gingen im Lauf der Jahre leider sehr wertvolle Gebiete verloren, so unter anderem der Bann Kaiseregg (Fribourg) und die Schrattenfluh (Luzern). Es ist kein Zufall, dass es das Bundesgesetz 1963 den Kantonen auch im Fall des Überganges zum Reviergesetz freigestellt hat, ihre Banngebiete aufrecht zu erhalten, statt sie einem ungewissen Schicksal in der Hand unbekannter Revierherren preiszugeben.

Es ist auch kein Zufall, dass der Gedanke von Schonrevieren auch in Patent- und Revierkantonen des Mittel- und Unterlandes immer wieder auftauchte. Im Kanton Schaffhausen stellte 1909 der kantonale Jägerverein selbst ein Gesuch nach Schonrevieren. Die Behörden prüften die Frage, wiesen aber das Gesuch mit der Begründung ab, dass die Patentinhaber dieser Gebiete dann nicht mehr im eigenen Gemeindebann auf die Jagd gehen und der Kanton für den Wildschaden aufkommen müsste. Das letzte Wort hat immer das Geld.

Manchmal wurden gewisse Revierteile auch von den Inhabern selber gewissermassen als Reservate behandelt. An die Gemeinde in Basel-Land, deren Revier völlig ausgeschossen war und die sich mit dem Vorschlag nach Liestal gewandt hatte, ihren Bann mit Kantons- und Bundesunterstützung in ein Schongebiet zu verwandeln, sei hier nur am Rande erinnert. Die Réserves à volet von 1959 im Waadtland, die nur zu Wildmassakern führten, waren natürlich keine Mittellandsreservate, sondern waren ein Versuch zur Wildvermehrung.

Nur der Kanton Zürich hat 1929 in seinem Reviergesetz § 3 die Möglichkeit für die Gemeinden offen gelassen, einen Teil ihres Gebietes oder das Ganze als Wildschongebiet zu erklären. Auch kann nach § 4 die Regierung Wildschongebiete errichten; die betreffenden Gemeinden erhalten dann Vergütung. 1934 verpachteten denn auch verschiedene Gemeinden ihren Bann nicht für die Jagd, sondern erklärten ihn als Wildschongebiet. Im Falle des Ueberhandnehmens des Wildes durften diese Gemeinden durch beauftragte Personen einen Abschuss vornehmen lassen.

Die Verwilderung der Jagd in der Helvetik hatte das Patentsystem zur Folge. Trotzdem wurde das Wild infolge der überhohen Jagdbeteiligung bis zur Erschöpfung der Bestände übernutzt. Temporäre Schongebiete von 4 oder 5 Jahren Bestand wurden jedesmal in wenigen Tagen aufgerieben. Das war Verschwendung. Sogar die Kantonsregierungen sahen das ein. So schritt man zu dauerhaften Banngebieten, die als Brutstätten des Wildes dienen sollten, aus deren Überlauf die Jagd dann lebte. Diesen Zweck haben die Banngebiete auch wirklich erfüllt. Unrichtig war jedoch der Abschuss der alten Gemsböcke und sogenannten Geltgeissen. Denn die alten Böcke, gegen die sich nur ein sehr kräftiger Nachwuchs an jüngeren männlichen Tieren durchsetzen konnte, dienten wesentlich zur Zuchtwahl unter den Nachwuchsböcken, deren schwächere Stücke dann ins offene Gebiet abwanderten. Ein alter, rauflustiger

Geselle, auch wenn er als Zuchtbock kaum mehr grossen Wert besass, konnte im Banngebiet sehr wohl jenen Auslesefaktor darstellen. Desgleichen haben auch die alten Gemsgeissen in einem natürlichen Rudel ihre unersetzliche Aufgabe. Sie führen bekanntlich die Kitzenrudel, wie im Kapitel über das Gemswild in Wort und Bild gezeigt wird. Es sind nicht leere Tierschützermarotten, die der Naturbevölkerung eines Gebietes mit Wild den Vorzug vor jedem sogenannt gehegten Revier gibt. Wenn der Zweck der Banngebiete ihr «Überlauf» ins offene Gebiet ist, so sind «Hegeabschüsse der alten Tiere» unsachgemäss. Denn die Elterntiere sollen den Nachwuchs abdrängen. Wenn durch Abschüsse der alten Tiere für die jungen im Banngebiet Platz geschaffen wird, wandern sie nicht ab. Die Meinung, alte Böcke störten mit ihrer Rauflust die jüngeren in der Brunft, ist eine alte Jägermär. In jeder Brunft wird der gesamte fortpflanzungsfähige Geissenbestand zum Beschlag herangezogen. Ebensowenig ist das Eintreten für das Raubwild eine Fehlidee der Tierschützer. Denn kein Raubwild unserer Gegenden konnte irgendwo dem Friedwild den Untergang bereiten. Im Gegenteil: Das Raubwild trug nur zur Stärkung der Pflanzenfresser bei, nicht nur wegen seiner x-undneunzigmal zitierten Rolle als Gesundheitspolizei. Denn die Verluste des Friedwildes regen dessen Fortpflanzung an, nur die Jagd vermag ganze Wildbestände auszurotten, nicht aber die Carnivoren! Nun, so viel hat die Jagdwissenschaft mit der Zeit gelernt, dass auch die kleinen Räuber in die Wildbahn gehören. Sie hat aufgehört, den krummen Schnäbeln und scharfen Kiefern den totalen Krieg zu erklären, nur «kurzhalten», aber was heisst das schon! Die einfache rechnerische Überlegung muss ja dem schlichtesten Gemüt einleuchten: Je weniger junge Hasen und Rehe mir der Fuchs und die Raubvögel holen, desto grösser wird mein Jagdertrag. Genau so denkt der Fischer. Auch er glaubt, dass seine Ausbeute steige, wenn Fischadler, Schelladler, Reiher, Milane, Eisvögel, Fischotter und alle fischfressenden Wasservögel ausgerottet seien. Und an diese Jäger- und Fischermathematik glauben noch heute Tausende der Hubertus- und Petri-Jünger. Soll man mit ihnen streiten? Soll man versuchen, sie dazu zu bringen, naturnäher und biologisch richtiger zu denken? Das dürfte nur sehr teilweise gelingen. Und so war es wiederum das Banngebiet, das seit 1925 eine natürliche Lebensgemeinschaft erstehen liess und sie erhielt, als die Raubzeugvertilgung darin aufgegeben wurde. Immer war es der Staat, der die Erhaltung der Landesfauna in die Hand nehmen musste. Er tat es in dem Moment, als er es aufgab, sich in Jagdfragen allein von den Jägern beraten zu lassen. Zusammenfassend darf gesagt werden: Das Banngebiet, richtig und verständnisvoll verwaltet, ist wohl diejenige Hegemassnahme des Staates, die sowohl für die sogenannte Volksjagd wie für den Naturfreund und ernsthaften Beobachter den Höhepunkt darstellt, gegen den alle übrigen Hegemassnahmen verblassen müssen.

Nicht ganz dasselbe kann von den kantonalen Banngebieten gesagt werden, deren Wiedereröffnungen immer erneut zu Wildabschlachtungen führten, weit mehr, als es gelegentlich in den eidgenössischen Banngebieten vorkam. Die Jägeransammlungen in solchen wiedergeöffneten Schongebieten, in denen man sich märchenhafte Wildreichtümer vorstellte, waren von jeher etwas vom Widerwärtigsten, was sich der denkende Bürger vorstellen kann. Die Vorgänge bei solchen Öffnungen haben die Presse von Fall zu Fall in steigendem Masse beschäftigt, so dass heute nur heimlich gewagt wird, zu solchen Jagdvergnügungen zu schreiten.* Ganz gefeit davor ist die

---

* Erinnert sei an das klassische Beispiel aus dem Jahre 1919, kurz vor dem Ende des ersten Weltkrieges, in der Zeit des Fleischmangels. Da öffnete der Kanton Bern ohne jede Sicherung vor Massenschlachten das kantonale Schongebiet Tschertschistal im Saanenwald. 16 Jahre lang war dort geschont worden. Am Montag, den 6. Oktober, wurde das Gebiet geöffnet, und zwar gleich für eine ganze Woche. 100 Jäger hatten sich an diesem Tag eingefunden und entleerten den Saanenwald von Gemsen. Die Patentkosten pro Jäger betrugen 80 Franken.

Schweiz nie, solange es Patentjagd gibt, für deren Teilnehmer die Jagd gleichbedeutend mit der Erlegung des Wildes ist.

Eine Darstellung der kantonalen Schutzgebiete würde ein besonderes Bändchen füllen. Immer wieder gingen die Bestrebungen der Jäger dahin, sogenannte fliegende Bannzonen zu schaffen, die periodisch zu öffnen wären, eine sinnlose und wildfeindliche Methode.

Im Gebiet des *Tössstockes* an der Grenze zwischen Zürich und St. Gallen hatte sich eine Anzahl Gemsen sowie Birk- und Auerwild angesiedelt. Diese Wildfauna sollte dort erhalten werden, und so erliess 1912 der Regierungsrat des Kantons Zürich auf Vorschlag der kantonalen Jagdkommission eine Verordnung, laut der der Tössstock als Wildschonrevier erklärt wurde. Gleichzeitig erliess er eine Vorschrift für die Schonung der Flora. Da bannte auch der Kanton St. Gallen auf seiner Seite einen Komplex von 8 km² im Anschluss an die etwa 21 km² des Zürcher Schongebietes. Schon im folgenden Jahr erhoben die Einwohner auf Zürcher und St. Galler Seite gegen dieses Schongebiet Einspruch. Die Bewohner von Goldingen und Misnang auf sanktgallischem Gebiet verlangten, dass das Banngebiet aufgehoben werden sollte wegen der Gefahr der Seuchenverschleppung durch Wild und wegen des Wildschadens. Die Untersuchungen des kantonalen Volkswirtschaftsdepartements ergaben jedoch, dass von einer Seuchengefahr oder einem übergrossen Wildschaden gar nicht die Rede sein konnte. Das Gesuch wurde abgelehnt. Im Kanton Zürich bestritten die Bewohner jener Gegend dem Kanton das Recht zur Schaffung solcher Reservate, doch der Kantonsrat wies die Beschwerde ab. Da reichten die Gegner des Schongebietes einen staatsrechtlichen Rekurs beim Bundesgericht ein, doch auch dieser wurde abgewiesen. Das Abschussverbot des Wildes am Tössstock blieb auch für 1914 aufrecht erhalten. Damals ging es im Kanton Zürich um ein neues kantonales Jagdgesetz. Viele Jäger waren für ein Reviersystem, der Patentjägerverein wehrte sich jedoch heftig dagegen. Die Vermutung wird nicht fehlgehen, dass auch hinter dem Widerstand gegen das Tössstock-Schutzgebiet die Zürcher und die St. Galler Nimrode standen. Doch die Zürcher Jagdverwaltung war hellhörig geworden und hatte im gleichen Jahr mit einer kantonalen Jagdstatistik begonnen, um einmal ins klare zu kommen, wieviel Beute die Herren Patentjäger eigentlich nach Hause schleppten.

Als 1917 der Reviergesetzentwurf vom Volk verworfen wurde und die Bevölkerung der kriegsbedingten Fleischverknappung überdrüssig war, verlangten die Bewohner von Fischental neuerdings Aufhebung des Wildschongebiets am Tössstock mit der Begründung von grossem Wildschaden. Der Regierungsrat liess den Schaden prüfen, doch da ergab sich, dass in der Gegend der Reservation kein grösserer Schaden vorkam als anderswo im Kanton auch. Es wurde beschlossen, das Schongebiet unverändert bestehen zu lassen. 1920 musste ein privates Angebot, am Tössstock Edelhirsche einzusetzen, abgelehnt werden, weil durch diese grossen Tiere erheblicher Wildschaden zu erwarten gewesen wäre. Dagegen wurden aus dem Wildpark Peter und Paul in St. Gallen drei junge Mufflonschafe eingesetzt. Die Mufflon sind relativ schwere Tiere und benötigen ihr Quantum Nahrung auch. Prompt kam 1922 wieder eine Wildschadenklage aus Fischental, hinter der ohne viel Phantasie wohl wiederum die Jäger vermutet werden durften. Der Zürcher Regierungsrat trennte hierauf rund 7 km² Kulturland vom Schongebiet ab und öffnete es der Jagd. Das verbliebene Areal umfasste total noch 14 km², wozu noch die anstossenden 8 km² auf St. Galler Gebiet kamen.

1926 legte die Finanzdirektion erneut einen Jagdgesetzesentwurf vor, worin ein fakultatives Reviersystem vorgesehen war. 1925 hatten die Landwirte in Fischental wiederum einen staatsrechtlichen Rekurs an das Bundesgericht gegen das Fortbestehen der Wildreservation am Tössstock eingereicht und waren 1926 erneut abgewiesen worden. Als dann 1929 das Reviergesetz für den Kanton Zürich angenommen worden war, wurde das Tössstock-Wildschongebiet samt allen weiteren am Zürich-, Greifen- und Pfäffikonersee im bisherigen Umfang beibehalten, doch wurden schon im folgenden Jahr ziemlich massive Abschüsse im Wildschongebiet bewilligt, um das nötige Zahlenverhältnis des Wildes zu erreichen. Die Wildhüter wurden jetzt, das heisst 1931, mit Jagdwaffen ausgerüstet, sowohl zur Bekämpfung des Raubwildes als auch zur Regulierung des Wildstandes.

Nun schien Ruhe eingekehrt zu sein. Doch die Stille trügte. 1936 kam eine Volksinitiative für ein neues kantonales Jagdgesetz zustande, die bezweckte, die Revierjagd wieder durch die Patentjagd zu ersetzen. Und allsogleich beklagten sich die Grundbesitzer am Tössstock beim Regierungsrat wieder wegen Grasschaden durch die Gemsen. Dieser beauftragte einige Jagdpächter mit der Erlegung von einer Anzahl Gemsen. Es wurden richtig sechs Stück geschossen.

Nach dem zweiten Weltkrieg kehrte für den Tössstock Ruhe ein. Scheinbar hatte man sich damit abgefunden, das heisst man war mit der kantonalen Pachtablösung zufrieden.

Beschränkung der Jagdintensität

Die Massnahmen zur *Beschränkung der Jagdintensität* im Ancien Régime kamen zu spät und waren zu kurz, um ins Gewicht zu fallen. Ganz verboten wurden damals die Jagdknechte ja nicht, und diese machten bestimmt mehr Beute, wenn sie die Herrschaften auf die Jagd schickten, weil ihnen das Wetter zu schlecht oder zu kalt war, um selber jagen zu gehen. Für den Wildstand dürften diese Verordnungen wirkungslos geblieben sein. Mehr Nutzen werden die Hundeverbote gebracht haben. Die *Treibjagd,* ohne die heute noch einzelne Kantone nicht auszukommen glauben, verboten in erster Linie die Kantone mit Bergjagden. Bern schritt schon 1717 laut der «Erneuerten Jägerordnung» dazu. In Basel-Land verbot 1897 die Gemeinde Seltisberg die Treibjagd, doch hob das Departement diesen Gemeindebeschluss auf. 1884 verbot aber der Bund Treibjagden in Banngebietsnähe aufs strengste, als die Freiburger Jäger in unmittelbarer Nähe des Freibergs Treibjagden veranstaltet und die Gemsen aus dem Banngebiet herausgescheucht hatten. Die eigentlichen kantonalen Treibjagdverbote kamen jedoch im allgemeinen später, so in Schwyz und St. Gallen oberhalb der Waldgrenze 1938, im Kanton Zürich bei Einführung der Pachtjagd 1929, während man im Wallis 1936 wegen Hirschschadens eine Treibjagd auf Hirsche veranstaltete, der 5 Hirsche und eine Hindin zum Opfer fielen, und 1941 erlaubte die Eidgenössische Jagdinspektion den Walliser Jägern eine Treibjagd auf Murmeltiere (!), doch die plötzliche Mobilisation verhinderte deren Durchführung.* Ausserdem wurde in den Kantonen auf alles mögliche getrieben, auf Wölfe, Wildschweine, Füchse, Marder und wer weiss, worauf sonst noch. Nicht umsonst trat Paul Sarasin für ein Treibjagdverbot ein, denn genau diese Jagdart vermag allem Wild wahllos Verderben zu bringen, wie kaum eine andere.

Die Versuche zur *Verminderung der Jagdteilnehmer* gehen in alte Zeiten zurück. In den Landsgemeindekantonen, wo das freie Jagdrecht seit dem Mittelalter jedem Bürger zustand, wurden von jeher die Beisassen, das heisst Niedergelassenen, vom

---
* Im Kanton Waadt erregten die «battes traditionnelles» die Bevölkerung.

Jagdrecht ganz oder teilweise ausgeschlossen. Schon damals stand der Gesetzgeber unter dem Eindruck, dass das Wild nicht für alle reiche. Uri schloss im Jagdgesetz 1823 alle Fremden oder Beisassen vom Jagen und Fischen aus. 1904 erhöhte es die Patenttaxen für Ausserkantonale ziemlich stark. Nidwalden schloss Ausserkantonale im Jagdgesetz 1853 völlig von der Jagd aus, Obwalden hatte es schon 1834 getan. Glarus nahm Ausserkantonalen, die sich in seinen Jagdgründen tummeln wollten, gleich Gewehr und Hunde weg. Am radikalsten ging Graubünden vor. Dort war 1745 die Gesetzesvorschrift verschärft worden, dass den Fremden das Jagen auf Bündnergebiet völlig verboten sein soll. Es sollten alle fremden Jäger, die hier jagen, verhaftet und zur Galeerenstrafe verurteilt werden. Solche, die sich widersetzen oder fliehen wollten, seien vogelfrei erklärt und möchten niedergeschossen werden. Genau dasselbe wird etwas ausführlicher im Jagdgesetz von 1769 verordnet: Landesfremde Jäger sind bei der ersten Betretung vom Gebiete der drei Bünde wegzuweisen und es ist ihnen das Gewehr wegzunehmen. Beim zweiten Mal sind sie vogelfrei, und was ihnen begegnet, soll von keiner einheimischen Obrigkeit geahndet werden dürfen. Wer sie beherbergt, verfällt einer Busse von 5 Kronen. Dieses Gesetz wurde mit einer grossen Mehrheit vom Volke angenommen (Jenny 1924). Später, um 1805 durften niedergelassene Einwohner, die das Bürgerrecht nicht besassen, mitjagen, freilich nicht auf Gemsen. In den späteren Jagdgesetzen durften Schweizer Bürger, jedoch kein Ausländer, auch Gemsen schiessen. Um die ganze Frage kurz zusammenzufassen: Die Beschränkung der Jagdteilnehmer war in allen Kantonen seit dem Mittelalter ein Bestreben, das man vor allem durch Ausschluss aller Nicht-Kantonsbürger erreichen wollte. Vielleicht aus einem alteingewurzelten Gefühl, dass die Jagd ein Vorrecht sei, die nur Bürgern, niemals aber Fremden zustehe. Bis zur Stunde bezahlen Ausserkantonale und Ausländer einen bedeutend höheren Patentpreis als die Kantonsbürger. Indessen, trotz aller Versuche zur Beschränkung der Jagdteilnehmer, auch mit dem Mittel ständiger *Taxerhöhungen,* wich die Sorge über die steigenden Zahlen der Patentbewerber nicht. Der Kanton Bern berechnete 1858 auf 1000 Einwohner 1,758 Jäger. Uri betrachtete 1886 die 218 patentierten Jäger als eine Zahl, welche mit dem vorhandenen Wildstand in keinem Verhältnis stehe. 1895 waren es jedoch schon 280 Jäger, im folgenden Jahr 325, wozu die Jagdverwaltung schrieb: «Von alters her war es eine Lieblingsbeschäftigung unserer Bergbewohner, dem Weidwerk nachzugehen, die Zahl der Jäger war daher in unserem Kanton immer eine ansehnliche.» 1902 stellte die Behörde, als 403 Patente gelöst wurden, eine Vermehrung der Zahl der Jäger seit 1902 und 1903 um 140 Mann fest. «Diese Erscheinung müsste zum Aufsehen mahnen und könnte unserem Wildstand verhängnisvoll werden. Allein, wir glauben, unter den Nimroden nur einzelne wirkliche Berufsjäger zu erkennen, die anderen scheinen weniger geübte Jäger zu sein.» Berufsjäger wie Wilhelm Tell gab es in Uri natürlich längst nicht mehr. Von der Jagd konnte der bescheidenste Bergler nicht leben! 1905 erhöhte man aber geschwind die Taxe für Ausserkantonale, was einen Rückgang der Patente um 80 Stück zur Folge hatte. Doch 1908/09 waren es wieder 452, und die Zahl nahm auch später nicht ab – und das Wild nicht zu. Die Kalamität blieb. Als 1944 und 1945 immer noch 441 und 514 Jäger auf die Jagd gingen, schrieb das Departement: «Bei der grossen Zahl der Jäger drängt sich die Frage von weiteren Wildschutzmassnahmen auf.» Im folgenden Jahr «machte sich im offenen Jagdgebiet eine starke Verminderung des Wildes bemerkbar. Es bedarf daher noch vermehrter Anstrengungen zur Sicherung des Wildbestandes». Im Kanton Schwyz ertönte schon 1885 dasselbe Klagelied über die Abnahme des Wildes und das Ansteigen der gelösten Patente. Die Jäger selbst verlangten Erhöhung der Taxen und Verkürzung der Jagdzeit. – Doch, wozu alle die kantonalen

Sorgen herzählen? Es war nicht bloss in den Patentkantonen so. Auch im Kanton Luzern ging 1944/45 das Unheil los, natürlich wegen der kriegsbedingten Fleischverknappung. 1946 hatte der Kanton 1353 Jagdpässe ausgestellt, fünfmal so viel als zur Patentzeit. In Graubünden hatte die Zahl der ausgegebenen Jagdpatente mit über 6000 eine Rekordhöhe erreicht. 1876 waren es 2431 gewesen. 1893 veröffentlichte die Eidgenossenschaft erstmals eine Tabelle der Kantone über die ausgestellten Jagdbewilligungen.

Zürich	312	Zug	64	St. Gallen	289
Bern	1017	Fribourg	264	Graubünden	1997
Luzern	324	Solothurn	98	Aargau	–
Uri	248	Basel-Stadt	–	Thurgau	205
Schwyz	212	Basel-Land	–	Tessin	1995
Obwalden	83	Schaffhausen	70	Waadt	1125
Nidwalden	122	Appenzell Ausserrhoden	78	Wallis	446
Glarus	153	Appenzell Innerrhoden	70	Neuenburg	427
				Genf	381

Die Die beiden Basel und der Aargau haben als die damals einzigen Revierkantone keine Patentzahlen angegeben.

Am tollsten nehmen sich die Jägerzahlen des Tessin aus, der mit seinen 2818 km² Hoheitsgebiet, wovon selbstverständlich nur ein Teil der bejagbaren Fläche entspricht, beinahe so viel Jäger stellt wie der Kanton Graubünden mit 7185 km² Bodenfläche. Begreiflich, dass es im Tessin bei so viel hungrigen Flinten über die Singvögel hergeht. Bald werden dort die Eidechsen und Heuschrecken als Jagdwild drankommen.

Bezeichnend ist auch, dass die Waadt mit weniger als die Hälfte Bodeninhalt (3232 km²) als der Kanton Bern (6884 km²) mehr Jäger aufweist als dieser. Im allgemeinen geht aus dieser Tabelle hervor, dass nicht die Wildvorräte, sondern die Jagdlust und das Jagdsystem den Ausschlag über die Jagdbeteiligung geben. – Ist das schweizerische Sachlichkeit?

Nach 1893 zeigten die Patentlösungen in den Kantonen mit wenigen Ausnahmen steigende Tendenz. Man befand sich bis zum ersten Weltkrieg in einer gewissen Konjunkturlage – die Schweizer Wildbahn musste sie tragen. Jedermann, der Lust verspürte, sein Jägerblut am Wild der Heimat zu kühlen, konnte sich die Luxusausgabe für ein Jagdpatent, Waffe und Munition leisten. Dazu kam, dass das Bundesgesetz von 1904 weit mehr dem Sinn der Nimrode angepasst war als das vorgängige und das Wild rein als Sache behandelte, ohne das geringste Interesse an der Erhaltung einer autochthonen schweizerischen Landestierwelt. Die Disziplin von 1875 hatte wesentlich nachgelassen, manche Kantone liessen die Zügel im Jagdwesen wenn auch nicht schleifen, so doch locker genug. Dazu war immer deutlicher der geistige und wirtschaftliche Anschluss an das jagdbegeisterte Deutschland gekommen, das seit 1871 mit Hilfe der französischen Kriegskontributionen unter die Goldwährungsländer gegangen war und einen rasanten Aufschwung genommen hatte.

Noch vor dem Beginn der Naturschutzbewegung wurden Klagen über die hohen Erlegungszahlen in der Schweiz, besonders im wildreichen Graubünden, laut. Der «Handelskurier» beanstandete die «Mordlust der Bündner Jäger», die 1907 1463 Gemsen, 2827 Hasen, 3160 Murmeltiere, dazu Hirsche und Rehe getötet hatten. Prompt wehrten sich die Jäger: «Wir sind Jäger, keine Mörder!» – Aber die Grenzen zwischen Jagd und Ausmorden eines Wildstandes liegen von jeher am Verhältnis zwischen Wildvorrat und Abschuss. Und eine Kontrolle darüber fehlte in Patentkantonen noch lange Zeit.

1912 war es nun Deutschland, das jagdlich den Anschluss an die Schweiz suchte. 1912 war der Kaiser in der Schweiz gewesen und hatte sich vom Schweizer Heer ein Riesenmanöver vorspielen lassen. Zur gleichen Zeit war der Badische Bahnhof in Basel gebaut worden, ein Riesending, das militärischen Zwecken so gut wie einem künftigen engen Anschluss des schweizerischen Verkehrs an Deutschland dienen sollte. Im Mai 1912 regte nun die deutsche Gesandtschaft in Bern an, die deutschen Reichsangehörigen sollten hinsichtlich der Ausübung der Jagd in der Schweiz mit den inländischen Staatsangehörigen gleichgestellt werden. Dies geschah in Form einer staatsrechtlichen Beschwerde wegen ungleicher Behandlung deutscher Jäger in verschiedenen Kantonen der Schweiz, womit die Anregung verbunden war, dass künftig die Jagdausübenden beider Länder in beiden vertragschliessenden Staaten gleichgestellt werden sollten. – Der Bundesrat holte vom Eidgenössischen Justiz- und Polizeidepartement und von der Bundesgerichtskammer Gutachten ein und befragte ausserdem die Kantone. Dann gab er die Antwort an die deutsche Gesandtschaft, er gehe grundsätzlich mit der Berechtigung des Antrages einig, sei aber der Ansicht, dass eine gegenseitige Gleichbehandlung der Staatsangehörigen beider Länder in jagdlichen Dingen nicht in den Staatsverträgen von 1909 und 1910 eingeschlossen sei und verwies auf die Jagdhoheit der Kantone in Fragen der Erteilung von Jagdbewilligungen, wonach diesen auch die Behandlung der Ausländer in der Ausübung der Jagd zustehe. – Die Sache zog sich bis 1914 hin, wurde dann aber durch den Ausbruch des ersten Weltkrieges ohnehin obsolet.

Im ersten Weltkrieg stiegen die Patentlösungen erst 1916 richtig fühlbar an, fühlbar für das Wild! Die Auswärtigen unter den Patentlösern drängten sich nach dem «wildreichen» Graubünden, namentlich Jäger aus Basel und Zürich, meistens Pachtjäger, die ihre deutschen und österreichischen Reviere nicht mehr bejagen konnten. Jetzt, als das Fleisch knapp wurde, gingen sie selbst in die Reihen der einst so verachteten Fleischjäger. Im Prättigau wimmelte es von Jägern, die gerne einen Hirsch heimgeschleppt hätten, allein in Seewis waren's 20 Zürcher Jäger, auch in Schiers sah man die Fremden mit Büchsen, sogar aus Genf. In der Mayenfelder Alp schoss einer der noblen Herren eine Kuh, die er für einen Hirsch gehalten hatte. Der stärkste Andrang der «Unterländer» kam 1918. Es gab fast mehr Jäger als Wild! Aber im Prättigau wurde wenig erlegt, dafür gab es viel Frevelfälle. Hirsche waren immer «prächtig», wenn sie nur 6 oder 8 Enden hatten, Hauptsache man hatte sie!

Im zweiten Weltkrieg hatten die schweizerische Jagdinspektion und die Kantone mit den inländischen Jägern genug zu tun. 1942 ging es mit der Jagderweiterung wegen des Fleischmangels erst richtig los. Nicht nur die Jagdfrevelfälle stiegen an, sondern auch die Zahl der Jagdteilnehmer. Natürlich waren es in erster Linie die begüterten Kreise, die es sich in dieser Krisenzeit noch leisten konnten, ein teures Patent für Ausserkantonale zu lösen und eine noch teurere Jagdwaffe zu kaufen. Damals stellten viele Kantone das Gesuch nach Bern, die Entenjagd bis Ende März ausdehnen zu dürfen, doch die Eidgenossenschaft lehnte ab. In Graubünden verlangte man eine Sonderjagd auf Hirsche, auch diese wurde nicht gestattet, da infolge der grossen Zunahme der Jäger ohnehin ein starker Abschuss zu erwarten war. 1943 war die Lage allbereits so weit, dass der Allgemeine Schweizerische Jagdschutzverein und der Naturschutzbund in je einer Eingabe nach Bern auf die krasse Gefährdung des Wildstandes durch die ungezügelte Jagd und den Wildfrevel aufmerksam machten. Das Eidgenössische Departement des Innern wandte sich darum mit einem Kreisschreiben an die Kantone, worin ihnen Verbesserungen der Jagd und des Wildschutzes empfohlen wurden. Um rasch wachsendes Fleisch und endlich wieder etwas zum Schiessen zu bekommen, wollte der Tessiner Jägerverein wilde Kaninchen aussetzen, doch da winkte man in Bern ab. Kaninchen aussetzen ist im Bundesgesetz ausdrücklich verboten und unterliegt einer Genehmigung des Bundesrates. 1946 war der Krieg endlich vorbei, nicht aber der Fleischhunger. Wiederum musste das Eidgenössische Departement die Kantone durch Kreisschreiben ersuchen, vermehrte Massnahmen gegen den übermässigen Jagdbetrieb und Wildfrevel zu treffen. Einige Kantone hatten daraufhin den Jagdbetrieb eingeschränkt und die kantonalen Banngebiete vermehrt. 1947 normalisierte sich die Lage langsam. Die Lebendwildeinfuhr in die welschen Kantone und den Tessin wurde wieder zugelassen und Schweizer Jäger konnten wieder im Ausland jagen. Doch in der Mangelzeit hatten sich die Schweizer Jäger deutlicher, als ihnen selbst hernach lieb war, als echte Fleischjäger blossgestellt.

Die Einsicht in die Überzahl der Jagdteilnehmer war allgemein. Aber zu einer direkten gesetzlichen Massnahme, wie sie seinerzeit Paul Sarasin vorgeschlagen hatte, die Zahl der Jagdbewilligungen nach den vorhandenen Wildvorräten zu richten – dazu vermochten sich weder Bund noch Kantone zu entschliessen. Man wagte es nicht, einen Schweizer am Jagen zu hindern. Vielleicht befürchtete man, die Gleichheit der Schweizer Bürger vor dem Gesetz zu verletzen.

Schon 1915 hatte das Bezirksamt Küssnacht (Kanton Schwyz) angeregt, denjenigen Personen, welche die militärische Notunterstützung bezogen oder sie noch beziehen, keine Jagdpatente mehr auszustellen, da die Jagd nicht zum Erwerb, sondern nur als Sport betrieben werde und der Jagdtag für viele nichts weiteres sei als ein Nichtstuertag, der gewöhnlich bei Spiel und Trunk seinen Abschluss finde, während Frau und Kinder am Hungertuch nagten. «Der wohlgemeinten und wohlbegründeten Anregung konnte aber leider aus gesetzlichen Gründen keine praktische Wirksamkeit gegeben werden», schrieb der Regierungsbericht bedauernd dazu.

So versuchte man es immer wieder mit andern Mitteln, mit Jagderschwerungen, Beschränkungen der Jagdintensität, Beschränkungen der Zeit und des Ortes.*

Um den Wildstand zu schonen, jedoch die Zahl der Jagdteilnehmer nicht zu beschränken, entschlossen sich die Kantone mit Patentsystem, die *Beute zu beschränken,* wie dies in den Vereinigten Staaten geschehen war. Voran ging Bern, als es 1926 die Höchstbeute für Hochwildjäger auf 6 Gemsen festlegte. Wahrlich noch sehr freigebig verglichen mit seinem Jagdgesetz von 1953, welches in § 65 die Maximalbeute für den Inhaber aller Patente im ganzen Kanton auf 3 Gemsen, 3 Murmeltiere, 1 Rehbock und 8 Hasen festsetzte. Die Waadt beschränkte 1951, um ein Massaker zu vermeiden, die Beute pro Jäger auf 2 Rehe. Damals gingen 1097 Jäger auf die Rehjagd und erlegten total 1531 Rehe, woraus hervorgeht, dass etwa ein Drittel der Jäger nicht auf die 2 Stücke gekommen waren. Ein anderes Beispiel ist die Beschränkung des Murmeltierabschusses auf 6 Stücke pro Jäger, die 1958 im Wallis angeordnet worden war. Auch in Graubünden beschränkte man 1946 den Murmeltierabschuss auf 12 Stücke pro Jäger, doch gelangte damals die Beschränkung wegen verspäteter Lieferung der Kontrollmarken nicht voll zur Wirkung. 1949 wurden die Gemsen auf 2 Stück pro Jäger limitiert, die Murmeltiere wiederum auf 12. Der Patentjägerverein hatte diese Maximalbeute selbst schon 1925 beantragt. Seither wurden überall, wo nötig, Beutebeschränkungen eingeführt und, wenn auch nicht in den Jagdgesetzen, doch in den jährlichen Jagdverordnungen festgesetzt.

* Für die Beschränkung der Jagdteilnehmer gibt es nur ein Beispiel: die zwei ersten Tage der Wasserjagd auf dem Untersee, an denen die Zahl der Jäger auf 100 Boote limitiert wurde. Wohlverstanden, nur die Zahl der Jagdteilnehmer an den zwei ersten Jagdtagen, das heisst am ersten Anprall der Schützen auf das Wasserwild. Die Zahl der Patentnehmer wurde nicht limitiert.

Endlich ist als Mittel zur Schonung des Wildes und zur Mässigung der Jagdintensität *die Jagdaufsicht* in vielen Kantonen verstärkt worden. Zunächst durch Vermehrung der Wildhüterstellen, sodann auch durch Verpflichtung der Forstbeamten und Waldbannwarte, Flurwächter, Grenzwächter unter anderem zur Jagdaufsicht, endlich durch amtlich beauftragte besondere Jagdaufseher, wie zum Beispiel in Graubünden seit 1871, in Bern seit 1831, wo sich in einzelnen Amtsbezirken mehr anmeldeten, als Bedarf da war, in andern jedoch niemand dazu geneigt war. Da die Stellen zunächst nicht bezahlt wurden und die Bewerber nur geringe Jagdbefugnisse hatten, traten die Beauftragten häufig zurück, und der rasche Wechsel der Jagdaufseher trug nicht zur Wirkung der neugeschaffenen Institution bei. 1854 wurden die Aufseherstellen vermehrt, und zwei Jahre später erliess die Jagddirektion an die immer noch unbesoldeten Jagdaufseher, an Gemeindebehörden und Waldbeamte Mahnungen auf strengere Handhabung der Jagdpolizei, «um damit zur Äufnung des Gewildes beizutragen». Nach langen Jahren aber, nachdem man inzwischen zur Einrichtung von Verzeigeprämien geschritten war, teilte das Departement mit: «An Landjäger und Jagdaufseher wurden für ihre Jagdfrevelanzeigen Prämien im Betrag von 911 Franken ausgerichtet. Es muss bei diesem Anlass neuerdings konstatiert werden, dass die Tätigkeit der Jagdaufseher ganz unbedeutend ist.» Die Zahl der von ihnen eingereichten Anzeigen sei verschwindend klein. – Nicht viel mehr Glück hatte Luzern mit Jagdaufsehern, die es noch in der Patentzeit 1922/23 in Eid und Pflicht genommen hatte.

Dazu aber kam, dass Wildhüter, Polizeiorgane und Jagdaufseher von der Justiz keineswegs unterstützt wurden. Das tief im Volk verankerte Gefühl, dass jagdliche Übertretungen und Frevel keine Vergehen, mindestens nichts Ehrenrühriges seien, blieb selbst bei den Gerichten nicht ohne Wirkung. In den ersten Jahrzehnten nach der Einführung des Bundesgesetzes 1875 wollten die Klagen in den Kantonen über die viel zu milde Bestrafung der Frevler nicht verstummen. Im Kanton St. Gallen beschwerte sich die Jagdverwaltung um 1880 und in den folgenden Jahren über die Praxis der Kreisgerichte, Frevler mit ganz geringen Bussen wegkommen zu lassen. Ein ander Mal erwischte ein Wildhüter zwei Frevler mit einem frisch geschossenen Gemsbock und brachte sie vor Gericht. Dort gaben die beiden Gesellen an, sie hätten die Gemse gefunden und seien auf dem Weg gewesen, sie abzuliefern. Das Gericht schenkte ihnen Glauben und sprach sie frei. – Auch in Graubünden hörten die Klagen über zu laue Rechtsprechung in Frevelsfällen seit 1865 nicht auf. Die Gerichte trieben unbezahlte Bussen nicht ein, noch weniger wurden diese in Haftstrafen oder Gefängnis umgewandelt. Dass gar offenbare Mitwisser von Frevelsfällen bestraft worden wären, weil sie keine Verzeigung erstattet, mithin ihrer Anzeigepflicht nicht genügt hätten – davon war schon gar nicht die Rede. Man erhob nicht einmal Einspruch, wenn Frevler trotz unbezahlter Bussen im darauffolgenden Jahr friedlich ihr Patent lösen konnten. Das alles waren keine Ermutigungen für die Jagdpolizeiorgane. Die beanstandeten Missstände zogen sich bis 1935 und noch weiter hin. Die Gerichtspraxis der Kantone in diesem Sektor änderte sich im Grunde bis zur Gegenwart nicht. Auch im gültigen eidgenössischen Strafgesetz sind zum Beispiel die Verjährungsfristen für Jagdvergehen so kurz bemessen, dass es nur einer relativ geringen Verschleppung von deren Behandlung bedarf, um die Sache überhaupt auf sich beruhen zu lassen. Darüber schrieb seinerzeit Eduard Tenger klar und scharf. Das änderte jedoch nichts daran, dass die Gerichte generell Vergehen gegen die Tiere als komplette Bagatellen betrachten und dementsprechend behandeln.

Die Raubzeugbekämpfung

Als weitere Massnahme des Staates zur Vermehrung des Nutzwildes sei die *Raubzeugbekämpfung* behandelt. Sie gehört ebenfalls zu den negativen Massnahmen; denn sie baut nicht auf, sondern ab. Nämlich einen Teil der Landestierwelt.

Amerikanische Gamemanager fassen die Verluste, die das Friedwild durch Raubtiere erleidet, unter dem Begriff des «Raubtierdruckes» (der auf dem Friedwild lastet) zusammen. Kein Zweifel, dass in Nordamerika und Kanada von einer «Predator-Pression» gesprochen werden kann; denn dort gibt es tatsächlich noch Raubtiere. Wer jedoch hierzulande von einem Raubtierdruck sprechen wollte, würde übertreiben. Die Verluste, die das Friedwild der Schweiz ausser der Jagd erleidet, lassen sich trotz aller Jägerbehauptungen doch wirklich nicht in erster Linie auf die noch verbliebenen Raubtiere zurückführen, sondern auf Faktoren, wie Klima, landwirtschaftliche Nutzungsmethoden, Pflanzenschutzmittel, Landschaftsgestaltungen, Waldwirtschaft, Autoverkehr, Krankheit.

Welche «Raubtiere» kommen im 19. Jahrhundert in der Schweiz überhaupt noch in Betracht? Fuchs, Dachs, die beiden Marder, der Iltis und das Wiesel, endlich der Fischotter. Dazu kommen einige Tag- und Nachtraubvögel, vielleicht gewisse Rabenvögel. Sieht man sich diese Tiere in der freien Wildbahn etwas näher an, so handelt es sich in der Hauptsache um Mäusefeinde oder um Fischfeinde. Der Fuchs und die Familie der Marder sind stark zyklische Tiere, das heisst sie unterstehen einem deutlichen Massenwechsel. Beim Fuchs ist der Massenwechsel vielleicht weniger deutlich, bei der Familie der Marder jedoch erkannt und beschrieben. Wie die meisten Zyklen der fleischfressenden Tiere sind auch diejenigen der einheimischen mit denen der Mäuse verbunden. Es sind also gewissermassen sekundäre Zyklen. Der Verlauf der Mäuseperioden ist seit ein paar Jahren ziemlich bekannt geworden. Es handelt sich dabei um einen Anstieg von etwa 4 oder 5 Jahren, wovon in der Regel erst die letzten zwei auffallen, sodann um einen steilen Zusammenbruch einer hohen Mäusebevölkerung einer Gegend. Mit dem Anstieg der Nahrungstiere steigt auch die Zahl derjenigen Tiere, die sich von diesen ernähren. In Mäusejahren vermehren sich die Eizahlen der Nachtraubvögel, weniger deutlich auch die der Tagraubvögel, deutlich aber die Jungenzahl der Igel, Marder und Wiesel. Dass sich in Gegenden, die eine Mäusekalamität erleiden, plötzlich auch mehr Füchse zeigen, ist bekannt. Der Zusammenbruch der Mäusejahre, der ausnahmslos im Spätwinter und Vorfrühling erfolgt, stellt nun die Fleischfresser vor eine plötzlich völlig veränderte Nahrungssituation. Die Nahrungstiere, die noch vor wenigen Tagen in Fülle erbeutet werden konnten, sind verschwunden. Was geschieht nun? Die Fleischfresser wenden sich dem Friedwild und dem Geflügelbestand der Einzelhöfe in Waldnähe zu. Jetzt erfolgen die «unglaublich frechen» Einbrüche der Füchse und Marder in die Hühnerställe, oft am hellen Tag, die verzweifelten Stösse einzelner Habichte und roter Milane auf die Kücken und jungen Hühner in Hofnähe, jetzt liegen in der Frühe auf den Überlandstrassen die zerfahrenen Steinmarder und Iltisse, die ruhelos in nagendem Hunger die ganze Nacht lang die Felder durchstreift und schliesslich die Insekten auf den Strassen zusammengeklaubt hatten, die auf dem warmen Teerbelag die Nacht verbrachten. Die Wiesel im besonderen verschwinden periodisch fast völlig aus der Gegend, um später ihren Bestand langsam wieder bis zu einem gewissen Höhepunkt aufzubauen. Sehr deutlich steigen und fallen die Bevölkerungskurven des Igels mit den Maikäferjahren. Die Beobachtung der Landstrassen in der Morgenfrühe bietet – ausser bei Schnee – einen sehr deutlichen Aufschluss über die Nahrungslage der Fleischfresser. Die zerquetschten Vögel, Mäuse, Kröten, Katzen werden von hungernden Bussarden, besonders an Regentagen, von den Strassen aufgenommen, Insekten, welche die noch warmen Strassen aufsuchten, werden von Singvögeln in der Morgenfrühe, sogar in der Dämmerung zusammengesucht, Maulwurfsgrillen, Käfer, Mäuse, auch Regenwürmer werden beim Überqueren der Strassen von Turmfälkchen entdeckt und erbeutet, kurz, die Strasse spielt in der Ernährung der Insektenfresser und Kleinraubtiere eine Rolle, die um so grösser wird, je knapper die Nahrung in der Nutzlandschaft wird.

Der langen Rede kurzer Sinn ist: Das Raubwild, oder mit dem ehemaligen Jägerausdruck das Raubzeug, ist sekundär zyklisch. Es wirft sich beim Zusammenbruch seiner Nahrungstiere, der im Spätwinter erfolgt, auf die im Frühling gesetzten Jungen des Nutz- oder Friedwildes, dazu auf die Kleinhaustiere. Darum kam es zu der intensiven Bejagung und jagdlichen Dezimierung des Raubzeuges selbst mit unfairen, jetzt verpönten Mitteln. Die Raubzeugbekämpfung ist wohl heute zur sogenannten Kurzhaltetheorie geschrumpft, hat sich jedoch immer noch in nur wenig vermindertem Umfang erhalten.

Die einstigen endlosen Extrafuchsjagden der Kantone, die schliesslich überall des nachgewiesenen Missbrauchs wegen abgestoppt wurden, die Bedenken gegen die allzugrosse Reduktion der Füchse, die sinnlose Vernichtung der Tagraubvögel, wovon mehrere Arten ausgerottet wurden, die ehemaligen Anweisungen der Wildhüter zur Raubzeugbekämpfung in den Bannbezirken, die vielen Begehren auf Fallenerlaubnis oder gar auf Giftanwendung – das alles hat nicht im geringsten den Nachweis erbracht, dass dem schweizerischen Nutzwild durch die Raubzeugbekämpfung wirklich dauerhaft geholfen wurde.

Die Theorie der «Gesundheitspolizei» durch die Raubtiere, die Paul Sarasin in einer besonderen Schrift durch nachgewiesene Beispiele aus der Wildbahn verschiedener Länder dargestellt hatte, wurde bis zum Überdruss wiederholt und besonders von den Ornithologen zur Schonung und zum Vollschutz der Tagraubvögel beigezogen. Nach dieser auch in der Jagdliteratur viel entwickelten Theorie erbeuten die Raubtiere in erster Linie die kranken oder sonstwie nicht voll bewegungstüchtigen Individuen ihrer Beutetiere. So sah man in der Tätigkeit der Raubtiere einen Auslesefaktor, der nur zum Vorteil des Friedwildes dienen musste. Das alles wusste der Jäger seit langem. Er wusste längst: «Wo Has, da Fuchs – und wo Fuchs, da Has». Aber er findet, dass diese Auslese beim Friedwild durch die natürlichen Feinde ein bisschen weiter zu gehen pflege, als ihm lieb ist, was in gewissen Fällen auf den Fuchs zutreffen dürfte, doch hauptsächlich nur in grossen Feldjagden mit ausschliesslichem Hasenbestand, die es in der Schweiz nirgends gibt.

Eine relative Niederjagdschädlichkeit der Füchse, speziell nach dem Zusammenbruch einer Mäusekalamität, kann nicht bestritten werden. Doch kann im Hinblick auf die unerfreulichen jagdlichen Zustände, die in mehreren Schweizer Kantonen viele Jahrzehnte des 19. und 20. Jahrhunderts überdauerten, nicht deutlich genug ausgesprochen werden, dass sich ein dahinserbelnder Nutzwildbestand auch durch die konsequenteste Raubzeugvertilgung nicht kurieren lässt.

Hinsichtlich des Krieges gegen die Füchse ist noch auf einen historischen Verlauf in der letzten Zeit hinzuweisen. 1934 begann der Fuchsräudezug durch die Schweizer Wildbahn. Er kam von Norden, ergriff zuerst die Füchse in den Grenzkantonen Schaffhausen, Aargau, Basel-Land. Allmählich wanderte die Räude bis in die Innerschweiz. In diesen Jahren verzichtete die Pelzmode auf den Rotfuchs. 1936 begannen die Preise für Fuchsbälge zu sinken und hatten 1940 bis 1945 einen derartigen Tiefstand erreicht, dass die Abschusszahlen der Füchse auf Bruchteile früherer Jahre zurückgingen. Niemand interessierte sich mehr für den Fuchs. Der alte Jägerspruch

«Stirbt der Fuchs, so gilt der Balg» hatte seine Gültigkeit verloren. Und nun zeigte es sich, dass die Sache mit der Nutzwildhege auch nur sehr teilweise stimmte. Immer waren die Füchse schuld gewesen, wenn kein Wild mehr in den Wäldern stand, immer hatten die «Kenner und Könner» Extraabschüsse der Füchse oder Jagdverlängerungen auf den Roten über Neujahr hinaus verlangt, natürlich zur Hege der lieben Hasen und Rehe. Jetzt war das alles plötzlich vorbei. Die kantonalen Behörden standen unter dem Eindruck, dass die Abschusszahlen nun doch zu stark abgesunken seien, und begannen Prämien auszuzahlen, speziell als im Anfang der fünfziger Jahre die Räude erloschen war und sich die Rotfüchse wieder zu vermehren begannen. 1948 und 1953 zahlten schon mehrere Kantone Fuchsprämien, mussten sie aber bald erhöhen, die staatliche Jagdverwaltung musste die Raubzeugkämpfung selbst in die Hand nehmen. Sie bewegte sich freilich in massvollen Grenzen.

Die Raubvögel dagegen galten in der bürgerlichen Jagd von jeher als Niederwildschädlinge. In Feudalzeiten und noch in der Zeit der aristokratischen Jagdperiode waren Falken und Habichte weitgehend geschont. Die Beizjagdberechtigten benötigten einen gewissen Raubvogelbesatz in ihren Jagdgebieten, um sich mit den Beizvögeln, die aus den Nestern ausgenommen wurden, zu versehen. Mit dem Aufkommen der bürgerlichen Nutzjagd verschwand in der Schweiz die adlige Beizjagd und damit wurde den Raubvögeln als Feinden des Niederwildes der Krieg erklärt. Im 19. Jahrhundert gaben die Kantone Extrapatente zur Vertilgung der Raubvögel aus. So zum Beispiel in Zürich 1878 und 1879 und den Folgejahren, nur wurde die Freude durch den bundesgesetzlichen Schutz des Mäusebussards getrübt, weil dieser schon damals am häufigsten war und am leichtesten geschossen werden konnte. 1884 wurden in Zürich, wie auch in den Vorjahren, Extrabewilligungen für Habichte und Sperber ausgegeben, doch da präsentierten die Jäger wiederholt Mäusebussarde als Habichte und wollten dafür Prämien beziehen, erhielten dann aber statt Prämien Polizeibussen von 10 Franken. «Wenn auch die Unterscheidung des Mäusebussards von dem Hühnerhabicht gar so leicht nicht ist, so ging der Berichterstatter von der Ansicht aus, es dürfe von demjenigen Jäger, welcher Jagd auf Raubvögel machen wolle, füglich verlangt werden, dass er vorerst die geschützten Vögel von den nicht geschützten sicher unterscheiden lerne.»

Die Jagd auf Raubvögel war in einigen Kantonen den Jägern, die auf Rebhühner jagten, zur Pflicht gemacht worden,* und in der Tat bewegten sich die Raubvogelabschüsse damals in sehr hohen Zahlen. Zum Beispiel wurden in einem einzigen Jahr im Kanton Luzern in den neunziger Jahren 97 Habichte, 80 Sperber, 31 Falken, 23 Uhu und 70 Baumfalken geschossen. Und das lange Jahre hindurch in ähnlichem Massstab. Ein Jahr nach dem ersten Bundesgesetz zählte das Jagdgesetz des Kantons Schwyz diejenigen «schädlichen Raubvögel auf», die das ganze Jahr hindurch ohne Schonzeit geschossen werden dürfen: Adler, Lämmergeier, grosser Uhu, Sperber, Habicht, Elstern, Häher, Fischreiher. Ganz ähnlich hielten es auch die übrigen Innerkantone in ihren Gesetzen. In den Bannbezirken ging es in jenen Jahren um 1880 bis 1900 scharf gegen den Adler und die andern Raubvögel, besonders gegen Habicht und Sperber los, ja die Wildhüter wurden von den eidgenössischen und kantonalen Behörden völlig zu Raubvogelabschüssen gedrängt, obschon sie es nur in wenigen Fällen gerne taten. Der Kanton St. Gallen empfahl in jenen Jahren den Bezirksämtern, als sich die staatlichen Jagdressorts so sehr bemühten, aus der Schweiz ein Para-

---

* Im Kanton Luzern legte zum Beispiel die Jägerordnung von 1649 den Jägern, die auf Rebhühner Jagd machten, die Pflicht auf, Raubvögel zu schiessen, damit sich die Rebhühner desto besser vermehren sollten (Segesser 1852). Dabei war im Kanton Luzern die Hühnerjagd schon längere Zeit nur mit behördlicher Bewilligung erlaubt gewesen – ausgerechnet im Kanton Luzern mit seinen grossen Mooslandschaften!

dies des Nutzwildes zu machen, sich gewissenhaft zu überzeugen, dass die zur Prämierung vorgezeigten Raubvögel auch wirlich die schädlichen Arten seien, und nicht geschützte Bussarde, die als Habichte, oder Turmfalken und Kuckucke, die als Sperber präsentiert würden.

Schlimm wurde es, als in den Innerkantonen und im Wallis auch die aus den Raubvogelhorsten ausgenommenen Eier prämiert wurden. Da kamen an Montagen die Burschen mit ganzen Körben voll Eiern, die sie am Sonntag gesammelt hatten. Die Eier wurden von den Gemeindeschreibern kaum kontrolliert, nur rasch gezählt und ausbezahlt. Wie Schaffhausen 1895 schreibt, durften unter den Jägern, die sich ihre Krähen und Raubvögel prämieren liessen, nur eine verschwindend kleine Zahl Kenner der verschiedenen Vogelarten gewesen sein. Und wie stand es in den Gemeindekanzleien, wo die Prämien ausbezahlt wurden?

Genug. Das Unrecht, das der Schweizer durch Jahrhunderte seinen Raubvögeln angetan hat, ist nicht mehr gutzumachen. Am schlimmsten war es in neuester Zeit in den beiden Weltkriegen. Im ersten Krieg ging es an mit dem Wüten gegen die sogenannten Brieftaubenfeinde. Die Brieftaubenzüchter verlangten beim Militärdepartement Abschuss der Habichte und Wanderfalken. Das Militärdepartement richtete an die Kantone mehrere Kreisschreiben, immer wieder ein neues, wenn die Abschusszahlen langsam abzunehmen begannen. Das mochte im ersten Weltkrieg noch verständlich sein, weil damals die Brieftaube in der höchsten Not noch eine gewisse militärische Bedeutung gehabt haben mochte. Als aber die Taubenzüchter im zweiten Weltkrieg dasselbe Lamento anstimmten und ihren Sport in der Zeit der drahtlosen Nachrichtenübermittlung immer noch als patriotische Tat für die Landesverteidigung hinstellten und entsprechende Wanderfalken-, Habichts- und Sperberabschüsse verlangten, ballten sich bei den Vogelschützern und Ornithologen verschiedene Fäuste. Aber leider nur im Verborgenen, denn gegen das Militärdepartement kam niemand an und dieses unterstützte die Brieftäubeler wiederum und kommandierte sogar spezielle Raubvogelschützen ab, worunter bekannte Ornithologen. Dazu kamen Mahnbriefe an die Kantone, bis es diesen zu dumm wurde und sie von sich aus diesen sinnlosen Raubvogelmord einstellten. 1974 schrieb Dr. W. Jahn: «Brieftauben spielten im zweiten Weltkrieg keine Rolle.»

Nachdem selbst die Brieftäubeler langsam gemerkt hatten, dass nicht die Raubvögel, sondern der Thalliumweizen, der 1943 und 1944 in rauhen Mengen gegen die Feldmäuse in den Äckern ausgelegt worden war, am Verschwinden ihrer teuern Sportvögel die weit grössere Schuld trug, ging ihr Interesse an der Ausrottung der Brieftaubenfeinde zurück. Aber es war zu spät – für die Greifvögel. Der Habicht ist zur Seltenheit geworden, ebenso der Sperber und erst der Wanderfalke! Und deren Schutz, den die Vogelschützer in den Kantonen langsam erreichten, brachte die alten Bestände nicht zurück, da im angrenzenden Ausland ringsum für den Raubvogelschutz wenig oder gar nichts getan wird. Deutschland schützt ja bekanntlich nicht einmal den Mäusebussard, weil dort die jagdliche Tradition nach Hartert (1885) noch ungebrochen weiterlebt. Eines dürfte aber auf diesem Gebiet durch die Zeit selbst bewiesen sein, dass auch die Verfolgung der Raubvögel an den Beständen der Niederjagd rein absolut gar nichts verbessert hat.

Rückblickend kann festgestellt werden, dass sich für die Wildbestände durch die negativen Massnahmen zu ihrer Verbesserung nichts erreichen liess.

Statistik, Bestandesaufnahme

Die eigentliche *Bewirtschaftung des Wildes durch die Kantone* ist sehr neuen Datums und damit auch die positiven Massnahmen zur Erhaltung des Wildstandes. Die Jagdstatistiken der Schweizer Kantone bestanden jahrzehntelang lediglich aus *Abschusszahlen* und dienten wohl in der Hauptsache dazu, den Jagdertrag zu kontrollieren und in Beziehung zu den Einnahmen zu setzen, die dem Staat aus den Patentgebühren zuflossen. So kam es, dass die ersten statistischen Angaben sich lediglich auf besonders wertvolle Wildgattungen bezogen. Der Kanton Bern begnügte sich beispielsweise neun Jahre lang mit der Erhebung der Abschusszahlen von Gemse und Reh. Auch Graubünden zählte sieben Jahre lang nur die erlegten Gemsen. Schaffhausen notierte anfangs die Abschüsse von Reh, Hase, Fuchs und Dachs sowie der sogenannten schädlichen Vögel, ging dann aber nach wenigen Jahren zu einer vollständigen Statistik über. Ein Überblick zeigt, dass 5 Kantone ihre Abschussstatistik schon im 19. Jahrhundert begannen. Es waren Zürich 1893, Luzern 1883, Schaffhausen 1893, Graubünden 1878, Aargau 1888. Die anderen Kantone begannen kurz nach 1900. So Appenzell Ausserrhoden, 5 in den zwanziger Jahren, 5 in den dreissiger Jahren, drei nach 1940, 4 Kantone noch nicht. 1910 hatte Nationalrat Zurburg Wildabschussstatistik für die ganze Schweiz gefordert, doch ohne Erfolg.

Die Durchführung einer Abschussstatistik begegnete da und dort Widerständen unter den Jägern. Sie vermuteten irgendwelche staatlichen Tücken, etwa die Vorbereitung eines Schlages gegen ihr geliebtes Patentsystem oder mindestens eine Taxerhöhung. Im Kanton Schwyz hatte der Regierungsrat erstmals 1930 eine Jagdstatistik verlangt. «Die Jäger wurden verhalten, jährlich genaue Angaben über ihren Wildabschuss einzureichen. Diese Jagdstatistik, versuchsweise durchgeführt, zeitigte jedoch ein derart mageres und unvollständiges Resultat, dass für dieses Jahr auf eine Veröffentlichung verzichtet wurde.» Das ging so weiter, bis endlich 1939 das Misstrauen der Jäger besiegt war und die erste Statistik der Jagderträge veröffentlicht werden konnte.

Die Eidgenössische Jagdinspektion veröffentlicht eine Wildabschussstatistik erst seit 1958. Vorher, das heisst seit 1933, wurde diese vom Schweizerischen Jägerverband zur Hebung der Patentjagd und des Wildschutzes nach den kantonalen Listen besorgt und in seinem Jahresbericht veröffentlicht.

Mit einer Statistik über die Jagderträge war der erste Schritt zu einer Bewirtschaftung der kantonalen Wildbestände getan. Es waren die einzigen Zahlen, worauf man sich stützen konnte, die einzigen Zahlen auch, die einen Rückschluss auf die kantonalen Wildbestände zuzulassen schienen. Die Gesamtstrecke einer Wildart eines gegebenen Kantons hängt aber keineswegs vom Bestand an sich ab, sondern von verschiedenen anderen Faktoren, zum Beispiel der Jagdbeteiligung in einem gegebenen Jahr, diese hängt wiederum sehr von der Konjunkturlage ab. Der Jagdertrag wird weiterhin stark vom Jagdwetter und der derzeitigen Schneelage beeinflusst, das heisst ob das Wild hoch oder tiefer steht, ganz abgesehen von Sperrgebieten bei Maul- und Klauenseuche usw. Der einflussreichste Faktor für die Jagd ist die Siedelungsdichte. Wenn also zum Beispiel 1875 in Graubünden 763 Gemsen erlegt wurden, 1913 aber 1654 und endlich 1942 3554, so dürfte wohl ein Rückschluss aus diesen Abschusszahlen auf einen entsprechenden Zuwachs des Gesamt-Gemsenbestandes völlig verfehlt sein. Solche Rückschlüsse wurden aber tatsächlich gezogen, nicht nur von belanglosen Laienbeurteilern, sondern von Behördegliedern selbst, und es wurden berechtigte Wildschutzanregungen (zum Beispiel vom Eidgenössischen Jagdinspektorat um 1925 bis 1945) damit abgelehnt.

Der entscheidende Schritt zur jagdlichen Bewirtschaftung durch Bestandeszählungen wurde nur von einer Minderheit von Kantonen getan. *Graubünden* veröffentlichte erstmals 1922 *Angaben über den Wildstand,* freilich ohne Zahlen, nur in allgemeinen Schätzungen etwa in den Kategorien «klein, mässig, gut». So zum Beispiel 1924:

Hirsche: sind im ganzen Kanton verbreitet, werden vielfach zur Landplage.
Gemsen: ordentlich.
Steinwild: am Piz d'Aela gut, ebenso am Albris.
Murmeltiere: während sie an einigen Orten zur Landplage werden, sind sie an andern auf dem Aussterbeetat.
Federwild: Bestand eher klein.
Raubwild: grosse Zahl von Füchsen und Steinadlern; der Schaden, den letzteres Wild verursacht, ist ein bedeutender.

Dass diese Angaben nicht von geschulten Kräften stammen, sondern mit Hilfe von Jägerberichten ermittelt wurden, lässt sich ohne weiteres sehen. Von 1930 an erschienen die ersten Zahlen über das Bündner Wild ohne den Nationalpark:

Hirsche	1604	Murmeltiere	6800	Marder	1965
Rehe	4955	Füchse	5394	Iltis	325
Gemsen	11634	Dachse	1045	Adler	143*

* in 49 besetzten Horsten

Von da an erfolgten die Zählungen fast jedes Jahr. Mehr als Anhaltspunkte geben diese Zahlen natürlich nicht. Bleibt man beim Beispiel von 1930, so ergab die Wildzählung 1604 Stücke Rotwild. Setzt man, wie es bei dem jahrelangen einseitigen Abschuss von männlichen Hirschen angenommen werden darf, ein ungünstiges Geschlechterverhältnis voraus, so dürfte der Abschuss von 287 Stücken zusammen mit den Winter- und Unfallverlusten den Jahreszuwachs annähernd aufgezehrt haben. Da aber die Folgezeit die rasche Zunahme des Hirschwildes beweist, müsste der Bestand grösser gewesen sein, als die Zählung ergab. Für das Rehwild würden sich die Zahlen etwa folgendermassen stellen: Bestand: 4955, angenommenes Geschlechterverhältnis: 1:5, Zuwachs: 830 Böcke. Jahresstrecke: 600 Böcke. Auch hier würden Abschuss und übrige Verluste des männlichen Rehwildes den Zuwachs ungefähr aufzehren, freilich mit dem Unterschied, dass die Bestandeszunahme nur örtlich und zeitlich begrenzt beobachtet wurde. – Wie roh und ungenau diese Schätzungen auch sind, so sind doch Wildzählungen und Abschussstatistiken von Wert.

Die genauere Beobachtung des Wildbestandes im *Kanton Bern* begann 1921. Auch dort fehlten, ausser für die Bannbezirke, Zahlenangaben. Diese kamen jedoch von 1933 an.

Bestandeszählungen erschienen 1957:
Steinwild: ♂ 132 ♀ 144
Gemsen: ♂ 2721 ♀ 5213   Abschuss: 813
Murmeltiere: 5243   Abschuss: 528
Rehe: ♂ 4866 ♀ 9559   Abschuss: ♂ 2731 ♀ 2676
Bestand und Abschüsse 1958:
Steinwild: ♂ 159 ♀ 171
Gemsen: ♂ 2876 ♀ 5402   Abschuss: 953
Murmeltiere: 5172   Abschuss: 537
Rehe: ♂ 5267 ♀ 9233   Abschuss: ♂ 1513 ♀ 2638

Bestand und Abschüsse 1960:
Steinwild: ♂ 231 ♀ 239
Gemsen: ♂ 3869 ♀ 6649 Abschuss: 1094
Murmeltiere (1959) 5499 Abschuss: 598
Rehe: ♂ 10438 ♀ 19249 Abschuss: ♂2936 ♀2566

Zürich begann 1942. Die Wildzählungen mussten durch die Jagdpächter durchgeführt werden.

1942 Bestand: 3900 Rehböcke, 7000 Geissen und Kitzen, 10900 Rehe, 6000 Hasen.
1943 Bestand: 4100 Rehböcke; 6200 Geissen; 1700 Kitzen; Total: 12000
7800 Haen
2000 Füchse
Dichte des Rehwildes: 24,0 Stück auf 100 ha Wald
7,5 Stück auf 100 ha Kulturfläche
1960 Bestand: 15362 Rehe
4000 Hasen
3400 Füchse
Dichte des Rehwildes: 33,8 Stück auf 100 ha Wald
10,5 Stück auf 100 ha Jagdfläche
Abgänge des Rehwildes 11,5%, Abschüsse 8,7%
Fallwild 2,8%

Die Bestandesdichte des Rehwildes bezogen auf 100 ha produktiven Bodens stellt sich für den Kanton *Bern* folgendermassen dar:

1958:		1957:	1960:
Oberland	2,1	2,05	2,7
Mittelland	3,2	3,4	3,2
Jura	1,6	1,4	1,5
Ganzer Kanton	2,6	2,5	

Luzern veröffentlicht 1950/51 Angaben über seinen Wildstand, freilich ohne Zahlen. Trotzdem hat der Kanton für Rehgeissen einen Abschussplan aufgestellt, als 1952/53 zu einer Reduktion der Geissen geschritten werden musste: er gab 1 Rehgeiss auf 350 ha Jagdfläche frei.

St. Gallen kontrolliert seit 1953 seinen Wildstand mit Zahlen. Die erste Schätzung 1953 ergab 550 Hirsche, 2950 Gemsen und 6550 Rehe für den ganzen Kanton. 1955 erscheinen schon die ersten Dichteberechnungen bezogen auf Wald- und Jagdfläche, getrennt nach Forstbezirken.

Forstbezirke	Rehbestand total		Rehbestand je 100 ha Jagdfläche		Rehbestand je 100 ha Waldfläche	
	1955	*1960*	*1955*	*1960*	*1955*	*1960*
St. Gallen	2300	2610	6,2	7,1	27,0	30,3
Rheintal	1400	1630	4,1	4,7	15,8	18,5
Sargans	540	790	1,4	2,0	4,4	6,5
See	760	980	2,4	3,2	8,1	10,5
Toggenburg	1800	2340	3,5	5,3	15,6	20,7

Auch der Kanton *Wallis* veröffentlichte 1934 Wildzählungsresultate vom Jahre 1925 an. Sie bezogen sich jedoch nur auf die Bannbezirke. Seit 1934 erschienen keine mehr.

Manche Kantone führen Wildzählungen oder Dichtebestimmungen durch, ohne deren Resultate zu veröffentlichen, so Basel-Land seit 1954. Sein Rehbestand bewegt sich zwischen 2800 und 3000 Stücken, die Zahl der Hasen um 1100.

Die Rehwilddichte im *Kanton Thurgau* betrug:
1955: total 3470   je 100 ha Jagdfläche 4,1   je 100 ha Waldfläche 17,2
1960:   je 100 ha Jagdfläche 4,5   je 100 ha Waldfläche 19,8

Eine Beurteilung der bisher bekannten Resultate in den Kantonen kann natürlich nur von der genauen Kenntnis der territorialen, Bewuchs- und Bewirtschaftungs-Verhältnissen usw. ausgehen, doch kann generell aus den wenigen Zahlen ersehen werden, dass sich die Sorge der Kantone ihrem Rehstand zuwandte.

Die Jagdstatistik und Wildzählungen bedeuten einen Fortschritt in der Bewirtschaftung des Wildstandes. Sie kamen zwangsläufig und bilden – leider posthum – eine volle Rechtfertigung des zoologischen Naturschutzes, wie er Paul Sarasin vorgeschwebt hat. Er war es, der zuerst an Beutelimitierung, Wildzählung und Abschussplanung gedacht hatte. Sein Gedanke, die Zahl der auszugebenden Jagdpässe und Patente nach den Wildvorräten zu richten, ging freilich nicht in Erfüllung. Dass mit dieser Art der Bewirtschaftung der Wildbestände auch der von juristischer Seite mit Hohn oder mitleidigem Lächeln bedachte Satz Sarasins de facto bestätigt wird, dass alles Wild Staatsbesitz sei, sei nur am Rande vermerkt.

Allein, ist mit dieser Art statistischer Erfassung des Wildes und der darauf gegründeten Abschussplanung alles getan, was tierschützerisch verlangt werden darf? Hegerische Ansichten, die einst sehr verbreitet waren, vertrat der Graubündner Bericht 1890, als er fand, im Piz-d'Err-Gebiet seien viele alte Gemsböcke da, welche die Rudel umhersprengten und die jungen Böcke am Beschlag hinderten, eine Ansicht, die selbst bei guten Jagdkennern da und dort angetroffen werden kann. Analogien zur Haustierzucht oder zur Forstwirtschaft mögen die Ursache sein, dass der Glaube, einem Wildstand durch Abschuss «alter Böcke» einen Dienst zu erweisen, nicht auszurotten ist. Liegt es doch auf der Hand, dass der natürlichen Zuchtwahl kaum durch irgendwelche künstlichen Massnahmen nachgeholfen werden muss. Die Eliminierung «alter Raufbolde» bei Gemsen und Rehen, die zum Beschlag nicht mehr tauglich seien, deren Brunfttrieb sich nur in exzessiver Kampflust äussere, wird von vielen Jägern, auch Handbüchern, als Hegemassnahme für nötig gehalten. Ob es jedoch Gemsböcke gibt, die nur noch raufen, jedoch nicht mehr beschlagen, ist eine Frage, die trotz aller Behauptungen offen bleibt, da der Beschlag beim Gemswild ohnehin selten beobachtet und darum nicht mit Sicherheit kontrolliert werden kann. Der Abschuss alter Stücke, männlicher wie weiblicher, ist eine Hegemassnahme mit der Büchse, deren Notwendigkeit sonderbarerweise bis heute unerschüttert blieb, besonders in Bannbezirken. Unseres Erachtens aber nur dann mit Recht, wenn es sich um Individuen handelt, die durch ihre Gehörn- oder Geweihbildung gefährlich werden. Das kommt aber nur bei den Cerviden vor.

Winterfütterung, Salz, Fallwildkontrolle

Aktive, positiv aufbauende Hegegedanken finden sich in den alten Jahrzehnten wenig, um so deutlicher in den neueren Zeiten. Schwyz bestimmte in seinem Jagdgesetz 1929, dass ein Viertel der eingegangenen Patentgebühren für Wildschutz und zur Hebung des Wildstandes zu verwenden seien, dabei wird die *Winterfütterung* namentlich als Hegemassnahme aufgeführt. Die Winterfütterung ist tatsächlich die vornehmste Hegemassnahme und verdient, besonders in Gebirgslagen, die allergrösste Aufmerksamkeit. Doch scheint es, dass die Winterfütterung, leider nicht überall mit staatlicher Hilfe, an Boden gewinnt. Ob sie immer sachkundig und erfolgreich durchgeführt wurde, sei dahingestellt. Private Fütterungsaktionen in harten Wintern und solche der Jugend seien nicht vergessen. Schon in dem strengen Winter 1913/14 hatte «eine alte Freundin unseres Hochwildes» 50 Franken zur Verfügung gestellt, damit an geeigneten Orten Futterstellen für Gemswild errichtet würden (Glarus). Da wurde im Kärpf Wildheu ausgelegt, aber von den Gemsen nicht angenommen. Viele Spuren führten zum Heu, aber gefressen wurde nicht. Die Verwunderung über diese Haltung des Gemswildes dürfte sich wesentlich verringern, wenn die Qualität des dem Wild angebotenen Futters näher untersucht worden wäre. Ich sah seinerzeit selbst solche Futtertristen für das Wild im Freiberg. Sie waren qualitativ so, dass sie kaum vom Vieh angenommen worden wären – richtige Streu. Seither hat sich die Winterfütterung wohl etwas verbessert, besonders in harten Wintern. Aber obligatorisch, wie im benachbarten Ausland, wurde die Winterfütterung bisher in der Schweiz nirgends, obschon sie nötig genug wäre.

Die *Verabreichung von Salz* an das Wild hat weite Verbreitung gefunden. 1902 ermahnte der Bund die Kantone, den Salzlecken in den Banngebieten, überhaupt der Wildpflege mehr Sorgfalt zuzuwenden. Glarus freilich untersagte 1902 die Errichtung von Salzlecken im Wiggis-Hirzli-Banngebiet, obschon solche damals vom eidgenössischen Inspektor Vernet empfohlen worden waren «wegen der damit verbundenen Gefahr der Wilderei». Seit dem Beginn der Schiessjagd, besonders aber seit der bürgerlichen Jagd, dienten die Salzlecken dem Zweck der Erlegung des Wildes. Rohrdorf gab noch 1836 ein Rezept für Lecken aus übel stinkenden Ingredienzien an, in deren Nähe er ein Ansitzhäuschen für den Jäger empfahl, von dem aus das die Lecken besuchende Wild geschossen werden konnte. Noch 100 Jahre später, am 15. September 1924, schrieb ein Einsender in der Bündner Presse, es sei bis jetzt in der Hochjagd wenig Beute gemacht worden. Im Engadin habe eine allgemeine Wallfahrt des Wildes in den Nationalpark eingesetzt. «Nicht einmal die im Sommer mit so viel Sorgfalt präparierten Salzfelsen scheinen mehr Anziehungskraft auszuüben.» In der Tat spielt für die Bündner Jäger die Salzlecke immer noch die Rolle aus uralter Zeit als Hilfe zum Abschuss des Gems-, Hirsch- und Rehwildes. Die weidgerechte Jägerei verpönt heute jeden Abschuss an Lecken oder Fütterungen für pflanzenfressendes Wild. Die Patentjagd noch nicht. Auch das ist mit ein Grund, weshalb die Patentjägerei im Ruf übeln Schiessertums steht. In vielen Bannbezirken partizipiert das Wild am Krüsch-Salzgemisch, das dem Vieh gereicht wird, wobei immer einiges versudelt wird und zu Boden fällt.

Die Hege der Kantone erstreckte sich auch auf das *Fallwild*, das heisst die Beobachtung von Wild, das an Krankheit, Alter, Entkräftung oder Unfällen zugrunde gegangen war. Sie beschränkte sich wohl anfänglich vorwiegend auf die Meldung von Krankheitsausbrüchen. Die ersten Meldungen datieren aus der Waadt, wo in der Gegend von Aigle die Lungenwurmseuche unter den Rehen ausgebrochen war. 1926 gab die Eidgenössische Jagdinspektion seuchenhaftes Erblinden der Gemsen im freiburgischen Bannbezirk Kaiseregg bekannt. 1927 kamen auch im Glarner Freiberg Kärpf Fälle von Gemsenblindheit vor. 1932 wurde im bernischen kantonalen Bannbezirk Männlichen von Stallziegen die Lungenwurmseuche eingeschleppt und übertrug sich auf die Gemsen. Sie setzte im folgenden Jahr dem Gemsenbestand am Männlichen sehr zu, griff auch auf den Gemsenbestand Gifferhorn über, erlosch dann aber unvermutet. 1939 trat der Lungenwurm im Bannbezirk Faulhorn (Bern) unter Gemsen und Rehen auf, und in den Grauen Hörnern (St. Gallen) trat einen Sommer lang die Maul- und Klauenseuche unter den Gemsen auf – die Krankheit war durch Weidevieh eingeschleppt worden! Alle Seuchen erloschen aber noch im gleichen Jahr bis auf die Lungenwurmseuche im Freiburgischen und am Faulhorn, die erst 1943 völlig erloschen war. Die Jäger verfehlten nicht, in ihren Zeitschriften und in der Tagespresse diese Seuchenfälle in den Banngebieten für ihre Zwecke weidlich auszuschlachten und auf das «gesunde Wild» der offenen Gebiete hinzuweisen.

Im gleichen Sinne hatten sie – noch zu Lebzeiten Paul Sarasins – den Nationalpark angegriffen und den dortigen Wildbeständen wegen der «Ueberhege» ein böses Ende prophezeit. Die Jäger sind überzeugt, dass in «überhegten» Wildbeständen Seuchenausbrüche unvermeidlich seien und halten sich und ihre jagdliche Tätigkeit für einen unentbehrlichen Faktor im Naturgeschehen. Sie halten sich für einen Ersatz von Wolf, Bär und Luchs, den einstigen grossen Räubern der Schweizer Wildbahn, die für eine gehörige Reduktion des Friedwildes und damit für dessen Gesundhaltung gesorgt hätten. Ein unausrottbarer Irrtum der Jägerei.

Hiezu sei ein kleiner Exkurs gestattet.

Die Selektion durch Klima und Raubtiere trifft nach allgemeiner, teilweise auch richtiger theoretischer Ansicht die kränklichen, untüchtigen Individuen. Die praktische Beobachtung lehrt noch etwas weiteres, aber sehr Wesentliches: Die Verluste durch Raubtiere treffen in der europäischen Wildbahn in der Hauptsache die *Jugendformen* des Friedwildes. Es sind die Hirschkälber, die Rehkitzen und die jungen Hasen, die von den Räubern vorwiegend geschlagen werden. Das Raubtier wendet sich, wie immer, der leichtesten Beute zu, diese sind die *jungen* Tiere. Lägen statistische Angaben über die Beutetiere der einstigen Grossraubtiere vor, so würden sie sich vorwiegend auf junges, auf weibliches, sehr häufig auf tragendes Wild erstrecken. So also steht es mit der Selektion der Raubtiere. Denn, dass diese nur krankes oder kümmerndes Wild geschlagen hätten – das ist eine hübsch zurechtgelegte Paradiesessage.

Wie sieht die Selektion der Jagd aus? In der Jagd waren Kitzen und Jungtiere gesetzlich geschont. Der Abschuss erstreckte sich auf die Individuen im erwachsenen Alter. Ob Revier- oder Patentjagd: die starke Trophäe ist überall erstrebt. Mit anderen Worten: Die Selektion der Jagd ist eine wesentlich andere. Sie geht im allgemeinen von land- und forstwirtschaftlichen Gesichtspunkten aus, von Saat und Ernte. Von einer hegerischen Selektion kann bei der Patentjagd überhaupt nicht gesprochen werden. Und bis von einer hegerischen Auswahl in Gems- oder Rehbeständen in Gebirgsrevieren gesprochen werden kann, bedürfte es noch weiter Wege. Denn zur «Hege mit der Büchse» in den Bergen – dazu gehört mehr Zeit, Geduld und Kenntnisse, als der Schweizer Jäger aufbringt. Die überlebenden Individuen in reinen, durch klimatische und trophische Faktoren und durch Grossraubtiere geschaffenen Wildbeständen sind ohne Zweifel andere als diejenigen in den stark überbejagten Teilen der schweizerischen Wildbahn. Und daraus ergibt sich der Rückschluss, dass die Jagdausübung niemals als Ersatz der verschwundenen Grossraubtiere hingestellt werden kann, selbst von der Revierjagd nicht, obschon bei ihr eine gewisse Auswahl durch Abschuss der «Kümmerer» in übersichtlichen, das heisst nicht allzusehr coupierten Revieren möglich, aber nie sicher ist.

Wie steht es nun mit der vielberufenen Seuchenanfälligkeit «überhegter» Wildbestände in den Banngebieten und im Nationalpark und der «Gesundheit» der bejagten Gebiete?

Darauf gibt die vielleicht modernste veröffentlichte Wildüberwachung der Schweiz, die des Kantons Bern, wertvolle Auskunft. Als Beispiel mögen die Jahre 1959 und 1960 dienen. Zunächst zum Vergleich einige Zahlen:

Wildart	erlegte Stücke	Fallwild	Bestand
Gemsen	2407	845	10 518
Murmeltiere	1014	805	5 453
Rehe	9 265	2172	16 278
Hirsche		1	
Hasen	17 022	357	
Füchse	2879	849	

Hieraus geht hervor, dass die Fallwildzahlen einen hohen Prozentsatz der Erlegungen betragen, mithin eine grosse Bedeutung für den ganzen Bestand haben, wobei die Zahl des Fallwildes bestimmt viel höher liegt als die der aufgefundenen Kadaver. Untersucht wurden sehr viele Tierleichen von so ziemlich allen Haar- und Federwildarten, woraus sich eine sehr interessante Liste der Krankheiten und übrigen Todesursachen ergibt. Vorerst die Krankheiten:

Die Untersuchungen zeigten teils einfache, teils mehrfache Todesursachen. Das heisst, zu einer Erkrankung konnte etwa eine zweite Erkrankung oder ein Unfall kommen, oder ein Unfall hatte eine Krankheit zur Folge. Als Haupttodesursachen zählt der Bericht folgende auf:

Beim Gemswild stehen an der Spitze *Gemsenblindheit** *und Lungenwurm*. Dann folgen *Magen-Darm-Parasiten* (Strongyliden), sodann der auch beim Menschen gefürchtete *Leberegel* (andere Form), *Bakterielle Septikämie, Papillomatose, Kokzidiose*.

Beim Murmeltier: *Kokzidien*.

Beim Rehwild erwiesen sich als häufigste Todesursachen *Magen-Darm-Parasiten* (Darmstrongylidenbefall) und *Lungenwurm*. Sodann in starken Insektenjahren die gefährliche *Rachenbremse, Gehirnentzündung, Leberegel, Mykosen, Tumoren*. Den Hasen suchten weitaus am häufigsten *Pseudotuberkulose, Kokzidiose* und *Staphylomykose* heim. Dann folgen *Hasenseuche* (Haemorrhagische Septikämie), *Hasenbrucellose* (Hasenbang), *Leberegel, Bacterium-Coli-Septikämie, Tumoren*. Beim Fuchs spielen als Todesursache *Räude* und *Darmwürmer* die grösste Rolle.

Eine Durchsicht dieser Liste zeigt, dass darin Krankheiten auftauchen, die unter Umständen auch in Form von Seuchen auftreten können. Damit fällt die von jagdlicher Seite ständig vorgetragene Ansicht, dass die Bejagung zur Verhinderung von Seuchen unerlässlich sei, dahin. Denn aus der Berner Kontrolle der Wildkrankheiten geht hervor, dass Wildseuchen enzootisch vorhanden sind oder vom Weidevieh weitergegeben werden und dass ein epizootischer Ausbruch einfach deshalb nicht stattfindet, weil im offenen Gebiet die Bestandesdichte der Tiere zu gering ist. In Banngebieten aber entspricht die Bevölkerung mit Tieren, die für eine Krankheit empfänglich sind, der Natur, das heisst sie ist so gross, dass die Krankheit den Charakter einer Seuche annehmen kann. Im Grunde kann sich jede Parasiten-, Bakterien- oder Viruskrankheit auch in dünneren Beständen zu einer Seuche ausweiten, wenn die Auslösefaktoren den Krankheitserregern günstig sind. So kann zum Beispiel eine Magen-Darm-Strongylose beim Rehwild selbst in mässig bestandenen Gebieten viele

---

* Die Gemsblindheit muss nicht in jedem Fall zum Tod des erkrankten Stücks führen. Spontanheilungen sind nach den Forschungen von Prof. Klingler die Mehrheit. Die bei Ausbrüchen von Gemsblindheit anfänglich voreilig vorgenommenen Abschüsse führten zu Wildverschwendung.

Opfer fordern, wenn die Wetterverhältnisse einige Jahre die Vermehrung der Strongyliden (Magen-, Darm- und Lungenwürmer) und ihrer Zwischenwirte (gewisser Nacktschnecken) begünstigt hatten (Basel-Land). Sogar die Leberegelinfektionen können sich stark häufen, wenn sich wintersüber Schafherden längere Zeit in einer Gegend aufgehalten hatten und im Jahr darauf durch die Schneeverhältnisse das Rehwild als erste Grünäsung vorwiegend auf die Brunnkresse in Feuchtgebieten angewiesen war. Wie stark die wandernden Schafherden und die gesömmerten Schafherden in den Alpen an der Verbreitung von parasitären Wildkrankheiten beteiligt sind, ist selbst unter Jägern nicht in vollem Umfang erkannt. Generell müssen die Haustiere und der ausgestreute Stalldünger in beinahe allen Seuchenfällen beim Wild als Überträger betrachtet werden, da das Gross- und Kleinvieh Parasiten und Pilze beherbergt, die dem Reh- und Gemswild, sogar dem Rotwild, den Tod bringen. Es hängt wohl an der Wilddichte, aber nicht nur daran, ob eine Krankheit als Seuche auftreten kann. Beteiligt sind dabei auch Wetterlagen, Schneckenjahre, Insektenjahre, Pilzjahre. Die «Überhege» als solche ist keine Seuchenursache. Durch das Ausscheiden der einstigen Bergamaskerschafherden und sonstigen Beweidungen verschwand im Nationalpark jede Seuchengefahr, so dass dieser trotz aller Prognosen von solchen Katastrophen völlig verschont blieb und bleiben wird. Mag auch das eine oder andere Stück, das in den Park einwechselt, von ausserhalb angesteckt sein, mag es sogar einer Infektion erliegen, so lässt sich eine von einzelnen Stücken eingeschleppte Infektion keinesfalls mit der Streuung von Krankheitskeimen vergleichen, die durch eine einzige Schafherde erfolgt.

Wie sich eine Seuche auch in einer mässigen Bestandesdichte ausbreiten kann, wenn sie durch die Lebensgewohnheiten oder sonstigen Faktoren bei einer Tierart begünstigt wird, zeigt der Seuchenzug der Fuchsräude, der, von Norden her kommend, 1936 die Kantone Aargau, Schaffhausen und Basel-Land zuerst ergriff und dann innert zehn Jahren die ganze übrige Schweiz durchwanderte. Was konnte die «Hege mit der Büchse» dagegen ausrichten? Und gegen die jetzt drohende Tollwut? Ausrottung – einziges Mittel. Natürlich – wenn nichts mehr da ist, muss ja jede Krankheit verschwinden, wenn die letzten Keime im Erdboden – oft erst nach vielen Jahren – abgestorben sind.

Einen Sonderfall bildet die Maul- und Klauenseuche, für deren Verbreitung man lange Zeit das Wild verantwortlich machte. In mittel- und unterländischen Gegenden wurden Probeabschüsse von angeblich seuchekrankem Rehwild gemacht, jedoch mit negativem Befund. Im Kanton Graubünden versuchte man Rehe und Hirsche mit der Maul- und Klauenseuche zu infizieren, doch erwiesen sich die Cerviden als resistent. 1920 schoss man trotzdem im Scarltal im Frühling Rehe und Gemsen ab, die man für seuchekrank hielt, zur Untersuchung durch das Eidgenössische Veterinäramt. Das Resultat war negativ. Damals schrieb Nationalrat Bühlmann: «Hoffentlich hören jetzt diese Abschüsse auf.»

Mancher Seuchenzug ging seither durch die Schweiz und kostete Tausende kostbarer Viehbestände. Auch Gemswild fiel der Maul- und Klauenseuche zum Opfer. Hirsche und Rehe blieben davon verschont – wenigstens davon.

Mit den Krankheiten sind jedoch längst nicht alle Verluste innerhalb der heimatlichen Tierwelt erfasst. Eine sehr grosse Rolle spielen die Unfälle, worunter diejenigen durch die Mähmaschinen im Vordergrund stehen, dann folgen die Opfer der alleinjagenden Hunde, endlich die Verkehrsopfer. Der Kanton Basel-Land hat seine Wild-Unfallstatistik zwar nicht publiziert, hat uns aber seine Zahlen in zuvorkommender Weise zur Verfügung gestellt. Die folgenden Jahrestabellen mögen beispielhaft einen Einblick in die Opfer vermitteln, die vom Wild durch Unfälle gefordert werden.

1952	Verkehrsopfer	vermäht	von Hunden gerissen
	50 Rehe	185 Kitzen	keine Zahlangabe
	53 Hasen	183 Hasen	
	2 Füchse		
	1 Dachs		
1954	48 Rehe	128 Kitzen	42 Rehe
	54 Hasen	230 Hasen	20 Hasen
	8 Füchse		
	5 Dachse		
1958	66 Rehe	207 Kitzen	20 Rehe
	50 Hasen	165 Hasen	6 Hasen
	6 Füchse		1 Fuchs
	6 Dachse		
	1 Marder		
	1 Wildschwein		
1960	77 Rehe	149 Kitzen	49 Rehe
	35 Hasen	117 Hasen	22 Hasen
	12 Füchse		
	12 Dachse		
	2 Marder		
	1 Iltis		

Da die Führung der Nationalstrassen überhaupt keine Rücksicht auf die möglichen Verkehrsverluste des Wildes nimmt, ist für die nähere und fernere Zukunft eine wesentliche Vermehrung derselben zu erwarten. Infolge der durch die Jagd und den Verkehr verursachten mehr und mehr nächtlichen Nahrungssuche des Wildes und des zunehmenden nächtlichen Lastverkehrs *muss* es zu Kollisionen kommen. Für das Reh sind die paar Minuten hastiger Nahrungsaufnahme über Mittag kaum mitzuzählen.

Georg v. Opel hat in «Tier» Nr. 11 als Beobachter und Jäger klar nachgewiesen, dass die nächtliche Nahrungsaufnahme weder für Rot- noch für Rehwild genügen kann. Er tritt für ganzjährige Fütterung ein, und verschiedene deutsche Firmen haben bereits entsprechende Kraftfutterangebote gemacht. Ob nun durch ganzjährige Fütterung dem hungernden Wild aufzuhelfen ist, sei dahingestellt; sicher ist aber, dass die nächtliche Nahrungsaufnahme für Wiederkäuer nicht genügt und dass die Aesung, die zum Beispiel das Rotwild tagsüber im Bergwald zusammensucht, nur Füllcharakter trägt und nur ganz unbedeutenden Nährwert besitzt.

Unter Berücksichtigung der erzwungenen nächtlichen Nahrungsaufnahme des Wildes ist es höchst fraglich, wie die Planer der Nationalstrassen mit dem Problem des freien Tierlebens zu Ende zu kommen gedenken.

Nur nebenbei sei erwähnt, dass Hasen auch absichtlich von Autolenkern in der Nacht angefahren, getötet und mitgenommen werden, eine Methode des Wilddiebstahls, die als Autowilderei bekannt wurde. In der Frühzeit der Eisenbahn litt das Wild auch unter dem Zugverkehr. Noch heute gibt es hin und wieder Wildunfälle auf den Schienen, jedoch fast ausschliesslich in der Nacht. Nach freundlicher mündlicher Mitteilung der SBB ereignen sich Unfälle dieser Art jedoch beim Zugverkehr nicht entfernt so oft wie beim Strassenverkehr, weil die Tiere durch das Geräusch und die Bodenerschütterungen des Zuges weit mehr Warnreize empfangen als beim Kraftverkehr und entsprechend rechtzeitig fliehen. Ausserdem vermögen die schwachen Lichter der Lokomotive den fesselnden Effekt weniger hervorzurufen.

Das Repeuplement

Die Schweiz ist nie ein Land gewesen, das einen übergrossen Bestand an jagdbarem Wild besessen hat, wie dies in den Staaten des ehemaligen Deutschen Reiches der Fall war. Nirgends wurde in der Schweiz die Landwirtschaft durch das Wild praktisch verunmöglicht wie in Deutschland bis zum 18. Jahrhundert. Im Gegenteil, die Bemühungen der Kantone mussten sich ausschliesslich auf die Erhaltung des Wildstandes richten, der durch Überbejagung ständig von der Vernichtung bedroht war. Die Jägerschaft vieler Patentkantone kaufte im 19. Jahrhundert im Ausland Wild und setzte es im eigenen Land ein, nicht «zur Blutauffrischung», sondern einfach zum Abschuss. Der Sinn der Wildeinfuhr ist für die schulgerechte Hege natürlich nicht der, überhaupt etwas zum Schiessen zu haben. Wer in seine Jagd fremdes Blut einführt, kauft sich beispielsweise besonders starke Gehörne tragende Rehböcke, um sie als Zuchttiere einzusetzen. Oder er kauft Hasen, um seine Jagd, in der die Hasen abgenommen hatten, neu zu bevölkern, verzichtet dann aber zwei oder mehr Jahre darauf, auch nur ein Stück zu schiessen. Ähnlich versucht er es vielleicht mit Fasanen oder Rebhühnern. Die Kantone der Schweiz, die jährlich ihr Quantum Wild aus dem Ausland beziehen, tun es nur darum, um die Verödung ihrer chronisch übernutzten Wildbahn einigermassen aufzuhalten. «Repeuplement» nennen sie das. Dass diese Art der Wildeinsetzung ganz schlicht ein Missbrauch der Natur und eine Verhöhnung der Jagd ist, bedarf wohl keiner Begründung.

Am frühesten begannen, soweit sichtbar, die Wildimporte im Waadtland. Zuerst hatte der Jägerverein «Diana» die Kosten dafür allein getragen. 1886 ersuchte die waadtländische Sektion der «Diana» darum, dass ihre Versuche des «Repeuplement» vom Staat subventioniert werden sollten, was dann in bescheidenem Umfang auch geschah. Daneben gab es aber Stimmen, die gegen jede staatliche Unterstützung der Wildimporte waren. Die Bauern klagten, die Rehe zerträten ihre Saaten, besonders den Hafer. Noch mehr Schaden verursachten Hirsche, die auf Dekret des Grossen Rates hin importiert und ausgesetzt worden waren. Dazu seien die jungen Obstbäume im Frühjahr 1895 durch Hasen beschädigt worden. Trotzdem wurde der angefochtene Staatsbeitrag an die Caisse de repeuplement beibehalten. Von 1900 an wurde auch der *Umfang* der Wildimporte angegeben: 142 Hasen und 42 Rebhühner. 1901 wurde der Staatszuschuss an die Caisse de repeuplement gestrichen, dafür erhob das Departement als Zuschlag zum Patentpreis statt Fr. 2.50 nun 5 Franken zur Speisung der Wildimportkasse. Bis zum ersten Weltkrieg wurden durchschnittlich 205 bis 210 Hasen, 50 Paare Rebhühner und 70 Paare Fasanen in die waadtländische Wildbahn eingesetzt. 1914 kam dann der Stopp, da die Lieferanten in Deutschland und Österreich nichts mehr senden konnten, doch hoffte damals das Departement, in kurzer Zeit mit dem Repeuplement wieder beginnen zu können. Denn das ansässige Wild vermehre sich nicht genügend, um die Verluste, welche die intensive Jagd verursache, «so wie sie bei uns betrieben wird», wieder aufzufüllen. Inzwischen zahlte die Caisse de repeuplement Prämien an die Jagdaufseher für die Erlegung der Füchse. Ausserdem wurde die Praxis der Fallenbewilligungen gelockert, ebenso die der Bodenjagd am Bau, endlich wurde die Vergiftung der «carnassiers» mit Giftködern erlaubt, um den Ausfall des jährlichen Repeuplements zu kompensieren.

1918 konnten die alten Wildfirmen noch immer nicht liefern. Da versuchte man es 1919 mit französischen Wildhandlungen, doch ohne Erfolg. 1920 konnte endlich mit dem Repeuplement wieder begonnen werden. Es erfolgten mehrere Einsetzungen von Rebhühnern aus Frankreich, der Tschechoslovakei und Ungarn. 1921 kamen 48 Fasanen, 8 Hasen, 9 Murmeltiere und 123 Rebhühner ins Waadtland. Kostenpunkt: 5520 Franken. Das war aber nur ein Anfang. Noch 1913 hatte man für beinahe 12000 Franken Wild bezogen. 1923 kam für 13224 Franken Wild. Dann fragte man eine Hühnerzuchtanstalt, ob sie es mit der Aufzucht von Fasanen und Rebhühnern versuchen wolle, doch wurde es darüber wieder still. Ab 1925 nahmen die Importe rasch zu: 500, 776, 1384 Hasen; mindestens 1000 wurden in den folgenden Jahren bis zum zweiten Weltkrieg angeschafft, dazu Federwild für Tausende von Franken. Dann kam der Krieg – die Importe hörten wiederum auf. 1944 war die Not so gross, dass man im Inland Hasen mit Netzen zu fangen versuchte, wo sie in Überzahl vorhanden waren und «Schaden stifteten», um sie in weniger dicht besiedelten Gegenden auszusetzen, doch anscheinend mit geringem Erfolg. 1946 kamen endlich die ersten ungarischen Hasen. Dann ging die Kalamität mit der Hasentularämie los, dazu murrten die Tier- und Naturschutzleute. 1952 wurde der Import wegen der Maul- und Klauenseuche, 1953 wegen der Myxomatose verboten. Endlich konnte man am Ende der fünfziger Jahre die verarmte Wildbahn wieder mit Haarwild auffüllen, freilich ohne sie auch nur einigermassen zu sanieren. Inzwischen wurde festgestellt, dass nur ein Bruchteil des Importwildes zum Abschuss gelangte. Was mit dem grösseren Teil geschah, kann nur vermutet werden: entweder wanderte es ab oder ging zugrunde. Genau dieselben Nachrichten über das Repeuplement sind den Berichten des Kantons Fribourg zu entnehmen.

Ähnlich ging es auch im Wallis. Dort existierte in den zwanziger Jahren der «Fonds cantonale ordinaire de repeuplement du gibier», der durch staatliche Gelder und den Erlös aus den Patenten gespiesen wurde. Weiter gab es den «Fonds pour le repeuplement des bouquetins», ebenfalls aus dem Patenterlös. Auch die «Société des Hôtels Seiler» zahlte eine Summe für den «Parc des Bouquetins de Zermatt» ein. Auch im Wallis drangen die Jäger auf besseres Repeuplement, doch das Departement meinte, das beste Mittel dafür sei, die Hekatomben von Hasen zu vermeiden, die im ersten Schnee geschossen würden. So wurden alljährlich die verschiedenen Summen in die Repeuplement-Kassen eingezahlt. Sogar Rehe beabsichtigte man einzuführen. 1926 mussten die Jäger 10 Franken Zuschlag zum Patent bezahlen, damit mehr Wild eingeführt werden konnte. Das half sogar so gut, dass 1929 die Aussetzung von Hasen wegen der Schäden an den Obstbäumchen im Kanton vorläufig verboten werden musste. Da die Einsetzungen des gekauften Wildes meist im Dezember erfolgten, lebte im folgenden Herbst in der Jagd bestenfalls noch ein Viertel der teuern Tiere!

Diese Beispiele dürften für das «Salzen der Jagden» genügen. Die Importe in diesen Kantonen waren längst nicht die einzigen. Bern versuchte 1921 ebenfalls, seinem Hasenbestand aufzuhelfen. Der Kanton trug die Hälfte der Kosten, die Jägervereine die andere. Weil aber das Importwild die Wilderer anlockte, ernannte der bernische Jägerverein Hubertus einige Mitglieder als Jagdaufseher zur Bewachung des ausgesetzten Wildes. Von 1955 an setzte der Kanton alljährlich eine bescheidene Menge von Wild aller Art aus. – Uri versuchte es 1926 mit importierten Hasen, die markiert worden waren, 1930 liess der Urner Jägerverein mit Kantonsbeitrag steirische Berghasen kommen, jedoch nur für die Schongebiete. Diese Hasenaussetzungen schienen von Erfolg gekrönt gewesen zu sein, da 1937 die Abschusszahlen gestiegen waren, nur gingen sie später wieder zurück. Die Jäger waren den Hasen doch Meister geworden. Mehrere Kantone hatten sich um die Jahrhundertwende um die Einpflanzung von Rehwild bemüht; Neuenburg versuchte es damals sogar mit Damwild. Als 1930 der Rückgang der Hasen überall zu Tage trat, griffen selbst Revierkantone zum Import, überall setzte man Hasen ein – und gab es dann wieder auf.

Als nach dem zweiten Weltkrieg die Hasen- und Hühnerimporte wieder aufgenommen werden sollten, protestierten weidgerechte Jäger und der Naturschutz gegen diese Art von Jagdausübung. Zunächst wurde damals ein Hasenimport wegen der Tularämie zurückgehalten. Auf die Länge aber drängte die «Diana» der Welschkantone und des Tessin so ungestüm auf die Haseneinfuhr, dass sich das Eidgenössische Veterinäramt zu einem Kompromiss entschloss. Nachdem 1947 und 1948 wieder «Versuchsimporte» zugelassen worden waren, schritt man trotz klarer Gutachten, die sich gegen die Wildimporte aussprachen, aus mehrheitlich innenpolitischen Gründen zu regelmässigen Bewilligungen der Wildimporte.

1945–1946 wurden mehrfach Anfragen an den Bundesrat gerichtet, weil man an diesen Lebendwildimporten Anstoss nahm. Insbesondere beanstandete man die Verpackung des Niederwildes zum Eisenbahntransport. Bircher bezeichnete es als Tierquälerei. Aber das Eidgenössische Veterinäramt (Flückiger) behauptete, von Tierquälerei könne keine Rede sein. Da liess man in St. Margrethen Dokumentphotographien aufnehmen von Hasen, die sich aus ihren Versandkisten zu befreien versucht hatten und dabei jämmerlich umkamen, von Hasen, die in den Kisten ins Setzen kamen – aber das nützte nichts. Selbst der optimistischste Beobachter hatte sehen müssen, dass die Importe bedenklich und unerfreulich waren. Es war eher eine Beruhigungsaktion für die Öffentlichkeit als eine seriöse Absicht, dass am 18. August 1950 unter dem Vorsitz des Eidgenössischen Veterinäramtes eine Konferenz einberufen wurde, in der die Tier- und Naturschutzvertreter von vorneherein in der Minderheit waren. Das Resultat war die Wiederaufnahme der Wildimporte unter «Überwachung», eine Überwachung, die nie durchgeführt wurde. Wiederum hatten in jagdlichen Fragen politische Erwägungen triumphiert über alle sachlichen weidmännischen und tierschützerischen Überlegungen. Denn die Einkreuzung ausländischer Hasen konnte, selbst bei sachgemässestem Vorgehen, nicht gelingen, da die schweizerischen Böden gegenüber denen der Ursprungsländer der Importhasen völlig verschieden waren. Schon längst war die Jagdwissenschaft von Wildverpflanzungen abgekommen und sah mehr und mehr als einziges Mittel zur Verbesserung eines Hasenbesatzes die Hege der autochthonen Bestände an. Allen neuen Erkenntnissen gegenüber erweisen sich die Importkantone als immun. Sie glaubten nun einmal an die Notwendigkeit der Wildimporte und des Festhaltens an einem Jagdsystem liberalster Prägung, das trotz allem zum Ruin der eigenen Landestierwelt führen muss. Vielleicht wirkte auf die westschweizerischen Kantone das französische Vorbild des Niederjagdbetriebes, ähnlich wie für die deutschschweizerischen Reviere das deutsche. Zusammenfassend sei gesagt, dass das Repeuplement eine Misshandlung der schweizerischen Landestierwelt und eine manifeste Tierquälerei des Importwildes darstellt. Wenn dieses Unrecht noch länger geduldet wird, dürfen sich weder Jägerschaft noch Behörden über die Verschärfung der Opposition von Tier- und Naturschutz beklagen.

Das Jägerexamen

Es war wiederum Paul Sarasin, der vom Jäger vor allem naturkundliche Kenntnisse verlangte, bevor er die Waffe sollte führen dürfen. Die Schweizer Jäger wiesen damals diese seine Forderung als völlig undurchführbar zurück, aber die jagdliche Eignungsprüfung kam trotzdem. 1919 schrieb in der Schweizerischen Jagdzeitung ein Einsender bereits unter dem Titel «Eine Aufgabe der Zukunft» einen ausführlichen Artikel über die Prüfungsfächer eines künftigen Jägerexamens. Ein solches kam in den Kantonen zwar langsam, in Graubünden erstmalig 1945, zusammen mit einer Waffenkontrolle. Auch im Kanton Uri sprach man 1945 von der Notwendigkeit einer jagdlichen Eignungsprüfung, und zwar bezeichnenderweise im Zusammenhang mit weiteren Wildschutzmassnahmen, Beschränkung der Jagdzeit und des Abschusses und ähnlichen Dingen. Doch wurde dann von der Jägerprüfung vorläufig abgesehen. Jedoch führte Schwyz das Jagdexamen ein, aber erst 1958. Bern und Zürich taten dasselbe schon 1952 und 1953 und gaben auch die Resultate bekannt. Auch der Aargau ging in denselben Jahren zur Jägerprüfung über, Basel-Land folgte 1959. In der Waadt setzte sich die jagdliche Eignungsprüfung nicht durch, dafür wurden dort 1959 obligatorische Jägerkurse eingerichtet, über deren Erfolge jedoch bis 1960 keine Ergebnisse veröffentlicht wurden.

Ornithologen und wissenschaftliche Naturschützer versprachen sich von der jagdlichen Eignungsprüfung sehr viel. Wissenschafter glauben meistens an die bildende Macht des Wissens. Sie glauben, dass der Abschuss von geschützten Vögeln aufhöre, wenn sie jeder Jägersmann richtig kenne, im Flugbild, im Gefieder der Jugend und des Alters und so. Doch die beste Prüfung kann eben nur ein Wissen verlangen, mehr nicht. Wer bietet die Gewähr, dass nach bestandenem Examen der Jäger in seinem Revier den geschützten Raubvogel auch wirklich duldet und nicht vorzieht, ihn als vermeintlichen Schädling zu töten? Darf von irgendeinem Wissensgut, das man sich mit etwas Fleiss und Gedächtnis erwerben kann, erhofft werden, dass sich nun wirklich keine übereilten Fehlschüsse mehr ereignen, kein Kuckuck mehr auf dem Herbstzug als Sperber vom Ast heruntergeholt, kein hellbäuchiger Bussard mehr als Habicht geschossen und vor dem Hüttenuhu wirklich nur noch Krähen erlegt werden? *Über das jagdliche Verhalten entscheidet das Wissen vielleicht ebensowenig, wie die Kenntnis der Verkehrsregeln Unfälle verhindern.* Wie heisst es im «Auch Einer» von Friedrich Theodor Fischer? «Das Moralische versteht sich von selbst!» Beim Jagen jedenfalls kaum.

Jagdliche Erziehungspostulate in Ehren. Aber das Charakterliche ist es, was entscheidet. Der sokratische Irrtum von der Lernbarkeit der Tugend, genau derselbe Irrtum, den die Aufklärung, den auch Pestalozzi beging, begeht, wer alle Hoffnung auf die Jägerprüfung setzt. Es ist die Überschätzung des Wissens, die das Denken noch und noch beherrscht. Damit soll der Wert des Jägerexamens keineswegs ganz verflüchtigt werden. Wovor aber gewarnt werden muss, das ist die Zufriedenheit, dass nun alles aufs Beste bestellt und alles erreicht sei, was man erreichen wollte: das echte und gerechte Verhalten des Jägers zum freilebenden Tier. Denn – das lernt ja nun jeder Jäger, sonst darf er gar nicht schiessen gehen!

Um ein Bild über den Wert der jagdlichen Eignungsprüfung für das freilebende Tier zu gewinnen, wäre es nötig, sich im einzelnen mit dem Stoff zu beschäftigen, dessen Kenntnis von einem Jagdexamenskandidaten verlangt wird. Das kann hier kaum geschehen, doch soll an einigen kurzen Beispielen darüber etwas gezeigt werden.

Zur Erleichterung der Jägerprüfung für die Bewerber gaben einige Kantone einen kleinen Leitfaden heraus, worin die möglichen Examensfragen in einer Art Schema zusammengestellt sind. Im ganzen aber werden zur Vorbereitung auf das Jägerexamen leider nur deutsche Bücher gebraucht. Damit sind der Reaktion Tür und Tor geöffnet. Die jagdlichen Kenntnisse umfassen ganze Wissensgebiete, dazu ein praktisches Können, das bestimmt nicht zu den selbstverständlichen menschlichen Fähigkeiten gehört. Der Naturschutz, der sich von Anfang an um die Erhaltung der schweizerischen Landestierwelt im Sinne einer möglichst naturnahen Biozönose bemühte, sah nur zu deutlich, wie sehr die jagdliche Tätigkeit in die natürliche Lebensgemeinschaft der freilebenden Tiere eingriff und sie verfälschte. Dazu stand in vielen Kantonen der Kampf um das nackte Überleben der Landesfauna im Vordergrund. Ähnlich stellte sich die Problematik auch für den Tierschutz, mit dem Unterschied, dass für diesen die Frage der Tierquälereien im Jagdbetrieb noch dazukam. Gemeinsam für beide Organisationen war aber die Schwierigkeit, in jagdlichen Fragen überhaupt zu Worte zu kommen beziehungsweise angehört zu werden. Für Tier- und Naturschützer blieb die Jagd irgendwie heisses Eisen, das man nur ungern anfasste. Bei der Jagd ging es eben um eine immerhin stark affektbesetzte Sache, hinter der starke Organisationen stehen. Beim Landschaftsschutz glaubte man nicht, ohne die Unterstützung der Jäger auszukommen. Und der Tierschutz hatte auch in Fällen jagdlicher Tierquälereien in der Regel einen weit härteren Stand, als wenn es gegen einen fehlbaren Tierhalter ging, der seinen Kaninchenstall vernachlässigte oder seinen Kettenhund verkommen liess.

Generell muss für alle deutschsprachigen schweizerischen Jägerprüfungen gesagt werden, dass sie ihre ganzen Anschauungsweisen und ihr Begriffsgut aus dem deutschen Jagdwesen, dessen Begriffen von Weidgerechtigkeit, Wildschutz, Jagdmoral und Jagdbräuchen beziehen. Die deutsche Weidgerechtigkeit mag eine hochentwickelte sein – wenigstens halten sie die deutschen Jäger dafür – doch ist auch sie mit herkömmlichen und veralteten Anschauungen und jagdlichen Traditionen längst vergangener Zeiten so stark beschwert, dass sie zur Erhaltung des heutigen Standes der europäischen Restfauna nicht genügt, vollends aber den modernen Vorstellungen der Humanität gegen die Tiere keineswegs entspricht, auch wenn dazu gehören soll, bei der Jagd dem Wilde Qualen zu ersparen. Ein sehr wichtiger Unterschied zwischen schweizerischer und deutscher Auffassung besteht allerdings schon seit 1925 und hat sich seit 1963 noch vertieft. Es ist die Auffassung über *die Schutzwürdigkeit verschiedener im Lande vorkommender Tierarten* und – im neuen Bundesgesetz – die sehr einschneidende Erkenntnis, *dass es kein Tier gibt, das nicht Anspruch auf eine Schonzeit hat*. Der Schweizer Gesetzgeber erachtet es als unweidmännisch, Füchse oder anderes, angeblich niederjagdschädliches Haarraubwild in seiner Fortpflanzungszeit zu töten und verbietet es von nun an. Darin also decken sich schweizerische Anschauungen von weidmännischer Gesinnung gegen die Tiere *nicht mit den deutschen*. Denn die deutschen Jagdgesetze gewähren unter anderem dem Wildkaninchen, dem Fuchs, allen Wieseln und dem Iltis keine Schonzeit und dem Eichhörnchen entziehen sie jeglichen Schutz, auch den der Naturschutzgesetzgebung.

Es gibt also eine eigenständige, schweizerische Weidgerechtigkeit im Sinne einer neuen weidmännischen Gesinnung, und es ist zu wünschen, dass diese noch weiter gefördert werde, wie sie unserem dichtbesiedelten und im Grund zutiefst human gesinnten Land und Volksganzen entspricht. Denn es ist nicht gut für unser kleines Land, sich auch nur auf einem Teilgebiet ganz und restlos in die Abhängigkeit eines Nachbarlandes zu begeben. Gut ist immer und überall, seinen eigenen Weg zu suchen. Wenn das für das Jagdwesen ganz besonders gilt, so darum, weil ausgerechnet darauf von deutscher Seite ein sehr starkes nationales Gewicht gelegt wird. Auch in den deutschen Hilfsbüchern zum Jägerexamen, die den Schweizer Kandidaten zum Studium heute empfohlen werden, wird allzusehr von deutscher Weidgerechtigkeit, deutscher Jagdethik, deutschem Jagdbrauchtum gesprochen, als dass die stark nationale Note, die hier mitklingt, zu überhören wäre. Ein Beispiel aus einem solchen deutschen Jägerprüfungsbuch: «Was ist deutsche Jagdethik?» Antwort: «Die Lehre von den göttlichen, das heisst ewigen weidmännischen Gesetzen.» Abgesehen davon, dass der Schweizer in der Regel den Mund nicht gar so voll nimmt, kann eine solche, weit in das philosophische Gebiet eindringende Definition der jagdlichen Ethik keine Gültigkeit beanspruchen, weil sie erstens einen Gottesbegriff voraussetzt, der nicht allgemein ist, und zweitens, weil sich die Ewigkeit nicht nur auf die Zukunft, sondern auch auf die Vergangenheit erstreckt, und mindestens die deutsche Jagd sich keineswegs zu allen Zeiten nach den im gleichen Atem verkündeten «ewigen Gesetzen» gerichtet hat.

Ein anderes Beispiel. Frage: «Was kennzeichnet den weidgerechten Jäger?» Antwort: «Dass er nach den allgemein anerkannten Grundsätzen deutscher Weidgerechtigkeit jagt.» Diese Grundsätze sind, soweit sie richtig sind, wohl eher menschlich richtig als schlechthin «deutsch».

Die deutschen jagdlichen Bräuche, deren Herkunft aus den Zeiten des Jagdkomments adliger Eigenjagdbesitzer feststeht, sind für den Schweizer nichts als Fremdware. Was soll also einem Glarner oder Bündner Gebirgsjäger die Kenntnis der Hornsignale oder die korrekte Überreichung des mit «Schweiss» (Blut) benetzten Schützenbruchs auf dem Weidblatt oder dem abgenommenen Hut?

Dasselbe gilt für die deutsche Jagdsprache, von der einzelne Ausdrücke, soweit verständlich, in die Schriftsprache eingedrungen sind. Hingegen ist es geschmacklos, die deutsche Jägersprache im ganzen dem Schweizer Jäger aufzudrängen. Es gibt schweizerische Jagdausdrücke, die aus uralter Verbundenheit mit dem Haustier herausgewachsen sind, so dass zu wünschen ist, gerade diese schönen, dialekthaften Bezeichnungen nicht zugunsten ausländischen Importes untergehen zu lassen, der sich immer als Fremdling anhören wird. Ist ein solcher Wunsch helvetischer Nationalismus? Wohl eher ein Stück geistiger Landesverteidigung, wenn auch nur ein ganz kleines.

Versuchen wir also eine Examinierung der in den schweizerischen Kantonen eingeführten Jägerexamen.

Die Prüfungsfächer sind in Revierkantonen überall dieselben. Der Kandidat hat zunächst ein Jagdschiessen zu bestehen, und zwar 5 Schüsse auf eine Scheibe «stehender Rehbock», dann 10 Schüsse auf eine bewegte Scheibe «laufender Hase» Dann kommt die mündliche Prüfung von 15–20 Minuten in jedem Fach. Diese sind: 1. Jagdrecht; 2. Wildkunde und Wildschadenverhütung; 3. Jagd- und Wildkunde und Jagdausübung; 4. Jagdwaffen und Schiesskunde; 5. Wildkrankheiten, Jagdhundehaltung und -führung.

Was für Fragen werden beispielsweise unter 1 gestellt? Natürlich muss der Prüfling Auskunft geben, welche Tiere jagdbar und welche geschützt sind, nach Bundesgesetz und nach kantonalem Gesetz. Dann findet sich zum Beispiel die Frage:

«Ist das Anlegen von Selbstschüssen erlaubt?» Antwort: Nein, Selbstschüsse sind laut Bundesgesetz verboten und werden mit Busse von Franken 400–1000 bestraft.

Andere Frage: «Ist das Giftlegen erlaubt?» Antwort: Nein, es wird, wenn widerrechtlich vorgenommen, mit derselben Busse bedroht.

Frage: «Ist das Ausräuchern von Füchsen und Dachsen erlaubt?» Antwort: Nein, es wird mit Busse von 100 bis 600 Franken bestraft.

Dann eine besonders tierschützerische Frage: «Dürfen wildernde Hunde abgeschossen werden und von wem?» Antwort: Ja, doch nur, wenn eine Verwarnung beziehungsweise Verzeigung des Besitzers erfolglos war oder der Besitzer nicht ermittelt werden konnte. (Der Tierschützer fragt dazu: Und wer stellt fest, ob der Hund wirklich wilderte oder «nur ein wenig bummeln» ging?)

Eine Frage, die den Tier- und Naturfreund interessiert: Ist der Jagdaufseher berechtigt, jagdschädliche, nicht geschützte Tiere zu erlegen? Antwort: Ja, doch nur im Einverständnis mit dem Revierpächter. Dann die berühmte Hegefrage: Was versteht man unter Hege? Antwort: Die Erhaltung und Pflege eines dem Biotop (den landschaftlichen Verhältnissen) angepassten Wildbestandes. (Und wessen Meinung gilt hierüber, die des Jägers oder die des Försters oder des Landwirts?)

Abschnitt 2 umfasst die Fragen über Biologie und Jagdethik, Wild- und Vogelarten, Fortpflanzungs-, Wurf- und Setzzeiten, Spuren, Fährten und Geläufe, Anlage von Salzlecken, Wildäckern und Remisen, Fütterung des Wildes im Winter, Verhütung von Wildschäden.

Im Abschnitt 3 muss der Prüfling eingangs beantworten: Warum wollen oder gehen Sie auf die Jagd? Welches ist Ihre bevorzugte Jagdart? Da muss er gestehen: Ansitz, Pirsch oder irgendeine Gesellschaftsjagd usw. Dann folgen die gegenständlichen Fragen über Trophäenkenntnis, das Verhalten nach dem Schuss usw., auch über hegerische Tätigkeit und die jägerischen Sitten und Gebräuche – letztere nach deutschem Muster.

Im Prüfungsabschnitt 3 lautet eine der eindrücklichsten Fragen: Was ist des Jägers oberste Pflicht? Antwort: Schützen und hegen. Na, schön – denkt der harmlose Tierfreund. Nächste Frage: Was ist Hege mit der Büchse? Oho! – denkt der Tierfreund – beim Hegen wird also geschossen. Das war ihm neu. Und dann muss er sich belehren lassen, dass die Hege des Jägers eben doch ein bisschen anders aussieht, als der harmlose Tierfreund sich das so gedacht hat. Der Jäger überlässt die Zusammensetzung des Wildstandes nun eben doch nicht dem Biotop, wie er es zuvor in der grossen Hegefrage gesagt hatte, sondern gestaltet sie nach den eigenen Wünschen. Er merzt durch Hegeabschuss die schwächeren Tiere aus, vorab diejenigen jungen männlichen Rehe oder Hirsche, die seiner Ansicht nach nie so vollkommene Geweihe oder Gehörne tragen werden, wie er sie für seine Sammlung im Jagdzimmer wünscht. Des weiteren regelt er durch den Hegeabschuss das Geschlechterverhältnis des Wildes, so wie er es für richtig hält. Als richtiges Geschlechterverhältnis für Rehwild wird vom Jagdhandbuch 1:1 verlangt. Doch gibt es wohl nur sehr wenige Jagden, in denen das so ist. Übrigens ist eine zuverlässige Geschlechterregelung in den schweizerischen bergigen Geländen infolge der jahreszeitlichen Wanderungen des Wildes auch gar nicht möglich. Dazu kommt, dass wegen des Waldschadens vom rechnenden Jäger der Winterbestand beispielsweise des Rehwildes möglichst klein gehalten wird. Bei gleich viel männlichem und weiblichem Rehwild ist aber der Winterbestand am höchsten und die Zahl der Kitzen im Mai relativ am kleinsten. Bei kleinerem Winterbestand von etwa 1:3 (1 Bock zu 3 Ricken) sind wahrscheinlich kleinere Fegeschäden, aber genausoviel Zuwachs zu erwarten.

Staunen wird jeder Naturschützer über die Frage: Was soll der Jäger vom Naturschutz wissen? Die Antwort müsste eine kleine Abhandlung sein. Schlägt man in einem Jägerprüfungsbuch nach, so findet man: Der Jäger müsse wissen, was in den Naturschutzverordnungen stehe, müsse vor allem die geschützten Pflanzen kennen und sie vor leichtfertiger Vernichtung schützen. Denn er sei der berufene Hüter der heimischen Tier- und Pflanzenwelt! Über diese Antwort sei nicht gestritten. Jeder schützt die Natur, die er meint, nach seiner Weise. Es gibt sogar solche, die die Pflege einer Zimmerlinde oder der Kakteen für Naturschutz halten. Nun – der Jäger liebt die Natur «auch», soweit sie ihm nicht in die Quere kommt. Andernfalls korrigiert er sie, so gut er kann.

Er lernt auch, was Biologie ist. Wird er danach gefragt, so antwortet er sachgerecht: Biologie ist die Lehre vom Leben. – Bisschen kurz, aber schliesslich richtig übersetzt. Interessanter sind Fragen, ob Winterfütterung in unserer Gegend notwendig sei, oder wieviel man von einem Hasenbestand abschiessen dürfe, oder was man den Hasen im Winter bieten könne. Einen sehr grossen Raum nimmt dann die Prüfung über die korrekt angewendete Weidmannssprache ein. Der angehende Jäger muss wissen, dass man Gams sagt, nicht Gemse, und dass der Gamsbock blädert oder keucht. Er muss im Bild sein, dass der Gams, das Rotwild und das Rehwild eine Brunftzeit haben, das Schwarzwild (Wildschwein) eine Rauschzeit, der Hase eine Rammelzeit, das Murmeltier eine Paarzeit, der Fuchs, Dachs, Fischotter, die Marder, Wiesel und der Iltis eine Ranz, dass Auer-, Birk- und Haselhühner und viele andere Vögel eine Balz und die Stockente eine Reihzeit haben, dass der Hase setzt, ebenso Reh, Gams und Hirsch, dass Schwarzwild frischt, der Fuchs wölft und der Dachs wirft. Wieviel weidmännische Ausdrücke gibt es? Über 4000. Dieser fremde Import beschwert das Jagdexamen über Gebühr.

Und so weiter, und so fort. Soll nun der Natur- und Tierfreund von diesem Examensstoff enttäuscht sein? Hat er etwas anderes erwartet? Vielleicht – vielleicht ein bisschen mehr von jener neuen Gesinnung, für die der Tierschutz seit seinem Bestehen eintritt und die er von dem lange erwarteten Tierschutzgesetz erhofft. Und ein bisschen weniger vom Althergebrachten, wonach schon die Grossväter ihre Hirsche und Böcke und ihr «Raubzeug» geschossen haben.

Doch die Jägerschaft ist nun einmal eine Zunft und hält darauf, es zu bleiben. Und der Jungjäger muss sich assimilieren, nicht nur in seiner Auffassung von Natur und Leben, sondern auch in Haltung, Sprachgebrauch und im Comment. Darin ähnelt die Jägerei dem Militär, und wenn man genau hinsieht, ist der nun auch in schweizerischen Revierjägerkreisen befolgte Comment aus jenen Kreisen in Deutschland hervorgegangen, die seit Jahrhunderten das Offizierskorps im preussischen Heer stellten. Und wenn bei Gesellschaftsjagden die Geladenen sich gegenüber dem Jagdleiter und unter sich genau nach dem Ritual verhalten, sich Weidmannsheil wünschen statt guten Morgen, und wenn alle ihre Bewegungen ein wenig zackiger und Rede und Gegenrede etwas kürzer und schneidiger werden und sich jeder auf die beste jägerische Wendung besinnt... wer tut das? Der grüne Rock oder die Waffe an der Schulter oder das bestandene Jägerexamen? Wohl zumeist ein landesfremder Import!

Aber es gibt doch noch dies und das, was der gewöhnliche Sterbliche und Tierfreund auf dem Herzen hat und wovon er in den Prüfungsbüchern nichts findet. Da ist einmal die Sache mit den Durchzüglern und dem winterlichen Wasserflugwild.

Ein Beispiel aus vergangener Zeit: Die Waldschnepfe. Ungezählte Jahrzehnte lang glaubten die Jäger, die Waldschnepfe brüte überhaupt nur im Norden und hielten die Schnepfen für durchreisende Gäste, denen man bei uns nicht genug Abbruch tun könne. Ja man ging so weit, ihnen den Anspruch auf die gewöhnlichste weidmännische Rücksicht, das Wild nicht leichtfertig krank zu schiessen, zu versagen. Nur um eine möglichst hohe Anzahl dieser wohlschmeckenden Vögel an die Jagdtasche zu bringen (Raesfeld 1920). Man gewährte der Waldschnepfe kaum vier Monate Schonzeit, noch lange, nachdem man erkannt hatte, dass sie auch hier bei uns brütet. In der Zeit der ersten Liebe des jagdreformerischen Naturschutzes – es war um 1911 – druckte der «Kosmos» die nachmalig so berühmt gewordene Rede des Forstmeisters Krug-Weikersheim ab, worin dieser sich scharf gegen die Frühlingsjagd wandte: Er schildert das Erwachen des Frühlings und den Weidmann, der nun sein Gewehr hervorholt, um sich in den abendlichen Frühlingswald zu begeben. «Merkwürdig», sagt der Forstmeister, «dass man dazu des Schiessgewehrs bedarf. In Wirklichkeit ist auch die Freude an der wiedererwachten Natur nicht der eigentliche Beweggrund zu dem Gang in den Frühlingswald, sondern die Sehnsucht nach der Ankunft eines ‚lieben Gastes', unseres ‚braven Langschnabels'... So steht denn an vielen Orten der Jäger nach alter... liebgewordener Gewohnheit im wohligen, würzigen Walde, wo die Drossel ihr Flötenlied von der Spitze der einsamen Fichte im Buchendickicht ertönen lässt, den Blick spähend und suchend nach dem immer dunkler werdenden Abendhimmel gerichtet, erwartungsvoll, ob sie auch heuer wohl wieder kommen wird, die immer spärlicher, seltener werdende Waldschnepfe... Doch da dringen plötzlich, während die Schatten der Nacht die Dämmerung mehr und mehr verdichten, wohlbekannte Laute an das Ohr des Lauschenden und schon kreuzt auch den Horizont am höheren Bestandesrande die oft gesehene, langsam heranstreichende Gestalt der so sehnlich erwarteten. Mit jähem Ruck fliegt die Flinte empor, und im Hall des Schusses fällt der ‚uns liebe, einsame Wanderer', kaum bei uns angekommen, entseelt, vielleicht auch nur jämmerlich krank geschossen, in das von Lenzeshauch zu neuem Leben erweckte Gesträuch.

Meine Herren, ist das nicht eigentlich eine Gemeinheit? – so hat sich schon mancher deutsche Jäger im stillen und auch öffentlich gefragt. Ich sage heute: Das ist nicht nur ‚eigentlich' eine Gemeinheit, sondern das ist überhaupt bedingungslos eine durch nichts zu beschönigende, bodenlose Gemeinheit, voll Freude und Erregung die Rückkehr eines selten gewordenen Vogels zu erwarten und ihn im nächsten Augenblick erbarmungslos zu töten. Sie werden mancherlei Entschuldigungsgründe anführen wollen. Ich kenne sie...» Was war damals der Erfolg dieser ach so wahren Worte von Krug-Weikersheim? Ein Aufschrei wütendster Empörung in der deutschen Jägerschaft und eine Entschuldigung im «Kosmos». Und doch hatte im gleichen Jahr 1911 der damals neu aufgelegte Brehm Stimmen erwähnt, die sich gegen die Frühlingsjagd auf die Waldschnepfe gewendet hatten. Auch Raesfeld (1920) kam zum Schluss, dass der Anstand auf die streichende Waldschnepfe im Frühling unterbleiben sollte, trotz der Poesie des Vorfrühlingsabends im Walde, trotz Drosselschlag und Rotkehlchensang. «Gemach, mein Lieber», sagt er, «ich habe die Vertreter dieses Gedankens in starkem Verdacht, dass von ihrer ganzen poetischen Auffassung nicht viel übrigbleiben würde, falls sie nicht die Hoffnung hätten, dabei den quarrenden Schnepferich herunterzuholen. Mit ihrem Schuss zerreissen sie jäh die ganze Poesie. Die kann ruhig zum Teufel gehen, wenn sie nur ihre Schnepfe nach Hause bringen... Also, freue dich nach Herzenslust an der poetischen Frühlingsstimmung, aber lass die streichenden Schnepfen am Leben». Auch die Stimme dieses hochangesehenen Forstmannes und Jägers half nicht. Die Frühlingsjagd auf die ziehende Schnepfe wurde nach wie vor – auch von den Revierjägern in der Schweiz – vom 1. bis zum 31. März ausgeübt und nach 1933 im Bundesgesetz sogar bis zum 10. April verlängert. Und als das neue Bundesgesetz 1963 zum alten Frühlingsjagdverbot von 1875 zurückkehrte, wurde das im Organ der Revierjäger sehr bedauert und kritisiert. Jede Polemik liegt hier ferne. Dass sich der Revierjäger für ein so lange ausgeübtes Recht einsetzt, war zu erwarten. Was Tier- und Naturfreunde bewegt, ist nicht Disput, sondern lediglich die Sorge um die Seltlinge der schweizerischen Landestierwelt. Und hier findet sich in der deutschen Jagdliteratur nicht jene Einstellung, die für unser Land gesucht werden muss – und wird. *Darum noch einmal: Es gibt eine schweizerische Weidgerechtigkeit, die weiter vorgedrungen ist als ihr deutsches Vorbild.* Die schon lange baufällige Frühlingsjagd ist nun zum Wohle der Tierwelt der Schweiz überwunden, mithin sowohl die Balzjagd auf die Waldschnepfe als auf den Auerhahn und den kleineren Birkhahn. Einziger Grund: der Rückgang dieser Vogelgestalten, denen nun in ihrer Fortpflanzungsperiode endlich Ruhe gegönnt sein soll. Der Tierschutz hatte in seiner Vernehmlassung zur letzten Bundesgesetzrevision für die Feld- und Berghühner sogar endgültig «Ende Feuer» vorgeschlagen. Doch es kam nicht dazu, anscheinend wollte man der Jägerwelt nicht die ganze Flugjagd wegnehmen. Man einigte sich wieder einmal auf dem Rücken der Tierwelt auf einen Mittelweg. Trotzdem bleibt die fortschrittliche Tendenz des neuen Bundesgesetzes bestehen und mit ihr eine Mahnung an die Schweizer Jägerschaft, in der deutschen Weidgerechtigkeit nicht der Weisheit letzten Schluss zu sehen, denn es sind noch viele Sorgen, die sich nicht nur um die engere heimatliche, sondern um die ganze europäische Tier- und Vogelwelt melden: Wie sieht es mit der Zukunft des Rebhuhns, des Haselhuhns, der Wat- und Wasservögel aus? Wie mit den Enten, die heute noch relativ häufige Wintergäste sind, aber im Verhältnis zu ihren Brutraumverlusten auf ihrem Herbstzug ungeheure Opfer bringen müssen. Was bestimmt auch von vielen einsichtigen Jägern im Jagdexamensstoff schmerzlich vermisst wird, ist der Begriff der *Seltenheit* einer Tierform im heutigen bewirtschafteten Raum, ein Begriff, der je nach Lage eines Reviers zur *freiwilligen Schonung* anregen könnte und – müsste.

In diesen Zusammenhang gehört die schon einmal gestellte Frage nach der Berechtigung der Flugjagd überhaupt. Der «weidgerechte Jäger» verurteilt den italienischen, südfranzösischen, spanischen und – in unserem Land – tessinischen Singvogelmord. Der weidgerechte Jäger schiesst keine Vögel – unter 100 Gramm. Es erhebt sich aber mit Recht die Frage: Ist das Abknallen einer Bekassine von 100 Gramm Gewicht Sport, hingegen das einer Nachtigall von rund 20 Gramm Gewicht Mord? Liegt der Unterschied zwischen Jagd und Vogelmord im Gewicht des Vogels oder darin, dass der eine singt und der andere nicht? (H. Geisler, 1964). Allein – wie lange ist es her, dass die Misteldrossel und die Krammetsvögel auch nordwärts der Alpen höchst weidgerecht geschossen und legal in den Comestibleläden verkauft wurden? Ich möchte – sagt Heinz Geisler – empfehlen, sich doch einmal die Liste der in Deutschland jagdbaren Vögel anzusehen. Sicher wird sich mancher fragen, aus welchen unerforschlichen Gründen der Grossteil der jagdbaren Vögel wohl eigentlich jagdbar ist.

1933 reichte der aufopfernde Natur- und Vogelschützer, Dr. Fritz Siegfried, eine Eingabe an den Bundesrat ein, nach welcher alle in der Schweiz als Brüter oder Durchzügler vorkommenden Vögel mit Ausnahme der Stockente von der Bejagung befreit sein sollten. Aber von dieser Aktion des grossen Liebenden der Tierwelt weiss kein Mensch mehr.

Ein ganzer Buckelkorb voll Fragen bleibt sonst noch zum Jagdexamen. Zum Beispiel die «Kurzhaltetheorie» des Raubwildes, früher «Raubzeugs». (Heute nennt man den Rest der freilebenden Fleischfresser «Raubwild», zum «Raubzeug» gehören jetzt nur noch wildernde Hunde und Katzen, Krähen, Elstern und Eichelhäher, die rücksichtslos bekämpft werden sollen.) Zur «Kurzhaltetheorie» melden sich folgende Fragen: Was heisst konkret «Kurzhalten»? Wer bestimmt, wie viele Füchse, Dachse, Marder, Iltisse, Wiesel usw. im Revier leben bleiben dürfen? Zum «Kurzhalten» gehören nach deutscher Auffassung auch die Raubvögel. Die sind aber bei uns zum grössten Teil geschützt und gar nicht mehr jagdbar, in vielen Kantonen überhaupt alle. Wie sollen diese also «kurz gehalten» werden? Wann also sind die Mäusefeinde, denn um diese handelt es sich in der Hauptsache, «kurz genug gehalten»? Wie steht es mit den zyklisch auftretenden Wieseln und Mardern? Und wie mit den wintersüber zugewanderten Füchsen, die gar nicht Standwild sind? Eine zum Nutzwildbestand eines gegebenen Gebietes ins «normale» Verhältnis gebrachte Zahl von Kleinraubtieren könnte nur von geschulten Beobachtern mit viel Zeit und Mühe ermittelt werden. Ist jeder Jagdpächter, jeder Patentjägerverein, jeder Jagdaufseher dazu im Stande? Auch hier lehrt die Beobachtung und die Jagdgeschichte das Gegenteil. Es ist unglaublich, wie auf dem Gebiet der Raubwildregulierung herumdilettiert worden ist.

Ein *Rückblick* am Ende dieses Ganges durch die Geschichte des schweizerischen Wildes hinterlässt irgendwie ein Erstaunen darüber, dass überhaupt noch ein Rest der ursprünglichen Tierbesiedelung unseres Landes übriggeblieben ist.

Und dieser Rest? Ist er tatsächlich noch ein Stück der ursprünglichen Landestierwelt?

Auf diese Frage gibt es wohl zwei Antworten, eine optimistische oder «genügsame», und eine pessimistische, anders gesagt, «anspruchsvollere». Der selbstzufriedene Schweizer Bürger wird auf die Bergwelt hinweisen. «Wir haben noch Gemsen und Murmeltiere, wir haben den Steinbock und die Hirsche wieder, den prächtigen Steinadler und viele Herrlichkeiten und Kostbarkeiten der Bergvogelwelt.» Und der «Anspruchsvolle»? Der wird auf die ursprünglich viel grössere Ausdehnung der Bergtiere bis tief in die neue Zeit hinweisen, auf das Wörtlein «wieder» bei Steinwild und Hirsch und wird die alten, verlorenen Gestalten der Charaktertierwelt der Berge aufzuzählen beginnen, angefangen bei den grossen Raubtiergestalten und dem Bartgeier und geendet bei all den übrigen Krummschnäbeln und Vogelschönheiten der ehemaligen Landestierwelt. Würde er bei der Jungsteinzeit oder La-Tène beginnen und den Begriff der Landestierwelt bis dahin ausdehnen, erweiterte sich seine Liste noch stark. Aber er tut das nicht, kein besonnener Schweizer wird das tun.

Erlaubt ist aber ein Vergleich der jagdbaren Tierwelt der Gegenwart mit derjenigen des Mittelalters, von der trotz dem Fehlen präziser Nachrichten immerhin so viel bekannt ist, dass kein Zweifel über das Dasein aller in historischer Zeit für die Schweiz typischer Tiergestalten besteht. Es lebten Hirsch, Reh, Gemse in den Bergen bis weit ins Mittelland und die Juragegenden, daneben Bär und Luchs und als alljährliches Wechselwild der Wolf, es brüteten Lämmergeier, Gänsegeier neben dem Steinadler, Fischadler, Schlangen- und Flussadler, der Uhu, beinahe alle Falkenarten und eine ganze Liste von Schnepfen, Wasserläufern und Entenarten usw. Sie alle gehörten zu den Alpen und deren Vorland und starben unter den Schüssen und in den Netzen und Schlingen der Jäger. Und die Sumpf- und Wasservogelwelt verschwand nach und nach mit dem Verlust ihrer Brutbiotope. Es kam für die Landestierwelt zu einem Prozess, der mit einem Begriff der alten, schweizerischen Biologen bestens bezeichnet wird: zur *Banalisierung der schweizerischen Landestierwelt*. Das will heissen, dass die Biozönose der Charaktertierwelt ihrer Berge und des Vorlandes verlorenging. Was überlebte, war nur eine Auswahl aus ihrer ursprünglichen Tierwelt, die sich weitgehend mit derjenigen von Gegenden deckt, die weit vom Alpengürtel abliegen.

Wenn es aber wahr ist, wie tief die Wandlungen der Tierwelt auf dem Gebiet der Schweiz gewesen sind, stellt sich gleichzeitig die Frage nach deren Ursache. Für die Zeit der Agrarwirtschaft beantwortet sich diese Frage für ganz Europa gleichermassen, sofern es sich um die Ausrottung der grossen Raubtiere handelt. Es war die Verteidigung des im Weidebetrieb gehaltenen Gross- und Kleinviehbestandes gegen die Fleischfresser, die von der herdenmässigen Ansammlung leichter Beute angezogen wurden. Die Bekämpfung der Schädlinge an Vieh und Federvieh erstreckte sich mit der Zeit auch auf diejenigen Wildtiere, deren kleine Raubtaten höchstens ihre Reduktion in Siedelungsnähe, niemals aber ihre Ausrottung rechtfertigen konnte. Die Jagd, die so manche Raubvogelart der Schweiz zum Verschwinden brachte, war damals schon längst reine Sportjagd, worüber auch die dörflichen Siegeszüge von Adlerschützen bis in die jüngste Zeit nicht zu täuschen vermögen. Die Jagd auf die fleischfressenden Haar- und Federwildarten hatte in der ersten Hälfte des 19.

Jahrhunderts längst ihren defensiven Charakter verloren und war zu einem herkömmlichen Feldzug gegen alles ausgeartet, was nicht nur das grüne Kraut frass. Und wenn zu dessen Begründung der Schaden am Haustierstand nicht genügte, so musste irgendeine Niederjagd- oder Fischereischädlichkeit der verfolgten Tiere herhalten.

Nicht ganz so einfach stand es mit dem Friedwild. In der Landwirtschaft des Mittel- und Unterlandes ergab sich die Ausrottung des Rothirsches aus dessen Schaden in Acker, Wiese und Wald. Und als das Rehwild sich von den Nordkantonen her gegen Süden ausbreitete, wurde auch diesem im Namen des Wildschadens nach Kräften nachgestellt, obschon in einer Heugraswiese das Äsen von Rehen nicht nachgewiesen werden kann; höchstens vielleicht in Kleeäckern, wo hie und da die süssen Blüten stark abgeäst werden. Aber man war es nicht mehr gewöhnt, das Wild draussen auf seinem Acker stehen zu sehen und bildete sich den Riesenschaden eben ein. Seit dem 19. Jahrhundert konnte die Jagd in der Schweiz, solange auch ausserhalb der Bergzone das Patentsystem vorherrschte, nicht mit dem Argument der Präkaution motiviert werden. Denn sie war schon damals Vergnügen und wurde auch in amtlichen Schriften als solches bezeichnet, mochte auch vereinzelt zum Erwerb gejagt worden sein. Nur in den Bergen hatte die Jagd von jeher den Charakter eines Nahrungserwerbs. Denn das Vieh, das in den Alpen wuchs und wächst, ist kein Schlacht-, sondern Zuchtvieh. Was der Bergbauer aus seinem Haustierstand zog und zieht, waren und sind Milchprodukte und Schweinefleisch. Der «Unterländer» kann es sich nicht denken, dass der Bergbauer, der mitten im Braunvieh drin sitzt, Fleischmangel haben soll. Und doch war es jahrhundertelang so. Die Jagd blieb in der Alpenregion bis heute Fleischjagd, selbst wenn die Sportsjagd gegenwärtig auch dort mehr und mehr Einzug hält. Zweimal in 50 Jahren wurden selbst die reichen Revierherren wieder zu Fleischjägern, zweimal machte die Notlage des Bergvolkes auch Rechtschaffene zu Wilderern.

Wer schafft die Rechtsanschauungen, wer die Moral? Der Mensch. Und wer schafft seine Ansichten von dem, was «man» tun soll und was nicht? Die Kirche? Der Glaube?

Die Wirtschaft. Sie hatte in der Schweiz zwangsläufig die Ausrottung der Grossraubtiere zur Folge, diese wieder die der kleineren fleischfressenden Geschöpfe. Die Wirtschaftsform führte zur Reduktion des Friedwildes in Berg und Tal. Die Wirtschaftstheorie führte in der Zeit der Helvetik zur Unterschätzung und Übernutzung der Jagd. Und danach waren es wiederum wirtschaftliche Überlegungen, die schrittweise zur Bewirtschaftung des Wildes führten. Die grosse Zäsur für das Schweizer Wild bildete die napoleonische Zeit, als die letzten Hirsche und Rehe fielen und die Bestände in den Kantonen mit aller Mühe nicht mehr hochzubringen waren. *Was jetzt an Wild vorhanden ist, ist in der Zeit von 1875 bis zur Gegenwart neu aufgebaut worden, nicht nur im Mittelland und der Nordschweiz, sondern auch in den Bergen.* Sogar im wildreichsten Kanton Graubünden sind der Rothirsch und die heutigen Bestände an Rehwild neueren Datums. Diese Hebung der Nutzwildbestände sind der Bundesverfassung von 1874 zu verdanken, die der Eidgenossenschaft die Kompetenz gab, ein Bundesgesetz über die Jagd zu erlassen. Zur Erhaltung von Tiergestalten, wie die des Bären, des Uhus oder auch des Fischotters war die alte Zeit nicht reif, vielleicht war auch die allzu utilitaristisch auf das rein Jagdliche ausgerichtete Tätigkeit der eidgenössischen und kantonalen Jagdbehörden damals zu einseitig gewesen. Und als sich *1925 die Gesetzgebung langsam und zögernd anschickte, dem für die Jagdverwaltung neuen Gedanken der Erhaltung der Landestierwelt, soweit sie noch als Rest bestand, näherzutreten, war es für viele Tiere zu spät.*

Noch bis zum heutigen Zeitpunkt besteht das Hauptziel der eidgenössischen und kantonalen jagdlichen Bewirtschaftung des Wildes in der Erhaltung und, wo nötig und möglich, Vermehrung des Nutzwildes. Das ist eine rein jagdwirtschaftliche Zielsetzung. Denn zur Neuschaffung einer dem geographischen Charakter des Landes entsprechenden Biozönose fehlen in der technologisch bearbeiteten und gemeisterten schweizerischen Landschaft nun alle Voraussetzungen. Wie immer hat die Wirtschaft das letzte Wort. Es kann sich heute kaum mehr um ein Grösseres handeln als um eine Erhaltung des Status quo, wobei sie für die Ornis nicht einmal halbwegs gesichert ist.

Die Mittel, deren sich die Verwaltungen mit viel gutem Willen und Gewissenhaftigkeit bedienen, sind keine neuen. Es sind diejenigen, die von jeher angewendet wurden:

Schaffung einer gesetzlich geordneten, massvollen Nutzung des Wildes durch deren mancherlei Beschränkungen der Zeit und des Ortes mit verkürzten Jagdzeiten, Schutzzonen und Banngebieten.

Ausserdem versuchten die Kantone die Hebung des Nutzwildes durch Förderung der Raubwildbekämpfung mit Extrabewilligung und Schussprämien, durch Jagdaufsicht und Frevelbekämpfung, Lösung der Hundefrage, positive Pflege des Friedwildes, Wildeinsätze und Abschusskontrolle, schliesslich durch Wildzählung und Statistik.

Von gewisser Seite wurde ein Institut für Jagdwissenschaft in der Schweiz gefordert mit Vorlesungen für die angehenden Forstingenieure, ähnlich wie in Deutschland. Andere dachten sich eine Art Wildlife-Service nach amerikanischem Muster aus. Die zoologische Wissenschaft der Schweiz bot sich mit Grundlagenforschung über die Schweizer Fauna an. Bisher blieb es bei einer Bundesgesetzesrevision. Vielleicht aus dem gesunden Gefühl, dass keine Jagdwissenschaft und keine Zoologie die Apokatastasis, die Wiederbringung dessen schaffen könne, was einst war.

Was der Schweizer mit seinem Wild tat, entschied sich vor mehr als hundert Jahren...

8. Kapitel

Die Hege des Naturschutzes

Es war in der Zeit des zweiten Bundesgesetzes über Jagd und Vogelschutz von 1904, dass die Schweizerische Naturschutzkommission dazu überging, Reservate zu gründen, worin nicht nur die Pflanzen, sondern auch die Tiere ohne menschliche Eingriffe leben sollten. Zunächst schufen die kantonalen Naturschutzkommissionen nach Weisung der schweizerischen eine Anzahl von Kleinreservaten für die Singvögel. Es waren meist Auwaldreste, wo sich manche, immer seltener werdende Arten von Freibrütern noch hatten halten können. Nachtigallen, Grasmücken, Laubsänger, im Schilfbewuchs auch Rohrsängerarten, in Auenstreifen auch Braun- und Schwarzkehlchen usw., die sollten hier auf unbeschränkte Zeit eine Heimat behalten.* Anfänglich half das den Sängern auch wirklich. Aber diese Reservate waren klein, meistens *zu* klein und ohne Aufsicht dem Treiben von Kindern, Jugendlichen und nicht zuletzt von Vogelliebhabern ausgesetzt, die dort im Frühling Nester suchten, Eier ausnahmen, um sie zu Hause den Käfigvögeln, sogar den Kanarien, unterzulegen. Die letzten Nachtigallen, in der Zugzeit selbst Blaukehlchen, fingen Vogelliebhaber für ihre Käfige und Volièren mit Klappnetzchen und Leimruten in mehreren, dem Schreibenden bekannten Singvogelreservaten. Wieder andere «beobachteten» so lange die Vögelchen am Nest oder «zeigten» das Nest ihren Kindern, bis die Tierchen der Störung wichen und ihr Gelege aufgaben.

Dazu kam aber noch das Zweite: Ein Auwaldstreifen oder irgend ein Gelände an einem Kleingewässer oder Ried – um solche biologische Reservate handelte es sich meistens – bleibt eben nicht in alle Zukunft im Zustand seiner Reservatslegung, wenn jeder Eingriff nun wegfällt. Die Büsche, worin die Laubsänger und Grasmücken nisteten, wurden gross und wild, schattig und kühl; die Besonnung, die für Nistvögel so ausschlaggebend ist, veränderte sich zum Nachteil, kurz, das Kleinreservat wurde dichter, kühler, unbesonnt und damit still. Ein Kleinreservat ohne Management entfremdet sich langsam seinem Zweck, selbst wenn die Vögel von keinem Menschen gestört werden. So verarmten manche einst reiche Vogelschutzgehölze, solche in Stadtnähe verwilderten. Die Polizei, deren Patrouillen mitunter durch den Weg des Schutzgebietes pirschten, sprach von «Vagantenwäldchen», die zu nichts nütze seien. Leider wirken verwilderte Kleinreservate auch auf Marder, Ratten und Kleinräuber aller Art höchst anziehend. Wir sahen Sperber, die ihre Brut so lange aus Kleinreservaten verköstigten, bis sie erschöpft waren. Auch Häher und Elstern plünderten oft bis Ende Mai die Nester, die hier noch gebaut worden waren. Das alles bedeutete natürlich für solche Kleinreservate das schlimme Ende. Die Naturschutzkommissionen mussten das erfahren, voraussehen konnten sie es nicht. Das Bundesgesetz hatte zur Erhaltung geschützter Vogelarten die Errichtung von Reservaten vorgesehen und der Bund versprach sogar deren finanzielle Unterstützung. Aber die von den kantonalen Naturschutzkommissionen mit so grossem Elan und Hoffnungen geschaffenen Kleinreservate hielten nicht, was man sich von ihnen versprochen hatte. Und der Betrieb der Welt brandete gegen ihre Grenzen und führte zum Rückzug der immer selteneren Sänger. Der so oft bekrittelte «museale Naturschutz» der Kleinreservate vermochte die Reste des einstigen Vogellebens nicht zu retten, besonders in Stadtnähe nicht, kaum dass es gelang, der Vegetation ein Asyl zu schaffen.

* Viele Laufkraftwerke zerstörten bis heute die Auenwälder durch Überstauung. Andere wurden schon längst geschlagen, um Kulturland zu schaffen. Die Felder stiessen bis an die Flussufer vor, viel Düngung geriet so in die Flussläufe und machte sich als Eutrophierung in den Seen bemerkbar.

Anders entwickelten sich die grösseren Reservate der Vogelschutzvereine und der Gesellschaft für Vogelkunde und Vogelschutz Ala, und die des Naturschutzbundes. Es waren die letzten Riede und Moore, die sich dem Voralpengürtel entlang zogen, die letzten nicht völlig abgesenkten Kleinseen und der Korrektion nicht unterlegenen Uferstreifen der Mittellandseen und der Seen am Rande des Jura, die bis zum zweiten Weltkrieg als ziemlich geschlossener Schutzgebietkranz gehalten werden konnten, das heisst bis die Meliorationen des Plans Wahlen sich auch dieser letzten Reserven der alten Schweizer Landschaft bemächtigte und bis auf allerletzte Reste reduzierte. Die Jahresberichte über das Schicksal der Schutzgebiete in der Kriegs- und Nachkriegszeit reden eine deutliche Sprache (Ornithol. Beobachter 1939 bis 1947). Freilich auch diese Schutzgebiete litten unter dem Mangel eines grosszügigen Managements, weil das alles viel zu teuer war und die Mittel der Idealisten und ihrer Vereine und Gesellschaften überstieg.

Es waren fast ausnahmslos Feuchtgelände, die den Wat- und Wasservögeln teilweise als Brutgebiete, teilweise als Zugstationen dienten, um deren Erhaltung sich die Vogelkundigen bemühten. Aber selbst wenn dies gelang, brandete das in der Kriegs- und der nachfolgenden Konjunkturzeit in hektrische Betriebsamkeit versetzte Wirtschaftsleben gegen die Grenzen der bestehenden Reservate, dass die Mühe, sie zu halten, stets grösser wurde. Es war nicht nur die Landwirtschaft, die ihre an Strassenbau und Industrie verlorenen Gebiete zu ersetzen trachtete, es war zum Teil die Industrie selber, die für ihre Expansion billiges Bauland in Wassernähe suchte, und nicht zuletzt war es die moderne Flucht aus dem dichtesten Wirtschaftsraum, in Luft, Sonne, Horizont und Stille, die in Form von Weekendhäusern und der Suche nach «Erholungsräumen» sich immer näher an die Reservate, ja versuchweise auf deren Gebiet selbst schob. So war es in vorderster Front der Landhunger, der der gefiederten Charaktertierwelt der Schweiz ihre letzten Rückzugsgebiete streitig machte und es immer noch tut. Denn die Meliorationen und Trockenlegungen der die Ried- und Sumpfreservate umgebenden Gelände liessen natürlich auch deren Wasserhaushalt nicht unberührt. Jede solche Veränderung erwies sich für die Pflanzen und Kleintiere, worauf sich die gehegten Vogelbestände aufbauten, als nachteilig. Es verdient als wahre Grosstat des privaten Natur- und Vogelschutzes der Schweiz gewürdigt zu werden, was hier trotz allen Hemmnissen an konservierendem zoologischem Naturschutz, besonders aber an Hege der einst und teilweise bis heute jagdbaren Vögel geleistet wurde.

Ein Nachteil vieler Reservate von einst darf nicht unerwähnt bleiben: Manche dieser mit grossem Aufwand im Frühling zur Brutzeit mühevoll gehüteten und vor Störungen bewahrten Reservate konnten nicht jagdfrei gehalten werden, so dass der Friede dieser Gelände mit der Jagderöffnung im September jäh zerbrach. Was aber die jagdliche Tätigkeit mit Stöberhunden und aufpeitschenden Schüssen für die Tierwelt eines gegebenen Geländes bedeutet, kann allein derjenige ermessen, der sie als Beobachter immer wieder miterlebt hat. Auch wenn bei Jagdbeginn schon viele der Brutvögel aus dem Reservat weggezogen waren, war für die zu kurzer Rast niedergehenden Zugvögel aus dem Norden doch keine Ruhe im Schutzgebiet. Denn selbst wenn die meisten Wat- und ein Teil der Wasservögel, die ihren Zug hier für kurze Zeit zur Rast und Nahrungsaufnahme unterbrachen, unter Bundesschutz stehen, also nicht geschossen werden dürfen, bringt die Suche nach Moorhasen oder jagdbarem Flugwild, selbst nur ein Durchgehen auf die allgegenwärtigen Elstern und Rabenkrähen, so viel Unruhe und Beängstigung für alle Tiere dieses Geländes mit sich, dass sein Wert als Reservat mindestens für die Jagdzeit fragwürdig wird oder gar auf den Nullpunkt absinkt.

Die Pachtersatzleistungen, die Störrigkeit der Gemeinden, die für jeden Fünfliber aus ihrem Jagdpachtertrag ihren Gemeinderat und Präsidenten zur Verantwortung ziehen, verunmöglichen in Revierkantonen nicht selten die notwendigsten Befriedungen wichtigster Restlandschaften von der Jagd. Doch dadurch ist es allein überhaupt möglich, einem Gelände diejenigen Standvögel und Durchzügler wiederzugeben, die einst hier Heimatrecht oder mindestens Rastrecht hatten. Denn es gibt Vogelarten, die so störungsempfindlich sind, dass sie, besonders wenn ihre Zahl abgenommen hat, bejagte Gewässer oder Sumpfgelände meiden. Mag das alles, was gegen die Jagd in Brutreservaten gesagt wird, auch von den Jägern, sogar von Ornithologen bestritten werden, so stehen anderseits so viele Beobachtungen und Erfahrungen zur Verfügung, dass u. E. vom Wunsch nach Jagdfreiheit der Reservate nicht abgegangen werden kann. Denn es liegen genaue Zählungen von einst bejagten und später befreiten Gewässern vor, die zeigen, dass der Beflug nach Einstellung der Jagd bis auf das Dreifache anstieg und dass sich Arten einfanden, die früher nie beobachtet worden waren. So dürfte es keine Täuschung sein, wenn sich auch die alten Rastplätze der Wildgänse dem Jura entlang wieder mit diesen herrlichen Vogelgestalten bevölkern würden, wenn die Bejagung der anliegenden Gewässer eingestellt würde. Denn es gibt wohl kaum ein Wasserflugwild, das so negativ auf die Bejagung reagiert, wie die Gänsearten. Wohl kaum irgendwo wie bei dem schwindenden und weitgehend verschwundenen Wasserflugwild der Schweiz bestätigt sich die Wirkung der Jagd im tier-menschlichen Verhältnis deutlicher als eine chronische Distanzierung der Tiere vom Menschen und seinem Siedlungsraum, selbst wo noch genügend Möglichkeiten für sie vorhanden wären.

Ein Beispiel des Verlustes eines für heutige Verhältnisse einst geradezu paradiesischen Ried- und Sumpfgebietes diene als Beispiel für viele analoge Fälle:

Die Geschichte des Wauwilermooses

Die Geschichte des Wauwilermooses müsste eigentlich mit der Urzeit beginnen, doch das wäre wohl müssig. Denn am einstigen Schicksal der schweizerischen Landestierwelt war längst nichts mehr zu ändern, als 1906 die Bestrebungen zur Rettung ihrer Reste begannen. Frühere und leider seltene Schutzmassnahmen von Gemeinden und Kantonen hatten andere Zwecke als die Erhaltung der Tierwelt.

Das ganze Gebiet des Wauwilermooses hatte um 1900 eine Grösse von etwa 6 km² (R. Amberg 1953). Es bestand aus dem alten Becken des Wauwilersees und dem Torfmoos der Umgebung samt dem Egolzwilersee. Zu diesen Teilen konnten noch eine Anzahl von Waldstücken gerechnet werden, die ebenfalls auf moosigem Grund stockten. Zum Streulandgewinn fanden 1800 und 1856 zwei Seeabsenkungen statt, wobei das Wasser des Wauwilersees durch den Rohnkanal in die Wigger abgeleitet wurde. Um die Zeit der zweiten Seeabsenkung 1856 hatte Hermann Fischer-Sigwart in Zofingen das Moos botanisch und zoologisch zu studieren begonnen. Er war es auch, der in der Folge die schweizerische Naturschutzkommission auf dieses Moos aufmerksam machte.

Die Nutzung des Mooses bestand hauptsächlich aus der Streuegewinnung, deren Ertrag dem Besitzer des Mooses (der Stadt Luzern) ein Einkommen brachte, das dem aus einer Heuwiese nur wenig nachstand. In der Umgebung des Wauwilersees, wo das Land meist in Privatbesitz war, wurde Torf gestochen. Der luzernische Oberförster Schwyzer versuchte dort, wo keine Streue wuchs, Wald anzubauen. Nach einigen Versuchen gerieten hier Föhren, später auch Rottannen. Der sogenannte Staatswald wurde in der Zwischenkriegszeit zur Heimstätte einer grossen Kolonie von Wacholderdrosseln oder Krammetsvögeln. In der Brutzeit griffen diese wackeren Vögel jeden vorwitzigen Besucher (auch den Schreibenden) durch heftiges Stossen nach seinem Kopf und mit ziemlich treffsicheren weissen Kotspritzern an.

Noch bis zum ersten Weltkrieg war das Wauwilermoos Nistgebiet von vielen Sumpf- und Wasservögeln: Rohrdommel, Wachtelkönig, Regenbrachvogel, verschiedene Strand- und Wasserläufer brüteten dort, Charaktervögel des Mooses waren Kiebitz und grosser Brachvogel. An der Rohn und in stillen Torfgräben bauten Enten ihre Nestkörbe, dort wurden von jeher ihre Gelege von den Dorfkindern gesucht und die Eier gesammelt.

Da von Anfang der Flugjagderöffnung an die Jäger das Moos mit Vorstehhunden durchstöberten, wobei die Suche meist den Mooshasen, den vielen Rebhühnern und den Wildenten galt, wurde von der Luzerner Regierung der Flugjagdbeginn vom 1. September auf den 1. Oktober verschoben, wodurch die Vögel, die auf dem Durchzug hier Rast machten, mehr Ruhe hatten. 1900 bis 1910 brütete im Moos auch die prächtige Sumpfohreule, die in der Luzerner Jagdstatistik bestimmt die märchenhaften Erlegungszahlen von «grossem Uhu» miterhöht hatte. Nicht zuletzt erhöhten auch die Abschüsse von Wiesenweihen und Wanderfalken aus dem Wauwilermoos die Raubvögelzahlen der Jagdstatistik.

Als der Schreibende das Moos zu besuchen begann, waren Wasserläufer und Uferschnepfen schon längst nicht mehr Brutvögel im Moos, und Jahr um Jahr wurde ein Stück des Riedbodens unter den Pflug genommen. Kartoffeln sollte die schwarze Erde hergeben, wie drüben im Grossen Moos beim Neuenburgersee.

Schon damals hatte ich den treuen Wächter des Wauwilermooses, Robert Amberg, gefragt, ob die Gemeinden ernsthaft an Urbarisierung dächten. Er beruhigte mich, fügte aber hinzu, dass aus vielen Köpfen das Vorbild des Grossen Mooses nicht wegzubringen sei. Und so kam es auch, doch erst im zweiten Weltkrieg, als der Bund die Meliorationen zahlte.

1902 stellte Fischer-Sigwart ein Gesuch an die Regierung von Luzern, einen botanisch und zoologisch wertvollen Teil des Mooses mit Jagdbann zu belegen. Dieses Gesuch wurde erst 1908 beantwortet. Die Anregung zum Schutz der Vogelwelt sei zwar lobenswert, doch sei das Gebiet zu klein und die Jagdhunde könnten nicht abgehalten werden, das Gelände zu durchstöbern. Übrigens sei nach Ansicht des Luzerner Patentjägervereins nicht damit zu rechnen, dass bei Bannung des Gebiets die Nachstellungen auf die Vögel auch wirklich aufhören würden.

Erstaunt, dass eine so wichtige Eingabe so lange nicht beantwortet und schliesslich unter unsachlichen Begründungen der Jäger abgewiesen wurde, wandte sich Dr. Paul Sarasin nun im Jahre 1910 selbst an den Luzerner Patentjägerverein. Er begründete in einem Schreiben die Bannung des Wauwilermooses ausführlich und gab der Hoffnung Ausdruck, der Patentjägerverein werde sich diesem grossen Werk des Naturschutzes nicht entgegenstellen wollen. Dieser Brief blieb unbeantwortet. Nur im Zentralblatt für Jagd- und Hundeliebhaber war 1910 zu lesen, dass Bestrebungen zum Schutze des Wauwilermooses, dem Treffpunkt der jagdbaren Zugvögel und der Luzerner Jäger, im Gange seien. «Was doch nicht alles in den Schädeln dieser Stubengelehrten spukt! Einzig und allein zur Befriedigung liebhaberischer Wünsche einiger Naturforscher, die nun à tout prix alles ummodeln wollen.» Und im Sitzungsprotokoll des Allgemeinen Schweizerischen Jagdschutzvereins vom 27. Juni 1910 in Olten stand: «Gegenüber den Bestrebungen sogenannter Naturforscher, einzelne Gebiete (Wauwilermoos) der Jagd zu entziehen, wurde Stellung genommen und das Departement ersucht, solche Eingaben jeweilen zur Vernehmlassung einzuschikken.» Paul Sarasin hatte das gelesen und schrieb dazu: «Dies wird die Schweizerische Naturschutzkommission sich merken, und sie wird das Gegentreiben jener Herren nicht aus dem Auge lassen.» Was er aber nicht wusste, war, dass das Moos, obschon in einem Patentkanton gelegen, das Flugjagdgebiet des Präsidenten des Allgemeinen Schweizerischen Jagdschutzvereins war, Fürsprech Otto Meyer, dass er um 1900 dort Rebhühner eingesetzt hatte und dass er entschlossen war, dafür zu kämpfen.

Noch im selben Jahr 1910 hatte Hermann Fischer-Sigwart einen Vortrag über das Wauwilermoos in der Luzerner Naturforschenden Gesellschaft gehalten, hatte seine langjährigen exakten Beobachtungen dort bekanntgegeben und sich für die Bannung dieses letzten, einzigartigen Geländes eingesetzt. Er schloss damals seinen Vortrag: «Also rufe ich der Luzernischen Naturforschenden Gesellschaft zum Schlusse zu: Helft an diesem Fleck Erde in naturwissenschaftlicher Beziehung noch retten, was zu retten ist. Helft die autochthone Flora und Fauna erhalten und vermehren! Und da diese meine Bitten ein eigentliches Gebet bedeuten, so schliesse ich auch mit dem üblichen Schlusse eines solchen und sage ‚Amen'.» Stürmischer Beifall lohnte damals die von ungeheurem Schwung und Begeisterung getragene Rede, und ein hoffnungsfreudiges Nachwort der Redaktion zeugt von der Vorfreude, hier der schweizerischen Naturforschung eine Heimstätte für lange, unabsehbare Zeit schaffen zu können.

Am 2. April 1911 hatte Paul Sarasin einen grosszügigen Plan für das Wauwilermoos fertig. Die Schweizerische Naturschutzkommission reichte der Luzerner Regierung eine Petition ein, es möge das gesamte Gebiet des Wauwilermooses mit Einschluss des Mauensees für eine Periode von 25 Jahren unter Jagdbann gestellt werden. Ferner möge für den Reiherbrutplatz auf dem Hitzelnberg bei Schötz so lange keine Abschussbewilligung erteilt werden, als der Schaden durch die Reiher sich nicht bemerkbar mache. Später sollte das Wauwilermoos ganz dem Naturzustand zurückgegeben werden. Unterzeichner waren neben den grossen naturwissenschaftlichen Organisationen Paul Sarasin, Hermann Christ, Fischer-Sigwart, Prof. Albert Heim, Fritz Sarasin, Prof. Carl Schröter, Prof. Friedrich Zschokke, Oberforstinspektor Johann Coaz, Prof. Bachmann (Luzern), Sir Arnold Theiler (Luzern).

Paul Sarasin war seiner Sache so sicher, dass er in seinem Stuttgarter Vortrag zum deutschen Vogelschutztag 1911 von der kommenden Grossreservation Wauwilermoos/Mauensee sprach.

Fürsprech Otto Meyer hatte schon zuvor gegen Hermann Fischer-Sigwart geschrieben, dem er Verdrehungen seiner Naturschutzbestrebungen unterschob. Und wenig später beklagt sich ein Anhänger des Revierjagdsystems unter dem Titel «So weit musste es kommen» darüber, dass die Schweizerische Naturschutzkommission, die Eidgenössische Ornithologische Kommission, die Schweizerische Gesellschaft für Vogelkunde, die Schweizerische Zoologische Gesellschaft, die Luzerner und Aargauer Naturforschende Gesellschaft eine Eingabe zur Bannung des Wauwilermooses an die Luzerner Regierung erlassen habe. Da sei nur die Patentjagd daran schuld. Anstatt dass man die Revierjagd fördere, mache man sogenannte Reservate. So weit habe es kommen müssen. Vielleicht hätten die Artikel im Zentralblatt nicht so stark gewirkt, doch nun griff der Präsident, Otto Meyer, ein: «An den hohen Regierungsrat des Kantons Luzern: Ihr Staatswirtschaftsdepartement hatte die Freundlichkeit, dem Allgemeinen Schweizerischen Jagdschutzverein ein Gesuch der Schweiz. Naturschutzkommission und ähnlicher Vereine vom 2. April 1911 betreff Bannung des Wauwilermooses zur Vernehmlassung zuzustellen.» Meyer griff an, nicht nur das beabsichtigte Moosreservat, sondern gleich auch den Nationalpark, «in welchen sich sowohl Tier- als Pflanzenwelt wieder so entwickeln sollen, wie sie die Alpenwelt vor dem Eindringen des Menschen geschmückt hatten!! Wer in unserer kleinen, dichtbevölkerten Schweiz solchen Utopien nachträumt, der ist bereits jenseits der Linie angelangt, die dem gesunden Menschenverstand als Grenze der Betätigung vorgezeichnet ist». Dann holte Meyer zu langen Beweisführungen aus, dass die Bannung des Wauwilermooses wertlos und die Gefahr für die Zugvögel überhaupt nicht da sei, da sehr wenig Jagd auf sie gemacht werde. Die Suche erstrecke sich auf Hasen, Rebhühner und Enten, die gar keinen Schutz nötig hätten. Zur Unterstützung seines Schreibens an die Luzerner Regierung reiste Meyer zu den am Moos beteiligten Gemeinden und suchte sie im Sinne einer Ablehnung des Planes der Naturforscher zu beeinflussen.

Am 6. November 1911 wies der Regierungsrat von Luzern das Gesuch Paul Sarasins endgültig ab. Begründung: Das Moos sei im Stadium der Urbarisierung. Es würde nicht verstanden werden, wenn diese Arbeiten jetzt eingestellt und die Versumpfung wieder begünstigt würde. Auch hinsichtlich der Vermehrung des «Gewildes», die in Aussicht stünde, müsse ein Jagdbann abgewiesen werden. Bereits im Dezember 1910 habe plötzlich ein Entenabschuss angeordnet werden müssen, weil die Wildenten den Bauern so empfindlichen Schaden getan hätten. Was endlich die Reiher von Schötz angehe, könne nur von Jahr zu Jahr eine Schonbewilligung gegeben werden, weil man den Schaden stets zuerst prüfen müsse.

Zutiefst bestürzt reiste Sarasin sogleich nach Luzern und erhielt Einblick in die Akten. Diese zeigten, dass sich die Gemeinden in der Tat gegen die Reservatlegung und den Jagdbann ausgesprochen hatten. Die Hoffnung auf das Grossreservat Wauwilermoos war zerronnen.

Wie war das nun mit dem Schaden der Enten? Im Dezember (!) 1910 hatten angeblich die Wildenten in der Umgebung des Weihers Egolzwilersee und der Wässermatte den Kulturen so empfindlichen Schaden zugefügt, dass sich die Regierung genötigt gesehen habe, in den Jahren 1910 und 1911 die Entenjagd in dem von der «Plage» betroffenen Gebieten zu bewilligen. Wie diese Entenjagd am Egolzwilersee aussah, erfährt man aus Klagen der enttäuschten Jäger, die keine Beute machten, weil die anwohnenden Nimrode schon des Nachts, als man noch keine Distanzschätzung hatte, vom Ufer aus die Enten ohne Erfolg beschossen und alles vertrieben. Und die Überzahl des «Gewildes»? Die wurde lange Jahre mit bestem Erfolg gegen die Revierjagd ins Feld geführt, wenn die Regierungen der Patentkantone mit deren Einführung zu sympathisieren begannen. Dasselbe Argument diente nun auch gegen die Reservatlegung. Und über die Reiherkolonie von Schötz sei eine Erinnerung von Stefan Brunies nachgetragen, die er dem Schreibenden nicht nur ein Mal erzählt hat. Kurz nach einer Aktion beauftragter Jäger zur Brutzeit gegen die «fischereischädlichen Reiher» besuchte Paul Sarasin in Begleitung einiger Mitarbeiter die Reiherkolonie von Schötz. Ein toter Reiher hing noch in den Ästen seines Horstbaumes. Krähen hatten die Eier der verwaisten Reiherhorste, die von niemand mehr verteidigt wurden, aufgepickt und einen Teil des Inhaltes ausgesoffen. Vom anderen Teil hingen Eiweiss und Eigelb in langen Fäden herunter, ein Bild vollendeter Zerstörung. Dieser Eindruck war es, der Paul Sarasin veranlasste, für die Reiher von Schötz endlich um Schutz zu ersuchen. Doch auch dafür hatte der Luzerner Regierungsrat kein Gehör. Ihm genügten die Informationen der Fischer. Und für die Exekutivbehörden war die Zoologie damals noch höchst einfach. Es gab zwei Sorten von Tieren: nützliche und schädliche. Und das Gesetz von 1888 forderte die Ausrottung der Fischereischädlinge. Ergo...

In den ersten Jahren nach dem Weltkrieg 1914/18 gelang es der Schweizerischen Gesellschaft für Vogelkunde und Vogelschutz, das Wauwilermoos als Brutreservat einzurichten. Das Eiersammeln im Frühling wurde unterdrückt. Robert Amberg wachte über das Gebiet mit Argusaugen. Aber jagdfrei war das Moos nicht.

Die Gemeinden, welche seit 1911 auf die Urbarisierung gehofft hatten, warteten noch 1939 darauf. Erst 1940, im zweiten Weltkrieg, wurde sie in Angriff genommen, obwohl die Gemeinden die Melioration wegen der Kosten, die sie übernehmen mussten, nicht mehr wünschten. Doch nun wurden sie nicht mehr gefragt. Als die Bundessubventionen für Meliorationen zu fliessen begannen, stellte die Luzerner Regierung in aller Eile eine Anzahl Arbeiter ins Moos, wodurch der Kanton der Subventionen teilhaftig wurde. Aber das Moos war dadurch als Rest einer schweizerischen Charakterlandschaft ruiniert.

Doch der Entscheid über dieses Stück Urschweiz – man darf hier ruhig etwas übertreiben – war gefallen, als Otto Meyer 1911 gesiegt hatte. Gustav von Burg schrieb in der «Diana» darüber: Das Wauwilermoos wurde als Naturreservat von der luzernischen Regierung abgelehnt. Die Gründe sind zum Teil recht fadenscheinig. Die Befürchtung, dass sich das Wild in unerhörter Weise vermehren würde, ist zum Beispiel geradezu lächerlich. Herr Meyer, Präsident des Schweizerischen Jagdschutzvereins, kann sich zu seinem Erfolg gratulieren, denn er hat gesiegt. Offenbar hat seine Eingabe und sein Wirken bei den Bauern von Egolzwil, Wauwil, Ettiswil, Kottwil usw. deren Proteste veranlasst. Auch hatte nur er Grund, sich gegen eine Bannung des Wauwilermooses zu wehren, da das Moos sein Jagdgebiet ist. Nur wenige Luzerner Jäger erscheinen noch gelegentlich im Moos. Gewöhnlich ist Herr Meyer dort einzig Meister.

Steht in der «Diana» 1912.

Und die gutgemeinten Bemühungen der Vogelwarte in Sempach kommen reichlich post festum.

Die Hege im schweizerischen Nationalpark

Für die Entstehungs- und Entwicklungsgeschichte des Nationalparks sei auf die beiden Werke von Dr. Stefan Brunies (1920 und 1948) und von Prof. Wilhelm Vischer (1946) und auf die Berichte der Eidgenössischen Nationalparkkommission und des Bundesrates verwiesen. Hier soll nur von der Hege des jagdbaren Wildes die Rede sein.

Zur geistigen Vorgeschichte des Parkes sei ein längst vergessener Artikel aus dem «Zürcher Tagesanzeiger» vom 15. September 1895 in Erinnerung gerufen, worin ein anonymer Verfasser unter dem Titel «Wie heben wir unsern Wildstand» den *Vorschlag eines Nationalparkes für die Wildtiere der Schweiz* macht. Daraus folgendes Zitat: «Endlich hätte die Eidgenossenschaft in Nacheiferung des grandiosen Beispiels der Vereinigten Staaten und Kanadas einen schweizerischen Nationalpark anzulegen und zu unterhalten. Ein schweizerischer Nationalpark sollte so gelegen sein, dass er eine Art schweizerisches lebendes naturhistorisches Museum bietet, in welchem womöglich der grösste Teil der lebenden schweizerischen Fauna vertreten ist; ebenso sollte in demselben die schweizerische Flora möglichst vertreten sein. Um dieses schöne Ziel zu erreichen, muss der Nationalpark entsprechend gross sein und eine entsprechende Lage haben. Selbstverständlich müssten in diesem Nationalpark auch im Aussterben begriffene nützliche Tierarten, in erster Linie der Steinbock und der Hirsch, in entsprechender Menge angesiedelt werden.

Dieser Nationalpark in grossartiger Lage würde für jeden Fremden Gelegenheit bieten, unsere interessanten Tierarten im Freien zu sehen und dürfte einen ausserordentlichen Anziehungspunkt ausüben, ähnlich wie dies beim Yellowstonepark der Fall ist. Dies also hätte die Eidgenossenschaft zu tun.»

Dieser Artikel fand, ausser einem kommentarlosen Abdruck in der «Diana», keinen Widerhall.

Am ersten Juni 1907 hatte die Genfer Société de Physique et d'Histoire naturelle anlässlich der damals stark umstrittenen Matterhornbahn ein Gesuch an den Bundesrat gerichtet, Reservationen zu bestimmen, in welche die menschliche Industrie keine Eingriffe vornehmen sollte. Doch was die Genfer Gesellschaft vorschlug, war natürlich noch lange kein Nationalpark, obschon das Vorbild der Vereinigten Staaten genannt war.

Denn die Parke drüben in der neuen Welt konnten bei uns nicht nachgeahmt werden. Der Schweizerische Nationalpark wollte nur einen beschränkten Bezirk des Alpenlandes der Natur zurückgeben, der Yellowstonepark wollte erhalten, was noch unberührt war. Unberührt war in der Schweiz kein Gebiet mehr, insbesondere nicht jagdlich, auch die Banngebiete nicht. Denn dort hatte man von 1875 an dem Raubzeug in steigendem Masse das Leben sauer gemacht, um die Hege des Nutzwildes so zu fördern, dass der «Überlauf» aus den Banngebieten die Jagd speisen sollte. Aber im Nationalpark sollte nun wirklich jede Flinte und Büchse schweigen. Der Schweizerische Nationalpark sollte die Rückgabe eines Stückes unseres Landes an die Natur sein. Was man davon erwartete, sprach Dr. Sarasin seinerzeit in populärer Form im «Schweizerjäger» von 1917 Nr. 12 aus: «Die schweizerische totale Grossreservation oder der Schweizerische Nationalpark ist ein Freigebiet, in dem jeder Eingriff in das Tier- und Pflanzenleben vermieden werden muss, da die Natur allein mit ihren Gesetzen darüber schalten und walten soll. Daraus soll im Laufe der Jahrzehnte ein alpiner Bezirk zustande kommen, in dem Tierwelt sowohl als Pflanzenwelt denselben Anblick bieten werden, wie die Alpen ihn dem Auge des ersten Menschen, der in ihre Geheimnisse eindrang, dargeboten haben. Diese völlig ungestörte Lebensgemeinschaft oder Biozönose zwischen Pflanzen und Tierwelt wird einst dann auch der Wissenschaft zu hohem Nutzen gereichen.

Darum kommt jeder künstliche Eingriff in Wegfall; keine Winterfütterung wird vorgenommen, kein Abschuss... wird gestattet. Wir wollen im Schweizerischen Nationalpark im Unterengadin das reine, von Menschen ganz unbeeinflusste Werk der Natur wieder gewinnen, wir wollen die Natur selbst dieses Werk wieder aufbauen lassen, so wie es uns an verborgenen Stellen des Erdballs noch entgegentritt, nach denen bisher noch keines Menschen Fuss vorgedrungen ist. Ein anderer Gesichtspunkt der Überwachung einer totalen Reservation hat keinen Sinn und würde die hohe, von der Eidgenossenschaft jährlich dafür gespendete Geldsumme zu einer zwecklosen Ausgabe machen. Die Zeit wird unsere Bestrebungen rechtfertigen. Basel im August 1917. Paul Sarasin.»

Hat die Hege im Schweizerischen Nationalpark diese Erwartungen hinsichtlich der grossen Säugetiere und jagdbaren Vögel der Alpen erfüllt? Diese Frage ist es, die für die Geschichte des Wildes der Schweiz gestellt werden darf.

Die Prognosen der Jäger für den Nationalpark lauteten denkbar ungünstig. Gleich Anfang 1910 schrieb das Zentralblatt für Jagd- und Hundeliebhaber: «Auch bei uns in der Schweiz machen sich einige Pseudowissenschafter, einige darf man getrost Afterwissenschafter nennen, mausig... Denn da baut man dem kritiklosen, gläubigen Publikum Luftschlösser vor, die sich nie und nimmer verwirklichen werden.» Damit war der Nationalpark gemeint. Dann prophezeite das Zentralblatt: Im Nationalpark würden sich nur Marder, Fuchs und Dachs halten, die ohnehin im Alpengebiet häufig seien (NB. Der Dachs ist im Nationalpark so selten, dass er erst 1915 in einem einzigen Tal, dem schon Jahre zuvor gebannten Val Cluoza, bestätigt werden konnte). Dazu würden im Nationalpark noch Alpenmäuse, Hasen und Murmeltiere leben, die ohnehin keine Gefahr laufen, ausgerottet zu werden. Steinböcke seien eine prekäre Sache und liessen sich nicht anbinden. Gemsen und Wildhühner seien nicht speziell schutzbedürftig. Die Adler würden trotz allem Schutz heruntergeknallt. «Wenn die Zoologen hinter dem Mikroskop hocken und Bälge vergleichen, lasse man sie gewähren, sie schaden nichts. Wenn aber dieselben Herren... sich anmassen über Dinge zu sprechen, die ihnen völlig fern liegen... so ist das mindestens unpassend.»

Gegen den konservierenden Naturschutz, das heisst die Erhaltung gefährdeter Tierarten, führte der Redaktor des Zentralblattes, Welti, 1910 aus: Das Verschwinden gewisser Tiere hänge weder mit der Jagd noch mit menschlicher Einwirkung überhaupt zusammen. Tierarten verschwänden eben, wenn ihre Zeit gekommen sei. So sei es mit der Nachtigall in der Schweiz gegangen (hier täuschte er sich, die Nachtigall ist nicht verschwunden), mit der Alpendohle (er meinte die Alpenkrähe) und mit dem Steinbock. Dafür kämen dann neue Wildarten. Gerade der Steinbock sei verschwunden, weil seine Zeit eben gekommen sei. Daran seien weder die Alpenjäger noch sonst irgendwer schuld. Es komme für jedes Wild seine Zeit. Daran änderten auch Naturschützler und Nationalparke nichts.

Als die Reservatlegung des Val Cluoza aktuell war, schrieben die Jäger in den Tageszeitungen und in ihrer Jagdpresse heftig dagegen. Man solle lieber sie, die Jäger, zu den Naturschutzberatungen beiziehen, statt sie hochmütig zu ignorieren. (Dass eine ganze Anzahl Jäger dabei waren, schien ihnen nicht bekannt zu sein.) Die Naturschutzbewegung solle sich in den Dienst einer vernünftigen Jagdgesetzgebung stellen, statt gegen die Jagd zu arbeiten und der Jagd durch Reservate stets neue Bezirke zu entziehen. Die Einführung der Revierjagd in der ganzen Schweiz sei das einzig Konkrete, worauf der Naturschutz hinarbeiten sollte, wenn er seine Bestrebungen verwirklichen wolle. Alles andere sei Fiktion.

Und als 1912 der grosse Gebirgsjäger und Präsident des SAC Winterthur, Prof. Dr. Naef, in einem Vortrag über die Hochgebirgsjagd diese als etwas Heiliges und grossen kulturellen Fortschritt pries, war das Zentralblatt voller Lob. Prof. Naef prophezeite, dass der zukünftige Nationalpark im Val Cluoza einstens Schlupfwinkel von Räubern aller Art sein werde. Es handle sich da einfach um utopische Anschauungen und Übertragung des Übermenschentums auf die Tierwelt.

Das waren Proben von Jägerstimmen. Zustimmung gab es auch, aber nur wenig. Die Patentjägerorgane hielten im ganzen mehr zurück als die der Revierjäger, obschon gerade diese vom Nationalpark nicht berührt wurden. Viele Jagdsachverständige erwarteten einen baldigen Seuchenzug durch den Nationalpark, weil sie überzeugt waren, dass ein solcher die unausbleibliche Folge der «Überhege» auf dem Parkgebiet sein werde. 1917 ergriff der alte Gegner von Paul Sarasin, Otto Meyer, als Präsident des Schweizerischen Jagdschutzvereins in der Schweizerischen Jagdzeitung das Wort, als die ersten Fallwildnachrichten durch die Tagespresse gingen und beschuldigte die Parkverwaltung der grausamen Spielerei mit der armen Kreatur, weil man im Park nicht fütterte, und beanstandete, dass im Park in der jetzigen Kriegs- und Mangelzeit so viel wertvolle Fleischnahrung verschwendet werde. In der Bündner Presse waren gleichzeitig Nachrichten von einem grossen Seuchenzug im Nationalpark verbreitet worden.

Die Antworten der Parkverwaltung, das heisst von Oberst Bühlmann und Paul Sarasin selber, waren in ungewöhnlich scharfen Tönen gehalten und wiesen nach, dass die Lungenwurmfälle bei Rehen ausschliesslich *ausserhalb* des Parkes festgestellt worden, der Park selbst aber völlig seuchenfrei geblieben war. Fürsprech Meyer beharrte auf seiner Meinung und beglückwünschte sich, dass er die Herren Sarasin und Bühlmann nur in den Spalten der Presse, nicht aber persönlich kennengelernt habe. Kurzum, Anklage und Verteidigung hoben sich auf. Wichtig war die Erkenntnis, dass die Lungenwurmseuche, die unter dem Rehbestand des Unterengadins tatsächlich Opfer gefordert hatte, nur dort aufgetreten war, wo Kleinvieh gesömmert worden war. Eine Bestätigung des Altmeisters der Jagdkunde, Raesfeld, der die Infektionen des Wildes auf das Weidevieh, speziell auf die Schafe zurückgeführt hatte. Aber auf Nationalparkboden war seit langen Jahren keine Schafherde mehr gewesen; und mehr als 3 Jahre lang hält sich keine Wurminfektion im Boden oder im Gras. Wenn in derselben Zeit unter den Gemsen auch auf Parkgebiet Lungenstrongylose vorkam, worüber 1917 E. Bütikofer in der «Tierwelt» berichtete, so dürfte das an den Bewegungen des Gemswildes gelegen haben, wodurch eine Einschleppung von aussen auf Parkgebiet möglich wurde.

Diese kurze Episode von «Wildseuchen im Park» ging 1917 vorüber. Erst 1947 und später erschienen noch einmal Seuchenmeldungen in der Presse. Die Prophezeiungen der Jäger von Wildseuchenkatastrophen im Nationalpark bewahrheiteten sich aber nie. Trotzdem wurden noch 1919 Rehe als angebliche Überträger der Maul- und Klauenseuche abgeschossen, aber gänzlich seuchenfrei befunden. Die Behauptung, Gemsen und Rehe verbreiteten die gefürchtete Seuche, erwies sich als völlig unrichtig, wie Probeabschüsse in der ganzen Ostschweiz bewiesen. Eine sehr wichtige Erkenntnis ging daraus hervor: dass die parasitären Wildkrankheiten mit dem Dünger des Weideviehs zusammenhängen mussten, ob dieser frisch durch die Haustiere selber auf dem Boden verbreitet wurde oder durch Menschenhand.

Anders stand es mit der Entwicklung des Wildes. 1915 war die Freude über die Zunahme der Wildtiere gross. «Die Wirkungen des absoluten Schutzes machen sich über alles Erwarten bemerkbar», steht im Bericht. Die Bestände an Gemswild, Reh und Murmeltieren wuchsen, weniger die an Hasen und Hühnern, wofür man damals die Witterung und das Raubwild verantwortlich machte. In der Spölschlucht fand man Fischotterbauten. Und den Bär betrachtet man noch 1915 als Standwild im Park. 1916 stellte man im Ofenberggebiet noch Bärenspuren fest, doch scheine sich der Bär wieder verzogen zu haben, wurde gemeldet. 1925 kam der Parkbericht zum Schluss: «Der Bär gehört wohl im Engadin und im Nationalparkgebiet der Vergangenheit an.» Und eine späte Beobachtung eines Bürgers von Scanfs in Varusch wurde nicht mehr so recht ernst genommen. 1920 kam die Anregung, den Luchs im Parkgebiet wieder einzubürgern, doch wies sie die Kommission aus naheliegenden Gründen zurück.

Im Anschluss an die Entwicklung des Wildes im Nationalpark und an die Gemsenschlacht im Tscherzistal (oberhalb Gsteig, Berner Oberland) richteten Paul Sarasin und Nationalrat Bühlmann eine Eingabe an den Bundesrat, die Nationalparkkommission sei von Amtes wegen als Konsultative Kommission für alle den Wildschutz und die Ordnung der Jagdverhältnisse betreffenden gesetzlichen Erlasse zu bezeichnen. Der Bundesrat trat nicht darauf ein. Die Macht der Jäger war zu gross und ihre ablehnende Haltung gegen alles, was Natur- oder Tierschutz hiess, zu stark.

Indessen freute man sich über die Zunahme der Hirsche und setzte 1919 Steinwild aus, weil an verschiedenen Orten halbfossile Reste von Steinwild gefunden worden waren. Aber 1934 war der Rückgang des Rehwildes so auffallend, dass man zum Schluss kam, dass die an Zahl ständig zunehmenden Hirsche das Rehwild verdrängten. Das Gemswild blieb zahlenmässig stabil, die Hühner wurden ausser Auer- und Birkwild seltener, Stein- und Haselhühner blieben endlich ganz weg. Waren hieran die Füchse oder das übrige Raubwild schuld? Hatten die Prognosen der Jäger wenigstens hier doch recht behalten? In der Gesamtentwicklung des Wildes im Park gewiss nicht. 1939, als der Park 25 Jahre bestand, meldete der Bericht: «Es wurde befürchtet, dass ohne menschliche Eingriffe das Raubwild auf Kosten des Nutzwildes überhandnehmen, dass das Schutzgebiet schliesslich in einen Raubwildpark ausarten werde. Es wurde auf die Gefahr des Auftretens von Bären, Lämmergeiern und anderem gefährlichem Raubwild hingewiesen. Es wurde gesagt: nicht nur würde das Betreten des Gebietes äusserst gefährlich sein, sondern dasselbe würde auch bei Vorhandensein gewisser Raubtiere eine Gefahr für die Umgebung bilden. Diese Befürchtungen haben sich bis jetzt keineswegs als begründet erwiesen. Bär, Luchs und Lämmergeier haben sich nicht mehr angesiedelt. Fuchs, Marder, Wiesel, Steinadler und anderes Raubwild sind im Park vertreten, ohne dass bis jetzt deren Überhandnehmen auf Kosten des übrigen Wildes festgestellt werden konnte.»

Schon 1921 war man zu der Erkenntnis gelangt, dass die Zunahme bei Gemse und Reh weniger vom Raubwild abhänge als von den Temperatur- und Schneeverhältnissen des Winters.

So kamen die vierziger Jahre. Anfänglich waren die Winter mit nur wenig Fallwild vorübergegangen, nur die Wildhühner gingen sichtbar zurück, Stein- und Haselhühner wurden nur noch ausnahmsweise gemeldet, Auer- und Birkhähne wurden noch angetroffen, in den Höhen auch Schneehühner, aber die Bestände der ersten Zeit waren nicht mehr vorhanden. Auch das Reh nahm ständig ab, es wurde vom Hirsch verdrängt. Manchmal, nach milden Wintern, glaubte man eine leichte Zunahme der Rehe zu beobachten, dann aber stellte man einen gleichbleibenden Rehbestand fest, der sich nicht erholte. Im zweiten Weltkrieg gab es Hirschschaden bei Zernez. Man musste 1944 nächtliche Flurwachen ausstellen, wie in vielen andern Kantonsteilen. Dann kam der frühe, schneereiche Winter 1945 mit über 100 verhungerten Hirschen. Die Jäger schlugen kräftig auf die Pauke bei so viel «verschwendetem» Wild. Es war ja immer noch Fleischknappheit. 1947 kam dann die Meldung von «gefährlichen Seuchenerscheinungen im Nationalpark», aber es handelte sich bloss um einen beschränkten Lungenwurmbefall des Gemswildes im Scarlgebiet, wo eben immer noch das Vieh im Tavrü gesömmert wurde. Der in vielen Jägerkreisen unentwegt erwartete Seuchenzug durch den ganzen Nationalpark war wieder nicht eingetroffen. Aber Hirschverluste gab es fast jeden Winter. 1949 wurde die Hirschjagd verlängert, und die Banngebiete, die an den Grenzen des Nationalparkes gegen den Inn errichtet worden waren, wurden nach und nach der Jagd wieder geöffnet. 1953 kostete der Spätwinter 150 Parkhirsche. Wieder erhob die Presse die Stimme «Seuchenzug unter dem Hirschwild im Nationalpark». Aber auch jetzt bestätigte sich die Meldung nicht. Es war leider der Nahrungsmangel, dem die Tiere zum Opfer fielen. Der Bestand sei eben im Verhältnis zu dem vorhandenen Futter zu gross, hiess es. 1960 sollen laut den Angaben des Bearbeiters des Hirschwildes 550 Stücke dem Winter zum Opfer gefallen sein. Der seit 1963 von der Eidgenossenschaft eingesetzte Nationalparkverwalter, Dr. Schloeth, beantragte «Zusammenarbeit der Eidgenössischen Nationalparkkommission mit dem Jagdinspektorat Graubünden». Das heisst auf deutsch: Abschussvermehrung. Die Büchse sollte das Wort erhalten, sie hatte es auch schon durch Extrahirschjagden.

Das «Hirschproblem» hatte noch eine andere Seite, die in der Tagespresse weit weniger zur Sprache kam: die Waldgestaltung im Nationalpark. Aber in der Serie der «Wissenschaftlichen Untersuchungen im Schweizerischen Nationalpark» berichtet der Band 8 «Beitrag zur Kenntnis der Waldverhältnisse im Schweizerischen Nationalpark» von Kurt, Weidmann und Thommen über die Wirkung der Hirschschäden am Wald. Sie erreichten auf der linken Seite im Trupchun, der Ofenpassstrasse entlang und im Mingèr bis zu 30 % der Waldschäden. Auf den Holzvorrat bezogen sind die Schäden, die durch das Wild verursacht wurden, belanglos. Doch nicht so im Bezug auf den Jungaufwuchs. Es handelt sich um Fegeschäden, Verbiss und auch um das im Tiefland verbreitete Schälen der jungen Stämme. Besonders aber beeinflusst die Auslese, welche das Wild trifft, die Waldentwicklung in dem Sinn, dass die Arve inmitten der unzähligen Bergföhren nicht mehr Fuss fassen kann. Denn die wenigen Arven, die der Konkurrenz gewachsen sind, werden später durch das Wild beschädigt und gehen ein. Dadurch wird der Lärchen-Arvenwald, das naturgemässe End- oder Klimaxstadium der Waldentwicklung, verzögert, stellenweise verunmöglicht. Besonders kann sich der Wald, der die ehemaligen Weideflächen wieder erobern würde, dort nicht entwickeln. Der Anflug leidet an diesen Stellen durch Abweiden der Keimlinge, den Weidetritt des Wildes und den Verbiss der aufgekommenen Junglärchen und Fichten. So wird gewissermassen das ehemalige Weidevieh zum Teil durch das Hirschwild ersetzt und beeinflusst die natürliche Entwicklung des dort standortsgerechten Waldes, so dass die Wildschäden im subalpinen Fichtenbestand 28 % und in den Waldgesellschaften auf ehemaligen Weideflächen 29 % der Gesamtschäden betragen.* Aus alledem und noch mehr setzt sich das nun aktuell gewordene «Hirschwildproblem» zusammen.

So darf wohl nach über fünfzigjährigem Bestehen des Nationalparkes die Frage gestellt werden: Hat sich die Entwicklung des jagdbaren Wildes im Nationalpark dem ursprünglichen Zustand genähert, um jenen Anblick zu bieten, den die Alpen dem ersten Menschen, der in ihre Geheimnisse eindrang, dargeboten haben, wie Paul Sarasin es ausgesprochen hatte? Wir glauben: Ja. Nur ging es ein wenig anders, als erwartet wurde. Versucht man die Entwicklungen zu betrachten, so sind es in der Hauptsache die folgenden Punkte:

1. Der unerwartete Rückgang des Rehes zugunsten des Gebirgshirsches. Die Gründung des Parkes erfolgte genau in der Zeit, als das Reh das Unterengadin als Standort eroberte, nachdem es trotz Jagd und Hunden den Kanton Graubünden schon weitgehend besiedelt hatte. Da kam der Hirsch aus dem österreichischen Montafontal und wanderte durch das Albulatal ins Engadin. 1903 waren die Hirsche im Engadin angekommen und wurden bei Zuoz im Walde von Arpiglia beobachtet (Bündner Monatsblatt 1903), sie hatten also zunächst den Weg Inn-abwärts eingeschlagen, im Oberengadin, Roseg, trafen sie erst viel später, 1933, ein. Wesentlich ist, dass das Hirschwild seine Einstände deutlich auf der rechten Talseite, also auf der Seite der Kalkböden, bevorzugte. Auf der rechten Seite liegt aber der Nationalpark mit seiner Jagdruhe und dem Verbot für die Besucher, von den Wegen abzugehen. Zwei sehr wesentliche Anziehungspunkte für den Hirsch. So musste es im Nationalpark zu einer Konzentration des Hirschwildes kommen und damit zu einem Rückgang des Rehes. Es bildete sich ein Zustand, der aus den Zeiten der einseitigen Hirschwildhege der Fürsten im 16. bis 18. Jahrhundert in den Ländern Deutschlands bekannt ist, als der Hirsch die dominierende Wildart war und das Reh jagdlich kaum Beachtung fand, weil es nur in geringen Beständen vorhanden war. Nach 1935 kam es zu einem Winternahrungsmangel für das grosse Wild im Nationalpark, im Nadelwald der Berge eine natürliche, nicht auf den Nationalpark beschränkte Entwicklung. Die grossen Sterben 1951 und 1953 erstreckten sich auf den Kanton. Doch die Hungerverluste des Hirschwildes beeindruckten selbst massgebende Kreise so sehr, dass sie genau dazu die Hand zu bieten bereit waren, was die Jäger schon 50 Jahre zuvor

---

* Zur Verdeutlichung: Die Hauptschädigungen des Waldes im Nationalpark sind Keimschäden, Lawinen, Schneedruck, Schneegleiten, Steinschlag, Wind und Pilze.

als unvermeidliche Folge der Hege im Nationalpark doziert hatten: zur Notwendigkeit der jagdlichen Reduktion des Hirschwildes, natürlich nicht auf Parkgebiet, sondern in den Wintereinständen der Parkhirsche, die fast ausnahmslos ausserhalb der Parkgrenzen liegen. Dadurch wird also der Wildbestand des Parkes gemanagt, was wohl formal dem Nationalparkstatut nicht widerspricht, tatsächlich aber doch. Dass der Nationalpark als rein alpines Grossreservat dem Hirschwild keine Wintereinstände bietet, wusste man längst. Das tut aber auch das Inntal unten beim Fluss und auf der Nordseite nicht, auch wenn diese etwas früher ausapert. Die jahreszeitlichen Wanderungen des Wildes im heutigen Parkgebiet führten vermutlich in Urzeiten weiter ins «Unterland», als es heute den Tieren möglich wäre, und Winterverluste für den Gebirgshirsch gab es trotzdem selbst in ältesten Zeiten. Gemäss dem alleinigen Walten der Natur *musste* der Hochgebirgswinter als strenger Auslesefaktor wirken, wie es – nur teilweise sichtbar für den Menschen – beim Gemswild und dem winterausharrenden Flugwild von jeher der Fall war. Die «Zusammenarbeit» der Parkverwaltung mit der Bündner Jagdverwaltung muss im Hinblick auf das Parkstatut als Abweichen vom ursprünglichen Ziel des Nationalparks empfunden werden, dürfte wahrscheinlich auch weder das Rehwild zurückbringen noch an den Waldverhältnissen viel ändern.

2. Das Verhältnis Gemse/Steinwild.

1948 meldet der Nationalparkbericht: «Gemsen wandern ins offene Gebiet ab.» Bis 1959 weist die Gemsenzählung ziemlich gleichmässig auf Parkgebiet einen Bestand zwischen 1300 (respektive 1250) und 1500 Stücken aus. 1960 ergab die Wildzählung nur noch 1015 Gemsen. Dass gewissermassen schlagartig ein so grosser Rückgang der Gemsen stattgefunden habe, leuchtet nicht recht ein und mag vielleicht eher mit der Ungenauigkeit der Schätzungen zusammenhängen. Doch scheint das Gemswild dem Steinwild aus dem Weg zu gehen. Es mag, ähnlich wie zwischen Hirsch und Reh, die biologische Hierarchie auch hier wirksam werden. Denn alte Standorte des Gemswildes wurden nach dem Auftreten des Steinwildes aufgegeben oder – wenn man will – an das Steinwild abgetreten. Ob zwischen Gemse und Steinwild eine geruchliche Abneigung besteht, so wie zwischen Schafen und Gemsen, ist möglich, aber nicht sicher bekannt. Jedenfalls scheint stellenweise auch hier ein Prozess in Gang gekommen zu sein, den man bei der Steinwildaussetzung im Nationalpark nicht voraussehen konnte.

Das Steinwild wurde aber im Nationalpark nicht einfach deshalb ausgesetzt, weil man fand, es gehöre hieher. Erst als man halbfossile Schädelfunde von Steinböcken am Fuss des Piz d'Esan, im Val Müschauns gemacht hatte, setzte man 1919 und später noch mehrfach an jenen Stellen Steinwild ein. Man wollte zuvor Gewissheit haben, dass einst im Gebiet des Nationalparks dieses Wild auch wirklich heimisch war.

Nun hatte es sich stark vermehrt und ausgebreitet und scheint stellenweise die Gemsen an ihren alten Standorten etwas zu konkurrenzieren. Auch im Verhalten dieser beiden Wildarten scheint der Weg der Natur anders als die einstigen Erwartungen verlaufen zu wollen. Die Wiedereinbürgerung des Steinwildes war und blieb – wenn man so will – der einzige «künstliche Eingriff» in die Biozönose des Nationalparks.

3. Die Abnahme der Wildhühner.

Der Rückgang des Bestandes an Wildhühnern ist seit der Reservatlegung des Parkgebietes auffallend, auch wenn er in den Berichten nicht allzu sehr zum Ausdruck kommt. Von 1918 bis 1928 waren die Hühner in die Wildzählungen eingeschlossen worden, ab 1929 hört ihre Zählung leider auf. Es scheint, dass der zahlenmässigen Überwachung der jagdbaren Vögel kein Wert mehr beigemessen wurde, weil der

Unsicherheitsfaktor hier noch mehr zur Geltung kam als beim Haarwild. Vielleicht ist aber ebenso aufschlussreich wie etwaige unbefriedigende Zahlen der *Eindruck*, den die Beobachter von der Häufigkeit oder Seltenheit gewisser Tierarten gewinnen. Hier die Meldungen über den Hühnerbestand im Nationalpark:

1915 meldeten die Beobachter:
    Auerwild und Birkwild – sehr häufig
    Schneehuhn – sehr häufig
    Haselhuhn – in vielen Teilen des Parkes.

1918: die Hühnerarten sind im ganzen Park ordentlich vertreten. Das Steinhuhn scheint im Park zu fehlen.

1919: die Hühnerarten halten sich trotz Raubwild vortrefflich. Auch das Steinhuhn ist auf Schera und im unteren Minger bestätigt worden.

1921: die Schneehühner nehmen stark zu.

1935: Auer- und Birkwild ziemlich häufig, Stein-, Hasel- und Schneehühner selten.

1939: Auer- und Birkwild wird angetroffen, in den Höhen auch Schneehühner. Stein- und Haselhühner werden nur selten gemeldet.

1946: Auer- und Birkwild am meisten im Spöltal, Schnee- und Steinhuhn kommen auch noch vor, hingegen wurde das Haselhuhn nicht mehr beobachtet.

1948: findet sich dieselbe Meldung.

Wenn auch schon aus diesen Notizen auf einen fühlbaren Rückgang der Wildhühner im Park geschlossen werden darf, so liegen auch persönliche Mitteilungen vor, die noch deutlicher dasselbe aussagen. Zitiert sei der Bericht, den Stefan Brunies 1935 dem Schreibenden gab: Im Frühling, zur Balzzeit des Birkwildes, war das Gurren der Hähne überall den ganzen Tag zu hören, jetzt nur noch selten. Auch der ehemalige Präsident der wissenschaftlichen Nationalparkkommission, Prof. Ed. Handschin, teilte 1940 dem Schreibenden mit, dass der Rückgang der Berghühner im Park auffalle und nicht mit Sicherheit erklärt werden könne. Prof. Handschin hielt es für möglich, dass die Jugendformen der Hühner an die Insektenlarven gebunden gewesen seien, die im Dung des Weideviehs lebten. Durch den Wegfall des Viehs sei eine Hauptnahrungsquelle der Kücken versiegt, woraus sich der Rückgang der Hühner, besonders des sonst nicht heiklen Schneehuhns erklären liesse. Generell darf auch auf den allgemeinen Rückgang der Berghühner hingewiesen werden, der sich nicht nur in den Schweizer Bergen, sondern auch im Ausland bemerkbar macht. 1915 berichtete noch Oberst Bühlmann, der selber Jäger und lange Jahre Oberaufseher des Nationalparks war, dass die Hasen und Hühner unter den schlechten Witterungsverhältnissen und dem sich ebenfalls mehrenden Raubwild Fuchs, Marder, Wiesel, Uhu, Sperber, Kolkrabe und Steinadler etwas zu leiden schienen. Doch ist kaum glaubhaft, dass die Erlegung von 53 Mardern, 50 Wieseln, 4 Steinadlern und 2 bis 3 Uhus 1915, notabene im ganzen Kanton Graubünden, dem Bestand der Berghühner das Überleben ermöglicht hätte, so dass bereits nach einem Jahr Vollschutz die Räuber überhandgenommen hätten.

Weil aber ein Überblick über die Meldungen aus den vielen übrigen eidgenössischen Banngebieten den Rückgang der Berghühner ebenfalls bestätigten, könnte wohl nur eine ganz spezielle und intensive Forschung darüber Auskunft geben, welche Faktoren wirksam seien, dass die Wildhühner der Schweiz schliesslich ganz zu verschwinden drohen.

Im Jahre 1920 liest man im Parkbericht: «Es ist erfreulich, dass einzelne Tierarten, namentlich Murmeltiere, nach und nach die Scheu vor dem Menschen verlieren. Auch bei den Gemsen ist in dieser Richtung ein kleiner Fortschritt zu konstatieren, aber der Hirsch macht sich immer noch recht unsichtbar.» So ist es geblieben. Auch in eidgenössischen Banngebieten wurden, namentlich in Siedelungsnähe, freilebende Murmeltiere so futterzahm, dass sie aus der Hand von Touristen Leckerbissen in Empfang nahmen, und vertraute Gemsen lassen sich an mehreren Orten beobachten. Warum blieb das Wild im Park scheu? Die Antwort ist nicht schwierig: Weil der grössere Teil der Parktiere irgendwo und irgendwann mit der Jagd Bekanntschaft zu machen Gelegenheit hatte. Hirsche und Rehe sicher. Denn wenn auch die Hochwildjagd in Graubünden meist zu Ende war, bevor die Hirsche von ihren hochgelegenen Standorten zu Tal stiegen, hörten sie, sobald sie im Tal unten waren, doch die Schüsse des Niederjagdbetriebes, obschon sie nicht ihnen, sondern nur Rehen und Hasen galten. Und das Gemswild stand meistens hoch, lernte die Menschen, besonders die ungefährlichen Touristen, nicht kennen und behielt seine alterlernte Scheu. Sogar das Steinwild beobachtet im Park eine grössere Vorsicht vor dem Menschen als an seinem Ableger im Albrisgebiet. An der Scheu des Parkwildes ist wohl nichts zu ändern, solange die Jagd den Grenzen des Parks entlang betrieben und von der Parkverwaltung unterstützt wird, um der «Überzahl der Hirsche» Herr zu werden.

Im Jahre 1917 hatte die Parkverwaltung, besonders auf Rat von Oberst Bühlmann, den Wunsch geäussert, dass in den einspringenden Gebieten um den Park die Jagd nicht gestattet werden sollte, weil damals die Wiedereröffnung der Jagd, die seit 1914 infolge des Krieges in der Nähe der Landesgrenze eingestellt worden war, viel Beunruhigung an den Parkgrenzen brachte. Auch 1918 hatte «die Eröffnung der Jagd im Engadin eine grosse Zahl von Jägern, nicht nur aus dem Engadin selbst, sondern aus der ganzen Ostschweiz in die Umgebung des Parkes geführt ... Unsere Anstrengungen, die Bannlegung der näheren Umgebung des Parkes durch die zuständigen Behörden zu veranlassen, sind leider auch dieses Jahr erfolglos geblieben ...» Der erst in viel späterer Zeit durch die Bemühungen des damaligen Präsidenten des Schweizerischen Bundes für Naturschutz, Oberst Tenger, errichtete Cordon sanitaire von eidgenössischen Bannzonen an den Parkgrenzen erreichte die Beruhigung des Wildes. Damals bezogen die starken Hirsche noch ihre alten Brunftplätze ganz am Inn bei Val Torta und in der weiten Ebene von Flin. Jetzt, nachdem die ganzen Bannzonen von Scanfs bis Zernez dem Inn entlang aufgegeben sind, haben sich die Verhältnisse für das Wild sehr geändert. Auch das «Überfliessen» des Parkes ins offene Gebiet, das sich durch den Cordon wesentlich ruhiger und wirksamer gestaltet hatte, hörte auf, und das jetzt wieder aufgekommene «Gewildlauren» an den Parkgrenzen bringt die erwünschten Resultate doch nicht.

Viele Stimmen sprechen vom Einsatz von Grossraubtieren, Bär und Luchs im Park, und glauben dadurch das «natürliche Gleichgewicht» wiederherstellen zu können. Doch scheinen gegenwärtig die entsprechenden Beschlüsse massgebenden Orts noch nicht in Aussicht zu stehen. Vielleicht sogar mit Recht, weil durch die Anwesenheit von Grossraubtieren das Friedwild wahrscheinlich zu einer gewissen Abwanderung veranlasst würde, die das erwünschte Mass weit überschreiten könnte. Denn die Erwartung, dass ein paar Bären im Nationalpark einfach einen Teil der vielen Hirsche auffressen würden, wodurch deren Zahl auf ganz natürliche Weise reduziert würde, ist wohl kaum ernst zu nehmen.

So dürften Experimente mit Bären und Luchsen – vom dritten Räuber, dem Wolf, war nie die Rede – glücklicherweise nicht in Sicht sein.

Die Hege des Naturschutzes im Nationalpark hat grosse und sehr wertvolle Erfolge gezeitigt, auch wenn die Dinge nicht immer den erwarteten Weg gegangen sind. Es wird sich zeigen, ob der Park in Zukunft nur den Charakter eines grossen Banngebietes annehmen wird oder wirklich die Erwartungen erfüllt, die man mit seiner Gründung erstrebt hat.

Nachwort

Obschon diese Darstellung der Wildgeschichte der Schweiz nur die Zeit bis zur letzten Revision des Bundesgesetzes 1962/63 erfassen sollte, darf doch die jüngste Entwicklung der Jagdfrage in der Westschweiz nicht unerwähnt bleiben.

Es war gerade die Westschweiz, in der sich die Tierschutzvereine gegen die Jagd erhoben. Im Kanton Genf kam es im September 1973 zu einer Volksinitiative für ein völliges Jagdverbot.

Warum? In diesem kleinen Kantonsgebiet zogen buchstäblich mehr Jäger auf Haarwild aus, als es Tiere gab. Als vor kurzem nach der Traubenlese die Jagd in den Rebbergen freigegeben wurde, kam es vor, dass auf einen einzigen Hasen zwanzig und mehr Schüsse abgegeben wurden. Unerfreulich für die stets vorhandenen Zuschauer war die Wasserjagd auf dem See, besonders an Sonntagen. So kam es, dass im Mai 1974 die Volksabstimmung ein Mehr für das Jagdverbot ergab.

Die Jagdpresse der Schweiz tröstete ihre Leser mit der schwachen Stimmbeteiligung und mit der Versicherung, man werde das Verbot infolge der baldigen Überzahl des Wildes wieder aufheben müssen, die Vernunft werde siegen. Dabei wurde übersehen, dass die Genfer Jagd ohne die jährlichen Wildimporte schon längst zusammengebrochen wäre.

Ob die Genfer Volksinitiative durch den Kanton Waadt ausgelöst worden war, in dessen grossem Rat die Sozialistin Violette Parisod schon im Februar 1972 eine Motion für ein kantonales Jagdverbot eingebracht hatte, die im Mai desselben Jahres durch eine «Action contre la chasse» mit 64 379 gesammelten Unterschriften unterstützt wurde, ist mir nicht bekannt. Die «Action contre la chasse» war vom waadtländischen Kantonstierarzt und Lektor der Universität Bern, Dr. Samuel Debrot, geführt worden.

Beide Schritte der Tier- und Naturschützer hatten zunächst zur Folge, dass der Regierungsrat der Waadt die Jagd im Herbst 1972 mit einigen Erlassen zu mildern und zu beschränken suchte. Noch im gleichen Jahr liess die Regierung eine «Loi sur la faune» ausarbeiten und legte sie 1973 dem Volk zur Abstimmung vor. Wichtig war der Regierung, dass die Jagd in der Waadt der privaten Hand nicht entzogen, d.h. nicht verstaatlicht wurde. Den Jägern sollte ihre Herbstjagd nicht genommen und die Ausgaben für Amtsjäger gespart werden.

Im September 1973 wurde das Gesetz vom Volk angenommen.

Die «Loi sur la faune» stellte dem Tierschutz allerhand Verbesserungen in Aussicht:
— eine konsultative Jagdkommission mit Beteiligung des Tierschutzes;
— den Kugelschuss für alles Schalenwild und den Fuchs;
— neue, strenge Schiessprüfung der Jäger mit Ausschluss aller unsicheren Schützen;
— Erweiterung der Zahl der Jagdaufseher zur strengen Überwachung des neuen Gesetzes;
— Schonung aller keinen Schaden verursachenden Wildarten sowie aller Wildarten, die nicht in Überzahl auftreten;
— Revision der Wildschadenersatzleistungen;
— keine Wildimporte und keine Flugwildzuchtanstalten mehr, dafür ein Abschussplan für sämtliche Wildarten;
— Beutebeschränkung für die Hasenjagd, ebenso für Fasan, Rebhuhn und Murmeltier.

In der Praxis wurde jedoch keine dieser Erwartungen erfüllt. Der Tierschutz war enttäuscht. Nicht einmal die Jagdkommission war für 1974 ernannt worden, nichts wurde verwirklicht. Auch die Schiessprüfung führte nicht zu der erwarteten Sichtung der Jäger. Sie erwies sich als reine Formsache, leicht und rasch zu bestehen. Hase, Rebhuhn und Fasan wurden geschossen wie eh und je. Von einer Schonung des unschädlichen Wildes konnte keine Rede sein, auch die Wasserjagd ging unbeschränkt weiter. Kurz gesagt: Die «Loi sur la faune», in der das Wort «chasse» ängstlich vermieden wurde, erwies sich als «Worte, nichts als Worte». Klar trat das Bestreben der Regierung zutage, den Jägern ihre Jagd in der alten Form zu erhalten.

Die Folge dieser Erkenntnis war, dass der waadtländische Tierschutz auf sein ursprüngliches Jagdverbot zurückkam. Die Kontrolle des Wildes sollte durch Amtsjäger besorgt werden, anders ausgedrückt: nun wurde die «étatisation de la chasse» verlangt.

Es war der waadtländische Nationalrat Pierre Teuscher, selbst Landwirt, der die Volksinitiative einleitete. Im Dezember 1974 lagen die 25 000 Unterschriften vor – also weit mehr als gesetzlich notwendig – und wurden eingereicht. Die Waadtländer Jäger gerieten in höchste Erregung und richteten an Nationalrat Teuscher über hundert schriftliche und telephonische Drohungen (menaces de mort). – Die Abstimmung ist für den Mai 1976 vorgesehen.

Im Kanton Wallis brachte 1972 M. Bagnod im Regierungsrat eine Motion für ein Jagdverbot ein.

Im Kanton Neuenburg wurde die Jagd im Dezember 1974 ebenfalls in Frage gestellt.

Der Verfasser hatte Bedenken, die jagdliche Entwicklung in der Westschweiz als offene Frage an den Schluss seiner Wildgeschichte zu stellen. Wenn er es dennoch tat, so aus tiefer Verbundenheit mit dem westschweizerischen Tierschutz und dessen Bestrebungen.

Es war Nationalrat Teuscher, der nach dem Genfer Entscheid die Idee einer grundsätzlichen Reform des Bundesgesetzes über Jagd und Vogelschutz formulierte und sich von keinen Einsprüchen aus dem Lager der Jagdliebhaber einschüchtern liess.

Eine Reform *muss* kommen. Zu dieser Überzeugung werden letztlich alle Freunde unserer Landesfauna gelangen.

Vorwort zum zweiten Teil

Der zweite, spezielle Teil dieser Darstellung soll die Schicksale der einzelnen jagdbaren Tierarten in der Schweiz seit der Zeit ihres eigenstaatlichen Daseins, soweit es die Quellen zulassen, schildern. Geschichtlich gesehen wäre es die Zeit von 1814, also vom Wiener Kongress an. Freilich hatten schon zehn Jahre zuvor die Kantone wiederum ihre Jagdhoheit übernommen und hatten versucht, einigermassen Ordnung in ihr durch die Helvetik vernachlässigtes Jagdwesen zu bringen. Wie weit das gelang, lässt sich heute kaum mehr beurteilen. Denn was an Nachrichten aus dieser Zeit übrigblieb, genügt nicht, um sich ein Bild des Zustandes der Wildbahn zu machen.

Auch für die anschliessenden Jahre fliessen die Quellen über die Geschicke der einzelnen Tierarten spärlich. Die zuverlässigsten Nachrichten sind die Rechenschaftsberichte der Kantonsregierungen. Im Kanton Bern begannen sie 1848, im Kanton Glarus 1850, im Kanton Luzern 1871. In den meisten anderen Kantonen erst nach dem Inkrafttreten des ersten Bundesgesetzes über Jagd und Vogelschutz 1875. Eine wichtige Quelle ist das Büchlein von Hans Caspar Rohrdorf «Der Schweizer-Jäger, eine vollständige Anweisung zur erfolgreichen Jagd auf die in der Schweiz vorkommenden Säugethiere und Vögel», Liestal 1836. Von 1882 an läuft die schweizerische Jagdzeitung «Diana». Ausserdem finden sich Nachrichten über das schweizerische Tierleben an verschiedensten Orten.

Die hundert Jahre von 1814 bis 1914 wurden ideologisch vom Wohlfahrtsgedanken beherrscht – Salus publica suprema lex. Wie diese Salus publica verstanden wurde, daran hing es. Meist wurde in plattem eudämonistischem Streben auf der belebten Landesnatur herumgetrampelt, um einem billigen, bürgerlichen Behagen zu entsprechen.

Vielleicht konnte bis 1874 noch gar nicht von einem eidgenössischen Nationalgefühl oder Patriotismus gesprochen werden, sicher nicht von einem, der sich um das Fortbestehen der Landesnatur kümmerte. Die Heimatgefühle bezogen sich auf die engere Umgebung, höchstens auf den Kanton. Mochten auch die ideologischen Stürme Ende des 18., Anfang des 19. Jahrhunderts verrauscht sein, so bewegten noch bis zur Bundesverfassung von 1874 viele Spannungen und Kämpfe die Eidgenossenschaft, und für Jagdprobleme und die Sorge um das Bestehen der Landestierwelt blieben den Kantonen und dem werdenden Bundesstaat kaum Energieen übrig.

Es war wiederum eine Idee, die von aussen kam, welche zu einer Sorge um die Landestierwelt führte. Es war der Zentralismus, der 1871 die Länder des nördlichen Nachbarstaates näher zusammenrückte. Der zentralistische Staatsgedanke liess auch die Schweiz nicht unberührt und führte unter anderem zu den beiden grossen eidgenössischen Gesetzen über den Wald und über Jagd und Vogelschutz. Hinsichtlich der Landesnatur, insbesondere der Landestierwelt, hatte sich vor 1874 in den verflossenen 100 Jahren keine höhere Auffassung gebildet. Die Zeit des Rationalismus mit ihrer Ideologie vermochte sich in der Schweiz weit länger zu halten als anderswo, vielleicht am längsten und konservativsten hielt sie sich auf jagdlichem Gebiet. Das hiess kurz gesagt: Vernichtung des sogenannten Schadwildes, um womöglich das letzte Stück Nutzwild dem Jäger zu erhalten. Nützliches sollte allein fortleben dürfen, alles Schädliche sollte verschwinden. Der Bürger, der auf die Jagd ging, sollte die Wildbahn reichlich mit Nutzwild bestanden vorfinden, soweit es landwirtschaftlich tragbar war.

Es war jene Zeit, in der die Worte nützlich und schädlich aus jeder Nummer der Jagdzeitschriften, aus jedem Zeitungsartikel über Tiere und aus den Fischereizeitschriften hervorstachen, jene Zeit, die die scharfe Auslese aus der schweizerischen Landestierwelt eingeleitet hat und die genau nur jene Reste übrigliess, welche dann die Generation des zwanzigsten Jahrhunderts antraf. Es war jene Zeit, in der man glaubte, das grösstmögliche Glück der grösstmöglichen Zahl schaffen zu können, jene Zeit, die mit den letzten heroischen Tiergestalten aus alter Zeit radikal aufräumte und der Nachwelt eine lange Reihe von diesen nur noch in Form staubiger Bälge und Stopfpräparate übrigliess.

Dass dieses Streben nach Glück in jagdlicher Hinsicht einzig auf dem Weg einer harten Auslese aus einer ohnehin nicht allzu reichen Tierwelt gesucht wurde – das war die grosse Sünde.

Es kam noch ein Zweites hinzu, wenn auch etwas später, nämlich der *wirtschaftliche Faktor*. Die weitgehende Veränderung und Modernisierung der land- und forstwirtschaftlichen Methoden, die Seeabsenkungen, Gewässerbegradigungen, Flusskorrektionen, Trockenlegungen in der Mitte des letzten Jahrhunderts und alle die vielen Versuche zur Bodenverbesserung, kurz, alle jene Unternehmungen in der schweizerischen Landschaft zur Hebung der Erträgnisse aus dem Grund und Boden und dem Wald. Viele dieser Massnahmen griffen tief in den Lebensraum der freilebenden Tiere ein und führten zu deren regionalem Verschwinden. Freilich konnte die Urproduktion mit der Rendite der wachsenden Industrie des Landes nicht Schritt halten und doch arbeitete man intensiv daran, auch ihre Rendite zu heben. Und letztlich entschieden auch hier die beiden schicksalhaften Begriffe Nutzen und Schaden darüber, ob eine Gattung der Landestierwelt überleben durfte oder nicht und ob ihr Fortbestehen wünschenswert war oder nicht. Es war das utilitaristische Denken, das eine neu Biozönose in der Schweiz schuf.

Wenn in diesem speziellen Teil der Geschichte der jagdbaren Tiere der Schweiz den Schicksalen der Arten im besonderen nachgegangen werden soll, so mag daraus deutlich werden, wie im Verlauf eines, genauer, eines halben Jahrhunderts die Landestierwelt eine Umgestaltung erfuhr, die überhaupt nur aus dem geschichtlichen Rückblick auf die Vergangenheit begriffen werden kann.

Es ist freilich nicht schlechtweg die Jagd, die über Fortbestand oder Verschwinden der einst zur Gesamtbiozönose zählenden Tierformen entschied. Es waren von jeher eine relativ kleine Zahl von Grundfaktoren aus der Umwelt der Tiere, die über ihren Fortbestand bestimmen. Doch stets waren es die Einwirkungen des Menschen.

Die vorliegende Geschichte der jagdbaren Tiere der Schweiz will keine Theorien über die Einzelursachen, die zum Verlust vieler Tierformen des Landes führten, vortragen, sie will die Fakten der Geschichte, soweit möglich, zusammentragen. Die aktive Verfolgung war immerhin wirksam genug, und ihre Folgen waren bestimmt weitgehender, als im allgemeinen angenommen wird. Es war von jeher ein Fehler und ist es bis heute, dass Wildtiere aus Gründen der Tradition noch in einem Stadium bejagt wurden, wo ihr Verschwinden bereits in Sicht war.

In diesem Sinne mögen die Kapitel dieses Teiles als ein Beitrag zur Landesgeschichte verstanden werden, vielleicht auch als ein Menetekel für kommende Entscheidungen auf jagdlichem Gebiet.

Wenn in einzelnen Fällen Dinge wiederholt werden, die im ersten Teil dieses Buches bereits geschildert wurden, so nur, um dem Leser ein Nachschlagen zu ersparen. Die beigegebenen Bilder können und wollen nicht wetteifern mit den veröffentlichten Schaubildern der heutigen Zeit. Sie wollen dem Beobachter die Tiere der heimatlichen Landschaft so zeigen, wie er sie etwa auf Exkursionen und Ausflügen mit blossem Auge oder leichtem Fernglas sehen kann. Sie wollen auch dazu anregen, Gesehenes zu überdenken und so manches Naturerlebnis zu vertiefen.

Der Edelhirsch

Zur Geschichte des Rotwildes in der Altsteinzeit sei auf die ur- und frühgeschichtliche Archäologie der Schweiz verwiesen, von der 1968 der 1. Band erschienen ist.

In der Neusteinzeit, der Pfahlbauzeit, ist der Hirsch das häufigste der erlegten Wildtiere gewesen. Nach Kuhn-Schnyder verschwanden im Mesolithicum allmählich die arktischen Tiergestalten. Das Charaktertier der jetzt entstandenen Wald- und Weidefauna wird der Edelhirsch. Die Rentierzeit, das heisst die Zeit des Tundracharakters der paläolithischen Pflanzendecke wird durch die Hirschzeit abgelöst! Tschumi berichtet: «In der Jungsteinzeit setzte der Ackerbau und die Viehzucht ein und damit überwogen in quantitativ gut untersuchten jungsteinzeitlichen Siedelungen der Schweiz die Haustiere die Wildtiere um ein Beträchtliches. Im Voll- und Spätneolithicum ist erneut eine Abnahme der Wildtiere festzustellen. Doch unter diesen steht immer noch der Edelhirsch an erster Stelle. Seine mächtigen, aber doch leicht spaltbaren Knochen fanden zu Beilen, Harpunen und Feldhacken mannigfache Verwendung.» —

Die bis zur Gegenwart in den alten See- und Moorböden vor dem Voralpengürtel gefundenen Geweihe sind den heutigen Geweihen des Alpenhirschs sehr ähnlich.

Die schrittweise Abdrängung des autochthonen Hirschs der Schweiz begann mit dem Auftreten des Rindes. Der Hirsch wurde als Nahrungskonkurrent des Hausrindes aus dessen Weidegebieten durch die Jagd beseitigt. Dieser Prozess setzte sich wohl durch das ganze Mittelalter fort. Für die jagdlich privilegierten Stände blieb der Hirsch das Hauptwild, obschon er zahlenmässig schon stark zurückgegangen war. Aus dem 16. Jahrhundert berichtet Gesner (1545), der Hirsch steige nicht in die hohen Berge empor, weil er zu schwer und mächtig sei. Die Hirsche seien Tiere des Tales und wohnten an den Gewässern. Sonderbarerweise nennt aber Gesner als Feinde des Hirsches neben Wolf, Bär und Luchs den Adler. Der Adler erlege den Hirsch folgendermassen: er wälze sich im Staub, stosse auf den Kopf des Hirsches und blende ihn, indem er den Staub aus seinen Federn in die Augen des Hirsches schüttle. Dann treibe er ihn an einen Abgrund, damit er hinabstürze, und dann fresse er ihn. Danach müsste der Hirsch also doch in den Bergen vorkommen.

Verlässliche Angaben über Bestandesgrösse und Verteilung des Hirschwildes im Mittelalter sind nicht vorhanden. Auch eine Zusammenstellung von einzelnen mittelalterlichen Hirschjagdgeschichten würde nicht weiterhelfen. Die Stumpfsche Chronik der Eidgenossenschaft enthält jene aufschlussreiche Notiz, die der Pastor Cyriacus Spangenberg in seinem berühmten Jagteufel 1562 den deutschen Fürsten als vorbildlich vorhält: «Johann Stumpf schreibet von den Schweizern im 9. Buch seiner Chronik also: Das Hirschenwildpret hat in diesem Land nicht also viel Schirms, als bei den Fürsten, sondern wird gleich aufgefangen. Wo man es schirmete, wie in anderen Landen, würde das Land voll.» Spangenberg setzt hinzu: «Und dies ist löblich von den Schweizern und ihnen rühmlich nachzusagen, dass sie ihre armen Leut mehr lieben, denn die unvernünftigen Tier....»

Danach genoss das Hirschwild in der Schweiz keinen sonderlichen Schutz. In Wirklichkeit setzte dem Hirsch eine jahrhundertelange, ungeregelte Bejagung in den langen Zeiten zu, die eine wilderhaltende Jagdgesetzgebung entweder gar nicht oder nur in Form primitiver Schongesetze auf dem Papier kannten, Bestimmungen, die nie befolgt wurden, weil eine wirksame Jagdpolizei durchaus nicht vorhanden war.

Hierüber gibt Hans Jakob Graviset, der anonyme Verfasser der satirischen Schrift «Heutelia», 1658 Auskunft. Er sagt: «Was dann die andere Frag betrifft, ob es viel

Gewild in diesem Land (das heisst, dem Kanton Bern) geb, sagte uns der Herr von Langophinia (Liebegg), dass zur Kurzweil etwas vorhanden sei, sonderlich von Hasen und Füchsen, item von Rehen und wilden Schweinen gebe es auch bisweilen. Von Hirschen aber weniger, jedoch an anderen Orten Heuteliae, als sonderlich in dem Gebürg und an den Gränzen gebe es schon mehr Hirsche.» Auf die Frage, warum das so sei, antwortete er: mangels an Polizei. Es gehe jeder jagen, wie er wolle. Die Amtleute hielten sich nicht an die obrigkeitlichen Vorschriften. Die Landvögte oder Landpfleger liessen fast jedermann jagen nach seinem Gefallen, wenn er ihnen bisweilen nur etwas verehrt, ja es werde um ein Stück Geld solches weggeliehen. Die bernische Jägerordnung verbot den Landvögten zwar, die Jagd hinzuleihen oder schriftliche oder mündliche Bewilligungen zum Jagen zu geben, doch wurde dies, wie Graviset berichtet, nicht gehalten. Viele Vögte sorgten nur für ihre Tasche solange sie das Amt innehatten, nach dem Spruch: «Mach Mist, dieweil du Landpfleger bist.» Und so ging es eben dem Wild, das den grössten Schaden verursachte, dem Edelhirsch, zuallererst an Leib und Leben.

An anderen Orten war der Hirsch schon in den achtziger Jahren verschwunden, so nach Alfred Jann in Obwalden bereits 1782. In Graubünden fielen nach Stefan Brunies die letzten Hirsche in den Jahren 1840 bis 1850 den Hunden der Jäger zum Opfer. Es waren nur noch weibliche Tiere.

Die Stunde für das Hirschwild hatte jedoch aller Wahrscheinlichkeit nach in den Jahren um die Jahrhundertwende zum 19. Jahrhundert geschlagen. Die Jagdfreiheit der Zeit der Helvetik von 1800 bis 1802 hatte zur Ausrottung des Edelhirschs tüchtig Vorarbeit geleistet. Schlimmer aber war die Zeit, welche die Schweiz zum Tummelplatz fremder Heere gemacht hatte. Als nach Suwarows vergeblichem Alpenübergang die Franzosen die Eidgenossenschaft zurückerobert hatten und die umgehauenen Freiheitsbäume wieder aufgerichtet worden waren, wurden die bekannten Riesenkontributionen und Requisitionen eingetrieben. Diese hatten auf den Wildstand zunächst noch nicht die unheilvolle Wirkung wie die grossen Einquartierungen. 72000 Mann blieben den ganzen Winter über auf Schweizer Boden stehen. Teuerung und Hungersnot waren die Folgen. Das noch nicht geraubte Vieh musste aus Mangel an Futter geschlachtet werden. In gewissen Orschaften kamen auf den Haushalt rund 37 Mann Einquartierungen pro Winter. Fremdes Korn kam nicht herein, weil die Zufuhr wegen des Krieges gesperrt blieb. Im Kanton Uri waren zwei Drittel der Milchkühe getötet worden. Basels Landschaft musste in sechs Wochen den zehnten Teil des gesamten Viehbestandes hergeben. Aus Schwyz, Glarus und dem St. Galler Rheintal erschienen in Schaffhausen die gänzlich ausgeplünderten Einwohner, worunter selbst ehemalige Ratsherren und Ammänner, um Hemden und Schuhe zu betteln. Im Wallis irrten die Einwohner mit Frauen und Kindern durch die Berge und suchten Nahrung. Es waren die Hungerjahre nach den napoleonischen Kriegszeiten und später, als die letzten Hirsche und Rehe, das letzte Schalenwild den Schlingen der hungernden Einwohner zum Opfer fielen. Schon 1798 hatte nach O. Büchi am Schwarzsee im Kanton Fribourg ein wahres Blutbad unter den Hirschen stattgefunden, woran sich auch französische Militärpersonen beteiligt hatten. In den gleichen Jahren waren im Kanton Neuenburg die letzten Hirsche – es waren nur noch Kühe – verschwunden, wie Fritz Chablon berichtet. Genau gleich erging es nach Paul Steinmann den Hirschen im Kanton Aargau. So auch denjenigen in den Hungergebieten im Kanton Graubünden und Uri. Das Schicksal des Edelhirschs in der Schweiz vollzog sich analog demjenigen des Wisent, dessen letzten Beständen in freier Natur auch der Krieg – beide Weltkriege – das Ende gebracht hatte. Die jetzt im Urwald von Bialowies lebenden Wisente stammen nach Erna Mohr aus Gehegen.

Es ist überhaupt keine Uebertreibung, wenn gesagt werden kann, dass die Wirren der napoleonischen Zeit die grosse Zäsur in der Geschichte des schweizerischen jagdbaren Wildes gebildet haben. Was heute an Schalenwild auf Schweizer Boden steht, ist, abgesehen von kleinen Beständen an Gemswild, im 19. Jahrhundert oft mühsam genug wieder aufgebaut worden. Die Geschichte des Hirschwildes in der Schweiz hat kurz vor der Mediation (1803 bis 1813) ihr Ende erreicht. Ihr vorläufiges Ende. Denn sie begann zur gleichen Zeit aufs neue.

Schon in der Jägerordnung von 1804, erneuert 1817, bannte Bern bereits das Hirschwild völlig. Andere Kantone folgten, so Obwalden 1834, Nidwalden 1853. Dann versuchten es die Kantone Glarus, Schwyz, St. Gallen und Graubünden mit einem Konkordat: sie verboten den Abschuss der Hirsche von 1868 bis 1876. Doch das alles brachte den Edelhirsch nicht in die heimische Wildbahn zurück, denn die Abschussverbote gingen von der Annahme aus, dass irgendwo noch Hirsche übriggeblieben seien und einen Grundstock zu neuen Beständen bilden würden, aber der Hirsch war wirklich ausgerottet worden. Und wo nichts mehr da ist, nützt keine Schonung mehr. 1870 schrieb Caspar Moesch, damals Direktor der Sammlungen des eidgenössischen Polytechnikums, in der allgemeinen Beschreibung und Statistik der Schweiz: «Das Edelwild fehlt als Standwild in der Schweiz ganz.» Tschudi behandelt in seinem Tierleben der Alpenwelt weder Reh noch Rothirsch. Er berichtet lediglich von der Erlegung eines Edelhirschs im Solothurnischen, der sehr schwer gewesen und viele Spuren alter Schusswunden aufgewiesen haben soll, ausserdem zwei Kugeln von alten Steckschüssen. Und von den Rehen sagt er, sie seien in den Bergen ausserordentlich dünn gesät. In manchen Gegenden, so im Kanton Glarus, seien sie noch vor den Hirschen verschwunden. In kurzer Zeit würden sie ganz verschwunden sein und nur noch als Flüchtlinge aus dem Ausland erscheinen wie jetzt die Hirsche. Auch Tschudi sieht den Hirsch in der Schweiz als ausgerottet an.

Noch um die Jahrhundertwende hatte man überall im Schweizerland die Meinung, der Hirsch sei wegen seines grossen Wildschadens land- und volkswirtschaftlich nicht tragbar. Auch in den Schulen brachte man das den Kindern so bei. Dabei hatte der Kanton Waadt 1895 den Hirsch gebannt und 1896 Hirsche eingesetzt, die allerdings prompt zu Wildschadenklagen und entsprechenden Forderungen Anlass gegeben hatten. Caspar Rohrdorf (1836) schrieb in seinem «Schweizer Jäger», der Hirsch sei in der Schweiz eine Seltenheit und wechsle nur hin und wieder aus angrenzenden Ländern bei uns ein. Und dann werde sogleich auf ihn Jagd gemacht wie auf ein reissendes Tier. Aber die Jagden führten oft nicht zu seiner Erlegung, vielmehr kehre er meist wieder in seine Heimat zurück. Das war bestimmt unrichtig, doch scheint Rohrdorfs Ansicht noch allgemein gegolten zu haben, als in Graubünden schon lange jedes Jahr Hirsche erlegt wurden.

Doch weder die Kantone noch der Bund hatten den Hirsch vergessen. Als sich in der Ostschweiz die ersten Hirsche zu zeigen begannen, wurden sogleich Abschussverbote ausgesprochen oder die alten Verbote erneuert. So in St. Gallen, Glarus, Zürich. Als 1889 bei Mollis im Kanton Glarus eine Hirschkuh geschossen wurde, wurde der Jäger mit 100 Franken gebüsst, damals ziemlich viel Geld! 1906 erging es einem Jäger in Appenzell A.Rh. ganz gleich. Es war also keineswegs so, dass sich die kantonalen Jagdbehörden um den Hirsch überhaupt nicht mehr kümmerten. Vielerorts, so in der Waadt, Wallis, Schwyz, Glarus, St. Gallen und Bern wurden Hirsche eingesetzt, allerdings meist solche aus Wildgattern, Gehegen oder zoologischen Gärten. Nur 1929 in Glarus und 1938 in Schwyz setzte Herr Steinfels richtige Gebirgshirsche aus seinem Vorarlberger Revier ein. Als 1934 Oberst Tenger Tatrahirsche aus einem Wildpark im Aletschbanngebiet aussetzte, stürzte eines der viel zu schweren Tiere in der ersten Viertelstunde über einen Felsen hinunter und musste abgetan werden. Ein anderes Stück Kahlwild wurde als «grosses Reh» prompt geschossen. Die Aussetzung war gut gemeint, aber nicht gut vorbereitet begonnen worden.

Die spontane Besiedelung der schweizerischen Ostalpen durch den Edelhirsch ging vom Rhätikongebirge aus. Genauer: Die Hirsche kamen aus dem Montafon über die Pässe des Alpsteingebirges, das Barthümeljoch und die kleine Furka, Schweizerstor und Schesaplana in das vordere Prättigau. Die Ansicht, dass im Engadin der Tiroler Hirsch innaufwärts eingewandert sei, bewahrheitet sich nach den schriftlichen Nachrichten nicht.

Die Neubesiedelung der Graubündner Täler mit Hirschen zeigte sich wie immer durch «Kundschafter» an, die zunächst meist als «Irrgäste» betrachtet wurden. Aber der Einwanderung des Hirsches gehen ausnahmslos die «Kundschafter» voran. 1873 tauchte plötzlich ein einzelner Hirsch bei Arosa auf. Woher dieser Hirsch kam, weiss niemand. Ein weiterer Hirsch wurde bei Calfeisen und Valzeina 1874 bestätigt. Dieser war wahrscheinlich auf einem uralten Hirschwechsel dorthin gezogen.

Anders stand es mit dem Fund einer Hirschsstange im Val Trupchum 1869. Diese stammte sicher von einem alten Abwurf vor der Ausrottung der letzten Hirsche im Kanton Graubünden. 1899 meldete der Bundesratsbericht im damaligen Bannbezirk Churfirsten von der Beobachtung von Edelwild. Diese darf wohl sicher als definitive Besiedelung der Berge angesehen werden. Denn in den siebziger Jahren erfolgte die bleibende und dauerhafte Einwanderung der Hirsche in das Prättigau, worüber die ersten Meldungen in der Naturchronik von Dr. Killias, dem damaligen Präsidenten der Naturforschenden Gesellschaft in Graubünden, enthalten sind.

1874 wurde in Furna ein Hirsch im tiefen Schnee völlig erschöpft und todmüde gegriffen. So berichtet die Naturchronik der Naturforschenden Gesellschaft Graubünden. Der Hirsch von Furna, der erste Hirsch auf Schweizer Boden nach langer Zeit, hat einen so grossen Eindruck hinterlassen, dass ihn nicht nur die Naturchronik, sondern auch der Regierungsbericht Graubündens und der Bundesbericht erwähnten. Einige Jahre später wurde ein Hirsch auf der Seewiser Alp erlegt, aber nur ein geringer Hirsch. 1882 wurde auf derselben Alp ein Hirsch erlegt. Die Zeitung nannte ihn «Hirschbock», sie wusste keine gerechtere Bezeichnung! 1883 kam ein junger Hirsch dazu, der auf der Schierser Alp geschossen wurde. Zaghaft sagt die Naturforschende Gesellschaft dazu: «Bei einiger Schonung würde das edle Wild wie vor Zeiten in unserem Kanton heimisch werden können». Richtig – bei einiger Schonung! Aber es blieb leider bei dem frommen Wunsch. Als 1886 gleich 5 Hirsche erbeutet worden waren, schrieben die Bündner Nachrichten, der Hirsch sollte besser geschützt werden: «Wer wagt es, im Grossen Rat eine entsprechende Motion zu stellen?» Dass vom Montafon her Rehe und Hirsche einwechselten, wurde zwar freudig notiert, aber es genügte, dass irgendwo das Wort «Schutz» fiel, um die Jäger auf den Plan zu rufen. Rehe und Hirsche seien immer im Prättigau ansässig gewesen, behaupteten die Jäger, aber das war reine Phantasie, wie ein Blick auf die Bündner Abschussstatistik lehrt. 1888 wechselte ein Hirsch in das Glarnerland ein, kehrte aber über den Chistenpass wieder nach Graubünden zurück. Das war natürlich ein Kundschafter gewesen. 1888 existierte bereits bei Davos eine «Hirschkolonie» – der Hirsch war also im Val Dischma schon Standwild geworden. 1889 waren die Hirsche mit ihrer Vorhut bis ins Vorderrheintal vorgedrungen. Bei Somvix wurde im November 1889 ein Hirsch auf der Niederjagd gefrevelt. 1892 war ein Hirsch über den Oberalppass in den Kanton Uri gewandert, verunglückte aber durch einen Sturz in die Schöllenen. Er wurde bei Göschenen mit beiden gebrochenen Vorderläufen aufgefunden. 1896 war ein Hirsch über den Flüelapass bis Susch vorgedrungen, wurde aber prompt geschossen. Auch die ins Albulatal weiterwandernden Hirsche fielen schon 1895 dem Blei der Jäger zum Opfer. Ihr Weg war über Wiesen, Schmitten und Alvaneu gegangen. 1898 jagte man schon im Schanfigg auf Hirsche. Sie waren über die Berge von Davos her nach Langwies gelangt. Jedes Jahr wurden dem Comestiblegeschäft Domenig in Chur mehrere Hirsche zum Kauf angeboten, 1899 waren es 15, die meisten immer noch aus dem Prättigau.

Vom Jahre 1900 an setzten die Nachrichten des Bundesrats ein. 1901 meldete der Bundesratsbericht Hirsche im Prättigau als Standwild, zugleich ihr Vordringen bis Davos und Mutten. Die Bündner Zeitungen hatten dort die Hirsche schon 1888 gemeldet. Nach dem Bündner Monatsbericht waren 1890 bereits im Tavetsch im September Hirsche erlegt worden. Aber Standwild wurde der Hirsch im Vorderrheintal erst um 1916 und 1918, auch dorthin erfolgte die Besiedelung vom Prättigau aus. Im November 1901 beobachtete man zwei Hirschkühe bei Cinuskel im Engadin. Das waren aber nicht bloss Kundschafter, denn als solche treten beim Hirschwild nur männliche Individuen auf. Als der Hirsch im Inntal auftauchte, setzte sich die Sektion Bernina des SAC für den Schutz des Hirsch- und Rehwildes im Inntal ein. 1902 schreibt der Bundesbericht: «Der Hirsch breitet sich vom Rätikon her in Graubünden immer mehr aus.» Dieser Satz gab eine grundlegende Erkenntnis wieder, nämlich die, dass der Hirsch vom Montafon her in den Kanton einwanderte und dass er, um hier heimisch zu werden, einer gewissen Schonung bedurfte. Im Dezember 1902 wurde die Hirschjagd durch Nationalratsbeschluss verboten. Die SAC-Sektion Bernina hatte diesen Beschluss freudig begrüsst, sah aber voraus, dass die Bündner Jäger opponieren würden und voraussichtlich auch den Sieg davontragen könnten und ersuchte den Ständerat, sich dem Hirschjagdverbot des Nationalrates anzuschliessen. Aber die Jäger protestierten unentwegt und die Bauern schrieben in die Zeitungen: «Sollen die Hirsche über den Flüela und Albula spazieren?» und schimpften gegen das Hirschjagdverbot des Nationalrats. Da stimmten die konservativen Herren des Ständerates dem Hirschjagdverbot nicht zu, sie hatten die herkömmliche Meinung, der Hirsch sei in der Schweiz wegen des Schadens nicht tragbar. Trotzdem sprach der Regierungsrat von Graubünden im gleichen Jahr das Hirschjagdverbot aus und liess sich durch die Zornesausbrüche der Jäger zunächst nicht beirren. 1903 wurde das Hirschjagdverbot noch aufrecht erhalten, aber es war schon umgangen worden. Ende September hatte die Comestiblehandlung Domenig in Chur trotz Verbot 13 Hirsche und 15 Rehe von den Jägern gekauft. Zu alledem waren die Hirsche in diesem Jahr bis Thusis gekommen und zeigten sich im Bannbezirk Traversina. 1903 hatte man im September im Wald von Arpiglia bei Zuoz ein Hirschpaar gesehen. Im Prättigau klagten die Bauern endlos über den Hirschschaden. Von 1904 an wurden immer mehr Gebiete der Hirschjagd geöffnet.

1906 waren im Val di Lei erstmals Hirsche beobachtet worden. Dann kam der strenge Winter 1906/07, der gegen 50 und mehr Hirschen im Prättigau und bei Arosa und gegen den Albula den Hungertod brachte. 1909 durfte bereits in Wiesen, Schmitten und Alvaneu und im ganzen Gebiet rechts des Landwassers auf Hirsche gejagt werden. Jetzt sah der Wildhüter des Piz-d'Aela-Banngebietes zwischen Filisur und Stuls Hirsche stehen. Die Jäger schlugen 1911 Kahlwildabschüsse im Prättigau vor, aber die Regierung hatte kein Gehör.

1912 gingen die Hirschschadenklagen unentwegt weiter. Zwischen Grüsch und Schiers habe ein Güterzug bremsen müssen, weil Hirsche auf dem Bahnkörper standen. In Davos-Glaris kam ein Bauer auf die Idee, im Juli zur Abschreckung der Hirsche eine Sturmlaterne auf einen Pfahl in der Wiese zu setzen. Am anderen Morgen stellte er fest, dass die «Biester» um den Laternenpfahl herum das Gras radikal abgeweidet hatten, das Licht hatte sie nicht abgeschreckt – im Gegenteil! Ein anderer versuchte es mit blinden Pistolenschüssen, aber das nützte bald nichts mehr. Jahr um Jahr steigerten sich die Wildschadenklagen. 1914 ging der Krieg los, 1915 gewährte der Bündner Grosse Rat Wildschadenvergütungen wegen des Getreidemehranbaus. 1914 hatte man die Jagd wegen des Krieges verboten. Jetzt drangen Jäger und Bauern für 1915 auf Eröffnung wegen der Hirschschäden, sogar im Engadin. 1915 wurde aus dem Nationalpark die Einbürgerung von Hirschen gemeldet. Als im September die Jagd aufging, standen im Prättigau Jäger aus Zürich und Basel da, sogar aus Genf. Die hatten sich ein Patent gelöst und wollten Fleisch jagen! Einer der Herren schoss auf der Maienfelder Alp im Eifer eine Kuh!

1917 waren die Hirsche definitiv bei Ilanz, 5 in einer Lawine! In diesem Jahr fand der Gemeindeförster Bugnaidas von Zernez am 2. März einen 12-Ender im tiefen Schnee todmüde und eingesunken. Er führte das Tier ins Dorf und liess es von den Leuten bewundern. Dann liess er es laufen.

1917 jagte man auf der linken Rheinseite bis zum Vorab. Damals flohen die ersten Hirsche über den Panixerpass ins Glarnerland hinüber, verschwanden dann aber wieder. 1918 hatten sich die Hirsche weit verbreitet, fehlten aber im Oberengadin noch vollständig. Das Hirschwild war über den Albula ins Engadin gezogen, aber dann wanderte es talabwärts, nicht gegen Samaden! 1919 fasste das Hirschwild im Unterengadin endgültig festen Fuss. Bei Zernez schätzte man den Bestand auf etwa 30 Stück. Jetzt beobachtete man erstmals bei Samaden Hirsche, die wahrscheinlich ins Oberengadin weiterzogen. Auch bei Remüs und Schuls trafen erste Vorhuten ein und wurden gesichtet. 1920 spürte man Hirsche bei Tarasp, sah aber noch keine. Die Wildschadenzahlungen stiegen zu beträchtlicher Höhe. Die Hirsche seien zur Landplage geworden, schrieb der Bundesbericht, es gab Kahlwildabschüsse. 1923 wurden in den Tälern Val Tremblai und Val d'Assa unterhalb Remüs erstmals Hirsche gemeldet. Langsam breitete sich der Hirsch innabwärts aus. Es zeigte sich, dass die Besiedelung des Inntales nicht von Osten her erfolgte. Das Wild zog nicht talaufwärts, wo der Winter länger und das Futter knapper wird! Nur in den Nationalpark ging der Zug bergan, weil dort Jagdruhe herrschte. Der Regierungsrat seufzte 1925, das Hirschwild nehme nicht ab, alle Abschüsse fruchteten nicht, sogar die Kahlwildabschüsse nicht. 1933 wurde der erste Hirsch im Rosegtal gesichtet.

Im Albulagebiet nahm der Bestand immer noch zu. Wildschäden stiegen, der Kanton zahlte erhebliche Summen an die Geschädigten. So vergingen die dreissiger Jahre. Dann kam 1939 der zweite Weltkrieg.

1939 verbot der Bundesrat zuerst die Jagd in der ganzen Schweiz, gab dann aber den Kantonen die Ermächtigung, die Jagd teilweise unter Berücksichtigung der militärischen Interessen zu erlauben. Graubünden verzichtete, gab aber den Gemeinden die Erlaubnis zum Abschuss von schädlichem Wild, doch machten hievon nur drei Gemeinden Gebrauch. Im Krieg wurde die Verteidigung gegen Wildschaden intensiviert. Es gab Extrajagden, bei Zernez und Scanfs gab es viel Schaden, der Abschuss von alten Hirschkühen wurde erlaubt. 1941 war wegen des vielen Fallwildes vom Winter eine Extrahirschjagd nicht nötig. Dagegen wurden wegen des Mehranbaues Massnahmen gegen den Hirschschaden eingeleitet. Nachts mussten Feldwachen gestellt werden, doch betrieben die Gemeinden dieses Abwehrmittel sehr lässig. 1942 zeigte es sich, dass die Hirsche dem Mehranbau sehr schadeten. Ein Extraabschuss in geschlossener Zeit erwies sich als unumgänglich, aber die Jäger stellten sich nicht zur Verfügung, so dass die Jagdaufseher damit beauftragt werden mussten. Langsam verdrängte der Hirsch die Rehe, auch nach und nach an vielen Orten die Gemsen. 1944 stellten die Gemeinden den Wachdienst des Nachts ein, die Folge war eine Zunahme des Hirschschadens. Der Winter 1944 war streng, überall im Kanton, auch in den Banngebieten war das Wild zurückgegangen, aber als die Jagdzeit begann, stellte es sich heraus, dass die Jagdbeteiligung einen Rekord erreicht hatte. Das alles trug zur Verminderung des Wildes bei. Zum ersten Mal wurde die Jagdeignungsprüfung durchgeführt. Die Jagd verwilderte trotzdem. Der Naturschutz wandte sich mit einer scharfen Eingabe an die Landesbehörden. In Graubünden wurde die Jagd 1946 verkürzt, zugleich die Beutezahl für gewisse Nutzwildarten beschränkt, die Jagdaufsicht wurde vermehrt und reorganisiert, kurz, man suchte die Vernachlässigung des Wildstandes im Krieg jetzt wieder gutzumachen. 1947 wurde die Einrichtung der nächtlichen Flurwächter wieder aufgenommen, jetzt aber mit kantonaler Unterstützung, damit nicht deren ganze Besoldung auf den Gemeinden lastete. Trotzdem stiegen die Hirschschäden, die der Kanton zu bezahlen hatte. 1949 bis auf 75 000 Franken, aber in früheren Jahren hatten sie bis 90 000 Franken erreicht. Durch Flurwachen und Sonderabschüsse sank der Wildschaden 1950 auf 50 000 Franken. Alle Gemeinden mit über 1000 Franken Wildschaden wurden auf Flurwachendienst verpflichtet. Da kam 1951 ein strenger Winter dem Kanton zu Hilfe. Hirsche und Rehe wurden in dem hohen Schnee gewaltig vermindert. Im Engadin, dem Rheinwald und Safien samt dem Oberland fielen mehr als 50 % der Hirsche dem Schnee und der Kälte zum Opfer. Im folgenden Sommer sanken dank der Flurwachen die Wildschäden auf 33 000 Franken. Als der Winter 1953 dem Wild aufs neue heftige Verluste brachte, besonders den Hirschen und Rehen, betrug der Flurschaden 35 000 Franken. Jetzt bezeichnete ihn die Jagdverwaltung als erträglich. 1954 wurde der Abschuss von Hirschkühen verboten, das war nicht mehr nötig.

1955 hatten sich Hirsch und Reh wieder erholt, wie behauptet wurde, der Kampf gegen den Schaden begann aufs neue. 1956 ordnete die Bündner Regierung im Einverständnis mit dem Oberforstinspektorat an zwei Tagen, dem 30. November und 1. Dezember 1956, eine Extrajagd an den Grenzen des Nationalparks auf Hirsche und Kahlwild an. Es wurden während der Hochjagd dieses Jahres 30 und dann an den beiden späteren Tagen 114 Hirsche geschossen. Schon zur Hochjagd war im gleichen Jahr der eidgenössische Bannbezirk Selva–Carolina–Varusch gegen den Protest der Nationalparkkommission und der Jägerschaft von Scanfs teilweise geöffnet worden. Aber die Klagen wegen Hirschwildschaden nahmen nicht ab. So setzte man 1957 eine zweite Parkgrenzjagd am 6. bis 9. November an, bei der 150 Hirschkühe geschossen wurden. Der Verfasser des Parkberichts bezeichnete die Jagd im eröffneten Bannbezirk Selva–Carolina–Varusch als nicht besonders rühmlich. Zu diesen Extrahirschjagden hatten sich über 350 Jäger eingefunden (!), dazu lag etwa 50 cm Schnee. Das war genug, um die Hirsche an der Flucht zu behindern. Die Jäger konnten an den Furchen, welche die ziehenden Hirsche im Schnee hinterliessen, den Weg des Wildes leicht ausmachen, folgten den Beutetieren, holten sie bis auf Büchsenschussweite ein und schossen sie nieder. Manchmal trafen sie gut, manchmal schlecht. Diese Winterjagden fanden in den kantonalen und übrigen Schweizer Blättern scharfe Kritik. Trotzdem werden solche auch in Zukunft kaum zu vermeiden sein, wenn überhaupt der Abschuss das Mittel der Wahl sein soll, um die Massierung der Hirsche im Unterengadin zu mildern. Die Erfahrung zeigte, dass sich das Rotwild im September bis zum Ende der Bündner Hochjagd möglichst in Bannbezirke und Wildasyle zurückzieht. Jedoch bildet die sommerliche Konzentration des Rotwildes im Nationalpark einen Sonderfall. Ihre Ursache ist die, dass im frühen Frühling bald nach dem Ausapern in den um den Park liegenden Alpweiden viel Rotwild steht, dann aber nach dem Alpaufzug dem Vieh ausweicht und in den viehleeren Nationalpark übersiedelt. Dort wartet es zum grösseren Teil noch das Ende der Hochjagd

(26. September) ab und lässt sich erst vom einsetzenden Schneefall in die tieferen Lagen vertreiben. Daraus resultieren dann im Unterengadin und im Münstertal untragbare Hirschschäden. Ob sich diese Entwicklung freilich ausschliesslich mit Abschüssen ändern lässt, ist schwer vorauszusehen. Ein Ende des Zustroms von neuem Rotwild ist kaum abzusehen. Unbefriedigend bleibt, dass der Nationalpark gewissermassen als Anziehungsgebiet für die Hirsche wirkt und damit zum Anlass jährlich gesteigerter Abschüsse in seiner Umgebung werden sollte. Wesentlich dürfte in Zukunft bleiben, dass auch die Hirschfrage nicht zum Aufgeben des Parkstatuts führen darf, das heisst dass ein Reduktionsversuch des Hirschbestandes durch Abschüsse im Nationalpark selber absolut ausgeschlossen bleiben muss.

Im ganzen hat sich an der Hochjagd auf Hirsche bis in die Gegenwart nichts geändert. Einesteils geht es um die Reduktion des Hirschwildes als Konkurrenten des Viehs im Weidegebiet, andererseits stellt der Hirsch für den Jäger einen Verkaufswert von 700, 800 und 900 Franken dar. Aus diesen Gründen gestaltet sich die Hirschjagd wenig schonungsvoll. 1958 wurden 85 säugende Hirschkühe getötet, für deren Kälber natürlich wenig oder gar keine Überlebenschancen bestanden, daneben fielen der Hochjagd 25 Gabler und Spiesser zum Opfer und 15 Kälber, die einfach als «Kahlwild» mitgingen. 1959 waren es 112 säugende Hirschkühe, dazu viele Jungtiere. 1961 starben 129 säugende Hirschkühe, 21 Gabler und Spiesser, 19 Kälber. 1962 waren es 134 säugende Hirschkühe, 24 Junghirsche und 32 Kälber. Man nimmt stets an, der Grund des Abschusses von so viel verbotenem Wild sei das mangelhafte Ansprechen. Man schiesse einfach, wenn sich irgendwo etwas regt, dann schaue man nach, was es gewesen sei. Das sagen auch viele Bündner Jäger. Wir glauben das aber nur teilweise. Denn viele Jäger, besonders in bäuerlichen Gebieten, erfasst auf der Hochjagd etwas wie eine Kriegsstimmung gegen das Hirschwild, dem – teilweise sicher irrtümlich – ein Riesenschaden zugeschrieben wird. So erhielt manches Stück, das dann liegen blieb, die Kugel nur, damit es weg war. Die Jagdverwaltung selber äusserte, 10 000 Stück Hirschwild seien für den Kanton nicht tragbar. Die Wildschadenzahlen waren 1964 bis auf 102 200 Franken gestiegen. Das alles beflügelte wohl sicher den Hirschabschuss.

Inzwischen ist im österreichischen Montafon das Rotwild auf Betreiben der Forstverwaltung drastisch reduziert worden, so dass die Zuwanderung von dort her zurückgehen wird. Das wird für St. Gallen und Graubünden eine Änderung ergeben. Die Jägerschaft erwartet eine solche, doch kann das nur die Zukunft zeigen.

Kurze Hirschgeschichte ausserhalb von Graubünden

Es müssen die aus dem Montafon, sicher aus Vorarlberg einwandernden Hirsche gewesen sein, die sich 1889 im *Kt. Glarus* zeigten. In diesem Jahr schoss der Jäger F. Karrer bei Mollis eine Hirschkuh. Er wurde mit 100 Franken gebüsst. 1892 meldete die Jagdbehörde des Kantons: «Der Umstand, dass laut eingegangenen Mitteilungen sich neuerdings Hirsche in hiesigen Landesteilen angesiedelt haben, veranlasste uns zu der Schlussnahme, zum Schutze dieses Edelwildes und um die Einbürgerung desselben auf herwärtigem Kantonsgebiet zu ermöglichen, vorläufig für die Dauer von zwei Jahren ein Verbot gegen die Jagd auf Hirsche zu erlassen. Übertretung des Verbotes hat eine Busse von 300 Franken zur Folge.»

In den neunziger Jahren wurde eine Anregung zur Ansiedelung von Rehen, Hirschen und Steinböcken in den glarnerischen Bannbezirken nach einer Anfrage in Bern wegen der zu erwartenden grossen Kosten und der zweifelhaften Erfolgsaussicht abgelehnt. Ebenso wurde ein Angebot des Schweizer Alpenklubs, im Kärpf Hirsche einzusetzen, wegen der Kosten und des zu erwartenden Wildschadens abgelehnt. So wurde es um das Hirschwild im Kanton Glarus wieder still... bis 1928. Da kam wieder eine Anregung, in den Bannbezirken Steinwild und Hirsche einzusetzen. Aber die Behörden verhielten sich immer noch ablehnend, weil sie nicht daran glaubten, dass das Steinwild im Kanton verbleiben würde. Als freilich Herr Steinfels aus seinem Vorarlberger Revier Hirsche zum Einsetzen anbot, nahm man an und siedelte sie im Schiltgebiet an. Sie kamen im Winter bis zum Scheibenstand von Ennenda herunter und wurden dort gefüttert. In den dreissiger Jahren wurden an verschiedenen Orten im Kanton Hirsche gesehen. Der Hirsch sei im Glarnerland sehr populär und beliebt geworden, obschon die Schilthirsche in Pflanzgärten schon 1932 und 1933 Schaden verursachten. Er war aber nicht hoch – 137 Franken. 1935/36 war Hirschwild im Klöntal erschienen. Im folgenden Jahr fand man zwei Hirsche verkämpft und in Stacheldraht verwickelt im Klöntal. Der eine war schon tot, der andere musste mit der Drahtschere herausgeschnitten werden. Woher kamen die Klöntaler Hirsche? Die Annahme liegt nahe, dass sie vom Schiltgebiet über die Linth eingewandert waren. Anders dürfte es wohl mit den Hirschen stehen, die im Kerenzer Wald gesehen wurden. Diese könnten aus Vorarlberg her kommen. Anno 1940 schrieb der Jagdbericht: «Das Rotwild entwickelt sich gut, und der seit Jahrzehnten im Kanton Glarus nicht mehr gehörte Brunftschrei des Hirsches orgelt wieder in seiner Urgewalt durch die herbstlichen Wälder des Klöntals.» Damit war der Hirsch im Klöntal Standwild geworden, und jetzt fand man auch im Freiberg Hirschfährten. Das war 1942. Als wegen des grossen Schadens im Vorderrheintal intensiv auf das Rotwild Jagd gemacht wurde, flohen wohl einige Stücke über den Vorab oder den Segnespass nach dem Kleintal und stiegen in den Freiberg auf. Vom Klöntal aus bevölkerten Hirsche weitere Gegenden im Kanton. Strenge Winter folgten im Anfang der fünfziger Jahre, Fallwild fand man 1953 viel, darunter auch 20 Hirsche, trotz aller Fütterung. Als sich in den folgenden Jahren die Schadenklagen häuften, wurde 1955 der Schutz des Hirschwildes, der bis dahin aufrecht erhalten worden war, aufgehoben. Doch als 1955 die ersten Hirschpatente für 30 Franken extra ausgegeben und auch gelöst wurden, schoss kein Glarner Jäger einen Hirsch. Das Rotwild zog sich vor den Jägern zurück. Erst im folgenden Herbst brachte man 8 Hirsche zur Strecke, dann 15. Doch die Erlegungszahlen stiegen rasch an, 1961 waren es schon 78, sanken aber ebenso rasch wieder, nachdem die Bestände etwas zurückgeschraubt waren. Jetzt werden nach Zählungen des Forstpersonals im Kanton um 200 Stücke leben.

Das Rotwild im *Kanton St. Gallen* kam wohl mit Sicherheit nur aus Vorarlberg. 1874 ist ein einzelner Hirsch im Calfeisental gesichtet worden, dann war es wieder still um das Edelwild. Aber vergessen war es nicht. 1891 verbot der Kanton die Hirschjagd und strebte ein Konkordat mit Zürich und dem Thurgau an, wonach die Jagd auf Hirschwild und im Gebirge auch die auf Rehwild verboten wurde. Mit Appenzell war ein entsprechendes Jagdverbot auf Hirsche schon 1876 erreicht worden. Der Kanton bemühte sich um das schöne Wild und seine Erhaltung. 1899 hatten sich im damaligen Banngebiet Churfirsten Hirsche fest angesiedelt. Dieses herrliche Gebiet eignete sich denn auch wie kein zweites für Edelwild. Aber wegen der leidigen Wilderei und der Schwierigkeit von deren Bekämpfung wurde der Bannbezirk Churfirsten aufgegeben und als neuer Freiberg das Gebiet der Grauen Hörner geschaffen. 1922 setzte ein Privater dort 3 Hirsche ein, die aber alle an Lungenentzündung starben. 1928 wurden Hirsche im Taminatal gesehen, 1929 bei Vättis. Später wurden Hirsche am Gamsberg ausgesetzt und solche aus dem Weisstannental und dem

Schilstal gemeldet. 1952 war es so weit, dass das Justizdepartement einer Anzahl von Jagdgesellschaften Hirschabschüsse ausserhalb der Jagdzeit bewilligte, um Hirschschäden zu vermeiden, einzelne Jagdgesellschaften wurden sogar zu vermehrtem Hirschabschuss angehalten. 1953 wurde erstmals eine Bestandszählung des Schalenwildes durchgeführt, wobei man auf 550 Hirsche kam. Der gegenwärtige Bestand wird mit 829 Stücken angegeben.

Im *Kanton Uri* war, wie oben erwähnt, 1892 ein Hirsch in der Schöllenen verunglückt aufgefunden worden. Er muss also schon damals über den Oberalp in den Kanton vorgedrungen sein, ein «Kundschafter», der nie zurückkehrte und niemand nach sich zog. Weil aber im ersten und zweiten Jahrzehnt des Jahrhunderts Rotwild gespürt wurde, erliess die Regierung 1922 ein Abschussverbot für Hirsche im ganzen Kanton, was aber nicht hinderte, dass 1924 ein junger Hirsch von einer Schar junger Leute bei Altdorf zu Tode gehetzt wurde, weil sie ihn fangen wollten. Von der Mitte des Jahrhunderts an war der Hirsch in Uri überall Standwild geworden, aber nur im Urserntal brachte er es zu einem Bestand, der freigegeben werden konnte. 1954 wurden 3 Hirsche zum Abschuss freigegeben, auch 1956. Grund: Wildschaden. So kam es auch in den folgenden Jahren. Indes war der Bestand nie sehr gross geworden und blieb weit unter 100 Stücken, von denen nur etwa 40 oder 50 ganzjährig dort blieben. Im ganzen Kanton wurden 1966 22 Hirsche beiderlei Geschlechts erlegt. Der Bestand ist jedoch klein geblieben, zudem ist der Hirsch im Kanton Uri mit wenig Ausnahmen Wechselwild.

Im *Kanton Schwyz* forderten die Jäger schon 1912 Bewilligungen zum Hirschabschuss, doch wurden diese von der Regierung abgelehnt. Steinfels setzte dann 1938 im Eutal bei Einsiedeln 1 Hirsch und 2 Kühe aus, worauf der Hirschabschuss im ganzen Kanton aufs neue verboten wurde. Erst 1952 mussten zwei Abschüsse wegen Wildschaden bewilligt werden, im folgenden Jahr vier. Von 1955 an wurden Hirschpatente ausgegeben, später wurde im Winter mit wilden Kastanien und Heu gefüttert und es wurden Salzlecken eingerichtet. 1966 betrug die Hirschstrecke 34 Stück.

Auch im *Kanton Zürich* wanderten Hirsche aus Vorarlberg ein, jedoch kaum aus dem Montafon wie im Prättigau. 1952 wurden im Kanton bereits 2 Edelhirsche geschossen, doch sind sie seither im ganzen Kanton geschützt. 1956 wurden Hirsche bei Illnau, Kyburg, Weisslingen, Wildberg, Hostetten, Schlatt, Winterthur–Hegiberg, Eschenberg und Zell beobachtet; seither hält sich in dieser Gegend ein kleiner Bestand von gegen 30 Stücken. 1968 wurden 27 gezählt. Die Jagdgesellschaften, die in ihren Revieren Hirschschaden nachweisen können, erhalten beschränkte Abschussbewilligungen, doch stiegen bisher die Erlegungszahlen nie über 10. Noch stehen die Hirsche im Kanton Zürich unter Schutz, die Abschüsse tragen rein vorbeugenden Charakter gegen allzu grossen Wildschaden. Aus diesem Grund wurde seinerzeit 1922 ein Angebot zum Einsatz von Edelhirsch im Reservat Tössstock vom Regierungsrat abgelehnt. Man befürchtete zu grossen Wildschaden und hatte von den dortigen bäuerlichen Klagen gegen die kleinen Gemsenbestände schon genug zu hören bekommen.

Im *Kanton Bern* wurde laut Bundesratsbericht 1931 im Bannbezirk Faulhorn Hirschwild ausgesetzt, wo es denn auch bis 1950 Standwild geworden war. 1933 kam die Nachricht, dass Hirsche bei Meiringen und am Brienzersee eingewandert seien, später schreibt das Berner Weidmannsbuch, im Kanton Bern seien Hirsche im Oberhasli, im Hardergebiet, im Jura und 1965 auch zwischen Bern und Thun beobachtet worden, doch kann wohl dort nirgends von Standwild gesprochen werden.

Hingegen hat es der Hirsch *in beiden Appenzell* zu kleinen Beständen gebracht. 1906 wurde in Ausserrhoden ein Hirsch getötet, der Erleger aber gebüsst, weil es sich um geschütztes Wild handelte. 1911 wurde ein Hirsch im Freiberg gesichtet, verschwand aber wieder. Dann gab es in den vierziger Jahren Hirschschaden bei Gais, Speicher und Teufen. Jetzt werden jährlich einige Exemplare geschossen.

Im *Kanton Wallis* wurden 1926 in Val Ferrex südlich Martigny 2 Hirsche und 3 Kühe ausgesetzt. Diese Kolonie stieg bis 1931 laut Bundesbericht auf 25 Stück an. 1934 setzte im neugegründeten Aletschreservat Oberst Tenger eine Anzahl Hirsche aus dem Wildpark Langenberg im Aletschgebiet ein, doch waren die Tiere für die Berge zu schwer und konnten sich nicht halten. Im Regierungsbericht des Kantons Wallis wurde im gleichen Jahr eine Hirschzählung veröffentlicht: 1925: 0, 1926: 5, 1927: 8, 1928: 10, 1929: 13, 1930: 18, 1931: 25, 1932: 30, 1933: 35, 1934: 38.

1936 veranstaltete man eine Treibjagd auf Hirsche. Ergebnis: 5 Hirsche und 1 Kuh. Es seien noch 60 bis 70 Stück im Kanton (Zählung falsch!).

1937 weiterer Abschuss von 5 Stücken durch Wildhüter. Seit 1939 erhöhten sich die Schadenmeldungen. 1958 wurden 30 Hirsche geschossen, später erfolgten weitere drastische Abschüsse wegen Verkehrsgefährdung. Eine spontan eingewanderte Hirschbevölkerung hatte der Kanton nie, es handelte sich im Wallis ausschliesslich um eingesetztes Wild von verschiedener Rassenzugehörigkeit.

Nur Unglück hatte *die Waadt,* die schon 1895 den Abschuss von Rotwild im ganzen Kanton verboten hatte. 1896 wurde 1 Hirsch und 6 Stück Kahlwild in einem Wald mitten im Kanton ausgesetzt, doch 1 Kuh starb und 2 wurden gewildert. Was weiter geschah, erfuhr man nicht.

Im *Kanton Schaffhausen* handelte es sich bloss um Sikawild, nie um Rothirsche.

Damit wäre die kurze Hirschgeschichte ausserhalb Graubündens kurz skizziert. Aus der gesamten Einwanderung der Hirsche in der Schweiz, das heisst in Graubünden sowie in den übrigen Kantonen, wurde verschiedentlich ein Lauf, oder – wie oft ausgedrückt – ein «Trend» des Hirschwildes nach Westen abgeleitet, also ein geheimnisvoller Trieb, nach Westen zu ziehen. Die Hirsche, die hinüber ins Prättigau wechselten, zogen vorab nicht nach Westen, sondern nach Süden. Sodann glaubte man, sogar in Kreisen der Nationalparkkenner, die Hirsche des Unterengadins seien aus dem Tirol innaufwärts eingewandert. Jedoch kann das kaum zutreffen, weil kein an den Pflanzenwuchs gebundenes Wild ein grosses Tal aufwärts zieht, also von leichteren Nahrungsbedingungen in ungünstigere. Aus den Erstmeldungen ist zu ersehen, welchen Weg das Hirschwild nahm: Vom österreichischen Montafon ins grüne Prättigau, dann nach Wiesen–Schmitten–Alvaneu und hinüber über den Albula, dann talabwärts nach Zuoz, Scanfs und Cinuskel, immer auf der rechten Talseite nach Zernez und dann nur langsam und tastend weiter. Das wäre ein Zug nach Süden, dann gegen Nordosten! Aber weshalb kamen denn die Hirsche aus Vorarlberg nach Graubünden? Und warum nicht schon lange, erst um 1875?

Als Grund für den Übertritt österreichischen Rotwilds gab man in der Schweiz «Populationsdruck» in Vorarlberg an und war mit dieser allgemeinen Erklärung zufrieden. Jedoch auch das traf nicht zu. Schon 1962 befragten wir uns in Bludenz beim Vorarlberger Landes-Jagdschutz-Verein und nochmals mit weiteren Fragen 1969 beim Bezirkshauptmann von Bludenz. Ausserdem zogen wir Erkundigungen bei dortigen Jägern ein. Aus diesen Aufschlüssen ergab sich folgendes: Die Geschichte der Jagd in Vorarlberg ist noch nicht geschrieben. Wenn auch in Vorarlberg das Rotwild nie ganz verschwunden war, so haben sich doch nennenswerte Bestände vor allem im südlichen Vorarlberg erst wieder nach der Jahrhundertwende eingestellt. Genauer: In die Zeit von 1870 bis 1875 fällt im Lande Vorarlberg eine Zunahme der Rotwildbestände, wobei der Zuzug vom nördlichen Landesteil in südlicher Richtung erfolgte. Die Wiederinbesitznahme der inneren Alpentäler im südlichen Vorarlberg erfolgte zu einem Zeitpunkt, als das Rotwild im Lande Vorarlberg wieder heimisch wurde. In den Hochtälern des Montafons, des Brandnertales und des Nenzinger Himmels (Gamperdonatal) findet ein natürlicher Wechsel des Rotwildes mit den benachbarten Südlagen im Prättigau statt. Das Rotwild steht während der aperen Jahreszeit in den nach Norden gelegenen Lagen und wechselt bei Eintritt ergiebiger Schneefälle nach Süden, um erst im Frühjahr – meist vor dem Setzen – wieder in die Sommereinstände zurückzukehren. Dass sich Rotwild in ein ihm zusagendes Vakuum begibt, ist verständlich und nicht verwunderlich. Die Besiedelung des Prättigaus durch Rotwild ist auf die Bestandeszunahme im Lande Vorarlberg zurückzuführen. Soweit die Auskunft von Herrn Bezirkshauptmann Länglin. Das Sekretariat des Vorarlberger Landes-Jagdschutz-Vereins sagt vorsichtiger: Es ist nicht von der Hand zu weisen, dass ein Teil dieses Rotwildes (das im Winter nach Süden ins Prättigau wechselte) im Frühjahr nicht nach Vorarlberg zurückgekehrt ist, sondern weiterwanderte. Damit stimmen die Nachrichten von Revierjägern im Montafon und im Silvrettagebiet überein. Sie besagten, dass das dortige Hirschwild unmittelbar nach der Brunft in das mehr Nahrung bietende Prättigau hinüberzog, während sich die Nordhänge des Rätikongebirges bereits weiss bedeckten. Ein Teil des an den Südhängen überwinternden Wildes wechselte freilich in die Sommereinstände zurück, ein Teil – es war der kleinere – blieb in Graubünden und zog im Frühling und Frühsommer weiter in das damals hirschfreie Gebiet mit der deutlichen Tendenz, es neu zu besiedeln. In jener Zeit fielen die beiden bösen Worte der Jäger und Bauern in Graubünden vom «Mästen des österreichischen Wildes auf den Gütern im Prättigau, damit es dann drüben die Herren Jäger im Herbst schiessen könnten», und jenes andere Wort, «dass man zusehen müsse, wie die Hirsche über den Flüela und Albula ins Engadin hinüberspazieren». Damals glaubte man allgemein, die Hirsche brächten so grossen Schaden, dass sie untragbar seien. Doch das erwies sich später als zu einseitig und mindestens grösstenteils unrichtig. Die bedeutendsten Bestandesdichten entstanden im Prättigau, im Schanfigg und im Unterengadin in der Gegend des Nationalparks. Ausserhalb Graubündens stehen die meisten Hirsche im urnerischen Urserntal, im Klöntal und in den Glarner Freibergen.

Die Beobachtung des an pflanzliche Nahrung gebundenen Haarwildes und eines grossen Teils des Flugwildes zeigt, wie wichtig für diese Tiere die Bodenbeschaffenheit ist. Die Ökologie (Lehre von den Beziehungen der Lebewesen zu ihrer Umwelt) nennt das den «edaphischen Faktor», das heisst den Faktor des «Edaphon» (griechisch: Boden). Vergleicht man das Ausbreitungsgebiet des Hirsches in der Schweiz mit der geologischen Karte, so zeigt sich, *dass sich die Bestandesdichten des Hirschwildes in klarer Weise mit den alpinen Kalkböden decken.* Der Hirsch braucht zum Aufbau seiner starken Knochen und besonders des alljährlich neu zu bildenden Geweihs viel Kalk, den er mit seiner Nahrung aufnehmen muss. Zwar braucht der Hirsch für seinen Geweihaufbau in der kurzen Wachstumsphase mehr Baustoffe, besonders Phosphorkalk, als er mit der Nahrung aufnimmt. Der Hirsch greift in dieser Zeit Kalkvorräte an, die er irgendwo in seinem Körper, zum Teil sicher in den grossen Röhrenknochen eingelagert hat (Hediger 1966). Doch hierfür muss er den Kalk aus der Nahrung schöpfen. Das ist sicher ein Grund, weshalb die Sommereinstände der Hirsche im Unterengadin auf der rechten Talseite liegen. Denn auf der linken, wo viele Hirsche wintersüber stehen, weil es der Südhang ist, fehlt der kalkhaltige Boden. Sobald es Jahreszeit und Äsung erlauben, steht das Hirschwild wieder auf der rechten Innseite.

Der Hirsch darf ausserhalb von Graubünden als recht unruhiges und wenig standorttreues Wild angesehen werden, das man zwar einerseits mit einer gewissen Genugtuung zur einheimischen Tierwelt zählt, andererseits jedoch mit Vorsicht und Zurückhaltung bewirtschaftet.

Noch lässt unser Versuch, die Einwanderung des Rothirschs in die bis 1870 praktisch hirschfreie Schweiz nach den erreichbaren schriftlichen Quellen zu rekonstruieren, drei Fragen unbeantwortet:

1. Warum wandert der Hirsch?
2. Wie wandert der Hirsch?
3. Wo wird der Hirsch auf Schweizer Gebiet Standwild?

Zur ersten Frage sei vorerst erwähnt, dass gute Kenner die Wanderlust des Rotwildes eindeutig bestreiten. So zum Beispiel der alte Raesfeld und mit ihm auch Vorreyer. Andere wollen glauben, dass die Hirsche wie früher die Handwerksburschen auf Wanderschaft zögen und sogar weit abgelegene Gebiete aufsuchten. Alle Kundigen stimmen aber darin überein, dass die Hirsche vornehmlich durch Äsungsmangel, harte Jahreszeiten oder Störungen zum Wandern veranlasst werden können. W. Frazer Darling schildert an Einzelbeispielen die Wanderungen der schottischen Hirsche infolge von Klimaeinflüssen, besonders von Wind und Niederschlägen. Daneben kam aber auch ein Ausweichen vor Insektenplagen vor. Aus den Antworten, die auf unsere Fragen nach Vorarlberg eintrafen, erfolgte die Einwanderung der Hirsche nach dem Prättigau, wie bereits berichtet, aufgrund von Äsungsmangel in ihren Ursprungsgebieten im Herbst und Winter. Vom Prättigau aus zogen sie immer der Äsung nach weiter nach Süden und zögerten nicht, das Neuland zu besiedeln, das sie als völlig hirschleer vorgefunden hatten. Nach neuen Beobachtungen kehren nicht mehr als 30% der wandernden Hirsche an ihre ursprünglichen Standorte zurück, die anderen bleiben endgültig am Zielpunkt ihrer Wanderung. Bei den Hirschen, die noch tiefer in den Kanton Graubünden eindrangen, mögen es noch mehr gewesen sein, weil ihnen dort keines ihrer Sippe den Raum streitig machte.

Über die Rotwildwanderungen selbst arbeitete um den Beginn der sechziger Jahre eine Gruppe ungarischer Wildbeobachter sehr aufschlussreich. A. Szederjei (1962) berichtete darüber. Die Wanderungen der Hirsche in den Karpathen und den ungarischen Berglagen erfolgen alljährlich in Gruppen und Einzelstücken. Teilweise kehren die Wanderer an ihre Ausgangspunkte zurück, aber auch von Gruppen, die heimkehrten, bröckelten stets einzelne Glieder ab und wanderten entweder weiter oder blieben unterwegs irgendwo zurück. Etwa 30% kehren heim, 14% bleiben an einem Ort zurück, 24% bleiben endgültig am Ziel der Wanderung, 8 bis 11% wurden nicht mehr gefunden. Die Abbröckelung ist nicht immer gleich gross. Grosse Gruppen haben eher die Tendenz, wieder heimzukehren, kleinere Gruppen bleiben im neuen Gebiet. Hindinnen wandern allgemein in geringerer Zahl als Hirsche, etwa im Verhältnis von 3 zu 1. Bei von irgendwelchen Faktoren erzwungenen Zügen ist das Verhältnis 2 zu 3. Hindinnen gehen mitunter auch getrennte Wege. In Gebieten, wo das Rotwild ausgestorben war und es sich später wieder hintastet, erscheinen als erste Vorposten fast ausschliesslich Hirsche als Kundschafter. Bei stark fühlbarem Äsungsmangel wandern vorzugsweise grössere Rudel. A. Szederjei führt die Wanderungen in erster Linie auf einen angeborenen Bewegungstrieb des Rotwildes zurück, der zu periodischen Zügen führe. Zweitens können aber – immer nach diesem Autor – auch die Umweltfaktoren Rotwildwanderungen verursachen. Solche bezeichnet er als erzwungene Wanderungen: Windgang, Kälte, Sonnenflecken, hoher Schnee, Hochwasser, Äsungsverhältnisse, Störungen durch Einfälle grösserer Wolfsrotten oder durch grosse Mückenplagen, maschinelle Arbeiten im Forstbetrieb, Fronten im Krieg.

Aus Szederjeis Darstellung beantwortet sich auch die Frage, wie der Hirsch wanderte, als er den Weg in den Kanton Graubünden aufnahm. Auch im Prättigau erschienen als die ersten männliche Stücke. Als Kundschafter oder Vorposten traf 1875 der Hirsch von Furna im Winter ein, bestimmt auch der Hirsch von Fanas, dessen Abwurfstangen 1877 gefunden wurden, dann auch der Hirsch von Seewis 1882, und der auf der Schierser Alp 1883. Vielleicht war auch der Hirsch von Arosa 1873 ein Kundschafter, auch der von Calfeisen 1874. Als sich endlich das Rotwild 1907 ins Oberengadin emportastete, war die erste seiner Spuren ein Abwurf, der am 18. August im Rosegtal gefunden wurde. Auch dort ging die Entwicklung regelrecht. Dann folgten die kleineren und grösseren Rudel, die über das Prättigau gegen den Albula vordrangen. Schon im November 1901 waren zwei Hirschkühe in Cinuskel gesehen worden, die sicher abgebröckelte Stücke einer grösseren Gruppe waren, die wieder umkehrte und in der Hochjagd 1902 ihren Tribut an die Büchsen in Davos, Klosters-Monbiel, Glaris und im Schanfigg abgeben mussten. Doch all das behinderte den Zug von Einzelstücken und Gruppen aus Vorarlberg nicht, die wandernden Verbände scheinen im Gegenteil noch grösser geworden zu sein. Unbekannt blieb freilich der Prozentsatz der Heimkehrer nach Vorarlberg, da dieser in keinem Fall aus den schriftlichen Quellen erschlossen werden kann. Gelegentlich freilich wird in den Zeitungen davon berichtet, wie sich die Hirsche an der Grenze bei den ersten Schüssen über die Pässe auf österreichisches Gebiet zurückzogen. Oft liest man, der Edelhirsch sei «von Osten her» in die Schweiz eingewandert. So steht es sogar im Nationalparkmuseum im Chur. Doch nach den heute erreichbaren schriftlichen Nachrichten zog der Hirsch von Norden her in die Schweiz. Im ganzen wanderte er nicht gern und nur im grünen Prättigau talaufwärts. Denn talaufwärts geht es dem längeren Winter und dem schmaleren Futter entgegen. Aber jedes Lebewesen zieht dorthin, wo es besser zu essen gibt. Ein Hirschzug innaufwärts lässt sich aus den Nachrichten nicht nachweisen. Darum kam der Hirsch erst so spät bis Schuls. Zu den Hirschkonzentrationen in den Tälern des Nationalparks kam es sichtlich wegen der Jagdruhe. Im Nationalpark nahm das Hirschwild sogar das schlechtere Futter in Kauf. Nur weil es dort Ruhe und Sicherheit fand. Ebenso tastete es sich ins Oberengadin in das geschützte Roseggebiet. Äsung und Ruhe – das ist es, was der Hirsch sucht.

Die dritte Frage: «Wo wurde der Hirsch in der Schweiz Standwild?» wurde bereits teilweise beantwortet. Es waren vorwiegend Kalkböden, wo er es zu grösseren Beständen brachte. Dort müssen ihm die Nahrungspflanzen geschmacklich und vielleicht durch ihren höheren Sättigungswert zugesagt haben. Vom Forstamt des Kantons Uri wurde uns zwar bestritten, dass die kalkhaltigen Marmore der Ursernmulde zu der dortigen Anreicherung der Hirschbestände in Beziehung ständen, sondern es sei einfach die Nähe Graubündens. Und doch scheint es nicht nur daran gelegen zu haben, dass die Einwanderung von Bündner Hirschen über den Oberalp eben ins Urserntal führte und die ersten Hirschabschüsse der Jahre 1954 und ff. dort erfolgen konnten.

Noch wichtiger für die Standortswahl ist für das Hirschwild aber ganz bestimmt die Ruhe vor Störungen, insbesondere die Befreiung von jagdlicher Verfolgung. So wird die Jagdruhe des Nationalparkes neben dem Verbot des Abweichens vom Wege viel zu der dortigen Konzentration des Rotwildes beigetragen haben. Die Konzentration in Gebieten, die von der Jagd verschont sind, also auch in Banngebieten, werden immer und in alle Zukunft Sammelpunkte von Hirschwild bleiben, solange es sie gibt.

In den fünfziger und Anfang der sechziger Jahre wurden in der Tagespresse der ganzen Schweiz Artikel über das Hirschwild veröffentlicht. Sie sprachen von den «schädlichen Hirschen aus dem Nationalpark», von der «Rotwildmisere im Nationalpark», von «mangelndem biologischem Gleichgewicht im Nationalpark», oder im Hinblick auf den Hirschbestand von ganz Graubünden stellte man einfach die Frage:

«jagen oder verhungern lassen?». Daneben kamen Meldungen von der «Hirschplage» im Kanton Glarus und im Kanton Wallis, 1964 wurde das bisher unter Schutz stehende Hirschwild im Kanton Waadt der Jagd freigegeben, Grund: die Kollisionen von Automobilen mit Hirschen.

Die Pressestimmen über den Hirsch in der Schweiz verlagern meistens die Fragen der Landestierwelt auf das wirtschaftliche Gebiet, als ob dieses das einzige Anliegen der Schweiz wäre. Unbestreitbar ist, dass die Jagd auf den Hirsch im Haupthirschkanton Graubünden vorwiegend der Vermeidung allzu grosser Hirschschäden dient, also typische Präkautionsjagd ist. Darum fehlt ihr jene Pseudoromantik, mit der in der Jagdliteratur, vorwiegend in der deutschen, die Erlegung eines Hirsches umkleidet wird. Doch ist die Gestaltung der Jagd auf das Hirschwild, wo es sich auch zeigt, in Patentjagdgebieten schwierig. Der Abschuss von jugendlichen Hirschen wie Sechsender befriedigt nicht. Ebensowenig die Kahlwildabschüsse ohne wirklich genaues Ansprechen.

Der Gebirgshirsch gestaltet sein Leben in genauer Analogie zur Viehhaltung in den Bergen: gemeinsam mit dieser hat er seine 110- bis 120tägige Sömmerungszeit in Höhenlagen und die Herbstweide im Tal. Für den Winter fehlt ihm jedoch die Stallhaltung, wie sie dem Vieh zuteil wird. Die in Österreich obligatorische Winterfütterung des Rotwildes, die ein gewisser Ersatz wäre, fehlt in der Schweiz. Hier wird nur in Notzeiten und auf private Initiative gefüttert. Eine selektive Bewirtschaftung des Rotwildes wie in den Tiefländern ist in den Gebirgslagen der Schweiz nicht möglich. Dass trotzdem dem Hirschwild im Winter geholfen werden kann, zeigen verschiedene Beispiele, so auch die Fütterung der Hirsche aus dem Wildasyl des Flüelapasses in Susch, Zernez, Münstertal usw. dass die Fragen um die Bewirtschaftung des Rotwildes noch nirgends endgültig gelöst sind.

Trotz allem bleibt zu hoffen, dass in Graubünden und in den anderen Kantonen, die Hirsche beherbergen, ein Weg gefunden wird, der ein nochmaliges Verschwinden dieses schönsten Gliedes unserer Landestierwelt ausschliesst.

Die Gemse

Vierzehn Kantone in der Schweiz besitzen einen Gemsenbestand, der von jeher bejagt wurde. Es gab noch im 18. und 19. Jahrhundert Leute, die sich Berufsjäger nannten – der Verfasser kannte noch selber einen im Glarnerland, der freilich 1929 schon uralt und krank war – doch ist jeder Zweifel daran berechtigt, dass es im 13. Jahrundert, also zu Wilhelm Tells Zeiten, noch eine ganze Anzahl Männer gegeben haben soll, die ausschliesslich von der Gemsjagd zu leben vermochten. Die Gemsen sind Gebirgstiere und wurden in der Jungsteinzeit nur ausnahmsweise erbeutet, wie Göldi (1914) wohl richtig annimmt, und nur von seltenen, mutigen Jägern, die sich ins Gebirge vorwagten.* Nach Fridolin Knobel (1922) schränkte schon 1573 die Landsgemeinde von Glarus die Gemsjagdrechte ein, indem sie diese den Hintersässen versagte, sichtlich zur Schonung der Wildvorräte. Irgendwie zuverlässige Nachrichten über die Höhe der Wildbestände im Mittelalter oder in der frühen Neuzeit existieren jedoch nicht. Wenn aus chronikalischen Schilderungen hervorgeht, dass die Standorte des Gemswildes in früheren Zeiten weit näher an die menschlichen Siedelungen und Städte am Alpenrand herangereicht hätten, wird wohl meistens daraus auf grössere Bestände geschlossen. Hingegen ist auch dieser Rückschluss nicht zuverlässig, denn der Prozess der Abdrängung des Gemswildes in höhere Regionen muss nicht notwendig mit einer Bestandesreduktion identisch sein. Trotz allem muss angenommen werden, dass seit dem Mittelalter die Gemse in der Schweiz zu denjenigen jagdbaren Tieren gehört, die seit dem Aufkommen der Feuerwaffen ständig unter einer starken Überbejagung zu leiden haben, obschon die Grundherren von jeher die Gemsjagd überall als ihr ausschliessliches Recht beanspruchten. Da sich aber die Bergbevölkerung in den ganzen feudalen Zeiten gegen die grundherrlichen Jagdprivilegien auflehnte und schon vor dem Übergang der Hochjagdrechte an die Allgemeinheit das Freischützentum vor keinem Wild, auch vor dem Gemswild nicht haltmachte, brachte es das Gemswild nie zu Beständen, die einer ungezähmten «Volksjagd» hätten standhalten können. Im Engadin soll einst ein Jäger gewettet haben, er könne innerhalb eines Jahres 100 Gemsen erlegen, und soll es denn auch auf 99 gebracht haben (J. A. v. Sprecher, 1951). Dass jedenfalls die Wildvorräte der Berge auch in Graubünden nicht unerschöpflich gewesen sein müssen, beweisen die Kämpfe der Bündner Jäger mit den Montafoner, Tiroler, Bergamasker und lombardischen Kollegen. Die Begeisterung mancher schweizerischer Schriftsteller für die Gemsjäger ist anhand der Geschichte des Gemswildes nur schwer zu teilen.

Soviel jagdgeschichtliche Darstellungen aus den Gebirgskantonen existieren, soviel Nachrichten übermitteln sie dafür, dass die Jahrhunderte der Neuzeit von obrigkeitlichen Massnahmen voll sind, die sich ausnahmslos auf den Schutz des Gemswildes beziehen. Schon 1620 war im Kanton Bern ein Mandat erlassen, das sämtliches Hochwild, dabei natürlich auch die Gemsen, den Amtsleuten vorbehielt. 1717 wurde diese Verordnung erneuert, jedoch mit dem Vorbehalt, dass die alten Geissen jederzeit zu schonen seien und dass überhaupt die Gemsjagd in Bescheidenheit zu betreiben sei, den Statthaltern nur für den eigenen Hausgebrauch erlaubt sein solle, nicht zum Verkauf usw. Die Bestände müssen also schon um 1600 schonungsbedürftige gewesen sein.

Im 16. Jahrhundert kamen die ersten Schonzeiten auf: 1535 setzten einige Kantone diese für Gemsen vom Dienstag nach dem Sonntag Estomihi bis zum Johannes-

---

* Die Gemsen im Aargauer, Landschäftler und Solothurner Jura sind künstlich eingesetzte Bestände. Sie sind naturschützerisch ohne Bedeutung.

tag (21. Juni) fest, was natürlich viel zu wenig war. Denn Estomihi (von Ostern abhängig, also beweglich) liegt meist im Februar, so dass den ganzen Winter dem um diese Zeit meist tiefer stehenden Wild nachgestellt werden konnte. Und im Juni ging es, kaum waren die Kitzen geboren, schon wieder los. Von einer echten, absichts- und einigermassen planvollen Bewirtschaftung der Jagd kann erst von 1804 an gesprochen werden, und dann nicht in allen Kantonen. Die Verordnungen, die in Tageszeitungen und regionalen jagdgeschichtlichen Schilderungen immer wieder ausgegraben und veröffentlicht werden, geben über die Wildbestände selbst keine zuverlässige Auskunft. Es waren damals wie heute die zeitlichen und örtlichen Jagdbeschränkungen, mit denen man einem schwindenden, überjagten Wildstand aufzuhelfen bestrebt war: Verkürzung der Jagdzeit oder zeitweiser Vollbann und Errichtung von Banngebieten.

Bern bannte in seiner Jagdordnung von 1804 (§ 21) das Gemswild neben Hirschen und Rehen ganzjährig und erneuerte diesen Bann mehrfach, so noch 1817. Und als 1874 vom Finanzdepartement des Kantons Waadt den Nachbarkantonen Freiburg, Wallis und Bern eine Delegiertenkonferenz zur Besprechung eines fünfjährigen gemeinschaftlichen Gemsenbannes vorgeschlagen wurde, trat die Regierung von Bern sogleich darauf ein und verfügte 1875 bis Ende des Jahres einen Totalbann auf Gemsen, Rehe und Murmeltiere, obschon in Erwartung des Bundesgesetzes der Kanton Waadt seine Anregung dann nicht weiter verfolgte. In Graubünden schlug das Polizeidepartement 1871 vor, der Wildstand müsse geschont und nach und nach wieder vermehrt werden, insbesondere sei die Jagdzeit für Gemsen zu verkürzen. Die Polizeidirektion beklagte sich, dass bei ihren spärlichen Mitteln eine wirksame Kontrolle der Jagd nicht durchzuführen sei. Der Kanton sollte in mehrere Jagdgebiete eingeteilt werden, von denen jedes Jahr nur einige freigegeben würden, damit die Wildtiere in den geschlossenen Gebieten Schutz finden. Gemsen sollten nur vom 15. September bis zum 15. Oktober geschossen werden dürfen. Im Januar liege viel Schnee, das Wild sei dadurch an der Flucht behindert. Die Benützung von Jagdhunden sei gänzlich zu verbieten usw. Aber auch diese Anregungen des Departements wurden nicht weiter wirksam, da das Bundesgesetz bevorstand.

Luzern nahm die Schonung des Gemswildes durch einen Totalbann 1880/81 und 1896/97 in die Hand, nachdem die obrigkeitlichen Erlasse im 17. und 18. Jahrhundert anscheinend keinen Erfolg gehabt hatten. Die erste Jägerordnung von 1649 hatte die Erlegung von Hochwild von einer obrigkeitlichen Erlaubnis abhängig gemacht, doch opponierten schon 1653 die Bauern dagegen. Trotzdem erneuerte man die Ordnung 1686 fast wörtlich, doch scheinbar mit wenig Nutzen für das Wild. Ebensowenig half die viel zu kurze und trotzdem nur wenig befolgte Schonzeit von Aschermittwoch bis Mitte August.

Auch die Innerkantone halfen sich mit Bannung der Gemsen, teilweise mit einer solchen des gesamten Hochwildes. 1853 griff Nidwalden zu diesem Mittel auf ein Jahr, Obwalden tat dasselbe 1856 gleich auf drei Jahre, weil die Jäger von Kerns und Sachseln selbst darum ersucht hatten. Glarus führte einen harten Kampf um den Gemsenschutz. Es waren stets die Behörden, die Anträge zu Schutzmassnahmen stellten und stets die einsichtslose Landsgemeinde, die ganz oder teilweise ablehnte. 1871 regte die Kantonsregierung einen Antrag auf Gesamtbannung der Gemsen zugleich mit den Nachbarkantonen an – die Landsgemeinde lehnte ab. 1873 und 1875 lautete der Antrag auf einen dreijährigen Hochwildbann, die Landsgemeinde schränkte diesen auf das Gemswild ein. 1881 lautete der Antrag auf 5jährige Schliessung der Gemsjagd – die Landsgemeinde lehnte ab. Als die Landsgemeinde in den sechziger Jahren den bekannten dreijährigen Jagdbann (1860 bis 1863) in höchster

Bedrängnis angenommen hatte, wurden im ersten Jahr der Jagdwiedereröffnung die Früchte der dreijährigen Schonung durch einen geradezu grotesk-rücksichtslosen Gemsjagdbetrieb einfach verputzt. Da griff man auf den alten Freiberg Kärpf zurück, verstärkte durch häufige Landjägerstreifen die Aufsicht und hoffte auf dem Wege der gebietsweisen Bannung dem Wild aufzuhelfen. Der Glarner Naturforscher Oswald Heer hatte in der Mitte des Jahrhunderts den Untergang des gesamten Bergwildes vorausgesagt, nachdem er den Jagdbetrieb kennengelernt hatte. Aber auch das half nicht viel. Denn wenn man den Frevlern ihre Übeltaten nicht strikte beweisen konnte, sprachen die Polizeirichter die Angeklagten frei. Am 12. August 1869 hatte der Landjäger Streiff zwei Burschen beobachtet, die in den Freiberg ausgezogen waren und gute Beute gemacht hatten. Er zog den Landjäger Kubli in Hätzingen bei, und den beiden Mannen gelang es auch richtig, die Frevler, Albrecht und Salomon Zweifel, auf dem Heimtransport des 60 Pfund schweren, frisch geschossenen Gemsbockes anzuhalten. Das Tier wurde auf das Polizeiamt Linthtal gebracht und von diesem verwertet. Man hätte glauben sollen, die Frevler seien nun hinlänglich überführt. Doch die wussten sich Rat. Sie erklärten, sie hätten den Gemsbock totgeschossen aufgefunden. Das Gericht glaubte ihnen und sprach sie frei. Ein Glück, dass 1875 das Bundesgesetz kam, die Kantone waren zur Rettung ihres eigenen Wildes damals nicht stark genug. Damit sollen die kantonalen Bestrebungen vor 1875 nicht verflüchtigt werden, doch wurde generell der Schutz des bedrohten Gemswildes in jener Zeit erst *nach* dem Bundesgesetz von 1875 beflügelt. Bern bannte 1888 das Urbachtal, um der dortigen Gemsenvernichtung zu steuern, Luzern zusammen mit Bern die Schratten und die Rothornkette, Bern den Hohgant usw. Auch durch ständige Verkürzungen der Jagdzeiten suchte man der unaufhörlich drohenden Vernichtung des Gemswildes ein Ende zu bereiten. Warum war gerade dieses Wild so stark bedroht? Hieran sind und waren mehrere Faktoren beteiligt.

1. Die schwache Vermehrung. Eine Gemsgeiss setzt nur ein Kitz pro Jahr. Von den Kitzen überleben nach allgemeiner Erfahrung höchstens etwa 45 % den ersten Winter. In strengen Jahren noch weniger.

2. Dazu kommen die Verluste durch Steinschlag, Lawinen und Hunger, die dieses arme Bergwild erleidet.

3. Da die Gemse seit uralten Zeiten ihr Weidegebiet mit den gesömmerten Schafen teilt, infiziert sie sich immer wieder mit den Eingeweidewürmern der Schafe. Kein Haustier steckt dermassen voll Schmarotzer wie das Schaf, weil es das Futter dicht über dem Boden abschneidet und so ein Maximum seiner eigenen Finnen in sich hineinfrisst. Ihm selber passiert dabei nicht viel, aber dafür den Gemsen, die im nächsten Frühjahr und Sommer das infizierte Futter aufnehmen. Selbst für die gefürchtete Maul- und Klauensuche erwiesen sich die Gemsen teilweise als anfällig. Auch diese Krankheit brachte ihnen das gesömmerte Vieh – diesmal die Rinder – auf ihre Bergmatten. Daneben wurde in verschiedenen Bannbezirken das Gemswild immer wieder durch die seuchenhaft auftretende Gemsblindheit heimgesucht, die trotz ihrer stets kurzen Dauer ihre Opfer forderte. Wie jetzt Prof. Dr. Klingler in Bern experimentell feststellte, kann ein wesentlicher Teil der erkrankten Gemsen nach nur wenige Tage dauerndem Sehverlust wieder genesen. Die meist angeordneten und auch durchgeführten Abschüsse, womit man der epizootischen Gemsblindheit nach Jägerart steuern wollte, führten zu unnötigen Dezimierungen der Bestände, sonst zu nichts.

4. Dazu kommt als schlimmster Faktor die zügellose Jagd, die allen poetischen Ergüssen zum Trotz keineswegs schwierig ist. Denn das Gemswild lässt sich in dem baumlosen Gelände der Hochalpen mit scharfen Augen leicht auffinden, noch leich-

ter mit dem Feldglas. Meist wird es von Jagdkumpanen der Gemsjäger auf Zwangswechsel abgedrängt und dort von den Schützen erwartet, ist aber auch für Einzelgänger nicht allzuschwer anzupirschen. Bis zum Bundesgesetz von 1875 nehmen die Klagen gegen die Überbejagung der Gemsen in den Zeitungen kein Ende. «Unsere wenigen armen Gemsen sind seit einigen Tagen wieder vogelfrei erklärt. Der Vertilgungskrieg mit einigen tausend Vetterli-Peabody-Amsler und sonstigen Schiessprügeln ist eröffnet. Schuhmacher, Maurer, Tagelöhner, Rekruten, Kellner und Gastwirte – alles, was nicht Landwirt ist, macht sich auf die Beine... hinter jedem Hügel ein Nimrod...» (Der freie Rhätier 1875). Ein anderer Einsender schreibt, dass es wünschbar und nützlich wäre, die Jagd auf Gemsen und Murmeltiere auf 10 Jahre gänzlich zu schliessen oder nur alle 2 Jahre zu öffnen. Man müsste für jede mit Patent erlegte Gemse 20 bis 25 Franken für den Fiskus verlangen, für jedes Murmeltier 2 Franken. 1875 wurden im Kt. Graubünden 750 Gemsen geschossen, dabei 8 Jäger aufgezählt, von denen einer 19, die übrigen 16, 15, 13, und 10 Gemsen erlegt hatten. Diese Zahlen wurden später noch in den Schatten gestellt. 1915 schoss der Jäger J. Wolf aus Untervaz im Scesaplanagebiet 24 Gemsen. 1917 schoss der Jäger Luci Luzzi von Cinuskel mit seinen zwei Söhnen 30 Gemsen in einer einzigen Jagdzeit. Die Profitjägerei liess bis heute nicht nach. So erklärt sich der Rückgang der Gemsen aus der jagdlichen Übernutzung, die später nur teilweise durch Schonung wiedergutgemacht werden konnte. Heute fehlt die Gemse an ungezählten Orten der Berge, wo sie früher Standwild war.

In seinen jagdhistorischen Darstellungen beklagt sich C. G. Bernhard über den rücksichtslosen Abschuss führender und noch säugender Gemsgeissen, wodurch die winterlichen Kitzenverluste noch erhöht wurden. Und als man den Abschuss melker Geissen und die Kontrolle erlegter Tiere durch Jagdbeamte durchführte, operierten die fehlbaren Schützen den Gemsmüttern das Gesäuge weg und vernähten die Wunde mit weissem Zwirn, den sie vorsorglich auf der Jagd mitführten. Noch 1948 belegte Graubünden diese und ähnliche Praktiken mit Strafen.

Um 1912 hatte der Kanton Glarus eine Anfrage nach Bern gerichtet, um abzuklären, ob Treibjagden auf Gemsen und Abschuss säugender Muttertiere gestattet wären. Das Departement in Bern hatte dies in verneinendem Sinn beantwortet, worauf der Kanton Glarus einen entsprechenden Erlass des Regierungsrates herausgab. Da richtete am 13. April 1913 die Patentjägervereinigung «Diana» eine Eingabe nach Bern, die beiden Verfügungen, nämlich das Verbot der Erlegung von säugenden Gemsgeissen und die sogenannte Treibjagd möchten aufgehoben werden. Doch wurde dem Gesuch keine Folge gegeben. Um die simpelsten Grundsätze der Weidgerechtigkeit musste mit den Gemsjägern gerungen werden. Wahrlich kein Ruhmesblatt für die «Diana».

Die Wirkung der gang und gäben Schutzmassnahmen, die Verkürzung der Jagdzeit oder die Errichtung von Banngebieten wurden durch die fanatische Beutegier der Jäger immer wieder zunichte gemacht. Es war wieder C. G. Bernhard, der als alter Bündner Jäger erkannte, dass eine Verkürzung der Jagdzeit immer wieder durch daraufhin einsetzende Intensivierung und sich steigernde Hemmungslosigkeit der Jagd wettgemacht wurde. Andere Stimmen gab es – schon 1875 – die auf die Jägerei im ganzen übel zu sprechen waren, weil sie mit dem Wild schonungslos aufräume. Keine Jagdzeit ging vorüber ohne scharfe, kritische Presseäusserungen, vollends im Dezember 1879, als die Erlegungszahlen bekannt wurden. In anderen Kantonen versuchten die Gemsjäger immer wieder, das Wild aus den Banngebieten hinauszutreiben, um es dicht an deren Grenzen abzuschiessen. So geschah es 1884 im Kanton Freiburg. Dort veranstalteten die Jäger in unmittelbarer Nähe des Banngebiets

Treibjagden, scheuchten die Gemsen aus dem Bannbezirk hinaus und schossen sie nieder. Im gleichen Jahr hatte sich die Regierung von Appenzell A. Rh. dazu drängen lassen, Bewilligungen zum Abschuss von Gemsen im Bannbezirk zu geben. Dieser Abschuss erfolgte auf höchst unweidmännische Weise. Natürlich hatten beide Vorkommnisse strenge Verbote und Rügen des Departements in Bern zur Folge. Doch schon 1887 fanden im Kanton Freiburg richtige Treibjagden auf Gemsen sogar mit Hunden statt. Der Bundesrat lud die Freiburger Regierung zur Vernehmlassung über diesen Vorfall ein und erhielt die Antwort, es seien nur Vorstehhunde zu dieser Treibjagd auf Gemsen verwendet worden. Das Bundesgesetz verbiete aber nur die Laufhunde. Aber der Bundesrat antwortete, dass Vorstehhunde, welche die Eigenschaft besitzen, das Wild gleich wie die Laufhunde zu verfolgen, im Sinne des Gesetzes ebenfalls als verboten zu betrachten seien. Neben solchen immer wieder vorkommenden Exzessen in der Gemsjagd drängten die Jäger aller Kantone periodisch auf Öffnung von Bannbezirken, kantonalen und eidgenössischen. Wenn diesen Begehren von den Kantonsregierungen oder dem Departement in Bern stattgegeben wurde, kam es da und dort zu den bekannten «Gemsenschlachten», woraus erneut hervorging, dass die Erlegung der Gemsen keine Heldentat sein kann, wie das so oft dargestellt wird. Als 1885 die Jagd in dem aufgehobenen, aber nur auf 10 Tage geöffneten Bannbezirk Rothorn wieder aufgenommen wurde, wurden dort 1300 Gemsen erlegt, beinahe der ganze Bestand. In Bern fand man, die Jagd habe auf so devastierende Weise stattgefunden, dass der Nutzen der zehnjährigen Schonung dadurch gänzlich verloren zu gehen drohte. Für das Jahr 1886 musste die sofortige Wiedererschliessung des Bannbezirks vorgenommen werden. Als in Graubünden 1886 trotz den Eingaben des SAC und der Naturforschenden Gesellschaft wieder kantonale Banngebiete der Jagd geöffnet wurden, sandte das Polizeidepartement Jäger und Wildhüter unter Aufsicht von Polizisten kurz vor der Öffnung in die Bannbezirke, um das Wild dort mit Blindschüssen zu warnen. Diese Massregel soll wesentlich dazu beigetragen haben, einen allzu grossen Abschuss zu verhindern. Zum Glück sah man aber von einer Öffnung des Bannes Bernina-Roseg gänzlich ab, weil dort das Wild bereits so vertraut, ja eigentlich zahm geworden war, dass die Jagd zu einem vernichtenden Blutbad hätte führen müssen. Als 1911 der Freiberg «Traversina» (bei Thusis) geöffnet wurde, der nach amtlicher Zählung 100 Gemsen enthalten haben soll, fanden sich die Jäger zur Öffnung scharenweise ein. 90 Tiere wurden erlegt, darunter viele Geissen mit Kitzen, was doch verboten war. Wenn in der Hast der Abschüsse melke Geissen oder Kitzen getötet wurden, liess man sie liegen oder versuchte, sie neben der Aufsicht durchzuschmuggeln. Es war nicht der einzige Fall von Bannbezirksschlachten. Auch gegen die periodischen Öffnungen der kantonalen Wildasyle wurde in den Zeitungen protestiert, aber die Behörden gaben dem Drängen der Jäger immer wieder nach.

Schlimm erging es auch den Gemsen im Banngebiet von Appenzell I. Rh. Kurz nach dem ersten Weltkrieg 1914 wurden auf Weisung des Polizeidepartements, dem die Jagd unterstand, die Gemsen aus dem Banngebiet hinausgetrieben, so dass sie in grosser Zahl den ausserhalb des Banngebiets aufgestellten Jägern zum Opfer fielen. Auf Befehl des Departements mussten dabei als Treiber sogar Landjäger und die Wildhüter des Bannes mitwirken. Eine Rüge von Bern blieb natürlich nicht aus, brachte aber den Wildbestand des Bannbezirks nicht zurück. Wie relativ geringe Ursachen sogleich grössere Verluste des Bergwildes zur Folge haben können, beweist das Jahr 1913, als wegen der Maul- und Klauenseuche die Hochjagd in Graubünden um wenige Wochen verschoben werden musste und erst vom 18. September bis zum 11. Oktober geöffnet werden konnte. Da um diese Zeit die Gemsen etwas tiefer stehen und die Hirsche in der Brunft sind, hatte diese Verlegung sofort einen erhöhten Abschuss zur Folge, der allerdings für die Gemsen wegen des schon 1912 erhöhten Abschusses nicht allzusehr sichtbar wurde, aber doch zum Ausdruck kam.

Wenn das Drängen der Jäger nicht zu den erstrebten Abschussbewilligungen führen wollte, führte man Wildschaden ins Feld. So geschah es im Melchtal. Die Alpbesitzer im Banngebiet Melchtal beklagten sich über Gemsschaden auf ihren Alpweiden im Frühjahr und über die Gefährdung des Viehs durch Steinschlag, den die Gemsen auslösten, doch wurde von Abschüssen abgesehen. Mehr Glück hatten die Landbesitzer im schwyzerischen Muotathal anscheinend waren im Frühling die Gemsen aus dem Bannbezirk Griesethorn-Bisistal auf die dortigen Wiesen hinuntergestiegen und hatten angeblich Schaden verursacht. Der Wildhüter wurde also beauftragt, die Gemsen durch blinde Schüsse zu verjagen. Da er jedoch damit keinen wesentlichen Erfolg hatte, weil das Wild seinen Weidegang einfach auf die Nacht verlegte, sollten 20 Tiere abgeschossen werden. 1901 sollte der Wildhüter wiederum 20 Gemsen abschiessen und trotzdem noch die Gemsen mit Blindschüssen vertreiben. Im ganzen erlegte er aber nur einen alten Gemsbock, «welcher den Schaden seiner Genossen damit sühnte». Der den Gemsen zugeschriebene Schaden an den Alpweiden ist jedoch selten so gross wie er dargestellt wurde und noch wird. Als ich 1930 im Glarnerland auf der Berglialp ob Matt zu den Freiberggemsen aufstieg, traf ich es hoch über dem Oberstafel, wie der Rinderhirt mit Stein- und Erdschollenwürfen etwa 30 Gemsen von einem besonders grünen Grasboden wegscheuchte, wo die Tierchen am frühen Morgen ihre Nahrung gesucht hatten. Sie flüchteten natürlich und waren bald gegen das Geisstal hin verschwunden. Ärgerlich darüber, dass ich um einen schönen Anblick gebracht worden war und etwas müde vom nächtlichen Aufstieg, legte ich mich in der obersten Schutzhütte auf die Bank. Dort hatten sich die Alphirten mit Inschriften verewigt, unter anderem auch der Urner Hirt, der die Gemsen vertrieben hatte. «Joseph Bissig, Rinderer», hatte er auf den alten Balken eingeschnitten. Der Name passte nicht schlecht! Dass in den Heualpen die Gemsen einigen Schaden anrichten können, ist kaum zu bestreiten, doch kann der Schaden auf den Weidealpen schon darum nicht gross sein, weil das Gemswild seinen Weideplatz von Tag zu Tag wechselt.

Zu allen Übeln, die der Mensch dem stillen Bergwild bis hinauf in seine einsamen Höhen brachte, kam noch die Armee, die ihre Artillerie- und Infanterie-Schiessübungen rücksichtslos in die Bannbezirke verlegte. Jahrzehntelang wurde oft genug dagegen ohne jeden Erfolg Einspruch erhoben. Die Appenzeller Banngebiete waren dafür neben anderen jahrelang Schulbeispiele.

Der nie ganz aussterbende Frevel in Bannbezirken machte sogar einfache Hegemassnahmen wie das Anlegen von Salzlecken, welche die Gemsen am leidenschaftlichsten von allem Wild lieben, bedenklich. Die Jagdbehörden befürchteten, dass Salzlecken den Wilderern ihr Handwerk leicht machen könnte. Trotzdem wurde in der Waadt 1938 Kupfersalz gegen die Strongylose ausgelegt.

Baumann (1948) schreibt zusammenfassend: «Am Ende des 19. Jahrhunderts war der Gemsenbestand der Schweizer Alpen als Folge unvernünftigen Jagens in Gefahr, vollständig vernichtet zu werden. Das Schicksal des Steinbocks schien auch der Gemse beschieden zu sein.» Nach Ansicht von Baumann war die Erhaltung des Gemswildes allein der Errichtung von Banngebieten zu verdanken. Zahlen und Schätzungen des gesamten Gemsenbestandes der Schweiz sind nur wenige vorhanden. Die Gemsenbevölkerung aller Banngebiete wurde 1885 gesamthaft mit 8500 Stück angegeben. 1895 soll der Freiberg Kärpf allein 1200 bis 1400 Gemsen beherbergt haben. Göldi (1914) schätzte den Bestand der ganzen Schweiz seinerzeit viel zu hoch auf

150 000 Stück. Die Eidgenössische Jagdinspektion schätzte ihn 1949 auf 29 000 Stück. Er mag bis 1960 noch etwas angestiegen sein. Die Gemsenaussetzungen im Aargauer und dem basellandschaftlichen Jura sind reine jagdwirtschaftliche Massnahmen. Denn wenn auch einst einzelne Gemsen das engere Alpengebiet verlassen hatten und sich im Mittelland zeigten, so darf daraus nicht geschlossen werden, dass sie auch dort beheimatet gewesen seien. 1877 wurde eine Gemse im Walensee draussen auf zwei Drittel Weg nach Mühlehorn nach der Seenmühle gefangen und nach Mühlehorn gebracht. Die sanktgallischen Behörden verlangten von den Leuten, die das Tier gefangen hatten, sie sollten es wieder ins Wasser setzen und zwar an der Stelle, wo sie es herausgezogen hatten. Die Gemse schwamm dann richtig nicht etwa auf Glarner Gebiet, sondern ging auf St. Galler Boden an Land.

Wohl sind es nur fragmentarische Notizen, die aus der Literatur und aus den Zeitungs- und Regierungsberichten zusammengestellt werden konnten, doch gaben sie ein gewisses Bild des Schicksals, das dem Gemswild durch beide, Natur und Mensch, bereitet worden ist. Dass es trotz allem erhalten und seine Bestände in den letzten zwanzig Jahren sogar erhöht werden konnten, ist den zielbewussten Massnahmen der kantonalen und eigenössischen Jagdbehörden zu verdanken, nicht zuletzt aber auch den Tier- und Naturschutzorganisationen, nur ausnahmsweise den Jägern und ihren Vereinen.

Über viele Fragen der Gemsenjagd und -hege, besonders Fragen der Gesetzgebung, wurde im ersten Teil dieser Arbeit (Kapitel 4 und 5) berichtet. Ein Postulat bleibt bei dem in den Bergkantonen zäh verteidigten Patentsystem trotz allem bestehen: das Postulat der absoluten Schonung der jungen Geissen. Noch heute werden jedes Jahr viel zu viel junge Geissen geschossen, bevor sie auch nur einmal getragen haben. Das ist vom Standpunkt der Hege des Gemswildes aus ein schwerer Fehler. Da jedoch die Geschlechter, besonders im jugendlichen Alter, beim Gemswild nicht leicht auseinanderzuhalten sind, müsste der Schuss auf Junggemsen beider Geschlechter überhaupt verboten sein. Zwar wurde durch Vorschriften über die Krickelhöhe des schussbaren Gemswildes eine Schonung der Junggemsen versucht. Die verlangte Krickelhöhe wurde sogar nach und nach gesteigert, ob dies jedoch genügt, kann hier nicht entschieden werden. Das Schweizervolk hat in seiner Haltung in Jagdfragen schon mehrfach seinen klaren Willen zur Erhaltung und Pflege der Charaktertierwelt seines Landes zum Ausdruck gebracht. Die Behörden konnten daraus immer wieder Impulse empfangen, die in der Gesetzgebung zutage treten müssten. Leider ist dies in der Zeit nach 1925 viel zu zögernd geschehen.

Das Gemswild der Alpen wird allgemein nach seinen Standorten unterschieden. Die hochstehenden Gemsen heissen Gratgemsen, diejenigen, die den oberen Wald nie verlassen und nur in Blössen und Grenzweiden auf Äsung ziehen, bezeichnen die Bergler als Waldgemsen. Waldgemsen sind meist etwas stärker im Wildpret und auch grösser im Wuchs.

Die Gratgemse steigt nur beim härtesten Winterwetter, besonders bei starkem, dauerhaftem Schneefall in die oberste Waldzone und stellt sich dort unter die Fichten des Waldrandes. Dort lassen sich die Gemsen unter den tiefbeasteten, alten Bäumen einschneien, warten, bis unter der nachfolgenden Sonne die Schneelast von den Bäumen abgeglitten ist und stossen dann bei Wetterbesserung durch den Schneewall ins Freie. Zuvor hatten sie sich in Kälte und Schnee mit dem kargen Futter begnügt, das der Gratwind hoch oben blossgelegt hatte. Dann, solange sie unter dem Schirm der Fichten ausharren mussten, nahmen sie als Füllfutter die erreichbaren, noch weichen Schosse der unteren Äste an. Das sieht man dann aus der Losung unter den Schirmbäumen, doch der Nährwert dieser Trockenäsung ist natürlich sehr gering. Das einzige etwas nährstoffreichere Futter sind noch Bartflechten (usnea). Die Flechten kommen (nach einer Mitteilung von Pol. Wm. Camen) im Nährwert bestem Wiesenheu gleich, aber die usnea gibt es nicht in der nötigen Menge. Kitzen und Junggemsen halten solche Hungerperioden schlechter aus als erwachsene Stücke. Ich fand deren Kadaver nach einem schneereichen Winter noch im Juli im Glarnerland, obgleich damals der Wasenmeister mit Gehilfen im Frühling schon wochenlang an der Beseitigung des toten Wildes gearbeitet hatte.

Einmal im August traf ich am Abend auf eine kleine Gruppe von weiblichen Gratgemsen mit Kitzen. Es waren zwei Muttertiere, die eine mit zwei, die andere mit einem Kitz, also leicht wiederzuerkennen. Dieser Gruppe folge ich drei Tage und zwei Nächte lang auf ihrem Zug über die von ihnen periodisch besuchten Äsungsgebiete. Damals erlebte ich, dass die Orte der Nachtruhe ausnahmslos die höchsten waren, also Ruheplätze in Gratnähe. Erst am hellen Morgen, als die Übersicht klar war, stiegen die Tiere auf die Äsung herab. Stundenweise hatte ich die Gruppe verloren, aber immer wieder aufgefunden, ohne sie zu beunruhigen, das heisst immer in genügender Entfernung. Am Abend des dritten Tages waren wir zusammen wieder im Stelliboden angekommen, von wo wir ausgezogen waren. In jenen drei Tagen lernte ich, dass der ständige Wechsel der Äsungsplätze nie zu einer Überbeweidung eines Geländes führen kann und dass geschlossene Rudel oder Gruppen meistens am dritten oder vierten Tage wieder zu denselben Standorten zurückkehren. So die Gratgemsen, nicht aber die Waldgemsen. Diese verhalten sich etwas ähnlicher wie das Rehwild, das sich im Sommer mit dem Gemswild auf denselben Äsungsplätzen trifft.

Die Kitzenschule

Noch ganz kürzlich war in einer verbreiteten Tierzeitschrift über die Gemskitzen zu lesen: «Die jungen Gemsen sind ausgesprochene Nachfolger, die vom ersten Tag an mit der Mutter herumziehen und nie abgelegt werden.»

Diese irrtümliche Meinung mag rechtfertigen, wenn hier aus vielfachen Beobachtungen an bejagten und unbejagten Gemsbeständen der Bannbezirke die Erscheinung der Kitzenschule festgehalten wird. Schon Ende Juli, das heisst im zweiten Lebensmonat werden die Kitzen eines gegebenen Sommerrudels von meistens weiblichen Tieren ein bis zweimal am Tage gesammelt und bilden dann unter Führung von zwei älteren, erfahrenen Geissen die Kitzenschule. Spontan finden sich die Jungen vieler gesellig lebender Wiederkäuer in kleineren Gruppen unweit der Muttertiere zu gemeinsamem Äsen und Spielen zusammen. Vielleicht eine Parallele zu den bekannten Gesellschaften von Perlstaren oder jungen Alpendohlen und anderen, die in oft grossen Flügen die Felder oder Alpweiden nach Nahrungsplätzen durchfliegen. Die Kitzenrudel oder Kitzenschulen der Gemsen sind nicht reine Jugendverbände, sondern stehen unter Aufsicht von alten Geissen und werden von diesen zu kleinen Geländeübungen geführt. Ich beobachtete im Glarner Freiberg ein Rudel ganz junger Kitzen im Juli, die unter Führung einer Geiss einen sonderbar kubischen Felsblock bestiegen, bis sie sich auf dessen Oberfläche dicht drängten. Als die ganze Kitzenschule auf dem Block war, musste eines nach dem andern herunterspringen, worauf die ganze Gruppe weitergeführt wurde. Zwei Jahre später versuchte ich das Kitzenrudel trotz einsetzendem Regen im Bild festzuhalten. Zuerst sammelten sich die Kitzen des dortigen Sommerrudels und wurden dann von zwei Geissen – die eine sah aus wie eine sehr alte Geltgeiss – über einen Lawinenrest zu einer Felswand geführt.

Sofort auf dem Lawinenrest löste sich der Kitzenzug auf, wie elektrisiert begannen die Kleinen auf dem Schnee zu spielen, sie schienen automatisch von einer gewissen Schneetollheit erfasst worden zu sein, jagten einander in Scheinangriffen und übersprangen einander. Die eine der führenden Geissen sah dem Treiben eine Zeitlang zu, dann stieg sie über den Schnee hinab und schritt in weitem Bogen unterhalb der spielenden Kitzen durch, wobei sie das Haupt mit den langen Krickeln etwas gesenkt gegen die Kitzen richtete. Immer wieder wechselte die Geiss unterhalb der Kitzen über den Schnee, liess aber dabei die ganze Kitzenschule nicht aus den Augen. Dabei waren ihre Bewegungen langsam, fast drohend. Das Spiel der Kitzen erlahmte. Langsam drängte sie die Geiss gegen die Wand, und da stand auch schon die zweite Geiss. Diese stieg mit einem kräftigen Sprung in die Wand ein und hinter ihr, dicht aufgeschlossen, die Kitzenschule. Acht oder zehn Meter hoch wurden die Kleinen in die Wand geführt, dann wurde der Rückweg angetreten, dieser sogar langsamer und vorsichtiger als der Aufstieg. Etwa von einer Höhe von zwei Metern sprang die Leitgeiss wieder auf den Schnee, die Kitzen hinterher. Es gab mehrere Stürze, doch ohne Schaden. Der Regen setzte stärker ein, aber er störte die Tiere nicht. Die Kleinen begannen ihr voriges Treiben auf dem Schnee von vorn, sprangen übereinander weg und schienen sich nicht genug tun zu können im Tollen auf dem schmutzigen Lawinenrest. Kletter- und Sprungübungen mit Spielpausen werden bis zum Abend fortgesetzt.

Diese Kitzenschulen unter Führung älterer Geissen sind bis zur Brunft zu beobachten. Ich habe sie mehrere Tage nacheinander im Berner Oberland ob Grindelwald gesehen, sogar während eines heftigen Schneesturms im Dezember. Die heissen Geissen standen bei den Böcken, nur ausnahmsweise hatte die eine oder andere ihr Kitz bei sich auf dem Brunftplatz. Bereits stand der Schnee stellenweise 80 cm hoch, das hinderte die Kitzen aber an schneefreieren Stellen, wo der Wind die Flocken wegblies, am Spielen keineswegs.

Wenn sich das Kitzenrudel auflöste und die Kleinen zu ihren Muttertieren zurückkehrten, ging das eine oder andere der Kleinen mitunter die unrichtige Geiss an, wurde aber prompt mit gesenkten Krickeln abgewiesen. Aber nur im Sommer suchten die Kitzen ihre Mütter. In der Brunft stiegen die abgebrunfteten Geissen, wie ich einige Male beobachten konnte, ihrerseits zu den Kitzen nieder, um sie nun wieder zu führen. Ein «Ablegen» der Kitzen während der Brunft, wie es von einzelnen Beobachtern festgestellt worden sei, fand also bei den Muttertieren der Gemsen nicht statt. Etwas ähnliches kann aber wohl in der Kitzenschule gesehen werden, die zwar nicht nur in der Brunft gebildet wird, sondern schon lange zuvor. Eine gewisse Lockerung der mütterlichen Führung bedeutet die Kitzenschule wohl bestimmt, scheint aber nur den Gratgemsen eigen zu sein. Bei den Waldgemsen konnte nie eine ähnliche Beobachtung gemacht werden. Durch die Bejagung der Gemsbestände wird überhaupt die Bildung stärkerer Rudel weitgehend beeinträchtigt, das Allgemeinverhalten der Gemsen überhaupt zugunsten der Feindvermeidungsaufgaben verändert und verfälscht. Das mag der Grund zu der eingangs erwähnten irrigen Beurteilung der Junggemsen sein.

Das Murmeltier

Es liesse sich jeder Wildart ein Schaden nachsagen, der ihre «Bekämpfung» dringlich machen, zum mindesten aber ihre Bejagung rechtfertigen soll. So auch dem Murmeltier. Peter Issler fabelt in seiner Geschichte der Walser Kolonie Rheinwald (1935) von einer dortigen «Murmeltierplage» in den Bergwiesen. Wer es weiss, wie rasch eine Murmeltierkolonie ausgeschossen oder ausgewildert ist, wird mit dem Wort «Plage» im Zusammenhang mit den harmlosen Munggen vorsichtig umgehen.

Dass die Murmeltiere in den Heualpen und ausnahmsweise auch in den Weidealpen schaden können, sei nicht bestritten, aber niemals so, dass der Schaden nicht in relativ kurzer Zeit zu beheben wäre. Es ist im Gegensatz zum Schalenwild nicht der Futterverbrauch, der den Murmeltieren vorgeworfen wird, sondern ihre Grabtätigkeit. Denn das ausgeworfene Material, Steine und kiesige Erde, kann bei grösseren Kolonien ganze Jucharten von Grasland decken. Dazu kommt, dass an Hängen die Löcher, Fluchtlöcher, kurz die vielen Verwundungen der Grasnarbe dem Schnee im Frühling bei der Schmelze Angriffspunkte bieten. Der Boden wird aufgeweicht, kleinere und grössere Rutschungen können bei Murmelbauten ihren Anfang nehmen, so dass die Baue unter Umständen eine sich jedes Jahr vergrössernde Rüfe verursachen können. Die Alpen «verruchnen», die Grasnarbe leidet, es wächst weniger Futter, Steine rollen in die Graszone der Heualpen, das Mähen wird schwierig, und in den bestossenen Alpen verkleinert sich das Weidegebiet. In vielen Alpen liegen die Baue sonderbarerweise alle auf der gleichen Höhe, als ob die Munggen nach einer Isohypse gebaut hätten, und die Schutthalden ihrer Auswürfe erstrecken sich nicht selten ins schönste Futter. Das ist ein realer Schaden. Jedoch führte nicht dieser Schaden allein zur Verfolgung der Murmeltiere, sondern ihre jagdliche Nutzung, sicher auch das Jagdvergnügen.

Die Murmeltiere haben ihre natürlichen Feinde wie alles Friedwild. Es sind in der Hauptsache Fuchs und Adler. Aber diese beiden bedrohen ihre Existenz nicht. 1932 meldet St. Gallen aus dem Banngebiet Graue Hörner: «Die Murmeltiere vermehren sich trotz Füchsen und Adlern stark.» Und so war es an vielen Orten. Das Sonderbare ist aber, dass die Füchse und Adler verfolgt werden, weil sie Murmeltiere fressen. Die Murmeltiere aber verfolgt man wegen ihres Schadens... Logik der Jagdbüchse. Bis ins 19. Jahrhundert haben sich die Jagdbehörden zu wenig um den Murmeltierbestand gekümmert. Kein Bergwild litt so stark unter der Wilderei, unter den Hirtenhunden, der illegalen Fallenstellerei und rücksichtslosem Abschuss wie das Murmeltier. Noch 1926 kamen auf zwei Jäger 65 Stück! Dazu kommen die Fallwildverluste, die bei diesem Tier erstaunlich hoch liegen. Der Kanton Bern veröffentlicht Zählungen seit 1936, doch seien nur die aus den letzten 12 Jahren erwähnt:

1949: 131 Murmeltiere Fallwild
1950: 345
1951: 482
1952: 844
1953: 1234
1954: 963

1955: 567 Murmeltiere Fallwild
1956: 914
1957: 551
1958: 507
1959: 106
1960: 805

Der Gesamtbestand im Kanton wurde 1959 mit 5944 Murmeltieren angegeben.

Das Murmeltier leidet unter Wurmkrankheiten und unter der Nagetierkokzidiose. Hält man neben die Fallwildzahlen die Erlegungen im Kanton Bern, die sich zwischen 420 und 550 bewegen, so leuchtet die Dringlichkeit einer Hege, mindestens aber die einer vorsichtigen jagdlichen Bewirtschaftung des Murmeltiers ein.

Die Jagd selbst kann keinen echten Jäger befriedigen. Sie besteht im Ansitz am Murmeltierbau im offenen Gelände, selten im Anpirschen (Vetterli 1947). Der Ansitz verlangt grosse Geduld. Denn wenn ein Mungg geflohen ist, dauert es mindestens eine Stunde, bis er wieder aus dem Bau hervorkommt, bei kaltem Wetter 2 bis 3 Stunden. Im September kommt er oft nicht mehr. Da die Kätzchen geschützt sind, lässt sich ein Murmeltier erst ansprechen, wenn es Männchen macht. Der weidmännische Schuss muss im Kopf sitzen, das heisst er muss blitzartig zum Tod führen, da verwundete Tiere in den Bau fahren und dann verloren sind. Als bei Bergün 1931 auf Klagen der Gemeinde hin ein Abschuss vorgenommen werden musste, wurden von den allzu hastigen Patentjägern von 90 geschossenen Tieren nur 60 erbeutet, da 30 ihren Bau noch erreichten und unter der Erde zugrunde gingen. Die Murmeltierjagd wird nach M. Luchsinger (1952) nur von alten Jägern ausgeübt, denen die Gemsjagd zu beschwerlich wird. Das mag für normale Zeiten stimmen, doch hatte der Murmeltierbestand der Schweiz leider auch Jahre zu überstehen, die von der Norm abwichen und ihm regional sehr drastische Reduktionen brachten, von denen er sich bis heute nicht bis zur alten Höhe erholen konnte.

Das erste, was nach der Jagdfreiheit der Helvetik von den kantonalen Jagdverwaltungen für die Murmeltiere getan wurde, war das Verbot, sie im Winter, wenn sie im Schlaf liegen, auszugraben. Da der Winterbau selten mehr als 1½ Meter unter dem Rasen liegt und natürlich im Frühwinter nach Munggen gegraben wurde, wenn der Boden noch nicht bis in die Tiefe gefroren war, belohnte die ganze schlafende Familie von 5 bis 15 Stücken die Arbeit reichlich. Gegraben wurde von Wilderern natürlich trotz allen Verboten, aber wenigstens weniger von den legalen Jägern. Im Banngebiet des Kantons Schwyz trieben es grabende Frevler 1888 und 1889 und in den folgenden Jahren, sogar 1924, besonders bunt, doch wo überall gegraben und gefrevelt wurde, wurde nicht einmal immer notiert.

Seit der Mitte des 19. Jahrhunderts, in dessen Beginn durch hemmungslose Jagd die Murmeltiere besonders stark heruntergebracht worden waren, suchten die Behörden durch Jagdbann, Schutzgebiete und Jagdbeschränkungen aller Art die armen Tiere wieder etwas heranzuhegen. Bern untersagte 1874 schlechtweg, auf Murmeltiere zu jagen, bis das neue Bundesgesetz erscheinen würde. Wo sie im Kanton ausgerottet waren, nahm man Neuaussetzungen vor und führte solche gelegentlich bis 1956 fort. Der Kanton Luzern war mit diesen Tierchen ohnehin nicht gesegnet und verbot die Jagd auf Murmel immer wieder ein Jahr lang. Mit Aussetzungen nach Berner Muster hatte man im Kanton Luzern wenig Erfolg. 1892 setzte man einige Munggen in der Schrattenfluh ein, doch gingen dort die Tiere im ersten Winter zugrunde, weil sie zu wenig tief graben konnten. Es war zu wenig Grund über dem Gesteinskern und so erfroren sie in den flachen Bauen und waren im Frühling nicht mehr da. Das Konkordat der Kantone Schwyz, Glarus, St. Gallen und Graubünden von 1868, wonach die Jagd auf Gemsen und Murmeltiere in allen angeschlossenen Kantonen auf den 1. September bis zum 15. Oktober beschränkt sein sollte, fand leider in der übrigen Schweiz wenig Nachfolge, zudem vermochte mit der zeitlichen Jagdbeschränkung, die stets eine Intensivierung zur Folge hat, der Bestand nicht gehoben zu werden. Immer wieder waren auf einige Zeit Totaljagdverbote unumgänglich. Wo man die Jagd mehr oder weniger einfach gewähren liess, wurden die Murmeltiere ausgerottet. So 1880 im Kanton Appenzell A. Rh. und 1877 in den Grauen Hörnern im St. Galler Oberland. Und wenn auch zu gleicher Zeit im damaligen Banngebiet Churfirsten Murmeltiere ausgesetzt worden waren, so half das wegen des schon damals in jenen Bergen blühenden Frevels wenig. Wie im ersten Teil berichtet, musste aus diesem Grund der Bann Churfirsten schliesslich aufgegeben werden.

Der Kanton Glarus schützte auf seine Weise die Murmeltiere seit langem. 1448 bis 1475 war die Murmeltierjagd vor dem Tag des Erzengels Michael (29. September) verboten, danach aber war das Murmeltiergraben und -fangen erlaubt, nur nicht den Fremden. 1573, als die Feuerwaffen in Gebrauch kamen, war auch das Schiessen der Munggen verboten. Aber diese Schutzvorkehren fielen bald in Vergessenheit. 1566 setzte das Landbuch von Glarus die Schutzzeit für Munggen und alle anderen Alpentiere von Martini (11. November) bis Jacobi (25. Juli) fest und verbot Munggengraben bei Busse. 1835 bis 1852 wurde das Munggengrabenverbot erneuert, was darauf schliessen lässt, dass den Leuten diese üble Art, sich Fleisch zum Einpökeln für den Winter zu verschaffen, kaum abzugewöhnen war. Die alten, immer wieder erneuerten Verbote und Schutzgesetze für die Murmeltiere zeigen, übrigens ganz besonders im Kanton Glarus, wie dieses Tier als Fleischspender für den Winter eine aussergewöhnlich wichtige Rolle spielt. Nicht nur das; auch die Hirten und Alpbauern hatten in alten Zeiten nicht die geringsten Hemmungen, sich ihren Mungg zu allen Jahreszeiten zur Bereicherung ihres Speisezettels zu holen. Denn die Nahrung in den Oberstafeln war denkbar eintönig – immer und ewig Fenz (ein Gericht aus dem überaus fetten Rahm der Alpenmilch, Mehl und Salz) und wenig Brot. «Im Herbst chu me de Fänz chum me aluege», sagte mir einmal de Pur. Aber den Murmeltieren setzte diese Wilderei, wenn auch begreiflicher Art, eben doch zu.

Im Graubünden legten die Gemeinden immer wieder die Platte vom Murmeltierschaden auf. Das lag zum Teil an den besonderen Vegetationsverhältnissen des Bündner Oberlandes, zum Teil aber auch an der Jagdlust der Dorfbewohner. 1877 begann es mit Avers, und als die Jagdbehörde in Chur harthörig war, setzte die Gemeinde ein Jahr darauf aufs neue an. Da wurde den Grundbesitzern gestattet, auf ihrem Boden Murmeten abzuschiessen, aber nur für einmal. 1881 klagten sie wieder und drei Jahre später auch andere Gemeinden. Abschussbewilligungen wurden erteilt und ausgiebig benützt. Das ging so bis nach dem ersten Weltkrieg, der ohnehin allem Alpenwild die bekannten Fleischabschüsse brachte. 1921 schützte Graubünden die Murmeltierkätzchen und errichtete Asyle für die bedrängten Tiere, 1922 sah man, dass sich die Murmeltiere auch dort, wo früher viele waren, nicht recht erholen wollten und erlegt wurden in jener Zeit wenige. 1923 konstatierte man in den Asylen wenigstens eine gewisse Zunahme. 1928 probierten es die Bauern im Banngebiet Piz d'Aela schon wieder mit der alten Masche und klagten über Murmeltierschäden. Die Bündner Jagdbehörde fragte in Bern an, doch wurde nur ungenügender Abschuss bewilligt; einer teilweisen Öffnung des Banngebietes – was offenbar von den Jägern beabsichtigt war – widersetzte man sich in Bern. Zur Beruhigung der im Bündnerland leicht kochenden Volksseele wurden 1000 Franken für Murmeltierschäden an die Bauern ausbezahlt. Aber die starken Worte gegen die Murmeltiere fielen unentwegt. Man schalt hemmungslos gegen die «lästigen Wühler», besonders in Heualpen. Waren die Tierchen einer Kolonie aufgerieben, folgte die befriedigte Feststellung: «So, das isch jetz s'Letscht vo dört» (Bündner Presse). Noch 1931 erlegte man im Banngebiet Piz d'Aela trotz den anfänglichen Weigerungen der Regierung 228 Stück. 1932 fand man es verwunderlich, dass die Murmeltiere in einzelnen Gebieten endlich an Zahl zunahmen, in andern jedoch nicht. Aber die Bemühungen zur Erhaltung und Vermehrung der Tiere hatten trotz manchen Rückschlägen überall wenigstens den Erfolg, dass der Tiefstand des 19. Jahrhunderts überwunden werden konnte, und das war angesichts der Schwierigkeiten des Schutzes des Murmeltiers ein Erfolg. Bis der zweite Weltkrieg kam…

In den Jahren 1942, 1944 und 1945 griffen die Schweizer Patentjäger auf die in langen Jahren mühsam hochgebrachten Murmeltiervorräte und drohten, in zwei, drei Jahren aufzureiben, was in hundert aufgebaut worden war. Dabei muss bedacht werden, dass die gezählten Erlegungen von 16 000 Stücken die gefrevelten nicht erfassten, auch nicht das Fallwild, dessen Höhe aus den Berner Berichten hervorgeht. Dieser Aderlass entvölkerte ganze Täler von Murmeltieren, liess Kolonien, die bald ein Jahrhundert bestanden hatten, verschwinden und rief Gelehrte und den Tier- und Naturschutz auf den Plan.

Bereits 1941 waren im Glarnerland die Wildpretpreise stark gestiegen, weil die Jäger das Fleisch selbst behielten. Sonst konnte man in jeder Gastwirtschaft «Munggenliedli» (Murmeltierglieder) als Wildspezialität serviert bekommen, jetzt hatte das aufgehört. «Munggenöl» war schon bald nicht mehr erhältlich. Unter «Munggenöl» versteht man das gesottene Fett der Murmeltiere, das sich beim Erkalten in gelblichweisses Fett und gelbes Öl scheidet, wie jede Fettflüssigkeit. Dieses Munggenfett war ein in den Alpengegenden gegen Rheuma und Gicht angewendetes «Hausmittel». Man stellte sich dabei vor, dass die Munggen in ihrem Fett eine «Substanz haben müssten», die verhindere, dass die Tierchen vor Gicht und Rheuma ganz krumm würden, weil sie doch unter dem Boden in Kellern leben und dort sogar den ganzen Winter schlafen, ohne «Gsüchti» zu kriegen. Also reibt man sich ihren Schmalz gegen «Gsüchti» ein. Diese Heilmittellogik, ein Konzentrat von Unsinn, machten sich verschiedene Schweizer Apotheker im Krieg zunutze, obschon jeder von ihnen wusste, dass in der schweizerischen Pharmakopoe Murmeltierfett als Heilmittel überhaupt nicht existiert. Aber sie gaben illustrierte Prospekte heraus, worin stand, dass Murmeltieröl seit uralten Zeiten als Heilmittel gegen rheumatische und gichtische Leiden angewandt worden sei. Vorsichtigerweise mischten sie aber eine Portion Salizylsäure darunter. Und siehe – die «uralten Zeiten» wirkten. Die Inserate in den Patentjägerzeitungen häuften sich «Wir sind Käufer von erstklassigem ausgelassenem Murmeltieröl». Sogar die Aktiengesellschaft vormals B. Siegfried in Zofingen beteiligte sich an diesem Geschäft... non olet! A. Gasser, der Präsident des Schweizerischen Jägerverbandes zur Hebung der Patentjagd warnte zwar dringlich, aber was half das? Das Murmeltier, der Fleischspender «seit uralten Zeiten», auch der Munggenölspender seit derselben grauen Vorzeit, musste im Krieg herhalten. 1945 starben 16 418 Murmeltiere allen Warnungen und Notrufen zum Trotz. Professor Hediger, der in drei Weltteilen bekannte Tierpsychologe, trat besonders energisch gegen diese sinnlose und schwindelhafte Heilmittelaktion mit dem Munggenöl und die Vernichtung der Tiere auf. Die Apotheker wehrten sich. Sie schrieben in die Tagespresse, das Munggenöl sei besonders geeignet, die Poren der Haut zu durchdringen und Heilmittel gegen Rheuma und Gicht ins Körperinnere zu verfrachten, was natürlich reine Ausrede war. Doch war es nicht allein der Heilmittelschwindel mit dem Munggenöl, den damals Kaspar Freuler in einem Schwank geisselte, sondern der Zugriff auf das Fleisch, der die Murmeltierdämmerung des zweiten Weltkrieges gebracht hatte. Dass sich damals nicht nur alte Jäger mit der Murmeljagd befassten, liegt auf der Hand.

Kurz nach dem Krieg kamen in allen Bergkantonen die Schutzvorschriften für die armen Munggen dicht wie Neujahrskarten. 1947 schützte Schwyz seine Murmeltiere auf lange Zeit völlig und erlaubte erst 1954 auf Zusehen hin im Muotathal einen gewissen Abschuss. Glarus nahm im Jagdgesetz den Passus auf, dass der Regierungsrat zeitweise die Murmeltierjagd ganz verbieten könne; so ging es weiter. Aber die alte Bestandeshöhe wurde nicht so leicht erreicht. Wohl nahmen seit 1951 die Abschüsse gegenüber der unmittelbaren Nachkriegszeit wieder zu, aber bis die Poesie des Murmelpfiffs wieder alle die alten Bergtäler füllt wie früher, gehen wohl noch viele Jahre dahin.

Es ist nur ein kleines, scheues Bergwild, das Murmeli. Aber ein hartes Schicksal wurde auch ihm nicht erspart, möge das alte, geplagte Europa keinen dritten Krieg erleben müssen – und der arme, braune Mungg keinen Blutzoll mehr, der ihn und seine Sippe mit Verderben bedroht.

Das Reh

1921 veröffentlichte Hermann Fischer-Sigwart zuerst im «Deutschen Jäger», dann im «Schweizerjäger» eine Arbeit «Über das Reh und sein Vorkommen in der Schweiz.» Er zitiert Gesner und J.J. Wagner, die von einer «grossen Anzahl» der Rehe in den Gebirgswaldungen berichten. Doch habe es im 18. Jahrhundert in diesen Wäldern stark abgenommen. Auch im Kanton Aargau sollte es nach Fr.X. Bronner (1844) selten geworden sein, einzig im Fricktale habe es sich halten können. In der Westschweiz und in den Kantonen dem Rhein entlang hätten sich häufiger Rehe gezeigt, die aus den Nachbarländern eingewechselt seien, als im Landesinnern. Einsetzungen von Rehwild sollen schon damals von privater Seite versucht worden sein. Erst Ende des 19.Jahrhunderts hätten sich auch in den mittelschweizerischen Kantonen Luzern und Solothurn wieder Rehe gezeigt, seien aber trotz staatlichen Verordnungen nicht so geschont worden, wie es wünschenswert gewesen wäre. Hauptsächlich setzte, wie Fischer-Sigwart sogleich erkannt hatte, die Jagd mit Laufhunden den Rehen so zu, dass sie zahlenmässig nie zu ansehnlichen Beständen anwachsen konnten. Am 3. April 1890 waren im Boowald, südlich von Rothrist, vier Rehe aus Deutschland ausgesetzt worden, die sich dort in den grossen Waldungen vermehrten und es bis 1897 zu einem kleinen Bestand brachten. Diese vier dürfen als die Stammeltern der dortigen Rehe gelten. Auch im Suhren- und Wiggertal hatten sich Rehe eingefunden, aber ihre Zahl blieb noch niedrig, weil die Jagdpächter, die ihre Reviere aufgeben wollten, diese nach Möglichkeit ausschossen. Nur eine kleine Zahl der Rehe blieb dann übrig. Am reichsten an Rehen war und blieb das Fricktal. Gut wurden die Rehjagden aber erst nach dem Verbot des Laufhundegebrauchs. Soweit Fischer-Sigwart, dessen detaillierte Kenntnisse sich vorwiegend auf die Kantone Aargau und Luzern bezogen.

Nach Fatio (1869) war zu seiner Zeit das Reh in den meisten Kantonen verschwunden. Wie es langsam die schweizerischen Standorte zurückgewann, schildert Baumann (1949) kurz.

Die schweizerischen Jagdzeitungen brachten schon gegen Ende des 19. Jahrhunderts Aufsätze über das Reh und sein Wiedererscheinen in der Schweiz. So das Centralblatt für Jagd- und Hundeliebhaber 1884: Meldungen über die Rehe im Thurgau, 1885 über die Zunahme der Rehe überhaupt und über eine Rehgeiss mit Kitzen bei Wolhusen. Die «Diana» meldete 1883 das Reh im Jura und Neuenburg usw. Die Ursachen für das Verschwinden und Wiederauftreten des Rehwildes in der Schweiz deutet Baumann nur an. Er glaubt, dass für das Verschwinden eine zu starke Bejagung kaum allein verantwortlich gewesen sei, misst aber den straffer gehandhabten Jagdbestimmungen, den Bannbezirken und dem Eindringen des Naturschutzgedankens wesentliche Bedeutung bei. *Nicht zuletzt aber sei die vollständig andere Nutzung der Wälder von grundsätzlicher Bedeutung für die Wiederkehr des Rehes in die Schweiz geworden.* Es ist die forstliche Pflege des Schweizer Waldes gewesen, wodurch die Wälder wenigstens teilweise den Anforderungen entsprachen, die das Reh an seinen Aufenthaltsort stellt oder stellen muss: *Deckung und trotzdem Besonnung.* Es war die alte Kahlschlagmethode der Waldbewirtschaftung mit ihren grossen, krautigen Jungwuchsflächen und steinkleebewachsenen Schneisen, die dem Reh die Rückkehr in die Schweizer Wildbahn erleichterten. Denn das Waldinnere mit seinem geschlossenen Kronenschatten ist weder für Vögel noch für das Wild Heimatgebiet. Darum entspricht der alte Kahlschlag und der Femelschlag mit seinen Lichtverhältnissen dem Rehwild besser als zum Beispiel der Plenterwald.

Dazu kam freilich noch ein zweiter Komplex von begünstigenden Faktoren, um das Rehwild in die Schweizer Wildbahn zurückzubringen. Ein erster war sicher die jahrzehntelange Schonung in vielen Revier- und Patentkantonen, ein zweiter das Fehlen des Hirschwildes, das heisst der biologisch übergeordneten Art, die das Reh immer und überall auf die Unterstufe abgedrängt hatte, wo der Hirsch in der Wildbahn eine dominierende Stellung einnahm. Das beste Beispiel ist der Nationalpark, der infolge seiner Jagdruhe zu einer starken Konzentration der Hirsche auf seinem Gebiet führte. Dort nahm mit dem Anwachsen des Hirschbestandes das Reh seit den dreissiger Jahren ständig ab, während es sich in Gegenden, die vom Rotwild weniger stark bestanden waren, auch im Kanton Graubünden halten konnte.

Ein dritter, sehr wichtiger Grund für das Wachstum der Rehbestände in der Schweiz war aber *die Wandlung der Beurteilung des Rehs als Schädling der Landwirtschaft.* Solange der Schweizer Bauer im Reh «eine Art Hirsch» sah, das gleich dem Hirsch seinen Äckern einen Schaden zufügte, der das tragbare Mass überschritt, wurde besonders in Patentkantonen das Reh nicht geduldet. 1887 bemerkte man im Berner Seeland einen Zuwachs von Rehen und manche Jäger hofften, einen Teil davon als Standwild erhalten zu können. Bäuerliche Berner Patentjäger rieben aber den ganzen Bestand auf und schossen neben den Böcken auch alle Mütter und Kitzchen, bis nichts mehr da war. Im Kanton Aargau beantragte in derselben Zeit ein Forstmeister, dass im Wald die Rehe ausgerottet werden sollten, weil sie zu viel Waldschaden verursachten; auch sollten den Forstleuten Gewehre ausgehändigt werden, damit sie Eichhörnchen und Häher und andere tannensamenfressende Vögel schiessen könnten. Ebenso wehte in der Schaffhauser Presse seit Jahren ein wildfeindlicher Wind. Jedoch stand in der Dezembernummer 1896 des Intelligenzblattes: «Die Wildschlächterei in Schaffhausen ist schliesslich... selbst den Organen, die dieselbe begünstigt haben, wie den Forstmeistern, die kein lebendes Tier im Walde dulden wollen, über geworden; sie haben ein Rühren verspürt, als vier Jäger in einem Feldgehölz, in dem sich die Rehe bei der allgemeinen Kanonade gerettet glaubten, sechzehn Rehe niederknallten.» Genau gleich erging es 1898 den Rehen am Tössstock, Kanton Zürich. Im Luzernischen glaubte man, die Rehe verbreiteten die Maul- und Klauenseuche. Ein Bauer schrieb: «Warum gewährt man diesen Wiederkäuern staatlichen Schutz? Warum werden Hunde und Katzen erbarmungslos niedergeknallt und dafür das für die Landwirtschaft schädliche Wild gehegt und gepflegt?» Wirklich wurden dann auch einige Rehe geschossen und von den Tierärzten untersucht, aber für völlig gesund erklärt. Trotzdem schimpften die Bauern weiter, sie seien nicht dazu da, den Herren und Tagdieben das Wild zu füttern.

Dies sind nur einige Beispiele dafür, wie seinerzeit infolge der Überschätzung des Wildschadens das Reh befehdet, teilweise vernichtet wurde. Man sah in den Rehen einfach kleine Hirsche. 1904 wurden im Engelberger Tal auftretende Rehe – es handelte sich um einen Bock mit Anhang – als «Hirsche» gemeldet. 1905 empörte sich ein Jäger in der Presse, dass im Kanton Uri eingewechselte Rehe selbst von den eidgenössischen Wildhütern als «Hirsche» bezeichnet wurden. Auch in anderen Kantonen kannte man die Rehe nicht und glaubte, es seien kleine Hirsche. Und dies zu einer Zeit, als in Graubünden bereits die ersten Massnahmen gegen wirkliche Hirschwildschäden ergriffen werden mussten. Dort freilich unterschied man das Reh vom Edelhirsch schon lange. Bereits 1899 wurden bei Camogask ausgemähte Rehkitzen aufgezogen, und 1901 und 1902 waren Rehe bei Davos von Laufhunden bis ins Dorf verfolgt worden.

Es bedurfte langer Jahre, je nach Landesteil, bis das Rehwild als Art und hinsichtlich seines Wildschadens richtig eingeschätzt wurde. 1904 teilte die Redaktion im

Centralblatt für Jagd- und Hundeliebhaber mit, dass man beim Blatten den Schrotlauf nötig habe, weil die wenigsten Jäger es je erlernten, dem flüchtigen Bock die Kugel aufs Blatt zu setzen. Und schon 1908 versammelten sich Tierschutzvereine und Jäger in Olten, um Mittel und Wege zu finden, die Verluste an Wild durch die Mähmaschine einzudämmen. Damals beantragte der Präsident des Tierschutzes, Prof. Böhringer aus Basel, in Deutschland anzufragen, was man dort zur Vermeidung von Wildverlusten durch die Mähmaschine vorgekehrt habe. Ein anderer meinte, mit automatischen Hupen an den Mähern die Tiere im Gras vertreiben zu können. 1910 schlug Fischer-Sigwart in den «Basler Nachrichten» vor, vor dem Mähen die Wiesen mit Hunden abzusuchen. Und 1915 kam es zum ersten Verkehrsunglück durch Wild auf der Landstrasse. Opfer waren zwei rasch bergabfahrende Radfahrer, die wegen eines knapp vor ihnen über die Strasse springenden Rehs schlimm stürzten.

So eroberte sich das Reh in etwa 30 bis 40 Jahren die Schweizer Wildbahn trotz Unkenntnis der Jäger und trotz alleinjagender Hunde. 1901 hatte der Bundesratsbericht gemeldet, das Reh breite sich, namentlich in Graubünden, bis zu den obersten Waldregionen aus, werde aber in seiner Vermehrung durch jagende Laufhunde stark zurückgehalten. 1904 heisst es: «Das Reh verbreitet sich, obschon stark von Wilderern dezimiert und von Laufhunden verfolgt, über die ganze Schweiz bis ins Hochgebirge.» Und 1906: «Das Reh, ein noch vor Jahrzehnten seltenes Wild, erweitert sich immer mehr über die Schweiz, leidet aber sehr durch Wilderer und unter alleinjagenden Laufhunden, gegen welchen Übelstand von einigen Kantonen energischer vorgegangen werden sollte.» 1908 wurde die Zahl der in eidgenössischen Bannbezirken lebenden Rehe auf 985 Stücke geschätzt.

Manches zur Vermehrung des Rehwildes trugen die kantonalen Schongesetze bei, obschon heimlich und illegitim dem Rehwild viele Verluste beigebracht wurden. Die Bauern hielten es für ihr gutes Recht, dieses Wild, in welchem sie einen Nahrungskonkurrenten ihres Viehstandes sahen, beseitigen zu dürfen, auch wenn die Jagdbehörden das Wild hegen wollten. In Uri war das Rehwild noch lange nach dem ersten Weltkrieg bis in die zwanziger Jahre hinein geschützt. Als 1919 die Urner Jäger eine kurzfristige Bockjagd anregten, wurden sie abgewiesen. Jagdbar wurde das Reh im Kanton Uri erst 1939. Im Kanton Schwyz zeigten sich 1882 die ersten Rehe im Wäggital, worauf ein gänzliches Abschussverbot für den ganzen Kanton kam. Als nach 4 und 5 Jahren das Wild merklich zugenommen hatte, verlangten die Jäger die Öffnung der Jagd auf Böcke, doch wurde dem Begehren keine Folge gegeben. Nur 1884 durften 8 Tage lang Rehböcke geschossen werden, und das war noch zu früh. 1908 ging die Bockjagd dann vom 1. bis 20. Oktober auf, und dabei blieb es, obschon die Jäger 1934 eine Verlängerung bis Ende Oktober verlangten. Geissen durften im Kanton Schwyz 1958 erstmals erlegt werden. Hieraus geht beispielhaft hervor, wie spät es das Rehwild in der Innerschweiz zu jagdbaren Beständen gebracht hat.

Für Glarus blieb das Reh ein Sorgenkind des Jagdwesens bis zur Gegenwart. Es brachte seinen Rehwildstand mit aller Mühe nicht recht in die Höhe. Hunde, besonders alleinjagende Niederlaufhunde, setzten diesem zarten Wild immer aufs neue zu. Denn der Härte und Ausdauer dieser wie auch anderer Rassenhunde, sogar wertloser Köter, ist das Reh nicht gewachsen. Wohl vermag es beim ersten Angriff mit hoher Anfangsgeschwindigkeit davonzustürmen, ermüdet dann aber rasch und wird eingeholt. Sogar Skifahrer machten sich im Glarnerland oft an das Wild heran und jagten es unnötig im tiefen Schnee herum. Manchmal gingen an den Folgen solcher Hetzen die Rehe sogar zugrunde. Schlimm blieb aber immer wieder das schonungslose Jagdgebaren der Patentinhaber, das 1948 denn auch zu vorzeitigem Jagdschluss Veranlassung gab. Auch in den folgenden Jahren blieb der Abschuss zu hoch. Oft wurden in der Niederjagd, wenn die Jagd auf Rehe vorüber war, die Rehe trotzdem von den Hunden, die sich im Jagen ablösten, tagelang umhergehetzt, zuletzt niedergezogen und angeschnitten. So klagte der Bericht. Da das Rehwild nach dem Entscheid der Berner Behörde zur Niederjagd gehört, ist der Gebrauch der Laufhunde auf dessen Jagd erlaubt und führt noch jetzt zu den geschilderten Folgen, die auch dem Tierschutz zuwiderlaufen, jedoch im einzelnen schwer zu erfassen sind.

Hatten sich die Innerkantone stark um die Hege des Rehwildes bemüht, so war dasselbe in den grossen ostschweizerischen Kantonen weniger der Fall. In St. Gallen erlaubte das Jagdgesetz von 1881 den Bockabschuss, erst im Jagdgesetz von 1938 wurde die Erlegung von Böcken nach dem Abwerfen des Gehörns verboten! Auch in Graubünden wurde das Rehwild relativ zu früh bejagt, was aus den geringen Abschusszahlen der Jahrzehnte von 1880 bis zum ersten Weltkrieg hervorgeht. Erst nach 1925 stiegen die Erträge an Rehwild in Graubünden an. Typisch für die erste Zeit des Auftretens der Rehe im Kanton war, dass sich schon 1894 die Förster im Prättigau und Oberhalbstein in ihrem Bericht erstmalig über Rehschäden in Jungpflanzungen beschweren. 1897 wurden aus dem Bezirk Bernina die ersten Rehe gemeldet. 1910 kamen die ersten Klagen im Jagdbericht über Abnahme des Rehwildes durch alleinjagende Hunde. 1920 fielen die armen Rehe vereinzelt der Fallenjagd zum Opfer. In den dreissiger Jahren schritt man zu Extrajagden und Geissenabschüssen, da das Reh angeblich überhandnehme, und dann hatte man doch wieder Bedenken gegen die Freigabe des weiblichen Rehwildes, dessen Beständen harte Winter immer wieder zusetzten.

Derjenige Patentkanton, der seinen Rehwildbestand in kurzer Zeit auf eine beachtliche Höhe brachte, ist Bern. Dort war das Rehwild lange Zeit gebannt gewesen, 1875 samt Gemsen und Murmeltieren, und 1890 wurde die Rehjagd sogar auf Antrag der Jägervereine selbst beschränkt. Auch in Bern erfolgte der steile Anstieg der Jagderträge des Rehwildes in den dreissiger Jahren, wobei allerdings die Geissenabschüsse die Zahlen hoben, die aus Wildschadengründen angesetzt worden waren. Von 1936 an nahm der Kanton sein Wild sehr sorgfältig unter Kontrolle, notierte die Fallwildzahlen und schritt zu Fütterungen in kalten Wintern, limitierte die Beute für die einzelnen Patentinhaber und ergriff verschiedene Massnahmen, um eine schonlichere Jagd zu gewährleisten. 1955 begannen im Kanton Bern auch die Bestandeszählungen und Rehdichteberechnungen, womit der Kanton einen Grad der Bewirtschaftung seines Rehstandes erreichte, wie er zum Teil in Revierkantonen besteht. Ähnlich gestalteten sich die Hegemassnahmen im Staate Zürich, der seit 1943 über eine gesetzlich geordnete, sorgfältige Wildkontrolle verfügt.

Am wenigsten Glück mit ihren Rehständen hatten scheinbar die Kantone Basel-Land und Luzern, obschon sie sich um deren Hebung bemühten. Luzern verzeichnete nach 1930, als es zum fakultativen Revierbetrieb überging, eine gewisse Zunahme des Rehwildes, dann um 1945 wieder einen Rückgang und beklagte sich bis zur Gegenwart über einen schlechten Rehstand. Vom Kanton Basel-Land wurde bereits über seine Bemühungen berichtet.

Was geht aus diesem kursorischen Überblick hervor? Dass das Rehwild in der Schweiz erst im 20. Jahrhundert, genau erst in den dreissiger Jahren dieses Jahrhunderts, zu einem Jagdwild wurde, dessen Bedeutung gebietsweise derjenigen in den Nachbarländern Deutschland und Österreich gleichkam. Das Reh ist ein typisches Beispiel einer Wildart, die mit Ausnahme der Nordschweiz praktisch ausgerottet war und durch eine Anzahl begünstigender Faktoren zu einem Hauptwild der schweizerischen Wildbahn geworden ist. Einst als «kleiner Hirsch» und grosser Schädling von Wald und Feldflur hart verfolgt, zum Teil sogar bekämpft, fand es in einem immer mehr geldwirtschaftlich organisierten Land trotz anfänglichen bäuerlichen Widerstrebens Aufnahme, konnte seine artgemässen Eigenschaften, die Kulturfolge und Vermehrungskraft einsetzen und unser Land erobern.

Die neueren Rehdichtenotierungen in den Kantonen, die solche veröffentlichen, geben über die Lage Aufschluss:

	auf 100 ha Waldfläche	auf 100 ha Jagdfläche
Zürich	33,8 Stück	10,5 Stück
Bern	4,9–18 je nach Amtsbezirk	2–5,3 je nach Amtsbezirk
St. Gallen	6,1–27,9 je nach Bezirk	1,9–6,5 je nach Bezirk
Aargau	10–35 je nach Forstkreis	im Durchschnitt 20,3 für den Kanton
Thurgau	19,5 Stück	4,5 Stück

Aus diesen Beispielen kann unter Zuziehung der Abschusskurven ein Einblick in die jagdwirtschaftliche Seite des Rehs im schweizerischen Mittel- und Unterland einigermassen möglich sein.

Für den Wildbeobachter geben diese Wilddichtezahlen keinen Aufschluss über die wirkliche Verteilung des Rehs in der Landschaft, nicht einmal über seine Standorte oder die vermutlichen Wildschäden. Die Verteilung des Rehwildes im Wald richtet sich hauptsächlich nach den in den einzelnen Waldteilen bestehenden Lichtverhältnissen und der vorhandenen Äsung. Für die Tageseinstände ist die Ruhe dieser Waldteile von entscheidender Bedeutung. Das Nadelholz wird vorzugsweise in den Randgebieten vom Reh bewohnt, das Laubholz zwar ebenfalls, doch dringt das Wild dort auch weiter ins Waldinnere vor.

In der Zwischenkriegszeit und während des zweiten Weltkrieges kam es in manchen Schweizer Kantonen auch zur Bildung von Feldrehen, das heisst von solchen Beständen, die ganzjährig ausserhalb des Waldes leben, das heisst völlig auf die Deckung und den klimatischen Schutz des Waldes verzichten. Das Reh ist ursprünglich kein Tier des geschlossenen Waldes, sondern der Steppe. Sobald ihm die Vegetationsdecke des bäuerlich bewirtschafteten Geländes genug Deckung bietet, verlässt auch das Waldreh den Wald und wählt sommersüber die Felder zu seinem Einstandsgebiet. Es setzt dort seine Kitzen, legt sie dort ab, säugt sie dort und kehrt fast widerstrebend erst dann in die Randgebiete des Waldes zurück, wenn die Felder abgeerntet sind. Wo aus irgendwelchen Gründen die Waldeinstände besetzt sind, entschliessen sich Teile des Bestandes zum Verbleiben im Wirtschaftsgelände, sie werden zu Feldrehen, sie meiden den Wald. Um nicht mit dem dort einstehenden Wild in Revierkämpfe verwickelt zu werden, weichen sie im Feld dem werkenden Menschen aus, nehmen aber sehr gewandt die erste Deckung an, die sich ihnen im Frühsommer bietet. Nach dem zweiten Weltkrieg sind jedoch die Feldrehe auf Schweizer Gebiet aus wirtschaftlichen Gründen rasch verschwunden, während die grossen Getreidebaugebiete im östlichen Europa das Phänomen oft gewaltiger Feldrehbestände wohl bis zur Gegenwart aufweisen.

In einer Anzahl von Revierkantonen ist das Reh zum Hauptjagdwild geworden. Seine Abschusszahlen überstiegen im Verlauf der ersten Jahrzehnte des Jahrhunderts diejenigen des Hasen, der über 100 Jahre lang das «Wild des kleinen Mannes» gewesen war, dessen stetiger Rückgang aber heute bekanntlich nicht auf die Schweiz beschränkt blieb. Im Kanton Schaffhausen holte das Reh den Hasen 1927 ein und übertraf ihn seither, im Kanton Basel-Land 1955, im Aargau etwa um 1930 mit einigen Schwankungen bis endgültig 1951. Auch im Kanton St. Gallen hat der Hase 1951 seine Stellung als Hauptjagdwild eingebüsst. In Zürich vollzog sich die Wendung mit dem Übergang zum Reviersystem 1928/29, wobei besonders auffallend ist, dass die Hasenerlegungen trotz ausgesprochener Schonung die der Rehe nicht mehr erreichten. Nur in den Gebirgskantonen sind die Hasenstrecken noch höher als die der Rehe. Das Gebirge mit seinen winterlichen Schneelagen ist eben nicht der Ort, wo es das Reh zu zahlenmässig hohen Beständen bringen kann. Der Bergwinter zwingt es jedes Frühjahr und Herbst zu den grossen jahreszeitlichen Wanderungen ins Tal und zurück, wobei es zwangsläufig hohe Verluste durch Abschuss, nicht zuletzt auch durch den Verkehr erleidet.

Als Göldi 1914 seine Tierwelt der Schweiz herausgab, vertraute er den ihm damals vorliegenden Zahlen über die Erlegung und den mutmasslichen Bestand an Rehen in der Schweiz nicht. 1914 sollten in der Schweiz 3300 Stück Rehwild geschossen worden sein; der Gesamtbestand wurde auf 20000 veranschlagt. «Beide Ziffern», schreibt er, «scheinen uns recht hoch gegriffen zu sein. In die Zentralschweiz wagt sich längstens kein Reh mehr; am ehesten findet es sich an der Peripherie in denjenigen Kantonen, die an Nachbarstaaten mit wohlgepflegten Jagden stossen».

Aber die Geschichte des Rehes zeigt, wie viel durch Schonung und vorsichtige Bewirtschaftung einer Wildart erreicht werden kann, wobei gelegentliche Fehler nur zeitweise Störungen verursachen konnten.

Wie wenig schonungsvoll die alte Jagd mit dem Rehwild noch in den dreissiger Jahren des letzten Jahrhunderts umging, berichtet Caspar Rohrdorf (1836). Das Übliche war der Abschuss vor dem Laufhund und – an der Salzlecke. Für die Lecke gab Rohrdorf ein uraltes Rezept, bestehend aus Heringsbrühe, Salz und Lehm, wie es ähnlich in einem längst vergessenen Jagdbüchlein aus Deutschland angegeben worden war. «Auf diese Lecke kann man die Rehe gewöhnen und da nach Belieben schiessen.» Wenn dieses übelriechende Zeug angeblich die Rehe anzieht, «so stelle ich mich an oder mache mir von Tannästen eine kleine Schiesshütte. Solche Lecken sind ein paar Jahre gut», sagt Rohrdorf. Trotzdem, fährt er fort, kenne er kein Gewild, das so unsicher aufzufinden sei. Man könne oft zehnmal vergebens gehen, ohne ein einziges Reh aufzufinden, was bei solchen Jagdmethoden wohl sehr begreiflich war. Das Niederschiessen des Wildes an Salzlecken war seit dem Aufkommen der Schiessjagd ein beliebter Trick der Jägerei gewesen. Erst im Laufe des 20. Jahrhunderts verpönte das ungeschriebene Gesetz der Weidgerechtigkeit den Ansitz an Lekken und Fütterungen für das Friedwild. Das Raubwild – es blieb ja nur kleines und kleinstes übrig – wird noch immer an ausgelegtem Fleisch, also am Futter in höchster Winternot geschossen. In Patentkantonen ist es verboten, während der Hoch- und Niederjagd Salz auszulegen, auch nicht kurz vor der Jagderöffnung die Salzlecken zu erneuern, da die Patentjäger dort ansitzen.

So hing das Schicksal des Rehes von jeher weitgehend von seiner Bejagung, besonders von den angewandten Jagdmethoden ab.

Die Frage, wie sich das Schicksal des Rehwildes heute und in der Zukunft gestaltet, zerfällt in zwei Unterfragen:

1. Kugelschuss oder Schrotschuss für das Reh?
2. Treibjagd beziehungsweise Laufhunde oder nicht?

In dem zweibändigen Werk «Die Jagd in der Schweiz» (1951) wird die Bejagung des Rehs von zwei verschiedenen Bearbeitern dargestellt: über den Kugelschuss auf Rehwild referiert M.J. Hausheer, über den Schrotschuss Hans Stämpfli. Zunächst Hausheer: Das Bundesgesetz lässt der Jägerschaft offen, ob sie das Schalenwild mit Schrot oder Kugel erlegen will. In der Regel sind Revierjäger davon überzeugt, dass dem Rehbock die Kugel gebührt. Viele sind überhaupt dafür, dass Rehe nur mit der Kugel geschossen werden sollten. Doch für die Treibjagden, die in der Schweiz da und dort immer noch auch auf Waldrehe abgehalten werden, schrecken viele Revierpächter noch vor dem Kugelschuss zurück, weil sie diesen für Jagdteilnehmer und Bevölkerung als zu gefährlich ansehen. Den sensibeln Weidmann, dem seine Einstellung zu Jagd und Wild grösste sportliche Fairness vorschreibt, befriedigt der Schrotschuss auf Rehwild nicht. Ein vor dem Hund fliehendes Reh mit Schrotschuss zu schiessen, verlangt schliesslich kein grosses jagdliches Können. Anders der Kugelschuss, der an und für sich dem Tier grössere Chancen lässt und dem getroffenen Tier, gemessen am Schrotschuss, meist Schmerz und Qual erspart. Soweit die Ansicht des Revierjägers.

In den Patentkantonen gehört das Reh zur Niederjagd, schreibt H. Stämpfli, und darf mit lautjagenden Hunden (lies Niederlaufhunden) bejagt und mit Kugel oder Schrot erlegt werden. Da das Wild vor den Hunden dem Jäger praktisch ausnahmslos in rascher Gangart kommt, verlangt ein einwandfreies Ansprechen – nach Stämpfli – «grosse Erfahrung».

In Wirklichkeit ist ein sicheres Ansprechen gar nicht möglich, dem schusshitzigen Patentjäger auch gar nicht wichtig. Er wählt daher auf der Rehjagd Schrot Nr. 1, um überhaupt ein Tier zu erbeuten, da ihm der Kugelschuss auf flüchtiges Wild zu unsicher ist. Weitschüsse sind hiebei nur allzu häufig, obschon sich der Jäger – nach Stämpfli – zur Ehrenpflicht machen soll, auf gewagte, unsichere Schüsse zu verzichten. Soll!

Auf Schrot zeichnet das getroffene Tier viel weniger deutlich als auf den Kugelschuss. Ist es nicht tödlich getroffen, finden sich auf dem Anschuss keine Zeichen, die auf die Natur der Verwundung schliessen lassen (Blut oder Haare oder Darminhalt usw.). Das verwundete Wild wird fliehen und sich irgendwo im Versteck niedertun, wo es schwer zu finden ist. Die Klagen über nach der Jagd von den Aufsehern tot und halbverwest aufgefundenes Wild kommen bis zur Gegenwart stets aus Patentkantonen, wo der Schrotschuss auf die Rehe die Regel ist, besonders im Glarnerland und in Graubünden.

Der Schrotschuss auf Rehwild ist in Revierkantonen auf der Treibjagd, überall aber auf das Wild, das vor den Hunden flieht, üblich. Das ist der eine Faktor, der das Schicksal dieses Wildes bestimmt. Der andere ist der, dass es überhaupt getrieben werden darf. Über die physiologische Seite des Schrotschusses s. S. 103.

Hier sei das Aufbringen und Treiben nicht vom jagdlichen Gesichtspunkt, sondern rein vom Gedanken an das Tier aus beurteilt. Für den weidgerechten Jäger im engeren Sinn, das heisst für denjenigen, der seine Jagdart nicht vom Jagdgesetz, sondern vom eigenen jagdmoralischen Gesichtspunkt aus beurteilt und bedenkt, ist die Pirsch auf den Bock und der Wahlabschuss der Ricken vom Anstand oder Hochsitz aus das, was er gutheissen wird, um den Bestand seines Reviers zahlenmässig und hinsichtlich des Geschlechterverhältnisses im Gleichgewicht zu halten. Das Treiben in jeder Form ist nichts anderes als das Herausjagen eines Tieres aus dem von ihm gewählten Heim, dem Ort, wo es sich sicher und geborgen glaubt. Beim Reh kann das eine Tannenschonung sein oder ein krautiger Ort nahe am Waldrand, jedenfalls eine gut gedeckte Stelle in gebührender Distanz von den Waldwegen. Aus diesem Heim treibt es nun die Treiberkette oder ein Hund heraus. «Sie machen es rege», sagt der Jäger. Jedes Treiben dringt in die Heime des Wildes ein, besonders mit Hunden, die das Wild leicht und rasch aufbringen. Darum kann sich das Rehwild dort nicht vermehren, wo mit lautjagenden Hunden geweidwerkt wird. Das Geschick des Rehwildes hängt somit weitgehend von der Jagdart und der verwendeten Waffe und Munition ab. Sicher ist, dass das Treiben in jeder Form dem Wild am meisten Beängstigung und der hastige Schrotschuss am meisten Leiden zufügt.

Eine Verhaltensweise des Rehes beim Treiben sei erwähnt: Rehe versuchen sich durch die Treiberkette durchzustehlen oder mit wilden Fluchten durchzubrechen, als ob sie wüssten, dass sie den Flinten entgegengejagt werden sollen. Sie wissen es kaum, hören aber weiter vorn wohl die ersten Schüsse. Doch dieses Bestreben, die Treiberkette zu durchbrechen, ist alt und stammt aus der Zeit *vor* der Schiessjagd, als alles Schalenwild in aufgestellte Netze getrieben wurde. Dass am Ende des Triebes die Netze stehen und die Männer, die alles mit Spiessen und blanken Waffen töten, das ist ein altes und durch Generationen weitergegebenes Wissen des Wildes. Darum versucht es bis heute dem Ende des Triebes zu entgehen und wendet alle seine Künste an, um durch die Treiberkette, selbst durch den Trieb mit Hunden, durchzubrechen.

So ist Kugelschuss auf alles Schalenwild (Huftiere), Treibjagd und Laufhundeverbot ein Fernziel aller Jagd auf Rehwild, worin wirklich weidgerechtes Weidwerk, Natur- und Tierschutz einig sind.

Noch eine Jagdart sollte endlich ganz aus der weidgerechten Jägerei verschwinden: die Brunftjagd. Friedrich von Gagern – der Name dieses österreichischen Jägers und Schriftstellers sollte jedem auch in der Schweiz bekannt sein – schrieb darüber: «Später, in den Hundstagen, ruhte die Jagd auf den Rehbock. Mein Grossvater, weidgerecht nicht bis in die Knochen, sondern bis ins innerste Herz hinein, duldete es nicht, dass das Wild in seiner hohen Zeit durch Schuss und Schlich beunruhigt, dass es in seinen heiligsten und natürlichsten Daseinsrechten gestört, gekränkt, getrogen werde. Die Früchte dieser vornehmen, reinen, gesunden Gesinnung, zu der sich im heutigen, auf dem Papier so überaus weidgerechten Deutschland niemand bekehren und bekennen will, liefen damals springlebendig im Wald herum.»

Heute kauft sich jeder, der will, ein ganzes Besteck von «Rehlocken», das heisst kleinen Pfeifen, womit er die feinen Fiptöne von Kitz, Ricke und das sogenannte Angstgeschrei nachahmen kann. Auf das hohe, leise 'Jih' der Kitzchen reagiert beinahe das ganze Jahr die Ricke, auf das Fiepen der älteren Geiss findet sich der Rehbock in der Brunftzeit ein, wenn das Locken gerät, auf das Angstgeschrei, jenes aufregende 'Piäh' sollen nach Behauptungen deutscher Jagdbücher die stärksten Böcke springen, wie angenommen wird, um zu «helfen». Statt dessen kracht dann der Schuss. Lockjagd ist überhaupt ein recht fragwürdiges Weidwerk, besonders aber diejenige auf den brunftigen Rehbock. Sie verführt auch den Revierjäger zu übersetztem Abschuss auch viel zu junger Böcke. Eigene Beobachtungen seien hier übergangen, sie wären nur Aufzählungen von längst Bekanntem.

So entscheidet über das Schicksal der schweizerischen Rehbestände die jeweilige Jagdmethode, die Forderungen der Waldverwaltungen, der Landwirte, nicht zuletzt aber der Jagdausübenden. Nirgends so wie bei der Rehjagd spielen Dilettantismus, Jagdleidenschaft, Schussneid und reiner Egoismus eine Rolle, was im Hinblick auf das Schicksal dieses zarten, beglückend schönen Wildes nicht sein sollte.

Der Hase

In der Schweiz leben zweierlei Hasen, der Feldhase und der Schnee- oder Alpenhase. Ihr Hauptunterschied ist der, dass der Alpenhase im Winter weiss ist und nur im Sommer braunes Haar trägt, der Feldhase aber immer braun bleibt. Diese einfache Kennzeichnung möge hier genügen. Genau genommen gibt es vom braunen Hasen auch zweierlei: Feldhasen und Waldhasen, das heisst solche, die den Wald nicht aufsuchen und umgekehrt solche, die nur zur Nahrungsaufnahme ins Feld ausrücken. Nach Krumbiegel (1954) sollen die Feldhasen leichter und kürzerlebig sein als die Waldhasen, die im klimatisch geschützten Raum leben. Die Feldhasen sind sehr klimaempfindlich. Trockene, warme, sandige Böden, Schutz vor stürmischen Winden sind Bedingungen der von ihnen bevorzugten Orte, daneben natürlich Ruhe vor Feinden und allzu vielen Menschen und Deckung. Aber solche Gebiete sind in der Schweiz eher selten. Daher hatten die Schweizer Jäger nie grosse Mengen von Hasen zu Gebote.

Es hat zwar auch in allen Schweizer Kantonen eine Zeit gegeben, es war das fortschrittsgläubige 19. Jahrhundert, in der man der Meinung war, den Hasen in beinahe beliebiger Anzahl vermehren zu können, wenn man dem Raubzeug richtig zu Leibe gehe, den Wilderern ihr Handwerk lege und die Hunde verhindere, auf eigene Faust zu jagen.

> Menschen, Hunde, Wölfe, Lüchse
> Katzen, Marder, Wiesel, Füchse
> Adler, Uhu, Raben, Krähen
> Jeder Habicht, den wir sehen
> Elstern auch nicht zu vergessen
> Alles, alles will ihn fressen.

Dieser Vers stand früher in jedem Jagdbüchlein, stand auch im alten Brehm. Schön – also befreie man den Hasen von seinen Feinden. Dann bleibt desto mehr für den ersten im Vers. Und doch blieb nicht genug für ihn. Denn die Jagdverwaltungen hatten seit dem Anfang dieses Jahrhunderts ihre liebe Not mit dem Hasen. Seine höchste Lebensdauer beträgt nach neuen Versuchen und Beobachtungen 8 bis 9 Jahre, aber Meister Lampe, wie er im Reineke Fuchs heisst, darf sich glücklich schätzen, wenn er zweijährig wird. Auf dieses Durchschnittsalter kam man durch Altersbestimmungen erlegter Hasen. Aber 80% der Hasen eines normalen Reviers werden keine 2 Jahre alt. Und die Hauptverluste erleidet ein Bestand in der Schweiz nicht durch Füchse und das Raubwild des Waldes, sondern durch die Hunde der Dorfsiedelungen. Das darf der Verfasser aus eigener Beobachtung bedenkenlos behaupten.

Von den Jägern wird der Hasenbesatz ihres Jagdgebietes meist ebenso überschätzt wie die Fortpflanzungskraft oder Fruchtbarkeit dieses Nagers. Woher der jagdliche Aberglaube kommt, dass der Has, der im Lenz selbander zu Felde ziehe, im Herbst selb sechzehnt zurückkomme, weiss niemand, aber die Sage von der Verachtfachung des Frühlingsbesatzes ist nicht tot zu kriegen. Denn eine Verachtfachung ist nie und nirgends beobachtet worden, nicht einmal in der Tschechoslovakei, die einen gewaltigen Hasenexport betreibt. Nicht die Raubzeugvertilgung ist der wichtigste Hegefaktor, sondern eine korrekte Abschussregelung. Wäre es...! Doch selbst sonst gute Jäger lassen es daran fehlen. Man schiesst tot, was man bekommen kann und dabei wird meist die Substanz angegriffen.

Früher, das heisst im 17. und 18. Jahrhundert, gab man, wie oben geschildert, teilweise sogar den Landleuten den Abschuss der Hasen frei, bis der Besatz auf Gebieten von Kantonsgrösse der Ausrottung nahe gebracht wurde. Durchgreifende Massnahmen zur Erhaltung des einst populärsten Jagdwildes kamen erst später.

In der Zeit der aristokratischen Jagdrechte war die Hetze mit Windhunden die fashionable Jagdart der feinen Leute. Später, als die Jagdrechte jedem Bürger zustanden, lief alles beim ersten Spurschnee hinaus und betrieb die Schneepirsch auf den armen Lampe. Heute wird der Hase in der Schweiz auf der Suche geschossen, bei gutem Besatz etwa auf der Streife oder im Treiben. Die althergebrachte Jagd auf den Hasen in den meist schwach besetzten Gebieten der Patentkantone ist das Brackieren, das heisst die laute Jagd mit dem Laufhund. Hierbei wird so vorgegangen, dass man den Hund die Äcker absuchen lässt, und wenn er einen Hasen aus dem Lager gestossen hat, sich in angemessener Entfernung beim Hasenlager (Sasse) hinter Wind anstellt und darauf wartet, dass der Hase nach einiger Zeit wieder zu seinem Lager zurückkehrt. Das tut er nämlich, wenn es ihm gelungen ist, den Hund durch Haken und Widergänge los zu werden. Aber dann läuft er dem Schützen erst recht ins Feuer. Die oft recht lange Zeit bis zur Rückkunft des Hasen vertreibt sich der Jäger mit Lauschen auf das «Geläute» (hohes Bellen) des laut jagenden Hundes, vielleicht auch mit seiner Pfeife – was weiss ich. In den guten Revieren des Auslands wird das Brackieren kaum mehr angewendet. Aber der weitjagende schweizerische Laufhund bringt seinem Herrn den Hasen nicht bloss einmal, sondern notfalls sogar ein zweites Mal. Der Laufhund betrachtet seinen Herrn als Vorhund und sich als den Jagdkumpan, darum bringt er ihm das Wild willig und nach Kräften vor die Flinte. Doch daneben benützt er jede Gelegenheit, allein und auf eigene Faust jagen zu gehen. Dann muss er nicht nur rennen und dem Vorhund die Beute bringen, dann kann er das Wild selbst erbeuten, ihm an die Gurgel fahren, es erwürgen und sich draussen im Freien den Wanst voll Wildpret schlagen, wenn's der Vorhund nicht sieht und nichts wegnimmt. Meist glaubt's der Herr nicht einmal, dass sein «treuer Jagdkamerad» wildert oder er merkt's nicht – und der Hund sagt nichts. Schlecht geht es nur dem armen Hasen. Über die Laufhundejagd, die einen Wildstand, nicht nur den Hasenbesatz, buchstäblich herunterhunden kann, wurde auf Seite 174 referiert, dort werden auch ausländische Urteile über die von vielen Schweizer Jägern zäh verteidigten Laufhunde wiedergegeben. Im Grossherzogtum Baden war schon 1907 die Jagd mit Laufhunden verboten worden.

Alte Nachrichten über das Ergehen des Hasen in der Schweiz sind dünn gesät, das heisst wirkliche Nachrichten, nicht bloss alte Jagdgesetze. Vor dem 18. Jahrhundert scheint der Has auch dort, wo er später zu grösseren Besätzen herangehegt wurde, nirgends sehr häufig gewesen zu sein.

Nach der Helvetik lassen detaillierte Jagdgesetze von Zürich und Bern einige Schlüsse zu, wie dort die Hasen behandelt wurden. 1714 verbot das Zürcher Jagdgesetz den Leuten das Suchen und Auflesen der jungen Häschen, wie das scheinbar im Frühling betrieben wurde. Auch der Anstand auf Hasen morgens und abends wurde nicht gestattet, ganz im Gegensatz zur Gegenwart. Dasselbe Gesetz wurde ausführlich wiederholt, als es 1752 in Zürich neu herausgegeben wurde. Noch 1804 wurde das Auflesen junger Hasen streng untersagt, dann aber auch das Fangen der alten mit Drähten und Schnüren, was sichtlich in der Jagdfreiheit der Helvetik eingerissen war. Auch Bern musste 1804 ein Verbot, «die jungen Hasen auszunehmen», erlassen, obschon das Junghasensuchen kaum zu den ertragreichen Beschäftigungen gehört hat.

1886 beschädigten die Hasen junge Obstbäume wegen des harten Winters und dem hohen Schnee. Sie nagten, so hoch sie reichen konnten, die Rinde rings um den

Stamm weg – «Ringeln» nennt man das. Das geschah hauptsächlich im Bezirk Rheinfelden. Die Obstbaumzüchter klagten beim Finanzamt, und dieses auferlegte den Jagdpächtern höhere Hasenabschüsse. 1893 war aber die Misere wieder da, und 1895 wurden viele tausend junger Apfel- und Birnbäume mehr oder weniger stark geringelt. Die Besitzer verlangten vom Staat Schadenersatz, denn der Schaden war im ganzen Kanton Aargau eingetreten. 39 000 Franken und davon sollten nach § 4 der neuen Wildschadenverordnung die Jagdpächter die Hälfte aufbringen. Aber nur wenige kamen der Zahlungsaufforderung nach, die meisten fanden, die Wildschadenordnung sei erst 4 Jahre nach der Neuverpachtung erlassen worden, weswegen man sie nicht jetzt schon anwenden könne. Dazu sei der Baumschaden die Folge eines besonders harten Winters, also ausserordentlicher Naturereignisse, wofür die Pächter nicht verantwortlich gemacht werden könnten. Die Finanzdirektion ging rechtlich gegen die Pächter vor, und das Gericht entschied zuungunsten der Jäger. Sie mussten zahlen. Der dazu noch folgenden Aufforderung des Departements, den Wildstand zu verkleinern, kamen die Jagdpächter ohne Ausnahme nach. Somit kam alles in Ordnung, aber 1896 mussten die Obstbaumzüchter ihre Bäumchen durch Einbinden mit Stroh oder durch Bestreichen mit Lehm gegen Hasenfrass schützen.

Viele Kantone meldeten solche Schäden, auch der Kanton Wallis. Dort verbot 1929 die Regierung sogar den altgewohnten Import von Hasen zum Repeuplement, weil der Schaden an den Obstbäumen zu gross wurde. Damit waren natürlich die Jäger nicht zufrieden. Da wurde 1931 der Hasenschaden an den Obstkulturen statistisch erfasst und die Besitzer der Plantagen gezwungen, ihre Bäumchen zu schützen. 1937 und 1940 gab es trotzdem wieder Hasenschaden, aber nur an den Bäumchen, welche immer noch nicht geschützt waren. Genau in denselben Jahren hatte auch Appenzell A. Rh. Hasenschäden, im Winter 1942 auch Zürich und erneut der Aargau, wobei besonders festgehalten sei, dass gerade im Aargau wenige Jahre zuvor über den Rückgang der Hasen schwer geklagt worden war. Es muss also nicht just ein grosser Hasenbesatz im Revier sein, damit Schäden an Obst- und Waldbäumen entstehen. Ein harter, schneereicher Winter bringt sie dazu, ihren Hunger mit der Rinde junger Baumpflanzen zu stillen.

Stellt man sich überhaupt die Meldungen über Zunahme der Hasen zusammen, so sieht man, dass sich diese immer dann einstellen, wenn erhöhte Abschüsse gemeldet werden konnten. Aber es ist ein Fehler, nach den Jagderträgen auf die Wildvorräte zu schliessen. Es ist beim Wild nicht so wie bei der Getreide- oder Obsternte, bei denen der Ertrag zeigt, ob sie in diesem Jahr gut oder schlecht geraten seien. Und mit einem reichen Hasenjahr räumt eine einzige Jagdsaison mit Leichtigkeit auf.

Die Misere wegen Rückganges der Niederwildbestände ging schon im letzten Jahrhundert an. 1891 fand eine Konferenz von Abgeordneten der Kantone St. Gallen, Thurgau und Zürich statt, wobei man sich unter anderem auch darauf einigte, dass die allgemeine Jagd (Patent!) wesentlich mit Rücksicht auf den immer spärlicher werdenden Hasenbesatz auf 6 Wochen (vom 1. Oktober bis zum 15. November) zu beschränken sei. Die Verkürzung scheint die St. Galler Jäger dazu veranlasst zu haben, schon gegen Ende der Flugjagd, die bis Ende September dauerte, Hasen zu schiessen. Um dies zu verhindern, kürzte man 1896 die Flugjagd um ein paar Tage, so dass die allgemeine Jagd am 1. Oktober nicht direkt daran anschloss, und schickte die Jäger am 25. September auf ein paar Tage heim. 1891 klagte auch Graubünden, 1900 Appenzell A. Rh.

Nach 1900 traf das Hasenunheil einen Kanton nach dem andern. In jener Zeit wunderwerkten die Einsender in den Jagdzeitungen über die Gründe des Hasenrückganges. Man machte den aufkommenden Kunstdünger, Kalisalz, Superphosphat,

Salpeter usw. dafür verantwortlich. Ein Jäger, der sich sehr jagdwissenschaftlich um die Frage bemühte, bestritt diese verbreitete Meinung, weil die Hasen automatisch kein Gras, das mit Kopfdünger verunreinigt sei, fressen würden. Er sah die Ursachen des Hasenrückganges im Zusammenwirken mehrerer Faktoren der modernen Landwirtschaft. Aber daran lasse sich nichts ändern, meinte er. Darum kennt er nur ein einziges Gegenmittel gegen den Hasenrückgang: Import. Dass dadurch auch fremde Krankheiten eingeschleppt würden, wusste er, das müsse man in Kauf nehmen, bis eine schweizerische Hasenzuchtanstalt gesunde Hasen produzieren könne. Schon 1903 stellte man im Tierspital Bern an Importhasen starken Coccidiosebefall fest. Dass die aufkommende Schädlingsbekämpfung mit Giften schon damals das Ihre zum Rückgang des Niederwildes beitrug, stimmte natürlich schon längst, besonders, wenn es so geschah, wie es 1900 ein Bauer im Aargau machte. Dieser legte mit Arsenik vergiftete Rüben ins Feld aus, um die Mäuse zu vertilgen. Natürlich frassen die Hasen von diesen Rüben und gingen massenhaft zugrunde.

Basel-Land sah seinen Hasenbesatz seit 1919 abnehmen, obschon die Notierungen der Abschüsse, die Jagdstatistik, erst 1919 begann. Doch 1920 seien die Hasen vielerorts ganz verschwunden, und 1921 sei der Ertrag der Hasenjagd durchwegs schlecht. 1923 klagte die Jagdbehörde über die Abnahme, «dabei ist der Hase für weitaus die Grosszahl der Reviere das hauptsächlichste, für manche das einzige Wild, und sein weiteres Abnehmen würde hier das Ende der Jagd überhaupt bedeuten». Als endlich 1924 die Zahl der erlegten Hasen für den ganzen Kanton unter 1000 absank, wurde die Statistik kommentiert, dass in kurzer Zeit das früher schon recht bescheidene Erträgnis der Hasenjagd nun weiter um einen Drittel bis um die Hälfte zurückgegangen sei. Nasse Witterung zur Setzzeit, Seuchen und wildernde Hunde seien meist als Ursachen dieses Rückganges genannt worden. Doch sei die Schuld zur Hauptsache darin zu erblicken, dass trotz schlechter Hasenjahre die wenigsten Pächter sich selber und ihren Gästen Einschränkungen auferlegt hätten. 1925 wurde festgestellt, dass es gerade die besser besetzten Reviere seien, die am schonendsten bejagt würden, während in den wildärmsten die Jagd am meisten von der Tendenz beherrscht werde, alles zu erlegen, was erreichbar ist. In den besseren Revieren stelle sich der Jäger weniger ausschliesslich auf den Standpunkt des Beutemachens und finde seine Befriedigung auch darin, den Wildstand zu hegen und gedeihen zu lassen. In den wildleersten Revieren erblicke man jedoch in der Beute den alleinigen Inhalt der Jagd und betreibe sie ohne jede Rücksicht, nur um Beute zu machen, auch wenn sie noch so spärlich sei. Was man erlegen könne, sei zudem meistens nur eingewechseltes oder eingejagtes Wild. Die besser gepflegten Reviere seien es, von denen gewisse andere fast ausschliesslich zehrten, und wenn es solche nicht gäbe, so könnte man mancherorts von Jagd überhaupt nicht mehr sprechen. «Was die einen gepflegt haben, das machen die anderen zunichte.» In dieser Beziehung bessere Verhältnisse zu schaffen, solange es noch Zeit sei, werde die Hauptaufgabe der neuen Jagdverordnung sein. 1928 und 1929 wurden in verschiedenen Revieren Hasen eingesetzt, doch im gleichen Jahr und 1931 tat die Jagdverwaltung das einzig Richtige, sie verbot die Hasenjagd im Oktober, das heisst, sie verkürzte die Hasenjagd genau um jenen Monat, in dem späte Häsinnen hin und wieder noch säugen, vereinzelt sogar noch tragen.

Es scheint, als ob die Rückgänge des Hasenbesatzes, gleich wie gewisse Krankheiten, in Schüben vor sich gegangen seien, nicht überall zu gleicher Zeit und doch periodisch. In den neunziger Jahren fing es im Kanton St. Gallen an, in Basel-Land nach dem ersten Weltkrieg, daneben im Kanton Bern. Dort sanken die Hasenstrecken trotz Aussetzungen fremder Hasen 1923 und 1924. Auch St. Gallen schloss die

Hasenjagd aus demselben Grund 1922 ganz und 1924 vorzeitig und verkürzte sie 1928. In Graubünden kriselte es 1929 bis 1934, so dass 1935 Schontage für Hasen während der allgemeinen Jagd eingeführt werden mussten, und erst als 1939 der zweite Weltkrieg ausbrach und die Jagd geschlossen bleiben musste, konnten sie sich für dieses Jahr etwas erholen. Allgemein wurde der Hasenmangel in allen Kantonen aber erst in den fünfziger Jahren. Zwischendurch hatte ein sehr harter Winter 1941/42 in Zürich und Luzern starke Lücken gerissen. Im Kanton Luzern erliessen einige Jagdgesellschaften als Selbsthilfemassnahme sogar intern Hasenabschussverbot. Aber erst 1952 beunruhigte der starke Rückgang die gesamte Jägerschaft und die Jagdverwaltung im Kanton Luzern. Und als sich die Lage in den folgenden Jahren nicht besserte, wurde zur Erholung des Wildes die Hasenjagd verkürzt und die Jägerschaft auf die dringende Notwendigkeit hingewiesen, den Hasen zu schonen. Im Urnerland war der Hasenbestand ohnehin nie gross, aber 1958 fand die Behörde, der Rückgang motiviere ein Totalabschussverbot pro 1959. Im Kanton Schwyz hatte man schon 1952 den Besatz jagdlich überzogen, weil im Herbst früh Schnee gefallen war und die Jäger, begünstigt durch den Schnee, dem Wild allzusehr zugesetzt hatten. Auch im Kanton Glarus merkte man den Hasenschwund, wusste aber nicht weshalb und schob die Schuld auf die Füchse, die wegen der sinkenden Fellpreise weniger geschossen würden. 1951/52 sagte man positiv, es seien die Füchse gewesen. 1954/55 wies man auf den Rückgang in der ganzen Schweiz, also doch nicht nur wegen der Füchse. 1955/56 wusste man, dass die Hasen in ganz Mitteleuropa zurückgingen und gab die Schuld den Schädlingsbekämpfungsmitteln. Vorsorglich hatte man im Glarner Unterland 1954 ein Hasenschonrevier eingerichtet und dort einen schönen Besatz erzielt. 1957/58 hatte man das Schongebiet dann geöffnet und musste konstatieren, dass alles an einem einzigen Tag zusammengeschossen worden war. Da wusste man, weshalb der Hasenbestand des Kantons dahinschwand. Die Behörde drückte aus, dass langjährige Hasenschongebiete sehr erwünscht wären, aber es kam nicht dazu.

1953 gab es vorübergehend auch in Graubünden einen Tiefpunkt des Hasenertrags. Teilweise schob man die Schuld auf das schlechte Wetter, dann wieder auf das Raubwild, dann wieder auf die übermässige Bejagung. So auch 1955. Doch von 1957 an hoben sich die Jagderträge wieder, so dass Graubünden im Grunde wenig Anlass zum Klagen hatte.

Neben dem Kanton Luzern hatte der Aargau am meisten Grund zur Beunruhigung. Er spürte beide Schübe, den in den dreissiger und den in fünfziger Jahren. 1930 half sich die Finanzdirektion mit einem Abschussverbot. 1955 empfahl der aargauische Jagdschutzverein den Jagdgesellschaften, den Hasen zu schonen, was auch von den meisten Pächtern befolgt wurde. Fachleute behaupteten, dass der Hasenrückgang nicht auf zu intensive Bejagung zurückzuführen sei, sondern auf das schlechte Wetter, die Intensivlandwirtschaft und das Raubwild. Doch 1956 war der Hasenbestand abermals zurückgegangen, und diesmal sandte die Finanzdirektion an die Jagdpächter ein Rundschreiben, die Hasen möglichst zu schonen. Die vermehrte Hege des Hasen sei dringend notwendig und die Jagdgesellschaften würden sich auch in den kommenden Jahren beim Abschuss die notwendige Zurückhaltung auferlegen müssen. 1957 hatte sich der Besatz mancherorts gebessert, aber dort, wo er nach wie vor zu wünschen übrig liess, sollte man keine Hasen schiessen. So ging es Jahr um Jahr.

Um dem Hasenmangel abzuhelfen, experimentierten die Jäger mit keiner Haarwildart so hemmungslos wie mit dem armen Lampe. Man operierte mit dem Begriff der «Blutauffrischung» und liess Hasen aus Ungarn und aus der Tschechei kommen, selbst in der Innerschweiz und anderswo.* Pech hatte man im Glarnerland. Dort bewarb sich die Glarner «Diana» um einen Regierungsbeitrag für den Haseimport, wurde aber abgewiesen. Da unternahm die «Diana» den Import auf eigene Kosten, aber die Hasen wurden von den frei umherstreunenden Laufhunden prompt zerrissen. Das war 1898. 1938 fragten die Bundesbehörden die Zürcher Revierinhaber an, ob Einfuhr von lebendem Wild für ihre Reviere notwendig sei, erhielten aber negativen Bescheid. Ein sehr gutes Zeugnis für die Zürcher Jäger. Importe sind nun einmal kein brauchbares Mittel, um einer übernutzten Wildbahn aufzuhelfen. Dieser Grundsatz gilt, ob ihm nun in der welschen Schweiz widersprochen wird oder nicht. Die Waadt, die als einziger welscher Kanton gute und aufschlussreiche Auskünfte über ihr Jagdwesen gibt, lässt die Verlegenheit der Jäger und der Jagdverwaltung klar erkennen, als während des zweiten Weltkrieges Wildimporte undurchführbar waren. 1944, als das übliche Auffüllen der übernutzten Wildbahn mit Importwild aus dem Ausland nicht möglich war, fing man im Kanton dort, wo Hasen häufig waren und «Schaden stifteten», die Tiere mit Netzen und verpflanzte sie in weniger dicht besiedelte Gegenden. Ob das genützt hat, wurde nicht bekannt. Eingesetzte Hasen wandern oft bis zu 30 km vom Einsatzungsort weg, andere bleiben allerdings brav in der Nähe. Der Hase harrt in der Regel dort aus, wo er geboren wurde und entfaltet sogar, an fremdem Ort eingesetzt, meist wenig Wandertrieb. Als 1951 in der Waadt wiederum 567 Hasen aus der Tschechoslowakei eingesetzt wurden, trafen sie es in so schlechte klimatische Bedingungen, dass der grösste Teil dieser armen Kerlchen den Winter nicht überlebte, sondern zugrunde ging. Später wurde die Haseneinfuhr wegen der Myxomatose vom Eidgenössischen Veterinäramt verboten. 1955 sah man immer mehr ein, dass das Repeuplement der Hasen durch Schonung und Reglementation erreicht werden müsse, um die Ausbeutung des Hasenbestandes durch gewisse Jäger zu drosseln, welche die Massnahme des Repeuplement kompromittieren. Im Kanton Wallis fand man 1923 höheren Ortes, es wäre wohl das beste Mittel für das Repeuplement, wenn man die Hekatomben von Hasen vermeiden würde, die im ersten Schnee geschossen werden. Dort, wie mancherorts in den Bergen, war man also noch nicht über die mörderische Schneepirsch hinausgekommen, die Graviset schon 1790 beanstandet hatte.

Der Rückgang der Hasen wurde von den Jägern und den Behörden auf eine ganze Liste von Faktoren zurückgeführt. Das Raubzeug, die Füchse und die Adler, das Wetter, den Kunstdünger, die Schädlingsbekämpfungsmittel, die Intensivlandwirtschaft, nicht zuletzt auch die Übernutzung. Richtiges und Unrichtiges mischte sich. Vielleicht aber hatte die wissenschaftliche Forschung die Jägerschaft lange Jahre im Stich gelassen und liess sie herumraten und Theorien aufstellen, ohne ihr die nötigen Realerkenntnisse zu verschaffen. Und als Prof. H. Hediger mit seinen spiegelbildlichen Wechselkäfigen erstmals zu Zuchterfolgen mit Feldhasen gelangte, nahm man im Kanton Bern gleich zwei solcher Gehege in Angriff, um für die Jäger damit Hasen zu fabrizieren. Doch, abgesehen davon, dass solche praktische Verwertungen von wissenschaftlichen Erkenntnissen hart an deren Missbrauch grenzen, ist es um diese Gehege wiederum still geworden.

---

* 1939 hatten die Kantone Waadt und Genf 460 Hasen aus Ungarn zum Repeuplement importiert. Im gleichen Jahr wollten Zürcher Revierherren ebenfalls Hasen in ihren Revieren einsetzen, erhielten aber «aus seuchenpolizeilichen Gründen» keine Einfuhrbewilligung. Grosse Empörung und amtliche Briefwechsel. Untersuchungen an Importhasen ergaben von einer einzigen Sendung 27 Coccidiose- und Darmwurmerkrankungen. Über die Abwanderung der Importhasen gab die Schweizerische Jagdzeitung folgende Zahlen: Von 241 ausgesetzten Hasen wanderten 122 vom Aussetzungsort weg: 28 Stück bis zu 1 km, 24 Stück 2 km, 10 Stück bis zu 3 km, 12 Stück 3 bis 5 km, 26 Stück 5 bis 10 km, 22 Stück bis zu 85 km.

Eine Behauptung, die Lösung aller Rätsel zu kennen, liegt hier völlig fern. Doch sollen gewisse Faktoren, die am Schicksal des Hasen sehr wahrscheinlich stark mitbeteiligt sind, kurz genannt werden.

Zunächst ist zu bedenken, dass der Hase ein zyklisches Tier ist, das heisst in seiner Vermehrung einer gewissen Periodizität, einem Massenwechsel, unterliegt. Das ist aus der einzigen statistischen Erfassung dieses Tieres, den Abschusszahlen, nicht deutlich zu sehen, doch ist hier ein kurzer Nachtrag über den Alpenhasen, veränderlichen oder Schneehasen am Platze. In den Jahren 1930 bis 1957 gibt der Bericht des Wildhüters im Banngebiet von Appenzell A. Rh. wenn auch keine Zählungen, doch wenigstens seine Beobachtungen über das Verhältnis des Alpenhasen zum Feldhasen wieder. Im Banngebiet wurde nicht gejagt, der Massenwechsel des Alpenhasen mithin nicht verfälscht. 1933 bis 1938 übertraf die Zahl der Alpenhasen diejenige der Feldhasen und so blieb es auch bis 1943, also zweimal 5 Jahre lang. Dann fehlen einige Jahre die Angaben, doch 1946 bis und mit 1950 übertraf der Feldhase den Alpenhasen im Banngebiet an Zahl. 1952 waren die Bestände ungefähr gleich, dann überwog der Alpenhase wieder bis zum 5. Jahr 1957. Die fünfjährige Periode der Populationen ist erkenntlich, obschon die Angaben nicht ohne Lücken sind.

Im St. Gallerland hatte man 1931 den Rückgang der Alpenhasen auf die Einwirkung der Füchse und Adler zurückgeführt, unterliess jedoch weitere Beobachtungen in den folgenden Jahren und wurde auf die Periodizität des Alpenhasen nicht aufmerksam. Der Massenwechsel des Hasen müsste aber in der jagdwirtschaftlichen Beurteilung der Wildbahn unbedingt berücksichtigt werden.

Als zweites ist jedoch der Boden und die landwirtschaftliche Bebauung für den Feldhasen wohl sehr wichtig. In denjenigen Kantonen, die zur neuzeitlichen Graswirtschaft übergegangen sind, ging der Hasenbesatz in den Revieren am deutlichsten zurück. Die alten, trockenen Kerbelwiesen verschwanden, an ihre Stelle trat die angesäte und mit der raschwirkenden Jauchedüngung getriebene Kunstwiese mit ihrem ausserordentlich dichten Bodenbewuchs, der die Feuchtigkeit und Kühle der Nächte bis weit in den Tag hinein festhält. Was aber der Feldhase braucht, ist Trockenheit und Wärme, ganz besonders für seine Jungen. Darum gedeiht er auf Sandböden am besten. Noch etwas braucht der Hase: Ruhe. Doch durch die Stallgrünfütterung ist der Landwirt auf den täglichen Grünfutterschnitt angewiesen. Da die Häsin in der Regel im März das erste Mal, Ende August oder ganz Anfang September das letzte Mal setzt, laufen praktisch die Junghasen aller Sätze Gefahr, vom Gras- oder Heuschnitt vernichtet zu werden. Beim Schnitt mit der Mähmaschine, beim maschinellen Heuwenden und der Heuernte kommt es vor, dass vermähte Junghäschen unbeachtet bleiben und der Landwirt erst beim Reinigen der Futterkrippe im Stall ein total mumifiziertes Junghäschen findet, welches das Vieh liegen liess.

Im allgemeinen darf wohl vermutet werden, dass das Mikroklima der Bodennähe im heutigen Grasbau bei der Vermehrung des Feldhasen die verhängnisvollste Rolle spielt. So scheint tatsächlich die Intensivwirtschaft einen grossen Anteil am Rückgang des Feldhasen zu haben. Daneben sicher auch die vielen, zum Teil neu auftretenden Krankheiten, deren Keime mit der Stall- und Jauchedüngung auf das Land gebracht werden oder von auswärts mit dem Importwild zu uns kommen.

Genannt sei hier die Coccidiose, die mit ungarischen und tschechischen Hasenimporten besonders in den westlichen Kantonen alljährlich eingeschleppt wurde und wohl noch wird. Die Coccidiose wird gegenwärtig als «neue Hasenkrankheit» in der Berner Presse behandelt und ihr der Rückgang des Hasen zugeschrieben. Aber coccidienkranke Hasen wurden schon vor Jahren in den Sendungen aus dem Ausland festgestellt, woraus auf Übertragung auf weitere Keimträger bei den Sendungen geschlossen werden darf, obschon solche noch einen gesunden Eindruck machten und symptomfrei schienen.

Wenn die Geschichte zeigte, dass die Feinde des Hasen einst an dessen Dezimierung einen namhaften Anteil hatten, so dürfte das heute kaum mehr gelten. Das starke Absinken der Beutezahlen in den fünfziger Jahren lässt sich keineswegs mit den erhöhten Abschüssen der Kriegsjahre allein erklären, obschon auch diese anfänglich das Ihre zum Rückgang beigetragen haben mögen, sondern vorwiegend mit der dem Krieg nachfolgenden Intensivierung der gesamten Landwirtschaft, mit ihrer Veränderung der Umwelt des Hasen und ihrer Unruhe. Nicht zuletzt aber ist mit der fehlenden Abschussregulierung, die grösseren Wildformen nach und nach überall zuteil wurde, am Hasen viel gesündigt worden. Alle späteren Massnahmen der kantonalen Jagdbehörden bezogen sich absolut folgerichtig auf Abschussregelungen. So kam es, dass der Hase zahlenmässig vom ersten zum zweitwichtigsten Jagdtier abgesunken ist, die erste Stelle jedoch in allen Kantonen des sogenannten Unterlandes das Reh einnimmt.

Möge die Zeit kommen, da auch dem kleinen, unscheinbaren Gesellen in der Lebensgemeinschaft unserer Feldflur ein freundlicheres Schicksal bereitet wird als es ihm Gleichgültigkeit, falsches Vertrauen auf seine Vermehrungskraft und ungehemmter Beutetrieb bisher bereitet haben.

Das Wildschwein

Das Vorkommen des Wildschweins hat in den letzten Jahrzehnten das Interesse verschiedener Bearbeiter gefunden, weil die Frage bis heute offen blieb, ob das Wildschwein in der Schweiz einheimisch sei oder nicht. I.A. Bloch hat in den Mitteilungen der Naturforschenden Gesellschaft Solothurn eine Geschichte des Wildschweins in der Schweiz samt einer Chronik über dessen Auftreten in den Jahren 1872 bis 1948 gegeben, so dass eine Wiederholung seiner gesammelten Daten überflüssig ist. Er stellte fest, dass das Auftreten des Schwarzwildes in der Schweiz regelmässig als Folge von Kriegen beobachtet werden kann, und versucht, eine gewisse Periodizität der Monate und Jahre zu entdecken, in denen die Schweine von Norden und Westen her auf Schweizer Gebiet eindrangen. Denn die Frage nach den Gründen der Einwanderung in ein Land, dessen Wildbahn seit Jahrzehnten praktisch sauenrein ist, drängt sich natürlich auf. Bloch erörtert die «Kriegslärmtheorie», nach der sich das sehr störungsempfindliche Schwarzwild aus den kriegführenden Ländern in die «Insel des Friedens» zurückgezogen hätte. Er glaubt aber nicht, dass sich hiefür sichere Beweise erbringen liessen, jedenfalls vermag er sich dieser Erklärung nicht anzuschliessen.

Die Wildschweinchronik von Bloch nennt aus den siebziger Jahren nur zwei Zahlen: 1872 und 1879 von Wildschweinerlegungen im Kanton Solothurn. Es scheint jedoch, dass der deutsch-französische Krieg der Schweiz doch mehr Schweine beschert hat als nur zwei. Als Beispiel diene der Kanton Aargau, ergänzt durch die Ereignisse im Kanton Basel-Land. Vom Jahr 1871 an ist es dem Aargau folgendermassen ergangen: 1871 traten in den Bezirken Laufenburg, Bremgarten und Lenzburg die ersten Schwarzwildschäden auf. Säue hatte man wenig gesehen, dafür aber gespürt. Die Regierung erkannte noch nicht, wie fatal diese Meldungen im Grunde waren. Sie wies die Bezirksämter an, die Jagdpächter aufzufordern, die nötigen Abschüsse durchzuführen. An einzelnen Orten wurden sogar allgemeine Jagden angeordnet. (Zum Verständnis sei daran erinnert, dass damals der Kanton Aargau in eine relativ beschränkte Zahl staatlicher Jagdreviere eingeteilt war, die bis zu 10 der heute bestehenden Gemeindejagden umfassten und dem Finanzministerium unterstellt waren.) Doch 1872 hatten sich die Klagen über Wildschweinschäden vermehrt. Jetzt wurde eine Sachverständigenkommission einberufen, um die Kalamität zu bekämpfen. Es wurden, neben andern Massnahmen, Schussgelder beschlossen, womit die Vertilgung dieser Schädlinge belebt werden sollte. Eine Schonzeit für Schwarzwild gab es ohnehin nie. Man hoffte damit die Sache zu meistern, da bis Jahresende immerhin 9 Stück geschossen worden waren. Man wartete also und bereitete das neue Jagdgesetz vor. So ging das Jahr 1873 zu Ende. Das Jahr 1874 fing mit den Schäden auch im Bezirk Baden an. Die Landeigentümer verlangten vom Finanzdepartement Schadenvergütungen. Aber dieses lehnte eine Wildschadenersatzpflicht rundweg ab. Immerhin wurden die Schussgelder beibehalten. 1875 verstummten die Klagen im Bezirk Laufenburg ebensowenig wie im Bezirk Brugg. Die Schussgelder sollten also noch «für ein Mal» beibehalten werden. Doch die Herren in Aarau wussten nicht, was auf sie zukam. Die Wildschweinkalamität war 1876 noch längst nicht verschwunden, obschon sich die Jagdinhaber sehr anstrengten, die schädlichen Tiere zu vernichten. Die Schussgelder blieben, auch wurden allgemeine Treibjagden abgehalten. 1877 forderte die Finanzdirektion die Jagdpächter mit Schreiben erneut auf, die Jagd auf das Schwarzwild mit aller Energie zu betreiben. Im Falle der Lässigkeit drohte man ihnen mit gerichtlichen Massnahmen. Das war natürlich ungerecht. Wie sollten die Jäger in einem oder zwei Jahren die Schweine ausrotten? Sie bemühten sich redlich. Die Schussgelder waren je nach Gewicht der Schweine abgestuft worden. Das Finanzdepartement bezahlte:

für Wildschweine über 100 Pfund	50 Franken
für Wildschweine unter 100 Pfund	40 Franken
für junge Schweine	30 Franken

1877 wurden 27 schwere, 29 leichtere und 1 jugendliches Schwein erlegt, zusammen 57. 1878 waren es 10 schwere, 19 leichtere und 4 jugendliche, zusammen 33. Man erwog eine Reduktion der Schussgelder, aber 1878 waren es schon wieder 33. Die Schadenklagen hatten fühlbar abgenommen. Dafür war es seit 1876 im Baselbiet losgegangen. Die Schweine waren das Birsig- und Birstal emporgezogen, Aesch, Oberwil, Therwil, damals noch ländliche Gemeinden, jammerten sehr. In Liestal erteilte man vertrauten Jägern die Erlaubnis zu Extrajagden. Dem übrigen Wild dürfe nichts getan werden. 1877 waren die Schwarzröcke in Oberwil, 1878 rumorten sie bereits in Rothenfluh, Waldenburg und gegen den Passwang in Reigoldswil und Liedertswil. 1879 suchten die Gemeinderäte in Zegligen, Bennwil und Oberdorf um Extrabewilligungen zum Abschuss von Wildschweinen nach. 1880 liess die Kalamität nach. Auch im Aargau klagten die Landwirte weniger, immerhin erlegten die Jäger 1882 noch 11 Stück und 1884 sogar 23. Die Schweine hatten sich in den Juratälern gegen den Rhein eingenistet und schienen sich dort halten zu wollen. Die Jagd war ohnehin nur bei Schneewetter von wirklichem Erfolg begleitet, da das Schwarzwild durch die intensive Verfolgung sehr unstät war.

Da das Finanzdepartement in Aarau schliesslich nicht ganz von der Wildschadenersatzpflicht absehen konnte, fand es sich damit ab, alle Jahre für einige 1000 Franken Wildschweinschäden zu vergüten, da die Schussgelder seit 1887 nicht mehr bezahlt wurden. Doch die Treibjagden gingen weiter, und an Beute fehlte es auch nicht. So wurde es 1892, immer noch wurden 9 Stück erlegt, 1893 waren es 11, 1894 10, aber ausgerottet waren sie nicht. Da wurden die Schussgelder wieder eingeführt. 1895 wurden denn auch prompt 15 Stück zur Prämierung vorgewiesen. Im folgenden Jahr mussten keine Prämien mehr bezahlt werden – die Aargauer Wildbahn war wieder sauenrein.

Seltsam ist es, dass die in den achtziger Jahren auf Schweizer Boden übertretenden Wildschweine ihren Weg nicht mehr durch den Aargau nahmen, sondern über Schaffhauser Gebiet durch das Glattal gegen den Irchel und die Gegend von Kyburg vordrangen. Es zeigte sich auch diesmal, dass das Schwarzwild irgendwie «Wechsel hielt», genau wie nach dem siebziger Krieg. Winterjagden auf Sauen gab es auf Zürcher Boden 1881, 1883, 1884 und zuletzt am Irchel und Kyburgberg 1887. Dann war's anscheinend vorbei. Wildschweinschaden meldete 1883 der Kanton Schaffhausen, setzte 25 Franken Schussgeld aus, doch musste keine Prämie bezahlt werden, da das Schwarzwild offenbar sehr rasch auf Zürcher Gebiet weiterzog.

Woher waren die Schweine in den siebziger und achtziger Jahren gekommen? Dass sie über den Schwarzwald und den Hotzenwald gezogen waren, anscheinend bei Laufenburg in der Enge, auch bei Koblenz unterhalb des Laufens den Rhein überquerten, wobei ihnen die Geschiebebänke der Aaremündung zu statten kamen, darf wohl als sicher angenommen werden. Wenn sie aber aus dem Schwarzwald kamen, müssen sie zum mindesten zu einem guten Teil aus den Eigenjagden des Fürsten von Fürstenberg in Donaueschingen gekommen sein, wo damals Hochwild stark gehegt wurde. Über die Wirkung der Hege auf die Schwarzwildbestände, deren Massenbewegung in Deutschland und die Folgeerscheinungen für die Schweiz wird weiter unten noch zu berichten sein.

In den Folgejahren kam es nirgends zu einer Wildschweinkalamität. Wohl wechselten einzelne Exemplare jedes Jahr in die Schweiz ein, doch kam es erst 1919 zu einem eigentlichen Anstieg. 1914 bis 1918 fiel (nach I.A. Bloch) auf, dass sich mehr Schweine als gewohnt auf Schweizer Gebiet begaben. Schlimmer wurde es aber erst nach dem Ende des ersten Weltkrieges. Genau wie in den achtziger Jahren erfreute sich der Kanton Schaffhausen des Segens aus erster Hand. 1920 war das fakultative Revierjagdgesetz vom Schaffhauser Volk gutgeheissen worden, alle Gemeinden entschieden sich für die Verpachtung ihrer Jagd. Schon damals hatte man Schweine gespürt, aber die waren auf Zürcher Gebiet weitergezogen und gaben dort den Jägern Winterarbeit von 1919 bis 1928. Erlegt wurden im ersten Anlauf 9, dann noch 5, 3, wieder 5 usw. Auch die neugebackenen Jagdpächter im Schaffhausischen hatten alle Hände voll Arbeit: «Während noch vor einigen Jahren das Wildschwein in unserem Kanton nur dem Namen nach bekannt war, treten solche nun in ganzen Rudeln auf und stiften zum Teil nicht unerheblichen Schaden. Die Polizeidirektion hat wiederholt Treibjagden bewilligt, das Resultat ist jedoch nicht befriedigend, da nur 7 dieser schlauen Borsteriche erlegt werden konnten.» Die Schäden nahmen zu, Jahr um Jahr kamen die Klagen von überall her. Schliesslich leistete ab 1930 der Staat Beiträge für den Abschuss von Schweinen. So ging es bis 1938. 1941 hatten die Schäden einigermassen abgenommen – da ging es 1947 wieder los. Schaffhausen hatte tatsächlich auch in der Zwischenkriegszeit nie ganz Ruhe vor dem Schwarzwild. Warum, das kann nur aus der Entwicklung in Deutschland beantwortet werden. Irgendwie scheint sich das Schwarzwild nach dem ersten Weltkrieg stark auf die Kantone verteilt zu haben. 1928 wurde es im St. Galler Rheintal gejagt, 1921 meldete der Kanton Appenzell A. Rh. als Kuriosum eine Sauhatz, 1928 sogar Uri, wobei 2 Keiler erlegt wurden, was zu einem kleinen Fest Veranlassung gab. Im Kanton Waadt meldete man, dass der Schwarzwildbestand auf 150 Stück angestiegen sei. Aber das war wohl leicht übertrieben. Denn mehr als 10 schoss man nie, und als die Regierung fand, es sollten mindestens 40 Stück pro Jahr fallen, schritt man zu verschiedenen Treibjagden, doch das Resultat soll sehr bescheiden gewesen sein. Auch Bern spürte Sauen und gab sofort 1924 die Erlaubnis, Treibjagden auch an Sonn- und Feiertagen abzuhalten, was auch bald geholfen zu haben scheint. Die Bachen mit Frischlingen, die von Frankreich her über das Dorf Burg und über Rodersdorf ins Birstal einwechselten, verschwanden bald wieder.

Zu einer richtigen Invasion von Schwarzwild kam es jedoch nach dem zweiten Weltkrieg. Diesmal wurden nicht nur die nördlichen und westlichen Kantone betroffen, es ging quer durch die ganze Schweiz, wiederum durch Schaffhausen. Eine eigentliche Wildschweinplage wie in Schaffhausen, Zürich und Thurgau hatte sich nach dem zweiten Weltkrieg im Aargau nicht eingestellt. Trotzdem hatte sich auch dort der Abschuss erhöht. Als die Schweine das Luzerner Gebiet erreicht hatten, freuten sich dort die Jagdpächter allem Anschein nach: «Für eine willkommene Belebung der Jagd sorgten die Wildschweine, die besonders im Herbst 1945 das Land rudelweise durchzogen. Um einer wilden Volksjagd vorzubeugen, musste das Staatswirtschaftsdepartement eine Bekanntmachung betreffend Wildsaujagd herausgeben.» Das Departement wendete sich zunächst gegen die irrige Auffassung, die Jagd auf Wildschweine sei nun jedermann freigegeben. Die sogenannte Volksjagd oder Freijägerei sei im Gegenteil verboten. Nur die Revierjäger seien zur Saujagd berechtigt. Dann werden die zulässigen Jagdwaffen genannt und, höchst weidgerecht, jedes Repetiergewehr verboten. Erlaubt waren Sauposten und Kugelschuss nicht unter

9 mm. Das Treiben wurde jedoch unbeschränkt zugelassen. Immer gelte der Grundsatz: «Jage weidgerecht.» Luzern, 5. November 1945.

Vom Luzernergebiet ging der Zug der Schweine weiter in die Innerschweiz. 1948 tauchten die Sauen im Kanton Uri auf. 3 Stück sah man im Gruontal, konnte aber keines schiessen, von den zweien bei Silenen wurde eines erlegt. Dann beobachtete man sie bei Gurtnellen, Wassen und Göschenen, erlegte aber nur viel später ein starkes Stück bei Altdorf. Auch auf Obwaldnergebiet wurden zwei Schweine geschossen. Nur in die Berge hinauf zog das Schwarzwild nicht. Die Invasion der Wildschweine in den nördlichen Landesgegenden veranlasste das Jagdinspektorat in Bern, die französische Behörde und vermutlich die Besatzungsbehörde in Deutschland zu ersuchen, der Bekämpfung des Schwarzwildes erhöhte Aufmerksamkeit zu schenken. Es zeigte sich auch finanziell als sehr dringlich, dass der ständige Zustrom von Sauen über den Rhein ein Ende fand. Im stärkst heimgesuchten Kanton Schaffhausen hatten die Schäden 1941 nur ganz vorübergehend abgenommen, waren bis 1949 immer grösser geworden und hatten schliesslich zur Gründung einer Sauschadenkasse geführt, wie sie auch im Schwarzwald entstanden war, da die Jagdpächter die in die Tausende gehenden Schadenersatzforderungen schlechterdings nicht mehr tragen konnten. Zum Glück konnte 1951 die Schaffhauser Kasse wieder aufgelöst werden. Auch im Baselbiet musste eine Schadenordnung geschaffen werden, die erst 1956 überflüssig wurde, in den vierziger Jahren aber stark in Funktion trat. Der Kanton Zürich suchte den Wildschäden der Schweine dadurch zu begegnen, dass der Abschuss auch nachts und am Sonntag gestattet und Tageskarten zur Teilnahme an Wildschweinjagden ausgegeben wurden. Die folgende Kurztabelle möge einen Einblick über die Wildschweininvasion nach dem zweiten Weltkrieg geben. Es wurden nur die Zahlen der stärksten Invasionsjahre angegeben. Doch waren kleinere Abschüsse natürlich schon in den Vorjahren erfolgt.

	Basel-Land	Aargau	Schaffhausen	Solothurn	Luzern	Zürich
1944	–	9	5	8	–	3
1945	2	10	20	17	14	2
1946	2	13	17	12	10	13
1947	3	15	83	14	1	7
1948	4	13	25	4	–	12
1949	–	41	76	4	4	27
1950	2	48	120	10	4	28
1951	10	42	96	8	–	52
1952	15	63	153	12	–	86
1953	3	11	35	–	–	30
1954	–	13	14	6	–	14
1955	5	9	17	–	–	14

Natürlich gingen die Wildschweinerlegungen noch weiter, doch zeigen diese paar Zahlen, besonders in Schaffhausen und Zürich, ungefähr den Verlauf des Durchzuges der Schweine, der freilich bis 1955 sein Ende noch keineswegs erreicht hatte, doch deuten die letzten Erlegungszahlen das nahende Abflauen der Invasion an.

Das Studium der amtlichen Quellen hinterlässt den Eindruck, dass tatsächlich die Kriege in der Umgebung, besonders in den Jahren nach Kriegsende, der Schweiz einen Zufluss an Wildschweinen brachten, der zwar von Westen her etwas geringer war, von Norden her aber um so deutlicher. Von vorneherein scheint die Vermutung gerechtfertigt, dass die Ursachen hiefür in den jagdwirtschaftlichen Verhältnissen der dortigen Länder zu suchen seien.

Leider führten die Angaben seiner Wildschweinchronik I.A. Bloch nicht zu den erwarteten Rückschlüssen auf die Verhältnisse der Ursprungsländer. Den wohl einzig richtigen Schluss zog H. Hediger in seiner «Jagdzoologie», wenn er sagt: «...dass nach Kriegen die Zahl der einwandernden Sauen ansteigt. Das hängt jedenfalls beim letzten Krieg weniger mit der Beunruhigung in den Nachbarländern zusammen als mit dem Waffen- und Jagdverbot für die Zivilbevölkerung... Das führt zu einem sogenannten Bevölkerungsdruck, das heisst der Nachwuchs, der gerade beim Wildschwein recht erheblich sein kann, muss von der Geburtsstätte auswandern, um sich selber einen geeigneten Wohnraum zu erobern.»

Dazu kommen freilich noch gewisse biologische Besonderheiten des Schwarzwildes, die H.-B. Oloff (1951) untersucht hat. Zum Verständnis der Invasionsbewegungen der Wildschweine aus deutschem Gebiet, die ohne Zweifel für die Folgezeiten der Kriege seit 1870 am bedeutungsvollsten sind, ist der Arbeit Oloffs kurz folgendes zu entnehmen: Das Schwarzwild ist von seiner Hauptnahrung, den Früchten der Eichen und Buchen sehr stark abhängig, so stark, dass sich seine Rauschzeit (Paarungszeit) unter dem Einfluss von Nahrung und Klima bis zu einem halben Jahr verschieben kann, das heisst sie kann im Extremfall sowohl im Herbst (Oktober bis November), als auch im Frühling (März bis April) stattfinden. Ebenso stark ist seine Vermehrung (das heisst die Zahl der Jungen) von der Aufnahme der wichtigen Eichel- und Bucheckernahrung abhängig. Sie beträgt in guten Jahren 150, in mageren Jahren nur 50 bis 60 % des Frühjahrsbestandes. Dazu führen harte Winter nach nahrungsarmen Herbsten zu hohen Ausfällen. Aus diesen biologischen Voraussetzungen geht hervor, dass sich Bestandeshöhe und Vermehrung des Schwarzwildes innerhalb von grossen Extremwerten bewegen. Das Wildschwein ist im bäuerlich bewirtschafteten Raum seines grossen Schadens wegen untragbar. Nicht nur in der Schweiz wurde es nach Möglichkeit ausgerottet, weil selbst eine kleine Zahl von Schweinen einen Frucht- oder Kartoffelacker in einer einzigen Nacht buchstäblich vernichten kann, sondern auch in Deutschland gab es im 19. Jahrhundert nach langen Parlamentsdebatten über die Schwarzwildfrage häufig genug scharfe Regierungserlasse zur Ausrottung dieses Schädlings. In Österreich wurde das Wildschwein auf Befehl der Kaiserin Maria Theresia aus der Wildbahn ausgerottet. Obschon nun auch in Deutschland dieser Vernichtungsfeldzug mit allen, auch unweidmännischen Mitteln betrieben wurde, gelang die Verdrängung nicht. Im Gegenteil war in den Jahren 1885/86 und den folgenden der Schwarzwildbestand zu beträchtlicher Höhe angewachsen. Der Ausrottungsfeldzug begann aufs neue, und um 1890 gelang es, das Wildschwein wenigstens in Baden und Württemberg vollständig aus der Wildbahn zu entfernen. Im ersten Weltkrieg war der Bestand anfänglich gering, doch wuchs er in den Kriegsjahren sehr rasch, da die Inhaber der Jagden im Kriegsdienst standen. Zu Beginn der zwanziger Jahre war in den westdeutschen Ländern eine so hohe Zahl von Sauen vorhanden, dass überall Polizeijagden zu ihrer Bekämpfung angeordnet werden mussten. Örtlich auftretende Seuchen und eine Reihe harter Winter hielten samt den Bemühungen der Jäger die Schwarzwildbestände bis in die dreissiger Jahre in tragbaren Grenzen. 1933 kam das Neue Reichsjagdgesetz des Reichsjägermeisters Hermann Göring, das zwar die Hege des Schwarzwildes nur noch in gegatterten Waldgebieten gestattete, der führenden Bache aber aus Gründen der Weidgerechtigkeit auch im offenen Revier Schutz gewährte. Damit war zwar keineswegs eine Hege der Schwarzwildbestände beabsichtigt, führte aber, verbunden mit einigen sehr guten Mastjahren, zu einer starken Zunahme schon vor dem zweiten Weltkrieg. Die wirtschaftliche Scheinblüte Deutschlands in den Vorkriegsjahren und eine jagdliche Hochkonjunktur liessen diese Massenvermehrung übersehen, wozu noch die zur reinen Trophäenjagd entartete Jagd kam, die sich auf die starken Keiler mit den grossen Waffen (Eckzähnen) warf und durch Schonung der weiblichen Tiere einer weiteren Vermehrung geradezu rief. Hält man diese Entwicklungen im Hauptursprungsland der Wildschweine neben die Ereignisse in der Schweiz, so dürfte eine Erklärung der Invasion nicht mehr schwer fallen.

Die Bestrebungen, das Schwarzwild völlig auszurotten, scheiterten im 19. Jahrhundert. Eine Wildschweinbevölkerung überlebt in jedem Fall, selbst wo das gesamte übrige Nutzwild ausgeschossen wurde.

In Südfrankreich, über dessen heruntergebrachte Jagdgründe sich Alphonse Daudet in seinem Tartarin de Tarascon gaudiert hatte, überlebte als einziges Wild eine kleine Wildschweinart. Die Angehörigen der Familie Sus behaupten sich überall. Wenn ich mich nur daran erinnere, wie viel Zeit verging, bis der Hotzenwald sich von der Wildschweinplage nach dem zweiten Weltkrieg einigermassen befreit hatte. Damals kam ich oft dorthin und durchwanderte als schlichter Beobachter die Wälder, liess mir von den Landwirten ihre in einer einzigen Nacht verwüsteten Äcker zeigen und von den Jägern die Suhlen, worin sich die Schweine gewälzt hatten. Rings um diese Wasserlöcher waren die Fichten bis auf Gürtelhöhe mit rotgelber Erde verschmiert, weil sich die frischgesuhlten Sauen daran gerieben hatten. Ringsum hing die Witterung von Schwarzwild in den Stämmen. Wildschweine selbst zu sehen, ist ein kurzes Vergnügen. Denn unabsichtlich aufgebracht, sausen sie blitzschnell in Deckung. Nachts hockten die Jäger unter primitivsten Schutzdächern und gegen den Wind aufgestellten Brettern in den Waldwiesen und -rändern herum und passten auf die Schwarzkittel. In ihrer Verzweiflung griffen die Bauern heimlich zum Gift, legten Arsen- oder Strychninbrocken aus und verscharrten die Kadaver der verendeten Schweine. Damals schwammen manche Stücke über den Rhein, man vermochte den Stellen, wo sie im Wald gebrochen (gewühlt) hatten, bis hinauf gegen Magden zu folgen, und die Jagdaufseher machten sich auf, die ungebetenen Gäste zu suchen. Einem mir befreundeten Jagdaufseher schenkte ich ein grosses Paket «Schweinewitterung», ein schwarzes Zeug, das ich in einer Jagdhandlung erstanden hatte und das sich in der Hauptsache als schwarzes, klebriges Melassepulver erwies, wie es als Abfallprodukt bei der Zuckerraffinerie anfällt. «Jetz streu das bim füechte Löchli ufe Bode, weisch det am Waldrand, dass's rächt schmöckt», hatte ich ihm empfohlen, «und denn hockischt mit dem Leiterehochsitz grad a». Aber er meinte, die Sauen fänden das schwarze Zeug doch nicht gleich in der ersten Nacht und begab sich nicht auf den Ansitz. Sie hatten es aber doch gefunden und gegen vierzig Zentimeter tief den ganzen Waldboden umgepflügt. «Hesch no meh dervo?», hatte er mich nachher gefragt. Nein – ich hatte ihm alles gegeben.

Dafür hockte er sich an einem Haferfeld auf seinem Leiterhochsitz an, das die Schweine der Nacht zuvor stark hergenommen hatten. Kurz nach Mitternacht kam richtig eine grosse Sau, stellte sich einen Augenblick direkt unter die Leiter und wollte wieder ins Haferfeld. Mein Freund gab Feuer. Das anscheinend getroffene Tier stürmte davon und verschwand in einem Weizenfeld. Der Schütze konnte nicht sehen, wo das Tier war und musste auf seinem Leiterhochsitz bis zur Morgendämmerung ausharren, weil von dem möglicherweise nur verwundeten Wild ein Angriff zu erwarten war. In der Morgendämmerung konstatierte er bald den endgültigen Hinschied seines Wildschweins. Der Schuss hatte ihr das Herz entzweigerissen – trotzdem vermochte sie noch gegen hundert Meter in den Acker zu flüchten. Diese unglaubliche Härte des Schwarzwildes gegen Verletzungen erfuhr ich selbst; das war 1924 nach dem ersten Weltkrieg im Aargau. Da begegnete ich an einem stürmischen, bitterkalten Wintermorgen mitten im Forst einem starken Keiler, der unter ein paar grossen Eichen im Schnee herumgesucht hatte und mich mit seinen kleinen, tückischen Augen anstarrte. Er trottete ein paar Schritte auf mich zu, worauf ich schleunigst auf einen grossen Holzstoss krabbelte, bis er vorbei war und in einer Schonung verschwand. Acht Tage später erzählte mir der Gemeindeförster, der Keiler sei einen Tag vor meiner Begegnung mit neun Schüssen im Leib aus dem Treiben geflohen, er zeigte ihn mir in den Fichten verendet. Als ich ihn antraf, war er bestimmt nicht bester Laune gewesen.

Dass eine Bache mit Frischlingen Schulknaben angegriffen habe, erzählt I.A. Bloch. Wildschweine sind nun einmal keine Tiere, die man gerne sieht, ganz abgesehen von dem Schaden, der hauptsächlich den Grund für ihre intensive Verfolgung bildet. Als ein deutscher Jäger aus reiner Weidmannslust sich weigerte, mit den Schweinen in seinem Revier wirklich restlos aufzuräumen, weil er ein Stück vom alten, der herrschaftlichen Jagd vorbehaltenen Hochwild schonen wollte, büsste er sämtliche Sympathien der Bevölkerung ein und vermochte schliesslich seine Reviere nicht mehr zu behalten.

So sieht es also mit dem Schwarzwild aus, das einst in den Fürstenjagden bis zum 18. Jahrhundert gegen alle Widerstände der geschädigten Landleute für die hohe Jagd gehegt worden war.

Eichhörnchen, Wildkaninchen, Bisamratte

Der Photograph in Pontresina Bartholome Schocher erzählt in einem seiner Bücher, wie er als Knabe mit seinem Vater auf der Jagd war. Der Vater hatte nichts erbeutet und schoss auf dem Heimweg zum Spass auf ein Eichhörnchen. Es floh auf einen Baum und stürzte dann herab. Des Vaters Kugel hatte ihm den Kopf weggerissen. Und doch war das Tierchen infolge des letzten Impulses der Nerven ohne Kopf den Baum emporgeklettert, solange die Muskeln noch ihre Funktion ausübten, dann aber abgestürzt. Damals wurde Bartholome Schocher auf Lebenszeit – Nichtjäger.

Auf Eichhörnchen schiessen die wenigsten Jäger. Von weitaus der grössten Zahl der Jäger wird es unbehelligt gelassen, sagt Gasser (Die Jagd in der Schweiz 1951). Allerdings verriet gelegentlich der Präsident des Allgemeinen Schweizerischen Jagdschutzvereins in seiner Zeitschrift, dass viele Jäger daran Freude hätten, zum Zeitvertreib Eichhörnchen herunterzuknallen. Also ganz ohne Verfolgung lebt auch dieses Tierchen nicht.

1873 gab es nach M. Wild (Schweizerische Zeitschrift für Forstwesen 1874) starke Waldbeschädigungen im St. Galler Oberland, ein Jahr später in der Gemeinde Nesslau. Damals erhielt der Gemeinderat Pfäggers von St. Gallen aus den Auftrag, einige Jagdschützen anzustellen und die Schaden stiftenden Eichhörnchen zu schiessen. Doch im folgenden Jahr ging's in dem Bezirksforstamt Werdenberg-Sargans los, vorwiegend an Lärchen und Rottannen. In einer einzigen Gemeinde wurden 815 Stück Eichhörnchen geschossen. Eine solche Ansammlung dieser Tiere lässt sich heute kaum mehr vorstellen. 1.50 Franken Schussgeld pro Stück kostete das den Kanton. Schliesslich mussten auch den Ortsverwaltungen von Weesen und Umgebung dieselben Befugnisse erteilt werden, um mit eingestellten Schützen und Prämien den Waldschaden durch Eichhörnchen zu bekämpfen. 1884 beantragte die Forstverwaltung im Kanton Bern wegen «unverhältnismässigen Waldschäden durch Eichhörnchen» entsprechende Abschüsse, die jedoch von der Jagdverwaltung zunächst abgelehnt, dann im folgenden Jahr 1885 doch bewilligt wurden. Von Wattenwyl hatte 1883 (Zeitschrift für Forstwesen) darüber geschrieben. Später gab es kaum mehr Klagen. 1907 und 1911 schrieben die Glarner (F. Fankhauser 1911) über einzelne Schäden, doch ausser allgemeinen Artikeln in Forstzeitschriften hörte man von Kalamitäten praktisch nichts. Mit dem Jahrhundertende scheinen die Eichhörnchen zahlenmässig ganz automatisch zurückgegangen zu sein. Darum kam es zu ausserordentlichen Abschüssen nur selten oder gar nie. 1889 fand man in Graubünden, in gewissen Gegenden sei der Überzahl der Eichhörnchen zu wehren, aber um eine Kalamität scheint es sich nicht gehandelt zu haben, wenigstens nicht im Wald. Nur 1919 soll es in einzelnen Obstgegenden zu Schäden gekommen sein, da die Eichhörnchen dort die Früchte angenagt haben sollen. Ein Einsender schrieb in die Jagdzeitung: «Man braucht nicht Utilitarist zu sein, um gestehen zu müssen, dass es sowohl den Geschädigten als auch dem besorgten Naturschützer diesmal zur Genugtuung gereichen wird, wenn die übermässige Zahl auf ein gerechtfertigtes Niveau herabgesetzt wird.» Dann schlägt der Verfasser eine bescheidene staatliche Prämie vor, um die Munitionskosten auszugleichen. Doch diesmal schrieb selbst Otto Meyer dagegen. Man solle nicht übertreiben. Diesen Herbst seien die Bauern in grösster Verlegenheit, was sie mit dem enormen Obstsegen überhaupt anfangen sollten. Auf Wegen und Stegen liege unbeachtet Obst herum. Wenn sich die Eichhörnchen einen Teil davon nähmen, käme niemand zu Schaden. Er selbst habe seit seiner Jugend nie mehr einen Schuss auf Eichhörnchen abgegeben, obschon sie oft geradezu zu einem Übungsschuss (!) mit der Kugel reizten. Aber der Anblick der munteren Tierchen erfreut jung und alt und bringt Leben in unseren stillen Wald.

Über das auffällige Zurückgehen der Eichhörnchen gibt Galli-Valério in der Zeitschrift «La terre Vaudoise» 1927 Aufschluss: «De plusieurs endroits on m'a signalé le fait que les écureuils sont en forte diminution et qu'on ne voit presque plus que des individues âgés. Comme il y a quelques années j'ai découvert dans le Canton de Vaud une coccidiase spéciale des écureuils et je l'ai retrouvée en Valais, je suis presque sûr que c'est cette infection qui décime les jeunes écureuils.» Die von Galli-Valério beobachtete Coccidiose der Eichhörnchen, die von einer spezifischen, von ihm erstmals beschriebenen Coccide, der Eimeria sciurorum, verursacht wurde, scheint nicht der erste Seuchenzug gewesen zu sein, der diese Tierchen vernichtete. Nach mündlichen Mitteilungen alter Forstleute hatte man schon in den letzten Jahren des 19. Jahrhunderts einen grossen Nager-Seuchenzug durch die Schweiz beobachtet, dem die Eichhörnchen beinahe völlig zum Opfer gefallen waren. Seither halte sich die Krankheit enzootisch unter diesen Tierchen, die jedesmal aufflackere, wenn sie sich in guten Futterjahren stärker vermehrten. Auch Gasser sagt: Gewisse Wildseuchen scheinen mit dem Eichhörnchen aufzuräumen; denn während man sie in einem Jahr in unsern Wäldern auf Schritt und Tritt beobachten konnte, sind sie manchmal im folgenden Jahr fast völlig verschwunden. B. Hörning (1963) fand unter 167 untersuchten Eichhörnchen bei 131 Endoparasitenbefall mit Würmern und Coccidien. Es hat sich seither bestätigt, dass die Coccidiose vorwiegend junge Individuen befällt und zugrunde richtet, während ältere, die öfter kleine Infektionen überwunden haben, eine gewisse Immunität auch gegen schwerere Ansteckungen erwerben. Die Coccidien sind Protozoen, keine Bakterien, machen innerhalb der Gewebe des befallenen Tieres eine komplizierte Entwicklung durch und werden als Keime mit der Losung ausgeschieden. Feuchtigkeit fördert ihre Verbreitung, Sonnenbestrahlung oder länger anhaltende Trockenheit tötet die sogenannten Oozyten der Coccidien relativ rasch ab. Nach L.P. Pellerdy (Coccidia and Coccidiosis, Budapest 1965) ruft Eimeria sciurorum bei jungen Eichhörnchen Darmentzündung und die auch von anderen Nagern bekannte Coccidienruhr hervor, woran die Tiere zugrunde gehen. Wie die Krankheit verschwinden und immer wieder aufflackern kann, geht im einzelnen aus der Literatur nicht hervor, doch darf an der Richtigkeit der Feldbeobachtung kaum gezweifelt werden.

Aus eigenen Beobachtungen kann mitgeteilt werden, dass dort, wo von Spaziergängern und Waldbesuchern viel gefüttert wird und die Eichhörnchen nur wenig auf Naturfutter angewiesen sind, wie in Stadtparks und viel begangenen Waldteilen von Kur- und Erholungsortschaften, sich ein Bestand an Eichhörnchen erhalten kann, der stabil und anscheinend gesund ist. Wo aber die Tierchen ganz frei und ohne dargebotene Nüsse leben müssen, scheint ihnen eine enzootische Coccidiose immer wieder starke Verluste zuzufügen, so dass es zu Waldschäden nicht kommen kann. 1945 sollen im Baselland einige Abschussbewilligungen gegen Eichhörnchen erteilt worden sein, weil sie an Nussbäumen Schaden taten. Doch schon 1937 stellte sie der Kanton Waadt unter Schutz, besonders im Jura. Schaffhausen schützte sie seit langem im Wald, nicht aber im Feld, wahrscheinlich um sich die Freiheit der Schadenabwehr in Obstkulturen zu erhalten.

Hiefür gibt es wenige Beispiele aus dem Baselbiet, eines aus der Zeit des zweiten Weltkrieges mag immerhin erwähnt sein: Im Sommer 1940 klagten die Gartenbesitzer in Münchenstein (Birstal) über Eichhörnchenschaden an ihren Erdbeerkulturen und Aprikosen, die Bauern über Schäden an ihren Nussbäumen und den Haselnusssträuchern. So schrieb der Jagdpächter in die Jagdzeitung, wobei er offen liess, wie es in Münchenstein möglich war, dass Erdbeeren, Nüsse und Haselnüsse gleichzeitig Eichhörnchenschäden erleiden konnten. In Arlesheim habe der Gemeinderat den Bannwart beauftragt, sogar im Friedhof Eichhörnchen zu schiessen, weil sie auf den Gräbern die Blumen abnagten.

Diese ganze Eichhörnchengeschichte scheint ein typischer Fall von kriegsbedingter Verfolgungsneurose gegen alle Nahrungsmittelschädlinge gewesen zu sein. Denn mit Erdbeeren, Nüssen und Haselnüssen war der «hungernden Schweiz» kaum aufzuhelfen!

In der Tat wäre dem Eichhörnchen bundesgesetzlicher Schutz zu gönnen. Es ist ein beliebtes Tierchen, und gegen Obstschäden wären wohl ähnliche Sicherungen wie gegen Vögel ausreichend, auch wenn die Eichhörnchen aus der Liste der jagdbaren Tiere verschwunden wären. In der Schweiz ist es allbereits so weit, dass es um die Erhaltung jedes Tieres geht, das die Reste unserer Natur belebt.

In manchen Wäldern wählten die Eichhörnchen ausgehängte Nistkasten des aktiven Vogelschutzes, um darin ihre Jungen zur Welt zu bringen und aufzuziehen. Viele fanatische Vogelschützer, die in einem ihrer Nistkasten ein Eichhörnchengeheck fanden, töteten die Tierchen, da sie «Feinde der Singvögel» seien. Richtig: Eichhörnchen plündern Singvogelnester, rauben die Eier daraus, veranlassen auch selbst Drosseln, ihre Jungen zu verlassen. Ein Jäger erzählt von seinem Vorarlberger Jagdaufseher, wie er auf die Eichhörnchen geschimpft habe: «Wia i allwoal sog, was an krumben Schnabel hot oder a buschige Lunten, dös san Luader, gottverfluachte.» Und hielt es für eine Guttat, Eichhörnchen zu töten. Aber es ist und war von jeher einer der Fehler der Jägerei, ihre Aufgabe darin zu sehen, in der freien Natur «Ordnung» zu schaffen. Das hat Stefan Brunies dem Verfasser wohl zehnmal gesagt.

Das *Wildkaninchen* ist in der Schweiz ein «gefürchtetes Tier». Für seine nur teilweise bekannte Geschichte in der Schweiz sei auf Baumann (1949) verwiesen. Streng verboten ist es, irgendwo in der Schweiz Kaninchen einzusetzen, selbst in der Westschweiz, wo das Einsetzen fremden Wildes, sofern es im Kanton ansässig war, jedes Jahr als normal betrachtetes Repeuplement der malträtierten Wildbahn vorgenommen wird. Gasser gibt als Standorte einzig die Petersinsel und einzelne Stellen der Rhoneebene im Wallis an. In der Abschussstatistik des Schweizerischen statistischen Jahrbuchs figurieren die Kaninchen unter der Rubrik «anderes kleines Haarwild» mit Eichhörnchen, Bisamratten, verwilderten Hauskatzen und anderem zusammen. Aber ein Kanton, den Gasser nicht erwähnt, weist in seiner Jagdstatistik Wildkaninchen jährlich um 100 Stück, teilweise auch mehr aus, nämlich Basel-Land.

Seit langen Jahren waren Kaninchen aus dem Elsass in die Schweiz eingedrungen. Bei Basel schossen die Jäger auf dem Areal des St.-Johann-Güterbahnhofs schon vor dem ersten Weltkrieg Kaninchen, und anlässlich der Neuordnung der Jagd in dem nun französischen Elsass schnellte zunächst der dortige Bestand an Wildkaninchen rasch in die Höhe. Nachts drangen die Tierchen in den grenznahen Kannenfeld-Friedhof ein und benagten die Kränze auf den Gräbern, beschädigten die Bepflanzungen und vollführten in der Gärtnerei allerhand Ungemach. Tagsüber waren sie natürlich verschwunden, da die Wildkaninchen nur nachts aktiv sind. Die Löcher, die sie kolonieweise am Rhein anlegten, und die grossen Kotplätze sahen viele Basler Spaziergänger im Elsass, aber keine Kaninchen. In den Jahren nach dem ersten Weltkrieg überschritten die Elsässer Kaninchen die Grenze von Basel-Land im unteren Kantonsteil. Dort legten sie allerdings nicht eigene Kolonien an, sondern benützten verlassene Teile von Dachsbauten und Fuchslöchern, ohne von den Insassen vertrieben oder getötet zu werden. Offenbar waren sie dort im Genuss jener berühmten Zone des Friedens, die viele fleischfressende Tiere in unmittelbarer Nähe ihres

Heims oder Wohngebiets beobachten und halten. So konnte und kann man bis heute aus ein und demselben Bau Dachs, Fuchs und Kaninchen ausfahren sehen. Von Jahr zu Jahr mehrten sich die Klagen über Kaninchenschäden im unteren Baselland. 1921 wurde eine starke Vermehrung festgestellt, 1922 spürte man sie bereits in einer ganzen Anzahl von Revieren. Abschüsse ausserhalb der ordentlichen Jagdzeiten mussten bewilligt werden, bald war die Kaninchenjagd ganzjährig geöffnet. 1931 und 1932 hatte die Jagdgesellschaft von Biel-Benken ihre liebe Not, die Tierchen in Schach zu halten. Die vielen Gartenbesitzer klagten dauernd über Schäden. 1935 waren sie bereits auch im Bann Oberwil aktiv geworden, 1937 fing es mit grösseren Schäden in der Gemeinde Binningen an. Selbst in dieser längst halbstädtischen Ortschaft sah man sie nachts in den hellerleuchteten Strassen von Garten zu Garten huschen, kleine, blitzschnelle, graubraune Wesen, viel niedlicher als die grossen Fleischkaninchen in den Ställen. Aber sie gingen an Baumschulen, benagten die jungen Pflanzen selbst in Waldpflanzgärten, und für die Jagdpächter wuchs die Schwierigkeit, die Schäden in tragbaren Grenzen zu halten. Sie versuchten es auch mit dem Frettchen, einem marderähnlichen, dem Iltis verwandten, kleinen blutgierigen Raubtierchen, das nur in seiner albinotischen Form zahm verwendet wird. Man bringt es in einem Kasten auf die Kaninchenjagd mit, lässt es in einen Bau einschlüpfen, dessen Ausgänge man mit Netzen überspannt hat, und treibt so die Kaninchen aus ihrem Bau. Vom Erscheinen ihres Todfeindes aufs höchste erschreckt, versuchen nun die Kaninchen aus ihren Löchern ins Freie zu fliehen, verstricken sich in die Netze und werden von den Jägern mit Prügeln totgeschlagen. Dieses «Frettieren» wurde in einigen Gemeinderevieren im Baselland auch angewendet, aber man erlebte wenig Erfolge. Oft würgte das Frettchen im Bau ein oder zwei Kaninchen ab, trank ihr Blut, schnitt sie an und legte sich nach der Mahlzeit in einer Röhre des Baues nieder. Draussen warteten die Jäger auf das Erscheinen der Kaninchen und ihres Frettchens und verfluchten das eigenwillige, launische Vieh, weil es sich eben anders benahm als ein Bauhund. Das Frettchen füttert man, damit es das Anschneiden der getöteten Kaninchen im Bau möglichst unterlässt, zu Hause fleischlos, nur mit Milchbrocken und dergleichen. So will man es dem Blut und Fleisch entwöhnen. Grausame Jäger feilten ihm gelegentlich seine spitzen Fangzähnchen ab, obschon das als unweidmännisch verpönt ist, um das Tier am Rauben im Kaninchenbau zu verhindern. Mit dem Ansitz und Abschuss bei Nacht war jedoch den Kaninchen nur schwer beizukommen. 1949 stellte der Kanton den Jagdgesellschaften Anleitungen zur Bekämpfung der «Steinhasen» zu. Aber 1950 meldet der Bericht Kaninchen nun auch in Münchenstein. Sie hatten die Birs somit überschritten. 1951 waren sie in Reinach, 1952 in Muttenz, 1954 wurden sie bereits in 11 Gemeinden festgestellt. Pratteln hatte auch schon einige Proben der Plage. Die Jagdgesellschaften mussten aufs neue aufgefordert werden, die Kaninchen energisch zu bekämpfen und auszurotten. Man fürchtete den Ausbruch der Myxomatose, jener seuchenartigen Kaninchenkrankheit, mit der der französische Arzt Dr. Armand Delille die Kaninchen seiner Besitzung in Dreux bei Paris vernichtet hatte. Die Erreger der Myxomatose hatte er sich aus dem Institut Galli-Valério in Lausanne beschafft. Die Krankheit – ihre Symptome sind furchtbare Anschwellungen des Kopfes, Austreten der Augen und innere Schäden – breitete sich in Frankreich aus und vernichtete die Hälfte des Kaninchenbestandes Frankreichs und machte natürlich weder vor der deutschen noch vor der Schweizer Grenze halt. Die Befürchtung der Ansteckung der Stallkaninchen durch die Seuche und damit schwerer Schäden trieb zu neuen Anstrengungen zur Vernichtung der Wildkaninchen, doch wurden 1954 unter 130 erlegten Stücken nur 2 Fälle von Myxomatose festgestellt. 1959 stifteten die Kaninchen, die eine Jagdgesellschaft im benachbarten

Revier Wyhlen (Baden) eingesetzt hatte, im Basler Friedhof Hörnli einigen Schaden. Bald danach fand man im Friedhof tote Kaninchen, die an der Myxomatose verendet waren. Wo und wie sie sich angesteckt hatten, konnte nie festgestellt werden. In kurzer Zeit waren aber die Kaninchen im Friedhof verschwunden und zugleich der ganze Besatz des Reviers Wyhlen.

1954 waren die Kaninchen deutlich zurückgegangen, die Erlegungen ebenfalls und Seuchenfälle wurden von 1955 an nicht mehr gemeldet. Die unmittelbare Gefahr schien gebannt zu sein. Doch die Kaninchen waren nicht völlig verschwunden. Die Abschüsse von 51 (1955), 60 (1956), 44 (1957), 84 (1958), 96 (1959) zeigen, dass die Jagdgesellschaften von Basel-Land die Hände nicht in den Schoss legen dürfen.

Der Schreibende hat mitten im Winter Kaninchen nachts auf den Feldern nahe bei der Stadt Basel gesehen, blitzschnelle, niedliche Tierchen, an denen jeder Tierfreund seine helle Freude haben könnte, wenn sie nicht so viel Schaden und Verwüstung stiften würden. Drüben im Elsass sind sie so zahlreich, dass sie den Gemüsebauern in wenigen Nächten ganze Felder abnagen. Es sind im Grund unglückliche Tierchen, zu einer unglaublichen Fruchtbarkeit verdammt, mit der sie sich selbst die Existenz vereiteln und eine Massenverfolgung durch den Menschen provozieren, die ihnen nur Leiden und Tod bringt.

Das alles weiss man längst, und schon 1925 hatte der Bundesrat die Einsetzung von Wildkaninchen in der Schweiz verboten. Nichtsdestoweniger bewarb sich der Tessiner Jägerverein 1943 darum, im Kanton wilde Kaninchen aussetzen zu dürfen. Natürlich wurde das Gesuch abgewiesen. Erstaunlich ist, zu welchen Ansinnen die Jagd- und Schiesslust auf lebende Ziele die Jäger total ausgeschossener Gegenden veranlasst.

Genau genommen kann das Wildkaninchen nicht als Jagdwild betrachtet werden, vielmehr als gefürchteter Schädling, dessen neuere Geschichte in der ganzen Welt nur niederdrückend und jämmerlich war. Bernhard Grzimek hat sie in seinem Buch «Vierfüssige Australier» ausführlich erzählt, zoologisch hat H. Hediger in seiner «Jagdzoologie – auch für Nichtjäger» das Kaninchen geschildert.

Zum Glück spielt die *Bisamratte* in der Schweiz nur eine Art Gastrolle. Sie stammt aus Nordamerika, wo sie von Alaska und Labrador bis Arizona vorkommt und als geschätztes Pelztier genutzt wird. In ihrer Lebensweise ähnelt die Bisamratte dem Biber, schwimmt vortrefflich und nährt sich von Wasserpflanzen, Ufergewächsen und kleiner, tierischer Beute, besonders Muscheln. Um auch in Europa ein nutzbares und mit der Kultur verträgliches Pelztier einzuführen, setzte 1905 die Fürstin zu Kollorede-Mansfeld auf der Domäne Dobrisch, 40 km von Prag entfernt, an einem grossen Teiche tatsächlich kanadische Bisamratten ein. Hier zeigte es sich, dass die Bisamratte keineswegs vegetarisch lebt, sondern massenweise Teichmuscheln frisst, Krebse und nach Otterart kleine Fische jagt und das Schilf abbeisst, um ihre Baue daraus aufzuschichten, die Dämme durchwühlt und deren Durchbrüche verursacht. Sie breitete sich rasch aus, da sie 3- bis 5mal im Jahr bis zu 12 Junge hervorbringt, und erschien, von Deutschland herkommend, zuerst kurz nach dem ersten Weltkrieg am Rhein. Hier trat sie jährlich in verschiedener Anzahl auf, wurde auch erlegt und gefangen. 1928 wurden am Vierwaldstättersee einzelne Stücke gefangen, die aus einer Zuchtfarm stammten. Nachdem auch am Genfersee einige gefangen worden waren, erliess der Bundesrat eine Verordnung, die Einfuhr, Haltung, Transit und Handel mit lebenden Bisamratten verbot. Trotzdem drangen die Tiere vom Elsass her in den Berner Jura ein und von dort in den Kanton Basel-Land (vergleiche auch Baumann 1949). Ihr Fell war hier wertlos, nicht mehr schwarz, sondern hässlich graubraun, und ihr Schaden wurde immer fühlbarer. 1944 musste auch in Basel-

Land die Bekämpfung der Bisamratte intensiviert werden. Prämien wurden ausgesetzt und schon bald erhöht, kantonale Verhandlungen wurden gepflogen. 1945 wurden am Birsig 55 Bisamratten erlegt, 18 am Rhein bei Augst, zur Hauptsache in Reusen gefangen. Seither bewegten sich die Erlegungszahlen ständig um 50, zeitweise etwas niedriger. Auch im Aargau stand es ähnlich.

Die höchsten Erlegungsziffern weist der Kanton Bern auf, 1964 über 600, später glücklicherweise noch etwas über 300. Auch die Bisamratte ist kein Jagdwild, nur Schädling. Zum Glück scheint man sich ihrer in der Schweiz wirkungsvoll erwehren zu können, vielleicht nicht allein mit Fang und Abschuss, sondern noch mehr infolge des Mangels an jener Nahrung, auf die sie angewiesen ist und die in unseren sauerstoffarmen, verschmutzten Gewässern zunehmend fehlt.

Bär, Wolf, Luchs, Wildkatze

Über keine Wildart ist so viel geschrieben oder monographisch gearbeitet worden wie über die ausgerotteten Grossraubtiere auf Schweizer Gebiet.

Für die Geschichte des Bären in der Schweiz: Friedrich August Vollmar, Das Bärenbuch, Bern 1940. Für die Geschichte des Wolfs: K. Bretscher, Zur Geschichte des Wolfes in der Schweiz. Neujahrsblatt der Naturforschenden Gesellschaft in Zürich 108. Stück, Zürich 1906. Für die Wildkatze: Hans Zollinger, Die Wildkatze in der Schweiz ausgestorben? Schweizerische Lehrerzeitung Jahrgang 90, Heft 15, Zürich 1945. Für den Luchs erschien erst 1972 eine monographische Darstellung von Kurt Eiberle als Beiheft zur Zeitschrift für Säugetierkunde.

Die Jagdgesetzgebung der Schweizer Kantone unterscheidet «Raubtiere» oder «schädliche Tiere», worunter Füchse, Marder, namentlich Fischotter und dergleichen verstanden wurden, daneben aber tritt der Begriff der «reissenden Tiere», mitunter auch der «gefährlichen Tiere» auf. Reissende und gefährliche Tiere, wie Bären, Luchse, Wölfe, Wildschweine, durften vor dem 1. Bundesgesetz 1875 von allen Leuten ohne Patent und zu jeder Jahreszeit überall getötet werden. Gegen diese reissenden Tiere wurden nötigenfalls allgemeine Treibjagden angeordnet, die Leute mit den Kirchenglocken zusammengerufen und die Hetze auf das «Untier» als eine Art Fron behandelt, die nicht selten über mehrere Tage, sogar Wochen andauern konnte, ohne dass ausser dem glücklichen Erleger des Raubtieres und etwa den Trägern die Teilnehmer entlöhnt wurden.

Jagdgeschichten solcher Art finden sich in grosser Zahl in den verschiedensten Chroniken, Amtsbüchern, Heimatbüchern, Zeitschriften und Tageszeitungen. Daraus eine Statistik zusammenzustellen wäre eine Arbeit von Jahren, würde aber immer unvollständig bleiben, da vielleicht die meisten Bärenerlegungen irgendwo aufgezeichnet sind, aber die Wolfsjagden, Fallenfänge oder Einzelerlegungen von Wölfen oder Luchsen nirgends gewissenhaft aufgeschrieben wurden. Nach der Abschussliste des Kantons Graubünden aus dem Jahre 1872 lässt sich eine Kurve der Bärenerlegungen entwerfen. Sie zeigt das typische Bild des Auskeilens eines Gliedes der einstigen Tierwelt unseres Alpenlandes. Als 1823 die Neujahrsblätter der Naturforschenden Gesellschaft in Zürich die Schilderung des Alpenbären herausgaben, kam auf dem Gebiet der Schweiz der Bär wohl nur noch als Wechselwild vor, das heisst die braunen Bären hatten in den Schweizer Tälern und Bergen keinen bleibenden Wohnsitz mehr, sondern zogen von den umliegenden Gebieten vorübergehend auf Schweizer Boden, um nach einiger Zeit wieder zu verschwinden. Denn vom Wild der Alpentäler konnte kein Bär leben, und pflanzliche Nahrung war dort auch nie in genügender Menge vorhanden. Da in der Schweiz auch Bärinnen mit Jungen beobachtet wurden, schloss man immer wieder auf den Bären als Standwild der Schweizer Berge, doch muss wohl eher daraus geschlossen werden, dass die Tiere mit Jungen auf der Suche nach Nahrung auf Schweizer Gebiet übertraten.

Der Bär soll unter dem Wild grossen Schaden angerichtet haben, doch war das reine Bündner Jägerphantasie. Der Bär erlegt keine Gemsen, und anderes Wild gab es in Graubünden vor 1900 nicht. Bären, die im späten Bergfrühling die Alpen besuchten, begnügten sich mit den Schösslingen der Pflanzen, sogar denen des Grases. Da der Bär Aas keineswegs verschmäht, labte er sich am Fallwild, das er gegen Winterende in den Bergrevieren jedes Jahr finden konnte. Es dürfte diese Beute gewesen sein, die Bären aus dem Tirol, aus dem italienischen Gebiet und Dalmatien in die schweizerischen Ostalpen gelockt hat. Nachdem aber die Alpen mit Vieh bestossen und die Schafe aufgetrieben waren, suchten die Bären als Kommensalen des Menschen ihre Beute unter den leicht zu erbeutenden Haustieren, den Rindern und Schafen. Der Schaden an Haustieren machte die Bergbauern zu grimmigen Feinden der Bären wie der grösseren Raubtiere überhaupt. Im Val Mingèr waren lange Zeit Rinder gesömmert worden, doch gab man dies zuletzt auf, und zwar wegen der vielen Bärenbesuche, welche die Alphirten dort zu überstehen hatten, besonders aber wegen des Schadens. Man trieb bis 1908 nur noch Schafe nach Val Mingèr, weil ihr Verlust weniger kostspielig war als der von Rindern. Nachts brachte man die Schafe in solid gebaute Hürden, unterhielt auch ein Feuer – und erlebte trotzdem, dass starke Bären einbrachen und eines oder mehrere der Schafe töteten und verschleppten (Brunies 1948).

In der Monographie über den Bären in der Schweiz von H. R. Schinz (1823) werden zwei Varietäten des Bären unterschieden, eine schwärzere und eine braune. Der rotbraune Bär liebe Fleischnahrung und sei viel raubgieriger und kecker als der schwarze. (Die Unterscheidung von zweierlei Bären kennt jeder Bärenjäger bis heute: Fleischbären und Fruchtbären. Sie sollen sich in ihrer Lebens- und Ernährungsweise sowohl in Skandinavien als auch in den Karpathen deutlich unterscheiden lassen.) Schinz hingegen fährt fort, dass ihm bisher nur rotbraune vor Augen gekommen seien. Solche habe es in früheren Zeiten viele gegeben. Conrad Gesner sage, der Bär sei ein gemeines Tier. Heute (also Anfang des 19. Jahrhunderts) finde sich der Bär hauptsächlich in Graubünden, dem angrenzenden Veltlin und dessen wilden Nebentälern, im Masiner-, Misoxer-, Malencher-, im Oberen Terziertal, im Livrio, Ambria, im Bergell, im tessinischen Blenio- und Arbedotal, im Mayntal und im Lavizzanertal, durch ganz Wallis, im Berner Oberland, seltener in den Tälern und Gebirgen von Glarus, Uri und Unterwalden, noch seltener im Jura. Dann berichtet Schinz, wie dem Bären wegen seines grossen Schadens, den er unter dem Wild und am Weidevieh anrichte, nachgestellt werde, und rühmt die Bärenjäger wegen ihrer Unerschrockenheit. Vor einigen Jahren habe ein Glarner Gemsjäger unvermutet einen Bären getroffen, welcher schon lange in der Gegend Schaden getan hatte, sei aber schnell gefasst gewesen und habe, um den Bären aufzuhalten, diesem zugerufen: «He, guter Freund, wie weit?» Der Bär habe sich daraufhin aufgerichtet, um zu sehen, woher der Ruf komme. Dies habe der Jäger gewollt und auf den Bären gut gezielt und ihn auch glücklich durch den Kopf geschossen. Vor zwei Jahren habe ein Hirtenknabe einen Bären im Schächental in einem Felsenloch schlafend gefunden, sei ins Dorf gelaufen und habe Leute geholt, die den Bären noch glücklich angetroffen und erlegt hätten.

Die Jagd auf den Bären reizte die Jäger, da sie 40 bis 80 Franken Schussgeld erhielten, ausserdem den Gewinn aus dem Fleisch, das gerne gegessen werde, das Fett werde in den Apotheken gebraucht, früher mehr als jetzt, das Fell gelte 16 bis 20 Franken. Soweit Schinz.

Stefan Brunies, der erste Sekretär des Schweizerischen Bundes für Naturschutz, selbst aus Cinuskel gebürtig, erzählt manche Bärengeschichte in seinem Nationalparkbuch, und als sein Vater in der grossen Tenne seines Geburtshauses in Cinuskel einst eine erlegte Bärin aufgehängt hatte, die offenbar noch Junge gesäugt hatte, beobachtete Stefan, damals achtjährig, wie aus dem Gesäuge des riesigen toten Tieres Milch tropfte. Da nahm er eine Zitze zwischen die Lippen, saugte ein paar Schlücke Bärenmilch heraus – und glaubte dadurch nun bärenstark zu werden. Aber er konnte im Gegenteil von Glück reden, dass er sich mit der Milch des seit Tagesfrist toten Tieres keinen Schaden zuzog. Dieses Abenteuer seiner Jugend hat Stefan Brunies dem Verfasser selbst erzählt.

Im Val Mingèr wurde denn auch 1904 der letzte Bär in der Schweiz erlegt. Die Daten der letzten Bären in den Kantonen hat Baumann (1949) festgehalten, alle vor 1900.

1911 hoffte man, ein Bär werde sich im Val Cluoza ansiedeln, «da das Val Cluoza... in einer bis in die Jetztzeit dem Bären genehmen Gegend liegt, hoffen wir, dass er dort Standwild werde». Diese Hoffnung war dadurch belebt worden, dass 1911 ein Bär im Tirol erlegt worden war. Andere Presseeinsendungen bezweifelten das jedoch.

1914 wurde vom Wachposten während des ersten Weltkrieges im Scarltal noch ein Bär lebend beobachtet, doch von den Schweizer Soldaten mit Schreckschüssen vertrieben. Dieser Bär wurde nach Baumann dann in der Malser Heide durch Tiroler Jäger oder Soldaten getötet.

Dr. Sarasin hatte sich sogleich nach der Meldung des Wachpostens von Punt Perif (Scarltal) an Regierungsrat Olgiati gewandt und ihn ersucht, dafür zu sorgen, dass dieser Bär auch ausserhalb der Grenzen des Nationalparks unbeschossen bliebe. Regierungsrat Olgiati versprach ihm zu tun, was in seiner Macht sei, und verständigte die Gemeinden und Jagdhüter der Umgegend, nichts gegen den Bären zu unternehmen. Doch das unrühmliche Ende des letzten Parkbären in der Malser Heide konnte von Graubünden aus nicht verhindert werden.

1916 sollen im Val Cluoza noch Bärenspuren festgestellt worden sein. Darüber schreibt die Neue Bündner Zeitung, der Bär habe sich im Nationalpark eingebürgert, wie man an Fährten festgestellt habe. Und noch 1918 meldete dasselbe Blatt, die Nationalparkkommission teile mit, man habe im Park erneut Bärenspuren gefunden, eventuell sogar von einem Paar. Am 16. Juli soll ein Bär auf der Alp Muesellas bei Ponte (La punt chamuech) gespürt worden sein. Die dortige Viehherde sei versprengt worden, ein Rind sei tot und «teilweise zerrissen» aufgefunden worden. In Sulsana bei Capella habe man vier zerrissene Rehe gefunden, es scheine sich wirklich um einen Bären zu handeln. Jetzt wurden die «Stimmen aus dem Volk» wach. Am 19. Juli schrieb einer, jetzt höre der Spass auf, es sei sicher ein richtiger Bär gewesen. «Unser lieber Mitbürger Stefan Brunies in Basel möge dafür Sorge tragen, dass Meister Petz sich wenigstens nur im Nationalpark respektive Val Cluozza aufhalte.» (Wie er das hätte machen sollen, sagt der Einsender allerdings nicht.) Es ging eine Zeit, dann kamen auch Augenzeugen: Am 25. November las man «Noch lebt der Bündner Bär». Zwei Kantonsschüler, absolut verlässliche Jungen, hätten am 19. August eine Bärin mit zwei Jungen im Val Chamuera gesehen, die nach Livigno hinübergewechselt sei. Die Bärenromantik im Bündnerland wollte nicht sterben. Als im Herbst 1920 von der Schafherde von Pontresina zwei Dutzend Schafe nicht heimkehrten, vermutete man, ein Bär habe sie gefressen, während der Hirt schlief. Klar – ein Bär musste es ja gewesen sein, denn dem Adler konnte man 24 Schafe nicht gut andichten.

1932 berichtet endlich das Bündner Monatsblatt, am Piz d'Esen, eine halbe Stunde von Scanfs, soll ein Bär gesehen worden sein. Ein Bauer, der im Maiensäss Dünger führte, wurde durch ein unbekanntes Gebrüll erschreckt. Das Pferd wurde unruhig, der Bauer spannte es aus und ging zum Maiensäss, wo er in nächster Nähe einen gesehen haben will, der aus dem Wald gekommen sei. Kurz darauf habe sich der Bär wieder in den Wald zurückgezogen.

Ob das die allerletzte Bärennachricht sein wird, kann niemand sagen. Schliesslich bekommen die Bären jedes Jahr Junge – warum nicht auch in den Zeitungen? Und in den Gemütern der Menschen in der Bergeinsamkeit?

Ein Jahr nach der Gründung des Schweizerischen Nationalparks (1915) schrieb Fischer-Sigwart einen Aufsatz über die Bären der Schweiz in die Jagdzeitschrift

«Diana», worin er aufgrund von Mitteilungen des Parkwächters Langen von einem Bären berichtet, der sich im Park eingefunden habe und dort heimisch geworden sei. Wenn sich diesem Bär eine Bärin zugeselle, meinte Fischer-Sigwart, so bestehe die Aussicht, dass dieses Schutzgebiet zur dauernden Heimat des Bären werden könne. Leider bestätigte sich die Bärennachricht des Parkwächters Langen nicht. Vielleicht wollte er den Gründern mit einer Phantasiemeldung eine Freude bereiten. Denn wenn sich auch einer im Nationalpark einfinden würde, könnte es sich nur um einen kurzen Besuch handeln, und selbst der Schutz, der ihm im neuen Bundesgesetz von 1962 in der ganzen Schweiz zugesichert wird, könnte eine grimmige Jagd auf ihn nach alter Väter Sitte nicht verhindern.

Symptomatisch ist, wie die «reissenden Tiere» der Schweiz in den ältesten Jahrgängen der Jagdzeitschriften immer noch herumgeistern und dann langsam, aber endgültig verschwinden. In der schweizerischen Jagdausstellung 1863 in Zürich war der Bär samt der Erläuterung, «er habe nur noch im Kanton Graubünden Standquartier», noch vertreten. Der Luchs fehlte bereits ganz. Er wechsle zuweilen noch aus dem Tirol und aus Savoyen auf Schweizer Gebiet, sei hier aber nicht mehr heimisch. Der letzte Luchs sei in Graubünden 1859 erlegt worden. Vom Wolf konnte man in der Ausstellung noch ein Stopfexemplar bewundern, er zeige sich seit dem Krieg 1870/71 wieder vereinzelt im Jura. Anno 1890 schrieb ein Bündner Einsender in die «Diana», der Bär stehe im Begriff, auszusterben... Dann wird, wie der König der Lüfte, der Lämmergeier, auch bald der König unserer Wälder aus dem Kanton verschwunden sein. Von mehreren Seiten werde eine Bärennachzucht ernstlich angeraten. Aber in der Schweiz wurde die Sache mit der Bärenschonung oder -nachzucht natürlich nicht ernst genommen. Besprochen wurde der Gedanke scheinbar immerhin doch. 1904 schrieb eine Brixener Zeitung, im Oberengadin sei man dafür, dass der Bär nicht ausgerottet werden sollte, wogegen die Schafhirten des Unterengadins fänden, er schade ihren Herden und könne nicht geduldet werden. Menschen seien von den Bären noch keine gefressen worden. Zwar sei vor etwa 20 Jahren der damalige Pfarrer von Schuls nahe daran gewesen, ein Opfer des Bären zu werden. Der Pfarrer umfasste auch hie und da einmal im Scarltal predigen, und auf dem Wege dorthin begegnete er einmal einen Bären. Der Pfarrer, der sein letztes Stündlein nahen sah, habe noch Geistesgegenwart genug gehabt, ein Blatt aus seinem Notizbuch zu reissen und der Nachwelt von seinem traurigen Schicksal Kenntnis zu geben: «L'uors m'ha maglia» (Der Bär hat mich gefressen), schrieb er auf das Blatt, legte es in seinen Zylinderhut und stellte diesen an den Wegrand. Die Kirchgänger fanden bald darauf dieses letzte Lebenszeichen ihres Pfarrers und begannen, nach seinen Überresten zu suchen. Dabei fanden sie zum Glück den ganzen Mann, wenn auch etwas mitgenommen von der ausgestandenen Todesangst, im Dickicht des Waldes. Der Bär war nirgends mehr zu sehen, er hatte das Weite gesucht.

Nur noch rückblickend finden sich die Notizen der Presse über die reissenden Tiere der Schweiz. Anlässlich der Einweihung der Valle-Maggia-Bahn schrieb 1907 die Neue Zürcher Zeitung: Die Tierwelt des Maggiatales und der Nebentäler ist sehr im Rückgang begriffen. Gemsen, Murmeltiere, Adler, Lämmergeier sind durch die mörderische Jagdlust der Tal- und Bergbewohner beinahe ganz ausgerottet. 1845 wurde der letzte Luchs im Gebiet erlegt, und viel früher schon verendete der letzte Bär...

1908 erschien die Arbeit von G. von Burg über die aussterbenden Tiere der Schweiz. Dort schrieb er, nach Fatio solle der Luchs noch im Oberhalbstein vorkommen, doch das sei höchst ungewiss. Der Bär solle immer noch Standwild in Graubünden sein, mindestens aber Besucher. In den fünfziger Jahren des vorigen Jahrhunderts solle er noch im Jura heimisch gewesen sein. Der Wolf sei nur noch da, wenn er von Frankreich her einwechsle. Von der Wildkatze nahm der Verfasser an, dass sie im Waadtländer Jura, vielleicht auch im Kanton Wallis noch vorhanden sei.

1913 schrieb Fischer-Sigwart, der Luchs dürfte kaum mehr in der Schweiz vorkommen. Seit Jahren sei keiner mehr erlegt worden. Hingegen komme die Wildkatze unzweifelhaft noch in der Schweiz vor. Im Waadtländer und im Neuenburger Jura würden jährlich etwa 3 bis 8 Exemplare erlegt oder gefangen. (Bild im Heft von Frau Professor Meyer-Holzapfel über das Dählhölzli.)

Doch mit dem ersten Jahrzehnt des 20. Jahrhunderts gibt es nur noch Rückblicke auf die «reissenden Tiere» der Schweiz.

Obschon es nicht die Aufgabe dieser Darstellung sein kann, die Nachrichten über längst ausgerottete Tiere zu sammeln, soll doch mit einigen wenigen Beispielen festgehalten werden, wie sich der Schweizer der letzten unerwünschten Tiere seines Landes mit Jagden, Treibjagden und Fallen entledigte. Brunies meint, die alten Jäger seien den Bären mit «elenden Gewehren» zu Leibe gegangen, aber diese alten Waffen waren keineswegs so ungenau, wie sich im Vergleich zu den heutigen Gewehren vermuten liesse. Denn schon früh wurden gezogene Läufe hergestellt, und eine strenge Nachprüfung der alten Waffen vermittelst Schiessbock im Schützenstand, die von den Fachleuten des historischen Museums in Basel durchgeführt wurde, zeigte eine erstaunliche Genauigkeit dieser alten Gewehre (Mitteilung von Dr. Schneewind, Historisches Museum Basel). Wenn also die Bären mit einer Unmasse von Schüssen erlegt werden mussten, dürfte das wohl eher an der Aufregung der Schützen gelegen haben als an der Ungenauigkeit der alten Waffen, vielleicht auch an der Widerstandskraft der grossen Tiere selbst gegen schwere Verwundungen.

Im September 1651 hatte man im Obwaldner Gebiet einen Bären gespürt, hatte das Tier aber nicht erlegen können. Wenig später richtete derselbe Bär im Luzerner Gebiet und in Unterwalden «unermesslichen Schaden» an. Am 27. April 1652 beobachtete ein Köhler namens Kaspar Lehner von Kriens, als er früh morgens von zu Hause wegging, um sich zu einer Sägemühle auf Lütoldsmatt (in Alpnach) zu begeben, Bärenfährten im Schnee. Trotz dickem Nebel ging er den Spuren so weit nach, bis er des Bären Zu- und Abgang genau erkundet hatte. Am Abend legte er in einem sehr engen Passe, den das Untier mit Gewissheit begehen musste, ein mit zwei Kugeln geladenes Pirschrohr. Durch diesen Selbstschuss wurde der Bär schwer verwundet, wie Lehner am Morgen aus den vorhandenen Blutspuren wahrnahm. Die Blutspuren führten zum Wald, wohin sich das verwundete Tier geflüchtet hatte. Lehner nahm sein Rohr und nahm, begleitet von seinem Bruder und einem Geisshirten, die Verfolgung des Bären auf. Der eine hatte einen Closs-Spiess, der andere eine Holzaxt mitgenommen. Nach langem Marsch fanden sie das Tier unter einer Tanne kauernd. Rasch gab Caspar einen Schuss auf den Bären ab, worauf dieser brüllend, dass es im ganzen Wald widerhallte, den Schnee blutig färbend, talwärts floh. Lehner hatte inzwischen wieder geladen und geschossen, diesmal hatte er den Bären in den Hals getroffen. Der brüllte jämmerlich und sah sich nach seinem Feind um. Lehner hatte hinter einer Tanne Deckung genommen und schoss wieder, und diesmal stürzte der ins Schulterblatt getroffene Bär mit schrecklichem Gebrüll nieder. Die Männer glaubten, der Bär sei am Verenden. Da erhob er sich wieder und lief eine steile Halde in ein Tobel hinunter. Endlich entriss Lehner seinem Bruder unwillig den Speer und ging auf den Bären los. Dieser stürzte sich mit letzter Kraft auf den Verfolger, Caspar Lehner aber stiess ihm den Spiess in den Rachen. Der Bär biss das Spiesseisen mit seinen Zähnen krumm, fasste mit den Tatzen den Schaft und hielt ihn fest, bis er zu krachen anfing. Da drückte Lehner den Schaft ins Erdreich, der Bär aber schob dagegen, so dass er sich damit nur noch mehr Schaden zufügte. Schliesslich konnte sich Lehner nochmals zurückziehen – seine beiden Begleiter hatten nicht in den Kampf einzugreifen gewagt –, er lud rasch sein Rohr und durchbohrte mit einem fünften Schuss endlich das Herz des zottigen Untiers.

Acht Männer trugen den vierhundertzwanzig Pfund schweren Bären nach Sarnen. Kaspar Lehner aber erhielt für diese männliche Tat das «obwaldnerische Landrecht» (Ehrenbürgerrecht) und 100 Gulden. Nidwalden schenkte ihm eine Dublone.

Solche und ähnliche Bärenjagdgeschichten – oder soll man sagen: Bärenmorde – lassen sich in Chroniken und Aufzeichnungen aller Art zu Dutzenden finden.

P. Am Herd, Denkwürdigkeiten von Ulrichen, Bern 1879, erzählt aus dem Oberwallis eine Bärentreibjagd von 1825, die hier, leicht gekürzt, wiedergegeben sei: Die Bewohner des Dorfes Loch gegenüber von Ulrichen liessen noch spät im Herbst ihre Schafe am Blaswald zur Weide gehen. Da hiess es plötzlich, 5 Schafe seien in einer einzigen Nacht von einem Bären zerrissen worden. Dem Aufgebot folgte jung und alt, wer nur gehen und ziehen konnte, im ganzen zwischen 700 und 800 Personen. Sie trugen alte Flinten, Heu- und Mistgabeln, gestreckte Sensen und dergleichen Waffen bei sich. Als sie in Ulrichen eintrafen, empfing sie eine weitere Schreckenskunde, es seien noch weitere Schafe gerissen, eines sei aufgeschlitzt in einem Ameisenhaufen gefunden worden. Ausgesandte Kundschafter meldeten, dass der Bär im Obergesteler Wald stecken müsse, man solle ihn umzingeln. Man umkreise also den Wald, wobei die Schützen sorgfältig zwischen die Gabel- und Sensenmänner verteilt wurden. Die jugendlichen Treibjagdglieder und die Frauen stellte man unten an der Rhone auf. Sie sollten, wenn der Bär komme, ein lautes Schreien und Lärmen erheben, damit er nicht über die Rhone ausweichen könnte.

Nicht lange, da fanden die Jäger den Bären. Er lag unter einer hohen Tanne in einem breiten Nest. Als die Menschen kamen, stand er auf und ging den Jägern entgegen, setzte sich auf und schaute bedachtsam, was es geben solle. Dann kehrte er um und suchte im Waldesdunkel Sicherheit. Inzwischen war der Kreis eng genug geschlossen, und nun wurde das Zeichen zum Schreien gegeben. Der Lärm war ungeheuer, jeder schrie, heulte und pfiff, wie er mochte und konnte. Der Bär lief in grossen Schritten durch den Wald und wollte das Weite suchen, aber da stiess er auf die andere Hälfte des Kreises, wo derselbe Lärm losbrach. Erschrocken machte er kehrt und lief zurück. Seine rote Zunge hängte er zum Maul heraus und keuchte links und rechts dreimal durch den Wald. Während er zu Anfang der Jagd schön und glatt ausgesehen hatte, wurde er bei jedem Gang struppiger und zottiger, man sah genau, dass er den Lauf nur noch mit Mühe fortsetzte. Endlich war er unterm Wald angelangt und kam ins helle Licht. Aber kaum erblickten ihn dort die an der Rhone aufgestellten Weiber, als sie ein so gellendes, jämmerliches und greuliches Geschrei erhoben, dass der Bär es für gut fand, wieder ins Waldesdunkel zurückzukehren. Jetzt aufgepasst, hiess es, damit er uns nicht entwischt. Aber ums Haar wäre er mit heiler Haut entkommen, weil er eine Stelle gefunden hatte, wo der Kreis nicht ganz geschlossen war. Dort stand bloss ein zwölfjähriger Knabe, Johann Lagger von Münster, der hatte als Waffe eine Stange, an der oben die Klinge einer Schafschere befestigt war. Und damit ging der Knabe auf den Bären los, der sich auf seine hinteren Tatzen erhoben hatte, und stiess ihm die spitze Schere in die Schnauze. Der Bär wollte sich umdrehen und stürzte brüllend in einen Abgrund. Jetzt eilten die Schützen herbei, und einer von ihnen, Sebastian Müzalo von Münster, war der erste, der sein Gewehr anlegen konnte. Als der Schuss fiel, hörte der Lärm mit einem Schlag auf – er ist getroffen, lief es durch die Reihen, zwei Kugeln gerade in den Kopf. Grosser Triumph und Jauchzen!

So – und wer bekommt nun die Bärenhaut? Der Schütze wollte sie, weil er den Bären getötet habe, die Obergesteler wollten sie, denn der Bär sei in ihrem Bann getötet worden, die Locher wollten sie aber auch, weil der Bär ihre Schafe gefressen habe. Da erinnerte man sich an einen alten Brauch, nach welchem alles, was keinen sicheren Eigentümer habe, der Kirche zufalle. Und so erhielt die Mutterkirche zu Münster die Haut, verkaufte sie und kassierte den Preis.

Festgehalten sei hier noch die Bärenerlegung durch Heinrich Brunies von Cinuskel, einen Verwandten von Stefan Brunies. Die Geschichte stammt aus einem Privatbrief von Heinrich Brunies (abgedruckt im Freien Rhätier, 15. August 1878). «Nachdem ich in Erfahrung gebracht, dass sich in den Bergen und Schluchten unseres Dorfgebietes ein Bär aufhalte, begab ich mich den 15. August, nur mit einem alten Vorderlader bewaffnet, auf die Spur des unheimlichen Gastes. Nach langem Marsche am Rande eines Rieses oder kleinen Tobels angekommen, erblickte ich denselben denn auch im niederen Gebüsche der gegenüberliegenden Seite. Ich wollte meinem zottigen Vis-à-vis nun sofort den Garaus machen, aber o weh, die Waffe versagte, ein kleines Stückchen Rinde hatte sich ganz frech auf der Mücke gelagert und musste zuerst entfernt werden. Als ich wieder anschlagen wollte, bemerkte ich zu meiner denn doch nicht sehr angenehmen Überraschung kaum 40 bis 50 Schritt von mir einen zweiten, bedeutend grösseren Gesellen aus dem Bärengeschlecht. Natürlich musste ich nun suchen, zuerst mit dem Alten fertig zu werden. Leider aber konnte ich des Gebüsches wegen nicht das ganze edle Haupt meines Gegners sehen und musste ich ihm meinen Denkzettel am oberen Teile desselben beizubringen suchen. Das Ungetüm war denn auch für meine Liebenswürdigkeit sehr empfänglich und streckte sich nach einigen wenig graziösen Luftsprüngen unter einem leichten Gebrüll der Länge nach hin. Nun ging's wieder dem hoffnungsvollen Sprössling auf den Leib. Zu diesem Zwecke überschritt ich den erwähnten Bodeneinschnitt, aber wer beschreibt mein Erstaunen, als ich auf der eben verlassenen Seite ein Getrampel hörte und ich meinen totgeglaubten Vater Mutz eilig bergabwärts watscheln sah. Dieses Gebaren deuchte mich denn doch ein wenig unverschämt und ich entschloss mich, den Herrn nicht so leichten Kaufes loszulassen. In ein paar Sätzen war ich demselben auf den Fersen. Da ich meinen Schuss während des Laufens abgab, fehlte ich leider und Mutz entwickelte nun eine ungeahnte Schnelligkeit im Ausreissen. Mit dem folgenden Schuss war ich noch unglücklicher. Er ging ohne mein Dazutun los. Mein Pech wollte mich aber noch nicht verlassen. In meinem rasenden Laufe hatte ich den Ladstock verloren und musste mich zur neuen Ladung eines anderen Stückes Holz bedienen, was mich natürlich einige Momente aufhielt. Der Bär hatte inzwischen in seinem Laufe eingehalten, ich näherte mich auf wenige Schritte, um ihm meine Ladung an einem durchaus passenden Orte auf den Pelz zu brennen. Das Ungetüm mochte aber meine bösen Absichten erraten haben, denn im Augenblick, wo ich abdrückte, kehrte es sich gegen mich, so dass auch dieser Schuss ins Leere ging. Nun fing die Sache an, ungemütlich zu werden. Mit furchtbarem Gebrüll stellte sich der unheimliche Geselle auf die Hinterbeine und schickte sich an, mich mit einer wenig zärtlichen Umarmung zu beglücken. Ich sah ein, dass hier selbst dem ehrlichen Makler keine Vermittlung mehr geglückt wäre und dass das Ultimatum meines Gegners sehr ernst gemeint sei. Es war mir denn auch nicht gerade lieblich zumute; dennoch verlor ich die Geistesgegenwart keinen Augenblick und versetzte der Bestie mit dem Gewehrkolben einen wuchtigen Streich auf die Schnauze, welcher sie denn auch zu Boden streckte. Meine Waffe flog dabei in Stücke und es blieb mir nur der Lauf in der Hand, mit dem ich dem Ungetüm denn doch den Garaus machte. Als ich mich nach der Örtlichkeit umsah, wohin mich meine Verfolgung geführt, bemerkte ich, dass ich dem Bären auf einer Strecke von über einem Kilometer nachgerannt war. Ohne Waffe hatte es keinen Zweck mehr, den Herrn Mutz Sohn wieder aufzuspüren. Das erlegte Tier hatte ein Gewicht von etwa eineinhalb Zentner.»

Der humoristisch sein sollende Ton dieser Bärenjagdschilderung mochte die Bündner Leser des «Freien Rhätier» wohl von der Furchtlosigkeit des heldischen Bärenjägers überzeugen. Andere wohl weniger. Bestimmt dürften sich auch Zweifel an der Tauglichkeit eines Ersatzes des Ladstocks durch einen Waldknebel erheben. Doch lassen wird das.

Eine weitere Bündner Bärengeschichte:

Im Uinatal hatte einmal ein Jäger einem Bären, der dort einige Schafe gerissen hatte, eine Falle gestellt. Jeden Morgen beobachtete er von seiner Maiensäss aus die Falle mit seinem Zugspiegel. Eines Tages sass nun der Bär in der Falle. Der Jäger nahm nun den dicksten Prügel, den er auftreiben konnte, um dem Bären den Garaus zu machen. Der Bär war jedoch nicht einverstanden mit dieser Art der Erlösung. Auf den ersten Streich richtete er sich kerzengerade auf und der Jäger bemerkte, dass der Bär sich an einer Hintertatze gefangen hatte. Als der Jäger den zweiten Streich führen wollte, wehrte der Bär mit einer Vordertatze den Schlag so geschickt und kräftig ab, dass der Prügel hoch durch die Luft auf die Seite flog. Zugleich glaubte der Jäger zu bemerken, dass die gefangene Hintertatze schon um ein gutes Stück aus dem Eisen herausgerutscht war. Das machte ihn bedenklich und er lief nun schleunigst zu seiner Maiensäss, um den Stutzer zu holen, mit dem er das Ungetüm dann glücklich in der Falle erschoss. Seither aber hat dieser Jäger nie mehr den Versuch gemacht, einen Bären in der Falle totzuschlagen.

Die Zernezer Schafe weideten einst auf dem sogenannten Kirchberg. Dort befindet sich ein von einer meterhohen Mauer eingefasstes Weidstück, ein sogenannter Pferch, in den die Schafe zum Übernachten getrieben werden. In einer Ecke dieser Einfriedung befand sich die Schäferhütte. Der Gehilfe des Hirten, ein Knabe von 14 Jahren, war nun einmal bei einbrechender Nacht allein in der Hütte. Da hörte er plötzlich eine starke Bewegung unter der Herde. Er trat hinaus und sah auf einem Winkel der Einfriedung einen Haufen Schafe, sprang hinzu, um sie auseinanderzutreiben. Dabei griff er mit seinen Händen nicht in die Wolle eines Schafes, sondern in den Pelz eines Bären, der ihn heftig anschnaubte und dann mit einem Satz über die Mauer im Dunkel der Nacht verschwand.

Viele Geschichten erzählen von Bärenbegegnungen, die nicht zur Erlegung des «Ungetüms» führten, sondern zur Flucht des Bären vor dem Menschen. So die Geschichte der Begegnung des Pfarrers Guidon von Zernez, als er zum Förster ins Gebirge aufstieg, um ihn um Holz zum Aufbau des abgebrannten Dorfes zu bitten. Plötzlich sah er sich einem Bären gegenüber, wich aber nicht und schaute dem «Untier» fest ins Auge. Der Bär wich dem unerschrockenen Mann aus und schlug sich seitwärts in die Büsche. Dass ein Bär unverwundet den Menschen angriff, darüber berichtet keine Bündner Bärengeschichte. Das änderte jedoch nichts an der gnadenlosen Verfolgung dieser Tiere, denen man ausnahmslos den zehnfachen Schaden an Weidevieh zuschrieb, den sie tatsächlich gestiftet hatten.

Aus allen Nachrichten geht hervor, dass Bären konsequent umgebracht wurden. Es war der Geist jener Zeit, wonach nur diejenigen Geschöpfe Existenzberechtigung im Lande haben sollten, die dem Menschen dienten und als nützlich galten. Als im Frühjahr in den zum Kreis Obtasna gehörenden Waldungen und Gebirgen Bären gespürt wurden, verlangten die dortigen Gemeindevorstände die Erlaubnis, auch in geschlossener Zeit auf diese Tiere Jagd machen zu dürfen. Aber es wurden nur gewisse Leute zu dieser Aufgabe ausgewählt. Später, 1878, stellte das Kreisamt Münstertal das Gesuch, dass die Hirten Schusswaffen zur Abwehr der Bären mit sich tragen dürften. Doch das wurde abgelehnt. Augenscheinlich aus Mangel an Vertrauen!

Für den Kenner der bergbäuerlichen Mentalität gehört viel Optimismus dazu, auf den 1962 den Bären gewährten Schutz zu vertrauen oder gar die Wiedereinbürgerung der Bären oder der Luchse zu beantragen. Denn aus den Wildbeständen könnte sich keine der grösseren Raubtierformen erhalten, so dass jedes «reissende Tier» ohne Zögern auf die leicht erreichbaren Haustiere greifen würde.

Die Geschichte des *Wolfs* in der Schweiz behandelt das 108. Stück des Neujahrsblattes der Nationalen Gesellschaft in Zürich auf das Jahr 1906. Unter dem bescheidenen Titel «Zur Geschichte des Wolfes in der Schweiz» trug K. Bretscher eine Fülle von chronikalischen Berichten und Erzählungen zusammen, die, wenn auch nach seiner Meinung noch unvollständig, doch ein völlig hinreichendes Bild über den Wolf, sein Auftreten und seine Aktivität in der Schweiz geben. Die Durchsicht der Abenteuer und leider auch der Untaten der Wölfe im 15. bis 18. Jahrhundert können hier nicht wiederholt werden. Allgemein aber geht aus den Nachrichten hervor, dass Wölfe beinahe ausschliesslich in sehr kalten und schneereichen Wintern Schaden stifteten. Nach Bretscher gab es eine Zeit der allgemeinen Verbreitung des Wolfes in der Schweiz, die aber schon mit dem Beginn des 18. Jahrhunderts von der Periode des Rückganges und Verschwindens abgelöst wurde. Aus jener Zeit (1511) erzählt Bretscher aus einem Brief des Pfarrers Tobias Egli in Chur an Heinrich Bullinger, dass von Chur drei Töchter, welche Näherinnen gewesen, nach Zizers wollten, um dort zu nähen. Da seien plötzlich auf der Strasse einige Wölfe gekommen, hätten sie angefallen und niedergerissen und elendiglich umgebracht. Es sollen «gar ehrliche Töchter» gewesen sein.

Aus dem Jahr 1515 berichtet eine Zürcher Handschrift: In diesem Juli, als es sehr heisses Wetter gewesen sei, kamen nicht weit von Lausanne einige Wölfe über das Feld daher, wo zwei Hirtenknaben die Schafe hüteten. Die Wölfe fielen die Hirtenknaben an, verwundeten und töteten sie, taten den weidenden Schafen aber nichts. Wenn es Winterszeit gewesen wäre, so wäre dieses Vorkommnis nichts Aussergewöhnliches, fügt der Chronist bei. Weil das aber in dieser heissen Zeit geschah – weiss Gott, was es bedeutet. In vielen Berichten wird erzählt, wie in Höhlen oder Verstecken junge Wölfe gefunden, gefangen und getötet wurden, woraus hervorgehe, dass es sich hierbei um Standwild gehandelt haben müsse, oder doch um fremde Wölfinnen, die hier von der Gebärnot überrascht wurden.

1517 war eine so strenge Kälte, dass viele Leute erfroren und viele von den Wölfen gefressen wurden.

1597 waren vor den Toren Zürichs viele Wölfe und zerrissen Kinder.

1738 schrieb ein Petrus Müller in Jena eine «Dissertatio de persecutione Luporum oder von der Wolfsjagd». Sie war auch in der Schweiz verbreitet und wurde hier studiert und ist insofern interessant, als sich die rechtlichen Verhältnisse um die Vertilgung dieses gefährlichen Tieres mit denjenigen in den schweizerischen Kantonen im allgemeinen decken. Wölfe durften, im Gegensatz zum übrigen Wild, von allen Bürgern gejagt werden. Wer von einem Wolf angegriffen wurde, konnte diesen töten, ebenso konnte er es tun, wenn sein Vieh angegriffen wurde. Doch durfte man nicht in den Wald gehen und Wölfe suchen. Sodann folgen die rechtlichen Vorschriften für das obrigkeitliche Aufgebot zur Wolfsjagd. Die zur Wolfsjagd verwendeten Instrumente waren: Clavus = Kloben (eine Mordfalle), Sagitta = der Pfeil, Laqueus = die Drahtschlinge, Bombarda = der Selbstschuss, Retia = das Wolfsnetz oder Wolfsgarn, Fovea = die Wolfsgrube. Dazu kam, deutsch geschildert, der Wolfsgarten. Von allgemeinem Interesse ist die Erläuterung der Geschichte der Gründer Roms, Romulus und Remus. Lupa heisse nämlich ganz einfach eine meretrix, die scorta publica (öffentliche Huren) wurden Lupae genannt von den Römern. Daher wurden auch die Freudenhäuser als Lupanaria bezeichnet. Es sei auch überliefert, dass die Ernährerin von Romulus und Remus keine wirkliche Wölfin gewesen sei, sondern die Hure Laurentia, die Frau des Faustulus. Aber das hielten die Römer für schimpflich und glaubten lieber an die Aufzucht der Gründer Roms durch eine wirkliche Wölfin. Am Schluss verbreitet sich der Autor über Rechtsfragen, zum Beispiel «wem gehört das Fell des erlegten Wolfs?» Oder wenn A ein Schaf vom Wolf geschlagen wurde und B jagt es diesem ab, «wem gehört nun das Schaf?» Natürlich wird auch die Werwolfsfrage erörtert. Besonders in Graubünden gab es viele Sagen und Geschichten von Männern und Frauen, die sich in Wölfe oder Füchse verwandeln konnten und als solche grossen Schaden am Vieh taten. Als Beispiel einer Bündner Werwolfsgeschichte sei der Bericht über den Wolf von Obervaz aus Sererhards «Delineation aller Gemeinden gemeiner drei Bünden» kurz resümiert:

Es trieb sich ein grosser Wolf um Obervaz herum, der den Bauern die Schafe zerriss. Daneben war er wiederum ganz zahm, ging an den Brunnen und lappte Wasser vom Rohr. Die Bauern stellten dem Wolf oft nach, aber wenn sie schiessen wollten, gingen die Flinten nicht los, und wenn die Bauern vom Jagen müde waren, sahen sie den Wolf plötzlich am Dorfbrunnen, wo er wieder Wasser vom Rohr lappte. Schliesslich kam ein Tiroler Messer- und Scherenschleifer nach Obervaz, und diesem klagten die Leute ihr Ungemach. Er aber lächelte bloss und sagte, er wolle ihnen schon helfen, doch müssten sie ihn vor allen Folgen seines Vorgehens schützen. Das versprachen die Leute auch. Hierauf befahl der Tiroler, ein Brett aus einem verfaulten Sarg zu suchen, worin ein Astloch sei. Er erweiterte das Loch, steckte das Rohr einer Flinte durch, gab alles einem Mann, sagte, er solle auf den Wolf schiessen, wenn dieser wieder an den Brunnen käme. Das tat er denn auch und siehe, das Gewehr ging mit fürchterlichem Krach los und der Wolf war getroffen. Aber da lag kein Wolf mehr, sondern der einzige Kapuziner von Obervaz, der dort Seelsorgerdienst getan hatte, mit seinem grossen Bart und war mausetot. Alles war furchtbar erschrocken, doch wusste man keinen anderen Rat, als die ganze Geschichte zu vertuschen...

Dergleichen Geschichten zirkulierten früher als Sagen in Graubünden viele, nur waren es meist Hexen oder böse Zauberweiber, die in Wolfs- oder Fuchsgestalt ihren Feinden im Dorf Schaden zufügten.

Richtig – es sind nur Sagen. Aber ohne Wölfe keine Werwolfgeschichten!

Im Neujahrsblatt der Naturforschenden Gesellschaft Zürich 1824 wird der Wolf bereits als Wechselwild bezeichnet, der seltener in den Bergen, zuweilen in Graubünden und Wallis, relativ am häufigsten in der Waadt, dem Kanton Bern, im Pruntrutischen und im Kanton Basel gespürt werde. Im Sommer seien sie überhaupt nicht auf Schweizer Gebiet, streiften vielmehr aus dem benachbarten Frankreich und dem Elsass herüber, täten nicht selten bedeutenden Schaden und fielen sogar Menschen an. In der Schweiz seien aber Wölfe nie sehr häufig gewesen, es müsste denn schon in den frühesten Zeiten gewesen sein. Dann folgten die Zitate aus Stumpf (1564) und Gesner samt der bekannten Geschichte aus dem Jahre 1537, als die Wölfe im Appenzellischen grossen Schaden taten und ihre Bisse so giftig waren, dass Menschen, welche von ihnen gebissen wurden, wie Wölfe heulen mussten und dann starben. Auch seien im Rheintal und in Bünden die Wölfe zu Gesners Zeiten häufig und ganz schwarz gefunden worden.

In der Jagdausstellung 1883 in Zürich waren Wolfsgarne zu sehen samt Spiessen, die an die Treiber ausgeteilt wurden. Allgemein erging es den Wölfen auf Schweizer

Gebiet nicht sehr gut. Hier eine Wolfsjagd als Beispiel aus Alfred Jann's «Jagdwesen in Nidwalden»: 1730 wurden Spuren eines Untiers am Stanserhorn bemerkt. Kurze Zeit darauf sah man einen Wolf samt Jungen bei Thalenwil. Eines Morgens läutete es Sturm in Stans. Gemäss Bürgerpflicht erschienen die Mannen mit ihren Rohren. Man zog aus. Die Gegend, wo der Wolf gespürt worden war, wurde mit Garnen umspannt, mit Schützen umstellt und das Treiben begann. Der Wolf hatte sich aber schon über die Berge ins Obwaldnerland zurückgezogen. Ein halbes Dutzend gute Schützen erhielt Auftrag, ihn weiter zu verfolgen. Umsonst. Nach acht Tagen gab der Rat die Weisung, die Jagd bis auf weitere Order einzustellen und unterdessen dem Wolf weiter nachzuspüren.

Kurz darauf deponierte Franz Lussi, er habe das Tier in grossen Sprüngen gegen den Kniry-Käppeli laufen gesehen und habe noch seiner und Balz Jollers Frau zugerufen: «Schauet, schauet, der Wolf lauft dort oben duren». Weitere Zeugen folgten, dann sah man ihn nicht mehr. Die Jagd wurde gänzlich eingestellt.

Der Wolf aber erlag einige Monate später einer in Obwalden privat veranstalteten Jagd. Es war der letzte Wolf in Nidwalden. Er hatte ein Schaf gerissen und zwei Rinder über die Fluh gesprengt und weiterhin Schafe und Geissen getötet. Aber obschon die Obrigkeit eine hohe Prämie auf ihn gesetzt, hatten sich weder die Schützenbrüder noch die Jagdgesellschaft darum gekümmert. Die Regierung solle die Jagd nur auf eigene Kosten betreiben, hatten sie gesagt. Es sei ein schreckliches Untier gewesen, sein Aussehen sei derart gewesen, dass einer vom blossen Anblick schon krank geworden sei. Was er mit seinen wie ein Eisenrechen aussehenden Zähnen berührt habe, sei auf der Stelle verfault.

In den ersten Tagen des Januars 1834 hatte ein Wolf die Obwaldner Grenze überschritten und bei der Brücke in Sarnen zwei Hunde getötet. Nun zog man mit 140 Mann aus und umzingelte sein Lager. Doch der Schlaumeier wusste sich zu helfen, nahm einen fürchterlichen Satz, sprang über die Mannschaft hinaus und gewann das Freie. Die Jäger gaben die Sache aber nicht auf und verfolgten den Wolf hartnäckig vier Monate lang. Schliesslich wurde das abgehetzte Tier im April von 50 Jägern und 130 Treibern in die Enge getrieben und von Sebastian Siegerist erlegt. Es war ein wirklicher Veteran, der überall Spuren bestandener Kämpfe aufwies. Er trug die Narben mehrerer Streifschüsse, ein Ohr war durchlöchert, ein Fangzahn fehlte ihm und ein in einem Wolfseisen zurückgelassener Fuss. Blumenbekränzt erschien dann der Schütze mit dem erlegten Wolf auf dem Rathaus in Stans. Er erhielt 33 Gulden und die Träger 12 Gulden anstatt einem Trunk.

In manchen Kantonen wurde von den glücklichen Wolfsjägern ein Wolfsgeld von den Bauern eingezogen. Doch schon 1725 beschwerten sich einige Gemeinden deswegen. Im Kanton Basel wurde das Geld nach dem Viehbesitz der Bauern abgestuft, so dass «von einem Besitzer eines Zuges 1 s, von einem Tauner, der nur eine cum venia Kuh hat, 6 d verlangt wurden, von einem Geissbauern aber nur 4 d» (Handschriften, Staatsarchiv Basel). Weil man aber wusste, dass die Wölfe, die ins Baselbiet eindrangen, im Frühjahr von selber wieder verschwanden, war man von der Wolfsjägerei nicht sehr begeistert. In Waldenburg hatte 1663 eine Wolfsjagd mit Trommeln und Trompeten und anderen Lärminstrumenten stattgefunden, da gab es Beschwerden wegen der Störung des Nutzwildes im Winter. Anno 1806 war auf einer gemeinschaftlichen Jagd, zu der der Landvogt aufgeboten hatte, ein Wolf erlegt worden. Der Vogt wandte sich hernach an den Bürgermeister und Rat in Basel, wem das Schussgeld von 60 Franken ausbezahlt werden sollte. Der erste Schuss von Johann Gisler habe den Wolf gefehlt, der zweite von Heinrich Frey von Sissach habe getroffen, den Wolf aber nicht getötet. 70 Schritt weiter habe Hans Mundwyler geschossen, allein der Wolf sei noch fortgelaufen und erst 30 Schritt weiter auf des Ritters Schuss gefallen. Es seien dann aber noch mehrere Schüsse abgegeben worden, als der Wolf bereits tot am Boden lag. Der Entscheid des Rates war, der Jäger Frey und der Jäger Mundwyler sollen jeder einen Teil des Schussgeldes erhalten. Des weiteren gab der Rat Anordnungen wegen des Einzugs des Wolfsgeldes in allen Haushaltungen und dass man den Wolf gegen Geld sehen lassen durfte.

Auch 1816 hatte man im Allschwilerwald einen Wolf gespürt und der Statthalter Gysendörfer hatte zur Jagd aufgeboten: morgens 8 Uhr im Neubad. Es fanden sich die mit Namen aufgebotenen bestbekannten Schützen und Jäger ein, aber auch einer namens Peter Meyer, genannt Krayenmeyer, der nicht geladen war, mit Flinte und Weidsack. Der Statthalter wollte ihn nicht dabei haben, weil er vorbestraft war mit Gefängnis und sogar Zuchthaus. Statthalter Gysendörfer fragte den Krayenmeyer, weshalb er sich hier, bei geschlossener Jagdzeit, so jägerisch ausgerüstet einfinde. Dieser antwortete, es sei ein Recht von jedem Bürger, bei der Wolfsjagd mitzumachen, er wolle auch mit. Der Statthalter machte ihn darauf aufmerksam, dass das Treiben von Amtes wegen veranstaltet sei und niemand unaufgefordert mitmachen dürfe. Da sagte der Krayenmeyer, er lasse sich von niemand nichts befehlen, kurz – die Jagd begann, und die Schützen zogen dem Allschwilerwald zu, aber zum Krayenmeyer hatten sich ein paar junge Burschen geschlagen, die ebenfalls in den Wald trotteten. Schliesslich gab man dem Landjäger den Befehl, dem Meyer die Flinte abzunehmen. Der aber wehrte sich, es kam zum Raufen, schliesslich musste er das Gewehr loslassen. Seine Begleiter wurden bei Androhung einer ähnlichen Behandlung aufgefordert, sich zu entfernen. Da gingen sie. Der Krayenmeyer aber wurde durch den Landjäger einstweilen nach Arlesheim gebracht und dort in Verwahrung gegeben. Nach Beendigung der Jagd, die aber nicht zur Erlegung der Wölfe geführt hatte, musste Landjäger Stürchler nach Arlesheim, um den Meyer auf freien Fuss zu setzen. Der Stürchler aber kam bald zurück und erklärte, der Meyer sei schon um die Mittagszeit freigelassen worden und sei mit dem Wächter in verschiedenen Wirtshäusern gewesen, sei betrunken und habe dem Wirt seinen Weidsack versetzt. Auch der Wächter Suter war besoffen und musste gleich ins Prison. Am andern Tag wurde er einvernommen, bat um Entschuldigung, er sei ein guter Freund vom Krayenmeyer und habe nicht geglaubt, etwas Sträfliches zu tun. Er wurde seines Wächterdienstes entsetzt und drei Tage in den Turm gesperrt.

Das sind alte Wolfsjagdgeschichten aus dem Baselbiet, woraus hervorgeht, wie die Jagd nach den «Untieren» schon längst, wohl schon 300 Jahre lang ihre Schrecken verloren hatte und beinahe zu einem fröhlichen winterlichen Anlass mit jagdsportlicher Pointe geworden war.

1908 sagt G. v. Burg in seinem grossen Artikel über die aussterbenden Tiere der Schweiz: «Der Wolf gehört kaum mehr zu den Tieren unseres Landes. Es kann zwar vorkommen, dass er von Frankreich herüber in unseren Jura gelangt, doch ist seit Jahr und Tag kein solcher Fall mehr bekannt geworden.»

Woher der allerletzte Wolf, dessen Raubzüge am 26. April 1946 begannen, gekommen ist, blieb unbekannt. Vielleicht aus Lamparten (Lombardei), wie Stumpf seinerzeit meldete, vielleicht aus Savoyen. Die lange, zweijährige Geschichte des Wolfes von Eischoll erzählte Abbé Mariétan im Bulletin de la Murithienne und Prof. Hediger in seiner Jagdzoologie. Darum soll hier nicht wiederholt werden, wie man im Wallis vergeblich dem «Untier» nachstellte, es für einen Luchs, dann für einen entsprungenen Panther aus einer italienischen Menagerie, dann gleich für eine ganze Familie von Panthern gehalten hat, wie man Pfotenabdrücke von Grosskatzen, sogar vom Löwen Bobbi im Basler Zoo als Vergleichsmaterial herstellen musste, wie als

«Sachverständiger» der Dompteur Fernando wirkte und wie dann schliesslich der Wolf bei Eischoll am 27. November 1947 erlegt wurde. Das Komische dabei war, dass die Geschichte von Albin Brunner, dem «glücklichen Schützen», der angeblich das Gescheide einer Kuh ausgelegt haben sollte und den Wolf dabei schoss, gar nicht wahr war. Der letzte Wolf in der Schweiz wurde nämlich von Marinus Brunner, dem Onkel von Albin, erlegt. Er hatte in geschlossener Jagdzeit den Leichnam eines zu früh geborenen Kalbes ausgelegt, um ein wenig Füchse zu wildern. Statt eines Fuchses schoss er dann den Wolf, der sich an dem toten Kalb gütlich tun wollte. Da Marinus Brunner natürlich keine Jagderlaubnis hatte, erfand er die Geschichte von seinem Neffen Albin, um die Formalitäten wegen der Prämienauszahlung etwas zu vereinfachen. Die Prämie betrug immerhin 500 Franken. Man lese die Geschichte bei Hediger nach, sie ist es wert!

Schliessen wir den Abschnitt über den Wolf mit zwei Zitaten, die mehr als jede ausführliche Schilderung die Empfindungen wiedergeben, die gegenüber dem Wolf gehegt wurden. Das eine Zitat stammt von Caspar Rohrdorf (1836) und lautet: «Es gibt kein Tier in ganz Europa, welches verhasster und verworfener ist als der Wolf… Kein einziges vierfüssiges Tier, soviel mir bekannt ist, frisst sein Fleisch, als er selbst und die Maus, und seine Haut gilt nicht einmal so viel als die des Fuchses. Es wäre also nicht der Mühe wert, auf dieses Scheusal Jagd zu machen, wenn nicht ein schönes Schussgeld auf ihn geboten wäre.»

Und das andere Zitat, womit Dr. K. Bretscher seine prächtige Schilderung abschliesst: «Dem Wolf gegenüber allerdings wäre Sympathie und Schonung wenig angebracht gewesen, und wir wollen unseren Vorfahren Dank wissen, dass sie uns von dieser Plage befreit haben.»

Bär und Luchs wurden im neuen Bundesgesetz geschützt, aber an den Wolf dachte niemand.

Vom *Luchs* ist nicht viel zu erzählen. Was zoologisch von ihm bekannt ist, lese man in Hedigers Jagdzoologie nach. Dass der letzte Luchs 1872 im Val d'Uina erlegt worden sei, berichten die meisten Schilderungen, doch ist nach Dr. Mariétan 1894 noch ein Luchs im Simplongebiet geschossen, endlich sei noch 1909 ein Luchs im selben Gebiet beobachtet worden. In der Gemeinde Ennenda (Glarus) glaubte man 1958/59 einen Luchs zu spüren. Wir kennen Jäger, die davon überzeugt sind, dass jetzt noch Luchse in verborgenen Stellen des Alpengebiets leben, aber das sind Fiktionen. Alle Bemühungen, aus Archiven oder Dokumenten Berichte von Luchsjagden und -erlegungen aufzutreiben, scheiterten. Wie der Ausrottungsfeldzug gegen diese grösste Raubkatze unserer Berge vor sich gegangen ist, berichtet die Monographie von K. Eiberle. Bären- und Wolfsjagden wurden nicht selten geschildert, Luchs- und Wildkatzenerlegungen sehr selten. Das Neujahrsblatt der Naturforschenden Gesellschaft Zürich von 1822 berichtet, dass «alte Chroniken» sagen, der Luchs sei einst bis in die Gegend von Zürich vorgedrungen, 1654 sei einer nahe beim Katzensee und 1672 einer bei Hedingen geschossen worden, allein seit undenklichen Zeiten sei er in unseren Gegenden ganz ausgerottet. Doch «noch jetzt werden oft in Bünden in einem Winter 6 bis 7 Luchse geschossen, wo man sie sogar isst», fährt das Neujahrsblatt weiter.

Über die Geschichte der Ausrottung des Luchses in der Schweiz stellte K. Eiberle mit Hilfe von zahlreichen Persönlichkeiten die erreichbaren Daten zusammen, woraus das allmähliche Verschwinden des Luchses ersichtlich wird. Bis etwa zum Jahr 1700 kam der Luchs im Jura und vereinzelt im Mittelland vor, am häufigsten jedoch in der Gegend des Vierwaldstätter Sees und in der Innerschweiz, also im nördlichen Voralpen- und Alpengebiet. Dort konnte er sich bis etwa 1750 halten. Von 1800 an bis 1909 war er in die südliche Alpenzone, nach dem Wallis und nach Graubünden abgedrängt. Dort fielen die letzten Luchse dem Blei der Jäger zum Opfer.

1872 am 3. Mai wurde einer der letzten im Val d'Uina angeschossen, ein paar Tage später wurde dieser bei Nauders im Tirol verendet aufgefunden. Im gleichen Jahr wurde ein Luchs im Engadin geschossen, 1882 ein anderer im Albulatal, 1894 starb ein noch jüngerer Luchs am Weisshornpass im Simplongebiet. Er gilt als letzter Luchs auf Schweizer Boden. Beobachtungen sind unsicher.

Der Luchs ist in der Schweiz aus zwei Gründen erbarmungslos vernichtet worden. Erstens wegen seines Schadens am Kleinvieh, Schafen und Ziegen, unter denen er viel mehr schlug, als er verzehren konnte. «Man hat Beispiele, dass ein Luchs in einer Nacht 3 bis 4 Schafe oder Ziegen tötete, da diese Tiere auf den Alpen im Sommer die ganze Nacht im Freien sind, so kann es ihm nicht schwer fallen, sie im Schlafe zu beschleichen. Erst trinkt er das Blut, dann verzehrt er die Eingeweide und etwas vom Kopf, Hals und den Schultern, das Übrige lässt er liegen...» Der zweite Grund, weshalb ihm die Jäger nach Kräften Abbruch taten, war sein Schaden am Nutzwild. «Weiter wird geschildert, wie der Luchs auf einem Baumast lauere und den vorüberkommenden Hirschen oder Rehen ins Genick springe, sich mit seinen Klauen festhalte und den Opfern Genick und Kehle zerfleische. Nicht nur das, er erbeute Hasen, Dachse, Murmeltiere, Auerhühner, Birkhühner, Haselhühner, selbst Mäuse verschmähe er nicht. Menschen sei er ungereizt nie gefährlich geworden, freilich solle er schon Kinder angefallen haben.

Gejagt wurde der Luchs auf Treibjagden, teilweise auch mit Selbstschüssen und Fallen, die ungeködert auf seine Wechsel ausgelegt wurden, weil der Luchs nie an Aas geht. Leicht war seine Erlegung in der Ranzzeit. Die liegt, wie bei den Katzen, im Februar und März. Dann verrät der Schnee in den Bergen natürlich noch immer seine Fährte, dazu sein lautes Paarungsgeschrei seinen Aufenthalt.

Die Jagd auf den Luchs war bei nicht allzuhohem Schnee am einfachsten, weil man dann seiner leicht kenntlichen Katzenfährte folgen konnte. Rohrdorf (1836) meint, die kürzeste und sicherste Jagd sei mit einem guten Fährtenhund, doch solle man nicht erwarten, dass der Luchs sogleich baume, wie man allgemein sagen höre. Er lasse sich im Gegenteil oft viele Stunden lang von den Hunden jagen. Wenn der Luchs endlich baumt, so verrate dies der Hund damit, dass er sich am Stamm aufrichtet und ihn verbillt. Auch sehe man die Krallenspuren an der Rinde. Den gebaumten Luchs, fährt Rohrdorf fort, hat man aber noch lange nicht, manchmal zeigt er sich erst nach 6, 8, sogar 9 Schüssen, die man in das dunkle Geäst der Tanne richtet. Die Pirsch auf den Luchs ist nur bei Schnee lohnend. Erreicht man nichts, so schreite man zur Hetze. Will man den Luchs im Berliner Eisen fangen, so lohnt es sich nur auf seinem eigenen Riss. Sonst benützt man als Köder ein angebranntes Federwild oder man versuche es mit einer Schleppe, wozu sich ein frischer Hase eignet (?). Soweit Rohrdorfs Anleitung zur Luchsjagd.

Dem Verfasser sind nur wenige Luchsgeschichten bekannt. Im «Walliser Volksfreund» 1968 wird von einem Luchs im Eifischtal vom Jahre 1866 berichtet, der dort einen Mann bedroht und diesen bis zum Dorf Vissoye verfolgt habe. Am 7. März 1866 habe der Chef der Minenarbeiter der Firma Ossent und Co. die Fährte dieses Raubtiers entdeckt und habe sich mit sieben Arbeitern zu dessen Verfolgung aufgemacht. Der Luchs sei entdeckt und umzingelt worden. Endlich habe ihm Elie Monnet von Ayer einen Schuss mit Wolfsposten in den Rücken gejagt. Der Luchs sei zusammengebrochen, habe sich aber noch weiterschleppen wollen. Da habe ihn Monnet an der Gurgel gefasst und habe mit ihm gerungen. Der Luchs habe seinem Jäger einen Finger durchbissen, doch konnte ihn Monnet endlich erlegen. Man habe dem Bergmann 100 Franken gegeben; es sei ein wahres Prachtsexemplar von einem Luchs gewesen, der schon alt gewesen sei, aber sicher bereits 1860 im Wallis an verschiedenen Orten an Schafen Schaden gemacht hätte.

Neben dieser Walliser Luchsjagd sei noch eine solche erzählt, die der Verfasser vom Sohn dessen hörte, der sie mit seinem Bruder erlebt hat. Eigentlich seien sie selb Dritt gewesen, aber eben der Dritte habe nach dem vergeblich verlaufenen Morgen und Vormittag nicht mehr an den Luchs geglaubt, das heisst, nicht mehr daran, dass sie ihn in den hohen Fichten noch finden würden. Die Luchsfährten hatten sie in dem halbfusshohen Neuschnee zwar gefunden, aber gegen Mittag war dieser erste Oktoberschnee draussen im Weidland zerronnen und im Wald zusammengesunken, jetzt konnte man der Fährte nicht mehr folgen. «Derselb ischt schu weiss wie wit, de chu me nümme finde», sagte der Friedli, «i gune jetz hei, ha nuch en Hufe z'tuä». Er war der einzige Glarner bei dem Kleeblatt gewesen, die beiden anderen waren von hier, von Sur En, und hiessen Giachen und Stefan Lenz. Sie hätten auch zu schaffen gehabt daheim, aber sie waren jetzt einmal auf der Jagd, und das war schöner.

So trennten sich die Männer nach dem Mittagsimbiss, der Glarner ging talwärts, die beiden anderen stiegen wieder den dunkeln Wald ins Nebental empor, wo sie am Morgen die Luchsfährte bis zu einer riesigen Fichte verfolgt hatten. «Ich wette, der hockt noch immer da oben», verkündete der Giachen, «nur sehen kann man ihn nicht in der dichten Krone, wo alles schwarz ist». «Also lassen wir einen Schuss ab auf gut Glück», meinte der Stefen, «vielleicht rührt er sich dann und wir finden ihn». «Oder er steigt noch höher und dann erreicht ihn nicht einmal eine Kugel mehr, weil sie einfach in den Ästen steckenbleibt. Lieber hol' ich den Hund aus der Säge, der findet vielleicht die Fährte wieder. Jetzt such' ich ihn zuerst noch einmal mit dem Glas.» Und damit legte sich der Giachen auf den Rücken in die feuchte Nadelstreu, knorzte mühselig ein altes verbeultes Fernglas aus dem Kittel und begann damit das dunkle Astwerk der Fichte abzuspiegeln. Der Stefan hatte gespannt gewartet, dann wurde es ihm zu lang: «Gib her, ich will's auch einmal probieren», verlangte er und kniete neben dem anderen nieder. «Da», brummte Giachen und reichte ihm das Ding, rappelte sich vom Boden auf und kauerte sich neben seinen Bruder. «Da oben ist er nicht, ich will den Hund holen, in anderthalb Stunden bin ich wieder da.» «Und bis dann ist es bald Nacht. Wir haben die Fährte bis zum Baum gehabt, mehr findet der Hund auch nicht, und wenn er auch am Baum aufsteht und bellt wie verrückt, hockt der Luchs droben im Wipfel und ist sicher.»

Jetzt kauerten die beiden unter dem Baum. Ihr Gespräch hatten sie leise geführt, als ob sie der Luchs dann nicht hören könnte. Natürlich hatte das Raubtier die beiden Männer längst eräugt und reden hören. Aber es war eben ein Wildtier und kein Mensch. Es hatte Zeit, weil es keine Uhr hatte und kein Ziel. Nur die Menschen haben ein Ziel und weil sie es erreichen wollen, haben sie keine Zeit. Darum lag der Luchs auf einem der dicken, harten Äste der dritten Bergfichte von dem dicken Baum entfernt, unter dem die Brüder Lenz hockten. Er war in der Höhe von Krone zu Krone gesprungen wie ein Eichhorn. Längst schmiegte er sich in das Geäst eines ganz anderen Baumes, als es seine Prankenabdrücke im Schnee verrieten. Zudem war jetzt, mittags um zwei, der Schnee getaut, es war wärmer geworden, obschon die Sonne nicht durch die Wolkendecke drang.

Da hatte Giachen eine Idee. Er war schliesslich der ältere. «Und wenn er von Baum zu Baum weiter wäre», sinnierte er, «das könnte er vielleicht»! «Warum hätt' er sollen», wendete sein Bruder ein, «das müsste er ja nur, wenn er sich hier nicht verbergen könnte, aber in der schwarzen Krone hier...». «Ich such' doch noch die andern ab», beharrte Giachen, griff nach seinem Zauberglas, richtete sich auf und trampte davon. Ringsum musterte er lange die dunklen Wipfel, dann hatte er Erfolg. Beim dritten Stamm blieb er stehen und wies mit ausgestrecktem Arm nach oben. Rasch eilte Stefen zu ihm – dann sah er die grosse Katze auch. Eng an den Ast gedrückt, als langen dunklen Klumpen. Und dicht am Stamm ein rundes Katzengesicht, das ohne die leiseste Bewegung zu den beiden Verfolgern herabblickte.

Eine Zeitlang waren die Brüder Lenz von dem Anblick wie gebannt. Zuerst griff Giachen langsam nach seinem Gewehr, als ob er fürchtete, den Luchs durch eine rasche Bewegung zu vertreiben. Langsam hob er den Lauf und richtete ihn nach oben. Stefen hatte seine Büchse zwei Bäume weiter unten, lief gebückt nach ihr. Da krachte Giachens erster Schuss, und wie durch Zauberei war das Katzengesicht verschwunden. Jetzt keuchte Stefen heran und sah gerade noch, wie sich der Luchs zum Sprung auf den höheren Ast aufrichtete. Stefen schoss, der Luchs fasste den oberen Ast mit den Vorderpranken, sprang aber unsicher. Von den Ästen herab tropfte es von zerronnenem Schnee, aber jetzt nicht nur Schmelzwasser, auch dunkles, rotes Blut. «Hat ihn getroffen», hauchte Stefen aufgeregt. Wieder krachte Giachens Büchse, dann Stefens Rohr. Beim fünften oder sechsten Schuss stürzte der Luchs, lag unterm Baum und atmete noch. Es war ein noch junger Kuder. Giachen gab ihm den Fangschuss...

So ungefähr berichtete der Sohn von des Vaters Luchsjagd. Erzählt habe ich sie, wie sie einem Menschen verständlich sein kann, der nicht, wie ich, der bei Tag und Nacht in den Bergwäldern umhergestrichen ist und glücklich war, ein Tier zu sehen. So mag wohl manche Luchsjagd in den Bergen verlaufen sein, ohne Spannung, ohne Kampf mit dem Raubtier, wie in so vielen Bärengeschichten, auch ohne lautes Treiben, wie auf Wölfe, ein schlichtes Suchen und Töten.

Darum sind in den Schweizer Aufzeichnungen so wenig Schilderungen von Luchsjagden zu finden.

Man glaubt, der Luchs vermehre sich neuerdings in Norwegen und Polen wieder und sei im Begriff, sein Verbreitungsgebiet nach Westen auszudehnen. «Hoffentlich können wir bald die ersten Luchse in der Bundesrepublik begrüssen», meint Grzimek optimistisch und traut der Weidgerechtigkeit der deutschen Jäger mächtig viel zu, weil der Luchs unter Jagdschutz gestellt ist. In den Schweizer Bergen hat man Luchse bereits wieder ausgesetzt, angeblich illegitim auch im Nationalpark. Dort aber sind selbst milde Winter viel zu schneereich, als dass er sich halten könnte. Zudem beherbergt der Nationalpark keineswegs einen so hohen Bestand an Niederwild, besonders an Rehen, dass sich ein Luchs davon ernähren könnte. Allgemein empfindet das Friedwild Gebiete, worin sich Grossraubwild herumtreibt, als unwohnlich und zieht sich zurück, wandert auch ab. Das wäre für den Nationalpark sehr zu bedauern.*

Über die *Wildkatze* hat 1946 Hans Zollinger (Zürich) die massgebliche Studie veröffentlicht. Er stellt die Frage: «Die Wildkatze in der Schweiz ausgestorben?» und hofft, sie habe sich vielleicht im Jura, wo sie 1943 noch erlegt wurde, halten können, während Stemmler in Schaffhausen davon überzeugt ist, dass die Wildkatze in der

---

* Im Jahre 1965, als man im Fricktal Rehe fand, denen der Kopf fehlte, sprach man vielfach wieder vom Luchs, der das getan habe. D. Burckhardt schrieb in der Schweizerischen Jagdzeitung von der Möglichkeit, dass sich der Luchs in der Schweiz wieder einfinden könnte. Er zitierte russische und andere Stimmen, die dem Luchs einen nur geringen Jagdschaden und so gut wie keinen solchen an Haustieren zuschreiben. Trotzdem scheint es nach alten Berichten unsicher, ob sich der Luchs in der Schweiz doch an das Vieh der Alpweiden halten würde, weil mit Ausnahme von Banngebieten und dem Nationalpark die Wildbestände der Berge ihn kaum ernähren könnten. Nach Angaben aus dem Hohen-Tatra-Nationalpark fallen den dortigen 25 Luchsen neben kleiner Beute von einem Bestand von 760 Stück Rotwild jährlich etwa 14 und von 390 Rehen etwa 14,7 zum Opfer, Gemsen nur ungefähr 4,3 Stücke.

Schweiz ausgerottet sei. Im Aargau wurde ab 1. September 1890 das Schussgeld für eine Wildkatze von 20 auf 10 Franken herabgesetzt. Trotzdem wurden im gleichen Jahr noch zwei Stück erlegt und prämiert. Es wurde auch durch das Bezirksamt und durch Jäger konstatiert, dass im Bezirk Rheinfelden, namentlich in den grossen Staatswaldungen, immer noch Wildkatzen vorkommen – so der Regierungsbericht. H. Zollinger erwähnt ihn auch, ebenso die Wildkatze von Mollens (Waadt), die 1897 ins kantonale Museum kam. Aber damit sind die historischen, amtlich notierten Wildkatzenerlegungen erschöpft. Alle anderen waren viel früher erfolgt. Nach Bächler sind im St. Gallischen und im Appenzell die Wildkatzen schon seit 200 Jahren ausgestorben.

Der Hass, mit dem die Wildkatze von der Jägerschaft verfolgt wurde, ist geradezu lächerlich. Denn jeder kräftige, schwere Bauernkater tut der Wildbahn genau denselben Schaden. Der starke Wildkater erbeutet Rehkitze, alle Marder, Hasen, Eichhörnchen, Ratten, Wildhühner, alle Kleinvögel, Fische und natürlich Mäuse. Schon zu Rohrdorfs Zeiten musste ein Jäger, der Lust hatte, auf die wilde Katze Jagd zu machen, die Bergwälder des Jura besuchen, «so wird er hin und wieder dieses Mordtier antreffen.» Um es aber zu erbeuten, wartet er am besten eine Neue (Neuschnee) ab, denn nur dann vermag er die Fährte einigermassen zu halten. Es ist keine Kleinigkeit und erfordert viel Geduld und Jagdeifer, all den Gängen und Widergängen eines suchenden Kuders zu folgen, wenn er gebaumt hat, durch Umkreisen der Stämme die Fortfährte auszumachen. «Findet man, dass sich eine gebaumet hat, so muss man nicht glauben, dass dieselbe wirklich in der Nähe sei... oft baumt sich eine Katze zwei bis drei Mal, teils um ein bequemes Nest zu finden, teils um eine Beute zu erhaschen, ehe sie sich lagert; nun aber ist die Frage: 'wo?'» Der Übelstand ist nämlich, dass die Katze auch überast auf den nächsten Baum springt, wie ein Eichhörnchen. Hat der Jäger einen Hund bei sich, baumt der Wildkater wohl ausnahmslos auf, sucht sich auf einen Ast zu drücken, indem er sich flach daran anschmiegt. Da er sich dort für sicher hält, holt ihn der Jäger mit Fuchsschrot herunter. Nach Zollinger soll er auch auf die Hasenklage springen. Andere empfehlen das Teller- oder das Berlinereisen. Als Kirrung diene am besten ein Vogel.

Während noch der alte Diezel den Abschnitt über die Wildkatze mit dem bezeichnenden Satz beginnt: «Zum Heile für unsere Wildbahnen ist die Wildkatze ziemlich selten geworden», empfiehlt Raesfeld, der eine Wildkatze im Eisen findet, sie wieder laufen zu lassen, weil sie so selten geworden sei: «Seien wir froh, dass sich die Wildkatze noch erhalten hat, und hoffen wir, dass wir sie in unseren Wildbahnen noch lange beobachten können.»

Im schweizerischen Bundesgesetz über Jagd und Vogelschutz von 1963 ist die Wildkatze sogar geschützt, aber es ist damit wohl wie mit dem Güllenloch, das erst zugedeckt wird, wenn schon einer hineingefallen ist.

Der Fuchs

Es gibt wohl kein Wild, dem im Laufe der Jahrhunderte ein so hartes Schicksal beschieden war wie dem Fuchs.

Das jagdliche Interesse für den Fuchs begann in der Schweiz in höherem Massstab erst mit der Popularisierung der Jagd nach den Revolutionsjahren. Es war die Zeit der Vernichtung der letzten Grossraubtiere, als man sich anschickte, in der Schweiz nur Nutzwild für die Jäger überleben zu lassen, das Raubwild sollte verschwinden, alles sollte nur noch für den Schweizer Bürger da sein, jeder Has, die wenigen Rehe, die Feldhühner, die wilden Enten und all das übrige Getier, das zur Niederjagd zählt, alles für den Menschen, dem nach der Hl. Schrift Gott selbst die Tiere zum Gebrauch übergeben hatte. Und da mussten nicht nur Bär, Luchs und Wolf verschwinden, nein, natürlich auch «der Strauchdieb, der Erzgauner, der Schlingel, der Schelm und rote Halunke und Freibeuter», der Fuchs. Solche und ähnliche Titulaturen finden sich in den alten schweizerischen Jagdartikeln als Ausdruck urig weidmännischen Grolls gegen den Rotfuchs.

In der «Naturgeschichte der in der Schweiz einheimischen Säugetiere von Römer und Schinz 1809» sind als Jagdarten auf den Fuchs bloss «Ausgraben, Schiessen auf dem Anstand, Treiben, Schwanenhals und Tellereisen.» Doch damit sind die Methoden des Vernichtungsfeldzeuges gegen den Fuchs längst nicht erschöpft. Der alte Rohrdorf kennt 1836 viel mehr: Ausfährten und Schiessen vor dem Fährtenhund, das Sprengen, wobei man einen Hund in den Fuchsbau einschliefen lässt und den Fuchs so aus seinem Bau «sprengt», und ihn beim Ausfahren rasch schiesst, dann das Räuchern, wobei man ein Feuer beim Fuchsbau anzündet, die Glut in die Hauptröhre einschiebt, nachdem alle anderen Ausgänge verstopft sind, auf das glühende Holz alte Wollappen oder Strümpfe legt, die man zuvor womöglich mit Petrol übergossen hat, und nun die Hauptröhre auch zustopft. Dann findet man am anderen Morgen den Fuchs dicht hinter der Feuerstelle tot in der Röhre. Das Tier ist dann durch das sich im ganzen Bau verbreitende Kohlenmonoxyd erstickt worden. Weiter wurde gegen den Roten das Fuchsgraben angewendet, wobei noch lange alle die grausamen Instrumente, Käscher und Bohrer in Anwendung kamen. Dann das noch heute viel geübte Reizen mit Mauspfeife oder Hasenklage, wobei man den Fuchs auf dem Morgen- oder Abendanstand durch Nachahmen des Pfeifens von Waldmäusen oder durch das jämmerliche Quäken eines sterbenen Hasen lockt und dann schiesst, wenn er kommt. Weiter berichtet Rohrdorf von der Nachtjagd am Luderplatz aus der Schiesshütte, einer Jagdmethode, die nur im Winter Erfolg verspricht, wenn der Fuchs von Hunger gepeinigt ausgelegte Fleischbrocken aufsucht und dann aus dem Hinterhalt getötet wird. Dann kommt der Selbstschuss, schon ziemlich früh verboten, damals aber noch geübt, wobei der hungrige Fuchs beim Berühren des Köderfleisches einen Schuss auf sich selbst auslöst, was eine Art Falle wäre. Viel verbreiteter war der Schwanenhals oder das Tellereisen, daneben immer noch die alte Fuchsangel, die mit einem hoch hängenden Köder, worin das aufspringende Angeleisen verborgen war, den Fuchs an den Kiefern festhielt und aufhängte wie einen Fisch an der Angel. Nur war der Unterschied dabei der, dass der Fuchs stunden- und tagelang am Eisen hängen musste, bis der Jäger nachsehen kam. Immer noch bringt Rohrdorf den alten Schlagbaum, auch Kloben oder Mordfalle genannt, die ebenfalls geködert den Fuchs erschlug. Sogar Gift empfiehlt dieses alte Schweizer Jägerbuch, womit ausgelegte Köder tödlich wirken sollten. Als Gift nennt es «Krähenaugen», das heisst die Früchte der Brechnuss, Strychnos nux vomica, deren wirksames Gift das allbekannte

Strychnin ist. Endlos sind die in Jägerbüchern und -zeitschriften empfohlenen Rezepte zur Herstellung wirksamer Köder und Fallen und Gift, ebenso endlos auch die Schilderungen, um die Fallen zu stellen, damit der Fuchs das Eisen nicht wittern soll. Eine Zeitlang waren die «Weberschen Fallen» und die «Bornemannsche Witterung», beides deutsche Erzeugnisse, in der Schweiz berühmt und immer wieder empfohlen. Das Durchgehen alter schweizerischer Zeitschriften zeigt besonders deutlich den Wandel in der Beurteilung des Fuchses einst und jetzt. Keinen radikalen Wandel, und doch einen. Noch 1886 wurde ein Berner Bauer, der einen Fuchs im Bau mit einem schwelenden Petrollappen erstickte, weil er ihm an die Hühner gegangen war, freigesprochen. Und als sich 1891 Hermann Fischer-Sigwart für den Fuchs wehrte und ihn in einem Artikel «Nochmals der Fuchs, aber von der besseren Seite» verteidigte, salvierte sich die Redaktion der Jagdzeitschrift mit kritischen Anmerkungen vor dem Groll ihrer Leser und gab dem Jäger und Apotheker E. Fischer in Zofingen sogleich wieder das Wort zu einer wütenden Erwiderung gegen seinen Bruder, worin er die gewohnte wüste Schimpferei gegen den Fuchs repetiert. Aber der alte Naturschützer Fischer-Sigwart liess sich nicht mundtot schreiben. Auch er griff nochmals zur Feder. Mit «Der Fuchs – und zwar diesmal mit einem Seufzer» verteidigte er den roten «Übeltäter» und versuchte das wilde Jägerblut ein wenig zu dämpfen. Doch die Zeit war noch lange nicht reif dazu. Noch 1904 griff die «Diana» einen Einsender in einer Zürcher Zeitung heftig an, als dieser bedauerte, dass der Fuchs im neuen Jagdgesetz so gut wie vogelfrei erklärt wurde, und auf seinen Nutzen für die Landwirtschaft als Mäusevertilger hinwies. Das sei eine widerliche Liebedienerei an die Adresse der Bauern, polterte die Jägerzeitschrift los. Der Fuchs sei der grösste Schädling der Wildbahn. Erst letzthin habe ein Jäger einen Fuchs mit einem grossen Klumpen im Fang angetroffen. Der Fuchs sei geflohen und habe seinen Klumpen fallen lassen, und – woraus habe der bestanden? Aus zwei Hasen, einem Rebhuhn und einer Lerche! Also gleich zwei Hasen und noch ein Rebhuhn dazu – welcher Jäger sollte da nicht böse werden? Mit der Jagdfreiheit gegen den Fuchs des Bundesgesetzes 1904 war man einverstanden, nicht aber mit dem Giftlegeverbot, das immer noch drin stand. Schon 1887 hatte einer dagegen losgelegt und mit Zahlen bewiesen, wie nach einer richtigen Giftaktion gegen die Füchse sich die Hasenstrecken sofort verbesserten. Dasselbe «bewies» 1912 E. Fischer in Zofingen ebenfalls «statistisch». Gleich darauf warnte ein Jünger des Hubertus vor dem Gift, weil ihm seine Jagdhunde an vergifteten Brocken zugrunde gegangen waren, da sie nicht wussten, dass diese nur für den Fuchs dalagen. Dagegen freute sich ein anderer Beobachter, dass Füchse, die an Gift eingegangen waren, von den eigenen Artgenossen angeschnitten wurden, worauf diese dann ebenfalls zugrunde gingen. Und als es aufs neue Bundesgesetz von 1904 ging, veröffentlichten die Jägerzeitungen einen Artikel nach dem andern zugunsten der Giftbrocken. Strychnin sei überhaupt am schonendsten und quäle die Füchse viel weniger als Berliner- und Tellereisen, meinte einer. Drüben im Deutschen sei Giftlegen auf Schadwild gestattet. Man druckte deutsche Aufsätze ab, die den Wert einer richtigen Giftaktion beweisen sollten. Das Bundesgesetz von 1904 stellte dann wenigstens den Kantonen frei, vom generellen Giftverbot ausnahmsweise abzugehen. So viel hatte man doch durchgesetzt. Jetzt war die Stunde der «Heger» gekommen. J. J. Mumenthaler in Aarau gab eine detaillierte Anweisung, wie man's machen soll. Man gräbt einen Schacht in den Boden, kleidet ihn mit alten Brettern oder einfach mit einem alten Ofenrohr aus und wirft in das Loch stark stinkendes Fleisch oder ein ganzes Aas. Dadurch werden die Füchse angelockt, können aber nicht dran. Nach Schluss der Jagd, das heisst im Januar oder Februar, soll dann an dieser Stelle, die immer noch gut besucht wird, ein Giftbrocken hingezaubert werden. Als Gift empfiehlt er eine Strychninpille, die Herr Apotheker E. Fischer in Zofingen fabriziert, wobei das Strychnin in eine unschädliche Substanz eingehüllt sei und gefahrlos in die Hand genommen werden könne. Ein anderer «Heger» kriegte irgendwo heraus, dass die Füchse im Schnee sehr gerne den Skispuren folgen, weil sie dort leichter vorwärtskommen als im hohen Schnee. Er legte also ungeköderte Tellereisen in die Skispuren und rühmte den phänomenalen Erfolg. Ein anderer praktizierte die geköderten Tellereisen in seichtes Wasser an Bächen oder sonstigen geeigneten Stellen, damit der Fuchs das Eisen nicht wittern könne. Auch er rühmt den Erfolg seiner Erfindung.

Es gab aber auch Jägerstimmen *gegen* die Fallenstellerei. Einer verurteilte das Tellereisen hart und meinte, man könne den Schlingenfang der Wilderer nur dann als Gemeinheit bezeichnen, wenn man dasselbe auch vom Tellereisen sage. Er habe ein Bild gesehen, wie ein gefangener Fuchs das Eisen kilometerweit über ein Schneefeld geschleift habe in der Meinung, er könne dadurch entrinnen. Unter diesem Bild habe die Unterschrift gestanden «Des Raubwildjägers liebster Anblick».

Ein deutscher Jäger aus Schlesien versprach jedem, der ihm 5 Mark einsandte, ein unfehlbares Mittel anzugeben, um die Fähe (Füchsin) im Bau anzutreffen und sie samt den Jungen zu erlegen. Dann wieder schreibt ein Tierschützer gegen jagdliche Sünden, wozu er die Erlegung der säugenden Fähe zählt, weil die Jungen dadurch im Bau zum Hungertod verurteilt seien. Und doch gab es in allen Jägerzeitungen kaum ein Jahr, das nicht auf jede kommende «Fangsaison» immer wieder alte und neue Ratschläge zur Vernichtung der Füchse gab, oder mindestens einem oder mehreren Weidmännern Raum gewährte, um ihrem empörten Gemüt in kräftigen Worten gegen Reineke Luft zu machen. Hatte man keine eigenen Einsendungen, druckte man einfach ein Kapitel aus einem deutschen Jagdbuch ab, zum Beispiel aus Dr. Wurms Büchlein «Auf den Fuchs».

Die Bodenjagd auf den Fuchs und den Dachs würde Bände füllen. Sie hat es auch getan. Gegraben wurde weit mehr auf den Dachs als auf den Roten. Darum bekam der arme Grimbart den Käscher und den Bohrer auch mehr zu spüren als Reineke, obschon er bestimmt weniger Unheil unter der Niederjagd anrichtete als sein roter Vetter. Wenn allerdings beide in einem ausgedehnteren Bau hausten, was mitunter vorkommt, hatten beide nichts zu lachen.

Sprengen lässt sich der Fuchs fast immer, denn der Fuchs ist im Grunde keineswegs wehrhaft und entschliesst sich nur in höchster Not zum Kampf mit dem einschliefenden Hund. Auch die Hunde verhalten sich recht verschieden im Fuchsbau. Manchmal liegen sie stundenlang vor und verbellen den Fuchs, manchmal greifen scharfe Hunde rasch an, und dann kommt es unter der Erde zu blutigen Beissereien zwischen dem bedrängten Wild und dem Schliefhund. Für Hundeliebhaber war und ist das Schliefen ein hoher Sport. Schliefhunde wurden prämiert, und im Aargau und anderswo finden bis heute Preisschliefen statt, meist in Kunstbauten. Das wurde höchst wichtig genommen. Zuschauer gab es massenweise. «Alle Feinde des Erzschlingels, die zusahen, waren befriedigt», heisst es in einem Bericht über einen solchen hundesportlichen Anlass. Im Zentralblatt gab es oft lange Kontroversen über Kunstbauanlagen und das Preisschliefen, wobei der unglückliche, in den Bau gesetzte Fuchs von den Hunden abgewürgt werden musste. Bei solchen Preisschliefen wurde oft eine ganze Anzahl Füchse verbraucht, die noch sehr jung aus irgendeinem Bau geholt und aufgezogen worden waren. Solch zahme Tiere setzte man in den Kessel des Kunstbaues, dessen Röhrenweite und Länge fachgerecht abgemessen war, liess die Hunde ein – und dann mochte es eben gehen, wie es wollte. Entweder lag der Hund mit Wutgebell dem Fuchs vor oder würgte ihn ab, oder die beiden verbissen sich so dauerhaft, dass der Kessel abgedeckt werden musste. Dann steckte man die Kämpen, die nicht loslassen wollten, in eine bereitgestellte Wassertonne, um ihren Kampfeseifer abzukühlen. Der verwundete Fuchs wanderte wieder in den Kessel zu neuem Kampf, wenn er noch jappen konnte, der Hund wurde nach Punkten beurteilt usw. Eine sportliche Angelegenheit für Jagd- und Hundeliebhaber.

Nun, die Bodenjagd war von jeher keine Beschäftigung für zarte Gemüter. Aber sie gehörte für den passionierten Jäger zum Winter wie die Klänge der Axt in den Winterwald und der Knaster zur halblangen Pfeife. In mehr als einer Jägerzeitung finden sich die Clichés der Instrumente zur Bodenjagd, die teilweise heute verboten sind, aber einst stark gebraucht und von den Raubzeugvertilgern als unentbehrlich verteidigt wurden. 1913 war der Kampf um Fuchsschraube und Dachshaken losgebrochen. Auf der einen Seite standen diejenigen Bodenjäger, die auf ihre herkömmlichen Instrumente nicht glaubten verzichten zu können und ihrem Unmut gegen die «Tierschützler» mit lautem Geschimpfe Luft machten. «Wenn Tierschützler ihr Stekkenpferd zu reiten beginnen, stehe ich auf und gehe weg. Gegen Fanatismus kämpft die Vernunft umsonst», schrieb ein altgewohnter Bodenjäger. Aber die «Vernunft» sah in diesem Fall wirklich nicht schön aus.

Da entschloss sich ein Berner Jäger zur Schilderung der Wahrheit über die in Frage stehenden Bodenjagdinstrumente. Auslöser dieser scharfen Kontroverse war eine Schilderung eines Jägers über die Anwendung der Fuchsschraube im Kanton Bern: «Nach scharfer Hetze war ein Fuchs zu Bau gekrochen und konnte sich trotz dem mitgeführten scharfen Teckel nicht entschliessen, auszufahren. Es wurde zur Schaufel gegriffen und Reineke in einem engen Kessel bestätigt. Seine teuere Decke wollte man haben; um zum Ziele zu gelangen, waren alle Mittel gut. Schnell wurde der sogenannte Fuchsbohrer (französisch: tir-bouchon), den jeder Berufsmann mit sich führt, an einer dünnen Stange befestigt. Zwei kräftige Arme applizierten das Instrument und begannen zu drücken, drehen und bohren, bis es sass. Mit roher Gewalt wurde das widerstrebende Tier ans Tageslicht befördert. Der arme Fuchs hatte offenbar das drohende Eisen anbeissen wollen, denn Zunge und Kehlkopf waren durchbohrt und zerrissen; die Stange hatte den Magen durchstochen, Eingeweidestücke waren durch die sich drehenden Doppelspitzen des Eisens zerfetzt. Schliesslich hatte dieses das Darmbein durchbohrt und sass in der linken Keule. Man musste das förmlich aufgespiesste Tier mit Axthieben von seinen grässlichen Qualen erlösen. Bei dieser Schandtat anwesend und teilweise behülflich war ein beeidigter Jagdaufseher. Diese Darstellung mag nur beweisen, zu welchem Grade von Rohheit es die ungezügelte Leidenschaft und Habgier ungebildeter Menschen bringen kann. Leider gibt es bei uns sehr viele rohe Jäger, und wirklich gesetzestreue Mitglieder der grünen Gilde machen nicht 20 % aus.» Prompt ging es nun über diesen her: Der Verfasser obiger Schilderung sei ein Herr B., ein absoluter Nichtkenner und Laie. Doch dieser antwortete und bekannte sich dazu, als Revier- und Patentjäger mit 40jähriger Praxis als Weidmann und Jagdleiter über und unter der Erde gejagt zu haben.

Unberührt dadurch ging der Fuchsschraubendisput weiter, dazu die Fürsprache für die Winterjagd auf Fuchs und Dachs. Opponiert wurde von Jägerseite auch, weil die Laufhunde den Häsinnen furchtbar zusetzten, die im Februar bereits dick gehen. Erst in dieser Woche seien Häsinnen vor Laufhunden elend verendet. Die Sünden der Laufhunde wögen nach Neujahr schwerer als die der Füchse. Und so weiter und so fort. Aus alledem wird ersichtlich, dass die freilebende Tierwelt, mindestens bis zum Bundesgesetz 1925, vielleicht auch noch manches Jahr später, wenig erholsame Zeiten durchlebte. Mindestens die Füchse nicht, selbst wenn sie sich mit verzweifeltem Mut gegen den eindringenden Schliefhund zur Wehr setzten.

Auch heute darf Spaten und Spitzhacke nicht fehlen, um von oben, wenn nötig trotz gefrorenem Boden, dem bedrängten oder verklüfteten Schliefhund beizustehen. Doch in den meisten Fällen lässt sich der Fuchs aus seinem Bau sprengen, gerät manchmal in einen reusenartigen Netzsack, den man vor der Fluchtröhre befestigte, manchmal in eine Grube, die man vor der Röhre angelegt hatte. Den Trick mit der Grube wandte man im Frühling an, um die Fähe samt ihren Jungen lebend zu bekommen. Denn die brauchte man zur Dressur der Schliefhunde im Kunstbau. Das alles galt als weidgerecht. Doch es gab auch Jäger, die aus Feindschaft gegen den Fuchs die Baue verrammelten und zerstörten, um sie ein für allemal unbrauchbar zu machen. Das galt dann als Jagdschinderei.

Gross wurde immer wieder der Inhalt ausgegrabener Baue registriert: Katzen, Maulwürfe, Ratten, Mäuse, Hasen, Krähen, Hühner, Singvögel. Dazu Ferkel, ein Kalbsfuss, die Luftröhre einer Kuh, eine Mausefalle, ein Regenschirm, Arznei- und Tintenfläschchen und noch viel anderes.

Ein ganz schlauer Raubzeugfeind fand heraus, dass man den Fuchs auch ganz ohne Schliefhund mit Calciumcarbid sprengen könne, das man in die Röhre bringe und netze. Bis der Fuchs springe, dauere es bloss zwei Minuten.

Genug von den Nachstellungen auf den Fuchs. Es gab noch weit mehr Tricks und Methoden, um ihn zu vernichten. Ein Wunder, dass sich dieser kleine Räuber noch halten konnte. Wohl kein Nutzwild hätte dieses Kunststück fertig gebracht. Wie vermochte er es? Durch seine List und Klugheit, wie im Volksbuch «Reinhard de Vos»? Wohl kaum. Dass der Fuchs überlebte, hängt wohl an seinem Bauleben und nicht zuletzt an seiner grossen Fortpflanzungskraft. Ohne diese beiden Mittel wäre er der gewaltigen, über 100 Jahre dauernden erbarmungslosen Verfolgungswelle der Jagdperiode nach 1804 in der Schweiz erlegen.

Immer wieder erhebt sich die Frage: Warum diese grenzenlose Feindschaft der Jäger gegen den Fuchs? Natürlich wegen seiner «Schädlichkeit». Der Fuchs raubt Niederwild: Hasen, Rebhühner, Enten, junge Rehe und sogar Gemsen, mindestens im Kitzenalter, und kann selbst den Hirschkälbern gefährlich werden. So sein Ruf in der Jagdliteratur. Aber das stimmte nur teilweise. In den meisten Patentkantonen war das Nutzwild chronisch überjagt. Doch dessen Rückgang schrieben die Jäger nicht sich selbst und ihrer Fleischjagd zu. Sondern dafür mussten die Füchse herhalten. Wenn seit 1875 die Jagd in der ganzen Schweiz mit dem 1. Januar zu Ende gegangen war, plagten die Jäger ihre Kantonsregierungen um Extrapatente auf Füchse, damit man nach Neujahr doch auch noch ein wenig auf die Jagd gehen konnte. Man konnte den ganzen langen Schweizer Winter doch bei Gott nicht auf der Ofenbank verbringen. Und die Kantone gaben Bewilligungen zur Fuchsjagd wie in der guten, alten Zeit, das heisst: vor dem Bundesgesetz von 1875. Nur das Industrie- und Landwirtschaftsdepartement in Bern war darüber nicht erfreut und erliess am 17. August 1877 jenes Kreisschreiben an alle Kantonsregierungen gegen diese leichten Fuchsjagdbewilligungen, das im allgemeinen Teil zitiert wurde. 1880 musste nochmals ein ähnliches erlassen werden.

In der Waadt nahm man die Sache mit der Niederjagdschädlichkeit der Füchse aber ernst und liess 1886 eine Anzahl von Mageninhalten untersuchen. Hier der Befund: 6 hatten im Magen nur Mäuse, 5 dazu einige Vögel, bei 5 konnte man den Inhalt nicht mehr feststellen, 3 hatten Eidechsen und Käfer drin, 2 Reste von Hasen, 1 Knochen und Wolle eines Lammes, 1 Früchte und 3 hatten überhaupt nichts drin. Dieser Beweis für die Niederjagdschädlichkeit der Rotfüchse war also nicht überwältigend, hinderte aber die Kantonsregierung nicht, in beiden Weltkriegen, als es kein Wild zum Repeuplement zu kaufen gab, Extrajagden und Verlängerungen auf die

Füchse am laufenden Band zu bewilligen, um das schwindende Niederwild zu schützen. Doch die Resultate der Magenuntersuchungen waren vergessen. Auch im Wallis ging man den Füchsen in beiden Kriegen zu Leibe. Es wurde auch eine gewisse Zahl erlegt, «doch scheint es, dass dieses Wild längst nicht so zahlreich ist, als man behauptet», schrieb der Jagdberichterstatter.

Die Extrajagden auf Füchse, die auch nach dem Berner Kreisschreiben einer beschränkten Zahl vertrauenswürdiger Jäger bewilligt wurden, überzeugten die Regierungen durch die bescheidenen Erträge nicht richtig. In St. Gallen stellte man 1881 fest, dass am ständigen Rückgang des Nutzwildes das Raubwild wenig oder gar nicht beteiligt war. In Graubünden ergaben die Extrafuchsjagden 1882 nur ganz unbedeutende Beutezahlen, auch später. Als die Bündner Gemeindevorstände eigenmächtig Bewilligungen zum Abschuss von Füchsen gaben, musste das Polizeidepartement einschreiten.

1910 meldete die Neue Bündner Zeitung, die Jagdaufseher hätten begonnen, die wenigen Füchse, die im Kanton noch ihr Dasein fristeten, zu vergiften. 1912 fanden die Jäger selbst, der Schaden der Füchse und Marder sei gering, und wenn die Regierung den Wildhütern den Auftrag erteilt hätte, Füchse und Marder zu schiessen, sei dies überflüssig.

Im Kanton Luzern fand schon gleich nach dem Kreisschreiben des Bundesrates die Jagdbehörde, dass die Jagd mit Hunden und Schiesswaffen, auch wenn angeblich nur auf Füchse gerichtet, dem Gesetz zuwiderlaufe, es werde missbraucht und dadurch werde die Kontrolle gegen Frevel erschwert. Überdies machten die Laufhunde keinen Unterschied zwischen Füchsen und Hasen, was der Jäger gar nicht verhindern könne. Weit erfolgreicher zur Verminderung der Zahl der Füchse sei das Ausräuchern mit Lumpen und Petrollappen, das der Bundesrat empfehle. In Luzerns Bann- und Jagdgebieten wurde denn auch von den Wildhütern und patentierten Jägern den Füchsen mit dem Ausräuchern eifrig zu Leib gegangen. Es war die Jagdlust, welche die Jäger immer wieder nach Sonderbewilligungen nachsuchen liess. Nicht nur das. In der offiziellen Jagdzeit wollten die Jäger ihre Zeit nicht mit der Nachstellung auf Füchse verplempern. Denn dann musste man sich dem Nutzwild zuwenden. Der Fuchs hatte Zeit bis nach Neujahr. Dann jagte man mit Sonderbewilligungen und später mit der – ebenfalls mehrfach verlängerten – Fallenjagd.

Die Nachtjagd oder Baizi im Fuchspasser war in verschiedenen Bergkantonen kräftig im Brauch. Ob heute noch, ist ungewiss, denn ein Vergnügen ist es nicht, in kalter Winternacht stundenlang im Fuchspasser mit der kalten Flinte im Arm auf dem Bauch zu liegen und mit rot entzündeten Augen auf das mondbeschienene Stück Luder zu starren, ob's der Fuchs diese Nacht annimmt.

Übrigens klagten schon früh viele Kantone über den Missbrauch, der mit Fuchspatenten im Januar und Februar getrieben wurde. So fand das Polizeidepartement im Kanton Zürich 1857, dass unter dem Vorwand, Raubzeug zu jagen, mancher zu jeder Zeit illegitim auf Hasen jage. Richtig: In Mondnächten laufen auch Hasen, nicht nur Füchse über die verschneiten Äcker. Klagen kamen aus Luzern, dass mit Fuchspatenten im Winter gewildert wurde, «wie es denn so ziemlich sicher ist, dass viele Jagdfrevler unter den patentierten Jägern zu suchen sind». Auch in St. Gallen fand die Jagdbehörde 1876: «Wie gewöhnlich gingen dem Departement zahlreiche Schussbewilligungen auf Füchse ein, weil sie Schaden verursachten. Doch diese Klagen hatten wenig Grund und verrieten bloss ein Gelüste zu jagen.»

Im Kanton Zürich fanden die Bauern schon 1889, dass die ausserordentlichen Fuchsjagden samt den grossen Treibjagden auf den Fuchs zu weit gingen. Denn der Fuchs sei durch die Vertilgung der Mäuse ein grosser Nutzen für die Landwirtschaft.

In Basel-Land fand man zuzeiten sogar, der Fuchs würde allzu schonungslos verfolgt, kurz, die Sache mit der Schädlichkeit des Fuchses lief sich langsam tot. In den Banngebieten hatte man lange Zeit Schussgelder für erlegtes Raubwild an die Wildhüter ausbezahlt, doch auch das hörte auf, als der Naturschutz die natürliche Biozönose befürwortete.

Auch das Ausräuchern der Füchse, wozu noch 1876 der Bund selbst geraten hatte, wurde in den Kantonen nach und nach wegen der Grausamkeit dieser Methode eingestellt.

Im Kanton Luzern wurde 1912 in Zuschriften an das Staatswirtschaftsdepartement sowie in Tageszeitungen oft darüber Klage geführt, dass beim Ausräuchern der Füchse arge Tierquälereien verübt würden. Die Statthalterämter mussten amtliche Untersuchungen vornehmen. Die Klagen wurden bestätigt. Hierauf wurden die Bewilligungen zum Fuchsräuchern eingestellt. In anderen Kantonen ging es ähnlich.

Dann kam für den Fuchs in der Schweiz plötzlich die grosse Wende. 1934 war die Räude der Füchse im Schaffhausischen ausgebrochen. Sie war von Norden her gekommen und hielt bis 1950. 1939 war sie in Appenzell A. Rh., 1951 waren dort noch 1% der erlegten Füchse räudekrank, und 1954 war die Räude noch nicht erloschen, sogar 1959 noch nicht völlig. Langsam zog die Fuchsräude durch alle Kantone. 1954 bis 1957 klagte Schwyz, 1950 bis 1960 Glarus. Im Aargau war der Höhepunkt 1943, in der Waadt 1942. Damals veranstaltete man trotzdem Treibjagden auf Füchse, weil es kein Niederwild zum Repeuplement zu kaufen gab, aber die Treiben brachten die erwarteten Erfolge nicht. «Die Füchse sterben mehr an der Räude als am Blei der Jäger», schrieb der Jagdbericht. Im Wallis wütete die Räude 1957.

Dann traf der zweite Schlag den schweizerischen Fuchsbestand, noch bevor die Räude erloschen war: das Thallium. Das ging 1943 richtig los und dauerte bis zum Frühjahr 1945. Der vermehrte Getreideanbau im zweiten Weltkrieg und zwei trokkene, warme Sommer begünstigten eine Massenvermehrung der Feldmäuse. Diese wäre bestimmt im Winter 1943/44 zusammengebrochen, wenn man nicht mit ungeeigneten Mitteln der Mäusekalamität schon im Sommer 1943 beizukommen versucht hätte. Aber dadurch, dass man den natürlichen Höhepunkt der Massenvermehrung durch eine Virusaktion, wodurch man den Bestand vorübergehend verminderte, zurückhielt, sorgte man ungewollt dafür, dass die Kalamität einen zweiten Sommer und Herbst anhielt und erst im Spätwinter 1945 zusammenbrach. Als die Virusaktion versagt hatte, griff man zum Thalliumweizen, dem sogenannten Surruxweizen. Die Thalliumvergiftung sieht ähnlich aus wie eine Bleivergiftung. Sie äussert sich unter anderem durch Verstopfung, neuralgische Schmerzen, Durstgefühl, Verlust der Haare, Herzjagen und Hemmung der Blutbildung. Unter der Giftwirkung suchten die kranken Mäuse die spärliche Sonnenwärme des Herbstes auf, verliessen scheinbar furchtlos ihre Löcher und wurden so leichte Beute ihrer Feinde, worunter auch der Füchse. Aber auch diese zeigten nach wenigen Tagen die typischen Thalliumsymptome. Tagelang konnte man sie sehen, wie sie sich umherschleppten, teilweise mit völlig enthaartem Schwanz, matt und kraftlos. Hungrig wie sie waren, schnappten sie noch mehr vergiftete Mäuse auf, die selbst schon halbtot waren und wurden dadurch nur noch kränker. Der Verfasser kann dies alles aus eigener Anschauung bestätigen. Endlich (1945) hörte der Thalliumfeldzug gegen die Feldmäuse auf. Nach und nach verlor sich auch die Räude etwas und nun kam eine gute Zeit für die Familie Reineke. Einst hatte der Jägerspruch gelautet: «Stirbt der Fuchs, so gilt der Balg.» Jetzt galt er nichts mehr. Von 1932 an hatten die Fellpreise für Fuchspelze nachgelassen, und in den vierziger Jahren war's überhaupt vorbei. «Kein Interesse», hatten die Kürschner gesagt. Und dabei blieb es. Und nun kam das Unerwartete: Der Gaudieb, der Erzschlingel, der rote Halunke – und wie seine gewohnten Ehrennamen alle lauteten – verlor in kurzer Zeit jedes Interesse bei den Jägern. Die Erlegungen gingen rapid zurück, die gewohnten Begehren auf Winterpatente für Füchse und anderes Raubzeug blieben aus und die Jagdverwaltungen der Kantone, die bisher an die Niederjagdschädlichkeit der Füchse geglaubt hatten, machten sich Sorgen. «Die geringe Erlegung der Füchse wird sich auf den Reh- und Hasenbestand auswirken», schrieben die Glarner. Und später: «Der Fuchs nimmt überhand, weil ihn wegen der Pelzpreise niemand mehr schiesst.» «Eine Gefahr für die ganze Niederjagd.» Dann 1950: «Die Füchse sind trotz der Räude noch stark vertreten. Die Erhöhung der Abschussprämien hat nicht viel genützt. Man sah 1 bis 3 Füchse Rehe verfolgen und zuletzt niederreissen.» 1951: «Die Hasen nehmen ab wegen der Füchse.» Endlich 1954: «Der Fuchs wird fast nicht mehr bejagt. Die Passjagd wird sozusagen nicht mehr benützt.» – Das waren einige Beispiele. Immerhin wurden noch Füchse geschossen, auch im klassischen Fuchsjagdkanton Graubünden. Freilich hatte auch dort das Interesse am Fuchsbalg schon gleich 1932 zu sinken begonnen. Auch die Abschüsse dieses Jahres sanken von 1609 auf 840. Im Jagdbericht stand: «Die Füchse haben zugenommen, erstens wegen der niedrigen Fellpreise, aber auch wegen der Beschränkung der Fallenjagd. Am hellichten Tage stellen die Füchse zahmen Hühnern nach und besuchen Hühnerställe.» 1935 verlängerte man die Passjagd. Das half etwas: die Abschüsse stiegen wieder auf 1400. 1936 waren die Fellpreise aber noch schlechter, das Interesse sank noch mehr und die Leute sagten jetzt plötzlich: Der Schaden eines Fuchses sei kaum grösser als der Wert eines Rehs, der Nutzen ebenso gross. Der Fuchs fresse eine Unmenge von Mäusen und Ungeziefer und sei darum dem Landwirt nützlich. Der Fuchs nahm bis 1952 angeblich überhand. Die Bündner Jäger behaupteten, das Niederwild leide unter Füchsen und Krähen, aber seit ein Fuchsbalg nur noch 3 bis 5 Franken gelte, rentiere die Jagd nicht mehr.

So schlimm, dass die Füchse alle Hasen auffressen konnten, war es immerhin nicht. Und doch gingen die Hasen immer mehr zurück. Natürlich nur deswegen, schlossen die Jagdverwaltungen, weil es zu viel Füchse gibt, und sie setzten auf die Roten eine Schussprämie aus wie in der guten, alten Zeit. Im Kanton Bern erinnerte man sich daran, dass man einstmals den Wildhütern Schussgelder für die Erlegung von Raubzeug bewilligt hatte, teilweise sogar das ganze Jahr hindurch. Und 1889 hatte man dem glücklichen Schützen, der auf der regulären Jagd zwei Füchse erbeutete, die ganze Patentgebühr zurückgezahlt. Jetzt, 1946 und 1950, war man wieder so weit, Fuchsabschüsse prämieren zu müssen mit 5, dann mit 7, zuletzt mit 10 und 12 Franken. Aber ein Balg hatte einst weit mehr eingebracht und die Winterjagd auf den guten Fuchs ist in den Bergen streng. Vorübergehend nützten die Schussgelder, aber nicht genug. So wären für den Roten einige gute Jahre gekommen, wenn nur die Räude endlich erloschen wäre. Doch die Baue waren verseucht, die Füchse steckten sich da und dort immer wieder an, und dabei ging es schon auf die sechziger Jahre.

Und jetzt kam, vielmehr kommt das ganz grosse Unheil für den unglücklichen Fuchs, wieder von Norden, wie die Räude: die Tollwut. Diese Krankheit kam vom Osten Europas, wo sie unter den dortigen Wölfen nie erlosch, übertrug sich auf die Füchse und hin und wieder auf anderes kleines Raubwild, sogar auf Nutzwild, und griff auf die Haustiere, Hunde, Katzen und Vieh über, sogar Menschen wurden infiziert, wenn auch nur selten. Trotz allen Gegenmassnahmen, wie Ausrottung der Füchse, Marder, selbst Eichhörnchen, setzte die Krankheit ihren Zug nach Westen und Südwesten fort und drang 1966 bis gegen die Schweizer Grenze vor. Der Bundesrat befahl Ausrottung der Füchse, die nach allen Beobachtungen Krankheitsüberträger in das menschliche Milieu, auf die Haushunde, Katzen und andere menschennahe Tiere seien. Den Jagdpächtern der Nordschweiz wurden Pflichtabschüsse von Füchsen und Eichhörnchen überbunden. Auf rechtsrheinischem Schweizer Gebiet mussten die Fuchsbaue mit Giftgas behandelt und so die Füchse nach Möglichkeit ausgerottet werden.

Jetzt waren es die Revierjäger, die opponierten. Sie wollten nun möglichst ihre Füchse behalten und freuten sich über jeden Bau, der sich nicht vergasen liess, weil er im felsigen Boden lag. Sogar die Biologen des Zoologischen Museums Zürich wehrten sich gegen die Bauvergasungen und theoretisierten, man befördere dadurch die Ausbreitung der Tollwut, statt sie zu hemmen. Denn die verwaisten Fuchsterritorien lüden Zuwanderer geradezu ein, sich hier anzusiedeln. Wenn kranke oder angesteckte Tiere darunter seien, habe man ihnen durch Ausrottung des einheimischen Bestandes geradezu Raum geschaffen, weil nun kein einheimischer Fuchs mehr da sei, um fremde Eindringlinge aus seinem Territorium abzuweisen. Doch diese Einwände vermochten die behördlichen Beschlüsse nicht zu wandeln. Vielleicht sogar mit Recht. Denn leergeschossene Fuchsterritorien gibt es in jedem Revier, weil kein Jäger einen «Vollbesatz» der Fuchsterritorien dulden wird. Daher gibt es stets Raum für Zuwanderer und umherirrende Individuen selbst sonst standorttreuer Tierarten.

Und doch sei das Kapitel über die Geschicke der Füchse in der Schweiz nicht geschlossen, ohne noch einmal eine Überlegung über die Schadenstiftung anzustellen, die letzten mittelgrossen Raubwild unseres Landes nachgesagt wurde und wird.

«Kein anderes Kapitel dieses Buches habe ich mit so grossem Eifer angefangen wie dieses», beginnt der alte Diezel den Abschnitt über den Fuchs, «war ich doch von jeher ein abgesagter Feind jener Erzräuber, von denen es handeln soll...» und fährt fort: «Als ich vorstehende Zeilen niederschrieb, um meinen tiefgewurzelten Hass gegen diese Räuber recht lebhaft auszudrücken, waren noch andere Zeiten als jetzt! Es hat sich seit damals sehr viel geändert. Meine Gesinnungen gegen die Strauchdiebe sind ungleich milder und versöhnlicher geworden...»

Anstelle des Vernichtungsfelzuges gegen den Niederjagdschädling trat in der 8. Auflage von Diezels Niederjagd eine lange Erörterung über Reinekes Nahrungsliste. Der Land- und Forstmann sieht in ihm einen Helfer gegen die schädlichen Mäuse. Und doch hat Diezel recht, wenn er bestreitet, dass die Füchse je eine Mäusekalamität verhindern oder brechen könnten.

Gäbe es keine jagdlichen Eingriffe des Menschen in ihren Bestand, so liesse sich vielleicht etwas wie eine Sekundärperiodizität der Fuchsbevölkerungen gewisser Mittellandsgegenden finden, wie etwa bei den Eulen, die dem Massenwechsel der Feldmaus folgt. Doch aus den Abschusszahlen der unterländischen Kantone lässt sich nichts dergleichen ablesen. Und doch hat auch der Verfasser beobachtet, wie die Füchse sich massenweise Mäuse zu Gemüte führten, wenn nur genug vorhanden waren. Mausende Füchse sieht man oft. Doch wenn die Nager fehlen – und das kann 2 und 3 Jahre dauern – wie sollen die Rotfüchse dann ihr Leben fristen, das ihnen in guten Mäusejahren gegeben worden war? Dann geht's ans Wild, an der Waldbauern Hühnerställe, im Harstschnee sogar an die erwachsenen Rehe, dann jagt man in Rudeln wie Vetter Isegrim, der Wolf, dann watet man auch durch den hohen Schnee der Tannenschonungen, wittert nach Atemlöchern eingeschneiter Hasen und versucht sie mit kühnem Griff zu fassen, dann folgt man im Mai mit der Geduld eines Engels der hochtragenden Rehgeiss, um ihr Erstgeborenes zu schnappen, wenn sie mit dem zweiten in Wehen liegt, dann schleicht man durch das reifende Heugras und sucht nach Kitzen und in den Trennfurchen der Äcker nach Junghasen. Und wenn die Waldamseln und Drosseln nach Futter für ihre Nestjungen durch die Ackerschollen huschen, lassen sie sich vielleicht einmal fangen.

Das schreibt der Verfasser nicht, weil er sich's so ausdenkt, sondern weil er es gesehen hat. Auch wie Jungfüchse um die tote Amselmutter rauften, sie hoch in die Luft warfen und doch nicht verschlangen, weil sie satt waren. Und irgendwo mühte sich nun das Amselmännchen damit ab, die Jungen allein durchzubringen... Also die Sache mit dem Strauchdieb, die haben die Jäger nicht aus den Fingern gesogen. Aber Verlass auf ihre Angaben ist darum doch nicht. Das beweist ihr Verhalten, als der Fuchsbalg nichts mehr galt.

Und über genügend Feldbiologen zur Erforschung der Reste ihrer freilebenden Tierwelt verfügt die Schweiz nicht. Dabei sind nicht solche Biologen gemeint, die mit teuern Feldgläsern aus bequemen Autos gucken, sondern solche, die gut zu Fuss sind, zu pirschen verstehen, die Nacht und den dunkeln Morgen im Feld und kaltes Wetter nicht fürchten. Die könnten erfahren, wie sich das freie Leben sich in unserer Wirtschaftslandschaft noch zu gestalten und zu halten versucht. Und würden auch den Fuchs in der Lebensgemeinschaft unserer Zeit erkennen lernen.

Aber in den Bergen hängt das Leben des innozenten Wildes weit weniger von der Tätigkeit des Raubwildes, also in erster Linie der Füchse, ab, als von der Temperatur und den Schneelagen der Wintermonate. Das lehrte uns der Nationalpark und gegen diesen Beweis kommt keine Einzelbeobachtung und keine Spekulation über die Wildbahn auf.

Dachs, Marder, Iltis, Wiesel

Der Jäger liebt sein Wild, wird versichert. Mag dies auch für Schalenwild gelten, so kaum für das Raubwild. Das geht aus den Hassgesängen auf alle Tiere mit spitzen Eckzähnen oder krummen Schnäbeln in den älteren Jahrgängen der Jagdzeitungen hervor. Warum selbst der gute alte Grimbart ebenfalls in diese Verdammnis eingeschlossen wurde, ist schwierig einzusehen. Denn die Schäden, die dieser wahrhaft harmlose «Räuber» dem Herrn der Schöpfung tut, können an den Fingern einer Hand hergezählt werden.

Die «Raubzeuggeschichte» des Kantons Zürich illustriert beispielhaft das Schicksal der fleischfressenden Tiere der Schweiz. 1856 stand im kantonalen Jagdgesetz § 6, dass Raubzeug und schädliche Wildarten zu jeder Zeit und auf jede Weise erlegt werden dürfen. Dieser § 6 wurde nun von vielen Privaten und Jägern so ausgelegt, dass die Jagd auf Füchse, Iltisse, Marder und Dachse zu jeder Zeit ausgeübt werden dürfe. Durch diesen Paragraphen würde freilich die Beschränkung der Jagdzeit illusorisch und jedem Jagdfrevel die Tür geöffnet. Die Polizeidirektion in Zürich fand aber, dass diese Tiere zwar auch ausser der Jagdzeit getötet werden dürften, dass aber nicht das ganze Jahr in Wald und Feld auf sie Jagd gemacht werden dürfe. In Regensberg wurden zwei Jäger damals bestraft, weil sie ausserhalb der Jagdzeit auf Füchse jagten. Das Obergericht hob aber das Urteil auf, weil die Füchse nach seiner Meinung unter das schädliche Raubwild fielen. Doch die Polizeidirektion sagte, damit würde das Jagdgesetz praktisch aufgehoben und war mit dem Obergerichtsentscheid gar nicht einverstanden, obschon dieser dem Wortlaut des Gesetzes genau entsprach. 1863 wurde dann im Jagdgesetz ein Paragraph eingefügt, dass die regelmässige Jagd auf Raubtiere nur durch patentierte Jäger und nur während der gesetzlichen Jagdzeit ausgeübt werden dürfe.

Aber die Verordnung von 1856 war trotz Einsprache der Polizeidirektion deutlicher Ausdruck jenes Bestrebens, das heimatliche Land zum Paradies des Bürgers zu gestalten, dem kein Raubzeug den festtäglichen Wildbraten streitig machen durfte.

Und wenn auch der stille Dachs keine Hasen und Rehe umbrachte, so zählte er eben doch zu dem nichtsnutzigen Raubzeug und fand weder Gunst noch Gnade. Wenn auch sein Geschick zum Teil weniger hart war als das von Vetter Reineke, so nur deshalb, weil er weit heimlicher lebt. Hans Caspar Rohrdorf (1836) sagte: «Der Dachs gehört in der Schweiz zu demjenigen Gewild, welches sehr viele Jäger in ihrem Leben niemals in Freiheit gesehen haben.» Nur die Spuren seiner nächtlichen Tätigkeit fanden die Leute andern Tags, besonders in den Weinbergen des Zürcherlandes, wenn er zurzeit der Traubenreife in den Weinbergen die ihm erreichbaren unteren Trauben verzehrte, dann aber, um noch mehr der süssen Früchte zu erlangen, die Rebstöcke umritt und völlig aberntete. Da gab es 1876 «wohlbegründete» Extrabewilligungen zur Erlegung der Dachse in Weinbergen ausserhalb der Jagdzeiten und von da an immer wieder bis in die neuste Zeit.

1883 wurden Extrabewilligungen für die Fischereischädlinge, Füchse und Wildschweine samt neuen Abschussprämien erteilt. Der Dachs rutschte auch gleich mit, obschon er weder fischte noch Wildschweinschaden machte. Zwar dichteten die Bauern dem Dachs immer wieder an, er fresse ihnen die Kartoffeln zentnerweise, aber das stimmt nicht und hat nie gestimmt. Er hatte bloss nach Engerlingen gebohrt und dabei die Kartoffeln herausgegraben. Aber verzehrt hatte er sie nicht. Hingegen gab es in den Maisfeldern Dachsschaden, wenn die Maiskolben im Stadium der Milchreife waren. Dann mundeten sie ihm nämlich, und die Maisstengel waren sogar weit leichter umzustürzen, um an die noch sauber eingehüllten Kolben zu gelangen, als die Stöcke in den Rebgeländen. Die Raubzüge in den Maisfeldern führten besonders im St. Gallischen, Graubünden und Schaffhausen zu Dachsabschüssen, in Schaffhausen auch zu solchen in den Rebbergen. Im Zürichbiet gab es alle paar Jahre Extrabewilligungen auf Dachse und alle Marderarten samt den Wieseln, nur ausnahmsweise wurde ein Marderjagdgesuch abgewiesen. Schon 1921 schützte Zürich die Wiesel – sie waren zur Seltenheit geworden.

Aber in alten Zeiten glaubten die Jagdbehörden den Jägern, die Vertilgung des Raubzeugs sei höchst wichtig und dringlich, um das Nutzwild zu schützen. Im Kanton Bern gab es 1878 eine wahre Razzia auf alle Tiere, die Fleisch fressen wollten. In diesem Jahr starben weit über 1000 Füchse, über 60 Dachse und unbekannte Zahlen von Mardern und Iltissen. Nur im Kanton Luzern fehlt auf den Listen der Raubzeugbewilligungen der Dachs ständig, und 1926 wurden die Prämien auf Dachse glücklich gestrichen. Die wenigen Erwähnungen von Dachsen und Marderarten in manchen Kantonen seien übergangen. Nur die Baselbieter verteidigten ihren sauern Muttenzer und Arlesheimer 1878 und ff. gegen die bösen Dachse, und auch im Aargau gab es 1895 eine Prämie von 4 Franken auf diesen «Traubenliebhaber». In der Waadt untersuchte man 1886 und 1888 die Mageninhalte von 4 Dachsen. Zwei hatten Kirschen im Magen, zwei überhaupt nichts. Die Kirschen hatten die armen Kerlchen bestimmt nicht auf den Leitern gepflückt, sondern unter den Bäumen zusammengesucht, wenn sie beim Pflücken weggeworfen worden oder hängen geblieben und baumdürr abgefallen waren. Graubünden zahlte ab 1880 Prämien auf alle Marder inklusive Dachse von 10 Franken vorzüglich wegen der Schäden am Mais. Endlich gestattete auf Anfragen aus dem Welschland der Bund, in Dachsbauten mit erstickenden Gaspatronen hineinzuschiessen, weil das im Bundesgesetz nicht verboten wurde. Wieviel mit solchen «fusées asphyxiantes» operiert wurde, lässt sich nicht mehr feststellen.

Das alles zeigt, wie die Verfolgung der Dachse und Marder zwar nie erlosch, aber selten mit demselben Eifer betrieben wurde wie die der Füchse. Immerhin erschienen in den Jagdzeitschriften von Zeit zu Zeit hasserfüllte Beiträge auch gegen den armen Grimbart als Niederjagdschädling, obschon der Dachs im Wald dem Förster von jeher ein guter Helfer gegen das Ungeziefer gewesen war. Und besonders eifrige Heger im Aargau legten ihm Tellereisen vor die Röhren seines Baues und gruben ihn aus, trainierten ihre Schliefhunde zur Bodenjagd und sassen auf Hochsitzen auf ihn an, wenn er um 11 Uhr nachts prustend und schnaufend zur Hauptröhre seines Baues, die an der mittleren Rinne leicht auszumachen war, ausfuhr.

Dem kleinen «Raubgesindel» setzte man mit Weber'schen Treteisen und geköderten Bügelfallen, dem «Gelbkehlchen» (Edelmarder) mit Kastenfallen zu. Dann ging's wieder gegen die «kleinen Teufelchen», die Wiesel, die man beobachtet haben wollte, wie sie ich in der Wolle eines ausgewachsenen Hasen festkrallten und ihm, während er voll Entsetzen davonjagte, das Blut aussaugten, bis er entkräftet zusammenbrach. Die Geschichte vom Hasenritt des blutdürstigen Wiesels kam, wie die grosse Seeschlange, alle paar Jahre in den Zeitungen.

Vollends aber, als Dr. Paul Sarasin gegen die sinnlose Raubzeugvertilgung ein ernstes Wort einlegte, hatten Jäger und Nichtjäger massenweise Beobachtungen von den bösen, blutdürstigen Kleinräubern auf Lager, die sie jetzt bekanntgaben und bewiesen, dass die Naturschutzleute nichts davon verständen, weil sie ja doch nur Stubengelehrte wären. Genug davon.

Ich Feldbeobachter habe gelegentlich Räubereien von Mardern und Wieseln erlebt und wüsste manches zu erzählen, vielleicht auch von Pflanzenschäden der

Dachse, aber nie von deren Angriffen auf anderes Wild. Wir hörten Förster und Jäger, die glaubten, der Dachs verzehre mehr Rehkitzen während deren Liegezeit als die Füchse. Aber wir selber sahen nicht Dachse, wohl aber auf jeder Exkursion Füchse im Heugras nach Kitzen suchen, wenn die Setzzeit der Rehe gekommen war.

Jedenfalls aber können die Untaten der Kleinraubtiere wie Marder, Wiesel und Iltis, deren Erlegungsziffern in den kantonalen Jagdstatistiken eine ein- oder niedrige zweistellige Zahl praktisch nie übersteigen, für die Jagderträge an Nutzwild überhaupt nicht ins Gewicht fallen.

Dazu kommt, dass die Musteliden (Marderarten) im ganzen, besonders aber die Wiesel zu den zyklischen Tieren gehören, das heisst zu solchen, deren Bestand alle 3, 4 oder 7 Jahre einem periodischen Wechsel unterworfen ist (Hediger 1966). An den Abschusszahlen der Schweiz lässt sich dieser Massenwechsel leider nicht ablesen, weil sie nicht gesondert notiert werden. Stark beeinflusst wurden die Abschüsse von jeher nicht etwa durch die Schädlichkeit der Marder und Wiesel, sondern durch den Stand der Fellpreise.

Noch ein Wort zur Bodenjagd auf den Dachs, um die Härte des Schicksals, das in der Schweiz auch dieses Tier getroffen hat, nicht zu übergehen.

Die Bodenjagd ist nichts anderes als ein Zugriff des Jägers auf das Heim des Dachses, den Ort, wo er sich sicher und geborgen fühlt. Vom Tierschutz wurde die Bodenjagd als besonders gewalttätig und sowohl für das bejagte Tier wie für die Hunde als Quälerei abgelehnt. Für ein völliges Bodenjagdverbot, was Dr. Paul Sarasin am liebsten verlangt hätte, bestand aber nicht die geringste Aussicht auf Annahme. Man musste sich mit der Ausschaltung wenigstens der grausamsten Bodenjagdinstrumente zufriedengeben. Die Jagd am Bau auf den Dachs ist schwieriger als auf den Fuchs. Denn der Dachs verteidigt sein Heim gegen die einschliefenden Hunde mutig. Auch ist er in der Regel schwerer und stärker als der Hund. Ein Fuchs wehrt sich gegen den Hund im Bau gewöhnlich erst dann, wenn er von diesem in eine Sackgasse des Baues getrieben wurde. Dann erst sucht er in der völligen Finsternis den Hund an den Ohren zu fassen, wenn dieser seinen Hals zu packen versucht, um ihm die Luft abzudrehen. Manchmal erwischen sich die beiden Kämpen gegenseitig an den Kiefern, wobei der Hund vielleicht den Unterkiefer, der Fuchs den Oberkiefer des Hundes mit den Zähnen festhält. Hiebei kommen nicht selten Kieferbrüche des einen oder beider Tiere vor. Kriegt ein guter Hund den Fuchs an der Kehle zu fassen und vermag ihn abzuwürgen, zieht er ihn mit aller Kraft zum Ausgang des Baues und wird natürlich von seinem Herrn mit Liebkosungen und Lobsprüchen empfangen. Und seine Wunden werden sofort gepflegt. Würgen lernen die Bodenhunde an Katzen und Ratten, die man ihnen natürlich im hellen Tageslicht, nicht unter der Erde, zum Töten übergibt. Weil aber der Fuchs kein Kämpfer ist, sondern die Vorsicht für den besseren Teil der Tapferkeit betrachtet, reisst er unter und über der Erde aus, solange er das kann.

Der Dachs ist jedoch ein grimmiger Gegner, der standhaft seine Burg verteidigt und so gut wie nie aus dem Bau flüchtet. Auch an die Kehle lässt sich der Dachs nicht kommen. Ist der Hund nicht sehr scharf und liegt dem Dachs in einem Baugang zunächst mit Gebell vor, dreht sich der Dachs, kehrt dem Kläffer die Hinterseite zu, wirft ihm Erde und Steine ins Gesicht und baut so im Handumdrehen den Stollen zwischen sich und dem Hund zu. Wenn nun der Hund eifrig nachgräbt, kann er nie rasch genug wegschaffen, was der Dachs ihm hinwirft, schafft aber so viel hinter sich, dass er sich Rückzug und Atemluft selber abschneidet. Der Hund verklüftet sich also selber, nicht der Dachs den Hund, wie immer wieder berichtet wird. Droben hört der Jäger seinen Hund plötzlich nicht mehr kläffen, weil diesem die Luft ausgegangen ist.

Gelingt es nun nicht, dem eingegrabenen Bauhund durch einen raschen Einstich von oben zu Hilfe zu kommen, dann erstickt er. Das ist der eine Fall. Kommt es jedoch zum Kampf zwischen Hund und Dachs, dann wird die Lage für den Hund meist kritisch. Denn die Kampftechnik, die dem Dachs in seinem Heim zu Gebote steht, ist für den Angreifer gefahrvoll. So kommt es häufig zu grausamen Verletzungen des Bodenhundes, es gibt selbst Fälle, dass der Hund sogleich erschossen werden muss, wenn er zu Tag kommt, weil seine Verletzungen zu schwer sind (Fries 1961).

Luchsinger (Jagd in der Schweiz 1951) rät von der Bodenjagd mit dem Hund auf Dachse ab, denn der Dachs sei ein «grober Geselle» und vermöge den Hund im Bau nicht nur kampfunfähig zu machen, sondern auch zu töten. Auch Luchsinger glaubt, dass der Dachs die Hunde eingrabe, was jedoch sicher nicht zutrifft. Wenn auch von Schweizer Jägern die Bodenjagd auf den Dachs nicht häufig, wenigstens nicht absichtlich ausgeübt wird, so kann kein Jäger, der seinen Hund in den Bau einschliefen lässt, zum voraus wissen, ob nicht auch ein Dachs drin steckt. Denn Fuchs und Dachs bewohnen mitunter ein und denselben Bau.

Dr. B. Siegmund, seinerzeit Kantonstierarzt von Basel, war anderer Meinung, als er 1918 seine grosse Arbeit über Jagd und Tierschutz schrieb. Damals zitierte er unter anderem ausführlich die Geschichte der Fuchsschraube im Zentralblatt für Jagd- und Hundeliebhaber und analysiert dann das damalige Standardwerk über die Bodenjagd: Hugo Siegwart, «Mit dem Dachshund unter der Erde». Dr. Siegmund griff ein Beispiel aus dem Buch von Siegwart heraus: Siegwart lässt den Fuchs oder Dachs, dem er sonst nicht beikommen kann, auf einen scharfen, doppelten Eisenhacken beissen, um ihn an dieser Angel mit roher Gewalt und grosser Kraftanstrengung aus dem Bau zu ziehen. Dann weiter: er gibt an, seine Dachshunde zu lieben, erzieht sie aber zum Raufkampf mit Fuchs und Dachs, aus dem sie oft mit schweren Wunden bedeckt herauskommen und im Rucksack heimgetragen werden müssen. Um seinen Hunden den nötigen Schneid zu solchen Kämpfen beizubringen, wirft er ihnen zuerst Kaninchen, und wenn sie älter geworden sind, Katzen zum Abwürgen vor. Er sagt: «Das wurden richtige Erdhunde; von frühester Jugend an wurden sie schon auf ihren späteren Beruf vorbereitet. Sie bekamen lebende Kaninchen und junge Katzen, und später, als die Zeit der Berufswahl an sie herantrat, waren Jungfüchse ihre Lehrbücher.» – «Zur Dressur der Dachshunde», fährt Siegmund fort, «wurden sogenannte Kunstbaue angelegt und lebende Füchse und Dachse gehalten, auf welche ab und zu die Dackel angehetzt werden, um sie an das Vorliegen und Halsgeben zu gewöhnen.» Dabei soll aber arge Tierquälerei vermieden werden, um die Lehrobjekte für weitere Lehrstunden tauglich zu erhalten; aber schon die lebenslängliche Gefangenschaft der Tiere zum Zwecke der Hetzen, bei welchen sie doch von Zeit zu Zeit einen Biss erhalten, ist sicherlich ein recht trauriges Lebenslos. Dass mit der Bodenjagd und der damit verbundenen Abrichtung der Bodenhunde viel Tierquälerei verbunden ist, muss sogar der «Altmeister» selbst zugeben. In dem Vorwort zu seinem «klassischen» Buch schreibt er: «Der Jagd und besonders der Bodenjagd haftet manches Rohe an, das ist wahr, aber es wird immer und ewig so bleiben, solange noch Wild vorhanden ist.» Man wird fragen, sagt hiezu Dr. Siegmund, *ist denn die Bodenjagd wirklich notwendig?* Weidgerechte Jäger verneinen diese Frage entschieden und behaupten, dass ein tüchtiger Jäger auch ohne Wühlarbeit einzig mit der Feuerwaffe die Vermehrung des sog. «Raubzeuges» genügend in Schranken zu halten vermag.

Dr. Siegmund verwirft auch die Fallenjagd für alle Kleinraubtiere, besonders auch auf den Fischotter. Er schlägt für Kleinraubtiere die Kastenfalle vor.

Ob die Dachsjagd mit Hund und Knüppel jetzt noch ausgeübt wird, könnte nur eine Umfrage aufklären. Diese Dachsjagd wurde, laut Schweizerischer Jagdzeitung,

1916 in der Weise ausgeübt, dass man den Dachs nachts auf seinem Nahrungsstreifzug mit einem kräftigen Hund stellte, wobei ihn dieser so lange aufhalten musste, bis der «Jäger» kam und den Dachs mit einem derben Schlag auf die Nase tötete, wozu eben der Eichenknüppel verwendet wurde.

Trotzdem sah der Schreibende vor Jahren im Aargau, als das Graben von Dachsbauen noch nicht verboten war, wie ein starker Dachs vom Schliefhund gestellt und verbellt, im Lössboden ausgegraben wurde. Der eine der Jäger fasste den unglücklichen Grimbart mit der Dachszange und zog ihn aus der Röhre. Der Dachs, grob gewürgt, streckte die Vorderbranten steif vor sich hin, wie ein Junges, das von seiner Mutter am Hals gepackt wird, um fortgetragen zu werden. Ohne von dieser automatisch juvenilen Haltung des Dachses, die mich tief rührte, auch nur entfernt bewegt zu werden, schoss einer der Männer das arme Tier mit der Pistole in die Stirn. Es war sofort tot. Die Einschläge an diesem Bau blieben wohl fünf Jahre offen. Niemand setzte den Bau wieder in Stand, wie es die Weidgerechtigkeit eigentlich verlangt hätte.

Ich habe viele Baue gesehen, habe wohl ein Dutzend vergessene und korrodierte Tellereisen aus alten Einfallröhren ausgegraben und weggebracht. Habe Dachsaborte untersucht, die über 10 Jahre lang immer wieder benützt wurden, habe mich zu verborgenen Felsbauten im Schwarzwald abgeseilt und musste immer wieder über die Vollendung der Anlage dieser Baue staunen. Vom Jagdaufseher wurde mir ein Bau im Schwarzwald gezeigt, der in tiefgründigem Lösslehm am Waldrand gegraben war und ungefährlich aussah. «In diesem Bau», sagte mein Führer, «liegen fünf gute Bauhunde, und der alte Dachs lebt heute noch».

Der Ansitz am Bau und das Warten auf das Ausfahren des Bewohners ist wenig eindrücklich. Denn wenn der Dachs die Lage draussen genügend geprüft hat, entfernt er sich gewöhnlich recht schnell. Schöner ist es, seine Heimkehr am frühen Morgen im hohen Holz zu beobachten, da er sich hiezu mehr Zeit lässt. In den fünfziger Jahren köderte ich den Dachs mit Dörrobst und gewöhnte ihn daran, süsse Pflaumen in Empfang zu nehmen. Das ging gut, bis die Waldmäuse die Pflaumenorte fanden und die Früchte wegschleppten. Der oft als grämlich und grob verlästerte Grimbart ist für den friedlichen Beobachter ein lieber, futterzugänglicher Bursche mit hundert fesselnden, interessanten Eigentümlichkeiten in seinem Verhalten.

Ich habe seine Leidenszeit während des Thalliumfeldzuges gegen die Feldmäuse 1942 und 1943 miterlebt. Damals brachten Soldaten im Fricktal einen frisch totgefundenen Dachs dem Jagdaufseher, er solle ihn für die Schulsammlung präparieren lassen. Doch der armseligen Leiche liessen sich die ganzen Haare des Balges ausrupfen – Thalliumwirkung durch Verzehren vergifteter Mäuse. Und nun sterben Dachse samt den Füchsen in den vergasten Bauen wegen des Tollwutzuges. Und wenn der Seuchenzug so lange anhält wie seinerzeit die Fuchsräude, so mag es länger als eine Generation dauern, bis unsere Schweizer Wildbahn eine normale Besetzung mit Fuchs und Dachs zurückgewinnt.

Der Fischotter

Die Geschichte des Fischotters ist ein Beispiel für den Verlust eines Tieres der Landestierwelt. Weshalb musste der Fischotter verschwinden? In der Hauptsache sind es zwei Gründe gewesen, dass es so weit kam.

Erstens der irrtümliche Glaube an die übergrosse Fischereischädlichkeit dieser Tiere. Nun, wenn der Fischer denkt: «Was der Otter nicht frisst, krieg' ich», so lässt sich das verstehen. Wenn sich aber die Behören von dieser doch wohl allzu einfachen Schlussfolgerung überzeugen lassen und danach ihre Massnahmen, selbst ihre Gesetze richten, so stimmt hier etwas nicht. Auf alle Fälle ist die Meinung unrichtig, Fischer und Jäger verstünden am meisten vom Wesen und den Vorgängen in der Tierwelt, weil sie die Tiere fangen. Wer die Nutzniesser einer Sache zu seinen Beratern wählt, setzt sich dem Vorwurf aus, den Bock zum Gärtner zu machen. Denn eine biozönotisch durchdachte Jagdwissenschaft gab es um 1880 noch nicht, streng genommen bis heute nicht. Mindestens bleibt die Frage offen, weshalb damals, als es noch viele Fischotter gab, die Fischereierträge qualitativ und quantitativ höher waren als nach dem jahrzehntelangen Fischotterfeldzug. Die radikalen Eingriffe in den Naturhaushalt durch Vernichtung angeblicher Nahrungskonkurrenten des Menschen haben noch nie höhere Erträge gebracht. Doch der Glaube an die Korrekturmöglichkeit der Natur gehörte eben jener Zeit an, die das kleine Schweizerland für den Bürger zum Ideal gestalten wollte, das nur noch solche Tiere beherbergen sollte, die zu des Bürgers Wohl und Behagen dienten, jedenfalls aber keine, die von dem lebten, was ihm schmeckt.

Weniger paradiesisch nahm sich allerdings der zweite Faktor beim Verschwinden des Fischotters aus: die eidgenössische Gewässerpolitik. Zwar bestand das Verbot der Einleitung ungeklärter Abwässer in die schweizerischen Gewässer längst, wurde aber mit eidgenössischer und kantonaler Duldung nicht befolgt.

Es war nicht allein die lange Reihe der Absenkungen stehender und der Korrekturen fliessender Gewässer in der Schweiz, die Mitte des 19. Jahrhunderts eingesetzt hatte, sondern vielleicht erst die dadurch eingeleitete Veränderung der Fischfauna, die auf den Fischotter einwirkte. Der Fischotter hat keine feste Fortpflanzungszeit. Junge fand man zu allen Jahreszeiten. Professor Hediger teilt in seiner Jagdzoologie mit, H. Prell vermute, dass die Ranz des Fischotters nicht durch innere Faktoren ausgelöst werde wie bei den meisten Säugetieren, sondern durch äussere Faktoren, nämlich den Laichzyklus bevorzugter Beutefische. Deren Geschlechtshormone könnten auf die Ranz des Fischotters auslösend wirken. Da die Laichzeit der Fischarten der schweizerischen Gewässer in verschiedene Jahreszeiten fällt, würden sich daraus die verschiedenen Ranz- und Setzzeiten des Fischotters erklären. Ist aber der Fischotter in dieser Weise von seinen Beutetieren abhängig, dürfte die Veränderung der Fischfauna auf seinen Bestand stark eingewirkt haben. Dazu war er von jeher nicht standortstreu. Vielleicht weil ihn das Aufsuchen von Geschlechtspartnern, vielleicht auch seine Nahrungsgrundlage zum Nomadisieren zwang.

Kurz, mit dem Fischotter wurde ein Tier der schweizerischen Landesfauna praktisch zum Verschwinden gebracht, dessen Biologie noch zu wesentlichen Teilen unerforscht ist. Nach Werner Krebser (1959) sind freilich noch nicht alle Fischotter der Schweiz tot. Doch ihr Schutz kam 1953 reichlich spät, sicher zu spät. Naturschutz erschöpft sich ja nicht darin, dass noch irgendwo ein paar Vertreter einer Art umherirren und somit in der Liste der Schweizer Fauna aufgeführt werden können. So akademisch verstanden die Gründer und Vorkämpfer der Naturschutzidee ihre Sache nicht. Als Paul Sarasin die Spölschlucht 1913 die «Otterschlucht» taufte, weil dieses schon damals seltene Tier dort gespürt wurde, hoffte er, dem Fischotter eine Heimstätte im Nationalpark geschaffen zu haben. Aber auch das, wie so vieles, ging unter den späteren Verwaltern von Sarasins Erbe verloren. Die Standorte der letzten Fischotter werden geheimgehalten. Gibt es überhaupt Standorte für dieses wander- und bewegungsfreudige Tier? Nachdenklich stimmt, dass der Fischotter seit langen Jahren wohl nicht mehr in den Jagdbeutelisten der Schweiz figuriert, wohl aber in den Fallwildverzeichnissen des Kantons Bern, unter anderem der Jahre 1939, 1941, 1943, 1952, 1955. Sollten die letzten Fischotter da und dort an Gewässervergiftungen zugrunde gegangen sein, entweder durch Giftschlieren in Gewässern direkt oder durch den Genuss vergifteter Fische? Meine Rückfrage an das veterinär-bakteriologische Institut der Universität Bern ergab, dass Sekundärvergiftungen durch vergiftete Fische kaum in Frage kommen, weil das Muskelfleisch giftkranker Fische kaum nachweisbare Giftmengen enthält. Viel wahrscheinlicher ist, dass die Otter an direkten Giftwirkungen verunreinigter Gewässer zugrunde gingen.

Als im Bundesgesetz betreffend die Fischerei von 1888 der Ausrottungsfeldzug gegen den Fischotter unter Bundesführung begann, wurde damit nichts Neues unternommen. Denn die Absicht, mit dem «Fischereischädling» endgültig aufzuräumen, bestand in den Kantonen schon längst. Im Winter 1882/83 soll sich im Kanton Luzern eine aussergewöhnliche Menge von Fischottern gezeigt haben. Daher wurde «einzelnen zuverlässigen Jägern die Bewilligung zur Verfolgung dieser schädlichen Tiere erteilt». Sie erlegten 16 Fischotter, 6 im Bezirk Luzern, 9 im Bezirk Sursee und einen bei Hochdorf. Ähnlich war man im Kanton Zürich gegen den Fischotter vorgegangen. Dort hatte man seit 1876 jeden Winter Extrabewilligungen zur Fischotterjagd ausgegeben, und als das Bundesgesetz 1888 kam, fuhr man mit dieser Praxis einfach weiter. In Obwalden wurde dem Fischotter seit 1876 als einzigem Tier neben dem Wildschwein keine Schonzeit gewährt. 1884 konstatierte das Obwalder Jagdressort «mit Vergnügen, dass mehrere Fischotter erlegt wurden. Das beträchtliche Schussgeld für die Erlegung dieses reissenden Fischwolfes erzeigte sich als sehr notwendig und gerechtfertigt». In Appenzell A. Rh. wurde seit 1877 die Otterjagd bis Ende März ausgedehnt, wenn auch ohne Dachshund. 1880 forderten die Jäger dort, dass der Fischotter ganzjährig gejagt werden dürfe und die Prämie zu jeder Zeit ausbezahlt werden sollte. Doch wurde dies von der Regierung abgelehnt. Es blieb bei der Bejagung bis Ende März durch vier patentierte Jäger. Dass die Regierung die ganzjährige Bejagung ablehnte, entsprang keineswegs einer Schonungsabsicht, sondern einzig der Sorge vor missbräuchlicher Benützung der Fischotter-Patente. Jedoch wurde 1882 die Zahl der Bewilligungen vermehrt, «weil die völlige Ausrottung des Fischotters in den Gewässern des Kantons sehr wünschbar erscheint». In den folgenden Jahren jagten 36 Jäger auf den Fischotter, dann gab es eine kleine Pause, die aber mit dem Inkrafttreten des eigenössischen Fischereigesetzes aufhörte.

Die Erlegung des Fischotters wurde in allen Kantonen prämiert. Zuerst mit 10 Franken, dann mit 20. 1876 wurden im Kanton St. Gallen bereits 20 Franken bezahlt und viele Extrabewilligungen zur Otterjagd erteilt mit dem Erfolg, dass 20 Stücke erlegt wurden. Ein Bezirksamt liess sich dazu herbei, Prämien auch für solche Fischotter zu zahlen, die schon vor der Eröffnung der allgemeinen Jagd und ohne Bewilligung erlegt worden waren. Der Kanton verweigerte die Rückzahlung der Schussgelder an die Bezirkskasse, da der betreffende Jäger vielmehr wegen Jagdfrevels hätte gebüsst werden müssen. Ordnung muss sein – aber der Jäger durfte sein Prämiengeld behalten. Gegen die Fischereischädlinge ging es überhaupt los. Immer wieder kamen Gesuche der Jäger um Verlängerung der Jagd auf Fischreiher und

Fischotter in allen Kantonen. Ein Wildhüter verunglückte bei dieser Winterjagd tödlich.

1888 kam das Bundesgesetz: «Die Ausrottung von Fischottern, Fischreihern und anderen, der Fischerei besonders schädlichen Tieren ist möglichst zu begünstigen.» Das war der berüchtigte Artikel 22. Zur Vervollständigung heisst es dann im Artikel 29, der Bund unterstütze Massnahmen, welche zur Ausrottung der für die Fischerei besonders schädlichen Tiere getroffen werden, bis zur Hälfte der aufgewendeten Kosten. In der Folge unterstützte denn auch der Bund die Vernichtung von Ottern, Reihern, Eisvögeln, Haubentauchern, Wasseramseln und – Spitzmäusen. Später kamen noch Milane und Fischadler dazu. Wahrlich eine hübsche Liste. Nun begann die Kurve der Fischottererlegungen anzusteigen. 1889: 18 Tiere, 1890: 49, 1891: 73. Doch das ging dem Landwirtschaftsdepartement in Bern, dem damals Jagd und Fischerei unterstanden, zu langsam. Im Jahre 1892 machte das Departement die Kantone durch ein Kreisschreiben auf den ausserordentlichen Schaden aufmerksam, welche die Otter dem Fischbestande zufügen und regte eine Erhöhung der «meist zu geringen Prämien» für die Erlegung dieser Tiere an. Diesem Wunsche kamen einige Kantone prompt nach und zahlten nun 30 Franken für jeden vorgezeigten Otter. Nun, 30 Franken waren damals wesentlich mehr als heute. Dafür wagten die Jäger schon etwas kalte Füsse. Die gab's freilich, weil die Otterjagd meist im Winter bei Eis und Schnee betrieben wurde. 1892 wurde im Kanton St. Gallen ein sechstägiger Kurs für Otterfänger gehalten, worauf sich die eifrigen Kursbesucher gleich 26 neue Otterfallen anschafften. Auf diese Impulse und neuen Werkzeuge setzte man Hoffnungen. Die sehnlich erwarteten Erfolge stellten sich denn auch ein. 1892 hob sich die Zahl der Prämierungen gleich beinahe aufs Doppelte des Vorjahres, 1893 brachte den einmaligen Kulminationspunkt der Erlegungen mit 167 Fischottern. Parallel dazu stiegen die Fischreiherabschüsse.

Mit dem Gebrauch der Fallen in grösserem Umfang ging's den schweizerischen Fischottern heftiger als je an den Kragen. Noch 1886 hatten die Kantone, zum Beispiel Graubünden, nur an zuverlässige Jäger Otterfallen abgegeben, weil man zuvor die Jagd mit Hunden versucht, aber keinen Erfolg erzielt hatte. 1885 hatten die Jäger aus Deutschland zwei abgerichtete Otterhunde kommen lassen, mit denen in verschiedenen Kantonen gejagt wurde. Als Otterhunde wurden speziell Dachshunde verwendet, daneben auch sogenannte Hatzhunde und sogenannte Saufinder, meist Bracken, welche den Otter aufspürten und verbellten, so dass der Jäger zum Schuss kam. Als es noch viele Otter gab und sich der Anstand lohnte, erwartete der Jäger das Tier an der Stelle, wo es gewohnheitsmässig das Wasser verliess. Dieser Anstand war deshalb ziemlich zuverlässig, weil der Fischotter stets genau an derselben Stelle, dem sogenannten Ottersteig, meist mit der Beute ans Land stieg und dort seinen Fang verzehrte. Solange ein Fischotter an einem Gewässerabschnitt festhielt, gab es dort verschiedene Ottersteige. Denn er pflegte stets stromabwärts zu jagen, ging überland stromaufwärts und fuhr dann erneut ins Wasser. Weil der Ansitz nicht zu den Annehmlichkeiten des Lebens gehörte, gingen die Jäger zum Gebrauch von Schlageisen über, die, gut verwittert, dicht bei den Ausstiegen gelegt wurden. Die Netze oder Ottergarne, die man seit dem 16. bis zum 19. Jahrhundert verwendete, eine Art reusenähnlicher Gebilde, in die man den Fischotter mit Hunden zu treiben versuchte, waren seit den 1870er und 1880er Jahren kaum mehr in Gebrauch. Noch im Anfang unseres Jahrhunderts hatte ein Fischermeister im Wallis in vier Jahren 12 Fischotter und 85 Eisvögel erlegt – alle mit Schlageisen.

Da der Otterbalg immer seinen Wert besass und seit 1891 in den meisten Kantonen das Schussgeld von 30 Franken noch dazukam, lohnte sich die Jagd. Das Vergnügen ungerechnet. Und mit dem Schlageisen war die Sache nicht einmal so strapaziös. 1888 wurden im Kanton St. Gallen, wo die Fallen am frühesten verwendet wurden, gleich 30 Otter erlegt. Doch um 1906 flaute auch dort die Begeisterung der Jagdbehörde zur Erteilung von Bewilligungen für die Winterjagd erheblich ab, weil zu starker Missbrauch damit getrieben, das heisst nicht nur Raubwild erlegt worden war. In Graubünden hatte man 1891 trotz der Berner Aufforderung die Prämie auf Fischotter nicht erhöht. Vielleicht besass der Kanton dieses Tier deshalb noch am längsten. Noch 1937 fing der Fischereiaufseher im Misox fünf Fischotter. 1950, drei Jahre vor dem Bundesschutz, hatte Graubünden die Erlegung von Fischottern verboten. Als aber 1917 Paul Sarasin seinen Notruf zur Rettung des Fischotters mit seiner Schrift «Die Ausrottung des Fischotters in der Schweiz» erliess, blieb es ein Kassandraruf. Man glaubte ihm nicht – und in den Ämtern hielt man sich an das Gesetz. La loi, c'est la loi. Und auf einen «Professor» hörte man in den kantonalen Verwaltungen ohnehin nicht. Ist doch nur ein Theoretiker. Dafür hörte man auf die Jäger. Die mussten's ja wissen.

1891 wurde der Behörde in Appenzell A. Rh. gemeldet, dass sich die Fischotter im Flussgebiet der Urnäsch ständig und auffallend vermehrt hätten. Man erlaubte also einer Anzahl von patentierten Jägern, die Jagd auf diese Tiere bis Ende Februar auszuüben. Resultat: Trotz der verlängerten Jagdzeit und spezieller Bewilligung: kein einziges Tier. Aber der Glaube an die vielen Fischotter an der Urnäsch blieb unerschüttert. «Damit die Einlegung von Tausenden junger Forellen in die als Schonrevier erklärten Bäche ihren Zweck erreichen könne und nicht nur dem Raubwilde zugute komme, veranlasste uns zur Beschickung eines Kurses über Fischotterfang, deren mehrere im Kanton St. Gallen stattfinden. Es wurden zwei Fischotterfallen angeschafft, die Staatseigentum sind und durch tüchtige, patentierte Jäger verwendet werden sollen.» Wie viele Fischotter dank diesen energischen Massnahmen dran glauben mussten, wurde nicht angegeben. Doch anscheinend wurde man mit ihnen nicht ganz fertig, denn 1905 erklärte die Ausserrhodener Regierung die Erlegung der Otter überall und zu jeder Zeit für frei.

Über den zahlenmässigen Verlauf der Fischotterausrottung gibt die Kurve nach den Mengen der ausbezahlten Prämien, an denen sich Bern beteiligt hatte, eine gewisse Auskunft. 1932 findet sich in den bundesrätlichen Rechenschaftsberichten die letzte Fischotterprämienabrechnung. Die kantonalen Schussgelder liefen jedoch in verschiedenen Orten noch weiter.

Im grossen und ganzen lässt sich aus den Berner Zahlen der Verlauf der Ausrottung dieses Tieres ablesen. So ist zum Beispiel der steile Anstieg der Kurve 1891 auf 1892 sicher mit dem Kreisschreiben des eidgenössischen Industrie- und Landwirtschaftsdepartements und der Erhöhung der kantonalen Schussgelder auf 30 Franken zu erklären. Die Begeisterung hielt bis 1893, dem Jahr der höchsten Prämienauszahlungen, an, als 167 Otter getötet wurden. Dann allerdings scheint die Jagd weniger gelohnt zu haben, da die Kurve bis 1895 sank, worauf sie sich wieder etwas erhob, und so fort. Die leichten Anstiege in den Jahren 1902 und 1905 sind mit starken Raubwildverfolgungen zu erklären, die damals auf eidgenössische Weisung hin von den Wildhütern in den Bannbezirken mit Fallen und Gift durchgeführt wurden, in deren Erlegungszahlen auch zahlreiche Fischotter figurieren. Der «Sack» in der Kurve zwischen 1927 und 1932 scheint verwunderlich: Sollte sich nach diesem Tiefstand der Otterbestand wieder erholt haben? Das erscheint ausgeschlossen. Denn diese Kurve zeigt nicht alle Erlegungen, sondern nur die von Bern unterstützten Prämierungen. 1927 zum Beispiel wurden nach der Berner Liste drei Tiere prämiert, während die kantonale Beuteliste von Basel-Land einen, die von Graubünden für

1927 fünf Otter ausweist. Wären die Zahlen in andern Kantonen ähnlich genau gemeldet worden, kämen bestimmt noch mehr Erlegungen zum Vorschein.

Der Abstieg der Erlegungen um 1925/27 ist immerhin auffällig, aber nicht unerklärlich. In diesen zwanziger Jahren hatten einige Kantone die Auszahlung von Schussgeldern eingestellt, da nach Ansicht der Behörden «die Reduktion der Fischotter, Iltisse und Marder so weit vorgeschritten war, dass die Schussgelder gestrichen wurden». Dass bei Einstellung der Prämien für eine sogenannte schädliche Tierart die Erlegungen steil absinken, ist eine allgemeingültige Erscheinung. Die Jäger freilich taten in jedem Fall das Mögliche, um die Schussgelder nicht zu verlieren. 1918 stellte der Kanton Bern, wie es scheint als einziger, auf Sarasins Hilferuf hin die Prämienauszahlungen für Fischotter ein, doch «seither spukt es in allen Gewässern von Fischottern und die Reiher stellen sich zahlreich ein» nach den Meldungen der Jäger. Und als 1931 auch die Eidgenossenschaft ihren Beitrag an die kantonalen Schussgelder sistierte, wurden von den Jagdbeflissenen «Fischotter von überall her gemeldet und waren nie so zahlreich wie dieses Jahr». Wie sagt doch Wilhelm Busch: «Du weisst Bescheid, drum frage nicht».

Die Anziehungskraft der Prämiengelder zeigt unter anderem ein Fall im Kanton Schaffhausen. 1886 wies ein Diessenhofener Jäger vier Fischotter zur Prämierung vor, die er «unter der Brücke von Stein gefangen» haben wollte. In Wahrheit aber hatte sie ein Jäger aus Stein am Rhein auf deutschem Gebiet, also nicht im Kanton Schaffhausen, geschossen. Da für ihn drüben in Baden keine Prämien erhältlich waren, hatten sich die beiden Kumpane den Dreh mit dem Prämienbezug in Schaffhausen ausgedacht. Statt Geld bezogen sie jedoch 8 und 12 Tage Gefängnis – damals natürlich noch unbedingt. Wie die Geschichte auskam, wird nicht gesagt.

Von 1933 an bestehen Abschusslisten für das gesamte Schweizer Wild, gesammelt und herausgegeben vom schweizerischen Patentjägerverein. Aus diesen gehen nun plötzlich etwas höhere Zahlen hervor, als die letzten Prämienziffern von Bern angeben. Allerdings verschwindet 1952 der Fischotter endgültig auch aus den Listen des Patentjägervereins, so dass daraus entnommen werden darf, die Jagd auf eventuelle Restbestände dieses Tieres habe sich nicht mehr gelohnt und sei darum nicht mehr ausgeübt worden.

Noch eine letzte, grundsätzliche Bemerkung zu der Erlegungskurve. Die Erlegungslisten einer Tierart verleiten vielfach selbst Fachleute und Vertreter der Wissenschaft zu Rückschlüssen auf die Bestände. Für den schlichten Kenner der Jagd und der Jäger ist nichts irrtümlicher als dieser Schluss. Denn der Jagdertrag hängt nie vom Bestand einer Tierart, sondern von ganz anderen Faktoren ab. In erster Linie vom Jagdwetter. 1886 gewährte man zum Beispiel in Appenzell A. Rh. den Jägern auf Raubwild einzig aus dem Grund eine Verlängerung der Jagdzeit, weil der Vorwinter so ungünstig war. Beim Fischotter spielte das Jagdwetter eine besonders grosse Rolle. Dauerregen, der die Fährten auslöscht, schlechte Fischjahre, hohe Wasserstände und vieles andere reduzierten die Erlegungszahlen in den Hauptkantonen Zürich, Bern, Luzern, Waadt, Wallis, Aargau, Graubünden sofort wesentlich. Damit natürlich auch die von der Eidgenossenschaft unterstützten Prämierungen.

Wann in den Kantonen die letzten Fischottererlegungen gemeldet wurden, lässt sich nicht mit Sicherheit nachweisen, weil auch die kantonalen Beuteziffern nicht immer lückenlos sind. Doch scheint es, dass die Zahlen in der zweiten Hälfte der vierziger Jahre das Erlöschen des Jagdinteresses, wenn auch nicht der Bestände, anzeigen: Bern 1946, Wallis und Graubünden 1947, Tessin 1950, doch mag seither da und dort noch ein Otter gefallen sein. Nach den Erhebungen von Werner Krebser (1959) sollen sich in der Schweiz noch etwa 80 Fischotter befinden. Optimismus! –

Ist das das Ende? Es scheint wohl so. Die Beschaffenheit und Menge der schweizerischen Fische und die Gestalt und der Zustand der Gewässer haben einen Stand erreicht, der für ihre Wiederbevölkerung mit Fischottern wenig Aussicht bietet. Doch eines ist auf alle Fälle gewiss: Die Gewässerpolitik der Schweiz, die im ersten Jahrzehnt unseres Jahrhunderts auf den Lachs und die Forelle in unseren grösseren Flüssen verzichtete, rechtfertigt den Ausrottungsfeldzug gegen den Fischotter von 1888 bis 1953 nicht.

Wildhühner

Kein Glied der Landestierwelt der Schweiz gab den kantonalen Jagdverwaltungen so viele Rätsel auf wie die Wildhühner. Als am 13. November 1799 der Aarauer Bürger Daniel Pfleger an den Minister des Inneren das Postulat einer von den Jägern zu erhebenden Patentgebühr richtete, rechnete er mit einem jährlichen Durchschnittsertrag von 8000 Wildhühnern, die damals von ungefähr 1700 bis 2000 Jägern erlegt wurden. 1966 zogen rund 11 000 Jäger aus und brachten total 5656 Wildhühner als Beute heim. Von dieser Zahl sind aber rund 1500 Rebhühner zu subtrahieren, die als reine Importware zu Jagdzwecken aus dem Ausland in die Schweiz eingeführt wurden. An eigentlichen Gebirgswildhühnern wurden 1966 noch 3577 erlegt und an diesen ist es schon zu viel. Denn seitdem die Kantone die Jagdhoheit 1804 wieder übernommen hatten, lassen die Berichte mit ganz wenigen Ausnahmen nur noch Klagen über den Rückgang der Wildhühner vernehmen.

Der Bundesbericht von 1882 schreibt: «In den Bannbezirken, wo gute Hut ausgeübt und dem Raubzug eifrig nachgestellt wird, so in Bern, Freiburg, St. Gallen, Graubünden, Waadt, hat sich der Wildstand, namentlich die Gemsen und Murmeltiere, beträchtlich vermehrt, weniger derjenige des Federwildes, dessen Bruten unter ungünstiger Witterung, besonders späten Schneefällen, und allerdings auch von Raubwild gelitten haben.» 1888 schreibt der Bundesbericht: «Im allgemeinen lauten die Berichte über den Stand der Wildhühner immer sehr ungünstig. Zunahme der Hühner melden: Rotstock (Schneehühner), Säntis (Birkwild), Churfirsten (Auerwild), Beverin und Bernina (Schneehühner). Witterung und Raubwild wurden für den Rückgang der Hühner verantwortlich gemacht, auch Bern schrieb die Verluste 1882 diesen beiden Faktoren zu. Später meinte die Jagdverwaltung, dass in einzelnen Gebieten das Auer- und Birkwild durch Adler und Füchse völlig vernichtet worden, während es in anderen Gebieten in erfreulicher Zahl vorhanden sei. Viele alte Berichte melden vom Wildhühnerbestand nichts, so dass erst in späteren Jahren etwas darüber zu erfahren ist, leider nur Nachteiliges. Nur eines erfährt man: Als es noch Hühner gab, schöpften die Nimrode fröhlich und unbeschwert aus dem vollen. 1886 öffnete der Kanton Waadt wieder einmal den Bannbezirk Rocher de Naye zehn Tage lang. Gemsen hatten sich dort scheinbar in den zwei geschlossenen Jahren nicht sehr vermehrt, denn es wurden nur 42 Tiere erbeutet. «Dafür mussten die Birk- und Auerhähne, Haselhühner und Hasen, die nach zwei Jahren Ruhe zugenommen hatten, einen grossen Tribut an das Blei der Jäger zahlen», schrieb der Bericht. Kurze Schonung und dann Preisgabe an die Jägermasse, die sich stets dazu einfindet, ist der sicherste Weg, um die Wildtiere zu ruinieren! Die Ursachen, denen das Verschwinden des Flugwildes zuzuschreiben war, wurden nicht erkannt. Ungünstige Witterung und Raubwild konnte nicht allein schuld sein, denn das hätte in vielen Jahrhunderten zuvor dieselben Folgen haben müssen, so dass kaum noch Vertreter der Berghühner auf unsere Zeit gekommen wären. 1885 kamen schon die ersten Anträge zur Schonung der Auer- und Birkhühner in der Denkschrift der Schweizerischen Ornithologischen Gesellschaft. Auer- und Birkwild sei bereits sehr selten geworden und gehöre zu unseren Naturschönheiten. Aber die Eigenossenschaft trat aus Gründen der jagdlichen Tradition nicht darauf ein. Im Kanton Schwyz wurde schon 1900 zum Ausdruck gebracht, dass die Schonung der Spiel- und Auerhähne sehr wünschenswert wäre, indem dieses schöne und ganz unschädliche Wild im Jagdgebiet des Kantons und in der Schweiz immer seltener werde. Aber es kam dort noch nicht dazu und der Rückgang ging weiter, wie 1953 gemeldet wurde.

Auch der Kanton Glarus erneuerte schon 1865 ein älteres Verbot der Winter- und Frühlingsjagd auf Auer- und Schildhähne (Birkhahn). Diese Vögel waren so selten geworden, dass ein Jäger, der 1930 auf der Niederjagd im Oberseetal einen Auerhahn erlegt hatte, seine Beute nicht ansprechen konnte, und erst durch andere Jäger aufgeklärt werden musste, das sei ein Auerhahn!

 Merke des Jägers heilig Gebot:
 Was du nicht kennst, das schiesse nicht tot.

Das darf man hiezu wohl sagen!

1959 regte auch die Glarner Regierung an: «Es wäre zu begrüssen, wenn auch die Wildhühner unter Schutz gestellt würden, da sie bereits zu den Seltenheiten gehören, besonders die Schnee- und Steinhühner.» Und in der Tat sind im Glarnerland die Gebirgshühner selten geworden. Der Schreibende traf im Berner Oberland stellenweise Gebiete, besonders in der Umgebung von Bergseen, wo ihm auf kurzen Wegstrecken Schneehühner im Sommerkleid vor den Füssen aufstoben. Er war zehn Sommer lang im Glarner Freiberg und traf nur zweimal auf ein Pärchen von Schneehühnern.

Als im Baselland 1910 und nach den Kriegsjahren 1921 Auerhühner in den Bergwäldern des Jura auftraten, erliess die Regierung sofort ein Abschussverbot. 1931 berichtet St. Gallen, dass die Wildhühner auch im Banngebiet zurückgingen, was von den Wildhütern auf Füchse und Adler zurückgeführt wurde. Später wurden im Churfirstengebiet wieder Auer- und Birkwild auf der Sennisalp, Hasel-, Schnee- und Steinhühner beobachtet, aber im Freiberg Graue Hörner dezimierten angeblich die Adler das Federwild. Zehn Jahre später wurde ebendort das Auerwild als spärlich, das Birkhuhn als zahlreicher angegeben. Ein Jahr später, 1945, wurde eine langsame Erholung des Auerwildes beobachtet und um 1950 wurde das Birkwild als häufig und in Zunahme begriffen festgestellt, 1952 auch die Schneehühner und 1957 kamen die Steinhühner dazu. Nur das Haselhuhn blieb selten. Gegen 1960 waren im Banngebiet Birk- und Schneehühner häufig, das andere Federwild seltener, dabei waren sechs Steinadler im ganzen Umschwung festgestellt worden.

Zürich stellte schon 1911 auf Antrag der Jäger die Flugjagd auf unbestimmte Zeit ein. 1929 stellte der Kanton Auer- und Birkwild unter Schutz und 1932 die Wachteln und Haselhühner ihrer Seltenheit wegen ebenfalls. In Graubünden lauteten die Berichte immer ungünstig über den Bestand an Hühnern. 1891 hiess es einmal mehr, die Raubtiere (Füchse und Adler) seien schuld daran. Dann folgt ein langes Schweigen über die Flugjagd. Aber man war im Kanton mit dem gesamten Wildstand unzufrieden, sogar an Revierjagd-Einführung dachte man. 1910 untersuchte eine Expertenkommission, bestehend aus den Herren G. von Burg, Professor V. Fatio und dem nachmaligen Motionsteller für das Bundesgesetz 1925, C. Zurburg-Geiser und Kantonsoberförster F. Enderlin die Lage. Der Bericht dieser vortrefflichen Kenner lautete:

 Auerhahn – konstant
 Birkhahn – nicht mehr häufig
 Haselwild – konstant
 Schneehuhn – Abnahme
 Rebhuhn – ganz geringer Bestand
 Wachtel – noch in Tieflagen regelmässig.

Doch der Regierungsbericht lautete im gleichen Jahr: Die Hühner nehmen überall ab. Und 1922: Federwild überall wegen schlechter Witterung im Rückgang begriffen. 1923: Federwild will nicht vorwärts kommen, 1924: Bestand in Graubünden klein – so geht es weiter. 1927 kamen die ersten Schutzbegehren, 1928 die oft gehörten Klagen über den Adler, der an allem schuld sei. Der Auerhahn wurde eine Zeitlang geschont, dann wieder freigegeben, dann das Steinhuhn geschützt. Doch etwas Tapferes geschah nicht. Auch vom Bund nicht. Wohl hatte 1935 das Eidgenössische Departement des Innern ein Rundschreiben an die Kantone gerichtet, in Gebieten, die durch den strengen Winter gelitten hatten, Jagdeinschränkungen vorzusehen. Namentlich wurde vermehrter Schutz der Wildhühner angeregt. Daraufhin erliessen verschiedene Kantone einschränkende Bestimmungen, andere hielten solche für nicht dringlich. Dass diese sanfte Tour für die Tiere keine Früchte brachte, liegt auf der Hand. Wo die gesetzliche Grundlage fehlt, hilft die klarste Einsicht nichts. Es gab eine Zeit, in der die kantonalen Jagdverwaltungen nur ungern und nur unter dem Druck starker innerkantonaler Klagen zu Schutzbestimmungen für einzelne Jagdtiere übergingen, die im Bundesgesetz auf der Liste der Jagdbaren standen. Es war Politik, die kantonale Jagdfreiheit mindestens so weit zu erhalten, als es die «Berner Vögte» zuliessen. Das nannte man Föderalismus, aber ein Vorteil für das Jagdwild, namentlich die schönen Wildhühner der Berge, war das nicht! Aber nicht nur das.

Manche Kantone hielten nicht viel vom Flugwild; gleich nach dem ersten Bundesgesetz konzentrierte sich das jagdliche Interesse in den Berggegenden auf das Gemswild, besonders in den neugeschaffenen Bannbezirken, in denen man eine märchenhafte Vermehrung der Gemsen erwartete, die auf das offene Gebiet überfliessen und die Jagd der viel zu vielen in den Patentkantonen speisen sollte wie nie zuvor. Nach dem Gemsenbestand beurteilten auch die Appenzeller ihren Freiberg und waren nicht zufrieden damit. Die Ausserrhodener hatten sich schon mehrmals an den Bund gewendet, man solle ein neues Freiberggebiet schaffen, da das jetzige ungeeignet sei. Der Bund schlug dieses Ansuchen ab, weil ein Teil des postulierten neuen Gebietes auf St. Galler Boden gelegen war. Die Sache war aber die, dass das Banngebiet Gelände beider Appenzell umfasste, also einer innerrhodischen und einen ausserrhodischen Teil besass. Das war für die beiden seit 1595 spinnefeindlichen Kantonshälften unerträglich. 1882 schrieb daher Ausserrhoden: «Wegen des Bannbezirkes, der trotz aller Reklamationen über seine verfehlte Wahl immer noch fortbesteht, sei nichts zu berichten, als dass der Wildhüter drei Iltisse, eine wilde Katze und vier Habichte geschossen habe. Am ehesten scheine das Auer-, Birk- und Rebhuhn (?) im Bannbezirk aufzukommen, Gemswild sei spärlich und stehe zudem meist im innerrhodischen Teil. Das war es also. 1883 berichtete die Wildhut, der Wildstand nehme kaum merklich zu, das Auer- und Birkwild und die Schneehühner vermehrten sich, daneben gebe es etwa um die 50 Gemsen und keine Rehe. Und so ging es fort. Aufschlussreich ist, dass die Entwicklung der Berghühner kaum beachtet, jedenfalls nicht hoch eingeschätzt wurde, und doch dürften diese Nachrichten ein gewisses Interesse bieten, da daraus hervorgeht, dass die relativ milderen Appenzeller Berggegenden klimatisch und trophisch günstigere Entwicklungsmöglichkeiten boten als die Zentral- oder Ostalpen. Später nahm Appenzell A. Rh. am Flugwildbestand seines Bannbezirkstückes mehr Anteil. 1901 ging man dort gegen die Füchse energisch vor, sogar mit Ausräuchern und mit Verlängerung der winterlichen Fuchsjagd, alles im Interesse des Hühnerbestandes. 1906 wurde der schöne Bestand an Auerwild von etwa 30 Stück im Banngebiet gerühmt, 1908 auch der an Birkwild. Mit den Gemsen kam man nicht recht weiter, und als man 1884 einen Innerrhodener Jäger im Banngebiet beim Schiessen auf die wenigen Gemsen erwischte, hob das die Gefühle für den anderen Halbkanton auch nicht. Doch die Fürsorge für den schönen Flugwildbestand blieb bis zum ersten Weltkrieg. Dann aber hielt das Militär im Banngebiet Schiessübungen ab, gegen die sich der Kanton 1907 und 1908 noch mit Erfolg gewehrt hatte. Jetzt im Krieg aber unterlag er natürlich den Obersten. So wurde das Flugwild samt allem Hoch- und Niederwild vertrieben und die Arbeit von Jahrzehnten zunichte gemacht.

Obschon später noch immer, wenn auch nicht im Banngebiet selber, so doch in dessen Nähe Schiessübungen abgehalten wurden, erholte sich das Wild einigermassen. Auch das Federwild entwickelte sich trotz steigender Beunruhigung durch die Skifahrer, wenn auch nicht zur alten Bestandeshöhe, doch befriedigend.

Wie reich die Bestände an Birkwild im Kanton Nidwalden einst waren, beweist der dortige Abschuss von Birkhähnen, der 1899 in geschlossener Jagdzeit mit Berner Bewilligung erfolgte, weil die Hähne den Knospen einer Aufforstung Schaden zugefügt hätten. Der Abschuss geschah im Mai!

1910 berichtete der Bundesrat, dass infolge der Bannung des neuenburgischen Bezirks Montagne de Boudry La Tourne sich der Auerhahn dort angesiedelt habe. Zugleich habe sich dort ein kleiner Rehstand zu bilden begonnen. Auf Drängen der Jäger öffnete nun der Staatsrat im Jahre 1920 einen grossen Teil des Banngebietes, obschon vom eigenössischen Jagdinspektor nur ein kleiner Teil zugestanden war, so dass der bisherige geringe Erfolg des Banngebietes wieder völlig in Frage gestellt wurde. Man dachte daran, bei der nächsten Bannperiode das Gebiet völlig fallen zu lassen, was denn auch 1926 geschah. Damit war es mit dem Ansiedelungsversuch des Auerhahns ebenfalls vorbei.

Jetzt kamen die Schutzbestimmungen. 1948 verbot Bern den Abschuss von Auerhähnen, 1951 stellte er dieses Wild unter Vollschutz im ganzen Kanton. 1947 schützte Graubünden den Auerhahn auf sechs Jahre, gab ihn dann aber wieder frei.

Die prekäre Lage der Wildhühner geht aus zwei Symptomen hervor. Das eine der Symptome ist die Zusammenstellung aussterbender Tiere, die 1908 in der «Diana» erschien. Verfasser war der Redaktor Gustav von Burg selber. Er setzte auf diese Liste als erstes das Rothuhn, das praktisch ganz verschwunden war. Noch 1965 schrieb Dr. Glutz: « Es mutet eigenartig an, dass das Rothuhn von vielen Kantonen noch als jagdbar oder geschützt angeführt wird, obwohl es in der Schweiz seit langem nicht mehr vorkommt.» Dann führte von Burg die Wachtel an, die sehr stark zurückgegangen sei. Das Auerhuhn gehe vornehmlich in den Patentkantonen stark zurück. Im Hochjura, wo es sich seit 1890 einfand, töteten Wilderer brütende Auerhennen, die sie unter den Tannen auf Juraweiden ausmachten, durch Hiebe mit einem Knüppel. Den Rückgang des Haselhuhns schrieb von Burg dem Wanderfalken zu, von dem im Jura von Aarau-Biel-Delsberg-Liestal zwanzig Horste existieren sollten, in der Umgebung von Olten allein acht, was kaum stimmen konnte. Dazu ist schwer vorstellbar, wie der Wanderfalke, ein Flugjäger, einem ausgesprochenen Waldhuhn verderblich werden sollte.

Das zweite Symptom ist, dass schon Ende des vergangenen Jahrhunderts Versuche mit fremdem Flugwild zum Ersatz der Rebhühner unternommen wurden. 1884 setzte man in Steiermark Bobwhite-Quails und California-Quails aus, deren erste Art kleiner ist als das Rebhuhn, aber drüben in der neuen Welt als Ziel der Flugjagd bis heute eine grosse Rolle spielt. Die zweite Art, die Kalifornische Wachtel, ist die farbenprächtige Schopfwachtel. Andere Einbürgerungsversuche stellte man mit östlichen Rebhuhnrassen, chinesischen Rebhühnern, die kleiner sind als die hiesigen, und mit Bambushühnern, die nach Niethammer (1962) auch kleiner als Rebhühner sind und aus Südchina stammen. Wann in der Schweiz die ersten chinesischen Ringfasanen eingesetzt wurden, ist nicht mit Sicherheit festzustellen, es muss um 1900 oder kurz zuvor, also 1895 gewesen sein; in dieser Zeit ist er in 17 Kantonen bezeugt. Die ersten Jagdfasanen flogen wohl aus Revieren der Markgrafschaft, Frankreichs oder des Elsass ins Baselland und den nordwestlichen Aargau und Bern ein. Der Fasan zählte in der Zeit der fürstlichen Jagdherren in Deutschland jahrhundertelang zur hohen Jagd und wurde in Fasanerien gehalten. In der aristokratischen Zeit hatten einzelne Jagdherren, so die Graviset auf Liebegg, Jagdfasanen in ihre Jagd eingesetzt. Mandate über Verbote des Fasanenabschusses existieren in Bern und Luzern aus dem 17. und 18. Jahrhundert. Die Popularisierung dieses chinesischen Fremdlings in der bürgerlichen Jagd begann in Frankreich, und drang von da nach Westeuropa. Der Import fremdländischen Flugwildes, die Versuche mit amerikanischen Wachteln und dann die Einsetzung des Fasans zeigt, dass der Jägerei die Biozönose ihres Landes absolut gleichgültig war und ist. Ob fremder Tierimport oder autochthone Fauna spielt keine Rolle. Hauptsache, man hat etwas zu schiessen. Die Jagdliteratur bezeichnet den Jagdfasan als «dumm». Auch das ist gleichgültig. Man kann ihn züchten, ins Revier einsetzen und schiessen. In Frankreich bezieht der Jagdherr seine Fasanen unmittelbar vor der Gesellschaftsjagd aus der gewerblich betriebenen Fasanerie. Dann, bevor sich die aus ihren Transportgattern ausgelassenen Vögel im Einsatzgebiet zurechtgefunden haben, erfolgt die Treibjagd. In Deutschland und in schweizerischen Revieren versuchte man von Anbegin an den Fasan heimisch werden zu lassen, aber die Massenabschüsse mit Treibern und Büchsenspannern unterblieben, die in Frankreich den Clou des Jagdvergnügens der reichen Jagdherren bildeten. Denn der Fasan, der hier zur Brut schreiten sollte, konnte im Revier nicht so massenweise hochgebracht werden. Der Jagdfasan wird oft als Geschenk der Jägerei an die heimatliche Landschaft dargestellt, wofür die Tierfreunde nur dankbar sein sollten. Doch die wahren Tierfreunde und Tierkenner hatten an diesen bunten Vögeln gleich anfangs zu beanstanden, dass es eben Fremdlinge waren, dazu heute nicht einmal mehr eine einzige, reine Art, sondern Kreuzungen zwischen dem ringlosen Fasan aus der Gegend des Schwarzen und des Kaspischen Meeres und dem mongolischen und dem ostasiatischen Fasan, die beide den weissen Halsring besitzen. Die Importe, die zu verschiedenen Zeiten auf verschiedenen Wegen und aus verschiedenen Ursprungsländern nach Mitteleuropa kamen, ergaben hier ein Rassengemisch, das durch reichliche parzielle Albinobildung noch kompliziert wurde, so dass das «Geschenk der Jägerei» an unsere Fauna wirklich nur ein Lebewesen darstellt, dessen einziger Zweck der ist, dem Abschuss zu dienen. Drüben im Elsass hatten die Fasanen in der Sprache der Dörfler, die jeweilen als Treiber engagiert wurden, den rechten Namen, rein vom Schiessen her! Dort hiess der Fasan «e Tiro», was von dem Wort kommt, das die Treiber den Jägern zurufen: «tire haut, schiess hoch», weil eben ein Fasan aufgestanden war, den es herunterzuholen galt. Da brüllten die Treiber eben: «E Tiro, e Tiro, unn was fir e scheener!»

Für die Biozönose blieb der Import der Fasanen nicht ohne Folgen. Wollte ein Revierpächter seine Jagd zu einem Fasanenrevier machen, so war er genötigt, sich mit den Nachbarn zu verständigen, weil ein einziges Revier zum Einsatz zu klein ist. Die Einsatzreviere müssen vorbereitet, das heisst von Raubwild und Raubzeug nach Möglichkeit befreit werden. Müller-Using beschreibt das sehr konkret, doch schon der alte Raesfeld (1920) sagt: «Voraussetzung (eines erfolgreichen Einsatzes von Fasanen) ist die unnachsichtliche Verfolgung alles Raubwildes und Raubzeuges; denn der Fasan ist und bleibt aller seiner jagdlichen Vorzüge zum Trotz dumm.» Aber auch nach dem totalen Raubvogelschutz der Bundesgesetzes-Revision von 1963 zeigt die Praxis gegenwärtig noch alle Übergänge vom weitgehend totalen Raubvogelschutz bis zur Duldung von Jagdvergehen zum Schutze des Fasans (!), ausnahmsweise sogar bis zur Anordnung von Rauvogelvernichtungen (Dr. Glutz im OB 1965).

Brachte also die Vernichtung aller fleischfressenden Tiere in ganzen Gebietsteilen einen starken Eingriff in die Biozönose, so trat noch eine Folge der Fasaneneinsetzung zu Tage, die unbeabsichtigt war und sich der jagdlichen Einwirkung völlig entzog: der Restbestand der autochthonen Reb- und Haselhühner zog sich zurück und verschwand nach und nach. Denn der Fasan konkurrenzierte die Rebhühner sehr wirkungsvoll in der Nahrung, besonders die Kücken im Frühling, solange sie auf tierische Stoffe angewiesen waren. Ausserdem aber trat das Gesetz der biologischen Hierarchie in Wirkung, wonach die grössere und stärkere Art die kleinere verdrängt. Hievon wurden nicht nur die Rebhühner betroffen, sondern teilweise auch die Wachteln und Haselhühner, denn der Fasan ist ein Waldvogel, auch wenn er nur wenig tiefer als an die Ränder in den Wald eindringt und meist Blössen und Feldgehölze aufsucht.

Aus dem Einsatz des chinesischen Fasans geht mithin zweierlei hervor:
1. Das Bestreben der Jägerei, ein Flugwild zu besitzen, das ohne Bedenken nach Herzenslust geschossen werden und leicht wieder ersetzt werden kann.
2. Die Störung der heimatlichen Biozönose durch unnachsichtige Vernichtung des Haar- und Federraubwildes und
3. die Konkurrenzierung und Störung der noch vorhandenen einheimischen Wildhühner.

Nach den Einbürgerungen des Fasans versuchte man es auch mit der Akklimatisation südamerikanischer Steisshühner, die in ihrer Heimat das Rebhuhn und die Wachtel ersetzen und dort auch so genannt werden. Die Einbürgerung gelang in Frankreich, Ungarn und Russland anscheinend gut. In unserem Land unternahmen die Jagdgesellschaften von Aarburg-Oftringen 1907 die bedeutendsten Versuche, ernteten aber einen völligen Misserfolg. Von all diesen Versuchen weiss heute kaum mehr ein Mensch, sie wurden teils vor, teils während der Zeit vorgenommen, als das Bundesgesetz von 1904 in Kraft war, das keinen Artikel enthielt, wonach das Einsetzen von fremdländischem Wild der Genehmigung des Bundesrates unterstellt ist.

Die Jagd auf das Flugwild der Berge, namentlich auf Auer- und Birkwild, wurde in der Hauptsache bis in die jüngste Zeit illegitim als Frühlingsjagd ausgeübt und von den kantonalen Behörden wie auch vom Eidgenössischen Jagdinspektorat stillschweigend geduldet. Diese Frühlingsjagd kostete immerhin in der Balz jährlich 250 bis 300 Auerhähnen und rund 500 Birkhähnen das Leben. Im Berner Oberland, wo in der Auerhahnbalz an den Balzplätzen noch meistens Schnee lag, zogen sich die Jäger, die den grossen Hahn – den Orhan oder Waudgüggel – anspringen wollten, ein weisses Hemd über, um sich vom Schnee weniger abzuheben, wie es die Entenjäger im Winter tun. Als einiges Auerwild die Berge verliess und zum Jura hinabzog, erging es ihm dort übel. Dorfjugend raubte die Gelege aus und tötete die bekanntlich sehr fest sitzende Henne auf dem Nest. Der Präsident des Schweizerischen Jägerverbandes zur Hebung der Patentjagd und des Wildschutzes, Vernet, hatte allein im Jura 70 Hähne erlegt, alles Balzhähne. Obschon die Frühlingsjagd seit 1904 nur beschränkt in Revierkantonen auf Waldschnepfen erlaubt war, schildert Albert Gemsch als einzige Jagd auf den Auerhahn die Balzjagd und verwirft die Bodenjagd im Herbst und die Jagd mit dem Vorstehhund als nicht lohnend. Auch die Jagd auf den Birkhahn erfolgt nach Gemsch einzig in der Balz durch Anschleichen und Anlocken mit der aus Hasenknöchelchen gefertigten Pfeife, die den Hahnenruf «Tschiui» nachahmt und den balzenden Birkhahn zum Zustehen veranlassen will, weil er nach dem Rivalen suchen möchte. Die Schwierigkeit, den Spielhahn anzuschleichen, charakterisiert Gemsch mit dem Jägerspruch «Der Spielhahn hat auf jeder Feder ein Auge» und meint: «Ein angeschlichener Spielhahn ist immer schwer verdient und bereitet dem glücklichen Jäger viel Freude.» Die Suche im Herbst mit Hühnerhunden, fährt er fort, werde wohl auch betrieben, sei aber wenig lohnend, weil die Hähne zu selten seien. Im Wallis würden alle Jahre vom Hundeklub «Field Trials» (Feldversuche) auf den Birkhahn veranstaltet, also ein Wettjagen mit Hühnerhunden. Auch Paul Vetterli schildert in seinem Jagdlehrbuch (1947) für beide Hähne nur die in der Schweiz illegitime Balzjagd. In Ornithologenkreisen war diese Tatsache seit langem bekannt, sogar mit Beispielen aus dem Berner Oberland und der Innerschweiz. Von Burg (1927) schrieb, der Spielhahn sei der am häufigsten gejagte Hahn in der Schweiz. Seine Erlegung sei zwar nur im Herbst gestattet, doch gingen viele Liebhaber im Mai in die Berge, wo viele Sennen und Hirten den Birkhahn zu locken verständen. Schon damals wurden im Mai 400 kleine Hähne und im September 2000 erlegt. Die übrigen Berghühner werden entweder mit dem Hühnerhund gejagt, so das Steinhuhn, oder einfach mit dem Auge, so das Schneehuhn, das im Herbst schon weisse Flügel hat und in der noch schneefreien Umgebung leicht zu finden ist. Mögen auch dem Gebirgsjäger auf der Hochjagd wenig der dann noch recht hoch stehenden Hühner zum Opfer fallen, weil er meist keine Schrotflinte bei sich hat, sondern nur die Büchse mit Kugellauf, so gibt es doch Spezialisten, die das Schneehuhn zu finden wissen. Da vom Ausland nicht nur Rebhühner, sondern auch Stein-, Birk- und Haselhühner in die Schweiz importiert wurden, fand Galli-Valério auch bei diesen epizootische Infektionen. G. von Burg bezeichnete den Wildimport als eine Massnahme, die ausschliesslich für den Lieferanten von Wert sei, während sie unser Wild zum Teil ruiniert habe... «Die Jäger haben bis in unsere Zeit fortgefahren, durch Einfuhr fremden Wildes den eigenen Wildstand dem Untergang nahe zu bringen.» Dem ist beizufügen, dass entgegen allgemeiner Meinung (nach Richard) dem Wetter am Verlust der Bruten der Berghühner nicht die Schuld zugeschoben werden kann, da die Gelege speziell der Schneehühner ohne Schaden mehrere Tage verlassen werden können. 1903 schrieb ein Gebirgsjäger eine Anleitung zur Jagd des Steinhuhns mit Lockpfeife und Hühnerhund: «Leider ist dieses niedliche Geflügel den Alpenraubvögeln, Füchsen, Wieseln und Mardern sehr ausgesetzt. Auch die Jäger, die sich mit Stein- und Schneehühnern begnügen, wenn Gemsen und Murmeltiere fehlen, dezimieren sie stark und tragen dadurch zur allmählichen Verödung der Alpen viel bei... auch findet dieser hübsche Bewohner unserer Alpen in Rosshaarschlingen und Schlagfallen einen höchst unweidmännischen Tod.» Da sich das Steinhuhn in der Zeit der Herbstjagd bereits zu Flügen zusammengeschlossen hat, ist es, wie alle Vögel, die im sozialen Verband gejagt werden, starken Verlusten ausgesetzt, so dass es sich trotz seiner extremen Scheu und seiner Meisterschaft im Verbergen nur stellenweise zu behaupten vermag.

Das Haselhuhn, das unter der neuzeitlichen Entwicklung von allen Wildhühnern am stärksten litt, wird noch heute im Oktober mit dem Lockpfeifchen gejagt. Das monogam lebende Haselhuhn ist darauf angewiesen, im September/Oktober seine Jungen abzustossen, das heisst aus seinem Territorium zu vertreiben. Hierbei liefern sich die jungen und alten Hähne zuweilen harte Kämpfe. Die Lockjagd mit der feinen Pfeife besteht nun darin, das «Spissen» der Hähne zu imitieren, um den Revierhahn zum Kampf hervorzulocken. Daneben wird auch die Suchjagd mit dem Vorstehhund betrieben. Hennen zu schiessen, wäre nach Gemsch eine Todsünde, da sie ohnehin in der Minderheit seien. Nun ist die Unterscheidung der aufgehenden Vögel aber keineswegs einfach, so dass diese Todsünde schwer vermeidbar ist, weil der Schuss sehr rasch erfolgen muss. Doch auch der Hahnenabschuss muss sich für dieses Huhn in negativem Sinn auswirken. Denn da das Haselhuhn in Einehe lebt, scheint die Überzahl der Hähne samt den entsprechenden Kämpfen bestandeswichtig zu sein. Beim Haselhuhn ist sein starker Rückgang mit Sicherheit aus seiner Empfindlichkeit gegen Störungen erklärlich. Die Verdrängung des Haselhuhns durch den lauten und unruhigen Fasan wurde bereits erwähnt. Dazu kommt die Bewirtschaftung der Wälder in den Tallagen. Da die Nahrung des Haselhuhns einerseits aus den Insekten des Waldbodens, andererseits aus den Beeren und Knospen des Unterwuchses besteht, verlor es infolge der Bodenentsäuerung der Wälder einen wesentlichen Teil seiner Nahrungsgrundlage, da ein Beerenunterwuchs nur auf sauern Böden gedeiht. Nur der Optimismus der Jäger, die aus Einzelbeobachtungen stets auf einen ganzen Bestand schliessen, liess das Haselhuhn immer wieder als durchaus weidgerechte Jagdbeute erscheinen, obschon warnende Stimmen schon 1901 den vollständigen Schutz dieses schwindenden Flugwildes verlangten und die Lockpfeife als unweidmännisch verwarfen. 1914 wies ein Jagdartikel auf das in Deutschland geltende vollständige Verbot des Hahnenabschusses während der Balz hin. Die Lockjagd auf das Haselhuhn sei für den echten Weidmann einzig und allein ohne Gewehr das Richtige. Die Unterscheidung von Hahn und Henne sei vor dem Herbst nicht möglich. Schonung müsse dringend empfohlen werden. Andere Stimmen begannen von der «Hege» des Haselhuhns zu sprechen, was natürlich reine Phantasie ist.

Wer das Bundesgesetz über Jagd und Vogelschutz aufmerksam durchgeht, wird erstaunt sein, im Art. 50 plötzlich auf ein Ein- und Durchfuhrverbot lebender Wachteln zu stossen. Dieses hat jedoch seine besondere historische Begründung. Alljährlich brachten in den letzten Jahrzehnten des 19. Jahrhunderts eigens dazu eingerichtete Dampfer aus Alexandrien und Messina Ladungen von 30000 Wachteln, und zwar lebend, nach Marseille. Diese Transporte erfolgten vom Februar bis zum Mai und gingen meistens nach England, da in Frankreich der Konsum von Wachteln nach dem April verboten war. 1881 gab der Schweizerische Tierschutzverband ein Gesuch an den Bundesrat um Verbot der Ein- und Durchfuhr lebender Wachteln ein. 1882 regten sich auch die Jäger. Unter dem Titel «Dampf und Wild» beklagte sich die «Diana» über die destruktiven Folgen der Beschleunigung von Wildtransporten durch die Eisenbahn, weil jetzt aus dem Orient ganze Wagenladungen von Wachteln, die im Herbst und Frühjahr an den Mittelmeerküsten gefangen würden, in Käfigen lebendig in die Städte Europas eingeführt würden. Der Bundesrat hatte, um die Schweiz aus dieser Vogelvertilgung herauszuhalten, zunächst eine Zollerhöhung auf Wachteln beschlossen, um diesem Handel einen gewissen Riegel zu schieben, doch 1884 schon wieder aufgehoben. Schliesslich kam es 1898 zu internationalen Schritten in England wegen der Wachteltransporte aus Ägypten, die jedoch seitens der englischen Regierung nur zu leeren Versprechungen führten, man wolle den britischen Agenten in Kairo Instruktionen geben, um einen tunlichst schonenden Transport der Wachtelns zu erreichen. Mehr gab England nicht zu. Die Herren Lords wollten auf ihre Delikatessen nicht verzichten. Da kam 1904 das Ein- und Durchfuhrverbot von lebenden Wachteln im Bundesgesetz, nachdem Frankreich im Jahre 1900 damit vorangegangen war. 1904 schreibt eine Jägerzeitung: «Nachdem sich mehrere Jahre keine Wachteln mehr gezeigt hatten, konnte in der verflossenen Jagdsaison wieder eine bescheidene Anzahl dieser niedlichen Vögel geschossen werden.» Da man in der Schweiz diese «niedlichen Vögel» so gern hat, dass man sie schiessen muss, empörte sich 1907 dieselbe Jägerzeitung lauthals, dass an Italiens Westküste am 5. Mai, also einem einzigen Tag 15736 Stück Wachteln erlegt wurden, wobei natürlich die Herren vom Adel an der Spitze der Rekordschiesser standen. Mit derselben Empörung wurden die ägyptischen Massenfänge und -exporte an Wachteln in der Schweiz kommentiert, ohne dass bedacht wurde, dass auch bei uns Riesenstrecken von Vögeln erzielt würden, wenn dies nur annähernd möglich wäre.

Da enttäuschte der Ornithologe Albert Hess die Männer der grünen Gilde mit einem 1912 erschienenen Artikel «Vom Rückgang der Wachtel und dessen Ursache», worin er beweisen wollte, dass die schweizerischen Wachteln gar nicht über Ägypten reisten, also durch die dortigen Dezimierungen nicht vernichtet werden könnten. Hess versuchte mit einer Zusammenstellung der bekannt gewordenen Zugsdaten zu untersuchen, wo die Schweizer Wachteln durchziehen, kam aber zu einem negativen Schluss und glaubte, man müsse durch Beringung herausbringen, welche Wege die Schweizer Wachteln einschlügen. Dann könne man den Rückgang der Wachteln vielleicht steuern, wenn auch nicht ganz. Also schon damals der alte Aberglaube: Grundlagenforschung, erst dann Naturschutz! Bis die Wissenschaft aber zu einem unbestrittenen Resultat gelangt, ist nichts mehr da!

Als in den beiden Kriegen der Getreidebau in der Schweiz erweitert werden musste, ertönte der Ruf des Wachtelhahnes wieder aus den Weizenfeldern. Die Ornithologen und die Jäger freuten sich: Aha! Es liegt also ganz speziell an dem einseitigen Grasbau, dass wir diese «niedlichen Vögel» verloren haben. Aber es lag nicht daran, sondern am stark verminderten Fang an den Mittelmeerküsten infolge der Kriegshandlungen, wie von Burg sehr richtig schloss. 1913 wurden in Frankreich ziemlich ausgedehnte Versuche mit Beringungen von Wachteln unternommen. Diese Beringungen sollten in Algerien in grossem Massstab weitergeführt werden. Dann kam der Krieg, man hörte nichts mehr von den Beringungen. 1916 berichtet Redaktor von Steiger, Thun, dass früher Strecken von 40, 50 und 80 Stücken im Gürbenthal keine Seltenheit gewesen seien, jetzt sei alles ausgestorben. Von Steiger schreibt den Grund des Verschwindens der intensiven Jagd im Orient zu und den Wachtelschiffen mit Kühleinrichtungen, welche die Beute nach Europa bringen. Was lernten die Schweizer Jäger aus alledem? «Pick-per-wick... der Ruf, welcher das Herz eines Nimrods höher schlagen lässt», schreibt Jean Grisoni, «zur Jagd auf die Wachtel ist ein guter, routinierter alter Vorstehhund unerlässlich. Leider aber verlässt uns das schöne, gute Flugwild schon am Johannitag ohne Voranzeige. Man könnte glauben, dass die eigensinnigen und lebhaften Schelme in der Gewissheit, von vorneherein Verzeihung zu erlangen, die Jünger der Diana etwas an der Nase herumführen wollen ... Die Wachtel ist nun einmal so, man wird sie nie ändern können!» Dann aber empfiehlt Grisoni den Jägern, «niemals in ihren Gebeten an St. Hubertus die Bitte zu vergessen, er möge dafür sorgen, dass uns in Zukunft die Möglichkeit gegeben sei, die naive und sorglose Vagabundin, die Wachtel, im Überfluss anzutreffen und zu erlegen.» Jägergefühle über die Geschöpfe, die einst zu unserer Landestierwelt gehörten. Nur eine ganz kleine Probe! Dr. Glutz schrieb 1965: «Solange die Wachtel auf dem Papier noch in 13 Kantonen jagdbar ist, wird es erfahrungsgemäss schwierig sein, einen weitergehenden Schutz dieser Art zu erreichen. Dasselbe gilt auch für das Auerhuhn...» So viel über die sterbende Wachtel, die man heute noch immer, wo erlaubt, weidgerecht mit dem Vorstehhund jagt und tötet, früher im 18. Jahrhundert mit ihrem Ruf täuschte, in Reusen fing und ihr den kleinen Schädel eindrückte.

Das Rebhuhn hat seine besondere Geschichte, darum sei diese im Zusammenhang behandelt. Das Rebhuhn ist in der Schweiz nie häufig gewesen. Von Burg glaubte, dass ihm am meisten die Gegenden des Getreidebaues zugesagt hätten, doch dürften seine schwachen Bestände zumeist mit der Bodenunterlage zusammenhängen. Denn das Rebhuhn liebt warme, nahrungsreiche Böden. Nicht erst im Laufe des letzten Jahrhunderts, sondern schon viel früher wurde dem Rebhuhn durch eine ungezügelte Jagd schwer zugesetzt. Es wurde auch in der Schweiz mit dem Tyrass oder Spreitgarn in Massen gefangen, man stellte ihm mit der «Tonelle», der «weidenden Kuh», der Netzreuse, die auch Sack oder Hamen genannt wurde, nach; das nannte man Jagd mit dem Treibzeug oder das Anschilden. Illegitim versuchte man es heimlich mit Fallen, «Klöbli» genannt. Und wenn auch die Jagdgesetze im Kanton Zürich schon 1714 bis 1752 alle Massenfangmethoden für Rebhühner und Wachteln verboten und der Kanton Bern seine Rebhühner 1717 bis 1743 je auf sechs Jahre völlig unter Schutz stellte, half das wohl nur zeitweise. Denn in der Helvetik ging das allgemeine Jagen auf die Feldhühner unbeschränkt an; viele Jäger – besser gesagt arbeitsscheue Burschen – machten sich aus der freigegebenen Jagd ein lustiges Einkommen, stellten dem Wild wieder ganzjährig nach und kümmerten sich um die am 23. Dezember 1800 vom Minister erlassenen Schonzeiten einen Pfifferling. Der exzessiv strenge Winter 1854/55 hatte der Ostschweiz ihren gesamten Rebhuhnbestand gekostet, jedoch nahm nach 1875 des Rebhuhn wieder etwas zu und brachte es, wenn auch zu jährlich wechselnden, so doch erfreulichen Beständen, so dass sich die Jäger für dieses Wild zu interessieren begannen. Nach den äusserst schweren Verlusten des harten Winters 1879/80 kamen die Jäger auf den Gedanken, die Verluste durch Ankäufe von ausländischem Wild auszugleichen. Nach anfänglichen scheinbaren Erfolgen in trockenen Jahren setzte eine Reihe von Fehlschlägen ein, an denen, nach Ansicht der Jäger, das Wetter und das Raubzeug schuld sein sollten. Gegen dieses wurde zum Teil mit Staatshilfe vorgegangen, natürlich ohne überzeugenden Erfolg. Heute zeigt sich: Das Rebhuhn ist überall, wo fremde Hühner eingesetzt wurden, entweder verschwunden oder stark zurückgegangen, meist um mehr als drei Viertel. Wiederum war es Galli-Valério in Lausanne, der nachgewiesen hatte, dass durch diese, aus übersetzten Revieren stammenden fremden Rebhühner Krankheiten eingeschleppt wurden, denen die einheimischen Rebhühner zum Opfer fielen. Die fremden Rebhühner endlich blieben nur zu einem sehr geringen Teil im Lande, in der Hauptsache nur jene, die durch Krankheiten geschwächt, nicht wegstreichen konnten. Die meisten ausgesetzten Hühner suchten den Rückweg in ihr Land, nicht ohne auf ihrem Weg fast im ganzen Schweizerlande herum die Spuren ihrer Krankheiten zu hinterlassen. Auch die Seuche 1915 bis 1917, welche die Rebhühner im Mittelland und zum Teil im Jura vernichtete, war durch Importhühner eingeschleppt worden (Katalog der Schweizer Vögel).

Am Ende des letzten und im Anfang dieses Jahrhunderts machten sich die Jäger selbst viel Gedanken über den Rückgang der Rebhühner, kamen aber nicht auf die wahre Ursache, die Einschleppung epizootischer Infektionen durch Importwild. Man sprach davon, die Hühner fielen dem Eisenbahnverkehr zum Opfer, weil sie sich gern der Eisenbahnlinie entlang im Gestrüpp aufhielten. Oft soll die Lokomotive beim Durchkreuzen eines Rebhuhnvolkes 8 bis 10 Stücke auf einmal getötet haben. Zum Beweis druckte 1901 eine Jägerzeitung sogar die Erinnerungen eines alten Lokomotivführers ab, der behauptete, viele zerschmetterte Rebhühner auf dem Bahnkörper gesehen zu haben. Aber das waren wohl Verallgemeinerungen von Einzelfällen. Noch heute stehen die Hühner viel der Bahnlinie entlang, gehen aber wegen der Züge nicht einmal auf, das sah der Schreibende ungezählte Male selbst. Ein Jäger suchte die Ursache für den Rückgang beim «Raubzeug» und empfahl für verwaiste und ausgemähte Gelege die Kunstbrut und die Führung der Kücken durch eine kleine Haushenne. Nicht ganz Unrecht hatte die andere Ansicht, dass der frühe Heuet viel zum Verlust der Rebhuhngelege beitrage, auch die maschinelle Feldbestellung und das Verschwinden vieler Feldgehölze und Gebüschstreifen mochte Schuld an dem Verlust der Feldhühner in den Fluren tragen. Weniger leuchtet das Gerede von mangelnder Deckung für die Hühner im Herbst nach dem Abräumen der Felder ein. Ganz fachgerecht suchte ein Jäger den Fehler beim Treiben auf Feldhühner, wobei zuerst die jungen, fortpflanzungsfähigen Stücke fallen müssten, die alten, «zänkischen» Hähne aber erhalten blieben. 1897 und 1903 kamen Artikel im «Zürcher Bauer» über den Nutzen der Rebhühner für die Landwirtschaft, die jedoch sofort von enragierten Flugjägern als billige Liebedienerei an die Bauern grob zurückgewiesen wurden. Sie fürchteten gleich, der Nachweis der Nützlichkeit der Feldhühner laufe auf eine Forderung hinaus, sie zu schonen. Aus Österreich kam der Vorschlag, möglichst viele Rebhühner bei Winterbeginn einzufangen, in warmen Räumen und mit reichlich Futter zu überwintern und sie im Frühjahr wieder ins Revier zu setzen. Die meisten Jäger in der Schweiz legten damals gegen die Katzen, Ratten, Wiesel, Krähen und Elstern, die weit schädlicher seien als die Füchse, Gift, stellten Tellereisen und andere Fangeinrichtungen. 1903 klagten die Bauern, die Feldhühner schadeten den Saaten, da erschienen Gegenberichte, die den ganzen Speisezettel der Hühner herzählten und bewiesen, wie nützlich sie seien. 1934 richtete Finanzdirektor Keller in Aarau ein Rundschreiben an die Jagdpächter des Kantons, die Hühner zu schonen, zugleich aber das Raubzeug zu bekämpfen. Die Redaktion der Jagdzeitung doppelte sogleich nach mit utopischen Forderungen nach Feldgehölzen nach Aufgeben der einseitigen Graswirtschaft und einer Hetze gegen den geschützten Bussard. Die Schreiberei über das Feldhühnerproblem nahm kein Ende – für den Nichtjäger eine fragwürdige Naturpflege zur Erhaltung einer schwindenden Vogelart für das Schiessen! Als der bekannte Jagdschriftsteller Paul Vetterli kurz vor seinem Tod 1959 Schonung und Schutz aller Wildhühner empfahl, fand er damit weder bei Behörden noch bei Jägern offene Ohren.

Heute ist das Rebhuhn in allen Kantonen, auch dort, wo es einst zahlreich war, entweder verschwunden oder sehr selten geworden. In neuester Zeit entstand für die Rebhühner eine weitere Quelle der Vernichtung in Form der exzessiv verwendeten landwirtschaftlichen Spritzmittel. In der ersten Lebenswoche besteht die Nahrung für die Rebhuhnkücken zu 95% aus tierischer und zu 5% aus pflanzlicher Substanz. In der vierten Lebenswoche ist das Verhältnis bereits genau umgekehrt: 95% pflanzliche, 5% tierische Stoffe. Daraus geht hervor, dass während der ersten Woche die Insektizide die Nahrung der Kücken verpesten oder abtöten. Dann übernehmen die Unkrautvertilgungsmittel diese Rolle. Auf jeden Fall ist das Rebhuhn der verlierende Teil. Nicht allein, mit ihm noch viele Bodenbrüter der bewirtschafteten Gelände. Aus eigener Erfahrung kann der Schreibende sagen, dass die Dinitrokresolpräparate, die im Obstbau als Winterspritzmittel, im Feldbau als Unkrautbekämpfungsmittel und auf Kartoffeläckern zum Abbrennen des Krautes verwendet werden und in die von der interkantonalen Giftkommission als «giftig» bezeichnete Gruppe 3 gehören, stark an der Abnahme vieler Vögel beteiligt sind. In der Schweiz ist diese Gruppe mit 22 verschiedenen Präparaten vertreten und wird viel gebraucht. «Ein bereits auf pflanzliche Ernährung übergegangenes Rebhuhnkücken müsste mehr als Glück haben, wollte es bei allem überleben», schreiben Lynn und Robertson in ihrem trefflichen Buch «A Partridge Year».

1899 wurde im Aargau geklagt, dass das üble Ausschiessen der Reviere bei Pachtaufgabe für Hasen und Rebhühner katastrophale Folgen habe. Der Bestand an diesen zwei Wildarten ergänze sich lange nicht mehr, besonders die Rebhühner brächten es nie mehr auf die einstige Bestandeshöhe, da sie sehr wetterabhängig seien. Solche ausgeschossenen Reviere sähen trostlos aus. Trotzdem erschienen neue Artikel im gleichen Jahr, die dazu anleiteten, den Rebhühnern mit Papierdrachen beizukommen, weil sie sich aus Angst vor dem Hühnerdrachen nicht zu bewegen wagten und so fest sässen, dass sie leicht zu erlegen wären. Dann wird wieder untersucht, warum die Hähne, wenn getroffen, plötzlich aufsteigen oder «himmeln». Das komme daher, dass die Vögel nach einer Lungenverwundung infolge einer Blutung in die

Luftröhre aus Luftmangel höher und höher stiegen, bis sie tot herabstürzten. Schon 1899 stellten besonnene Praktiker «Reflexionen über unsere Jagdzustände» an und meldeten schwere Bedenken gegen die Wildeinfuhren an. «Ohne fremdes Wild keine Herbstjagd mehr! So weit haben wir es in der Schweiz gebracht!» Dass diese Stimmen taube Ohren fanden, war nicht ihre Schuld. Vorab der grosse Schiesser Otto Meyer in Zofingen rühmte 1900, wie die Rebhühner, die er im Wauwiler Moos ausgesetzt habe, gut gediehen. Wichtig sei nur, dass man die Krummschnäbel beseitige, den «heiligen Bussard» nicht ausgenommen!

Das A und O aller Hege der Feldhühner wie der Fasanen war und ist die Raubwild- und Raubzeugvernichtung. Trotzdem ist das Rebhuhn in der Schweiz praktisch als Glied unserer Landestierwelt so gut wie verschwunden. Es sind nur die Kantone mit «Repeuplement», die mit Rebhuhnstrecken aufwarten können, alle übrigen melden keine Hühner mehr. Das hindert jedoch nicht, dass das Werk «Die Jagd in der Schweiz» über die Hühnerjagd mit dem Vorstehhund grosse Worte macht. Jean Grisoni sagt, die Hühnerjagd sei die sportlichste Jagd überhaupt. Mit dem Vorstehhund liessen sich die Altvögel schonen. Der erfahrene Flugjäger könne Hähne und Hühner mit Sicherheit unterscheiden. Die Jäger hätten nie aufgehört, das Rebhuhn zu schützen und seine Vermehrung zu begünstigen, indem sie stets von neuem importierte Vögel aussetzten.

So steht Meinung gegen Meinung. Bis jetzt haben sich die behördlichen Massnahmen und Entscheide nach den Wünschen der Jäger gerichtet und nicht nach den wissenschaftlichen Untersuchungsergebnissen, deren Resultate mit der Publikation des offiziellen Werks «Die Vögel der Schweiz» zwar unterstützt, aber nicht fruktifiziert wurden.

Die Schutzversuche der Kantone mit dem einzigen Ziel, das Flugwild der Jägerei zu erhalten, blieben ohne Erfolg, ebenso die Beschränkung der Jagdzeiten. Im luzernischen Wauwilermoos, wo mehrfach importierte Hühner ausgesetzt worden waren, wurden jedesmal alle schon im ersten Herbst von den Patentjägern aufgerieben. Im Baselland, wo seit 1919 über den Rückgang der Hühner geklagt wurde, kam deren völliger Schutz 1951 auf Antrag der Vogelschutzvereine, und zwar gleich für Wachtel, Auerhuhn, Haselhuhn und Rebhuhn auf sechs Jahre. Sofort regten die Jäger Lockerung des Abschussverbotes für Rebhühner an. 1954 erlaubte daraufhin die Regierung einen Abschuss für 14 Tage, doch nur in dem Gebiet westlich der Birs, weil dorthin ständig ein Zufluss von Rebhühnern aus dem Elsass erfolgte, der eine gewisse Nutzung erlaubte. Viele Kantone suchten durch Schutzerlasse wenigstens einen Restbestand der Wildhühner zu retten. So ist zum Beispiel der Auerhahn in mindestens acht Kantonen geschützt (Bern, Schaffhausen, Solothurn, Schwyz, Tessin, Thurgau, Uri, Zürich), der Birkhahn in mindestens vier Kantonen (Neuenburg, Schaffhausen, Thurgau, Zürich), das Schneehuhn in den Kantonen Bern und Schwyz, das Steinhuhn in fünf Kantonen (Bern, Luzern, Schwyz, Thurgau, Zürich); das bedrohte Rebhuhn schützen sechs Kantone vollständig (Graubünden, Luzern, Schaffhausen, Solothurn, Schwyz, Zürich), die Wachtel schützen mindestens neun Kantone (Aargau, Basel-Stadt, Graubünden, Luzern, Schaffhausen, Solothurn, Schwyz, Thurgau, Zürich). Verschiedene Kantone schützen wenigstens die Weibchen der Wildhühner. Die Bemühungen der Kantone zum Schutz der letzten Wildhühner seien nicht geschmälert, wenn auch die Frage gestellt werden darf: Was hilft es, nur die Hennen zu schützen? Sind die feldornithologischen Merkmale den Jägern durchweg bekannt? Können sie bei der Schnelligkeit des Schusses beobachtet werden, wenn der Jäger einen Vogel aus der Deckung tritt? Und wie ist das beim Haselhuhn? Zum Schutz der Berghühner konnten sich nur wenige Kantone aufraffen, zum Beispiel schützen Neuenburg,

Schaffhausen, Thurgau und Zürich das Birkwild, aber besitzen sie überhaupt welches in genügender Anzahl?

Die Ablehnung des Wildhühnerschutzes im Bundesgesetz von 1963 wurde damit begründet, dass der Rückgang dieser Arten nicht auf die Jagd zurückzuführen sei, weshalb ein Abschussverbot sie nicht erhalten könne. Mit solchen Trugschlüssen lässt sich jedoch keine Massnahme begründen, die zu nichts anderem dient als zur Aufrechterhaltung jagdlicher Tradition!

Waldschnepfe und Bekassinen

Der Anstand auf die Waldschnepfe war ein Rest der alten Frühlingsjagd auf heimkehrende Zugvögel. Die Frühlingsjagd wiederum war ein Rest der uralten ganzjährigen Jagd, wie sie einst auch in der Schweiz ausgeübt wurde. Als im 16. Jahrundert die ersten Massnahmen zur Erhaltung des Haarwildes in der Form von Schonzeiten aufkamen, verblieben für die Vögel die alten Jagdgebräuche noch lange. Zu diesen gehörte die Frühlingsjagd auf die bei ihrer Reise zu den heimatlichen Brutorten unser Land durchquerenden Zugvögel und die Balzjagd auf den kleinen und grossen Hahn. Die Waldschnepfe wurde in Mitteleuropa jahrhundertelang als reiner Durchzügler angesehen und dementsprechend mit jener Schonungslosigkeit bejagt, die allem Wechselwild zuteil wird. Ja, man versagte diesem Vogel sogar den Anspruch auf die gewöhnlichste weidmännische Rücksicht, das Wild nicht leichtfertig krankzuschiessen, nur, um möglichst viel der wohlschmeckenden Vögel zu erbeuten (Raesfeld 1920). Die zunehmende Seltenheit der Waldschnepfe führte ausnahmsweise zu deren Schonung. Der Kanton Bern versuchte dies im Jagdgesetz von 1804 mit allerhand Patenterhöhungen beim Gebrauch von Jagdgehilfen, Hunden usw., erlaubte aber die verderbliche Suchjagd auf Schnepfen mit dem Hund auch im Frühling, wobei dem Jäger vielfach Weibchen mit legreifen Eiern im Leib zum Opfer fielen. Eigentliche Schonmassnahmen für die bejagten Vögel im allgemeinen und die Waldschnepfen im besonderen gab es vor den sechziger Jahren des 19. Jahrhunderts in keinem schweizerischen Kanton.

Noch Schinz (1815) glaubte, dass die Mehrzahl der in der Schweiz beobachteten Schnepfen reine Durchzügler seien, hatte jedoch erkannt, dass sie auch in der Schweiz zur Brut schritten. In Jägerkreisen kam die Erkenntnis, dass die Waldschnepfe ein heimischer Brutvogel sei, viel später. Nach und nach wurden ihre Bruten in den verschiedenen Landesteilen nachgewiesen. Das hatte wohl seinen Grund in der grossen Schwierigkeit, die in vollständiger Brutstarre verharrende Schnepfin überhaupt zu finden. Noch in der Gegenwart wurden immer neue Brutorte dieses heimlichsten Vogels gefunden, die bisher unbekannt geblieben waren. Da sich das Männchen am Nest nicht zeigt und überhaupt keine Beziehung der Geschlechter während der Brutzeit besteht, wird ein Nest weder durch Laute noch durch Bewegungen verraten.

Die Seltenheit der Waldschnepfe sei, so glauben die Jäger, einzig und allein der jeder Vorstellung spottenden Verfolgung dieser Vögel im Winterquartier zuzuschreiben. Immer wieder wurde von «Kennern» gemeldet, wie die Waldschnepfen in der Türkei, Syrien und Griechenland im Winter zu Tausenden erlegt würden. Jede Stimme zur Schonung der Waldschnepfe wurde in Deutschland und von den Revierjägern der Schweiz geradezu leidenschaftlich bekämpft: «Am Bosporus und auf den griechischen Inseln werden alljährlich 40 000 bis 50 000 Stück erlegt und da sollen wir in Mitteleuropa die Strichschnepfe schonen? Nein, so ideal sind wir nicht, zehnmal nein!» Das schrieb die «Diana» 1903. Es war freilich genau ein Jahr vor dem erwarteten neuen Bundesgesetz, worin erstmals der Schnepfenstrich für Revierjäger im Frühjahr eingebaut werden sollte. Doch die gesamte Jägerei wusste nicht, dass für nord- und mitteleuropäische Schnepfen allgemein der Zug WSW bis SSW gerichtet ist (Niethammer), so dass die in Griechenland und Kleinasien gejagten Schnepfen gar nicht diejenigen waren, die in unserem Land brüten wollten. Die Jagd auf die streichende Schnepfe trifft nach Niethammer nur zum Teil die ziehenden Vögel, weit mehr diejenigen, die hier zur Paarung und Brut schreiten wollten. Denn der Balzflug erfolgt erst richtig nach dem Eintreffen im Brutrevier. Den langsam in etwa Baumhöhe sein Revier überfliegenden Vogel, der ein feines «Pssieb», abwechselnd mit dumpfen, tiefem «Quorr» hören lässt, schiesst der im Dickicht anstehende Jäger einfach herunter.

Die zweite, wesentlich verheerendere Frühlingsjagd ist die Suchjagd mit dem Vorstehhund, wobei der Hund die Schnepfen durch unaufhörliches Kreuz- und Querlaufen im Gebüsch aufzusuchen und ihnen vorzustehen hat. Ein Vorstehhund muss auf der Schnepfenjagd den Vögeln viel länger vorstehen als auf der Hühnerjagd, weil der Jäger länger braucht, um den Vogel zu finden und dem Hund im Gestrüpp zu folgen. Sobald die Schnepfe auffliegt, versucht sie der Jäger mit raschem Schnappschuss herunterzuholen. Da beim Anstand auf die balzende Schnepfe mehr Männchen als Weibchen, bei der Suche aber beide Geschlechter getötet werden, ist diese für den Bestand verderblicher als der Strich. Doch trifft auch der Anstand auf streichende Vögel keineswegs nur Männchen, da auch Weibchen das Revier überfliegen und dabei das feine «Pssieb» hören lassen oder den Flug schweigend ausführen, was den Jäger jedoch am Schuss nicht hindert.

Seit langer Zeit meldeten sich Stimmen zum Schutz der Waldschnepfe. Mindestens im Frühling. In der Schweiz bereitete das in seiner Zeit hervorragende Bundesgesetz über Jagd und Vogelschutz von 1875 der Frühlingsjagd auf Schnepfen und alle anderen durchziehenden Vögel, wie Lerchen, Drosseln und Finken, ein verdientes Ende. Aber die Jagdpresse liess die Frühlingsjagd nicht auf sich beruhen. Artikel gegen das Frühlingsjagdverbot erschienen in den Jagdzeitungen jedes Frühjahr immer mit derselben Begründung: Wenn die umliegenden Länder, vorab Deutschland und Österreich, die Zugschnepfen im März und April nicht schonen, dann hat auch das Verbot in der Schweiz keinen Wert, denn dann ziehen die Vögel eben bei uns unbeschossen durch, dafür schiessen sie dann die deutschen Jäger. Eine typische Argumentation für Wechselwild!

Als um 1890 ein neues Bundesgesetz in Sicht war, verdoppelten sich die Bemühungen der Nimrode, den Schnepfenstrich wieder durchzusetzen. Wütende Artikel gegen die Gegner der Frühlingsjagd erschienen, dazu Erlebnisberichte vom «poetischen» Abendanstand, Anleitungen zur Jagd auf den balzenden Schnepferich mit Lockpfeifchen, Anleitungen zur Schnepfensuche mit dem Vorstehhund. Jedes Jahr schilderte der Revierjäger und Wortführer E. Fischer den Schnepfenstrich in der Nähe seiner Heimatstadt Zofingen, kein Jahr liess er aus ohne Lobpreisungen des weidmännischen Schnepfenanstandes. Und wenn ein zaghafter Beitrag der Tierschützer mahnte: «Lieber Weidmann mein, lass die Schnepfen im Frühjahr ziehen!», dann stachen gleich zwei, drei wütende Federn von Nimroden auf den schüchternen Bittsteller los, dass dieser glauben mochte, Kopf und Kragen zu riskieren, wenn er nicht schweige. Bis zum heutigen Tag gibt es wohlmeinende Tier- und Naturschützer, die glauben «mit Liebe» zum Ziel zu gelangen. Aber mit der Liebe macht man vielleicht Kinder, aber keinen Naturschutz!

Noch heute lässt sich in den Jagdzeitungen verfolgen, wie auf die geplante Bundesgesetzrevision von 1891 die Schnepfenjagdartikel anschwollen und wie dann, als die Revision scheiterte, enttäuschte Stille eintrat. Und wie diese Stille 1904 einem neuen Ansturm wich. Dann hatte man es geschafft. Im Bundesgesetz von 1904 stand im Artikel 9: «Die Frühlingsjagd jeder Art ist im ganzen Umfange der Schweiz untersagt». Ähnlich hatte es schon 1875 gelautet. Dann aber folgte: «Ausnahmsweise können die Revierkantone die Frühlingsjagd auf Zugschnepfen gestatten». Also «ausnahmsweise». Die Revierkantone «konnten». Klar, sie taten es, und zwar ausnahmslos! Jetzt ging's also auch im Baselland und im Aargau los:

> Reminiscere – putzt die Gewehre
> Oculi – da kommen sie
> Laetare – das ist das Wahre!
> Judica – sind sie auch noch da,
> Palmarum – trallarum
> Quasimodogeniti – halt, Jäger, halt, jetzt brüten sie!

Diese aus Deutschland stammende Jagd- und Hegeregel ist natürlich völlig wertlos. Denn sie lehnt sich an das bewegliche Osterfest an, das vom 22. März bis 25. April auf jeden Sonntag fallen kann. Aber vom 25. März an kann bestimmt mit der Legetätigkeit der Waldschnepfe gerechnet werden. Übrigens sind nur die ersten fünf Zeilen des Verses altoriginal. Ihnen lag der Glaube zugrunde, nach Palmsonntag seien die Schnepfen fort in ihrer nördlichen Brutheimat. Zwischen dem Palmsonntag und Quasimodo liegt Ostern, da wäre ja ohnehin alles vorbei. Der Vers, der besagt, dass sie am weissen Sonntag im Mitteleuropa brüten, wurde erst nach langen Jahren angefügt und ist eine späte Erkenntnis der Nimrode – eine viel zu späte!

Schon im Brehm 1911 heisst es, es seien Stimmen laut geworden, die Schnepfen im Frühjahr nicht mehr zu schiessen, aber der Anstand auf die ziehende Schnepfe zähle zu den köstlichsten Vergnügungen eines jagdkundigen Mannes... Im gleichen Jahr 1911 hielt ein deutscher Förster namens Krug-Weikersheim seinen berühmt gewordenen Naturschutzvortrag, worin er den Schnepfenanstand im Frühling, den Balzflug und den Schuss ausführlich schildert und dann die Frage stellt: «Meine Herren, ist das nicht eigentlich eine Gemeinheit? – so hat sich schon mancher deutsche Jäger im stillen und auch öffentlich gefragt. Ich sage heute: das ist nicht nur «eigentlich eine Gemeinheit», sondern das ist überhaupt bedingungslos eine durch nichts zu beschönigende, bodenlose Gemeinheit, voll Freude und Erregung die Rückkehr eines selten gewordenen Vogels zu erwarten und ihn im nächsten Augenblick erbarmungslos zu töten. Sie werden allerlei Entschuldigungsgründe anführen wollen. Ich kenne sie. Wir wollen doch einmal ruhigen und klaren Blickes das Weidwerk betrachten und untersuchen, ob es vereinbar ist mit der so mächtig überall einsetzenden und ebenso berechtigten wie notwendigen Naturschutzbewegung...» Dieser Angriff auf das traditionsgeheiligte, deutsche Weidwerk kostete Krug-Weikersheim bei einem Haar seine Amtsstellung. Er musste sich öffentlich entschuldigen und seine kritischen Worte an der Jagd zurücknehmen. Und doch war der Sieg der Weidmänner kein vollkommener. 1920 liess der berühmte Jagdschriftsteller Ferdinand von Raesfeld in seinem Buch «Die Hege in der freien Wildbahn» mit wenig anderen Worten dasselbe drukken. «Seitdem wir wissen, in welcher Zahl die Waldschnepfe bei uns brütet, dass fast alle im vorschreitenden Frühling auf der Suche erlegten Weibchen legreife Eier in sich tragen, seitdem sollten wir uns einer solchen Sünde wie bisher nicht mehr schuldig machen.» So kommt Raesfeld zum Schluss, dass auch der Anstand auf die streichende Schnepfe im Frühling unterbleiben sollte. «Aber der Schnepfenstrich mit seiner unvergleichlichen Poesie im Frühjahr beim Erwachen der Natur, beim ersten Drosselschlag, den sollten wir aufgeben? Gemach, mein Lieber, ich habe die Vertreter dieses Gedankens stark im Verdacht, dass von ihrer ganzen poetischen Auffassung nicht viel übrig bleiben würde, falls sie nicht die Hoffnung hätten, den quarrenden Schnepferich herunterzuholen. Mit ihrem Schuss zerreissen sie jäh die ganze Poesie, die kann ruhig zum Teufel gehen, wenn sie nur ihre Schnepfe nach Hause bringen...»

Das waren zwei deutsche Stimmen, es gab noch mehr, die sich für die Schonung einer letzten, in der Fortpflanzungszeit bejagten Vogelart einsetzten. Das waren auch nicht Stimmen der vielgeschmähten «gelehrten Stubenhocker» oder «sentimentalen Tierschützler», sondern von Forstleuten und Jagdkennern. Hatten sie Früchte getragen? Weder in deutschen noch in schweizerischen Revierjägerkreisen! 1913 wies Albert Hess nach, dass die streichenden Schnepfen im Frühjahr keineswegs immer Männchen seien. Von 37 wissenschaftlich genau untersuchten Stücken waren 22 Männchen und 15 Weibchen, wovon 14 Stücke voll entwickelte Eier trugen. Von 22 Männchen waren 13 quarrend und puitzend, 9 nur puitzend gestrichen. Und die Frucht dieser Untersuchungen mit ihrer deutlichen Warnung? – Schnepfenjagdlob ohne Ende, besonders von Eduard Fischer, Zofingen. Auch als Antwort auf die Bemühungen Sarasins 1917 – Schnepfenartikel ohne Ende. Der Anstand auf dem Strich sei die Krone des Weidwerks. Das Weidwerk hat eben gar viele Kronen, Brunftjagd, Balzjagd...

War schon die Freigabe einer Frühlingsjagd in der Bundesgesetzrevision von 1904 ein bedauerliches Nachgeben an die völlig von der Jagdgesetzgebung und dem jagdlichen Brauchtum in Deutschland beherrschten Revierjäger der Schweizer Kantone, so waren die Frühlingsjagdzeiten des neuen Bundesgesetzes von 1925 vollends ein Fehler, wenn sie bis zum 31. März gehen durften. Nicht genug damit. Da sich infolge der besonderen Wetterverhältnisse unseres Landes die Ankunft der Schnepfen in den Höhen des Mittellandes und der Voralpen etwas verzögerte, wurde die Erlaubnis zur Jagd auf dem Schnepfenstrich vom damaligen Jagdinspektor Dr. Zimmerli bis zum 10. April ausgedehnt, somit auf volle 30 Tage verlängert. Dies allen warnenden Stimmen zum Trotz, die damals im Oberforstinspektorat weder gelesen noch beachtet wurden.

Wenn die neueste Bundesgesetzesrevision wieder auf das alte Frühlingsjagdverbot von 1875 zurückgriff und damit auch dem Flugwild in der Paarungszeit endlich Ruhe verschafft, darf dies als wirklicher Fortschritt zur Erhaltung der Landestierwelt, zugleich aber auch als Besinnung auf ein eigenständiges Jagdrecht und als Befreiung von ausländischem Einfluss eingeschätzt werden. Möge dieses Frühlingsjagdverbot für alles Wild durchgehalten werden und seine Früchte bringen. Für die Waldschnepfe dürfte die herbstliche Suchjagd mit Hilfe eines Hundes noch immer Aderlass genug bedeuten. «Schnepfe,... schönes Dämchen mit langem Schnabel, mit samtglänzenden Augen voller Geheimnisse und Unendlichkeit.... wer hat dich wohl in den Ruf gebracht, du seiest ein Sinnbild der Dummheit? Sicherlich nicht der Jäger...» So fängt die Anleitung zur Suchjagd von Dr. R. Favre an. Sie ist voll von Zärtlichkeit und Bewunderung für das kleine, goldbraune Flugwild... «Etwas wehmütig gestimmt streicheln wir das Gefieder dieser schönen Vögel, die mitten im Honigmond, mitten in ihrer Vermehrungszeit getötet wurden. Ein Trost ist es, zu wissen, dass vier Fünftel der während der Paarung geschossenen Schnepfen Männchen sind...» Wirklich?

Man sagt, dass das Krokodil am Nil über seine getötete Beute Tränen vergiesse – die berühmten Krokodilstränen. So berichtet die Sage. Mögen die Krokodilstränen um die Waldschnepfe wenigstens nie mehr im Frühling fliessen!

Die Jagdliste des Schweizerischen Statistischen Jahrbuchs führt die Gattung Capella (Gallinago) in drei Rubriken auf: die Zwergschnepfe, die Doppelschnepfe und die Bekassine. Alle drei spielen jagdlich heute keine grosse Rolle mehr, haben aber in alter Zeit, solange die vielen Feuchtgelände, Riede und moorigen Seeufer existierten, eine grössere jagdliche Bedeutung gehabt. Noch heute gibt es in einigen Kantonen Liebhaber der Moorjagd, die diesen kleinen, drossel- oder lerchengrossen Vögeln nachstellen. Ein Hund ist zu dieser Jagd nicht notwendig. Der Jäger tritt die Bekassinen beim Durchpirschen des Riedgeländes selbst aus dem Bodenwuchs heraus und – darin besteht der Reiz dieser Jagd – muss den rasch mit dem Angstruf «Rätsch» im Zickzack fliehenden Vogel mit einem ebenso rasch hingeworfenen Schrotschuss erlegen.

Die gemeine Bekassine ist dem Natufreund auch unter der Bezeichnung «Himmelsziege» bekannt. Es gibt wohl nur wenig Erlebnisse in der freien Landschaft, die dem Verhören der fremden und sonderbar ergreifenden Tierlaute im Ried gleichkommen. Unter ihnen zählt im Frühling das «Meckern der Himmelsziege» zu den seltsamsten. Irgendwo im trockenen Riedgras beginnt ein Ticken wie von einer Wekkeruhr und dann erhebt sich mit einem Mal ein kleiner, goldbrauner Vogel in die Luft, wohl 50 oder 70 Meter hoch, kreist über seinem Brutgebiet und vollführt Sturzflüge und dabei lässt er ein dunkles Meckern hören. Doch diesen Laut bringt der kleine Vogel nicht mit der Stimme hervor, sondern mit seinen äusseren Steuerfedern. Das ist der Balzflug der Bekassine, der «Himmelsziege». Wir haben sie in alter Zeit über dem Wauwilermoos meckern hören und an Seeufern in der Westschweiz, haben sie im Sommer und Herbst mit unseren noch so vorsichtigen Schritten aufgebracht. Damals haben wir begreifen gelernt, wie diese Vögelchen die Flugjäger geradezu zum Schuss reizen, um dieses raschen, flüchtigen Wesens habhaft zu werden, das sich um keinen Preis sehen lassen will. Es ist irgendein jungenhafter Trieb, der in jedem Jäger schlummert, ein Tier zu fangen, es lebend oder tot zu kriegen, das so heimlich und rasch ist. Diesem unreifen Trieb gibt der Moosjäger Raum, er überlegt kaum, dass er ein kleines, schönes Leben auslöscht, das ist ihm auch gleichgültig, irgendwie unterliegt er einem Zwang, dieses Vögelchen zur Beute zu machen. Als Resultat melden dann die Kantone die Zahl der erlegten Bekassinen, die kaum jemand verwerten wird: Zürich 1912: 309 Stücke, 1917: 151, 1919: 199, 1925: 53, 1932: 32, 1937: 39, 1940: 7, 1942: 8 und dann keine mehr. Bruten der Bekassine sind in der Schweiz infolge der Seeabsenkungen und Trockenlegungen immer seltener geworden. Schon das Verzeichnis von Studer und Fatio gibt der Bekassine als Brutvogel nur die Nummer 2, also die Note für einen seltenen Brüter (die höchste ist Nr. 5), die zwei grösseren, die grosse Bekassine und die Doppelschnepfe erhielten Nummer 4. Als solche geben diese Vögel noch heute die Strecken, die aus der Waadt (344), dem Tessin (69) und Bern (46) gemeldet werden. Aus Gründen der Seltenheit, die durch die raschen, infolge der beiden Weltkriege verursachten Biotopverluste für die Bekassinen in der Schweiz eingetreten sind, wurden sie in mehreren Kantonen unter Schutz gestellt. Im Bundesgesetz 1963 sind die Bekassinen – eine Rücksicht auf die westschweizerischen Moosjäger – leider noch jagdbar. Sie werden es voraussichtlich noch so lange bleiben, als der Durchzug den westschweizerischen Seen entlang das kleine Flugwild noch in unser Land bringen wird.

Wildenten, Wildgänse, Blässhühner

Die Schilderung der Jagd auf Wasservögel von Gacond (in «Die Jagd in der Schweiz») erzählt von Pirschgängen und Schilfansitzen in Moor und Sumpf oder «Bruch». Wenn auch nicht als Jäger, sondern als simpler Freund des Wassergeflügels möchte man mit grossem Interesse fragen: Wo ist das? Wo fliegen im einsamen «Bruch» (ein Begriff für einen niederdeutschen, nicht·schweizerischen Landschaftstyp) Hunderte und Tausende von Enten, bei kaltem Wetter sogar Gänse, mit «sausenden Schwingen» über uns weg? Wo erlebt der Tier- und Naturfreund dieses im Ausland oft geschilderte, in der Schweiz nie geschaute Bild winterlichen Vogellebens?

Moor- und Riedreste gibt es wohl da und dort noch am Nordfuss des Voralpenlandes, doch diese sind, wenn auch nur einigermassen belebt, unter Naturschutz und bleiben unbeschossen, und wenn nicht, dann sind es Geländereste, denen Trockenlegung und Meliorationen bevorstehen und denen Streuebewirtschaftung, alte Drainierungen und die Unruhe der sehr nahen Siedelungen ihr Vogelleben bis auf unbedeutende Reste raubten. Wer in diese entleerten oder nahezu leeren Gelände die Jäger mit Hunden und mächtiger weidmännischer Ausrüstung hinausziehen sah, wunderte sich über die Bescheidenheit dieser Romantiker, die von echter Naturfülle wohl kaum mehr eine Vorstellung haben und ihre längst gewandelten Heimatgegenden immer noch im alten Glanz sehen, von dem nur noch etwa die Flurnamen ein armes Zeugnis des Reichtums von ehemals ablegen.

Die Wasserjagd ist, mindestens in der Gegenwart, jeder Romantik entkleidet. Übrigens schon bald ein Jahrhundert lang. Seit dem ersten Bundesgesetz 1875 und dem zweiten von 1904 durfte sie nur auf den Seen ausgeübt werden, nicht aber auf den Flüssen. Später fingen die Kantone, von den schiesslustigen Jägern bedrängt, an, trotz dem Einspruch der Berner Jagdinspektion auch bestimmte Flussabschnitte, die von Wasservögeln beflogen waren, der Jagd zu öffnen.

Die Wasserjagd hat keine einheitliche Geschichte. Ihre Vergangenheit zerfällt in gewissermassen einzelne Themen, die für das Schicksal der Schwimmvögel in der Schweiz bedeutungsvoll geworden sind. Hasen, Rehe, Gemsen und Murmeltiere, einstmals auch Rebhühner und das ganze Haar- und Federraubwild – das waren Beutestücke, die der Jägerei im eigenen Lande gewachsen waren. Das Wassergeflügel aber nur zum kleinsten Teil. Denn die Enten, die in der Schweiz aus dem Ei gekrochen waren, würden nur sehr wenige Säcke der Jagdgehilfen füllen, die alljährlich aus den Wasserjagden heimgetragen werden. Der einstige Redaktor der «Diana», G. von Burg, hatte geschrieben: Die Zahl der jährlich durch die Schweiz durchziehenden Enten sei 200 000 bis 400 000. Davon dürfte jede abgeschossen werden, ohne dass die Quelle versiegen würde. Das sei seine Überzeugung. «Also herzhaft zugreifen, das ist unsere Ansicht.» Was er sagen wollte, lautet mit anderen Worten: Die Wildenten der Seen und Flüsse unseres Landes sind *Wechselwild*. Was wir nicht schiessen, fällt in anderen Ländern. Es wäre sinnlos, dieses Wintergeschenk der Natur nicht zu nutzen und andern zu überlassen. Es ist im Grunde die gleiche Schlussfolgerung, die den Patentjägern vorgeworfen wird: «Was ich nicht schiesse, schiesst ein anderer.» Aber die Ansicht des Jagdzeitungsredaktors zeigte sich sehr bald als unrichtig. Die Wasserjagd kann nicht ohne Schaden sämtliche Wildenten Jahr um Jahr aufreiben. Denn auch diese Wildvorräte sind nicht unerschöpflich. Schon 1929 mehrten sich die Klagen der Jäger über den Rückgang der inländischen Wildenten infolge der Trockenlegungen, des Verlustes an Nistplätzen, durch Raubwild und Beraubung der Gelege durch Menschen. Aber das herkömmliche Eiersammeln in Rieden und Schilfufern hatte schon längst zuvor mit dem gesamten Wassergeflügel der Schweiz stark aufgeräumt. Auch die nordischen Länder spürten den Rückgang ihrer jagdbaren Schwimmvögel. 1924, 1926 und 1927 fanden in Schweden, Dänemark und zuletzt in London internationale Konferenzen statt, die sich stark mit dem Rückgang der Wildenten, wilden Gänse und Schwäne und anderer Zugvögel in den nordeuropäischen Ländern befassten, d.h. mit einem Prozess, der bis in die Gegenwart nicht aufgehalten werden konnte.

Auch in der Schweiz wird die winterliche Wasservogeljagd bis zur Gegenwart in der Regel recht wenig schonungsvoll gehandhabt. In der Praxis verläuft sie in den verschiedenen Kantonen recht unterschiedlich. Dr. Glutz schrieb 1965: «Es ist befremdend, mitansehen zu müssen, wie extensiv einzelne Jäger ihr Nutzungsrecht auslegen, ohne auch nur das Geringste zur Hebung der Flugjagd beizutragen. Vermehrte Investitionen für die Schaffung und Erhaltung von Entenbrutstätten wären vielerorts auch von seiten der Jägerschaft dem Aussetzen von Fasanen und andern Hühnervögeln vorzuziehen.»

Vor dem ersten Bundesgesetz gab es eine Zeit, in der die Jagd auf Wildenten völlig unbeachtet blieb. Die Mär von der Fischereischädlichkeit der Stockenten und anderer Wasservögel hatte zur Folge, dass auf sie von Leuten aller Gattung, sogar von Jugendlichen, Jagd gemacht wurde. Wer eine Schrotflinte besass, ballerte mit dieser auf dem Wasser herum. Jugendliche betrieben den Angelfang auf die hungernden Wildenten mit Eicheln als Köder, nicht selten betrieb man Fallenfang nach der auf Seite 120 und 121 beschriebenen Methode, am Bodensee übertölpelte man die Wildenten selbst mit Leimruten im Seichtwasser der Uferzone. Die Kantonsbehörden kümmerten sich kaum darum, was mit dem Wasserwild getrieben wurde.

1882 richtete die Eidgenossenschaft ein erstes Kreisschreiben an die Kantone, um sie einzuladen, auf ihrem Hoheitsgebiet die Schwimmvogeljagd zu regeln. Und als 1890 diese Jagd immer noch nicht befriedigend geordnet, im Gegenteil Bewilligungen zur Entenjagd sogar auf festem Land erteilt worden waren, liess der Bund ein zweites Kreisschreiben folgen.

Noch immer wurden von den Kantonsregierungen Bewilligungen an einzelne Fischenzpächter abgegeben, in Bächen und Gräben Enten zu schiessen, immer mit der Begründung, sie verzehrten Laich und Jungfische, seien also höchst fischereischädlich. 1893 protestierten im Kanton Zürich die patentierten Jäger gegen diese patentlosen Bewilligungen, wurden aber vom Regierungsrat abgewiesen: Der Rat richtete sich streng nach dem 1885 erschienenen Büchlein, das Alfred de Claparède im Auftrag des schweizerischen Handels- und Landwirtschaftsdepartements veröffentlicht hatte. Dort drin stand, dass Wildenten, Taucher, Gänse und Schwäne und eine grosse Liste anderer Tiere ganz böse Fischfeinde seien – jeder Widerspruch war bei den Ämtern zwecklos. Wie stark das Büchlein von Claparède für das Fischereigesetz von 1888 wirksam war, soll weiter unten noch kurz geschildert werden. Zunächst die Geschichte der Wasserjagd auf dem Zürichsee nach den Hauptdaten.

Die Zürichseejagd

Seit der Helvetik wurde auf dem Zürichsee gejagt, doch erst viel später unter grösserer Beteiligung. 1894 beklagten sich die Jäger, dass die Jagd auf Enten von Dampf- und Motorschiffen aus betrieben werde, so dass die Vögel in Massen weggeschossen würden und die Jäger in gewöhnlichen Booten keinen Erfolg mehr hätten. Da erhöhte 1896 die Jagdverwaltung die Patente für Wasserjagd von Motorbooten aus auf 50 Franken. Daraufhin wurden 1897 nur acht Patente ausgestellt, und ein Gesuch um Reduktion dieser Gebühr wurde abgelehnt. Zugleich wurde die Wasservogeljagd im innern Seebecken der Stadt Zürich und 1898 im ganzen Stadtgebiet verboten. Patente für Motorbootjagd auf dem See wurden je nach Aussicht auf Erfolg und nach der Gunst der Jahre anscheinend spärlich gelöst, jedoch dann stark benützt. 1901 klagte eine grosse Zahl von St. Galler Jägern bei ihrer Behörde, dass auf dem Zürichsee die Jagd auf Enten und andere Schwimmvögel von Dampfern und Motorschiffen aus rücksichtslos betrieben werde, und zwar in der Weise, dass ganze Salven abgegeben und das Wasserwild von frühmorgens bis spät in den Abend verfolgt und auf sehr grosse Distanzen beschossen werde, und zwar mittelst Jagdflinten grössten Kalibers, was eine baldige Ausrottung des Wasserwildes zur Folge haben dürfte. Der Kanton liess die Sache sofort untersuchen und stellte fest, dass diese Übelstände wirklich bestanden. St. Gallen und Schwyz beschlossen nun, die Bewilligungen auf Enten und andere Schwimmvögel auf dem St. Galler und Schwyzer Gebiet des Zürichsees während der Monate Januar und Februar nur von Ruderschiffen, keinesfalls aber von Motorschiffen aus und nicht mit Flinten von grösserem Kaliber als Nr. 12 zu gestatten.

Für den Kanton Zürich wäre schon damals die Zeit für analoge Massnahmen reif gewesen, allein man war von der Fischereischädlichkeit der Enten überzeugt und liess es darum beim alten. Auch die Wildenten, die sich auf Weihern, in Drainiergräben oder schwachfliessenden Bächen niedergelassen hatten – es waren meist Stock- und Krickenten –, wurden Jahr um Jahr beschossen, und die Regierung erteilte jeden Winter ausserordentliche Abschussbewilligungen gemeinsam mit solchen auf andere Fischereischädlinge wie Fischotter und Fischreiher, weil die Enten als Laich- und Brutfresser betrachtet wurden. Immerhin mehrten sich die Schussbegehren auf Fischfeinde dermassen, dass der Verdacht des Missbrauchs aufkam und sich die Jagdverwaltung entschloss, eine Gebühr von 25 Franken einzuführen. Da bewarben sich nur noch die Pächter von Fischenzen dafür. Und 1909 gab man auch an diese keine Bewilligungen mehr ab. Denn die Sache mit der Fischereischädlichkeit der Wildenten stand plötzlich in Frage. Der Bundesrat selbst beschäftigte sich damit und forderte Gutachten von Fachleuten ein. Fischereiinspektor Prof. Heuscher musste Untersuchungen des Mageninhalts abgeschossener Wildenten vornehmen. Die Behauptung, dass die Enten Eier und Jungbrut von Forellen verzehrten, konnte durch die Ergebnisse seiner Untersuchungen nicht bestätigt werden. Die Wildenten erwiesen sich, mindestens zur Jagdzeit, als reine Pflanzenfresser.

Das änderte natürlich die Lage der armen Enten. Selbst die Jäger beantragten eine Beschränkung der Flugjagd und zwar zu Land und zu Wasser, und die Schwimmvogeljagd auf dem Zürichsee nach Neujahr wurde auf Ansuchen der Ornithologen 1911 verboten. Dasselbe erreichten die ornithologischen Vereine auch für 1912.

1914, als der erste Weltkrieg ausgebrochen war, wollte anfänglich die Regierung die Zürichseejagd gänzlich verbieten, gestattete sie jedoch auf Ersuchen hin für einen Monat. Die Beteiligung war aussergewöhnlich hoch, augenscheinlich eine Folge des Schocks, den die Einführung der Lebensmittel-, besonders der Fleischkarten in der Bevölkerung verursacht hatte. Dafür ging es 1915 gegen die Haubentaucher auf dem See, weil sie sich angeblich sehr vermehrt hätten.

Im Seeteil des Kantons Schwyz wurde 1915 die Zürichseejagd gänzlich eingestellt, der Frauenwinkel wurde gebannt und ein Aufseher, Herr Bratschler, eingesetzt. Ein Begehren der Jäger, Schwimmvögel auf dem Schwyzer Seeanteil schiessen zu dürfen, wurde abgewiesen. 1918 durften dann schliesslich doch zwei Jäger auf dem Schwyzer

383

Seeanteil jagen, 1919 wiederum zwei. So ging es mit beschränkter Seejagd bis 1920. Dann war der Krieg herum, und jetzt stürzten sich 33 Jäger wieder auf das lange entbehrte Jagdvergnügen im Januar und Februar auf dem Wasser. Aber Schwyz genehmigte erst 1923 die Schwimmvogeljagd auf seinem Seegebiet wieder. Im Kanton Zürich selbst fanden sich 1922 für die Wasserjagd auf dem Zürich- und Pfäffikonersee nur fünf Bewerber, weil damals separate Schwimmvogelpatente nicht ausgegeben wurden. Später muss es aber wieder wild zu- und hergegangen sein. 1927 erschien eine Notiz im Revierjägerblatt «Vom edeln Weidwerk auf dem Zürichsee». Da kommt ein Lastauto voll Jäger mit lärmender Hundemeute angerasselt. In der Morgendämmerung, wo die Strasse direkt am See entlangführt, hält das Auto an, und man nimmt die dort ruhenden Wasservögel aufs Korn. Es knattert beinahe wie ein Maschinengewehr, die Distanz ist oft viel zu gross, aber das kümmert die Herren nicht. Nach einigen Salven rasseln sie weiter. Traurig sieht es auf dem Schauplatz ihrer Taten aus. Tote und verwundete Vögel schwimmen in einer Blutlache umher, angeschossene versuchen zu fliehen, fliegen können sie nicht mehr, ein Bild zum Erbarmen. Vergeblich protestierte die Zürcher Post gegen diese Darstellung, abstreiten liess sich Gesehenes nicht. Jedenfalls war es 1929 soweit, dass die Zürichseejagd eingestellt werden musste. Ausnahmen gab es nur noch wenige. 1933 klagten die Fischer wieder einmal wegen der Häufigkeit der Haubentaucher und erhielten schliesslich die Erlaubnis, eine Anzahl auf dem Zürich- und Pfäffikonersee abzuschiessen. 1934 wurde die Winterjagd auf Enten noch einmal beschränkt bewilligt. Im ganzen herrscht aber auf dem Zürichsee Jagdruhe.

Um die Schädlichkeit der Wildenten

Im Bericht des Bundesrates an die Bundesversammlung 1906 ist zu lesen: «Artikel 10 des Bundesgesetzes besagt, dass die Jagd auf den Seen von den Kantonen zu regeln sei. Nun haben einige Kantone Bewilligungen auch zur Jagd auf Flüssen während sonst geschlossener Jagd erteilt, gestützt auf Artikel 4 des Bundesgesetzes, nach welchem die Kantone berechtigt sind, die Verfolgung schädlicher und reissender Tiere und bei allzu grosser Vermehrung auch des Jagdwildes, wenn dasselbe wegen der Überzahl Schaden stiftet, unter gewissen Bedingungen während geschlossener Jagd anzuordnen oder zu erlauben. Die Kantone behaupteten, dass die Enten den in fliessenden Gewässern ausgesetzten oder natürlich vorkommenden Jungfischchen nachstellten und dadurch Schaden anrichteten. Wir beauftragten hierauf drei Sachverständige aus verschiedenen Gegenden der Schweiz mit einem Gutachten über die Schädlichkeit der auf unseren Flüssen zahlreich vorkommenden Entenarten für den Fischbestand. Dieses lautete dahin, dass der Schaden ganz unbedeutend sei und eine ausserordentliche Bewilligung zum Abschuss von Enten nicht rechtfertige. Hierauf gestützt haben wir denn auch auf strikte Befolgung der Bestimmungen von Artikel 10 des Bundesgesetzes gedrungen.»

Die eingegangenen Gutachten verhinderten aber nicht, dass die Wasserjagd auf dem Untersee im gleichen Jahr 1906 um eine Stunde täglich verlängert wurde, weil die Gemeinden Ermatingen, Triboltingen und Gottlieben darum ersuchten. Um diese Verlängerung durchzuführen, musste der Bundesrat wegen der Abänderung des § 6 der Übereinkunft über die Vogeljagd auf dem Untersee und Rhein mit dem Grossherzogtum Baden in Unterhandlungen treten, damit die Wasserjäger bis weit in die Dunkelheit hinein auf die Enten Dampf machen konnten. Diese ausgesprochene Bevorzugung der Jäger auf dem Untersee trat mit dem 1. Januar 1907 in Kraft.

Wer hatte eigentlich die Behauptung der Fischereischädlichkeit der Wildenten aufgestellt? Ganz genau ist die Frage kaum zu beantworten, aber vielleicht war es Albertus Magnus, der den Enten nachsagte, sie verzehrten Laich und junge Fische. Doch die Fischer werden wohl kaum seine 26 Bücher «De animalibus» gelesen haben. Trotzdem sind seine Ansichten bestimmt ins Volk gedrungen und haben sich dort mit der Zähigkeit alter Traditionen gehalten. Jedenfalls gingen die Behörden von mehreren Kantonen schon in den neunziger Jahren so weit, die Enten nach dem Artikel über reissende Tiere zu behandeln und deren Bekämpfung mit Füchsen und Mardern, Fischottern und Iltissen in einem Atemzug zu bewilligen. Auch Zürich hatte in seinem Jagdgesetz 1908 Massnahmen gegen Wildenten vorgesehen, die aber von Bern nicht genehmigt wurden. Immerhin wurde der Regierung von Zürich zugesichert, dass über die Frage der Schädlichkeit der Wildenten für die Fischerei weitere Erhebungen angeordnet seien. 1909 lagen denn auch weitere Gutachten über die Wildentenfrage von zuverlässigen und kompetenten Personen vor, die der Bundesrat eingefordert hatte. Sie bestätigten die Harmlosigkeit der Enten für die Fischerei.

Gestützt darauf wurde der Kanton Aargau erneut eingeladen, den Artikel 21 Absatz 3 seiner Vollziehungsordnung von 1905 abzuändern, weil dort den Jagdpächtern gestattet worden war, die Enten ganzjährig zu verfolgen wie reissende und schädliche Tiere. Aber die Regierung des Kantons Aargau gab nicht so rasch klein bei. Im Bericht 1907 referiert sie über ihre Schritte in Bern: «Jeden Winter kommen aus dem Norden grosse Wildentenzüge zu uns und lassen sich an unsern Fischgewässern nieder, wo sie namentlich während der Laichzeit der Fische im Dezember, Januar und Februar der Fischerei erheblich schaden. Von jeher haben denn auch die Fischer verlangt, dass die Entenjagd auch im Januar und Februar fortgesetzt werde. Vor 1905 mussten die Jäger hiezu bei der Finanzdirektion eine Bewilligung einholen, was sich für Jäger und Behörden als sehr lästig erwies.» So rechtfertigten sich die Aargauer Behörden und bezogen sich im weiteren auf das Bundesgesetz, nach dem der Jagdpächter ohne weiteres das Recht habe, Wild, das durch Überzahl Schaden stiftet, auch bei geschlossener Jagd zu erlegen. In der aargauischen Vollziehungsverordnung zu dem Bundesgesetz von 1904 werde dieses Recht auf die Monate Januar und Februar und August beschränkt. Diese Verordnung habe nun der Bundesrat nicht genehmigt und befunden, dass kein Grund vorhanden sei, die Entenjagd in einem Kanton bei geschlossener Jagdzeit zu bewilligen. Hierauf habe das aargauische Finanzdepartement an das Eidgenössische Departement des Innern ein ausführlich motiviertes Gesuch eingereicht, es möchte mit Rücksicht darauf, dass die Wildenten erwiesenermassen der Fischerei und auch der Landwirtschaft Schaden zufügen, auf einer Revision des § 21 der aargauischen Vollziehungsverordnung nicht beharrt werden. Der Bundesrat aber habe aufgrund der eingeforderten Gutachten über die Schädlichkeit der Wildenten auf seiner Anordnung bestanden.

Im gleichen Jahr 1909 sandte der Kanton Schaffhausen eine Eingabe an die Bundesbehörde, es möchte den Kantonen die Regelung der Jagd auf Wildenten auch während geschlossener Jagd nicht nur auf Seen, sondern in denjenigen Gebieten bewilligt werden, wo ein Bedürfnis für den Abschuss von Wildenten nachweislich vorhanden sei. Aber Bern glaubte weder an den Schaden der Wildenten noch an ein Abschussbedürfnis. Und das war gut so. Denn was hiess für die kantonalen Jagdbehörden schon «nachweislich», wie es der Aargau und Schaffhausen behaupteten? Der Schaden wurde von den Fischern behauptet und von den Kantonsbehörden geglaubt. Und nachweislich war bloss, dass auf dem winterlichen Rhein ziemlich viele Enten schwammen. Aber den Schaden hatte niemand nachgewiesen. Auch früher, vor langen Jahren nicht, als in den aargauischen Berichten von 1886 und 1896 ohne

Unterbruch bis 1904 die Winterjagd auf Enten bis Ende Februar gestattet wurde, immer mit der Begründung: «Der Abschuss der Wildenten im Frühjahr, zur Zeit des Fischlaiches, ist notwendig, da dieselben in den Fischgewässern durch Vertilgung der Fischeier und der jungen Fischchen Schaden stiften.»

Da nach dem Bundesgesetz von 1904 die Wildentenjagd nur auf Seen betrieben werden durfte, versagte der Bundesrat auch dem Kanton Schaffhausen die Genehmigung für die Ausgabe von Patenten für die Entenjagd auf dem Rhein. Aber auch in Schaffhausen hatte man bisher fest an die Fischereischädlichkeit der Wildenten geglaubt und hatte seit 1901 die Wasserjagd im Rheingebiet auf Januar und Februar ausgedehnt, «wie es in andern Kantonen üblich ist». Nachdem nun 1905 der Bundesrat zu den Rheinpatenten nein gesagt hatte, machte die Schaffhauser Regierung ein Wiedererwägungsgesuch, wobei auf die Schädlichkeit der Wasservögel hingewiesen wurde. Aber auch darauf trat der Bundesrat nicht ein und berief sich auf die Gutachten. So musste die Regierung von Schaffhausen den Interessenten mitteilen, dass eine Ausgabe von Patenten zum Entenschiessen ausserhalb der Jagdzeit nicht mehr möglich sei. Immerhin kam der Bundesrat dem Kanton insofern entgegen, dass er sich damit einverstanden erklärte, die Rheinstrecke von Stiegen über Stein bis Bibermühle als Fortsetzung des Untersees zu betrachten und die dortige Jagd von sich aus zu regeln. «Gottlob», seufzten die Herren im Rathaus zu Schaffhausen und liessen die Jäger dort weiterknallen.

Johann Peter Hebel würde zu den Bestrebungen im Aargau und in Schaffhausen schreiben: «Der geneigte Leser beginnt etwas zu merken und der Kalenderschreiber auch» – dass nämlich die Kantone am Rhein ganz besonders auf dem Entenschaden herumritten, um ihren Bürgern, wenigstens den Fischern und Jägern unter ihnen, entgegenzukommen. Aber wer wollte im Rhein oder Untersee Fischereischäden der Vögel «nachweisen»? Das wäre das eine. Das andere ist die uralte Geschichte, dass jede Jagd ihre Sonderbegehren ausnahmslos mit irgendeinem behaupteten Wildschaden motiviert hat und es bis heute tut. Und wenn etwas einmal eingefahren ist, bringt man das nur schwer wieder weg.

Als 1908 die ersten Stauseen der Laufwerke entstanden und vom Wassergeflügel als Überwinterungsstätten aufgesucht worden waren, ging es mit den Begehren von neuem los. 1915 natürlich zur Fleischbeschaffung im Krieg. «Von einigen Kantonen wurde die Ausdehnung der Entenjagd auf den Januar und Februar auch auf fliessenden Gewässern verlangt, was aber abgewiesen wurde, da fragliche Jagd nur auf Seen ausgeübt werden darf.» Nur in Diessenhofen wurde dem Kanton Thurgau der Entenabschuss auf den Saatfeldern wegen «grossen Schadens» im Jahre 1918 gestattet. Nachdem im Bundesgesetz von 1925 die Wasserjagd ohnehin generell ausgedehnt worden war, erhielten ab 1928 immer mehr Kantone Bewilligungen, die Winterjagd auf Enten bis weit in den Frühling auszudehnen. Auf dem Luganer- und Langensee jagten die Tessiner Jäger Enten bis Ende März, also bis mitten in die Brutzeit hinein. Niemand erhob Einsprache, auch das Oberforstinspektorat nicht. Erst als 1942 viele Kantone – natürlich auch zur Fleischgewinnung im zweiten Weltkrieg – die Entenjagd bis Ende März ausdehnen wollten, lehnte man in Bern ab.

Nun erhebt sich die Frage: Wie kam es, dass der Bundesrat in zwei Zeitpunkten, 1906 und 1909, das Wassergeflügel durch Gutachten als harmlos nachweisen liess und dass dieses trotzdem im Bundesgesetz 1925 bis Ende Februar freigegeben wurde, was früher ausdrücklich mit seinem Fischereischaden begründet wurde? Die Antwort hierauf dürfte wohl wie so vieles im Jagdbetrieb mit der Tradition in Zusammenhang stehen. Schon 1875, bei den immer wiederkehrenden Fuchsjagdbewilligungen, hatte der Bundesrat seine liebe Mühe, die Kantone von allzu freigebiger Handhabung der Erlaubnisse für die Winterjagd zurückzuhalten. Und gelungen war es nur teilweise. So auch bei der Winterjagd auf Wasserwild. Nach den Bundesgesetzen von 1875 und 1904 war spätestens am 31. Dezember Ende Feuer. Doch bald darauf, schon in den achtziger Jahren, begehrten die Jäger Enten schiessen zu dürfen, *wie es früher gestattet gewesen sei.*

Auch der aargauische Jagdschutzverein hatte sich 1898 darum bemüht, aber die Finanzdirektion erhielt von Bern aus keine Bewilligung, und als die Jäger den Artikel über schädliche und reissende Tiere anriefen, die in Revierkantonen ganzjährig verfolgt werden dürften, lautete die Antwort, Enten seien keine reissenden Tiere.

Als man in Bern der ewigen Quengelei mit dem Entenschaden endlich leid war, liess der Bundesrat die Sache, wie bereits erwähnt, untersuchen. Das wäre nicht einmal nötig gewesen. Denn Forstmeister Neukomm in Schaffhausen hatte das schon über 13 Jahre früher getan und die Resultate 1893 veröffentlicht. Er hatte damals zwischen Säger, Tauch- und Gründelenten sauber unterschieden, hatte die Säger als schädlich, die Tauchenten als zweifelhaft, die Gründelenten als unschädlich bezeichnet und am Untersee genaue Magenuntersuchungen vorgenommen. Säger und Sturmmöwen hatten Fische, nämlich Laugeli und Gründlinge, im Magen, die Tauchenten, Wasserhühner und Steissfüsse Wasserkäfer, Schnecken und dergleichen nebst Sand und Pflanzenresten, die Gründelenten nur Pflanzen. Die Fischpächter hatten behauptet, alle Enten frässen Laich, doch konnte bei keinem der untersuchten Exemplare Fischlaich oder auch nur Spuren desselben gefunden werden. Der fett und gross gedruckte Schlusssatz des Artikels von Forstmeister Neukomm lautete: «Die Schwimmenten haben sich längst als ganz unschädlich erwiesen, und die oft als zweifelhaft angesprochenen Tauchenten sind nach obigen Befunden mit Wasserhühnern und Steissfüssen ebenfalls von Fischraub freizusprechen.»

Als 1906 die ersten Gutachten unter den Jägern bekannt wurden, gab man es auf, die Entenjagd als Schädlingsbekämpfung zu drapieren. Dafür hatte man in Jägerkreisen einen Slogan gefunden, den man für zügig genug hielt, um einen Ergänzungsvorschlag zum Bundesgesetz zu lancieren: *«Die Stockente ist ein Jagdwild, kein Fischereischädling.»* «Was ist den Herren Departementsvorstehern in den Sinn gekommen, dass sie die Enten als Schädlinge deklarierten?» schrieb einer der grossen Jäger. «Das Wirken der Enten auf unseren Gewässern ist nicht nur ein unschädliches, sondern ein höchst nützliches. Daher höre man auf mit dem Schwindel von der Fischereischädlichkeit der Wildenten!» Nun – die Herren Departementsvorsteher nahmen den Anwurf ruhig hin. Sie wussten genau, woher der Wind alle die Jahre zuvor gepfiffen hatte, nämlich just aus dem Lager, aus welchem die jetzige Empörung ertönte. Aber die Jäger stiessen nach: «Der Abschuss der Wildenten auf Flüssen und Seen kann vom 15. Dezember bis zum 15. Februar gegen Erlegung einer von den Kantonen zu bestimmenden Taxe durch die Kantonsregierungen gestattet werden.» So lautete 1907 ihr Antrag zu einer Teilrevision des Bundesgesetzes.

Die vom Bundesrat 1909 beschafften neuen Gutachten kamen etwas post festum. Sie waren nur wegen der opponierenden Fischerei eingefordert worden. Auch der Artikel von Professor Heuscher im Zentralblatt blieb ohne praktische Wirkung. Er hatte behauptet, dass die Reiher- und Schellenten im oberen Zürichsee massenweise Fischlaich verzehrten und der Felchenfischerei schadeten, und dass die Magenuntersuchungen, die anderorts vorgenommen worden seien, für den Zürichsee nicht massgebend sein könnten, weil dort die Blässhühner besonders böse seien, wurde praktisch nicht mehr beachtet. An der Unschädlichkeit der Enten liess sich nicht mehr rütteln. Im Gegenteil erschienen in den Jagdzeitungen noch deutsche Untersuchungsresultate, die dasselbe bewiesen. Aber der Wahlspruch blieb und wurde endlos wiederholt: Die Enten sind Jagdwild, keine Fischereischädlinge. Und die Frucht reifte im Bundesgesetz 1925, und zwar auf Flüssen und Stauseen der Schweiz.

Indessen regten sich auch tierfreundliche Jäger schon vor dem ersten Weltkrieg. Ein Einsender protestierte gegen den Stockentenabschuss am sanktgallischen Bodenseeufer im Januar und Februar, und ein zweiter trat beim Oberforstinspektorat dafür ein, dass die Erlegung von Wildenten nach Neujahr nicht mehr gestattet sein sollte. Die Ente sei Nutzwild, und für dieses sei nach dem 15. Dezember Ruhe. Aber alle diese Stimmen übersahen, dass man höheren Ortes froh war, das Wechselwild auf dem Wasser bereitzuhaben, um die Schiessleidenschaft der Jäger abzulenken, wenn die allgemeine Jagd zu Ende war. Und man machte sich kein Gewissen aus der winterlangen Entenjagd, weil man wusste, wie in den Niederlanden und in Deutschland mit diesem unglücklichen Wild umgegangen wurde.

Wenn heute ganze Schweizer Seen frei von Bejagung sind, wenn auch die Steinacher Bucht nach langem Hin und Her gebannt wurde, daneben auch der und jener Stausee, dann nur durch opferbereite und unermüdliche Arbeit von Natur- und Tierschutz der Schweiz.

Um für die in schweizerischen Gewässern überwinternden Entenvögel Klarheit zu erhalten, war man bestrebt, Zahlenunterlagen zu ermitteln. Entenzählungen sollten auch auf internationaler Basis zur Erforschung der Bestandesentwicklung im Laufe mehrerer Jahre dienen. Für den eurasischen Raum wäre hiefür eine einheitliche Zählung vom Atlantischen Ozean bis Westsibirien das Ideal, das aber in nächster Zeit nicht zu erreichen ist. Die lokal begrenzten Zählungen, auf deren Auswertung man vorläufig angewiesen ist, vermögen über den Gesamtbestand nicht abschliessende Resultate zu liefern und erlauben darum vorläufig keine zuverlässigen Schlüsse. Das Endziel aller dieser Bemühungen ist natürlich ein naturschützerisches. Sie sollen zur Klarheit führen über die zulässige Nutzung der Entenvögel.

Aufgrund inländischer Zählungen auf Zu- und Abnahme der Arten im allgemeinen zu schliessen, wäre sicher nicht richtig. Sogar aus einem allgemeinen Rückgang der überwinternden Vögel auf unseren Stauseen kann auch nicht auf einen Rückgang der gesamten Bestände geschlossen werden. Denn es sind hier eine Reihe ursächlicher Faktoren wirksam. Sicher zunächst die Brutverhältnisse, das heisst der Rückgang der günstigen Bruträume, so dass ein Rückgang der Arten schon dadurch bedingt sein kann. Weiter aber sind die Wetterverhältnisse von Bedeutung, die einen grossen Einfluss auf das Zugsgeschehen haben. Nicht weniger aber sind die Wasserstandsverhältnisse in der Schweiz massgebend, weil dadurch die submerse Flora (Wasserpflanzen) wesentlich beeinflusst wird und damit die Nahrung der überwinternden Vögel. Bei hohen Wasserständen und entsprechender Wassertrübung leidet der Bewuchs der Gewässerböden, und dadurch wird der Winterbestand der Enten merklich geringer. Im Bodenseegebiet hat der Wasserstand einen grossen Einfluss auf die Bestände der Krickente. Sodann hat beispielsweise die Gewässerverschmutzung einen wichtigen Einfluss auf die Wasservogelbestände. Durch die sogenannte Eutrophierung wächst der Blässhuhnbestand, wie folgende Mitte-Winter-Zählungen für die ganze Schweiz zeigen:

    1958/59   46 000 Blässhühner
    1959/60   51 000
    1962/63   68 000
    1965/66   72 000

Anderseits ist im Ermatinger Becken seit Jahren eine sehr starke Abnahme der Blässhühner im Gange. Der Grund dazu liegt im starken Rückgang der Chara. Dieselbe Erscheinung zeigt sich auch bei der Kolbenente und der Tafelente, die neben der Stockente eine der häufigsten im Untersee war. Als weiteres Beispiel dafür, wie stark die Wirkung der Nahrung für den Winterbeflug der Gewässer ist, bildet der Bestand der Schellente und anderer Tauchenten 1965/66 am Genfersee, der auf die dreifache Zahl der Normaljahre anwuchs. Der Grund dafür war ein Massenauftreten der Wandermuschel (Dreissena polymorpha).

Wohl ebenso einflussreich in ihren negativen Wirkungen ist die Bejagung der Arten. Am negativsten wirkt sie sich natürlich bei Arten aus, deren Bestände an sich schon recht gering sind, zum Beispiel bei den Gänsen. (H. Leuzinger, briefliche Mitteilung.)

Zu alledem kommt, dass der Zug der Entenvögel recht eigenartig ist. Sie weichen in ihrem Zugsverhalten von anderen Vogelfamilien stark ab. Nur bei dieser Gruppe kommen Individuen, die auf dem Zuge in Westeuropa beringt wurden, beim nächsten Herbstzug zahlreich weit im Osten, öfters im Raum des Schwarzen Meeres, zum Nachweis (Szijj, Vogelwarte 22). Im ganzen können also die Entenzählungen auf den Gewässern der Schweiz kaum Aufschluss über die zulässige jagdliche Nutzung, mit anderen Worten über das Schicksal geben, das diesen Wintergästen in unserem Lande bereitet werden darf. Sicher unrichtig ist die Ansicht G. von Burgs, die oben zitiert wurde, wonach unbedenklich auf die Wintervögel unserer Gewässer zugegriffen werden dürfe. Auffallend ist, dass nach dem ersten Weltkrieg in den Schweizer Jagdzeitungen die Entenjagd stärker als zuvor in den Vordergrund rückt. Dazu dürfte ohne Zweifel auch das Bundesgesetz von 1925 mit den neuen Daten für die Wasserflugjagd beteiligt sein. Auch ohne wissenschaftlich gesicherte Zahlengrundlagen dürfte in der Schweiz wie auch in allen Ländern Westeuropas die Einrichtung von Wintervogelfreistätten und grösste Zurückhaltung im Abschuss geboten sein. Um diese der Jägerei schmackhaft zu machen, wurde schon oft auf den Vorteil des Masshaltens hingewiesen, den die Jagd selbst daraus zieht. Für die Erhaltung des paläarktischen Vogelzuges in Eurasien, um den sich der Naturschutz bemüht, dürfte allerdings dieses letztere Argument, nämlich der Vorteil für die Jagd, von untergeordneter Bedeutung sein.

Für die Gegenwart sei auf Alfred Willy Boback hingewiesen: «*Unsere Wildenten*», 1970 (Neue Brehmbücherei 131).

Wildgänse

Um das Geschick der Wildgänse in der Schweiz zu überblicken, müssten genaue Abschusszahlen über grössere Zeiträume vorliegen. Da jedoch solche vollständig fehlen, bleiben nur gelegentliche Angaben und Zeitungsnotizen übrig. Schaffhausen meldet die Erlegung einer Wildgans 1923 und einer 1925, fünf 1941 und einer 1942. Im Kanton Solothurn wurde 1951 eine Gans geschossen, 1956 deren vier. Aus Zeitungsnotizen ergab sich eine Anzahl von Abschüssen auf dem Neuenburger- und Bielersee. Aus der oberen Donau- und Bodenseegegend stammen einige Erlegungszahlen, die grössere Zeiträume umfassen (1750 bis 1936), doch diese stammen aus deutschem Gebiet. Gross scheinen auch diese Strecken nie gewesen zu sein: 1750 bis 1772 37 Gänse, 1858 bis 1870 13, 1871 bis 1880 25, 1881 bis 1890 2, 1891 bis 1900 2,4, 1901 bis 1910 0, 1911 bis 1920 0,4, 1921 bis 1930 1, 1931 bis 1936 0,2. Diese Zahlen stammen aus dem fürstlich-fürstenbergischen Archiv zu Donaueschingen (Jauch, Schweizer Naturschutz 1956). Die Zahlen sind natürlich spärlich und geben keinen Aufschluss über die Menge der Gänse, die über Schweizer Gebiet gezogen sind. Nach «Die Vögel der Schweiz», Lief. 10, verfasst von R. Knopfli, kann es sich bei den Wildgänsen wohl um einen regelmässigen, grossen Zug über die Schweiz handeln.

Beobachtet wurden in der Regel nur kleinere Trupps von höchstens 50 Stück, die hier niedergingen. Damit sich Gänse in der Schweiz zeigen, scheint eine starke Kälte die Vorbedingung zu sein. Die Monate ihres Erscheinens sind beispielsweise für Saatgänse vorwiegend Januar und Februar. Nach Meissner und Schinz (1815) kamen im kalten Januar 1830 viele Saatgänse von Norden her und wurden auch in der Schweiz häufig erlegt. Ebenso sind im Winter 1920/21 und im Januar/Februar 1929 viele Gänse in der Schweiz beobachtet worden. Es waren stets kalte Winter, die der Schweiz Gänse brachten. Knopfli nennt sie wegen ihrer Wetterabhängigkeit unschön «Wintervaganten». Immerhin dürfte diese Bezeichnung nicht zutreffen, denn die Vögel folgen, wenn sie durch starke Kälte bis nach Mitteleuropa hinuntergedrückt werden, in der Schweiz bestimmten Zugsrouten. Vom Bodensee her folgen sie dem Rhein und den Juraseen, daneben dem Aarelauf von Olten bis Bern. Diese Zugsrouten gibt auch Göldi (1914) an.

Nachdenklich stimmen die Zahlen aus dem Archiv von Donaueschingen aber auch insofern, als nach 1871 bis 1880, also im folgenden Jahrzehnt 1881 bis 1890, die Erlegungen schroff abfallen. Das kann natürlich mit Grosswetterlagen zusammenhängen, doch ähnelt die Kurve denjenigen des Erlöschens anderer Tierarten in einem bestimmten Gebiet, zum Beispiel denjenigen des Bären, des Fischotters und auch des Rebhuhns: plötzlicher Abfall und dann das niedrige Auskeilen.

Dass die jagdliche Übernutzung einer Fugwildart auf ihrem Zugweg sehr spürbare Folgen haben kann, zeigt die Geschichte der Kanadischen Gans in den Vereinigten Staaten. Durch Beobachtung wurden die Jagdbehörden in den vierziger Jahren auf die jagdliche Übernutzung der kanadischen Gänse auf ihrem Zug, der dem Mississippi folgt, aufmerksam. Durch drastische Schutzmassnahmen des Mississippi-Flugweges, woran sich mehrere US-Staaten beteiligten, gelang es, dieser regionalen Dezimierung der Gänse zu steuern.

Obschon die Saatgänse die Schweiz anscheinend nicht jeden Winter, mindestens nicht in grösserer Anzahl, durchziehen, ist doch die Verfolgung dieses namenlos scheu gewordenen Flugwildes nicht von Schuld freizusprechen, wenn diese an sich seltenen Gäste noch seltener wurden. Auch in der Schweiz suchte man an die Saat- und Blässgänse mit Verstecken und vielen Listen auf Schussnähe heranzukommen, wenn sie irgendwo auf ihrem Zugweg auf den Feldern niedergingen. Man baute rasch Ansitzkanzeln, legte sich in die Mistkarren der Bauern und liess sich an die im Feld stehenden Vögel heranholpern, weil sie den Landwirt und seine Fahrzeuge nicht fürchteten, oder man kroch auf dem Bauch durch feuchte Drainiergräben, nur um der grossen, grauen Vögel habhaft zu werden. Und die Tageszeitungen, grosse und lokale, beglückwünschten den Winterjäger, der eine oder zwei Gänse erbeutet hatte, in geschmackloser Weise. Jetzt ist der Schweizer längst des Anblicks der grossen, schönen Wasservögel entwöhnt, und nur ganz Glückliche vernehmen noch zur Seltenheit den Ruf aus dem Keil der ziehenden grauen Scharen.

Einmal versuchte man die Ansiedelung von Graugänsen am Gübsensee bei St. Gallen. Die Jungen wurden zwar ausgebrütet, verschwanden dann aber in der Zugzeit auf Nimmerwiedersehen (Kobler).

Die Wasserjagd auf dem Untersee

Die Wasserjagd auf dem Untersee und Rhein leitet sich von einem Jagdrecht her, das im 15. Jahrhundert der Abt des Klosters Reichenau den umliegenden Gemeinden auf schweizerischer und deutscher Seite verliehen haben soll. Damit habe der Abt den Seegemeinden, deren Einwohner in alter Zeit fast ausnahmslos von der Fischerei lebten, eine Einkommens- und Nahrungsquelle für die Wintermonate verschaffen wollen. Die schweizerischen Orte, deren Einwohner seither zur Vogeljagd auf dem Untersee berechtigt waren, sind Gottlieben, Triboltingen, Ermatingen, Mannenbach, Berlingen, Steckborn und Eschenz, zusammen acht Seegemeinden. Auf deutscher Seite waren und sind es 13 Gemeinden.

Der Rechtsnachfolger des Abtes von Reichenau war der Bischof von Konstanz, von ihm gingen später die Jagdrechte auf dem Untersee aus. Die Rechtsnachfolge des Bischofs von Konstanz trat der Staat Baden an. Die Geschichte der «verbrieften Rechte» für die Vogeljagd, worauf sich die thurgauischen Gemeinden stets beriefen, zeigt, dass bis 1897 sowohl die Fischereiordnungen als auch die Bestimmungen über das Vogelschiessen ausschliesslich deutscher Herkunft waren. Die erste gesetzliche Ordnung, an der auch die Schweiz beteiligt war, über die Wasserjagd auf dem Untersee und Rhein war die Vogeljagdordnung vom 7./18. Dezember 1897. Zuvor jagten die Thurgauer nach rein deutschen Rechtsvorschriften, beriefen sich aber ständig auf die historischen Privilegien, die ihnen der Abt von Reichenau verliehen haben soll.

Ganz abgesehen davon, dass durch die eidgenössische und kantonale Gesetzgebung jede allfällig von einer früheren Grundherrschaft verliehene Jagdberechtigung endgültig aufgehoben war, besteht eine entsprechende Urkunde dieser Jagdprivilegien für die acht Thurgauer Gemeinden nicht oder nicht mehr. Der «Brief» für die «verbrieften Rechte» ist also irgendwann untergegangen, wenn er je bestanden hat.

Mögen diese rechtsgeschichtlichen Streitfragen beiseite bleiben. Wichtig ist die andere Frage, ob die Jagdprivilegien der acht Gemeinden überhaupt mit der eidgenössischen Bundesverfassung vereinbar seien. Artikel 4 der Bundesverfassung lautet bekanntlich: «Alle Schweizer sind vor dem Gesetze gleich. Es gibt in der Schweiz keine Untertanenverhältnisse, *keine Vorrechte des Ortes,* der Familie oder Personen.» Also kein Schweizer soll vor dem andern ein Vorrecht beanspruchen dürfen, bloss weil er an einem bestimmten Ort wohnt. Die Wasserjagd am Untersee ist nun aber ein Vorrecht des Ortes. Die Diskussion dieses seltsamen Zustandes der Verletzung der schweizerischen Bundesverfassung durch einen alten Rechtszustand, *der sich vom Ausland herleitet,* sei hier nicht ausgebreitet. Rechtsanwalt Otto Müller, Langenthal, hat es in einem ausführlichen Artikel des «Schweizer Naturschutz» 1951 getan. Ob er damit den Wasserjagdprivilegien der acht thurgauischen Seegemeinden die Rechtsgrundlage entzogen hat, wie er es glaubte, sei hier nicht entschieden. Die Wasserjagd besteht jedenfalls weiter. Sie war 1836 sogar Rohrdorf bekannt, als er vom «weissblässigen Wasserhuhn» schrieb: «Auf dem Konstanzer See wird bei seinem Zug häufig Jagd auf dasselbe gemacht.» Rohrdorf wusste also, dass die Ansammlung von Blässhühnern eine Erscheinung des Vogelzuges ist. Trotzdem gab und gibt es bis heute Leute, die der Ansicht sind, es handle sich bei den Ansammlungen der Wasserhühner um solche, die am Untersee im Schilf erbrütet worden seien und sich nun im Herbst im offenen Wasser sammelten. Ihre Zahl sei zu hoch, man müsse sie reduzieren, weil sie der Fischerei schädlich seien. Es war genau wie bei den Stockenten. *Mit dem Wildschaden wurde die Jagd motiviert.*

Die Jagd auf Blässhühner schildert Naumann als eine Art Kesseltreiben. Da sie sich nie entschliessen, weit zu flüchten, sondern nur entweder die nächste Deckung aufsuchen oder auf offenem Wasser 50 bis 60 Meter vom Jägerboot entfernt wieder auf das Wasser niedergehen, werden sie rasch eingeholt und leicht erlegt. «Für Schützen, die Freude an vielem Knallen und Töten haben, ist die Jagd ein köstliches Vergnügen», sagt Naumann. Dem Verfasser, der das Vogelschiessen auf dem Ermatinger Becken erstmals Ende der zwanziger Jahre sah, als auf Schweizer Seite am Morgen des ersten Jagdtages an die 100 Boote ausfuhren, war sogleich klar, dass dabei jeder Schütze mit seinem Ruderschiff nicht nur als Jäger, sondern zugleich als Treiber wirkte. Denn sobald die Vögel einem Boot zu entfliehen versuchten, gerieten sie zwangsläufig in den Schussbereich des Nächstbesten und zogen dessen Feuer auf sich. Ihr arteigenes Fluchtverhalten erwies sich zu ihrer Rettung als völlig ungeeignet. Dies im Gegensatz zu den auf dem See schwimmenden Enten, die sich beim ersten Auftauchen von Jägerbooten hoch in die Luft erhoben und einen entlegenen oder ganz anderen Seeteil aufsuchten. Weil die einzigen Vögel, die bei diesem Massenaufmarsch der Schützen auf dem See blieben, die Blässhühner waren, hatte diese «Jagd» bald den treffenden Spitznamen «Belchenschlacht am Untersee», den ihr der Ornithologe Hans Noll gegeben hatte. Dieser Massenabschuss der unglücklichen Wasserhühner war für den Naturschutz, teilweise auch für die Ornithologen, besonders aber für den Tierschutz, seit Jahrzehnten ein Stein des Anstosses gewesen. 1913 hatte Paul Sarasin geschrieben: «Vogelschlächtereien wie am Bodensee werden künftig einmal verhindert werden durch den Willen der Gesamtheit, welcher als oberster Souverän gebieten wird, dass nicht eine sich für privilegiert haltende Minorität das Besitzrecht des Volkes an der belebten Natur verletze.» Nun – man darf wohl sagen, dass in Hinsicht auf den Vogelmord am Untersee die Sympathien der Gesamtheit unstreitig auf seiten der malträtierten Blässhühner waren, dass aber die vom Willen des Thurgauer Volkes abhängigen Behörden es als ihre Aufgabe betrachteten, das Schiessvergnügen der acht Seegemeinden gegen die Übermacht der öffentlichen Meinung der Schweiz zu verteidigen. Und da das sogenannte Recht von jeher auf seiten der staatlichen Macht stand, war die Verteidigung der Wasserhühner in der schwächeren Position.

Die neue Phase im Kampf um die Vogelscharen des herbstlichen und winterlichen Untersees, die zuvor der Hauptornithologe jener Gegend, Dr. Noll, nicht gewonnen hatte, wurde durch ein Gesuch der thurgauischen Unterseegemeinden für den Uferschutz ausgelöst. Eine Fischhandlung in Ermatingen rief den Bund für Naturschutz zu Hilfe, doch der machte zur Bedingung, dass die Wasserjagd weitgehend gemildert werden sollte, da er nur dann seine Mittel für den Uferschutz des Untersees einsetzen könnte. Aber die thurgauischen Petenten wollten darauf nicht eintreten. Um ihre ablehnende Haltung zu verteidigen, führten die Ermatinger die seit Jahrzehnten vernommenen Klagen gegen die Wasservögel ins Treffen. Die Vögel frässen den Algenbewuchs des Seebodens ab, der den Fischen als Unterschlupf und Laichplatz diene, die Wasserhühner verzehrten die Eier der Winterlaicher, die Schwäne verunreinigten durch ihr Scharren das Wasser, störten die Fischbrut und vernichteten stellenweise mit ihren Scharrgruben den Pflanzenbewuchs. Die Characeen (Armleuchteralgen) seien bereits so stark zurückgegangen, dass man sie nicht mehr abernten könne. Früher habe man sie im Spätwinter massenweise als sogenanntes Müss gesammelt und als Dünger verwendet, jetzt sei das nicht mehr möglich.

Die Verteidiger der Unterseevögel ersuchten die Fischereiexperten Professor Fehlmann, Schaffhausen, und Professor Steinmann, Aarau, um Aufschluss über das Laichfressen der Wasserhühner. Beide verneinten. Sie wandten sich an den Botaniker und Algenspezialisten Professor Wilhelm Vischer, Basel, um Aufschluss über die Gründe des Zurückgehens der Charawiesen im Untersee, sie befragten den Hydrologen Professor Jaag darüber und erhielten die Auskunft, das Verschwinden der Armleuchteralgen hänge nicht mit der Tätigkeit der Vögel zusammen, da diese schon jahrhundertealt sei, sondern mit der hydrologischen Entwicklung des Sees. Der Untersee sei durch die Abwässer zweier Städte, Konstanz und Kreuzlingen, ein kranker See geworden. Die Characeen seien aber Reinwassergewächse. Daher komme es, dass jetzt anstelle der Armleuchteralgen vielfach Wasserpflanzen aufkämen, die gegen Wasserverschmutzung unempfindlich seien oder ein eutrophes Milieu brauchten. Die Natur- und Tierschützer befragten auch Dr. Noll um seine Meinung. Er bestätigte, was er in vielen Vorträgen und Presseäusserungen gesagt hatte, dass das Vogelschiessen auf dem Untersee nur als Vergnügen zu betrachten sei. Im Winter 1928/29, als der See zufror, sei entgegen der Vogeljagdordnung weitergeschossen worden, wo noch offenes Wasser in einzelnen Tümpeln mit ein paar Vögeln gefunden wurde. Selbst von der Konstanzer Brücke aus unter den Augen der Schuljugend habe man auf die Blässhühner gefeuert, obschon sie so abgemagert gewesen seien, dass niemand mehr daran dachte, sie zu essen.

1929 wandte sich das Schweizerische Landeskomitee für Vogelschutz an das Eidgenössische Departement des Innern, weil die Fischgrosshandlung Läubli in Ermatingen den Pelztierfarmen billige Wasserhühner zur Verfütterung an ihre Tiere anbot. Das Landeskomitee berief sich auf den Artikel 11 des Bundesgesetzes über Jagd und Vogelschutz, wonach die Jagd bei schwerem Frost geschlossen werden könne. Das Departement entsprach dem Gesuch nicht, weil nirgends grosse Mengen von Enten geschossen worden seien. Mit gleicher Post erhielt das Landeskomitee die neue Offerte von der Fischgrosshandlung Läubli in Ermatingen, sie sei in der Lage, 1000 Mittelenten zu Fr. 1.80 das Stück und 4000 Blässhühner zu 75 Rappen abzugeben. Läubli war nicht die einzige Handlung, die Blässhühner anbot. Auch Blattner offerierte solche zu 65 Rappen. «Unsere armen Blässhühner werden wohl bald als Schweinefutter Verwendung finden», fügte Dr. L. Pittet seinem Bericht bei. – Aber das war bereits geschehen! (O. B. 1929.)

Das alles legten die Verteidiger der Vögel der Öffentlichkeit und den Behörden gedruckt vor. Es nützte nichts. Immer neue Mitkämpfer stellten sich ein: die Zürcher Tierschützer, die Redaktion der «Vögel der Heimat», es bildete sich ein internationaler Ausschuss für die Reservate Untersee und Hochrhein mit zwölf besten Namen. Man brachte immer neues Material zur Entlastung der Wintervögel bei, um die Behauptung, die Fischerei müsse verteidigt werden, zu entkräften. 1949 bearbeitete Dr. W. Büttiker mit dem Schreibenden die Frage, ihre Resultate wurden veröffentlicht. Ohne Erfolg. Es bildete sich in Zürich eine Vereinigung gegen die Belchenschlacht. Auch sie löste sich nach einigen Jahren selbst auf. 1951 sprach Ständerat Ullmann von Mammern im Ständerat über die Unterseefrage. Der Rat hörte ihn an – und liess alles auf sich beruhen. Offenbar hielt er die Sache für belanglos.

Schon kurz nach dem zweiten Weltkrieg hatte sich der Schreibende – damals noch mit einem Spezialpass – nach Freiburg begeben, um den Leiter des Badischen Landeskulturamtes, Professor Asal, über die Unterseefrage zu informieren und um seinen Beistand zu bitten. Im Lande Baden war man jedoch schon seit einiger Zeit auf diese Sache aufmerksam geworden und war bereit, mit den schweizerischen Behörden in Verhandlungen einzutreten, um zu einer verbesserten Vogeljagdordnung auf dem Untersee zu gelangen. Leider wurde die Sache dann durch die Umgestaltung der Länder im Bundesstaat etwas verzögert. Inzwischen folgten Versammlungen und Aussprachen aller Art. Am 12. November 1949 fand eine Konferenz unter dem Vorsitz der thurgauischen Regierung statt, zu der Delegierte des Natur- und des Tierschutzes, der Vogeljäger und Fischer eingeladen waren, ausserdem hatte sich auch der eidgenössische Jagdinspektor eingefunden. Man versammelte sich im Adler zu Ermatingen. Zweierlei wollte der thurgauische Regierungsrat wissen: Was sollte zur Verbesserung der Wasserjagd geschehen, und was konnte jetzt sofort für die Wasserjagd 1949 vorgekehrt werden? Damals wurde vorgeschlagen, eine Schutzzone für die Vögel zu errichten, und zwar von der Linie Ruine Schopflen zur Insel und dem Badeplatz von Triboltingen ostwärts bis zur Brücke von Konstanz. Damit sollte verhindert werden, dass der See einfach leergeschossen werden könnte. Denn es ging ja nicht nur um die Blässhühner, sondern um die vielen anderen Wasservogelarten und die Strand- und Wasserläufer, die durch die Unruhe der Jagd auf dem ganzen See vertrieben werden. Der eidgenössische Jagdinspektor, Dr. Zimmerli, hatte sich sogleich für das vorgeschlagene Schutzgebiet interessiert, doch die Vogeljäger wiesen den Gedanken beharrlich ab, wie es sich weiterhin zeigen sollte.

Das Hin und Her der Diskussionen, Denkschriften und Presseäusserungen, die Konferenzen und Versammlungen seien übergangen. Die Resultate des Redens und Schreibens, das kein Ende nahm, waren denkbar bescheiden: eine vorläufige Verkürzung der Schusszeit an den ersten Tagen, eine gewisse Beutelimitierung – mehr schaute nicht heraus.

1951 trafen sich die Delegierten beider Länder in Ermatingen. Dieselben Amtsstellen waren vertreten wie 1897. Das thurgauische Fischereidepartement, das eidgenössische Jagdinspektorat, ein Vertreter des Eidgenössischen Politischen Departements. Von deutscher Seite kamen der Leiter des badischen Landeskulturamtes, der Leiter der badischen Landesforstverwaltung, ein Vertreter der badischen Staatskanzlei, von Bonn endlich ein Vertreter des Bundesministeriums für Ernährung, Landwirtschaft und Forsten. Man pflegte einen ersten Gedankenaustausch und setzte die Bestimmungen für die Wasserjagd 1951 fest. Jagdbeginn statt um 7 Uhr erst um 7.30 Uhr, Schluss am ersten Tag um 10.30 Uhr, Beutebeschränkung auf 30, statt auf 50 Vögel, höchstzulässige Schussdistanz 30 Meter. Pflicht zur Nachsuche, Hunde hiebei zugelassen.

In diesem Jahr 1951 hatten die «Vereinigten Kleinbasler, Alte Garde» die Belchenschlacht mit einem ganzen Zug an der Basler Fasnacht dargestellt. Sie reimten:

Wär het vo däm Rummel d'Fiehrig?
Worum git denn nit d'Regierig
Mit der letschte-n-Energie
s Veto – Si sinn halt derbie!
Si hänn Schiss vor däne Lümmel,
Schiss, dass si dänn im Getümmel
Vo de nägschte Sässelwahle
Miesste d Veto-Keschte zahle...

Aber die Vogeljäger trösteten sich, sie seien in guter Gesellschaft, den Bundesrat nähmen die Basler an ihrer Fasnacht auch her.

1952 trafen sich die beiden Länderdelegationen zum Jagdbeginn auf der Insel Reichenau, um die Vorgänge am ersten Jagdtag in Augenschein zu nehmen. Der südbadische Regierungspräsident hatte jedoch die badischen Vogeljäger angewiesen, dem Jagdbeginn fernzubleiben. So fuhren nur die Thurgauer aus, die Reichenauer aber fanden sich fast vollzählig am Ufer ein und sahen zu, wie sich ihre Schweizer Jagdkollegen mit dem Schiessen der Blässhühner vergnügten. Was die Herren Delegierten vom ersten Jagdtag hielten, wurde nicht bekannt. Die Hauptsache konnten sie nicht beobachten: die Entleerung des Sees im nachfolgenden Winter und das winterlange Enten- und Blässhühnerschiessen, das unvermindert weiterging. Auch die Revierjäger der Schweiz befassten sich in ihrer Zeitung mit der Unterseejagd, vorwiegend in negativem Sinne.

Im Juni 1953 hatte der Regierungsrat des Kantons Thurgau an den Grossen Rat eine Botschaft über das neue Unterseeabkommen gerichtet, worin er die Kritik an der Unterseejagd samt ihren Argumenten zurückwies und von vorneherein den Antrag der Natur- und Vogelschützer auf die Errichtung eines den ganzen See umfassenden Schutzgebietes ablehnte. Die Botschaft war im ganzen für die Naturschutzbestrebungen weniger entgegenkommend, als man erwartet hatte.

Zum Jagdbeginn 1953 hatte Ständerat Ullmann von Mammern ein Merkblatt herausgegeben, worin er die «Greuelmärchen und Übertreibungen» der Tierschützer endgültig zu widerlegen und die volle Berechtigung der Vogeljagd zu beweisen gedachte. Die Presse hatte das Merkblatt erhalten und dazu die Information, dass die Fischer auf die Vögel angewiesen seien. Im übrigen war alles beim alten geblieben. Das Jahr 1953 stand überhaupt im Zeichen der Verschleppung des neuen Abkommens. Die konservativen Kräfte hatten sich sammeln können und hatten Hoffnung geschöpft, die neue Vereinbarung zwischen Baden-Württemberg und der Schweiz zu Fall zu bringen.

Am 22. Februar 1954 kam das neue Unterseeabkommen im Grossen Rat des Kantons Thurgau zur Sprache. Das Land Baden-Württemberg hatte das Abkommen bereits genehmigt, hatte dem Thurgau aber trotzdem noch die Freiheit der Entscheidung überlassen. Der Referent der grossrätlichen Kommission, Dr. Charles Wüthrich, Bischofszell, empfahl dem Rat Eintreten, nachdem er in einer ausführlichen Darlegung die Zuständigkeit des Grossen Rates zur Jagdfrage auf dem Untersee nachgewiesen hatte. Im übrigen, fuhr er fort, sei aus beiden Lagern über das Ziel hinausgeschossen worden, das heisst von den Natur- und Tierschützern wie von den Vogeljägern. Es sei hauptsächlich damit argumentiert worden, dass die Blässhühner das Müss radikal wegfressen würden. Auf dem Untersee versammelten sich etwa 80 000 bis 100 000 Blässhühner. Erlegt würden etwa 2000. Man könne aber nicht behaupten, dass 90 000 Vögel wesentlich mehr Müss wegfressen als 88 000. Damit hielt Dr. Wüthrich das Argument der Fischer für entkräftet. Er glaubte, das Problem der Vogeljagd sei nicht so sehr ein biologisches, weder punkto Vogelbestand noch hinsichtlich der Fischerei, sondern ein jagdliches, also weitgehend menschliches Problem. – Eine Diskussion erfolgte nach dem Referat von Dr. Wüthrich nicht, die Frage wurde vertagt.

Am 30. Juni 1954 kam das Unterseeabkommen zum zweitenmal vor den Grossen Rat des Kantons Thurgau. Wieder referierte Dr. Wüthrich. Er gab zunächst dem Rat von den bisherigen Besprechungen und Unterhandlungen Kenntnis und ging dann zur Sache selbst über. Die Hauptanliegen des Natur- und Vogelschutzes waren folgende:
1. Schaffung eines Schongebietes, welches einen Teil des heutigen Gebietes der gemeinsamen Vogeljagd umfassen soll
2. Neuregelung des ersten Jagdtages
3. Einführung einer Jägerprüfung
4. Neufestlegung der täglichen Jagdzeit
5. Verkürzung der Jagdzeit

Nun ging Dr. Wüthrich zur Besprechung der einzelnen Punkte über. 1. Der Untersee beherberge eine Vogelwelt, welche ihresgleichen in ganz Mittel- und Westeuropa suche. Man müsse die Sache nicht nur vom Thurgau aus betrachten, sondern von der Gesamtperspektive aus. Aus dieser Erwägung heraus sei vom Naturschutz in extremer Form das Postulat des Gesamtschutzes des Untersees erhoben worden. (Das waren Dr. Noll und die Vogelwarte Sempach!) Diese Bestrebungen hätten selbstverständlich abgelehnt werden müssen. Aber auch mit dem Begehren einer Schutzzone auf dem Rhein, also einer zusätzlichen Begrenzung der Vogeljagd, habe sich die Kommission nicht befreunden können. Auf deutscher Seite sei dann doch ein Schongebiet geschaffen worden, das allerdings nur einen kleinen Teil des Untersees umfasse. Hätte überhaupt kein Staatsvertrag abgeschlossen werden können, so wäre Deutschland frei gewesen, sein ganzes Hoheitsgebiet als Schongebiet zu erklären. Es sei dann allerdings erreicht worden, dass die Nachsuche auch im Schongebiet vorgenommen werden dürfe. Unter Punkt 2 besprach Dr. Wüthrich dann die Beschränkung der beiden ersten Jagdtage des neuen Abkommens. Bei der Besprechung von Punkt 3 gab er bekannt, dass die Jägerprüfung unbedingt von deutscher Seite verlangt worden sei. Die Prüfung werde in jedem Land gesondert durchgeführt, sei aber lediglich eine Minimalbedingung für die Teilnahme an der Wasserjagd. Wer also einen Hinterlader nicht von einem Vorderlader unterscheiden könne oder einen Kuckuck mit einer Wildente verwechsle oder von den Jagdvorschriften keinen blauen Dunst habe, solle zu Hause bleiben. Unter Punkt 4 und 5 kamen die Neufestlegung der täglichen Jagdzeit und die Verkürzung der Jagd auf 14. Februar zur Sprache. Gegen diese letztere sei zwar stark Sturm gelaufen worden, doch sei in diesem Punkt der deutsche Verhandlungspartner unnachgiebig gewesen.

Schlussendlich gab Dr. Wüthrich zu bedenken, dass ein Nichtzustandekommen, das heisst die Auflösung des Staatsvertrages, zu nichts anderem führen würde als zur Errichtung der politischen Grenze auch für die Jagdausübung, was weit schlimmer wäre. Damit empfahl er Annahme der neuen Vereinbarung.

In der Diskussion, die an sich die Denkweise der Vogeljagdinteressenten drastisch beleuchtet, berannten die Voten die Verkürzung der Jagd auf den 14. Februar und besonders massiv den angeblichen Druck des deutschen Vertragspartners auf den Kanton Thurgau. Vergebens versuchten Dr. Wüthrich und Regierungsrat Müller auf die Loyalität und den durchaus freundschaftlichen Ton des Verhandlungspartners hinzuweisen. Die Vogeljäger waren unbelehrbar und stimmten mit ihren 21 Stimmen gegen die neue Vereinbarung. Trotzdem wurde die Vogeljagdordnung mit 78 Ja-Stimmen angenommen.

Es war ein typisches Kompromissabkommen ohne eigentliche natur- oder tierschützerische Wirkung. Man hatte sich verpflichtet gefühlt, die Schärfe der beiden ersten Jagdtage zu mildern, um dem ganzen Vogelschiessen den Charakter einer Abschlachtung zu nehmen. Dies suchte man mit folgenden zusätzlichen Bestimmungen zu erreichen:

a) Am ersten Jagdtag dürfen auf jeder Seite nur die Hälfte der Jagdberechtigten, höchstens jedoch 50 Jäger, und am zweiten Jagdtag nur die übrigen Jagdberechtigten zur Jagd zugelassen werden...
b) Das Ausfahren zur Jagd ist erst von 7.30 Uhr an gestattet. Die Jagd endigt um 9.30 Uhr.
c) Vom einzelnen Jäger dürfen nicht mehr als 30 Vögel erlegt werden.
d) Zur Nachsuche dürfen Hunde erst nach 10 Uhr eingesetzt werden.

Nur auf deutscher Seite wurde eine Schonzone errichtet. Sie bildete in den Folgejahren für die Vögel eine sichtbare Erleichterung. Ein Anschluss bis zum thurgauischen Ufer fehlte. Die Thurgauer Vogeljäger hatten sich beharrlich gegen jede Schutzzone gewehrt. So kam es, dass die bejagten Vögel nur auf deutscher Seite eine Chance hatten, sich zu retten. Die einzige Schonzone des ganzen Jagdgebietes war also durch die Linie von der sogenannten Mühlegrabenmündung bis zur Buckgrabenmündung begrenzt.

Diese zusätzlichen Bestimmungen des neuen Abkommens hatten aber den Vogeljägern genügt, um mit einem echten Streich bäuerlicher Schlauheit das neue Abkommen wirkungslos zu machen. Sie fuhren an den ersten beiden Jagdtagen einfach nicht aus, liessen den 27. und 30. November vorübergehen und begannen das Vogelschiessen am 2. Dezember – und zwar in vollem Umfang. Nun aber lag am 2. Dezember starker Nebel über dem ganzen Untersee, folglich hätte die Jagd nach den alten Verordnungen und der neuen nicht stattfinden dürfen. Aber im Bericht des Landratsamtes von Konstanz wurde der Nebel einfach bestritten! Die Tierschutzleute protestierten in Bern und in Stuttgart. Es gab wieder viel zu reden, natürlich auch die Umgehung des neuen Abkommens. Erfolg: Man kam nach einer Konferenz beider Länder in Meersburg zum Resultat, dass eine Änderung des Abkommens nicht erforderlich sei. Die «Stuttgarter Zeitung» schrieb damals: «Die Tierfreunde und Anhänger des Naturschutzes werden sich darauf einstellen müssen, dass sich staatliche Instanzen in ihren Entscheidungen offensichtlich von einer Handvoll schrotflintentragender Männer eher bestimmen lassen als von Tausenden von Bürgern...» Richtig – so kam es auch. 1955 liessen die Schützen wieder die beiden ersten Jagdtage verstreichen und schritten am 1. Dezember zum gewohnten Belchenabschuss. Zu alledem liefen auch die Konstanzer Wasserjäger unter Führung von Baron Bodman und Stadtrat Helmle gegen das neue Abkommen Sturm und erreichten die Streichung der Verkürzung der Konstanzer Wasserjagd, mithin die Abschaffung der für den Schutz der vielen Strand- und Wasserläufer wichtigen Schonzeit im Herbst. Es war bald wieder alles beim alten. Doch die Konstanzer Wasserjagd gehört nicht in unsere Darstellung der Behandlung des Schweizer Wildes.

Als nun die Bejagung des Wassergeflügels auf dem Untersee schon bald nach dem Inkrafttreten der neuen Vereinbarung von 1954 wieder ganz ins alte Fahrwasser einzuschwenken drohte, wandte sich das kurz nach dem Abkommen von 1954 gebildete Unterseekomitee in einem Schreiben an die Thurgauer Regierung. Es protestierte:

1. gegen die Wiederherstellung der Konstanzer Wasserjagd im alten Umfang
2. gegen die unbeschränkte Lockentenjagd. Die Lockenten wurden nachweislich ohne jede Beschränkung und ohne dass auch nur ein Jäger um Bewilligung nachsuchte toleriert, obschon sie auf dem Papier bewilligungspflichtig waren.
3. gegen die Umgehung der Beschränkung der Jagdteilnehmer und der Beute an den ersten beiden Jagdtagen durch den Trick der Vogeljäger, erst am dritten Jagdtag auszufahren.
4. gegen die Weigerung des Kantons Thurgau, auch auf Schweizer Seite eine Schonzone gemäss Antrag der Natur- und Tierschutzorganisationen zu errichten, die sich an das deutsche Schongebiet anschliessen würde.
5. gegen den Trick, das deutsche Schongebiet mit allerhand Versuchen zu entleeren und wirkungslos zu machen.

Dieses Schreiben blieb unberücksichtigt.

Was der Schweizer Tier- und Naturschutz zu erreichen gesucht hatte, war ein wirksames Schongebiet von der Linie Triboltinger Badeplatz–Ruine Schopflen bis zur Konstanzer Brücke. Neue Besprechungen folgten auf deutscher Seite. Man dachte an neue Jagdbeschränkungen, die den Vögeln aber nur scheinbar helfen konnten. Schon Paul Sarasin hatte gesagt, der Naturschutz wolle gar nicht in die Jagdverwaltung eingreifen, er strebe lediglich nach der jagdlichen Schonung der Tiere, für die es nötig sei. Darum schlug der Tier- und Naturschutz unentwegt das östliche Schongebiet vor. Aber der Thurgau hatte kein Gehör dafür. Mehrfach hatten sich die Thurgauische Naturschutzkommission, der Thurgauische Tierschutz, der kantonale Lehrerverein und die ornithologische Gesellschaft mit Wort, Druck und Verhandlungen für das Schongebiet eingesetzt, 1958 sogar mit einer schönen Broschüre für die Schonung des ganzen Untersees: «Naturschutzgebiet Untersee, seine Schaffung – ein Gebot der Stunde.» Aber jede Wirkung blieb aus. Die Vogeljäger triumphierten: «Die Aktion für ein Schutzgebiet am Untersee ist restlos zusammengebrochen.» 1955 hatte sich in Schaffhausen ein Unterseekomitee gebildet, dessen Zweck die Fortführung des Kampfes für die Wasservögel und ein unentwegtes Eintreten für ein Schongebiet war. 1956 hatte das Komitee in Stein am Rhein getagt, 1957 lud es die Delegierten aller zielverwandten Organisationen auf die Insel Reichenau ein. Am 24. Juni 1957 versuchte es das Komitee mit einer friedlichen Aussprache zwischen seinem Präsidenten, Professor E. Seiferle, und der Vogeljägervereinigung in Frauenfeld. Bei allen Versammlungen hatte Professor Seiferle selbst gesprochen, andere Redner aus Deutschland und der Schweiz hatten ihn sekundiert. Das Resultat war gleich Null. Im Regierungsgebäude in Frauenfeld hatte man sich gegen alle Angriffe gegen das Vogelschiessen eine dicke Haut wachsen lassen. 1958 liess das Unterseekomitee in Verbindung mit den deutschen Tierschutzleuten eine Schrift erscheinen: «Gerechtigkeit für die Vögel am Untersee.» Ein Widerhall auf diese Schrift blieb in der Schweiz leider aus. Der Antrag der thurgauischen Vereine auf eine Reservatszone mit Einbeziehung der Schilfufergebiete lehnte der Regierungsrat mit der Begründung ab, die Gemeinden hätten sich hiezu ablehnend verhalten, auch könne ein Verbot des Schilfschnittes nicht in Frage kommen. Es zeigte sich, wie unklug die Miteinbeziehung von Gemeindeboden in das Reservatsbegehren gewesen war, wie es die Ornithologen wegen der im Schilf brütenden Vögel verlangt hatten, und wie gut es gewesen wäre, sich auf die schlichte Jagdbannzone zu konzentrieren, wie es der Bund für Naturschutz und das Unterseekomitee immer getan hatten.

1959 war die Lage daher so, dass von den thurgauischen Behörden auf die Verbesserungen der Wasserjagd nach dem Abkommen von 1954 hingewiesen wurde:
1. Jagdschluss am 14. Februar statt wie früher Ende Februar
2. Lockenten nur mit Bewilligung erlaubt
3. Beschränkung der Jagdteilnehmer und der Beute am ersten Jagdtag.
4. Obligatorische Jagdprüfung der Jagdteilnehmer.

Aber auch die Thurgauer Vogelschützen antworteten mit einer neuen Denkschrift. Das Seilziehen ging weiter. Schreiben an die Thurgauer Regierung seitens der Vogeljägervereinigung und Schreiben der Vogelschützer. Aber alles blieb beim alten. Die Lockenten standen tage- und wochenlang draussen, bewilligt oder nicht. Die Vögel starben unter den Schüssen der Vogeljäger wie von jeher. Die Entenkanzeln standen an den alten Stellen im seichten See. Von jeher waren sie in Familienbesitz und wurden eifersüchtig gehütet. Denn neue Kanzeln durften nicht errichtet werden. Vom Ufer aus durfte nicht auf die Vögel geschossen werden. Wenn aber der See zurückging, wurde die neue Wasserlinie nicht als Ufer betrachtet, sondern als Seeboden, von hier aus schoss man – also vom Ufer aus. Draussen, auf dem trockenen und gefrorenen Seeboden brachen sich die Schützen Eisplatten aus dem Ufereis, stellten sie auf zu Jagdkanzeln und passten dahinter auf die Vögel. Andere versteckten sich im Schilf oder bauten sich Schilfhütten, davor setzten sie Lockenten aus Holz oder einfach tote Stockenten, deren Kopf sie mit Schilfhalmen stützten, und hockten beim Dämmern bis in die Dunkelheit in ihren Verstecken. «Nachtfall» nannten sie das Einfallen der Enten im Finstern. Was sich zu den Lockenten setzte, sahen sie nicht, nur an der Bewegung des schwach glitzernden Wassers merkten sie, dass sich Vögel neben die Holzenten niedergelassen haben mussten. Dahin richteten sie ihre Schrotschüsse in der Hoffnung, ein paar Körner würden die Enten schon treffen. Sammeln konnte man sie später. Am besten sah man die Enten beim Einnachten fliegend gegen den Himmel. Dann gab es die berüchtigten Weit- und Hochschüsse, die sozusagen nie zur Erbeutung der Vögel führten, wohl aber viele anbleiten und qualvoll irgendwo sterben liessen.

Wegen der Vogeljagd am Untersee griffen sogar zwei berühmte Ornithologen zur Feder: Dr. Kuhk, der Leiter der Vogelwarte Radolfzell, und Professor Schüz, Museumsdirektor in Stuttgart. Auch sie bekannten sich zum Wunsch nach Befriedung des Untersees, die auf die Dauer doch nicht aufzuhalten sei.

Tierschutzleute und Förster schritten damals den See ab, um die Winterjagd zu beobachten. Auf einem Abfallhaufen bei Ermatingen am See fanden sie Bälge und ganze Blässhühner im Fleisch, die einfach auf den Mist gewandert waren. Aus irgendwelchen Gründen. Füchse, Dorfköter und Katzen taten sich gütlich daran und schleppten die toten Vögel im nahen Feld umher. 1960 äusserte sich endlich die Wissenschaft selbst deutlich für den Unterseeschutz. Professor Schüz sprach in der Jahresversammlung des deutschen Jagdschutzverbandes in Krotzingen über den Untersee.

Dann kam im gleichen Jahr 1960 die tumultuarische Versammlung in Kreuzlingen, wobei wiederum der Präsident des Unterseekomitees, Professor Seiferle, und eine Reihe anderer Referenten für die längst beantragte Schonzone sprachen. Die Vogeljäger sassen natürlich auch da. Damals hatten sie ihren Ärger wohl mit zu viel Bier hinunterspülen wollen und drohten am Schluss, ihre leeren Flaschen auf den Köpfen der Tierschutzleute zu zertrümmern.

Jetzt fanden es die Thurgauer Behörden an der Zeit, etwas zu tun. Sie ermahnten die Wasserjagdgegner, nun eine Zeitlang Ruhe zu geben. Dadurch würden sie ihren Zielen am besten dienen. Die Jagd werde an sich immer geringer, die Beute kleiner, die Lust zu schiessen nehme ganz von selbst ab. Man solle sich die Sache totlaufen lassen. Ganz dasselbe sagte auch Direktor Katzenmeier in Freiburg zum Schreibenden anlässlich einer Audienz. Für die deutsche Seite stimmte das gewiss, denn dort wurden die Teilnehmer immer weniger. Nicht aber auf Thurgauer Seite.

Die Politik des Stillehaltens lief auf ein Schweigegebot für die Tierschützer hinaus. Die Vogeljäger hatten gewonnen, und die Thurgauer Behörden hatten sich Ruhe verschafft, indem sie ihren Bürgern diese üble Schiesserei bis zum Ende verteidigten, wahrlich kein Ruhmesblatt für den Kanton.

Ein Überblick über das Schicksal, das dem Wassergeflügel, dem einheimischen und dem durchziehenden oder überwinternden, in der Schweiz bereitet wurde und wird, zeigt, dass die Wasserjagd auf den Flüssen und Seen, insbesondere auch nach 1908 auf den Stauseen der vielen Laufwerke, ihren redlichen Teil zu dessen Dezimierung beigetragen hat. Die internationalen Kongresse kamen im Schutz des Wassergeflügels nur so langsam und schrittweise zu Resultaten, dass mit Recht befürchtet wurde, die Lösungen kämen zu spät. Man sah ein, dass es sich in diesem Falle nicht darum handeln konnte, die Arten des Wassergeflügels «vor Ausrottung zu schützen», worin der behördliche Naturschutz nur zu oft seine einzige Aufgabe zu sehen meint, sondern vielmehr den Anblick der Fülle zu erhalten, wie er zum Wesen der Schwimmvogelwelt gehört. In der Schweiz gilt die Stockente als wichtigstes Flugwild. Die Zählungen in der Schweiz zeigen, dass sie so häufig wie alle übrigen Enten zusammen ist, die während der Jagdzeit in der Schweiz verweilen (Schifferli 1966). Das sollte jedoch kein Grund sein, die Wasserflugjagd in Freiheit gewähren zu lassen, nur «weil ein Aussterben dieser Vögel nicht zu befürchten sei». Analog steht es mit den Blässhühnermassen auf dem Untersee, die von Fachkundigen als Folge der Seeverschmutzung längst erkannt sind. Die Abwasserreinigung der Städte Konstanz und

Kreuzlingen, die in den nächsten Jahren wirksam werden soll, dürfte auch auf die Schwimmvogelwelt des Untersees nicht ohne Wirkung werden. Trotz allem werden die Bemühungen um eine wenigstens teilweise Bannung des Untersees voraussichtlich nicht aufhören. Sie entspricht dem Postulat der Vogelschutzkongresse nach Wintervogelfreistätten und dem Bestreben des Naturschutzes, den Anblick bedeutender herbst- und winterlicher Schwimmvogelansammlungen auf alten Zugstrassen und Rastsätten auch der Zukunft zu erhalten.

Für den Untersee ist jedenfalls die im Grossen Rat des Kantons Thurgau vorgetragene Rechnung von Dr. Wüthrich nicht konkret, wenn er nach Abschuss von 2000 Blässhühnern mit einem Verbleib von 88 000 rechnet. Ungefähr wie die Frage: Es sitzen 10 Spatzen auf dem Dach, man schiesst einen davon herunter, wie viele sitzen noch auf dem Dach? Denn nach dem grossen Jagen am ersten Tag der Jagderöffnung ist der See leer, und die Blässhühnerscharen wie vor dem Jagdbeginn kehren nie mehr zurück für diesen Winter. Ohne die Lockjagd mit Holzenten würden nach der ersten «Belchenschlacht» kaum mehr viele Vögel während des Winters geschossen.

Blässhühner werden wohl zur Hauptsache auf dem Untersee zu Nahrungszwecken gejagt. Revierinhaber schiessen sie vorwiegend darum, weil sie glauben, das Blässhuhn vertreibe durch sein zänkisches Wesen die Stockenten aus den Reviergewässern; gegessen werden die Blässen aber von den «Herrenjägern» nicht. 1933 schrieb ein «Heger» einen langen Beitrag in die Jägerzeitung: «Das Blässhuhn als Schädling der Wasserjagd.» Er meint: «Wo das Blässhuhn sich vermehrt, veröden die Wasserreviere. Grund genug, um mit diesen Schädlingen, die ohnehin zu nichts nütze sind, aufzuräumen.» Prompt erhielt er die Antwort, es sei zwar richtig, die Blässhühner seien Gesindel, Ruhestörer und Radaubrüder, aber essen könne man sie trotzdem. Man müsse sie nur abbalgen und das Fett entfernen, dann schmeckten sie ganz gut. – Zu diesem Thema schrieb 1918 J.J. Mumenthaler – diesmal von der Entenjagd –, wie sich der Wasserjäger oft die grösste Mühe gebe und oft genug selber nass werde beim Einholen geschossener Enten. Denn das sei das Boshafte bei der winterlichen Entenjagd, dass die Mehrzahl der Enten, welche sich auf unseren Strömen herumtreiben und den Jäger locken, auf sie Jagd zu machen, ungeniessbare Vögel seien. Gut sei eigentlich nur die Stockente und daneben noch die Krickente. Auch Mumenthaler erhielt sogleich eine Antwort: Abbalgen und Fett wegschaben, dann sei der Trangeschmack verschwunden. Trotzdem kann die Schwimmvogeljagd überhaupt nie als «Fleischbeschaffung» bezeichnet werden. Sie trägt wohl vorwiegend Sportcharakter und bildet in gewissem Sinne eine Analogie zum Tontaubenschiessen, weil der weidgerechte Schuss auf Wasserflugwild ausschliesslich auf fliegende Vögel abgegeben wird, keinesfalls auf Vögel, die auf dem Wasser sitzen.

Die Einwendungen gegen die Wasserflugjagd, auch gegen die der «weidgerechten» Revierjagd, werden von den Jägern selbst immer wieder dadurch provoziert, dass das tierfreundliche Empfinden unberücksichtigt bleibt. An Seen und Flüssen haben die Jäger immer Zuschauer. Wenn die Jäger krankgeschossene Schwimmvögel durch Zerschmettern des Kopfes an der Bootswand töten oder wenn sie sich auf der Aare die Entenscharen zutreiben lassen und aus dem Schilf ein Schnellfeuer auf die Vögel eröffnen oder wenn Jäger am Rhein das Schilfufer abpirschen und die aufgehenden Stockenten abknallen, wobei es ohne massive Rufe nicht abgeht, sind die Sympathien kaum je auf seiten der Jäger, sondern auf seiten der Vögel.

Die intensive Bejagung grösserer Schwimmvogelansammlungen scheint dem uralten, bekannten Gesetz zu folgen, wonach massiertes Leben bei gewissen Charakteren einen Trieb zur Destruktion auslöst. Allem Anschein nach erliegt auch eine Sorte der «modernen Kulturmenschen» immer wieder diesem Zwang, ob es sich dabei um tierliche Nahrungskonkurrenten handelt oder nicht. Eine wahre oder fiktive Wildschadenbehauptung ist leicht bei der Hand, wie die Geschichte der Theorie der Fischereischädlichkeit der Wildenten und Blässhühner zeigt, die sich trotz allen gegenteiligen, vom Bundesrat selbst veranlassten Untersuchungsresultaten vielerorts bis heute zu halten vermochte.

Die Verlängerung der Wasserjagd bis Mitte oder gar Ende Februar, die einst mit der Fischereischädlichkeit der Schwimmvögel begründet worden war, scheint seit 1925 in Anpassung an die entsprechenden Jagdzeiten des Auslandes aufgrund des Drängens der Jäger in das Bundesgesetz aufgenommen worden zu sein. Gesamthaft ist jedoch die Jagd auf die winterlichen Schwimmvögelansammlungen im mittleren Europa auf das genannte Gesetz von Masse und Verfolgung zurückzuführen. Dass sich selbst der Bundesrat gegen die Überzahl des Volkes den Schiessern beugt, ist im Grund ein Schlag gegen die humanen Bestrebungen der Menschen guten Willens.

	Schweiz													Deutsche Seite												
	1954/55	55/56	56/57	57/58	58/59	59/60	60/61	61/62	62/63	63/64	64/65	65/66	66/67	54/55	55/56	56/57	57/58	58/59	59/60	60/61	61/62	62/63	63/64	64/65	65/66	66/67
Stockente	387	314	434	402	354	712	117	663	294		254	271	186	201	210	255	250	216	1003 291	189	260	160				
Krick- und Knäckente	204	234	135	194	183	244	231	610	76		213	150	162	217	242	142	137	150	369 125	157	189	142				
Schnatterente	9	11	7	5	10	40	18	6			1	2	1	15	23	14	14	14	57 17	21	4	3				
Pfeifente	7	9	3		8	7		1				10	1	19	8	3	4	6	7		2	1				
Löffelente	1	2		2			1	2	3		6			7	16	9	15	9	10	6	7	1				
Spiessente	22	26	11	16	7	46	6	16	23		7	42	12	13	12	11	20	10	4 50	18	4					
Tafelente	64	259	163	173	96	285	103	288	294		65	210	118	40	115	77	105	48	460 175	117	93	1				
Reiherente	285	663	416	344	272	714	198	664	361		41	119	53	60	92	52	53	74	882 168	62	59	121				
Bergente	59	165	68	53	40	54	54	46	57			20	7	6	10	5	17	9	80 26	7	4					
Schellente	10	18	24	12	21	54	11	14	41		7	13	10	13	9	16	15	40	96 42	13	23	23				
Moorente	24	14	14	5				36	14		1	16	10		2		5	8	11 11		2	2				
Eisente		1	1										1	1					4			1				
Samtente	8	14	4		1	6		1	1						8	13		7	21 15		1					
Trauerente															3		1									
Grosser Säger	3	3	2	4	4	5	1	2			3	12	3	3	4	3	3	2	12	2	2	1				
Mittlerer Säger	8		1		4	1	1					8		5	9	4	3	2	9 8	4		1				
Zwergsäger	1	3	4	1	3	5	1		2			3		3	7	2	5	8	2 7							
Polar- und Nordseetaucher	10	10	5	7	8	4	2	2							8	16	21	1	3	5	3					
Haubentaucher	140	91	144	133	51	119	73	67	279		12	140	57	87	71	67	83	52	196 77	137	61	80				
Zwergtaucher	60	195	136	126	159	258	65	387	123		26	118	44	162	170	95	168	145	466 208	141	46	19				
Bläshühner	2169	4764	3899	4008	2748	2405	1387	2926	1080		296	1670	955	285	689	697	889	935	3598 1193	477	852	476				
Rothalstaucher	1	12	13	11	17	10	6	19	18	87	1	8	12				4	1	14 4		2					
Teilnehmer	110	104	104	96	97	96	92	85	88		89[1]	84	76			15										
Total		5488	5496	3986	4969	2228	5750	2653		934	2813	1645	4595[2]	8529[2]	7170[2]	7281[2]	5727[2]	7355[3]	1356	1614	1154					

[1] 26 ohne Abschuss, 63 mit Abschuss
[2] Zus. mit Schweiz
[3] Obere Zahl scheinb. 2. Zählung zus. mit Schweiz

Die sogenannt fischereischädlichen Vögel: Fischreiher, Haubentaucher, Eisvogel, Wasseramsel

Bevor 1888 das schon seit 1874 in Aussicht genommene Bundesgesetz über die Fischerei erschienen war, hatte das schweizerische Handels- und Landwirtschaftsdepartement dem Legationsrat Alfred de Claparède den Auftrag erteilt, als Vorarbeit zum Fischereigesetz ein Gutachten über die fischereischädlichen Tiere zu verfassen. Er tat es in Form einer die damalige fachliche und jagdliche Literatur beiziehenden umfangreichen und die Vertilgungsmethoden ausführlich behandelnden Arbeit, die 1885 in Bern als eigene Broschüre unter dem Titel erschien: «Zur Frage der Verfolgung der den schweizerischen Fischereien schädlichen Tiere.»

Claparède stellte nach der ihm vorliegenden Literatur zunächst einen Katalog der fischereischädlichen Tiere zusammen: Fischotter, Nörz*, Fuchs, Katze, Wasserspitzmaus, Wasserratte; Fischreiher und andere Reiherarten; Kormoran, Fischadler, Milane und andere Raubvögel; Enten, Taucher und Schwan. Nach den Zirkularen des deutschen Fischereivereins kamen noch dazu: Bachstelzen, Wasseramsel, ferner Iltis, Wiesel, alle Raubvögel, Krähen, Sumpfweihe**, Gänse*** und alle Mövenarten.

Freilich gibt der Verfasser zu, dass über manche der aufgezählten Tiere die Ansichten geteilt seien, so zum Beispiel hinsichtlich der Wasseramsel oder des Iltis, der durch Vertilgung der Schlangen nützlich werde (!). Hingegen gehöre der Fuchs zu den Tieren, die Jägern und Fischern gleichermassen verhasst seien und dürfe unbedenklich vernichtet werden. Nach dem Fuchs geht es natürlich in Claparèdes Büchlein über den Fischotter her. Gleich darauf aber kommen wieder die Vögel an die Reihe, der Purpurreiher und der Rallenreiher, welch letzterer in der Schweiz nie brütete und nicht einmal jedes Jahr als Gast beobachtet wird. Dann folgen die beiden Rohrdommeln. Besonders aber dem Grauen Reiher wird anhand von deutschen Autoritäten wie Riesenthal und Metzger der Verbrauch von Fischen nachgerechnet, der für ein Paar 120 bis 130 kg pro Jahr erreichen soll, was natürlich jedem Fischereibeamten die Haare zu Berg treiben musste. Noch gefährlicher sei der Kormoran, der täglich 1½ kg Fische verzehre. Er komme zwar in der Schweiz nicht allzu häufig vor, horste aber am Genfersee. Auch der Eisvogel sei in keiner fischreichen Gegend zu dulden. Zu den gefährlichsten Fischräubern seien aber Seeadler und Fischadler zu zählen****. Auch die dem Fischadler verwandten Weihen, die Gabelweihen und die Rohrweihe sollten keine Schonung verdienen. Zur Vervollständigung werden dann noch die für die Fische und ihre Brut «sehr gefährlichen» Enten, Gänse, Taucher und Wasserhühner aufgezählt. Nicht besprochen werden Bachstelzen und Wasseramsel, von denen aber die Wasseramsel laut den Verzeichnissen der vom Bund prämierten Vögel sechs Jahre lang ziemlich stark verfolgt worden sein muss.

Nach der Behandlung der fischereischädlichen Tiere geht das Buch von Claparède zu den Mitteln zu deren Vernichtung über. Als geeignet werden betrachtet:

---

* Nerz (nicht Nörz). Der Nerz lebte nie in der Schweiz.
** Die Rohrweihe dürfte um 1880 in der Schweiz nur noch als Durchzügler vorgekommen sein.
*** Keine Gans ist in jener Zeit Brutvogel in der Schweiz gewesen. Gänse erscheinen auf unseren Gewässern bloss als unregelmässige Wintergäste.
**** Ersterer ein seltener Irrgast in der Schweiz, der zweite um 1885 in der Schweiz wohl noch Brutvogel.

1. Zerstören der Nester und der Brut, Ausgraben der Baue und Röhren.
2. Fang mit Gerätschaften.
3. Giftlegen.
4. Jagen mit Schiesswaffen und Hunden.

Die Methode 1, an die Nester und Bruten Hand anzulegen, sei nach dem Bundesgesetz verboten, obschon man zu anderen Jahreszeiten als im Frühling nur schwer an die Reiher, Kormorane und Eisvögel herankäme. Der Fallenfang sei gleichfalls untersagt, ebenso das Giftlegen. Zur Verfolgung mit Schusswaffe und Hunden sei zu sagen, dass diese nur in der gesetzlichen Jagdzeit gestattet sei. Trotz allem gibt Claparède eine ausführliche Anleitung zum Fallenfang des fischereischädlichen Haar- und Federwildes und sieht in Spezialerlaubnissen und Prämien der Kantone Mittel zu dessen Vernichtung mit Fallen. Hiebei spielen Schwanenhals, Tellereisen aller Arten und Pfahleisen für Raubvögel und Eisvögel die Hauptrolle.

Es unterliegt keinem Zweifel, dass die Verfolgung der Fischereischädlinge mit diesen unauffälligen Vernichtungsmitteln stark dazu beigetragen hat, dass gewisse, einst zur Landestierwelt der Schweiz zählende Tierformen entweder ganz verschwunden oder äusserst selten geworden sind. Jener Artikel 22 des Eidgenössischen Fischereigesetzes, nach welchem die Ausrottung (sic!) von Fischottern, Fischreihern und andern, der Fischerei besonders schädlichen Tiere möglichst zu begünstigen sei, ist ein Schulbeispiel der an jene Zeit gebundenen Bestrebungen, die Schweiz zum Paradies des Bürgers zu gestalten, worin nur derjenige Teil der Landestierwelt Lebensrecht haben sollte, der dem Bürger Nutzen und Vorteile bringt. Das ethische und staatspolitische Ziel des Rationalismus, das grösstmögliche Glück der grösstmöglichen Zahl zu schaffen, wurde von den Kantons- und Bundesbehörden nirgends so konsequent verfolgt wie bei den jagdlichen und fischereilichen Massnahmen. Dort jedenfalls eindeutiger als bei der Lenkung der in jener Zeit einsetzenden industriellen Entwicklung mit ihrer Ausbeutung der Fabrik- und Heimarbeiter, deren Lage den Staat erst dann zu beschäftigen begann, als sich «die Verdammten dieser Erde» auch in der Schweiz zu regen begannen. Leider konnten das die Tiere nicht. Darum ging die Auslese derer, die überleben durften, unerbittlich ihren Gang. Und das zwanzigste Jahrhundert stand dann vor dessen Resultat. Denn, mag gegenwärtig auch eine neue Gruppe von Faktoren am Verschwinden oder der Seltenheit vieler an das Wasser gebundener Tierformen beteiligt sein, wie Fluss- und Seekorrektionen, Trockenlegungen, Wasserverschmutzung, Unruhe selbst in früher entlegenen Geländen usw., so kann eine historische Betrachtung doch nicht daran vorbeigehen, dass die Auslese der schweizerischen Tierwelt durch aktive jagdliche und nichtjagdliche Verfolgung in einer Zeit erfolgte, in der für viele heute verschwundene oder seltene Tiere die Möglichkeit der Existenz noch bestanden hätte.

Im Kanton Zürich wurden seit den siebziger Jahren bis 1900 ausnahmslos jedes Jahr allgemeine Abschussbewilligungen für Fischreiher und andere «schädliche» Vögel gegeben. Und als 1920 dem Grauen Reiher auf Schweizer Gebiet kein Brutplatz mehr übriggeblieben war und er – 1925 unter Bundesschutz gestellt – sich nach und nach wieder eingefunden hatte, begannen 1948 im Kanton Zürich die Bewilligungen für Fischreiherabschüsse an Forellenbächen und Teichen der Fischzuchtanstalten wieder. Die Zahlen der Abschüsse sprechen für sich:

1948: 72 Reiher	1954: 9 Reiher	1958: 1 Reiher
1949: 52 Reiher	1955: 8 Reiher	1959: 4 Reiher
1950: 54 Reiher	1956: 12 Reiher	1960: 2 Reiher
1951: 7 Reiher	1957: 2 Reiher	

Diese Zahlen bieten das Bild der schweizerischen Fischotter- oder der Bündner Bärenkurve.

Einer der letzten Reiherbrutplätze war 1911 die Reiherkolonie auf dem Hitzelenberg bei Schötz. Das Nahrungsgebiet dieser Vögel war das Wauwiler Moos, der Rest des Wauwilersees, die Ron und die Tümpel und Gräben der dortigen Torfstichgebiete. In jener Zeit besuchte Dr. Paul Sarasin den Fischreiherbrutplatz bei Schötz, zusammen mit dem Sekretär Dr. Stefan Brunies und einigen Begleitern kurz nach einer Aktion der Fischer und Jäger. Tote Reiherweibchen, die beim Brüten von den Eiern weggeschossen worden waren, hingen noch in den Zweigen, von den Horsten herunter pendelten die Schlieren von Eiweiss und Eigelb, weil die verwaisten Gelege von Krähen zerhackt worden waren, das Ganze bot ein Bild der Verwüstung – so schilderte es mir Jahre später Stefan Brunies mehrmals. Am 2. April 1911 reichte Sarasin an die Luzerner Regierung ein Gesuch ein, für diesen einzig noch bekannten Reiherbrutplatz auf dem Hitzelenberg keine Abschussbewilligungen mehr zu erteilen, solange der Schaden sich nicht in empfindlicher Weise bemerkbar mache. (Welcher Schaden? An der Fischerei? Wie sollte dieser nachgewiesen werden?) Die Luzerner Regierung trat nicht darauf ein. Erst 1919 erliess sie ein Abschussverbot, aber seit 1916 schon waren viele Horstbäume gefällt worden und die Reiher brüteten dort nicht mehr.

Nach Inkrafttreten des Fischereigesetzes von 1888 begann in den Kantonen der methodische Abschuss der Reiher und Schadvögel der Fischerei, wo sie sich auch nur zeigten.

Schon 1886 hatte eine schweizerische Jagdzeitung eine Anleitung zum Abschuss der Graureiher am Horst veröffentlicht, und 1889 ging es im gleichen Blatt über den Storch als Niederjagd- und Fischereischädling her: «In summa summarum: Der Storch ist ein unnützer Tagdieb und taugt höchstens in effigie als Wirtshausschild. Er verdient, wenn auch nicht gänzliche Ausrottung, so doch keine besondere Schonung.» Man sage nicht «pah, Jägersprüche», denn es kam immer so: Waren in einem Gesetz gewisse Tiere als Schädlinge gebrandmarkt und ihre Erlegung mit Schussgeldern belohnt, meldeten sich allsogleich die 150%igen Naturverbesserer zu Wort und empfahlen noch weitere «Schädlinge» zum Abservieren. Wer zur Mässigung rief, war Kultur- und Volksfeind.

Schon 1885, gleich nach Erscheinen des Büchleins von Claparède, hatte die Schweizerische Ornithologische Gesellschaft an den Bundesrat eine Eingabe gerichtet, worin sie für die Wasseramsel eintrat und für den Eisvogel, der an Naturgewässern geduldet werden sollte. Leider vergassen die Ornithologen, sich gleichzeitig an die Kantone zu wenden, so dass diese von der ganzen Eingabe keine Notiz nahmen. Im Vorjahr hatte schon die «Diana» einen von Professor A. Nehring stammenden Artikel abgedruckt, der den Eisvogel als völlig harmlos schilderte, da er nur wertlose Fischchen fange, und für die Wasseramsel absolute Schonung empfahl. Hierauf stellte die Eidgenossenschaft die Prämien für den Abschuss des Eisvogels ein, doch verschiedene Kantone zahlten die Schussgelder ruhig weiter und beauftragten sogar ihre Wildhüter mit der Beseitigung dieses Vogels. Zwar blieben die Ausführungen Nehrings auf die Berner Prämienpraxis nicht ohne Wirkung, aber bei anderen kantonalen Fischereivereinen und Fischereiaufsehern drang die Schonung der beiden für die Fischerei völlig bedeutungslosen Kleinvögel nicht durch. Noch 1903 protestierten die Fischer in Graubünden gegen das neue kantonale Fischereigesetz und verlangten Abschussprämien für Wildenten, Wasseramseln und Bachstelzen, weil das «nachgewiesen» schädliche Vögel seien. Als die Fischer nicht nachgaben, verlangte Graubündens Regierung in Bern im Jahre 1906 endlich Abschussbewilligungen für Wasseramseln. Glücklicherweise wurden solche abgelehnt. Im Wallis brüstete sich ein Fischereimeister mit der Erlegung von 85 Eisvögeln in vier Jahren. Und noch 1914 wollte die Landsgemeinde von Appenzell A. Rh. eine Prämie für die Wasseramsel aussetzen, doch wurde dieser Unsinn vom Departement des Innern in Bern abgelehnt. Trotzdem zahlte der Kanton eine Zeitlang 1 Franken Schussgeld für Wasseramseln – die Landsgemeinde wusste es halt besser und hielt am alten Brauch fest.* Seit 1881 mussten die Wildhüter Raubzeug abschiessen, und in den Jahreslisten figurierten unter den vernichteten «Fischfeinden» von jeher 10 bis 20 Wasseramseln, und so musste es bleiben. Im gleichen Jahr stellte der Kanton Bern die Prämien für den Eisvogel ein. Trotzdem vernichteten ihn die Fischer ruhig weiter. Natürlich meistens mit Pfahleisen. Um 1904 fragte das Justizdepartement in Bern an, ob die Erlegung von Eisvögeln mit Fallen gestattet sei. Die Antwort lautete, sie sei nur in Fischzuchtanstalten, nicht an öffentlichen Gewässern gestattet.

Der Schreibende wehrte sich noch um 1940 in einem kleinen Schutzgebiet am Rhein für den Eisvogel, erhielt aber vom Fischenzinhaber jenes Flussabschnittes die Belehrung, der Eisvogel könne vom Fischer nicht geduldet werden. Dies sind nur einige Beispiele.

An Stimmen für die endliche Schonung der fischereischädlichen Vögel, selbst des Fischreihers, fehlte es nie. 1924 klagte man im Zürchersee-Linth-Walensee-Gebiet über die rücksichtslose, fast völlige Ausrottung des Fischreihers, und lange zuvor hatten schon G. von Burg und Fischer-Sigwart mitgeteilt, dass der Eisvogel in der Schweiz zu fünf Sechsteln ausgerottet sei und der Fischreiher, wenn sein Schutz nicht rasch komme, in wenigen Jahren völlig verschwunden sein werde.

Endlich, als im Bundesgesetz von 1925 der Fischreiher trotz allem Widerstand der Unbelehrbaren geschützt wurde, meldeten die Jagdzeitungen alle paar Jahre erfreuliche Beobachtungen von Reihern, 1929 bei Entfelden im Aargau, später bei Sisseln am Rhein usw.

Bis 1925 hatte das Eidgenössische Fischereigesetz den Buchstaben des Beschlusses erfüllt, wonach der Bund das Seine zur Ausrottung der für die Fischerei schädlichen Vögel beitragen sollte. Bis 1894 wurden jährlich zwischen 13 und 28 Eisvögel und 100 bis 180 Wasseramseln neben 180 bis 260 Fischreihern prämiert. Bis 1925 gab es Prämien nur noch für Reiher und Haubentaucher. Erstere nahmen rasch ab, die Taucher zeitweise zu. Nach 1925 fielen die Reiher weg. Es blieben nur noch die Haubentaucher, wurden aber nicht mehr mit Abschusszahlen aufgeführt.

Dem Haubentaucher war es überhaupt nie gut ergangen. In Zürich hatte es bis zum ersten Weltkrieg immer Abschussbewilligungen gegeben. In der gleichen Zeit auch im Kanton Schwyz, aber nur an einen einzigen Jäger. Schwyz hatte seit 1899 für den «Fischtüchel» standhaft jede Prämienzahlung abgelehnt. Auf dem Zuger- und Lowerzersee durften im ersten Weltkrieg Haubentaucher geschossen werden, aber ohne Schussgeld.

Im ganzen erging es den «Fischfeinden» im Laufe der vielen Jahrzehnte seit der Helvetik stets recht übel. Viel Tinte floss für und gegen ihre Vernichtung. Droben am Untersee dürfen die Berufsfischer noch bis zum heutigen Tag die Nester der Taucher, Zwerg- und Haubentaucher ausnehmen, wie Claparède es 1885 empfohlen hatte. Manchmal erhielten auch die Jagdpächter der Seegemeinden Abschussbewilligungen von fischfressenden Vögeln und töteten Seeschwalben, Möwen und andere geschützte Vögel selbst in der Brutzeit. Dass sich damit der Fischereiertrag nicht he-

---

* Im gleichen Jahr 1914 brachte die Schweizerische Jagdzeitung einen Artikel «Zur Ehrenrettung der Wasseramsel» und rügte die Abschussprämie im Appenzell, hatte aber so wenig Erfolg damit wie der Bund.

ben liess, wussten sie natürlich selbst genau, aber das beeinträchtigt bekanntlich die Freude an einem treffsicheren Schuss auf einen fliegenden Vogel nicht. Hatte nicht schon der alte Diezel in einer seiner klassischen Auflagen gesagt, man dürfe es keinem Jäger verübeln, wenn er zur Übung auf die raschen Schwalben schiesse.

Eine wirkliche Beweisführung liegt bis heute nicht vor, dass durch die Vernichtung des Haar- oder Federwildes die Erträgnisse der Fischerei auch nur entfernt beeinflusst werden konnten. Trotzdem bestanden und bestehen die Gesetze, die das zum Ziel haben. Unten im Wasser vollzieht sich ständig eine Umsetzung von Fischfleisch, das heisst Verluste von Friedfischen an die Raubfische, unsichtbar für Fischer und Beobachter. Aber diese Umsetzung geht in das Hundert- und Tausenfache von dem, was sich Taucher, Reiher, Milane oder Fischadler, sichtbar für die Leute, aus Flüssen oder Seen herausfangen konnten. Durch die Verfolgung und Vernichtung der angeblich fischereischädlichen Vögel wurde die Landestierwelt der Schweiz in negativem Sinne beeinflusst und erlitt Einbussen, die weder der Fischerei nützten noch das Land jenem Ideal näher brachten, das einst das Ziel der Auslese aus der Landestierwelt gewesen war und dem Behagen und dem Wohlstand der Bürger hätte dienen sollen.

Von jeher und gegenwärtig ist die Gewässerpolitik und Gewässerwirtschaft der Schweiz von ausschlaggebender Bedeutung für die Tierwelt gewesen. Korrektionen und Trockenlegungen nehmen noch heute ihren Lauf. Ebenso die Gewässerverschmutzung respektive die Benützung jedes fliessenden Wassers als Vorfluter für Abwässer. Wie sich das Leben der ans Wasser gebundenen Tierwelt gestalten wird, wenn die noch immer nicht verwirklichte grosse Abwasserreinigung wirksam wird, kann erst eine ferne Zukunft lehren.

Die bejagten Raubvögel: Uhu, Lämmergeier, Steinadler, Habicht, Sperber, Falken, Milane, Bussarde

Das Kapitel über die Schicksale der Raubvögel der Schweiz hat eine Aufgabe, nämlich die, zu zeigen, weshalb gerade diese Gruppe unserer Landestierwelt so stark zusammengeschmolzen ist wie wenig andere, und zwar sowohl zahlenmässig als auch hinsichtlich der überlebenden Arten. Ein Überblick über die Geschichte der Raubvögel zeigt, wie unerbittlich von jeher gegen sie vorgegangen wurde. Nicht nur zum Schutz des Hausgeflügels, sondern weit mehr der Prämien wegen, die von den Kantonen schon sehr früh ausbezahlt wurden. Der Ornithologe Albert Hess berichtete 1916 aus einem Buch von J. G. Kohl, Alpenreisen, davon, wie sich die Leute am Brienzer- und Thunersee schon im 18. Jahrhundert durch Raubvogelerlegungen im Winter ein Einkommen verschafften. Man schoss dort am Luder, das man vom Haus aus beobachten konnte, Fischadler, Steinadler, Goldadler und Lämmergeier, wenn die Vögel hungrig vom Gebirge herabzogen und an das ausgelegte Fleisch gingen.

Mittelländische Kantone verpflichteten die Jäger auf Raubvögelabschüsse zur Hege der Rebhühner. Zahlen existieren leider nicht darüber, aber die 1914 von G. von Burg veröffentlichte Liste der nahezu und ganz ausgerotteten Tiere der Schweiz enthält die Namen der Raubvogelgestalten, die unserem Land unwiederbringlich verlorengingen: Zwergfalke, einst in der Westschweiz, jetzt verschwunden, Baumfalke, früher überall vorhanden, jetzt sehr selten, Habicht fast nur noch als Wintergast, Sperber nimmt sehr ab, Fischadler verschwunden, Schlangenadler ebenfalls, Wespenbussard um 30% zurückgegangen, Rauhfussbussard früher am Salève, jetzt ausgerottet, Sumpfweihe und Kornweihe ausgerottet, Steinadler hat in den letzten 20 Jahren stark abgenommen, Bartgeier ausgerottet, usw.

In neuerer Zeit erfolgte die Vernichtung der Raubvögel der Schweiz etwa in vier Schüben*. Ein erster begann mit dem Bundesgesetz von 1875, der zweite mit dem Fischereigesetz 1888, der dritte und vierte jeweilen in den beiden Kriegszeiten, wobei nicht vergessen sei, dass die kantonalen Jagdgesetze schon vor 1875 die Raubvögel deutlich aufs Korn genommen und teilweise mit ganz hübschen Schussprämien bedacht hatten. So war in den Kantonen der Innerschweiz (Schwyz 1849 und 1876, Nidwalden 1853, 1862 und 1876, Glarus 1852 und 1869) die Jagd auf Raubvögel, besonders Sperber und Habicht, ganzjährig erlaubt, zum Teil sogar jedermann ohne Patent. Die Kantone zahlten auch Prämien oder – wie die Nidwaldner sagten – Vogelluoder, auch auf Wannerli (Turmfalken). Obwalden gab in seinem Jagdgesetz von 1876 Lämmergeier und Adler jedermann ganzjährig und ohne Patent frei. Die Absicht der Ausrottung dieser grossen Vögel war deutlich. Alles im Namen der Verteidigung des Hausgeflügels, der Schafe und Ziegen und des Wildes, speziell der Hasen und Berghühner. Und als in den Gebirgskantonen, die nach dem Bundesgesetz zur Errichtung von Banngebieten verpflichtet waren, Wildhüter angestellt wurden, nahm man es mit der Nutzwildhege in den Freibergen gemäss Berner Weisung sehr ernst und beauftragte die Wildhüter zu Schadwild-, besonders Raubvogelabschüssen. Da-

---

* Übergangen sei, dass der «weidgerechte Jäger» ständig gegen die Raubvögel Krieg führte; vergleiche die 10 Gebote des Jägers (Centralblatt 1884), 2. Gebot: Du sollst das Raubzeug vertilgen.

mals fielen die Krummschnäbel in grosser Zahl, Adler, Habichte, Sperber, Bergbussarde und Turmfalken. Aufgeführt in Statistiken waren aber alle als Hühnerdiebe und Sperber. Immerhin merkte man in St. Gallen etwas und warnte die Gemeinden davor, für Bussarde und Turmfalken oder Kuckucke, die als Habichte und Sperber vorgewiesen wurden, Schussgelder zu zahlen.

Die Jägerzeitungen taten das Ihre zur Förderung der Raubvogeljagd. 1886 gab das Centralblatt eine Anleitung zum Abschuss. 1895 belobigte die «Diana» einen besonders fleissigen Jagdaufseher im Aargau, weil er in einem Jahr 38 Greifvögel getötet hatte. «Wenn die Nachbarreviere in gleichem Masse den Raubvögeln nachstellen würden, namentlich auch das Nesterausnehmen unterstützten, dann könnte die Jagd auf weitem Gebiet etwas gehoben werden,» meinte die «Diana». 1903 kamen dann die Taubenzüchtervereine und schütteten über die Raubvögelvertilger Prämien aus, besonders für die Abschüsse der Wanderfalken, die damit gehoben werden konnten. 5000 Franken im Jahr und mehr! Und dann kam die «Horstjagd» gegen Habichte und Sperber und Krähen auf und gegen den «scheinheiligen Bussard», dem seit 1904 der Bundesschutz entzogen war. «Weidmannsheil allen ausdauernden Horstjägern» wünscht der Verfasser zum Schluss. Aber nicht nur am Horst erging es den Krummschnäbeln übel. Seit 1904 kam auch in der Schweiz das Pfahleisen der Firma R. Weber in Haynau auf. Das war eine Vorrichtung mit einem ausgehöhlten Pfahl, der, in den Boden gesteckt, die Raubvögel auf offenem Feld zum Aufblocken einlud. Setzte sich solch ein Unglücksvogel auf die Querstange, so ging aus dem hohlen Pfahl der Schuss los und durchbohrte ihn von unten her. «Jagdsegen» hiess das Ding. Das Eierausnehmen wurde im Kanton Uri besonders heftig betrieben, weil auch die Eier gemäss der Vollziehungsordnung zum Jagdgesetz § 17 prämiert wurden. Für Eier von Adler und Geier gab es 10 Franken, von Uhu und Fischreiher 3 Franken, von Habicht und Sperber, Hühnervogel und Wannerli 2 Franken, von Wasseramsel, Eisvogel, Krähen, Kolkraben und Häher 50 Rappen, von Elstern 30 Rappen.

Die Folge war, dass jeden Montag junge Leute und Knaben mit Rucksäcken voll teilweise zerbrochener Eier vor den Gemeindeverwaltungen standen, um sich ihre sonntägliche Nesterpirsche honorieren zu lassen. «Das nennt man Unfug von Gesetzes wegen», meinte G. von Burg und veröffentlichte 1914 die erwähnte Liste der ganz oder teilweise ausgerotteten Tiere der Schweiz.

Was man in den Kantonen von den vielen Raubvögelabschüssen erwartete, bleibt unklar. Im Wallis ging die Vernichtung der «animaux nuisibles» von 1875 bis 1925 in die vielen Hunderte, worunter jährlich 20 bis 40 Falken, 5 bis 10 Sperber und verschiedene Adler figurierten. Und 1933 begann man auch im Wallis damit, Raubvögelhorste der Eier zu berauben. Damit sollte der Nutzwildbestand, besonders der Hasenbesatz, gehoben werden. Und der Erfolg? Genauso fraglich bleibt, was man im Kanton Zürich mit den Extra-Raubvogelpatenten 1878 und in den folgenden Jahren zu erreichen hoffte. Oder im Kanton Luzern, wo 1882 die ausführlichen Raubzeuglisten begannen und ständig Extrabewilligungen für Raubvogelabschüsse gegeben wurden. Als damit aber ziemlich rasch Missbrauch getrieben wurde, begann das Departement vorsichtig zu werden. Auch im Kanton Schaffhausen erhielten von 1889 an 19 und mehr Spezialisten, die sich für die Jagd auf Raubvögel bewarben, die entsprechenden Bewilligungen, natürlich zum Schutz der Fischerei und der Singvögel. Sie erlegten neben einer Anzahl Krähen, Würgern und Hähern 7 Fischreiher, 8 Sperber und 1 Falken. «Aber die meisten Bewerber waren nicht Kenner der Vogelarten», bemerkte die Jagdverwaltung dazu, «so dass es nicht zu verwundern ist, wenn auch Vögel, die unter die geschützten Arten zählen, häufig weggeschossen worden sind. Wir werden uns in Zukunft bestreben, die Zahl der Bewilligungen zu vermindern und solche nur an zuverlässige, mit den verschiedenen Vogelarten bekannte Bewerber zu erteilen.» Und doch musste 1895 bekannt werden: «Es dürfte unter den 40 Jägern, welche zum Abschuss von Raubvögeln Bewilligungen hatten, nur eine verschwindend kleine Zahl von Kennern der verschiedenen Vogelarten sein, das heisst solche, welche die nützlichen und schädlichen unterscheiden können.» Überhaupt fand die Jagdverwaltung, die Abschüsse seien von sehr geringem Wert für den Wildstand. Ihr Wert bestehe vorwiegend für den Jäger, schon vor der Jagdzeit mit der Flinte umherlaufen zu dürfen. Und damit dürfte der Schaffhauser Jagdbeamte so ziemlich ins Schwarze getroffen haben, und zwar nicht nur für seinen Kanton! Auch anderswo juckte enragierten Jägern immer wieder der Drückefinger, wenn sie da oder dort in Mäusegegenden eine Vermehrung der jagenden Bussarde und Turmfalken sahen. 1879 anerbot sich ein Jäger namens Scheibel von Basel, im Banne Reinach auf die vielen dortigen Raubvögel Jagd zu machen, wurde aber abgewiesen. Verschiedene Male reichten da und dort die Bauernverbände Gesuche um Prämienaussetzungen für die Erlegung von bundesgesetzlich nicht geschützten Vögeln ein. Kurz, die Überzeugung der Verbesserungswürdigkeit der Landesnatur regte sich überall, aber ihre Folgen waren nur negative. Besonders die einzigen Schonzonen des Wildes, die es damals gab, nämlich die Bannbezirke der Gebirgskantone, sollten von Schadwildarten gesäubert werden. Dort mussten die Wildhüter eine rege «Hegetätigkeit» durch Raubzeugabschüsse entfalten. Historisch ist aber, dass alle diese Raubzeugvernichtung den Rückgang des Wildes in vielen Kantonen nicht aufzuhalten vermochte.

Als der durch Österreich und Deutschland entfesselte erste Weltkrieg losgebrochen war und auch in der Schweiz die Armee das Wort führte, brach 1915 auch der Krieg gegen den bereits dünnen Bestand der Tagraubvögel wieder aus, den die Brieftaubenzüchter schon mehrfach in früheren, noch längst friedlichen Jahren mit Hilfe des Militärdepartements entfacht hatten (so 18. Dezember 1901). Zwar war schon damals die militärische Nachrichtenübermittlung durch Brieftauben zugunsten des Feldtelephons stark in den Hintergrund getreten, doch unterhielt die grundkonservative schweizerische Armee immer noch eine kleine Brieftaubenabteilung, und nun war für den Brieftaubensport die Stunde gekommen, sich in den Vordergrund zu drängen. Schon von jeher waren den Brieftäubelern die letzten Habichte und Sperber und die allerletzten Wanderfalken ein Dorn im Auge gewesen. Jetzt verlangten sie aufs neue massive Abschüsse der Taubenfeinde, um das Training ihrer Tauben – alles im Interesse der Landesverteidigung – ohne Verluste durchführen zu können. So erhielten die Kantone 1915 das erste Rundschreiben des Militärdepartements mit der Aufforderung zu Raubvogelabschüssen, und als die Raubvogeljagd nachzulassen drohte, kam 1917 neuerdings ein Abschussbegehren des Militärdepartements an die Kantone gegen Sperber, Habichte und Wanderfalken. Die Prämien waren nicht üppig: 3.50 pro Vogel. Um die mühevolle Bejagung etwas interessanter zu gestalten, schossen die Brieftaubenzüchter 3 Franken zu. 1915 hielt der Naturgelehrte Emil Bächler in St. Gallen einen Vortrag über diesen Raubvogelabschuss im Krieg nur wegen der Brieftauben, warnte und äusserte die Bitte, von einem Dauerabschuss pro 1916 abzusehen. Als aber das Militärdepartement auf einem zweiten Abschuss beharrte, nahm Bächler seine Warnungen und Bitten zurück und billigte die Massnahmen des Militärs. Als aber die Abschusszahlen von 1915 bekannt wurden, regte sich der damals noch junge Naturschutz. 506 Sperber, 35 Wanderfalken, 159 Habichte und 104 weitere Falken und Uhus (!) waren dem ersten Aktionsjahr zum Opfer gefallen. Da schrieb Dr. Paul Sarasin: «Da die mit Hilfe hoher Prämien geförderte Vernichtung schöner Raubvögel eine beängstigend hohe Ziffer erreicht hat, so ist dringend zu hoffen, dass ein hohes Eidgenössisches Militärdepartement von einer weiteren Dezimierung herrlicher Vogelarten Abstand nehmen möge; ...wir können getrost die Raubvögel unbehelligt gewähren lassen, um so mehr als sie in erster Linie ihre Beute unter denjenigen Vögeln suchen, die sich durch Übervermehrung lästig machen, wie Sperlingen, Amseln und Staren.» Dazu schrieb der Vorkämpfer der Revierjagd J. J. Mumenthaler in der Jagdzeitung: «Wenn zwei sich streiten, gaudiert sich der dritte.» Der dritte – damit meinte er die Jäger, die ohnehin wenig vom Naturschutz hielten.

Im Kanton Aargau wurde die kantonale Naturschutzkommission bei der Finanzdirektion dahin vorstellig, dass die seit dem Juli 1915 auf Ansuchen des Eidgenössischen Militärdepartements eingeführten Schussprämien für Hühnerhabichte, Sperber und Wanderfalken sistiert werden möchten, da es bedauerlich wäre, wenn die das Auge des Naturfreundes erfreuenden schönen Vögel ausgerottet würden. «Mit Rücksicht darauf und da wir beobachtet haben», schrieb das Departement, «dass leider aus Versehen einzelner Jäger und Jagdaufseher die nützlichen Mäuse- und Wespenbussarde, welche mit dem Hühnerhabicht grosse Ähnlichkeit haben, abgeschossen wurden, haben wir die Schussprämien für Habichte, Sperber und Wanderfalken vom 1. September 1916 hinweg bis auf weiteres eingestellt.» (Vom 1. Januar bis 1. September 1916 waren aber bereits 171 Sperber, 47 Habichte und 11 Wanderfalken vorgewiesen worden.)

Auch manch andere Kantone hielten mit Abschussaufträgen gegen Raubögel zurück, so Basel-Land, Graubünden, Uri und andere. Zwar meinte das Militärdepartement in seinem Kreisschreiben vom 23. Juni, die Raubvogelabschüsse hätten bloss für die Zeit der Grenzbesetzung Gültigkeit und bezweckten keineswegs die Ausrottung. Doch was hiess das schon! Als endlich das Militärdepartement 1919 nochmals mit neuen Abschussbegehren an die Kantone gelangte, gehorchten diese nicht mehr. Nur im Kanton Zürich wurden die Ornithologen abgewiesen, als sie endlich Schluss mit dem Raubvogeltöten verlangten, weil man sich scheute, dem Militärdepartement zuwiderzuhandeln.

Der Kanton Bern stellte wenigstens 1920 die während der Kriegsjahre ausbezahlten Schussgelder ein, doch blieben Habicht, Sperber und Wanderfalk jagdbar. Aber der Aargau stellte den Mäusebussard schon 1918 unter Schutz, um die leidige Töterei dieser nützlichen Vögel als Habichte abzustellen. 1922 stellte der Aargau auch Milane und Wespenbussarde, die im Unteraargau schon damals Standvögel waren, unter Schutz. Als trotzdem in den staatlichen Abschusslisten des Aargaus immer noch eine ziemlich hohe Raubvogelzahl figurierte, erhoben die Ornithologen Einspruch. Da stellte es sich heraus, dass auch Krähen und Elstern unter anderem als «Raubvögel» mitgezählt worden waren. Da auch andere Kantone diesen Modus befolgten, sind die Raubvogelzahlen der Jagdstatistiken oft unzuverlässig. 1935 empfahl das Eidgenössische Departement des Innern den Kantonen den Raubvogelschutz. Jetzt verbot der Aargau sogleich auch das Töten aller Falkenarten, der Lerchen- und Wanderfalken sowie der Habichte und Sperber (28. Oktober 1938). Nur für spezielle Fälle sollten Sonderabschussbewilligungen möglich sein. 1947 ersuchte zwar der aargauische Jagdschutzverein um Lockerung des Raubvogelabschussverbotes, wurde aber auf Empfehlung der kantonalen Jagdkommission abgewiesen.

Seither stellten eine Anzahl Kantone ihre Raubvögel ganz unter Schutz, nicht nur, um sie zu erhalten, sondern insbesondere auch darum, dass dadurch die stets wachsende Plage der Rabenkrähen durch die Wiedereinbürgerung des Habichts etwas eingedämmt werden sollte. Doch der Habicht ist praktisch verschwunden, und bis er zurückkommt, mag viel Zeit vergehen. In den ersten Jahren nach dem Weltkrieg von 1914 erschien in der Schweizerischen Jagdzeitung ein Beitrag des Sachverständigen für Vogelschutz Haenel in Bayern: «Schützet die Raubvögel.» 1929 schrieb ein Schweizer Jäger, dass die Raubvögel aller Arten stark zurückgegangen seien. Man dürfe sagen, dass es mit einzelnen Arten soweit sei, dass es eine Schande bedeute, auch nur einen einzigen Artgenossen dieser Sippe umzubringen. Es betreffe dies ganz besonders unsere Habichte, Sperber und Falken. Zahllos waren die Anregungen und Eingaben an Bundesrat und an die Kantonsregierungen, die von den Vogelkundigen und Vogelschützern eingereicht wurden, um einen vermehrten Schutz der Raubvögel nach dem grossen Aderlass im ersten Weltkrieg zu erreichen. Das Landeskomitee für Vogelschutz, der Naturschutzbund, die ALA setzten sich ein. Dr. med. Paul Siegfried ging mehrmals allen voran.

Das alles hinderte jedoch nicht, dass es im zweiten Weltkrieg den Taubenfeinden nicht besser ging als im ersten. Damals wurden sogar einzelne Soldaten, die einigermassen Vogelkenner oder -liebhaber waren, zum Abschuss der Falken und Habichte abkommandiert und wirkten wintersüber am Vierwaldstättersee, im Gebiet der Axenstrasse und anderswo als Raubvogelschützen. Viele Vogelfreunde erwarteten von der Kenntnis der Raubvögel bei den Jägern eine Besserung. Auch in der Jagdzeitung erschien 1948 ein Artikel des Redaktors über die Flugbilder der Greifvögel. Aber auch dieser Artikel klang in die Schlussfolgerungen aus, dass selbst Vogelschützer und Naturfreunde für den Taubenzüchter Verständnis aufbringen würden, wenn er seine Schützlinge verteidigen müsse, oder auch für den Niederjagdheger, der seine Fasanen nicht dem Habicht preisgeben könne.

Nirgends deutlicher als bei der jagdlichen Behandlung der Raubvögel zeigte es sich, dass das ceterum censeo aller Jagdschriftsteller, nämlich das «Nichtausrotten, aber Kurzhalten», eine reine Wortformel darstellt, die von jedem Jäger auf seine Art verstanden und praktiziert werden konnte. Unter den Patentjägern gab es wohl kaum einen, der während der offenen Jagd seine Zeit damit vertat, auf Raubvögel zu pirschen. Anders in den Revieren. Dort gab es genug Jünger des alten Karl Emil Diezel, der in seinem in endlosen Auflagen erschienenen Lehrbuch «Erfahrungen aus dem Gebiete der Niederjagd» (später kurz «Diezels Niederjagd») sogar den harmlosen Mäusebussard in Acht und Bann getan hatte: «Wenn ich mein Glaubensbekenntnis, die ‚heiligen' Bussarde betreffend, unumwunden ablegen soll, so sage ich, sie tragen ihren Heiligenschein unverdient, darum Krieg bis aufs Messer!» Diezel glaubt, dass der Mäusebussard wohl auch Reh-, Hasen- und Hühnerbussard heissen könnte.

Unter gebildeten Ornithologen gab es viele, die von einer gründlichen, «wissenschaftlichen» Aufklärung der Jäger eine Verbesserung der jagdlichen Beurteilung der Raubvögel erwarteten. Unaufhörlich wurden mit Flugbildern und Raubvogelabbildungen in Jagdzeitschriften und Flugblättern versucht, die Jäger wenigstens vom Abschuss unschädlicher Greife abzuhalten. Die Jagdpresse brachte aber trotzdem unentwegt die Beiträge eifriger Niederwildheger, die nun einmal allem, was Fangzähne oder Krummschnäbel und scharfe Krallen besass, den Krieg angesagt hatten. Mit Belehrung war der Raubvogelvernichtung nicht beizukommen. Das mussten auch die Verteidiger der letzten Adler einsehen lernen, die immer wieder mit Vernunftgründen zum Ziel zu kommen hofften, ohne den Gesetzgeber bemühen zu müssen. Erst der staatliche Schutz der Kantone und zuletzt des Bundes brachte die grundsätzliche Änderung. Erst 1963, nachdem 13 Kantone bereits vorangegangen waren und der Bundesschutz ausgesprochen wurde, hörten die Schimpfartikel und Adlerhetzen in der Jagdpresse schlagartig auf und zugleich auch die Geschichten von Adleruntaten an Wild, Kleinvieh und Kindern in der Tagespresse. Den Entscheid in diesen Dingen bringt immer die Hand des Gesetzgebers, nie die sogenannte «weidgerechte Jägerschaft», die – nach deren eigenen Angaben – stets in der Minderheit ist. Erziehung in Ehren, doch «Ends aller Enden bringt das Gesetzbuch den Entscheid», pflegte uns ein guter Tierfreund zu sagen und behielt damit allezeit Recht.

Die Nachtraubvögel, besonders der Uhu und sein Schicksal

Auf Nachtraubvögel wurde, soweit aus den älteren Nachrichten hervorgeht, scheinbar nur selten systematisch Jagd gemacht. Wohl treten sie da und dort in den Abschusslisten auf, hingegen scheint es sich hiebei mehr um zufällige, weniger um zielbewusste Nachstellungen gehandelt zu haben.

Schon um die Mitte des 19. Jahrhunderts erkannte man, dass die Eulen nicht geschossen werden sollten. Im Jagdgesetz Graubündens von 1860 waren für Raubvögel und Eulen noch 85 Rappen Schussgeld ausgesetzt gewesen, aber 1861 schrieb die Jagdbehörde vom Schussgeld «für Geier und Eulen im allgemeinen», das heisst für alle Tag- und Nachtraubvögel, dass es sich für diese ganze Klasse von Vögeln nicht lohne, weil es jährlich über 100 Franken betrage. Es gebe unter diesen auch solche, die gar nicht schädlich seien, und man könne nicht erwarten, dass jeder Beamte die schädlichen von den unschädlichen unterscheiden könne. In Zukunft sollten Schussgelder nur für Bären, Wölfe, Luchse, Lämmergeier oder Adler und für die grosse Ohreule verabfolgt werden. Dieser Antrag wurde denn auch 1862 vom Grossen Rat zum Beschluss erhoben.

Oft waren abergläubische Vorstellungen beteiligt oder auch nur die ängstliche Nervosität gewisser Leute, die das nächtliche Schreien von Wald- oder Steinkäuzen in der Nähe ihrer Wohnungen aufregte. Trotzdem wurde in den Jagdzeitungen von Zeit zu Zeit von einzelnen «Hegern» immer wieder gegen die Nachtraubvögel gehetzt, obschon sie von Anfang an unter Bundesschutz standen. So schrieb 1888 einer «Über den Nutzen der Katzen und Eulen für die Jagd» eine einzige Hetze gegen die Bauernkatzen und besonders auch gegen die Waldkäuze und Schleiereulen. Sie alle seien grösste Schädlinge der Flugjagd, das heisst an Rebhühnern und Fasanen. Sogar Professor Zschokke kam nach angeblich genauer Beobachtung des Waldkauzes zum Resultat, dass dieser Vogel vorwiegend schädlich sei, da er seine Jungen hauptsächlich mit Singvögeln, Amseln und Rotschwänzchen (!) füttere, nebenbei freilich auch mit Mäusen. (Es scheint Professor Zschokke entgangen zu sein, dass Nahrung und Fortpflanzung des Waldkauzes deutlich von der Periodizität der Feldmaus abhängig war. Der Waldkauz ist einer jener Vögel, deren Eizahl auffällig mit den Mäusejahren ansteigt. Dass sich die Waldkäuze nach dem Zusammenbruch eines Feldmausmaximums an Kleinvögel halten, ist jedem praktischen Vogelschützer bekannt, darf aber keine Veranlassung zum Abschuss der Käuze werden.)

Nach der Denkschrift des Bundesrates von 1869, worin die Antworten der Kantone über ihre Massnahmen zum Schutz der land- und forstwirtschaftlich nützlichen Vögel zusammengestellt sind, hatten St. Gallen und der Aargau die Nachtraubvögel unter Schutz gestellt. Nur der Uhu war jagdbar und wurde auch im Bundesgesetz nicht in den Schutz der Eulen miteinbezogen, weil er für einen nicht tragbaren Jagdschädling gehalten wurde. Nur ganz vereinzelt wurden auch auf Eulen Abschussbewilligungen erteilt wie zum Beispiel im Kanton Zürich 1948 auf eine Eule.

Der Rückgang der Eulen, den G. von Burg schon 1908 feststellte, ist bis zur Gegenwart nicht zum Stillstand gekommen. Dazu dürfte die Jagd nur wenig beigetragen haben, obschon immer wieder Fälle vorkamen wie 1906 derjenige bei Rheinfelden, wo bei einer Treibjagd ein Flug Waldohreulen aufgebracht wurde, die hier überwinterten. Diese Waldohreulen wurden – teilweise als «Schnepfen» im Flug, teilweise als «schädliche Raubvögel» – beschossen, doch keiner der Treibjagdteilnehmer hatte die Vögel erkannt oder richtig angesprochen. Es geschah kurz vor Neujahr. Auch in neuerer Zeit konnten es die Jagdschriftsteller nicht lassen, immer wieder den Nutzen der Eulen zu bestreiten und deren «Schaden» mit stets neuen «Beobachtungen» über geschlagene Singvögel zu belegen.

In den 1890er Jahren scheint der Uhu nach Studer und Fatio, «Catalog der Vögel der Schweiz», noch in der ganzen Schweiz Standvogel gewesen zu sein, wo er felsigen Hochwald fand und ohne Beunruhigung brüten konnte. Zahlreich war er nirgends, da er ein sehr grosses Jagdgebiet benötigte und ihm die Schweiz nirgends ein Gebiet bot, das mit seinen Beutetieren reich bestanden war*. Nach dem genannten Werk jagte er Hasen, Eichhörnchen, Marder, Igel, Ratten, Mäuse, Berghühner, im Notfalle auch Reptilien und Lurche, selbst Fische verschmähte er nicht. Erlegt wurde der Uhu – natürlich wegen Niederjagdschadens – bis zur Mitte des 19. Jahrhunderts so ziemlich überall in der Schweiz, in der letzten Periode seines Daseins am meisten im Kanton Graubünden, wo seine Abschusszahlen samt anderen Eulen von 1861 bis 1924 statistisch erfasst sind. Auch der Kanton Luzern gab die Zahlen der Uhuerlegungen vom Jahre 1883 an, jedoch sind sie dort teilweise so hoch, dass es sich dabei unmöglich um lauter Uhus gehandelt haben kann. Denn dass zum Beispiel im Jahr 1893 im Kanton Luzern 48, 1896 67 und in den folgenden Jahren um 6 Uhus erlegt worden sein sollen, die meisten im Amt Willisau, klingt sehr unwahrscheinlich. Überhaupt wurden die vielen Uhus seltsamerweise meist in den Ämtern um die damals noch bestehenden Riede geschossen, so dass wohl angenommen werden darf, es seien die helläugigen Sumpfohreulen als «Uhus» gezählt worden, die dort jedes Jahr durchzogen, teilweise auch brüteten und leicht zu erlegen waren.

Noch 1889 wurden in Graubünden 17 Uhuabschüsse prämiert, und zehn Jahre später wird gemeldet, im Rheinwald sei der grosse Uhu noch häufig anzutreffen. Dabei wird erzählt, wie sich dort zwei Uhus in Fuchsfallen gefangen hätten und wie schon einige Jahre zuvor ein Geometer namens Hössli 7 Uhus «erwischt» habe. Von der übrigen Schweiz meldet die «Diana», der Uhu sei in den meisten Kantonen ausgestorben, obgleich immer wieder erlegte «Uhus» gemeldet würden. Hiebei handle es sich aber ausnahmslos um Waldohreulen. Im Kanton Zürich seien noch zwei lebende Uhus gemeldet, die man leben lassen wolle. Aber das könne man nicht gut, weil sie auch Hasen und Hühner schlügen. Im Jahre 1907 berichtete ein Jäger aus dem Wallis, wo in kurzer Zeit 16 Katzen verschwanden. Zufällig entdeckte man in einem Heuschober, dass dort zwei mächtige Uhus hausten. Das soll im Val di Vedro über dem Simplontunnel gewesen sein. Ob das wirklich Uhus waren? Als 1914 der Uhu samt dem Adler in Bayern geschützt wurde, weil beide fast ausgerottet waren, kamen auch in der Schweiz in Jägerkreisen einzelne Stimmen, die dasselbe vorschlugen, fanden aber kein Gehör. Man glaubte nicht, dass der Uhu zum Naturdenkmal geworden sei, weil immer wieder Nachrichten von Erlegungen durch die Jagdpresse gingen, die aber sichtlich unzuverlässig waren. Hiefür nur ein Beispiel: 1923 soll an der Ingelsteinfluh ein dort brütender Uhu geschossen worden sein! Einzig die Zürcher Jagdstatistik scheint zuverlässiger zu sein, die in den Jahren 1893 bis 1906 nie mehr als 2 Uhus pro Jahr ausweist.

Die Uhuabschüsse der Kantone Schwyz, wo seit 1887 die Schussgelder für Raubzeugabschüsse begannen, und Wallis geben leider auch keine Anhaltspunkte. Wallis

---

* Die Bemerkung im Bündner Regierungsbericht von 1880, die Uhus seien zahlreich und schadeten am Bestand der Hühner und Hasen, ist natürlich eine Falschmeldung von Wildhütern.

meldete für 1899 1 Uhu, 1902 5, 1904 2 Uhus. Wie Dr. Lang, der Direktor des Basler Zoos, im April 1968 in einem Presseaperitif ausführte, dürfte der Rückgang des Uhus in der Schweiz nicht nur dem Abschuss zuzuschreiben sein, sondern besonders auch den Krähen, welche aus den leicht sichtbaren Uhunestern die Eier raubten (?). Da aber der Uhu in der Paarungszeit und während der Brut leicht verhört werden kann, somit seine Aufenthaltsorte gefunden werden, dürfte wohl mancher der begehrten Vögel im Frühling gewildert worden sein.

Der Kanton Bern stellte 1921 den Uhu unter Schutz. Luzern verbot 1914, für getötete Uhus Prämien auszuzahlen und untersagte 1918 die Jagd auf diesen Vogel völlig. Andere Kantone folgten. Aber als in der Detailberatung des Bundesgesetzes von 1925 die Frage des Uhuschutzes in der Nationalversammlung zur Sprache kam, entschied sich der Nationalrat für seine Unterschutzstellung. Im Ständerat jedoch kam es zu einer Debatte.

Ständerat Hauser (Glarus) beantragte, den Uhu weiter als jagdbar beizubehalten. Der Uhu sei ein starker und mutiger Vogel und schlage mit seinen scharfen Krallen und seinem scharfen Schnabel Rehkitze, Hasen, zahme und wilde Hühner, kleinere Raubvögel, Kaninchen, Katzen usw. Er beschrieb die Lebensweise des Uhus und meinte, er sei von Natur aus schon geschützt, weil er tagsüber in Felsverstecken sitze und selten gesehen werde. In Graubünden seien 1919 bis 1923 pro Jahr nur 4 Uhus geschossen worden. Bei Näfels habe ein Uhu einem Landwirt Hühner geholt. Er, Ständerat Hauser, habe Erlaubnis gegeben, dass ein Jäger das Nest ausnehmen dürfe. Das Nest sei an einer Felswand gewesen und habe sich als Uhunest erwiesen. 4 frische Haselhühner, 1 Krähe, Reste von Wildtauben und Turmfalken hätten die Raubgier dieses Vogels bewiesen. Seiner Ansicht nach solle der Uhu jagdbar bleiben. Sein Schutz widerspreche dem bewährten Grundsatz der Jägerei, das Raubwild kurz zu halten. Es gäbe in der Schweiz mehr Uhus als Steinadler, den doch niemand schützen wolle (!). Weiter berichtete Hauser, wie nötig der Uhu zur Hüttenjagd sei, um die schädlichen Raubvögel zu reduzieren und ging dann zu seiner berühmt gewordenen Schilderung über: «Wenn die Göttin Diana einem Jäger günstig gesinnt ist und ihn in Schussnähe zu einem Uhu führt, so hat der Jäger eine grosse Freude an dem bevorstehenden Glück, eine so prächtige und wertvolle Beute machen zu können, dass er die Bestimmung des Jagdgesetzes vergisst, der Uhu dürfe nicht geschossen werden. (Heiterkeit.) Der Jäger schiesst und nimmt den Uhu als Beute stolz nach Hause mit dem Unterschied gegenüber dem jetzigen Zustande, dass er sie heimlich nach Hause tragen muss. Wir wollen dem Jäger die Freude nicht vergällen, sondern dafür sorgen, dass er wie bis anhin den Uhu offen und mit berechtigtem Stolz nach Hause bringen kann.» (Anmerkung des Verfassers: Herr Ständerat Hauser hat die voraufgehende Pintenkehr, die diversen Freitrunke und die bewegte Heimkehr vergessen.) Gestützt auf diese Begründungen beantragte Ständerat Hauser, den Uhu wie bisher auf der Liste der jagdbaren Vögel stehenzulassen.

Ständerat Laely (Graubünden) nahm nun das Wort und zog aus der Tatsache der Seltenheit der Uhuabschüsse in Graubünden bei jährlich 2500 bis 3000 Jägern den Schluss, dass der Uhu äusserst selten geworden sei. Er sei tatsächlich auf dem Aussterbeetat. Die Schuld der Starkstromleitungen an vielen Uhu-Unfällen, die Herr Hauser in Zweifel gezogen hatte, entspreche den Tatsachen und sei mit vielen Beispielen erwiesen. Und weshalb seien die vielen Uhus verunglückt? Nicht weil sie den Hennen und Hühnern nachstellten, sondern den Mäusen. Der Uhu sei ein grosser Mäusevertilger. Dadurch sei er sogar nützlich. Die Gelehrten stritten darüber, ob er nicht vielmehr zu den nützlichen Vögeln zu zählen sei. Ständerat Laely bezweifelt die Geschichte mit den Haushühnern, die Ständerat Hauser zum Besten gab, denn die

Haushühner seien bekanntlich nachts gar nicht im Freien. Er, Laely, bestritt nicht, dass der Uhu ein Raubvogel sei und mitunter schädlich werde. Aber er ist auf dem Aussterbeetat, und die wenigen Uhus, die noch existieren, könnten gar keinen fühlbaren Schaden mehr anrichten. Die von Herrn Hauser erwähnten Eulenrufe kämen gar nicht vom Uhu her, sondern von geschützten Eulen. Er beantragte, den Uhu auf die Liste der geschützten Vögel zu setzen.

Ständerat Keller (Aargau) betrachtete endlich die Frage, ob eine Tierart dem Menschen mehr schädlich sei oder mehr nützlich, als müssig und kurzsichtig. Die Landesfauna würde durch die weitere Bejagung dieses Vogels um einen charakteristischen Vertreter ärmer. Er stellte dem Glarner Ständerat Hauser den Obmann der Glarner Naturschutzkommission, Herrn Oberholzer, entgegen, der durchaus für den Schutz des Uhus sei. Es sei richtig, dass die Natur den Uhu schütze, aber er werde dadurch nicht genug geschützt, sonst wäre er nicht schon beinahe ausgerottet. Der Jägerstolz genüge nicht, dass wir dazu die Hand böten, den Uhu völlig auszurotten.

Die hierauf erfolgte Abstimmung brachte für den Schutz des Uhus 25, dagegen 3 Stimmen.

Die Uhudebatte im Ständerat ist ein Spiegel der Bestrebungen einsichtiger und fortschrittlicher Behördevertreter, die Landestierwelt vor gänzlicher Zerstörung zu retten. Die Debatte hat damit eine allgemeine und grundsätzliche Bedeutung und wurde deswegen ausführlicher dargestellt.

Noch eine letzte Frage in Verbindung mit dem Uhu sei hier erörtert, die auch Ständerat Hauser angetönt hatte: die Hüttenjagd. Frage: Ist die Hüttenjagd auf Schweizer Gebiet erlaubt? Darf der Uhu als Lockvogel zum Zwecke des Abschusses von Krähen und Tagraubvögeln verwendet werden?

Zum Verständnis dieser Frage ist die sogenannte Hüttenjagd kurz zu erklären. Diese in Deutschland und Österreich, auch in den USA eifrig betriebene Jagd besteht darin, dass der Jäger in einer zu zwei Dritteln oder zur Hälfte im Boden eingegrabenen Schiesshütte oder einer oberirdischen Schilfhütte oder einem Zelt verborgen sitzt, vor deren Schiesslucke im Abstand von etwa 25 oder 30 Schritten ein Pfahl mit Sitzkrucke, die sogenannte Jule, steht. Auf diese Jule wird nun ein lebender Uhu gesetzt, der mit einem ziemlich langen Riemen an die Jule so gefesselt ist, dass er sich bequem auf den Boden schwingen kann. Ausserdem kann der Pfahl durch einen einfachen Mechanismus von der Schiesshütte aus bewegt werden, damit der Uhu dadurch zu Balancierbewegungen veranlasst wird und die andern Vögel desto mehr anziehen soll. Der zur Hüttenjagd verwendete Uhu hat eine primitive, ziemlich rauhbeinige Dressur hinter sich, womit er gewöhnt wird, sich auf den Befehl «Auf» auf die Sitzkrucke der Jule zu schwingen und dort zunächst sitzen zu bleiben. Der Hüttenjäger benützt somit die Verhaltensweise der Vögel, den Uhu oder auch kleinere Eulen zu attackieren oder schreiend und warnend zu umflattern. Die Krähen greifen den Uhu nicht heftig an, sondern versuchen ihn nur durch Gekrächze und hastiges Überfliegen zu schrecken oder ihm beim Überfliegen mit dem Flügel einen Schlag zu versetzen. In der Hauptsache verführen sie nur einen grossen Lärm und rufen immer neue Krähen herbei, setzen sich zuletzt wohl auch auf einen Baum oder auf den Boden ins Gras und betrachten den Uhu ausführlich. Anders die Tagraubvögel. Viele schlagen mit den Klauen nach dem Kopf und den Augen des Uhus. Dieser wiederum verhält sich bei Annäherung seiner Angreifer sehr verschieden. Er «zeichnet» bei jedem anders. Ein Krähenschwarm regt ihn nicht sonderlich auf. Greift ein Wanderfalk an, macht er sich breit und rund und öffnet leicht die Flügel. Ähnlich bei Bussarden, unter denen es sogar recht rauhe Gesellen gibt, die heftig und geschickt zuschlagen. Gefährliche Angreifer erkennt der Uhu unglaublich ferne schon. Er verlässt bei heransausenden Weihen oder Habichten die Jule und setzt sich ins Gras, weil er wohl weiss, dass der Angriff eines so raschen Stössers aus «fliegerischen Gründen» in Bodennähe niemals die gleiche Wucht entwickeln kann wie in der Höhe. Je höher der Uhu sitzt, desto schärfer werden die Angriffe. Darum darf die Jule nie allzu hoch sein. Vor einem Adler wirft sich der Uhu im Gras auf den Rücken, um sich mit seinen scharfen Krallen zu verteidigen.

Die Kunst des Hüttenjägers ist es nun, die angreifenden Vögel sicher zu treffen, was bei der Schnelligkeit ihrer Angriffe nicht ganz einfach ist, ohne den teuren Uhu mit einigen Schroten ebenfalls zu verwunden.

Wer das alles nie gesehen hat, kann sich den Reiz der Hüttenjagd mit dem Uhu nicht vorstellen. Die Szenen, die sich um den Lockvogel abspielen, sind stets neu und auch für den Tierfreund fesselnd, weil auf diesen armen Uhu Raubvögel aus hohem Himmel herabstossen, die man hier sonst nie gesehen oder vermutet hätte.

Warum stossen die Vögel auf den Uhu? Diese Frage wurde schon mehrfach untersucht, doch nie endgültig beantwortet. Die Jäger sagen: Die Vögel kennen die Eule als ihren gefährlichen Feind, der sie nachts vom Schlafbaum holt. Frage: Tun die Eulen denn das, hat man sie dabei beobachtet? Antwort: Sie werden es wahrscheinlich tun. – Also keine Antwort. Andere Antwort: Man gebe dem Uhu eine tote Krähe auf die Jule zum Kröpfen, dann stossen die Raubvögel viel schärfer. Das ist der Neid, die stärkste Triebfeder bei Mensch und Tier. Aber das ist auch keine Antwort. Woher kennen denn die hiesigen Vögel den Uhu überhaupt? Unsere Krähen haben seit Jahrhunderten nie einen Uhu gesehen. Und doch hassen sie ihn. Als Lockvögel kann man nicht nur den Uhu benützen, sondern auch andere grosse Eulen, sogar den Waldkauz. Daneben kann man sogar Säugetiere auf die Jule setzen, einen Affen, eine Katze. Sie wirken ganz gleich wie ein Uhu.

Beobachtet man also, welche Tiere auf der Jule attackiert werden, so haben sie alle eine Eigenschaft gemeinsam: *nach vorne gerichtete Augen.* Solche hat aber alles aggressive Raubwild, auch der Fuchs. Und dieser wird sehr häufig von Krähenschwärmen angegriffen. Nach vorn können auch Sperber, Habichte, Wanderfalken und andere Stösser ihre Augen richten, wobei die Augäpfel stark aus den Höhlen gehoben werden. Auch diese Tagraubvögel können als Lockvögel verwendet werden, wirken aber nicht so stark wie ein Uhu. Ich selbst sah einen Habicht auf einer Föhre, wie er sich mit dem Rückengefieder an den Stamm lehnte und mit einer erhobenen Klaue und geöffnetem Schnabel eine Gruppe von Krähen abwehrte, die ihm gefährlich nahe kamen und mit ihren starken Schnäbeln nach ihm hackten. Das Angreifen der Krähen und anderen Vögel lässt sich damit erklären, dass eben nach vorn gerichtete, also aggressive Augen ihre Attacke auslösen. Denn «ein anständiger Vogel hat die Augen seitlich». Die parallel nach vorn gerichteten Augen lösen nicht nur bei Krähen und Raubvögeln einen Angriff aus, sondern versetzen auch andere, kleinere Vögel in Aufregung, Elstern, Häher, Würger, sogar Wiedehopfe, Drosseln, Amseln und viele andere. Ein alter, erfahrener Präparator erzählte mir seinerzeit, dass er bei einem ihm bekannten Jagdaufseher im Elsass jeden grösseren Vogel bestellen könne, den er nur wünsche. Er schiesse alles über dem Uhu. Auch ein Berner Präparator holte sich mit dem Uhu die schönsten Bälge für sein Museum.

Ich selber kannte noch Anfang der zwanziger Jahre drei in Gebrauch stehende Hüttenuhus, davon war einer im Aargau. Dieser wurde in die Berge ausgeliehen, drei Adler wurden über ihm geschossen. Doch feste Krähhütten waren in der Schweiz auch damals wohl nirgends in Gebrauch. Denn schon im Bundesgesetz von 1875 war aller Vogelfang mit Lockvögeln, Käuzchen usw. im Gebiet der ganzen Schweiz unbedingt verboten.

1942 versuchte der Redaktor der Schweizerischen Jagdzeitung, Paul Vetterli, den Schweizer Revierjägern die Hüttenjagd zur Dezimierung der Krähen schmackhaft zu machen. Wieweit ihm dies gelang, lässt sich nicht mehr feststellen. Vetterli glaubte, dass gegen die Hüttenjagd, wenn sie wirklich nur zur Erlegung von Krähen betrieben würde und nicht zum Abschuss von Bussarden, Falken und anderen Tagraubvögeln, auch vom gesetzlichen Standpunkt aus nichts einzuwenden wäre. Indessen hatte das Eidgenössische Jagdinspektorat diese Frage schon 1911 entschieden: «Einem Gesuch des Kantons Neuenburg, Jägern von La-Chaux-de-Fonds die Verwendung von Uhus als Lockvogel zur Erlegung von Krähen zu bewilligen, konnte angesichts des Artikels 19 des Bundesgesetzes, welcher allen Vogelfang mittelst Lockvögeln, Käuzchen usw. unbedingt verbietet, nicht entsprochen werden.»

Schon 1896 hatte zwar die Regierung von Luzern die Raubvogeljagd mit dem Uhu gestattet, musste die Erlaubnis aber zurückziehen.

Möge auch hie und da ein Uhu zum Krähen-, aber wohl noch mehr zum Raubvogelabschuss auch auf Schweizer Gebiet verwendet worden sein, kann doch hierzulande nicht von einer verbreiteten Hüttenjagd gesprochen werden. Wichtig und massgebend bleibt aber der Entscheid der Eidgenössichen Jagdinspektion von 1911 auch in Zukunft.

Mit der Ablehnung der Hüttenjagd im Kanton Neuenburg 1911 ist sonderbarerweise der Artikel 31 der Jagdvorschriften für 1967/68 des Kantons St. Gallen in Widerspruch, wonach die Hüttenjagd auf Krähen und Elstern mit einem Lockvogel den Jagdberechtigten während des ganzen Jahres gestattet ist. Möglicherweise geriet der Entscheid des Jagdinspektorates von 1911 in Vergessenheit, jedenfalls wurde er formell nie aufgehoben.

1961 beantwortete Paul Vetterli die Anfrage eines Revierpächters, der mit dem Uhu gerne auf die Krähen losgegangen wäre und sich einen Uhu aus Deutschland leihen wollte, folgendermassen: «Die Hüttenjagd mit dem lebenden Uhu ist laut Bundesgesetz über Jagd und Vogelschutz in der Schweiz nicht erlaubt, da der Uhu zu den geschützten Vögeln gehört. Artikel 3 Absatz 2 verbietet den Gebrauch von Lockvögeln, wobei auch das Käuzchen erwähnt wird. Artikel 46 stellt das Ausnehmen von Eiern oder Jungen aus Uhuhorsten unter Strafe.» Dann führt Vetterli aus, wie auch in Deutschland der Uhu geschützt sei, aber trotzdem die Hüttenjagd mit dem Uhu ziemlich häufig ausgeübt werde. Noch immer würden aus dem Osten einige Dutzend Grosseulen nach Deutschland eingeführt und als Hüttenvögel verwendet, was aber verboten sei. Auch in der Schweiz dürfte kein Uhu «leihweise» verwendet werden. Vetterli hatte sich seit 1942 also besser informiert! Ein Fehler ist, dass das neue sanktgallische Jagdgesetz die Hüttenjagd mit dem Uhu erlaubt.

Vom Ende des Lämmergeiers

Es darf als Tragik bezeichnet werden, dass im «Catalog der schweizerischen Vögel» von Th. Studer und V. Fatio, Lieferung 1, 1889, der Lämmergeier als Standvogel in der Alpenregion der Schweiz bezeichnet wird, ausgerechnet drei Jahre nachdem der letzte Lämmergeier bei Visp im Wallis an einem auf Füchse gelegten Giftbrocken eingegangen war. Freilich, schreibt der «Catalog», sei er nachgerade so selten geworden, dass seine Existenz anfange, dem Gebiet der Sage anzugehören.

1829 berichtet Schinz in den Denkschriften in seinem Verzeichnis der in der Schweiz vorkommenden Wirbeltiere, der Lämmergeier bewohne immer noch unsere Alpen, werde aber immer seltener und von Liebhabern mit 50 bis 60 Gulden bezahlt.

Am häufigsten komme er noch in den Hochalpen des Tessins, Graubündens und des Wallis vor. Nachrichten vom Lämmergeier finden sich in den älteren naturwissenschaftlichen Zeitschriften nicht selten. Berühmt wurden die Studien von Girtanner und Fischer-Sigwart, «Nachklänge an den schweizerischen Lämmergeier 1914», endlich auch die Schilderungen von Thomas Conrad-Baldenstein über seinen gefangenen und gepflegten Lämmergeier. Wie bereits oben geschildert, berichtet auch der «Catalog» darüber, dass die Not den Lämmergeier im Winter bis in die Nähe der menschlichen Wohnungen treibe, wo er am leichtesten den Nachstellungen aller Art zum Opfer falle. In der ersten Hälfte des 19. Jahrhunderts habe man ihn noch in der ganzen schweizerischen Alpenkette gefunden, obgleich er zu keiner Zeit ein häufig vorkommender Vogel gewesen sei. Am längsten scheine er sich in den Kantonen Bern, Wallis, Tessin und Graubünden gehalten zu haben. Mit der Seltenheit des Vogels habe aber auch sein Wert für die ornithologischen Sammler zugenommen, und damit sei er zu einem Spekulationsobjekt für die Händler geworden, die nun rücksichtslos an der Vertilgung dieses Tieres, dessen Verkauf ihnen schönen Gewinn versprach, gearbeitet hätten. Aus den sicheren Angaben nach Zeit und Lokalität geht hervor, dass von 1800 bis 1887 im ganzen 85 Lämmergeier getötet oder gefangen wurden. In Graubünden allein wurden von 1804 bis 1848 14 Geier getötet und von 1850 bis 1887 weitere 25.

Am 20. Juli 1887, also ein Jahr nach dem Tod des letzten Lämmergeiers, ersuchte das schweizerische Industrie- und Landwirtschaftsdepartement in einem Kreisschreiben an die Bergkantone um möglichste Schonung des Lämmergeiers und Aufhebung eines etwa gegen denselben bestehenden Schussgeldes mit der Begründung, dass der Lämmergeier der grösste und schönste Vogel des Hochgebirges sei und in unserer Fauna immer seltener werde, vielleicht ganz ausgerottet sei, und dies hauptsächlich durch Vogelhändler, welche nur ihr pekuniäres Interesse im Auge hätten und die sich selbst zu geschlossener Jagdzeit durch ihre Lieferanten Exemplare dieses äusserst seltenen Vogels zu verschaffen suchten. Damit nahm das eidgenössische Departement Bezug auf die rücksichtslose Verfolgung des Adlers und Lämmergeiers in der Innerschweiz, die ganzjährig und ohne Patent betrieben werden durfte. Typisch war die Reaktion der Kantone auf das Rundschreiben. So schrieb der Kanton Glarus: «Wir fanden das Gesuch des Departements keineswegs als begründet, da der Lämmergeier bekanntlich der ärgste Räuber der jungen Gemsen, Lämmer und jungen Ziegen ist.» Aber die Glarner Behörde kannte sich punkto Lämmergeier leider nicht mehr aus. Denn der Lämmergeier raubte den Glarnern längst keine Gemsen und Schafe mehr, weil keiner mehr da war. Die Behörde im Glarnerland glaubte, das Berner Departement spreche vom Adler, der im Kanton noch brütete. Graubünden antwortete auf das Rundschreiben, dass dieses Tier bei ihnen längst nicht mehr vorkomme. Immerhin war es für 1869 beim Piz Beverin auf der Alp Masügg bei Tschappina noch lebend bezeugt. Hingegen beziehen sich die Abschussbewilligungen der Bündner Polizei für «Geier» in späteren Jahren auf Adler.

Auch Uri liess sich nicht für die Schonung des Lämmergeiers gewinnen, weil er ein für das Hegewild und die Haustiere gefährlicher Vogel sei. Der Kanton Wallis berief sich darauf, dass der Lämmergeier im Bundesgesetz nicht geschützt werde und schrieb als Antwort: «Il nous parait difficile d'interdire l'abbatage de ce dernier oiseau de proie...» Das Departement in Bern gab seine Bemühungen auf – sie kamen ohnehin zu spät, und ohne die Mithilfe der Kantone war eine Aktion zugunsten des Lämmergeiers nicht möglich.

Gemäss der Jagdausstellung von 1882 in Zürich sollte der Lämmergeier im Oberengadin wieder zu horsten begonnen haben. Aber das bestätigte sich nicht. 1887 sei ein Bartgeier im Rosegtal gesichtet worden, 1888 wurde er auch von G. T. Saratz im Rosegtal fliegend gesehen. 1890 schrieb ein Bündner in die «Diana»: «Der Bär steht im Begriff, auszusterben. Dann wird der König der Lüfte, der Lämmergeier, zusammen mit dem König unserer Wälder aus dem Kanton verschwunden sein.» Immer wieder berichten Girtanner und Fatio von Lämmergeiermeldungen, die sich stets als Irrtümer erwiesen, da es sich um Adler handelte. Doch will ein englischer Ornithologe 1898 einen Bartgeier bei Finhaut (Wallis) gesehen haben. 1907 sei der Lämmergeier wieder im Stubaital beobachtet worden, und es sei anzunehmen, dass er seine alte Bündner Heimat wieder besiedeln möchte. Auch diese Hoffnung erfüllte sich nicht. 1910 wollte ein Lehrer namens Schwitzgebel einen Lämmergeier bei Lauenen gesehen haben. Aber auch Herr Schwitzgebel, der als guter Kenner und vertrauenswürdig bekannt war, musste sich getäuscht haben. Eine weitere typische Jägermeldung über den Lämmergeier brachte die Schweizerische Jagdzeitung 1935: In einem St. Galler Revier jagte ein Berner Revierjäger und schoss – nach seinen eigenen Angaben, die auch in der Presse verbreitet wurden – einen Lämmergeier. Doch der entpuppte sich bei Nachprüfung als Auerhahn!

Am 19. April 1957 versichert Willi Thönen (Ornith. Beob. 1957), zusammen mit seinem Freund E. Wälti bei Leuk (Wallis) einen Bartgeier nahe und deutlich gesehen zu haben.

Aber andere Geier, die als Irrgäste in die Schweiz einflogen, wurden hier trotz allem Schutz prompt erlegt und als seltene Beute sogar offiziell gemeldet: 1912 zwei Kuttengeier in Nessenthal, also zwei Vertreter einer Art, die in der Schweiz überhaupt erst viermal beobachtet und erlegt worden sein sollen (Haller 1946).

Steinadler

Die Geschichte des Steinadlers in den alten Zeiten wäre lang und eintönig. Sie würde von nichts anderem handeln als von den «Untaten» des grossen Vogels, von Fallen und glücklichen Schützen, Abschussbegehren, Horstplünderungen und mannigfachen «Siegen» über diesen «schlimmen Räuber.»

Der Adler ist in der Schweiz durchaus nur Alpentier, sagte Tschudi, er hat aber noch in historischer Zeit im Jura gelebt. Die Literatur über den Steinadler ist kaum zu überblicken. Wenn hier über sein Schicksal berichtet werden soll, so kann nicht auf alles, was über den Adler geschrieben und berichtet wurde, eingetreten werden. Die Geschichte des Steinadlers in der Schweiz lässt sich unter drei Gesichtspunkten zusammenfassen:
1. Der Kampf gegen den Steinadler als Schadwild.
2. Die Methoden dieses Kampfes und der Rückgang des Adlers.
3. Die Bemühungen um den Schutz der letzten Adler.

Noch 1930 schrieb O. von Steiger in seiner Darstellung «Das Jagdwesen in der Schweiz», die der im Auftrag des Jägerverbandes zur Hebung der Patentjagd und des Wildschutzes auf die Internationale Jagdausstellung in Leipzig 1930 verfasste: «Allgemein verbreitet ist noch der Steinadler. Zum Schaden der Schafherden, Murmeltiere, Alpenhasen und Berghühner tritt er nur zu zahlreich auf. Seine neuzeitlich vermehrte Verbreitung verdankt dieser Adler dem Bundesgesetz von 1925, wonach sein Abschuss am Horst verboten ist und auch die Horste der Eier und Jungen nicht beraubt werden dürfen. Wohl gelingt es zuweilen einem Jäger während der Jagdzeit, sei es durch zufälliges Zusammentreffen oder am Luderplatz, den König der Lüfte zu erlegen, doch hat es den Anschein, als ob dieses Weidmannsheil zu selten einem Jäger zuteil wird, um dem Auftreten der Steinadler die notwendigen Schranken zu ziehen.» Sodann erzählt von Steiger von Angriffen des Adlers auf Menschen, die er für glaubhaft ansieht. Dies in einer Zeit, in der die 4. Auflage von Brehms Tierleben den Adler in der Schweiz als selten bezeichnet und in der eine Schar von Kämpfern und seit Jahrzehnten die führenden Ornithologen der Schweiz für den Schutz des Adlers eintraten und einige Kantone – Zürich, Thurgau, Solothurn – dazu übergegangen waren, den Abschuss *aller* Adler auf ihrem Kantonsgebiet zu verbieten. Die Stellungnahme der Bergbevölkerung gegen den Steinadler war die der herkömmlichen Verteidigung des Weideviehs, namentlich der Schafe. Bär und Wolf waren als Kommensalen des Menschen im ganzen Mittelalter sprichwörtliche Feinde der Viehwirtschaft, nicht nur in den Alpen. Bartgeier und Steinadler galten dort als die Entsprechungen unter den Vögeln. In vielen Bergkantonen standen sie neben den Grossraubtieren auf der Liste der Vogelfreien, die das ganze Jahr hindurch ohne Schonzeit und mit Prämienbelohnungen getötet werden durften. Aber die Reduktion des einst recht namhaften Steinadlerbestandes kam in alter Zeit weniger von der Gebirgsjagd während der herbstlichen Saison als vielmehr im Winter, wenn die Adler und Bartgeier ihre Bergheimat verliessen und ihre Flüge bis tief in die Voralpenzone, sogar bis ins Tiefland ausdehnten. In den Alpen fanden die grossen Vögel damals wie heute hauptsächlich an Fallwild und Lawinenopfern Nahrung. Denn vom Gemswild überleben im Durchschnitt nicht die Hälfte der Kitzen den ersten Winter. Dazu kamen von jeher noch andere Winteropfer des Bergwildes. Wo in den Bergen Schafe und anderes Kleinvieh gesömmert werden, bleiben stets Leichen zurück, und daran finden Fleischfresser des Rauh- und Federwildes immer ihre erste Winternahrung, solange der Schnee nicht allzu hoch ist. Vor 1875 mag es zwar mit Fallwild in bejagten Gebieten dünn bestellt gewesen sein, doch nach der obligatorischen Errichtung der Bannbezirke bot dort das Fallwild den Adlern mehr Winternahrung und Gelegenheit zur Erbeutung schwacher oder kränkelnder Stücke. Viele Kantone meldeten schon früh «Adlerschäden» am Bannbezirkswild, so auch Graubünden 1880, weil die Zahl der «Geier» merklich gewachsen sei. Wenn aber im Winter ein Adler auf einem Wildkadaver beobachtet worden war und man annahm, er habe die Beute selbst geschlagen, lag in nahezu allen Fällen ein Irrtum vor. Der Adler hatte das Stück Wild gefunden, aber nicht geschlagen! Später im Winter trieb der Hunger die Adler und Bartgeier zu Tal und damit vor die Büchsen der Schützen, die sie dort anluderten. Natürlich waren es nicht nur die Luderplätze im Gebiet des Brienzer- und Thunersees und am Axenstein und in der Umgebung von Chur, von denen J. G. Kohl in seinen «Alpenreisen» berichtet, sondern überhaupt die Nähe grösserer Gewässer, wo Aas häufiger zu finden war als anderswo und die sie bis zur Aare und zum Hochrhein hinunterführten, wo ich selbst in strengen Wintern noch Stein- und Schelladler sah. Alle bis heute noch im Tiefland erbeuteten Adler wurden im Winter bei Nahrungsmangel erlegt, und so verhielt es sich – allerdings weit häufiger – im 17. bis 19. Jahrhundert beim Steinadler. Ob es die Mehrzahl der Adler war, die mit der Schusswaffe erbeutet und vernichtet wurde, ist schwer zu sagen. Ihrer viele starben am Horst, wo man sie in der Brutzeit am sichersten zu treffen vermochte. Am stärksten reduzierte das Ausnehmen der Horste, das heisst der Eier und Jungadler, die Bestände. Das ging so bis zum Abschussverbot am Horst, ausgenommen wurden die Horste aber immer wieder. Noch 1885 meldete der Bundesbericht, dass sogar ein Wildhüter beim Ausnehmen eines Adlerhorstes verunglückt sei. Die Adlervernichtung mag noch durch ein paar Beispiele aus den Bündner Monatsberichten und der Tagespresse illustriert werden: Anno 1896 schoss ein Jäger namens Enderlin an der Eifluh bei Guscha einen gewaltigen Steinadler im April (!), als dieser auf den Horst einfliegen wollte. Der tote Vogel blieb im Horst liegen, und Enderlin jagte hierauf 47 Schüsse in den Horst, wodurch dieser völlig zerstört wurde und der Adler in die Tiefe stürzte. Im Juli desselben Jahres entnahm der Wildhüter Conrad einem Adlerhorst bei Ferrera einen vier Wochen alten Steinadler, der schon sehr wild war und sich wehrte. 1897 fing Jäger Wenzin in Medels-Platta einen mächtigen Adler und nahm dessen zwei Junge aus dem Horst. Im Horst seien sechs Murmeltiere, ein Hase, ein Wiesel und ein Lamm gewesen. Das war im Juni. Im darauffolgenden Juli nahmen die Herren Dr. Veraguth, Dr. Bernhard und Advokat Gartmann im Camogaskertal einen jungen Adler aus dem Horst. 1898 holten Dr. Bernhard und der Jäger Feuerstein bei Samaden zwei fast flügge Adler aus dem Horst. Im September desselben Jahres schoss der Jäger Willi in Thusis in der Viamala einen jungen Steinadler, Jäger Tester erlegte beide alten Adler bei Obervaz kurz darauf. So ging es Jahr um Jahr. Der Rückgang der Adler war kein Wunder.

Wie schnell ein Tier nach seiner Ausrottung vergessen wird, zeigt die in der Mitte des 19. Jahrhunderts immer wiederkehrende Bezeichnung des Steinadlers als Lämmergeier. Ende der 1850er Jahre beauftragte der Glarner Regierungsrat auf Ansuchen des Gemeinderates von Engi einige Schützen mit dem Abschuss von «Lämmergeiern» im Freiberg Kärpf, weil diese dort angeblich namhaften Schaden verursachten. Dabei handelte es sich nur um Adler. Die Abschussaufträge wurden für 1860 und die folgenden Jahre erneuert, immer auf «Lämmergeier», obschon dieser im Glarnerland schon längst verschwunden war. «Im August 1877 wurde der Polizeikommission berichtet, es befinde sich am Berglistock ein ,Geierhorst', das Polizeiamt Matt wünschte, dass dieser ausgenommen werde. Bei der angeordneten Jagd stellte es sich heraus, dass das gesehene Nest das eines Steinadlers war; darin wurde ein junger Vogel lebendig gefangen. Man beschloss, da es ein schönes Exemplar sei, solle er, bis er gänzlich ausgewachsen sei, am Leben gelassen werden. Das Naturalienkabinett übernahm die Kosten der Verpflegung.» Er gab ein Stopfpräparat für das Kabinett, Stemmler führt ihn nicht auf, überhaupt kein Museum in Glarus. Wie im Abschnitt über den Bartgeier erwähnt, weigerte sich der Kanton Glarus, den Lämmergeier zu schonen in der Meinung, es handle sich um den Adler. 1899 wurden bei Betschwanden zwei Adler auf allseitiges Verlangen abgeschossen, was als Seltenheit extra vermerkt wurde. Also schon damals!

Uri erwähnte, dass der Adler sich nur selten im Bannbezirk zeige. Sehr lange waren die Wildhüter beauftragt, die Adler in den Bannbezirken zu erlegen. Der Kanton Bern meldete beispielsweise von 1900 bis 1919 18 Adlerabschüsse in den Bannbezirken durch beauftragte Wildhüter. Schon damals befürwortete die Tagespresse im Kanton Bern allgemein den Schutz des Steinadlers, doch meinte die Regierung: «Es hausen derer im Hochgebirge eine stattliche Anzahl, so dass es genügt, wenn der Verfolgung des Steinadlers in keiner Weise durch die Regierung Vorschub geleistet und dem oft allzusehr auf Abschuss der Raubtiere bedachten Wildhutpersonal Schonung dieses majestätischen Vogels empfohlen wird.»

Wann der Gedanke des Adlerschutzes aufkam, ist schwer zu sagen. 1885 gelangte, wie berichtet, die Eingabe der Schweizerischen Ornithologischen Gesellschaft zum Schutze der Vögel an den Bundesrat. Aber davon drang nicht viel an die Öffentlichkeit. In Jägerkreisen fand die Diskussion über den Adlerschutz durch einen Aufsatz des Schweizer Schriftstellers Jakob Christoph Heer Eingang, der ein Erlebnis im Rosegtal schilderte, wo er 1898 dem Ausnehmen eines Adlerhorstes als Zuschauer beiwohnte. Der bekannte und an der Wiedereinbürgerung des Steinbocks beteiligte Gemsjäger Dr. Bernhard, Samaden, und der Jäger Feuerstein aus Campovasto holten damals zwei schon grosse Jungadler aus dem Horst. Sie selbst betrachteten ihre

Tat als hegerisch geechtfertigt, da sie im Horst Reste halbverwester Gemsen und Murmeltiere gefunden hatten. J. C. Heer aber sah in dieser Horstplünderung nur die Naturschändung. B. Schocher schildert diese (oder eine zweite?) Adlerhorstberaubung im Rosegtal unter Anwesenheit von J. C. Heer und Giovanni Segantini etwas anders. Ausführende waren nach Schocher Bergführer, deren einer sein Vater gewesen sei. Aus dem Horst soll nur ein noch weisser Jungadler genommen worden sein. Man habe einen Knaben abgeseilt, und dieser habe mit einer Angelrute dem Jungadler eine Schnur um den Hals praktiziert, ihn damit aus dem Horst geholt und sich wieder hinaufziehen lassen. J. C. Heer und Segantini hätten den Jungadler in den Händen gehalten und beschaut und hätten damals keine Einwendungen gegen die Horstplünderung erhoben. Das sei 1892 gewesen. Zwei verschiedene Horstplünderungen oder zwei ungleiche Varianten?

Jedenfalls wurde durch die Worte Heers der Bann, der auf dem Adler lag, gebrochen. Schon im folgenden Jahr wagte der berühmte A. Girtanner einen ausführlichen Artikel über den Steinadler in der «Diana», der in einen Aufruf zu seinem Schutz ausmündete, nachdem der Lämmergeier, der Steinbock und andere Gestalten unserer Alpentierwelt ausgerottet worden seien und die Gemse nur durch starken Schutz noch erhalten werden konnte, was aber die Jäger nicht hindere, jede Adlererlegung zu feiern. Die Stimmen von Heer und Girtanner waren nicht ungehört verhallt, denn als Graubünden den Adler im Banngebiet Spadlatscha vom Wildhüter ausnehmen lassen wollte, wurde die Erlaubnis dazu vom Oberforstinspektorat abgelehnt. Vielleicht hatte die Tagespresse schon früher den Adlerschutz gelegentlich gefordert, doch sind die Artikel von Heer und Girtanner in der Jagdpresse der Beginn einer Diskussion in den Kreisen der Jäger geworden. Und diese hatten bis zu der neuesten Revision der eidgenössischen Jagdgesetzgebung fast allein das grosse Wort über das Schicksal der jagdbaren Landestierwelt der Schweiz geführt.

Im Lager der Patentjäger wurden die Schriften, die zur Schonung oder gar zum Schutz des Adlers riefen, gross übertönt von denjenigen, die diesem Vogel alle Übeltaten andichteten, sei es die Bedrohung der Gemsenbestände, sei es die Ausrottung der Murmeltiere oder die der Gebirgshühner, die man alle selber schiessen wollte. Daran, dass die Tierwelt der Berge jahrtausendelang bestand, ohne dem «unersättlichen Räuber» zum Opfer zu fallen, dachte niemand. Nur immer an die Schmälerung des Jagdertrages dachte man in Jägerkreisen, nie aber an die Überzahl der Gewehre, den schonungslosen Abschuss und die Vernichtung der besten Zuchttiere. Die Revierjägerzeitschriften unterschieden sich von den Stimmen aus dem Patentlager um kein Haar. Auch hier wechselten grobe, ja gehässige Adlerhetzen mit vereinzelten Schutzbegehren, triumphierende Erlegungsberichte mit Rufen zur Mässigung. Das Unglaubliche ist, dass die ganze Jägerpresse es nicht verschmähte, reine Adlermärchen abzudrucken, deren Unwahrheit so klar war, dass nur durch ein Wunder das Druckpapier unter so viel Lügen nicht schamrot wurde. So berichtete zum Beispiel die Schweizer Jagdzeitung, ein Adlerpaar habe im Bisistal (Kanton Schwyz) 20 Schäfchen und Gitzi gefressen und zuletzt den Hüterbuben angefallen. Dieser sei nur dadurch davongekommen, weil ihm sein Hund zu Hilfe geeilt sei. «Ohne Hund», hiess es da, «wäre der Hirt von den Bestien zerfleischt worden, die ihn in 4 bis 5 Meter Nähe umkreisten und ein schreckliches Gekrächze ausstiessen.» Der Titel dieses Elaborats lautete: «Ist Naturschutz für den Adler angebracht?» (1914). Als 1924 der Meinungskampf über den Adlerschutz in der Schweizerischen Jagdzeitung lebhaft wurde, berichtete diese Zeitung, ein Adler habe ein sieben Monate altes Kind holen wollen, während der Vater im Obstgarten Früchte pflückte. Und: ein Hirte habe sein Brüderchen im Kinderwagen unter einen Baum gestellt. Da sei ein Adler gekommen und habe das Kind holen wollen. Im letzten Augenblick habe der Hirt die Bestie verjagen können. Die «Diana» erzählte aus Lauenen, dass am Feissenberg ein Adler Tag für Tag auf zwei kleine Mädchen gelauert und ein grösseres Mädchen, das die Kinder hütete, mit einem Flügelschlag in den Abgrund zu werfen versucht habe. Das war 1910, also doch noch 14 Jahre früher als die Geschichte mit dem Kinderwagen.

Wenn schliesslich die Schauergeschichten vom Steinadler mit der Hartnäckigkeit der grossen Seeschlange immer wieder in der Tagespresse (am liebsten während der Hochjagd) erschienen, lässt sich das zur Not noch verstehen, aber in der Jagdpresse weit weniger! Dort wäre die Adlerfeindschaft nur aus der «Hege» des Nutzwildes zu verstehen. Immer wieder fand man Bestätigungen für die Jagdschädlichkeit des Adlers. 1888 sei ein Tellereisen auf einem Stück toten Gemswildes gestellt worden, und darin habe sich prompt ein Adler gefangen. «Einen besseren Beweis, dass die Adler Gemsen fressen, gibt es ja gar nicht» – fand die Jägerzeitung. 1893 fanden sich in mehreren Nummern einer grossen Jagdzeitung der Schweiz Nachrichten über kühne Ersteigungen von Adlerhorsten, die zur Vernichtung der Jungen, teilweise auch zur Erlegung der Altvögel führten. Die Ersteiger wurden als Helden gefeiert. Anno 1894 erspähte ein Aargauer Jäger einen Schreiadler, der eine Krähe geschlagen hatte und forttrug. «Leider hatte ich statt des Drillings, den ich gewöhnlich führe, nur eine Hagelspritze mitgenommen, was dem stolzen Aar ermöglichte, sich unbeschossen salvieren zu können.» 1904 erschoss sich selbst auf einem Weberschen Pfahleisen ein Adler, woraus man schloss: «Da sieht man, wer auf unser Wild lauert.» Auf *unser* Wild! Albert Hess hatte mehrfach versucht, den Jägern ihren Irrtum, das Wild sei ihr Eigentum, auszureden, aber umsonst. Ausführliche Hetzartikel folgten jedesmal auf Schutzbegehren. 1921 behauptete ein Autor in der Schweizerischen Jagdzeitung, eine Vermehrung der Adler führe zur Verödung der Wildbahn. Ein anderer berichtete, er habe einen Gemsbock geschossen, und dieser stürzte über Felsen hinab. Als der Jäger endlich gekommen sei, habe schon ein Adler auf dem Gemsbock gesessen, um davon zu fressen. «Die Tatsache steht fest und ist nicht wegzustreiten, dass eine gutbesetzte Jagd durch den Adler ruiniert wird. Daraus wird jeder, der logisch zu denken imstande ist, unbedingt den Schluss ziehen, dass ein absoluter Adlerschutz mit den Prinzipien der Wildhege nicht vereinbar ist. – Beweis dafür: Im Bannbezirk Graue Hörner mussten Adler abgeschossen werden, da es nach der Meinung der Behörden dort zuviel gab. Das war 1927. Wenn das kein Beweis war!

Trotz allem gaben die Adlerfreunde nicht nach. Im «Bund» schrieb einer: «Wenn die unverbesserlichen Schiesser einmal wissen, was man von ihnen denkt, lassen sie den Adler in Zukunft vielleicht in Ruhe.» – Vielleicht! Schliesslich griff Paul Vetterli zur Feder. Er gab als Ausweg den Rat, die erlegten Adler einfach nicht mehr zu zeigen und den Abschuss nicht mehr publik zu machen. Das werde nach seiner Meinung den Frieden bringen und die Zusammenarbeit der Naturschutzkreise mit der weidgerechten Jägerschaft nicht mehr gefährden.

Die vielen Schutzbegehren seit der Jahrhundertwende hatten in den zwanziger Jahren irgendwie doch gefruchtet. Mit den ausübenden Jägern war zu keinem Resultat zu gelangen, denn unter ihnen wogte der Meinungsstreit unverändert hin und her. In den Gebirgskantonen begannen da und dort die Adlerzählungen. Der Kanton Bern begann 1920 mit einer Horstzählung, die von den Wildhütern durchgeführt wurde. 25 Horste wurden gemeldet, von denen aber 1919 und 1920 nur je fünf besetzt waren. Aus diesen gingen acht Junge hervor, man durfte also mit 18 Steinadlern rechnen. Seit Jahren wurden für Steinadler keine Abschussprämien mehr ausbezahlt, dagegen dürfte die Frage nach dem Steinadlerschutz noch der Prüfung bedürfen – hiess es an massgebender Stelle. 1923 wurden sechs besetzte Horste gemeldet und ein Gesamtbestand von immer noch 18 Stück. 1929 sieben besetzte Horste mit zehn ausgeflogenen Jungadlern, 1933 wieder sieben besetzte Horste, gesamthaft 28 Steinadler (?). Für den Adler sei somit ein Aussterben nicht zu befürchten. Auch in Graubünden wurden 1930 von der Bündner Naturschutzkommission die Horste erstmals gezählt. Es sollen 49 besetzte Horste mit 143 Adlern festgestellt worden sein. Die Zählungen wurden von Wildhütern und Jagdaufsehern durchgeführt. Nachprüfungen durch Ornithologen führten aber zu ganz anderen Resultaten, nämlich zu weniger optimistischen Angaben. So sollen 1941 laut Angaben des Bündner Regierungsrates gemachte Erhebungen 14 besetzte Adlerhorste im Kanton ergeben haben. Die Nachprüfung 1944 ergab jedoch nur vier besetzte Horste.

Wichtig für das Schicksal der Adler war, dass sich die kantonalen Jagdverwaltungen nun ernstlich um sie bekümmerten. Der Verlust des Bartgeiers stand eben doch vor dem Gewissen der Behörden, man wollte nicht riskieren, dasselbe mit dem Adler zu erleben. Auf der andern Seite standen immer wieder die – sagen wir – ewig Gestrigen, an denen es nirgends mangelt. Die wussten immer noch von Wildschaden, Kleinviehschaden und – dem Menschenraub (!) zu klagen.

Nach der ersten Horstzählung 1930 in Graubünden meldete ein Jagdaufseher, dass die Jahrtiere der Gemsen nicht der Anzahl der Kitzen vom Vorjahr entspreche. Er schrieb das der Einwirkung des Adlers zu, der sich an den Kitzen vergreife, eine reine Tendenzmeldung, da auch ohne Adler in keinem Alpengebiet mehr als schwach die Hälfte der Kitzen das erste Lebensjahr erreichen! Die Wildhüter berichteten, in den Banngebieten sei alles in gutem Zustand, nur «dem Steinadler dürfte manches Stück Nutzwild zum Opfer gefallen sein». Einig waren sich 1931 auch die Wildhüter und Jagdaufseher, dass die Abnahme der Hasen wohl einzig den Füchsen und Adlern zuzschreiben sei. Kurz: Die dreissiger Jahre, in denen allüberall vom Adlerschutz die Rede war, brachten im Bündnerland und auch anderswo nur Meldungen von der Häufigkeit des Adlers (1936) oder wie er den Schafherden zusetze (1938). Doch 1939 kehrte sich der Wind, als der Jagdbericht meldete, der Adler komme noch «erfreulich» häufig vor. An einem Ort, wo Schafe gesömmert wurden, wurde ihm der Verlust von Lämmern zugeschrieben, doch zeigte es sich, dass es der scharfe Hund des Schäfers selber war, der die Schäfchen tötete und anschnitt. 1942 sei der Adlerhorst am Albris von Photographen so belästigt worden, dass er verlassen wurde. Überhaupt die Photographen und «Forscher»! Über die ging es auch in Jägerkreisen her; man fand, wenn der Adler geschützt werden müsse, dann in erster Linie vor diesen Leuten, nicht vor den Jägern! 1948 wurde in Graubünden für ein Jahr ein Adlerabschussverbot erlassen. Warum ausgerechnet 1948? In diesem Jahr hatten die beiden Appenzell, Fribourg und St. Gallen den Adler wenigstens für ein Jahr geschützt. Graubünden folgte darum wohl auch. Vielleicht trug auch der im gleichen Jahr erschienene Kommentar zum schweizerischen Schulwandbilderwerk bei, der einen dringenden Schlussabschnitt «Hilferuf für den Adler» von Willy Huber enthielt. Basel-Land, Schwyz, Waadt und Wallis sprachen im gleichen Jahr den dauernden Adlerschutz aus, Aargau 1938, Bern 1941, Luzern 1938, Schaffhausen 1946, Solothurn 1932, Thurgau 1930, Zürich 1929, Zug 1945. Acht Kantone hatten den Adler und meistens zugleich alle Falken oder Greifvögel unter Schutz gestellt. «Nur die Schiesser im Graubündischen liefen Sturm gegen das Adlerverbot», berichtete Oberst Tenger im Naturschutzheft. Darum wurde der Adler 1949 denn auch richtig wieder freigegeben, freilich nur für die kurze Zeit der Hochjagd. In Ilanz und Arosa wurde 1945 je ein Prachtsexemplar eines Adlers geschossen. Gegen diesen Abschuss des Königs der Lüfte, dessen majestätische Erscheinung das Auge unzähliger Naturfreunde und Bergsteiger entzückt, wandten sich mit Recht heftig gehaltene Einsen-

·dungen in Zeitungen des «Unterlandes» («Bund» 582, 583 und 588) und sprachen den dringenden Wunsch aus, dass der Steinadler von allen Alpenkantonen auf die Liste der gänzlich geschützten Tiere gesetzt werde. Nicht zuletzt solle Graubünden darin dem Kanton Bern folgen. Der Bündner kantonale Patentjägerverein befasste sich mit den Vorwürfen. Die Anwürfe gegen die Bündner Jägerschaft seien energisch zurückzuweisen. Ein gänzlicher Adlerschutz sei nicht angebracht und auch nicht notwendig. Das Abschussverbot am Horst bestehe schon. Dasselbe sollte dahin erweitert werden, dass auch jede weitere Störung am Horst und das Photographieren verboten werden sollte (Bündner Monatsblatt 1945). So erscholl es aus Graubünden. Kein Wunder, dass die Regierung vor den Jägern kuschte. Es sollen hier nicht alle Berichte aus den Kantonen wiedergegeben werden. Es blieb dabei: Das Jahr 1930 war gewissermassen ein Stichjahr für die Adlerfreunde geworden. Sogar im konservativen Urnerland hatte man das Schreiben des Landeskomitees für Vogelschutz ernst genommen, das sich damals an die Kantone gewendet hatte. «Das Landeskomitee für Vogelschutz hat sich unter anderem für den Schutz des Adlers eingesetzt», schrieb die Jagdverwaltung in Uri 1930, «doch zeigte sich dagegen bei der Alpbevölkerung und bei den Jägern eine grosse Opposition, obschon direkte Beweise für die Schädlichkeit des Adlers noch nie beigebracht wurden. Auch wird die Zahl der vorhandenen Adler allgemein überschätzt und übersehen, dass der Adler ein ausgesprochener Reisevogel ist und innert weniger Stunden grosse Alpengebiete überfliegt. Die bei uns gesichteten Adler dürften allgemein aus dem Gebiet der Engelhörner im Berner Oberland und aus Graubünden stammen.» Aber auch Uri machte vom Gang der Dinge in andern Kantonen keine Ausnahme: In den dreissiger Jahren kamen auch dort sofort Meldungen von Adlerschäden, obschon im Kanton kein Adler hauste. Die Schäden wurden überprüft und nur zwei einigermassen begründet befunden. 1938 übernahm der Naturschutzbund die Vergütung nachgewiesener Schäden, weil die Kantone sich nicht darauf einlassen wollten. In Uri selbst hatten sich schon 1926 Schafbesitzer um Schadenersatz an die Behörde gewandt, waren aber abgewiesen worden. 1940 brütete ein Adler im Banngebiet Isental-Grosstal; der Horst blieb auch 1941 und 1942 bewohnt.

Diese Beispiele mögen genügen. Natürlich bemühte sich der Naturschutz um die Feststellung der Adlerschäden, noch mehr um die Untersuchung von angeblichen Adlerangriffen auf Menschen.

Eine wertvolle Arbeit sei hier festgehalten, die Herr Oberlehrer Albert Stingelin 1935 geleistet hat, der sieben Wochen von Juli bis Anfang September im Auftrag des Schweizerischen Bundes für Naturschutz am Schafschimberg bei Entlebuch die Schafalp der Gebrüder Siegrist von Meisterschwanden beobachtete. Sein Auftrag war die Beantwortung der Frage «Raubt der Adler gesunde lebende Lämmer?». Daneben sollten nach Möglichkeit die Ursachen anderer Verluste im Betrieb einer Schafalp aufgeklärt werden. Er berichtet: «Die völlig schlüssige Beantwortung der Hauptfrage ist mir nicht gelungen. Hingegen dürfte die Frage doch mit ja beantwortet werden.» Am 26. August konnte der Beobachter A. Stingelin zusehen, wie ein Adler ein neugeborenes Lämmchen unter einer Tanne holte und es wegtrug. Doch war er nicht sicher, ob es noch lebte und gesund war. Ein Schaf, das etwa 50 Meter unterhalb geweidet hatte, lief dem Adler nach. Gute Muttertiere bringen ihre Lämmer oft unter den Schutz von Tannen. Weiter: Am 1. September hatten zwei Adler oft nahe über zwei frischgeworfenen Einzellämmchen gekreist. Danach sass einer über drei Stunden lang in der Nähe einer englischen Aue, die aber keinen Schritt von der Seite ihres Lämmchens wich. Die andere hingegen, eine Walliser Aue, weidete sich manchmal bis zu 50 Meter von ihrem Lämmchen weg, kehrte aber immer wieder zu ihm zurück und säugte es. So sah die Lage noch um 15.30 Uhr aus. Dann verhüllte der Nebel alles. Als er sich endlich um 16 Uhr hob, waren sowohl der Adler als das Walliser Lämmchen verschwunden. Die Aue suchte noch am folgenden Morgen ganz allein an derselben Stelle nach ihrem Lamm. Es scheint also, dass es vom Adler geraubt worden war.

Generell sagt A. Stingelin: Vom Mutterschaf geführte und dicht aufgeschlossene Lämmer raubt der Adler nicht. Dagegen scheinen Neugeborene fern von ihrer Mutter gefährdet zu sein. Wohl darum warten Adler oft stundenlang in der Nähe der Lämmer. Ein Lamm von 3 bis 4 kg Gewicht kann der Adler nur abwärts fliegend einige hundert Meter weit tragen. Wie viele Lämmer dem Adler zum Opfer fallen, ist schwer zu sagen. Ich fand am 9. Juli ein noch lebendes, mutterloses Lamm, das, nach Meinung des Schäfers, eineinhalb Tage zuvor der Adler geholt haben sollte. Die Schäfer und ich selbst fanden verschiedene tote Lämmer. Häufig geht bei Zwillingsgeburten eines der Lämmer ein oder wird im Stich gelassen. Trotz Nachsuchens werden nie alle toten Tiere gefunden. Herr Stingelin fand mehrere, von denen die Gebrüder Siegrist nichts wussten. Einmal fand A. Stingelin einen frischen Kadaver mit aufgerissener Bauchhöhle ohne Gedärme, daneben eine Adlerfeder. Die Todesursache von fünf gefundenen Schafen war bei dreien sicher Darmkrankheit, andere starben durch Steinschlag. Daneben gab es Frühgeburten, die sofort starben, auch Zwillinge, deren eines verlassen wurde und zugrunde ging. Vom Adler geholt und getötet waren mit einiger Sicherheit nur drei oder vier. Gesamtbestossung der Schimbergalp: 530 Tiere. Verluste durch Schäferhunde oder Füchse konnten nach den Erfahrungen von Herrn Stingelin nicht ausgeschlossen werden. Wichtig ist speziell für den Schafschimberg auch, dass die Alp recht steil ist. Das hat zur Folge, dass Lämmer oft beim Setzen einige Meter bergabrollen, wie das Herr Stingelin selbst mitansah. Dadurch konnte es vorkommen, dass Erstgebärende ihr Lamm nicht sehen und weitergehen. Der grössere, obere Teil des Schimbergs ist unbewaldet, frei und leicht einzusehen. Die Adler haben freien Zu- und Abflug. Wichtig wäre, dass bei der Zucht darauf gesehen wird, dass die Auen noch im Tal lammen, bevor sie zur Sömmerung aufsteigen. Die Schäfer Siegrist, deren Haupterwerb im Verkauf geschlachteter Milchlämmer besteht, führen leichtere, zweimal im Jahr setzende Rassen. Besuche auf Schafalpen der Umgebung ergaben, dass dort nie über Adlerschaden geklagt wurde. Viele der vom Adler angefressenen Lämmer waren schon tot, bevor sich der Adler an ihnen zu schaffen machte. Die vielen toten Lämmer und Schafe, die auf dieser Alp lagen, zogen offenbar die Adler von der Schrattenfluh her an. Mehrfach waren tote Lämmer auch von Kolkraben angefressen worden. Vom Adlerabschiessen sprach ein bekannter Wilderer, der durch die Adler 4 Lämmer verloren haben will. Auf Schafalpen, wo im Sommer keine Lämmer geboren werden, zeigen sich die Adler überhaupt nicht. Die Beobachtungen von Herrn Stingelin zeigten, dass die Verhältnisse auf einer Schafalp recht kompliziert sind. Vom Schafschimberg waren immer wieder Klagen über Adlerschäden an Behörden und den Naturschutzbund gelangt, darum die Entsendung eines Beobachters.

Noch eine Arbeit sei hier festgehalten, die grössere Beachtung verdient, als ihr zuteil wurde: Bezirkstierarzt Kobler in St. Gallen verfasste 1945 eine Schrift «Adler und Adlermärchen», worin er seine Erfahrungen über Adlerschäden festhielt. Er gab darin Berichte der staatlichen Wildhut, Berichte von Schafzüchtern und Alppächtern, von Genossenschaften und seine Erhebungen über vermutete und wirkliche Adlerschäden. Er liess sich erzählen, wie oft Kolkraben als Adler angesprochen wurden und wie oft Schafe, Lämmer und Ziegen, die verfielen oder sonst starben, vom Adler angenommen wurden und wie dann ein Hirte, der den Vogel auf einem solchen Kadaver sah, kurzerhand behauptete, der Adler habe das Tier getötet. Schafzüchter, die ihre Tiere zur Sömmerung auf die Alp gaben, erzählten besonders seltsame Geschichten. So ein Eisenbahner aus St. Gallen, der emsiger Schafzüchter war. Der schickte seine Tiere auf die Alp, erhielt aber schon im Juli die Nachricht, ein riesiger Adler habe sein bestes Mutterschaf geraubt. Gegen höhere Gewalt ist nichts zu machen, dachte er und schwieg. Als unser Eisenbahner aber im November ein grosses Mutterschaf aus dem Bündnerland im Bahnhof St. Gallen umladen musste, erkannte er es als das seinige, das der Adler geholt haben sollte. Die Markierung im rechten Ohr bewies vollends, dass das Schaf sein Eigentum war! – Ein anderer Züchter erhielt ebenfalls die Nachricht, seine schöne Aue sei vom Adler mit einem Flügelschlag in die Tiefe gestürzt und unten gefressen worden. Der Hirt habe den Vorgang selbst gesehen. Im Herbst wanderte der Züchter durch das Bergtal unterhalb der Schafalp. Er begegnete eine Schafherde, gefolgt von Hirt und Hund. Da packte der Züchter ein grosses Mutterschaf, hielt es fest und fragte den Hirten, woher er dieses Tier habe. «Selber von jung aufgezogen», lautete die Antwort. «Hast du den grünen Strich auch gesehen, den die Aue am Bauch trägt? Das ist mein geheimes Alpzeichen, und du hast das Schaf gestohlen.» Womit der Prozess ohne Richter und Advokaten erledigt war.

Als einst der Vorstand der St. Galler Schafzuchtgenossenschaft im Juli einen Alpbesuch machte, war der Hirt der Herde von rund 800 Schafen unauffindbar. Beim Abstieg ins Tal fanden die Vorstandsmitglieder den Schafhirten als Heuer beschäftigt. Dort hatte er schon eine Woche gearbeitet und seine 800 Tiere sich selbst überlassen. Was im Herbst fehlte, hatte eben dann der Adler geraubt. Alpmeister Jakob Roduner von Speicher berichtet Dr. Kobler: «An erwachsenen Schafen sind Adlerschäden unmöglich. Möglich sind sie nur – an toten Schafen. Versieht man die Lämmer gleich nach ihrer Geburt mit einem roten oder blauen Tupfen, geht kein Adler an sie, selbst wenn sie verendet umherliegen. In 70 bis 80 Fällen nimmt ein Mutterschaf, das Zwillinge geworfen hat, nur das eine der Lämmer an. Das andere geht verloren. Viele Schafe sterben an Darmstörungen oder an Erkältungsentzündungen, viele durch Steinschlag. All das wird dem Adler angekreidet. Die da und dort behaupteten Fälle, dass Adler ausgewachsene Schafe oder gar Menschen angegriffen haben, entsprechen nie der Wahrheit.»

Der Hirte der Schafzuchtgenossenschaft von Samaden, Tomaso Costa aus Celerina, meldete: «Wer Hasen, Gemskitzen und Lämmer raubt, das sind die Bergfüchse. In den ersten Nächten auf der Alp stahlen sie uns verschiedene Lämmer von der Herde weg. Sobald wir einen guten Wachhund hatten, blieben die Füchse weg.»

Daneben berichtete Dr. Kobler in seiner Arbeit von Adlerschäden, die von glaubwürdigen Zeugen erzählt wurden. Daneben wurden ihm aber auch Geschichten und Berichte zum Besten gegeben, die absolut sicher auf freier Erfindung beruhten. Dr. Kobler sagte offen: «Der Adler ist nun einmal keine Friedenstaube, die mit dem Ölzweig im Schnabel über dem ewigen Schnee und Eis kreist. Er kann ohne namhafte Schädigung der Alpwirtschaft für alle Zeiten erhalten werden, muss aber im Bundesgesetz über Jagd und Vogelschutz unter die geschützten Vögel aufgenommen werden.» Klar, dass Dr. Bernhard Kobler damit zum einzig richtigen Schluss kam. Er hat dessen Verwirklichung noch erleben dürfen.

Zwei Tage vor Weihnachten, am 23. Dezember 1953, kam von Bern die Meldung: «Der Bundesrat hat das Jagdgesetz Artikel 2 abgeändert im Sinne einer Erweiterung des Tierschutzes. Im Verzeichnis der jagdbaren Tiere wurde nämlich der Fischotter, das Rothuhn, der Steinadler, der Lerchen- und der Wanderfalke gestrichen; sie sind nunmehr alle geschützt. Mit dem Schutze des Fischotters und des Steinadlers gehen alle Wünsche der Schweizerischen Naturschutzfreunde in Erfüllung.» Wer nun der Meinung wäre, die Verluste an Adlern seien nunmehr ausgeschlossen, müsste leider enttäuscht werden. Die Dunkelziffer der gefangenen Adler bei der Bündner Fallenjagd, die bis 1963 weiterging, ist kaum je zu ergründen. Ebenso diejenige durch Stromleitungen und andere Bauten unserer technischen Landschaft. Noch 1948 fing sich ein Adler aus dem Nationalpark im Tellereisen eines Jägers. Der Adler hatte eben den Köderbrocken im Tellereisen gesehen und hatte seinen wütenden Hunger damit stillen wollen. Einen anderen Adler schoss ein Bergführer im Berner Oberland in «Notwehr», weil er angeblich angegriffen worden war. Und das Gericht glaubte das! Dann kam der Adlermord an der Schrattenfluh durch einen Revierjäger, im Wallis verunglückte ein Adler in einer Hochspannungsleitung. Daneben wurden im Misox zwei Jungadler aus dem Horst gestohlen und an Zoos verkauft, der eine ging aber sofort zugrunde. Im Sommer 1943 wurde im Simmental bei militärischen Schiessübungen ein Horst ruiniert. 1948 wurde wieder in diesen Horst geschossen. Der Horst wurde verlassen, ob ein Adler getroffen wurde, blieb unbekannt (W. Huber 1948). Schon Carl Stemmler, Schaffhausen, hatte in seinem Adlerbuch erwähnt, dass sich die Futterquellen für den grossen Greifvogel in den Bergen sehr vermindert hätten und dass die Verteilung der Horste auffällig mit derjenigen der Bannbezirke harmonierten, wo sich die Verhältnisse gegenüber der älteren Zeit nur schwach verändert hatten. Wenn auch der Adler wie so viele Raubtiere der alten und der Jetztzeit zu Kommensalen des Menschen geworden ist, so steht und fällt seine Erhaltung mit den Nahrungsverhältnissen, die in seinem Verbreitungsgebiet erhalten bleiben. Das heisst also im Sommer die Niederwildbestände und im Winter das Fallwild.

Die Geschichte des Schutzes des Steinadlers gleicht einer Revolution der Ornithologen, Tier- und Naturschützer gegen die Diktatur der Jäger, die so lange Jahrhunderte in den schweizerischen Bergkantonen die ganze Macht beansprucht und auch besessen hatten, weil sie erstens als die «Sachverständigen» gehalten, zweitens organisiert waren, drittens für ihr Jagdrecht zahlten. Es erübrigt sich, die letzten, ausschlaggebenden Vorstösse zu wiederholen, die endlich zum Adlerschutz führten.

Wie kam es überhaupt zum Adlerschutz durch Bundesratsbeschluss auf Weihnachten 1953? Diese Frage stellten wir damals dem Jagdinspektorat und erhielten von Dr. Zimmerli brieflich die Antwort, woraus folgende Stelle wiedergegeben sei: «Der Beschluss ist nicht durch eine neuerliche Eingabe der Vogelwarte Sempach oder durch eine solche des Landeskomitees für Vogelschutz veranlasst worden. Der Leiter der Vogelwarte, der Mitglied des Landeskomitees und auch der konsultativen eidgenössischen Jagdkommission ist, hat bei den Beratungen massgebend mitgewirkt... Der Bundesbeschluss steht im Zusammenhang mit dem Postulat Müller, Aarberg. Der Chef des Eidgenössischen Departements des Innern hat in der Folge des Postulats die konsultative Jagdkommission mit der Prüfung einzelner Anregungen des Postulats beauftragt. In Berücksichtigung der Stellungnahme der Kommission und unserer Amtsstelle ist dann der Bundesratsbeschluss gefasst worden.»

Eine echt amtlich abgewogene Antwort auf eine unangenehme Anfrage des damaligen Naturschutzredaktors, wie sie der Jagdinspektor liebte. Immerhin geht daraus hervor, dass Dr. Schifferli an der Unterschutzstellung des Adlers ein ausschlaggebendes Verdienst zukommt. Es wird ihm gewiss nie vergessen werden, besonders nicht von den Hunderten, die sich für die Erhaltung des Adlers eingesetzt haben und bis zuletzt mit der Sammlung und Widerlegung der sinnlosen Adlergeschichten nicht ermüdeten, um die Öffentlichkeit wachzurütteln.

Wir tun Carl Stemmler Vater wohl nicht Unrecht, wenn wir berichten, dass seine Horstbesteigungen nicht restlos Billigung, sondern begründete Widerstände sowohl von seiten der Jäger als der Behörden und selbst der amtlichen Wildhüter in den Banngebieten gefunden haben. Neues über die Nahrungsliste des Steinadlers hat Stemmler nicht zu erbringen vermocht. Aber auch der Adler selbst hat sich durch – sagen wir – manchen dummen Streich selbst geschadet. Es sei an eine Aussetzung von Steinwild im Wallis erinnert. Als die jungen Steinböckchen hoch über der Waldgrenze aus den Tragkörben entlassen wurden, stieg eines der Tierchen über eine Steinrüfe empor, während die Träger und die Beobachterkolonne beim Imbiss sassen und dem etwa einjährigen Steinkitzchen nachblickten. Da schwebte plötzlich ein grosser Adler über den Grat, sah das Kitz und stiess vor aller Augen auf das kostbare Tierchen und trug es hangabwärts fort. Natürlich jagten ihm die Männer mit lauten Schreien und Steinwürfen die Beute ab. Er liess das Steinkitz fallen – aber das arme Tierchen war nicht mehr zu retten. Andere Beobachtungen von Kitzenraub durch Jäger im Winter, während der Niederjagd, wurden häufig berichtet. Sie waren wohl nicht immer zuverlässig, auch wurde dagegen geltend gemacht, dass es sich bestimmt um geschwächte Kitzchen gehandelt habe. Aber auch diese Entschuldigung konnte nicht bewiesen werden. Es bleibt also dabei, wie Dr. Kobler sagte: Der Adler ist nun einmal keine Friedenstaube, die mit dem Ölzweig im Schnabel über ewigem Eis und Schnee kreist. Aber er ist ein Wahrzeichen der Bergwelt der Schweiz und soll es bleiben. Das ist der feste Wille des Volkes und der Mehrheit der Behörden geworden.

Die Steinadler-Bestandesaufnahme in der Schweiz vom Jahre 1965: In der Brutperiode 1965 sind in der Schweiz 49 besetzte Horste des Steinadlers gefunden worden, während es im Vorjahr nur 47 waren. Eine etwas andere Verteilung auf die einzelnen Alpenkantone lässt zusammen mit den Angaben über mögliche Brutvögel eine wahrscheinlich noch exaktere Schätzung der nicht gefundenen Brutpaare zu und zeigt, dass der Brutbestand der Schweiz etwa 68 Paare zählen dürfte. Die Zahl der nicht brütenden Jungadler bleibt weiterhin unbekannt, dürfte aber 60 Individuen kaum überschreiten. Aus den unter Kontrolle stehenden Horsten sind insgesamt 40 Jungadler ausgeflogen. – Vogelwarte Sempach / S. R. (Vogelkosmos 1967).

Habicht, Sperber, Bussard

Nachdem im Anfang dieses Kapitels über die Schicksale der Raubvögel allgemein berichtet wurde, seien hier noch einige Einzelheiten über drei Vogelgestalten unserer Feldflur nachgetragen. Im ganzen Mittelalter gehörten diese drei bekanntesten und damals verbreitetsten Raubvögel wie alle anderen zur hohen Jagd, die sich die Grundherren selber vorbehielten. Denn diese Raubvögel gehörten zu den Beizvögeln, die zu der beim Adel beliebten Beizjagd verwendet wurden. Darum war der Bedarf nach Jungvögeln laufend vorhanden. Denn die zur Beizjagd verwendeten Raubvögel mussten in jugendlichem Alter abgetragen werden, da adulte Vögel weit weniger zuverlässig waren und in der Paarungszeit oft auf Nimmerwiedersehen verflogen. Es ging also oft, wie der Kürenberger gedichtet hatte:

>Ich zoch mir einen valken mere danne ein jar
>do ich in gezamete als ich in wollte han
>unde ich sin gevidere mit golde wol bewant
>er hob sich auf vil hohe unde flog in anderiu lant.
>Sit sach ich den valken schone fligen
>er furte an sinem fusse sidine riemen
>unde was im sin gevidere al rot guldin
>got sende si zesamene die geliebe wellen gerne sin.

Welcher Art des Kürenbergers Beizvogel war, sagte er nicht. Falken waren schliesslich alle, nicht nur die Wanderfalken. Sein Erlebnis mit dem Falken schilderte der Dichter so, wie es wohl tausendfach vorkam. Der Beizvogel wurde vor der Geschlechtsreife abgetragen (abgerichtet), zuletzt wohl mit leichten Goldfäden und seidener Fussfessel verziert und dann bei der Jagd aufgeworfen. Mittlerweile war aber der Vogel geschlechtsreif geworden und folgte dem Trieb, nun umherzustreichen und ein Weibchen zu suchen. Der Dichter verwünschte den ungetreuen Beizvogel aber nicht, sondern gönnte ihm das Glück, eine Braut zu finden.

In der Schweiz gab es wohl zuwenig Edelfalken, um den Bedarf der hohen Herrschaften zu decken. Der Habicht liess und lässt sich noch heute besonders leicht abtragen, ist auch seit dem Spätmittelalter dafür bekannt. Daher war er überall geschont, auch wenn er sich oft genug an den jungen Hühnern der Bauernhöfe und noch mehr an den zahmen Tauben vergriffen haben mochte, welche die wohlhabenderen Bauern schon damals oft als Liebhabervögel zu halten pflegten.

Es war später die bürgerliche Jagd, die reine Schiess- und Fallenjagd, deren Hauptwild der Feldhase war, die dem Habicht Feindschaft geschworen und für die kostspieligen Beizvögel keine Verwendung mehr hatte. Der durch die immer intensiver werdende Landwirtschaft verursachte Rückgang der Rebhühner wurde in seinen wahren Ursachen nicht erkannt, sondern der Einwirkung der Raubvögel zugeschrieben. Schon im 18. Jahrhundert wurden die Teilnehmer an der Flugwildjagd zu Raubvögelabschüssen verpflichtet, besonders von Habicht und Sperber, also jenen beiden Arten, die bis heute als Niederjagdschädlinge gelten, obschon sie im neuen Bundesgesetz über Jagd und Vogelschutz nicht mehr unter den jagdbaren Vögeln figurieren.

Vom Habicht ist bekannt, dass seine Abnahme in Deutschland allein der aktiven Verfolgung durch die Jägerei, nicht aber seiner mangelnden Anpassungsfähigkeit zuzuschreiben ist; das gilt auch uneingeschränkt für die Schweiz. Zürich gab für Raubvögel, speziell für den Abschuss der Habichte, bis 1888 alljährlich Extrapatente aus, und von 1889 an viele Jahre lang Patente für das schädliche Federwild ganz allgemein. Als W. Knopfli als Beauftragter für Naturschutz im Kanton Zürich 1931, also zwei Jahre nach Einführung der Revierjagd, für den Raubvogelschutz im ganzen Kanton eintrat, wurde er an die Gemeindepräsidenten verwiesen und unterzog sich denn auch der grossen Aufgabe, die Gemeinden, in deren Händen die Jagdpachten lagen, für den Raubvogelschutz zu gewinnen. Über seine Erfolge wurde leider nichts bekannt.

Auch im Kanton Bern wurden von Zeit zu Zeit grössere Raubvogelaktionen durchgeführt, so 1880 und in den folgenden Jahren, die zu Raubvogelabschüssen in namhaftem Ausmass führten.

Die Wichtigkeit, die mit dem Wachstum der bürgerlichen Jagd der Vernichtung des Raubwildes zugeschrieben wurde, zeigt sich in den Abschussstatistiken, deren früheste in den achtziger Jahren des letzten Jahrhunderts beginnen. Luzern führte zum Beispiel seine Jagdstatistik für Raubwild seit 1883, für das Nutzwild aber erst seit 1926. Die Habichtsabschüsse wurden 1883 mit 26 angegeben, stiegen 1886 auf 56, 1889 auf 100, 1896 und 1897 auf 149 und 167 usw., so dass es biologisch völlig unverständlich ist, wie Jahr um Jahr Habichtsabschüsse ausgewiesen wurden, die ungefähr den ganzen Bestand des Kantons darstellen mussten. Es ist also mehr als wahrscheinlich, dass unter den geschossenen Habichten eine grosse Anzahl Bussarde oder durchziehende Milane waren, vielleicht auch andere Raubvögel, die auf ihrem Zug das Gebiet um den Wauwiler-, den Mauen- und den Sempachersee berührten und dort niedergingen. Dasselbe gilt für viele Habichterlegungszahlen im Kanton Schaffhausen, dessen Bestand 20 Brutpaare kaum überschritten haben konnte.

Wenn die Schaffhauser Jäger für das Jahr 1894 14 Stück auswiesen, für das Jahr 1901 gar 26, so können das nicht nur Habichte gewesen sein. Das gleiche gilt für den Aargau, wo die Habichtsabschüsse 1888, 1948, 1893 105 und 1915 noch immer 50 Stück betragen haben sollen. Erst 1929 wandte sich ein Einsender in der Schweizerischen Jagdzeitung gegen die blindwütigen Habichtsabschüsse und schreibt, wenn er gelegentlich ein Huhn oder eine Taube schlage, sei das noch lange kein Grund zu seiner Ausrottung. Solche Stimmen sind in den Jagdzeitungen bahnbrechend. Noch zwei Jahre zuvor lautete ein Artikel in derselben Zeitung: «Die Kulturwahrheit, dass sich der Mensch denjenigen Tieren ... richtend gegenüberstellen darf, die seinen Bestrebungen hinderlich im Wege stehen, braucht wohl nicht erörtert zu werden.» Und bezüglich Habichtsabschuss: «Der Jäger ist dazu berechtigt, ja verpflichtet, den Kampf gegen diesen Schädling aufzunehmen.» Und punkto Sperber: «Eine Schonung ist diesem gegenüber nicht am Platze.» Nur Turmfalk und Bussard, dem oft die Schandtaten des Hühnerhabichts angerechnet würden, seien zu schützen.

Als 1919 die Prämien für die Brieftaubenfeinde, so auch für den Sperber, gestrichen wurden, behauptete ein Autor in der Jagdzeitung, er sehe täglich zwei, drei und mehr Sperber, die den Singvögeln und den Hühnern nachstellten. Wo er wohne, sagte der Artikelverfasser allerdings nicht, denn so dicht hausen die Sperber nirgends! In Appenzell A.Rh. nahm man es 1917 mit der Vernichtung der Taubenfeinde so ernst, dass man mit dem Abschuss und Fang von Krähen, Habichten, Sperbern und Falken Jäger und Nichtjäger beauftragte. Was das für die Greifvögel bedeutete, lässt sich ohne viel Phantasie erraten.

Im Kanton Zürich erging es in jenen Jahren dem Sperber genau gleich übel wie seinem grösseren Vetter. Nur das Ausnehmen seiner Nester war nicht erlaubt, dafür alles andere. In vielen Kantonen wurde die Erlegung der Sperber lange mit Schussgeldern belohnt. Appenzell A.Rh. zahlte zum Beispiel bis 1914 5 Franken, später 3 Franken, 1928 wieder 5 Franken. Nur der Aargau hatte 1920 alle Raubvogelprämien abgeschafft.

Wenn Schritt um Schritt gegen die Vernichtung einer namhaften Gruppe von Wildtieren wie die Raubvögel gekämpft wurde und schliesslich – für viele Arten zu spät – ihr Schutz durchgesetzt werden konnte, so bildete eine Greifvogelgestalt gleichsam den Beginn dieses Rettungswerks: der *Bussard* im Bundesgesetz von 1875. Ihm wurde im ersten Bundesgesetz Schutz gewährt, im zweiten Bundesgesetz 1904 der Schutz wieder entzogen und endlich im dritten Bundesgesetz 1925 der Schutz wieder zugesprochen. Wie lässt sich dieses Schwanken des Gesetzes erklären? Darüber gibt die Jagdpresse Auskunft. Es war die geradezu systematische Hetze der Jäger gegen den Bussard, die den Gesetzgeber schliesslich zum Nachgeben veranlasste. 1890 forderte ein Verfasser, man solle den Bussard am Horst samt den Jungen töten. In der gleichen Nummer antwortete der Redaktor, er wolle dem Bussard gewiss nicht das Wort reden, wolle jedoch daran erinnern, dass er vom Bundesgesetz immer noch geschützt sei. Als die Bundesgesetzesrevision 1891 aktuell wurde, häuften sich in der Jagdpresse die Stimmen gegen den Bussard. Die «Diana» brachte einen langen Artikel über die jagdschädlichen Tiere, worin der bekannte E. Fischer, Zofingen, ein wütender Schiesser, gegen den Bussard loszog, der mit Recht im neuen Bundesgesetzesentwurf aus der Liste der geschützten Vögel gestrichen worden sei. Ein anderer Autor erzählte unter dem Titel «Der heilige Bussard» (nach Diezel), wie im Magen eines erlegten Bussards Teile eines Junghasen gefunden worden seien. Und als die Bundesgesetzesrevision wegen der Revierjagdfrage 1892 zu Fall gekommen war, fühlten sich die «grossen Heger» keineswegs entmutigt, sondern fuhren unentwegt weiter. Einer berichtete, man habe irgendwo in Bayern einen Bussard auf einer toten

Auerhenne sitzen und fressen sehen. «Vom unschuldigen Bussard», betitelte er seinen Beitrag. Ein anderer verzapfte unter dem Titel «Der harmlose Mäusebussard», wie er zwei Rebhühner geschossen habe und sie holen wollte. Da sei ein Bussard auf eines der Rebhühner herabgestossen und habe es rauben wollen! Ein anderer will einen Bussard dreimal auf einen Hasen stossen gesehen haben. Dann gingen einzelne daran, die Horste zu untersuchen und wollten Beutestücke gefunden haben, welche die Jagdschädlichkeit des Bussards bewiesen. Kurz, man rief so lange «Tod dem Wilddieb und Verbrecher», bis der Bussard im Bundesgesetz von 1904 wiederum den Flinten der Schiesser preisgegeben wurde. Als aber ein Einsender im Jahrgang 1911 der «Diana» eine wütende Schimpferei gegen einen Bussard, der angeblich Hühner und Hasen attackierte, anhub, ging der Basler Kantonstierarzt Dr. Siegmund der Sache nach und stellte fest, dass es ein Habicht im Jugendkleid war und gar kein Bussard. Das mindeste, was man von den schriftstellernden Jägern verlangen dürfte, sollte doch die Kenntnis der Jagdtiere sein, meinte ein anderer.

Wiederum war es Hermann Fischer-Sigwart, Zofingen, der dem Bussard in der Schweiz eine umfassende Arbeit widmete. Sie erschien 1907 in der «Tierwelt», dann separat als Broschüre. Fischer-Sigwart hatte lange vor Uttendörfer gründliche Untersuchungen über die Nahrung der Bussarde angestellt, die dazu führten, dass der Aargau 1908 den Bussard unter Schutz stellte. Andere Kantone folgten dem Beispiel, 1925 endlich auch die Eidgenossenschaft. Das war der erste Erfolg sauberer, feldornithologischer Arbeit gegen hass- und neiderfüllte Jägerhistörchen. Fischer-Sigwart beschönigte seinen Bussard nicht und gab zu, dass er auch einmal einen jungen Hasen schlagen könne wie jedes Tier, das Mäuse vertilgt, zum Beispiel auch jede Bauernkatze, die im Feld maust. Er bestritt auch nicht einzelne Geschichten, wonach der Bussard einen Hasen angegriffen hätte, bestritt aber, dass Bussarde im Winter Enten verzehrt hätten, die sie selbst erlegt hatten. Kurz, er ging einer grossen Zahl von Beobachtungen nach und kam zu einer sachlich ruhigen Beurteilung dieses Raubvogels. Der Schreibende selbst darf aus eigener Beobachtung des Bussards bestätigen, dass dieser Vogel ein Mäusefänger ist, kein Nutzwildschädling. Der Schreibende hat viele Tage lang bei Sonnenschein und strömendem Regen an Bussardhorsten angesessen und die Beutetiere genau kontrolliert, welche zugetragen wurden. Es waren lauter Nager, Insektivoren, Reptilien und einige Lurche. An einem langen Regensonntag erhielten die Jungbussarde im Horst von morgens 7 Uhr bis nachmittags 3 Uhr als einzige Nahrung eine zerquetschte Kröte, welche die Bussardin auf der Landstrasse gefunden hatte. Der Bussard ist in unserer niederwildarmen Wirtschaftslandschaft auch in der Vegetationsperiode häufig auf das Aas angewiesen, das er ohne Zögern annimmt: angetriebene tote Fische am Flussufer, verendete Enten im Frühling, verendete und ins Wasser geworfene Stallhasen, junge Katzen vom Misthaufen und viel dergleichen. Der Gesetzgeber war gut beraten, wenn er dem Bussard 1925 wiederum den Bundesschutz gewährte. Und es sei der Jagdzeitung zur Ehre angerechnet, was sie 1931 über den Bussard veröffentlichte. Da versuchte ein passionierter Entenjäger loszulegen, er habe eine Ente angeschossen, die floh und auf einer Wiese niederging. Er habe sie gesucht und gesehen, wie zuerst eine Krähe, dann ein Bussard auf der noch lebenden Ente sassen, wie dann ein zweiter Bussard gekommen sei, den Raben vertrieben habe und sich zu seinem Kumpanen gesetzt habe. «Ich überlasse es dem Leser, darüber zu urteilen, ob diese Vogelart die weitgehende Schonung, die sie geniesst, verdient.» Die Jagdzeitung druckte dazu die Antworten der Leser ab. Es waren nicht weniger als sechs Gegenartikel, die alle den Bussard in Schutz nahmen und sich entsetzten, dass es einen Jäger gäbe, der diesem Vogel den Schutz entziehen wollte.

Man kann sich grundsätzlich fragen, ob es dem Jäger erlaubt sein solle, in seinem Revier oder Jagdgebiet das sogenannte Raubwild nach Gutdünken zu bekämpfen. Die staatlichen Jagdverwaltungen bejahen diese Frage seit dem Aufkommen der bürgerlichen Jagd, als das allgemeine Denken im Banne der Aufklärung den Wohn- und Wirtschaftsraum der Schweiz restlos im Sinne des menschlichen Behagens zu gestalten unternahm. Solche Gedanken leiten – wenn auch nicht allgemein – noch heute die Gemüter, sowohl in den Amtsstuben als auch in den Familien. Das alles kann aber dann nicht Gültigkeit haben, wenn es sich darum handelt, die Landesnatur zu erhalten, nicht allein aus ästhetischen Gründen, sondern einfach aus Respekt vor ihr, um sie nicht dazu zu degradieren, dem banalen Lustprinzip einer betont ichbezogenen jagenden Minderheit zu dienen.

Kein Wort gegen den Landwirt, der seine Nutztiere gegen Angriffe von Raubtieren oder Nagern schützen muss. Der Bauer kann das Treiben der Ratten in seinen Ställen, das Rauben der Marder im Hühnerhaus oder der Habichte im Auslauf der Hennen nicht hinnehmen. *Doch die freie Natur der Berge, der Wälder, der nie gemähten Grasplanken, der Weiden oder Felder ist kein Stall, das Nutzwild ist kein Weidevieh des Jägers, die fleischbenötigenden Tiere sind keine Schädlinge an «seinem» Wild!* Hat der Jäger das Recht auf Vernichtung oder «Kurzhalten» einer Tiergruppe, die in bescheidenem Masse am Nutzwild partizipiert? Hat er das Recht, sich innerhalb der freilebenden Tierwelt zu benehmen, als seien die Hasen, Rehe, Rebhühner oder die eingeschleppten Fasanen sein Weidevieh oder seine Haustiere? Albert Hess hatte 1914 geschrieben: «Gehört aber das gesamte Wild, alles was da lebt und fleucht, dem Jäger, nur weil er ein paar Franken bezahlt hat? Mitnichten!... Dem Jäger, welcher glaubt, die ganze Hege des Wildbestandes bestehe im Abschiessen jedes sogenannten Raubvogels oder des Raubzeuges im allgemeinen, könnte ja am Ende das so gefürchtete Jagdexamen gar nichts schaden!» Hess glaubte, wie so viele, das Jagdexamen bringe höhere biologische oder ökologische Kenntnisse unter die Jägerschaft, wie sie Martin Schwarz in dem zweibändigen Werk «Die Jagd in der Schweiz» im Raubvogelabschnitt klug und treffend dargestellt hat. Eine Täuschung aller Wissenschafter, welche die Jagdliteratur und die Jägermentalität nicht kennen! Denn gegen den alten Diezel ist noch keine Wissenschaft aufgekommen und gegen das fanatische Buch von Ernst Hartert «Die Feinde der Jagd» auch nicht! Allein eine neue, fortschrittliche Jagdgesetzgebung konnte und kann das. Sie brachte nicht nur einen Schutz der Greifvögel, sondern auch einen gewissen Gesinnungswandel der schweizerischen Jägerschaft zustande – wenigstens der rechtgesinnten – und eine Einsicht, zu der sie von sich aus nie gekommen wäre.

Die furchtbaren Gefahren, die neuerdings den Greifvögeln aus dem extensiven Gebrauch der Pflanzenschutzmittel, nicht nur der in ihrer allgemeinen Schädlichkeit jetzt langsam erkannten chlorierten Kohlenwasserstoffe mit ihrer hohen Persistenz, sondern auch der immer noch als «ungefährlicher» vermeinten Phosphorsäureesterderivate, drohen, können hier nicht geschildert werden. Sie gehören auch nicht in den Zusammenhang einer Darstellung der bewussten Gestaltung der jagdbaren Tierwelt, die sich dieses Buch zur Aufgabe gestellt hat.

Die Krähenvögel:
Krähen, Elstern, Eichelhäher, Kolkrabe, Tannenhäher

Die Krähenvögel waren seit alter Zeit bis in die Gegenwart eine Crux der Bauern, Jäger und Vogelschützer, die einst für Eichelhäher, Elstern und Krähen Schussprämien aus Vereinsgeldern gezahlt hatten. Keine Vögel, vielleicht mit Ausnahme der Sperlinge, haben so viel von sich reden und schreiben gemacht wie die Krähenvögel, nicht etwa nur die Schwarzröcke selbst, sondern alle, die zu dieser Gruppe oder «Sippe» gehören.

Die starke Verbreitung der Krähenvögel wird vielfach der weitgehenden Ausrottung ihrer Feinde zugeschrieben. Wenn auch die Tatsache, dass da und dort die Prämien auf die Krähenfeinde, Wanderfalk, Habicht und Uhu gestrichen oder herabgesetzt, diejenigen für Krähenvögel gleichzeitig erhöht wurden, für diese Theorie sprechen mag, so stimmt sie sicher trotzdem nicht. Wie schon erwähnt, waren im Mittelalter die Raubvögel als Beizvögel der hohen Jagd vorbehalten und wurden nicht, wie später, als Hühnerdiebe und Jagdschädlinge verfolgt. Trotzdem entfalteten sich die Rabenkrähen neben all den gehegten Falken und Habichten im ganzen Mittelland so reich wie je. Die sogenannten Rabenfeinde *konnten* gar nicht für ein Ebenmass der Zahl der Krähenvögel sorgen, weil die Bodenbewirtschaftung mit Stalldünger und Grubenjauche samt der primitiven Waldwirtschaft die Nahrungsverhältnisse für die Krähenvögel so günstig gestaltete, dass es einer so hohen Bevölkerungsdichte der Wanderfalken, Habichte und Grosseulen bedurft hätte, um diese Massen zu bändigen, wie sie für diese einsamen Raubvögel gar nicht möglich gewesen wäre.

Über die Rabenkrähe lässt sich aus mittelalterlichen Quellen viel erfahren. Im 12. und 13. Jahrhundert galten die Schwarzröcke als teuflische Vögel, deren Gestalt die Dämonen oft angenommen haben sollen. Denn die Krähen hielten sich ja besonders häufig auf Richtstätten, Galgenhügeln und Schindangern (den Orten der Hexensabbate) auf. Genau dort trieben die Teufel nachts ihr Wesen. Reichhaltiger Aberglaube wob sich um diese Vogelgestalten, die Raben selbst, aber auch die Elstern. Denn die Elster war ja verflucht, weil sie beim Tode Christi nicht wie alle andern Vögel trauerte, sondern laut schackerte. Von all diesen Vögeln wird in Predigtexempeln viel erzählt, von Cäsarius von Heisterbach, von Bromyard, Thomas von Chantimpré, Johannes Nider und vielen andern. Dass Raben- und Saatkrähen im Mittelalter ungemein verbreitet gewesen sind, jedenfalls von ihren gefiederten Feinden keineswegs in Schranken gehalten wurden, erledigt sich die Theorie von den Krähenfeinden.

Die Rabenkrähen und die Elstern legen oft im gleichen Nest ein Ersatzgelege an, wenn ihr erstes ausgenommen wurde. Darum hat das seit Jahrhunderten von Knaben und Erwachsenen betriebene Ausnehmen der Nester zumindest bei Rabenvögeln keinen Erfolg. Die Krähe legt ohne Zeitverlust nach, sogar ein zweites Mal, wenn sie auch um ihr Nachgelege kommt, nur wechselt die Farbe des dritten Geleges von dem Blaugrün der ersten Eier ins Hellgrüne, auch die braunen Punkte und Flecken werden heller. Das dritte Gelege bringt es höchstens auf 3 Eier, während beim ersten 4 bis 5 die Regel sind. Das Ausnehmen von Krähennestern war eine so populäre Belustigung der Jugend, dass es viele Holzschnittmeister des 16. Jahrhunderts darstellten, besonders tat es Altdorfer auf einem Marienbild sehr schön. Wirksamer zur Krähenbekämpfung war es freilich, zu warten, bis die Nestjungen nahe am Ausfliegen waren und für eine Nachbrut keine Zeit mehr übrig blieb.

Der Kampf gegen die Krähenvögel, hauptsächlich aber gegen die harten, brutfreudigen, Bauern wie Jägern gleich verhassten Rabenkrähen hat eine lange und unerfreuliche Vergangenheit und führte zu nichts. Die Rabenkrähen, Eichelhäher und Elstern sind heute wie einst allgegenwärtig, und die Jägerei vermochte ihnen keinen ernsthaften Abbruch zu tun, so gerne sie es getan hätte. In Jagdzeitschriften und -Lehrbüchern sind die hass- und wuterfüllten Tiraden gegen das «schwarze Gesindel so unzählbar wie die Sterne am Nachthimmel, und wenn Worte töten könnten, lebte keiner der Schwarzröcke mehr. Alle Vögel mit schwarzen Federn genügen, um die «Heger» in Raserei zu versetzen. 1886 schrieb ein offenbar sehr «erfahrener» Weidmann: «Ein grimmiger Feind unseres Hasen ist die Saatkrähe. Vor Jahren hat man sie vereinzelt angetroffen, jetzt sind die Bestien scharenweise da. Ein solches Vieh vertilgt täglich 4 bis 6 Stück lebendes Wild, Vögel, Hasen, Eichhörnchen...». In einer der nächsten Nummern der Jagdzeitschrift erschien dann doch eine Erwiderung und Richtigstellung auf diesen Unsinn. Aber half das? Die Tatsachen sprechen dagegen, denn im zweiten Weltkrieg wurden in der ganzen Schweiz Phosphoreier gegen die Saatkrähen ausgelegt mit der Begründung, die Krähen nähmen überhand und schädigten die Jagd und die Saaten. Die Krähenaktionen wurden ausschliesslich von den Jagdgesellschaften, und zwar im Februar bei tiefem Schnee ausgeführt und trafen daher lauter Wintergäste, in keinem Fall die hier brütenden Krähen, die man doch in erster Linie dezimieren wollte. Denn diese waren schon im November in wärmere Winterquartiere fortgezogen.

Seit 1890 wurde Gift gegen die Krähen verwendet, meist gelber Phosphor mit Kartoffelbrei und Blut vermischt, also eine Art selbstgemachte Phosphorlatwerge. Gleichzeitig wurden als wirksamste Methoden ganzjährige Jagd, Kräheneisen und Strychnin empfohlen. Als aber zur Krähenvertilgung einfach Brotbrocken, die mit Phosphorteig bestrichen waren, im Feld ausgelegt wurden, gingen daran Hasen, Eichhörnchen und Fasanen und eine Menge anderer Vögel zugrunde. Da ging man zu Phosphoreiern über. Zuerst fabrizierte man sie selbst, dann stellte die Apotheke Welti in Aarburg so etwas her und taufte es «Krähentod». Ein Aufruf nach dem andern regte von nun an die Weidgenossen zu Krähenaktionen an. Im Aargau wandten sich 1909 die Bauern an die Regierung um Erlaubnis, gegen die Krähen Gift ausstreuen zu dürfen. Sogleich erklärte sich der Aargauer Jagdschutzverein bereit, die Aktion gratis zu übernehmen. Doch der aargauische Tierschutzverein hatte plötzlich von dem ganzen Plan Wind bekommen und bewog die Regierung, ihre Genehmigung zur Verwendung von Giftbrocken mit Blut und Phosphorpaste nicht zu geben. Darüber ärgerten sich nicht nur einzelne Bauern, sondern noch viel mehr die Weidmänner. «Und sie kriecht immer wieder auf den Leim der Tierschützler.» Wer? «Die aargauische Regierung!», schrieben sie. Und hätten doch froh sein sollen, wenn in ihren Revieren keine nackten Giftbrocken ausgelegt wurden. Aber noch im gleichen Jahr 1910 erschien ein neuer Aufruf zu einer Aktion mit Apotheker Weltis «Krähentod» in der Jagdzeitung.

Noch vor dem ersten Weltkrieg warnte Albert Hess ernstlich vor jeder Anwendung von Gift in der Natur. Das bekehrte die Krähenfeinde, Jäger und Bauern so wenig wie 1919 die Artikel im Tierfreund oder in Vogelschutzblättern. «Der ungerechte Krieg gegen die Krähen», hatten sie gelautet oder so ähnlich. Gegenarbeiten brachten die Jagdzeitungen, sogar viele. Mochten die Vogelkundigen auch ständig damit argumentieren, die Schwarzröcke seien die einzigen Vertilger der schädlichen Drahtwürmer, der Raupen des Getreideschnellkäfers, der Engerlinge des Maikäfers und der Wiesenschnecken, so sagten die Bauern, das möge wohl sein, aber die Krähen grübelten diese Würmer zum Boden heraus und damit auch die gesäte Winterfrucht mit den Herzblättchen. Dann liege sie bloss und erfriere. «Wir müssen ganze Plätze neu ansäen, weil dort wegen der Krähen die ganze Frucht ausgewintert ist», sagten sie. Was gab es darauf zu erwidern? Die Vogelkundigen hatten recht, die Bauern auch. Die Jäger nahmen natürlich die Partei der Landwirte, weil sie die Krähen als Niederjagdschädlinge ansahen und gingen von ihren Bekämpfungsmethoden nicht ab. Wer sei übrigens schuld am Rückgang der Singvögel? Die Krähen! Sie empfahlen, die brütende Krähe am Abend beim Eindunkeln vom Nest zu vertreiben. Das könne man, wenn man mit einem Holzprügel kräftig gegen den Stamm des Nistbaumes schlage. Dann streiche die Krähin ab und kehre erst beim Tagen auf das Nest zurück. Inzwischen seien die Eier erkaltet und der Nachwuchs zerstört. Doch das war nichts weiter als eine schöne Theorie. Kräheneier halten noch viel mehr aus! Ein anderer Einsender erzählte von Giftaktionen in Bayern. Auch bei uns müsse so etwas geschehen. 1930 empfahl man in der Schweizerischen Jagdzeitung die Krähenvernichtung nach der Methode von Hegendorf. «Hegendorf» war Pseudonym für einen österreichischen Jagdschriftsteller Ludwig Mérey von Kapos-Mére. Er war der neue Befürworter der Phosphoreiermethode, die sich dann 1936 der Apotheker Max Rothen in Luzern geschäftlich zunutze machte, indem er «doppelt starke» Phosphoreier herstellte und empfahl. Dass er damit die Arbeit eines regelrechten Naturverhunzers leistete, war ihm nicht klar. Denn der Phosphorgehalt der Eier *durfte* nicht zu hoch sein, damit bei den Krähenkadavern durch den Sauerstoffgehalt des Blutes und der Körperzellen der giftige gelbe Phosphor in ungiftigen roten Phosphor übergeführt werden konnte, wodurch die toten Krähen für Bussarde oder Füchse ungiftig werden sollten. So wenigstens lautete die Theorie der Phosphoreierherstellung. Gab also der Apotheker Rothen, wie er schrieb, die doppelte Portion gelben Phosphor in die Gifteier, so musste ein noch genügender unreduzierter Rest davon in den Krähenkadavern bleiben, der mit Sicherheit Sekundärvergiftungen erzeugte. Auf diese Weise starben allein in der Umgebung von Arlesheim und Reinach 70 Bussarde, die im Februar bei hohem Schnee ihren Hunger am Aas vergifteter Krähen zu stillen suchten. Denn man hatte dort die gifttoten Krähen einfach liegen gelassen, statt sie, wie vorgeschrieben, zu beseitigen. 1947, also erst nach dem Krieg, schrieb Paul Vetterli in seinem Jagdbuch «Wild und Weidwerk»: «Zur Krähenvertilgung (ein Wort, das aus der Jagdliteratur verschwinden sollte) wird oft Gift verwendet. Diese Massnahme ist unweidmännisch und gefährlich, da auf diese Weise Raubwild wie auch Fasanen Schaden leiden und sogar eingehen. Zudem werden Gifteier häufig zu unpassender Zeit, nämlich im Winter oder im zeitigen Frühjahr ausgelegt.» Dafür wollte Vetterli bei uns die Hüttenjagd mit dem Uhu populär machen, hatte aber damit wenig Glück, weil Lockvögel bundesgesetzlich verboten sind (vergleiche Kapitel Uhu). Das Unglück der Schweizer Revierjagd war von jeher ihre starke Abhängigkeit vom Ausland. Was dort geschah, wurde eifrig imitiert, auch unter total veränderten Verhältnissen. So war es auch mit den Gifteiern gegen die Krähen gegangen. 1935, als die deutsche Regierung auf Ernährungsautarkie hin arbeitete, hatte der Reichsjägermeister Göring den Jagdinhabern Phosphoreieraktionen zur Pflicht gemacht. Als sich diese aber für die Niederjagd als zweischneidige Waffe entpuppten, wurde die Sache ein paar Jahre später wieder abgeblasen. Das wurde in vielen Schweizer Revieren getreulich imitiert, obschon bereits 1936 Professor Hediger eindrücklich vor Gift gewarnt hatte.

Wie verhielten sich die Kantone nun zur Krähenfrage? Das war schliesslich entscheidend. Schon 1804, als nach der Helvetik die Kantone die Jagdhoheit wieder übernahmen, wurde in Bern und anderswo das Ausnehmen der Nester von Krähen, Elstern, Hähern, auch Tannenhähern, Dohlen, Tauben, Staren und Spatzen jedermann erlaubt. Man half sich mit Extra-Abschussbewilligungen auch in der Brutzeit, Prämien, die im Lauf der Jahrzehnte von 30 Rappen auf Fr. 1.20, im Glarnerland sogar bis auf 3 und 4 Franken stiegen. Dies nicht wegen der Jagd, sondern wegen des Schadens der Schwarzröcke an den Gütern, besonders im ersten Weltkrieg. Zwar hatten sich die Bauern sehr bald nach dem Aufkommen der bürgerlichen Jagd im 17. Jahrhundert in den Kantonen über Krähenschäden beklagt und Pflichtabschüsse verlangt. Im Baselland hiess es 1885 allgemein: «Si gönge-n-is a d'Chirse. Es het überhaupt z'vil dere!» Aber als drei Jahre später der Gemeinderat von Nusshof um eine Bewilligung zum Krähenabschuss ersuchte, erhielt er die Antwort, nur Kolkraben seien jagdbar. Dohlen und Saatkrähen stünden unter Bundesschutz. Wenn jedoch letztere zu zahlreich aufträten, könne ein Abschuss bewilligt werden, jedoch nicht so, dass jedermann auf die Krähenjagd gehen dürfe, sondern nur eine beschränkte Anzahl vertrauter Jäger. So wurde es gemacht, aber es nützte nichts. Im Kanton Schaffhausen wurden die Krähen bei einer Mäuseplage 1895 geschont, besonders wegen der Saatkrähen, die geschützt waren, und weil die Jäger die nützlichen und die schädlichen Vogelarten nicht unterscheiden könnten. Anderswo war man nicht so skrupulös. Im St. Gallischen war es erlaubt, die Nester von Krähen, Eichel- und Tannenhähern und Elstern auszunehmen, allerdings nur den Erwachsenen, dies sogar Jahre nach dem ersten Weltkrieg bis 1924. Und als es gegen die Brieftaubenfeinde ging, fand man mancherorts, man könne die Krähen auch gerade mitnehmen, das gehe in *einem* Aufwaschen. 1917 ging der Krähenkrieg im Aargau los. Zuerst zwischen Jägern und dem Tier- und Naturschutz. Diese beiden behaupteten, die Krähe sei nicht in Überzahl vorhanden, ihr Nutzen für die Landwirtschaft sei grösser als ihr Schaden. Aber aus landwirtschaftlichen und aus Jägerkreisen wurden schwere Anklagen gegen die Krähen erhoben und energisch deren Bekämpfung verlangt. Eine vom Finanzdirektorium einberufene Konferenz der Jäger und Tierschutzleute konnte sich nicht einigen. Die Jäger sagten, diese scheuen, schwer zu schiessenden Vögel könnten nur durch Gift erfolgreich beseitigt werden, die Tier- und Naturschützer erhoben Einspruch gegen das Giftlegen. Hierauf entschloss sich die Finanzdirektion zum «bewährten» Mittelweg. Eine allgemeine Giftbewilligung gab sie nicht, hingegen wurde an eine beschränkte Zahl zuverlässiger Jäger die Erlaubnis zum Giftlegen gegeben. Aber immer zahlreicher trafen die Beschwerden von Gemeinderäten und landwirtschaftlichen Vereinen über den Krähenschaden in Getreidefeldern ein. Daraus schloss man, dass Krähen und Dohlen infolge des Krieges in unheimlichen Scharen in unser Land gezogen waren und nun unserem Getreidebau verhängnisvoll zu werden drohten. Es blieb also nach Meinung der Regierung nichts anderes übrig, als das Giftlegen in ausgedehntem Massstab zu bewilligen. Sobald normale Zeiten kämen, werde es wieder gänzlich verboten. Trotzdem ging es mit der Krähenvergiftung weiter bis in die dreissiger Jahre, aber dem Finanzdepartement war diese Giftlegerei nicht sympathisch, wie es 1938 selbst bekannte, als es die Krähenfeinde unter den Raubvögeln, Wanderfalk und Habicht samt anderen unter Schutz stellte.

Die Regierung des Kantons Zürich, seit 1929 Revierkanton, war 1935, als die Krähenhysterie im dritten Reich mit Anordnungen des Reichsjägermeisters ausbrach, gegen Ansteckung von dort her immun. Nicht aber einige Zürcher Jäger, die sich von drüben aus dem Reich Phosphoreier hatten kommen lassen und sie auch auslegten. Da bedachte sie die Kantonsregierung mit empfindlichen Strafen, weil nach zürcherischem Jagdrecht Gift verboten ist. Aber damals kamen in manchen Kantonen Aktionen gegen die Schwarzen auf, sogar im Kanton Uri erteilte man 1935 ausserordentliche Bewilligungen an 27 Jäger wegen der «in Überzahl vorhandenen Krähen». Aber die brachten zusammen nur 56 Vögel als Beute heim und im

Folgejahr 20 Stück. Auch im Kanton Appenzell A.Rh. tat man 1936 etwas gegen die Krähen: man gestattete das Ausnehmen von Krähen- und Elsternnestern. Dabei wurden 139 junge Krähen und 142 Nestlinge von Elstern ausgenommen. Es gab 15 Rappen Prämie pro Stück. Sperbernester wurden ebenfalls ausgenommen und die Alten am Nest abgeschossen, 3 Sperber und 14 Nestjunge. Wenn dadurch Landwirtschaft und Niederjagd nicht gerettet wurden...!

Aber auch die Aktionen während der Zeit des Mehranbaues waren diesen klugen, harten Vögeln nicht gewachsen. Zürich erlaubte 1941 die gefährliche Flobertgewehrjagd auf Krähen und Sperlinge, sogar mit Prämien, aber umsonst. In der Waadt ging man nach einer besonderen «Methode Philippin» vor, anscheinend mit Strychnin, gab auch den Kolkraben frei. In Luzern arbeitete man mit Phosphoreiern – aber die Krähen überlebten. Im Kanton Bern wurde seit 1955 die Krähenjagd verlängert, und daneben schläferte man die Schwarzröcke mit präpariertem Mais ein. Dabei imprägnierte man ganzen Mais – damit die Singvögel nicht gefährdet werden sollten – mit Anhydroglycochloral, wodurch die Krähen betäubt wurden und mühelos eingesammelt und beseitigt werden konnten. 1956 fuhr man mit Abschüssen und Chloralhydrat weiter, dann scheint die Sache entweder aufgegeben oder verboten worden zu sein. Glycochloral wurde einst in der Veterinärpraxis verwendet, dann aber durch andere Narkotika ersetzt, weil seine Wirkungen in mancher Hinsicht nicht ganz unbedenklich waren. Die Kantone Schwyz und Zug versuchten es auf Empfehlung des Schweizerischen Landeskomitees für Vogelschutz mit Pflichtabschüssen, die den Jägern überbunden wurden (Ornithologischer Beobachter 1965). Aber die Krähen überlebten. Sie überleben bis heute und nicht zu knapp. Warum? Weil sich in der bewirtschafteten Landschaft ihre Lebensbedürfnisse seit dem Mittelalter nie verschlechtert hatten und es auch nie werden. Sie sind die einzigen grösseren Vögel, die immer und überall da sind. Wenn die menschliche Kunst der Naturgestaltung, worauf man sich soviel zugute tut, irgendwo eine Grenze findet, dann hier an der unscheinbaren, altverhassten Rabenkrähe. Ist es gut so? Es wäre gut, wenn man es einsähe. Aber man nimmt sich die Zeit zum Nachdenken nicht. Krähe und Sperling sind die beiden Kulturfolger des wirtschaftenden Menschen, keine willkommenen, aber treue. Manchmal hört man das Wort «selbstverschuldet», aber das ist Fiktion. Denn ohne Landwirtschaft gibt es kein Essen und ohne das kein Leben. Und Wanderfalk, Uhu und Habicht könnten nicht helfen, selbst wenn man sie nicht ausgemordet hätte. Dass der Eierraub der Krähenvögel bei anderen Vögeln zur Katastrophe werden kann, berichtet D. Burckhardt. Es seien die Krähen gewesen, welche die blühende Reiherkolonie des Schutzgebietes Rheininsel Rüdlingen durch Eierraub bis auf klägliche Reste reduzierten.

So sind und blieben die Krähen eine Crux der Landwirte, Jäger und Vogelschützer. Nur einige wenige Vogelgestalten des Krähengeschlechts sind entweder verschwunden oder auf dem Wege dazu: Alpenkrähe und Kolkrabe. Davon einige wenige Worte.

Die *Alpenkrähe* soll laut optimistischen Berichten noch im Engadin und im Wallis brüten, vielleicht auch im Tessin. Der Schreibende hat sie noch in Schuls im Unterengadin gesehen, seither ist sie auch dort verschwunden. Géroudet führt sie 1955 unter den dem Aussterben nahen Vögeln auf. Nicht ganz so schlimm steht es mit dem *Kolkraben,* doch auch bei ihm schlimm genug. Von Burg führt ihn schon 1908 in seinem Verzeichnis der aussterbenden Tiere der Schweiz mit den Worten auf: «Kolkrabe. Im Jura ganz selten, wo er sonst immer lebte. In den Alpen stark im Rückgang.» Trotzdem ist er bis ins neueste Bundesgesetz jagdbar geblieben. Möge er Rabe genug sein, um sich trotz allen Schiessern in unseren Bergen zu behaupten und nicht so selten zu werden wie die Alpenkrähe. In den Jahren 1900 bis 1927 weist der Kanton Bern allein als Wildhüterabschüsse in den Banngebieten ausser 18 Adlern 674 Kolkraben aus. Uri prämierte 1935 den Abschuss von Kolkraben noch mit einem Franken, was zur Folge hatte, dass die Jäger im Winter auf Abraumplätzen der Städte herumlungerten, dort die hungernden Kolkraben erlegten und ihren Judaslohn einstrichen. Als im Baselbiet 1959 die Erlegung des Kolkraben verboten wurde, war es zu spät. Die Waadt überliess diese majestätischen Vögel seit 1947 wieder den Patentjägern. Graubünden meldete 1952 noch 454 erlegte Kolkraben, einst waren es gegen 700. Leider fehlen heute die Angaben über erlegte Kolkraben in den meisten Bergkantonen oder sie sind in den Zahlen der übrigen Raben verborgen. Dass die Kolkraben im Bundesgesetz 1925 ausdrücklich auf die Liste der jagdbaren Vögel gesetzt wurden, geschah auf Antrag des Allgemeinen Schweizerischen Jagdschutzvereins, auch in der Revision von 1963 stehen sie noch am selben Ort. *Doch die Zeit wird kommen, da man dem Bergraben nur noch nachtrauern wird, wenn die Vernunft nicht über die jagdliche Tradition und über die törichte Meinung siegt, man könne durch Vernichtung der «Schädlinge» die Nutzwilderträge steigern.*

Die *Saatkrähen* waren im Bundesgesetz von 1875 samt den *Dohlen* als geschützte Vögel aufgeführt. Man hielt sie damals für Ungeziefervertilger und Mäusefänger und darum für nützlich. Dass sie schon 1904 zur Tötung freigegeben wurden, geschah auf Drängen der Bauern und einzelner Jäger, die sich von der Ansicht der Niederjagdschädlichkeit der Saatkrähen nicht abbringen liessen. Seither wurden die Saatkrähen in der Schweiz neuerdings Brutvögel. Als Wintergäste wurden sie mit Gifteiern, Giftbrocken und Schrotschüssen bedacht, weil die Bauern anfänglich glaubten, sie pickten die Winterfrucht aus den Äckern, dann aber sahen, dass die frischgekeimten Samen von den Saatkrähen unabsichtlich aus der Erde geklaubt worden waren, dann aber dem Frost erlagen. Dem Jäger und seinem Revier nützte die winterliche Saatkrähenvernichtung nichts, weil die Brutkrähen davon nicht betroffen wurden. Heute dürften die Saatkrähen, ausser vereinzelten winterlichen Aktionen, kaum mehr stark verfolgt werden.

Der *Nuss- oder Tannenhäher,* der in der Liste der jagdbaren Vögel im Bundesgesetz von 1963 erstmals fehlt, hat wie alle anderen Vögel seine Leidensjahre durchmachen müssen. 1886 durfte ein Jäger im Samnaun auch in der geschlossenen Zeit Tannenhäher schiessen, weil diese Vögel Arvennüsschen sammeln und speichern, um den harten Bergwinter überleben zu können. Es sei wiederholt, dass aus demselben Grund die Förster im Oberengadin und Obtasna 1898 fanden, die Tannenhäher hätten so viele Arvennüsschen gefressen, dass der erforderliche Samen nicht mehr gewonnen werden konnte. Daher wurde auf den Abschuss der Tannenhäher 1 Franken als Prämie angesetzt, in die sich Bund und Kanton teilten. 1898 fielen 488 dieser Vögel den Flinten der Bündner Jäger zum Opfer, 1900 waren es 480, 1901 gar 719. 1902 war man in Bern der Ansicht, es seien nun genug von diesen Vögeln getötet worden und stellte die Prämienzahlungen ein. Weil der Kanton Graubünden aber den ganzen Franken pro Vogel nicht allein zahlen wollte, strich er für 1902 die Prämie ganz. Darum wurden 1902 noch 3 Tannenhäher geschossen, dann keine mehr. So war das also. Und kein Förster hatte «genug» gerufen, als Jahr um Jahr mehr Tannenhäher fielen, ihnen lag das Geschick dieser armen, schönen Vögel, die mit ihrem weichen Ruf so wunderbar in die stillen Bergwälder gehören, überhaupt nicht am Herzen. Noch 1911 schrieb der Förster Jenny-Zopfi, der Tannenhäher sei schädlich und müsse, wenn auch nicht ganz ausgerottet, so doch vermindert werden. Doch nun ist er durch das Verdienst der schweizerischen Ornithologen in der Vogelwarte unter Bundesschutz gestellt. *Schon ist es so weit, dass das Land um jede Tiergestalt dankbar sein muss, die nach menschlicher Möglichkeit in genügender Anzahl erhalten bleibt.*

Die *Wildtauben* waren bei den Bauern von jeher im Ruf von Ackerschädlingen. Die kleinen, scheuen Lochtäubchen, die es in der Schweiz überhaupt nie zu grösseren Beständen gebracht hatten, fielen wenig auf. Weit mehr die stattlichen Ringeltauben, und diese waren es auch, die sich zuerst im Jahr auf den angesäten Äckern einfanden. Ein exakter Beobachter schrieb in die Jagdzeitung, der Nutzen der Ringeltauben sei viel grösser als ihr Schaden. Denn sogar auf frischen Äckern habe es sich erwiesen, dass die Tauben vorwiegend Unkrautsamen und Ungeziefer zusammenpickten, nur wenig Getreidesamen. Aber schon im Berner Jagdgesetz von 1804 war das Ausnehmen von Taubennestern erlaubt worden und im Aargau, im Kanton Zürich und im Baselland wurden immer wieder Extra-Abschussbewilligungen auf Wildtauben ausgegeben. Insbesondere in den beiden Weltkriegen glaubte man es dem Mehranbau schuldig zu sein, die Getreidesaaten vor den Ringeltauben zu schützen.

An grösseren und wichtigeren Zugstrassen, wie im aargauischen Rheintal, trafen im Frühling hin und wieder grosse Ringeltaubenzüge von Flügen bis zu 3000 und 5000 Individuen ein, die beim Niedergehen ganze Äcker bedeckten und die Bauern einen Riesenschaden vermuten liessen. Nach unseren eigenen Beobachtungen solcher Züge darf aber mitgeteilt werden, dass die ermüdeten Vögel, die auf die Äcker eingefallen waren, meist unbeweglich wie Stopfpräparate auf der Erde sassen. Sie schienen einfach völlig erschöpft zu sein und ruhten, ohne auch nur einmal nach Futter zu picken, von ihrem Flug aus. Dazu sassen sie so dichtgedrängt beisammen, dass eine Futtersuche ausgeschlossen war. Auch wenn die Wildtauben gruppenweise verteilt unter den Bäumen erschienen, haben wir Tierfreunde die schönen Vögel jedes Jahr als Frühlingsboten freudig begrüsst.

Die *Turteltaube* wurde im Kanton Bern 1921 unter Schutz gestellt, 1925 auch im Bundesgesetz. Nur die Jagd auf Ringeltauben ruhte bis in die Gegenwart nicht. Rund 32 000 werden noch heute in der Schweiz erlegt, ohne dass im allgemeinen der Bestand zurückzugehen scheint. Paul Vetterli suchte seinen Revierjägern das Anspringen des rufenden Taubers im Frühsommer schmackhaft zu machen. Der Ringeltauber sei der «Birkhahn des kleinen Mannes». In der Schweiz wird die Ringeltaube beim Feldern geschossen oder mit Kirrmitteln an ihrer Tränke (!) oder mit dem Lokker. Für normale Menschen ist diese Vogeljagd auf die Taube, das Symbol des Friedens, eine jämmerliche Beschäftigung für einen erwachsenen Mann. Doch scheint es Jäger zu geben, die darin, ohne sich zu schämen, ihr Vergnügen finden.

Die *Drosseln* waren von jeher jagdbar, genau wie die meisten der anderen Singvögel. Dass sie es blieben, als schon viele der anderen Sänger unter Schutz kamen, ist dem Konservativismus der Jagd zu danken, besonders der deutschen, die den sogenannten Dohnenstieg bis 1908 kannte und im ersten Weltkrieg wegen der Nahrungsknappheit temporär wieder einführte.

Im Glarnerland und gewiss auch in anderen Berggegenden wurden seit 1566 *Ringamsel* und *Misteldrossel* gejagt und gegessen. Es ist für den «Unterländer» etwas Widerliches, dass Sänger wie die Drosseln bis 1962 den Flinten der Jäger preisgegeben blieben. Der Schreibende selber erlebte in der Osterzeit in den Glarnerbergen weit über der Waldgrenze einen Frühlingsmorgen und sah vor Sonnenaufgang die hohen Fichten des Bannwaldes unter sich da und dort von singenden Ringamseln und Misteldrosseln gekrönt, ein unbeschreibliches Erlebnis für Auge und Ohr. Im Kanton Bern durften von 1804 an, also im ersten kantonalen Jagdgesetz nach der Helvetik, *Wacholderdrosseln* von allen Leuten gegen geringes Patent den ganzen Winter über bis zum 1. März in Garnen gefangen werden, also bis in die Zeit, da sie schon längst zu singen begonnen hatten. 1832 übergab die Regierung das Bewilligungsrecht zum Krammetsvogelfang den Regierungsstatthaltern. Und diesen waren natürlich die Patenteinnahmen wesentlich wichtiger als die Vögel, die sie kaum kannten. Noch 1941 schoss man im Kanton Bern Mistel- und Wacholderdrosseln. Man hielt sie für schädlich und tötete Amseln, alle Drosseln und Stare in den Weinbergen, 1917 in der Zeit des ersten Weltkrieges sogar mit Bundesbewilligung vom 1. Juli bis zum Ende der Weinlese. Der Kanton Aargau gab damals die Abschüsse bekannt, die laut Bundesbewilligung zur Verteidigung der Beeren- und Traubenernte erzielt wurden: man hatte 90 Amseln, 51 Drosseln und 28 Stare «erlegt», womit die Jägerschaft des Aargaus ihren «Beitrag zur Kriegsversorgung des hungernden und dürstenden Vaterlandes» geleistet hatten! Der «Kampf» gegen die schädlichen Amseln und Drosseln war eine uralte Geschichte: Kaum war das Bundesgesetz von 1875 in Kraft, kamen die Gesuche um Abschussbewilligungen für Drosseln und Stare aus allen Kantonen, wo Wein gepflanzt wurde, nach Bern. 1876 aus St. Gallen, 1882 und 1883 aus dem Tessin, 1883 sogar aus Basel-Stadt (bestimmt wegen dem Riehener Schlipfer), dann 1899 aus Graubünden (dort wohl wegen der geheiligten Tradition), 1913 aus Genf, 1910 aus dem Basel-Land, 1914 wieder aus St. Gallen und dem Tessin. Als aber der Kanton Basel-Stadt 1914 in Bern anfragte, ob die Amseln auch im Frühling zum Schutz der Riehener Frühkirschen geschossen werden dürften, wurde das vom Jagdinspektorat denn doch verneint. Auch St. Gallen hatte schon 7 Jahre zuvor dasselbe gefragt, aber auch keine positive Antwort erhalten. Genau gleich erging es den Staren. Als 1917 von der Bundesverwaltung der Abschuss von Amseln und Drosseln vom 1. Juli an freigegeben wurde, gehörten auch die Stare dazu. Noch 1914 hatte Bern abgelehnt, Stare zum Schutz der Frühkirschen herunterknallen zu dürfen, drei Jahre später drückte man auch da ein Auge zu und die kantonale Polizei auch.

In der Waadt hatte man schon 1894 den Magen getöteter Stare untersucht und gefunden, dass sie erhebliche Mengen von Trauben gepickt hatten. Da gestattete man den Abschuss von der ersten Traubenreife bis zur Weinlese. Im Kanton Bern kümmerte sich kein Mensch um Nutzen oder Schaden der Stare. Sie waren seit dem Jagdgesetz von 1804 Art. 5 jagdbar und so blieb es in diesem jagdlich reaktionären Kanton. Erst das Bundesgesetz von 1875 brachte hier Wandel. Die Behandlung der Stare in grossem Massstab als Schädlinge, sogar mit dem Einverständnis der Ornithologie, ist eine der Errungenschaften der neuesten Zeit.

Mehrere Kantone reagierten 1938 auf das Begehren des Naturschutzbundes zum Schutz aller Drosseln positiv. Es waren Zürich, Bern, Luzern, Uri, Zug, Freiburg, Basel-Stadt, Basel-Land, Schaffhausen, St. Gallen, Aargau und Thurgau. Der Naturschutz hatte den Schutz der Mistel- und Wacholderdrosseln damit begründet, dass eine genaue Kenntnis der Arten vom Jäger nicht verlangt werden könne und dass sehr viel Singdrosseln und andere, nicht jagdbare Arten miterlegt würden, wie die Auslagen in den Comestiblegeschäften bewiesen. Mistel- und Wacholderdrosseln seien die einzigen Singvögel, die laut Bundesgesetz noch jagdbar seien, ihr Rückgang sei offenbar und ihr Schutz gerechtfertigt. Am unnachgiebigsten hielt die welsche Schweiz am Drosselabschuss fest. Doch die Bundesgesetzrevision von 1962 machte auch dort der Drosseljagd ein Ende – wenigstens auf dem Papier.

Es gehört zu den eingewöhnten und simpelsten Gedankenassoziationen im primitiven menschlichen Gehirn, für alle Tiere, die aus irgendeinem Grunde irgendwo unbeliebt oder lästig werden, mit «Abschussbegehren» zu reagieren. Denn «der Mensch geht doch allem voran». 1934 reichte der Kanton Uri nach Bern ein Abschussbegehren gegen *Spechte* ein, da diese durch Anbohren von Balken und Schindeln angeblich sehr grossen Schaden verursachten. Das Begehren wurde jedoch abgelehnt, da Spechte nur Holzhäuser angreifen, deren Balken vom Holzwurm befallen sind. Gesundes Holz werde vom Specht nicht angebohrt.

Die Verfolgung von Spechten gehörte in alten Zeiten zum Forstschutz. Man glaubte, die Spechte verursachten durch ihr Bohren und Bauen von Nisthöhlen das Krankwerden der Bäume. Erst der Zoologe und Forstmann Bechstein wies in seiner «Naturgeschichte der Vögel Deutschlands» 1804 nach, dass der Specht die Bäume nicht faul mache, sondern die faulen Bäume anzeige. Es war dieselbe Frage, die von Bern aus zur Belehrung der Urner Jagdverwaltung führte und zeigt, wie traditionsgebunden manche Kantone in einer Zeit noch urteilten, als die Erkenntnis und Praxis anderswo längst weitergeschritten war.

So erging es auch mit der Jagd auf *Lerchen*. Im Jagdgesetz von 1714 des Kantons Zürich hiess es: «Weilen auch nichts schädlichers und verderblichers als... das Fangen in den Schnee- und Nachtgarnen, Bögli auf Reckolderbücken (Dohnen für Wacholderdrosseln und andere Vögel auf Hügeln mit Bewuchs von Wacholderbüschen)... wollen wir es allen und jeden bei hoher Straff und Ungnad gänzlich abgestrickt und verbotten haben.» Der Kanton Bern gab 90 Jahre später, 1804, noch Patente für das Garnstellen auf Finken und Lerchen zu 8 Livres aus und übergab 1832 dieses Garnstellen auf Finken, Lerchen und Krammets- oder Reckoldervögel der Bewilligung der Regierungsstatthalter. Und wie diese solche Befugnisse handhabten, ist bis zur Gegenwart bekannt. Zurückhaltung zugunsten bejagter Vögel kennen diese Leute nie.

So entschied in den Zeiten bis zum ersten Bundesgesetz über Jagd und Vogelschutz 1875 die kantonale Gewalt über das Schicksal der Vögel. Waren Finken und Lerchen im grauen Mittelalter gefangen und verzehrt worden, so hielten einzelne, besonders konservative Kantone daran fest, ohne zu bedenken, dass sich die Zeiten und Erkenntnisse gewandelt hatten. Es war von jeher ein Fehler der Gesetzgeber, in der Naturnutzung einzig an den Menschen zu denken und erst ganz am Schluss vielleicht noch ein wenig an die Natur des eigenen Landes. Ein Fehler, der bis zum heutigen Tag nicht überwunden ist.

Dass die *Sperlinge* als Obst- und Getreideschädlinge von jeher teils vogelfrei waren, teils ihre Erlegung mit Schussgeldern belohnt wurde, bedarf keiner besonderen Schilderung mehr. Der Spatzenkrieg im Nationalrat wurde im ersten Teil geschildert. Bern gab im kantonalen Jagdgesetz von 1804 die Sperlinge frei, andere Kantone erwähnten sie nicht einmal. Uri gab Extra-Abschussbewilligungen, der Kanton Basel-Land 1906 auch, nur durften sich am Spatzenschiessen keine Knaben beteiligten, was sehr vernünftig und vorsichtig war. Zürich erlaubte, weit weniger vorsichtig, noch 1941 Flobertwaffen zum Spatzenabschuss. Das war geradezu eine Aufforderung zum Tanz.

Endlich noch von den *Würgern*. Da die alten Bundesgesetze keinen der Würger unter Schutz stellten und von Jägern und Jagdaufsehern frischfröhlich auf diese Vögel Dampf gemacht wurde, vorausgesetzt, dass der Jagdherr die Schrotpatronen stellte, lag es lange Zeit an den Ornithologen, für diese verfolgten Kleinvögel ein Wort einzulegen. Sie taten es auch. 1917 nahm Albert Hess alle Würger ausser dem grossen Raubwürger (!) in Schutz und versuchte, in der Jagdzeitung ein Wort für sie einzulegen. Natürlich erhielt er von J.J. Mumentaler eine wütende Antwort. Nicht nur der grosse graue, sondern alle Würger seien schädlich, auch der rotköpfige und der kleine schwarzköpfige. Darum: fort mit allen Würgern. Und als das neue Bundesgesetz vor der Türe stand, trat ein Berner Einsender F. F. auch für die angeblich schädlichen Vögel ein. Jedes Tier habe seine Aufgabe, alle seien für etwas da. Wieder fuhr J.J. Mumentaler gegen diesen besonnenen Einsender los. Und die Wanzen und Zecken, schrieb er, und machte sich über die Naturschutzweisheit von den freilebenden Tieren lustig. Immer dasselbe. Auch gegen den Tierschutz operierten die Gegner mit dem Schutz für Flöhe und Wanzen, die doch auch liebe Tierlein seien. Das ginge noch. Schlimm war aber, dass sich der Zoologieprofessor Zschokke, Basel, dem weit besseren Feldbeobachter Fischer-Sigwart entgegenstellte, der geschrieben hatte, er habe viele Stellen, wo der rotrückige Würger seine Beute auf Dornsträucher aufspiesste, untersucht, nie habe er junge Vögel gesehen. Da antwortete ihm Professor Zschokke nicht mit eigenen Beobachtungen, sondern mit «ornithologischen Autoritäten», Naumann, Brehm, Schinz, Müller, Friederich, und hielt an der Vernichtung des Rotrückenwürgers fest. Daraufhin kamen prompt die Auch-Beobachter mit Artikeln «Tod dem Würger!», der nun plötzlich Rebhühner fing und nur mit Mühe von einer Rebhenne vertrieben werden konnte!

Abschusszahlen geben nur einige wenige Kantone, so Schaffhausen, in den achtziger und neunziger Jahren bis 1906, die sich jedoch nur selten über 20 Stück erhoben, meist unter 10 blieben, so auch St. Gallen und Thurgau. Einzig im Aargau hatten es die Revierpächter und ihre Jagdaufseher in den achtziger und neunziger Jahren bis in die Hunderte von Würgerabschüssen gebracht. Dann aber hören auch dort die Zahlen auf. Das Bundesgesetz 1925 machte auch mit diesem Unsinn Schluss. Freilich auch dann nicht ganz ohne Hindernisse. Während in der vorberatenden Kommission des Nationalrates die Würger ohne Ausnahme dem Bundesschutz unterstellt wurden, erhob im Ständerat im gleichen Votum, worin er gegen den Schutz des Uhus sprach, Herr Hauser (Glarus) Einspruch gegen den Schutz des grossen Raubwürgers. Auch Albert Hess hatte diesen 1917 von seinem Schutzbegehren ausgenommen (!). Seine Speisekarte und wahrscheinlich sein ominöser Name waren Gründe genug, die gegen seinen Schutz sprachen. Auch Ständerat Hauser (Glarus) begründete seinen Antrag, diesen Vogel wie bisher jagdbar zu erhalten, damit, dass er jungen Singvögeln nachstelle, überhaupt kleinere Vögel vertilge und damit schädlich werde. Er sei leicht zu unterscheiden und könne darum auch vom Jäger erkannt werden.

Glücklicherweise war man jedoch auch im konservativen Ständerat bereits so weit, den Schutz der Tiere nicht mehr ausschliesslich von ihrem Speisezettel abhängig zu machen. Die Würger sind im Unteraargau noch heute nicht selten, sind auch recht vertraute Vögelchen. Geradezu klassisch ist, wie sich das Verhalten der kleineren Würgerarten von dem des grossen Raubwürgers unterscheidet. Dieser prächtige und äusserst selten gewordene Vogel war lange Jahrhunderte bei der Jägerei in Acht und Bann, die Folge ist heute seine geringe Zahl. Die Fluchtdistanz des grossen grauen Würgers ist um kein Haar kleiner als die des Sperbers oder Habichts. Die Gruppe der Würger ist ein Schulbeispiel der Verhaltensänderung infolge erlittener Verfolgung. Kein Zweifel, dass die lokale Biozönose auch der Vogelwelt von der Anwesenheit des Dorndrehers oder auch des kleinen Grauwürgers beeinflusst wird, aber nur der naturferne Mensch kann daran Anstoss nehmen. Es gab eine ganze Zeit, welche die freilebende Tierwelt der Schweiz im Sinne der Gesichtspunkte von Nutzen und Schaden — natürlich für den Menschen — zu gestalten unternahm. Die Jägerei ist heute noch nicht viel weiter. Doch steht fest: *Wer die Natur gestalten will, richtet sie zugrunde.* Das gilt für Wasser, Landschaft, Verkehr, aber für keinen Teil so sehr wie für die Tierwelt. Das ist die Schlusseinsicht aller Versuche, die Natur zu gestalten. Nur kommt sie für viele Tiergestalten des Landes zu spät. —

Eine Frage, die sich der Verfasser seit Jahren gestellt hat, sei hier am Schlusse dieser Schilderung der Eingriffe der Jägerei in die Vogelwelt gestellt, wenn auch nicht beantwortet: Sind nicht auch für die Singvögel ihre Feinde notwendig? Anders ausgedrückt: Dienen nicht auch Häher, Krähen oder Raubwürger der Erhaltung der

Intelligenz und der notwendigen Verhaltensweisen der Singvögel, zum Beispiel in der Wahl ihrer Nistorte, in der Heimlichkeit ihrer Brutpflege oder der Anregung der Altvögel zu einem Nachgelege bei Verlust des ersten? Ist es also eine Klugheit, die Singvogelfeinde möglichst auszumerzen? Bilden sie mit ihrem «Schaden» nicht geradezu einen Anreiz für die Kleinvögel, ihre volle Fortpflanzungskraft einzusetzen?

Es ist eine Frage zur Biozönose, in die jeder Eingriff ein Risiko bedeutet. Sicher erscheint nur, dass eine Bruthilfe für die Vögel Erfolge zeitigen kann, eine Befreiung von ihren Feinden jedoch noch nie nachweisbar zu ihrer Vermehrung geführt hat.

Der Waldrapp

Der Waldrabe oder Waldrapp gehörte bis zum 17. Jahrhundert zur schweizerischen Landestierwelt. Er brütete im Kanton St. Gallen bei Ragaz im wilden Taminatal und nach Grabfunden auch im Kanton Solothurn.

1555 beschrieb Conrad Gesner in seiner Historia animalium den Waldraben und bildete ihn auch ab. Schon aus Gesners Abbildung geht hervor, dass dieser Vogel keine Rabenart, also kein Krähenvogel sein kann. Den Namen Waldrabe oder Waldrapp gaben ihm die Leute wohl einzig wegen seiner schwarzen Farbe. Wissenschaftlich stellte sich erst 1897 heraus, dass es sich um den Schopfibis handelte, dessen letzte, gefährdete Brutorte sich heute nur noch in Marokko und in der Türkei (Mesopotamien) finden (Grzimeks Tierleben Band 7). Seit 1949 wird der Schopfibis im Basler Zoo gepflegt und ist dort auch seit 1957 erfolgreich zur Brut geschritten.

Der Waldrapp ist in der Schweiz ein echtes Opfer der Fleischjagd und Feinschmekkerei geworden, besonders dadurch, dass man die halbwüchsigen Jungen aus den Nestern holte und sie, wohl zubereitet, hohen Herrschaften und Staatsgästen als Delikatesse vorsetzte. Mit dem Erlöschen des Waldraben in der Schweiz verschwand eines der letzten Vorkommen des Schopfibis in Europa. Er gehörte zu den vielen Tieren, die unser Land im Spätmittelalter und der Neuzeit durch Nachstellungen und Jagd eingebüsst hat. Eine Wiedereinsetzung dieses Vogels in das Freileben ist unmöglich, weil ihm heute seine Nahrungsgrundlage fehlen würde (s.a. Dr. H. Wackernagel in Orn. Beobachter Bd. 61 No. 2).

Schlusswort

Getreu dem Thema dieser Arbeit soll in diesem Schlusswort einzig zusammenfassend vom vergangenen und vielleicht etwas vom künftigen Schicksal der jagdbaren Tiere der Schweiz gesprochen werden, nicht von ihrer Bewirtschaftung und nicht von den menschlichen Wünschen für ihre Gestaltung.

Von den vielen, die den Überfluss des Tierlebens afrikanischer, amerikanischer oder kanadischer Nationalparks sehen, sind es nur wenige, denen sich ein unverlierbarer Einblick in das Dasein alles Lebens und ihres eigenen öffnet. Noch weniger sind es, die den Weg zu der Restfauna unseres Landes finden und die Mühe auf sich nehmen, sich ihr zu nähern, und die Wärme empfinden dürfen, welche die Erkenntnis eines Stückes des Wesens dieser Tiere und ihres gefahrvollen Lebens dem denkenden Beobachter zu schenken vermag.

Denn wenn das von jeher mehr Menschen gehabt hätten, würde die Schweiz nicht so viele ihrer Tiergestalten eingebüsst haben, die einst ihr Mittelland und ihre Berge und Täler belebten. Dann hätte sich das nun zur Neige gehende Jahrhundert nicht mit einer Landestierwelt begnügen müssen, die nur noch ein Bruchteil dessen ist, was das Land trotz der Härte seines Klimas und der Kargheit seines kristallinen Bodens einst besass.

In unserer Zeit der Erkenntnis alter und neuer Verluste und des Strebens nach Erhaltung oder Ergänzung der Landestierwelt sei nochmals an die Perioden ihrer bisherigen Schicksale erinnert.

Übergangen sei die so oft und meist grundfalsch vorgestellte Periode der Vorgeschichte des mensch-tierlichen Verhältnisses. Übergangen auch die unbekannten Zeiten des Altertums und der Folgezeiten. Die vorstellbaren Epochen der Schicksale unserer Landestierwelt beginnen praktisch mit dem späten Mittelalter.

Diese Zeit charakterisiert sich als erste erkennbare Epoche der Nutzung eines schon schwindenden Wildbestandes und *als Kampfzeit um die Jagdrechte,* die mit Kompromissen auf dem Rücken der Jagdtiere endigte.

Mit der Umgestaltung der politischen Struktur der Schweiz im Anschluss an die Französische Revolution setzt die zweite Epoche der schweizerischen Wildgeschichte ein, die man die *bürgerlich-eudämonistische* nennen kann. Es ist die Zeit des Versuches, die Landestierwelt so zu gestalten, dass das Nutzwild für alle reichen sollte, mindestens für alle Bürgerjäger.

Diese Epoche gleitet in die dritte hinüber, welche als die *wirtschaftliche* bezeichnet werden könnte. Es ist die Zeit der Bemühungen zur Erhaltung eines noch jagdbaren Wildstandes, zur Aufrechterhaltung der Erträge aus dem Jagdregal sowohl für den Kanton als zunehmend für die Gemeinden.

Die vierte Epoche ist diejenige des *Kampfes um die Erhaltung unserer Landestierwelt,* charakterisiert durch die Methoden des zoologischen Naturschutzes, mit seinen drei Mitteln:
1. mit dem *legislativen* Naturschutz, der mit Hilfe der Gesetzgebung die Nutzung der freilebenden Tiere regulieren will,
2. mit dem *konservierenden* Naturschutz, der mit Reservaten und dem Nationalpark die Tiere der Schweiz wenigstens an einzelnen Orten auf dem vorhandenen Stand erhalten und eine Rückkehr zur vergangenen Biozönose schaffen will,
3. mit dem *konstruktiven* Naturschutz, der in noch bestehenden geeigneten Landschaften durch Neueinsetzen ausgerotteter Tiere die Landestierwelt wiederbringen und neu pflanzen will.

Eines darf als alle drei Perioden überlebende und charakterisierende Regel erkannt werden: *Die Geschichte der Jagd ist die Geschichte der Jagdbeschränkungen.*

Die grosse Zäsur in der Geschichte der jagdbaren Tiere der Schweiz war die Helvetik mit ihrer von der französischen Nationalversammlung der Jahre 1789 bis 1797 übernommenen Ideologie, wonach die Jagd entbehrlich und nur die Land- und Forstwirtschaft für den Staat notwendig sei.

Ein Teil dieser Ideologie ist noch immer in der Behandlung von Jagdvergehen durch die Rechtspflege zu erkennen. Vergehen gegen die freilebenden, teilweise auch gegen die Nutztiere, werden von den meisten Kantonsgerichten als Bagatellen behandelt. Der Schutz der freilebenden Tiere und die Anstrengungen zu ihrer Erhaltung oder zu ihrem Neuaufbau werden von der Rechtspflege weit hinter die wirtschaftlichen Gesichtspunkte zurückgestellt. Darin wirkt die Einschätzung der Tierwelt der Französischen Revolution deutlich nach.

Ein Vergleich der Geschichte des Waldbesitzes der Schweiz mit derjenigen ihrer Tierwelt seit der Helvetik zeigt folgende grundsätzliche Unterschiede. 1798 wurde das Vermögen jedes Kantons als Staatsgut und seine Wälder als Nationalwälder erklärt. Die Praxis freilich sah anders aus. Die Nationalwälder wurden vernachlässigt und blieben ohne Hut und Pflege. Die Folge war ihre Ausplünderung und Zerstörung. Auch die Übernahme der Wälder durch die Kantone 1804 brachte zunächst keine wesentliche Änderung bis zum eidgenössischen Forstgesetz von 1875. *An dessen Entstehung waren aber die Nutzniesser der Wälder nicht beteiligt.* Das war der Unterschied. *An den Bundesgesetzen über Jagd und Vogelschutz* aus derselben Zeitepoche und den späteren *waren die Nutzniesser der Jagd wesentlich beteiligt.* Dies wohl aus drei Gründen: erstens hielt man damals und noch sehr lange die Jäger für die einzigen Sachverständigen für Natur und freies Tierleben. Und zweitens: sie zahlten. Und wer zahlt, befiehlt. Das heisst wenn auch nicht ausschliesslich, so doch: er spricht ein massgebliches Wort mit. Und drittens war von jeher die Jagd stark affektbesetzt, die Waldnutzung nicht.

Und das war der grosse Fehler, der unserer heimatlichen Tierwelt jene Schäden zufügte, die wir Naturschützer und Natursucher dem Verhalten des Schweizers zu seinem Wild vorwerfen und damit nicht aufhören werden.

Denn, was ist die Jagd? Sie ist die Nutzung der freilebenden Tierwelt, soweit sie die Landesnatur neben allen zur Förderung des land- und forstwirtschaftlichen Ertrags erlittenen Veränderungen und Korrekturen noch hervorzubringen vermag. Diese Nutzung hatte, wie alle Nutzungen, den Versuch der Nutzniesser, hier der Jäger, zur Folge, die freilebende Tierwelt so zu gestalten, dass sie einen möglichst hohen Ertrag zeitigte. Das hiess: Schädigung aller Tierformen, die nach jagdlicher Vorstellung den gewünschten Ertrag beeinträchtigten. Man beanstande das Wort «Schädigung» nicht. Auf Jägerdeutsch sagt man «Kurzhalten des Raubwildes». Auf gut deutsch aber Schädigung. Nun, wie weit soll diese Schädigung oder Teilschädigung gehen? Wer bestimmt das? Grösstenteils die Jägerei selbst. Sie stellt den Füchsen, Dachsen, Wildkatzen, Mardern, Wieseln, Raubvögeln, Krähenvögeln nach, dazu den «Fischräubern», dem Fischotter, den Kormoranen, den Steissfüssen und fischfressenden Raubvögeln. Sie behauptet, sie wolle diese Tiere nicht ausrotten, nur «kurzhalten». Es soll hier nicht wiederholt werden, wie viele solche «kurzgehaltenen» Formen damit endgültig aus unserer Landestierwelt verschwunden sind. Die durch die Jägerei vollzogene Auslese aus der freilebenden Tierwelt unseres Landes, bei der die Nutzniesser darüber entschieden, was überleben durfte und was nicht, führte teilweise zur Jagdfeindschaft von heute, nicht nur in der Schweiz. Die Hinweise auf die «Hege», welche die Jäger ihrem Nutzwild angedeihen lassen, auf die Geldsummen, welche sie dem Staat bringen, hat für den jagdlichen Laien wenig Überzeugungskraft. Denn das Nutzwild ist durch die ewigen Nachstellungen der eifrigen Jäger weitgehend zu nächtlichem Leben übergegangen, weil selbst das dümmste Reh und noch viel mehr das Rotwild weiss, dass nachts dem Jäger das Büchsenlicht fehlt und es darum vor Schüssen sicher ist und seiner Nahrung ruhiger nachgehen kann. Deswegen sieht der Nichtjäger keinen Hasen, kein Reh mehr bei Tage. Und in der Dämmerung frühmorgens oder spätabends führt ihn kein Ausflug über Land. Und, ehrlich gesagt, auch der Jäger würde ohne seinen Hund und ohne Treiber nicht einen Bruchteil dessen schiessen, was er schiessen will und teilweise muss.

Das ist es, was man geändert sehen möchte:
1. Man lehnt heute der Jägerei das Recht des Eingriffs in die Biozönose ab.
2. Man verurteilt die heutigen Jagdmethoden und die oft unbeholfenen oder groben Jagdhilfen der allzuvielen Jagdausübenden, die in der freien Natur unseres kleinen Landes herumdilettieren.

Darum rettet kein schönes weidmännisches Gerede oder Bücherschreiben die Jagd vor Kritik und Feindschaft. Daher kommen immer wieder die Vorschläge und Postulate, die heimatliche Tierwelt sollte von Fachleuten und Kennern kontrolliert werden, jedoch nicht von Liebhabern, für welche alle schönen Jagdgesetze nur dazu da sind, umgangen zu werden. Darum wird der Gedanke des Umweltschutzes nicht zur Ruhe kommen, *bis auch die Jägerei neu gestaltet wird und von herkömmlicher Nutzung zu einer Kontrolle der freilebenden Landestierwelt geworden ist, die nicht weiter geht als bis zur Verwaltung der Tierwelt, soweit es die Wirtschaft erfordert.*

Immer wieder ist es die Analogie zu der Bewirtschaftung des heimatlichen Waldes, die zur Forderung der Ausscheidung der Liebhaberei aus dem Jagdwesen gelangt. Wenn im 19. Jahrhundert jeder, der Holz benötigte oder den Wald mit seinem Vieh beweiden oder die Eicheln und Bucheln von seinen Schweinen zusammensuchen lassen wollte, den Wald in seinem Sinne nutzen konnte, so wurde das und viel anderes nach 1875 allmählich abgestellt und der Wald von Malträtierung befreit und Fachleuten zur Pflege übergeben. So stellen sich viele auch die Rettung der heimatlichen Tierwelt durch ordnende und pflegliche Beamte vor.

Wer vielleicht etwas besser orientiert ist, denkt an die von Förstern verwalteten Jagden der deutschen Staatswaldungen oder an die von den Wildhütern zurückhaltend bejagten eidgenössischen Bannbezirke. Aber meist wird vergessen die Jagdlust der allzu vielen, die ein Ventil nötig hat und es im gelösten Jagdpatent findet, das dem Jägerblut Kühlung bringt und den wilden Jagdfrevel etwas dämpft. Das ist es auch, was die Jägerei selbst für sich ins Feld führt. Das Jagdverbot hätte ein schrankenloses Wilderertum zur Folge. Gewildert wird aber auch trotz Jagd – und zwar im Patent- und Revierbetrieb.

Wie wird nun die Geschichte der jagdbaren Tiere der Schweiz weitergehen? Wird es der zahlenden Jägerschaft gelingen, ihre Tätigkeit in der herkömmlichen Form aufrechtzuerhalten? Wird damit die Leidenszeit der schwindenden Wildtiere fortschreiten?

Gewisse begründete Erwartungen knüpfen sich an die im Entstehen begriffene Neugestaltung des Bundesgesetzes. Sechzig Jahre sind vergangen, seit der Schöpfer des schweizerischen Naturschutzes, Dr. Paul Sarasin, das Bundesgesetz über Jagd und Vogelschutz in ein Gesetz über Wildschutz und Vogelschutz umwandeln wollte. Niemand glaubte damals an eine solche Möglichkeit. Jetzt ist sie im Kommen.

Noch immer gibt es in der Schweiz Gläubige an die Unübertrefflichkeit deutscher Jagdgestaltung und Weidgerechtigkeit. Aber es sieht danach aus, als ob sie bereits zu den Gestrigen gehörten.

Schritt um Schritt wurde die Tötung der Wildtiere beschränkt, in Patentkantonen durch die herkömmlichen Mittel der Verkürzung der Jagdzeit, durch Verteuerung der Patente zur Beschränkung der Jagdausübenden, durch Beschränkung der jagdbaren Tiere, deren Altersklassen oder deren Geschlecht. Hauptmittel in Revierkantonen wurde die Reduktion des Kataloges der Jagdbaren. Damit suchte man die Artenzahl der freilebenden Tiere zu erhalten. Allem Anschein nach kommt diese Entwicklung nicht zum Stillstand, wenn auch für manche Arten zu spät.

Wird mit diesen herkömmlichen Massnahmen die Biozönose der Schweiz erhalten werden können? Diese Frage wird vielfach verneint. Denn von jeher war der zoologische Naturschutz überzeugt, dass dies nur dann möglich sei, *wenn die Eingriffe der Jagd in die Zusammensetzung der Landestierwelt eingestellt werden.*

Kann die Jagd auf die reine Präkaution, das heisst auf die Gestaltung des Nutzwildes auf land- und forstwirtschaftlich tragbare Bestände beschränkt werden? Es gibt Kantone, die das bei Fortbestand der privaten Jagdausübung für unmöglich halten. Denn die zahlende Jägerschaft wird kaum je auf eine Förderung des Nutzwildes, ihrer «Ernte», durch aktive Eingriffe in die Biozönose verzichten. Wird also alles beim alten bleiben?

Noch werden für viele Wildarten quälerische und veraltete Jagdarten angewendet, auf Hasen die laute Jagd, auf Rehe die Hetze mit dem Niederlaufhund, auf Haar- und Federwild die Lockjagd usw. Schon im 17. und noch mehr im 18. Jahrhundert wurden damals herkömmliche Jagdarten verboten. Wird es auch heute zu Verboten von Jagdarten kommen, die das Wild heute nicht mehr verkraften kann oder die dem humanen Empfinden der Gegenwart widersprechen? Diese Fragen sollen gestellt, aber nicht beantwortet werden. Aber von der Entscheidung dieser Fragen wird viel vom künftigen Geschick der schweizerischen Landestierwelt abhängen.

Register

A

Abegglen, Adolf 189
Adler 83, 92, 96, 97, 161, 163, 165, 166, 212, 364f, 408, 420
Albertus Magnus 385
Alpenhase s. Schneehase
Alpenkrähe 81, 439
Amberg, Robert, Wächter des Wauwilermooses 251
Ammann, Motion, Thurgau 152
Amseln 69, 87, 88, 442
Anbohren von Fuchs und Dachs 116
Angeln, Angeleisen 119, 120, 121, 355, 382
Anhydroglycochloral s. Glycochloral
Annasohn, Gemeindeammann, Uttwil 152
Anschilden s. Tonelle
Anstand (Ansitz) 112, 114
Appenzeller Gemsjagdskandal 183
Armleuchteralgen 392, 393
Arve 259
Auerhahn 54, 62, 80, 102, 136, 199, 363
– im Jura 364, 366, 368
Auflauern s. Anstand (Ansitz)
Ausstopfen s. Präparieren
Auto, Jagd vom Auto aus 195
– Wilderei 204

B

Bachmann, Prof., Luzern 252
Bachstelzen 403, 405
Bächler'sche Regel 16
Bächtold, Nationalrat 104
Bär 22, 26, 48, 69, 71, 95, 112, 257, 258, 325
Bagnod, M., Grossrat, Wallis 264
Baizi (Beizi) s.a. Passjagd 25, 114, 347
Bambushuhn 366
Banngebiete 30, 54, 60, 68, 70, 71, 78, 88, 94, 96, 103, 155, 182, 197, 204, 206, 255, 298
– bejagte 140
militärische Schiesskurse in – 207, 211, 287
– Raubzeugabschüsse 207
– Grenzänderungen 209
Banngebiete, einzelne:
– Bernina-Roseg 286
– Brunnital 206
– Churfirsten 180, 183, 209
– Creux du Van 61
– Diablerets-Muveran 181
– Faulhorn 206
– Griesethorn-Bisisthal 287
– Gross-Ruchen 206
– Hohgant 284
– Kärpf (Freiberg Kärpf) 48, 136, 137, 182, 206, 207, 210
– Kaiseregg 141, 212
– Mont Pleureur 182, 209
– Montagne de Boudry, Tête de Ran 209
– Mythenstock 206
– Niederhorn 206
– Niesen 206
– Piz d'Aela 139, 209
– Piz Beverin 139
– Rauti Tros 137, 198
– Rothorn (Brienzer) 208, 284
– Rothorn (Graubünden) 211, 286
– Schratten 212, 284
– Selva-Carolina-Varusch 273
– Silbern 206
– Spadlatscha 137, 211
– Tössstock 214, 297
– Traversina 286
– Urbachtal 180, 284
– Urirotstock-Hutstock 182, 209
Banngebiete, kantonale 204, 214
Bavier, B., Kantonsoberförster 139
Bauernkrieg 25
Bay, G., Regierungsrat 84
Beizi (Beizjagd) s. Baizi und Passjagd
Beizjagd (mit Falken) 223
Bekassinen 96, 379
Bergföhre 259
Berliner Eisen s. Fallen
Beutebeschränkung 84, 94, 141, 197, 204, 219
Beutetrieb des Jägers (Jagdlicher Urtrieb) 17, 19, 125
Biber 15, 22, 102
Birkhahn 62, 80, 102, 136, 199, 363, 368

Birsen (Pirschjagd auf kleine
  Vögel) 114, 202
Bisamratte 143, 323
Bison 15
Blässhuhn 71, 403
Blasrohr 114
Blattjagd s. Lockjagd
Bobwhite Quail 366
Bodenfallen 119
Bodenjagd (s. a. Fuchs und Dachs) 73,
  92, 112, 199, 354
Böhringer, Prof., Basel 298
Böttgersche Regel 16
Bogen (Fanggerät) 116
Borel, Vertreter der Patentjäger 67,
  83
Botschaft des Bundesrates
– zum Bundesgesetz 1875 52, 53
– zum Bundesgesetz 1925 84
– zur Bundesgesetzesrevision 1962
  100
Bouvier, Tierarzt 97
Brachvögel 80, 87, 251
Bratschi, Grossrat, Bern 132
Branger, Dr. E., Chur 138
Brieftauben 69, 130, 224, 410
Broncezeit 16, 17
Brunies, Stefan 30, 73, 210, 254, 261,
  326, 327
Bucher, J.J. (Sekretariat für
  Vogelschutz) 69
Bühler, Nationalrat 87, 89
Bühlmann, F., Grossrat, Bern 132
Bühlmann, Nationalrat, Oberst,
  Jagdinspektor 68, 83ff, 208, 232,
  256, 257, 261, 262
Büttikofer, E., Prof. 257
Bundesgesetz über Jagd und
  Vogelschutz
– 1875 51, 68
– 1875, Revisionsanträge 61, 63, 64,
  65
– 1891 65–69
– 1904 69–71
– Entwurf von Paul Sarasin 72, 74, 76,
  83
– Entwurf von Otto Meyer 76–80, 83
– Entwurf der Patentjäger 81–82
– 1925 82ff
– 1925, Revisionsanträge 95

– 1962 101
Bundesjagdschein s. Jagdregal
Burckhardt, Dieter, Dr. 98, 99
von Burg, Gustav 70, 72, 73, 76, 78,
  137, 254, 364
Burgen der Schweiz Grubenfunde 16
Bussarde 67, 81, 84, 373

C
Calciumcarbid 346
California Quail 366
Calonder, Motion, (Graubünden) 137
Characeen s. Armleuchteralgen
Chinesisches Rebhuhn 366
Christ, Hermann 252
Chuard, Bundesrat 82ff
Claparède, Alfred de 382, 403
Coaz, Johann, Oberforstinspektor 30,
  208, 252
Coccidiose 291, 307, 310
– der Eichhörnchen 320

D
Dachs 26, 30, 42, 74, 160, 352
Dachshund 175
Darwin 27
Dausjagen s. Anstand (Ansitz)
DDT
  (Dichlordiphylentrichloräthan) 124
Decoppet, Oberforstinspektor 82ff
De la Rive, Prof. 73
Descartes 24, 111
Dinitrokresol 373
Dohlen 130
Dohnenstieg s. a. Bogen 116
Donini, Nationalrat 85
Doppelgarne s. Garnstellen auf Vögel
Draht (Drähte, Tröte) 53, 117
Drosseln 67, 69, 80, 81, 84, 87, 88,
  96, 102, 104, 162, 441, 442
Drückjagd (Drücken) 113, 114, 198
Durrer, Werner, und Durrer, Joseph, und
  Durrer, Otto 184ff

E

Eichelhäher   62, 103, 130, 435
Eichhörnchen   87, 95, 102, 319
Eierausnehmen   78, 90, 119, 224, 382, 409, 435, 437
Eigenmann, Nationalrat   83, 87
Eimeria sciurorum   s. Coccidiose der Eichhörnchen
Eisvogel   62, 71, 78, 359, 404, 405, 406
Elch   15, 16, 23
Elmiger, Grossrat, Bern   134
Elster   103, 130, 435
Enderlin, F., Kantonsoberförster Graubünden   73, 137, 364
Enten   34, 87, 96, 161, 253, 381, 383, 403
– Fischereischädlichkeit der –   382, 383, 384, 385, 405
Entenangel   120, 121
Entenkanone   81, 103, 115, 199
Epochen der schweizerischen Jagdgeschichte   22, 31, 447
Etter, Philipp, Bundesrat   96
Eulen   73, 165, 413

F

Faesch, Christoph   38
Falken s. a. Turmfalk und Wanderfalk   80, 162, 163
Fallen   53, 63, 67, 75, 89, 113, 119, 199, 353, 404
Fallenjagd, Bündner   69, 122, 123, 347, 349
Fallwild   229, 258, 291
Fang mit der Kuh   s. Tonelle
Fasan   42, 366, 367
Fatio, V., Prof.   54, 56, 364
Fehlmann, Prof.   392
Felber, Prof., Forstwesen   84
Feldgehölz   144
Fichte   259
Finken   70, 443
Fischadler   359, 408
Fischer-Sigwart, Hermann   30, 31, 70, 73, 210, 250, 251, 252, 419, 433
Fischereischädliche Tiere   s.a. Enten. Fischereischädlichkeit   357, 403
Fischotter   30, 75, 83, 89, 97, 102, 166, 257, 357, 383, 403
Fischreiher   71, 83, 161, 252, 359, 383, 403
Fleischjagd   93, 120, 217, 218, 219, 383, 386
Fluchtverhalten, Fluchtdistanz   13, 22, 210, 261, 444
Flugjagd, Flugwild   243, 374
Flurwächter gegen Hirschschaden   273
Forrer, Ludwig, Bundesrat   30
Frank, Nationalrat   85
Französische Revolution   27, 168
Frauen bewerben sich um Jagdpatent   135
Frettchen   322
Frevel (Wilddiebstahl) s. a. Wilderei   49, 84, 94, 132, 179
Fritschi, Ahasverus   38
Frühlingsjagd   52, 54, 61, 64, 66, 67, 70, 75, 77, 80, 81, 83, 96, 102, 132, 199, 202, 368, 376, 377
Fuchs (Fuchsjagd)   26, 30, 35, 43, 74, 81, 342, 403
– Ausräuchern   60, 116, 342, 348
– Ausgraben   116, 342
Fuchsangel (Angeleisen)   s. Angeln
Fuchsbohrer   345
Fuchspasser (Fuchshüsli)   s. Passjagd
Fuchsprämien   223, 349
Fuchsräude   222, 232, 348

G

Gabelbock   15
Gagern, Friedrich von   173
Gans, Dr., Ornithologe   83, 84
Garnstellen auf Vögel   58, 116, 117, 119, 132
Geier   160, 161
Gemse s. a. Wildabschlachtungen   42, 47, 49, 51, 54, 93, 103, 136, 137
– und Steinwild   260
– Jäger, berufliche   282
– Überbejagung   282
– Krickelhöhe   288
– Kitzenschule   289
Gemsenblindheit (Seuchenhaftes Erblinden der Gemsen)   229, 284

Gemsleiter   120, 122
Gerber, Dr., Präs. der ALA   97
Gerichtspraxis bei Jagdvergehen   220
Geroudet, Paul, Dr.   99
Geschell   118
Geschlepp   120
Geschützte Tiere   101, 102
Gesner, Conrad   446
Gesundhaltetheorie durch
   Raubwild   222
Gewässerkorrektionen   144
Gewildlauren   s. Anstand (Ansitz)
Gift   53, 63, 64, 69, 71, 75, 77, 78, 79,
   83, 89, 122, 123, 143, 199, 343, 436,
   438
Gimpel   67, 87
Girtanner, A.   419, 423
Glutz-Ruchti, Joseph Georg Maria   82
Glycochloral   439
Goldadler   408
Graviset, Hans Jakob, Heutelia   43,
   114
Grenzfrevel   193
Grünenfelder, Nationalrat   91
Grünfüssiges Teichhuhn   102
Grundbesitzer   s. Jagdrechte der
   Grundbesitzer
Guggisberg, Dr., Grossratspräsident
   Bern   133

H
Habicht   69, 101, 130, 408, 431, 435
Hamen   s. Netzreuse
Handschin, Eduard, Prof.   261
Hase   12, 26, 34, 35, 47, 81, 164, 174
– Schälschäden   169, 304, 305
– Rückgang des Hasenbesatzes   306,
   308
Hasenschonrevier Glarner   308
Haselhuhn   54, 95, 363, 366, 369, 370
Hasenhurd   118
Haubentaucher   130, 359, 403, 406
Hauser, Ständerat   86, 415
Hauskatze   84, 94, 103
Haustiere   16, 76
Heckenschutz   84
Hediger, H., Prof.   294, 357, 309, 316,
   323, 437

Heer, Fridolin   51
Heer, Jakob Christoph   422, 423
Heer, Oswald   284
Hefti, Thomas, Gemsjäger   136
Hege   73, 112, 121, 202, 204
Heidegg, Schloss, Jagdmuseum   82
Heim, Albert, Prof.   252
Heim der Tiere   198, 302, 354
Hess, Oberforstinspektor   95
Hess, Albert, Ornithologe   84
Hetzjagd   13, 111, 113, 173
Heutelia   s. Graviset, Hans Jakob
Hexachlor   124
Hirsch   12, 13, 16, 42, 49, 103, 168,
   257
– und Reh im Nationalpark   259, 272
– von Furna   270
– in Davos   270
– im Unterengadin   270
– im Nationalpark   272
– im Oberengadin   272
– und Gemse   272
– Extrajagd   273
– im Kt. Glarus   274
– im Kt. St. Gallen   275
– in Uri   276
– im Kt. Schwyz   276
– im Kt. Zürich   276
– im Kt. Bern   276
– im Kt. Appenzell   276
– im Wallis   277
– in der Waadt   277
– im Kt. Schaffhausen   277
– in Vorarlberg   277
– Ökologie   278
– Wanderungen   279
Hirschschaden   272, 273
Hoch- und Niederjagd   53, 64, 68, 69,
   74, 79
Hochstrasser, Nationalrat, Bern   134
Hohltaube   84, 98, 441
Hüttenjagd   416
Humanität bei der Jagd
   s. Weidgerechtigkeit
Hunde (Hundefrage)   s.a. Laufhunde
– alleinjagende (wildernde)   58, 143,
   174, 232
– Verbot auf der Hochjagd   42, 54, 81,
   84, 90, 136, 137, 175, 177
– Verbot der Bauernhunde   43

I
Igel 102
Iltis 130, 354, 403
Inzucht 210

J
Jaag, Prof. 392
Jäger – Reduktion 47, 48
Jägerexamen (Jagdliche
  Eignungsprüfung) 75, 77, 94, 103,
  106, 204, 237
Jägersprache 239
Jägerstreik 150
Jagdaufsicht 155, 220
Jagdbeschränkung 204
Jagdbeteiligung 75, 83, 144, 215, 273
Jagdgesetze, Grundgedanken 34
Jagdgesetze
– Zürich 40, 42, 59, 129–130
– Luzern 41, 50, 134
– Bern 41, 42, 43, 49, 59, 131–133
– Basel 25, 41
– Solothurn 41, 49, 146–147
– Aargau 50, 66, 153–156
– St. Gallen 50, 147–151
– Uri 50, 134
– Schwyz 50, 134, 135
– Obwalden 50, 137
– Nidwalden 50, 137
– Freiburg 50, 140–141
– Tessin 60, 61
– Glarus 135
– Graubünden 137–139
– Waadt 139–140, 263
– Wallis 140
– Basel-Land 141–143
– Schaffhausen 143–146
– Thurgau 151–152
Jagdgesetz der Helvetik
  s. a. Bundesgesetz über Jagd und
  Vogelschutz 28, 29, 45, 47
Jagdliche Eignungsprüfung
  s. Jägerexamen
Jagdmoral 17, 171, 178, 179
Jagdpatente
– Entstehung (Jagdpatente der
  Helvetik) 29, 47
– Patentjagd 65, 74, 144
– Patentzahlen von 1893 217
– Jagdpatente, Missbrauch 192
– Beschränkung 204
– Taxerhöhungen 216
Jagdpolizei (Jagdaufsicht)
  s. Jagdaufsicht und Wildhut
Jagdpsychologie 18, 19
Jagdrechte 39
– der Grundbesitzer 58, 75, 78, 168
Jagdregal 66, 78, 79
Jagdschein s. Jagdregal
Jagdstatistik 130, 135, 147, 225
Jagdsysteme 128, 155
– Freigabe 53
Jagdtrieb s. Beutetrieb des Jägers
Jagdverbot
– für Bauern 43
– in einzelnen Gemeinden 143
Jagdvergehen s. Kontravention
Jagd, vorzeitliche 14
Jagdwaffen 13, 22, 53, 54
Jagdzeit (Jagdsaison) 54, 202, 204
Jagen auf dem Taus s. Anstand
  (Ansitz)
Jörimann 139

K
Kastenfallen s. Fallen
Katalog der schweizerischen Vögel 63
Keller, Georg, Ständerat 87, 146, 416
Kiebitz 80, 86, 251
Kim, L., Sekretär des
  Tierschutzverbandes 88
Kirschkernbeisser 67
Klebnetze s. Garnstellen auf Vögel
Kloben s. Fallen
Kobler, Bernhard, Dr. 427
Köder s. Fallen
Kolkrabe 63, 78, 102, 103, 106, 439
Konkordate der Kantone 51
Kontravention 190ff
Kormorane 161, 403
Kornweihe 408
Krähen 63, 79, 87, 103, 106, 123,
  130, 143, 435, 436, 440
Krammetsvögel s. Drosseln
Krebser, Werner, Buchhändler,
  Thun 97

Kreisschreiben der Berner Jagdbehörde
   an die Kantone   59, 60, 94, 132, 161,
   211, 218, 219, 224, 347, 359, 360,
   382, 419
Kreuzschnabel   67
Krug-Weikersheim, Forstmeister   378
Kuoni, Grossrat, Graubünden   137

L
Lachmöve   104
Laely, Ständerat   86, 89, 415
Lämmergeier   160, 165, 258, 408, 418
Lärche   259
Landeskomité für Vogelschutz,
   Schweizerisches   106, 393
Laufhunde s. a. Hundeverbot   90, 142,
   174, 176, 298, 301, 302, 305
Lauschnetz   s. Geschell
Legrand, Jean Lucas, Präs. des
   vollziehenden Direktoriums   47
Leibundgut, Prof.   104
Leimruten   120, 121, 382
Leo XIII., Papst   62
Lerchen   443
Letsche   s. Schlingen
Lichtwirkung auf Wild   195
Lockjagd (mit Hirschruf, Blatt,
   Hasenklage, Mauspfeife,
   Lockenten)   112, 303, 397
Loi sur la faune   s. Jagdgesetze, Waadt
Löliger, Willy   105
Lotzer, Sebastian   25
Luchs   23, 26, 69, 102, 257, 337
Lucknetz   s. Geschell
Lungenwurmkrankheit   s. Strongylose

M
Maag, Nationalrat   94
Mähmaschinen   143, 232, 298
Marder   26, 130, 353, 354
Maul- und Klauenseuche   209, 210,
   230, 232, 235, 257, 284, 286, 297
Milane   359
Meisenherd   s. Vogelherd
Meyer, Otto   76–80, 252, 254, 256

Mösle, Fritz, eidgenössischer
   Grenzwächter   187
Moosjagd   202, 249, 251
Mordfallen   s. Fallen
Müller/Aarburg, Nationalrat   96, 102
Müller, Alban, Grossrat,
   Solothurn   147, 156, 158
Mumenthaler, J.J.   210
Murmeltier   54, 91, 95, 103, 137, 139,
   291
– graben   53, 75, 114, 181, 292
– fett   294
Myxomatose   143, 169, 235, 309, 322

N
Nachsuche (Wildfolge)   170, 171, 194,
   196
– Pflicht, gesetzliche   171
Nachtgarne   s. Garnstellen auf Vögel
Nachtjagd   75, 115, 195
– auf Enten   80
– auf Füchse   s. Passjagd
Naef, Prof., Präs. des SAC   256
Nationalpark   104, 107, 163, 210, 230,
   232, 254
– Banngebietsgürtel   209
– der Vorschlag von 1895   254
– der Vorschlag von 1907   255
– Waldfrage   258
– Hirschproblem   259, 273
Naturschutz   72, 73, 78, 79, 143
Netze   13
Netzreuse   116, 119
Neukomm, Forstmeister   387
Nicole, Nationalrat   91
Noll, Hans, Ornithologe   393
Nutzwild, einseitige Begünstigung   50,
   128

O
Obrecht, Ständerat   104
Ornithologenkongress 1884 in
   Wien   s. Vogelschutz

P

Pachtjagd s. Revierjagd
Parisod, Violette, Grossrätin Waadt 263
Passjagd 75, 112, 115, 192
Perioden der schweizerischen Jagdgeschichte s. Epochen d. schw. JG.
Pestalozzi, Heinrich 27, 100
Petitmermet, Oberforstinspektor 85, 87
Pfahleisen 120, 121, 404, 409
Pfahlschussapparat 120, 121
Pfleger, Daniel 47
Phosphoreier s. Gift
Pittet, Vertreter der Landwirtschaft 84
Prämien, prämierte Tierarten 58, 68, 71, 72, 73, 75, 78, 81, 83, 90, 92, 106, 160, 161, 165
Präparieren, Präparatoren 71, 90, 94
Prügelfallen s. Fallen

R

Rallen 80, 102
Raubvögel 62, 63, 78, 96, 97, 165, 223, 374, 408
– Schutz 162, 167
Raubwild 15, 24, 26, 28, 30, 50, 70, 73, 92, 98, 160, 165, 213, 221, 222, 258, 263
– Kurzhaltetheorie, Recht der Jägerei dazu 243, 433, 434
«Raubzeug» 64, 67, 68, 73, 78, 92, 164, 204, 221, 222
Rauch, Andreas, Wildhüter 138
Rebhuhn 42, 47, 80, 264, 371
Regenpfeifer 80, 87
Reh 12, 13, 23, 35, 47, 49, 83, 164, 170, 257
– und Hirsch 297
Reissende Tiere 42, 53, 69, 160, 165, 325
Repeuplement 135, 139, 140, 141, 234
Reservate 248, 249
Revierjagd (Pachtjagd) 51, 57, 65, 66, 73, 74, 94, 144
– fakultative 64, 65, 67, 132, 134, 141

– in Deutschland 66
– Ausschiessen der Reviere 83, 90, 142, 155, 197, 373
Ringeltaube 441
Rohrdommeln 403
Rothirsch s. Hirsch
Rothuhn 95, 163, 366
Rüedi, Karl, Förster 170
Rufgarne 117

S

Saatkrähen s. Krähen
Sack s. Netzreuse
Säger 96, 102, 106, 161
Salzlecken 75, 204, 229, 287, 301
Sarasin, Fritz 252
Sarasin, Paul 29, 30, 71, 73, 91, 92, 208, 215, 222, 236, 251, 252, 255, 256, 257, 360, 353, 327, 397, 410
Schachenmann, Präs. d. Tierschutzverbandes 88
Schädliche Tiere 58, 80, 82, 161, 165, 325
Schafe 257, 284
Schappeler, Christoph 25
Schelladler 160
Schellente 96, 102
Scherrer-Füllemann, Nationalrat 68
Scheuber, Adolf 184
Schiessjagd 13, 111, 113
Schifferli, Dr., Leiter der Vogelwarte Sempach 429
Schlangenadler 408
Schleppnetz s. Tirass
Schlingen s.a. Fallen 53, 89, 113, 116, 305
Schloeth, R., Verwalter des Nationalparks 258
Schmid, Grossrat, Graubünden 137
Schnalle 117
Schneegarne s. Garnstellen auf Vögel
Schneehase 304
Schneehuhn 47, 369
Schnepfenstrich s.a. Frühlingsjagd 64, 70, 74, 81, 97, 241
Schnüre 117
Schonreviere 212
Schontage in der Patentjagd 205

Schonzeiten 28, 42, 43, 48, 82, 202, 238
Schröter, Carl, Prof. 252
Schrotschuss auf Rehe und Gemsen 103, 140, 144, 196, 298, 301
Schüpbach, Nationalrat 90
Schussgelder s. Prämien
Schussneid 144, 193
Schusszeichen 172
Schwanenhals s. Fallen
Schweitzer, Albert 31, 107
Schwimmvögel s. Wasservögel
Schwippgalgen 117
Schwyzer, Kantonsoberförster, Luzern 250
Seeadler 403
Segantini, Giovanni 423
Selbstschüsse 53, 116, 120
Senn, Rudolf 77
Siebenschläfer 87
Siegfried, Fritz 93, 96, 97, 243
Siegmund, Benjamin 73
Singvögel 248
Sonder, J.P. 139
Sonntagsjagd 42, 58, 68, 70, 88, 89, 103, 171
Spangenberg, Cyriacus. Jagteufel 38–39
Spechte 442
Sperber 69, 102, 130, 161, 408, 431
Sperlinge 85, 87, 88, 103, 443
Spielhahn s. Birkhahn
Spitzmaus 359
Sportjagd 120
Spreitgarne 117
Star 69, 87, 88
Steckgarne s. Garnstellen auf Vögel
Stein von Reichenstein, Caspar 36–38
Steinbock 16, 54, 257
Steinhuhn 369
Steinmann, Prof. 392
Steinzeit 14, 15, 16, 17
Steisshühner, südamerikanische 368
Stemmler, Carl (Vater) 105, 429
Steuble, Nationalrat, Appenzell 86, 89
Stingelin, Albert 426
Storch 57, 70
Strafsätze für Jagdvergehen 91
Strandläufer 80, 394, 397

Strongylose 143, 229, 256, 257, 287, 291
Strychnin 124, 436, 439
Sulzer, Johann Georg 27
Sulzer, Johann Jakob 124
Sumpfweihe 408
Surbeck, Fischereiinspektor 73

T
Tannenhäher 62, 69, 87, 102, 162, 166, 440
Tarpan s. Wildpferde
Taubenschiessen 84, 90, 132
Tausjagen s. Anstand (Ansitz)
Tellereisen s. Fallen
Tenger, Eduard 30, 94, 95, 96, 102, 137, 209, 262
Teuscher, Pierre, Nationalrat 264
Thallium 123, 124, 348, 356
Theiler, Sir Arnold 252
Thomas von Aquino 24
Tier und werkender Mensch 13, 156
Tierquälerei, jagdliche s. Tierschutz
Tierschutz 76, 101, 143, 171, 172, 173, 195, 238
Tirass 118
Tollwut 349, 356
Tonelle 119
Trappen 87
Treibjagd 13, 71, 74, 114, 198, 215, 303
Treibzeug s. Tonelle
Treteisen s. Fallen
Trockenlegungen 144
Tröte (Drähte) s. Draht
Troillet, Nationalrat 87, 89
Trû und Seil 120
Tscherzisthal 257
Tschudi, Friedrich von 52, 56
Türkentaube 163
Tularämie 235, 236
Turmfalk 67, 70, 80, 408
Turteltaube 84, 441
Twingherrenstreit 35

U

Überjagen (Übernutzung des Wildstandes) 197, 234, 304
Uhu 80, 81, 86, 92, 98, 413, 414, 415, 435
Ullmann, Ständerat, Thurgau 103, 163, 395
Ur 22, 23

V

Verbotene Tiere 54, 115, 171, 191
Verkehrsopfer s. Wildverluste durch den Autoverkehr
Vernet, H. 73, 229
Vetterli, Paul 104, 137, 147
Vischer, Wilhelm, Prof. 209, 254, 392
Vögel, jagdbare und geschützte s. Vogelschutz
Vogelgarn s. Garnstellen auf Vögel
Vogelherd 120
Vogeljagd
– in Italien 52
– Konkordat des Tessin mit Italien 57
– für «wissenschaftliche Zwecke» 58, 71, 84
– Tessin 60, 72, 78, 89, 94
– Jura 60, 133
Vogelschutz 75, 78, 143
– Kongress 52, 62
– Tessin 55
– Enquête des Bundesrats 1868 55, 56
– im Bundesgesetz 1875 52, 53
– im Bundesgesetz 1904 67, 68
– im Bundesgesetz 1925 83
– Sekretariat für Vogelschutz 69
Von Streng, Grossrat, Thurgau 152

W

Wacholderdrossel 251, 441
Wachtel 42, 80, 106, 366, 370
Wachtelkönig s. Rallen
Waldkauz 413
Waldohreule 414
Waldrapp 160, 446
Waldschnepfe 54, 80, 96, 376
Wald und Wild 170, 296, 297
Wanderfalk 69, 78, 87, 130, 366, 409, 435
Wandertaube 15, 115
Waser, Johann 184
Wasseramsel 34, 71, 81, 167, 359, 403, 405, 406
Wasservögel, Wasservogeljagd 54, 69, 80, 81, 90, 106, 199, 218, 381, 394
Wasservogeljagd auf dem Untersee und Rhein 385, 391
Wauwilermoos 250ff
Wechselwild 376, 381
Weidgerechtigkeit 112, 113, 194
Weidschiessen s. Anstand (Ansitz)
Weihen 160, 161, 403
Weissenrieder, Tierarzt 97
Weitschuss 195, 196
Welti, A. Redaktor des Centralblattes für Jagd- und Hundeliebhaber 72, 256
Weltkriege 94, 218
Wendt, Ulrich 19
Wespenbussard s. Bussarde
Wiesel 353, 354
Wildabschlachtungen 71, 78, 88, 91, 210, 286
Wildasyle s. Banngebiete, kantonale
Wildbestandeszählung 226ff
Wildenten s. Enten
Wilderei (Wilderergeschichten) s. auch Frevel 125, 178, 180, 184ff, 298
– mit dem Auto 233
Wildfolge s. Nachsuche
Wildgänse 70, 381, 390, 403
Wildhühner 42, 91, 96, 102, 162, 163, 257, 258, 260, 363
– Rückgang 363
Wildhut, Wildschutz 94, 96, 181, 220
Wildimporte 71, 96, 97, 135, 139, 140, 146, 147, 164, 204, 219, 234, 307, 309, 369, 372
Wildkaninchen 143, 219, 321
Wildkatze 23, 69, 95, 102, 340
Wildkommission, beratende 257
Wildkrankheiten 12, 96, 231, 257, 258
Wildpferd 23
Wildschaden 83, 96, 101, 147, 152, 168, 258, 297

Wildschwein 26, 43, 102, 103, 130, 143, 160, 165, 168, 312
– nach dem Siebzigerkrieg in der Schweiz 312 ff
– nach den Weltkriegen in der Schweiz 314 ff
Wildstand s. a. Wildbestandeszählung
– Rückgang 203
Wildtauben 87, 441
Wildverluste durch den Verkehr 143, 232, 298
Winterfütterung 112, 144, 204
Wisent 23
Woker, Motion 133
Wolf 23, 26, 48, 333
– Eisen 119
– Steuer 165, 334
Wolfshunde 176, 177
Wüger, Motion 152
Würger 62, 86, 87, 443, 444

Z
Zentner, Matthias, Wildhüter 137, 187, 211
Zielfernrohr 196
Zimmerli, N., eidg. Jagdinspektor 82, 91
Zimmermann, Karl Friedrich 28, 45
Zschokke, Friedrich, Prof. 73, 85 ff, 167, 252, 413
Zürichseejagd 129, 382
Zurburg-Geisser, C., Motionär für das BG 1925 82 ff, 137, 364
Zwergfalke 408
Zwicky, David, Gemsjäger 136
Zyklische Tiere 164, 221

Bildteil

1. Hirsch

Vorbemerkung zu den Bildern vom Hirsch

Das Hirschleben der Schweiz wurde vom Verfasser in einem Buch «Der Hirsch in unsern Bergen» (Basel 1971) mit über 200 Bildern dargestellt. Es wäre unrichtig, die dort veröffentlichten Aufnahmen zu wiederholen. Die folgenden Bilder sollen etwas davon zeigen, was der Hirsch in der Schweiz erlebt, wenn er mit dem Menschen zusammentrifft. Zwei Bilder zeigen das Schicksal der Hirsche, die in der Hochjagd verwundet in den Nationalpark flohen und dort Sicherheit suchten. Wer die Jagd nicht kennt, weiss nicht, wieviel Elend und Leiden dieses «Vergnügen» gewisser Menschen über das Wild bringt.

Noch im Oktober und November fanden an denselben Orten, wo nach den ersten grösseren Schneefällen Futter für die Hirsche ausgelegt wird, die sog. «Hege»- oder «Reduktionsabschüsse» statt. Jetzt, in der Notzeit, findet sich das noch vor Monatsfrist genau dort bejagte Wild beim Futter ein.

Aus den Aufnahmen ist manches zu entnehmen, so z.B.: An die Fütterungen bei Zernez und Carolina kommen die Hirsche schon bei Tageslicht. Es sind fast ausnahmslos Hirsche aus dem Nationalpark, die den ganzen Sommer über in ihren Aufenthaltsorten Ruhe vor Menschen und im Herbst in der Hochjagd Ruhe vor den Schüssen der Jäger hatten. Nicht so die Hirsche von Susch. Diese leben ganzjährig im offenen, jedermann zugänglichen Gebiet. Darum kommen sie nach alter Wildsitte erst in der Dämmerung, wenn kein «Büchsenlicht» mehr vorhanden ist. So sind sie es von Jugend an gewöhnt und dabei bleiben sie. Übrigens halten sich auch alle Hirsche vom Randgebiet des Nationalparks an diese Regel: Weiden in Menschenland – nur bei Dunkelheit!

Warum kommen sie überhaupt an die Fütterung des Menschen? Haben sie ihre Verfolgung vergessen? – Nein, das haben sie nicht. Aber ihr Empfinden und ihr Handeln ist ein anderes, als was wir Menschen von ihnen erwarten. Sie nehmen den Tod durch die Büchse des Jägers hin, wie ein Schicksal, ohne Hass, ohne Nachtragen gegen den Menschen. Sie fürchten den Schuss des Jägers, gewiss, sie fürchten ihn mehr als jeden «Naturtod» in den Bergen. Aber wenn sie die Winterhärte bedrängt, nehmen sie das dargebotene Futter an. Sie fragen sich nicht, warum es daliegt. Als die Arbeiter am Spölwerk übrige Makkaroni wegschütteten, assen die Hirsche auch von diesen. Hunger tut weh. Aber die Hirsche danken das Futter dem Menschen nicht durch eine Art Zahmheit. Nur gegen einen oder zwei Menschen geht ein alter Hirsch für kurze Zeit vom gewohnten Distanzhalten ab. Ist die Notzeit vorbei, kennen die Tiere ihren Futterspender nicht mehr. Ihr Leben ist ein Leben in der Gegenwart, ohne Hass, ohne Dank, ohne Zutrauen. Ein Leben, wie es das freie Tier eben lebt. Nur das zahme, gefangene Wild ändert sein Verhalten dem Menschen gegenüber. Doch nur so lange, als es in Nahrungsabhängigkeit vom Menschen steht. Sie ist das einzige, was die «Zahmheit» gefangener Wildtiere bewirkt. Dasselbe gilt weithin auch für das domestizierte Tier.

Das Beispiel der alten Hirschkuh von Grimmels zeigt, wie ein Wildtier ohne jede Dressur seine Fluchttendenz vor dem Menschen überwindet und die Menschen spontan als Nahrungsquelle aufsucht.

Diese wenigen Bilder von Hirsch und Mensch mögen einen kleinen Beitrag zum Thema Wildtier und Mensch bringen, das im einzelnen nicht oft dargestellt wurde.

Es ist Brunftzeit. Ein älterer Hirsch treibt die letzten Hindinnen seines Rudels in den Wald.

Ein anderer suhlt sich lustvoll in einem Tümpel, der dieses Jahr Wasser enthält, letztes Jahr aber trocken lag. (Aufnahmen M. Reinalter)

Nass, aber erfrischt verlässt er sein Bad und schreit seinen Brunftruf in die Herbstsonne hinaus.

Nach ihm hat eine Hirschkuh mit ihrem Kalb gebadet ... (Aufnahmen M. Reinalter)

... und legt sich dann an die Sonne. Nach Gewohnheit «begrüsst» es seine Mutter durch Atemtauschen. (Aufnahmen M. Reinalter)

Die jungen Hirsche sind in der Brunftzeit meist einsam. Auch dieser ist allein, kein stärkerer Hirsch lässt ihm eine Hindin zur Paarung übrig.

Mitunter schreit er mit heller, blecherner Stimme seinen Brunftruf in die herbstlichen Berge hinaus. «Es gibt zu viel Hirsche hier in der Umgebung des Nationalparks» rufen Bauern und Jäger. Der Bundesrat ordnet «Hegeabschüsse» an! (Aufnahmen M. Reinalter)

Einer der Jäger, welche die «Hegeabschüsse» ausführen. Wenn diese «Jäger» von Hege eine Ahnung hätten!

Es schneit bei dieser «Hegejagd» die ganzen Tage. Die «erlegten» Tiere werden in kurzer Zeit zugeschneit! (Aufnahmen M. Reinalter)

Fallwild gibt es jeden strengen Winter. Die Kadaver werden von den Vögeln restlos verwertet, zum Teil auch von andern Aasfressern.

Dieser Hirsch trat mit dem linken Vorderfuss in ein Berlinereisen, das wegen der Tollwut auf Füchse gestellt worden war. Der Hund des Jagdaufsehers fand das unsäglich leidende, noch lebende Tier. Ein Gnadenschuss erlöste es. Fangeisen aller Art sollten nicht mehr verwendet werden.
(Aufnahmen M. Reinalter)

So fand der Nationalparkwächter diese ältere Hirschkuh. Sie war auf der Hochjagd (ausserhalb des Parks) angeschossen worden, war in den Park geflüchtet und hatte sich dort zum Sterben niedergetan. Jetzt hebt sie das Haupt zum letztenmal und erwartet den Tod.

Auch dieses Schmaltier war auf der Hochjagd verwundet worden, war in den Park geflohen, dort gestorben und vom Adler, Kolkraben und Krähen angefressen worden. (Aufnahme M. Reinalter)

In Susch füttert der tierfreundliche Wächter der Wehranlagen von Fortezza im Winter die Hirsche. Jedoch erst in der Dämmerung stellen sich seine Gäste ein. (Aufnahme Comet)

Im allerletzten Licht sind sie auf dem Futterplatz angelangt. Sie lassen sich ohne Furcht von den Scheinwerfern beleuchten. Das Heu und Brot ist ihre einzige Tagesmahlzeit, jetzt im langen, harten Bergwinter. (Aufnahme Comet)

Jeden Abend sind sie da, oft mehr, oft wenige. Rechts ist die Strasse nach Fortezza sichtbar. (Aufnahme M. Reinalter)

Nur wenn sich der Photograph zu sehr nähert, heben die älteren Hirsche misstrauisch das Haupt. (Aufnahme M. Reinalter)

Ein oder zwei der erfahrensten Hirsche nehmen Brot sogar aus der Hand des Festungswächters entgegen. Touristen dürfen zusehen. (Aufnahme Comet)

Kein Schneetreiben hält die Hirsche davon ab, ihr Futter aufzusuchen. (Aufnahmen M. Reinalter)

Fütterung der Hirsche bei Zernez. Hierher kommen vorwiegend Hirsche aus dem Nationalpark.

Hirsche am Futterplatz bei Zernez. (Aufnahmen M. Reinalter)

Auch der Bahnwärter der Haltestelle Carolina füttert im Wald die Hirsche. Hieher kommen die Parkhirsche über Tantermozza schon bei Tageslicht zum Futterplatz.

Alter Hirsch und Kalb am Futterplatz bei Carolina. (Aufnahmen M. Reinalter)

Viele Hirsche tun sich nach dem Essen nahe beim Futterplatz Carolina nieder. Sie fühlen sich sicher, obschon sie hier vor Monatsfrist noch gejagt worden waren.

1974 nahm eine Hindin von den Leuten Brot an. Sie war alt und konnte mit ihren abgebrauchten Zähnen das Berggras nicht mehr meistern. Auf Locken kam sie zwar nicht...
(Aufnahme H. P. Haering)

...duldete aber die Annäherung des fremden Menschen und nahm das Angebotene in Empfang.
(Aufnahme H. P. Haering)

Selbst von den Kindern des Tierschutzlagers in Cinuskel nahm die Hindin Brot an. (Der lange Kopf, der dünne Hals und der etwas hängende Leib zeigen ihr Alter an.) (Aufnahme H.P. Haering)

Altes Jagdbild vom Ansitz an der Salzlecke. Salzlecken wurden von jeher angelegt, um das Wild, das dort seinen Salzhunger zu stillen suchte, zu schiessen. Noch heute wird in Patentkantonen Gems- und Hirschwild an der Salzlecke geschossen, doch das sollte jetzt endlich aufgegeben werden.

2. Gemse

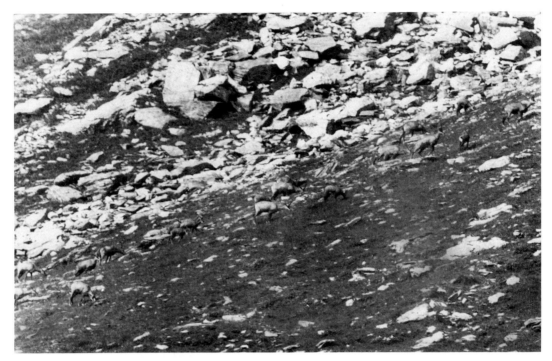

Die Gemsherde steigt nach der Morgenweide zum Grat auf.

Ein heisser Bergsommertag. Die Muttertiere begeben sich mit ihren Kitzen auf den grossen Lawinenrest zur Ruhe.

Jeden Abend steigt die sommerliche Gemsherde zum Grat auf, um dort die Nacht zu verbringen.

Auch diese alte Geltgeiss steigt zum Grat auf; unverhofft sind wir uns begegnet.

Frühlingsbild eines Gemsbocks am Wildbach. Der Bock ist allein. Als dunkler Aalstreifen ist sein Haarkamm über den Rücken sichtbar, den der Jäger «Gamsbart» nennt.

Die alte Geiss hat sich nach dem Weiden auf einem Hügel mit Ausblick auf den Touristenweg zur Ruhe niedergetan.

Sommerabend. Bevor die Herde zur Abendweide in die Alp herabzieht, beobachtet diese Geiss, ob die Weide sicher ist. Sie ist Kundschafterin.

Oktoberabend. Bis im Herbst führen die Mütter ihre Kitzen und säugen sie auch. Diese Geiss zog jeden Abend an meinem Ansitzplatz vorüber.

Abend im August. Die Gemsgeiss links führt ihr Kleines über den Schneerest, es bittet laut blökend um das Euter. Die beiden Kitzen rechts gehören der Geiss im Vordergrund.

Die Mutter gewährt ihrem Jungen das Euter. Die beiden Kitzen rechts beobachten die Säugeszene voll Interesse.

Gemsbrunft im Dezember. Die Geiss steht beim Bock, hat aber ihr Kitzchen mitgebracht, es wird vom Bock geduldet.

Diese Geiss hat ebenfalls beim Bock gestanden, hat aber ihr Kitz beim Rudel zurückgelassen. Jetzt geht sie es suchen.

Gemsgruppe im Winterkleid, kurz nach dem Abschluss der Brunftzeit im Dezember.

Diese Geiss hat ihr Kitzchen durch Absturz verloren, es lag viele Tage unten beim Wildbach. Jeden Abend kam die Mutter und suchte nach ihrem Kleinen, das inzwischen von Füchsen verschleppt worden war.

Die Kitzenschule

August im Gemsgebiet. Links die eine Leitgeiss, ein Gelttier, beobachtet den Weg. Rechts eine Mutter mit ihrem Kitz.

Die Leitgeiss beobachtet unentwegt den Touristenweg, die Mutter gewährt ihrem Kleinen einen letzten Trunk, bevor es mit den andern wegzieht.

Nach und nach treffen immer mehr Kitzen bei der Leitgeiss ein, die aber ständig den «Menschenweg» beobachtet.

Nun hat die zweite, noch ältere Leitgeiss, die Wache über den Weg übernommen.

Die Kitzenschule ist versammelt. Die eine Leitgeiss blickt auf die Schule, die andere wartet ganz rechts im Bild. Die Mutter von Bild 1 und 2 (Mitte) zieht ab.

Die Kitzenschule hat das Schneefeld und die Wand erreicht. Rechts im Bild die erste Leitgeiss, links (nässend), die zweite Leitgeiss.

Immer ruft der Schnee bei den Kitzen den Spieltrieb hervor. Es scheint eine Art «Schneetollheit» zu sein.

Da und dort entwickeln sich spielerisch kleine Kämpfe.

Die Übung beginnt. Mit leicht gesenkten Krickeln treibt die erste Leitgeiss die Kitzen gegen die Wand, in die sie einsteigen müssen. Nach kurzem Klettern dürfen sie wieder auf den Schnee.

Nach dem Sprung auf den Schnee zurück, wobei sich manche Purzelstürze ereigneten, beginnt das Spiel aufs neue. Die eine Leitgeiss (rechts oben) beaufsichtigt das Kitzenrudel beim Tollen auf dem Schnee.

Ende September, der Herbst naht. Die Geiss säugt ihre beiden noch auffallend schwachen Kleinen am Abend. Ob auch nur eines der beiden den nächsten Frühling sieht?

Gemsleiter im Museum St. Moritz. So fing man in Graubünden einst die Gemsen. Sie quälten sich durch die Leiter, um das dahinterliegende Heu zu erreichen, konnten wegen der Krickel nicht mehr zurück. Rechts im Bild eine Bärenfalle.

Bild des grössten Gemsenwilderers und Wildhütermörders der Innerschweiz, Adolf Scheuber.

Bemerkungen zu der Kurve der Gemsenabschüsse im Kt. Graubünden

Die Abschussziffern der Gemsen wurden im Kanton Graubünden am frühesten von allen Kantonen notiert. Die Zahlen der siebziger Jahre sammelte Kantonsforstinspektor Manni, wobei einige Ungenauigkeiten unvermeidlich waren. Die Aufnahmen erfolgten so, dass die Landjäger nach Schluss der Hochjagd die Patentinhaber aufsuchten und nach ihren Erträgen befragten. Schoss also zum Beispiel eine Gruppe von Jägern, die gemeinschaftlich gejagt hatte, die Zahl von x Gemsen, so konnte es vorkommen, dass jeder den gemeinschaftlichen Jagdertrag meldete, wodurch die Gesamtzahl zu hoch herauskam. Andererseits hatten auch Ausserkantonale mitgejagt. Waren diese bei der Enquête der Landjäger abgereist, so fehlten diese Zahlen.

An der Kurve fallen die jährlich grossen Schwankungen auf. Diese hängen zu einem Teil mit dem Jagdwetter zusammen, das speziell auf die Gemsjagd einen namhaften Einfluss ausübt. Auffallend niedrige Erträge hatten stets gewisse Folgen. Die Jäger schrieben das Fehlen von Gemswild dem Raubwild zu und verlangten prompt Extrajagdbewilligungen auf Füchse. So 1882, doch wurden damals nur 2 Füchse erlegt, in weiteren Fällen gar keiner. Die schwache Spitze der Kurve 1884 erklärt sich aus Spezialabschussbewilligungen von Gemsen, die einigen Gemeinden wegen Wildschadenklagen erteilt worden waren.

1886 Diese Spitze resultiert aus der Gemsenschlacht bei der Öffnung des Bannbezirks Rothorn.
1887 Ein schwacher Rückgang, obschon weitere Bannbezirke geöffnet worden waren, doch sollen die Gemsen tags zuvor durch blinde Schüsse «gewarnt» worden sein.
1888 Die Gemsjagd blieb wegen Maul- und Klauenseuche geschlossen, die in gewissen Bezirken auch auf die Gemsen übergegriffen hatte.
1889 Diese Spitze gleich nach dem geschlossenen Jahr resultiert nicht aus dem «Schonjahr», sondern aus der Öffnung des Bannbezirks Erzhorn.
1891 Spitze, verursacht durch die Öffnung der Bannbezirke Piz Beverin und Piz D'Err (alte Grenze).
1896 Infolge der hohen Abschüsse der letzten Jahre setzt ein allgemeiner Rückgang des Gemswildes ein. Ein neues Jagdgesetz ist in Vorbereitung und wird...
1901 angenommen. Das neue Gesetz bringt: Schaffung vermehrter Jagdaufsicht, Verkürzung der Jagdzeiten, Verbot kleinkalibriger Waffen, die Kurve der Gemserlegungen sinkt.
1905 Gemsjagdverbot, dem zwar ausserordentlich stark widersprochen wurde, und das, laut den Zeitungen, eine Welle von Jagdwilderei ausgelöst habe.
1906 Da sich die Gemeinde Filisur 1904 über grossen Wildschaden im Banngebiet Spadlatscha beklagt hatte, wurde dieser Bannbezirk mit Genehmigung von Bern geöffnet. Obschon eine Menge von Jägern zusammengeströmt war, kam es nicht zu der erwarteten Gemsenschlacht, da dort im ganzen Sommer zuvor zum Bau einer Wasserleitung viel gesprengt worden war. Immerhin wurden die herangehegten Bestände des Vorjahres in dieser Jagd restlos aufgerieben.
1908 Gems- und Murmeltierjagd geschlossen.
1910 Gemsjagd geschlossen.
1911 Öffnung des Banngebietes Traversina und Spadlatscha (neue Grenze) für 2 Tage. 200 Jäger erlegten in Traversina 90, in Spadlatscha 50 Gemsen, worunter auch eine Anzahl säugender Muttertiere.
1913 Verlegung der Hochwildjagd bis zum Oktober, erhöhte Abschusszahlen.
1914 Ausbruch des Ersten Weltkriegs, Jagd geschlossen.

1915 Grenzgebiete des Kantons bleiben wegen Krieg geschlossen.
1916 Die Jagdzustände verschlechtern sich. Hunde werden missbräuchlich verwendet, Hirten und Sennen nehmen Gewehre mit in die Berge. Die Jagd nach «kartenfreiem Fleisch» beginnt.
1917 Als Folge des Kriegs hat gemäss Bundesratsbeschluss vom 10. August eine bedeutende Beschränkung des Jagdgebiets des Kantons stattgefunden. Die Folge war nicht etwa eine Verminderung, sondern eine Vermehrung der erlegten Tiere, auch der Gemsen. Der Grund war die «Fleischnot» der Kriegszeit und die Arbeitslosigkeit.
1918 Starker Rückgang des Jagdertrages wegen Überbejagung.
1919 bis 1922 Starker Rückgang der Erträge. Die Nachkriegskonjunktur bessert die Zustände. Der Rückgang der Jagderträge wird der vorherigen Überjagung zugeschrieben, in Wahrheit war es das verminderte Interesse an Wildfleisch.
1925 Die ganze Jagd war seuchenpolizeilich geschlossen. Wegen der endlosen Proteste versuchte die Regierung zuerst eine zeitliche Verlegung und nur örtliche Einstellung der Jagd. Nach einer Konferenz in Thusis wurde die Jagd aber ganz geschlossen.
1926 Beginn der Krise. Neues Jagdgesetz im Anschluss an das Bundesgesetz von 1925. Die Bündner Jäger beantragen Beutelimitierung besonders für Gemsen.
1927 bis 1937 Im allgemeinen Zunahme der Jagderträge an Gemswild. Einige kurze Banngebietsöffnungen mit den üblichen Jägerkonzentrationen. Die Krise steigt, die Verwilderung der Jagd beginnt. Bussen und Patente werden aus Not nicht mehr rechtzeitig bezahlt. Die Armenbehörden strecken Armengenössigen die Patentgebühr vor, weil es billiger ist, wenn sich die Notleidenden mit Wildfleisch selber verköstigen, als wenn sie Notunterstützung beziehen. Ein Teil des Jagddruckes wird den Gemsen von Hirschen und Rehen abgenommen.
1939 Der Zweite Weltkrieg bricht aus. Jagd geschlossen.
1940 Fleischrationierung. Der Run notleidender Kantonsbürger und Ausserkantonaler auf das Bündner Wild beginnt.
1941 Rückgang der Erträge. Eine Extrahirschjagd übernimmt einen Teil des Jagddruckes vom Gemswild.
1942 Run nach Fleisch. Die Gesetzesübertretungen nehmen zu. Viele Ausserkantonale jagen mit.
1943 Teilmobilisation während der Jagdzeit.
1944 Liberale Ausgabe von Patenten auch an Personen, die laut Gesetz kein Patent erhalten sollten. Die Gemsen haben sich infolge der kriegsbedingten Holzschläge in höhere Gegenden zurückgezogen. Trotzdem werden sie von jüngeren Jägern bejagt.
1945 Rekordjagdbeteiligung. Zeitbedingter Fleischhunger, starker Rückgang des Reh- und Gemswildes.
1946 Einrichtung mehrerer kantonaler Wildschongebiete. Rückgang des Gemsbestandes. Rundschreiben von Bundesrat Etter an alle Kantone, die Krickelhöhe für schussbare Junggemsen heraufzusetzen und die Jagdzeit zu verkürzen.
1949 Limitierung der Maximalbeute pro Jäger: 2 Stück Gemswild.
1951 Gemsen dürfen nur von einer Krickelhöhe von 18 cm an geschossen werden (frühere Minimalhöhe 16 cm).
1952 Die konjunkturbedingte Jagdlust nimmt zu. Die Jagdmoral sinkt.
1954 Gemsenblindheit an mehreren Orten.
1957 Konjunkturbedingte Zunahme der Teilnehmer an der Hochwildjagd. Dieser ist die steigende Abschussziffer zuzuschreiben.

1960 ff. Die Beschränkung der Beuteziffer auf 2 Stücke fällt weg. Die grossen Gemsenstrecken einzelner Jäger werden noch heute an der Salzlecke erzielt. Zwar ist in Graubünden die Anlage von Lecken vom August an verboten. Man glaubte, dass bis zur Hochjagd im September die Lecken aufgebraucht oder durch Niederschläge zerstört seien. Dies bewahrheitete sich aber nur teilweise. Zu Lecken werden vielfach Pfannensteine verwendet, die monatelang gut bleiben. Auch alte Lecken werden vom Wild gewohnheitsmässig immer wieder aufgesucht. Der Ansitz an der Lecke gilt heute allgemein als unweidmännisch, wird aber in Patentkantonen immer noch ausgeübt.

Allgemein ist nach Jahren mit hohen Abschüssen ein Jahr mit verminderten Beutezahlen zu beobachten. Der Grund hiefür ist hauptsächlich darin zu suchen, dass die leichter erlegbaren Stücke, nämlich die vertrauteren und tiefer stehenden Gemsen, immer zuerst weggeschossen werden. Denn auch der Gebirgsjäger macht sich die Jagd nicht dadurch schwieriger, dass er sich nur auf die mühsam zu erreichenden, höherstehenden Gemsen konzentriert. So fallen stets die leichter erreichbaren Stücke zuerst, im folgenden Jahr aber stehen der Jagd vorwiegend die schwer erlegbaren Stücke zur Verfügung, die sehr vorsichtig sind.

Gemsen Graubünden

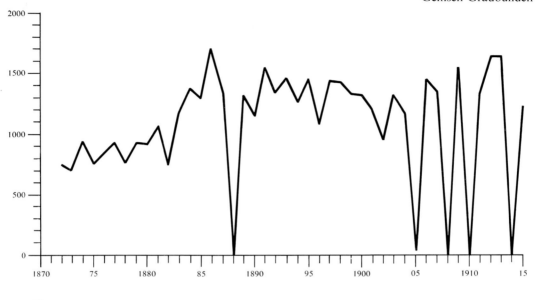

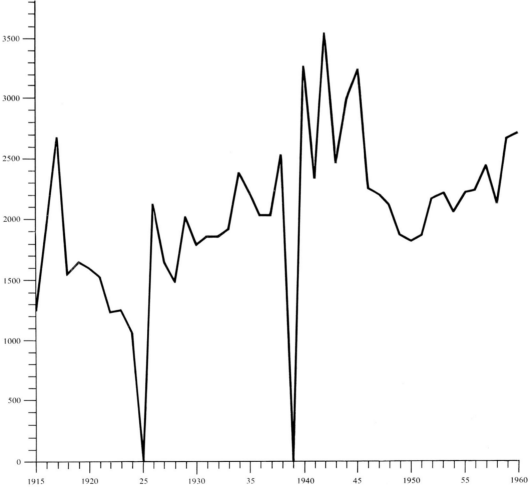

Kurve der Gemsenabschüsse in Graubünden. Kommentare auf beigegebenem Text.

Gemsabschüsse ganze Schweiz

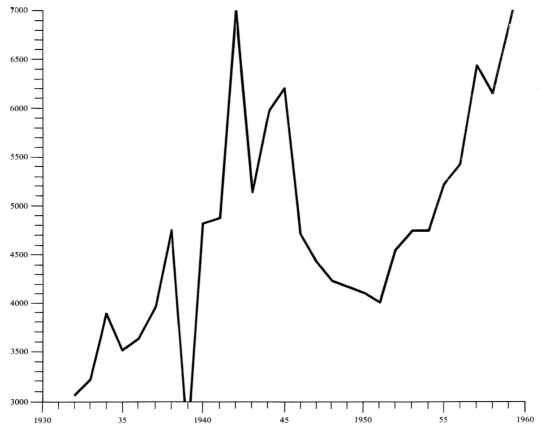

Kurve der Gemsenabschüsse der ganzen Schweiz. Von 1939 an die Wirkung der kriegsbedingten Fleischkarten, nach 1945 der Abstieg, nach 1951 erneuter Anstieg infolge Konjunktur und Vermehrung der Jagdliebhaber.

Bemerkung zur Gemsenkurve der ganzen Schweiz

Die Zahlen mehrerer Jahre sind nicht vollständig. Die Spitzen der Jagderträge fallen mit denen der Bündner Kurve zusammen. Daraus geht die Wichtigkeit der Bündner Wildbahn hervor. Nur 1942 und 1945 ist auch der Kanton Bern an den Spitzenerträgen der Gemsjagd beteiligt. Im ganzen beweisen die Kurven einmal mehr, dass ein Rückschluss aus den Jagderträgen auf die Wildbestände zu Irrtümern und Falscheinschätzungen führen muss.

Murmeli ganze Schweiz

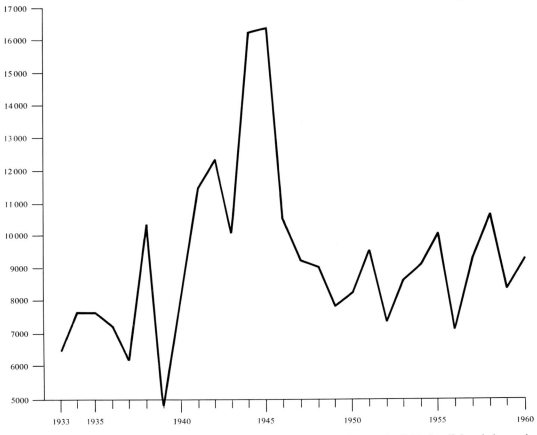

Kurve der Murmeltierabschüsse in der Schweiz, woraus der Anstieg nach 1939 deutlich wird, sowie die Wirkung der «Heilmittel»-Reklame der Apotheker.

4. Reh

Das Leben einer Rehgeiss in Bildern

Das Leben des Rehs, so eintönig und inhaltslos es scheint, birgt in Wahrheit viel Schönheiten und Geheimnisse. Sie werden durch die jagd- und forstwirtschaftlichen, auf das Reh bezüglichen Massnahmen weder erfasst noch enthüllt.

«Höhere Tiere sind Personen», sagte Konrad Lorenz kürzlich. Wenn hier in Bildern ein Rehleben in grossen Zügen zu umreissen versucht wird, so nur, um zu zeigen, wie alle jene Grundlagen des Lebens sich im Wildtier darstellen, die auch jedes Menschenleben erfüllen. Und wie der Entscheid über Leben und Tod des Wildtiers nicht Sport oder Spiel sein kann.

Wie jedes Rehleben, so begann auch das Leben dieser Geiss nach der Geburt mit einer Liegezeit von etwa acht Tagen.

Nur wenn es zu regnen begann, tappte das kleine Wesen unter den Schirm einer Fichte.

Mehrmals am Tag kam die Mutter und säugte ihre Kleinen, und beim Säugen sah die kleine Geiss zum erstenmal ihren Zwillingsbruder. Denn sie und ihr Bruder waren etwa 50 Schritt von einander entfernt geboren worden.

Manchmal schon in der zweiten Lebenswoche wagten sich die beiden Kitzchen in einen nahen Acker, wo Gerste eingesät worden war.

Oder sie folgten der Mutter auf die Wiese und suchten sich Löwenzahnblättchen aus dem Gras.

Später wanderten sie allein durch den Wald und suchten sich junge Kräuter.

Langsam verblasste ihr Tüpfelkleidchen, das sie seit ihrer Geburt getragen hatten.

Die Mutter führte sie aber noch immer, als sie schon rotbraun geworden waren.

Im Spätsommer, Ende Juli, verliess ihre Mutter sie plötzlich. Sie hatte ihre Kleinen in einem Roggenacker zurückgelassen, den sie nur zum Grasen verliessen.

Manchmal wagte sich der Zwillingsbruder zum Gerstenacker hinüber und suchte mit seinen Augen nach der Mutter.

Da sah er, wie ein fremder Bock bei ihr war und sie vor sich hertrieb.

Immer wieder, selbst im strömenden Regen, trieb er die Mutter, aber der Kleine wusste nicht, weshalb.

Das ging so fünf Tage – dann kehrte die Mutter zu ihren Jungen zurück, beleckte sie zärtlich und nahm ihre Führung wieder auf.

Bis zum Herbst; auf den abgeernteten Feldern stand die kleine Familie beisammen.

Als die Bäume kahl wurden, fanden sich die Rehe der ganzen Gegend zu Winterrudeln zusammen. Auch die Mutter mit ihren Jungen war in einem solchen Rudel.

Als der Schnee kam, hatte ein Bauer, der selbst Jäger war, nahe beim Wald kleine Krippen mit Hafer und Weizen auf den Schnee gestellt.

Jeden Tag wanderte die Mutter mit ihren Kleinen über die verschneiten Matten zum Futterplatz. Eine zweite Geiss hatte sich angeschlossen.

In jenen Tagen fand unsere kleine, jetzt schon halb erwachsene Geiss ein Böckchen und schloss mit ihm Freundschaft.

Aber im späten Aprilschnee stand sie wieder einsam in den hohen Fichten ihres Reviers.

Nicht weit davon reichte der Jäger dem Wild noch immer Körnerfutter. Einmal traf es an der Fütterung seine Mutter und gab sich ihr durch Atemtauschen zu erkennen.

Im späten Winter fanden sich das Böckchen und die Geiss an der Futterstelle. Sie waren gross geworden, begrüssten sich aber immer wieder zärtlich.

Als der letzte Schnee zerrann, hatten sie sich den Hochwald als ihr Gebiet gewählt.

Damals stand am Wald der Zwillingsbruder, traf seine Mutter mitunter und begrüsste sie mit Atemtauschen.

Als das Frühlingsgras wuchs und der Löwenzahn blühte, stand unsere kleine Geiss am frühen Morgen oft allein draussen vor dem Wald. Sie war scheu und sehr vorsichtig geworden.

Nie wagte sie sich allzuweit vom deckenden Wald ins Freie und trat jeden Tag an einer anderen Stelle auf die Wiesen aus.

Nur im Heugras fand sie eine gewisse Ruhe, weil sie sich gedeckt und verborgen glaubte, und floh nicht vor jedem Fuhrwerk oder jedem Bauern in den Wald.

Als der zweite Grasschnitt nachzuwachsen begann, stand sie wieder nah beim krautigen Waldrand, wo sie sich mit ein paar Sprüngen bergen konnte.

Als gegen Ende des Hochsommers der letzte Kerbel blühte, kam erstmals die Brunft über sie. Draussen achtete sie auf jedes leiseste Geräusch, manchmal liess sie ein leises Fiepen der Verlassenheit hören, wie früher, als sie nach der Mutter gerufen hatte. Doch sie wusste nicht, warum sie das tat.

Sie wusste nicht, dass sie mit ihren jetzt absondernden Zwischenzehendrüsen eine Spur legte, welcher die Böcke folgten. (Suchender Bock.)

Einmal folgte ihr ein fremder Bock, aber sie entsprang ihm bald. Kein Reh ergibt sich jedem erstbesten Bock.

Plötzlich eines Abends kam er. Sie wusste, dass es der ihre war, mit dem sie einst Freundschaft geschlossen und lange bei ihm gestanden hatte.

Jetzt stand sie wieder bei ihrem Bock, fünf Tage lang. Er liess sie nicht mehr allein, auch die kleine Geiss hatte das Gefühl, zu ihm zu gehören und blickte sich immer wieder nach ihm um ...

...und schloss mit ihm die Ehe – die kurze Ehe eines Rehes.

Als alles vorüber war, war die Geiss wieder viel allein. Der Herbst kam, die hohen Stengel des Adlerfarns wurden welk und sanken zu Boden.

Als dann der Schnee fiel, ass unsere Geiss die noch weichen, nicht verholzten Zweige der Büsche...

... und suchte jeden Morgen im Winter einen Futterplatz auf.

Als sich Ende Mai der Frühling dem Sommer zuneigte, regte sich in ihrem Leib etwas. Da wanderte sie still durch den hohen Forst und suchte einen abgeschiedenen Ort zur Geburt.

In einer kaum je begangenen Waldwiese brachte sie ihre zwei Kleinen zur Welt. Mit Pressen und Schmerzen und geschlossenen Augen, wie jede andere Rehmutter.

Und wie jede Rehmutter führte sie ihre beiden Kitzen im Frühsommer am Waldrand zu den Kräutern im Gras...

...und im Spätsommer auf das Emd, bis es vom ersten Schnee auf die Erde niedergedrückt wurde.

Einmal im Frühling hatte sich auch ihr Zwillingsbruder im Gebiet aufgehalten. Er trug sein erstes, schönes Sechsergeweih – aber unsere Geiss erkannte ihn nicht mehr... Und ihre eigene Mutter? Die hatte heuer ebenfalls zwei Kleine zu führen, sie würde ihre Tochter auch nicht mehr kennen.

Wie geht das Leben unserer kleinen Geiss weiter? Es wird sich jedes Jahr wiederholen, jedes Jahr der stille Herbst, der harte Winter, der nahrungsreiche Frühling und Sommer, die Geburt, die Pflege und Führung der Kitzen... Zuletzt der Tod durch die Büchse des Jagdherrn, der die «alte Geiss» aus seinem Bestand ausmerzen will. Möge sein Schuss ihr Leben ohne Schmerz beenden.

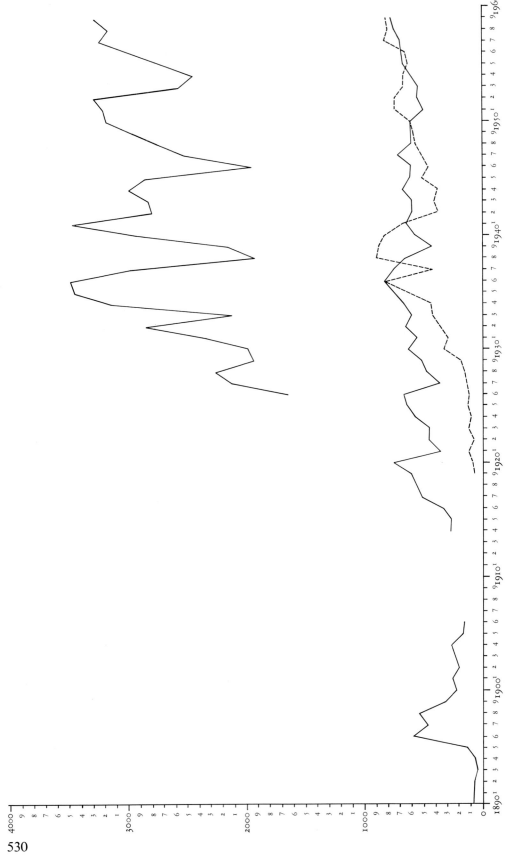

Rehkurven: Aargau (oberste Kurve); Baselland (gestrichelte Kurve); Schaffhausen (untere ausgezogene Kurve).

5. Hase

Der Feldhase sieht unbewegte Gegenstände nur schwer. Einen stillstehenden Menschen erst im letzten Augenblick.

Hasensteig durch die Heuwiese. Die Hasen schneiden sich im Gras einen Weg, den Hasensteig, an den sich einst mancherlei Aberglaube anschloss. Man schrieb diesen Pfad einem gespenstigen «Bilmesschnitter», zu, oder einem «Erdkrebs», der die Graswurzeln abnage.

Alter Feldhase auf frischgedüngtem Acker im Frühling.

Jeden Morgen kann der Beobachter Hasen beim «Waschen» sehen. Er überfährt mit den vom Grastau genetzten Pfoten mehrfach Augen und Gesicht.

Erdreste an den Füssen werden mit Zähnen und Zunge entfernt. Je schwerer der Boden, desto mehr Arbeit zur Reinigung!

Die Wolle am Bauch wird täglich mehrmals gereinigt. Damit bringt der Hase oft giftige Unkrautvertilgungsmittel in Mund und Magen und geht daran zugrunde.

Die zweite Paarung fällt oft in die Osterzeit. Ist Ostern sehr früh, paaren sich die Hasen dann erstmalig. Hier «zeigt» sich ein Hase (links) der ruhig sitzenden Häsin (rechts), um zu versuchen, ob ihr seine Annäherung willkommen ist. Die Aufnahme wurde am Ostermontag gemacht.

Dieser Hase folgt der Fährte einer Häsin.

Die letzte Paarungszeit fällt meistens in die Ernte. Dieser alte Hase sucht in den Stoppeln nach einer Häsin.

Zwei Hasen versuchen, sich der Häsin (rechts) zu nähern. Sie aber rupft ungerührt im Gras herum oder stellt sich wenigstens so.

Die Häsin hat sich entfernt. Der eine Hase will ihr folgen, ein Kampf zwischen den beiden Rivalen wurde unvermeidlich und kam denn auch gleich.

Ein nebliger Frühlingsmorgen. Zwei Hasen folgen hartnäckig der fliehenden Häsin.

Professor Hediger baute im Zoo Basel Hasenställe, die eine periodische Desinfektion erlauben, da sich der Hase in Gefangenschaft ständig selber mit Parasiten infiziert. Auf diese Weise versuchte man auch für die Jagd Hasen zu züchten, doch der «Bedarf» der Jägerei war zu gross!

Haseneinfang mit Netzen zum Versand von Jagdwild in einem osteuropäischen Land. (Bild aus einer älteren schweizerischen Jagdzeitung.)

Die Kisten mit lebenden Hasen sind an der Schweizer Grenze angekommen.

Mit lebenden Hasen? Dieser Hase starb auf der Reise an schweren Krämpfen – er war krank an Coccidiose.

Stranguliert beim Versuch, durch ein genagtes Loch aus der Kiste auszubrechen.

Eine Häsin hatte auf der Reise in ihrer Kiste in Todesnot geboren.

Erblindung durch Coccidiose.
Urin kranker Hasen
aus oberen Kisten tropfte
diesem Hasen in die Augen.

Tote eines Transportes.
Ein Tierarzt bestritt,
dass diese Jagdwildimporte
Tierquälerei seien!

Bild in einer schweizerischen Jagdzeitung aus der Zeit der Entstehung der Eisenbahnen in der Schweiz. Damals schoben die Jäger der Bahn den Rückgang der Niederjagd zu. Aber daran waren mehrere Faktoren beteiligt, am wenigsten die Bahn.

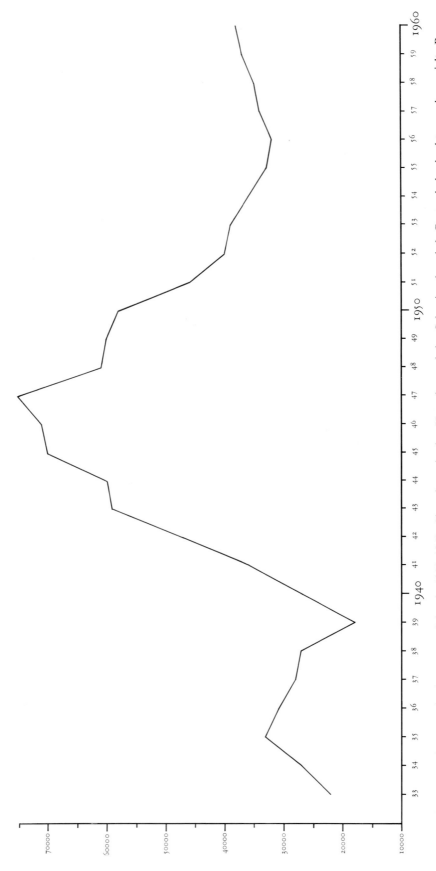

Kurve der Hasenerlegungen in der ganzen Schweiz 1933–1960. Sie zeigt, wie der Hasenbestand der Schweiz ohne jede Bestandesbeobachtung oder gezielte Bewirtschaftung genutzt wurde. Man schoss, was da war. Über die Erlegungszahlen entschied Jagdbeteiligung und Wettlage. Ökologie? – leeres Gerede!

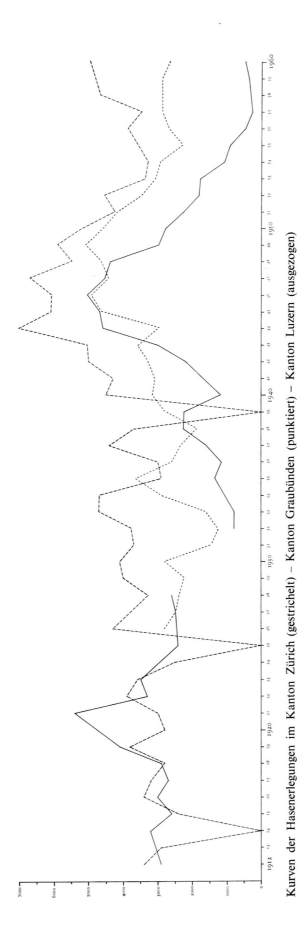

Kurven der Hasenerlegungen im Kanton Zürich (gestrichelt) – Kanton Graubünden (punktiert) – Kanton Luzern (ausgezogen)

6. Wildschwein

Starkes männliches Wildschwein im Winterwald. (Aufnahme R. Finke/W. Fritz)

Im Wald wird das Wildschwein teilweise als «nützlich» bezeichnet, doch tut es an jungen Waldpflanzen erheblichen Schaden. Auch im Schnee und bei gefrorenem Boden sucht es ständig nach Nahrung. (Aufnahme R. Finke/W. Fritz)

Männliches und weibliches Schwein im herbstlichen Wald. (Aufnahme W. Puchalski, Krakau)

Wildschwein mit Jungen an der Suhle. (Aufnahme W. Puchalski, Krakau)

Dieser starke Eber hat stundenlang den Schnee durchpflügt um Nahrung darunter zu suchen.
Schweine sind winterhart.
(Aufnahme R. Finke/W. Fritz)

Angreifender Eber.
Der Förster und Jagdaufseher
musste sich auf einen Baum
flüchten. (Aufnahme
W. Puchalski, Krakau)

7. Eichhörnchen

Oft stellen sich Eichhörnchen minutenlang bei den Rehfütterungen an. Sie sehen die Rehe hier Nahrung zu sich nehmen und warten, bis der Raum für sie selbst frei ist.

Wo man den Eichhörnchen Futter reicht, werden sie rasch zahm. (Aufnahme Zollinger)

8. Die grossen Raubtiere, wie sie starben

Bären- und Wolfsfalle, die heute noch existiert. Es handelt sich um eine alte Konstruktion einer sogenannten Mordfalle.

Dieselbe Falle, Blick von der Felsenbalm aus. (Aufnahmen M. Reinalter)

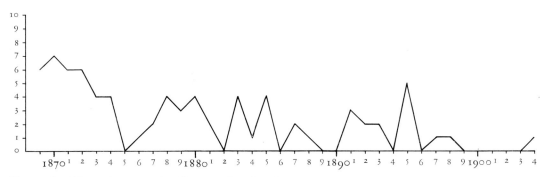
Kurve der Bärenerlegungen im Kanton Graubünden 1870–1914

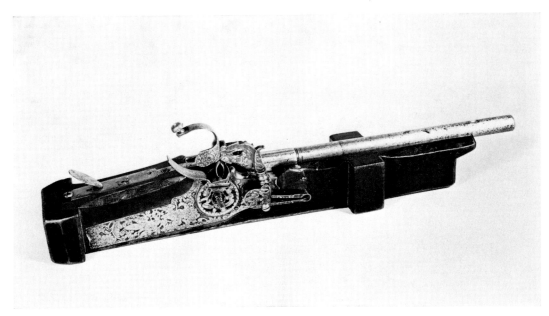

Selbstschusswaffe, die auf Bär und Wolf gestellt wurde.

Tellereisen in Gipsunterlage um die Falle zu verbergen.

Schwanenhals. Oben: offen; unten: geschlossen.

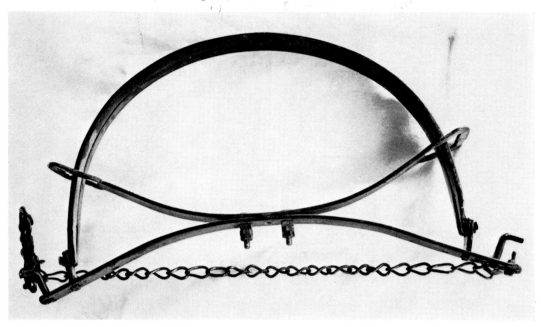

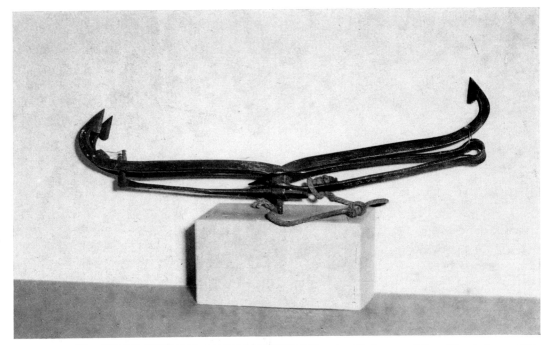

Wolfseisen, geöffnet (fängisch gestellt).

Sogenannter Wolfskloben, dessen Spitzen dem Wolf in die Kiefer drangen und ihn festhielten, bis der Fallensteller kam und den Wolf totschlug.

Wolfsnetz, das im Wald an Bäumen und Pfählen aufgehängt wurde. Der Wolf wurde von Treibern in das Netz getrieben, verstrickte sich darin und wurde getötet. (Aus dem Basler Naturhist. Museum)

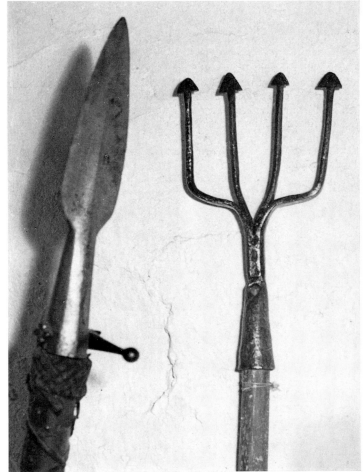

Links:
Wolfsspeer und Vierzack, der auf der Wolfsjagd und der Fischotterjagd gebraucht wurde.

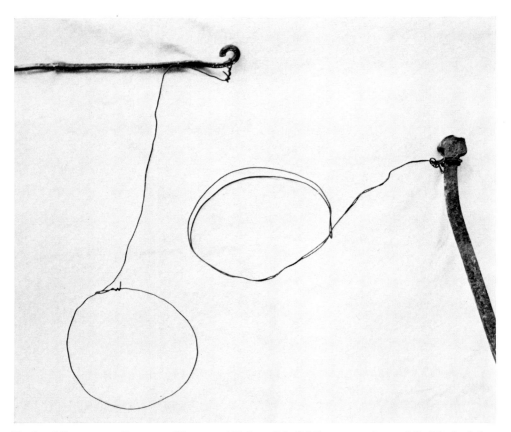

Drahtschlingen zum Fang von Hasen und Rehen. Die Schlingen wurden auf die Wechsel der Wildtiere ausgelegt und mit derben Steckeisen im Boden verankert. Sobald ein Tier Kopf und Hals in eine solche Schlinge brachte, erwürgte es sich bei seinen Befreiungsversuchen selbst. Diese qualvollen Fangmittel werden noch heute von Wilddieben angewendet, waren jedoch einst reguläre Jagdgeräte.

Sämtliche Waffen und Geräte zum Fang von Grossraubtieren sind im Schweizerischen Jagdmuseum.

9. Fuchs

Sogenannter «Sommerfuchs», d.h. Fuchs im wertlosen Sommerpelz. Erst im Winter bringt der erlegte Fuchs dem Jäger einen gewissen Gewinn mit seinem «Balg». (Aufnahme Zollinger)

Jungfuchs vor der Frucht, in der er Deckung findet. (Aufnahme Zollinger)

Der Fuchs, das letzte grössere Raubtier der Wälder, wurde von den Jägern von jeher als Niederwildschädling mit Hass und Eifer verfolgt. Dabei ist er der beste Mäusefänger. Dieser Fuchs sucht die Wiese nach Mäuselöchern ab.

Nun hat er ein bewohntes Mäuseloch gefunden und steht mit gespannter Aufmerksamkeit an, um blitzschnell zuzufassen, sobald das Beutetier erscheint.

Infolge der erbarmungslosen Jagd, die dem Fuchs als Jagdschädling zuteil wurde, wurde er zum nächtlichen Tier. Dieser alte Fuchs hat seinen Bau verlassen und sucht im winterlichen Wald nach Nahrung. (Aufnahme Meyer)

Aus Angst vor der Tollwut werden die Füchse auch in Graubünden mit Fangeisen vertilgt. Hier: Fuchs im sogenannten Schwanenhals oder Berliner Eisen, das noch immer zugelassen ist. (Aufnahme M. Reinalter)

Hetzbild gegen den Fuchs, der mit einem Kumpan eine Rehgeiss erlegt. Die Geiss sinkt im Hartschnee ein, der leichtere Fuchs nicht. Er holt sie darum ein und würgt sie ab.

Gemeinsame Hetze zweier Füchse auf einen Rehbock. Phantasiebild, nur Fuchshetze. Beide Bilder aus schweizerischen Jagdzeitungen.

Fuchs an geschlagener Rehgeiss wehrt sich für seine Beute.
Reines Phantasiebild einer schweizerischen Jagdzeitung.

Hirschkuh blickt nach dem wartenden Fuchs, der es auf das Hirschkälbchen abgesehen hat.
Reines Phantasiebild aus schweizerischer Jagdzeitung, nur Fuchshetze.

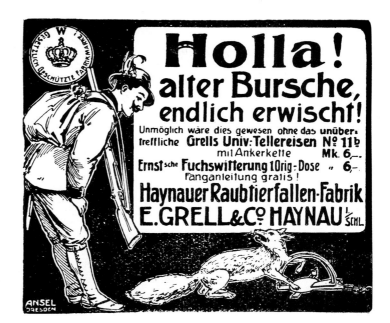

Inserat in schweiz. Jagdzeitung für ein Tellereisen. Es zeigt die Jägergesinnung: Die Jäger halten sich für legitime Verwalter, wenn nicht Besitzer, der jagdbaren freilebenden Tiere.

Auch in der Fortpflanzungszeit gewährte man dem Fuchs keine Schonung. Dieses Bild zeigt links eine Fähe (weibliches Tier), daneben Jungsfüchse aus mehreren Bauen. (Aus schweizerischer Jagdzeitung.)

569

Bild eines Luzerner Raubzeugvertilgers des Jahres 1912. Ganz rechts: Dachshund «Lump» im Rucksack. Links Instrumente zur Bodenjagd: Spaten, Fuchsschraube und Dachshaken.
(Aus einer schweizerischen Jagdzeitung.)

Fuchsvertilgung in alter Zeit nach einem Stich von Ridinger. Hinten: Grubenfang mit kippendem Brett. Links vorn: zwei Füchse an der Fuchsangel hängend. Geköderte Angel, wenn der Fuchs nach dem Köder schnappt, dringt der Angelhaken in seinen Oberkiefer. Hier hängt der Fuchs dann lebend bis ihn der Jäger tötet. Halbrechts Mittelgrund: Fuchs im Tellereisen, lebend an Pfote festgehalten. Vorn rechts: Fuchseisen gestellt.

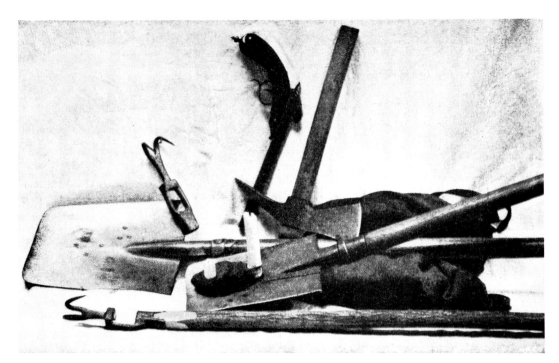

Bodenjagdinstrumente. Axt, Spaten, zwei Fuchshaken, Pistole.

Fuchsschraube oder Fuchsbohrer. (Aus dem Schweizerischen Jagdmuseum.)

Kaum weniger als gegen den Fuchs hetzten die Jagdzeitungen gegen die Katze. Katze beim Angriff auf brütende Waldschnepfe.
(Aus schweizerischer Jagdzeitung.) Ein Phantasiebild zur Begründung der zurückgehenden Schnepfenjagd.

Bild aus schweizerischer Jagdzeitung, betitelt: «Ein Wohltäter» (Katzenfänger).

10. Dachs und Steinmarder

Dachsbau in einem steilen, felsigen Hang. Der Bau war nur durch Abseilen zu erreichen. Hier war das Ausräuchern unmöglich.

Dachsabort. Der reinliche Dachs legt nahe beim Bau oder auch etwas entfernt Aborte an, kleine offene Gruben, die nicht zugedeckt und mehrfach benützt werden.

Der Dachs ist ein nächtliches Tier. Er verlässt seinen Bau nach der Sonne, im Winter früher, im Sommer spät.

Dieser Dachs hat eben seinen Bau verlassen und bewegt sich, ständig witternd, auf seinem Dachspfad.

Hier ist der Dachs weit von seinem Bau entfernt auf seinem Pfad, nachts im Wald.

Früh im Frühling kommen die jungen Dachse zur Welt. Erst ziemlich gross wagen sie sich aus ihrem Heim, und auch dann meist nur nachts. (Aufnahme Meyer, Basel)

Der Dachs hält keinen Winterschlaf, bringt aber die kälteste Winterzeit schlafend oder dösend in seinem Bau zu. Er zieht über den Frühlingsschnee seine Fährte. (Aufnahme Meyer, Basel)

Dachszange, womit der Dachs nach Ausgraben seines Baues aus der Erde gerissen wird.
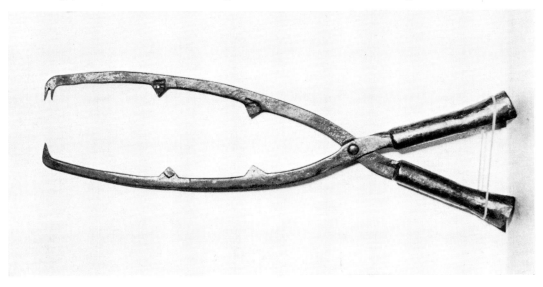

Steinmarder am Fluchtloch. (Aufnahme Göttschi)

Junger Steinmarder. (Aufnahme Zollinger)

11. Fischotter

Der Fischotter ist in der Schweiz ausgerottet! Dieses Bild entstammt dem Fischottergehege des Zoos in Basel. (Aufnahme Elsbeth Siegrist)

Fischotter beim Mahl. (Aufnahme aus dem Zoo Basel von Elsbeth Siegrist)

Bild aus einer schweizerischen Jagdzeitung, betitelt «Des Fischräubers Ende»! Gejagt wurde mit dressierten «Otterhunden», die man aus Deutschland kommen liess.

Fischotter, von Otterhunden gestellt. Der Jäger im Hintergrund eilt herbei.

Fischotterjagd mit dressierten Otterhunden. (Aus deutscher Jagdzeitung)

Die Beute wird apportiert. (Aus schweizerischer Jagdzeitung.)

Die Ausrottung des Fischotters in der Schweiz erwies sich als einer der grössten Fehler der Fischereigesetzgebung von 1888. Eine Folge des Glaubens an die Ansichten der Fischer.

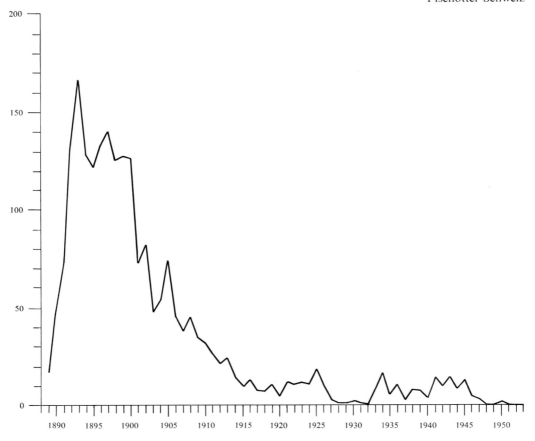

Kurve der Fischotterausrottung in der Schweiz. (Erläuterung im Text des Kapitels 11.)

12. Wildhühner

Auerhahn bei der Bodenbalz. (Aufnahme J. Roedle)

Birkhahn in der Balz. (Aufnahme J. Roedle)

Schneehuhn im Winterkleid. (Aufnahme Ch. Vaucher)

Haselhahn. (Aufnahme Göttschi)

Bündner Auerhenne in den Bergen des Unterengadins. (Aufnahme M. Reinalter)

Steinhuhn. (Aufnahme des Gran Paradiso)

Rebhühner beim ersten Schnee. (Aufnahme J. Roedle)

Brütendes Rebhuhn. (Aufnahme Zollinger)

Kleines Volk von Rebhühnern in einem früher gut besetzten Revier. Auch dieser Bestand ist heute restlos verschwunden.

Eiskalter Wind. Die Hühner graben sich in den Schnee etwas ein und rüsten sich so für die kommende kalte Nacht.

Aufstellen der Netze zum Rebhuhnfang (nach Originalaufnahme).

Rebhuhn im Fangnetz.

Das Rebhuhn wird aus dem Netz gelöst.

Fertig zur Verpackung und zum Versand.

Schweizerische Jagdzeitungen schämten sich nicht, dem Schweizer Landwirt Wilddiebstahl am Rebhuhnbestand anzudichten.

Auch diese Kurve zeigt die Bejagung, als die Bestände bereits zu klein geworden waren.

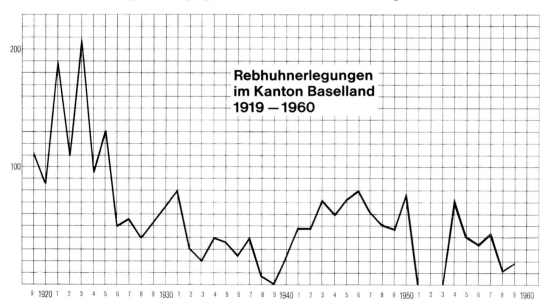

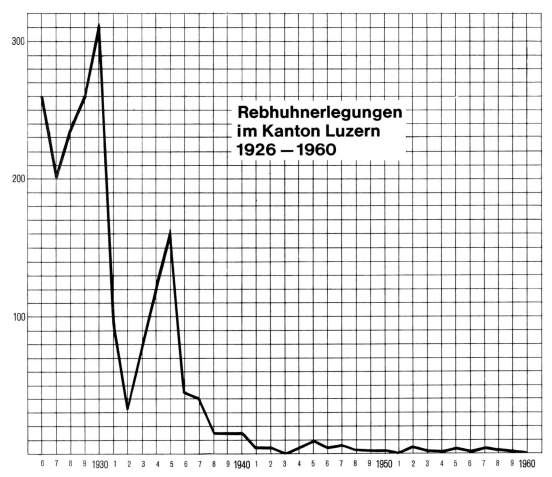

Typisch für eine verschwindende Tierart: das jahrelange «Auskeilen» der Kurve, das die Bejagung der Hühner zeigt, als ihr Bestand längst nicht mehr eine jagdbare Höhe besass.

Nicht Jagd und überhöhter Abschuss bei bereits sinkender Bestandeszahl ist schuld am Verschwinden, sondern – der Fuchs! ...

... Und natürlich die Krähen! Beide Bilder aus schweizerischen Jagdzeitungen.

13. Waldschnepfe, Bekassine

Die seltene Waldschnepfe. Brütendes Weibchen. (Aufnahme Zollinger)

Die immer noch jagdbare Bekassine, deren Lebensraum durch Seekorrektionen und Trockenlegungen bis beinahe zum Nullpunkt verschwunden ist. (Aufnahme H. Weber)

14. Wassergeflügel

In strengen Wintern, wenn die Stauseen vom Ufer her einfrieren, stehen die überwinternden Enten auf dem Eis. Nachts fliegen sie auf die Wiesen zur Nahrungsaufnahme, das kurze Gründeln über Tag ist nur Zwischenverpflegung.

Morgendlicher Einfall der Enten auf das Eis oder ins offene Wasser, wenn sie von den Orten der Suche nach der kargen Winternahrung herkommen.

Wenn in harten Wintern die Stauseen zufrieren, beginnt für die Überwinterer die härteste Zeit. Die hungernden Vögel stehen am Eisrand; hier sterben viele und werden Futter für die noch anwesenden Raubvögel, meist nordische Bussarde.

Im September verloben sich die Stockenten für die kommende Brutzeit im nächsten Frühling. Dieses Paar hat sich hier am Rhein im Septemberende zusammengeschlossen.

Von nun an halten sie den ganzen Winter bis und mit der Brutzeit zusammen. Sie schwimmen miteinander ...

... sie dösen und schlummern gleichzeitig ...

... sie gründeln gemeinschaftlich ...

... sie fliegen gemeinschaftlich auf Nahrung. Meist führt das Weibchen, das Männchen folgt getreulich. Jeder Schuss eines Entenjägers trennt ein solches Paar. Schön ausgefärbte Vögel sind meistens verlobt, nur Jungenten noch nicht.

Die grösste Gefahr für Stockentengelege bilden die Wanderratten, die in den verschmutzten Gewässern der Schweiz nirgends fehlen. Sie plündern jedes Nest, das sie finden, ob von Singvögeln oder von Enten.

Diese riesige Ratte versucht sich ein Ei unter das Kinn zu klemmen. Die Jäger schreiben das Verschwinden der Enten eines Gewässers den «zänkischen Blässhühnern» zu. Die wahren Nestplünderer wirken nachts.

Diese Stockente hatte durch die Ratten ihr Gelege verloren, nun versucht sie sich auf fremde Eier zu setzen, weil sie ihren starken Bruttrieb nach Verlust ihrer Eier nicht verliert.

Diese Ente hat trotz aller Gefahren ihre Eier erfolgreich ausgebrütet und führt ihre Küchlein zum Wasser.

Im weichen Schlick bohren die Küken nach Grünzeug, Algen oder weichen Baumblättern. Die Mutter hütet ihre Brut sorgsam, ohne selbst Nahrung zu suchen.

Nach wenigen Tagen sind die Jungen schon sichtbar grösser geworden. Jeden Tag führt sie ihre Mutter zur Weide. Stets geht sie voran, keines der Kleinen wird nicht folgen!

Wenn die Jungenten bald flügge sind, schwimmen sie mit ihrer Mutter zum Weideplatz.

Sie führt ihre Jungen bis sie voll flügge sind. Erst dann trennt sich die Familie langsam.

Auf den meisten schweizerischen stehenden oder langsamfliessenden Gewässern überwintern Blässhühner. Je mehr Abfälle die Gewässer führen, desto mehr Blässhühner ziehen sie an. Denn von diesen Abfällen leben die Wasserhühner.

Wo die Blässhühner im Frühling zu brüten beabsichtigen, kämpfen sie um die Brutreviere (Territorien) heftig. «Durch ihr unruhiges Wesen vertreiben sie die Enten», sagen die Jäger. Aber mit Unrecht. Ich kenne genug Gewässer mit vielen Blässhühnern und vielen Enten!

So erbittert der Revierkampf aussieht – er führt nie zum Tod des unterliegenden Huhns.

Die Reviere sind ausgemarcht. Die weisse Linie zeigt die Reviergrenze. Dieser Grenzlinie entlang schwimmen die Männchen oft stundenlang mit drohend erhobenen Flügeln hin und her, während die Weibchen irgendwo im Verborgenen brüten.

Die Paarung fand irgendwo im seichten Wasser statt. Dem Weibchen wird dabei der Kopf unter Wasser gedrückt, oft so lang, dass man fürchtet, es müsse ertrinken.

Das Blässhuhnnest ist meist rings von Wasser umgeben. Die Gelege sind gross, müssen es sein, wegen der grossen Verluste an Jungen.

Auch dieses Nest liegt auf einem kleinen Inselchen. Die Blässhühner sind hingebende Brüterinnen.

Die Jungen der Blässhühner sind Nesthocker und Nestflüchter zugleich. Das heisst sie sind sehr rasch schwimmfähig, suchen aber immer wieder das Nest auf und werden dort von beiden Eltern gefüttert.

Der Vater bringt den Kleinen junge Algen.

Auch herangewachsene Junge suchen das Nest auf.

Daneben begleiten sie ihre Mutter schon als winzige Küken auf den Schlick und werden dort gefüttert. Das Kleine zeigt die «Bettelstellung».

Andere begleiten die Eltern aufs Wasser und nehmen dort Grünalgenfutter in Empfang.

Während die Kleinen geführt und gefüttert werden, pflegen sich die Elterntiere gegenseitig «zärtlich» das Gefieder.

Doch die Wartung der Jungen wird dadurch nicht beeinträchtigt. Die Mutter sucht unentwegt Grünzeug im Schlick zusammen, um es den Kleinen zu geben.

Die zweite Rallenart unserer Gewässer ist das heimliche und scheue grünfüssige Teichhuhn, für den Beobachter stets eine freudige Entdeckung.

Auch das grünfüssige Teichhuhn schwimmt vorzüglich.

Wenn im Norden die ersten Kälteeinbrüche kommen, erscheinen auf unseren Gewässern die Züge der Tafelenten.

Oft sind es grosse Zahlen dieser angeblich wohlschmeckenden, vielbejagten Enten, die den gestauten Unterlauf der Aare bedecken

Etwas unterhalb des Aareeinflusses schwimmt plötzlich Gruppe um Gruppe von Reiherenten und Tafelenten auf dem Rhein. Der Anflug hängt bei diesen Tauchenten sehr stark von der Stauhöhe der Fluss-Seen ab. Je höher der Stau, je geringer der Anflug.

Auf einem meiner Flösse, die ich für die Enten eingesetzt hatte, steht ein Paar Reiherenten. Das Männchen (links) ist verwundet und schläft, das Weibchen steht Stunde um Stunde bei ihm auf meinem Floss und verlässt es nicht.

Nach acht Tagen hatte sich das Männchen erholt und steht nun aufrecht. Das Weibchen schwamm in der Nähe und wartete auf sein Männchen.

Die schön und farbenfroh gezeichnete Krickente (Männchen). Krickenten treffen auf unseren Fluss-Seen nie in ähnlich grossen Zügen ein wie die Tafelenten, sind aber eine begehrte Beute der Wasserjäger.

Die Knäckente zeigt sich auf unseren Gewässern meistens auf ihrem Rückflug in ihre nördlichen Brutgebiete gegen Winterende.

Auch die Spiessente mit ihrem viel bescheidener gefiederten Weibchen gehört zu den selteneren Wintergästen unserer Gewässer.

Die Pfeifente mit ihrem golden leuchtenden Scheitelgefieder zeigt sich meistens auf den stilleren Flussarmen in mittleren Mengen.

Ausgesprochen selten und nur gegen Winterende sieht man die Löffelente mit ihrem Weibchen.

Die Schellente trägt ihren Namen von dem leisen Klingeln, das sie beim Fliegen erzeugt. Dieses alte Männchen besuchte eine meiner Inseln im Rhein drei Jahre lang jeden Winter. Es konnte an seinen immer gleichen Gewohnheiten erkannt werden.

Jeden Abend stand es auf meiner Insel. Im Frühling 1963 fand ich es dort eines Morgens tot. Der Vorfrühling ist für Mensch und Tier eine bekannte Sterbezeit. Leider reizt das schöne Gefieder die Wasserjäger immer wieder zum Schuss auf diese Ente mit dem goldenen Auge, obschon sie nicht wohlschmeckend ist.

Ein Eisentenweibchen (rechts Stockentenweibchen), eine Seltenheit unter den Wintergästen.

Die Brandenten (oder Brandgänse) gehören zu den selteneren Wintergästen. Sie sind meistens nur in geringer Zahl und nicht lange auf unseren Gewässern.

Die beiden Saatgänse

Im Winter 1956 schwammen eines Abends zwei grosse Vögel vor die alte Jagdhütte am Rhein – ein Paar Saatgänse. Natürlich holte ich meine Fernkamera, die ich schon eingepackt hatte, wieder hervor und exponierte ein paar Bilder. Tags darauf – es war ein Sonntag – stand ich bei noch finsterer Nacht bereits in der Hütte, die einst einem Wasserjäger als Bleibe und Versteck gedient hatte. Die Saatgänse standen weit draussen in der algenbewachsenen Rheinbucht, entfernt von allen Enten, die im grünen Wasser gründelten. Als ich am Abend mein Gerät zusammenpacken wollte, waren die beiden auf eines der Flosse zugeschwommen und hatten sich auf die Rundhölzer gestellt. Dort blieben sie, bis ich in tiefer Dämmerung zum jenseitigen Ufer zurückruderte.

Nur zwei Wochen waren die beiden majestätischen Vögel bei uns am Rhein. Dann waren sie weitergezogen.

Im Winter 1957 wartete ich umsonst auf die seltenen Gäste. Da traf ich zufällig einen Bekannten, der von meiner Wildtierfreundschaft wusste. «Weisst du», sagte er, «dass draussen beim Erlenhof jeden Morgen eine Wildgans im Acker steht und weidet?» Nein, davon hatte ich nichts gewusst. Natürlich fuhr ich gleich hinaus zum Hof. Da stand sie – es war eine Saatgans, aber allein und ohne Gemahl. Sollte es wirklich die eine der beiden letztjährigen sein? Schon letztes Jahr hatten die beiden Saatgänse genau auf demselben Acker nachts bis zum Morgen ihre Nahrung gesucht. Der Weideort stimmte völlig. Aber die Gans musste ihren Ehepartner verloren haben. Gänse schliessen nur eine einzige Ehe im Leben. Wird eine von beiden irgendwo abgeschossen, so bleibt die Überlebende verwitwet. Sie schliesst keine zweite Ehe. So mag es auch hier gewesen sein. Die einsame Saatgans blieb diesmal drei Wochen hier. Dann war sie verschwunden und kam nie wieder. Drunten in der norddeutschen Tiefebene ist die Jagd auf Gänse der grosse herbstliche Sport, wenn die grauen Flüge von Skandinavien und Lappland herziehen und in den Bruchlandschaften Rast machen. So wird's gegangen sein: Zuerst hat das Geschoss der Jäger die eine, ein Jahr darauf die andere Hälfte dieser Ehe der grossen Vögel weggerafft – das Geschoss irgendeines Menschen, zu dessen Vergnügen die Wildtiere sterben müssen.

Brandgans (dahinter ein Stockentenweibchen) auf meiner Insel.

Saatgänsepaar auf dem Rhein. Zu diesem Paar gehört eine kleine Geschichte, die auf nebenstehendem Blatt festgehalten ist.

Gerne standen die beiden Gänse tagelang weit draussen in dem toten Rheinarm auf angeschwemmtem Gesträuch.

Abends standen sie vor ihrem Nachtflug auf die Wiesen der Umgebung gern auf einer Blockinsel, die ich für die Schwimmvögel hergerichtet hatte (rechts ein Stockentenweibchen).

Nur sehr selten besucht eine grössere Anzahl von Saatgänsen den Rhein oder die Aaremündung. Tagsüber standen sie gerne auf dem Ufereis des Rheinstaus, nachts bis in die Morgenfrühe suchten sie ihre Nahrung auf Schweizer Gebiet.

Frühmorgens schlummerten sie wieder auf dem Eis. Abends und morgens versuchten die Jäger, eine der Gänse an ihrem Weideplatz zu schiessen, gelangten aber nie auf Schussweite an die vorsichtigen Saatgänse heran.

Die Blässgans

Zwei Jahre später mag es gewesen sein, als eines Morgens eine junge, noch nicht verpaarte Blässgans auf der Ergolzmündung schwamm. Einer, der sich als Jagdgast von Baselaugst vorstellte, stand, wie ich, am Ufer und beobachtete die Gans. «Das gibt einen Braten», meinte er. «Wieso», gab ich zurück, «das ist ein zahmes Tier». Er lachte: «Wie wollen Sie das wissen? – Die ist wild und auf dem Zug hier niedergegangen – pah – die und zahm!» Dummer Spott regt mich immer auf: «Gut, ich will's beweisen», rief ich schon im Gehen, stürmte die Holzknüppeltreppe hinauf ins Dorf und erstand beim Bäcker ein Brötchen. Der Jagdgast stand noch unten, als ich zurückkam. Ich brach kleine Stückchen von meinem Brötchen und warf sie der Gans zu. Sie schwamm sogleich heran und fischte die Brocken auf – das ganze Brötchen schmauste sie. «Und jetzt – ist sie nicht zahm?» «Sie hatte eben Hunger, aber zahme Wildgänse fliegen doch nicht zur Zugszeit von wer weiss wie weit her», beharrte er und ging. Ich ging auch, aber auf die Kanzlei Baselaugst, meldete, dass eine zahme Gans auf der Ergolz schwimme, die vielleicht irgendeinem Vogelliebhaber gehöre, deren es auf den Schären vor Oslo manche gebe. Besonders Gänse würden dort gerne gepflegt, würden aber freifliegend gehalten. Die Jäger von Baselaugst seien darauf aufmerksam zu machen, dass dieses zahme Tier nicht erlegt werden dürfe. Auf der Kanzlei versprach man mir, zu tun, was möglich sei. Man könne der Jagdgesellschaft keine Vorschriften machen, Gänse seien nun einmal jagdbar.

Gegen Weihnachten brach ein warmer Weststurm herein. Auf dem Stausee gab's Wellen mit hohen Schaumkronen. Bei diesem Wetter schossen die Jäger von Baselaugst die junge Blässgans tot. Schlaff und weich, wie ein Waschlappen, lag sie auf dem Wasser und wurde vom steifen Westwind sachte gegen das Aargauer Ufer geweht. Zuschauer, junge Burschen, brüllten nach einer Stange, um das Tier einzuholen. Aber bis eine solche gefunden war, hatte der Wind das Tier über die Flussmitte hinübergeblasen. Und drüben standen ebenfalls junge Leute, aber von Kaiseraugst, warteten noch zwei Minuten und hoben dann die Gans aus dem Wasser, grinsten gegen die Baselaugster Jäger hinüber und zogen mit ihrer Beute ins Dorf. Korrekt gaben sie die Gans dem Aargauer Jagdpächter ab, kassierten einen Fünfer und freuten sich auf den zusätzlichen Freitrunk.

Wo die Gans schliesslich gerupft und gebraten wurde, habe ich nicht erfahren. Doch droben in den Schären vor Oslo wird der Besitzer der Blässgans im Frühjahr umsonst auf seine «Gose» warten, die hier weit weg im Schmutzwasser der Ergolzmündung ihr ruhmloses Ende finden musste.

Nur ich hatte – zum wievielten Male – ein Stück der berühmten Weidgerechtigkeit der Schweizer Herren Revierpächter kennengelernt. Ich habe es nicht vergessen!

Auch zu dieser Blässgans, die wochenlang auf der Mündung der Ergolz winterte, gehört eine kleine Geschichte (siehe nebenstehende Seite).

Dieselbe Blässgans schwimmend.

Nie vermischten sich die Gänse mit den Hunderten von Enten, die in der geschützten Rheinbucht überwinterten. Sie hielten sich stets zusammen und strebten nach kurzer Schwimmtour wieder auf ihr Eis zurück.

Eine grosse Seltenheit auf dem Rhein: Singschwäne bei Full.

Alte Entenkanonen nach amerikanischem Muster aus einer schweizerischen Jagdzeitung.

Entenkanone, wie sie bis vor wenigen Jahren auf Schweizer Seen zur Erlegung von Enten gebraucht wurde. Eines der wüstesten Jagdinstrumente aus alter Zeit, modernisiert.

Die Unterseejagd

Im September kamen die Blässhühner zu Zehntausenden an den Untersee. Sie kamen von nordöstlichen Brutgebieten. Viele Jäger glaubten, sie seien im Schilf der Seeufer erbrütet worden und im Herbst ins offene Wasser gekommen. Aber das war unmöglich. (Im Hintergrund Ermatingen).

Jeden 26. November fahren die Jägerboote aus, früh um halb 8 Uhr. Die «Belchenschlacht» beginnt. Zuerst geht es gegen die Blässhühner, dann winterlang gegen die Enten. Da heute der Anflug der Hühner viel geringer ist, werden nicht mehr so hohe Abschusszahlen erreicht, wie früher.

Schrotschüsse puffen über den See, die Blässhühner fliehen gegen das Schilf – doch dort lauert schon ein neues Boot.

Vogeljägerboot mit Beute. Auf der Bank: Flinte, Patronentasche, Feldstecher, Sitzkissen. Handnetz zum Einholen der getöteten Vögel, Fasszange, erbeutete Vögel.

Zur Entenjagd werden hölzerne Lockenten verwendet. Sie sind in der ganzen Schweiz verboten – am Untersee werden sie von den Thurgauer Behörden geduldet! Der Jäger setzt Lockenten im Seerhein.

Jetzt hat sich der Jäger in der Schilfhütte verborgen, nur seine weisse Mütze ist sichtbar. Er wartet, dass sich Enten zu seinen Lockenten aufs Wasser setzen, dann schiesst er ...

Grosse Ansitzkanzel im See mit Lockenten, der Jäger deckt sich hinter angenagelten Tannenzweigen. Diese Kanzeln sind alter Familienbesitz. Das Aufstellen neuer Kanzeln ist verboten.

Auch für den sogenannten «Nachtfall» bleiben die Lockenten im Wasser. Hier schiesst man in tiefer Dämmerung auf die einfallenden Enten, von denen man nichts sieht. Nur am bewegten Wasser erkennt man, dass eine Ente niederging. (Im Hintergrund das Dorf Gottlieben.)

Jäger in einer Ansitzhütte aus Eisplatten, davor die unentbehrlichen, im Bundesgesetz verbotenen Lockenten.

Auslegen der hölzernen Lockenten im See, dessen Uferzone gefroren ist. (Im Hintergrund die Insel Reichenau.) (Aufnahme W. Jauch)

Entenjäger bei seinen Lockenten hinter einer Schneekanzel. (Aufnahme W. Jauch)

Holzkanzel mit Lockenten. Die sind tagsüber hier bereit, der Jäger kommt erst am Abend zum Jagen beim «Nachtfall».

Sogenannte «Ententrucke», die zum Ansitz auf die Enten auf dem Ufereis bis zur Wasserlinie vorgeschoben wird. Der Jäger legt sich in dieser Holzkiste auf den Bauch. (Aufnahme W. Jauch)

Das Ende: Bälge und ganze Vögel weggeworfen auf dem Abraum von Ermatingen. Für diese Aufnahme bedrohten die Vogeljäger den Verfasser mit Bierflaschen, die sie ihm auf dem Kopf zerschlagen wollten. Sie behaupteten, die Aufnahme sei gefälscht, aber der Verfasser hat einen amtlichen Zeugen!

15. Die sogenannt fischereischädlichen Vögel

Anfang der zwanziger Jahre gab es in der Schweiz kein einziges Brutpaar des grauen Reihers mehr. Nach dem Bundesgesetz von 1925 entstanden wieder einige wenige Brutkolonien. Die beiden Bilder entstammen einer von Fischern und vom Förster längst vernichteten Brutkolonie an der Thurmündung gegenüber von Rüdlingen.

Typischer Anblick von grauen Reihern in der Zugszeit im Frühling am Rhein. Die Vögel gingen, ermüdet vom Flug, an einem Rheinarm nieder.

Einzelner reisender Graureiher im Vorfrühling am Rhein.

Viele Graureiher, die bei uns überwintern, stehen keineswegs nur an Gewässern um zu fischen. Viele ernähren sich in guten Mäusejahren, solange kein Schnee liegt, ausschliesslich von Mäusen. Hier: mausender Graureiher.

Zu den verrufensten «Fischereischädlingen» gehören die grossen Säger. Diese Gruppe schwimmt auf dem Rhein. Nur sehr wenige grosse Säger brüten in der Schweiz.

Auf einem vom Verfasser ausgelegten Floss standen die Säger besonders gern. Dieses schöne, ausgefärbte Männchen sieht sich nach dem Photographen um.

Dieses Sägerweibchen auf demselben Floss hat soeben sein Gefieder frisch eingefettet. Die Fettdrüse am Bürzel kann durch einen Hautmuskel freigelegt werden. Hier sind die Deckfedern noch gehoben, worunter die Fettdrüse liegt.

Als grosser Fischfänger und Schädling gilt der Kormoran. Dieser Vogel brütet sogar in der Schweiz vereinzelt. Der Kormoran dieses Bildes ist nur Wintergast am Rhein.

Die Federn des Kormorans stossen das Wasser nicht ab. Beim Tauchen wird der Vogel durchnässt und ist gezwungen, sein Gefieder an der Luft zu trocknen.

Der Haubensteissfuss (Winterkleid) ist jahrzehntelang als Fischereischädling hart verfolgt worden. Auf Drängen der Fischer gab es Extrajagden auf diesen Vogel, behördlich angeordnet (!), aber der Fischereiertrag stieg nie.

Haubentaucherpaar in Balzstellung neben dem Schwimmnest. Diese Aufnahme wurde in einem geschützten, aber besten Fischgebiet des Rheins gemacht.

Unter den überwinternden Vögeln der Schweiz findet sich da und dort ein Polartaucher (Prachttaucher) ein. Er ist als Meeresvogel ein vortrefflicher Fischer.

Die Heringsmöve findet sich da und dort als Wintergast in der Schweiz ein. Auch sie gilt als grosser Fischereischädling.

Zwei Singvögel werden von Fischern und Fischzüchtern hart verfolgt. Der eine ist der Eisvogel, fast ausgerottet, aber an öffentlichen Gewässern noch geduldet. Trotzdem wird er von Sportfischern heimlich sinnlos getötet.

Junger Eisvogel. (Aufnahme Ernst Heim)

Der zweite Singvogel, der schuldlos von den Fischern verfolgt wurde und heimlich noch wird, ist die Wasseramsel. Sie wurde verleumdet, Jungfische zu erbeuten. Hier eine Wasseramsel mit Futter für ihre Jungen, aber ohne Fische! (Aufnahme Göttschi)

16. Raubvögel

Der Mäusebussard ist Ansitzjäger. Seine Nahrung hängt stark vom Vorkommen der Feldmäuse ab, das heisst von guten oder schlechten Mäusejahren. Wenn der Bussard vor den Mauslöchern sitzt, wie ein Bauernkater, dann leidet er meistens bittere Not.

Besser geht es ihm, wenn er in der Fichtenwand des Waldrandes Ansitz genommen hat und die Wiese unter sich nach Mäusen mustert.

Meist steht der Bussard zu oberst auf den Feldbäumen und beobachtet das Feld unter sich.

Oder er steht auf einem Telegraphenmast und scheint die Löcher der Feldmäuse unten in der Wiese zu zählen.

Um zu verhindern, dass bei frisch okulierten Bäumen der Bussard die aufgepfropften Reiser abbricht, bringen die Landwirte einfache Krucken an, die der Bussard sofort benützt.

Jedesmal, wenn ich mit meiner Fernkamera den Waldrand entlang ging, meldete mich ein junger Bussard dem ganzen Wald an.

Nur diese erfahrene Bussardin kannte den alten Tierfreund wohl und betrachtete ihn von ihrem Baumsitz aus, ohne den Meldeschrei auszustossen.

In den strengen Wintern des Zweiten Weltkrieges trafen oft ganz hell gefärbte Bussarde aus dem fernen Osten Eurasiens ein und blieben den Winter über hier.

Den Horst legt der Bussard meist im lockeren Baumbestand des Waldes an. Den Ort wählt die Bussardin allein. Hier verteilt sie ihren Jungen (im zweiten Dunenkleid) die Beute. Jedes erhält so lange Futter, bis es das Köpfchen abwendet. Dann kommt das Nächste dran.

Nach wenigen Tagen stossen die dunkeln Federn durch die Dunen. Jetzt stellen sie sich schon auf die Füsse.

Schon recht gut befiedert blicken zwei der Jungen nach ihren über dem Horst kreisenden und rufenden Eltern.

Zwei der jungen Bussarde können die ihnen zugeworfenen Mäuse schon selbst zerlegen. Der Bussard wirft die Beute nur mitten in die Horstmulde.

Nur der Jüngste muss immer noch aus dem Schnabel gefüttert werden. Das tut die Bussardin mit grosser Geduld (Bussardin und Jüngster rechts im Bild).

Endlich kann auch der Jüngste allein fressen. Er deckt mit den Flügeln schulgerecht seine Beute. Die Bussardin wacht dabei.

Schon einige Zeit werden von den beiden älteren die Flügel geübt. Besonders windiges Wetter löst diese Flugübungen im Horst aus.

Endlich hat der erste das Nest verlassen und flattert in den Ästen des Horstbaumes, genau über dem Nest herum.

Wenn in harten Wintern hoher Schnee die Felder und Mäuse deckt, legte ich viele Jahre lang für die Bussarde Fleisch aus. Aber kein Bussard ging an dieses Fleisch, bevor nicht zuerst eine Krähe davon gefressen hatte. Misstrauisch prüft die erste Krähe das Fleisch.

Wie lange schon geköderte Fallen zum Krähenfang nicht mehr angewendet wurden, weiss ich nicht. Aber das Misstrauen blieb den Vögeln. Ein Endchen wird gefasst und blitzschnell zurückgesprungen. Jeden Morgen dasselbe Theater!

Jetzt ist der erste Bussard herangebraust, respektvoll stehen die Krähen im Hintergrund. Bussarde gehen ohne Zögern an Aas, sobald sie überzeugt sind, dass darunter kein Schlageisen verborgen ist.

Nur die starke Saatkrähe wagt sich zwischen zwei Bussarden an die Brocken. Die Brustzeichnung verrät, dass es sich um zugewanderte, nicht hier heimische Bussarde handelt.

Gewohnt, Raubvögeln die Beute abzubetteln oder abzujagen, interessieren sich die Krähen nur für das Fleisch, wovon der Bussard frisst, und lassen die Brocken daneben unberührt. Dieser Bussard muss sich gegen den grossen Raben links verteidigen.

Auch dieser Bussard deckt mit den Flügeln seine «Beute» (ausgelegtes Fleisch) gegen die Krähen. die vor dem Waldrand draussen ein grosses Geschrei erhoben, um dem Bussard die Beute abzunehmen,

Der Fischadler, einst in der Schweiz Brutvogel, von Fischern und Jägern ausgerottet, zeigt sich nur als Wintergast und nur kurze Zeit bei uns.

Er holt sich hier beim Kraftwerk die Fische aus dem Unterwasser, die in die Generatoren gerieten und erschlagen oder betäubt bauchoben schwimmen.

Sperber am Nest bei Dunenjungen. Der Sperber wurde als «Singvogelfeind» hart verfolgt und ist beinahe ausgerottet. (Aufnahme Ernst Heim)

Der Baumfalke, hier nur noch Durchzüger, wurde als «schädlicher Raubvogel» jahrhundertelang fleissig abgeschossen. (Aufnahme Herbert Weber)

Eine seltene Aufnahme:
Sperber im Obstbaum.
(Aufnahme Göttschi)

Der Turmfalke, einer der nützlichsten Kleinraubvögel unserer Feldflur, vermag sich auch ohne Feldmäuse zu behelfen. Als Halbhöhlenbrüter nimmt er auch Nistkästen an. Nur die Falkin versteht es, den Jungen die Beute zu zerteilen. Vor dem Anflug sichert der Falke von einem Ausblick aus.

Dieser Falke wohnt im Dachhimmel einer alten Feldscheune. Er gibt seine Beute einem schon recht grossen Jungen ab.

Auch in einer alten Zuckerkiste, die ein Bauer an seine Feldscheune angenagelt hatte, hat ein Pärchen mit vier Kleinen seine Wohnstätte aufgeschlagen.

Nach wenigen Wochen stehen die Jungfalken bereits auf dem Kistenrand und erwarten die Eltern mit Futter. Einer (links) ist etwas eingenickt.

In einem meiner anderen Kästen wird eifrig gefüttert. Die Jungen sind noch im weissen Dunenkleid, das Weibchen reicht einem nach dem andern die Fleischbrocken, konkurriert wird von den Jungen nie, das wäre bei wehrhaften Vögeln gefährlich.

Mutter füttert, Vater trägt Beute herbei.

Ein Dunenjunges würgt bereits eine ganze, allerdings bereits ausgenommene Maus hinunter.

Noch immer verteilt die Falkin das Fleisch, während ihr Mann fleissig Beute zuträgt.

An einem bitterkalten Frühlingsmorgen hatten sich die Jungfalken eng zusammengedrängt, um warm zu bleiben. Der Falke bringt eine Maus, jetzt fressen die Jungen selbst.

Kurz vor dem Ausfliegen. Noch immer wird ihnen die Nahrung in ihr Heim gebracht.

Einer meiner geschlossenen Kästen wurde ebenfalls anstandslos bezogen. Erstes Futter für die Dunenjungen: Heuschrecken. Der Turmfalke behilft sich in schlechten Mäusejahren mit Grossinsekten.

Einer der letzten Wanderfalken. Sie sind in der Schweiz praktisch ausgerottet. Einen Tag nach dieser Fernaufnahme war dieser Falke tot. Vom Jagdaufseher als «schädlicher Räuber» von zwei unerwachsenen Jungen weggeschossen!

Frischverlobtes Paar
des dunkeln Milan.
Kein Raubvogel wird derart
von Krähen angebettelt,
sogar beharrlich verfolgt,
wie der dunkle Milan.

Kaum hat der eine des
Paars auf dem gewohnten
Baum Fuss gefasst, sitzt auch
schon die Krähe da und
beäugt den Vogel, ob er
Beute hat.

Der Lämmergeier ist in der Schweiz ausgerottet. Sinnlose Verfolgung und unwahre Meldungen von Schaden an Kleinvieh, sogar von Kinderraub, zuletzt die Balgsammlerei von Ornithologen, brachten diesem Alpenbewohner das Ende. (im Zoo Basel)

Bild aus einer Schweizer Jagdzeitung von einer Gemsgeiss, die ihr Kitzchen gegen den Lämmergeier verteidigt. Das Bild stammt aus einem Jahrgang der Zeitung, als es längst keine Geier mehr gab. Alte und neueste Forschungen beweisen, dass es zu einer solchen Szene nie gekommen sein kann!

« Jagdsegen »
Verbesserter Pfahlschuss. Apparat zum automatischen Töten von Raubvögeln. Fabriziert von *Bergmanns Industriewerke Gaggenau* (Baden)

Mit solchen Mitteln wurde noch in den 1890er Jahren und bis in unser Jahrhundert in der Schweiz gegen die Raubvögel vorgegangen. Beides aus Schweizer Jagdblättern.

Unberechenbare Feinde

der kleinen Jagd befinden sich unter dem grossen Heer der Krähen und Raubvögel.

Pfahleisen, Habichtsfänge, Kreuzeisen, Nest- und Netzfallen müssen diesen Räubern gegenüber ins Feld geschickt werden. 6 b

☞ Fangsicherheit garantiert. ☜

Grossartige Fangresultate u. Anerkennungen.

Präparierte Jaguhus mit natürlicher Kopf- und Flügelbewegung.

Wirklicher Ersatz f. d. lebenden Uhu b. d. Hüttenjagd.

Der Fuchs-, Marder-, Iltis- und Wieselfang ist nach unsern prakt. Anleitungen den ganzen Sommer hindurch erfolgreich. — Man verlange den neuen Hauptkatalog No. 25 gratis und franko.

Haynauer Raubtierfallenfabrik **E. Grell & Co.,** Haynau (Schlesien).

Inserat in mehreren schweizerischen Jagdzeitungen. Ein Dokument für die rein jagdlich orientierte Auswahl, der Landestierwelt, zu der sich die Jägerei für berechtigt hält. Selbst das gegenwärtig noch in Kraft stehende Bundesgesetz erlaubt den Jägern die Bekämpfung der angeblich jagdschädlichen Tiere, eine völlig veraltete Meinung aus der Zeit der fürstlichen Jagdrechte.

Bemerkungen zu den Bildern der Jagd mit dem Uhu (Hüttenjagd)

In den 1920er Jahren, als ich die Hüttenjagd mit dem lebenden Uhu erstmals sehen konnte, war es mir unmöglich, die Vorgänge photographisch festzuhalten. Die hier wiedergegebenen Bilder sind alle mit Hilfe eines ausgestopften Uhus aufgenommen. Daher konnten nur die Angriffsweisen der Tagraubvögel, nicht aber die Reaktionen des Uhus festgehalten werden. Der Anflug der Krähen über der Grosseule liess sich nur wenig eindrücklich festhalten. Der lebende Uhu reagiert auf Krähen nur schwach. Sie sind bei jedem Versuch die ersten Vögel, die auf den Uhu zu «hassen» beginnen. Lebhaft wird er erst, wenn richtige Stösser zum Kampf gegen ihn antreten, die er schon auf unglaublich weite Distanz erkennt. Die «Jule», d.h. sein Sitzplatz, auf den er gewöhnt wurde, ist in der Regel nie höher als 120 cm, oft aber auch viel niedriger. Je tiefer der Uhu sitzt, desto vorsichtiger werden die Stösse der angreifenden Raubvögel, weil sie die Gefahren eines Sturzfluges bis auf Bodennähe fühlen und kennen. Dies zeigt ein einfacher Versuch. Setzte ich nämlich meinen Uhu etwa 6 m hoch in einen Baum, so wurden die Anflüge der Bussarde und Milane sofort dreister. Zugleich begannen die Vögel mit den vorgestreckten, krallenbewehrten Füssen den Nachtvogel zu schlagen. Mit diesen Schlägen beschädigten sie meinen Uhu an Stirn- und Augenpartie mehrfach ziemlich stark. Auf der «Jule» hingegen trafen den Uhu keine Schläge. Das «Hassen» bestand durchwegs nur aus Stössen, Über-ihn-wegsausen und zwischendurch aus einem Schlag mit dem Flügel.

Diese Stösse ermüden alle Tagraubvögel relativ rasch. Viele suchen bald den nächsten Baum auf, beobachten von dort aus den Uhu und schreien ihm alle Augenblicke ihren Kampfruf entgegen. Darum vergisst der Hüttenjäger nie, in naher Distanz bei seiner Eule einen oder zwei dürre «Fallbäume» oder «Krakeelbäume» aufzustellen, von denen sich die Krähen und Raubvögel mühelos herunterschiessen lassen. Besonders bei den Krähen ist es leicht, mit einem einzigen Schrotschuss eine ganze Anzahl zu treffen, da sie oft in Massen auf die nahestehenden Bäume einfallen oder sich direkt vor dem Uhu auf den Boden setzen. So tun es auch manche Raubvögel. Sie benützen nicht den «Fallbaum», sondern stellen sich auf Erdhaufen oder einen nahen Grenzstein und fixieren den Uhu von dort aus.

Der Abschuss der Raubvögel erfolgt nicht nur beim Stoss auf die Eule, sondern meist beim Aufbaumen oder Aufblocken, ist also keine grosse Kunst. Nur gewisse Falken und Habichte oder einen Adler gilt es rasch zu treffen, denn diese stossen nur einmal und sausen wieder weg.

So ein Platz vor der Krähhütte ist bei vollem Betrieb eine reine Schlachtbank. Auf dem Boden vor dem Uhu hüpfen und flattern schlechtgetroffene oder angeschossene, blutende Krähen herum, da und dort liegt dazwischen ein Bussard, Falke, Sperber oder Milan. Auch der Uhu hat sich hin und wieder über eine Krähe gemacht und reisst Stück um Stück Fleisch aus dem schwarzen Kadaver. Passionierte Hüttenjäger besitzen oft ganze Museen von Stopfpräparaten erlegter Tagraubvögel mit allen Färbungsvarianten und Besonderheiten.

Die Hüttenjagd mit dem lebenden Uhu ist eine klare Tierquälerei. Zunächst für den Uhu selbst, der sich ohne Zwang, d.h. ohne an der «Jule» angebunden zu sein, nie in freiem Gelände den Angriffen der Raubvögel aussetzen und direkt anbieten würde. Er würde, wie alle Eulen, tagsüber im dunklen Tannenbestand einen sicheren Versteck- und Ruheplatz aufsuchen. Aber auch für die angreifenden Raubvögel ist das «Spiel» mit dem Uhu kein reines Vergnügen, sondern eine Aufregung und Anstrengung, die sie nie lange durchhalten können. Darum stellte ich meine Versuche stets nur kurze Zeit an, holte meinen Stopfuhu oder Gummipopanz bald wieder ein, und liess die Stösser nie lange sich abmühen. Daher holte ich auch nie oft wirkliche Seltlinge aus der Luft herunter. Denn um die zu erreichen, heisst es stundenlang mit dem Uhu arbeiten.

Diese wenigen Erläuterungen mögen zum Verständnis der Dezimierung der Tagraubvögel durch die sog. «Hüttenjagd» genügen.

In der Schweiz sind die Greifvögel mit nur noch wenigen Ausnahmen geschützt, doch gibt es auch bei uns eifrige Krähenvertilger, die sich aus dem Krähentöten ein Vergnügen machen und mit dem aufblasbaren Gummipopanz die Schwarzröcke reizen und niederschiessen.

Bilder zur Hüttenjagd

Dies war mein beweglicher Uhu zu unblutigen «Hüttenjagd»-Versuchen. Er konnte den Kopf drehen und mit den Flügeln schlagen.

Und dies war der Gummi-Uhu. Der konnte nur dasitzen auf seiner Holzkrucke. Manchmal wurde er kaum beachtet.

Krähhütte nach einer Zeichnung in einem Hüttenjagdbuch. Jedoch fehlen auf dieser Zeichnung die Fallbäume.

Jeden «Hüttenjagdtag» kamen zuerst die Krähen, sobald der Uhu aufgestellt war.

Hatten sie sich um den Uhu herum müde geflattert und heiser gekrächzt, setzten sie sich jedesmal auf einen Baum und betrachteten die Grosseule schweigend. Jetzt könnte ein Jäger mit einem einzigen Schuss mehrere töten.

War kein Baum in der Nähe, stellten sie sich oft lange vor den Uhu ins Gras und betrachteten ihn von unten.

Wenn ich den Uhu auf einen Baum stellte, griffen die Bussarde heftiger an.

Der Anflug

Vorwerfen der Krallen

Hochziehen der Krallen und Ausholen zum Schlag

Der Schlag, dem ein blitzschneller Abflug folgte.

Missratener Angriff eines Bussardpaares auf den Uhu im Baum. Die Bussardin greift an, der Mann kreist über der Szene. Schon bringt die Bussardin die Krallen in Bereitschaft.

Der Schlag wird vorbereitet.

Jetzt naht der grosse Moment des tätlichen Angriffs auf den gehassten Nachtvogel.

Doch der Schlag wurde zu früh geführt – er ging in die Luft, getroffen wurde der Uhu diesmal nicht.

Die Bussardin zieht die Krallen ein – das war daneben gegangen.

So nah beim Uhu wurde die Bussardin denn doch etwas ängstlich. Sie führt einen so heftigen Flügelschlag, dass sich die Handschwingen nach aufwärts biegen, um von dem unheimlichen Nachtvogel wegzukommen. Vom Stossen hat sie jetzt genug!

Das Paar stellt sich auf den alten, kahlen Kirschbaum und schreit den Uhu an. Jetzt erst sah ich, dass es meine schöne, alte Bussardin (rechts) war, die angegriffen hatte.

Ein dritter Bussard ging auf dem nächsten Baum nieder und schmetterte dem Uhu seinen Kampfruf entgegen. Das ging oft viertelstundenlang so weiter.

17. Krähenvögel, Tauben, Drosseln, Würger, Star

Krähen auf frisch eingedüngtem Acker. Der Stalldung zieht mit seinen vielen Insektenlarven die Krähen jeden Frühling besonders an.

Krähen auf dem herbstlichen Zug. Die Krähenflüge lassen sich häufig gegen Abend auf die Felder nieder, suchen sich Nahrung und ziehen am nächsten Morgen weiter.

Hetzbild aus Schweizer Jagdzeitung gegen die Krähen, die als Rebhuhnräuber dargestellt werden.

Angriff von Kolkraben auf eine Rehgeiss. Ein völlig unrichtiges Phantasiebild. (Eine Rehgeiss flieht bis zur Erschöpfung! Jeder Angriff von Raben richtet sich zuerst gegen die Augen des Opfers!)

Nicht weniger als gegen die Krähen richtet sich die Feindschaft der Jäger gegen die Elstern. Sie gelten ebenso als Schädlinge am Niederwild, an Hasen und Hühnern.

Verhasst sind dem Jäger auch die Eichelhäher. Sie berauben die Singvogelnester – das mag stimmen – und sollen die Flugjagd schädigen.

Phantasiebild aus schweizerischer Jagdzeitung: Elstern erlegen einen Hasen. (Ein Hase verteidigt sich nie durch Bissdrohen.)

Hase gegen eine Elster um sein Leben kämpfend. Phantasiebild aus schweizerischer Jagdzeitung. (Kein Krähenvogel greift gesunde Hasen an! Hase springt Gegner an, nie kämpft er mit den Pfoten!)

Misteldrossel. Sie ist die erste, die im Vorfrühling zu singen beginnt. Dieser Vogel wurde erst 1963 durch das revidierte Bundesgesetz geschützt. Im Tessin wird sie samt allen anderen Drosselarten noch immer verspeist!

Jeden Frühsommer können in frischgemähten Wiesen die Drosseln beobachtet werden, wo die Wälder noch nicht allzusehr bearbeitet sind. Singdrossel auf der Futtersuche.

Wenn im frühen Frühling die Drosselzüge die Nordschweiz durchqueren, findet sich zur Seltenheit darunter auch die alpine Ringdrossel. Diese Aufnahme stammt aus 1972.

Die Ringdrossel sieht mich an. Auch sie war einst «jagdbar». Seit 1963 ist auch sie endlich geschützt.

Der Märtyrer unter den Singvögeln nördlich der Alpen ist die Wacholderdrossel. In Deutschland bis 1908 mit Dohnen (Schlingen) gefangen und verspeist, seit 1911 in der Schweiz Brutvogel, und erst seit 1963 geschützt!

Jungstare, sogenannte Perlstare, auf dem Zug. Die Stare sind heute die grossen Märtyrer der Landwirtschaft wegen ihres «Schadens». Das Betrübende ist, dass auch die Ornithologie für die Massenvernichtung dieser Vögel Verständnis bekundet.

Die Singdrossel, die «Nachtigall unserer Wälder», ist seit 1925 geschützt, wurde aber aus Unkenntnis bis 1963 «weidgerecht» erlegt. Nach einer vorübergehenden Zunahme in den 1920er und Anfang der dreissiger Jahre ist sie wieder seltener geworden. Es hatte sich gezeigt, dass es unmöglich ist, einzelne Drosselarten zu schützen, andere aber jagdbar zu lassen. Für die Jäger ist es zu schwierig, die Drosseln auseinander zu halten.

Keine Singvogelnester sind im Frühling der Beraubung so ausgesetzt, wie die der Drosseln. Um die häufigsten Nesträuber festzustellen, nahm ich die folgenden Bilder mit einer selbsttätigen Kamera auf. Die Eier in einem echten leeren Drosselnest ausgelegt, sind aus Gips imitiert. Hier raubt ein Eichhörnchen die Eier.

Am häufigsten rauben die Eichelhäher die Drosselnester aus. Ihr Eierraub beschränkt sich allerdings auf die Zeit ihrer eigenen Brutpflege. Späte Drosselbruten bleiben auch von den Eichelhähern unberührt.

Diese Aufnahme zeigt besonders klar den Eierraub des Hähers. Er besitzt selbst bereits grosse Junge und bringt gleich auch eines mit.

Hier hat derselbe Häher an dasselbe Drosselnest einen seiner Jungen mitgebracht. Der Raubtrieb war so gross, dass er sich selbst durch das erste ungeniessbare Gipsei nicht stören liess. Durch das Ziehen am Ei löste er die Kamera aus.

Ringeltaubenpaar.
Sie wird wegen ihres angeblichen Schadens auf den Saatäckern abgeschossen. Die Revierjäger jagen sie «sportlich», sie wird angesprungen, wie der Auerhahn, oder mit der Taubenpfeife angelockt.
Früher wurde sie mit Anis geködert.

Dorndreher mit zwei aufgespiessten Insekten. Die Familie der Würger wurde als «Singvogelfeinde» jahrzehntelang stark verfolgt. (Aufnahme Göttschi)

Kleiner Raubwürger am Nest. Der beinahe genau so gefiederte grosse Raubwürger ist so scheu und selten geworden, dass er selbst von guten Beobachtern in Jahren nur ein- oder zweimal auf grosse Distanz gesehen werden kann. (Aufnahme Göttschi)

Selbst für Spechte verlangten einzelne Kantone Abschussbewilligungen. Man bezichtigte sie, Bäume und Hütten anzubohren und ihr Anfaulen zu verursachen. Erst genaue Kenntnis der Tätigkeit dieser Vögel brachte ihre Entlastung.

Der seltene Mittelspecht hängt sich an den Fettkasten, der für die Kleinvögel im Wald angebracht worden war.

Holzkästchen für den Singvogelfang, der im Jura bis ins letzte Jahrhundert betrieben wurde.

So sah früher die Frühlings-Vogeljagd aus. Vorn die sogenannten Schnellgalgen. Links und rechts ziehen zwei Männer die Fangnetze auf. Fangnetze auch im Hintergrund. Die Jagd galt den Strandvögeln (Schnepfenvögeln), und zwar im Frühling!

Nachtrag: Der Waldrapp

Der Basler Zoologische Garten pflegt seit 1949 den alten Eidgenossen «Waldrapp» oder Schopfibis. Die Vögel wurden aus Marokko bezogen und brüten im Zoo seit 1957. Ihre letzten Brutorte in Marokko und Türkisch-Mesopotamien sind gefährdet und werden kaum mehr lange bestehen. Nachkommen der Brutkolonie in Basel konnten an verschiedene Zoos abgegeben werden, so nach Innsbruck, Heidelberg und Berlin. Die Kolonie des Schopfibis in Basel ist einer der klarsten Beispiele dafür, wie verschwindende Tierarten in Zoologischen Gärten ein Asyl finden können.

(Aufnahme aus dem Zoo Basel von Elsbeth Siegrist)